# Cambridge
# Word Routes

**CAMBRIDGE**
UNIVERSITY PRESS

Published by the Press Syndicate of the University of Cambridge
The Pitt Building, Trumpington Street, Cambridge CB2 1RP
40 West 20th Street, New York, NY 10011–4211,USA
10 Stamford Road, Oakleigh, Melbourne 3166, Australia

© Cambridge University Press 1994

First published 1994

Printed in Great Britain
at the University Press, Cambridge

*Library of Congress cataloguing in publication data applied for*


*A catalogue record for this book is available from the British Library*

ISBN 0 521 45464 6 hardback
ISBN 0 521 42583 2 paperback

© Cambridge University Press 1994

# Cambridge Word Routes

**Directeur de collection**
Michael McCarthy

**Rédacteur en chef**
Elizabeth Walter

**Lexicographes**
Edwin Carpenter
Stephen Curtis
Pascale Drianne
Christine Filot-Bouvy
Thierry Fontenelle
Claire Gerardy
John Williams

**Collaborateurs**
Dora Carpenter
James Gibbs
Kerry Maxwell
Jane Walsh

**Maquettistes**
Anne Colwell
Liz Knox

**Illustrateurs**
Simone End
Keith Howard
Chris Price
Danny Pyne
Chris Ryley
Debra Woodward
Martin Woodward

# Table des matières

L'un des principaux problèmes rencontrés par l'apprenant d'une langue étrangère est de savoir faire la distinction entre les mots de la langue etrangère dont les sens sont très proches sans toutefois être identiques, en particulier lorsque ces mots n'ont pas d'équivalents exacts dans sa langue maternelle. Les dictionnaires peuvent être d'un certain secours mais les mots et expressions aux sens proches se retrouvent à des endroits différents. Trouver une explication exacte à propos des différences de nuances devient alors un exercice fastidieux et souvent stérile. Un dictionnaire bilingue traditionnel donnera une même traduction en français pour deux ou trois mots anglais sans fournir les précisions qui font que ces mots ne sont pas interchangeables dans tous les contextes.

**Cambridge Word Routes** apporte une solution à ces problèmes en regroupant les mots et expressions de sens voisins dans une même rubrique qui couvre le champ sémantique qui vous intéresse. De cette façon, **Word Routes** vous aide à faire la distinction entre les nombreux synonymes et parasynonymes qui existent en anglais et vous permet de voir à quels mots ou expressions du français correspondent les différentes nuances de l'anglais. **Word Routes** explique le sens d'un mot ou d'une expression mais vous donne aussi des exemples vivants de leur usage ainsi que des informations détaillées sur le niveau de langue, la grammaire, les contextes d'usage typiques: vous êtes ainsi assuré d'utiliser le mot qui convient dans une situation précise.

En outre, **Word Routes** offre l'avantage de vous fournir toutes ces informations dans votre propre langue, ce qui les rend plus accessibles. Le livre a été écrit pour répondre aux besoins spécifiques des apprenants francophones: les 'faux amis' sont soulignés et des explications détaillées sont fournies dans tous les cas où il n'existe pas d'équivalent entre des mots ou des expressions des deux langues.

Les dictionnaires et thésaurus traditionnels généralement privilégient un vocabulaire recherché, littéraire, ou philosophique qui ne correspond pas à celui de la langue de tous les jours. C'est ainsi que, bien souvent, le vocabulaire de la vie quotidienne n'y est pas relevé (par exemple les noms des objets que l'on trouve dans une maison). **Word Routes** présente le vocabulaire des objets usuels de notre époque et recouvre un large éventail de sujets traitant de la nature et de la société.

Les catégories de mots dans **Word Routes** sont construites autour d'un vocabulaire de base. Vous pouvez ainsi préciser et développer vos connaissances à partir de ce que vous savez déjà. Plutôt que d'être organisées selon un obscur système philosophique, les catégories de mots sont regroupées logiquement et de façon pratique. Ainsi, par exemple, les noms d'aliments sont placés à proximité des mots décrivant l'action de manger et la faim, de même que les mots faisant référence à l'école seront à proximité des mots décrivant l'enseignement ou l'apprentissage.

**Word Routes** vous sera tout aussi utile pour rédiger que pour comprendre, pour vous exprimer oralement (plus particulièrement grâce à la section *Language for Communication*), pour écrire des lettres et pour traduire. Vous pouvez aussi vous en servir pour élargir votre vocabulaire en le feuilletant et en veillant à parcourir l'ensemble de la section dans laquelle un mot donné vous intéresse. De cette façon vous associerez les mots et expressions pour créer des familles et des réseaux de mots en relation les uns avec les autres et non pas isolés, ce qui est la meilleure façon d'acquérir du vocabulaire. Les centaines d'illustrations sont aussi une aide efficace pour comprendre et apprendre.

**Michael McCarthy**
Directeur de collection

# Comment se servir de Cambridge Word Routes

## 1 Tirer le meilleur parti de Word Routes

•Lorsque vous cherchez une information dans Word Routes, prenez l'habitude de lire aussi les autres entrées de la même catégorie. De cette façon, vous tiendrez compte de toutes les informations contenues dans la catégorie et vous ferez l'acquisition d'un vocabulaire plus riche et plus précis en prenant connaissance des différentes nuances de sens et d'usage d'une part et en apprenant d'autres mots liés au sujet qui vous intéresse d'autre part.

•Résistez à la tentation de passer directement à la traduction. Bien souvent, les mots n'ont pas d'équivalent exact dans une autre langue. Par ailleurs les notes de grammaire et le texte explicatif entre crochets sont essentiels pour une bonne compréhension et un bon usage des mots anglais.

## 2 Trouver les mots et les expressions

Word Routes vous permet de trouver les mots ou expressions dont vous avez besoin de diverses façons:

•**Si vous partez d'un mot français** et que vous voulez savoir comment le dire en anglais, reportez-vous à l'index français. Vous y trouverez le numéro de la catégorie où le mot anglais qui lui correspond est répertorié. Reportez-vous ensuite à cette catégorie pour une information complète sur le mot.

•**Si vous partez d'un mot anglais** et que vous voulez savoir ce qu'il signifie exactement ou comment l'utiliser, reportez-vous à l'index anglais pour trouver le numéro de la catégorie où il est répertorié.

•**Si vous cherchez un mot anglais plus précis** que celui que vous connaissez, retrouvez ce dernier et lisez les autres entrées de la même catégorie.

•**Si vous recherchez une expression idiomatique**, pensez à un mot proche ou à un mot décrivant son sens général, en français ou en anglais. Puis reportez-vous à la catégorie où ce mot est traité. Vous y trouverez les expressions idiomatiques recherchées, s'il en existe.

•**Si vous recherchez une expression utile dans une situation de communication** comme par exemple pour exprimer la surprise ou pour faire l'éloge de quelqu'un, reportez-vous à la section 'Language for Communication'. Vous trouverez une liste des situations traitées à la page 367.

## 3 Les entrées

La section suivante explicite toutes les informations qu'on peut trouver dans les catégories. Plusieurs de ces éléments figurent également dans la section 'Language for Communication'.

## 3.1 Parties du discours

| | |
|---|---|
| *n* | nom |
| *nd* | nom dénombrable, ex: **door, shirt** |
| *ni* | nom indénombrable, ex: **arson, amazement** |
| *ndi* | nom qui peut être à la fois dénombrable et indénombrable, ex: **marriage, memory** |
| *n pl* | nom pluriel, ex: **dentures, trousers** |
| *adj* | adjectif, ex: **masculine, broad** |
| *adv* | adverbe, ex: **finely, politely** |
| *v* | verbe |
| *vt* | verbe transitif, ex: **solve, murder** |
| *vi* | verbe intransitif, ex: **reign, bleed** |
| *vti* | verbe qui peut être à la fois transitif et intransitif, ex: **drown, forget** |
| *v prép* | verbe à particule, ex: **work out, give up** |
| *interj* | interjection, ex: **help!** |

## 3.2 Grammaire

Les notes de grammaire sont destinées à vous guider en indiquant les constructions les plus courantes. La fréquence des constructions est indiquée par les mots 'toujours', 'souvent' ou 'parfois'.

(avant *n*) Cette note s'applique à un adjectif et signifie qu'il s'emploie toujours avant le nom qu'il décrit.
ex: **legislative** dans *legislative assembly*

(après *v*) Cette note s'applique à un adjectif et signifie qu'il s'emploie après un verbe après le nom qu'il décrit, et *non* avant le nom.
ex: **above-board** dans *The deal is above-board.*

(pas de *compar* ou *superl*) Cette note s'applique à un adjectif et signifie qu'il n'a ni comparatif ni superlatif.
ex: **main** dans *The main reason was laziness.*

(toujours + *the*) Cette note s'applique à un nom et signifie qu'il s'emploie toujours avec l'article défini.
ex: **sack** dans *to give someone the sack*

(+ *v sing* ou *pl*) Cette note s'applique à un nom et signifie qu'il peut être suivi d'un verbe au singulier ou au pluriel.
ex: **government** dans *The government is in favour of the change.* ou *The government are considering the plan.*

(gén *pl*) Cette note s'applique à un nom et signifie qu'il est généralement, mais pas toujours, utilisé au pluriel.
ex: **arrangements** dans *to make arrangements*

(employé comme *adj*) Cette note s'applique à un nom et signifie qu'il peut s'employer avant un autre nom, comme adjectif.

ex: **seaside** dans *seaside town*

(souvent + **to** + INFINITIF) Cette note s'applique à un adjectif ou d'un verbe et signifie qu'il est souvent suivi d'un infinitif précédé de 'to'.

ex: **right** dans *It's only right to tell you.*

(+ INFINITIF sans **to**) Cette note s'applique à un verbe et signifie qu'il sera suivi d'un infinitif sans 'to'.

ex: **let** dans *Did you let him see it?*

(+ **that**) Cette note s'applique à un verbe et signifie qu'il introduit une proposition précédée de 'that', bien que le mot 'that' puisse parfois être omis.

ex: **vote** dans *I vote (that) we all go together.*

(+ **-ing**) Cette note s'applique à un verbe et signifie qu'il est suivi d'un autre verbe construit avec une forme en -ing.

ex: **like** dans *I don't like getting up early.*

(gén + *adv* ou *prép*) Cette note s'applique à un verbe et signifie qu'il est généralement suivi d'un adverbe ou d'une préposition.

ex: **peep** dans *I peeped over her shoulder.*

## 3.3 Verbes à particule

Word Routes vous montre comment utiliser les verbes à particule et vous explique clairement s'ils peuvent être séparés de leur particule, c'est-à-dire s'il est possible d'insérer un complément d'objet direct entre le verbe et sa particule. Les verbes à particule qui ne peuvent être séparés par l'insertion d'un complément d'objet peuvent souvent l'être par l'insertion d'un adverbe. Ainsi, vous pouvez dire *I clutched wildly at the rope*, bien que **clutch at** ne soit pas un verbe à particule séparable.

'sth' est employé pour 'something', et 'sb' pour 'somebody'.

**own up** *vi prép*
Ce verbe à particule est intransitif et ne peut être séparé de sa particule.
ex: *I owned up to breaking the window.*

**put** sth **down** OU **put down** sth *vt prép*
Ce verbe à particule est transitif et peut être indifféremment séparé ou non de sa particule.
ex: *I put down the book.* ou *I put the book down.*

(Si le complément d'objet direct est un pronom, le verbe doit être séparé de sa particule. Ex: *I put it down.*)

**give up** (sth) OU **give** (sth) **up** *vti prép*
Ce verbe à particule peut être transitif ou intransitif et peut être séparé ou non de sa particule.
ex: *It's too difficult - I give up. I've given up smoking. I gave my job up.*
(Si le complément d'objet direct est un pronom, le verbe doit être séparé de sa particule. Ex: *I gave it up.*)

**clutch at** sth *vt prép*
Ce verbe à particule est transitif et ne peut être séparé de sa particule
ex: *I clutched at the rope*

**talk** sb **round** *vt prép*
Ce verbe à particule est transitif et est toujours séparé de sa particule par son complément d'objet.
ex: *I'll try to talk her round.*

**get out of** sth *vt prép*
Certains verbes à particules comportent plus de deux éléments. Celui-ci est transitif et ne peut être séparé.
ex: *I managed to get out of going to the meeting.*

## 3.4 Flexions

Toutes les flexions irrégulières sont mentionnées dans la rubrique et sont généralement indiquées dans leur forme complète.

ex: **throw** *vt, prét* **threw** *part passé* **thrown**

Certaines flexions très fréquentes sont données en abrégé:

**ban** *vt,* **-nn-** ex: *banning, banned*
**sad** *adj,* **-dd-** ex: *sadder, saddest*

**travel** *vi,* **-ll-** (*Brit*), **-l-** (*US*)
En anglais britannique, 'travel' prend un double 'l' dans les formes en -ing et en -ed, par ex. *travelling, travelled*. En anglais américain, les formes les plus courantes sont *traveling, traveled*, avec un seul 'l'.

**organize** *vti,* AUSSI **-ise** (*Brit*)
En anglais britannique et en anglais américain, 'organize' s'écrira avec **-ize**. En anglais britannique il est également possible de l'écrire 'organise' avec **-ise**.

**Titre de la catégorie** et numéro. ———————

## 77 Great Magnifique

voir aussi **417 Good**

**Mot-vedette anglais** Tous les mots-vedettes sont classés par ordre alphabétique dans l'index avec les numéros de leur catégorie ou sous-catégorie

**great** adj [décrit: ex. exploit, dirigeant, artiste] grand, éminent *Frederick the Great* Frédéric le Grand
**greatness** ni grandeur, importance

**Traduction générale** Il s'agit de la traduction la plus générale du mot-vedette. Elle ne sera cependant pas nécessairement valable dans tous les cas. N'oubliez pas de lire les exemples.

**grand** adj 1 [décrit: ex. palace, entrée, occasion] magnifique, grandiose *on the grand scale* en grand *Our house is not very grand, I'm afraid.* J'ai bien peur que notre maison ne soit pas très impressionnante. 2 [décrit: personne] magnifique, grand seigneur

**Sous-catégorie** Les catégories sont souvent subdivisées avec des sous-titres correspondant à leur sens.

### 18.4 Temps froid

voir aussi **19 Cold**

**Renvois** aux catégories dont le sens est similaire ou opposé.

**Partie du discours** Pour la liste des parties du discours, voir 3.1, ci-dessus.

**snow** vi neiger *It snowed all night.* Il a neigé toute la nuit. **snow** ni neige **snowy** adj neigeux, enneigé
**snowflake** nd flocon

**Texte explicatif** Il décrit dans le détail les nuances de sens et précise le bon usage des mots.

**everlasting** adj [littéraire ou utilisé de façon humoristique ou pour se plaindre] éternel, perpétuel *everlasting peace* paix éternelle *I can't stand her everlasting complaints.* Je ne supporte pas ses jérémiades continuelles.

**Exemple** De nombreux exemples avec leur traduction en français vous permettent d'utiliser le mot de manière naturelle.

**circumstances** n pl [faits et événements qui ont un impact sur une situation ou un événement particulier] circonstances *I explained the circumstances which led to our decision.* J'ai expliqué les circonstances qui nous ont conduits à prendre cette décision. *Under/in*

**Expressions figées** Elles sont imprimées en gras dans le corps même de l'exemple.

*the circumstances* her conduct seems understandable.

**Expressions idiomatiques et proverbes** en relation avec la catégorie. Ils sont mis en évidence dans des tableaux.

*e x p r e s s i o n s*

**a good chance** de bonnes chances *There's a very good chance that she'll succeed.* Il y a de bonnes chances qu'elle réussisse.

**Niveau de langue** Il est clairement décrit à l'aide d'étiquettes.

**a safe bet** [informel] à coup sûr *It's a safe bet that someone will have told him already.* Je jurerais que quelqu'un le lui a déjà dit!

**Verbes à particule** Toutes les informations utiles sur les propriétés syntaxiques des verbes à particule sont clairement mentionnées. Voir 3.3, ci-dessus.

**do** sth **up** ou **do up** sth vt prép [améliorer l'état. Obj: surtout des maisons] remettre en état

**impractical** adj [décrit: ex. plan, suggestion, projet] peu réaliste *voir aussi **282 Useless**

**unfeasible** adj [formel] infaisable

**unattainable** adj [décrit: ex. but, objectif] inaccessible

**unthinkable** adj (souvent + **that**; gén après v) [souligne le fait que ce que l'on décrit serait mal, choquant, etc.] impensable, inconcevable *It's unthinkable that they would refuse.* Il est impensable qu'ils refusent.

*Collocation* Les noms typiques auxquels s'applique un adjectif sont donnés.

*Structures grammaticales* Elles sont décrites avec précision. Pour la liste complète des abréviations grammaticales, voir 3.2, ci-dessus.

---

**cancel** vt (Brit) -ll-, (US) -l- [obj: ex. voyage, rendez-vous, train] annuler *They've cancelled their order for five new aircraft.* Ils ont annulé leur commande de cinq nouveaux avions.

**terminate** vit [formel. Suggère la finalité et la formalité. Obj: ex. accord, contrat, relation] mettre fin à, résilier *The train terminates here.* C'est le terminus du train. *terminate a pregnancy* interrompre une grossesse

*Collocation* Les sujets ou les compléments d'objet typiques d'un verbe sont indiqués en particulier lorsqu'ils permettent de faire la distinction entre plusieurs verbes d'une même catégorie.

---

**possibility** ndi (souvent + **for, of, that**) possibilité *it is within the bounds/realms of possibility* that ... c'est dans le domaine du possible que ...

*Prépositions d'usage* Elles sont indiquées entre parenthèses.

**u s a g e**

**Possibility** n'est pas suivi de l'infinitif. Pour cette construction, utilisez **chance** ou **opportunity**: ex. *We didn't have a chance to thank him.* (Nous n'avons pas eu l'occasion de le remercier.) *That gave us an opportunity to rest.* (Cela nous a donné l'occasion de nous reposer.).

*Notes d'usage* Elles apportent des précisions sur des points de grammaire et des nuances de sens. Ces notes peuvent s'appliquer à un mot-vedette en particulier ou mettre en contraste plusieurs articles d'une même catégorie.

---

**DIY** AUSSI **do-it-yourself** ni (surtout Brit) [recouvre toutes les activités de réparation ou de décoration d'une maison qui sont faites par qn qui n'est pas du métier] bricolage

*Variante* Autre forme du mot-vedette avec le même usage et le même sens.

---

**county** nd 1 (Brit) [plus grande division administrative avec autorité locale] comté 2 (US) [partie d'un état]

*Indication régionale* Les différences entre l'anglais britannique et l'anglais américain sont clairement indiquées.

---

**mow** vt, prét **mowed** part passé **mowed** OU **mown** tondre

*Flexions irrégulières* Toutes les formes irrégulières sont indiquées. Voir 3.4, ci-dessus.

# Catégories de mots

## 1 Wild animals Animaux sauvages

*trunk* trompe

*mane* crinière

*tusk* défense

*paw* main

*claw* griffe

*whiskers* moustaches, vibrisses

*tail* queue

**lion** lion f: **lioness** petit: **cub**

**elephant** éléphant petit: **calf**

**monkey** singe

*horn* corne

*antlers* bois

*hump* bosse

*hoof, pl hoofs* ou *hooves* sabot

*pouch* poche

**buffalo**, *pl* **buffalos** ou **buffaloes** bison

**stag** cerf f: **hind** petit: **calf**

**camel** chameau

**kangaroo**, *pl* **kangaroos** kangourou petit: **joey**

---

**tiger** nd tigre f: **tigress**

**leopard** nd léopard f: **leopardess**

**cheetah** nd guépard

**panther** nd panthère

**giraffe** nd girafe

**hippopotamus** nd, pl **hippopotamuses** ou **hippopotami**, abrév **hippo**, pl **hippos** hippopotame

**rhinoceros** nd, abrév **rhino**, pl **rhinos** rhinocéros

**baboon** nd babouin

**chimpanzee** nd, abrév **chimp** chimpanzé

**gorilla** nd gorille

**ape** nd singe

**bear** nd ours f: **she-bear** petit: **cub**

**panda** nd panda

**polar bear** nd ours polaire

**koala** ou **koala bear** nd koala

**bison** (*Brit*), **buffalo** (*US*) nd, pl **buffalos** ou **buffaloes** bison

**fox** nd renard f: **vixen**

**wolf** nd, pl **wolves** loup

**deer** nd, pl **deer** chevreuil m: **buck** f: **doe**

**antelope** nd antilope

**zebra** nd zèbre

### COMPORTEMENTS ALIMENTAIRES

**carnivore** nd carnivore
**carnivorous** adj carnivore

**herbivore** nd herbivore
**herbivorous** adj herbivore

**omnivore** nd omnivore
**omnivorous** adj omnivore

---

### MOTS UTILISÉS POUR DÉSIGNER LES ANIMAUX

**creature** nd [souvent utilisé pour désigner un animal dont on ne connaît pas le nom ou lorsque l'animal suscite de la répugnance, de l'étonnement, de la pitié, etc.] créature *What a peculiar creature!* Quelle créature bizarre!

**beast** nd [désigne surtout un animal imposant. Ce mot ne s'emploie pas pour les insectes] bête

**monster** nd [désigne une créature imaginaire de grande taille, laide et effrayante, ou tout animal anormalement grand] monstre

**wildlife** ni [mot générique qui recouvre tous les êtres vivants, y compris les plantes en anglais britannique mais pas en anglais américain] la faune et la flore *a wildlife tour of Kenya* une exploration de la faune et de la flore du Kenya

**game** ni gibier *game birds* gibier à plumes

**mammal** nd mammifère

### usage

La plupart des noms d'animaux sauvages forment leur pluriel de façon régulière. Les quelques cas de pluriels irréguliers sont indiqués dans le texte. Cependant, lorsqu'il s'agit d'animaux de safari ou de gibier, on utilise souvent la forme du singulier même lorsqu'on parle de plusieurs animaux:

ex. *We saw a dozen giraffe* (Nous avons vu une douzaine de girafes.).

### 1.1 Reptiles Reptiles

**snake** nd serpent

**lizard** nd lézard

**alligator** nd alligator

**crocodile** nd crocodile

### NOMS D'ANIMAUX UTILISÉS POUR DÉCRIRE DES ÊTRES HUMAINS

Les noms d'animaux utilisés pour décrire des êtres humains sont souvent injurieux. Certains sont des insultes d'ordre général:

**pig** nd 1 AUSSI **swine**, pl **swine** [personne déplaisante. L'usage de ce terme est assez banal et est relativement peu injurieux dans un contexte familier] porc *The swine didn't pay me!* La crapule ne m'a pas payé! 2 [une personne gourmande] glouton *He's a real pig!* C'est un vrai glouton!

**ass** nd [plutôt vieilli. Personne stupide. Terme modéré] âne

**cow** nd [injurieux. Femme bête et désagréable] vache, chameau *The silly cow nearly ran me over.* La vache m'a presque écrasé.

**rat** nd [vieilli et humoristique. Surtout utilisé en parlant d'hommes] fumier

D'autres ont des significations plus spécifiques:

**mouse** nd, pl **mice** [personne trop calme et trop timide. Terme péjoratif qui s'applique aux hommes comme aux femmes] être effacé **mousy** OU **mousey** adj effacé, falot

**fox** nd [personne rusée] renard **foxy** adj rusé, finaud

**shrew** nd [femme constamment de mauvaise humeur et toujours en train de critiquer] mégère **shrewish** adj acariâtre

**sheep** nd, pl **sheep** [personne qui suit aveuglément les autres] mouton

**lamb** nd [personne calme et douce. Souvent utilisé comme terme d'affection, et en parlant de quelqu'un qu'on s'attendait à trouver agité ou violent] agneau *He came like a lamb.* Il est arrivé doux comme un agneau.

**mole** nd [espion] taupe

## 2 Fierce Féroce

voir aussi **225 Cruel**

**fierce** adj [décrit par ex. des animaux, des personnes, l'expression d'un visage] féroce *a fierce tiger* un tigre féroce *Your uncle looks fierce!* Ton oncle a l'air féroce! **fiercely** adj férocement **fierceness** ni férocité

**ferocious** adj [plus intense que **fierce**, impliquant une plus grande violence] violent, virulent *a ferocious storm* une violente tempête *a ferocious attack on socialism* une critique virulente du socialisme **ferociously** adv violemment **ferocity** ni violence, virulence

**savage** adj [implique une plus grande violence et une cruauté plus délibérée que **fierce** et **ferocious**] sauvage, brutal *a savage wolf* un loup féroce *a savage attack* une attaque brutale

**savagely** adv sauvagement, brutalement *savagely beaten* violemment battu **savagery** ni brutalité

**savage** vt attaquer violemment *The child was savaged by a mad dog.* L'enfant a été sauvagement attaqué par un chien enragé.

**violent** adj [implique plutôt une émotion incontrôlée qu'une cruauté délibérée] violent *The prisoner may become violent if approached.* Le prisonnier peut devenir violent si on l'approche. *a violent argument* [passionné mais n'impliquant pas nécessairement une violence physique] une dispute violente **violently** adv violemment **violence** ni violence

**aggressive** adj [toujours prêt à agresser ou à se disputer. Fait référence à une attitude plutôt qu'à un recours réel à la force ou à la violence] agressif *an aggressive response* une réaction agressive *an aggressive child* un enfant agressif **aggressively** adv agressivement

**aggressiveness** OU **aggression** nd agressivité, violence *acts of aggression* actes de violence

### expressions

**His/her bark is worse than his/her bite.** [informel. Il/elle n'est pas aussi féroce qu'il/elle en a l'air] Il/elle aboie mais il/elle ne mord pas.

**He/she won't bite/eat you.** [informel. Souvent dit aux enfants qui ont peur d'une personne inconnue] Il/elle ne va pas te mordre/manger.

## 3 Gentle Doux

voir aussi **224 Kind**

**gentle** adj [gentil, doux, calme] doux *a gentle old man* un vieillard aimable *a gentle smile* un sourire doux *gentle criticism* une critique bienveillante **gentleness** ni douceur

**gently** adv doucement *He gently picked up the kitten.* Il souleva délicatement le chaton. *She spoke gently.* Elle parla avec douceur.

**tender** adj [décrit une personne, un comportement, *pas* un animal. Doux et affectueux] tendre *a tender glance* un regard tendre **tenderness** ni tendresse **tenderly** adv tendrement

**mild** adj [calme et doux, sans violence, surtout lorsqu'on pourrait s'attendre à une réaction agressive] doux, clément *a mild expression* un visage placide *a mild-mannered person* une personne douce **mildness** ni clémence **mildly** adv doucement

**harmless** adj [se dit surtout de personnes ou de créatures qui peuvent paraître féroces ou effrayantes] inoffensif *a harmless spider* une araignée inoffensive **harmlessly** adv sans méchanceté, sans malice

**tame** adj [décrit des animaux, pas des personnes] apprivoisé *a tame monkey* un singe apprivoisé **tame** vt apprivoiser

## 4 Small animals Petits animaux

squirrel *nd* écureuil
hedgehog *nd* hérisson
rat *nd* rat
mouse *nd, pl* mice souris
frog *nd* grenouille
toad *nd* crapaud
worm *nd* ver
slug *nd* limace
snail *nd* escargot
spider *nd* araignée
(spider's) web *nd* toile
(d'araignée)
scorpion *nd* scorpion

*badger* blaireau
*ferret* furet
*weasel* fouine
*bat* chauve-souris
*otter* loutre
*mole* taupe
*beaver* castor

---

### VERBES DÉRIVÉS DE NOMS D'ANIMAUX

Ces termes sont tous assez informels et ils sont plus souvent utilisés dans la langue parlée que dans la langue écrite.

**beaver away** *vi prép* (*surtout Brit*) (souvent + **at**) [implique beaucoup d'ardeur et d'application] travailler d'arrache-pied *They're beavering away at their homework.* Ils travaillent à leurs devoirs avec ardeur.

**ferret** *vi* (gén + *adv* ou *prép*) [pour décrire une façon de chercher qui n'est pas très méthodique] fureter *She ferreted around in the fridge for some cheese.* Elle fureta dans le frigo à la recherche d'un peu de fromage.

**ferret out** sth OU **ferret** sth **out** *vt prép* dénicher *I'll see if I can ferret out those papers.* Je vais voir si je peux dénicher ces papiers.

**fox** *vt* rendre perplexe *That puzzle really had me foxed.* Ce puzzle a eu raison de moi.

**hare** *vi* (*Brit*) (+ *adv* ou *prép*) courir *She's always haring around Britain on business.* Elle est toujours en train de courir d'un coin de Grande-Bretagne à l'autre pour affaires.

**rabbit** *vi*, -tt- OU -t- (*Brit*) (gén + **on**, **away**) [péjoratif] radoter *He went rabbiting on about his prize leeks.* Il s'est mis à radoter à propos des poireaux pour lesquels il avait gagné un prix.

**squirrel** *vt*, -ll- (*surtout Brit*) -l- (*US*) (gén + **away**) amasser, mettre de côté *She's got a fortune squirrelled away in the bank.* Elle a une fortune mise de côté à la banque.

**wolf** *vt* (gén + **down**) [implique un appétit vorace] engloutir, dévorer *They wolfed down their food.* Ils ont englouti leur repas.

---

## 5 Insects Insectes

### MOTS QUI DÉSIGNENT LES INSECTES

**insect** *nd* [terme générique] insecte
**bug** *nd* (*surtout US*) [informel. N'importe quel petit insecte] bestiole, petite bête
**creepy-crawly** *nd, pl* **creepy-crawlies** (*surtout Brit*) [informel, souvent humoristique. Exprime un dégoût] bestiole

fly *nd* mouche
flea *nd* puce
daddy longlegs *nd, pl* daddy longlegs cousin
beetle *nd* coléoptère
ladybird (*Brit*), ladybug (*US*) *nd* coccinelle
bee *nd* abeille
beehive *nd* ruche

wasp *nd* guêpe
ant *nd* fourmi
anthill *nd* fourmilière
grasshopper *nd* sauterelle
cricket *nd* grillon
butterfly *nd* papillon
moth *nd* mite
cockroach *nd* cancrelat, cafard

Jeunes insectes

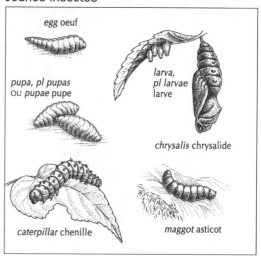

*egg* oeuf
*pupa, pl pupas* OU *pupae* pupe
*larva, pl larvae* larve
*chrysalis* chrysalide
*caterpillar* chenille
*maggot* asticot

## 6 Farm animals Animaux de la ferme

voir aussi **159 Meat**

**cattle** *n pl* bétail
**cow** *nd* vache
**calf** *nd, pl* **calves** veau
**bull** *nd* taureau
**ox** *nd, pl* **oxen** boeuf
**pig** *nd* porc *f:* **sow** *m:*
  **boar** *petit:* **piglet**
**goat** *nd* chèvre *f:* **nanny**
  **goat** *m:* **billy goat** *petit:*
  **kid**

**horse** *nd, pl* **horses**
  cheval *f:* **mare** *m:*
  **stallion** *petit:* **foal**
**pony** *nd* poney
**donkey** *nd* âne
**ass** *nd* âne
**mule** *nd* mule
**sheep** *nd, pl* **sheep**
  mouton *f:* **ewe** *m:* **ram**
  *petit:* **lamb**

### usage

**Chicken** est le terme général employé pour désigner à la fois les mâles et les femelles. On utilise souvent le mot **chicken** pour désigner uniquement des femelles, mais on utilisera plus souvent les termes **cock** ou **rooster** lorsqu'on souhaite désigner uniquement des mâles. La chair du poulet est appelée **chicken**. Un jeune coq est un **cockerel**. Le terme général qui désigne la volaille est **poultry** et on parlera par exemple de **poultry farmers**, même s'ils n'élèvent que des poulets.

### 6.1 Oiseaux de basse-cour

**chicken** *nd* poulet
**hen** *nd* poule

**cock** (*surtout Brit*), **rooster**
  (*surtout US*) *nd* coq

**chick** *nd* poussin
**duck** *nd* canard *m:* **drake**
  *petit:* **duckling**

**goose** *nd, pl* **geese** oie *m:*
  **gander** *petit:* **gosling**
**turkey** *nd* dinde

## 7 Pets Animaux domestiques

### 7.1 Chiens

**dog** *nd* [ce mot fait référence au mâle, mais il peut aussi être utilisé pour désigner une femelle si le sexe n'a pas d'importance] chien
**bitch** *nd* chienne
**puppy** *nd* chiot
**canine** *adj* [formel] canin

### 7.2 Chats

**cat** *nd* chat
**tomcat** ou **tom** *nd* matou
  *a ginger tom* un matou roux
**kitten** *nd* chaton
**puss** *nd* (rarement utilisé au pluriel) [en s'adressant au chat] minou *Come here puss!* Viens, minou!
**pussy** ou **pussy cat** *nd* [informel. Surtout utilisé dans le langage des enfants] minou
**tabby** *nd* chat tigré, chat de gouttière
**feline** *adj* [formel] félin

### 7.3 Autres animaux domestiques

**guinea pig** *nd* cobaye, cochon d'Inde
**hamster** *nd* hamster
**gerbil** *nd* gerbille
**tortoise** *nd* tortue (terrestre)

**budgerigar** *nd, abrév*
  **budgie** perruche
**parrot** *nd* perroquet
**goldfish** *nd* poisson rouge

Races de chiens

*Alsatian* (*Brit*) ou *German shepherd* berger allemand

*poodle* caniche

*bulldog* bouledogue

*spaniel* épagneul

*greyhound* greyhound

*terrier* terrier

*dachshund* ou *sausage dog* [informel] (littéralement: chien saucisse) teckel

# 8 Animal noises Cris d'animaux

voir aussi **9.4 Birds**

## 8.1 Animaux domestiques

**bark** *vi* aboyer
**growl** *vi* gronder
**howl** *vi* hurler
**mew** ou **miaow** *vi* miauler
**purr** *vi* ronronner

**neigh** *vi* hennir
**whinny** *vi* hennir
**bray** *vi* braire
**moo** *vi* meugler
**bleat** *vi* bêler

## 8.2 Animaux sauvages

**roar** *vi* rugir
**trumpet** *vi* barrir
**hiss** *vi* siffler

**croak** *vi* coasser
**squeak** *vi* couiner
**squeal** *vi* glapir

---

### CRIS D'ANIMAUX APPLIQUÉS AUX ÊTRES HUMAINS

Appliqués à des personnes, les termes traduisant les cris d'animaux décrivent une façon particulière de s'exprimer. En voici quelques-uns:

**bark** *vit* (souvent + **out**) [péjoratif. Voix forte et en colère] aboyer *The sergeant barked out his orders.* Le sergent aboya ses ordres. **bark** *nd* aboiement

**growl** *vit* [voix basse et menaçante] gronder

**purr** *vit* [voix basse exprimant la satisfaction] ronronner *'Thank you, darling,' she purred.* 'Merci, chéri,' ronronna-t-elle.

**bray** *vit* [péjoratif. Voix puissante et désagréable. Souvent pour décrire un rire] hennir

**bleat** *vit* [péjoratif. Voix faible et plaintive] chevroter, gémir *Stop bleating about how he bullies you and stand up to him!* Arrête de gémir sur la façon dont il te maltraite et défends-toi!

**roar** *vit* [voix puissante et inquiétante] rugir *'Get out of here!,' he roared.* 'Sortez d'ici!,' rugit-il.

**trumpet** *vit* [plutôt humoristique. Voix très puissante] beugler

**hiss** *vit* [voix malicieuse ou chuchotement insistant] susurrer

**croak** *vit* [voix rendue cassante par la peur ou le mal de gorge] parler d'une voix rauque

**squeak** *vit* [petite voix effrayée] couiner

---

# 9 Birds Oiseaux

*tail* queue
*feather* plume
*beak* bec
*wing* aile
*breast* poitrine
*claw* serre

**blackbird** merle

*thrush* grive
*robin* rouge-gorge
*pigeon* pigeon
*dove* colombe
*blue tit* mésange bleue
*swallow* hirondelle
*woodpecker* pic

**fowl** *nd, pl* **fowl** ou **fowls**
**1** [dans une ferme] volaille **2** [littéraire] oiseau, volatile *the fowls of the air* les volatiles *waterfowl* gibier d'eau *wildfowl* gibier à plumes

**vulture** *nd* vautour

**bird of prey** *nd* oiseau de proie

**bill** *nd* [plus technique que **beak**] bec

**nest** *nd* nid

**nest** *vi* (souvent + *prép*) nicher, faire son nid *Sparrows nested under the roof.* Des moineaux avaient fait leur nid sous le toit.

**aviary** *nd* volière

peacock paon     emu émeu     ostrich autruche

**finch** *nd* pinson, bouvreuil

**starling** *nd* étourneau

**sparrow** *nd* moineau

**wren** *nd* roitelet

**crow** *nd* corbeau

**lark** *nd* alouette

**cuckoo** *nd, pl* **cuckoos** coucou

**partridge** *nd* perdrix, perdreau

**nightingale** *nd* rossignol

### 9.1 Vie des oiseaux

**fly** *vi, prét* **flew** *part passé* **flown** voler

**swoop** *vi* (gén + *adv* ou *prép*) descendre en piqué

**soar** *vi* (gén + *adv* ou *prép*) s'envoler, monter en flèche

**hover** *vi* (gén + *prép*) planer

**perch** *vi* (gén + *prép*) se percher **perch** *nd* perchoir

**peck** *vit* (souvent + **at**) picorer *A blue tit pecked at the nuts.* Une mésange bleue picorait les noisettes.

**lay** *vti, prét & part passé* **laid** pondre *The duck has laid four eggs.* La cane a pondu quatre oeufs. *Our hens are laying well.* Nos poules sont de bonnes pondeuses.

**hatch** *vit* (souvent + **out**) éclore, couver *All the eggs have hatched out.* Tous les oeufs sont éclos.

### 9.2 Oiseaux aquatiques

**pelican** *nd* pélican

**swan** *nd* cygne

**webbed feet** *n pl* pieds palmés

**kingfisher** *nd* martin-pêcheur

**flamingo** *nd, pl* **flamingos** flamant rose

**heron** *nd* héron

**seagull** *nd* mouette

**puffin** *nd* macareux

**penguin** *nd* pingouin

### 9.3 Oiseaux de proie

hawk faucon     eagle aigle     talon serre     owl hibou

### 9.4 Chants d'oiseaux

**sing** *vit, prét* **sang** *part passé* **sung** chanter *The birds were singing.* Les oiseaux chantaient.

**birdsong** *ni* chant d'oiseau

**cheep** *vi* piauler, piailler

**chirp** ou **chirrup** *vi* pépier

**tweet** *vi* gazouiller

**quack** *vi* cancaner

**cluck** *vi* glousser, caqueter

**gobble** *vi* glouglouter

**crow** *vi* chanter (cocorico)

## 10 Fish and Sea animals Poissons et Animaux marins

### usage

Les noms de poissons et d'animaux marins restent souvent inchangés au pluriel, surtout lorsqu'on parle de pêche ou de chasse. Pour les poissons, le pluriel est le plus souvent inchangé, tandis que pour les crustacés, les mollusques et les mammifères marins on ajoutera un 's' au pluriel. Le pluriel de **fish** est **fish** ou **fishes**.

### 10.1 Différents poissons

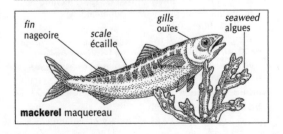

fin nageoire     scale écaille     gills ouïes     seaweed algues

**mackerel** maquereau

**cod** *nd* cabillaud
**eel** *nd* anguille
**herring** *nd* hareng
**plaice** *nd* plie
**salmon** *nd* saumon

**sardine** *nd* sardine
**shark** *nd* requin
**sole** *nd* sole
**trout** *nd* truite

## 10.2 Crustacés et mollusques

**crustacean** *nd* crustacé
**mollusc** *nd* mollusque
**shellfish** *ndi, pl* **shellfish** fruits de mer *We caught some shellfish.* Nous avons pêché des fruits de mer.
**crab** *nd* crabe
**mussel** *nd* moule

**octopus** *nd, pl* **octopuses** OU **octopi** poulpe, pieuvre
**oyster** *nd* huître
**prawn** *nd* crevette
**shrimp** *nd* [souvent plus petit que **prawn**] petite crevette
**squid** *nd* calmar

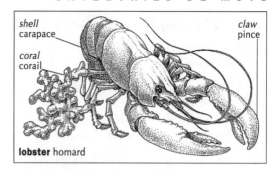

lobster homard

## 10.3 Mammifères marins

**whale** *nd* baleine
**dolphin** *nd* dauphin
**seal** *nd* phoque

**sea lion** *nd* otarie
**walrus** *nd, pl* **walruses** OU **walrus** morse

# 11 Plants Plantes

voir aussi **384 Gardening**

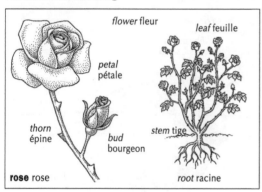

flower fleur
leaf feuille
petal pétale
thorn épine
bud bourgeon
stem tige
rose rose
root racine

**stalk** *nd* [semblable à **stem**, mais ne s'utilise pas pour les plantes ligneuses] tige

**bulb** *nd* bulbe
**seed** *nd* semence
**pollen** *ni* pollen
**shrub** *nd* arbuste
**bush** *nd* buisson
**weed** *nd* mauvaise herbe
**lily** *nd* lis
**heather** *ni* bruyère
**violet** *nd* violette
**buttercup** *nd* bouton d'or
**rhododendron** *nd* rhododendron
**nettle** *nd* ortie
**reed** *nd* roseau

**rush** *nd* jonc
**vine** *nd* vigne
**daisy** *nd* marguerite
**daffodil** *nd* jonquille
**tulip** *nd* tulipe
**carnation** *nd* oeillet
**dandelion** *nd* pissenlit
**pansy** *nd* pensée
**fern** *nd* fougère
**thistle** *nd* chardon
**holly** *ni* houx
**berry** *nd* baie
**ivy** *ni* lierre
**cactus** *pl* **cacti** ou **cactuses** *nd* cactus

# 12 Trees Arbres

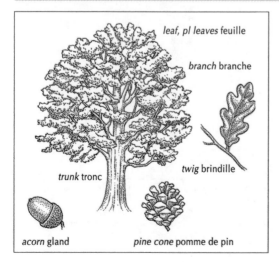

leaf, pl leaves feuille
branch branche
twig brindille
trunk tronc
acorn gland
pine cone pomme de pin

## 12.1 Espèces d'arbres

**oak** *nd* chêne
**silver birch** (*Brit*), **white birch** (*US*) *nd* bouleau
**beech** *nd* hêtre
**elm** *nd* orme
**chestnut** *nd* **1** [arbre] châtaignier, marronnier **2** [fruit] châtaigne, marron

**(weeping) willow** *nd* saule (pleureur)
**ash** *nd* frêne
**fir** *nd* sapin
**pine** *nd* pin
**cedar** *nd* cèdre
**maple** *nd* érable
**palm** *nd* palmier
**redwood** *nd* séquoia

---

**LES DIFFÉRENTS BOIS**

En emploi indénombrable, un nom d'arbre désignera le bois de cet arbre. ex. *a table made of oak* (une table en chêne) *a pine wardrobe* (une armoire en pin)

## 13  Geography and Geology  Géographie et Géologie

**geographer** *nd* géographe
**geographical** *adj*
géographique

**geologist** *nd* géologue
**geological** *adj*
géologique

### 13.1  Reliefs naturels

**hill** *nd* colline *at the top
of a hill* au sommet
d'une colline **hilly** *adj*
accidenté

**hillside** *nd* côte

**hilltop** *nd* sommet

**volcano** *nd, pl* **volcanoes**
volcan

**mountain** *nd* montagne
**mountainous** *adj*
montagneux

**mountainside** *nd* versant

**slope** *nd* pente *a
gentle/steep slope* une
pente douce/abrupte

**peak** *nd* pic

**summit** *nd* sommet

**valley** *nd* vallée

**gorge** *nd* gorge

**canyon** *nd* canyon

*u s a g e*

On utilisera le terme **top** en parlant d'une colline ou d'une montagne, tandis que le terme **peak** sera réservé aux pics montagneux et le terme **summit** sera utilisé pour parler de l'ascension d'une montagne.

### 13.2  Autres particularités géographiques

**desert** *nd* (souvent + **the**)
désert *We were lost in
the desert.* Nous étions
perdus dans le désert.

**oasis** *nd, pl* **oases** oasis

**jungle** *nd* (souvent + **the**)
jungle

**rainforest** *nd* (souvent +
**the**) forêt tropicale *the
Brazilian rainforest* la
forêt tropicale
brésilienne

**wood** *nd* OU **woods** *n pl*
bois *a stroll through the
wood(s)* une promenade
dans les bois

**vegetation** *ni* végétation

**plain** *nd* OU **plains** *n pl*
plaine

**moor** *nd* OU **moors** *n pl*
(*surtout Brit*) lande

**swamp** *nd* [surtout en
parlant d'un endroit
boueux dans un lieu
chaud et humide] marais
**swampy** *adj* marécageux

**bog** *nd* tourbière **boggy**
*adj* bourbeux

**marsh** *nd* [souvent avec
des plantes] marécage
**marshy** *adj* marécageux

### 13.3  Roches

**rock** *nd* rocher, roche
**rocky** *adj* rocheux

**stone** *nd* pierre **stony** *adj*
pierreux

**boulder** *nd* pierre, rocher

**pebble** *nd* caillou, galet

**fossil** *nd* fossile

**mineral** *nd* minéral

### 13.4  Etendues d'eau

**sea** *nd* mer

**ocean** *nd* océan

**lake** *nd* lac

**reservoir** *nd* réservoir

**pond** *nd* [souvent
artificiel] étang, mare

**pool** *nd* [généralement
naturel. Peut être grand
ou petit] bassin, plan
d'eau, mare

**puddle** *nd* flaque

### 13.5  Bordures d'une étendue d'eau

**shore** *nd* [d'une mer ou d'un lac] rivage *She walked along the shore.* Elle se promena le long du rivage. *We can go **on shore** at Stockholm.* Nous pouvons accoster à Stockholm.

**ashore** *adv* sur le rivage *We went ashore that evening.* Ce soir-là, nous avons accosté.

**seashore** *nd* plage, rivage *shells on the seashore* des coquillages sur la plage

**beach** *nd* [d'une mer ou d'un grand lac] plage *a sandy beach* une plage de sable *sunbathing on the beach* les bains de soleil sur la plage

### South America

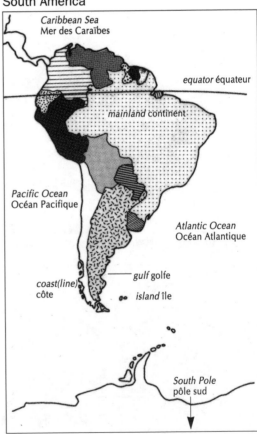

South America is a *continent*. L'Amérique du sud est un continent.
Brazil is a *country*. Le Brésil est un pays.
Buenos Aires is the *capital* of Argentina. Buenos Aires est la capitale de l'Argentine.

**seaside** *ni* (toujours + **the**) [la région qui est près de la mer et considérée comme endroit de vacances etc.] bord de la mer *a day at the seaside* une journée au bord de la mer (utilisé comme *adj* ) *a seaside town* une ville côtière

**coast** *nd* [là où la mer rejoint la terre] côte *storms off the Atlantic coast* des tempêtes sur la côte atlantique **coastal** *adj* côtier

**coastline** *nd* littoral

**cliff** *nd* falaise

**bank** *nd* [d'un fleuve] berge, rive

## 13.6 Phénomènes et formations maritimes

**tide** *nd* marée *The tide is in/out.* La marée est haute/basse. *high/low tide* marée haute/basse *The tide is coming in/going out.* La marée est montante/descendante. **tidal** *adj* soumis aux marées, des marées

**wave** *nd* vague

**iceberg** *nd* iceberg

**seaweed** *ni* algues

**sand** *ni* sable **sandy** *adj* sablonneux

**sandbank** *nd* banc de sable

**sand dune** *nd* dune

## 13.7 Voies d'eau

**river** *nd* fleuve, rivière *the River Thames* la Tamise

**riverbed** *nd* lit

**brook** *nd* ruisseau

**stream** *nd* rivière

**canal** *nd* canal

**channel** *nd* 1 [passage dans la mer] bras de mer *The Channel* La Manche 2 [partie navigable d'un fleuve] chenal

**current** *nd* courant *a strong current* un courant fort

**mouth** *nd* embouchure *the mouth of the Nile* l'embouchure du Nil

**waterfall** *nd* chute, cascade

**spring** *nd* source

**glacier** *nd* glacier

# 14 Areas Régions

**area** *nd* région, zone *Water covered a large area of the country.* L'eau recouvrait une grande partie du pays. *a residential area* une zone résidentielle

**place** *nd* endroit *This is the place where we met.* Voici l'endroit où nous nous sommes rencontrés. *Most cities are noisy places.* La plupart des villes sont des endroits bruyants.

**region** *nd* région *a mountainous region* une région montagneuse *high winds* **in the region of** *Northern Scotland* vents forts dans les régions du nord de l'Ecosse **regional** *adj* régional

**territory** *nd* [surface de terrain définie par celui qui en est propriétaire ou qui la contrôle] territoire *British territories* les territoires britanniques **territorial** *adj* territorial

## 14.1 Divisions politiques et administratives

**u s a g e**

Le terme **country** met l'accent sur l'aspect géographique de l'organisation d'un territoire, tandis que le terme **state** se réfère au territoire en tant qu'organisation politique ou en tant que gouvernement. Le terme **nation** fait référence à un groupe de personnes qui vivent souvent dans le même pays et sont liées par leur culture, leur race, leur langue et leur religion.

**country** *nd* pays

**nation** *nd* nation *the English-speaking nations* les pays anglophones **national** *adj* national

**nationality** *nd* nationalité *people of all nationalities* des gens de toutes nationalités

**state** *nd* **1** [pays] état *representatives of several European states* des représentants de plusieurs états européens **2** [partie d'un pays] état *the United States of America* les Etats-Unis d'Amérique **3** [gouvernement] état *state-owned industries* les industries étatisées

**republic** *nd* république *the Irish Republic* la république d'Irlande

**kingdom** *nd* royaume *the United Kingdom* le Royaume-Uni

**empire** *nd* empire

**imperial** *adj* impérial

**county** *nd* **1** (*Brit*) [plus grande division administrative avec autorité locale] comté **2** (*US*) [partie d'un état] comté

**province** *nd* [division administrative d'un pays ou d'un empire] province **provincial** *adj* [souvent péjoratif, implique un manque de sophistication] provincial

**district** *nd* [zone établie pour des raisons administratives mais dont les limites ne sont pas nécessairement précises] secteur *postal district* zone postale

**race** *nd* race

**tribe** *nd* tribu *nomadic tribes* tribus nomades **tribal** *adj* tribal

---

**LANDSCAPE** (PAYSAGE), **COUNTRYSIDE** (CAMPAGNE), ET **COUNTRY** (CAMPAGNE)

Le terme **landscape** fait référence à un paysage qu'on regarde ou qu'on admire de loin, qu'il s'agisse d'un site ou de sa représentation. Les termes **country** et **countryside** font tous deux référence à des endroits que l'on peut non seulement admirer mais aussi visiter. Le terme **countryside** implique généralement un paysage vert et souvent cultivé qui est visité par les citadins. Il ne sera pas utilisé en parlant de régions arides, sauvages ou montagneuses. Le terme **country** peut être utilisé de façon plus générale pour désigner tout endroit non urbain, y compris les régions plus sauvages. Cependant, on évitera d'utiliser le terme **country** dans cette acception s'il risque d'y avoir confusion avec l'acception "nation".

---

## 14.2 Sites

**surroundings** *n pl* cadre *The church is set in beautiful surroundings.* L'église est située dans un cadre magnifique.

**setting** *nd* [semblable à **surroundings**] cadre

**location** *nd* [met l'accent sur l'endroit où se trouve quelque chose plutôt que sur le cadre environnant] situation, emplacement

**neighbourhood** (*Brit*), **neighborhood** (*US*) *nd* quartier *a violent neighbourhood* un quartier dangereux

**environment** *nd* **1** [conditions d'existence d'une personne ou d'une chose] milieu *brought up in a rural environment* élevée dans un milieu rural **2** (toujours + **the**) [éléments naturels du monde comme les plantes, le sol, l'air etc.] environnement *concern for the environment* intérêt pour l'environnement

**environmental** *adj* écologique *environmental issues* questions touchant à l'écologie

**environmentally** *adv* écologiquement *environmentally-friendly products* des produits écologiques

## 14.3 Types d'agglomérations

**city** *nd* ville, cité (utilisé comme *adj*) *a city dweller* un citadin

**town** *nd* ville

**village** *nd* village

**outskirts** *n pl* faubourgs

**suburb** *nd* banlieue *a suburb of London* un faubourg de Londres *to live in the suburbs* vivre en banlieue

## 15 Jewels Pierres précieuses

**jewel** *nd* **1** [pierre] pierre précieuse **2** [porté comme ornement] bijou *She put on her jewels.* Elle mit ses bijoux.

**jewellery** (*Brit*), **jewelry** (*US*) *ni* joaillerie, bijoux

**jeweller** (*Brit*), **jeweler** (*US*) *nd* joaillier

**gem** *nd* [utilisé plus rarement que **jewel**. Plus technique] pierre précieuse, joyau

**amethyst** *ndi* améthyste

**diamond** *ndi* diamant

**emerald** *ndi* émeraude

**opal** *ndi* opale

**pearl** *ndi* perle **pearly** *adj* nacré, en nacre

**ruby** *ndi* rubis

**sapphire** *ndi* saphir

### LES COULEURS

Les noms de pierres précieuses sont souvent utilisés pour décrire des couleurs. Parfois, on ajoute le nom de la couleur qu'ils décrivent: ex. *emerald green sea* (une mer vert émeraude) *ruby red lips* (des lèvres rouge rubis). Ils peuvent aussi être utilisés seuls comme adjectifs: ex. *ruby wine* (du vin rubis) *amethyst silk* (de la soie améthyste).

## 16 Metals Métaux

### usage

Tous les noms de métaux cités ci-dessous peuvent être utilisés avant un nom et décrivent alors un objet fabriqué dans ce métal: ex. *a gold bracelet* (un bracelet en or) *a lead pipe* (un tuyau de plomb).

**metal** *nid* métal **metal** *adj* métallique

**ore** *ni* minerai *iron ore* minerai de fer

**mine** *nd* mine **mine** *vti* (souvent + **for**) exploiter une mine *to mine for gold* exploiter un gisement d'or **miner** *nd* mineur

**gold** *ni* or **golden** *adj* [gén littéraire] d'or, doré

**silver** *ni* argent **silvery** *adj* d'argent, argenté

**lead** *ni* plomb **leaden** *adj* de plomb

**copper** *ni* cuivre

**steel** *ni* acier **steely** *adj* d'acier

**iron** *ni* fer

**brass** *ni* cuivre, laiton

**bronze** *ni* bronze

**aluminium** *ni* aluminium

**mercury** *ni* mercure

**platinum** *ni* platine

**rust** *ni* rouille **rusty** *adj* rouillé

### LES COULEURS

Les noms de métaux sont souvent utilisés avant un nom comme adjectifs de couleur: ex. *gold material* (tissu doré) *copper hair* (des cheveux cuivrés). Certains métaux possèdent aussi une forme adjectivale qui est citée dans la liste des métaux: ex. *leaden skies* (un ciel de plomb) *silvery hair* (des cheveux argentés)

## 17 Gases Gaz

**oxygen** *ni* oxygène

**hydrogen** *ni* hydrogène

**nitrogen** *ni* azote

**carbon dioxide** *ni* gaz carbonique

**helium** *ni* hélium

**ozone** *ni* ozone *the ozone layer* la couche d'ozone

**air** *ni* (gén + **the**) air

**sky** *ni* (gén + **the**) ciel

### usage

**The skies** est souvent synonyme de **the sky**: ex. *The skies were grey.* (Le ciel était gris.). **Skies** est légèrement plus littéraire que **sky**, mais est quand même utilisé fréquemment.

# 18 Weather Temps

voir aussi **20 Hot**

**weather** *ni* (souvent + **the**) temps *What's the weather like today?* Quel temps fait-il aujourd'hui? *poor weather conditions* de mauvaises conditions atmosphériques

**climate** *nd* climat *the Mediterranean climate* le climat méditerranéen

**meteorology** *ni* météorologie **meteorologist** *nd* météorologue **meteorological** *adj* météorologique

## 18.1 Beau temps

**fine** *adj* [pour décrire le temps] beau *It was a fine day.* Il faisait beau.

**clear** *adj* [pour décrire le ciel] dégagé

**sun** *nd* (souvent + **the**) soleil *sitting in the sun* assis au soleil

**sunshine** *ni* [ensoleillement] soleil

**sunny** *adj* ensoleillé *a sunny afternoon* un après-midi ensoleillé

**tropical** *adj* [pour décrire: ex. climat, pays] tropical

## 18.2 Pluie et temps humide

voir aussi **21 Wet**

**rain** *vi* [terme général sans distinction d'intensité] pleuvoir *It's raining.* Il pleut. *It rained heavily all night.* Il a plu à verse toute la nuit.

**rain** *ni* pluie *heavy/light rain* pluie forte/légère

**rainfall** *ni* précipitations

**rainy** *adj* pluvieux *the rainy season* la saison des pluies

**wet** *adj* humide *a wet day* une journée humide

**drizzle** *ni* [pluie fine et brumeuse] bruine **drizzle** *vi* bruiner

**shower** *nd* [brève chute de pluie] averse

**pour** *vi* (souvent + **down**) pleuvoir à verse *It's pouring!* Il pleut à verse. *It poured down all night.* Il a plu à verse toute la nuit.

**downpour** *nd* [pluie forte et soudaine] averse *We were caught in the downpour.* Nous avons été surpris par l'averse.

**bucket down** *vi prép* (*Brit*) [terme informel et emphatique] pleuvoir à seaux *It/the rain was bucketing down.* Il pleuvait à seaux.

**piss (it) down** *vi prép* (*Brit*) [plutôt vulgaire, mais très fréquent dans la langue parlée. Pleuvoir à verse] pleuvoir comme vache qui pisse *It's pissing (it) down out there!* Il pleut comme vache qui pisse!

**monsoon** *nd* mousson

**flood** *nd* (souvent au *pl*) inondation

**flood** *vi* déborder *The river has flooded.* Le fleuve est sorti de son lit.

**cloud** *nd* nuage **cloudy** *adj* nuageux

**overcast** *adj* (après *v*) couvert *It's very overcast today.* Le temps est couvert aujourd'hui.

**rainbow** *nd* arc-en-ciel

**fog** *ni* brouillard **foggy** *adj* brumeux

**mist** *ni* brume *Mist came down over the hills.* Les collines ont disparu dans la brume. **misty** *adj* brumeux

## 18.3 Vent

*usage*

Avec tous les vents on utilise le verbe **blow**: ex. *A breeze/gale was blowing.* (Une brise/bourrasque soufflait.). Le verbe **blow** est utilisé avec un adverbe pour décrire les effets du vent: ex. *The roof was blown off in the hurricane.* (Le toit a été emporté par l'ouragan.).

**wind** *ndi* [terme général] vent *a gust of wind* un coup de vent *flags blowing in the wind* des drapeaux flottant au vent **windy** *adj* venteux

**breeze** *nd* brise *a gentle breeze* une brise légère

**gale** *nd* bourrasque *It's blowing a gale.* Le vent souffle en tempête.

**whirlwind** *nd* tornade

**hurricane** *nd* ouragan

**cyclone** *nd* cyclone

**typhoon** *nd* typhon

**tornado** *nd*, *pl* **tornados** OU **tornadoes** tornade

**draught** (*Brit*), **draft** (*US*) *nd* courant d'air **draughty** (*Brit*), **drafty** (*US*) *adj* plein de courants d'air

**gust** *nd* coup de vent *a sudden gust of wind* un coup de vent subit

## 18.4 Temps froid

voir aussi **19 Cold**

**snow** *vi* neiger *It snowed all night.* Il a neigé toute la nuit. **snow** *ni* neige **snowy** *adj* neigeux, enneigé

**snowflake** *nd* flocon

**snowstorm** *nd* tempête de neige

**hail** *ni* grêle **hail** *vi* grêler

**sleet** *ni* neige fondue **sleet** *vi* tomber de la neige fondue

**blizzard** *nd* tempête de neige

**frost** *nid* gel *the first frost of the year* la première gelée de l'année

**frosty** *adj* 1 [froid] glacial 2 [blanc] givré

**ice** *ni* glace, verglas **icy** *adj* glacé, verglacé

**black ice** *ni* verglas

**melt** *vit* fondre

**thaw** *vit* (souvent + **out**) dégeler **thaw** *nd* dégel

## 18.5 Tempêtes et catastrophes naturelles

**storm** *nd* orage, tempête (utilisé comme *adj*) *storm clouds* des nuages annonciateurs d'orage **stormy** *adj* orageux, venteux

**thunderstorm** *nd* orage

**thunder** *ni* tonnerre *a clap of thunder* un coup de tonnerre **thunder** *vi* tonner

**lightning** *ni* éclairs *a flash of lightning* un éclair

**earthquake** *nd* tremblement de terre

## 19 Cold Froid

voir aussi **18 Weather**

**cold** *adj* froid *I'm cold.* J'ai froid. *cold weather* temps froid

**cool** *adj* frais *a cool breeze* une brise fraîche

**cool** *vt* (souvent + **down**) rafraîchir *Let's have a drink to cool down.* Prenons un verre pour nous rafraîchir.

**tepid** *adj* [souvent péjoratif. Gén pour décrire des liquides, pas le temps] tiède

**chilly** *adj* [rarement utilisé dans un contexte formel] frisquet *It's chilly in here.* Il fait frisquet ici. [lorsqu'il est utilisé en parlant de personnes, il suit souvent le verbe **feel**] *I feel rather chilly.* J'ai un peu froid.

**chill** *nd* (pas de *pl*) fraîcheur *There was a chill in the air.* Le fond de l'air était frais.

**chill** *vt* refroidir *chilled to the bone* glacé jusqu'aux os *chill the wine* mettre le vin au frais

**nippy** *adj* [informel] froid, piquant *It's a bit nippy*

outside. Ça pince dehors.

**freeze** *vit*, *prét* **froze** *part passé* **frozen** geler *The lake froze last winter.* Le lac a gelé l'hiver dernier. *The pipes have frozen.* Les tuyaux ont gelé.

**freezing** *adj* [légèrement informel. Pour décrire des personnes ou le temps] glacial *It's freezing in here.* On gèle ici.

**frozen** *adj* [pour décrire des personnes] gelé *I'm frozen stiff.* Je suis gelé jusqu'aux os.

**icy** *adj* glacial *an icy wind* un vent glacial

**shiver** *vi* frissonner

### e x p r e s s i o n

**there's a nip in the air** [plutôt informel] il fait un froid piquant, ça pince

## 20 Hot Chaud

### u s a g e

Les termes **mild**, **muggy**, **stuffy**, et **close** (*surtout Brit*) sont utilisés lorsqu'on parle du temps ou de l'atmosphère et pas lorsqu'on parle de la température d'autres choses. Les termes **warm**, **hot**, et **boiling** peuvent décrire le temps mais aussi d'autres choses.

**hot** *adj*, -**tt**- chaud *hot milk* lait chaud *a hot afternoon* une chaude après-midi

**heat** *ni* chaleur

**heat** *vti* (souvent + **up**) réchauffer *Heat (up) some milk for the baby's bottle.* Réchauffe un peu de lait pour le biberon du bébé.

**warm** *adj* chaud *The body was still warm.* Le corps était encore chaud.

**warm** *vt* (souvent + **up**) chauffer, réchauffer *The water was warmed by the sun.* L'eau était chaude sous l'effet du soleil. **warmth** *ni* chaleur

**lukewarm** *adj* tiède

**mild** *adj* doux *a mild day* une belle journée (pour la saison)

**boiling** *adj* [plutôt informel] bouillant, torride *It's boiling in here!* Il fait une chaleur d'enfer ici!

**humid** *adj* [pour décrire: ex. temps, climat. Souvent utilisé pour parler d'un état permanent, tandis que **close** et **muggy** sont employés quand on parle d'un état provisoire] humide, orageux *The climate here is very humid in the summer months.* Il fait très humide ici pendant les mois d'été. **humidity** *ni* humidité

**close** *adj* [pour décrire: ex. pièce, temps *pas* climat. Souligne le manque d'air] étouffant

**muggy** *adj* [pour décrire temps, *pas* climat. Souligne l'humidité] lourd

**stuffy** *adj* [pour décrire: ex. pièce, *pas* climat] étouffant

### 20.1 Augmenter la température

**heater** *nd* appareil de chauffage **heating** *ni* chauffage

**central heating** *ni* chauffage central

**fire** *nd* **1** feu *to light a fire* faire du feu **2** [artificiel] *a gas fire* (*Brit*)/*a gas heater* (*surtout US*) un appareil de chauffage à gaz

**radiator** *nd* radiateur

## 21 Wet Mouillé

**wet** *adj*, -**tt**- **1** [couvert de liquide ou ayant absorbé de l'eau ou tout autre liquide] mouillé *wet clothes* des vêtements humides *The pavement was still wet.* Le trottoir était encore mouillé. **2** pluvieux *a wet afternoon* une après-midi pluvieuse

**damp** *adj* [moins mouillé que **wet**. Implique le froid, *pas* la chaleur] humide **damp** OU **dampness** *ni* humidité

**moist** *adj* [contenant une quantité réduite de liquide. Implique généralement un phénomène agréable ou normal] humide *moist cakes* des gâteaux moelleux

**moisture** *ni* humidité, buée *Moisture collects inside the glass.* De la buée se forme à l'intérieur du verre.

**condensation** *ni* buée

**soggy** *adj* [désagréable car trop humide] trempé

**soaking** OU **soaking wet** OU **soaked** *adj* [informel] trempé *You're absolutely soaking!* Tu es trempé jusqu'aux os!

**dripping** *adj* [informel] dégoulinant

**liquid** *ndi* liquide **liquid** *adj* [légèrement formel ou technique] liquide *liquid gas* gaz liquide *liquid detergent* détergent liquide

**watery** *adj* [gén péjoratif] (trop) liquide *watery custard* crème anglaise trop liquide

**runny** *adj* **1** [moins formel que **liquid**] qui coule *runny egg yolk* jaune d'oeuf coulant **2** [qui sécrète un liquide] humide *runny eyes* des yeux qui coulent *a runny nose* un nez qui coule

**dilute** *vt* diluer **dilute** *adj* dilué *dilute orange juice* jus d'orange coupé d'eau

**pour** *vt* verser *Shall I pour the tea?* Je sers le thé?

### 21.1 Rendre humide

**wet** *vt*, -tt-, *prét & part passé* **wet** OU **wetted** humidifier *Wet the edges of the pastry.* Humidifiez les bords de la pâte.

**dampen** *vt* humidifier

**moisten** *vt* humidifier *She moistened the flap of the envelope.* Elle humidifia le rabat de l'enveloppe.

**soak** *vti* détremper *The rain had soaked the garden.* La pluie avait détrempé le jardin. *Soak the oats in milk for an hour.* Laissez tremper les flocons d'avoine dans du lait pendant une heure.

**saturate** *vt* [faire absorber un maximum de liquide] saturer, tremper

**immerse** *vt* (souvent + **in**) immerger

**dip** *vt*, -pp- tremper

**plunge** *vti* [implique un mouvement vigoureux] plonger

**splash** *v* **1** *vti* éclabousser *Waves splashed our legs.* Les vagues éclaboussaient nos jambes. **2** *vi* patauger, barboter

**Immerse the garment completely in the dye.** Plongez le vêtement entièrement dans le liquide de teinture.

**Dip the cherries in melted chocolate.** Trempez les cerises dans du chocolat fondu.

**She plunged into the icy water.** Elle plongea dans l'eau glacée.

## 22 Dry Sec

**dry** *adj* sec *The washing isn't dry yet.* Le linge n'est pas encore sec. *dry weather* temps sec *dry skin* peau sèche **dryness** *ni* sécheresse

**dry** *vti* sécher *Our towels dried in the breeze.* Nos serviettes ont été séchées par la brise.

**bone dry** entièrement sec (littéralement: aussi sec qu'un os)

**arid** *adj* [décrit surtout le sol] aride *an arid desert region* une région désertique aride

### locution comparative

**as dry as a bone** sec comme l'amadou (littéralement: aussi sec qu'un os)

**parch** *vt* [gén au passif] dessécher *land parched by the sun* terre brûlée par le soleil

**dehydrate** *vti* déshydrater *dehydrated vegetables* légumes déshydratés **dehydration** *ni* déshydratation

## 23 Dark Sombre

**dark** *adj* sombre *It's dark in here.* Il fait sombre ici. *a dark winter's morning* une sombre matinée d'hiver *It gets dark at about six.* Il commence à faire noir vers six heures. **darkness** *ni* obscurité

**dark** *ni* (pas de *pl*; souvent + **the**) noir *I'm afraid of the dark.* J'ai peur du noir. *She never goes out after dark.* Elle ne sort jamais quand il fait noir.

**darken** *vti* s'assombrir *The sky darkened.* [suggère un orage plutôt que la tombée de la nuit] Le ciel s'assombrit.

**black** *adj* noir **blackness** *ni* noirceur

**pitch-black** OU **pitch-dark** *adj* [emphatique] noir comme dans un four *It's pitch-dark outside.* Dehors, il fait noir comme dans un four.

**gloomy** *adj* [d'une obscurité déprimante ou oppressante] lugubre *a gloomy kitchen* une cuisine lugubre

**gloom** *ni* [plutôt littéraire] ténèbres *A light appeared through the gloom.* Une lueur apparut dans les ténèbres.

**dim** *adj*, -mm- [pâle, peu lumineux] pâle, faible *a dim light* une faible lueur **dimly** *adj* faiblement

**dull** *adj* [qui ne brille pas] terne, pâle *a dull gleam* une faible lueur *the dull sky* le ciel maussade **dully** *adv* sans éclat **dullness** *ni* manque d'éclat

**fade** *vit* (souvent + **away**) s'estomper, perdre son éclat *daylight faded* la lumière du jour baissait *The colours have faded.* Les couleurs ont perdu leur éclat.

**shadow** *n* **1** *ni* [noir] obscurité. *The room was in shadow.* La pièce était plongée dans l'obscurité. **2** *nd* [silhouette] ombre

**shadowy** *adj* sombre, indistinct *A shadowy figure lurked in the garden.* Une sombre silhouette rôdait dans le jardin.

**shade** *ni* (souvent + **the**) [endroit sombre, surtout à l'abri de la chaleur du soleil] ombre *Let's sit in the shade.* Asseyons-nous à l'ombre. **shady** *adj* ombragé

**The statue cast a shadow on the wall.** La statue projetait une ombre sur le mur.

**They sat in the shade of the tree.** Ils étaient assis à l'ombre de l'arbre.

## 24 Light  Clair

**light** *nid* lumière, clarté *by the light of the moon* à la clarté de la lune *We saw a bright light in the distance.* Nous avons aperçu une lumière vive au loin.

**light** *adj* clair *Let's wait till it gets light.* Attendons qu'il fasse jour. *It's too light in here.* Il y a trop de lumière ici.

**bright** *adj* brillant, vif *bright eyes* yeux brillants **brightly** *adv* avec éclat

**beam** *nd* [lumière naturelle ou artificielle] rayon *A beam of light swept the sky.* Un rai de lumière traversa le ciel. *Put the headlights on* **full beam**. Réglez les phares à leur puissance maximum. *a sunbeam/moonbeam* un rayon de soleil/de lune

**ray** *nd* [gén de soleil] rayon

**laser** *nd* laser *a laser beam* un rayon laser

### 24.1  Rendre lumineux

**light** *vti, prét & part passé* **lit** (souvent + **up**) [rendre lumineux] éclairer *The hall was lit by an oil lamp.* Une lampe à pétrole éclairait l'entrée.

**lighten** *vti* [changer la couleur] éclaircir *Her hair was lightened by the sun.* Le soleil avait éclairci ses cheveux.

**illuminate** *vt* illuminer *Flares illuminated the sky.* Des signaux lumineux éclairaient le ciel. **illumination** *ni* illumination, éclairage

**brighten** *vti* (souvent + **up**) [peut signifier plus de lumière ou des couleurs plus vives] rendre/devenir plus lumineux, (s')égayer *Let's brighten up the place with some new wallpaper.* Egayons l'endroit avec un nouveau papier peint.

### 24.2  Briller d'une lumière constante

**shine** *vi, prét & part passé* **shone** [terme général] briller *The sun was shining.* Le soleil brillait. *Their eyes were shining with excitement.* Leurs yeux brillaient d'excitation. **shiny** *adj* brillant, luisant

**glow** *vi* [lumière douce et chaleureuse] rougeoyer, rayonner *The coals still glowed.* Les morceaux de

charbon étaient toujours incandescents. (+ **with**) *Their cheeks glowed with health.* Leurs joues resplendissaient de santé. **glow** *nd* (pas de *pl*) rougeoiement, éclat

**gleam** *vi* [lumière douce et brillante. Suj: surtout métal, lumière] luire *The coins gleamed in her hand.* Les pièces brillaient dans sa main. *a gleaming mahogany table* [d'avoir été frottée] une table en acajou brillante *His eyes gleamed with malice.* Ses yeux brillaient de méchanceté. **gleam** *nd* lueur, miroitement

**glisten** *vi* (souvent + **with**) [lumière réfléchie à cause de l'humidité] luire, briller *glistening with sweat* luisant de transpiration *Her eyes glistened with tears.* Des larmes brillaient dans ses yeux.

**glare** *vi* [lumière vive et éblouissante] briller d'une lumière éblouissante

**glare** *ndi* (pas de *pl*) lumière éblouissante *the glare of the headlights* la lumière éblouissante des phares

**luminous** *adj* [lumière incandescente, surtout dans le noir] lumineux *a luminous watch* une montre lumineuse

### 24.3  Briller d'une lumière intermittente

**glitter** *vi* [lumière vive brillant en plusieurs endroits] scintiller *The lake glittered in the sunshine.* Le lac scintillait sous le soleil. *Her eyes glittered with resentment.* [lorsqu'il est employé pour décrire des yeux, ce terme implique des sentiments mauvais ou hostiles] L'amertume se lisait dans ses yeux.

**flash** *vit* [lumière vive et soudaine] lancer des éclairs *She flashed her headlights at him.* Elle lui fit un appel de phares. **flash** *nd* éclair

**glimmer** *vi* [lumière faible et vacillante] luire faiblement *His torch glimmered at the end of the tunnel.* Sa torche électrique luisait faiblement au bout du tunnel. **glimmer** *nd* faible lueur

**shimmer** *vi* [lumière douce, vacillante qui est réfléchie. Généralement utilisé avec une nuance appréciative] chatoyer *Her silk dress shimmered as she walked.* Sa robe de soie chatoyait lorsqu'elle marchait.

**twinkle** *vi* [briller par intermittence. Implique souvent de la gaieté] scintiller *Stars twinkled in the sky.* Des étoiles scintillaient dans le ciel. *His eyes twinkled with mirth.* Ses yeux pétillaient de gaieté.

## 24.4 Ce qui éclaire

**light** *nd* [terme général] lumière *to switch/turn the light on* allumer *to switch/turn the light off* éteindre

**candle** bougie

**bulb** ampoule

**table lamp** lampe d'appoint

**bicycle lamp** phare de bicyclette

**headlight** phare

**torch** (*Brit*), **flashlight** (*US*) torche électrique

# 25 Calendar and Seasons Calendrier et Saisons

## 25.1 Jours et Semaines

*usage*

En anglais, les jours de la semaine s'écrivent toujours avec une majuscule. Ils s'utilisent généralement avec la préposition **on**: ex. *We play tennis on Thursdays.* (Nous jouons au tennis le jeudi). **On** n'est pas utilisé lorsque le jour de la semaine est précédé des adjectifs **next** (prochain), **last** (dernier), ou **every** (chaque): ex. *John phoned last Monday.* (John a téléphoné lundi dernier).

**Monday** (*abrév* **Mon.**)
lundi

**Friday** (*abrév* **Fri.**)
vendredi

**Tuesday** (*abrév* **Tues.**)
mardi

**Saturday** (*abrév* **Sat.**)
samedi

**Wednesday** (*abrév* **Wed.**)
mercredi

**Sunday** (*abrév* **Sun.**)
dimanche

**Thursday** (*abrév* **Thurs.**)
jeudi

**day** *nd* jour *I go there every day.* J'y vais tous les jours. *How many days are you staying for?* Combien de jours comptez-vous rester?

**daily** *adj* quotidien *a daily paper* un quotidien **daily** *adv* quotidiennement

**tomorrow** *adv* & *nd* demain *the day after tomorrow* après-demain

**yesterday** *adv* & *nd* hier *the day before yesterday* avant-hier

**date** *nd* date *What's the date today/What's today's date?* Quel jour sommes-nous aujourd'hui?

**date** *vt* dater *your letter dated March 16th* votre lettre datée du 16 mars

**week** *nd* semaine *once a week* une fois par semaine **weekly** *adv* hebdomadairement **weekly** *adj* hebdomadaire

**weekday** *nd* jour ouvrable *They open on weekdays.* C'est ouvert pendant la semaine.

**weekend** *nd* week-end *See you at the weekend* (*Brit*)/*on the weekend* (*US*). On se voit ce week-end.

**fortnight** *nd* (*Brit*) quinzaine

## 25.2 Mois et Saisons

voir aussi *L21.3 Saying the date*

**spring** printemps

**summer** été

**autumn** (*surtout Brit*), **fall** (*US*) automne

**winter** hiver

| January (*abrév* Jan.) janvier | August (*abrév* Aug.) août |
|---|---|
| February (*abrév* Feb.) février | September (*abrév* Sept.) septembre |
| March (*abrév* Mar.) mars | October (*abrév* Oct.) octobre |
| April (*abrév* Apr.) avril | November (*abrév* Nov.) novembre |
| May mai | December (*abrév* Dec.) décembre |
| June (*abrév* Jun.) juin | |
| July (*abrév* Jul.) juillet | |

### usage

En anglais, les noms de mois s'écrivent toujours avec une majuscule. Quant aux noms de saisons, ils peuvent s'écrire avec ou sans majuscule. La préposition utilisée avec les noms de mois et de saisons est **in**: ex. *They got married in April.* (Ils se sont mariés en avril.) *We go there in (the) summer.* (Nous y allons l'été.). Les noms de mois, saisons et fêtes (voir **25.3**) peuvent aussi précéder un nom: ex. *spring day* (journée de printemps) *April showers* (giboulées de mars) *Christmas holidays* (vacances de Noël).

## 25.3 Festivals Fêtes

### usage

On utilise la préposition **at** lorsqu'on parle d'une période de vacances, mais on utilise la préposition **on** lorsqu'on parle d'une seule journée: ex. *at Easter* (à Pâques) *on Christmas Day* (le jour de Noël). Avec les termes **Passover** et **Ramadan**, on utilisera la préposition **during**.

**Easter** Pâques
**Whitsun** Pentecôte
**Hallowe'en** [31 oct. Nuit où apparaissent les esprits.

Les gens se déguisent parfois en fantômes] veille de la Toussaint

**Guy Fawkes Night** ou **Bonfire Night** [5 nov. Date anniversaire du jour où on a essayé de faire sauter le Parlement britannique, fêtée avec des feux de joie et des feux d'artifice]

**Thanksgiving** [fête américaine d'action de grâces pour les récoltes. 4ème jeudi de novembre]

**Independence Day** [4 juillet aux USA] fête de l'Indépendance

**Christmas** Noël

**Christmas Eve** veille de Noël

**Boxing Day** [Angleterre et Pays de Galle. 26 déc.] lendemain de Noël

**New Year** Nouvel an *to celebrate the New Year* fêter le Nouvel an

**New Year's Day** jour de l'an

**New Year's Eve** réveillon du Nouvel an

**May Day** le Premier Mai

**Midsummer's Eve** Saint-Jean

**Passover** Pâque juive

**Ramadan** [9ème mois de l'année musulmane] Ramadan

**bank holiday** (*Brit*) [jour férié, généralement un lundi] jour férié

## 25.4 Années

**year** *nd* année *I see him twice a year.* Je le vois deux fois par an. **yearly** *adv* annuellement **yearly** *adj* annuel

**annual** *adj* annuel *the annual staff outing* la sortie annuelle du personnel **annually** *adv* chaque année, annuellement

**decade** *nd* décennie

**century** *nd* siècle *the twentieth century* le vingtième siècle

# 26 Time Heure

### usage

**1** On utilise la préposition **at** pour désigner un moment précis dans le temps: ex. *at twelve o'clock* (à douze heures). Les prépositions **in** ou **during** sont utilisées pour désigner une certaine durée dans le temps: *I'll do it in the morning.* (Je le ferai dans la matinée.) *during the day* (pendant la journée). **2** Le terme **morning** correspond approximativement aux heures comprises entre l'aurore et midi, le terme **afternoon** aux heures comprises entre midi et le crépuscule, le terme **evening** aux heures comprises entre le crépuscule et environ 22 ou 23 heures et le terme **night** aux heures comprises entre 22 heures et l'aurore. On utilise le terme **Goodnight** (bonne nuit) uniquement lorsqu'on quitte quelqu'un très tard le soir ou juste avant d'aller au lit. On dira habituellement **Good evening** pour saluer quelqu'un dès qu'il fait nuit.

| *midnight* minuit | *midday/noon* midi |
|---|---|

**twelve o'clock** douze heures

| *six o'clock in the evening* six heures du soir | *six o'clock in the morning* six heures du matin |
|---|---|

**six o'clock** six heures

| two o'clock in the morning<br>deux heures du matin | two o'clock in the afternoon<br>deux heures de l'après-midi |

**two o'clock** deux heures

## 26.1 Lire l'heure

| It's (a) quarter past five/It's five fifteen. Il est cinq heures et quart/Il est cinq heures quinze. | It's half past nine/It's nine thirty. Il est neuf heures et demie/Il est neuf heures trente. |

| **clock** horloge | **alarm clock** réveil |

| It's (a) quarter to four/It's three forty-five. Il est quatre heures moins le quart/Il est trois heures quarante-cinq. | It's eleven thirty-seven/It's twenty-three minutes to twelve. Il est onze heures trente-sept/Il est midi moins vingt-trois minutes. |

| **(pocket) watch** montre (de gousset) | **watch** ou **wristwatch** montre |

**a.m.** du matin          **p.m.** de l'après-midi

**hour** *nd* heure *It took four hours.* Cela a pris quatre heures. *half an hour* une demi-heure *a quarter of an hour* un quart d'heure

**minute** *nd* minute *The journey lasted twenty minutes.* Le trajet a duré vingt minutes.

**moment** *nd* instant *He'll be here in a moment.* Il sera là dans un instant. *They took me upstairs the moment I arrived.* Il m'ont fait monter dès que je suis arrivée. *She's quite busy at the moment.* Elle est assez occupée en ce moment.

## 26.2 Longs moments dans le temps

**period** *nd* période *She's had several periods of unemployment.* Elle a connu plusieurs périodes de chômage.

**era** *nd* [gén plusieurs ou de nombreuses années] époque *the modern era* les temps modernes *the end of an era* la fin d'une époque

**age** *nd* ère *The Ice Age* L'ère glaciaire [familier] *He's been gone an age.* Ça fait des heures qu'il est parti.

**ages** *n pl* [informel] des siècles *That was ages ago.* C'était il y a des siècles.

**phase** *nd* phase *an important phase in the company's development* une phase importante dans le développement de la firme

**past** *n* (pas de *pl*; gén + **the**) passé *Do you think people were happier in the past?* Pensez-vous que les gens étaient plus heureux par le passé? *We've always flown in the past.* Jusqu'à présent, nous avons toujours pris l'avion.

**present** *n* (pas de *pl*; gén + **the**) présent *At present, we are concentrating on developing our export markets.* En ce moment, nous nous préoccupons de développer nos exportations.

**future** *n* (pas de *pl*; gén + **the**) futur, avenir *Who knows what the future may hold?* Qui sait ce que l'avenir nous réserve? *Try to be more polite in future.* A l'avenir, essaie d'être plus poli.

## 26.3 Adjectifs qui parlent du temps

**past** *adj* passé, ancien *She's been abroad for the past few weeks.* Elle est à l'étranger depuis quelques semaines. *a past headmaster of the school* un ancien directeur de l'école

**present** *adj* actuel *What is your present occupation?* Qu'est-ce que vous faites en ce moment?

**future** *adj* futur, prochain *Future events may force us to change our plans.* L'avenir pourrait nous obliger à changer nos plans.

**previous** *adj* antérieur, ancien *He has no previous experience.* Il n'a aucune expérience préalable. *We have met on two previous occasions.* Nous nous sommes rencontrés deux fois auparavant.

**previously** *adv* auparavant *Previously, we had always been able to leave early on Fridays.* Avant, on pouvait toujours quitter plus tôt le vendredi.

**recent** *adj* récent *Recent events have shown the need for caution.* Des événements récents ont prouvé qu'il était nécessaire d'être prudent. *in recent years* ces dernières années

**recently** *adv* récemment *Have you read any good books recently?* As-tu lu un bon livre récemment?

**lately** *adv* dernièrement *I've been staying in a lot lately.* Je suis beaucoup resté chez moi ces derniers temps.

**nowadays** *adv* de nos jours *Young people have no manners nowadays.* De nos jours, les jeunes gens n'ont plus aucunes manières.

## 27 **Astronomy** Astronomie

**astronomer** *nd* astronome
**astronaut** *nd* astronaute
**planet** *nd* planète

**universe** *nd* (toujours +
**the**) univers
**star** *nd* étoile, astre

**moon** *nd* (toujours + **the**)
lune
**sun** *nd* (toujours + **the**)
soleil

**comet** *nd* comète
**meteor** *nd* météore
**telescope** *nd* télescope

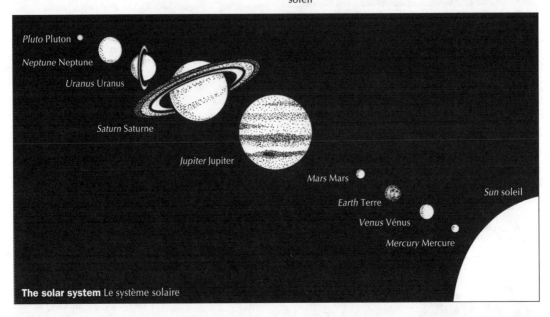

*Pluto* Pluton
*Neptune* Neptune
*Uranus* Uranus
*Saturn* Saturne
*Jupiter* Jupiter
*Mars* Mars
*Earth* Terre
*Venus* Vénus
*Mercury* Mercure
*Sun* soleil

**The solar system** Le système solaire

## 28 **Astrology** Astrologie

**astrologer** *nd* astrologue
**horoscope** *nd* horoscope
**stars** *n pl* [informel]
horoscope *Did you read
your stars in the paper
this morning?*
As-tu lu ton horoscope
dans le journal ce matin?
**star sign** *nd* signe du
zodiaque *What's your
star sign?* De quel signe
es-tu?

| *SIGNS OF THE ZODIAC LES SIGNES DU ZODIAQUE* | | |
|---|---|---|
| **Aquarius** Verseau (21 janv. – 21 févr.) | **Gemini** Gémeaux (21 mai – 21 juin) | **Libra** Balance (21 sept. – 21 oct.) |
| **Pisces** Poissons (21 févr. – 21 mars) | **Cancer** Cancer (21 juin – 21 juil.) | **Scorpio** Scorpion (21 oct. – 21 nov.) |
| **Aries** Bélier (21 mars – 21 avr.) | **Leo** Lion (21 juil. – 21 août) | **Sagittarius** Sagittaire (21 nov. – 21 déc.) |
| **Taurus** Taureau (21 avr. – 21 mai) | **Virgo** Vierge (21 août – 21 sept.) | **Capricorn** Capricorne (21 déc. – 21 janv.) |

## 29 **Be** Etre

**exist** *vi* **1** [être réel et vrai] exister *Giants only exist in
fairy stories.* Les géants n'existent que dans les contes
de fées. *The existing laws do not cover this case.* Les
lois en vigueur ne couvrent pas ce cas. **2** (gén + **on**)
[survivre] vivre, subsister *They find it hard to exist on
such small wages.* Il leur est difficile de vivre sur des
salaires aussi modiques.

**existence** *nid* (pas de *pl*) existence, vie *The firm has
been **in existence** since 1898.* La firme existe depuis
1898. *The firm **came into existence** in 1898.* La firme a
été créée en 1898. *It was a lonely existence on the
island.* C'était une vie solitaire sur l'île.

**live** *vi* **1** vivre *She lived to be 95.* Elle a vécu jusqu'à 95

ans. (+ **on**) *He seems to live on bread and jam.* Il a l'air
de vivre de pain et de confiture. **2** [résider] vivre,
habiter *They lived in America for 20 years.* Ils ont vécu
aux Etats-Unis pendant 20 ans.

**live** *adj* (devant *n*) vivant, en vie *Have you ever seen a
real live leopard?* As-tu déjà vu un (vrai) léopard
vivant?

**life** *n, pl* **lives 1** *nd* [période au cours de laquelle une
personne etc. est en vie] vie *I seem to spend my whole
life doing housework.* J'ai l'impression de passer ma
vie à faire le ménage. **2** *ni* [choses vivantes] vie *Is
there life on Mars?* La vie existe-t-elle sur Mars? **3** *ni*
[vitalité] vie *He's so full of life!* Il est tellement plein de
vie!

**alive** *adj* (après *v*) vivant *Three people were found alive under the rubble.* On a trouvé trois personnes vivantes sous les décombres.

**identity** *nid* identité *Police were unable to establish the identity of the victim.* La police n'a pas pu établir l'identité de la victime. *proof of identity* pièce d'identité

## 29.1 De longue durée
voir aussi **33.1 Continue**

**permanent** *adj* [conçu pour durer une longue période prévisible] permanent, définitif *a permanent job* un emploi définitif *I expect my move to Sydney will be permanent.* Je crois que mon départ pour Sydney sera définitif. **permanently** *adv* de façon permanente, à titre définitif **permanence** OU (plus rare) **permanency** *ni* permanence

**everlasting** *adj* [littéraire ou utilisé de façon humoristique ou pour se plaindre] éternel, perpétuel *everlasting peace* paix éternelle *I can't stand her everlasting complaints.* Je ne supporte pas ses jérémiades continuelles.

**immortal** *adj* [plutôt formel] immortel **immortality** *ni* immortalité

## 29.2 De courte durée

**temporary** *adj* [prévu pour durer peu de temps] temporaire, provisoire *temporary road works* travaux (d'entretien des routes) temporaires *temporary accommodation* logement provisoire **temporarily** *adv* temporairement, provisoirement

**brief** *adj* [décrit: ex. intervalle, pause, explication] bref, court *the news in brief* les nouvelles en bref [utilisé à propos de vêtements ne couvrant qu'une petite surface] *a brief bikini* un minuscule bikini **briefly** *adv* brièvement

**transient** OU **transitory** *adj* [plus formel que **temporary**. Implique un changement involontaire] transitoire, passager *Her happiness proved transient.* Son bonheur s'est avéré passager.

**ephemeral** *adj* [formel. Peut être péjoratif, impliquant que la chose n'est pas assez importante pour durer] éphémère, fugitif

**mortal** *adj* [destiné à mourir. Décrit surtout des personnes] mortel **mortality** *ni* mortalité
**mortal** *nd* [littéraire, ou utilisé de façon humoristique] mortel *She may run five miles a day, but mere mortals like us are satisfied if we run one.* Elle court peut-être cinq miles par jour, mais les simples mortels que nous sommes sont contents d'en courir un.

> **e x p r e s s i o n**
>
> **a flash in the pan** [un succès soudain, non réédité] un feu de paille *Her hit single turned out to be a flash in the pan.* Le succès de son 45 tours s'est avéré être un feu de paille.

## 30 Presence and Absence  Présence et Absence

**present** *adj* (après *v*) [un rien formel, quand il est utilisé à la place de **here** ou **there**] présent *Were you present at the meeting?* Avez-vous assisté à la réunion?

**presence** *ni* [un rien formel] présence *How dare you use such language in my presence?* Comment osez-vous utiliser un tel langage en ma présence? *An autopsy revealed the presence of poison in her blood.* L'autopsie a révélé la présence de poison dans son sang.

**on the spot** sur place *We go over to our reporter on the spot, Jane Williams.* Nous rejoignons notre envoyée spéciale, Jane Williams.

**absent** *adj* absent *a toast to absent friends* un toast aux absents (+ **from**) *He has been absent from school for two weeks.* Il est absent de l'école depuis deux semaines.

**absence** *ni* [un rien formel] absence *In the absence of firm evidence against him he was released.* En l'absence de preuves solides contre lui, on l'a relaxé. *I discovered they had finished the work in my absence.* J'ai découvert qu'ils avaient achevé le travail en mon absence. **absentee** *nd* absentéiste **absenteeism** *ni* absentéisme

**truant** *nd* élève qui fait l'école buissonnière *to play truant* faire l'école buissonnière **truancy** *ni* absence non autorisée (d'un élève)

**elsewhere** *adv* [plus formel que **somewhere else**] ailleurs *I shall take my business elsewhere.* J'irai voir ailleurs. *If you don't like my vegetables, you can go elsewhere.* Si vous n'aimez pas mes légumes, vous pouvez aller ailleurs.

## 31 Happen  Arriver

**happen** *vi* [terme général] arriver, se passer *I was there when the accident happened.* J'étais là quand l'accident est arrivé. **happening** *nd* événement

**occur** *vi*, -rr- [un rien plus formel que **happen**. Gén pas utilisé à propos d'événements prévus] *This is not the first time such mistakes have occurred.* Ce n'est pas la première fois que de telles erreurs se produisent. **occurrence** *ndi* événement, fait d'arriver

**take place** *vi prép* [suj: surtout des événements prévus, ex. soirées, concerts] avoir lieu *The meeting is scheduled to take place next week.* Il est prévu que la réunion aura lieu la semaine prochaine. *These changes have all taken place since the last election.* Ces changements ont tous eu lieu depuis la dernière élection.

**come about** *vi prép* [généralement utilisé pour parler de la façon dont un fait s'est produit] arriver, se produire *The reforms came about because people* *wanted them.* Ces réformes ont eu lieu parce que les gens les voulaient.

**materialize** AUSSI **-ise** (*Brit*) *vi* [suj: ex. aide, don. Se réaliser véritablement. Souvent utilisé à la forme négative] se matérialiser, se concrétiser *The financial aid they had promised never materialized.* L'aide financière qu'ils avaient promise ne s'est jamais concrétisée.

## 31.1 Ce qui peut arriver

**event** *nd* événement *The event is due to take place next Monday.* L'événement doit avoir lieu lundi prochain. *In the event, no definite decisions were reached.* En fait, aucune décision définitive n'a été prise. *In the event of fire, leave the building by the nearest exit.* En cas d'incendie, quittez le bâtiment par la sortie la plus proche.

**occasion** *nd* **1** [moment où quelque chose arrive] occasion *I was not present on that occasion.* Je n'étais pas présent à cette occasion. *on the occasion of her 18th birthday* à l'occasion de son 18ème anniversaire **2** [événement important ou festivité] occasion *Let's have champagne as it's a special occasion.* Buvons du champagne pour cette occasion spéciale.

**affair** *nd* [moins formel que **event** ou **occasion**. Peut aussi faire référence à une suite d'événements liés] affaire, histoire *The wedding reception was a very grand affair.* La réception de mariage fut un événement grandiose. *The whole affair was a disaster.* Toute l'affaire a été un fiasco.

**incident** *ndi* [événement inhabituel ou désagréable] incident, péripétie, épisode *an amusing incident* un épisode amusant *Police are appealing for witnesses to the incident.* La police lance un appel pour trouver des témoins de l'incident. [assez formel quand il est indénombrable] *Our visit was not without incident.* Notre visite n'a pas été sans encombre.

**instance** *nd* [simple exemple d'un fait général] cas *There have been several instances of looting.* Il y a eu plusieurs cas de pillage. *In this instance the police were at fault.* Dans ce cas la police était en tort.

## 31.2 Etats de choses

**condition** *ndi* [utilisé pour décrire des réparations, la propreté, la santé, etc.] état, condition *in good/bad condition* en bon/mauvais état *What are conditions like in the refugee camp?* Quelles sont les conditions (de vie) dans le camp de réfugiés? *Her condition is not serious.* Son état n'est pas grave.

**state** *nd* (souvent + **of**) état *The business world is in a state of panic at the news.* La nouvelle a semé la panique dans le monde des affaires. [souvent utilisé de façon assez informelle pour suggérer un mauvais état] *How did your room get into this state?* Comment se fait-il que ta chambre soit dans cet état?

### *u s a g e*

Bien que **state** soit un terme général, il ne s'utilise à propos des êtres humains que lorsque l'état auquel on fait référence est spécifié, ex. *her mental state* (son état mental), *his state of health* (son état de santé).

**state of affairs** état de choses *A peaceful settlement seems unlikely in the present state of affairs.* Un règlement pacifique semble improbable dans les circonstances actuelles.

**situation** *nd* [événements et conditions] situation *a dangerous situation* une situation dangereuse *the unemployment situation* la situation du chômage

**circumstances** *n pl* [faits et événements qui ont un impact sur une situation ou un événement particulier] circonstances *I explained the circumstances which led to our decision.* J'ai expliqué les circonstances qui nous ont conduits à prendre cette décision. *Under/in the circumstances her conduct seems understandable.* Vu les circonstances, sa conduite se comprend.

## 32 **Begin** Commencer

voir aussi **201 New**; ant **34 End**

**begin** *vit, prét* **began** *part passé* **begun** [terme général, légèrement plus formel que **start**] commencer *We'll begin the meeting with a prayer.* Nous commencerons la réunion par une prière. *I can't begin to explain.* Ça me paraît impossible à expliquer. *Life begins at forty.* La vie commence à quarante ans. *I began to be suspicious.* J'ai commencé à me méfier.

**beginning** *ndi* commencement *Start reading from the beginning of the page.* Commencez à lire au début de la page. *At the beginning of the project we made mistakes.* Nous avons commis des erreurs au début du projet. *I read it from beginning to end.* Je l'ai lu du début à la fin.

**start** *vit* **1** [terme général, très légèrement moins formel que **begin**] commencer, se mettre à *I start work at eight.* Je commence à travailler à huit heures. *He started to cry.* Il se mit à pleurer. *I'll start with the soup.* Je prendrai du potage pour commencer. *He started it!* [bagarre, dispute, etc.] C'est lui qui a commencé! **2** [obj/suj: machine] (faire) démarrer *I can't start the car.* Je n'arrive pas à faire démarrer la voiture.

**start** *nd* commencement, départ *Let's try to get an early start tomorrow.* Essayons de partir de bonne heure demain. *The runners have got off to a flying start.* Les coureurs ont pris un départ en flèche. *The whole visit was a disaster from start to finish.* Toute la visite a été un désastre de bout en bout.

**commence** *vit* [formel] commencer *Let the festivities commence!* Que les festivités commencent!
**commencement** *nid* (souvent + **of**) commencement

**set off** *v prép* **1** *vi* (souvent + **for**) [ex. en voyage] se mettre en route, partir *We set off for London the next day.* Nous nous sommes mis en route pour Londres le lendemain. **2** *vt* **set** sth **off** OU **set off** sth [faire commencer. Obj: ex. processus, suite d'événements] entraîner, déclencher *Government action set off a wave of protest.* La politique du gouvernement a déclenché une vague de protestations. [obj: personne] *She started giggling and that set John off.* Elle a pouffé de rire et John s'est esclaffé.

**kick off** *vi prép* (souvent + **with**) [informel] démarrer *We kick off at four o'clock with a speech from the mayor.* On démarrera à quatre heures avec un discours du maire. **kick-off** *nd* [informel] coup d'envoi

**introduce** *vt* (souvent + **into, to**) [amener] introduire *The potato was introduced into Europe in the 16th century.* La pomme de terre fut introduite en Europe au 16ème siècle. *They have introduced a new computer system at work.* Ils ont introduit un nouveau système informatique au travail.

**introduction** *ni* 1 (+ **of**) introduction *the introduction of new working practices* l'introduction de nouvelles méthodes de travail 2 (+ **to**) initiation *a quick introduction to bookkeeping* une initiation rapide à la comptabilité

**originate** *vit* (souvent + **in**) [met l'accent sur où et comment quelque chose a commencé] apparaître, naître *The custom originated in Scotland/in the 14th century.* La coutume apparut en Ecosse/au 14ème siècle. **originator** *nd* personne à l'origine

**origin** *ndi* [le pluriel **origins** s'utilise souvent comme synonyme d'**origin** sauf à propos d'un point de départ physique, ex. d'un cours d'eau] origine *The idea has its origin/origins in Christian theology.* L'idée trouve ses origines dans la théologie chrétienne. *She is very proud of her Scottish origins.* Elle est très fière de ses origines écossaises.

**original** *adj* 1 (devant *n*) [existant au départ. Décrit: surtout une idée] originel, premier *the original inhabitants* les premiers habitants *Let's go back to our original idea.* Retournons à notre première idée. 2 [pas une copie] original 3 [imaginatif. Décrit: surtout une idée] original *an original style of writing* un style d'écriture original **originality** *ni* originalité

**original** *nd* [tableau, document, etc.] original

**originally** *adv* [gén utilisé à propos de quelque chose qui a changé après] au départ, à l'origine *I spent more than I had originally intended (to).* J'ai dépensé plus que je n'en avais l'intention au départ.

**initial** *adj* (devant *n*) 1 [se passant au commencement. Décrit: ex. résultat] initial *Initial failure did not deter them.* Leur échec initial ne les a pas découragés. 2

[placé au début] initial, premier *the initial letter of the code* l'initiale du code

**initially** *adv* [légèrement plus formel que **originally**] initialement

## 32.1 Débutants

**beginner** *nd* débutant *I'm a complete beginner at Spanish.* Je suis un débutant complet en espagnol. *beginner's luck* aux innocents les mains pleines

**learner** *nd* [quand il est utilisé seul en anglais britannique, **learner** signifie généralement conducteur débutant] débutant *You're a quick learner.* Tu apprends vite. *stuck behind a learner* coincé derrière un conducteur débutant

**novice** *nd* [manquant d'expérience dans un domaine] novice, apprenti *I'm a novice at beekeeping.* Je suis novice en apiculture. (utilisé comme *adj*) *a novice racehorse* un cheval de course débutant

# 33 Continue Continuer

**continue** *vit* (souvent + **with**) [un terme général, un rien formel s'il est utilisé dans la langue parlée] continuer *Should we continue with our work?* Devons-nous continuer notre travail? (+ **to** + INFINITIF) *I continued to visit her regularly.* J'ai continué à lui rendre visite régulièrement. (+ **-ing**) *Please continue eating.* Je vous en prie, continuez de manger.

**continuation** *nid* (souvent + **of**) suite, reprise *the continuation of our earlier conversation* la suite de notre conversation antérieure

**go on** *vi prép* (souvent + **with**) [moins formel que **continue**] continuer *The party's still going on upstairs.* La soirée continue à l'étage. *Go on with the story.* Continuez/poursuivez l'histoire.

**carry on** sth *vit prép* [obj: ex. travail, conversation, cours de l'action. Moins formel que **continue**] continuer *Who will carry on (with) my work?* Qui va continuer mon travail? *Carry on taking the tablets.* Continuez de prendre les comprimés.

**persist** *vi* 1 [un rien formel. Suj: surtout une situation (gén indésirable)] persister *Racist attitudes persist in many societies.* Des attitudes racistes persistent dans de nombreuses sociétés. 2 (souvent + **in, with**) [suj: personne. Continuer même si on est stupide, ennuyeux, etc.] persister *He persists in trying to do everything on his own.* Il persiste à essayer de faire tout tout seul.

**proceed** *vi* 1 [passer à un stade ultérieur mais pas

nécessairement meilleur. Plutôt formel] passer à, avancer *Shall we proceed to the next item on the agenda?* Passons-nous au point suivant à l'ordre du jour? *Work is proceeding rather slowly.* Le travail avance plutôt lentement. [peut impliquer un déplacement] *Proceed at once to the main exit.* Rendez-vous immédiatement à la sortie principale. **2** (+ **to** + INFINITIF) [commencer à faire quelque chose après avoir fait autre chose. Souvent utilisé quand le locuteur désire exprimer sa surprise ou son indignation devant l'action] entreprendre, se mettre à *Having got through three plates of stew, he proceeded to eat a large piece of chocolate cake.* Après avoir mangé trois portions de ragoût, il se mit à manger une grosse tranche de gâteau au chocolat.

**progress** *vi* [suj: ex. personne, travail. Implique une idée d'amélioration] avancer, progresser *My research is progressing well.* Mes recherches avancent bien.

**progress** *ni* progrès *The patient is making steady progress.* Le patient fait des progrès constants. *We made slow progress through the fog.* Nous avons progressé lentement dans le brouillard.

**stay** *vi* rester *I can't stay for the meeting.* Je ne peux pas rester pour la réunion. *I hope the weather stays fine.* J'espère que le temps restera beau. *Women's liberation is **here to stay**.* La libération des femmes est là pour de bon/une chose acquise.

**remain** *vi* **1** [continuer de la même façon. Plus formel que **stay**] rester *Please remain seated.* Je vous en prie, restez assis. *I remain unconvinced.* Je reste sceptique. *It **remains to be seen** whether they will succeed.* Il reste à voir s'ils réussiront. **2** [qui est encore présent. Légèrement formel] rester, subsister *Doubts about her fitness remain.* Des doutes subsistent quant à sa forme physique. *Can you eat the remaining cakes?* Peux-tu manger les gâteaux qui restent?

**remainder** *nd* (pas de *pl*; toujours + **the**; souvent + **of**) reste, restant (utilisé avec un verbe singulier ou pluriel, selon que ce qui reste est singulier ou pluriel) *The remainder of the children were taken by bus.* On a emmené les enfants qui restaient en bus. *The remainder of the food was thrown away.* On a jeté le restant de nourriture.

## 33.1 Description de ce qui dure

**continual** *adj* **1** [répété sans cesse. Surtout utilisé pour des choses ennuyeuses] continuel *I'm fed up with her continual whining.* J'en ai assez de ses jérémiades continuelles. *continual stoppages due to bad weather* des arrêts continuels en raison du mauvais temps **2** [continuant de façon ininterrompue. Décrit: surtout états émotionnels désagréables] continuel *They lived in continual dread of discovery.* Ils vivaient dans la peur continuelle d'être découverts. **continually** *adv* continuellement, sans cesse

**continuous** *adj* [continuant sans interruption. Décrit: ex. bruit] continu *a continuous line of cars* une file ininterrompue de voitures *Wait until you hear a continuous tone.* Attendez d'entendre un signal sonore continu. **continuously** *adv* de façon continue, sans interruption

**constant** *adj* **1** [répété sans cesse ou régulièrement. Décrit: ex. rappels, discussions, attention] constant, continuel *I receive constant inquiries about the book.* On me pose constamment des questions à propos du livre. *She needs constant medical care.* Elle a besoin de soins médicaux constants. **2** [invariable. Décrit: ex. vitesse, température] constant *Spending has remained constant over the last 5 years.* Les dépenses sont restées constantes au cours des 5 dernières années. **constantly** *adv* constamment

**non-stop** *adj* [plutôt informel, sauf quand il fait référence à des avions, des trains, etc.] non-stop, sans arrêt (employé comme *adv*) *I've been working non-stop since eight o'clock.* Je travaille sans arrêt depuis huit heures.

**persistent** *adj* [implique souvent l'obstination face à l'adversité] persistant, incessant *persistent troublemakers* fauteurs de troubles récidivistes *a persistent cough* une toux persistante **persistently** *adv* constamment, obstinément

**persistence** *ni* [souvent moins péjoratif que **persist** et **persistent**] persévérance *The persistence of the police eventually paid off.* La persévérance de la police a fini par être payante.

## 34 End Finir

voir aussi **245 Hinder**; ant **32 Begin**

**end** *vti* [voir note d'usage ci-dessous] finir, (se) terminer *The meeting ended at four.* La réunion s'est terminée à quatre heures. *The party ended in a fight.* La soirée a fini en bagarre.

**end** *nd* fin *I didn't stay to the end.* Je ne suis pas resté jusqu'à la fin. *come to an end* prendre fin *put an end to* mettre fin à

### usage

**End** et **finish** sont tous deux des termes très courants. **Finish** a plus le sens de réalisation que **end**, et est plus courant quand il est transitif. Quand il est intransitif, **finish** est légèrement moins formel que **end**. **Finish** peut être suivi d'une forme verbale en -ing, ex. *Have you finished eating?*, mais pas **end**.

**finish** *vti* [voir note d'usage ci-dessus] finir *I haven't finished my work yet.* Je n'ai pas encore fini mon travail. *Work has finished on the new stretch of road.* Les travaux sont finis sur le nouveau tronçon de route.

**finish** *nd* [surtout d'une course] arrivée *It was a close finish.* C'était une arrivée serrée.

**complete** *vt* [plus formel que **finish**. Obj: ex. travail, voyage] achever, terminer *Building work has been completed.* Les travaux de construction sont achevés. *She completed the crossword in ten minutes.* Elle a terminé les mots croisés en dix minutes. **completion** *ni* [plutôt formel] achèvement

**stop** *v*, -pp- **1** *vit* [cesser une action] cesser, (s')arrêter *I've stopped using make-up.* J'ai cessé de me maquiller. *The bus stops outside my house.* Le bus s'arrête devant chez moi. *Has it stopped raining?*

La pluie a-t-elle cessé? *Stop the engine!* Coupez le moteur! **2** *vt* (souvent + **from**) [empêcher] arrêter, empêcher *They can't stop the wedding.* Ils ne peuvent pas empêcher le mariage. *She stopped me sending the letter.* Elle m'a empêché d'envoyer la lettre.

---

**usage**

Notez les structures verbales suivantes, utilisées pour indiquer les sens différents de **stop:**

(**+ to +** INFINITIF) [interrompre une action pour faire autre chose] *He stopped to tie his shoelace.* (Il s'arrêta pour nouer son lacet.)

(**+ -ing**) [cesser une activité] *She stopped eating.* (Elle s'arrêta de manger.)

---

**stop** *nd* arrêt *a four hour journey allowing for stops* un voyage de quatre heures compte tenu des arrêts **come to a stop** s'arrêter **put a stop to** mettre un terme à

**halt** *v* [plus formel que **stop**] **1** *vit* s'arrêter, faire halte *The vehicle halted outside a shop.* Le véhicule s'arrêta devant un magasin. **2** *vt* [empêcher] faire s'arrêter, interrompre *Strikes have halted production.* Les grèves ont interrompu la production.

**halt** *nd* [principalement utilisé dans des expressions figées] halte, arrêt **come to a halt** faire halte, s'arrêter, être interrompu **bring to a halt** arrêter

**cease** *vit* [formel] cesser *We have ceased manufacture of that model.* Nous avons cessé la fabrication de ce modèle. (**+ to +** INFINITIF) *Without your support the club would cease to exist.* Sans votre soutien, le club cesserait d'exister.

**give up** (sth) ou **give** (sth) **up** *vti prép* **1** [cesser de faire qch] cesser *I gave up smoking.* J'ai cessé de fumer. **2** *vi prép* [cesser d'essayer de faire qch] renoncer

**quit** *vti*, **-tt-**, prét & part passé **quit** (*surtout US*) [cesser de faire. Implique parfois un départ] quitter *She quit her job.* Elle a quitté son emploi. (**+ -ing**) *I quit smoking two years ago.* Il y a deux ans que j'ai cessé de fumer.

**conclude** *vit* [formel] conclure, (se) terminer *The service concludes with the blessing.* L'office se termine par la bénédiction. *some concluding remarks* quelques remarques pour conclure/en guise de conclusion

**conclusion** *ni* [formel] conclusion *a fitting conclusion to the day* quelque chose qui conclut bien la journée

*In conclusion, I would just like to say ...* En conclusion, je voudrais simplement dire ...

### 34.1 Annuler

**cancel** *vt* (*Brit*) **-ll-**, (*US*) **-l-** [obj: ex. voyage, rendez-vous, train] annuler *They've cancelled their order for five new aircraft.* Ils ont annulé leur commande de cinq nouveaux avions.

**cancellation** *n* **1** *ni* annulation **2** *nd* désistement, réservation annulée *The flight is fully booked, but you may get a cancellation.* Le vol est complet, mais vous pourrez peut-être profiter d'un désistement.

**call** sth **off** ou **call off** sth *vt prép* [moins formel que **cancel**] annuler *The match was called off because of bad weather.* Le match a été annulé en raison du mauvais temps.

**terminate** *vit* [formel. Suggère la finalité et la formalité. Obj: ex. accord, contrat, relation] mettre fin à, résilier *The train terminates here.* C'est le terminus du train. *terminate a pregnancy* interrompre une grossesse

**termination** *n* **1** *ni* résiliation, révocation **2** *nd* [avortement] interruption de grossesse

**abolish** *vt* [mettre officiellement fin à. Obj: institution, coutume] abolir **abolition** *ni* abolition

### 34.2 Dernier

**last** *adj* dernier *The last train leaves at 22.40.* Le dernier train part à 22:40. *I gave her my last penny.* Je lui ai donné mon dernier franc.

**last** *adv* en dernier *We were (the) last to arrive.* Nous étions les derniers à arriver. *And **last but not least**, a big thank you to my parents.* Et en dernier mais pas par ordre d'importance, un grand merci à mes parents.

**lastly** *adv* [introduit le dernier d'une série de points, questions, etc.] enfin *Lastly, I should like to thank the organisers.* Enfin, je voudrais remercier les organisateurs.

**final** *adj* [légèrement plus formel et plus emphatique que **last**] final, dernier *This is your final chance!* C'est ta dernière chance! *our final offer* notre dernière offre

**finally** *adv* **1** [en dernier lieu] enfin **2** [pour finir] finalement *So you've finally succeeded.* Ainsi tu as fini par réussir.

---

## 35 Real Réel

voir aussi **215 True**

**real** *adj* [terme général] réel, véritable *real orange juice* véritable jus d'orange *real life situations* situations de vie réelle

**reality** *nid* réalité *It's about time you faced reality.* Il est temps que tu affrontes la réalité. *Manned space flight is already a reality.* Les vols spatiaux habités sont déjà une réalité.

**genuine** *adj* **1** [pas faux. Décrit: surtout objet, matière de valeur] véritable, authentique *genuine crocodile-skin shoes* des chaussures en peau de crocodile véritable *Is the painting genuine?* Le tableau est-il authentique? **2** [sincère. Décrit: ex. sentiment, offre] sincère, franc, sérieux *a genuine mistake* une véritable

erreur (qui n'est pas faite exprès) **genuinely** *adv* sincèrement, véritablement

**authentic** *adj* [fait, écrit etc. par son auteur prétendu. Décrit: ex. objet, document, pas des matières] authentique *an authentic sample of Mozart's handwriting* un échantillon authentique de l'écriture de Mozart **authenticity** *ni* authenticité

**actual** *adj* (devant *n*) **1** [pas imaginaire] réel, véritable *The actual election doesn't take place until next week.* La véritable élection n'a pas lieu avant la semaine prochaine. *In actual fact there are two copies.* En réalité, il y a deux exemplaires. **2** [utilisé pour insister sur le fait qu'un objet, un lieu, etc. est particulier] même, véritable *This is the actual knife the murderer used.* Voici le couteau même que le meurtrier a utilisé. *Those were his actual words.* Ce furent ses paroles mêmes.

**actually** *adv* en réalité *The soup looks awful, but actually it tastes good.* La soupe a l'air infecte, mais à vrai dire elle a bon goût. [souvent utilisé pour marquer un désaccord] *Actually, I think we should charge more than that.* A vrai dire, je crois que nous devrions faire payer plus cher.

**proper** *adj* (devant *n*) [souvent utilisé de façon relativement informelle pour insister sur le fait qu'on fait référence au sens complet du mot en question, et pas à un sens atténué] véritable, à proprement parler

*Have you had a proper meal?* Avez-vous pris un véritable repas? *I want a proper job, not part-time work.* Je veux un véritable emploi, pas un travail à mi-temps.

**concrete** *adj* **1** [existant vraiment. Décrit: objet] concret *I want something more concrete than a promise to pay.* Je veux quelque chose de plus concret qu'une promesse de payer. **2** [spécifique, défini. Décrit: ex. proposition, preuve] concret

**tangible** *adj* [plutôt formel. Qui peut être perçu clairement] tangible, matériel *tangible assets* biens matériels *The reforms have had no tangible results yet.* Les réformes n'ont pas encore produit de résultats tangibles.

## 36 Unreal Irréel

voir aussi **56 Copy**; **216 Untrue**

**imaginary** *adj* imaginaire *an imaginary friend* un ami imaginaire

**imagine** *vt* [croire à tort] imaginer *Nobody's trying to hurt you – you're just imagining things!* Personne ne te veut du mal – tu t'imagines des choses!

**non-existent** *adj* inexistant *Public transport is practically non-existent here.* Les transports en commun sont pour ainsi dire inexistants par ici.

**fake** *adj* [décrit: ex. oeuvre d'art, matériau, bijou] faux *fake money* fausse monnaie **fake** *nd* faux

**fake** *vti* [obj: ex. objet, émotion] contrefaire, falsifier *We bought faked documents.* Nous avons acheté des documents falsifiés.

**pretend** *vit* [feindre] faire semblant *She pretended not to notice me.* Elle a fait semblant de ne pas me voir. (+ **that**) *I pretended that I didn't know.* J'ai fait semblant de ne pas savoir.

**pretend** *adj* (devant *n*) [plus informel que **imaginary**. Souvent utilisé par ou avec les enfants] pour (de) rire *a pretend gun* un fusil pour rire

**pretence** (*Brit & US*), **pretense** (*US*) *nid* cinéma, comédie, tape à l'oeil *There are no diamonds – that was all pretence.* Il n'y a pas de diamants, c'était du tape à l'oeil. *false pretences* faux prétextes *You've brought me here **under false pretences**.* Vous m'avez amené ici sous des prétextes fallacieux.

## 37 Seem Sembler

**seem** *vi* (pas utilisé au présent continu) sembler, avoir l'air (+ *adj*) *It seems very hot in here.* Il a l'air de faire très chaud ici (dedans). (+ **to** + INFINITIF) *He seemed to sway.* Il avait l'air de tituber. (+ **like**) *It seems like yesterday.* C'est comme si c'était hier. *It seems as if they have gone.* On dirait qu'ils sont partis.

**appear** *vi* (pas utilisé au présent continu) [souvent assez formel] paraître, sembler (+ *adj*) *You appear surprised.* Vous paraissez surpris. (+ **to** + INFINITIF) *The room appeared to be empty.* La pièce semblait vide. *It appears that she gave him the wrong information.* Il semble qu'elle lui a donné de mauvais renseignements.

**appearance** *ndi* (souvent + *pl*) apparence *Appearances can be deceptive.* Les apparences sont parfois trompeuses. *to keep up appearances* pour sauver les apparences/pour la forme *By/To all appearances ...* Selon toute apparence ...

**look** *vi* **1** sembler, avoir l'air *You're looking well.* Tu as bonne mine. *It looks as though it's going to rain.* On

dirait qu'il va pleuvoir. *It looks as though we'll have to cancel the show.* Il semble qu'il va falloir annuler le spectacle. **2** (+ **like**) ressembler *She looks like Greta Garbo.* Elle ressemble à Greta Garbo.

**look** *nd* aspect, air, allure *The farm had a neglected look.* La ferme avait un air négligé. *I don't **like the look of** that dog.* Ce chien a une tête qui ne me revient pas. *We're in for a hard time **by the look(s) of it**.* Tout laisse à penser que nous allons connaître des moments difficiles.

**impression** *nd* (gén pas de *pl*) impression *I got the impression he was lying.* J'avais l'impression qu'il mentait. *The house gives an impression of grandeur.* La maison donne une impression de grandeur. *You can't judge by **first impressions**.* On ne peut pas juger selon les premières impressions.

**superficial** *adj* [en surface. Décrit: ex. ressemblance] superficiel **superficially** *adv* superficiellement

## 38 Shapes Formes

**shape** *nd* forme *a card in the shape of a heart* une carte en forme de coeur

**form** *nd* [légèrement plus abstrait et littéraire que **shape**] forme *The form of a building was just visible.* On distinguait à peine la forme d'un bâtiment.

## 38.1 Formes planes

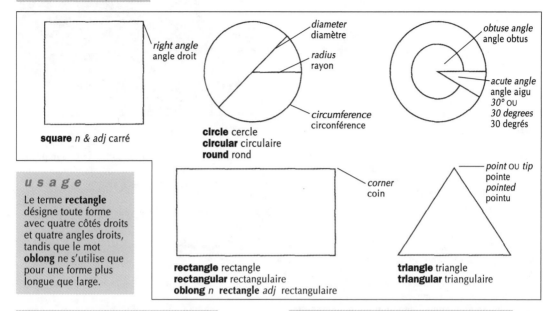

**square** *n & adj* carré

*diameter*
diamètre

*radius*
rayon

*circumference*
circonférence

**circle** cercle
**circular** circulaire
**round** rond

*obtuse angle*
angle obtus

*acute angle*
angle aigu
*30°* OU
*30 degrees*
30 degrés

*right angle*
angle droit

*corner*
coin

**rectangle** rectangle
**rectangular** rectangulaire
**oblong** *n* rectangle *adj* rectangulaire

*point* OU *tip*
pointe
*pointed*
pointu

**triangle** triangle
**triangular** triangulaire

*u s a g e*

Le terme **rectangle** désigne toute forme avec quatre côtés droits et quatre angles droits, tandis que le mot **oblong** ne s'utilise que pour une forme plus longue que large.

## 38.2 Formes à trois dimensions

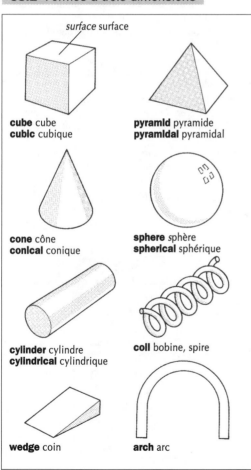

*surface* surface

**cube** cube
**cubic** cubique

**pyramid** pyramide
**pyramidal** pyramidal

**cone** cône
**conical** conique

**sphere** *sphère*
**spherical** sphérique

**cylinder** cylindre
**cylindrical** cylindrique

**coil** bobine, spire

**wedge** coin

**arch** arc

## 38.3 Formes utilisées en décoration

**design** *nd* [forme ou motif, pas nécessairement répété] dessin

**pattern** *nd* [dessin généralement répété, utilisé en décoration] motif *a floral pattern* un motif floral
**patterned** *adj* à motifs, imprimé

**stripe** *nd* rayure **striped** *adj* à rayures

**dot** *nd* pois

**spot** *nd* pois **spotted** *adj* à pois

**check** *nd* carreau **checked** *adj* à carreaux

## 38.4 Lignes

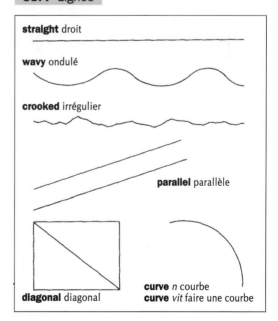

**straight** droit

**wavy** ondulé

**crooked** irrégulier

**parallel** parallèle

**diagonal** diagonal

**curve** *n* courbe
**curve** *vit* faire une courbe

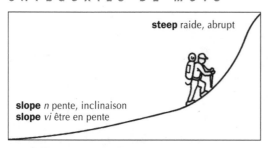

**steep** raide, abrupt

**slope** *n* pente, inclinaison
**slope** *vi* être en pente

**row** *rangée*

## 38.5 Formes irrégulières

**lump** *nd* [petite masse, se trouvant parfois dans une autre substance] morceau, motte, grumeau *a lump of rock* un éclat de pierre *The porridge was full of lumps.* Le porridge était plein de grumeaux.

**lumpy** *adj* [gén péjoratif] grumeleux *lumpy custard* crème (anglaise) grumeleuse

**bump** *nd* [dépasse d'une surface plane] bosse *You've got a bump on your forehead.* Tu as une bosse sur le front. *bumps in the road* bosses sur la route **bumpy** *adj* bosselé, défoncé

**shapeless** *adj* [décrit: ex. masse, vêtement] informe, sans forme

**baggy** *adj* [décrit: surtout des vêtements] trop ample, flottant

## 39 Shape Façonner

**shape** *vt* [gén avec les mains ou un outil. Action toujours volontaire] façonner

**-shaped** *adj* en forme de *an egg-shaped stone* une pierre ovoïde/en forme d'oeuf

**form** *vti* [légèrement plus formel que **shape**. Action volontaire ou non] (se) former, façonner *Form the sausage meat into balls.* Faites des boulettes de viande hachée. *The children formed a straight line.* Les enfants formaient une ligne droite. *Icicles formed below the*

*windowsill.* Des glaçons se sont formés sous le rebord de la fenêtre.

**mould** (*Brit*), **mold** (*US*) *vt* [gén former avec les mains ou avec un moule. Obj: ex. plastique, argile] modeler, mouler **mould** *nd* moule, forme

**bend** *vti*, *prét & part passé* **bent** (se) courber, fléchir **bend** *nd* coude

**fold** *vti* [obj: ex. vêtement, journal] (se) plier *The bed folds away.* Le lit se replie. *to fold one's arms* se croiser les bras **fold** *nd* pli

**flatten** *vti* [obj: ex. surface, bout] aplatir, abattre [implique souvent une action énergique ou violente] *trees flattened by the gales* des arbres abattus par les bourrasques

**straighten** *vti* tendre, étendre *I couldn't straighten my leg.* Je n'arrivais pas à tendre la jambe.

### usage

**Shape**, **form**, et **mould** peuvent s'utiliser au sens figuré pour décrire les effets d'événements et d'expériences. ex. *His character was shaped by his wartime experiences.* (Son caractère s'est forgé dans ses expériences de guerre.)

## 40 Dimensions Dimensions

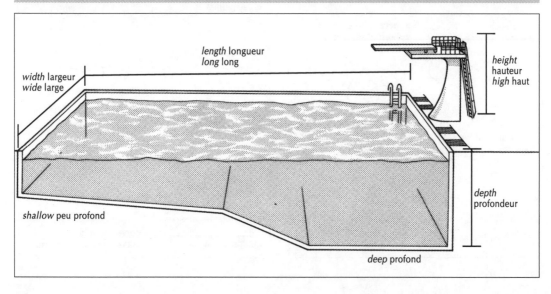

*length* longueur
*long* long

*width* largeur
*wide* large

*height* hauteur
*high* haut

*depth* profondeur

*shallow* peu profond

*deep* profond

Wide s'utilise plus souvent que **broad**. **Broad** donne plus une impression d'espace et de confort que **wide**, ainsi les *broad streets* (rues larges) semblent être plus séduisantes que les *wide streets* (rues larges). Lorsqu'on donne les dimensions d'un objet, on utilise généralement **wide**. **Broad** s'utilise souvent pour décrire les parties du corps humain et peut impliquer une idée de force: ex. *broad shoulders/hips* (larges épaules/hanches). **Broad** et **wide** peuvent tous deux s'utiliser de façon imagée avec des mots comme **range** (éventail) et **selection** (choix).

**a broad avenue** une large avenue

**a narrow footpath** un sentier étroit

**Thick** (épais) s'utilise généralement pour décrire des choses perçues comme étant solides, comme les murs ou le verre, ou composées d'une seule substance, comme les liquides. **Dense** (dense) s'utilise généralement pour les choses composées de nombreux éléments ou particules concentrés dans un espace limité. **Density** (densité) s'utilise souvent dans des contextes scientifiques, tandis que **thickness** (épaisseur, densité) est un terme général.

**a dense crowd** une foule dense

**thick soup** de la soupe épaisse

## 41 Size Taille

**quantity** *ndi* [gén pour des choses concrètes, pas des choses abstraites] quantité *He consumed an enormous quantity/enormous quantities of beer.* Il a consommé une quantité énorme de bière. *to buy/manufacture in quantity* acheter/fabriquer en (grande) quantité

**amount** *ndi* 1 [gén utilisé avec les noms abstraits] quantité *I view their claims with **a certain amount of** scepticism.* J'accueille leurs revendications avec scepticisme. ***No amount of** persuasion will make her change her mind.* On ne la persuadera jamais de changer d'avis. 2 [d'argent] somme, montant *Half the amount is still owing.* Il reste encore à payer la moitié de la somme.

**area** *ndi* [terme général et mathématique] aire, superficie, zone, région *the area of a triangle/circle* l'aire d'un triangle/cercle *The oil spread over a large area.* Le pétrole s'est répandu sur une large zone. *voir aussi **14 Areas**

**extent** *nid* (pas de *pl*) 1 [dimension en superficie ou extension] longueur, étendue *She stretched her arm out to its full extent.* Elle tendit son bras le plus loin possible. 2 [degré] étendue, ampleur, mesure, degré *We don't yet know the extent of the damage.* Nous ne connaissons pas encore l'ampleur des dégâts. ***To what extent** were they responsible for the error?* Dans quelle mesure étaient-ils responsables de l'erreur? ***to a certain extent*** dans une certaine mesure

**space** *nid* [espace physique] espace, place *There's just enough space for the cupboard against that wall.* Il y a juste assez de place pour l'armoire contre ce mur. *The refrigerator won't fit into the space we left for it.* Le réfrigérateur n'ira pas dans la place que nous lui avons laissée. *wide open spaces* grands espaces vides

**room** *ni* [espace libre] place *Is there room for me in the car?* Y a-t-il place pour moi dans la voiture?

**volume** *ni* 1 [mathématique] volume *the volume of a sphere/cube* le volume d'une sphère/d'un cube *8% alcohol by volume* alcool à 8% par volume 2 [plutôt formel. Quantité] volume *the volume of work/trade/ traffic* le volume de travail/de commerce/de trafic

**capacity** *nid* [quantité que quelque chose peut contenir. Plutôt technique] capacité, contenance *tank with a capacity of 2,000 litres* réservoir d'une capacité de 2 000 litres *seating capacity* nombre de places assises *The hall was **filled/full to capacity**.* La salle était comble. (utilisé comme *adj*) *There was a capacity crowd.* Il n'y avait plus de places libres.

**dimensions** *n pl* [plutôt formel] étendue, dimension *a task of huge dimensions* une tâche de grande envergure

**proportions** *n pl* [suggère l'idée de forme et de taille. Parfois utilisé de façon humoristique que **dimensions**] proportions, dimensions *his ample proportions* ses mensurations généreuses *It's a way of reducing the task to more manageable proportions.* C'est une façon de ramener la tâche à des proportions plus maniables.

**scale** *n* 1 *nid* (pas de *pl*) échelle *The sheer scale of the building is breathtaking.* Rien que la taille du bâtiment est à couper le souffle. *Television coverage **on this scale** is unprecedented.* Une couverture télévisée à cette échelle est sans précédent. *a **large-scale** undertaking* une entreprise de grande envergure *a **full-scale** reorganization* une réorganisation complète 2 *nd* échelle. *The map is not **to scale**.* La carte n'est pas à l'échelle.

## 42 Big Grand

voir aussi **48 Fat**; ant **44 Small**

**large** adj [légèrement plus formel que **big**. Pas utilisé dans le sens de **high** ou **tall**. Décrit: ex. quantité, superficie] grand a *large number of people* un grand nombre de personnes

**long** adj [décrit: taille, distance, durée] long *It's a long way from here.* C'est loin d'ici. *a long corridor* un long couloir

**long** adv longtemps *Have you lived here long?* Vivez-vous ici depuis longtemps?

**tall** adj [voir USAGE ci-dessous] grand, haut, élevé

> ### usage
>
> **Tall** (ant **short**) peut décrire des personnes et des objets de taille élevée (grande distance entre le haut et le bas). **High** (ant **low**) ne s'utilise pas pour les personnes, mais décrit la position d'objets par rapport au sol, ou le fait que les objets sont de taille élevée. Donc, *a high window* (une fenêtre haute ou élevée) peut être une fenêtre qui a une grande distance entre le haut et le bas, ou une fenêtre qui est haut au-dessus du sol.

**spacious** adj [élogieux. Ayant beaucoup de place. Décrit: ex. maison] spacieux *spacious accommodation* un logement spacieux

**extensive** adj [implique qu'une zone importante ou un large éventail de choses sont en cause. Décrit: ex. dégâts, test, altération] vaste, étendu *an extensive knowledge of French literature* une connaissance étendue de la littérature française **extensively** adv largement

**considerable** adj [plutôt formel. Implique l'importance ou le caractère impressionnant de la chose décrite. Décrit: ex. quantité, danger, amélioration, talent. Ne fait pas référence à la taille d'objets particuliers] considérable *They have spent a considerable sum on his education.* Ils ont dépensé une somme considérable pour ses études.

**considerably** adv considérablement *Circumstances have altered considerably since we last spoke.* La situation s'est considérablement modifiée depuis notre dernière discussion.

**substantial** adj [plutôt formel. Implique la solidité et l'importance] substantiel, important, solide *The industry needs substantial investment.* L'industrie a besoin d'investissements substantiels. *substantial evidence* preuve solide *a substantial meal* [nourrissant] un repas copieux

**substantially** adv considérablement *substantially different* très différent

**bulky** adj [implique une idée de lourdeur et d'encombrement. Décrit: ex. colis, matériel] volumineux, encombrant

### 42.1 Très grand

> ### usage
>
> **Enormous**, **huge**, **immense**, **gigantic**, et **colossal** signifient tous 'très grand'. **Enormous** et **huge** sont plus courants que les autres, **gigantic** s'utilise dans des contextes légèrement plus informels, tandis que **immense** et **colossal** sont un peu plus littéraires. **Gigantic**, **immense**, et **colossal** sont légèrement plus emphatiques que **huge** et **enormous**. Ils peuvent tous se rapporter à des objets concrets et des choses abstraites, comme des problèmes ou des quantités. On peut renforcer le sens de tous ces adjectifs en ajoutant **absolutely**, ex. *Their house is absolutely enormous!* (Leur maison est absolument énorme!)

**vast** adj [implique une large zone. Décrit: surtout quantités, superficies, généralement pas des choses vivantes] vaste *vast plains* de vastes plaines

**massive** adj [implique la force et la solidité] énorme *a massive rock* un énorme rocher [assez informel quand il sert à exprimer l'exagération] *a massive spider* une énorme araignée *a massive heart attack* [extrêmement sévère] une grave crise cardiaque

**giant** adj (devant n) [décrit: les objets, pas les quantités ou les superficies] géant *a giant octopus* une pieuvre géante *a giant packet of soap powder* un baril géant de lessive

**giant** nd [créature de conte de fées ou personne très grande] géant

## 43 Large quantity Grande quantité

voir aussi **42 Big; 50 Whole; 51 Enough; 332 Full**; ant **45 Small quantity**

**plentiful** adj [n'est pas utilisé dans des contextes informels. Implique de grandes quantités disponibles. Décrit: surtout des réserves, provisions] abondant

**abundant** adj [semblable à **plentiful**] abondant

**abundance** nid (pas de pl) abondance, profusion *She has ideas in abundance, but no practical experience.* Elle a des idées à profusion, mais aucune expérience pratique. *an abundance of food and drink* une abondance de nourriture et de boissons

**majority** n 1 nd (pas de pl; + v sing ou pl) majorité, plupart *the majority of voters* la majorité des électeurs

*Those who object to the changes are clearly in a/the majority here.* Ceux qui sont contre les changements sont nettement majoritaires ici. (utilisé comme adj) *the majority opinion* l'avis de la majorité **2** nd [différence en nombre] majorité *She won by a majority of 50 votes.* Elle l'a emporté avec une majorité de 50 voix.

**maximum** nd maximum *This lift takes a maximum of 10 people.* Cet ascenseur peut contenir un maximum de 10 personnes.

**maximum** adj (devant n) [décrit: ex. température, niveau, nombre] maximal, maximum

## 43.1 Grand nombre de choses superposées

**a stack/pile of plates** une pile d'assiettes

**a pile/stack of plates** une pile d'assiettes

**a heap/pile of dirty dishes** un amoncellement/ tas de vaisselle sale

**a heap of broken crockery** un tas de vaisselle brisée

**stack** *nd* [net, avec des côtés verticaux ou presque, gén fait de choses de même type, taille, et forme] pile **stack** *vt* empiler

**pile** *nd* [souvent moins net et uniforme qu'un **stack**. Peut avoir les côtés en pente ou une forme irrégulière] pile, tas

**pile** *vt* (souvent + **up**) empiler, entasser

**heap** *nd* [généralement aux côtés en pente, de forme irrégulière ou en désordre. Se compose souvent d'objets de différentes sortes] tas *a compost heap* un tas de compost

## 43.2 Termes informels utilisés pour les grandes quantités

**lot** ou **lots** (gén + **of**) beaucoup, des tas de *You made a lot of noise last night.* Tu as fait beaucoup de bruit la

*usage*

**Stack**, **pile**, **heap**, et **load** s'utilisent dans les structures suivantes avec le sens de "grande quantité":
1) *stacks/piles/heaps/loads of sth*
2) *a stack/pile/heap/load of sth*

Ces expressions sont toutes informelles, et peuvent être utilisées avec des noms dénombrables et indénombrables:
Ex. *We've got loads of time.* (On a tout le temps.)
*There's stacks of work to do.* (On a plein/un tas de travail à faire.)
*I gave him a load of books.* (Je lui ai donné un tas de livres.)

nuit dernière. *We've got lots to do.* On a des tas de choses à faire.

**bags** *(Brit) n pl* (toujours + **of**) plein de *There's bags of room in the car.* Il y a plein de place dans la voiture. *bags of charm* plein de charme

**masses** *n pl* (gén + **of**) un tas de, plein *masses of people* une foule de gens *Don't bring any food, we've got masses.* N'apporte pas de nourriture, on en a plein.

**mass** *nd* (gén + **of**) [plutôt formel] une multitude de *We received a mass of letters.* Nous avons reçu une multitude de lettres.

**tons** *n pl* (gén + **of**) des tonnes de *tons of food* des tonnes de nourriture

**galore** *adj* (après *n*) [pas aussi informel que **stacks**, **heaps**, etc., mais généralement pas utilisé dans des contextes formels. Plutôt utilisé à titre appréciatif] à la pelle *There are opportunities galore in the USA.* Il y a des opportunités à la pelle aux Etats-Unis.

*expression*

**more than one bargained for** [quantité, réaction, conséquence etc. qui surprend déplaisamment] avoir du fil à retordre *When I challenged her to an argument I got rather more than I had bargained for.* Quand je l'ai entraînée dans une discussion, j'ai eu du fil à retordre.

# 44 Small Petit

voir aussi **49 Thin**; ant **42 Big**

**little** *adj* [suggère souvent l'aspect attachant ou charmant de la petite taille de la chose décrite. Le comparatif (**littler**) et le superlatif (**littlest**) sont assez rares, et impliquent une délicatesse excessive] petit *What a dear little kitten!* Quel charmant petit chaton! *I used a little bit of your face cream.* J'ai utilisé un peu de ta crème pour le visage. *in a little while* dans un petit moment

**tiny** *adj* [extrêmement petit. Comme **little**, il peut servir à souligner le côté charmant des choses décrites, mais il peut aussi être utilisé de façon péjorative] très petit, minuscule *tiny babies* de tout petits bébés *The portions they served were tiny.* Les portions qu'ils ont servies étaient minuscules.

**minute** *adj* [encore plus petit que **tiny**. Souvent utilisé

pour insister] minuscule *This kitchen is absolutely minute!* Cette cuisine est absolument minuscule!

**miniature** *adj* [de taille réduite par rapport à la normale] miniature *a miniature railway* un chemin de fer miniature *a miniature poodle* un caniche nain (utilisé comme *n*) *The model shows the whole town in miniature.* La maquette représente toute la ville en miniature. **miniature** *nd* [tableau] miniature

**dwarf** *adj* [décrit: surtout plantes, animaux etc.] nain *a dwarf conifer* un conifère nain **dwarf** *nd, pl* **dwarfs** ou **dwarves** nain

**dwarf** *vt* écraser *The church is dwarfed by surrounding skyscrapers.* L'église est écrasée par les tours avoisinantes.

**compact** adj [appréciatif. Implique que beaucoup est contenu dans peu de place] compact

**slight** adj 1 [insignifiant. Décrit: ex. mal, adaptation, faute] léger, négligeable *There has been a slight improvement in our sales.* Il y a eu une légère augmentation de nos ventes. 2 [petit et mince. Décrit: personne] frêle *his slight frame* son corps frêle

**slightly** adv [dans une petite mesure] légèrement *slightly more common* un peu plus courant

### 44.1 De petite taille

**short** adj [décrit: ex. personne, distance, période de temps] petit, court *short trousers* culottes courtes *In short, the play was a total flop.* En bref, la pièce a été un bide complet.

**low** adj [décrit: ex. plafond, température, prix, *pas* les personnes] bas *low cloud* nuage bas *families on low incomes* ménages à bas revenus

## 45 Small quantity Petite quantité

voir aussi **44 Small**; ant **43 Large quantity**

**minority** nd (pas de *pl*; + *v sing* ou *pl*) minorité *A small minority of the crowd caused trouble.* Une (petite) minorité des personnes assemblées a semé le trouble. *Parents with young children were in the/a minority at the meeting.* Les parents accompagnés de jeunes enfants étaient minoritaires à la réunion.

**minimum** nd minimum *I need a minimum of 5 volunteers.* J'ai besoin d'un minimum de cinq volontaires.

**minimum** adj (devant *n*) [décrit: ex. température, niveau, nombre] minimum, minimal *a minimum charge of £2.50* un prix minimum de £2,50

### 45.1 Adjectifs décrivant des petites quantités

**scant** adj (devant *n*) [légèrement formel et implique souvent la désapprobation. Décrit: surtout les choses abstraites, ex. respect, considération] très/trop peu abondant *She paid scant attention to her parents' warnings.* Elle a à peine prêté attention aux avertissements de ses parents.

**scanty** adj [insuffisant. Implique souvent la désapprobation. Décrit: ex. repas, stocks, bikini] minuscule

**scantily** adv insuffisamment *scantily-clad models* mannequins vêtus du strict minimum

**skimpy** adj [plus péjoratif que **scanty**] insuffisant

**skimp on** sth vt prép [utilise moins que nécessaire pour faire des économies] lésiner sur *If you skimp on fabric, the dress won't hang properly.* Si tu lésines sur le tissu, la robe ne tombera pas bien.

**mere** adj (devant *n*; pas de *comp*) [met l'accent sur la petitesse ou l'insignifiance de qch] simple *The mere mention of his name is forbidden.* Le simple fait de mentionner son nom est interdit.

**merely** adv [plutôt formel] simplement *I was merely trying to be helpful.* J'essayais simplement d'être serviable.

**meagre** (*Brit*), **meager** (*US*) adj [péjoratif. Pas suffisant. Peut impliquer une idée de mesquinerie. Décrit: ex. repas, somme d'argent] maigre

**measly** adj [informel et péjoratif. Exprime le mépris] misérable *Two measly sausages – is that all we get?* Deux misérables saucisses – est-ce là tout ce qu'on reçoit?

**sparse** adj [peu serré ou éparpillé. Décrit: ex. population, végétation] clairsemé

**sparsely** adv de façon clairsemée *sparsely furnished/populated* peu meublé/peuplé

**expression**

**thin on the ground** (*Brit*) [informel] rare *Good restaurants are a bit thin on the ground round here.* Les bons restaurants sont rares par ici.

### 45.2 Petites parts

voir aussi **52 Part**

**a little** pron un peu *I'll have a little of the soup.* Je prendrai un peu de cette soupe. *Give us a little more time.* Donnez-nous un peu plus de temps.

**fraction** nd (gén + **of**) [utilisé pour les choses que l'on peut mesurer, ex. distance, temps, quantité] fraction *The bullet missed me by a fraction of an inch.* La balle m'a manqué d'un cheveu. *a fraction of a second* une fraction de seconde *a fraction of the cost* une fraction/partie du coût

**fragment** nd [quand il est utilisé à propos de matières, il décrit des substances qui se brisent en mille morceaux, ex. verre, porcelaine, os] fragment *Fragments of folk songs are found in the symphony.* On retrouve des fragments de chansons populaires dans la symphonie.

**fragmentary** adj [souvent assez péjoratif. Décrit: ex. compte rendu, connaissances] fragmentaire

**scrap** nd [quand il est utilisé à propos de matières, il décrit surtout les substances qui se déchirent, ex. papier, tissu, nourriture] bout, brin *There's not a scrap of evidence to support his claim.* Il n'y a pas la moindre preuve de ce qu'il affirme.

**grain** nd [de riz, sable, etc.] grain *There isn't a grain of truth in the allegation.* Il n'y a pas un brin de vérité dans ces affirmations.

**trace** adj [quand il est utilisé à propos de matières, il décrit surtout des liquides ou des substances qui salissent ou laissent des traces, ex. sang, poison] trace *There was a trace of anger in her voice.* Il y avait un soupçon de colère dans sa voix. *She vanished without trace.* Elle a disparu sans laisser de traces. *There's no trace of the car.* Il n'y a aucune trace de la voiture.

**handful** nd [gén utilisé à propos de personnes. Implique souvent un nombre étonnamment peu élevé] poignée *Only a handful of people turned up.* Seules quelques personnes sont venues.

# 46 Increase Augmenter

**increase** *vit* (souvent + **in, by**) [suj/obj: ex. taille, quantité, prix, *pas* une personne] augmenter *Output has increased by 3% in the last month.* La production a augmenté de 3% au cours du mois dernier.

**increase** *nd* (souvent + **in**) augmentation *a wage/price increase* une augmentation de salaire/de prix *Absenteeism is **on the increase**.* L'absentéisme est en augmentation.

**grow** *vi, prét* **grew** *part passé* **grown** [suj: ex. personne, plante, entreprise] croître, se développer *Britain's fastest-growing supermarket chain* la chaîne de supermarchés de Grande-Bretagne qui se développe le plus rapidement *Fears are growing for the child's safety.* On craint de plus en plus pour la sécurité de l'enfant.

**growth** *ni* (souvent + **in**) croissance *a period of economic growth* une période de croissance économique

**spread** *v, prét & part passé* **spread** 1 *vit* [légèrement moins formel que **expand**, exprime souvent une action involontaire. Souvent utilisé à propos de choses abstraites. Suj: ex. eau, feu, troubles] (se) répandre, (s')étendre *Unrest has spread throughout the country.* L'agitation a gagné le pays tout entier. 2 *vt* [obj: ex. beurre] étendre, tartiner

**spread** *ni* propagation, diffusion *the spread of the disease* la propagation de la maladie

### *locution comparative*

**to spread like wildfire** se répandre comme une traînée de poudre

**expand** *vit* [suggère gén une augmentation en surface ou volume. Souvent volontaire] (se) développer, (se) dilater *Our business is expanding.* Notre affaire se développe. *Wet weather makes the wood expand.* L'humidité fait se dilater le bois.

**expansion** *nid* développement, essor, expansion *industrial expansion* essor industriel

**swell** *vit, prét* **swelled** *part passé* **swollen** [a souvent la connotation négative d'une croissance supérieure à la croissance normale ou souhaitable. Suj: ex. cheville, cours d'eau, foule] gonfler, enfler

**stretch** *v* 1 *vti* [devenir plus long, plus large, surtout avec effort] (se) tendre, (s')allonger, (s')élargir *My jumper stretched in the wash.* Mon pull s'est allongé au lavage. *Stretch the tyre over the wheel frame.* Montez le pneu sur la jante. 2 *vti* [tendre à fond] (se) tendre, (s')étirer *He stretched out his arm.* Il tendit le bras. *The rope won't stretch as far as the tree.* La corde n'arrive pas à l'arbre. 3 *vi* [s'étendre dans l'espace] s'étendre *the road stretched ahead.* La route s'étendait au loin.

**stretch** *nd* 1 étirement *Give your muscles a stretch.* Etirez vos muscles. 2 [région] partie, tronçon *a short stretch of railway* un petit tronçon de voie ferrée

**extend** *v* 1 *vti* [en ajoutant une partie supplémentaire. Obj: ex. bâtiment, influence] prolonger *I've extended the deadline by a week.* J'ai prorogé l'échéance d'une semaine. 2 *vti* [tendre complètement] tendre, étendre *The cord is two metres long when fully extended.* La

corde fait deux mètres quand elle est tendue à fond. 3 *vi* [s'étendre dans l'espace] s'étendre

**extension** *n* 1 *nid* extension, prolongation *an extension of their powers* une extension de leurs pouvoirs 2 *nd* [partie de bâtiment] annexe

### *usage*

Dans les sens 1 et 2, **extend** implique que l'on ajoute quelque chose à ce qui existe déjà, tandis que **stretch** implique que l'on augmente la taille de ce dont on dispose. **Extend** est un rien plus formel que **stretch** dans le troisième sens.

enlargement agrandissement

**enlarge** *vti* agrandir

magnifying glass loupe

**magnify** *vt* grossir **magnification** *nid* grossissement

## 46.1 Termes mathématiques pour exprimer l'augmentation

**add** *vt* (souvent + **to**) ajouter, additionner *Can you add that to my bill, please?* Pouvez-vous ajouter cela à ma note/facture, s'il vous plaît? *This just adds to my worries.* Cela ne fait qu'accroître mes soucis.

**addition** *ni* addition, adjonction *There's been another addition to the family.* La famille s'est encore agrandie. *They want longer holidays **in addition to** higher pay.* Ils veulent de plus longues vacances en plus d'un salaire plus élevé.

**additional** *adj* (gén devant *n*) supplémentaire *There is no additional charge.* Il n'y a pas de supplément à payer.

**multiply** *vti, prét & part passé* **multiplied** (se) multiplier *Our problems have multiplied.* Nos problèmes se sont multipliés. **multiplication** *ni* multiplication

**double** *vti* doubler *Prices have doubled in the last year.* Les prix ont doublé en un an.

**double** *adj* (devant *n*) double *The coat has a double lining.* Le manteau a une double doublure. *She's earning double what I get.* Elle gagnè deux fois ce que je gagne.

**triple** adj (devant n) [composé de trois éléments] triple
**triple** vti tripler

**treble** adj (devant n) [utilisé lorsqu'il s'agit d'un numéro. Répété trois fois] triple **treble** vti tripler

### 46.2 Augmentation d'une dimension particulière

**deepen** vti 1 [obj/suj: ex. eau, trou] devenir plus profond, (s')approfondir 2 [devenir plus intense. Obj/suj: tristesse, crise] (s')aggraver, augmenter

**lengthen** vti (s')allonger I lengthened the dress. J'ai allongé la robe.

**widen** vti [obj/suj: ex. route, tunnel, connaissances] (s')élargir

**broaden** vti [souvent utilisé pour des choses plus abstraites que **widen**. Obj/suj: ex. perspectives, expérience] (s')élargir

**heighten** vti 1 [en hauteur] relever, rehausser 2 [en intensité. Obj/suj: ex. effet, contraste, excitation] augmenter, (s')intensifier

### 46.3 Métaphores exprimant l'augmentation

**mushroom** vi [surgir de terre soudainement. Souvent utilisé dans un sens assez péjoratif] pousser comme un champignon Factories have mushroomed in the area. Les usines ont poussé comme des champignons dans la région.

**snowball** vi grossir rapidement (littéralement: faire boule de neige) We started out with only two employees but the business just snowballed. Au début nous avions seulement deux salariés mais l'entreprise s'est rapidement développée.

**balloon** vi (souvent + out) [gonfler quand on le remplit d'air ou comme si on le remplissait d'air] gonfler, être ballonné Her ankles ballooned when she was pregnant. Elle avait les chevilles enflées quand elle était enceinte.

## 47 Decrease Diminuer

voir aussi **412 Fall**

**decrease** vit [terme général utilisé à propos de dimensions et de quantités] diminuer Investment decreased by 20% last year. Les investissements ont diminué de 20% l'année dernière.
**decrease** ndi (souvent + in) diminution, baisse Inflation is **on the decrease**. L'inflation est en baisse.

**reduce** vt [en taille ou quantité] réduire, diminuer Reduce the temperature after 20 minutes. Réduisez la température après 20 minutes. This has reduced my chances of promotion. Ceci a réduit mes chances de promotion.
**reduction** ni 1 (souvent + in) réduction, diminution 2 (+ on) remise a 10% reduction on the original price une remise de 10% sur le prix de départ

**lessen** vti [n'est pas utilisé à propos de la taille. Obj: impact, risque, probabilité] diminuer, (s')amoindrir

**diminish** vti [n'est pas utilisé à propos de la taille. Légèrement plus formel que **lessen**] diminuer, (s')estomper This has not diminished our determination. Ceci n'a pas diminué notre détermination. Their profits diminished over the years. Leurs bénéfices ont diminué au fil des ans.

**dwindle** vi (souvent + away) [met l'accent sur l'évolution progressive de la diminution. Implique qu'il ne reste rien ou presque] tomber peu à peu, se contracter dwindling resources/profits ressources/bénéfices réduits en peau de chagrin

**shrink** vit, prét **shrank** part passé **shrunk** [suj/obj: ex. tissu, vêtement, valeur] rétrécir, diminuer Our membership has shrunk to a quarter of its original size. Le nombre de nos affiliés est tombé à un quart de ce qu'il était à l'origine. **shrinkage** ni rétrécissement, contraction

**contract** vit [plutôt technique. Suj: métal, muscle] (se) contracter **contraction** nid contraction

**compress** vt [mettre beaucoup dans peu de place] comprimer, condenser compressed air air comprimé I managed to compress the information into a few paragraphs. Je suis parvenu à condenser les informations en quelques paragraphes. **compression** ni compression

**shorten** vt [obj: surtout longueur, temps] raccourcir, écourter I shortened the dress. J'ai raccourci la robe. Let's shorten this meeting. Ecourtons cette réunion.

**cut short** sb/sth ou **cut** sb/sth **short** vt prép [mettre fin à qch qui n'est pas terminé. Obj: ex. vacances, discussion] couper court à, abréger

**cut** vt [enlever une partie. Obj: ex. livre, film, budget] réduire The government has cut defence spending. Le gouvernement a réduit ses dépenses militaires. **cut** nd réduction

**cut** (sth) **down** ou **cut down** (sth) *vti prép* (souvent +
**on, to**) réduire (la consommation de) *Try to cut down
on sugar.* Essaye de réduire ta consommation de sucre.

**abbreviate** *vt* [obj: mot, expression] abréger
**abbreviation** *nd* abréviation

**halve** *vt* réduire/diminuer de moitié *If you come in my
car, we'll halve the petrol costs.* Si tu viens dans ma
voiture, on réduira de moitié les frais d'essence.

**quarter** *vt* réduire à 25%

## 48  Fat  Gros

voir aussi **42 Big**

**fat** *adj*, -tt- [terme général, gén peu flatteur] gros, gras
**fatness** *ni* embonpoint, corpulence

**fat** *ni* graisse *I've got a layer of fat on my thighs.* J'ai
une couche de graisse autour des cuisses.

**fatten** *vt* (souvent + **up**) [obj: surtout animal] engraisser

**fattening** *adj* [décrit: nourriture] qui fait grossir

**overweight** *adj* [terme assez neutre] fort, trop gros

**obese** *adj* [extrêmement gros. Plus formel et péjoratif
que **fat** et **overweight**. Aussi utilisé dans un contexte
médical] obèse **obesity** *ni* obésité

### e x p r e s s i o n s

**to put on weight** prendre du poids

**to gain weight** [utilisé dans des contextes assez
formels. Implique que la personne était trop maigre
avant] grossir, prendre du poids *The baby is beginning
to gain weight now.* Le bébé commence à prendre du
poids maintenant.

**corpulent** *adj* [très gros. Plutôt formel, souvent utilisé à
propos de personnes d'un certain âge] corpulent,
enveloppé **corpulence** *ni* embonpoint, corpulence

**pot-bellied** *adj* [légèrement humoristique] bedonnant

### 48.1  Termes moins péjoratifs marquant l'excès de poids

**chubby** *adj* [gén utilisé affectueusement. Décrit: surtout
bébé, joues] potelé, joufflu

**plump** *adj* [plutôt affectueux et souvent appréciatif]
grassouillet, potelé [carrément élogieux quand il
s'applique à une volaille par exemple] dodu *a nice
plump chicken* un beau poulet bien dodu

**tubby** *adj* [péjoratif, de façon plutôt humoristique et
affectueuse] boulot, rondelet

**stout** *adj* [utilisé à propos de personnes âgées. Implique
un large torse] gros, corpulent

## 49  Thin  Mince

voir aussi **44 Small**

**thin** *adj* **1** [à propos de personnes] mince, maigre
**2** [n'est pas utilisé pour décrire des espaces ou des
surfaces. Décrit ex: rayure, tranche de pain] fin,
mince

**narrow** *adj* [souvent légèrement péjoratif, impliquant
une taille inadéquate. Décrit: ex. route, trou, pont]
étroit

### l o c u t i o n   c o m p a r a t i v e

**as thin as a rake** maigre comme un clou (littéralement:
aussi fin qu'un râteau)

**skinny** *adj* [légèrement péjoratif ou affectueux]
maigrelet, maigrichon

**lanky** *adj* [plutôt péjoratif. Implique une certaine
gaucherie. Décrit: surtout garçon, jeune homme]
dégingandé

**underweight** *adj* [au-dessous du poids normal en bonne
santé] trop maigre *He's at least 10 kilos underweight.* Il
a au moins 10 kilos à prendre.

### u s a g e

**Gaunt** et **haggard** font généralement référence au
visage ou à l'aspect général d'une personne et pas au
corps ou aux membres. **Skinny**, **emaciated**, et
**anorexic** sont plus fréquemment utilisés pour décrire
le corps ou les membres que le visage.

**gaunt** *adj* [suggère les effets d'une maladie grave ou de
souffrances] décharné, creux

**haggard** *adj* [comparable à **gaunt** mais n'exprime pas
nécessairement la même idée de maigreur extrême ou
permanente] hâve

**anorexic** *adj* [terme médical, mais souvent utilisé
abusivement dans le sens d'extrêmement maigre et de
ce fait peu séduisant] anorexique **anorexia** *ni* anorexie

**skin and bone** [péjoratif, mais souvent utilisé avec
compassion] extrêmement maigre, qui n'a que la peau
sur les os *Poor little thing, she's just skin and bone.*
Pauvre petite, elle n'a que la peau sur les os.

**emaciated** *adj* [plutôt formel. Extrêmement maigre, gén
suite à une maladie ou pour avoir eu faim] émacié,
décharné

### 49.1  Perdre du poids

**to lose weight** perdre du poids, maigrir

**diet** *nd* **1** [pour maigrir] régime *to go on a diet* se mettre
au régime **2** (souvent + **of**) [ce qu'on mange] régime
*She lives on a diet of bread and cheese.* Elle se nourrit
essentiellement de pain et de fromage.

**diet** *vi* [pour perdre du poids] suivre un régime **dieter**
*nd* personne au régime

**slim** *vi*, -mm- (souvent + **down**) suivre un régime
amaigrissant **slimmer** *nd* personne suivant un régime
amaigrissant

### 49.2 Mince de façon attrayante

**slim** *adj*, -mm- mince, svelte

**lean** *adj* [suggère la force et la condition physique] svelte

**slender** *adj* [implique grâce et délicatesse. Décrit: ex. personne, membre, branche] fin, mince

**fine** *adj* [très fin et léger. Décrit: ex. ligne, fil, cheveux] fin

## 50 Whole Entier

ant **52 Part**

**whole** *adj* **1** (devant *n*) tout, entier *I've spent the whole afternoon looking for you.* J'ai passé tout l'après-midi à te chercher. **2** (après *v*) [en un seul morceau, non divisé] en entier *The bird simply swallowed the fish whole.* L'oiseau a tout simplement avalé le poisson entier.

**whole** *n* **1** (toujours + **the**) ensemble, totalité *the whole of Europe* l'ensemble de l'Europe **2** *nd* [chose complète] tout *Rather than divide up the property, they decided to sell it as a whole.* Plutôt que de diviser la propriété, ils ont décidé de la vendre en bloc.

**wholly** *adv* (gén devant *adj* ou *v*) [légèrement plus formel que **completely** ou **entirely**] complètement, entièrement *They were not wholly responsible for their actions.* Ils n'étaient pas entièrement responsables de leurs actes.

**usage**

On peut souvent utiliser **whole** *adj* et **the whole of** indifféremment. On peut dire *the whole afternoon* ou *the whole of the afternoon* (tout l'après-midi), *my whole life* ou *the whole of my life* (toute ma vie). Avec les noms propres, on doit dire **the whole of**: ex. *the whole of New York* ou *the whole of 1990*.

**entire** *adj* (devant *n*) [plus formel que **whole**] entier
**entirely** *adv* entièrement
**entirety** *ni* intégralité, ensemble *We must try to deal with the problem in its entirety.* Nous devons traiter le problème dans son ensemble.

**complete** *adj* **1** [utilisé pour un ensemble de choses plutôt que pour un seul objet. Décrit: ex. ensemble, collection, liste] complet *the complete works of Shakespeare* les oeuvres complètes de Shakespeare *The system came complete with a printer and a mouse.* Le système était pourvu d'une imprimante et d'une souris. **2** (devant *n*) [utilisé pour renforcer le sens] complet, total *He made me look a complete idiot.* Il m'a fait passer pour un complet idiot.

**completely** *adv* complètement *You look completely different.* Tu as l'air complètement différent. *We were going in completely the wrong direction.* Nous nous trompions complètement de chemin.

**total** *adj* (gén devant *n*) [décrit: ex. nombre, quantité, échec, perte] total *He wants to gain total control of the company.* Il veut obtenir le contrôle absolu de la compagnie. *our total profits for the year* le total de nos bénéfices pour l'année **totally** *adv* totalement

**total** *nd* [montant] total, somme totale *We received a grand total of £3,000.* Nous avons reçu une somme totale de 3 000 livres.

**intact** *adj* (gén après *v*) intact *The glass jar was still intact when we opened the parcel.* Le bocal en verre était encore intact quand nous avons ouvert le paquet.

**in one piece** [informel] en un seul morceau, entier *Just make sure you get that chair home in one piece: it's an antique.* Fais en sorte de ramener cette chaise entière à la maison: c'est une antiquité. *I've got a few bruises, but I'm still in one piece.* J'ai quelques ecchymoses, mais je suis toujours entier.

**comprehensive** *adj* [complet et de grande portée. Décrit: ex. description, savoir] complet, global, détaillé *comprehensive insurance* assurance tous-risques
**comprehensively** *adv* de façon complète

## 51 Enough Assez

voir aussi **43 Large quantity**

**enough** *adj* (souvent + **to** + INFINITIF, + **for**) assez de *They didn't give me enough time.* Ils ne m'ont pas donné assez de temps. *I haven't got enough money for a ticket.* Je n'ai pas assez d'argent pour m'acheter un billet. (est perçu comme plus littéraire ou formel quand il est utilisé après un *n*) *There's room enough for you to sit down.* Il y a suffisamment de place pour que vous vous asseyiez.

**enough** *adv* (après *adj*) **1** (souvent + **for**, + **to** + INFINITIF) assez, suffisamment *The dress isn't quite big enough for me.* La robe n'est pas assez grande pour moi. **2** [utilisé sans impliquer de comparaison aucune] assez *It's a common enough complaint.* C'est un sujet de plainte assez fréquent. *She's cheerful enough, it's just that nobody ever seems to visit her.* Elle est vraiment très enjouée, c'est simplement que jamais personne ne semble lui rendre visite.

**usage**

**Enough** s'utilise avec les adverbes, surtout en début de phrase, quand le locuteur veut faire un commentaire général sur la nature de l'information fournie:
ex. *Oddly enough, he forgot to mention that.* (Chose curieuse, il a oublié de mentionner cela.)
**Enough** s'utilise aussi dans plusieurs expressions:
*Enough is enough, she's had fair warning.* (C'en est assez, elle a été honnêtement prévenue.)
*Enough said, I completely understand your position.* (Inutile d'en dire plus, je comprends tout à fait votre position.)
*I've had enough of her everlasting moaning.* (J'en ai assez de ses plaintes continuelles.)

**enough** pron assez *Have you eaten enough?* Avez-vous assez mangé?

**sufficient** adj (souvent + **to** + INFINITIF, + **for**) [plus formel que **enough**] suffisant *We have sufficient evidence to be able to make an arrest.* Nous avons des preuves suffisantes pour pouvoir l'arrêter. **sufficiently** adv suffisamment

**adequate** adj 1 (souvent + **to** + INFINITIF, + **for**) [plus formel que **enough**. Terme peu enthousiaste, impliquant qu'il y a juste assez et rien de trop]

suffisant, adéquat *Our supplies are adequate for our needs.* Nos réserves pourvoiront/suffiront à nos besoins. **adequately** adv suffisamment

**plenty** pron (souvent + **of**) [plus qu'assez] largement assez *We had plenty to eat.* Nous avions largement assez à manger.

**ample** adj [assez ou plus qu'assez. Plus littéraire que **plenty**] (souvent + **for**) (bien/largement) assez *There's ample space in the cupboard.* Il y a largement assez de place dans l'armoire. **amply** adv amplement

---

# 52 Part Partie

voir aussi **45 Small quantity**; ant **50 Whole**

**part** n 1 nd [partie séparée] partie *She lives in a separate part of the house.* Elle vit dans une partie séparée de la maison. 2 ni [quantité] partie *Part of the money belongs to me.* Une partie de l'argent m'appartient. *We had to hang around for the better/best part of an hour.* Nous avons dû flâner pendant près d'une heure. *The crash was caused in part by human error.* L'accident est en partie dû à une erreur humaine. 3 nd [d'une machine ou d'un appareillage] pièce *spare parts* pièces de rechange

**partly** adv en partie, partiellement *He resigned partly because of ill health.* Il donna sa démission en partie pour raison de santé.

**partial** adj [décrit ex. succès, échec, rétablissement] partiel

**partially** adv [légèrement plus formel que **partly** et utilisé dans un contexte médical] partiellement *partially deaf/paralysed* partiellement sourd/paralysé

**piece** nd 1 morceau, bout *a piece of cheese/coal/glass* un morceau de fromage/charbon/verre *to break/smash (sth) to pieces* casser (qch) en mille morceaux 2 [un seul objet appartenant à un ensemble de choses pour lesquelles il n'existe pas de terme dénombrable les désignant] *a piece of clothing* un vêtement *a piece of information* un renseignement *a piece of music* un morceau de musique

**bit** nd 1 [plus informel que **piece**] morceau *Who wants the last bit of pie?* Qui veut le dernier morceau de tarte? *We'll have to reorganize the filing system bit by bit.* Nous allons devoir réorganiser le système de classement petit à petit. *When you've finished your sewing, put all your bits and pieces back in the box.* Quand tu auras fini de coudre, remets toutes tes petites affaires dans la boîte. 2 [informel. Petite quantité] un peu *I've got a bit of shopping to do in town.* Je dois faire quelques courses en ville. 3 (*Brit*) [utilisé adverbialement] **a bit** un peu *It's a bit cold in here.* Il fait un peu froid ici.

**Would you like a piece of cake?** Voulez-vous un morceau de gâteau?

**The vase smashed to pieces/bits.** Le vase se brisa en mille morceaux.

**The machine arrived in several parts.** La machine est arrivée en pièces détachées.

**section** *nd* [une des différentes pièces qui ensemble font un tout] section *The fuselage is constructed in three separate sections.* Le fuselage se compose de trois sections distinctes. *Complete section one of the form.* Complétez la première partie du formulaire.

**portion** *nd* [une certaine quantité de quelque chose, moins bien définie qu'une **section**. Très souvent utilisé à propos de nourriture] portion, partie, part *He ate a large portion of pudding.* Il a mangé une grosse portion de pudding. *They kept back a portion of his earnings every month.* On lui retenait une partie de son salaire tous les mois.

**proportion** *n* 1 *nd* [exprime gén la taille de la partie par rapport au tout] partie, pourcentage *a vast/small proportion of the population* une grande/petite partie de la population 2 *ni* proportion *The price increase is very small in proportion to the extra costs we have had to pay.* L'augmentation de prix est très faible par rapport aux coûts supplémentaires que nous avons dû payer. *The punishment was out of all proportion to the crime.* La peine était démesurée par rapport au délit.

**proportional** *adj* proportionnel **proportionally** *adv* proportionnellement

**percentage** *nd* [terme mathématique. Aussi utilisé dans le sens 1 de **proportion**] pourcentage

## 52.1 Petites parties

**slice** *nd* [morceau coupé verticalement] tranche *a slice of ham/cake* une tranche de jambon/gâteau *The workers feel they're entitled to a slice of the profits as well.* Les travailleurs pensent avoir droit à une partie des bénéfices aussi.

**slice** *vt* (souvent + **off**, **up**) [obj: ex. pain, gâteau, légume] couper en tranches

**strip** *nd* [gén un morceau fin, coupé dans le sens de la longueur] bande *a narrow strip of land* une étroite bande de terre

**element** *nd* 1 [partie d'un tout] élément *Patriotism is a very important element in his character.* Le patriotisme est un trait important de son caractère. 2 [petite quantité] part *There is an element of risk involved in any investment.* Il y a une part de risque dans tout investissement.

**atom** *nd* atome *an atom of hydrogen/a hydrogen atom* un atome d'hydrogène *If only she had an atom of sense!* Si seulement elle avait un atome de bon sens!

**particle** *nd* [minuscule, souvent invisible] particule, parcelle, grain *a particle of dust/dust particle* un grain de poussière

# 53 Edge Bord

**edge** *nd* 1 [terme général] bord *Hold the photograph by the edges.* Tiens la photo par les bords. *We could be on the edge of an historic agreement.* Nous sommes peut-être à la veille d'un accord historique.

**edge** *vt* [obj: ex. vêtement, pelouse] border *a pond edged with reeds* un étang bordé de roseaux

**limit** *nd* (souvent utilisé au *pl*) [extrémité] limite *the city limits* les limites de la ville *a twelve-mile fishing limit* une zone de pêche de/limitée à douze miles *The town is off limits to service personnel.* L'accès de la ville est interdit au personnel des armées. *I am prepared, within limits, to let students decide the content of courses.* Je suis prêt, dans certaines limites, à laisser les étudiants décider du contenu de leurs cours.

**limit** *vt* (souvent + **to**) limiter *The problem isn't limited to the big cities.* Le problème ne se limite pas aux grandes villes.

**limited** *adj* [décrit: ex. nombre, quantité, éventail] limité, restreint *a very limited selection of goods on offer* un choix très restreint de produits disponibles *a student of very limited ability* un étudiant aux capacités très limitées

**frame** *nd* 1 [toujours *pl*] monture *I need new frames for my glasses.* J'ai besoin d'une nouvelle monture pour mes lunettes. 2 [structure de soutien] armature, cadre *a bicycle frame* un cadre de bicyclette *a rucksack on a frame* un sac à dos avec armature

**frame** *vt* [obj: surtout tableau, photo] encadrer *a pretty face framed by light brown hair* un joli visage encadré par une chevelure châtain clair

**outline** *ndi* contour *The outline(s) of the building was/were just visible in the mist.* Les contours du bâtiment étaient à peine visibles dans la brume.

**outline** *vt* [obj: ex. forme, silhouette] tracer les contours de *a tree was outlined against the horizon* un arbre se dessinait sur l'horizon

**the rim of a glass** le bord d'un verre     **the rim of a wheel** la jante d'une roue

**rim** *nd* [généralement utilisé à propos d'objets circulaires] bord, jante, monture **rim** *vt* border, cercler **-rimmed** *adj* bordé de *horn-/steel-rimmed glasses* des lunettes à monture en corne/acier

**surround** *vt* entourer, encercler *the surrounding countryside* la campagne environnante/les alentours *Troops surrounded the radio station.* Les troupes ont encerclé la station de radio. *There is a lot of*

 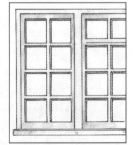

**a picture frame** un cadre     **a window frame** un châssis de fenêtre

*controversy surrounding the proposed legislation.* Il y a beaucoup de controverse au sujet de la proposition de loi.

**enclose** *vt* **1** [donne plus l'impression que l'endroit est fermé que **surround**. Obj: parcelle de terrain ex. champ, jardin] clôturer, ceindre, entourer *a courtyard enclosed by a high wall* une cour entourée d'un haut mur **2** [dans une lettre. Obj: ex. note, chèque] joindre *Please find enclosed the agenda for next week's meeting.* [expression utilisée dans les lettres commerciales formelles] Veuillez trouver ci-joint l'ordre du jour de la réunion de la semaine prochaine.

**enclosure** *nd* **1** enceinte *a special enclosure for important guests* une enceinte spéciale réservée aux hôtes de marque. **2** [formel. Dans les lettres] annexe

## 53.1 Lignes de démarcation entre les zones

**border** *nd* **1** (souvent + **between**, **with**) [entre les pays] frontière *We crossed the border into Mexico.* Nous avons traversé la frontière mexicaine.
**2** [généralement décoratif] bordure, liseré
**border** *vt* **1** [être à côté de. Obj: pays, route] border, avoir une frontière commune avec *Poland borders Germany in the west.* La Pologne touche à l'Allemagne à l'ouest. *The path borders a stream.* Le sentier longe un ruisseau. **2** (souvent + **with**) [obj: ex. mouchoir, pelouse, robe] border *a path bordered with flowers* un chemin bordé de fleurs
**border on** sth *vt prép* toucher, frôler *I wish our garden didn't border on the golf course.* Je regrette que notre jardin touche le terrain de golf. *excitement bordering on hysteria* une excitation frisant l'hystérie

**frontier** *nd* **1** (souvent + **with**, **between**) [uniquement entre pays. Le mot **frontier** est plus impressionnant que **border**] frontière [souvent utilisé au sens figuré, surtout au pluriel] *the frontiers of human knowledge* les frontières des connaissances humaines **2** [dans l'histoire des Etats-Unis, désigne la limite entre le pays colonisé et les terres non conquises] zone frontière

**boundary** *nd* (souvent + **between**) [entre des régions plus petites que des pays] limite, frontière *town/county boundary* les limites de la ville/du comté *The stream*

**the border between England and Scotland** la frontière entre l'Angleterre et l'Ecosse

**a handkerchief bordered with lace** un mouchoir bordé de dentelle.

*marks the boundary between her land and mine.* Le ruisseau marque la limite entre son terrain et le mien. [souvent utilisé au sens figuré, surtout au pluriel] *I think she overstepped the boundaries of good taste.* Je pense qu'elle a outrepassé les limites du bon goût.

# 54 Alike Semblable

voir aussi **56 Copy**

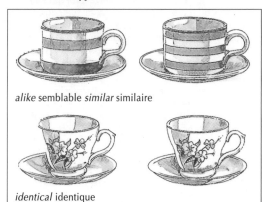

*alike* semblable *similar* similaire

*identical* identique

**alike** *adj* (après *v*) [décrit les personnes et les objets, surtout des personnes qui ont pratiquement la même apparence] semblable *They're so alike they could almost be twins.* Ils se ressemblent tellement qu'ils pourraient presque être jumeaux.
**alike** *adv* (après *v* ou *n*) [légèrement formel] de la même façon *Boys and girls alike will enjoy this tale of adventure.* Les garçons comme les filles apprécieront ce récit d'aventures.
**like** *prép* comme *He looks like my father.* Il ressemble à mon père. *I'd love a house like yours.* J'aimerais une maison comme la tienne.
**likeness** *n* **1** *ndi* (pas de *pl*) [similitude d'apparence. Gén utilisé pour des personnes] ressemblance *a family likeness* un air de famille **2** *nd* [portrait] *a good likeness* une fidèle ressemblance

**similar** adj (souvent + **to**) [lorsqu'il définit une personne, décrit souvent des traits distinctifs plutôt que l'apparence] semblable, similaire *Our taste in music is similar.* Nous avons les mêmes goûts en musique. *Our problems are similar to yours.* Nos problèmes sont similaires aux vôtres. (+ **in**) *The objects are similar in size but not in shape.* Les objets ont la même dimension mais pas la même forme. **similarity** nid ressemblance, similarité

**similarly** adv de la même façon *similarly dressed* habillé de la même façon [utilisé au début d'une phrase ou d'une proposition] *I have certain rights as a citizen. Similarly, as a citizen, I have certain duties.* En tant que citoyen, j'ai certains droits; en tant que citoyen, j'ai également certains devoirs.

**same** adj (avant n; suit toujours **the**, **those**, **this**, etc.) même *He wore the same shirt all week.* Il a porté la même chemise toute la semaine.

**same** adv (suit toujours **the**) de la même façon *The children should be treated the same.* Les enfants devraient (tous) être traités de la même façon. (+ **as**) *Your jacket is the same as mine.* Tu as la même veste que moi.

**'same** pron (suit toujours **the**) *Our backgrounds are almost the same.* Nous sommes pour ainsi dire du même milieu.

**identical** adj (souvent + **to**) [exactement le même] identique *identical twins* vrais jumeaux *The two paintings are almost identical.* Les deux tableaux sont presque identiques.

**uniform** adj [assez formel. Implique constance et régularité. Décrit: ex. couleur, température, distribution] même, uniforme, constant **uniformly** adv uniformément

**uniformity** ni [évoque souvent qch de terne et un manque d'imagination] uniformité

**consistent** adj [qui ne change pas. Se dit souvent de personnes, de leur comportement et attitudes] constant *a consistent standard of work* un travail de qualité régulière/soutenue **consistently** adv régulièrement **consistency** ni uniformité, régularité

---

**expression**

**to be the spitting image of sb** [informel, emphatique] le portrait tout craché de qn *She's the spitting image of her mother.* C'est sa mère tout craché!

---

## 54.1 Egal

**equal** adj (souvent + **to**) [décrit: ex. partie, part, chance, droit] égal *Mix equal amounts of flour and sugar.* Mélanger la farine et le sucre en quantités égales. *We are all equal partners in this alliance.* Nous sommes des partenaires égaux dans cette alliance. **equally** adv également

**equal** nd égal *He treats his staff as (his) equals.* Il traite (les membres de) son personnel d'égal à égal.

**equal** vt, -**ll**- (*Brit*), gén -**l**- (*US*) **1** [obj: nombre, quantité] être égal *y equals x + z* y est égal à x + z **2** [obj: ex. exploit, vitesse, valeur] égaler *She equalled the world record for the 200 metres.* Elle a égalé le record du monde du 200m.

**equality** ni (souvent + **with**) égalité

---

**equivalent** adj (souvent + **to**) [utilisé pour montrer que les choses ont la même ou presque la même valeur, fonction etc. même si elles appartiennent parfois à des catégories ou des systèmes différents. Décrit: ex. position, rang, valeur] équivalent *The money is equivalent to a year's salary.* Cet argent équivaut à/représente un an de salaire.

**equivalent** n (souvent + **of**, **to**) équivalent *200 dollars or the/its equivalent in pounds sterling* 200 dollars ou l'équivalent en livres sterling *She's the nearest equivalent to a personnel manager that we have in our company.* Elle est ce qui se rapproche le plus d'un chef du personnel dans notre société.

**even** adj [décrit: ex. concours, distribution, chances] égal *The scores are even.* Les points sont à égalité. *to get even with sb* se venger de qn **evenly** adv de façon égale

**even** (sth) **out** OU **even out** (sth) vit prép [suj/obj: ex. différence, déséquilibre] (s)égaliser

**even** sth **up** OU **even up** sth vt prép [obj: ex. nombres, équipes] rétablir l'équilibre *If John goes over to your side, that will even things up a bit.* Si John passe dans votre équipe, cela rétablira un peu l'équilibre.

**level** adj à égalité *Their scores were level at the end of the game.* Leurs scores étaient à égalité à la fin du jeu.

**level** vi, -**ll**- (*Brit*), -**l**- (*US*) (souvent + **with**) égaliser *They levelled the score at 3-3.* Ils ont égalisé 3 à 3.

**standardize,** AUSSI -**ise** (*Brit*) vt [obj: ex. procédure, équipement, orthographe] standardiser

## 54.2 Etre semblable

**resemble** vt (souvent + **in**) [légèrement formel. Utilisé essentiellement pour des personnes mais aussi pour des objets] ressembler *She resembles her father more than her mother.* Elle ressemble plus à son père qu'à sa mère.

**resemblance** ndi (souvent + **to**, **between**) ressemblance *to bear a close/no resemblance to something* ressembler beaucoup/ne ressembler en rien à quelque chose

**remind** sb **of** sb/sth vt prép rappeler qch/qn à qn *He reminds me of a chap I used to know at school.* Il me rappelle un type que j'ai connu à l'école. *voir aussi **116.1 Remember**

**have a lot in common (with sb/sth)** [partager des centres d'intérêt ou des caractéristiques] avoir beaucoup en commun (avec qn/qch) *I didn't find her easy to talk to because we don't have a lot in common.* J'ai eu des difficultés à lui parler parce que nous n'avons pas grand chose en commun. *Their aims obviously have a lot in common with ours.* Il est évident que leurs objectifs ont de nombreux points communs avec les nôtres.

**correspond** vi (souvent + **to**, **with**) [être égal ou équivalent. Suj: ex. dates, chiffres, comptes] correspondre *The results we obtained exactly correspond with theirs.* Les résultats que nous avons obtenus correspondent exactement aux leurs. **correspondence** nid [formel] correspondance

**compare** v **1** vi (gén + **with**) [être aussi bien que] soutenir la comparaison *The food in the canteen can't compare with what you could get in a restaurant.* Il n'y a aucune comparaison entre la nourriture de la cantine et celle que l'on pourrait avoir dans un restaurant. *Her exam results compare favourably/unfavourably with mine.* Ses résultats d'examens valent/ne valent pas les miens. **2** *vt* (souvent + **with**, **to**) [chercher à voir une ressemblance ou une différence] comparer *Their parents are very strict, compared with/to mine.* Comparés aux miens, leurs parents sont très stricts.

**comparable** *adj* (souvent + **to**, **with**) comparable *The two systems aren't really comparable.* Les deux systèmes ne sont pas vraiment comparables.

**comparison** *ndi* (souvent + **to**, **with**, **between**) comparaison *Their house is small by/in comparison (with ours).* Leur maison est petite en comparaison (avec la nôtre).

## 55 Different Différent

**different** *adj* **1** (souvent + **from**, **to**) différent *It's the same washing powder, it's just in a different packet.* C'est la même lessive, c'est seulement l'emballage qui est différent. **2** (avant *n*) [séparé, distinct, autre] différent *I've heard the same thing from three different people.* J'ai appris la même chose de trois personnes différentes.

**difference** *nid* (souvent + **between**, **in**, **of**) différence *What's the difference between a crocodile and an alligator?* Quelle est la différence entre un crocodile et un alligator? *The new carpet has made a big difference to the room.* Le nouveau tapis a beaucoup changé la pièce.

**differ** *vi* (souvent + **from**) [légèrement formel] être différent *How exactly does the new model differ from the old one?* En quoi exactement le nouveau modèle est-il différent de l'ancien?

**dissimilar** *adj* (souvent + **to**, **from**) [plus formel que **different**] différent, dissemblable [souvent utilisé dans une phrase à négation double] *Their attitudes are not dissimilar.* Leurs attitudes ne sont pas sans points communs. **dissimilarity** *nid* différence, dissemblance

**inconsistent** *adj* [plutôt péjoratif. Qui n'est pas régulier ou égal. Se dit souvent de personnes ou de leurs comportement et attitudes] inconstant, inconsistant *His judgments are so inconsistent.* Ses jugements présentent de nombreuses contradictions. *inconsistent performances* des résultats irréguliers **inconsistency** *ndi* inconstance, inconséquence

**opposite** *adj* [décrit: ex. direction, effet, point de vue] opposé, contraire *Hot is the opposite of cold.* Chaud est le contraire de froid. *the opposite sex* le sexe opposé

**opposite** *nd* (si *sing*, toujours + **the**) contraire, inverse *If*

*I say something she always says the opposite.* Si je dis quelque chose, elle dit toujours le contraire.

**alternative** *adj* (avant *n*) **1** [décrit: ex. itinéraire, suggestion, explication] autre **2** [utilisé pour décrire des choses qui représentent une rupture avec les moyens traditionnels ou conventionnels. Décrit: ex. mode de vie, médecine] autre, alternatif *alternative sources of energy* sources d'énergie de substitution

**alternative** *nd* (souvent + **to**) alternative, choix *a cheaper alternative to conventional detergents* un produit de remplacement meilleur marché que les détergents habituels *I have no alternative but to ask for your resignation.* Je n'ai pas d'autre solution que de vous demander de démissionner.

**alternatively** *adv* [s'utilise pour introduire une proposition comprenant une possibilité différente] sinon *Alternatively you could have the party at our house.* Comme alternative, vous pourriez organiser la soirée chez nous.

### 55.1 Voir ou établir des différences

**differentiate** *v* **1** *vit* (souvent + **between**, **from**) [voir la différence ou traiter de manière différente. Suj: une personne] différencier, distinguer *I can't differentiate between these two shades of blue.* Je ne vois pas la différence entre ces deux nuances de bleu. *We try not to differentiate between our children.* Nous essayons de ne pas faire de différence entre nos enfants. **2** *vt* (souvent + **from**) [rendre différent] différencier *What differentiates this product from its competitors?* Qu'est-ce qui différencie ce produit de ses concurrents?

**distinguish** *v* **1** *vit* (souvent + **between**, **from**) [voir la différence ou traiter de manière différente] distinguer *Even our parents have difficulty distinguishing between us.* Même nos parents ont du mal à nous distinguer l'un de l'autre. **2** *vt* (souvent + **from**) [rendre différent] caractériser, distinguer *a distinguishing feature* un trait distinctif/caractéristique

**distinction** *nd* (souvent + **between**) distinction, différence *to make/draw a distinction* faire la

distinction *I honestly can't see the distinction.* Sincèrement, je ne vois pas la différence.

**contrast** *vit* (souvent + **with**) [souligne les différences] contraster *contrasting colours* couleurs contrastées

**contrast** *nid* (souvent + **between**, **to**, **with**) contraste *In contrast to the steady rise in managerial earnings, wages for manual workers have declined.* Par opposition à l'augmentation constante des revenus des cadres, les salaires des travailleurs manuels ont diminué.

## 56 Copy Copier

voir aussi **36 Unreal**; **54 Alike**

**copy** *vt* [terme général et neutre] **1** [faire une copie de. Obj: ex. écrit, diagramme] copier (+ **out**) *I copied out the poem.* J'ai copié le poème. **2** [imiter. Obj: ex. personne, comportement] copier, imiter *She copies everything I do.* Elle imite tout ce que je fais.

**copy** *nd* **1** copie, reproduction *to make a copy of something* faire la copie de quelque chose **2** [un seul exemplaire de qch] exemplaire, copie *Has anyone seen my copy of "Lorna Doone"?* Quelqu'un a-t-il vu mon exemplaire de "Lorna Doone"?

**replica** *nd* [plus formel que **copy**. N'implique généralement pas de désapprobation] copie exacte, réplique

**reproduce** *v* **1** *vt* [légèrement technique. Obj: ex. couleur, son, texture] reproduire [peut signifier 'refaire'] *Will she be able to reproduce that performance in an exam?* Est-ce qu'elle pourra répéter cette performance à un examen? **2** *vit* [avoir des petits. Suj: créature vivante] se reproduire

**reproduction** *n* **1** *ndi* reproduction *The painting's a reproduction.* Ce tableau est une reproduction. *sound reproduction* reproduction sonore **2** *ni* [processus biologique] reproduction

**forge** *vt* [à des fins criminelles. Obj: ex. billet de banque, signature] contrefaire **forger** *nd* faussaire

**forgery** *ndi* [ex. billet de banque, signature] contrefaçon [ex. document, testament] falsification

**plagiarize**; AUSSI **-ise** (*Brit*) *vti* [utilisé pour marquer la désapprobation. Obj: ex. auteur, oeuvre, idée] plagier **plagiarism** *nid* plagiat **plagiarist** *nd* plagiaire

**imitation** *ndi* [implique souvent qch de qualité inférieure] imitation (utilisé comme *adj*) *imitation leather/fur/jewellery* simili-cuir/fourrure synthétique/faux bijoux

**reflect** *vi* refléter *reflected sunlight* rayons de soleil qui se réfléchissent *I saw my face reflected in the puddle.*

J'ai vu le reflet de mon visage dans la flaque d'eau.

**reflection** *ndi* reflet, image *her reflection in the mirror* son reflet dans le miroir

**reflective** *adj* réfléchissant *reflective clothing* vêtements fluorescents

### 56.1 Termes exprimant le fait d'imiter des personnes et leur comportement

**imitate** *vt* [soit à des fins comiques, soit pour essayer de ressembler à qn] imiter *They all try to imitate their favourite film stars.* Ils essaient tous d'imiter leurs vedettes de cinéma préférées.

**imitation** *nd* [généralement à des fins comiques] imitation *She does imitations.* Elle fait des imitations.

**ape** *vt* [péjoratif. Copier de manière stupide ou irréfléchie] singer *They try to ape the manners of people in high society.* Ils essaient de singer les manières des gens de la haute société.

**impersonate** *vt* [faire semblant d'être quelqu'un d'autre, parfois à des fins comiques] se faire passer pour *He was arrested for impersonating a police officer.* On l'a arrêté parce qu'il s'était fait passer pour un policier.

**impersonation** *ndi* imitation (de personnages) *to do impersonations* faire des imitations

**mimic** *vt*, **-ck-** [à des fins comiques, souvent pour se moquer de qn] imiter, singer **mimicry** *ni* [formel] imitation, mimétisme **mimic** *nd* imitateur

**take** sb **off** OU **take off** sb (*Brit*) *vt prép* [informel. Toujours à des fins comiques] imiter, pasticher **take-off** *nd* imitation, pastiche

**to follow suit** [faire ce que qn d'autre a fait, surtout juste après] faire de même *We changed our filing system and all the other departments immediately followed suit.* Nous avons modifié notre système de classement et tous les autres services ont immédiatement fait de même.

## 57 Substitute Remplacer

**substitute** *v* **1** *vt* (généralement + **for**) [mettre une chose à la place d'une autre] substituer, remplacer *We substituted a fake diamond for the real one.* Nous avons remplacé le vrai diamant par un faux. **2** *vi* (généralement + **for**) [remplacer qn] représenter *Will you substitute for me at the meeting?* Pouvez-vous me représenter à la réunion?

**substitute** *nd* (souvent + **for**) [peut être une personne ou un objet] remplaçant, produit de remplacement *rubber/sugar substitute* succédané de caoutchouc/sucre **substitution** *nid* substitution, remplacement

**replace** *vt* **1** (souvent + **with**) [changer pour qch d'autre] remplacer *It's cheaper to replace the machine* than to get it repaired. C'est moins cher de remplacer la machine que de la faire réparer. **2** [prendre la place de] remplacer *She replaces Sarah Jones who is injured.* Elle remplace Sarah Jones qui est blessée.

**replacement** *n* **1** *nd* (souvent + **for**) [peut être une personne ou une chose] remplaçant, produit de remplacement *My replacement has lots of experience.* Mon remplaçant a beaucoup d'expérience. (utilisé comme *adj*) *replacement part/unit* pièce/élément de rechange **2** *ni* remplacement

**represent** *vt* **1** [parler, travailler etc. pour/au nom de. Obj: ex. personne, société, client] représenter *delegates representing the workers in the industry* des délégués représentant les travailleurs dans l'industrie

**representation** *ni* représentation **2** [signifier. Plutôt technique] représenter *Let x represent the velocity of the particle.* Soit x représentant la vitesse de la particule. *The graph represents average rainfall.* Le graphique représente le niveau moyen des précipitations. **representation** *nd* représentation

**representative** *nd* représentant *representatives of/from many organizations* des représentants de plusieurs organisations

**representative** *adj* (souvent + **of**) **1** [décrit: ex. sélection, échantillon] représentatif **2** [décrit: ex. gouvernement] représentatif

**deputize** AUSSI **-ise** (*Brit*) *v* **1** *vi* (souvent + **for**) assurer l'intérim de *I'm deputizing for her while she's at the conference.* Je la remplace pendant qu'elle assiste au congrès. **2** *vt* (*US*) députer, déléguer

**deputy** *nd* [se dit d'une personne seulement, surtout de qn qui occupe le rang hiérarchique juste inférieur à celui de la personne responsable] adjoint, suppléant, délégué (utilisé comme *adj*) *deputy chairman/sheriff/headmistress* vice-président/shérif-adjoint/directrice-adjointe

**stand in for** sb *vt prép* [semble moins officiel que **deputize**] remplacer *I'm standing in for Sheila while she's on holiday.* Je remplace Sheila pendant qu'elle est en vacances.

**stand-in** *nd* [utilisé surtout en rapport avec le cinéma et le théâtre] doublure *We'll use a stand-in during the action sequences.* Nous utiliserons une doublure pour les scènes d'action.

## 58 Change Changer

voir aussi **418 Improve; 441 Worsen**

**change** *v, part prés* **changing** **1** *vit* (souvent + **from**, **into/to**) [terme général. Suj/obj: ex. projet, arrangement, nom] changer *She's changed since she went to university.* Elle a changé depuis qu'elle est à l'université. *If you don't like the colour you can always change it.* Si tu n'aimes pas la couleur, tu peux toujours la changer. **2** *vt* (souvent + **for**) [échanger] changer de *I changed my old car for a new one.* J'ai échangé ma vieille voiture contre une nouvelle. *Susan and I have* **changed places**. J'ai changé de place avec Susan.

**change** *ndi* (souvent + **in**, **of**) [terme général] changement *a change in the weather* changement de temps *to make a change* changer, modifier *I'd like to eat out tonight* **for a change**. J'aimerais dîner au restaurant ce soir pour changer.

**changeable** *adj* [décrit: ex. temps, personne, humeur] changeant

**alter** *vti* changer, modifier *Would you like to have the dress altered?* Souhaitez-vous faire retoucher la robe? *The date has been altered on the cheque.* On a modifié la date sur le chèque. **alteration** *ndi* modification, transformation

**transform** *vt* [modifier complètement. Terme emphatique] transformer *It has been transformed from a quiet country town into an industrial centre.* D'une paisible petite ville de province, on en a fait un centre industriel. **transformation** *ndi* transformation

**transition** *nid* (souvent + **from**, **to**) [assez formel] transition *a gradual transition from small business to multinational company* un passage progressif d'une petite affaire à une multinationale

**affect** *vt* [provoquer un changement] affecter, toucher *an area which has been badly affected by drought* une région gravement touchée par la sécheresse

**vary** *vit* [suj/obj: ex. vitesse, fréquence, température] varier (+ **in**) *The poems varied greatly in quality.* La qualité des poèmes était très variable. *I like to vary what I eat.* J'aime varier mon alimentation. **variation** *ndi* variation

**variable** *adj* **1** [susceptible de changer à tout moment. Décrit: ex. temps, précipitations, humeur] variable **2** [qui peut être changé. Décrit: ex. réglage, position] variable, réglable

**develop** *vit* (souvent + **from**, **into**) [changer progressivement, souvent de façon à devenir plus grand, plus perfectionné etc.] (se) développer *The plant develops from a tiny seed.* La plante se développe à partir d'une graine minuscule. *developing nations* les nations en voie de développement **development** *ni* (souvent + **from**, **into**) développement

## 58.1 Changer en raison de nouvelles circonstances

**adapt** *vti* (souvent + **to**, **for**) [implique que l'on réalise certains changements (souvent assez importants) pour répondre à un nouvel objectif ou une situation nouvelle] (s')adapter *He's adapted well to his new working conditions.* Il s'est bien adapté à ses nouvelles conditions de travail. *a play adapted for radio* une pièce adaptée pour la radio **adaptation** *ndi* adaptation

**adjust** *vti* [implique que l'on réalise des changements mineurs, généralement pour améliorer le fonctionnement de qch] (s')ajuster, (s')adapter *Please do not adjust your set.* Ne changez pas le réglage de votre appareil. *I adjusted the straps.* J'ai réglé les sangles. **adjustment** *ndi* réglage, ajustage

**modify** *vt* [plus formel que **change**. Implique souvent un changement apporté par l'expérience] modifier *a modified version of the program* une version modifiée du programme

**revise** *vt* [assez formel. Examiner de nouveau, modifier et améliorer. Obj: ex. opinion, loi, texte écrit] réviser, revoir *to revise figures upwards/downwards* revoir les chiffres à la hausse/à la baisse

**revision** *ndi* révision *Your revisions were all incorporated in the published text.* Toutes vos corrections ont été incorporées dans le texte publié.

**reform** *v* **1** *vt* [modifier et améliorer. Utilisé essentiellement dans des contextes politiques. Obj: surtout une loi] réformer **2** *vit* [améliorer un comportement, une personnalité, etc. Suj/obj: personne] (se) corriger *She's a reformed character.* Elle s'est assagie.

**reform** *ndi* [utilisé essentiellement dans des contextes politiques] réforme *legal reforms* réformes légales

# 59 Beautiful Beau

voir aussi **417 Good**

**beautiful** *adj* [terme général. Très élogieux. N'est généralement pas utilisé pour décrire des hommes] beau

**beauty** *n* **1** *ni* beauté *They were stunned by her beauty.* Ils étaient stupéfaits de sa beauté. **2** *nd* [assez formel lorsqu'on fait référence à une belle femme] beauté *Your mother was a famous beauty in her day.* Votre mère était une beauté célèbre en son temps. [assez informel lorsqu'on fait référence à des objets] *That new car of hers is a beauty!* Sa nouvelle voiture est une merveille!

**pretty** *adj* [moins vivement admiratif que **beautiful**. Suppose un type de séduction plus superficiel. Décrit: ex. jeune fille, photo, robe] joli [s'il est utilisé pour un homme, il suppose que celui-ci a l'air plutôt efféminé] *a pretty boy* un joli garçon **prettily** *adv* joliment **prettiness** *ni* joliesse

### locution comparative

**as pretty as a picture** joli comme un coeur, ravissant (littéralement: joli comme une image)

**handsome** *adj* [décrit surtout des hommes, mais aussi des animaux, du mobilier] beau, élégant [lorsque il est utilisé pour une femme, il implique une stature et des traits imposants] *a handsome woman* une belle femme

**good-looking** *adj* [décrit des hommes ou des femmes mais rarement des objets] beau

**attractive** *adj* [décrit hommes, femmes ou objets] attirant, séduisant, attrayant **attractively** *adv* agréablement, élégamment **attractiveness** *ni* séduction, attrait

**lovely** *adj* [usage très large, impliquant différents degrés d'appréciation. Lorsqu'il est utilisé pour des femmes, il implique une grande beauté ou une attirance sexuelle] charmant, joli, ravissant *They've got a lovely house in the country.* Ils ont une (très) jolie maison à la campagne. **loveliness** *ni* beauté, charme

**exquisite** *adj* [extrêmement beau, suppose qch de petit et délicat] exquis *exquisite jewellery* bijoux délicats, raffinés **exquisitely** *adv* avec beaucoup de finesse

**gorgeous** *adj* [plus fort que **lovely**, mais tout aussi général. Décrit: ex. temps, repas, couleur] magnifique, splendide *What a gorgeous dress!* Quelle robe magnifique!

**picturesque** *adj* [décrit: ex. ville, paysage, vue] pittoresque

**elegant** *adj* [décrit: ex. personne, vêtement, mobilier] élégant, chic **elegantly** *adv* élégamment **elegance** *ni* élégance, distinction

**graceful** *adj* [décrit: ex. danseur, mouvement, courbe] gracieux **gracefully** *adv* gracieusement **grace** *ni* grâce

### expressions

**a work of art** *nd* [utilisé pour des peintures, etc., ou de façon assez informelle] une oeuvre d'art *That bedspread you made for me is a work of art.* Ce couvre-lit que tu m'as fait est une oeuvre d'art.

**look/feel like a million dollars** être/se sentir dans une forme époustouflante *I came out of the hairdresser's feeling like a million dollars.* Je me sentais dans une forme éblouissante en sortant de chez le coiffeur.

## 59.1 Embellir

**decorate** *v* **1** *vt* (souvent + **with**) [terme général, mais ne s'utilise généralement pas pour des personnes] décorer *The buildings were decorated with flags.* Les bâtiments étaient pavoisés. **2** *vti* [avec de la peinture, du papier-peint, etc.] peindre, tapisser, décorer **decorator** *nd* décorateur

**decoration** *ndi* décoration *Christmas decorations* décorations de Noël *The knobs are just there for decoration.* Les boutons ne sont là que pour décorer. **decorative** *adj* décoratif

**We decorated the living room.** On a (re)peint et (re)tapissé le living.

**We decorated the living room for John's party.** On a décoré le living pour la soirée de John.

**adorn** vt (souvent + **with**) [plus formel que **decorate**. Peut s'utiliser pour des personnes et pour des objets] orner, parer *She adorned herself with ribbons and bows.* Elle s'est parée de rubans et de noeuds.
**adornment** ndi ornement, parure

**embellish** vt (souvent + **with**) [plus formel que **decorate**. Ne s'utilise pas pour des personnes. Suppose l'adjonction de décorations coûteuses et souvent

inutiles] embellir, enjoliver **embellishment** ndi ornement, fioritures

**ornament** nd [objet exposé pour sa beauté plutôt que pour son utilité. Suppose qch de plus définitif qu'une **decoration**] objet décoratif, ornement

**ornamental** adj [décrit: ex. sculpture] décoratif, ornemental *an ornamental fountain* une fontaine ornementale

## 60 Ugly Laid

**ugly** adj [terme général. Décrit: ex. personne, visage, robe] laid **ugliness** ni laideur

**plain** adj 1 [décrit: surtout des personnes, généralement des femmes. Suggère une apparence quelconque, ordinaire, donc légèrement moins catégorique que **ugly**] sans beauté, ordinaire

**hideous** adj [extrêmement laid. Souvent utilisé de manière exagérée. Décrit: ex. monstre, rictus] hideux, affreux *What made her choose those hideous curtains?* Qu'est-ce qui lui a fait choisir ces affreux rideaux?
**hideously** adv affreusement

**grotesque** adj [extrêmement laid, surtout parce que

déformé, anormal ou incongru. Souvent utilisé de manière exagérée] grotesque, ridicule *dancers wearing grotesque animal masks* des danseurs aux masques grotesques représentant des animaux **grotesquely** adv de manière grotesque, saugrenue

**eyesore** nd [décrit: objets, surtout des bâtiments, *pas des personnes*] horreur *That new office block is an absolute eyesore.* Ce nouvel immeuble de bureaux est une véritable horreur.

**to look/be a sight** [informel, utilisé principalement pour des personnes] avoir l'air d'un épouvantail *I must look a sight with my jacket all torn.* Je dois être beau à voir avec ma veste toute déchirée.

## 61 Rough Irrégulier

**rough** adj 1 [décrit: ex. surface, peau] rugueux 2 [décrit: mer] houleux, agité

**coarse** adj 1 [de texture rêche, rugueuse. Décrit: ex. papier de verre, fibre, tissu] grossier 2 [pas fin. Décrit: ex. grains] gros
**coarsely** adv grossièrement *coarsely-ground pepper* poivre grossièrement moulu

**uneven** adj [décrit: ex. surface, sol, bord] inégal
**unevenly** adv inégalement

**irregular** adj [décrit: ex. forme, rythme, intervalle] irrégulier *an irregular heartbeat* un pouls irrégulier
**irregularity** nid irrégularité

**choppy** adj [décrit: la surface de l'eau] un peu agité

**ripple** nd [de petites vagues, utilisé aussi pour décrire ex. de la soie] ondulation
**ripple** vit [suj/obj: eau, grain] (faire) onduler

**bumpy** adj [décrit: ex. route, promenade] bosselé, cahoteux

**a bumpy road** une route bosselée

**The sea was choppy.** La mer était agitée

**the jagged mountains** les pics

**corrugated** *adj* ondulé *corrugated iron* tôle ondulée

**jagged** *adj* [décrit: ex. bord, pic, rochers] irrégulier, dentelé

**serrated** *adj* [décrit: ex. bord, lame] en dents de scie

---

## 62 Smooth  Régulier

**smooth** *adj* 1 [décrit: ex. surface, texture, peau] lisse, régulier *The stones had been worn smooth by the tread of thousands of feet.* Les pierres avaient été polies par le passage de milliers de pieds. *Mix to a smooth paste.* Mélanger jusqu'à obtention d'une pâte homogène. 2 [décrit: ex. voyage en mer] sans secousses, confortable *The landing was very smooth.* L'atterrissage s'est fait en douceur.

**smooth** *vt* (souvent + **away**, **down**, **out**) [obj: ex. tissu] défroisser

**smoothly** *adv* doucement *flow/run/progress smoothly* bien se passer, marcher comme sur des roulettes

**sleek** *adj* [doux et brillant. Décrit: cheveux, fourrure] soyeux

**calm** *adj* [décrit: mer] calme

### 62.1 Termes désignant des surfaces horizontales

*locution comparative*

**as flat as a pancake** plat comme une galette

**flat** *adj*, -tt- plat *People used to believe the Earth was flat.* Les gens croyaient que la terre était plate. *a flat tyre* un pneu crevé *flat shoes/heels* chaussures plates/talons plats

**flat** *adv* (devant un complément circonstanciel) à plat ventre *I was lying flat on the floor.* J'étais (allongé) à plat ventre par terre.

**level** *adj* 1 [sensiblement plus technique que **flat**. Décrit: ex. surface, sol] plat [décrit: ex. cuillerée] ras 2 (souvent + **with**; généralement après *v*) être à la même hauteur que *My head was level with the window.* J'avais la tête à hauteur de la fenêtre.

**level** *nd* niveau *The sitting room is on two levels.* Le salon est à deux niveaux. *below sea-level* au-dessous du niveau de la mer *at eye-level* à hauteur des yeux

**level** *vt*, -ll- (*Brit*), -l- (*US*) [obj: ex. terre, sol] niveler, aplanir

**level off/out** *vi prép* [suj: ex. prix] se stabiliser *Inflation has levelled off at 8%.* L'inflation s'est stabilisée à 8%. [suj: avion] amorcer le vol en palier

**even** *adj* 1 [décrit: ex. sol, surface, couche] plat, uni *I trimmed the edges to make them nice and even.* J'ai coupé les bords pour bien les égaliser. [suppose souvent une rangée ou une série de choses de la même taille] *a nice even set of teeth* une belle denture régulière 2 [décrit: ex. température, rythme, vitesse] régulier, constant **evenly** *adv* de façon égale, régulièrement

**even** (sth) **out** ou **even out** (sth) *vit prép* [suj/obj: ex. sol] (s')égaliser, (se) niveler

---

## 63 Tidy  Ordonné

voir aussi **65 Order**

**tidy** *adj* ordonné, bien rangé *Keep the lounge tidy because we've got guests coming.* Laisse le salon bien en ordre parce que nous avons des invités. **tidily** *adv* soigneusement

**tidy** *vti* (souvent + **up**) [obj: ex. pièce, désordre] ranger, mettre de l'ordre dans *I've got to stay in and tidy (up) my bedroom.* Il faut que je reste à la maison pour ranger ma chambre.

**neat** *adj* net, ordonné, soigné *The books were arranged in neat rows.* Les livres étaient disposés en rangées bien ordonnées. **neatness** *ni* propreté, netteté **neatly** *adv* avec soin, de manière ordonnée

**smart** *adj* [soigné et élégant. Décrit: surtout une personne, des vêtements] chic, élégant *You look very smart in that new suit.* Tu as beaucoup d'allure dans ce nouveau costume. **smartly** *adv* avec élégance

**smarten** sth **up** ou **smarten up** sth *vt prép* embellir, donner plus d'allure, arranger *Some new curtains would smarten this room up considerably.* De nouveaux rideaux embelliraient sensiblement cette pièce.

**clear** (sth) **up** ou **clear up** (sth) *vti prép* [obj: ex. désordre, pièce] ranger

*usage*

**Neat** et **tidy** sont très souvent utilisés ensemble. On peut demander à quelqu'un de tenir une pièce, une armoire, des livres etc. *neat and tidy* (net et bien rangé) ou décrire une personne comme ayant une tenue vestimentaire, des habitudes etc. *neat and tidy* (net et soigné). Les deux adjectifs ont une signification très similaire mais **tidy** serait plutôt utilisé pour décrire l'effet d'ensemble et suppose l'absence de tout désordre ou saleté. Il n'englobe pas cette notion de précision et de soin rendue par **neat** qui peut également être utilisé pour décrire des petits détails. Le mot **handwriting** (une écriture), pour ne citer qu'un exemple, peut être qualifié de **neat**, mais *pas de* **tidy**.

**order** *ni* ordre *I just want to get/put my papers in order before I leave.* Je veux seulement mettre mes papiers en ordre avant de partir.

**orderly** *adj* [implique l'idée de discipline et de netteté. Décrit: ex. aménagement, file, retrait] ordonné, méthodique

## 64 **Untidy** Désordonné

**disorder** ni [assez formel] désordre *The room was in complete disorder.* La pièce était complètement en désordre. **disorder** vt mettre en désordre **disorderly** adj en désordre

**chaos** ni [plus fort et moins formel que **disorder**] chaos, pagaille *Fog has caused chaos on the roads.* Le brouillard a provoqué la pagaille sur les routes. *The office was in complete chaos after the break-in.* Le bureau était sens dessus dessous après le cambriolage. **chaotic** adj chaotique, confus

**mess** ndi (pas de pl) 1 [plutôt informel. Suppose une confusion moins sérieuse que **disorder** ou **chaos**] désordre, fouillis *I'm afraid the room is (in) a mess.* Je crains que la pièce ne soit (tout) en désordre. 2 [euphémique. Substance désagréable, surtout des excréments] saleté *The dog made a mess on the carpet.* Le chien a fait des saletés sur le tapis.

**mess** sth **up** ou **mess up** sth vt prép [obj: ex. cheveux, pièce] mettre en désordre, décoiffer

**messy** adj 1 [qui produit saleté ou désordre] salissant *Little babies are so messy.* Les petits bébés se salissent tellement. 2 [décrit: ex. pièce, cheveux] en désordre

**jumble** nd (pas de pl) [évoque l'idée de différentes choses entassées les unes sur les autres en désordre] fouillis *a jumble of old pots and pans* un bric à brac de vieilles casseroles

**jumble** vt (souvent + up) emmêler, déranger *I found the papers all jumbled up together on her desk.* J'ai trouvé les documents pêle-mêle sur son bureau.

**muddle** ndi (gén sing) [s'applique plus souvent à une confusion mentale ou administrative qu'à un désordre physique] confusion *My finances are in a muddle.* Mes finances sont en pagaille.

**muddle** vt (souvent + up) 1 [mettre en désordre. Obj: ex. papiers] embrouiller 2 [confondre] s'embrouiller *I'm sorry, I got the figures muddled (up).* Je suis désolé, je me suis embrouillé dans les chiffres.

**random** adj [décrit: ex. échantillon, nombre] fait au hasard (utilisé comme n) *The names were chosen at random from our list.* Les noms ont été choisis au hasard à partir de notre liste.

### expressions

Ces deux expressions informelles signifient que l'apparence est vraiment très négligée.

**look as if one has been dragged through a hedge backwards** (*Brit*) [pour des personnes] être tout débraillé (littéralement: avoir l'air d'avoir été traîné à travers une haie la tête la première)

**look like a bomb has hit it** [pour une pièce, un bureau etc.] être sens dessus dessous (littéralement: avoir l'air d'avoir été touché par une bombe)

## 65 **Order** Ordre

**order** nid [suite] ordre *in alphabetical/chronological order* par ordre alphabétique/chronologique *It took me hours to get the cards back in the right order.* Ça m'a pris des heures de remettre les cartes dans le bon ordre. *in order of seniority* selon l'ancienneté **order** vt organiser

**sort** vti [ordonner selon le type, la taille, etc. Obj: ex. lettres, vêtements, fruits] classer, trier *The eggs are sorted by size.* Les oeufs sont classés par taille. (+ out) *I'm sorting out my old clothes.* Je suis en train de trier mes vieux vêtements. *I was just sorting the cards into piles.* J'étais en train de classer les cartes en tas.

**classify** vt [implique un système plus formel que **sort** ou **order**] classer, classifier *Should I classify this book as fantasy or science fiction?* Faut-il classer ce livre dans la fantaisie ou la science-fiction? **classification** nid classification

**arrange** vt (souvent + in) [obj: ex. livres, fleurs, bibelots] (ar)ranger, disposer *The exhibits aren't arranged in any particular order.* Les objets exposés ne sont pas disposés dans un ordre particulier.

**arrangement** ndi arrangement, disposition *an arrangement of daffodils and irises* un arrangement de jonquilles et d'iris

## 66 **Position** Position

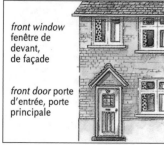

*front window* fenêtre de devant, de façade

*front door* porte d'entrée, porte principale

**the front of the house** la façade de la maison

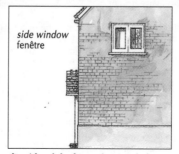

*side window* fenêtre

**the side of the house** le côté de la maison

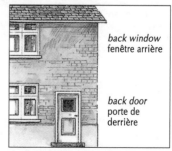

*back window* fenêtre arrière

*back door* porte de derrière

**the back/rear of the house** l'arrière de la maison

**Rear** est un peu plus formel que **back**. **Centre** est légèrement plus formel que **middle**. **Centre** est généralement utilisé pour des surfaces à deux dimensions, alors que **middle** peut être utilisé pour des lignes également.

*She is at the front of the queue.* Elle est à la tête de la file.

*She is in the middle of the queue.* Elle est au milieu de la file.

*He is at the back/rear of the queue.* Il est à la fin de la file.

**The buttons are at the front.** Les boutons sont devant.

**The buttons are at the back.** Les boutons sont derrière.

**She is sitting in front of him.** Elle est assise devant lui.
**He is standing behind her.** Il se tient derrière elle.

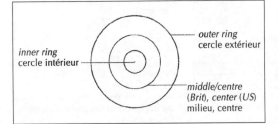

*outer ring* cercle extérieur
*inner ring* cercle intérieur
*middle/centre* (Brit), *center* (US) milieu, centre

**He stood in the middle.** Il était au milieu.
**They danced round the outside.** Ils dansaient autour de lui.

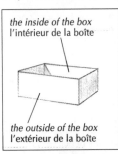

*the inside of the box* l'intérieur de la boîte

*the outside of the box* l'extérieur de la boîte

*flowers on the outside* fleuri à l'endroit

*plain on the inside* uni à l'envers

*outside* (à) l'extérieur

*inside* (à) l'intérieur

**Exterior** (extérieur) et **external** (externe) sont deux synonymes de **outside**, quoiqu'un peu plus formels que celui-ci alors que **interior** (intérieur) et **internal** (interne) se trouvent sur le même pied que **inside**. **Exterior** et **interior** s'utilisent très fréquemment en parlant de bâtiments: ex. *exterior/interior walls* (murs extérieurs/intérieurs). On peut également les utiliser tous les deux comme des noms, toujours essentiellement en rapport avec des bâtiments. En tant que nom **exterior** peut aussi se rapporter au comportement et/ou à l'apparence extérieurs d'une personne: ex. *Beneath her rather reserved exterior she had a very kind heart.* (Sous des abords réservés, elle avait un coeur très charitable.). **The interior**, par contre, représente la partie centrale et souvent assez sauvage d'un pays ou d'un continent: ex. *a journey into the interior* (un voyage à l'intérieur du pays). **External** et **internal** ont un champ d'application plus large. Ils peuvent se rapporter à certaines parties de bâtiments ou du corps humain ou encore à ce qui se passe à l'extérieur ou à l'intérieur d'un pays ou d'une organisation. Dès lors, on peut dire que *external/internal affairs* décrit les affaires extérieures/intérieures d'un pays ou que *external/internal examiner* signifie un examinateur venu de l'extérieur/un examinateur appartenant à l'institution lors d'un examen scolaire.

top le haut

middle le milieu

bottom le bas    at the bottom en bas    half way up/half way down au milieu    at the top en haut

upright debout, droit
vertical vertical

horizontal horizontal

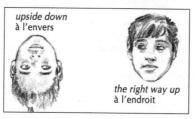

They are sitting opposite one another. Ils sont assis l'un en face de l'autre.

upside down
à l'envers

the right way up
à l'endroit

She is sitting on top of the table. Elle est assise sur la table.
He is sitting underneath the table. Il est assis en dessous de la table.

## 67 Necessary Nécessaire

voir aussi **74 Important**

**necessary** adj (souvent + **for**) nécessaire Is it necessary for us all to be there? Est-il nécessaire que nous soyons tous là? We could, **if necessary**, postpone the meeting. Nous pourrions, si nécessaire, reporter la réunion.

**necessarily** adv nécessairement, forcément 'Will I have to go?' '**Not necessarily.**' 'Est-ce que je devrai y aller?' 'Pas forcément.'

**necessity** nid (souvent + **for, of**) nécessité, besoin She stressed the necessity of keeping the plan a secret. Elle insista sur la nécessité de garder le projet secret. the **bare necessities** of life les choses essentielles de la vie

**need** vt [terme général, n'est généralement pas employé aux formes progressives] avoir besoin de to need something badly avoir absolument besoin de quelque chose I need a new pair of shoes. J'ai besoin d'une nouvelle paire de chaussures. The boiler needs repairing/needs to be repaired. Il faut absolument réparer la chaudière.

**need** n 1 ni (souvent + **for, of**) besoin families **in need** les familles dans le besoin Are you **in need of** any assistance? Avez-vous besoin d'aide? There's **no need to** get so upset. Il n'y a pas besoin de se tracasser à ce point-là. 2 nd [généralement pl] besoin(s) We can supply all your home-decorating needs. Nous pouvons vous fournir tout ce dont vous avez besoin en matière de décoration.

**require** vt [plus formel que **need**] avoir besoin de, nécessiter Your services are no longer required. Nous n'avons plus besoin de vos services. We urgently require assistance. Il nous faut de l'aide de toute urgence.

**requirement** nd (souvent + **for**) [assez formel, employé généralement au pluriel] exigence(s), besoin(s) entry requirements conditions d'admission

**addict** nd intoxiqué a drug addict un toxicomane
**addicted** adj (généralement après v; souvent + **to**) adonné à [humoristique] I'm addicted to fast cars. Je suis un mordu des voitures rapides.
**addiction** nid (souvent + **to**) penchant, dépendance drug addiction toxicomanie **addictive** adj qui crée une dépendance

### expression

**there's nothing (else) for it (but to)** il n'y a rien (d'autre) à faire (que) There's nothing else for it – we'll have to walk. Il n'y a rien à faire, on va devoir marcher.

**essential** adj (souvent + **for, to**) essentiel, indispensable essential services services de première nécessité Good marketing is essential for success. Une bonne commercialisation est indispensable au succès.

### usage

**Essential**, **vital**, et **crucial** sont tous plus emphatiques que **necessary**, et on peut les rendre encore plus emphatiques en ajoutant **absolutely**, ex. absolutely vital (absolument vital). **Essential** est légèrement moins emphatique que les deux autres, surtout lorsqu'il est utilisé avant le nom.

**essential** *nd* [souvent utilisé au pluriel] essentiel, qualité indispensable *the bare essentials* le strict nécessaire

**vital** *adj* (souvent + **for, to**) vital, capital (+ **that**) *It's absolutely vital that this is posted today.* Il est absolument vital que ceci soit posté aujourd'hui. *a*

*question of vital importance* un problème d'une importance capitale **vitally** *adv* absolument, extrêmement

**crucial** *adj* (souvent + **for, to**) crucial, décisif *a crucial factor in our decision* un facteur décisif pour notre décision **crucially** *adv* d'une manière décisive, capitale

## 68 Unnecessary Inutile

voir aussi **76 Unimportant**

**unnecessary** *adj* inutile, superflu *Don't carry any unnecessary weight.* Ne portez pas de poids inutile.
**unnecessarily** *adv* inutilement, pour rien

> **u s a g e**
>
> **Unnecessary** ne s'utilise pas beaucoup en anglais parlé, surtout après un verbe. Il est plus fréquent de dire *'It's not necessary.'* (Ce n'est pas nécessaire.) ou *'There's no need.'* (Il n'y a pas besoin.).

**needless** *adj* (avant *n*) [plus formel que **unnecessary**] inutile *a needless waste of resources* un gaspillage inutile de ressources [non formel] *Needless to say, nobody bothered to inform me.* Inutile de dire que personne ne s'est donné la peine de m'informer.
**needlessly** *adv* inutilement

**pointless** *adj* [décrit: ex. remarque, geste] inutile, vain
**pointlessly** *adv* inutilement, vainement

### 68.1 Superflu

**extra** *adj* [décrit: ex. personnel, vêtements, salaire] de plus, supplémentaire *an extra £10 a week* 10 livres de plus par semaine *a goal scored during extra time* (*Brit*) un but marqué pendant la prolongation

**extra** *adv* particulièrement, plus que d'habitude *I've been working extra hard all this week.* J'ai travaillé beaucoup plus dur que d'habitude toute cette semaine *extra large size* taille extra large

**extra** *nd* supplément *You have to pay for all the extras, like organized excursions.* Il faut payer pour toutes les activités supplémentaires comme les excursions organisées.

**spare** *adj* 1 [peut être utilisé comme objet de rechange] de réserve *Did you pack any spare underwear?* As-tu pris des sous-vêtements de rechange? *spare parts*

pièces de rechange 2 [qu'on n'utilise pas pour l'instant] dont on ne se sert pas, disponible *Have you got a spare pen you could lend me?* As-tu un stylo dont tu ne te sers pas à me prêter? *the spare bedroom* la chambre d'ami *There are two tickets going spare* (*Brit*) *if you want them.* Il y a deux tickets en trop si tu veux.

**spare** *nd* pièce de rechange *If the fanbelt breaks there's a spare in the boot.* Si la courroie du ventilateur casse, il y en a une de rechange dans le coffre.

**spare** *vt* avoir en trop *There's no time to spare.* Il n'y a pas de temps à perdre *Can you spare any money?* Peux-tu me passer un peu d'argent?

**surplus** *adj* en trop, en surplus *surplus energy* surcroît d'énergie *It is surplus to requirements.* Cela excède nos besoins.

**surplus** *ndi* surplus, excédent *a huge surplus of agricultural products* un énorme excédent de produits agricoles

**excess** *adj* [se dit seulement de qualités physiques ou d'objets. Décrit: ex. poids, matériau] excédentaire *excess baggage* excédent de bagages

**excess** *nid* [assez formel] excès *an excess of enthusiasm* un excès d'enthousiasme *a figure in excess of $ 4 000 000* un chiffre dépassant les 4 000 000 de dollars

**excessive** *adj* [assez formel et plutôt péjoratif, suppose qch de déraisonnable] excessif, démesuré *She drank an excessive amount of wine.* Elle a bu une quantité excessive de vin. **excessively** *adv* plus que de raison, excessivement

**superfluous** *adj* [assez formel] superflu

**redundant** *adj* [formel] redondant, superflu *New technology has made our old machinery redundant.* Les nouvelles technologies ont rendu nos vieilles machines inutiles/superflues.·

## 69 Waste Gaspiller

voir aussi **71 Rubbish**

**waste** *vt* (souvent + **on**) [obj: ex. argent, énergie, ressources] gaspiller, perdre *You're wasting your time here.* Tu perds ton temps ici. *I shouldn't waste any sympathy on him.* Je ne m'attendrirais pas inutilement sur lui.

**waste** *ndi* (pas de *pl*) perte, gaspillage *That project's a waste of time and money.* Ce projet est une perte de temps et d'argent. *Her talents are wasted here.* On ne sait pas apprécier ses talents ici. *All that hard work has gone to waste.* Tout ce travail s'est perdu inutilement.

**wasteful** *adj* [décrit: ex. personne, utilisation, habitude] gaspilleur, peu économe

**squander** *vt* (souvent + **on**) [beaucoup plus désapprobateur que **waste**] gaspiller, dilapider

**fritter** sth **away** OU **fritter away** sth *vt prép* (souvent + **on**) [péjoratif] gaspiller, perdre *He frittered away his inheritance on fast cars.* Il a gaspillé son héritage en voitures de course.

**extravagant** *adj* [décrit: ex. personne, utilisation] dépensier, coûteux *Taking taxis everywhere is rather extravagant.* C'est une habitude plutôt dispendieuse de se déplacer en taxi partout. **extravagantly** *adv* à outrance, largement **extravagance** *nid* prodigalité, gaspillage

## 70 Throw Away Jeter

**throw** sth **away** OU **throw away** sth *vt prép* **1** jeter *Why don't you throw that old suitcase away?* Pourquoi ne jettes-tu pas cette vieille valise? **2** [obj: ex. chance] gâcher, laisser passer

**throw** sth/sb **out** OU **throw out** sth/sb *vt prép* [semble légèrement plus fort que **throw away**] **1** jeter, mettre au rebut **2** (souvent + **of**) [obj: personne] mettre à la porte, expulser *Her mother threw her out of the house when she became pregnant.* Sa mère l'a mise à la porte quand elle est tombée enceinte.

**get rid of** sth/sb [légèrement informel] se débarrasser de *I wish I could get rid of this cough.* Je voudrais pouvoir me débarrasser de cette toux.

**dispose of** sth *vt prép* [plus formel que **get rid of**] se défaire de *Dispose of waste carefully.* Débarrassez-vous des déchets prudemment. **disposal** *ni* enlèvement

**discard** *vt* [implique souvent la notion de négligence] se débarrasser de *a pile of discarded clothing* une pile de vêtements abandonnés

**reject** *vt* [obj: ex. idée, proposition, personne] rejeter *The unions have rejected the proposed settlement.* Les syndicats ont rejeté la proposition d'accord. *She felt rejected by her parents.* Elle se sentait rejetée par ses parents. **reject** *nd* article de rebut **rejection** *nid* refus, rejet

## 71 Rubbish Détritus

**rubbish** (*surtout Brit*), **garbage** OU **trash** (*surtout US*) *ni* [peut s'appliquer à toutes sortes d'objets dont on s'est débarrassé] détritus, déchets *garden/household rubbish* détritus de jardin/ordures ménagères *a pile/heap of rubbish* un tas d'ordures

**waste** *ni* [plus technique que **rubbish** et souvent utilisé lorsqu'on parle d'industrie ou d'environnement] déchets *industrial/domestic waste* déchets industriels/ménagers *chemical/nuclear waste* déchets chimiques/nucléaires (utilisé avant *n*) *waste pipe* (tuyau de) vidange

**waste** *adj* [décrit: ex. produits, matériaux] de rebut, inutilisé *voir aussi **67 Waste**

**refuse** *ni* [formel] détritus *refuse collection* ramassage d'ordures

**litter** *ni* [détritus légers, surtout du papier, qui se trouvent dehors par terre, ex. dans la rue] vieux papiers, ordures

**litter** *vt* (souvent + **with**) [souvent utilisé au passif] couvrir, joncher *The ground was littered with old newspapers.* Le sol était couvert de vieux journaux.

**junk** *ni* [informel et péjoratif, essentiellement des objets plus grands] vieilleries, ferraille *The garage is full of old junk.* Le garage est plein de vieilleries (utilisé comme *adj*) *junk shop* (boutique de) brocanteur *junk food* [aliments vite prêts ou disponibles mais sans valeur nutritive. Décrit: ex. frites, sucreries etc.] aliment malsain

**debris** *ni* débris, décombres *the debris from the explosion* les débris de l'explosion

**rubble** *ni* décombres *to reduce sth to rubble* ne laisser que des décombres, réduire en miettes *The building was reduced to rubble.* Il ne restait du bâtiment que des décombres.

dustman (*Brit*)/garbage collector (*US*) éboueur

dustcart (*Brit*)/garbage truck (*US*) camion des éboueurs

dustbin (*Brit*)/garbage can OU trashcan (*US*) poubelle

## 72 Want Vouloir

voir aussi **107 Intend**; **251 Resentment**; **278 Eager**; **426 Like**; **427 Love**

**want** *vt* (ne s'utilise pas aux formes progressives) vouloir *What do you want for Christmas/dinner?* Que veux-tu pour Noël/pour dîner? [+ **to** + INFINITIF] *He wanted to see you again.* Il voulait te revoir.

**want** *n* [formel] **1** *nid* (souvent + **of**) besoin, manque (de) *All your wants will be provided for.* [plutôt formel]

Tous vos besoins seront comblés. *Let's call it carelessness, **for want of** a better word.* Appelons cela de la négligence, faute d'avoir un terme plus approprié. **2** *ni* besoin

**desire** *vt* (ne s'utilise pas aux formes progressives) **1** [formel] désirer *They may submit a proposal, if they so* *desire*. Ils peuvent soumettre une proposition s'ils le désirent. *The warning didn't have **the desired effect**.* [non formel] L'avertissement n'a pas produit l'effet souhaité. **2** [sexuel. Obj: personne, corps] désirer

**desire** *ndi* (souvent + **to** + INFINITIF) [plus formel que **wish**] désir, envie *She is motivated mainly by a passionate desire for popularity.* C'est essentiellement un ardent désir de popularité qui la motive.

**desirable** *adj* **1** [assez formel. Décrit: ex. résidence, emplacement] beau **2** [décrit: personne] désirable **desirably** *adv* de façon désirable

**feel like** *sth vt prép* [informel] avoir envie de qch *I feel like a nice cup of tea.* J'ai envie d'une bonne tasse de thé. *Don't come if you don't feel like it.* Ne viens pas si tu n'en as pas envie.

**wish** *v* **1** *vti* (généralement + **to** + INFINITIF) [plus formel et plus emphatique que **want**] souhaiter *I wish to see the manager.* Je souhaite voir le directeur. **2** *vit* (souvent + **for**, (**that**)) souhaiter *I wished for a new bike.* Je souhaitais un nouveau vélo. *I wish you wouldn't keep interrupting me.* J'aimerais bien que tu arrêtes de m'interrompre tout le temps! **3** *vt* [obj: ex. bonne santé, joyeux anniversaire] souhaiter *to wish sb luck* souhaiter bonne chance à qn

**wish** *nd* **1** (souvent + **to** + INFINITIF) souhait, voeu *I have no wish to seem ungrateful.* Je n'ai aucune envie de paraître ingrat. *to have/get one's wish* voir son voeu se réaliser *to make a wish* faire un voeu **2** (gén *pl*; souvent + **for**) voeux, amitiés *best wishes for the future* meilleurs voeux pour l'avenir

**hope** *vit* espérer (+ **for**) *We'll just have to **hope for the best**.* Il ne nous reste plus qu'à espérer que tout ira/sera pour le mieux. (+ **that**) *I hope (that) they'll be happy.* J'espère qu'ils seront heureux.

**hope** *nid* (souvent + **for**, **of**) espoir *a **glimmer/ray of hope*** une lueur d'espoir *There's no hope of a pardon.* Il n'y a aucun espoir de pardon.

**hopeful** *adj* (souvent + **that**) plein d'espoir *We're still hopeful she may change her mind.* Nous avons toujours bon espoir qu'elle changera d'avis.

**miss** *vt* (souvent + -ing) [obj: une personne ou un objet cher ou familier] regretter l'absence de *I really missed you while you were away.* Tu m'as vraiment manqué pendant ton absence.

## 72.1 Vouloir très fort

**crave** *vit* (souvent + **for**) [assez formel] avoir grand besoin de *She thought he could give her the security she craved (for).* Elle pensait qu'il pourrait lui apporter la sécurité dont elle ressentait violemment le besoin.

**long for** *sth/sb vt prép* [obj: personne, maison] se languir de qch/qn *I've been longing for you to ask me.* Je mourais d'envie que tu me le demandes.

**yearn for** *sth/sb vt prép* [littéraire. Plus fort que **long for**] aspirer à qch/se languir de qn

*expression*

**set one's heart on sth** jeter son dévolu sur qch, désirer absolument qch *He'd set his heart on (getting) that job.* Ça lui tenait vraiment à coeur d'avoir ce poste.

## 72.2 Sentiments de désir

**urge** *nd* (souvent + **to** + INFINITIF) forte envie de *to feel the/an urge to do sth* avoir vivement envie de faire qch *sexual urge* pulsion sexuelle

**impulse** *ndi* (souvent + **to** + INFINITIF) impulsion *to act on impulse* agir par impulsion **impulsive** *adj* impulsif **impulsively** *adv* par impulsion

**appetite** *ndi* (souvent + **for**) goût, appétit *to have a good/healthy appetite* avoir bon appétit *She's got no real appetite for work.* Elle n'a pas vraiment de goût pour le travail.

**craving** *nd* (souvent + **for**) [plus fort que **appetite**, et parfois péjoratif] grand besoin de, envie *a craving for love/tobacco* soif d'amour/envie violente de tabac

**greed** *ni* [péjoratif] avidité

**greedy** *adj* [péjoratif] avide, cupide *You're a greedy pig, Michael.* Tu n'est qu'un goinfre, Michael. *greedy for power/profit* assoiffé de pouvoir/âpre au gain **greedily** *adv* avidement

**greediness** *ni* [utilisé moins fréquemment que **greed**] avidité, cupidité

**temptation** *nid* (souvent + **to** + INFINITIF) tentation *The temptation to cheat was just too strong.* La tentation de tricher était vraiment trop forte.

**tempt** *vt* (souvent passif; souvent + **to** + INFINITIF) tenter *They were **sorely tempted** to resign on the spot.* Ils étaient fortement tentés de démissionner sur le champ. *voir aussi **432 Attract**

## 72.3 Exprimer des souhaits

voir aussi **351 Ask**

**demand** *vt* (souvent + **to** + INFINITIF) exiger *I demand an explanation.* J'exige une explication. *He demanded to know why he had not been informed.* Il exigea de savoir pourquoi il n'avait pas été informé.

**demand** *n* (souvent + **for**) **1** *nd* demande *a demand for payment* une demande de paiement *to **make demands** on sb/sth* exiger beaucoup de qn/qch **2** *ni* demande *supply and demand* l'offre et la demande *goods **in great demand*** marchandises très demandées *available **on demand*** disponible sur commande

**order** *vti* [obj: ex. marchandises, nourriture, livre] commander *Have you ordered yet, sir?* Avez-vous déjà passé votre commande, Monsieur?

**order** *ndi* (souvent + **for**) commande *on order* commandé (utilisé comme *adj*) *order form* bulletin de commande *order book* carnet de commande

# 73 Choose Choisir

voir aussi **107 Intend**; *L31 Preferences*

**choose** *vti*, *prét* **chose**, *part passé* **chosen** (souvent + **between**, + **to** + INFINITIF) [terme général] choisir *My chosen subject is French history.* J'ai choisi l'histoire de France comme sujet. *He chose to ignore my advice.* Il a jugé bon de ne pas tenir compte de mes conseils.

**choice** *n* **1** *ndi* (souvent + **between**) choix *to make a* choice faire un choix *She **had no choice** but to obey.* Elle n'avait d'autre choix que d'obéir. *I wouldn't go there **by choice**.* Je ne ferais pas le choix d'y aller. **2** *nd* (souvent + **for**, **as**) choix *She's my choice as team captain.* C'est elle que j'ai choisie comme capitaine de l'équipe. **3** *ndi* (souvent + **of**) choix, variété *They don't offer you much (of a) choice.* Ils n'offrent pas un grand choix.

**select** *vt* (souvent + **for**, + **to** + INFINITIF) [plus formel que **choose**. Souligne la supériorité de l'objet ou de la personne choisie] sélectionner *She's been selected to play for Scotland.* Elle a été sélectionnée pour jouer pour l'Ecosse. **selector** *nd* sélectionneur

**selection** *n* **1** *ni* sélection (utilisé comme *adj*) selection board/committee commission/comité de sélection **2** *nd* (souvent + **of**, **from**) choix, sélection *a selection of desserts* un choix de desserts

**pick** *vti* [un peu moins formel que **choose**] choisir *You certainly picked the right person for the job.* Tu as sans aucun doute choisi la personne qu'il faut pour ce boulot. *You haven't got time to **pick and choose**.* Tu n'as pas le temps de faire le difficile.

**pick** *n* **1** [seulement dans certaines expressions figées] *to have first pick of something* être le premier à choisir quelque chose *to **have/take one's pick** of something* faire son choix **2** (toujours + **the**) [le meilleur] *the pick of the bunch* le meilleur de tous

**elect** *vt* **1** [obj: ex. gouvernement, président, comité] élire, nommer **2** (+ **to** + INFINITIF) [formel] opter (pour), faire le choix (de)

**opt for** sth/sb *vt prép* opter pour qch/qn

**option** *ndi* choix, option *to have no option* ne pas avoir

le choix *What are my options?* Quelles sont les possibilités pour moi? **optional** *adj* facultatif

**settle for** sth/sb *vt prép* [implique gén un compromis] se résigner à choisir *We had to settle for second best.* Nous avons dû nous rabattre sur quelque chose de moins bien.

**decide on** sth/sb *vt prép* se décider pour *We've decided on France for our holiday this year.* Nous avons finalement choisi la France pour nos vacances cette année.

### 73.1 Préférer

**prefer** *vt* (souvent + **to**, + **to** + INFINITIF) préférer *They obviously prefer brandy to whiskey.* De toute évidence, ils préfèrent le cognac au whisky. *I prefer to go alone.* Je préfère partir seul.

**preferable** *adj* (généralement après *v*; souvent + **to**) préférable **preferably** *adv* de préférence

**preference** *ndi* (souvent + **for**) préférence *to have/show a preference for sb/sth* avoir une préférence pour qn/qch *in preference to* plutôt que, de préférence à

*usage*

Parallèlement à **prefer**, on peut également utiliser dans le même sens l'adverbe **rather** avec n'importe quel verbe au conditionnel. Ex. *I'd rather go by bus than walk.* (Je préférerais y aller en bus plutôt qu'à pied.) *She says she'd rather stay at home.* (Elle dit qu'elle aimerait mieux rester à la maison.) *I'd rather you told her yourself.* (Je préférerais que tu lui dises toi-même.).

# 74 Important  Important

voir aussi **65 Necessary**; ant **76 Unimportant**

**important** *adj* (souvent + **to**) [terme général. Décrit: ex. affaire, nouvelle, personne] important *I've got something very important to tell you.* J'ai quelque chose de très important à te dire.

**importance** *ni* importance *a matter of the utmost importance* une affaire de la plus haute importance

**significant** *adj* [qui a un effet considérable et visible. N'est généralement pas utilisé pour des personnes. Décrit: ex. événement, évolution, amélioration] considérable, important **significantly** *adv* de façon significative

**significance** *ni* signification *to attach significance to sth* attacher de l'importance à qch

**serious** *adj* [qui inquiète et réclame de l'attention. Décrit: ex. accident, blessure, difficulté] grave, sérieux *We're in serious trouble.* Nous avons de sérieux problèmes.

**seriously** *adv* sérieusement *seriously injured* gravement blessé *to take sth seriously* prendre qch au sérieux **seriousness** *ni* sérieux, importance. *voir aussi **447.2 Sad**, et **238.1 Sensible**

**grave** *adj* [terme plus fort que **serious** et légèrement plus formel. Décrit: ex. menace, erreur, préoccupation] grave *I have grave doubts about his suitability.* Je doute sérieusement qu'il convienne. **gravely** *adv* gravement, sérieusement **gravity** *ni* gravité, sérieux

*expressions*

**it's no joke/no laughing matter** il n'y a pas de quoi rire *It's no joke having to get up at four o'clock in the morning.* Ce n'est pas drôle d'avoir à se lever à 4 heures du matin.

**the be-all and end-all** [indique souvent une certaine désapprobation quant à l'importance accordée à la chose en question] le but suprême *Clothes aren't the be-all and end-all of life, you know.* Tu sais, les vêtements, ce n'est pas le but suprême de l'existence.

**a matter of life and death** une question de vie ou de mort *Come quickly, it's a matter of life and death.* Viens vite, c'est une question de vie ou de mort.

### 74.1 Etre important

*usage*

**1** Aucun de ces verbes ne s'utilise à la forme progressive. **2** Remarquez qu'en anglais, le sujet des verbes **care** et **mind** est la personne et non l'objet.

**matter** *vi* (souvent + **to**) [utilisé surtout dans des phrases négatives] importer *Does it matter if I'm late?* Est-ce que c'est grave si je suis en retard? *Money* *doesn't matter to me.* L'argent n'a pas d'importance pour moi.

**mind** *vit* prêter attention à, trouver à redire à *Do you mind if I sit here?* Cela ne vous ennuie pas que je m'assoie ici? *'I'm so sorry, I've broken a glass.' -'Never mind, it was only a cheap one.'* Je suis désolé, j'ai cassé un verre.' – 'Ne t'en fais pas, c'était un verre bon marché.' *I don't mind the rain.* La pluie ne me dérange pas.

**care** *vit* (souvent + **about**) [terme plus fort que **mind**] se soucier de, aimer *I do care about you.* Mais tu comptes pour moi. *We could be stuck here all night for all they care.* Nous pourrions rester coincés ici toute la nuit, pour ce que ça leur fait. *He says he'll leave me, but I couldn't care less!* Il dit qu'il va me quitter mais je m'en moque éperdument!

## 74.2 Degré d'importance

**grade** *nd* **1** [décrit l'importance de personnes et la qualité de matériaux] catégorie, qualité, niveau *high-grade ore* minerai de première qualité *a low-grade civil servant* un fonctionnaire de deuxième classe **2** (*surtout US*) [à l'école ou à l'université] résultat, note *to get good grades* avoir de bonnes notes

**grade** *vt* [obj: ex. oeufs, laine] classer *graded according to size* classé en fonction de la taille

**rank** *nd* [utilisé surtout pour les forces armées] rang *the rank of captain* le grade de capitaine

**rank** *vit* (souvent + **as, with**) (se) classer *to rank above/below sb* être supérieur/inférieur à qn *This must rank as one of the worst disasters of modern times.* Ceci doit compter parmi les pires catastrophes des temps modernes. *She is ranked 5th in the world at chess.* Elle est en 5ème position du classement mondial aux échecs.

**level** *nd* niveau *a high-level delegation* une délégation de haut niveau *She entered the service at executive level.* Elle est entrée dans le service à l'échelon de cadre.

## 75 Main Principal

**main** *adj* (avant *n*; pas de *compar* ou de *superl*) [décrit: ex. but, cause, influence] principal *main door/entrance* entrée principale *You're all safe, that's the main thing.* Vous êtes tous sains et saufs, c'est le principal.

**mainly** *adv* principalement *I work mainly in Paris.* Je travaille surtout à Paris.

**chief** *adj* (avant *n*; pas de *compar* ou de *superl*) [utilisé dans des contextes identiques à **main**, sauf dans des expressions figées comme *main road* (route principale)] principal [souvent utilisé avec un terme désignant le travail ou la position d'une personne] en chef *the company's chief executive* le directeur de la compagnie **chiefly** *adv* surtout

**principal** *adj* (avant *n*; pas de *compar* ou de *superl*) [plutôt formel. Indique l'importance, non la taille. Décrit: ex. but, problème] principal **principally** *adv* principalement

**major** *adj* (gén avant *n*) [indique l'importance et la taille. Moins absolu que **main**, **chief**, et **principal**. Décrit: ex. facteur, opération, problème] majeur *major road works* d'importants travaux (d'entretien des routes) *a major earthquake* un important séisme

**key** *adj* (avant *n*; pas de *compar* ou de *superl*) [important parce que d'autres choses ou d'autres personnes en dépendent. Décrit: ex. problème, industrie, témoin] clé, fondamental

**basic** *adj* (gén avant *n*) **1** [important parce que tout le reste en dépend] élémentaire, fondamental *Food and water are basic human needs.* L'eau et la nourriture constituent les besoins humains essentiels. (**+ to**) *Freedom of speech is basic to our society.* La liberté d'expression est fondamentale dans notre société. **2** [un exemple tout simple, sans artifice] *The basic model is quite cheap.* Le modèle de base est relativement bon marché.

**basics** *n pl* l'essentiel *This book covers the basics of motor mechanics.* Ce livre décrit l'ABC de la mécanique automobile.

**basically** *adv* dans l'ensemble *Basically I'm in good health.* Dans l'ensemble, je suis en bonne santé.

**fundamental** *adj* (souvent + **to**) [légèrement plus formel que **basic**. Décrit: surtout des idées] fondamental, essentiel *a fundamental principle of democratic government* un principe essentiel du gouvernement démocratique **fundamentals** *n pl* l'essentiel, les principes essentiels

**fundamentally** *adv* fondamentalement *Your argument is fundamentally flawed.* Ton argument est faux à la base.

## 76 Unimportant Sans Importance

voir aussi **68 Unnecessary**; ant **74 Important**

**unimportant** *adj* [terme général] sans importance **unimportance** *ni* insignifiance

**minor** *adj* [décrit: ex. partie, défaut, part] mineur

**insignificant** *adj* [qui n'a pas beaucoup d'effet. Peut être utilisé péjorativement] insignifiant *an insignificant little man* un petit homme insignifiant **insignificantly** *adv* de façon insignifiante

**insignificance** *ni* insignifiance *to pale/dwindle into insignificance* perdre toute importance

**trivial** *adj* [assez péjoratif. Décrit: problème, montant,

*e x p r e s s i o n s*

**it's not the end of the world** ce n'est pas la fin du monde

**a storm in a teacup** [un problème qui n'est pas aussi grave qu'il n'y paraît et qui sera vite résolu] une tempête dans un verre d'eau

pas des personnes] dérisoire

**triviality** *nid* [formel] banalité, caractère insignifiant

**petty** *adj* (avant *n*) [décrit: ex. règlement, personne] mesquin, petit *petty cash* petite caisse *It was so petty of her to make him pay for the book.* C'était tellement mesquin de sa part de lui faire payer le livre. **pettiness** *ni* mesquinerie, insignifiance

**trifling** *adj* [plutôt formel. Utilisé lorsque le locuteur veut souligner le caractère insignifiant de quelque chose. Décrit: ex. somme, affaire] insignifiant, négligeable

**trifle** *nd* [assez formel] bagatelle *Why bother about such trifles?* Pourquoi se tracasser pour si peu?

## 77 Great Magnifique

voir aussi **417 Good**

**great** *adj* [décrit: ex. exploit, dirigeant, artiste] grand, éminent *Frederick the Great* Frédéric le Grand **greatness** *ni* grandeur, importance

**grand** *adj* 1 [décrit: ex. palace, entrée, occasion] magnifique, grandiose *on the grand scale* en grand *Our house is not very grand, I'm afraid.* J'ai bien peur que notre maison ne soit pas très impressionnante. 2 [décrit: personne] magnifique, grand seigneur

**grandeur** *ni* grandeur, magnificence *delusions of grandeur* folie des grandeurs, mégalomanie

**splendid** *adj* [décrit: ex. coucher de soleil, vêtements de cérémonie, couleur] splendide, superbe **splendour**

(*Brit*), **splendor** (*US*) *nid* splendeur

**magnificent** *adj* [décrit: ex. palace, vêtement de cérémonie] magnifique, somptueux **magnificence** *ni* magnificence, splendeur

**glorious** *adj* 1 [décrit: ex. victoire, règne] éclatant, glorieux 2 [décrit: ex. temps, fleur, vue] splendide, magnifique *The garden looks glorious in summer.* Le jardin est splendide en été.

**glory** *n* 1 *ni* éclat, splendeur 2 *nid* splendeur *I saw Venice in all its glory.* J'ai vu Venise dans toute sa splendeur.

## 78 Possible Possible

voir aussi **80 Probable**; **237 Able**

**possible** *adj* possible *the worst possible time* le plus mauvais moment *I avoid borrowing money as far as possible.* Dans la mesure du possible, j'évite d'emprunter de l'argent. *as soon as possible* dès que possible *We'll do it ourselves, if possible.* Nous le ferons nous-mêmes si possible.

**possibly** *adv* 1 dans la mesure du possible *I'll come if I possibly can.* Je ferai tout mon possible pour venir. 2 peut-être *'Can you come?' – 'Possibly, I'm not sure.'* 'Peux-tu venir?' – 'Peut-être, je n'en suis pas sûr.'

**feasible** *adj* (gén après *v*) [voir usage, ci-dessous. Plutôt formel. Décrit: ex. projet, suggestion] réalisable *technically/economically feasible* techniquement/économiquement réalisable

**feasibility** *ni* possibilité (de réalisation) *feasibility study* étude de faisabilité

**viable** *adj* [voir usage, ci-dessous. Utilisé principalement dans un contexte technique ou commercial] qui a des chances de réussir, viable *financially viable* financièrement viable *a viable proposition* une proposition viable **viability** *ni* viabilité, chance de succès

*usage*

Dire que quelque chose, par exemple un projet, est **feasible** signifie qu'il peut être réalisé mais n'implique pas nécessairement que les moyens de le réaliser soient disponibles ou qu'il vaille la peine d'être réalisé. Lorsqu'un projet devient **viable**, cela implique généralement que les moyens techniques, financiers etc. nécessaires pour le mettre en oeuvre sont disponibles. Si on dit que le projet est **practical**, cela signifie qu'il peut être réalisé en pratique parce que les moyens sont disponibles et cela implique généralement que le projet a également beaucoup de chances d'être utile.

**practical** *adj* 1 [voir usage, ci-dessous. Décrit: ex. suggestion, politique, solution] praticable, réalisable *For all practical purposes she's the boss.* En réalité, c'est elle le chef. 2 [quasi de fait] *It's a practical certainty.* C'est pratiquement certain. **practically** *adv* pratiquement **practicality** *ni* aspect pratique. *voir aussi **281 Useful**

**potential** *adj* [décrit: ex. vainqueur, avantage, source] en puissance, potentiel **potentially** *adv* potentiellement **potential** *ni* (souvent + **to** + INFINITIF, + **for**) potentiel, possibilités *She's got the potential to become a world champion.* Elle a le potentiel pour devenir championne du monde. *leadership potential* l'étoffe d'un chef

### 78.1 Possibilité

**possibility** *ndi* (souvent + **for, of, that**) possibilité *it is within the bounds/realms of possibility that...* c'est dans le domaine du possible que...

*usage*

**Possibility** n'est pas suivi de l'infinitif. Pour cette construction, utilisez **chance** ou **opportunity**: ex. *We didn't have a chance to thank him.* (Nous n'avons pas eu l'occasion de le remercier.) *That gave us an opportunity to rest.* (Cela nous a donné l'occasion de nous reposer.).

**chance** *n* 1 *ndi* (souvent + **of, that**) [possibilité] chance *There's always a chance that a better job will turn up.* Il y a toujours une chance qu'un travail plus intéressant se présente. *(The) chances are that she won't be coming.* [informel] Il y a peu de chances qu'elle vienne. *She's still in with a chance.* [informel] Elle a encore une petite chance. 2 *nd* (souvent + **of**; + **to** + INFINITIF) [occasion] *Now's your chance, ask her.* Saute sur l'occasion, demande-lui! *voir aussi **387 Luck**

**opportunity** *ndi* (souvent + **to** + INFINITIF, + **for**) [légèrement plus formel que **chance**] occasion *I should like to **take** this **opportunity** of thanking you.* Je voudrais profiter de cette occasion pour vous remercier.

**means** *nd, pl* **means** (souvent + **of**) moyen(s) *She had no means of knowing.* Elle n'avait aucun moyen de savoir. *by means of* au moyen de

**enable** *vt* (+ **to** + INFINITIF) permettre *The inheritance enabled me to buy a house.* L'héritage m'a permis d'acheter une maison.

*e x p r e s s i o n s*

**within sb's grasp** à portée de main *Success seemed at last to be within his grasp.* Le succès semblait enfin être à portée de sa main.

**the sky's the limit** tout est possible *Once your reputation is established, then the sky's the limit.* Une fois que ta réputation est établie, alors, tout est possible.

## 79 Impossible Impossible

**impossible** *adj* (souvent + **to** + INFINITIF) impossible *It's impossible to say when she'll be free.* Il m'est impossible de dire quand elle sera libre. [utilisé comme *n*] *to attempt the impossible* tenter l'impossible **impossibility** *nid* impossibilité

**impossibly** *adv* (utilisé seulement avant *adj*) **1** de façon impossible *an impossibly difficult problem* un problème d'une difficulté insurmontable **2** d'une façon invraisemblable *She's impossibly eccentric.* Elle est incroyablement excentrique.

**impractical** *adj* [décrit: ex. plan, suggestion, projet] peu réaliste *voir aussi **282 Useless***

**unfeasible** *adj* [formel] infaisable

**unattainable** *adj* [décrit: ex. but, objectif] inaccessible

**unthinkable** *adj* (souvent + **that**; gén après *v*) [souligne le fait que ce que l'on décrit serait mal, choquant, etc.] impensable, inconcevable *It's unthinkable that they would refuse.* Il est impensable qu'ils refusent.

**unable** *adj* (généralement + **to** + INFINITIF; après *v*) [assez formel] incapable *I was unable to walk after the accident.* J'étais incapable de marcher après l'accident.

**incapable** *adj* (souvent + **of**; après *v*) [peut être utilisé de façon plus emphatique que **unable**] incapable *He's*

*incapable of understanding the simplest instruction.* Il est incapable de comprendre les instructions les plus simples.

*e x p r e s s i o n s*

**no way** (souvent + **that**) [informel] pas question *There's no way I'm going to put up with this.* Il n'est pas question que je supporte cela. *'Are you willing to pay?' – 'No way!'* 'Allez-vous payer?' – 'Pas question!'

**not a chance** [informel] pas de danger, impossible *'Will I be able to get a ticket?' – 'Not a chance!'* Est-ce que je pourrai avoir une place? – 'Impossible!'

**it's out of the question** c'est hors de question

**by no means** [moins emphatique et plus formel que les expressions ci-dessus] pas du tout *It's by no means certain that they will come.* Il n'est pas du tout certain qu'ils viennent.

**pigs might fly!** (*Brit*) [humoristique] Ce n'est pas demain la veille! [littéralement: Les cochons pourraient voler] *'She may pay you back tomorrow.' – 'Yes, and pigs might fly!'* 'Elle te remboursera peut-être demain.' – 'Oui, quand les poules auront des dents!'

## 80 Probable Probable

**probable** *adj* (souvent + **that**) probable **probably** *adv* probablement

**probability** *nid* (souvent + **of**) probabilité *In all probability the game will already be over.* Selon toute probabilité, la partie sera déjà terminée.

**likely** *adj* **1** (souvent + **to** + INFINITIF, + **that**) possible, vraisemblable *Is it likely to rain today?* Est-ce qu'il risque de pleuvoir aujourd'hui? *That's the most likely explanation.* C'est l'explication la plus vraisemblable. **2** (avant *n*) [susceptible de convenir. Décrit: ex. endroit, recrue] qui promet *He's a likely young man.* C'est un jeune homme qui promet. **likelihood** *ni* (souvent + **of**) probabilité, chance

**presume** *vt* (souvent + **that**) supposer, présumer *I*

*presume she won't be coming if she's sick.* Je suppose qu'elle ne viendra pas si elle est malade. **presumption** *ni* présomption, supposition

**presumably** *adv* vraisemblablement *Presumably they offered him more money.* Ils lui ont vraisemblablement offert plus d'argent.

*e x p r e s s i o n s*

**a good chance** de bonnes chances *There's a very good chance that she'll succeed.* Il y a de bonnes chances qu'elle réussisse.

**a safe bet** [informel] à coup sûr *It's a safe bet that someone will have told him already.* Je jurerais que quelqu'un le lui a déjà dit!

## 81 Improbable Improbable

**improbable** *adj* (souvent + **that**) improbable, peu probable *Their story sounds wildly improbable.* Leur histoire a vraiment l'air invraisemblable. **improbably** *adv* de façon improbable **improbability** *nid* improbabilité, invraisemblance

**unlikely** *adj* (souvent + **to** + INFINITIF, + **that**) improbable *It's highly unlikely that they will win.* Il est très peu probable qu'ils gagnent. *in the unlikely event of a sudden loss of cabin pressure* dans le cas fort improbable d'une perte de pression soudaine dans la cabine **unlikelihood** *ni* improbabilité

**CHANCE**

Le mot **chance** est utilisé dans de nombreuses locutions exprimant la probabilité ou l'improbabilité.

On peut l'utiliser dans des expressions du type:

*We have a good chance of success.* (Nous avons de bonnes chances de réussir.)

*They have little chance of getting there today.* (Il y a peu de chance qu'ils y arrivent aujourd'hui.)

*Our chances are slim/high.* (Nos chances sont minces/Nous avons de bonnes chances.).

L'expression **fat chance** (peu de chance) s'utilise pour exprimer un mécontentement cynique de façon emphatique:

*There's a fat chance of us getting the money!* (Tu parles qu'on a une chance d'avoir l'argent.).

L'expression **a chance in a million** (une chance sur mille) est utilisée pour décrire un événement très improbable: *Meeting her there was a chance in a million.* (Il y avait une chance sur mille qu'on la rencontre là-bas.) *There's only a chance in a million that he'll survive the operation.* (Il n'a qu'une chance sur un million de survivre à l'opération.)

## 82 Certain Certain

**certain** *adj* **1** (souvent + **about, of, that**; après *v*) [fait référence au sentiment personnel de quelqu'un] certain *Are you quite certain that you locked the door?* Es-tu vraiment certain d'avoir fermé la porte à clé? *I know for certain that she left.* Je suis tout à fait sûr qu'elle est partie. **2** (souvent + **to** + INFINITIF, + **that**) [décrit: ex. guérison, mort, défaite] certain, inévitable *She's certain to be there.* Elle est là sans aucun doute.

**certainly** *adv* certainement *There'll almost certainly be a delay.* Il est pratiquement certain qu'il y aura un retard.

**certainty** *n* **1** *ni* [sentiment personnel] certitude, conviction *I can say that with certainty.* Je peux le dire avec certitude. **2** *ndi* [fait certain] certitude *faced with the certainty of defeat* confronté à une défaite certaine

**sure** *adj* **1** (souvent + **about, of, that**; après *v*) [légèrement moins informel que **certain**. Fait référence au sentiment personnel de qn] sûr *I'm not quite sure when he's arriving.* Je ne sais pas exactement quand il arrive. *Do we know for sure what his plans are?* Sait-on de manière absolument sûre quels sont ses projets? **2** (souvent + **to** + INFINITIF) *It's sure to be a success.* Il est sûr et certain que ce sera un succès. *They won't waste any time, that's for sure.* [informel] Ils ne perdront pas de temps, ça ne fait aucun doute.

**surely** *adv* [implique que cela *devrait* être le cas, non que c'est certainement le cas] sûrement *They should surely be finished by now.* Ils devraient sûrement être terminés à l'heure qu'il est. *Surely we should have turned left?* On aurait certainement dû tourner à gauche.

**definite** *adj* **1** (souvent + **about**; après *n*) précis, certain, sûr *Can you be a bit more definite about the date?* Pouvez-vous être un peu plus précis sur la date? **2** (gén avant *n*) [décrit: ex. amélioration, réponse, avantage] certain, net, ferme *Can you give me a definite time for the interview?* Pouvez-vous me fixer un rendez-vous ferme pour l'entrevue?

**definitely** *adv* **1** [utilisé pour donner une force expressive] certainement, sans aucun doute *'Will you be coming?'- 'Definitely not.'* ' Est-ce que tu viendras?'- 'Certainement pas.' **2** de façon certaine *decide definitely* décider de manière catégorique

**to be bound to** être sûr de *You're bound to be asked a question on Louis XIV.* Tu auras sûrement/inévitablement une question sur Louis XIV.

## 82.1 Assurer

**ensure** *vt* (souvent + **that**) [assez formel. Obj: ex. succès, sécurité] assurer *Please ensure that your seat belts are securely fastened.* Veuillez vérifier que vos ceintures sont bien attachées.

**to make certain/sure** (souvent + **of**, + **that**) s'assurer *I think I switched the iron off but I'll just make sure/certain.* Je crois que j'ai débranché le fer à repasser mais je vais m'en assurer. *Make sure (that) she doesn't come in.* Assure-toi qu'elle n'entre pas.

**guarantee** *vt* (souvent + **to** + INFINITIF, + **that**) garantir, assurer *I can't guarantee to be there on time.* Je ne peux pas garantir que j'y serai à l'heure.

**guarantee** *n* (souvent + **of**, + **that**) garantie *There's no guarantee that you'll get the job.* Il n'y a aucune garantie que vous obtiendrez ce poste.

### *expressions*

Les expressions suivantes sont deux manières humoristiques de dire que l'on serait bien surpris d'avoir tort à propos de quelque chose.

**I'll eat my hat** Je veux bien être pendu *If it snows tonight, I'll eat my hat.* Je veux bien être pendu s'il neige ce soir.

**... or I'm a Dutchman** [plutôt vieilli] j'en mettrais ma tête à couper *That boy's in love or I'm a Dutchman.* Je mettrais ma tête à couper que ce garçon est amoureux.

# 83 Uncertain Incertain

**uncertain** *adj* **1** (souvent + **about**, **of**) [fait référence aux sentiments d'une personne] incertain, pas sûr *I'm uncertain whether I should go or not.* Je ne sais pas au juste si je dois y aller ou pas. **2** [décrit: ex. avenir, temps] incertain *I told her so in no uncertain terms.* Je le lui ai dit dans des termes on ne peut plus clairs.

**uncertainty** *ni* **1** (souvent + **about**) incertitude, doute *There's a lot of uncertainty about their intentions.* Il y a encore pas mal d'incertitude quant à leurs intentions. **2** *nid* incertitude *the uncertainties of life on the dole* l'incertitude de la vie de chômeur

**unsure** *adj* **1** (souvent + **about**, **of**) [fait référence aux sentiments d'une personne] qui manque d'assurance *He's very unsure of himself.* Il n'est pas du tout sûr de lui. **2** [plus formel que **uncertain**] incertain

**condition** *nd* (souvent + **for**, **of**) condition *under the conditions of the contract* dans les conditions du contrat *on condition that* à condition que/de

**conditional** *adj* (souvent + **on**) [décrit: ex. consentement, offre, accord] conditionnel *The job offer is conditional on a medical report.* Cette offre d'emploi implique l'obligation de satisfaire à un examen médical.

## 83.1 Douter

**doubt** *nid* (souvent + **about**) doute, incertitude *There's no doubt about it.* Ça ne fait aucun doute. *I have my doubts about her suitability.* Je doute qu'elle convienne. *If in doubt, consult the user's manual.* En cas de doute, consultez le mode d'emploi. *without (a) doubt* sans aucun doute

**doubt** *vt* (souvent + **that**, **if**, **whether**) douter *Nobody could doubt her integrity.* Personne ne pouvait douter de/mettre en doute son intégrité.

**qualms** *n pl* scrupule, inquiétude *to have qualms about sth* être inquiet à propos de qch

**reservation** *nid* réserve *to have reservations about sth* avoir des doutes sur qch *to support sth without reservation* soutenir qch sans réserve

### *expressions*

**be in** (*Brit*)/**of** (*US*) **two minds** (souvent + **about**, **whether**) être indécis *I'm still in two minds about selling the house.* Je ne sais pas encore très bien si je dois vendre la maison ou pas.

**have mixed feelings** (souvent + **about**) être partagé *I've got mixed feelings about the situation.* J'ai des sentiments partagés à propos de la situation.

## 83.2 Douteux

**doubtful** *adj* **1** (souvent + **about**, **of**, **whether**; gén après *v*) [fait référence aux sentiments d'une personne] incertain, indécis *They're doubtful whether they can afford the fare.* Ils pensent ne pas pouvoir se payer le billet.

**doubtfully** *adv* de façon indécise **2** (souvent + **whether**) [obj: ex. temps, avenir] incertain

**dubious** *adj* (souvent + **about**, **of**, **whether**; gén après *v*) [suj: une personne] qui doute, hésitant *He was dubious about the idea.* Il n'était pas du tout convaincu par l'idée.

**questionable** *adj* **1** (souvent + **whether**) [obj: ex. déclaration, argument] discutable, contestable **2** [obj: ex. mérite, valeur, authenticité] contestable

**debatable** *adj* (souvent + **whether**) [obj: ex. affirmation] discutable

# 84 Particular Particulier

voir aussi **299 Correct**

**particular** *adj* **1** (avant *n*) particulier *Is there a particular shade you want?* Est-ce que vous désirez une nuance particulière? *on this particular occasion* à cette occasion précise/cette fois-là (utilisé comme *n*) *Are you looking for anyone in particular?* Cherchez-vous

quelqu'un en particulier? **2** (avant *n*) [spécial. Décrit: ex. ami, raison] *I took particular care not to spill any.* J'ai fait particulièrement attention à ne pas en renverser.

**particularly** *adv* particulièrement *You look particularly* handsome tonight. Tu es particulièrement élégant ce soir. *'Would you like to watch television?' -'Not particularly.'* 'As-tu envie de regarder la télévision?'- 'Pas particulièrement.'

**specific** *adj* **1** [légèrement plus fort que **particular**] précis *I came here with the specific purpose of obtaining this information.* Je suis venu avec l'intention précise d'obtenir ces informations. **2** (souvent + **about**) [exact. Décrit: ex. instruction, information] précis, clair, explicite *Can you be a bit more specific about what you need?* Pouvez-vous dire de manière plus explicite ce dont vous avez besoin? **specifically** *adv*

explicitement, de façon précise

**specify** *vt* (souvent + **that**) [obj: taille, couleur, type] spécifier, préciser *The contract specifies that the goods should be sent by air.* Le contrat spécifie/stipule que les marchandises doivent être envoyées par avion.

**specification** *nd* (gén au *pl*) spécification, caractéristique(s) technique(s) *The machine has been made to your specifications.* La machine a été construite conformément à vos spécifications.

**certain** *adj* certain *at a certain time and in a certain place* à un moment et un endroit déterminés *a certain Mr. Jones* un certain M. Jones

## 85 General Général

**general** *adj* général *a topic of general interest* un sujet d'intérêt général *in general terms* en termes généraux *He doesn't go to parties as a general rule.* En règle générale, il ne va pas aux réceptions.

**generally** *adv* **1** [décrit: ex. discuter, traiter] généralement *generally speaking* en général **2** [par la plupart des gens, pratiquement partout] généralement, universellement *generally available* disponible partout

**generalize** *vi* (souvent + **about**, **from**) généraliser **generalization** *ni* généralisation

**abstract** *adj* [décrit: ex. idée, tableau] abstrait (utilisé comme n) *to discuss something in the abstract* discuter de quelque chose dans l'abstrait **abstraction** *ndi* abstraction

**unspecific** *adj* vague *He was so unspecific I had no idea what he might be referring to.* Il était tellement vague que je ne voyais pas du tout à quoi il pouvait bien faire allusion.

### 85.1 En général

**in general** en général *We just talked about things in general.* On n'a fait que parler de choses en général. *In general, work has been proceeding satisfactorily.* En général, le travail a avancé de manière satisfaisante.

**on the whole** dans l'ensemble *On the whole I think there has been an improvement.* Dans l'ensemble, je crois qu'il y a eu une amélioration.

**all in all** globalement, tout bien considéré *It's been a good year, all in all.* Tout bien considéré, ça a été une bonne année.

**overall** *adv* en général, globalement *This has been a successful period for us overall.* Globalement, ça a été une période de succès pour nous.

**overall** *adj* [décrit: ex. impression, amélioration] global, d'ensemble

## 86 Human Body – External Corps Humain – Externe

voir aussi **101 Human Body – Internal**

**head** *nd* tête
**face** *nd* visage
**hair** *ni* cheveux
**neck** *nd* cou
**shoulder** *nd* épaule
**armpit** *nd* aisselle
**arm** *nd* bras
**elbow** *nd* coude
**wrist** *nd* poignet
**hand** *nd* main
**chest** *nd* poitrine
**breast** *nd* poitrine, sein
**nipple** *nd* mamelon
**waist** *nd* taille
**hip** *nd* hanche
**stomach** *nd* estomac, ventre
**tummy** *nd* [informel] ventre
**navel** *nd* nombril, ombilic

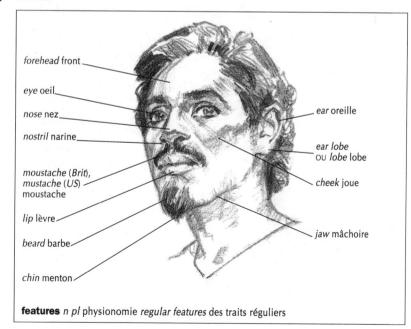

*forehead* front
*eye* oeil
*nose* nez
*nostril* narine
*moustache (Brit), mustache (US)* moustache
*lip* lèvre
*beard* barbe
*chin* menton
*ear* oreille
*ear lobe* OU *lobe* lobe
*cheek* joue
*jaw* mâchoire

**features** *n pl* physionomie *regular features* des traits réguliers

**belly button** *nd*
[informel] nombril

**back** *nd* dos

**buttocks** *n pl* fesses

**genitals** *n pl* parties
génitales

**penis** *nd* pénis

**testicles** *n pl* testicules

**balls** *n pl* [argot, plutôt
vulgaire] couilles

**vulva** *nd* vulve

**pubic hair** *ni* poils
pubiens

**leg** *nd* jambe

**thigh** *nd* cuisse

**knee** *nd* genou

**calf** *nd, pl* **calves** mollet

**shin** *nd* tibia

**ankle** *nd* cheville

**foot** *nd, pl* **feet** pied

**toe** *nd* orteil, doigt de
pied

**toenail** OU **nail** *nd* ongle
de l'orteil

**heel** *nd* talon

**sole** *nd* plante du pied

**figure** *nd* [forme du corps,
en parlant de l'élégance
d'une personne]
silhouette, ligne *I've kept
my figure.* J'ai gardé la
ligne.

**build** *nd* [corps considéré
en fonction de sa taille et
de sa force] carrure *a
muscular build* une
carrure musclée

**-built** *adj* (après *adv*)
charpenté *a heavily-built
policeman* un policier
bien charpenté

**limb** *nd* membre *my poor
weary limbs* mes pauvres
membres fatigués

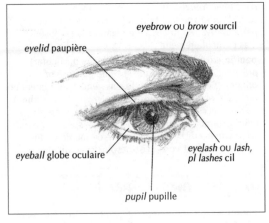

eyebrow OU brow sourcil
eyelid paupière
eyeball globe oculaire
eyelash OU lash, pl lashes cil
pupil pupille

## 86.1 Dans la bouche
voir aussi **179 Personal Hygiene**

**tongue** *nd* langue

**tooth** *nd, pl* **teeth** dent

**gums** *n pl* gencives
(utilisé comme *adj*) *gum
disease* gingivite

**saliva** *ni* salive

**spit** *ni* [moins technique
que **saliva**] crachat,
salive

## 86.2 Skin Peau

**complexion** *nd* teint

**pore** *nd* pore

**sweat** *ni* sueur, transpiration *beads of sweat* gouttes de
sueur **sweat** *vi* suer

**perspiration** *ni* [plus formel que **sweat**] transpiration
**perspire** *vi* [formel] transpirer

**spot** *nd* (surtout Brit) bouton **spotty** *adj* boutonneux

**pimple** *nd* (surtout US) bouton **pimply** *adj* boutonneux

**blackhead** *nd* point noir

**hairy** *adj* 1 [corps] velu, poilu 2 [personne] hirsute

## 86.3 Couleurs des cheveux et coiffures

**blond** *adj* 1 [pour décrire les cheveux] blond 2 AUSSI
**blonde** (femme) [s'applique aux personnes] blond
**blonde** *nd* blonde

**brunette** (Brit & US), **brunet** (US) *adj* [pour les femmes
à la peau claire et aux cheveux foncés. Plus séduisant
que **brown** OU **dark**] châtain **brunette** *nd* brune,
brunette

**brown** *adj* brun, châtain

**ginger** *adj* [utilisé pour des cheveux qui tirent sur le
roux pâle ou foncé. Ne s'utilise pas pour décrire une
couleur de cheveux séduisante ou sophistiquée] roux,
rouquin

**red** *adj* [pour des cheveux tirant sur le roux foncé. Plus
séduisant que **ginger**] roux

**auburn** *adj* [brun rouge. Plus séduisant que **ginger**]
auburn

**grey** (surtout Brit), **gray** (US) *adj* gris

**black** *adj* noir

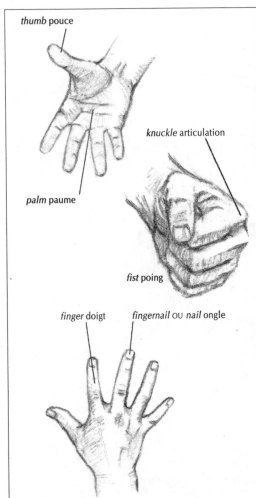

thumb pouce
knuckle articulation
palm paume
fist poing
finger doigt
fingernail OU nail ongle

**fair** *adj* [décrit les personnes, pas la couleur. Voir USAGE ci-dessous] blond

**light** *adj* [décrit les couleurs, pas les personnes. Voir USAGE ci-dessous] clair *light brown hair* cheveux châtain clair

**dark** *adj* **1** [personnes, cheveux] brun **2** [couleurs] foncé *dark brown hair* cheveux châtain foncé

**bald** *adj* chauve

**curly** *adj* bouclé, frisé

**wavy** *adj* [moins bouclé que **curly**] ondulé

**straight** *adj* raide

**u s a g e**

En anglais britannique, **fair** s'utilise pour décrire les cheveux alors que le terme **light** est plus courant en anglais américain.

## 87 Hear Entendre

**hear** *vti, prét & part passé* **heard** [percevoir les sons, sans effort] entendre *Can you hear the music?* Entends-tu la musique?

**hearing** *ni* ouïe *Her hearing's not been the same since the explosion.* Elle n'entend plus aussi bien depuis l'explosion.

**listen** *vi* (gén + **to**) [implique un effort délibéré pour entendre] écouter *Listen carefully to the instructions.* Ecoutez attentivement les instructions.

**listener** *nd* auditeur [souvent de la radio] *regular listeners to the programme* les auditeurs habituels de notre programme

**eavesdrop** *vi, -pp-* (souvent + **on**) [écouter secrètement] écouter de façon indiscrète *I caught him eavesdropping on our discussion.* Je l'ai surpris en train de nous écouter. **eavesdropper** *nd* oreille indiscrète

**overhear** *vt, prét & part passé* **overheard** entendre par hasard *I couldn't help overhearing what you were saying.* J'ai entendu malgré moi ce que vous disiez.

**catch** *vt, prét & part passé* **caught** [parvenir à entendre et à comprendre] comprendre *I'm afraid I didn't catch your name.* Je suis désolé, mais je n'ai pas saisi votre nom.

**e x p r e s s i o n s**

**keep one's ears open** [essayer de ne pas manquer une information importante] ouvrir l'oreille

**within earshot** [assez près pour être entendu] à portée de voix *I didn't realize Emma was within earshot when I said all that.* Je n'ai pas réalisé qu'Emma était à portée de voix quand j'ai dit tout cela.

## 88 Noisy Bruyant

**loud** *adj* fort *She was greeted with loud applause.* Elle fut applaudie à tout rompre. **loudness** *ni* force, bruit

**loudly** *adv* fort *He was screaming loudly.* Il criait très fort. *Don't talk so loudly.* Ne parlez pas si fort.

**loud** *adv* fort *He read the letter out loud.* Il lut la lettre tout haut.

**aloud** *adv* à voix haute *I was just thinking aloud.* Je pensais tout haut.

**deafening** *adj* [très fort] assourdissant *a deafening roar of traffic* une circulation assourdissante

**ear-splitting** *adj* [fort et douloureux] fracassant *The engines produce an ear-splitting whine.* Les moteurs font un vacarme fracassant.

**shrill** *adj* [aigu et désagréable] criard *a shrill voice* une voix perçante *a shrill whistle* un sifflement perçant **shrilly** *adv* d'un ton aigu **shrillness** *ni* ton aigu, perçant

**audible** *adj* audible *a barely audible groan* un grognement à peine audible **audibly** *adv* clairement, audiblement

**e x p r e s s i o n s**

**(at) full blast** [au volume maximum] à plein volume *The TV was on full blast.* La télévision marchait à plein volume.

**at the top of one's voice** à tue-tête *thirty children yelling at the top of their voices* trente enfants hurlant à tue-tête

**I can't hear myself think** on ne s'entend plus

### 88.1 Ce que l'on entend

**noise** *ndi* [neutre. Gén désagréable lorsque le mot est indénombrable] bruit *The engine's making a funny noise.* Le moteur fait un drôle de bruit. *background noise* bruit de fond

**sound** *ndi* [implique gén quelque chose de plus agréable, de plus calme que le mot **noise**] son *The sound of children playing.* Le bruit que font les enfants en jouant. [plus technique lorsque le mot est indénombrable] *the speed of sound* la vitesse du son

**tone** *nd* [qualité du son, surtout d'un instrument de musique, de la voix, etc.] ton, sonorité *her voice has a clear tone* sa voix est claire *Don't speak to me in that tone of voice!* Ne me parlez pas sur ce ton!

**din** *nd* [péjoratif. Bruit fort et désagréable, produit par des personnes, des machines, le trafic, etc.] vacarme

**row** *nd* [péjoratif] boucan, raffut *You mean people actually pay to listen to that row?* Vous voulez dire que les gens paient pour écouter ce boucan?

### 88.2 Amplifier les sons

**loudspeaker** *nd* haut-parleur

**microphone** *nd* microphone

**mike** *nd* [informel] micro

**amplify** *vt* amplifier

## 88.3 Bruits et objets qui font du bruit

**bell** *nd* cloche *ring a bell* faire sonner une cloche, sonner

**horn** *nd* klaxon *to sound a horn* klaxonner

**hooter** *nd* sirène *a factory hooter* une sirène d'usine

**siren** *nd* sirène *an air-raid siren* une sirène d'alarme [pour prévenir en cas d'attaque aérienne]

**rattle** *nd* **1** [pour les bébés ou les supporters de football] hochet, crécelle **2** [son] cliquetis *a rattle in the back of the car* un cliquetis à l'arrière de la voiture

**rattle** *vti* agiter (en faisant du bruit)

**bang** *nd* fracas **bang** *interj* boum *The balloon went bang.* Le ballon éclata.

**crash** *nd* fracas *The ladder fell over with a crash.* L'échelle tomba avec fracas.

**whistle** *nd* sifflement *blow a whistle* siffler *a train whistle* un sifflement de train **whistle** *vit* siffler

**ring** *nd* sonnerie *the ring of the alarm* le retentissement de l'alarme

**ring** *vit, prét* **rang** *part passé* **rung** sonner

# 89 Quiet Calme

**quiet** *adj* calme **quietly** *adv* calmement **quietness** *ni* [peu de bruit] calme

**silence** *nid* [pas de bruit] silence *We sat in silence.* Nous étions assis en silence. *There was a long silence after the announcement.* Il y eut un long silence après le communiqué. **silence** *vt* réduire au silence

**silent** *adj* silencieux *a silent protest* une protestation silencieuse **silently** *adv* silencieusement, sans bruit

**peace** *nid* [pas de bruit, atmosphère paisible] paix *We get a bit of peace and quiet once the baby's in bed.* On a enfin un peu de paix quand le bébé est au lit.

**soft** *adj* [décrit: ex. voix] doux *a soft northern accent* un doux accent du nord

**softly** *adv* doucement *He sang softly to the baby.* Il chanta doucement pour le bébé. **softness** *ni* douceur

**faint** *adj* [difficile à entendre] léger, faible *a faint sigh* un léger soupir **faintly** *adv* faiblement **faintness** *ni* faiblesse

**inaudible** *adj* [impossible à entendre] inaudible *an inaudible mumble* un marmonnement inaudible **inaudibly** *adv* de manière inaudible

**dumb** *adj* [incapable de parler. Souvent considéré comme offensant lorsque ce terme fait référence à des personnes incapables de parler] muet *I was struck*

*dumb by the announcement.* La nouvelle m'a laissé sans voix. **dumbly** *adv* comme une bête

**mute** *adj* [plus formel que **dumb**] muet *her mute acceptance of fate* son acceptation passive du destin **mutely** *adv* sans rien dire

*e x p r e s s i o n*

**(It was so quiet) you could hear a pin drop.** [s'utilise souvent pour décrire une situation de tension ou d'attente] (Il faisait si calme) on aurait entendu voler une mouche. [littéralement: Il faisait si calme, on aurait entendu tomber une épingle]

## 89.1 Calmer les choses

**stifle** *vt* [empêcher la production d'un son. Obj: ex. rire, gémissement] étouffer

**muffle** *vt* [empêcher qu'un son ne puisse être entendu] assourdir, étouffer *We heard the sound of muffled voices.* Nous avons entendu des bruits de voix étouffées.

**hush** *vt* [dire de se calmer] faire taire **hush** *interj* chut!, silence! **hush** *nd* (pas de *pl*) silence

# 90 Smell Sentir

**smell** *ndi* [terme général] odeur *a smell of fish* une odeur de poisson

**smell** *v* **1** *vi* [désagréable sauf si spécifié autrement] sentir mauvais *Your feet smell!* Tes pieds sentent mauvais! *These roses smell lovely.* Ces roses sentent bon. **2** *vt* sentir *Can you smell burning?* Sentez-vous une odeur de brûlé?

**smelly** *adj* [informel] malodorant *smelly feet* des pieds qui sentent mauvais

**odour** (*Brit*), **odor** (*US*) *nd* [plus formel que **smell**, souvent désagréable] odeur *a faintly chemical odour* une légère odeur de produit chimique

**body odour** OU **B.O.** *ni* [terme désignant l'odeur désagréable émise par quelqu'un qui transpire] odeurs corporelles *He's got B.O.* Il sent mauvais.

**perfume** *ndi* **1** [odeur forte et agréable, souvent artificielle] parfum **2** [liquide] parfum *Are you wearing perfume?* Tu t'es mis du parfum?

**perfumed** *adj* parfumé *perfumed notepaper* papier à lettres parfumé

**scent** *ndi* **1** [odeur agréable, plus délicate que celle dénotée par le terme **perfume**] parfum, odeur **2** [liquide] parfum **scented** *adj* parfumé

**aroma** *nd* [odeur agréable, en parlant de nourriture ou de boisson] arôme *a delicious aroma of fresh bread* une odeur délicieuse de pain frais

**fragrance** *nd* [odeur agréable qui évoque une fleur] fragrance *the sweet fragrance of violets* la douce odeur des violettes *Our deodorant comes in three fragrances.* [utilisé pour décrire l'odeur des produits d'entretien, d'articles de toilette] Notre déodorant est disponible en trois parfums. **fragrant** *adj* fragrant

**stink** *nd* [très désagréable] puanteur

**stink** *vi, prét* **stank**, *part passé* **stunk** (souvent + **of**) puer *Her breath stank of cigarettes.* Son haleine puait le tabac.

**stench** *nd* [assez désagréable pour incommoder qn] odeur nauséabonde *the stench from the abattoir* l'odeur nauséabonde de l'abattoir

**pong** *nd* [informel, humoristique. Odeur désagréable] mauvaise odeur, puanteur **pongy** *adj* puant

## 91 See and Look  Voir et Regarder

**see** *vti*, *prét* **saw** *part passé* **seen** [il ne s'agit pas nécessairement d'une action délibérée] voir *I saw a man get in the car.* J'ai vu un homme monter dans la voiture. *Have you seen my pen?* As-tu vu mon stylo?

**look** *vi* (souvent + **at**) [action délibérée] regarder *Look at that huge bird.* Regarde cet énorme oiseau. *She slipped out when I wasn't looking.* Elle s'est éclipsée à un moment où je ne regardais pas.

**watch** *vti* [action délibérée. Obj: gén qch qui se passe ou bouge] regarder *I watched her walk away.* Je la regardai s'éloigner. *to watch TV* regarder la télévision

**behold** *vt*, *prét & part passé* **beheld** [littéraire ou vieilli] voir *It was a sad sight to behold.* C'était triste à voir.

**regard** *vt* [formel. Implique un regard franc. Ce mot sera toujours accompagné d'une périphrase décrivant les caractéristiques du regard] regarder *He regarded me with dislike.* Il me regarda avec antipathie.

**visualize**, AUSSI **-ise** (*Brit*) *vt* [en utilisant l'imagination. S'emploie dans des situations plus abstraites que **picture**] s'imaginer *I just can't visualize this room in blue.* Je ne parviens pas à m'imaginer cette chambre peinte en bleu.

**picture** *vt* [en utilisant l'imagination. S'emploie dans des contextes moins formels que **visualize**. Souvent utilisé avec humour] s'imaginer *I can't picture him in a dinner jacket.* Je ne parviens pas à me l'imaginer en smoking.

### 91.1 Regarder rapidement

**peep** *vi* (gén + *adv* ou *prép*) [rapidement et sans se faire voir] regarder furtivement *I peeped over her shoulder at the letter.* J'ai jeté un coup d'oeil furtif à la lettre par-dessus son épaule.
**peep** *nd* (pas de *pl*) coup d'oeil *I took a quick peep in the drawer.* J'ai jeté un coup d'oeil dans le tiroir.

**glimpse** *vi* [très rapide, souvent frustrant] apercevoir *We glimpsed the house through the trees.* Nous avons entrevu la maison à travers la forêt.
**glimpse** *nd* aperçu *I managed to* **catch a glimpse** *of him.* J'ai réussi à l'entrevoir. *We only got a* **fleeting glimpse** *of the Queen.* Nous n'avons pu voir la Reine qu'un bref instant.

**glance** *vi* (gén + *adv* ou *prép*) [souvent sans prêter attention] jeter un coup d'oeil *I glanced over my shoulder.* J'ai jeté un coup d'oeil par-dessus mon épaule. *He quickly glanced through the documents.* Il a lu les documents en diagonale.
**glance** *nd* regard *I could see* **at a glance** *that something was wrong.* J'ai vu tout de suite que quelque chose n'allait pas. *They exchanged knowing glances.* Ils échangèrent un regard de connivence.

**scan** *vt*, **-nn-** [regarder rapidement une grande surface, en cherchant quelque chose] scruter, examiner *We scanned the list for his name.* Nous avons parcouru la liste pour trouver son nom.

### 91.2 Regarder assez longtemps

**peer** *vi* (+ *adv* ou *prép*) [implique un effort ou une difficulté] fixer du regard *They were peering intently at the screen.* Ils fixaient l'écran du regard.

**stare** *vi* (souvent + **at**) [implique souvent surprise, stupidité ou brutalité] fixer du regard *They stared at me in amazement.* Ils me dévisagèrent avec étonnement. *Stop staring into space.* Arrête de regarder dans le vide.
**stare** *nd* regard fixe

**gaze** *vi* (+ *adv* ou *prép*) [implique fascination ou distraction] contempler *We stood gazing out over the lake.* Nous contemplions le lac. **gaze** *nd* regard

**gawp** *vi* (*Brit*) (gén + **at**) [péjoratif. Implique étonnement ou intérêt stupide] rester bouche bée *Everyone stood around gawping at the baby.* Tout le monde regardait le bébé bouche bée.

**ogle** *vt* [péjoratif. Regarder avec intérêt, sexuellement parlant] reluquer *You get ogled by all the men.* On se fait reluquer par tous les hommes.

**eye** *vt* [regarder de près, avec désir ou une émotion hostile] regarder *jealously eyeing her jewellery* observant jalousement ses bijoux *They eyed us suspiciously.* Ils nous regardèrent d'un air méfiant.

**survey** *vt* [regarder une zone étendue] regarder, embrasser du regard *We sat down and surveyed the countryside.* Nous nous sommes assis et avons embrassé le paysage du regard.

### 91.3 Regarder attentivement

**examine** *vt* examiner *She examined the bill closely.* Elle examina l'addition de près.
**examination** *ndi* examen **on closer examination** après examen

**inspect** *vt* [contrôler, souvent officiellement] inspecter *The police inspected their documents.* La police examina leurs documents. **inspection** *ndi* inspection **inspector** *nd* inspecteur

**observe** *vt* [légèrement formel. Regarder attentivement, souvent assez longtemps et d'une façon scientifique] observer *We are observing the mating patterns of seagulls.* Nous étudions les comportements amoureux des mouettes.
**observation** *ni* observation *powers of observation* facultés d'observation *The doctors are keeping him* **under observation**. Les médecins le gardent en observation.

**scrutinize**, AUSSI **-ise** (*Brit*) *vt* [examiner de près, surtout pour détecter des fautes] examiner minutieusement
**scrutiny** *ni* examen rigoureux *Her private life is under scrutiny in the press.* Sa vie privée est passée au peigne fin dans la presse.

**sightseeing** *ni* tourisme (employé comme *adj*) *a sightseeing tour* un voyage d'agrément

### 91.4 Découvrir en regardant

**notice** *vti* remarquer *Did you notice how sad he looked?* Avez-vous remarqué comme il avait l'air triste? *I couldn't help noticing her rash.* Je n'ai pas pu m'empêcher de remarquer son éruption.

**spot** *vt*, -tt- [implique vigilance et bonne vue] repérer *I've spotted another spelling mistake.* J'ai encore repéré une faute d'orthographe.

**perceive** *vt* [plutôt formel. Obj: surtout des objets difficiles à voir] percevoir *movements which can only be perceived under the microscope* des mouvements qui ne peuvent être perçus qu'au microscope

**discern** *vt* [voir avec difficulté] discerner *Only an expert could discern the differences in shade.* Seul un expert pourrait discerner les différences de ton.

**make out** sb/sth OU **make** sb/sth **out** [obj: qch de petit ou de difficile à voir] discerner, distinguer *You can just make out the nest among the branches.* On peut juste distinguer le nid dans les branches.

### 91.5 Mouvements des yeux

**blink** *vi* [mouvement automatique, impliquant les deux yeux] cligner des yeux

**wink** *vi* [mouvement délibéré, n'impliquant qu'un oeil] faire un clin d'oeil

### 91.6 Utiliser les yeux

**sight** *n* **1** *ni* [sens] vue *out of sight* hors de vue **2** *nd* [qch à voir] spectacle *a sight for sore eyes* un spectacle à réjouir le coeur **3** *nd* (pas de *pl*) [informel. Péjoratif. Qch de laid] horreur *You look a real sight in those clothes!* Tu as vraiment l'air d'un épouvantail avec ces vêtements!

**eyesight** *ni* [aptitude à voir] vue *My eyesight is failing.* Ma vue baisse.

**vision** *n* **1** *ni* [plus formel ou technique que **sight**] vision *He is suffering from impaired vision.* Il a une mauvaise vue. **2** *nd* [image mentale] vision *I had visions of them arriving on an elephant!* Je m'imaginais leur arrivée à dos d'éléphant!

**visible** *adj* visible *The bruises were still clearly visible.* Les bleus étaient encore bien visibles.

**visibly** *adv* visiblement *They were visibly shaken by the news.* Ils étaient visiblement ébranlés par la nouvelle.

**visibility** *ni* visibilité *Fog had reduced visibility to a few feet.* Le brouillard avait réduit la visibilité à quelques mètres.

*e x p r e s s i o n*

**have/need eyes in the back of one's head** (devoir) avoir des yeux derrière la tête

*l o c u t i o n    c o m p a r a t i v e*

**(have) eyes like a hawk** (avoir) des yeux de lynx [littéralement: avoir des yeux comme un faucon]

**invisible** *adj* invisible *an almost invisible seam* une couture presque invisible

### 91.7 Ce que l'on regarde

**picture** *nd* [gén une peinture, un dessin, une photo. Parfois aussi une image mentale] image

**image** *nd* [toute représentation d'un objet ou d'une personne. Peut être mentale] image *We are used to violent images on our TV screens.* Nous sommes habitués aux images violentes sur nos petits écrans. *This machine produces an image of the brain's structure.* Cette machine produit une image de la structure du cerveau.

**view** *ndi* vue *There's a wonderful view from this window.* On a une vue merveilleuse de cette fenêtre. *He undressed in full view of the crowd.* Il se déshabilla devant la foule.

**scene** *nd* [endroit vu à un certain moment] scène, paysage *The painting shows a rural scene.* Le tableau dépeint un paysage rural.

**scenery** *ni* [décor naturel, ex. des montagnes, des arbres] paysage *alpine scenery* paysage alpin

**scenic** *adj* avec de beaux panoramas *a scenic route* un itinéraire touristique

### 91.8 Lunettes, etc.

**a pair of glasses** une paire de lunettes

**She wears glasses.** Elle porte des lunettes.

**glasses** *n pl* lunettes

**spectacles** *n pl* [terme plus archaïque et plus formel que **glasses**] lunettes

**specs** *n pl* [informel] lunettes

**bifocals** *n pl* verres à double foyer

**sunglasses** *n pl* lunettes de soleil

**contact lenses** *n pl* verres de contact, lentilles cornéennes

**binoculars** *n pl* jumelles *a pair of binoculars* des jumelles

**goggles** *n pl* [pour faire des travaux, pour nager, pour la moto, etc.] lunettes protectrices

## 92 Show Montrer

**show** *vt*, *prét* **showed** *part passé* **shown** [terme général] montrer *I showed him my press card and went in.* Je lui ai présenté ma carte de presse et je suis entré.

**display** *vt* **1** [de façon à ce que l'on puisse examiner l'objet] exposer *The sponsor's name is prominently displayed on all the posters.* Le nom du promoteur s'étale bien en vue sur toutes les affiches. **2** [plutôt formel. Manifester des signes de] montrer, faire preuve de *She displays no interest in the subject.* Elle ne manifeste aucun intérêt pour le sujet.

**on show** exposé, en exposition *They had all their goods on show.* Toutes leurs marchandises étaient exposées.

**exhibit** *vti* **1** [de manière formelle, par exemple, lors d'une exposition: Obj: ex. tableau. Suj: artiste] exposer *The portrait will be exhibited in the entrance hall.* Le portrait sera exposé dans le hall d'entrée. **2** [plutôt formel. Manifester des signes de] présenter *He is exhibiting some signs of the disease.* Il présente quelques signes de la maladie.

**demonstrate** *vt* **1** [de façon à ce que l'on comprenne. Obj: ex. machine] faire une démonstration de *Let me demonstrate the software for you.* Laissez-moi vous faire une démonstration du logiciel. **2** [prouver] démontrer *This book demonstrates the need for more research in the area.* Ce livre démontre le besoin d'approfondir la recherche dans ce domaine.

**present** *vt* [implique qch de nouveau, souvent pour impressionner] présenter *Car manufacturers will be presenting their latest models at the show.* Les fabricants de voitures présenteront leurs nouveaux modèles au salon.

**presentation** *ni* [façon de présenter] présentation

**prove** *vt* prouver *We can't prove that he was there.* Nous ne pouvons pas prouver qu'il était là.

**proof** *nid* preuve *Is there any proof of their involvement?* Y a-t-il des preuves qu'ils sont impliqués?

### 92.1 Pour susciter l'admiration

**show off** sth/sb ou **show** sth/sb **off** *vt prép* exhiber, mettre en valeur *a perfect opportunity to show off the new car* une occasion idéale d'exhiber la nouvelle voiture

**flaunt** *vt* [péjoratif. Obj: se dit surtout de choses suscitant ressentiment et désapprobation] afficher, étaler *I don't like the way she flaunts her wealth.* Je n'aime pas la façon dont elle étale ses richesses.

### 92.2 Pour indiquer la direction, la route, etc.

**point** *vi* (gén + **to**) **1** [surtout avec le doigt] montrer, indiquer du doigt *She pointed to the open window.* Elle indiqua la fenêtre ouverte. **2** [attirer l'attention sur] mettre l'accent sur *The report points to problems in the prison service.* Le rapport attire l'attention sur les problèmes dans les prisons.

**point** sth/sb **out** ou **point out** sb/sth *vt prép* **1** [obj: détail pouvant être oublié] montrer, désigner, indiquer *Our guide pointed out buildings of interest.* Notre guide montra des bâtiments dignes d'intérêt. **2** (souvent + **that**) [obj: fait] faire remarquer *May I point out that the proposed course of action is illegal?* Puis-je signaler que la ligne de conduite proposée est illégale?

**indicate** *vt* [par des mots ou des gestes] indiquer *He indicated a door on our right.* Il indiqua une porte sur notre droite. *She indicated that I should sit down.* Elle me fit comprendre que je devais m'asseoir.

**guide** *vt* (gén + *adv* ou *prép*) guider, piloter *We were guided round Oxford by a student.* Un étudiant nous a pilotés dans Oxford.

**guide** *nd* **1** [personne] guide **2** [livre] guide

### 92.3 Lieux et événements où sont présentés des objets

**museum** *nd* [pour des objets historiques, scientifiques, etc.] musée

> *usage*
>
> On utilise le terme **history museum** et pas 'historical museum' pour désigner un musée d'histoire. Le terme **science museum** désigne un musée de la science.

**exhibition** (*Brit & US*), **exhibit** (*US*) *nd* (souvent + **of**) [événement plutôt formel] exposition *an exhibition of Medieval manuscripts* une exposition de manuscrits médiévaux *The Queen's jewels are on exhibition in London.* Les joyaux de la Reine sont exposés à Londres.

> *usage*
>
> Le mot **exhibition** désigne une exposition temporaire, à moins que le contraire ne soit spécifié explicitement; les objets exposés peuvent être mis en vente. Ce mot désigne également de plus petites ou plus spécifiques présentations d'objets très divers, par exemple des oeuvres d'art, des machines, des produits de la ferme, mais pas des êtres vivants. L'endroit où elles se déroulent peut être le **museum**.

**gallery** ou **art gallery** *nd* [pour des oeuvres d'art. Il peut s'agir d'expositions permanentes ou temporaires et les objets peuvent être mis en vente] galerie d'art

**show** *nd* [ex. de fleurs, d'animaux, d'art. Evénement moins formel que l'**exhibition**] exposition *the annual rose show* l'exposition de roses annuelle

**display** *nd* [peut faire référence à un objet ou à un groupe d'objets. Toute présentation qui doit être jolie, ex. dans une vitrine] exposition, étalage *There was a beautiful display of cut flowers in the church.* Il y avait une belle exposition de fleurs coupées dans l'église. *The children put on a display of country dancing.* Les enfants ont fait une démonstration de danses folkloriques. *a disgraceful display of bad temper* une manifestation déplaisante de mauvaise humeur

**demonstration** *nd* [pour montrer comment faire qch] démonstration *a quick demonstration of nappy-changing* une démonstration rapide pour montrer comment changer les couches-culottes

> *usage*
>
> Le mot **demonstration** ne sera pas toujours traduit par démonstration. Dans un contexte socio-politique, il sera traduit par manifestation. *voir aussi **227.6 Politics and Government**

### 92.4 Objets exposés

**exhibit** *nd* **1** [montré lors d'une exposition] objet exposé **2** [servant de preuve au tribunal] pièce à conviction

**example** *nd* **1** [montrant une situation, un objet, une caractéristique typique, etc.] exemple *an example of his wit* un exemple de son esprit *I have seen some examples of her work.* J'ai vu quelques exemplaires de ses travaux. **2** [chose à imiter] exemple *Such behaviour sets a bad example to younger children.* Un tel comportement est un mauvais exemple pour les plus jeunes. *I followed her example and gave up smoking.*

J'ai suivi son exemple: j'ai arrêté de fumer.

**sample** *nd* [petite partie de qch] échantillon *a blood sample* un prélèvement de sang *We chose the carpet from a book of samples.* Nous avons choisi le tapis sur échantillon. (employé comme *adj*) *a page of sample text* une page à titre d'exemple

## 93 Obvious Evident

**obvious** *adj* (souvent + **to**) [facile à voir] évident *It was obvious to all of us that they were lying.* Il était évident pour chacun d'entre nous qu'ils mentaient. *I didn't tell her, for obvious reasons.* Je ne lui ai pas dit, pour des raisons évidentes.

**obviously** *adv* évidemment, manifestement *They were obviously lost.* Ils étaient visiblement perdus. *Obviously, we'll need help.* Manifestement, nous aurons besoin d'aide.

**evident** *adj* [clair au vu de la situation] évident *Her annoyance was only too evident.* Son embarras n'était que par trop évident.

**evidently** *adv* évidemment *He has evidently been delayed.* Evidemment, il a été retardé.

**clear** *adj* **1** (souvent + **to**) [parfaitement compris] clair *It's not clear to me what these figures mean.* Je ne comprends pas très bien la signification de ces chiffres. [expression de colère] *Do I make myself clear?* Me fais-je bien comprendre? **2** [facile à comprendre. Décrit: ex. symbole, écriture, voix] clair

**clearly** *adv* **1** manifestement *I thought you were my friend. That is clearly not the case.* Je pensais que tu étais mon ami. Ce n'est manifestement pas le cas. **2** clairement *He spoke clearly.* Il parla clairement.

**plain** *adj* (souvent + **to**) évident *His disappointment was plain to see.* Sa déception était manifeste.

**plainly** *adv* manifestement *She is plainly unable to do the job.* Elle est manifestement incapable d'effectuer le travail.

**conspicuous** *adj* [très voyant. Implique souvent de la maladresse ou un comportement particulier] voyant *I feel conspicuous in jeans.* J'ai l'impression que tout le

monde me regarde quand je porte des jeans. *The minister was conspicuous by his absence.* Le ministre brillait par son absence.

**conspicuously** *adv* visiblement *She remained conspicuously silent.* Elle restait ostensiblement silencieuse.

**apparent** *adj* **1** [facilement vu ou compris] apparent *Several problems soon became apparent to the researchers.* Plusieurs problèmes se posèrent bientôt aux chercheurs. **2** [semble vrai mais ne l'est pas nécessairement] apparent, de surface *your apparent lack of concern for safety* ton indifférence apparente vis-à-vis de la sécurité

**apparently** *adv* [gén utilisé au début d'une phrase] apparemment *Apparently, they're going to build a bridge here.* Apparemment, on va construire un pont ici. *Apparently, he tried to phone earlier.* Apparemment, il a essayé de téléphoner plus tôt.

**noticeable** *adj* [perceptible ou significatif] visible *She still has a noticeable limp.* On peut encore remarquer qu'elle boite. *a noticeable drop in the temperature* une chute sensible de la température

**noticeably** *adj* sensiblement *The situation has improved noticeably since May.* La situation s'est sensiblement améliorée depuis mai.

### expression

**stick out like a sore thumb** [informel. Impossible à ne pas voir vu le caractère inopportun] ne pas passer inaperçu [littéralement: dépasser comme un pouce douloureux] *She sticks out like a sore thumb in that hat!* On ne peut pas la louper dans ce chapeau!

## 94 Search Chercher

**search** *v* [implique un effort sérieux pour trouver qch] **1** *vt* fouiller *The house was searched for explosives.* On a fouillé la maison à la recherche d'explosifs. **2** *vi* (gén + **for**) rechercher *Police are still searching for the missing diplomat.* La police recherche toujours le diplomate disparu. *We searched high and low.* Nous avons cherché dans tous les coins.

**search** *nd* recherche *The search for an effective vaccine goes on.* Les recherches pour la mise au point d'un vaccin efficace se poursuivent.

**look for** sb/sth *vt prép* [mot le plus courant et le plus général. Essayer de découvrir] chercher

**have a look for** sth jeter un coup d'oeil *Have you had a look for it in the bathroom?* As-tu jeté un coup d'oeil dans la salle de bain?

**hunt** *v* **1** *vi* (gén + **for**) [implique une difficulté, une recherche souvent vaine] rechercher *I'm still hunting for those keys.* Je suis toujours à la recherche de ces clés. **2** *vt* (obj: ex. criminel) traquer *Police are hunting the killer.* La police traque l'assassin.

**hunt** *nd* (gén + **for**) recherche *the hunt for a suitable successor* la recherche d'un successeur adéquat

**hunting** *ni* (employé dans les mots composés) *house-hunting* recherche d'une maison *job-hunting* chasse à l'emploi

**seek** *vt, prét & part passé* **sought** [plutôt formel. Obj: gén *pas* un objet ou une personne] chercher *They are both seeking promotion.* Ils ambitionnent tous les deux une promotion. *I went abroad to seek my fortune.* Je suis allé chercher fortune à l'étranger.

comb vt [chercher minutieusement, surtout pour des recherches effectuées par la police] fouiller, passer au peigne fin *Police combed the woods for evidence.* La police a passé les bois au peigne fin pour trouver des pièces à conviction.

### 94.1 Espionner

spy vi, prét & part passé **spied** (gén + **on**) [gén péjoratif. Implique le secret] espionner *We spied on our neighbours through a hole in the fence.* Nous avons espionné nos voisins par un trou dans la clôture.

snoop vi (souvent + **around**) [informel et péjoratif] rôder, fureter *The police have been snooping around the building.* La police a rôdé autour de l'immeuble.

snooper nd [informel et péjoratif] personne qui fourre son nez partout *snoopers from the tax office* les contrôleurs du fisc (qui mettent leur nez partout)

pry vi (souvent + **into**) [péjoratif. Implique une curiosité insistante et malvenue] fourrer son nez partout *They're always prying into people's private affairs.* Ils fourrent toujours leur nez dans les affaires des autres. *prying eyes* des yeux indiscrets

## 95 Find Trouver

voir aussi **113 Find out**

find vt, prét & part passé **found** [terme général] trouver *I found a gold pen on the floor.* J'ai trouvé un stylo en or par terre. *We've found a place to live.* Nous avons trouvé où loger.

find nd découverte, trouvaille *It was a lucky find.* Il fallait avoir de la chance pour trouver ça.

discover vt [obj: qch que l'on ignorait] découvrir *I discovered an old sewing machine in the loft.* J'ai découvert une vieille machine à coudre dans le grenier. *I've discovered the source of the problem.* J'ai découvert l'origine du problème.

discovery ndi découverte *We made some surprising discoveries about her past.* Nous avons découvert des choses surprenantes sur son passé. *the discovery of penicillin* la découverte de la pénicilline

track down sth/sb OU **track** sb/sth **down** vt prép [plutôt informel. Découvrir après des recherches] trouver *I've managed to track down their address.* J'ai réussi à retrouver leur adresse.

uncover vt [obj: ex. complot, mobile] découvrir *Police uncovered plans to smuggle the painting out of the country.* La police a découvert un projet visant à faire sortir le tableau en fraude du pays.

come across sth/sb vt prép [gén par accident ou coïncidence] trouver par hasard *I'd never come across her books before.* Je n'étais jamais tombé sur ses livres auparavant.

### 95.1 Inventer

invent vt [obj: qch qui n'existait pas auparavant] inventer *They invented a secret code.* Ils inventèrent un code secret. [peut impliquer un mensonge] *I invented an excuse not to go.* J'ai inventé une excuse pour ne pas y aller. **inventor** nd inventeur

invention ndi 1 invention *a brilliant invention* une invention brillante *the invention of the computer* l'invention de l'ordinateur 2 [péjoratif. Mensonge] *His story was pure invention.* Son histoire n'était que pure invention.

make up sth OU **make** sth **up** vt prép [obj: ex. histoire, excuse. Implique souvent un mensonge] fabriquer *The reports of an invasion were completely made up.* Les rapports concernant une invasion ont été entièrement fabriqués.

hit upon sth vt prép [par accident. Implique de la chance. Obj: surtout idée, solution] trouver *We hit upon the idea of using old sheets.* Tout à coup, l'idée nous est venue d'utiliser de vieux draps.

## 96 Lose Perdre

lose vt, prét & part passé **lost** [terme général] perdre
loss ndi perte *Report any losses to the police.* Toute perte doit être signalée à la police. *We're insured against damage and loss.* Nous sommes assurés contre la perte et les dégâts matériels.

mislay vt, prét & part passé **mislaid** [plus formel que lose. Perdre temporairement. Ce mot est souvent utilisé avec humour et par euphémisme lorsque le locuteur ne sait pas où se trouve l'objet] égarer *I seem to have mislaid my diary.* Apparemment, j'ai égaré mon agenda.

misplace vt [connotations similaires à celles de **mislay**] égarer *I'm afraid your file has been misplaced.* Je crains que votre dossier n'ait été égaré.

## 97 Body positions Positions du corps

*u s a g e*

La plupart des verbes suivants peuvent être employés avec des adverbes comme **up** ou **down**. S'ils sont employés *sans* l'adverbe, ils suggèrent que la personne est déjà dans la position décrite: ex. *We sat on long benches.* (Nous étions assis sur de longs bancs.) Employés *avec* l'adverbe, ces verbes font référence à un changement de position: ex. *She sat down on the bench.* (Elle s'assit sur le banc.)

## 97.1 Etre debout ou se lever

**stand** *vi, prét & part passé* **stood** (souvent + **up**) être debout, se tenir debout *They were standing outside the library.* Ils étaient là, à l'entrée de la bibliothèque. *She stood up and walked out.* Elle se leva et sortit.

**arise** *vi, prét* **arose** *part passé* **arisen** [littéraire] se lever [souvent du lit] *When he arose the sun was shining.* Le soleil brillait lorsqu'il se leva.

**get up** *vi prép* **1** [un peu moins formel que **stand up**] se lever *He got up and shook hands with me.* Il se leva et me serra la main. **2** [sortir de son lit] se lever

**get to one's feet** [implique une action plutôt pénible] se mettre debout *She slowly got to her feet.* Elle se leva lentement.

**spring to one's feet** [action rapide, provoquée par un danger, de la colère, de l'enthousiasme, etc.] se lever d'un bond

**rear** *vi* (parfois + **up**) [suj: surtout un cheval] se cabrer

## 97.2 Positions de repos

**sit** *vi, prét & part passé* **sat** (souvent + **down**) être assis *We had to sit at the back of the hall.* Nous avons dû nous asseoir au fond de la salle. *We found a bench to sit down on.* Nous avons trouvé un banc pour nous asseoir. *Sit up straight!* Tiens-toi droit! (employé comme nom composé) *Let's have a sit-down.* Asseyons-nous un moment.

**lie** *vi, prét* **lay** *part passé* **lain** (souvent + **down**) s'allonger, se coucher *We've been lying in the sun all day.* Nous nous sommes restés couchés au soleil toute la journée. *Lie down and have a rest.* Allonge-toi et repose-toi.

## 97.3 Positions proches du sol

**kneel** *vi, prét & part passé* **knelt** (souvent + **down**) s'agenouiller *We knelt to pray.* Nous nous sommes agenouillés pour prier. *I knelt down to tie my laces.* Je me suis mis à genoux pour nouer mes lacets.

**squat** *vi,* **-tt-** (souvent + **down**) s'accroupir

**crouch** *vi* (souvent + **down**) s'accroupir

*usage*

**Squat** et **crouch** sont très proches et peuvent souvent être utilisés l'un pour l'autre. Cependant, **squat** sera plus souvent employé pour désigner une position où le corps est tiré vers l'arrière et les genoux sont écartés pendant un certain temps. **Crouch** sera plus fréquent pour une position où le corps est penché vers l'avant et les mains sont tendues pour assurer l'équilibre. Si les fesses touchent le sol, **squat** sera presque toujours utilisé. Ce terme dénote par ailleurs une position plus confortable que **crouch**. Ce dernier sera employé pour une position où le corps est prêt à l'action.

**on all fours** à quatre pattes *We got down on all fours to look for her contact lens.* Nous nous sommes mis à quatre pattes pour chercher son verre de contact.

## 97.4 Positions penchées

**bend** *vi, prét & part passé* **bent** (souvent + **down**, **over**) se baisser *I bent down to pick up the envelope.* Je me suis baissé pour ramasser l'enveloppe.

**lean** *vi, prét & part passé* **leaned** OU **leant** (gén + *adv* ou *prép*) s'appuyer, se pencher *She leaned over to talk to me.* Elle se pencha pour me parler. *I leaned against the wall.* Je me suis appuyé contre le mur.

**stoop** *vi* [pour passer sous un obstacle. Peut aussi être la conséquence de la vieillesse ou d'une tristesse] se baisser, se courber *We stooped to avoid the branches.* Nous nous sommes baissés pour éviter les branches.

**stoop** *nd* dos voûté *She walks with a slight stoop.* Elle a le dos légèrement voûté.

**slouch** *vi* [péjoratif. Implique de la paresse et une position peu attirante] être affalé *He slouched over his books.* Il était affalé sur ses livres. **slouch** *nd* attitude penchée

**bow** *vi* s'incliner *He bowed to the ground.* Il s'inclina profondément.

**bow** *nd* salut *take a bow* saluer

**curtsy** OU **curtsey** *vi* faire une révérence

**curtsy** OU **curtsey** *nd* révérence *perform a curtsey* faire une révérence

# 98 Touch Toucher

voir aussi **338 Pull and Push**

**touch** *vti* **1** [surtout avec la main] toucher *She reached over and touched my hand.* Elle étendit le bras et toucha ma main. **2** [pour tout contact] toucher *Her skirt touched the floor.* Sa jupe touchait le sol.

**touch** *n* **1** *ni* [sens] toucher *It's painful to the touch.* C'est douloureux au toucher. **2** *nd* (gén pas de *pl*) frappe, pression *You can see the figures at the touch of a computer key.* Vous pouvez voir les chiffres en pressant une touche du clavier.

**feel** *v, prét & part passé* **felt 1** *vt* sentir *He felt some drops of rain on his face.* Il sentit quelques gouttes de pluie sur son visage. **2** *vi* [ce verbe sera accompagné d'un adjectif ou d'une expression désignant l'impression ressentie] donner une impression particulière *This fabric feels very stiff.* Ce tissu est rigide au toucher.

**feel** *nid* (pas de *pl*) sensation *The clothes had a damp feel.* Les vêtements donnaient l'impression d'être humides.

**handle** *vt* [toucher avec les mains] manipuler *The books were torn from constant handling.* Les livres étaient déchirés à force d'être manipulés. [étiquette sur un paquet fragile] *Handle with care!* Fragile!

**finger** *vt* [toucher avec les doigts. Implique souvent que l'objet touché est abîmé ou sali] toucher, tripoter *Don't finger the food if you're not going to eat it!* Ne touche pas la nourriture si tu ne vas pas la manger!

## 98.1 Toucher avec tendresse

**caress** *vt* [doucement, avec amour] caresser *He gently caressed her hair.* Il lui caressa doucement les cheveux. [littéraire] *A soft breeze caressed our cheeks.* Une petite brise nous caressa les joues. **caress** *nd* caresse

**fondle** *vt* [peut impliquer une attitude enjouée, légèrement moins sensuel que **caress**] caresser *My dog loves having his ears fondled.* Mon chien adore qu'on lui caresse les oreilles.

**stroke** *vt* [implique un mouvement régulier de la main] caresser *He stroked the child's hair.* Il passa la main dans les cheveux de l'enfant.

**pat** *vt*, **-tt-** [caresse courte et douce. obj: ex. chien, tête de qn] tapoter

## 98.2 Toucher avec fermeté

**press** *v* **1** *vt* [pousser avec les doigts. Obj: ex. interrupteur, bouton] presser, appuyer sur *The bear's tummy squeaks if you press it.* L'ours pousse un cri aigu quand on appuie sur son ventre. **2** *vt* (souvent +

complément) [écraser, aplatir] presser *She pressed her face against the glass.* Elle colla son visage contre la vitre. *to press flowers* presser des fleurs **3** *vi* (toujours + complément; souvent + **against**, **down**) appuyer sur *Press down hard on the lever.* Appuyez fortement sur le levier. **press** *nd* (pas de *pl*) pression

**rub** *vti*, **-bb-** (souvent avec un complément; souvent + **against**) frotter *He rubbed his hand against his cheek.* Il se frotta la main contre la joue. *The back of my shoe rubs.* Ma chaussure frotte à l'arrière. *The wheel's rubbing against the mudguard.* La roue frotte contre le garde-boue.

**friction** *ni* friction, frottement *The friction creates static electricity.* Le frottement provoque de l'électricité statique.

**pressure** *ni* pression *Pressure built up inside until the pipe burst.* La pression s'accumula à l'intérieur jusqu'à ce que le tuyau éclate. *Apply gentle pressure to the wound.* Exercez une légère pression sur la blessure.

# 99 Soft Doux

**soft** *adj* doux *The bed's too soft.* Le lit est trop mou. *soft towels* des serviettes douces **softness** *ni* douceur

**soften** *vti* (s')adoucir, (se) ramollir *Leave the butter on the table until it has softened.* Laisse le beurre sur la table jusqu'à ce qu'il soit ramolli.

**softener** *nd* [souvent dans des composés] adoucisseur *water-softener* adoucisseur *fabric-softener* adoucissant (pour lessive)

**tender** *adj* **1** [facile à couper ou à mâcher. Décrit: la nourriture, surtout la viande] tendre **2** [délicat & sensible. Décrit: ex. peau] délicat *Protect children's tender skin from the sun.* La peau délicate des enfants doit être protégée du soleil. **tenderness** *ni* tendresse

**spongy** *adj* [implique souvent de l'humidité] spongieux *Heavy rain made the lawn spongy.* Les fortes pluies avaient rendu la pelouse spongieuse.

**limp** *adj* [implique de la faiblesse, la perte de la forme normale] mou *a few limp lettuce leaves* quelques feuilles de laitue ramollies **limpness** *ni* mollesse

## 99.1 Facilement courbé

**flexible** *adj* [décrit: des matériaux, gén *pas* des personnes] flexible, souple *flexible rubber tubing* tuyau en caoutchouc souple **flexibility** *ni* flexibilité, souplesse

**pliable** *adj* [un peu plus technique que **flexible**. Décrit: matériaux, *pas* des personnes] souple, flexible *We need a pliable wood to make the barrels.* Nous avons besoin de bois souple pour fabriquer les tonneaux. **pliability** *ni* souplesse, flexibilité

**pliant** *adj* [synonyme de **pliable**] flexible **pliancy** *ni* flexibilité

**supple** *adj* [décrit: personne, articulation, cuir] souple *Swimming helps me keep supple.* La natation m'aide à rester souple. **suppleness** *ni* souplesse

**lithe** *adj* [implique un mouvement facile, vigoureux et gracieux. Décrit: personne] agile, souple **lithely** *adv* avec agilité **litheness** *ni* agilité

# 100 Hard Dur

voir aussi **256.2 Tension**; **401 Strength**

**hard** *adj* dur *The butter's too hard to spread.* Le beurre est trop dur pour être étalé. *The beds were hard.* Les lits étaient durs. **hardness** *ni* dureté

**harden** *vti* durcir *Carbon is added to harden the steel.* On ajoute du carbone pour tremper l'acier. *The icing takes a few hours to harden.* Le glaçage met quelques heures à durcir.

**solid** *adj* **1** [ni liquide ni gaz] solide *The lake has frozen solid.* Le lac est complètement gelé. **2** [ferme et fort] solide, robuste *The house is built on solid foundations.* La maison est construite sur des fondations solides.

**solid** *nd* solide *Is the baby eating solids yet?* Est-ce que le bébé mange déjà des aliments solides?

**solidify** *vt* (se) solidifier *The glue had solidified in its tube.* La colle s'était solidifiée dans le tube.

**rock-hard** OU **rock-solid** *adj* [plutôt informel. Très dur] dur comme du béton *This bread is rock-solid!* Ce pain est dur comme du béton!

**firm** *adj* **1** [assez dur mais pas totalement. Gén employé quand on apprécie qch] ferme *The tomatoes should be ripe but still firm.* Les tomates doivent être mûres mais encore fermes. **2** [solide et immobile] stable *The box made a firm platform.* La boîte était une plate-forme stable. **3** [fort] ferme *a firm grasp* une forte poigne **firmness** *ni* fermeté

**firmly** *adv* fermement *My feet were firmly on the ground.* J'avais les pieds bien sur terre. *She shook my hand firmly.* Elle me serra la main vigoureusement.

**tough** *adj* [difficile à couper, déchirer, mâcher, etc. Décrit: ex. viande, matériaux] dur *a tough steak* un steak dur *tough walking boots* des bottes de marche résistantes **toughness** ni solidité

## 100.1 Rigide

**stiff** *adj* [ne plie qu'avec difficulté. Décrit: ex. tissu, muscle, mouvement] raide, rigide *The sheets were stiff with starch.* Les draps étaient tout raides d'amidon. *My legs were stiff after the run.* Après la course, mes jambes étaient toutes raides. **stiffly** *adv* avec raideur **stiffness** *ni* raideur, rigidité

**stiffen** *vti* (*vi* souvent + **up**) (se) raidir *I stiffened the collar with starch.* J'ai empesé le col avec de l'amidon. *My muscles stiffened up after the swim.* Mes muscles s'étaient raidis après la baignade.

**rigid** *adj* [non flexible. Décrit souvent un état non désirable] rigide *I went rigid with fear.* J'étais paralysé de peur. *a tray made of rigid plastic* un plateau en plastique rigide **rigidly** *adv* avec raideur **rigidity** *ni* rigidité, raideur

## 100.2 Dur mais cassable

**crisp** *adj* [implique une fraîcheur appréciée. Décrit surtout la nourriture] croquant *a crisp lettuce* une laitue croquante *crisp banknotes* des billets de banque craquants **crispness** *ni* craquant

**brittle** *adj* [mot à connotation négative. Implique souvent que l'objet décrit est trop faible] fragile *brittle bones* des os fragiles **brittleness** *ni* fragilité

# 101 Human body – internal Corps humain – interne

voir aussi **86 Human body – external**

## 101.1 Le squelette

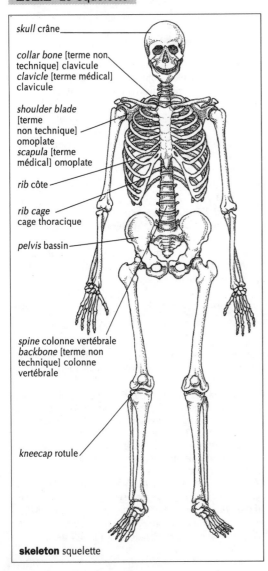

skull crâne

collar bone [terme non technique] clavicule
*clavicle* [terme médical] clavicule

shoulder blade [terme non technique] omoplate
*scapula* [terme médical] omoplate

rib côte

rib cage cage thoracique

pelvis bassin

spine colonne vertébrale
*backbone* [terme non technique] colonne vertébrale

kneecap rotule

**skeleton** squelette

## 101.2 Organes internes

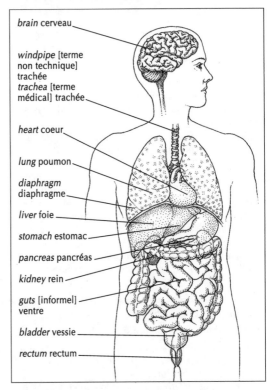

brain cerveau

windpipe [terme non technique] trachée
*trachea* [terme médical] trachée

heart coeur

lung poumon

diaphragm diaphragme

liver foie

stomach estomac

pancreas pancréas

kidney rein

guts [informel] ventre

bladder vessie

rectum rectum

**tonsil** *nd* amygdale *I had my tonsils out.* On m'a enlevé les amygdales.

**appendix** *nd, pl* **appendixes** OU **appendices** appendice *a burst appendix* un appendice perforé

**intestine** *nd* OU **intestines** *n pl* intestin **intestinal** *adj* [terme technique] intestinal

**small intestine** *nd* intestin grêle

**large intestine** *nd* gros intestin

**bowel** *nd* OU **bowels** *n pl* intestin *I've got very regular bowels.* J'ai un transit très régulier. (employé comme *adj*) *bowel cancer* cancer de l'intestin *bowel movements* transit intestinal

**nucleus** *nd, pl* **nuclei** noyau *When the nucleus divides, two new cells are formed.* Quand le noyau se divise, deux nouvelles cellules se créent.

**cell** *nd* cellule (employé comme *adj*) *cell division* division cellulaire

**bone** *ndi* os *a splinter of bone* une esquille *a fish bone* une arête

**bony** *adj* **1** [très mince] osseux **2** [contenant beaucoup d'arêtes. Décrit: surtout les poissons] plein d'arêtes

**joint** *nd* articulation *an artificial hip joint* une articulation de la hanche artificielle

**muscle** *ndi* muscle *the leg muscles* les muscles de la jambe *exercises to build muscle* des exercices pour développer les muscles (employé comme *adj*) *muscle tissue* tissu musculaire **muscular** *adj* musculaire

**organ** *nd* organe *internal organs* organes internes *reproductive organs* organes reproducteurs

**blood** *ni* sang *Blood flowed from the wound.* Le sang s'écoula de la blessure. (employé comme *adj*) *blood donors* donneurs de sang

**vein** *nd* veine *The veins stood out on his forehead.* Les veines étaient visibles sur son front.

**artery** *nd* artère *hardened arteries* artères indurées

**nerve** *nd* nerf *The pain is caused by pressure on the nerve.* La douleur est provoquée par une pression sur le nerf. (employé comme *adj*) *nerve endings* terminaisons nerveuses

### 101.3 Le système reproducteur

voir aussi **199 Sex**

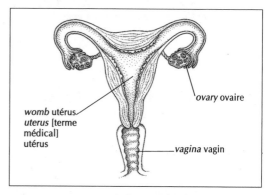

*womb* utérus
*uterus* [terme médical] utérus

*ovary* ovaire

*vagina* vagin

**egg** *nd* ovule

**sperm** *ndi* sperme, spermatozoïde

### 101.4 Corps et esprit

**mental** *adj* mental *mental health* santé mentale **mentally** *adv* mentalement

**physical** *adj* physique *physical exercise* exercice physique

**physically** *adv* physiquement *a physically active person* une personne physiquement active

## 102 Bodily wastes Excréments

**faeces** (*Brit*), **feces** (*surtout US*) *n pl* [formel & technique] fèces

**defecate** *vi* [formel & technique] déféquer

**shit** *nid* (pas de *pl*) [tabou] merde

**shit** *vi*, -tt-, *prét & part passé* **shat** [tabou] chier

**crap** *nid* (pas de *pl*) [tabou] merde *have a crap* chier **crap** *vi*, -pp- chier

**poo** *nid* [informel, mot enfantin] caca

**urine** *ni* urine **urinate** *vi* [légèrement formel] uriner

**wee** OU **wee-wee** *ni* (*surtout Brit*) [informel, mot enfantin] pipi

**wee** *vi* [informel, mot enfantin] faire pipi

**pee** *ni* [informel. Terme sans connotation particulière mais à éviter dans des situations formelles. Employé par les enfants ou quand on s'adresse à eux en anglais américain] pipi **pee** *vi* [informel] faire pipi

**wet oneself/one's pants/the bed, etc.** [uriner sans pouvoir se contrôler] faire pipi dans sa culotte/au lit

**spend a penny** (*Brit*) [euphémisme très courant] aller au petit coin

**go to the toilet/loo, etc.** [expression assez neutre, dépendant du choix du mot pour désigner les toilettes. *voir aussi **184.1 The bathroom**] aller aux toilettes/au petit coin

## 103 Breathe Respirer

**breathe** *v* **1** *vi* respirer *You could hardly breathe for the smoke.* La fumée nous empêchait presque de respirer. *We were breathing heavily after the climb.* Après l'escalade, nous étions essoufflés. **2** *vt* respirer *The air's not fit to breathe round here.* L'air n'est pas bon à respirer ici.

**breathing** *ni* respiration *Try to regulate your breathing.* Essaie de contrôler ta respiration. *heavy breathing* respiration bruyante

**breathe in** *vi prép* aspirer, inspirer

**breathe out** *vi prép* expirer

**breath** *ndi* souffle, respiration *Each breath was an*

*effort.* Respirer représentait un gros effort. *Take a deep breath.* Respire à fond. *How long can you **hold your breath**?* Combien de temps peux-tu retenir ta respiration? *out of breath* à bout de souffle *I felt his breath on my cheek.* Je sentis son souffle sur ma joue.

**inhale** *vit* [plus formel que **breathe in**. Souvent employé dans un contexte médical] inhaler *She drew on the cigarette and inhaled deeply.* Elle tira sur la cigarette et aspira la fumée profondément. **inhalation** *ndi* [formel] inhalation

**exhale** *v* **1** *vi* [plus formel que **breathe out**. Souvent employé dans un contexte médical] expirer **2** *vt* [obj:

fumée, gaz, etc.] exhaler **exhalation** ndi [formel] exhalation

**sniff** v 1 vti [sentir une odeur] renifler *A dog sniffed around the dustbin.* Un chien renifla autour de la poubelle. 2 vi [à cause d'un rhume] renifler **sniff** nd reniflement

**sigh** vi [exprime tristesse ou déception] soupirer **sigh** nd soupir

### 103.1 Respirer fort ou avec effort

**blow** vti, prét **blew** part passé **blown** (souvent + complément) souffler *Blow into the tube, please.* Soufflez dans le tuyau, s'il vous plaît. *I blew out the candles.* J'ai soufflé les bougies. *She blew the fly off her arm.* Elle souffla sur son bras pour faire partir la mouche.

**pant** vi [surtout à la suite d'un effort ou à cause de la chaleur] haleter *a huge panting Alsatian* un énorme berger allemand qui haletait

**puff** vi 1 [suite à un effort. Respiration saccadée]

souffler, haleter *We were all puffing after the climb.* Nous étions à bout de souffle après l'escalade. 2 (souvent + **on**, **at**) [informel. Fumer] envoyer de la fumée *puffing on a pipe* tirer des bouffées de sa pipe

**puff** nd bouffée *a puff of her cigarette* une bouffée de sa cigarette

**gasp** v 1 vi [respirer de manière saccadée et audible, après un choc, une excitation, etc.] haleter *They gasped in horror as she fell.* Ils furent saisis d'horreur en la voyant tomber. 2 vi [chercher de l'air désespérément] suffoquer *He came to the lake's surface, gasping for breath.* Il revint à la surface du lac, suffoquant. 3 vt [parler d'une voix essoufflée, à la suite d'un choc, d'un effort] souffler *'John's got a gun!,' she gasped.* 'John a une arme!,' souffla-t-elle.

**gasp** nd halètement *He let out a gasp of amazement.* L'étonnement lui coupa le souffle.

**wheeze** vi [émettre des sifflements en respirant, suite à des problèmes respiratoires] respirer bruyamment **wheeze** nd respiration bruyante

## 104 Think Penser

**think** v, prét & part passé **thought** 1 vi (souvent + adv) [terme général pour toute forme d'activité mentale consciente] penser, réfléchir *I thought about it all day.* J'y ai pensé toute la journée. *Think carefully.* Réfléchis bien. 2 vt [exprime des idées, des croyances] croire *Do you think she'll mind?* Croyez-vous qu'elle y verra une objection?

**thinker** nd (suit souvent un adj) penseur *a fast thinker* qn qui a l'esprit rapide

**thought** n 1 ni pensée *I found her deep in thought.* Je l'ai trouvée perdue dans ses pensées. *Your work needs more thought.* Vous devriez repenser votre travail. 2 nd idée *I've had some thoughts about the project.* J'ai un peu réfléchi au projet.

**consider** vt 1 [pour prendre une décision] considérer, examiner *I'm considering leaving this job.* J'examine la possibilité de quitter ce travail. 2 [prendre en considération] réfléchir *Have you considered the consequences of giving up work?* As-tu réfléchi aux conséquences si tu quittes ton travail? *Considering her age, she's in good shape.* Vu son âge, elle est en pleine forme. *I'd like to be considered for the job.* Je souhaiterais me porter candidat pour le travail.

**consideration** nid [réflexion approfondie avant de prendre une décision] considération *We will need to take rising oil prices into consideration.* Nous devrons tenir compte de la hausse du prix du pétrole. *The idea deserves consideration.* L'idée mérite qu'on l'étudie.

**take into account** tenir compte de *We forgot to take postage costs into account.* Nous avons oublié de tenir compte des frais de port.

### 104.1 Réfléchir attentivement

**concentrate** vi (souvent + **on**) 1 [réfléchir sur un sujet] se concentrer *It's hard to concentrate in a noisy room.*

Il est difficile de se concentrer dans une pièce bruyante. 2 [canaliser ses efforts sur une activité] se concentrer *I'm concentrating on my exams at the moment.* Je me concentre sur mes examens pour l'instant.

**concentration** ni concentration *The phone disturbed my concentration.* Le téléphone m'a empêché de me concentrer.

**contemplate** vit [considérer avec attention, en prévision du futur] envisager *The idea is too terrible to contemplate.* L'idée est trop affreuse pour qu'on l'envisage.

**contemplation** ni [réflexion calme, sérieuse] contemplation, méditation *I spent an hour in quiet contemplation.* J'ai passé une heure à méditer.

**ponder** vti (souvent + **on**, **over**) [réflexion lente et approfondie. Implique souvent une difficulté à arriver à une conclusion] réfléchir à *I sat pondering the likely outcome of the decision.* Assis, je réfléchissais aux conséquences probables de la décision.

**reflect** vi (souvent + **on**) [implique prudence et sérieux. Employé pour faire référence au passé, pas au futur] méditer sur [souvent employé pour montrer que l'on réalise les conséquences de ses erreurs] *When I had had time to reflect, I regretted my words.* Quand j'ai pu y réfléchir, j'ai regretté mes paroles.

**reflection** n 1 ni [réflexion sérieuse] réflexion *On reflection, I'd rather come on Friday.* A la réflexion, je préférerais venir vendredi. 2 nd [commentaire] remarque

**reason** vit (souvent + **that**) [penser logiquement] raisonner *He reasoned that we would be ready to agree.* Il estimait que nous serions prêts à accepter.

**reason** nid [réflexion logique] raison **reasoning** ni raisonnement

## 104.2 Absorbé dans ses pensées

**thoughtful** *adj* pensif *a thoughtful expression* un air pensif **thoughtfully** *adv* pensivement

**pensive** *adj* [implique une préoccupation ou de la tristesse] songeur, pensif **pensively** *adv* pensivement

**brood** *vi* (souvent + **over**, **on**, **about**) [penser à quelque chose assez longtemps, avec un air préoccupé ou amer] ressasser *She's still brooding over his criticism.* Elle est encore en train de ressasser la critique qu'il lui a faite.

**meditate** *vi* 1 [en transe] méditer 2 (souvent + **on**) réfléchir à [réflexion longue et calme] méditer (sur) *He's got six years in prison to meditate on his crimes.* Il pourra méditer sur ses crimes pendant six ans en prison.

**meditation** *n* 1 *ni* [en transe] méditation 2 *nd* [pensée] réflexion

**daydream** *vi* (souvent + **of**, **about**) rêver tout éveillé **daydream** *nd* rêverie

# 105 Believe Croire

voir aussi **104 Think**; **106 Opinion**; **109 Guess**; **110 Know**; *L30 Opinions*

**believe** *vt* croire *I don't believe he's fifty!* Je ne crois pas qu'il a 50 ans. *I believe you.* Je te crois.

**believe in** sth *vt prép* [obj: ex. fantôme, Dieu] croire à/en

**belief** *n* 1 *ni* (souvent + **in**) croyance *His rudeness is beyond belief.* Il est d'une grossièreté incroyable 2 *nd* [chose à laquelle on croit] opinion *political beliefs* opinions politiques

**be convinced** [être sûr, pas nécessairement par déduction logique] être convaincu *She's convinced I want to hurt her.* Elle est convaincue que je veux lui faire du mal.

## 105.1 Croire sur base de preuves ou d'informations

**infer** *vt*, **-rr-** [implique une déduction logique] déduire *Can I infer from that that you are not coming?* Puis-je en déduire que vous ne venez pas?

**gather** *vt* [plus souvent employé dans la langue parlée. Savoir pour avoir vu ou entendu] déduire *I gather the house has been sold.* J'en déduis que la maison a été vendue.

**conclude** *vt* [implique un jugement après une réflexion] conclure *I concluded that he was not a suitable candidate.* J'en ai conclu qu'il n'était pas le candidat qu'il fallait.

**conclusion** *nd* conclusion *come to a conclusion* conclure

## 105.2 Opinion moins tranchée

**suppose** *vt* 1 [penser que quelque chose est probable] supposer *I suppose it's very expensive.* Je suppose que c'est très cher. [souvent employé pour exprimer le peu d'empressement à faire quelque chose] *I suppose we ought to help.* Je suppose que nous devrions aider. 2 [formel. Croire, souvent à tort] supposer, imaginer *I had supposed he wanted to borrow money.* Je m'étais imaginé qu'il voulait emprunter de l'argent.

**supposition** *ndi* supposition *Your theory is pure supposition.* Votre théorie n'est que pure supposition.

**assume** *vt* [implique que l'opinion est probable et raisonnable] supposer *I assumed the car would be ready by now.* Je supposais que la voiture serait prête à ce moment-ci. *I assume you won't be coming?* Je suppose que tu ne viendras pas?

**assumption** *nd* supposition *I bought it on the assumption that prices would go on rising.* Je l'ai acheté en supposant que les prix continueraient de grimper.

**presume** *vt* [implique que l'opinion est probable, mais on est préparé à accepter son contraire] présumer *You seem to presume she will agree.* Tu sembles présumer qu'elle acceptera.

**presumption** *nd* [plutôt formel] présomption *Let us accept the presumption of his innocence.* Acceptons la présomption de son innocence.

**reckon** *vt* [informel. Implique une opinion fondée sur une probabilité] imaginer *She was tired of waiting, I reckon.* J'imagine qu'elle en avait assez d'attendre.

**guess** *vt* (*surtout US*) [informel] croire *I guess you're right.* Je crois que tu as raison.

### e x p r e s s i o n

**I take it** [informel. Implique généralement une demande de confirmation de l'opinion] je suppose *You'll be bringing the children, I take it.* Tu amèneras les enfants, je suppose.

## 105.3 Etre prêt à croire n'importe quoi

**swallow** *vt* [informel. Obj: des informations fausses] avaler, gober *The story was absurd, but he swallowed it whole.* L'histoire était absurde, mais il a tout gobé.

**gullible** *adj* [péjoratif. Implique un manque de bon sens] crédule **gullibility** *ni* crédulité

**superstition** *ndi* [croyance en des forces magiques ou surnaturelles] superstition

**superstitious** *adj* [décrit: personne] superstitieux

## 105.4 Plausible

**credible** *adj* [qui mérite d'être pris au sérieux. Décrit: ex. histoire, alternative] crédible *Their defence policies are barely credible.* Leurs politiques de défense sont à peine crédibles. **credibly** *adv* de façon crédible **credibility** *ni* crédibilité

**plausible** *adj* [qui a l'air crédible. Décrit: ex. excuse] plausible **plausibly** *adv* d'une manière plausible **plausibility** *ni* plausibilité

## 106 Opinion Opinion

voir aussi **105 Believe**; *L30 Opinions*

**opinion** *ndi* (souvent + **of**) opinion, avis *You're making a mistake, **in my opinion***. A mon avis, vous faites erreur. *I have a high opinion of her ability.* J'estime beaucoup ses capacités. *public opinion* opinion publique *They were **of the opinion** that the business would fail.* Ils pensaient que l'affaire échouerait.

**attitude** *nd* (souvent + **to, towards**) [implique un sentiment à l'égard d'une situation, plutôt qu'un jugement] attitude *His attitude to the problem seems to be to ignore it.* Son attitude à l'égard du problème semble être de l'ignorer. *My attitude is that they should pay for our advice.* Mon opinion est qu'ils devraient payer pour nos conseils.

**view** *nd* (souvent + **on, about**) [employé pour des problèmes plus vastes que le mot **opinion**] vue, conception *She has odd views on bringing up children.* Elle a une conception bizarre de l'éducation des enfants. *She **took the view** that training was a priority.* Elle estimait que la formation était une priorité. ***In my view**, cars should be banned from cities.* A mon avis, les voitures devraient être interdites dans les villes.

**estimation** *ni* [plutôt formel. Implique un jugement plus réfléchi que le mot **opinion**] estimation ***In my estimation**, it is a second-rate book.* Selon moi, c'est un livre de deuxième ordre.

**point of view 1** [opinion engendrée par une situation particulière, eu égard aux souhaits, croyances, exigences d'une personne ou d'un groupe] point de vue *The news is disastrous from the enemy's point of view.* Du point de vue de l'ennemi, les nouvelles sont désastreuses. **2** [en tenant compte d'un aspect particulier d'une situation ou d'une chose] point de vue *From the point of view of size, the room is ideal.* Du point de vue de la taille, la pièce est idéale.

**viewpoint** *nd* [un peu plus formel que **point of view**. Ne s'utilise pas pour le second sens de **point of view**] point de vue *Try to see it from my viewpoint.* Essaie de voir les choses de mon point de vue.

### 106.1 Origine des opinions

**principle** *n* **1** *ndi* [implique un idéal] principe *It's a matter of principle.* C'est une question de principe. **2** *nd* [base des actions, croyances, etc.] principe *based on principles of Freudian psychology* basé sur les principes de la psychologie de Freud

**philosophy** *n* **1** *ndi* [système de croyances] philosophie *his philosophy of non-violence* sa philosophie de la non-violence *the philosophy of Plato* la philosophie de Platon **2** *ni* [discipline] philosophie **philosopher** *nd* philosophe **philosophical** *adj* philosophique

**outlook** *n* (gén pas de *pl*; souvent + **on**) [mode de pensée, ex. concernant la vie] attitude *a negative outlook on life* une attitude négative à l'égard de la vie

### 106.2 Arriver à une opinion

**consider** *vt* [légèrement formel] considérer (+ **that**) *I consider that the operation is too risky.* Je considère que l'opération est trop risquée. (+ *obj* + *n*) *I consider my work a failure.* Je considère que mon travail est un échec. (+ *obj* + *adj*) *They considered her remarks offensive.* Ils ont reçu ses remarques comme une insulte.

**think of** sth/sb *vt prép* (souvent employé dans des questions, ou + **as**) penser *What did you think of the show?* Qu'as-tu pensé de l'exposition? *I thought of you as a friend.* Je te considérais comme un ami.

**regard** *vt* (souvent + **as**) [plutôt formel] considérer *How do you regard his early work?* Que pensez-vous de ses premières oeuvres? *I regard him as a fool.* Je le considère comme un idiot.

**assess** *vt* [implique une opinion à laquelle on arrive après un examen attentif, souvent formel] évaluer *We must assess the product's commercial potential.* Nous devons évaluer le potentiel commercial du produit.

**assessment** *ndi* évaluation *an encouraging assessment of our achievements* une évaluation encourageante de nos réalisations

**judge** *vti* juger (+ **that**) *I judged that the time was right.* J'ai estimé qu'il était temps. (+ *obj* + *adj*) *Doctors judged her fit to compete.* Les médecins ont estimé qu'elle était apte à concourir. ***Judging by** his tone of voice, he was rather angry.* A en juger par le ton de sa voix, il était assez fâché. [peut impliquer une opinion sur des valeurs morales] *Don't judge me too harshly.* Ne me jugez pas trop sévèrement.

**judgment** OU **judgement** *n* **1** *nd* (souvent + **on**) [opinion] jugement *Have you formed a judgment on the matter?* Vous êtes-vous fait une opinion à ce sujet? **2** *ni* [capacité à juger] jugement *I'm relying on your judgment.* Je me fie à votre jugement.

## 107 Intend Avoir l'intention

voir aussi **72 Want; 73 Choose**

**intend** *vi* (souvent + **to** + INFINITIF) [exprime le souhait d'accomplir une action] avoir l'intention *Do you intend to have the baby at home?* Avez-vous l'intention d'accoucher à la maison? *I intended it to be a surprise.* Je voulais que ce soit une surprise.

**plan** *vt*, **-nn-** (souvent + **to** + INFINITIF) [un peu moins formel et moins définitif que **intend**] projeter *We're planning to emigrate to Canada.* Nous projetons d'émigrer au Canada.

**mean** *v, prét & part passé* **meant 1** *vit* (+ **to** + INFINITIF) [faire quelque chose délibérément. Souvent employé dans des phrases négatives ou en parlant de choses que l'on n'a pas réussi à faire. Moins formel que **intend**] avoir l'intention *He didn't mean to hurt you.* Il ne voulait pas vous faire de la peine. *I meant to phone you, but I forgot.* Je comptais vous téléphoner, mais j'ai oublié. *I meant them to eat it all.* Je voulais qu'ils mangent tout. **2** *vt* [provoquer délibérément] provoquer

*I didn't mean them any harm.* Je ne leur voulais pas de mal. **3** *vi* (+ **to** + INFINITIF) [formel. Avoir l'intention de faire qch dans le futur] se proposer de *I mean to work harder.* J'ai bien l'intention de travailler plus dur.

**have** sth **in mind** [considérer qch, mais sans opinion définitive] penser à qch *Who do you have in mind for the job?* A qui pensez-vous pour le travail?

**decide** *vit* (souvent + **to** + INFINITIF) décider *I've decided to retire.* J'ai décidé de prendre ma retraite. *He can't decide which option is best.* Il ne parvient pas à décider quelle option est la meilleure.

**decision** *nd* (souvent + **on**, **about**) décision *I have some difficult decisions to make.* Je dois prendre quelques décisions difficiles. *I'll respect your decision.* Je respecterai ta décision.

## 107.1 Projet

voir aussi **290 System**

**intention** *ndi* [assez formel, surtout dans des phrases affirmatives] intention *She **has no intention of** marrying him.* Elle n'a pas l'intention de l'épouser. *It was my intention to remain silent.* Il était dans mon intention de me taire. *good intentions* de bonnes intentions

**plan** *nd* [souvent plus sûr que **intention**] projet *We have plans to buy a house next year.* Nous projetons d'acheter une maison l'année prochaine.

**scheme** *nd* **1** [projet détaillé] plan *a new scheme for improving the traffic problem* un nouveau projet pour améliorer la circulation routière **2** [projet malhonnête] complot

**scheme** *vi* (souvent + **against**) [péjoratif. Implique des intentions malhonnêtes] comploter

**project** *nd* [implique des intentions et des efforts à long terme] projet *I'm working on a project to provide new housing in the area.* Je travaille sur un projet visant à créer de nouveaux logements dans la région.

## 107.2 Choses que l'on espère réaliser

voir aussi **396 Success**

**aim** *nd* but *the government's long-term aims* les objectifs à long terme du gouvernement

**goal** *nd* [implique souvent un but ultime] objectif *Our ultimate goal is full independence.* Le but ultime est l'indépendance totale.

**objective** *nd* [assez formel, souvent employé dans le commerce. Implique un but mesurable] objectif *We need to set our objectives for the year.* Nous devons nous fixer nos objectifs pour cette année.

**target** *nd* [implique des buts mesurables] cible, objectif *Our original target was to double sales.* A l'origine, notre but était de doubler les ventes.

### usage

**Target** est aussi le terme utilisé par les militaires pour désigner l'objectif, la cible à atteindre.

**ambition** *ndi* [désir personnel de réussir] ambition *One of my ambitions is to visit China.* Une de mes ambitions est de visiter la Chine. *naked ambition* une ambition non déguisée **ambitious** *adj* ambitieux **ambitiously** *adv* ambitieusement

**purpose** *ndi* (souvent + **of**) [insiste sur le raisonnement sous-jacent] objectif *The troops' main purpose is to keep the peace.* L'objectif principal des troupes est de maintenir la paix.

**intent** *ni* [souvent employé dans un contexte juridique] intention, dessein *He went there with no intent to steal.* Il est allé là-bas sans intention de voler.

## 107.3 Vouloir réaliser quelque chose

**intent** *adj* (après *v*; + **on**) [très déterminé. Décrit: personne] décidé (à) [souvent employé pour désapprouver] *She seems intent on self-destruction.* Elle semble résolue à se détruire.

**intentional** *adj* [décrit: ex. action, surtout mauvaise] voulu, délibéré *Was the humour intentional?* Etait-ce de l'humour délibéré? **intentionally** *adv* intentionnellement

**deliberate** *adj* [décrit: ex. action, surtout mauvaise] délibéré *a deliberate attempt to undermine my authority* une tentative délibérée de saper mon autorité **deliberately** *adv* délibérément

**determined** *adj* (souvent + **to** + INFINITIF) [plein de détermination. Décrit: personne, action] déterminé *I'm determined to win the race.* Je suis déterminé à gagner la course. *a determined attempt to win* une tentative déterminée de gagner **determination** *ni* détermination

**obstinate** *adj* obstiné, entêté

**stubborn** *adj* têtu, obstiné *his stubborn refusal to eat* son refus obstiné de manger **stubbornly** *adv* obstinément **stubbornness** *ni* obstination

### locution comparative

**as stubborn as a mule** têtu comme une mule

# 108 Idea Idée

**theory** *n* **1** *nd* [explication possible] théorie, idée *My theory is that they're planning an invasion.* A mon avis, ils projettent une invasion. **2** *ni* [par opposition à pratique] théorie *In theory, the engine should start now.* En théorie, le moteur devrait démarrer maintenant. **theoretical** *adj* théorique **theoretically** *adv* théoriquement

**concept** *nd* [idée abstraite] concept *It is difficult to grasp the concept of death.* Il est difficile de saisir le concept de la mort. **conceptual** *adj* conceptuel **conceptually** *adv* conceptuellement

**notion** *nd* [concept] notion *the notion of God as all-powerful* la notion de Dieu tout-puissant [entendement] *She has no notion of fairness.* Elle n'a aucun sens de la justice. [souvent utilisé de façon désobligeante, pour souligner le caractère saugrenu de quelque chose] *old-fashioned notions about discipline* des idées dépassées sur la discipline

**inspiration** n 1 nid [source d'idées] inspiration *A trip to China provided the inspiration for my latest book.* Un voyage en Chine m'a fourni l'inspiration pour mon dernier livre. **2** nd [idée brillante] idée géniale *I've had an inspiration!* J'ai eu une idée géniale!

**brainwave** nd (*surtout Brit*) [plutôt informel. Idée soudaine et brillante] idée géniale *I've had a brainwave about where to look.* J'ai eu une idée géniale pour savoir où chercher.

## 108.1 Avoir des idées

**occur to** sb vt prép, -rr- [implique une réalisation soudaine] venir à l'esprit *It suddenly occurred to me that you might know the answer.* Soudain, il m'est venu à l'esprit que vous pourriez connaître la réponse. [souvent employé dans des phrases négatives pour insister sur l'absence d'idées. Implique souvent que la chose inattendue n'est pas raisonnable] *It never*

occurred to me that he might be angry. Il ne m'est jamais venu à l'esprit qu'il pourrait être fâché.

**cross one's mind** [souvent employé dans des phrases négatives] venir à l'esprit *It never crossed my mind to ask.* Il ne m'est jamais venu à l'esprit de poser la question.

**imagine** vt [représenter mentalement] imaginer *Can you imagine how cross I was?* Pouvez-vous imaginer comme j'étais fâché?

**imagination** ndi [aptitude à penser à quelque chose que l'on ne peut voir ou qui n'existe pas] imagination *Her writing lacks imagination.* Ses écrits manquent d'imagination. *I'll leave the rest of the story to your imagination.* Je vous laisse imaginer le reste de l'histoire. *voir aussi **36 Unreal**

**inspire** vt [donner une idée à] inspirer *The film was inspired by his own experiences in the war.* Le film était inspiré de ses expériences personnelles durant la guerre.

# 109 Guess Deviner

voir aussi **105 Believe**

**guess** v 1 vti [juger sans informations] deviner *Try and guess the price.* Essaie de deviner le prix. (+ **at**) *We can only guess at their next move.* Nous ne pouvons que supposer quel sera leur prochain coup. *Guess what I've been doing!* Devine ce que j'ai fait! **2** vt [deviner correctement] découvrir *He's guessed our secret.* Il a percé notre secret. **3** vi (*surtout US*) [supposer] penser, croire *I'd guess (that) he is about 50.* Je dirais qu'il a environ 50 ans.

**guess** nd (souvent + **at**) supposition *Have a guess at their age.* Devine leur âge. *At a rough guess, I'd say the painting's Dutch.* Si je devais deviner, je dirais qu'il s'agit d'une peinture hollandaise.

**guesswork** ni conjecture *The report is nothing but guesswork.* Ce rapport n'est rien d'autre qu'une série d'hypothèses.

**wonder** vti [implique le désir de savoir] se demander *I wonder what they'll do next.* Je me demande ce qu'ils vont faire ensuite. (+ **about**) *We were wondering about her future.* Nous nous posions des questions sur son avenir. *They wondered whether they should go.* Ils se demandaient s'ils devaient y aller.

**suspect** vti [penser que qch est probable. Obj: surtout qch de mauvais] suspecter, soupçonner *I suspected he'd been drinking.* Je le soupçonnais d'avoir bu. (+ **of**) *I suspected her of lying.* Je la soupçonnais de mentir.

**suspect** nd suspect

**suspicion** ndi 1 [présomption de culpabilité] soupçon *I always had my suspicions about that family.* J'ai toujours eu des soupçons à l'égard de cette famille. *She was **under suspicion of** murder.* Elle était soupçonnée de meurtre. *arrested **on suspicion of** fraud* arrêté sur présomption de fraude **2** [manque de confiance] soupçon *He regarded me with suspicion.* Il me regardait soupçonneusement.

**suspicious** adj 1 [qui provoque les soupçons. Obj: ex. comportement, objet, personne] louche *a suspicious character* un personnage louche **2** (souvent + **of**, **about**) [qui suspecte la culpabilité] méfiant, soupçonneux **suspiciously** adv d'une manière suspecte

**expect** vt 1 [penser que qch est probable] supposer, s'attendre à *I expect you're hungry.* Je suppose que vous avez faim. *I expected her to come later.* Je m'attendais à ce qu'elle vienne plus tard. (+ **that**) *I expect that it will rain.* Je m'attends à ce qu'il pleuve. **2** [considérer que qch est raisonnable ou nécessaire] exiger (+ **to** + INFINITIF) *I expect my staff to be polite.* J'exige de mon personnel qu'il soit poli.

**expectation** ndi 1 [ce que l'on estime probable] prévision *My expectation is that prices will fall.* Je prévois une chute des prix. **2** [ce que l'on désire] espérance *They have unrealistic expectations of their children.* Leurs espérances à l'égard de leurs enfants sont irréalistes. *The business has exceeded all our expectations.* L'affaire a dépassé toutes nos espérances.

**estimate** vt [calculer approximativement sur base de quelques informations. Obj: ex. valeur, quantité] estimer (+ **that**) *I estimate that the job will take two weeks.* J'estime que le travail prendra deux semaines.

**estimate** nd estimation *at a conservative estimate* au bas mot

**speculate** vi (souvent + **about**, **on**) [peut être péjoratif, impliquant un jugement non fondé] spéculer *Low profits have led people to speculate about the company's future.* Les faibles bénéfices ont conduit certaines personnes à spéculer sur l'avenir de la société.

**speculation** ndi spéculation *There has been speculation in the press about their marriage.* La presse a beaucoup spéculé sur leur mariage.

## 109.1 Deviner le futur

**predict** vt [sur base de faits ou de sentiments] prédire *Nobody could have predicted the scale of the disaster.* Personne n'aurait pu prédire l'ampleur du désastre. (+ **that**) *I predict that shares will rise.* Je prédis une augmentation des actions.

**prediction** nd prédiction *gloomy economic predictions* des prédictions économiques sombres

**forecast** *vt, prét & part passé* **forecast** [implique l'utilisation de données par des experts] prédire, prévoir *The polls forecast a victory for the president.* Les sondages prévoient une victoire pour le président.

**forecast** *nd* prévision *economic forecasts* prévisions économiques *weather forecast* bulletin météorologique

**anticipate** *vt* [penser que qch est probable. Implique souvent une prise de mesures appropriées] anticiper

*We're not anticipating any problems.* Nous ne prévoyons pas de problèmes. *I had anticipated their objections and prepared my arguments.* J'avais anticipé leurs objections et préparé mes arguments.

**anticipation** *ni* **1** prévision *They're buying extra coal in anticipation of a strike.* Ils achètent du charbon supplémentaire en prévision d'une grève. **2** [excitation] impatience *There was a sense of anticipation in the room.* Un sentiment d'impatience régnait dans la pièce.

## 110 Know Savoir

voir aussi **105 Believe**; **236 Clever**

**know** *vt, prét* **knew** *part passé* **known 1** [avoir connaissance de] savoir *You always know what to do.* Vous savez toujours ce qu'il faut faire. *Do you know where she is?* Savez-vous où elle se trouve? **2** [être familier avec qch. Obj: personne, lieu] connaître

**knowledge** *ni* connaissance *To the best of my knowledge they never met.* A ma connaissance, ils ne se sont jamais rencontrés. *My knowledge of German is slight.* Ma connaissance de l'allemand est faible. [peut être formel] *I have no knowledge of his whereabouts.* Je ne sais pas où il se trouve.

**knowledgeable** *adj* (souvent + **about**, **on**) bien informé **knowledgeably** *adv* de source bien informée

**aware** *adj* (gén après *v*; souvent + **of**) [qui sait quelque chose et le garde à l'esprit] conscient *I was not aware of her background.* Je n'étais pas conscient de ses antécédents. *I am aware that he resents me.* Je suis conscient qu'il ne m'aime pas. *They are well aware of the danger.* Ils sont bien conscients du danger.

**awareness** *ni* (souvent + **of**) conscience *There is little public awareness of the problem.* Le public est peu conscient du problème.

**conscious** *adj* (gén après *v*; souvent + **of**) [implique que l'on connaît des faits et que l'on s'en préoccupe] conscient *He's highly conscious of his previous mistakes.* Il est pleinement conscient des erreurs qu'il a commises. **consciousness** *ni* conscience

**consciously** *adv* [délibérément] sciemment *I don't consciously set out to be controversial.* Il n'est pas dans mon intention de soulever une controverse.

**intuition** *nid* [connaissance instinctive] intuition *My intuition tells me something is wrong.* Mon intuition me dit que quelque chose ne va pas.

**intuitive** *adj* intuitif

**intuitively** *adv* intuitivement *She knew intuitively that the child was ill.* Elle savait intuitivement que l'enfant était malade.

### 110.1 Parvenir à la connaissance

**realize** OU **-ise** (*Brit*) *vi* (+ **that**) réaliser, se rendre compte *I didn't realize that they were there.* Je ne me rendais pas compte qu'ils étaient là. [savoir et comprendre] *I realize how angry you must feel.* Je me rends compte à quel point tu dois être fâché. *Do you realize the damage you have caused?* Réalisez-vous les dégâts que vous avez provoqués?

**realization** *n* (pas de *pl*) réalisation (+ **of**) *His jaw fell as the realization of his mistake dawned on him.* Il est resté bouche bée en réalisant subitement son erreur.

**recognize** *vt* **1** [obj: personne, objet] reconnaître *Don't you recognize me?* Ne me reconnaissez-vous pas? **2** [admettre. Légèrement formel] reconnaître *We recognize the need for further training.* Nous reconnaissons le besoin d'une formation plus approfondie. (+ **that**) *They recognize that morale is low among staff.* Ils reconnaissent que le moral est bas parmi les membres du personnel.

**recognition** *ni* **1** reconnaissance *My brother has changed beyond all recognition.* Mon frère est devenu méconnaissable. **2** reconnaissance *Recognition of failures has helped them improve.* Le fait de reconnaître leurs erreurs les a aidés à s'améliorer.

**identify** *vt* **1** [découvrir. Implique souvent plus d'efforts et de recherche que **recognize**] identifier *We have finally identified the cause of the problem.* Nous avons finalement identifié la cause du problème. **2** [prouver ou montrer l'identité de] identifier *I identified his body.* J'ai identifié son corps. (+ **as**) *We identified the birds as plovers.* Nous avons identifié les oiseaux comme étant des pluviers. **identification** *ni* identification

### 110.2 Savoir par expérience

voir aussi **288 Habitual**

**experience** *n* **1** *ni* [pour avoir déjà fait qch auparavant] expérience *Have you any experience of working with young people?* Avez-vous l'expérience du travail avec les jeunes? **2** *nd* [événement] expérience *The crash was a traumatic experience.* La collision fut une expérience traumatisante.

### *e x p r e s s i o n s*

**know the ropes** [informel. Implique la connaissance des routines et l'aptitude à agir efficacement] être au courant *You can work next to me until you know the ropes.* Tu peux travailler près de moi jusqu'à ce que tu sois au courant.

**know what's what** [informel. Implique l'aptitude à juger ce qui est correct, important, etc.] en connaître un bon bout

**find one's feet** [s'habituer à une nouvelle situation ou pouvoir y faire face] s'adapter *The company's still finding its feet in the Japanese market.* La société est toujours en train de s'adapter au marché japonais.

**know sth inside out/like the back of one's hand** [informel. Connaître de façon approfondie] connaître comme sa poche *Taxi drivers have to know the city inside out.* Les chauffeurs de taxi doivent connaître la ville comme leur poche.

**experience** *vt* connaître, subir *a generation which has never experienced war* une génération qui n'a jamais connu la guerre

**experienced** *adj* expérimenté *one of our most experienced officers* un de nos officiers les plus expérimentés

---

### usage

On ne confondra pas le terme **experience** (l'expérience au sens général de "connaissance", "savoir", par exemple dans *to have some experience* (avoir une certaine expérience)), et le terme **experiment** (qui fait référence à l'expérimentation: ex. une expérience en laboratoire).

---

**accustomed** *adj* (toujours + **to**) [légèrement formel] habitué (à) *They have become accustomed to a life of luxury.* Ils se sont habitués à une vie de luxe.

**accustom** sb **to** sth *vt prép* habituer *I gradually accustomed myself to the noise.* Petit à petit, je me suis habitué au bruit.

**acquaint** sb **with** sth *vt prép* [formel] familiariser *I'm not acquainted with her work.* Je ne connais pas son oeuvre. *I need to acquaint them with our procedures.* Je dois les familiariser avec nos procédés.

**familiar** *adj* **1** (après *v*; toujours + **with**) [avoir connaissance de] familier *Which computers are you familiar with?* Quels ordinateurs connaissez-vous le mieux? **2** habituel *a familiar complaint* une plainte habituelle

## 111 Fame Renommée

### usage

Ces mots n'impliquent pas nécessairement que les personnes ou les choses sont connues partout, mais plutôt qu'elles sont connues par un certain groupe de personnes. Par exemple, si vous dites *He's a notorious eavesdropper* (tout le monde sait qu'il écoute aux portes), vous voulez dire que les gens qui le connaissent savent qu'il est indiscret et pas qu'il est connu partout pour cela. Si vous ajoutez *for sth*, vous insistez sur l'importance des actions et des qualités mentionnées et pas sur la personne. Par exemple, *She is famous for her chips.* (Elle est célèbre pour ses frites.) *I'm well-known for arriving late.* (Je suis connu pour arriver en retard.)

**famous** *adj* célèbre *He was a gifted poet, but more famous as a historian.* C'était un poète de talent, mais il était plus connu comme historien.

**well-known** *adj*, *compar* **better-known** *superl* **best-known** [implique que le sujet est connu par moins de gens qu'avec le mot **famous**. Le domaine concerné est aussi probablement moins prestigieux et sensationnel] bien connu *a well-known journalist* un journaliste bien connu *one of Britain's best-known insurance*

*companies* une des compagnies d'assurances britanniques les plus connues

**notorious** *adj* [célèbre pour quelque chose de mal. Un peu plus fort que **infamous**] notoire *a notorious war criminal* un criminel de guerre notoire *That stretch of road is a notorious death trap.* Ce tronçon de route est un danger mortel notoire. **notoriously** *adv* notoirement **notoriety** *ni* notoriété

**infamous** *adj* [célèbre pour quelque chose de mal. Peut impliquer un certain respect pour l'objet décrit. A ne pas confondre avec 'infâme' en français] tristement célèbre *the infamous North face of the Eiger* la tristement célèbre face nord de l'Eiger

**reputation** *nd* (souvent + **for**, **as**) réputation. *She has a considerable reputation as a poet.* Elle est très connue comme poétesse. *He certainly lived up to his reputation* as a trouble-maker. Il s'est montré digne de sa réputation de fauteur de troubles.

**celebrity** *nd* célébrité *local sports celebrities* les célébrités sportives locales

**star** *nd* [personne très célèbre et admirée] vedette *pop star* une idole du pop, une pop star *stars of stage and screen* les vedettes de la scène et de l'écran **stardom** *ni* célébrité

## 112 Unknown Inconnu

**obscure** *adj* [peu connu] obscur *obscure references to Chaucer* des références obscures à Chaucer **obscurity** *ni* obscurité

**oblivion** *ni* [implique que qch est oublié ou ignoré] oubli *after one successful novel she sank into oblivion.* Elle tomba dans l'oubli après un roman à succès.

### 112.1 Ignorant

**unaware** *adj* (après *v*; + **of**, + **that**) ignorant, inconscient *They were unaware of their rights.* Ils n'étaient pas conscients de leurs droits.

**ignorant** *adj* (après *v*; + **of**) [plutôt formel] ignorant *They were completely ignorant of the research done in*

*Europe.* Ils ignoraient tout des recherches menées en Europe. **ignorance** *ni* ignorance *voir aussi **240 Stupid**

**oblivious** *adj* (gén après *v*; + **to**, **of**) [s'emploie souvent quand quelque chose de mal se produit ou aurait pu se produire, parce qu'on n'a pas remarqué autre chose] inconscient *She carried on talking, totally oblivious to the offence she had caused.* Elle continua de parler, inconsciente de l'affront qu'elle avait infligé.

### 112.2 Personne ou chose inconnue

**stranger** *nd* étranger *She looked at me as though I was a complete stranger.* Elle me regarda comme si j'étais un parfait étranger.

**mystery** ndi mystère *It's a complete mystery where the money came from.* La provenance de l'argent était totalement mystérieuse. (employé comme *adj*) *mystery story* roman à énigmes

**mysterious** adj mystérieux *He disappeared in mysterious circumstances.* Il disparut dans des circonstances mystérieuses. **mysteriously** *adv* mystérieusement

### expressions

**(to be) in the dark (about sth)** [non informé] tout ignorer (de qch) *They kept us in the dark about the firm's financial crisis.* Ils ne nous ont pas informés de la crise financière que traversait la société.

**I haven't (got) a clue** [énergique] Je n'en ai pas la moindre idée.

**the sixty-four thousand dollar question** [plutôt humoristique. La question importante à laquelle nul ne peut répondre] la question cruciale, la question à 1 000 francs *Will the public buy the product? That's the sixty-four thousand dollar question!* Le public achètera-t-il le produit? C'est là toute la question.

## 113 Find out Découvrir

voir aussi **95 Find**

**find** (sth) **out** OU **find out** (sth) *vti prép* [le présent et le futur impliquent que l'on trouve des informations après des recherches; le passé s'utilise pour quelque chose que l'on a découvert fortuitement] découvrir *Could you find out the train times for me?* Pourrais-tu me trouver les horaires du train? *I found out she's been married before.* J'ai découvert qu'elle a déjà été mariée.

**finding** nd (gén employé au *pl*) [résultat d'une enquête, gén officielle] conclusions *The committee's findings were critical of airport security.* Les conclusions de la commission étaient très critiques à l'égard des mesures de sécurité de l'aéroport.

**discover** vt découvrir *I discovered that my grandfather was buried near there.* J'ai découvert que mon grand-père était enterré près de là.

**discovery** nd découverte *We made an interesting discovery about our house.* Nous avons fait une intéressante découverte à propos de notre maison.

**detect** vt [découvrir en remarquant] détecter *It's easy to detect the influence of Joyce in her work.* Il est facile de détecter l'influence de Joyce dans son oeuvre. *Do I detect a note of sarcasm in your reply?* Dois-je voir une pointe de sarcasme dans votre réponse? **detection** ni détection

### 113.1 Essayer de découvrir qch

**investigate** vt [examiner les témoignages pour découvrir la cause, le résultat probable, etc. Obj: ex. crime, traitement] étudier, examiner *Police are investigating the theft of priceless jewellery.* La police enquête sur le vol de bijoux inestimables. *I went to investigate the noise in the garden.* Je suis allé voir quelle était la cause de ce bruit dans le jardin.

**investigation** ndi (souvent + **into**) enquête *a murder investigation* une enquête sur un meurtre *The matter is under investigation.* La question est à l'étude.

**investigator** nd [le type d'**investigator** est généralement spécifié] investigateur *a private investigator* un détective privé *accident investigators* enquêteurs

**analyse**, AUSSI **analyze** (US) vt [implique la mise en oeuvre de méthodes scientifiques et une grande rigueur où chaque partie de l'objet en question est analysée individuellement] analyser *Her hair was analysed for mineral deficiencies.* Ses cheveux ont été analysés pour rechercher une carence en sels minéraux. *If we analyse the situation...* Si nous analysons la situation...

**analysis** ndi, pl **analyses** analyse *an analysis of the economic situation* une analyse de la situation économique

**research** ni OU **researches** n pl (souvent + **into**, **on**) [implique une étude scientifique ou académique] recherche *She published her research into child psychology.* Elle a publié ses recherches sur la psychologie de l'enfant. *They carry out research using live animals.* Ils font de la recherche en utilisant des animaux vivants.

**research** vt faire des recherches *She's researching the period for a novel.* Elle fait des recherches sur cette période pour un roman.

### 113.2 Découvrir par le raisonnement logique

**work** sth **out** OU **work out** sth *vt prép* [implique que l'on trouve des réponses à des problèmes mathématiques ou pratiques] résoudre, trouver *I worked out the cost of running a car for a year.* J'ai calculé le coût d'une voiture sur un an. *I finally worked out how to turn it off.* J'ai finalement trouvé comment l'éteindre.

**solve** vt [implique que l'on veut s'attaquer délibérément à une difficulté. Obj: ex. puzzle, mots croisés] résoudre

**solution** ndi solution (+ **to**) *the solution to last week's crossword* la solution des mots croisés de la semaine dernière

### 113.3 Etre désireux de savoir

**curious** adj [voir USAGE ci-dessous] curieux **curiously** adv curieusement

**curiosity** ni curiosité *We went along out of curiosity.* Nous y sommes allés par curiosité.

**nosy**, AUSSI **nosey** adj [péjoratif. Implique un intérêt marqué pour les affaires des autres] curieux **nosiness** ni curiosité (mal placée)

**inquisitive** adj [parfois péjoratif, mais peut impliquer un esprit vif] curieux, inquisiteur **inquisitively** adv avec curiosité, avec indiscrétion **inquisitiveness** ni curiosité, indiscrétion

## 114 Understand Comprendre

**understand** *vti, prét & part passé* **understood** comprendre

**understanding** *ni* [ce que l'on comprend ou ce que l'on pense être vrai] compréhension *My understanding of the contract was that you were responsible for labour costs.* D'après ce que j'ai compris du contrat, vous étiez responsable des frais de main d'oeuvre.

**comprehend** *vti* [formel. Souvent employé de façon emphatique] comprendre *Why she left I shall never comprehend.* Je ne parviendrai jamais à comprendre pourquoi elle est partie.

**comprehension** *ni* compréhension *They have no comprehension of environmental issues.* Ils ne comprennent rien aux problèmes d'environnement. *Why he needs another car is **beyond my comprehension**.* [implique la désapprobation] Pourquoi a-t-il besoin d'une autre voiture? Cela dépasse mon entendement.

**grasp** *vt* [parvenir à comprendre, surtout qch de compliqué] saisir *Once you've grasped the basic idea, the system's quite simple.* Une fois qu'on a compris l'idée de base, le système est assez simple. **grasp** *n* (pas de *pl*) compréhension.

**realize,** AUSSI **-ise** (*Brit*) *vt* [implique une compréhension subite ou insiste sur la prise de conscience] réaliser, se rendre compte *I realized I had forgotten my watch.* Je me rendis compte que j'avais oublié ma montre. *I realize you're very busy, but it is important.* Je me rends compte que vous êtes très occupé, mais c'est important. **realization** *ni* réalisation

**dawn on** sb *vt prép* [implique qu'un fait (souvent évident) est subitement compris] devenir clair (pour

qn) *It dawned on me that there was a simple answer to the problem.* Il devint clair pour moi qu'il existait une solution simple au problème.

**see through** sb/sth *vt prép* [implique que l'on comprend qch, malgré les efforts faits par d'autres pour cacher certains faits. Obj: ex. mensonge, feinte] ne pas se laisser tromper (par qn/qch) *She claimed to be a doctor, but we saw through her at once.* Elle prétendait être médecin, mais nous avons tout de suite vu son jeu.

### 114.1 Comprendre et apprendre

**take** sth **in** OU **take in** sth *vt prép* [implique que l'on comprend qch en faisant attention] comprendre, saisir *I was so shocked, I couldn't take in what was happening.* J'étais si choqué que je ne pouvais pas comprendre ce qui se passait.

**catch on** *vi prép* (souvent + **to**) [informel. Implique que l'on utilise son intelligence pour comprendre] piger *Just watch what I do – you'll soon catch on.* Regarde bien ce que je fais – tu vas piger tout de suite.

**cotton on** *vi prép* (souvent + **to**) [informel. Semblable à **catch on**] piger *All the staff were stealing, but the management never cottoned on.* Tout le personnel volait, mais la direction n'a jamais rien pigé.

## 115 Misunderstand Mal comprendre

**misunderstand** *vti, prét & part passé* **misunderstood** [implique que l'on comprend mal et pas que l'on ne comprend pas] comprendre de travers

**misunderstanding** *nd* [implique que l'on comprend mal. Parfois aussi utilisé comme euphémisme pour une dispute] erreur, méprise *There must be a misunderstanding: I definitely booked a double room.* Il doit y avoir une erreur: je suis certain d'avoir réservé une chambre double. *I know we've had a few misunderstandings in the past.* Je sais que nous avons eu quelques malentendus dans le passé.

**incomprehension** *ni* [formel] incompréhension *We were amazed at their incomprehension of children's needs.* Nous étions sidérés par leur incompréhension des besoins des enfants.

### 115.1 Empêcher de comprendre

**confuse** *vt* 1 [rendre difficile à comprendre] embrouiller *Stop talking so fast – you're confusing me.* Arrête de parler si vite. Tu m'embrouilles. *I'm still confused about who's in charge here.* Je ne sais

toujours pas très bien qui est responsable ici.
**2** (souvent + **with**) [prendre qn/qch pour qn/qch d'autre] confondre *I always confuse him with his brother.* Je le confonds toujours avec son frère.

**puzzle** *vt* [faire en sorte que l'on réfléchisse fort ou que l'on soit perturbé parce qu'on ne comprend pas] rendre perplexe *What puzzles me is the lack of motive for the murder.* Ce qui me laisse perplexe, c'est l'absence de mobile pour ce meurtre. *She looked puzzled.* Elle avait l'air perplexe.

**puzzle** *nd* **1** [chose incomprise] énigme *His background is a bit of a puzzle.* Ses antécédents restent un mystère. **2** [jeu] casse-tête, puzzle

**bewilder** *vt* [provoquer une certaine angoisse en présentant qch de manière confuse ou en présentant trop à la fois] dérouter *The computer manual left me totally bewildered.* Le manuel de l'ordinateur m'a complètement dérouté. *a bewildering array of goods* un étalage impressionnant de marchandises

**bewilderment** *ni* confusion, perplexité *He stared at us in bewilderment.* Il nous regarda, ahuri.

**baffle** *vt* [être impossible à comprendre, même après une longue réflexion] déconcerter *Scientists are baffled by the new virus.* Les savants sont déconcertés par le nouveau virus. **bafflement** *ni* embarras

*e x p r e s s i o n s*

**it beats me** [informel. Implique surprise et incompréhension] ça me dépasse *It beats me why they ever came back.* Mais pourquoi sont-ils revenus? Ça me dépasse!

**it's/sth is beyond me** [c'est trop difficile ou trop compliqué à comprendre] ça me dépasse *The legal technicalities are beyond me.* Les détails juridiques me dépassent.

**miss the point** [ne pas comprendre ce qui est important] laisser passer l'essentiel *Her reply shows that she misses the whole point of my article.* Sa réplique montre qu'elle n'a rien compris à mon article.

**get (hold of) the wrong end of the stick** [informel. Mal comprendre, ce qui provoque souvent une réaction inappropriée] mal comprendre (littéralement: prendre le mauvais bout du bâton)

## 116 Remember  Se souvenir

*u s a g e*

**Remember** peut signifier soit 'se rappeler' soit 'ne pas oublier'. Le premier sens se construit avec une forme en (+ -ing) alors que le second sera souvent suivi de (**to** + INFINITIF). Le premier exemple illustre le premier sens, les autres exemples illustrent le deuxième sens:
*I remember meeting her.* (Je me rappelle l'avoir rencontrée.)
*Did you remember her birthday?* (T'es-tu souvenu de son anniversaire?)
*I remembered to lock the door.* (Je n'ai pas oublié de fermer la porte à clé.)
**Recall** et **recollect** sont utilisés dans le premier sens uniquement.

**recall** *vti* [plutôt formel. Peut impliquer un effort pour se souvenir] se rappeler *Do you recall what the man was wearing?* Te rappelles-tu ce que l'homme portait?

**recollect** *vti* [plutôt formel. Peut impliquer un vague souvenir] se souvenir de *I seem to recollect that his father was a vicar.* Si je me souviens bien, son père était pasteur.

**recollection** *nd* souvenir *I have only the dimmest recollections of my father.* Je n'ai que de vagues souvenirs de mon père.

**memory** *n* **1** *nid* (pas de *pl*) [faculté mentale] mémoire *She has a remarkable memory for names.* Elle a une mémoire remarquable des noms. **2** *nd* [chose dont on se souvient] souvenir *We have many happy memories of those days.* Nous avons de nombreux souvenirs heureux de cette période. **memorize**, AUSSI **-ise** (*Brit*) *vt* mémoriser

**memorable** *adj* [gén admiratif. Assez remarquable pour qu'on s'en souvienne] mémorable *a truly memorable performance* une interprétation vraiment mémorable **memorably** *adv* mémorablement

### 116.1 Provoquer le souvenir

**remind** *vt* (souvent + **of**) [peut être volontaire ou pas] rappeler *Remind me of your address.* Rappelez-moi votre adresse. [parfois utilisé pour exprimer la colère] *May I remind you that you are a guest here?* Puis-je vous rappeler que vous êtes un invité ici?

**reminder** *nd* (souvent + **of**) rappel *This is just a reminder that your train leaves at six.* Ceci est destiné à vous rappeler que votre train part à six heures. *a grim reminder of the horrors of war* un rappel sinistre des horreurs de la guerre

*e x p r e s s i o n s*

**jog sb's memory** [faire en sorte qu'on se souvienne] rafraîchir la mémoire *Police staged a reconstruction of the crime to jog people's memories.* La police a organisé une reconstitution du crime afin de rafraîchir la mémoire des gens.

**bring it all (flooding) back** [faire en sorte qu'on se souvienne clairement] rappeler *I had almost forgotten those years, but seeing you brings it all back!* J'avais presque oublié toutes ces années, mais tout ça me revient en te voyant.

**memento** *nd*, *pl* **mementos** (souvent + **of**) [objet que l'on garde pour se souvenir d'un événement, d'une période, etc.] souvenir

**souvenir** *nd* (souvent + **of**) [objet gén acheté pour se souvenir d'un endroit ou de vacances particulières] souvenir (employé comme *adj*) *a souvenir shop* un magasin de souvenirs

**keepsake** *nd* [objet gén donné pour qu'on se souvienne de celui qui l'a donné] souvenir

**reminisce** *vi* (souvent + **about**) [implique que l'on parle, souvent gaiement, de ce dont on se souvient] raconter ses souvenirs *reminiscing about our schooldays* évoquer nos souvenirs d'écoliers

**reminiscence** *nd* réminiscence *We endured an hour of her reminiscences about the composer.* Nous avons enduré pendant une heure ses réminiscences du compositeur.

**nostalgia** *ni* [implique que l'on se souvient du passé en le regrettant] nostalgie

**nostalgic** *adj* (souvent + **about**, **for**) nostalgique *This music makes me feel nostalgic.* Cette musique me rend nostalgique.

## 117 Forget Oublier

**forget** *vti*, *prét* **forgot** *part passé* **forgotten** oublier
**forgetful** *adj* [implique qu'on oublie régulièrement] distrait **forgetfully** *adv* distraitement **forgetfulness** *ni* manque de mémoire

**absent-minded** *adj* [implique un manque de concentration] distrait **absent-mindedly** *adv* distraitement **absent-mindedness** *ni* distraction

### expressions

**slip one's mind** [s'emploie souvent en s'excusant] sortir de la tête de qn *I'm sorry I wasn't at the meeting – it completely slipped my mind.* Je suis désolé de ne pas avoir assisté à la réunion, cela m'était complètement sorti de la tête.

**have a memory like a sieve** [exagération humoristique] avoir la mémoire comme une passoire

**out of sight, out of mind** [proverbe. On oublie les gens, les problèmes, etc. lorsqu'on en est éloigné] loin des yeux, loin du coeur

**(to be) on the tip of one's tongue** [être sur le point de se rappeler qch, mais ne pas y arriver, ce qui provoque une frustration] (être/avoir qch) sur le bout de la langue *His name is on the tip of my tongue.* J'ai son nom sur le bout de la langue.

**let sleeping dogs lie** [proverbe. Ne pas revenir sur de vieilles querelles ou des conflits passés] il ne faut pas réveiller le chat qui dort

## 118 Surprise Surprendre

**surprise** *vt* [terme général. Peut impliquer une émotion forte ou légère] surprendre *I'm not surprised you didn't stay!* Cela ne me surprend pas que tu ne sois pas resté! *A surprising number of people turned up.* Un nombre étonnant de personnes sont venues. **surprisingly** *adv* étonnamment

**surprise** *n* **1** *nd* [chose qui surprend, gén de façon agréable] surprise *Jennifer! What a nice surprise to see you!* Jennifer! Quelle bonne surprise! **2** *ni* [émotion] surprise, étonnement *Much to her surprise, she got the job.* A son grand étonnement, elle a décroché le poste. *The offer took me by surprise.* L'offre m'a pris au dépourvu.

**amaze** *vt* [plus fort que **surprise**] stupéfier *You'd be amazed how often it happens.* Tu serais surpris de savoir comme ça se produit souvent. *It is amazing he wasn't killed.* C'est incroyable qu'il n'ait pas été tué.

**amazement** *ni* stupeur *We watched in amazement as he stroked the lions.* Ebahis, nous le regardions caresser les lions.

**amazing** *adj* [gén admiratif. Plutôt informel, employé pour insister] stupéfiant *Their garden is amazing.* Leur jardin est stupéfiant. **amazingly** *adv* étonnamment

**astonish** *vt* [plus fort que **surprise**. Implique que qch d'improbable a provoqué ce sentiment] étonner *The confession astonished us all.* La confession nous a tous étonnés. *his astonishing rudeness* son étonnante grossièreté **astonishingly** *adv* incroyablement **astonishment** *ni* étonnement

**astound** *vt* [plus fort que **surprise**. Légèrement plus fort que **amaze** et **astonish**. Implique que qch d'improbable a provoqué ce sentiment] stupéfier *We made an astounding discovery.* Nous avons fait une découverte stupéfiante. **astoundingly** *adv* étonnamment

**speechless** *adj* [incapable de parler à la suite d'une colère ou d'une surprise désagréable ou agréable] interloqué, tout interdit

### 118.1 Surprise désagréable

**shock** *vt* [implique surprise et désarroi parce que qch est terrible, faux ou immoral] choquer *His death shocked the art world.* Sa mort a bouleversé le monde artistique. *She showed a shocking lack of tact.* Elle a fait montre d'un manque de tact choquant. **shockingly** *adv* terriblement, de façon choquante

**shock** *n* **1** *nd* [événement] choc *Her resignation came as a shock to most of us.* Sa démission nous a presque tous bouleversés. **2** *ni* [sentiment. Peut être un terme médical] choc, commotion *He's still in a state of shock.* Il est toujours en état de choc.

**startle** *vt* [implique une réaction soudaine de crainte] faire sursauter *We were startled by a gunshot.* Un coup de feu nous fit sursauter.

**startling** *adj* [surprenant et légèrement dérangeant] saisissant *Did you notice her startling resemblance to her mother?* Avez-vous remarqué sa ressemblance saisissante avec sa mère? **startlingly** *adv* étonnamment

**stun** vt, -nn- [surprendre ou choquer si fort qu'on ne peut réagir] abasourdir *The bank's collapse stunned the financial world.* La faillite de la banque a abasourdi le monde financier. *We sat in stunned silence.* Nous étions assis, silencieux, stupéfaits.

**stunning** adj **1** [très surprenant] stupéfiant *a stunning lack of courtesy* un manque de courtoisie stupéfiant **2** [très joli] fantastique *You look stunning in that outfit.* Tu es fantastique dans cette tenue!

## 118.2 Surprenant et anormal

voir aussi **444 Unusual**

**extraordinary** adj **1** [utilisé avec énergie. Etrange] extraordinaire *What an extraordinary man!* Quel homme extraordinaire! **2** [plus grand que la normale] exceptionnel *She has an extraordinary talent.* Elle a un talent exceptionnel. **extraordinarily** adv remarquablement

**unexpected** adj [moins énergique que **extraordinary**] inattendu *The cheque was completely unexpected.* Le chèque était complètement inattendu.

**unexpectedly** adv subitement *Some friends arrived unexpectedly.* Quelques amis sont arrivés à l'improviste.

**incredible** adj **1** [difficile à croire. Décrit: ex. coïncidence, chance, comportement] incroyable *They drove at an incredible speed.* Ils conduisaient à une vitesse incroyable. **2** [informel. Merveilleux]

incroyable *That was an incredible meal.* C'était un repas fantastique.

**incredibly** adv [extrêmement. Renforce un *adj*] incroyablement *incredibly boring* incroyablement ennuyeux

**miracle** nd miracle *It's a miracle you weren't hurt.* C'est un vrai miracle que tu n'aies pas été blessé.

**miraculous** adj miraculeux *a miraculous escape* une évasion miraculeuse **miraculously** adv miraculeusement

### expressions

**it's a wonder (that) ...** c'est un miracle (que) *It's a wonder nobody was hurt.* C'est un miracle que personne n'ait été blessé.

**it/sth never ceases to amaze me** [exprime surprise et souvent mécontentement parce que rien ne change] ça/qch ne cessera jamais de me surprendre *Her stubbornness never ceases to amaze me!* Son obstination ne cessera jamais de me surprendre!

**Now I've seen/heard everything!** [exprime surprise et souvent colère] On aura tout vu/entendu!

**out of the blue** [inopinément] de façon inattendue *Their offer came out of the blue.* Leur offre est tombée du ciel.

**take sb aback** déconcerter qn *I was taken aback by his frankness.* Sa franchise m'a déconcerté.

## 119 Boring Ennuyeux

**bore** vt [implique la perte d'intérêt] ennuyer *Aren't you bored with your job?* Ton travail ne t'ennuie pas? *I get bored stiff sitting at home.* Ça m'ennuie profondément de rester chez moi à ne rien faire.

**bore** nd [personne ennuyeuse] raseur, casse-pieds **boredom** ni ennui

**uninteresting** adj [légèrement plus formel et moins énergique que **boring**] inintéressant

**dull** adj [n'inspirant aucun intérêt] ennuyeux *a dull book* un livre ennuyeux **dullness** ni caractère ennuyeux

**tedious** adj [plus fort et plus méprisant que **boring** et **dull**. Décrit: surtout des actions répétitives et longues] ennuyeux, assommant *Her complaints are utterly tedious.* Ses plaintes sont vraiment assommantes. **tediously** adv d'une façon assommante **tediousness** ni ennui

**monotonous** adj [ennuyeux à cause de son caractère statique. Décrit: ex. travail, musique] monotone **monotony** ni monotonie

**dry** adj [implique le manque d'humour ou d'anecdotes qui pourraient rendre qch plus intéressant. Décrit: ex. faits, discours, livre] aride

**bland** adj [manquant de caractère. Décrit: ex. spectacle, nourriture] fade **blandness** ni fadeur

### locution comparative

**as dry as dust** mortel (littéralement: aussi sec que la poussière)

**long-winded** adj [utilisant plus de mots qu'il n'en faut] intarissable **long-windedness** ni prolixité

**dreary** adj [extrêmement ennuyeux. Décrit: ex. vie, temps] morne, monotone

### expressions

**fed up (with)** [informel. Implique ennui, impatience, colère ou chagrin] en avoir marre de *I'm fed up with waiting.* J'en ai marre d'attendre. *I'm fed up with your complaining!* J'en ai marre de tes jérémiades!

**tired of** [moins énergique que **fed up**] en avoir assez de *I got tired of waiting and went home.* J'en ai eu assez d'attendre et je suis rentré chez moi.

**sick of** [informel. Beaucoup plus fort que **tired of**. Implique irritation et dégoût] en avoir ras le bol de *I'm sick of your excuses!* J'en ai ras le bol de tes excuses!

**sick and tired of/sick to death of** [informel. Très énergique] en avoir plein le dos *I'm sick and tired of this job.* J'en ai plein le dos de ce boulot.

## 120 Interesting Intéressant

**interest** *n* 1 *ni* (souvent + **in**) intérêt *She's never shown much interest in religion.* Elle n'a jamais montré beaucoup d'intérêt pour la religion. *These books are of great interest to historians.* Ces livres sont d'un grand intérêt pour les historiens. 2 *nd* [passe-temps ou spécialité] centre d'intérêt *My interests include rock-climbing and water sports.* L'alpinisme et les sports nautiques sont parmi mes passe-temps favoris.

**interest** *vt* intéresser *His political views interest me.* Ses opinions politiques m'intéressent.

**interested** *adj* (souvent + **in**) intéressé *I'm not interested in your problems.* Tes problèmes ne m'intéressent pas.

**fascinating** *adj* [plus fort que **interesting**. Implique un intérêt soutenu] fascinant *Studying language is fascinating.* L'étude du langage est fascinante.

**fascinate** *vt* fasciner *I'm fascinated by insects.* Les insectes me fascinent.

**fascination** *ni* fascination *India has long held a fascination for the British.* L'Inde a longtemps fasciné les Britanniques.

**gripping** *adj* [implique que qch est excitant ou retient l'attention] palpitant *His memoirs are gripping stuff!* Ses mémoires sont réellement palpitants!

## 121 Doctor Médecin

### SOINS MÉDICAUX EN GRANDE-BRETAGNE

Le **National Health Service** (ou **NHS**) est le service public britannique chargé des soins de santé. La plupart des gens sont inscrits chez un médecin local (un **general practitioner**, ou **GP**) qui sera la première personne chez qui ils se présenteront en cas de maladie. Le **GP** pourra les envoyer soit à l'hôpital soit chez un spécialiste si un traitement particulier s'avère nécessaire. Les médecins et les hôpitaux du **NHS** ne font rien payer à leurs patients (un impôt spécial est réservé à cet effet), mais un prix fixe est demandé pour chaque médicament prescrit. De nombreuses personnes possèdent maintenant une assurance privée pour les soins de santé, ce qui leur permet d'être soignées plus rapidement et dans les conditions qu'elles préfèrent. Les dentistes sont théoriquement affiliés au **NHS** mais la plupart d'entre eux ne prennent actuellement que des patients en privé. D'autres dentistes prennent des patients en privé pour des soins plus onéreux que le **NHS** ne rembourse pas.

**surgery** *nd* (*Brit*), **office** (*US*) cabinet (de consultation)

**health centre** *nd* [où plusieurs médecins travaillent et où l'on trouve une infrastructure pour les infirmières traditionnelles et les infirmières visiteuses] centre médico-social

**health visitor** *nd* (*Brit*) [gén une infirmière qualifiée qui rend visite aux patients, aux jeunes mamans et aux bébés] infirmière visiteuse

**homeopath** *nd* homéopathe

**homeopathic** *adj* [décrit: surtout remède] homéopathique

**vet** *nd* [abrév de **veterinary surgeon**, qui est rare] vétérinaire

**appointment** *nd* rendez-vous *to make an appointment* prendre rendez-vous

## 122 Hospital Hôpital

**patient** *nd* patient

**outpatient** *nd* malade en consultation externe

**clinic** *nd* [petit établissement ou partie d'un hôpital, gén pour des soins spécialisés] clinique *an infertility clinic* une clinique où l'on soigne la stérilité *the family planning clinic* la clinique de planning familial

**nursing home** *nd* [maison pour les personnes âgées ou les convalescents] maison de retraite, maison de repos

**ward** *nd* salle *Which ward is he in?* Dans quelle salle se trouve-t-il? *maternity ward* service de maternité

**nurse** *nd* infirmière

*u s a g e*

**Nurse**, **sister** et **doctor** sont tous utilisés pour s'adresser à la personne en question: ex. *Is it serious, doctor?* (C'est grave, docteur?).

**nursing** *ni* profession d'infirmière (employé comme *adj*) *nursing staff* personnel soignant

**sister** *nd* (*Brit*) infirmière chef

**midwife** *nd* sage-femme

**consultant** *nd* (*Brit*) médecin consultant

*u s a g e*

Les médecins consultants sont supérieurs aux médecins ordinaires. Leur titre est **Mr** et non pas **Dr**. On leur adressera la parole en faisant précéder leur nom de **Mr**, ex. *Mr Sheppard*.

**specialist** *nd* spécialiste

**paramedic** *nd* [personnel possédant des connaissances de base en médecine, comme par ex. les ambulanciers] auxiliaire médical

**ambulance** *nd* ambulance (employé comme *adj*) *ambulance workers* les ambulanciers

### 122.1 Chirurgie

**surgeon** *nd* chirurgien *a brain surgeon* un chirurgien spécialiste du cerveau

**surgery** *ni* chirurgie *She underwent open-heart surgery.* Elle a subi une opération à coeur ouvert.

**operation** *nd* opération *a transplant operation* une transplantation, une greffe

**operate** *vi* (souvent + **on**) opérer *They operated on his leg.* Ils ont opéré sa jambe.

**operating theatre** *nd* salle d'opération

**anaesthetist** (*Brit*), **anesthetist** (*US*) *nd* anesthésiste

**anaesthetic** (*Brit*), **anesthetic** (*US*) *nd* anesthésique *The lump was removed under anaesthetic.* La grosseur fut enlevée sous anesthésie.

**general anaesthetic** *nd* anesthésie générale *I had a general anaesthetic.* J'ai subi une anesthésie générale.

**local anaesthetic** *nd* anesthésie locale

**anaesthetize** (*Brit*), **anesthetize** (*US*) *vt* anesthésier

## 123 Dentist Dentiste

**dentist** *nd* dentiste *I went to the dentist's yesterday.* Hier je suis allé chez le dentiste.

**dental** *adj* (devant *n*) dentaire *dental hygiene* hygiène dentaire

**dental nurse** *nd* (*Brit*) assistant de dentiste

**dental hygienist** *nd* [personne travaillant dans un cabinet dentaire et chargée des soins d'hygiène dentaire comme le nettoyage de dents] hygiéniste dentaire

**drill** *nd* fraise **drill** *vt* fraiser

**filling** *nd* plombage *to have a filling* avoir une dent plombée

**to have a tooth out** se faire arracher une dent

**wisdom teeth** *n pl* dents de sagesse

**bridge** *nd* bridge

**crown** *nd* couronne **crown** *vt* couronner

**false teeth** [terme courant; signifie gén deux rangées complètes] fausses dents *a set of false teeth* un dentier

**dentures** *n pl* [plus technique que **false teeth**] dentier (*sing* quand il est employé comme *adj*) *a denture cleaner* un produit nettoyant pour les prothèses dentaires

**brace** *nd* (*Brit*), **braces** *n pl* (*US*) appareil dentaire

**decay** *ni* carie

## 124 Illnesses Maladies

voir aussi **128 Unhealthy**

### 124.1 Termes généraux

**disease** *ndi* maladie *tropical diseases* maladies tropicales *the fight against disease* la lutte contre la maladie

**infection** *ndi* [provoquée par des germes, etc.] infection *a viral infection* une infection virale *Stress weakens your resistance to infection.* Le stress amoindrit votre résistance à l'infection.

**fever** *ndi* [implique une température trop élevée ou une maladie caractérisée par ce symptôme] fièvre *She's still got a bit of a fever.* Elle a encore un peu de fièvre. *It relieves pain and brings down fever.* Cela soulage la douleur et fait tomber la fièvre. (dans les composés) *yellow fever* fièvre jaune *glandular fever* mononucléose infectieuse

**feverish** *adj* fiévreux *I felt shivery and feverish.* Je me sentais tremblant et fiévreux.

**epidemic** *nd* [touchant beaucoup de gens dans une même région] épidémie *a typhoid epidemic* une épidémie de typhoïde

**plague** *ndi* [gén dans des contextes historiques. Grave et souvent mortelle] peste *bubonic plague* peste bubonique *an outbreak of plague* un début d'épidémie de peste

**allergy** *nd* (souvent + **to**) allergie *children with allergies to cow's milk* des enfants allergiques au lait de vache

**allergic** *adj* (souvent + **to**) allergique *She's allergic to cats.* Elle est allergique aux chats.

### 124.2 Causes des maladies

**bacteria** *n pl* [pas nécessairement pathogène] bactérie *the spread of dangerous bacteria* la diffusion de bactéries dangereuses

**bacterial** *adj* bactérien *a bacterial infection* une infection bactérienne

**germ** *nd* [moins technique que **bacteria**. Toujours pathogène] microbe, germe *flu germs* virus de la grippe

**virus** *nd* virus *No vaccine exists against the virus.* Il n'existe aucun vaccin contre le virus. **viral** *adj* viral

**bug** *nd* [informel. Toute maladie ou tout microbe bénins] microbe *a tummy bug* un microbe intestinal

**infect** *vt* [obj: ex. personne, réserve d'eau, plaie, sang] infecter

**infectious** *adj* [maladie transmise par contact direct. Décrit: une personne] contagieux [décrit: maladie, stade d'une maladie] infectieux

**contagious** *adj* [maladie transmise au toucher] contagieux *Don't worry, it looks nasty but it's not contagious.* Ne t'inquiète pas, ce n'est pas très beau, mais ce n'est pas contagieux.

### 124.3 Handicap physique

**handicap** *ndi* [qui affecte les membres, les sens ou l'esprit] handicap *They suffer from different degrees of handicap.* Tous souffrent d'un handicap à des degrés divers.

**handicapped** *adj* handicapé *handicapped athletes* des athlètes handicapés *mentally handicapped* handicapé mental (employé comme *n pl*) *activities for the handicapped* des activités pour les handicapés

**invalid** *nd* invalide *The accident left her a total invalid.* L'accident l'a laissée totalement invalide.

**disabled** *adj* handicapé *a car adapted for disabled drivers* une voiture conçue pour les conducteurs handicapés (employé comme *n pl*) *facilities for the disabled* des équipements pour les handicapés

**paralyse** (*Brit*), **paralyze** (*US*) *vt* [obj: surtout des personnes, membres] paralyser *The accident left her with both legs paralysed.* L'accident l'a laissée paralysée des deux jambes. **paralysis** *ni* paralysie

**lame** *adj* [décrit: surtout des personnes, jambes, cheval] boiteux, estropié *She's slightly lame in her left leg.* Elle boite légèrement de la jambe gauche. **lameness** *ni* claudication, fait de boiter

## 124.4 Problèmes de vue, d'ouïe, d'élocution

voir aussi **87 Hear; 91 See; 341 Speak**

**blind** *adj* aveugle *to go blind* devenir aveugle (employé comme *n pl*) *a braille edition for the blind* une édition en braille pour les aveugles **blind** *vt* aveugler **blindness** *ni* cécité

**partially sighted** [plutôt technique] malvoyant (employé comme *n pl*) *the partially sighted* les malvoyants

**shortsighted** *adj* myope **shortsightedness** *ni* myopie

**longsighted** *adj* presbyte **longsightedness** *ni* presbytie

**optician** *nd* opticien *I need some contact lens solution from the optician's.* Je dois acheter un produit pour mes lentilles de contact chez l'opticien.

**deaf** *adj* [n'implique pas toujours la perte totale de l'ouïe] sourd *This cold's making me terribly deaf.* Ce rhume me rend sourd. (employé comme *n pl*) *the deaf* les sourds **deafness** *ni* surdité

**hard of hearing** (après *v*) [pas complètement sourd] malentendant (employé comme *n pl*) *subtitles for the hard of hearing* sous-titres pour les malentendants *You'll have to speak up, she's a bit hard of hearing.* Vous devez parler plus haut, elle est un peu dure d'oreille.

**dumb** *adj* muet (employé comme *n pl*) *the deaf and dumb* les sourds-muets

### locutions comparative

**as blind as a bat** myope comme une taupe (littéralement: aussi aveugle qu'une chauve-souris)

**as deaf as a post** sourd comme un pot (littéralement: aussi sourd qu'un poteau)

## 124.5 Plaies et enflures

**sore** *nd* [endroit où la peau est infectée] plaie

**rash** *nd* éruption *to come out in a rash* avoir une éruption

**blister** *nd* ampoule *I could hardly walk for the blisters on my feet.* Les ampoules que j'avais aux pieds m'empêchaient presque de marcher.

**blister** *v* **1** *vi* se couvrir d'ampoules **2** *vt* [obj: peinture] boursoufler

**corn** *nd* cor

**bunion** *nd* [déformation de l'articulation du gros orteil] oignon

**wart** *nd* verrue

**abscess** *nd* abcès *to drain an abscess* vider un abcès

**ulcer** *nd* [plaie causée par une irritation à l'intérieur du corps ou sur la peau. Les ulcères saignent souvent] ulcère *a mouth ulcer* un aphte *a stomach ulcer* un ulcère de l'estomac

**boil** *nd* [gonflement rempli de pus sur la peau] furoncle

## 124.6 Affections attrapées en hiver

**cold** *nd* rhume *to catch (a) cold* attraper un rhume

**flu** *ni* [terme courant pour **influenza**] grippe *I've got a touch of flu.* Je suis un peu grippé. *She's got (the) flu.* Elle a la grippe.

**cough** *nd* **1** [maladie] toux *a smoker's cough* une toux de fumeur **2** [bruit] quinte de toux **cough** *vi* tousser

**sneeze** *nd* éternuement *a loud sneeze* un éternuement bruyant **sneeze** *vi* éternuer

## 124.7 Estomac et appareil digestif

**stomachache** *ndi* mal de ventre *Yoghurt gives me stomachache.* Le yaourt me donne mal au ventre.

**diarrhoea** (*Brit*), **diarrhea** (*US*) *ni* diarrhée

**the runs** [terme informel et humoristique pour **diarrhoea**] la courante *I hope those blackberries don't give you the runs.* J'espère que ces mûres ne te donneront pas la courante.

**constipation** *ni* constipation **constipated** *adj* constipé

**vomit** *vit* [souvent employé dans un contexte médical ou formel] vomir *to vomit blood* cracher du sang **vomit** *ni* vomi

**be sick** *vi* (*Brit*) [terme général pour **vomit**] vomir *I was sick in the sink.* J'ai vomi dans l'évier.

**sick** *adj* écoeuré *I felt sick.* J'ai eu des nausées.

**throw up** (sth) ou **throw** (sth) **up** *vit prép* [terme informel, plutôt inconvenant] dégueuler *The food was so greasy I threw up.* La nourriture était tellement grasse que j'ai dégueulé.

**nausea** *ni* [plutôt formel ou employé dans un contexte médical] nausée *Nausea can be one of the side effects.* La nausée peut être un des effets secondaires.

**nauseous** *adj* [plutôt formel] écoeuré, nauséeux *Are you feeling nauseous?* Vous avez mal au cœur?

**indigestion** *ni* indigestion *Lentils always give me indigestion.* Les lentilles me donnent toujours une indigestion.

**food poisoning** *ni* intoxication alimentaire *an outbreak of food poisoning caused by inadequately cooked meat* des cas d'intoxication alimentaire provoqués par de la viande mal cuite

**appendicitis** *ni* appendicite *She was rushed to hospital with acute appendicitis.* On l'a transportée à toute vitesse à l'hôpital pour une appendicite aiguë.

## 124.8 Maladies de la tête et de la poitrine

**headache** *nd* mal de tête *I've got a splitting headache.* J'ai un mal de tête atroce.

**migraine** *nid* migraine

**earache** *nid* mal aux oreilles

**toothache** *nid* mal de dents

**sore throat** *nd* mal de gorge

**asthma** *ni* asthme **asthmatic** *adj* asthmatique **asthmatic** *nd* asthmatique

**bronchitis** *ni* bronchite

## 124.9 Douleur dans les os et les muscles

**backache** *ndi* mal de dos

**cramp** *ni* crampe *muscle cramp* crampe musculaire

**rheumatism** *ni* rhumatisme **rheumatic** *adj* rhumatismal

**arthritis** *ni* arthrite *She's crippled with arthritis.* Elle est percluse d'arthrite. **arthritic** *adj* arthritique

## 124.10 Maladies infantiles

**measles** *ni* rougeole

**German measles** *ni* [terme médical: **rubella**] rubéole

**chicken pox** *ni* varicelle

**tonsillitis** *ni* angine

**mumps** *ni* oreillons

**whooping cough** *ni* coqueluche

## 124.11 Problèmes sanguins et cardiaques

**anaemia** (*Brit*), **anemia** (*US*) *ni* anémie **anaemic** (*Brit*), **anemic** (*US*) *adj* anémique

**haemophilia** (*Brit*), **hemophilia** (*US*) *ni* hémophilie **haemophiliac** (*Brit*), **hemophiliac** (*US*) *nd* hémophile

**blood pressure** *ni* tension *I'd better take your blood pressure.* Je ferais mieux de prendre votre tension. *high/low blood pressure* hypertension/hypotension

**heart attack** *nd* crise cardiaque *He has had two heart attacks.* Il a eu deux crises cardiaques.

**stroke** *nd* attaque (employé comme *adj*) *stroke patients* des patients qui ont subi une attaque

## 124.12 Cancer et autres maladies graves

**cancer** *nid* cancer *skin cancer* cancer de la peau *cancer of the liver* cancer du foie **cancerous** *adj* cancéreux

**leukaemia** (*Brit*), **leukemia** (*US*) *ni* leucémie

**tumour** (*Brit*), **tumor** (*US*) *nd* tumeur *an operable tumour* une tumeur opérable

**benign** *adj* [décrit: tumeur] bénin *a benign polyp* un polype bénin

**malignant** *adj* [décrit: tumeur] malin *a malignant growth* une tumeur maligne .

**Aids** *ni* [forme courante de **Acquired Immune Deficiency Syndrome**] sida *a test for Aids* un test de dépistage du sida

**HIV** *ni* [forme courante de **human immunodeficiency virus**, le virus responsable du sida] virus de l'immunodéficience humaine *HIV positive* séropositif

**VD**, AUSSI **STD** *ni* [plutôt informel, mais plus courant que les termes techniques **venereal disease/sexually transmitted disease**] maladie vénérienne, maladie sexuellement transmissible

**epilepsy** *ni* épilepsie **epileptic** *adj* épileptique *an epileptic fit* une attaque d'épilepsie **epileptic** *nd* épileptique

**fit** *nd* attaque *to have a fit* avoir une attaque

**diabetes** *ni* diabète **diabetic** *adj* diabétique **diabetic** *nd* diabétique

## 124.13 Blessures

**injury** *ndi* blessure *She suffered severe head injuries.* Elle a eu de graves blessures à la tête.

**injure** *vt* blesser *I injured my knee in the fall.* Je me suis blessé au genou en tombant. (souvent au *part passé*) *an injured knee* un genou blessé (employé comme *n pl*) *The injured were taken to a local hospital.* Les blessés furent transportés à l'hôpital local.

**wound** *nd* 1 [dans un contexte médical] plaie *to clean and dress a wound* nettoyer et panser une plaie 2 [à la suite d'un combat] blessure *an old war wound* une vieille blessure de guerre

**wound** *vt* [gén au combat] blesser *He was badly wounded in the war.* Il fut grièvement blessé pendant la guerre. (employé comme *n pl*) *the dead and wounded* les morts et les blessés

**fracture** *nd* fracture *a simple fracture* une fracture simple **fracture** *vt* fracturer

**break** *vt* [obj: ex. jambe, os] fracturer *a broken arm* un bras cassé

**bruise** *nd* bleu **bruise** *vt* se faire un bleu

**sprain** *nd* entorse **sprain** *vt* fouler *a sprained ankle* une cheville foulée

### usage

Les noms de maladies et de blessures entrent dans un certain nombre de collocations. Etant donné que des termes comme **asthma** et **indigestion** sont indénombrables, on utilisera souvent les termes **attacks** (crise) ou **bouts** (crise, accès) pour faire référence à une maladie ponctuelle. Les deux constructions *an attack of asthma* ou *an asthma attack* sont possibles, par contre on dira uniquement *an attack of indigestion*. On dira soit *a bout* soit *an attack of coughing/sneezing*.

Notez les verbes suivants:

**catch** *vt, prét & part passé* **caught** [obj: maladie infectieuse] attraper *I've caught the flu.* J'ai attrapé la grippe.

**contract** *vt* [employé dans un contexte médical ou formel] contracter *He contracted Aids.* Il a contracté le sida.

**have got** *vt* [de façon permanente ou temporaire] avoir *She's got tonsillitis/arthritis.* Elle a une angine/de l'arthrite.

**suffer from** sth *vt prép* [obj: gén une maladie assez grave, permanente ou temporaire] *She suffers from* *migraine*. Elle souffre de migraines. *He's suffering from cancer*. Il est atteint d'un cancer.

**die of** sth *vt prép* mourir de *He died of food poisoning*. Il est mort des suites d'une intoxication alimentaire. Notez aussi l'emploi de **with** dans des phrases comme: *He's in hospital with a heart attack.* (Il est à l'hôpital à la suite d'une crise cardiaque.) *She's in bed with a cold.* (Elle est au lit avec un rhume.) *I'm off work with bronchitis.* (Je reste à la maison à cause de ma bronchite.)

Les personnes qui ont une maladie depuis longtemps sont appelées des **sufferers**: *arthritis sufferers* (des arthritiques), même s'il existe parfois un terme spécifique, par ex. *an asthmatic* (un asthmatique), *a haemophiliac* (un hémophile). Certaines maladies sont vues comme des accidents et les malades peuvent alors être appelés des **victims**: *heart attack victims*. (des victimes de crises cardiaques). Ce terme n'est cependant pas toujours approprié: par exemple, certains *Aids sufferers* pourraient être choqués si on utilisait le terme *Aids victims* à leur égard.

# 125 Symptoms Symptômes

## 125.1 Douleur

**pain** *nid* [terme général] douleur *She's in a lot of pain*. Elle souffre beaucoup. *He's complaining of severe chest pains*. Il se plaint de douleurs aiguës dans la poitrine. *a sharp pain* [intense et soudaine] une douleur aiguë *a dull pain* [continue, irritante, mais pas très intense] une douleur sourde

**painful** *adj* [décrit: ex. maladie, blessure, partie du corps] douloureux *Do you find it painful to swallow?* Tu as mal quand tu avales?

**hurt** *v, prét & part passé* **hurt 1** *vi* faire mal *My ankle hurts like mad*. Ma cheville me fait horriblement mal. **2** *vt* [implique gén une blessure plutôt qu'une douleur] blesser *She was badly hurt in the fall*. Elle se blessa grièvement en tombant. *It hurts my back to walk*. Mon dos me fait mal quand je marche.

**ache** *nd* [implique une douleur continue, pas intense] douleur *Tell me all about your aches and pains*. Parlez-moi de vos maux.

**ache** *vi* faire mal *My eyes are aching*. Mes yeux me font mal.

**discomfort** *ni* [moins grave que **pain**] gêne *You may feel a little discomfort as the probe is inserted*. Vous sentirez peut-être une légère gêne quand on vous mettra la sonde.

**sore** *adj* [implique une irritation de la peau ou une fatigue musculaire] douloureux, sensible *My shoulders were sore with the straps of the rucksack*. Les courroies de mon sac à dos avaient endolori mes épaules. **soreness** *ni* douleur, sensibilité douloureuse

**throb** *vi*, -bb- [implique une douleur et des pulsations rapides] palpiter *My head is throbbing*. Je sens un martèlement dans ma tête.

**itch** *nd* [quand on veut se gratter] démangeaison *I've got this itch behind my ear*. J'ai une démangeaison derrière l'oreille. **itch** *vi* démanger **itchy** *adj* qui démange

**sting** *nd* [implique une sensation de douleur cuisante] piqûre *the sting of the iodine* la brûlure de l'iode

**sting** *v, prét & part passé* **stung 1** *vi* [suj: ex. fumée, pommade] brûler [suj: ex. yeux] piquer **2** *vt* piquer, brûler *The smoke stung my eyes*. La fumée me piqua les yeux.

**tender** *adj* [le contact provoque la douleur] sensible *The lips are still swollen and tender*. Les lèvres sont toujours gonflées et sensibles. **tenderness** *ni* sensibilité

**my feet are/my back is** (etc.) **killing me** [informel. Cela fait très mal] j'ai affreusement mal aux pieds, au dos, etc.

## 125.2 Symptômes visibles

**pale** *adj* pâle *You look terribly pale*. Tu as l'air pâle. **paleness** *ni* pâleur

**pallor** *ni* [plus formel que **paleness**. Suggère plus facilement une mauvaise santé] pâleur

**wan** *adj* [implique pâleur et tristesse] blême *She still looks weak and wan*. Elle a toujours l'air faible et le teint blême.

**swell** *v, prét* **swelled** *part passé* **swollen** OU **swelled 1** *vi* (souvent + **up**) gonfler, enfler *His eye had swollen up*. Il avait l'oeil enflé. **2** *vt* [moins courant que **make** sth **swell**] gonfler *Her face was swelled by the drugs*. Les médicaments avaient bouffi son visage.

**swelling** *ndi* enflure **swollen** *adj* enflé, gonflé

**bleed** *vi, prét & part passé* **bled** [suj: ex. personne, blessure] saigner *His nose was bleeding profusely*. Son nez saignait abondamment.

**bleeding** *ni* saignement *Try and stop the bleeding*. Essayez d'arrêter le saignement.

## 125.3 Perte de conscience

**faint** *vi* s'évanouir *She was fainting from exhaustion*. Elle était si fatiguée qu'elle était au bord de l'évanouissement.

**faint** *adj* faible *I feel faint*. Je me sens au bord de l'évanouissement.

**faint** *nd* évanouissement *He went into a dead faint*. Il s'évanouit. **faintness** *ni* faiblesse

**pass out** *vi prép* [plus informel que **faint**] tomber dans les pommes

**unconscious** *adj* (gén après *v*) inconscient *The blow knocked him unconscious*. Le coup lui fit perdre connaissance. *her unconscious body* son corps sans connaissance **unconsciousness** *ni* inconscience

**coma** *nd* coma *He is in a coma*. Il est dans le coma.

**dizzy** *adj* (gén après *v*) [implique la perte de l'équilibre, surtout avec des vertiges] pris de vertiges *Heights make me feel dizzy*. Les hauteurs me donnent le vertige. **dizziness** *ni* vertige

## 125.4 Symptômes audibles

**hoarse** *adj* [implique que l'on parle avec un mal de gorge. Décrit: surtout une personne, voix] rauque *a hoarse smoker's cough* la toux rauque d'un fumeur *You sound a bit hoarse.* Tu as l'air un peu enroué.

### expression

**have a frog in one's throat** [informel] avoir un chat dans la gorge (littéralement: avoir une grenouille dans la gorge)

**hoarsely** *adv* d'une voix rauque **hoarseness** *ni* enrouement

**hiccup, -pp-** AUSSI **hiccough** *vi* hoqueter

**hiccup** AUSSI **hiccough** *nd* hoquet *She's got (the) hiccups.* Elle a le hoquet.

**burp** *vi* faire un renvoi

**burp** *nd* renvoi, rot *He gave a loud burp.* Il fit un rot sonore.

**belch** *vi* [plus sonore que **burp**] faire un renvoi, roter **belch** *nd* renvoi, rot

**fart** *vi* [informel. Terme grossier] péter **fart** *nd* pet

**pass wind** [terme plus poli que **fart**] lâcher un vent

## 126 Cures Remèdes

**cure** *vt* (souvent + **of**) [soulager. Obj: patient, maladie] guérir *He's been cured of his fits.* On l'a guéri de ses crises.

**cure** *nd* [substance ou traitement] remède *There's no cure for baldness.* On ne peut pas soigner la calvitie.

**remedy** *nd* [substance qui guérit] remède *homeopathic remedies* remèdes homéopathiques

**treat** *vt* (souvent + **for**) [obj: ex. patient, maladie] traiter *He's being treated for anaemia.* Il subit un traitement contre l'anémie.

**treatment** *ndi* traitement *a new cancer treatment* un nouveau traitement contre le cancer

**therapy** *nid* [plus formel ou technique que **treatment**] thérapie *They're trying laser therapy.* Ils essaient un traitement au laser. **therapist** *nd* thérapeute

**medical** *adj* (gén devant *n*) médical *medical ethics* éthique médicale *the medical profession* la profession médicale

**medicinal** *adj* médicinal *the plant's medicinal uses* les utilisations médicinales des plantes

### 126.1 Rétablissement

**better** *adj* [pas technique] mieux *get/feel better* aller/se sentir mieux *She's getting better gradually.* Elle se rétablit petit à petit.

**recover** *vi* (souvent + **from**) guérir *He's still recovering from his bronchitis.* Il se remet toujours de sa bronchite.

**recovery** *ndi* guérison *She's made a remarkable/full recovery.* Elle s'est remarquablement/entièrement rétablie. *factors that assist recovery* des facteurs qui aident à la guérison

**heal** *vit* [suj: ex. fracture, blessure] (se) cicatriser *Her ankle took a long time to heal.* Sa cheville a mis longtemps à cicatriser.

**convalesce** *vi* [implique le repos et la dernière partie de la guérison] se remettre *She was sent to Switzerland to convalesce.* Elle fut envoyée en convalescence en Suisse.

**convalescence** *ni* convalescence *He returned after a month's convalescence.* Il est revenu après un mois de convalescence.

**recuperate** *vi* [implique le repos nécessaire pour retrouver ses forces après la guérison] récupérer, se rétablir

**recuperation** *ni* récupération *You need a little rest and recuperation.* Vous avez besoin de repos pour récupérer.

**(be) on the mend** [plutôt informel] être en voie de guérison

### 126.2 Diagnostic

**diagnose** *vt* [obj: ex. maladie, cause d'une maladie] diagnostiquer *They've diagnosed diabetes.* Ils ont diagnostiqué du diabète.

**diagnosis** *ndi, pl* **diagnoses** diagnostic *They've made a positive diagnosis.* Ils ont fait un diagnostic positif.

**thermometer** *nd* thermomètre

**take sb's temperature** [gén dans la bouche en Grande-Bretagne et aux USA] prendre la température de qn

**take sb's pulse** prendre le pouls de qn

### 126.3 Piqûres

**injection** *ndi* piqûre, injection *a typhoid injection* une piqûre anti-typhoïdique *an IV injection* une intraveineuse *The drug is administered by injection.* Le médicament est administré par injection.

**inject** *vt* [obj: personne, animal] faire une piqûre [obj: médicament, substance] injecter

**jab** *nd* (*surtout Brit*) [informel. Gén pour empêcher une maladie] piqûre *a tetanus jab* une piqûre antitétanique

**shot** *nd* (*surtout US*) [informel] piqûre *I'm having some shots for my hayfever.* On me fait des piqûres pour mon rhume des foins.

**vaccinate** *vt* (souvent + **against**) vacciner *We vaccinate all the children against measles now.* Nous vaccinons tous les enfants contre la rougeole maintenant.

**vaccination** *ndi* vaccination *We recommend vaccination against cholera and yellow fever.* Nous recommandons la vaccination contre le choléra et la fièvre jaune. **vaccine** *nd* vaccin

**inoculate** *vt* (souvent + **against, with**) inoculer *The patient is inoculated with a weak form of the virus.* On inocule une forme faible du virus au patient. **inoculation** *ndi* inoculation

**immunize,** AUSSI **-ise** (*Brit*) *vt* (souvent + **against**) [protéger contre une maladie, gén par vaccination] immuniser **immunization** *ni* immunisation

**syringe** *nd* seringue

**syringe** *vt* [gén pour nettoyer. Obj: surtout une oreille] faire un lavement

**needle** *nd* aiguille

**blood transfusion** *nd* transfusion sanguine *to give sb a blood transfusion* faire une transfusion sanguine à qn

## 126.4 Ordonnances

**prescription** *nd* ordonnance *a prescription for sleeping pills* une ordonnance de somnifères *to dispense a prescription* (*Brit*), *to fill a prescription* (*US*) exécuter une ordonnance

**dose** *nd* **1** AUSSI **dosage** [quantité que le malade doit absorber] dose, dosage *Do not exceed the stated dose.* Ne pas dépasser la dose prescrite. **2** [quantité à absorber à chaque prise] posologie

**chemist** *nd* (*Brit*) **1** AUSSI **druggist** (*US*) [personne] pharmacien **2** AUSSI **drugstore** (*US*) pharmacie

**pharmacist** *nd* [plus formel et technique que **chemist** ou **druggist**, mais terme courant pour désigner un pharmacien travaillant dans un hôpital] pharmacien *Ask your pharmacist for advice.* Demandez conseil à votre pharmacien.

**pharmacy** *n* **1** *nd* [terme formel pour désigner la boutique de pharmacien; terme courant pour désigner le service de pharmacie dans un hôpital] pharmacie **2** *ni* [discipline] pharmacie

## 126.5 Médicaments

voir aussi **172 Drugs**

**medicine** *ndi* [remède gén liquide, mais peut aussi désigner toutes sortes de médicaments, comprimés, etc.] médicament *a bottle of medicine* un flacon de sirop *a medicine chest* une (armoire à) pharmacie

**drug** *nd* [terme générique qui ne fait aucune référence à la forme du médicament] médicament, remède *an anti-arthritis drug* un médicament contre l'arthrite

**medication** *ni* [plus formel que **drug** ou **medicine**. N'importe quel traitement médicamenteux suivi par le malade] médication *She's **under medication**.* Elle est sous médication.

**pill** *nd* **1** [terme générique] pilule *He takes pills for everything.* Il prend des pilules pour tout. **2** (toujours + **the**) [contraceptif] la pilule *to be **on the pill*** prendre la pilule

**tablet** *nd* [gén plat] comprimé, cachet *indigestion tablets* comprimés pour l'indigestion

**capsule** *nd* [médicament dont les ingrédients sont contenus dans une capsule soluble] gélule

**antibiotic** *nd* antibiotique

**penicillin** *ni* pénicilline

**painkiller** *nd* calmant, analgésique *We can't cure you but we can give you painkillers.* Nous ne pouvons pas

vous guérir, mais nous pouvons vous donner des médicaments contre la douleur.

**aspirin** *n* **1** *nd*, *pl* **aspirins** OU **aspirin** comprimé d'aspirine *I took a couple of aspirin.* J'ai pris deux ou trois comprimés d'aspirine. **2** *ni* [substance] aspirine

**paracetamol** *n* **1** *nd*, *pl* **paracetamols** OU **paracetamol** comprimé de paracétamol *I took a couple of paracetamol.* J'ai pris deux ou trois comprimés de paracétamol. **2** *ni* [substance] paracétamol

**tranquillizer** *nd* tranquillisant

**antiseptic** *ndi* antiseptique

**antiseptic** *adj* antiseptique *antiseptic wipes* compresses antiseptiques

**ointment** *ndi* pommade *Apply the ointment sparingly.* Appliquer la pommade en fine couche.

## 126.6 Après un accident

**first aid** premiers soins *to give sb first aid* donner les premiers soins à qn (employé comme *adj*) *a first aid kit* une trousse de secours

**bandage** *nd* bandage, pansement *Can't you put a bandage on properly?* Ne savez-vous pas mettre un bandage correctement?

**bandage** *vt* [obj: ex. personne, blessure, jambe] bander, mettre un pansement *His knee was tightly bandaged.* Il avait un bandage au genou.

**plaster** *n* (*Brit*) **1** *nd* pansement adhésif **2** *ni* [bande adhésive pour fixer les pansements] sparadrap *a roll of plaster* un rouleau de sparadrap **3** [sur un membre fracturé] plâtre (employé comme *adj*) *plaster cast* plâtre

**She's got her arm in a sling.** Elle a le bras en écharpe.

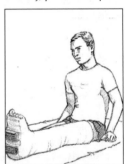

**His leg is in plaster.** Il a une jambe dans le plâtre.

**She has to walk on crutches.** Elle doit marcher avec des béquilles.

**He's in a wheelchair.** Il est dans un fauteuil roulant.

**cotton wool** (*Brit*)/**cotton** OU **absorbent cotton** (*US*) ouate, coton hydrophile (employé comme *adj*) *cotton wool balls* boules d'ouate

**dressing** *nd* [avec de la gaze, des bandes, etc.] pansement *I put a clean dressing on.* J'ai mis un pansement propre.

**sling** *nd* écharpe

**artificial respiration** respiration artificielle *to give sb artificial respiration* faire la respiration artificielle à qn

**the kiss of life** bouche-à-bouche *to give sb the kiss of life* faire le bouche-à-bouche à qn

**crutches** *n pl* béquilles

**wheelchair** *nd* fauteuil roulant

**stretcher** *nd* civière

## 127 Healthy En bonne santé

**healthy** *adj* 1 [bien portant en général ou à un moment particulier] en bonne santé 2 [décrit: ex. nourriture, exercice] sain, bon pour la santé *You look very healthy.* Vous avez l'air en bonne santé. *a healthy diet* un régime sain

**health** *ni* santé *She seemed in the best of health.* Elle avait l'air en pleine forme.

**well** *adj, compar* **better** (gén après *v*) [en bonne santé à un moment donné] bien *I don't feel well enough to go out.* Je ne me sens pas assez bien pour sortir. *Are you feeling any better now?* Vous sentez-vous mieux maintenant?

**fit** *adj*, -tt- (gén après *v*) [en bonne santé et capable de faire des exercices ardus] en pleine forme *She'll be fit enough to run in Zurich.* Elle sera en assez bonne forme pour courir à Zurich. **fitness** *ni* santé, forme

**keep fit** *ni* (*Brit*) faire de l'exercice *We do keep fit on Wednesday afternoons.* Nous faisons de l'exercice le mercredi après-midi. (employé comme *adj*) *keep fit classes* des cours de gym (pour se maintenir en forme)

**wholesome** *adj* [nourrissant et bon pour la santé. Décrit: surtout la nourriture] sain *good wholesome cooking* de la bonne et saine cuisine

## 128 Unhealthy Maladif

voir aussi **124 Illnesses**

**unhealthy** *adj* 1 [implique plus un mauvais état de santé général qu'une véritable maladie] maladif *You look pretty unhealthy to me.* Vous ne m'avez pas l'air en bonne santé. 2 [susceptible de provoquer une maladie. Décrit: ex. conditions, style de vie, régime alimentaire] malsain *All that fat is terribly unhealthy, you know.* Toute cette graisse n'est vraiment pas bonne pour la santé, vous savez.

**sick** *adj* [qui souffre d'une maladie] malade *He's a very sick man.* C'est un homme très malade. *I was off sick all last week.* Je suis resté chez moi parce que j'étais malade toute la semaine dernière.

**ill** *adj* (gén après *v*) [terme général, souvent employé pour éviter l'ambiguïté de **sick**] malade *She felt ill and went home.* Elle ne se sentait pas bien et elle est rentrée chez elle.

**poorly** *adj* (*Brit*) [plutôt informel. Implique une maladie peu grave aux symptômes désagréables] malade, souffrant *The injections made her feel rather poorly.* Les piqûres l'ont rendue malade.

**off-colour** *adj* (*Brit*) (gén après *v*) [qui ne se sent pas trop bien, mais sans pouvoir identifier la maladie] mal en point *I feel a bit off-colour, I hope it's not flu.* Je ne me sens pas très bien, j'espère que ce n'est pas la grippe.

**run-down** *adj* (gén après *v*) [plutôt informel. Implique la fatigue plus qu'une véritable maladie] à plat

*expression*

**under the weather** [plutôt informel. Pas très bien, même un peu dépressif] pas en forme *A holiday will do you good if you're feeling under the weather.* Des vacances vous feront du bien si vous ne vous sentez pas en forme.

## 129 Mad Fou

voir aussi **240 Stupid; 241 Foolish**

*usage*

Les termes faisant référence aux problèmes mentaux sont utilisés à tort et à travers et souvent de façon approximative par rapport à leur sens propre. Des mots tels que **mad** sont employés pour décrire des personnes ou des comportements jugés peu conventionnels ou gênants. On les utilise de façon humoristique ou insultante et non pour faire référence à un certain état de santé. Ces termes pourront être offensants s'ils sont utilisés pour faire référence à de vrais problèmes mentaux.

### 129.1 Termes généraux

**mental illness** *nid* [terme neutre, non péjoratif] maladie mentale

**mad** *adj*, -dd- [implique un comportement étrange, souvent sauvage. L'usage au sens strict est moins courant que l'usage exagéré] fou *to go mad* devenir fou *to drive sb mad* [informel] rendre qn fou

**madness** *ni* folie *It would be madness to refuse.* Ce serait de la folie de refuser.

**madman** *nd, pl* **madmen** [gén péjoratif, rarement dans des contextes médicaux] fou *Only a madman would have dared to attack.* Seul un fou aurait osé attaquer.

**madwoman** *nd, pl* **madwomen** [souvent dans des locutions comparatives, rarement dans des contextes médicaux] folle *She was screaming like a madwoman.* Elle criait comme une folle.

**insane** *adj* [plutôt formel. Implique la perte totale de raison] fou, aliéné *an insane desire for revenge* un désir insensé de revanche **insanity** *ni* démence

**insanely** *adv* comme un fou *insanely jealous* d'une jalousie maladive

**lunatic** *nd* [vieilli comme terme médical. Implique généralement un comportement absurde ou dangereux] fou, dément *You're driving like a lunatic.* Tu conduis comme un fou. *the raving lunatic that designed this software* le cinglé qui a conçu ce logiciel **lunacy** *ni* folie, démence

## 129.2 Termes médicaux

**paranoia** *ni* [illusion que l'on est puissant ou persécuté] paranoïa

**paranoid** *adj* paranoïaque *paranoid delusions* illusions paranoïdes *She's paranoid about the neighbours.* [emploi péjoratif] Elle est paranoïaque vis-à-vis de ses voisins.

**mania** *n* **1** *ni* [implique des accès incontrôlables de surexcitation, avec des changements d'humeur] manie *to suffer from mania* souffrir de manie obsessionnelle **2** *nd* [informel. Enthousiasme excessif] folie *a mania for cleaning everything* la manie de tout laver

**manic** *adj* [souffrant de manie] maniaque *manic tendencies* tendances maniaques *manic depression* psychose maniaco-dépressive *a manic laugh* [emploi non technique] un rire dément **manically** *adv* comme un fou

**maniac** *nd* [non technique, péjoratif] maniaque *the maniac who's making these obscene phone calls* le maniaque qui donne ces coups de téléphone obscènes (employé comme *adj*) *a maniac driver* un conducteur fou

**schizophrenia** *ni* schizophrénie **schizophrenic** *adj* schizophrénique **schizophrenic** *nd* schizophrène

**hysteria** *ni* **1** [implique une émotion violente et souvent une maladie imaginaire] hystérie *temporary paralysis brought on by hysteria* la paralysie temporaire engendrée par l'hystérie **2** [surexcitation ou crainte] hystérie *The mere suggestion produced hysteria.* La simple suggestion a provoqué une crise d'hystérie.

**hysterical** *adj* **1** hystérique *a hysterical pregnancy* une grossesse nerveuse **2** très nerveux *hysterical laughter* un fou rire **hysterically** *adv* comme un(e) hystérique

**phobia** *nd* [peur irrationnelle] phobie

**neurosis** *ndi, pl* **neuroses** [terme générique impliquant un déséquilibre mental, souvent une anxiété extrême] névrose

**neurotic** *adj* névrosé, névrotique *neurotic behaviour* comportement névrotique *They're all so neurotic about exam results.* [emploi péjoratif, impliquant une anxiété déraisonnée] Les résultats des examens constituent pour eux une véritable obsession.

**delirious** *adj* [implique surexcitation et perte de raison, surtout lors d'une forte fièvre] qui délire **deliriously** *adv* en délire

**senile** *adj* [implique une mémoire ou une concentration défaillante avec l'âge] sénile *I'm afraid she's getting a bit senile.* J'ai bien peur qu'elle ne soit en train de devenir un peu sénile. **senility** *ni* sénilité

## 129.3 Traitement des maladies mentales

**psychology** *ni* [étude de l'esprit] psychologie *the use of psychology in selling* l'utilisation de la psychologie dans la vente

**psychological** *adj* psychologique *to apply psychological pressure* exercer une pression psychologique **psychologically** *adv* psychologiquement **psychologist** *nd* psychologue

**psychiatry** *ni* psychiatrie

**psychiatric** *adj* psychiatrique *a psychiatric nurse* une infirmière psychiatrique **psychiatrist** *nd* psychiatre

**psychoanalysis** ou **analysis** *ni* psychanalyse **psychoanalyst** ou **analyst** *nd* psychanalyste

**psychotherapist** *nd* psychothérapeute

**psychiatric hospital** *nd* [terme neutre] hôpital psychiatrique

**mental hospital** *nd* [connotation plutôt négative] hôpital psychiatrique

**asylum** *nd* [terme vieilli. Connotation beaucoup plus négative que **psychiatric hospital**] asile

## 129.4 Termes informels et offensants

**crazy** *adj* [implique des comportements divers allant de la folie à des comportements dangereux] fou *You were crazy to lend him the money.* Tu étais fou de lui prêter l'argent. **crazily** *adv* follement

**nutty** *adj* [très informel. Implique un comportement étrange et stupide] cinglé, dingue

**nuts** *adj* (après *v*) [décrit une personne, *pas* une action] cinglé, dingue *You're either nuts or very brave.* Tu es soit cinglé soit très courageux.

**nutcase** *nd* [le locuteur trouve les idées ou le comportement de la personne ridicules] cinglé *the sort of nutcase that you'd expect to believe in UFOs* le genre de cinglé qu'on verrait bien croire aux ovnis

**barmy** *adj* (*Brit*) [souligne la stupidité] timbré *You must be barmy to work so hard.* Tu dois être timbré pour travailler autant.

### locution comparative

**as mad as a hatter** [humoristique] qui a un grain (littéralement: aussi fou qu'un chapelier)

### expressions

Toutes ces expressions sont informelles et expriment un certain mépris de la part du locuteur.

**(to be) off one's rocker** avoir le cerveau complètement détraqué

**(to be) off one's head** (*Brit*)/**out of one's head** (*US*) perdre la boule *He must be off his head to have spent all that money!* Il doit avoir perdu la boule pour avoir dépensé tout ce fric!

**have a screw loose** [être incapable d'agir de façon sensée] avoir une case en moins

**lose one's marbles** [devenir incapable d'agir de façon sensée] perdre la boule

## 130 Sane Sain d'esprit

**sanity** *ni* santé mentale *The decision caused some people to question his sanity.* La décision qu'il a prise a fait douter certains de sa santé mentale.

**rational** *adj* [qui utilise l'esprit de façon logique] rationnel *capable of rational thought* capable de pensée rationnelle **rationally** *adv* rationnellement

**reason** *ni* [plutôt formel. Aptitude à utiliser son esprit normalement] raison *I don't know how she kept her reason throughout the ordeal.* Je ne sais pas comment elle a pu garder sa raison pendant tout le supplice.

**reasonable** *adj* [implique logique et honnêteté] raisonnable *Any reasonable person would understand.* Toute personne raisonnable comprendrait. **reasonably** *adv* raisonnablement

## 131 Hit Frapper

**hit** *vt*, -tt- *prét & part passé* **hit** 1 [agressivement] frapper *He hit me on the head with a bottle.* Il m'a donné un coup sur la tête avec une bouteille. 2 [par ex. quand on tombe ou qu'on bouge] heurter *I caught the plate before it hit the floor.* J'ai attrapé l'assiette avant qu'elle n'atteigne le sol.

### 131.1 Frapper agressivement

**punch** *vt* [avec les poings fermés] donner un coup de poing à *I punched him on the nose.* Je lui ai donné un coup de poing sur le nez. **punch** *nd* coup de poing

**slap** *vt*, -pp- [avec la main ouverte] donner une claque à *to slap sb's face* gifler qn **slap** *nd* claque, gifle

**thump** *vt* [informel et souvent employé dans les menaces. Frapper fort, gén avec le poing] frapper, cogner *Shut up or I'll thump you.* Ta gueule, ou je te cogne! **thump** *nd* coup de poing

**strike** *vt*, *prét & part passé* **struck** [plutôt formel. Avec la main ou un instrument] toucher, frapper *A stone struck him on the head.* Une pierre le toucha à la tête.

**smack** *vt* (*surtout Brit*) [avec la main ouverte. Obj: enfant, partie du corps] donner une claque *Stop that or I'll smack you.* Arrête ou tu vas prendre une claque. **smack** *nd* claque

**cuff** *vt* [légèrement sur la tête, avec la main ouverte] donner une calotte *She cuffed him and told him not to be silly.* Elle lui donna une calotte en lui demandant de ne pas faire l'idiot.

**blow** *nd* [action de frapper] coup *The blow knocked him unconscious.* Le coup lui fit perdre connaissance.

**kick** *vt* [avec le pied] donner un coup de pied *She kicked me on the shin.* Elle me donna un coup de pied dans le tibia.

### 131.2 Frapper agressivement et de façon répétée

**beat** *vt*, *prét* **beat** *part passé* **beaten** [frapper fort, régulièrement, souvent avec un instrument] battre *The children were beaten if they misbehaved.* Les enfants étaient battus s'ils se conduisaient mal.
**beat** sb **up** OU **beat up** sb *vt prép* tabasser
**beating** *nd* raclée *He deserves a beating.* Il mérite une raclée.

**thrash** *vt* [plutôt formel. Implique une violence plus forte que **beat**] rouer de coups *He was thrashed to within an inch of his life.* Il fut rossé si violemment qu'il faillit perdre la vie.

**thrashing** *nd* correction *I gave him a good thrashing.* Je lui ai donné une bonne correction.

**whip** *vt*, -pp- fouetter

### expressions

**give sb a thick ear** [informel. Gén employé dans des menaces. Frapper sur l'oreille et la tête] frotter les oreilles à qn *One more word out of you and I'll give you a thick ear.* Un mot de plus et je te frotte les oreilles.

**give sb a good hiding** [informel. Souvent employé pour menacer un enfant. Frapper avec la main, une pantoufle, etc.] donner une raclée *Finish your dinner or I'll give you a good hiding.* Finis ton dîner ou je te donne une raclée.

### 131.3 Entrer en collision

**collide** *vi* (souvent + **with**) [implique un impact brutal] entrer en collision *I braked too late and collided with the bus.* J'ai freiné trop tard et je suis entré en collision avec le bus.

**collision** *nd* collision *a mid-air collision* une collision en plein air

**knock** *v* 1 *vt* (souvent + *adv*) heurter [implique souvent que l'on provoque un mouvement] *I must have knocked the chair with my knee.* J'ai dû heurter la chaise avec mon genou. *The cat's knocked the vase over.* Le chat a renversé le vase. 2 *vi* (souvent + **on**, **at**) frapper *I knocked on the door.* J'ai frappé à la porte. **knock** *nd* coup

**bump** *vti* (souvent + *adv* ou *prép*) [frapper maladroitement ou rudement, gén par accident] heurter *He bumped his head on the doorway.* Il se cogna la tête contre l'embrasure de la porte.
**bump** *nd* coup, choc *The book landed on the floor with a bump.* Le livre atterrit lourdement sur le sol.

**bang** *vti* (souvent + *adv* ou *prép*) [souvent bruyamment] frapper fort *I banged my knee against the table leg.* Je me suis cogné le genou contre le pied de la table. *The car door banged shut.* La porte de la voiture se referma violemment. *We banged at the door.* Nous avons frappé violemment à la porte. **bang** *nd* fracas

**impact** *ni* 1 impact *The plane exploded on impact.* L'avion explosa au moment de l'impact. 2 [puissance d'une bombe] effet, choc *He took the full impact of the explosion.* Il a ressenti le plein impact de l'explosion.

### 131.4 Frapper légèrement

**tap** *vti*, **-pp-** [frapper brusquement et en rythme, en faisant un léger bruit] tapoter *She tapped her pencil on the desk.* Elle frappa avec son crayon sur le bureau. *My feet were tapping to the music.* Mes pieds battaient la mesure.

**tap** *nd* petit coup *I heard a tap on the window.* J'entendis un petit coup à la fenêtre.

**pat** *vt*, **-tt-** [toucher plusieurs fois avec la main ouverte, souvent affectueusement] caresser, tapoter *He patted me on the knee and told me not to worry.* Il me tapota le genou en me disant de ne pas m'en faire. *She looked in the mirror and patted her hair.* Elle regarda dans le miroir et se caressa les cheveux.

**stroke** *vt* [passer la main ouverte à plusieurs reprises, souvent affectueusement] caresser *He stroked his beard thoughtfully.* Il se caressa la barbe pensivement.

## 132 Damage Endommager

voir aussi **133 Cut; 441 Worsen**

**damage** *vt* [terme général. Obj: choses, parties du corps, *pas* des personnes] endommager *The house was damaged in the bombing.* La maison fut endommagée lors du bombardement. *The wrong oil can damage the engine.* Une huile qui ne convient pas peut endommager le moteur.

**damage** *ni* dommage, dégât *Did the storm do much damage to your house?* La tempête a-t-elle causé de nombreux dégâts à votre maison?

**spoil** *vt*, *prét & part passé* **spoiled** ou (*Brit*) **spoilt** [la qualité ou l'apparence est affectée] gâcher *Don't spoil the soup with too much salt.* Ne gâche pas la soupe avec trop de sel. *The building spoils the view.* Le bâtiment gâche la vue.

**harm** *vt* faire du mal à *The driver's in hospital, but none of the passengers were harmed.* Le conducteur est à l'hôpital, mais aucun passager ne fut blessé. *The dry atmosphere can harm the wood.* L'atmosphère trop sèche peut nuire au bois.

**harm** *ni* tort, dommage *None of us came to any harm.* Il ne nous est rien arrivé. *A bit of hard work won't do you any harm!* [souvent sarcastique] Un peu de travail ne te fera pas de mal!

**harmful** *adj* nuisible, nocif *The drug can be harmful to pregnant women.* Le médicament peut être nocif pour les femmes enceintes.

**mutilate** *vt* [blesser gravement, par ex. en amputant un bras ou une jambe. Obj: corps, partie du corps] mutiler **mutilation** *ni* mutilation

**scar** *vt*, **-rr-** 1 [obj: peau] balafrer, marquer d'une cicatrice *He was bruised and scarred in the accident.* Il fut contusionné et balafré lors de l'accident. 2 [abîmer la beauté de qch] gâcher *Mining had scarred the landscape.* Les mines avaient défiguré le paysage.

**scar** *nd* [sur la peau] cicatrice, marque [trait assez vilain] cicatrice, balafre

### 132.1 Détruire

**destroy** *vt* [qch que l'on ne peut plus réparer ou qui n'existe plus] détruire *Both houses were destroyed in the fire.* Les deux maisons furent détruites dans l'incendie. *We are slowly destroying our countryside.* Nous détruisons lentement nos campagnes.

**destruction** *ni* destruction *The storm brought widespread destruction.* La tempête a causé de graves dégâts. *the destruction of nuclear warheads* la destruction des têtes nucléaires

**ruin** *vt* [implique la destruction de la qualité de qch, même si sa structure n'en est pas nécessairement

affectée] abîmer, ruiner *You'll ruin that jumper if you wash it in the machine.* Tu vas abîmer ce pull si tu le laves en machine. *He ruined my life.* Il a détruit ma vie.

**ruins** *n pl* [ce qui reste après une destruction] ruines *The whole street was in ruins.* La rue entière était en ruines.

**wreck** *vt* [détruire violemment] démolir, anéantir *Storms have wrecked the crops.* Les tempêtes ont anéanti les cultures.

**wreck** *nd* [gén un véhicule] épave *Her motorbike was a total wreck.* Sa moto n'était plus qu'une épave.

**wreckage** *ni* [ce qui reste d'une voiture, d'un train, d'un avion accidenté, y compris les pièces éparses] épave, débris *Wreckage from the plane was scattered over a large area.* Les débris de l'avion étaient éparpillés sur une large zone. *People are still trapped in the wreckage.* Des personnes sont encore prisonnières de l'appareil accidenté.

### 132.2 Casser

**break** *v*, *prét* **broke** *part passé* **broken** 1 *vti* [en plusieurs morceaux] casser *Who broke this window?* Qui a cassé cette fenêtre? *The leg broke in two places.* La jambe se cassa en deux endroits. 2 *vti* [arrêter de fonctionner. Obj: ex. machine] (se) casser *You're going to break that calculator.* Tu vas casser cette calculatrice.

**smash** *vt* [casser violemment en mille morceaux] briser *Looters smashed the shop window.* Des pillards ont brisé la vitrine du magasin.

**tear** *v*, *prét* **tore** *part passé* **torn** 1 *vt* déchirer *How did you tear your trousers?* Comment as-tu déchiré ton pantalon? *She tore open the envelope.* Elle ouvrit l'enveloppe en la déchirant. (+ *adv* ou *prép*) *I tore off the wrapper.* J'ai enlevé le papier d'emballage en le déchirant. [souvent + **up** lorsqu'il s'agit de papier] *He tore up the contract.* Il déchira le contrat. 2 *vi* se déchirer *One of the sails began to tear.* Une des voiles commença à se déchirer.

**tear** *nd* déchirure *I sewed up the tear.* J'ai recousu la déchirure.

**rip** *v*, **-pp-** [implique une action plus rapide et plus violente que **tear**] 1 *vt* déchirer *He ripped his shirt into strips for bandages.* Il déchira sa chemise en plusieurs bandes pour en faire des pansements. (+ *adv* ou *prép*) *I ripped off the cover.* J'ai retiré la housse en la déchirant. 2 *vi* se déchirer *The sheet ripped from top to bottom.* Le drap se déchira sur toute la longueur. **rip** *nd* déchirure

**split** v, -tt-, prét & part passé **split 1** vt fendre I used an axe to split the log. J'ai utilisé une hache pour fendre la bûche. (+ adv ou prép) I split open the chicken. J'ai fendu le poulet en deux. **2** vi se déchirer His trousers had split at the seams. Son pantalon s'était décousu. **split** nd déchirure, fente

**crack** v [implique une légère cassure dans un objet solide assez dur] **1** vi se fendre Won't the glass crack in the hot water? Le verre ne va-t-il pas se fendre dans l'eau chaude? **2** vt fendre I cracked a plate while I was washing up. J'ai fendu une assiette en faisant la vaisselle.
**crack** nd fente I'm filling in the cracks in the ceiling. Je colmate les fentes du plafond.

**snap** v, -pp- **1** vi [obj: qch de fragile qui casse sous la pression] se rompre She fell and the bone just snapped. Elle est tombée et l'os s'est cassé comme ça. (+ **off**) The knob just snapped off in my hand. Le bouton se cassa net dans ma main. **2** vt briser She snapped the ruler in two. Elle brisa sa règle en deux.

**burst** v, prét & part passé **burst 1** vi éclater The bag burst and all the oranges rolled out. Le sac éclata et toutes les oranges roulèrent par terre. I hope no pipes have burst. J'espère qu'aucun tuyau n'a explosé. **2** vt crever Did you burst your brother's balloon? Tu as crevé le ballon de ton frère?

**explode** vit [crever, gén bruyamment et avec un dégagement de chaleur. Suj/obj: ex. bombe] exploser The gas main could explode. La conduite de gaz pourrait exploser. The army exploded the mine on the beach. L'armée a fait exploser la mine sur la plage.
**explosion** nd explosion The bomb was set off in a controlled explosion. On a fait exploser la bombe.

**leak** vi fuir The bottle's leaking. La bouteille fuit. The water's leaking out of the bottle. L'eau s'échappe de la bouteille.
**leak** nd fuite The pipe has **sprung a leak**. Le tuyau s'est mis à fuir.

### 132.3 Dégâts en surface

**flake** vi [petits morceaux très fins qui se séparent de la surface. Suj: surtout de la peinture] s'effriter, s'écailler (souvent + **off**) The plaster is flaking off. Le plâtre s'effrite.
**flake** nd écaille flakes of paint écailles de peinture

**peel** v **1** vi [fines bandes qui se séparent de la surface] peler My skin always peels after sunbathing. Ma peau pèle toujours quand j'ai pris un bain de soleil. (+ **off**) The veneer started to peel off. Le vernis a commencé à s'écailler. **2** vt (gén + **off**) enlever (en pelant) I peeled off the label. J'ai décollé l'étiquette.

**chip** v, -pp- [petit fragment solide qui se sépare quand on le frappe] **1** vt ébrécher, écailler chipped cups des tasses ébréchées (parfois + adv ou prép) We had to chip away the ice. Nous avons dû racler la glace. **2** vi s'ébrécher, s'écailler **chip** nd copeau, éclat

**graze** vt [couper la surface de la peau par frottement] écorcher She's grazed her leg. Elle s'est écorché la jambe. **graze** nd écorchure

**scrape** vt [endommager la surface] gratter, racler I scraped the car door on a branch. J'ai éraflé la portière de la voiture contre une branche.

**scrape** nd égratignure a few scrapes and bruises quelques égratignures et contusions

**dent** vt cabosser I drove into a wall and dented the bumper. J'ai percuté un mur et j'ai endommagé le pare-chocs. **dent** nd bosse

### 132.4 Endommager par une pression

**crush** vt [la pression directe change la forme naturelle ou produit de la poudre ou des petits fragments] broyer The machine crushes the cars into small blocks of metal. La machine broie les voitures en petits blocs. crushed ice glace pilée

**grind** vt, prét & part passé **ground** [pression directe entre deux surfaces] moudre.

**squash** vt [la pression directe aplatit l'objet ou en change la forme] écraser The flowers got a bit squashed in the bag. Les fleurs ont été un peu écrasées dans le sac.

### 132.5 Dégâts graduels

**disintegrate** vi [la structure s'affaiblit et l'objet tombe en morceaux] se désintégrer The satellite will disintegrate on reentering the atmosphere. Le satellite se désintégrera en rentrant dans l'atmosphère.
**disintegration** ni désintégration

**erode** vti [la mer, l'eau, le vent, etc. enlèvent petit à petit les particules de matière] éroder The river has eroded the bank. La rivière a érodé la rive. (souvent + **away**) Sections of the coastline had been eroded away. Des parties du littoral avaient subi les effets de l'érosion. **erosion** ni érosion

**decay** vti [processus chimique dans des matières inertes] pourrir the methane released by decaying organic matter le méthane libéré par les matières organiques en décomposition the substances that decay tooth enamel les substances qui attaquent l'émail des dents
**decay** ni décomposition The cold inhibits decay. Le froid empêche la décomposition.

**rot** vit, -tt- [moins technique que **decay**, parfois péjoratif] pourrir the smell of rotting vegetables l'odeur des légumes qui pourrissent One bad apple will rot all the rest. Une mauvaise pomme pourrira tout le reste.

*e x p r e s s i o n*

**wear and tear** [dégâts causés par une utilisation régulière] usure Our carpets get a lot of wear and tear. Nos moquettes sont soumises à une forte usure.

### 132.6 Dégâts volontaires

**vandal** nd [qui endommage les propriétés, surtout dans les endroits publics] vandale
**vandalize**, AUSSI **-ise** (Brit) vt saccager All the phone boxes had been vandalized. Toutes les cabines téléphoniques avaient été saccagées. **vandalism** ni vandalisme

**sabotage** ni sabotage
**sabotage** vt saboter They had plans to sabotage the oil refineries. Ils projetaient de saboter les raffineries de pétrole. **saboteur** nd saboteur

# 133 Cut Couper

**cut** *vt, -tt-,* prét & part passé **cut** couper *I cut the string.* J'ai coupé la corde. (+ **down**) *to cut down a tree* abattre un arbre (+ **up**) *I cut up an old sheet for dusters.* J'ai découpé un vieux drap pour en faire des chiffons.

**cut** *nd* découpe, entaille *She made a neat cut along the top of the page.* Elle fit une entaille regulière au sommet de la page. *cuts and bruises* des coupures et des bleus

**snip** *vt, -pp-* (gén + *adv* ou *prép*) [implique une petite entaille avec des ciseaux, des cisailles, etc.] couper *I snipped the corner off the packet.* J'ai découpé le coin du paquet. **snip** *nd* entaille

**slit** *vt, -tt-,* prét & part passé **slit** [implique une longue entaille pour ouvrir qch] fendre, déchirer *She slit the package open with a penknife.* Elle ouvrit le paquet en le déchirant avec un canif. *to slit sb's throat* trancher la gorge à qn **slit** *nd* fente, incision

**pierce** *vt* [une pointe pénètre dans qch] percer *The missile can pierce tank armour.* Le missile peut percer le blindage d'un char.

**prick** *vt* [une petite pointe pénètre dans la peau] piquer *I pricked my finger on the needle.* Je me suis piqué le doigt sur l'aiguille.

**prick** *nd* piqûre *You'll feel a slight prick as the needle goes in.* Tu sentiras une légère piqûre quand l'aiguille s'enfoncera.

## 133.1 Coupures dans le corps

**stab** *vt, -bb-* [blesser avec un couteau] poignarder *They stabbed him in the stomach.* Ils l'ont poignardé dans le ventre. (employé comme *adj*) *stab wounds* coups de poignard/couteau

**behead** *vt* [plutôt formel. Couper la tête, gén comme punition] décapiter

**amputate** *vt* [gén dans un contexte médical] amputer *They amputated the leg below the knee.* Ils lui ont amputé la jambe sous le genou. **amputation** *ni* amputation

## 133.2 Couper violemment et rudement

**hack** *vti* [coups puissants, répétés] *They hacked their victims to pieces.* Ils ont mis leurs victimes en pièces. (+ **off**) *I hacked off the branch.* J'ai tailladé la branche.

**gash** *nd* [longue coupure ouverte] entaille *The latex is collected from a gash in the tree.* Le latex se récolte par une entaille dans l'arbre.

**gash** *vt* entailler, déchirer *She gashed her knee on some broken glass.* Elle s'est entaillé le genou sur un morceau de verre.

**slash** *vt* [longue coupure étroite] taillader *Vandals had slashed the seats.* Des vandales avaient taillader les sièges. **slash** *nd* entaille, taillade

## 133.3 Couper de la nourriture ou des matériaux solides

voir aussi **168 Cooking methods**

**slice** *vt* couper (en tranches) *to slice a cake* couper un gâteau (en tranches) (souvent + *adv*) *I sliced some meat*

off the bone. J'ai coupé un peu de viande autour de l'os.

**slice** *nd* tranche *Another slice of ham?* Une autre tranche de jambon? *two slices of bread* deux tranches de pain

**shred** *vt, -dd-* [obj: surtout légumes, papier] râper, déchiqueter *roughly shredded cabbage* du chou grossièrement râpé *Many of the documents had been shredded.* Une grande partie des documents avaient été déchiquetés. **shredder** *nd* râpe (d'un robot électro-ménager), déchiqueteuse

**mince** *vt* (surtout *Brit*) [obj: surtout viande, oignons] hacher *sausages made from minced pork* des saucisses de viande de porc hachée

**grind** *vt* (*US*) [synonyme de **mince** mais ne s'utilise que pour de la viande] hacher *ground beef* bifteck haché

**carve** *v* **1** *vti* [obj: viande] découper **2** *vt* [obj: ex. bois, pierre] tailler, sculpter *He carved delicate flowers from the wood.* Il a sculpté de jolies fleurs dans le bois.

## 133.4 Outils de coupe

**knife** *nd* couteau

**blade** *nd* lame

**scissors** *n pl* ciseaux *a pair of scissors* une paire de ciseaux

**saw** *nd* scie

**saw** *vt,* prét **sawed** part passé (*Brit*) **sawn**, (*US*) **sawed** scier (+ **off**) *I sawed off a bit at the bottom.* J'ai un peu scié le bas.

## 133.5 Tranchant

**sharp** *adj* [décrit: ex. couteau, lame] tranchant **sharpen** *vt* aiguiser **sharpness** *ni* tranchant

**prickly** *adj* [décrit: qch qui possède de nombreuses pointes tranchantes] épineux *a mass of prickly branches* un amas de branches épineuses

**blunt** *adj* émoussé *This razor blade's blunt.* La lame de ce rasoir est émoussée. **bluntness** *ni* manque de tranchant

## 133.6 Texture après la découpe

**fine** *adj* **1** [très petit] fin *This sugar is very fine.* Ce sucre est très fin. **2** mince, fin *fine slices of smoked ham* de fines tranches de jambon fumé

**fine** *adv* finement *Chop the onions fairly fine.* Hachez les oignons assez finement.

**finely** *adv* finement *finely chopped onions* des oignons finement hachés

**coarse** *adj* [coupé grossièrement en petits morceaux] grossier *a coarse grind of coffee* un café grossièrement moulu

**coarsely** *adv* grossièrement *coarsely chopped vegetables* des légumes hachés grossièrement

## 134 Hole Trou

voir aussi **333 Empty**

**hole** nd trou **hole** vt trouer

**gap** nd [espace vide qui devrait normalement être rempli] trou, ouverture *They got in through a gap in the hedge.* Ils sont entrés par un trou dans la haie.

**opening** nd [permet à qn ou à qch de passer] ouverture *an opening in the roof for smoke to escape* une ouverture dans le toit pour laisser passer la fumée

**outlet** nd [trou, surtout un tuyau par lequel s'échappe du liquide ou du gaz] sortie *a sewage outlet* une canalisation pour l'évacuation des eaux usées

**crack** nd [petit trou très fin permettant à la lumière ou à l'eau de passer] fente, fissure *The ring fell through a crack in the floorboards.* L'anneau tomba dans une fente entre deux lattes.

**crevice** nd [petite fente ou ouverture dans la roche ou la maçonnerie] fissure, lézarde *Crabs scurried off into crevices.* Des crabes se réfugièrent dans des fissures.

## 135 Burn Brûler

**burn** v, prét & part passé **burned** (*Brit & US*) ou **burnt** (*Brit*) **1** vt brûler *Demonstrators burned the American flag.* Des manifestants ont brûlé le drapeau américain. *I've burnt my hand on the stove.* Je me suis brûlé la main sur le poêle. *coal-burning power stations* des centrales au charbon (+ **down**) *to burn down a building* incendier un bâtiment **2** vi brûler *A candle burned in the window.* Une bougie brûlait à la fenêtre. (+ **down**) *Her house has burnt down.* Sa maison a été réduite en cendres.

**burn** nd [blessure] brûlure *He suffered severe burns.* Il fut grièvement brûlé.

**fire** n **1** nd [ex. dans la cheminée] feu *a log fire* un feu de bois **2** nd [quand on brûle un bâtiment, etc.] incendie *to put out a fire* éteindre un feu **3** ni feu *My car's on fire.* Ma voiture est en feu. *The frying pan caught fire.* La poêle a pris feu.

**blaze** vi [avec de fortes flammes] flamber *A log fire was blazing in the hearth.* Un feu de bois flambait dans l'âtre. *a blazing building* un bâtiment en feu

**blaze** nd [dans la cheminée] flambée [bâtiment en feu] brasier *the documents lost in the blaze* les documents perdus dans le brasier

**ablaze** adj (après v) [mot énergique] en flammes *The curtains were ablaze in seconds.* En quelques secondes, les rideaux étaient en flammes. *The explosion set the street ablaze.* L'explosion embrasa toute la rue.

**flame** nd flamme *I blew out the flame.* J'éteignis la flamme. *The warehouse was a mass of flames.* L'entrepôt n'était qu'un immense brasier.

**ash** ni cendre *cigarette ash* cendre de cigarette

**ashes** n pl cendres *I cleared out the ashes from the grate.* J'ai enlevé les cendres de la cheminée.

**smoke** ni fumée

**bonfire** nd [pour brûler les déchets, les feuilles ou pour s'amuser] feu de joie, feu de jardin

### 135.1 Faire brûler des objets

**light** v, prét & part passé **lit** ou **lighted** **1** vt [obj: ex. allumette, feu, bougie] allumer **2** vi s'allumer *His pipe wouldn't light.* Sa pipe ne voulait pas s'allumer.

**light** nd [informel. Pour des cigarettes] feu *Have you got a light? Avez-vous du feu?*

**match** nd allumette *a box of matches* une boîte d'allumettes

**lighter** nd briquet

**arson** ni [délit volontaire] incendie criminel

**arsonist** nd pyromane

*e x p r e s s i o n s*

**set fire to** [insiste sur l'intention de détruire] mettre le feu à *He's accused of setting fire to his own warehouse.* Il est accusé d'avoir mis le feu à son propre entrepôt.

**set alight** [pas nécessairement délibéré] mettre le feu à *Some idiot with a cigarette set the whole forest alight.* Un imbécile avec une cigarette a mis le feu à toute la forêt.

### 135.2 Eteindre le feu

**put out** sth ou **put** sth **out** vt prép éteindre *I put the fire out with a bucket of water.* J'éteignis le feu avec un seau d'eau.

**firefighter** nd, masc **fireman**, fém **firewoman** [**firefighter** est le terme général, même si **firemen** peut aussi faire référence à des femmes] pompier *Firemen using breathing apparatus rescued the couple.* Des pompiers, munis d'un appareil respiratoire, sauvèrent le couple.

**fire brigade** (*Brit*), **fire department** (*US*) nd (souvent + **the**) les pompiers

**fire engine** nd voiture de pompiers

**fire extinguisher** nd extincteur

## 136 Babies Bébés

**baby** nd bébé *She's **having a baby** in July.* Elle accouche en juillet. (employé comme adj) *baby clothes* des vêtements pour bébés

**twins** nd jumeaux *a pair of twins* des jumeaux *I can't tell the twins apart.* Je ne parviens pas à distinguer les jumeaux.

**triplets** nd triplés

### 136.1 Avoir un bébé

**conceive** v **1** vt concevoir *from the moment the child is conceived* dès la conception **2** vi concevoir

**conception** ni conception *the probable date of conception* la date probable de la conception

**pregnant** adj enceinte *I'm pregnant again.* Je suis à nouveau enceinte.

**pregnancy** nid grossesse *medical checks during pregnancy* des contrôles médicaux durant la grossesse *a difficult pregnancy* une grossesse difficile

**foetus** (*Brit*), **fetus** (*US*) nd foetus

**embryo** nd, pl **embryos** embryon

**womb** nd utérus

**umbilical cord** nd cordon ombilical

**placenta** nd placenta

**labour** (*Brit*), **labor** (*US*) nid travail *to go into labour* accoucher *She's in labour.* Elle est en train d'accoucher.

**birth** nid naissance *to give birth to* a child donner naissance à un enfant *I was present at the birth.* J'étais présent à la naissance. (employé comme adj) *her birth weight* son poids à la naissance

**be born** naître *We want the next child to be born at home.* Nous voulons que le prochain enfant naisse à la maison.

### 136.2 Bébés et technologie médicale

**abortion** ndi avortement *to have an abortion* subir un avortement

**artificial insemination** ni insémination artificielle

**surrogate mother** nd mère-porteuse

**test-tube baby** nd bébé-éprouvette

### 136.3 Bébés sans famille naturelle

**adopt** vt [en permanence, comme si l'enfant était le sien] adopter **adoption** ni adoption

**foster** vt [s'occuper de qn à court ou à long terme sans en devenir officiellement le parent] élever *Could you foster a handicapped child?* Pourriez-vous élever un enfant handicapé? (employé comme adj) *foster parents* parents adoptifs

**custody** ni [droit légal de s'occuper des enfants, surtout après un divorce] garde *She was awarded custody of the children.* On lui conféra la garde des enfants.

**orphan** nd orphelin

### 136.4 Equipement pour bébés

**cot** (*Brit*), **crib** (*US*) nd lit d'enfant

**moses basket** nd moïse

**carrycot** (*Brit*), **portacrib** (*US*) nd couffin

**rattle** nd hochet

**bottle** nd biberon

**dummy** (*Brit*), **pacifier**

(*US*) nd tétine, sucette (de caoutchouc)

**doll** nd poupée

**nappy** (*Brit*), **diaper** (*US*) nd couche *disposable nappies* couches-culottes

**safety pin** nd épingle de sûreté

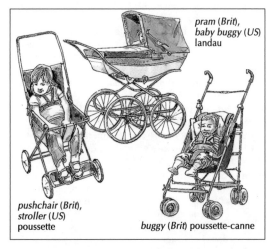

pram (*Brit*), baby buggy (*US*) landau

pushchair (*Brit*), stroller (*US*) poussette

buggy (*Brit*) poussette-canne

## 137 Name Nom

### 137.1 Donner un nom

**name** nd nom *My name is Gabriel.* Je m'appelle Gabriel. *Sign your name here please.* Signez ici, s'il vous plaît.

**name** vt [plus formel que **call**. Insiste sur le choix du nom] nommer, appeler *We named her Helen after her grandmother.* Nous l'avons appelée Helen comme sa grand-mère. (surtout au *part passé*) *a man named Mullin* un homme nommé Mullin

**call** vt [terme habituel pour donner un nom] appeler *My name's Jennifer but everyone calls me Jenny.* Mon vrai nom est Jennifer mais tout le monde m'appelle Jenny. (au *part passé*) *Somebody called Gibbs rang.* Un certain Gibbs a téléphoné. *a village called Fritwell* un village du nom de Fritwell

**christen** vt [donner un nom au cours d'une cérémonie de baptême] baptiser *I was christened Robert Edward.* Mon nom de baptême est Robert Edward.

**title** nd [nom d'une oeuvre ou rang d'une personne] titre *I know the film you mean but I've forgotten the title.* Je sais de quel film vous voulez parler, mais j'ai oublié le titre. *His proper title is Professor Sir Raymond Hall.* Son titre exact est Monsieur le Professeur Raymond Hall.

**entitle** vt [obj: ex. livre, oeuvre d'art] intituler (surtout au *part passé*) *a print entitled 'Still Marshes'* une gravure intitulée 'Still Marshes'

**label** vt, -**ll**- [plutôt péjoratif. Implique une description discutable plutôt qu'un nom] étiqueter, cataloguer *He was soon labelled a troublemaker.* On l'a vite catalogué comme fauteur de troubles.

### 137.2 Types de noms

**first name** [gén le premier nom ou tout nom avant le nom de famille] prénom *We're all on first name terms round here.* On s'appelle tous par le prénom ici.

**christian name** [terme courant désignant le prénom. On évitera cependant ce terme avec les personnes de religion non chrétienne] prénom

**forename** nd [gén dans des contextes administratifs ou formels] prénom *Please give your name, forenames and address.* Donnez vos nom, prénoms et adresse, s'il vous plaît.

**middle name** [entre le prénom et le nom de famille] deuxième prénom *We called him William, that's his father's middle name.* Nous l'avons appelé William, c'est le deuxième prénom de son père.

**surname** nd [utilisé par tous les membres de la famille] nom de famille

**double-barrelled name** (*Brit*), **hyphenated name** (*US*) nd [comportant deux noms de famille] nom à rallonges *They all have double-barrelled names like Worthington-Smythe.* Ils ont tous des noms à rallonges comme Worthington-Smythe.

### 137.3 Faux noms

**nickname** nd [employé affectueusement ou pour se moquer] surnom

**nickname** vt surnommer *a particularly ugly biology teacher nicknamed 'Dracula'* un professeur de biologie particulièrement laid surnommé 'Dracula'

**alias** nd [employé surtout par les criminels] pseudonyme, nom d'emprunt *She had used a different alias at each hotel.* Elle avait utilisé un pseudonyme différent dans chaque hôtel. *Sheila Woodrow, alias Virginia Fielding* Sheila Woodrow, alias Virginia Fielding

**pen name** nd pseudonyme littéraire, nom de plume

**pseudonym** nd [utilisé quand on écrit et qu'on veut cacher son identité] pseudonyme

**anonymous** adj [sans nom] anonyme *anonymous letters* lettres anonymes **anonymously** adv anonymement **anonymity** ni anonymat

## 138 Families and Relations Familles et Proches

### 138.1 Parents

**parent** nd parent *Don't tell my parents!* Ne le dis pas à mes parents!

**folks** n pl (*surtout US*) la famille

**mother** nd [formel quand il est utilisé pour s'adresser à sa mère] mère *Thank you, mother.* Merci, mère. *Go and ask your mother.* Va demander à ta mère.

**mum** (*Brit*), **mom** (*US*) nd [informel] maman, mère *Her mum picks her up after school.* Sa mère passe la prendre après l'école.

**mam** nd [surtout au Pays de Galles et en Irlande du Nord] maman

**mummy** (*Brit*), **mommy** (*US*) nd [informel. Surtout utilisé avec ou par les jeunes enfants] maman *I want my mummy!* Je veux ma maman!

**mama** nd [vieilli et formel en anglais britannique, utilisé par les jeunes enfants en Amérique] maman

**father** nd [formel quand il est utilisé pour s'adresser à son père] père

**dad** nd [informel] papa, père *She can borrow her dad's car.* Elle peut emprunter la voiture de son père.

**daddy** nd [informel. Surtout utilisé avec ou par les jeunes enfants] papa *My daddy's a fireman.* Mon papa est pompier.

**papa** nd [vieilli et formel en anglais britannique. Terme utilisé en alternance avec **dad** en américain] papa

**pop** nd (*surtout US*) [informel] papa *Is pop still in the bathroom?* Est-ce que papa est toujours dans la salle de bains?

### 138.2 Enfants

**son** nd fils          **daughter** nd fille

**sister** nd soeur *my big sister* ma grande soeur

**brother** nd frère *my little brother* mon petit frère

**sibling** nd (gén pl) [technique, utilisé par exemple en sociologie ou en psychologie] enfants de mêmes parents *The gene is not found in either of the other siblings.* On ne retrouve le gène chez aucun des deux autres enfants. (used as adj) *sibling rivalry* rivalité fraternelle

### 138.3 Grands-parents et petits-enfants

**grandparent** nd (gén pl) **grandparents** grands-parents *He sees both sets of grandparents.* Il voit ses grands-parents paternels et maternels.

**grandmother** nd [pas souvent utilisé pour s'adresser à sa grand-mère] grand-mère *When are you going to make me a grandmother?* Quand me feras-tu grand-mère?

**granny** (*surtout Brit*) OU **grandma** (*Brit & US*) nd [informel] grand-maman, mamie, bonne-maman, mémé

**grandfather** nd [pas souvent utilisé pour s'adresser à son grand-père] grand-père

**grandad** (*surtout Brit*) OU **grandpa** (*Brit & US*) nd [informel] grand-papa, papy, pépé

**grandchild** nd, pl **grandchildren** petit-enfant

**granddaughter** nd petite-fille

**grandson** nd petit-fils

**great-** préfixe grand, arrière *my great-grandmother* mon arrière-grand-mère *a great-uncle* mon grand-oncle *my great-great-grandfather* mon arrière-arrière-grand-père

### 138.4 Mariage

| | |
|---|---|
| **husband** nd mari | **daughter-in-law** nd belle-fille, bru |
| **wife** nd femme | |
| **mother-in-law** nd [la mère de son conjoint/sa conjointe] belle-mère | **son-in-law** nd beau-fils, gendre |
| **father-in-law** nd [le père de son conjoint/sa conjointe] beau-père | **brother-in-law** nd beau-frère |
| | **sister-in-law** nd belle-soeur |

**in-laws** n pl beaux-parents, belle-famille *I can't stand my in-laws.* Je ne supporte pas ma belle-famille.

**widow** nd veuve

**widow** vt (surtout au passif) perdre son conjoint *my widowed mother* ma mère qui est veuve

**widower** nd veuf

### 138.5 Famille issue d'un remariage

**stepfather** nd [le mari de sa mère] beau-père

**stepmother** nd [la femme de son père] belle-mère

**stepbrother** nd [n'est frère qu'en raison d'un remariage des parents, sans liens de sang] fils du conjoint de la mère/du père

**stepsister** nd [n'est soeur qu'en raison d'un remariage des parents, sans liens de sang] fille du conjoint de la mère/du père

**half-brother** nd [frère consanguin ou utérin] demi-frère

**half-sister** nd [soeur consanguine ou utérine] demi-soeur

### 138.6 Frères et soeurs des parents

**aunt** nd [plutôt formel] tante

**auntie** OU **aunty** nd [informel] tante, tata, tantine *Auntie Monica* Tante Monica

**uncle** nd oncle *Uncle Harry* Oncle Harry

**nephew** nd neveu

**niece** nd nièce

**cousin** nd [veilli quand il est suivi d'un nom] cousin *a second cousin* un(e) petit(e) cousin(e)

### 138.7 Liens familiaux

**related** adj (gén après v; souvent + **to**) parent *We're not related.* Nous ne sommes pas parents.

**relative** nd [implique gén un lien assez étroit] parent *a close relative* un parent proche

**relation** nd [implique souvent un lien moins étroit que **relative**] parent *distant relations* des parents éloignés

**descendant** nd [plutôt formel. Implique une séparation de plusieurs générations] descendant *The firm is still run by a descendant of the founder.* La firme est encore dirigée par un descendant du fondateur.

**be descended from** descendre de, être issu de *The family is descended from nineteenth-century Italian emigrants.* La famille descend d'émigrants italiens du XIXème siècle.

**ancestor** nd ancêtre *Portraits of forgotten ancestors hung on the walls.* Des portraits d'ancêtres oubliés pendaient au mur. **ancestral** adj ancestral

**offspring** ni [formel ou humoristique. Peut signifier un ou plusieurs enfants] progéniture *She was trying to keep her offspring under control.* Elle essayait de faire obéir ses rejetons.

**generation** nd génération *a tradition handed down through generations* une tradition transmise de génération à génération (utilisé comme adj) *second-generation Americans* les Américains de la deuxième génération

## 139 People Les gens

voir aussi **204 Society**

**person** nd 1 (pl **people** gens) personne *She's a very nice person.* C'est une personne très agréable. *I think we should give the job to a younger person.* Je pense que nous devrions donner la place à une personne plus jeune. 2 (pl **persons** personnes) [surtout utilisé par l'administration ou dans des textes officiels] personne *Any person seeking advice should ring this number.* Toute personne désireuse d'obtenir des conseils peut appeler ce numéro.

**human** OU **human being** nd (être) humain *the pollution caused by humans* la pollution causée par les hommes

**human** adj humain *the human race* la race humaine

**individual** nd [par opposition à la société, à la collectivité, etc.] individu, particulier *What can individuals do on their own?* Que peuvent faire les individus à titre personnel? [souvent utilisé péjorativement] *He's an awkward individual.* C'est un individu peu commode.

**individual** adj individuel, particulier *I was speaking as an individual party member rather than as a minister.* Je parlais en tant que simple membre du parti plutôt que comme ministre.

### 139.1 Les gens en général

**mankind** ni [tous les gens du monde] genre humain, humanité *inventions that have benefited mankind* les inventions qui ont été bénéfiques pour l'homme

**man** ni [souvent utilisé dans le sens de tout le monde, mais parfois perçu comme un terme sexiste] homme *Man has been to the moon.* L'homme est allé sur la lune.

**humankind** ni [tous les gens du monde. A la préférence de ceux qui considèrent que le mot **mankind** est sexiste] humanité *the survival of humankind on this planet* la survie de l'humanité sur cette planète

**humanity** ni [tous les gens du monde, souvent utilisé pour mettre l'accent sur l'aspect moral ou émotionnel d'un fait] humanité *crimes against humanity* les crimes contre l'humanité

**public** n 1 ni (gén **the public**) [les gens ordinaires par opposition au gouvernement, à la presse, aux industriels, etc.] public *Programme makers are simply aiming to satisfy the public.* Les responsables des programmes essayent simplement de satisfaire le public. *the **general public*** le grand public 2 nd [sous-ensemble particulier du public] public, audience *We want to introduce opera to a wider public.* Nous voulons faire connaître l'opéra à un public plus large.

**public** adj 1 public *public anger at the decision* colère générale suite à la décision 2 [à l'usage de tout le monde] public *public toilets* toilettes publiques 3 [connu de tous] public *Is it public knowledge?* Est-ce notoire/connu de tous?

**folk** n pl [les gens, surtout quand ils sont considérés

dans leur particularité] gens *Folk like him.* Les gens l'aiment. *city folk* citadins *See you later folks!* Au revoir tout le monde!

## 139.2 Personnes très jeunes

**baby** *nd* bébé

**child** *nd, pl* **children** enfant *children's books* livres pour enfants

**infant** *nd* [technique, surtout utilisé en médecine. Désigne les enfants depuis la naissance jusqu'à l'âge de cinq ans] nouveau-né, enfant en bas âge *the immunity the infant acquires from the mother's milk* l'immunité que le nourrisson tire du lait maternel (utilisé comme *adj*) *infant mortality* mortalité infantile *infant classes* classes enfantines, petites classes (5 à 7 ans) *infant care* soins donnés aux tout-petits

**toddler** *nd* [approx 1-3 ans] bambin

**kid** *nd* [informel. Va du bébé au jeune adulte] enfant, gosse *When do the kids go back to school?* Quand les gosses rentrent-ils à l'école?

**youngster** *nd* [plutôt informel, surtout utilisé par les personnes âgées. Va d'environ cinq ans au jeune adulte] jeune *There are plenty of activities for the youngsters.* Il y a plein d'activités pour les jeunes.

**boy** *nd* [va du bébé à l'adulte] garçon, gamin *Are you ready, boys?* Vous êtes prêts, les garçons? *boys' clothes* vêtements pour garçons

**girl** *nd* [va du bébé à l'adulte] fille *Are the girls coming?* Est-ce que les filles viennent? *a girls' school* une école pour filles [perçu comme insultant par les féministes quand il s'applique à des adultes] *the girls in the office* les filles au bureau

**lad** *nd* **1** [informel et surtout utilisé par les personnes âgées. Va du bébé à l'adulte] garçon *the lad who delivers the paper* le garçon qui livre les journaux **2** [ami] *I went to the pub with the lads.* Je suis allé au pub avec les copains.

**lass** *nd* [informel. Va du bébé à l'adulte. Surtout utilisé en Ecosse et au Nord de l'Angleterre] jeune fille

## 139.3 Jeunes gens presque adultes

**teenager** *nd* jeune, adolescent *The programme is popular with teenagers.* L'émission a du succès auprès des jeunes.

**teenage** *adj* jeune, de jeune *my teenage daughters* mes filles adolescentes *teenage fashions* vêtements pour jeunes

**teens** *n pl* adolescence *He's in his teens.* Il est adolescent.

**juvenile** *nd* [technique, gén utilisé dans des textes juridiques ou sociologiques à propos de personnes âgées de moins de 18 ans] jeune, adolescent *our policy on sentencing juveniles* notre politique de répression des jeunes (délinquants) (utilisé comme *adj*) *juvenile crime* criminalité juvénile

**adolescent** *nd* [formel ou légèrement péjoratif. Implique la période entre la puberté et l'âge adulte] adolescent *adolescents' emotional problems* les problèmes affectifs des adolescents *when I was a spotty adolescent* quand j'étais un adolescent boutonneux

**adolescent** *adj* [souvent péjoratif] (d')adolescent *his adolescent enthusiasm* son enthousiasme d'adolescent

**youth** *nd* [formel ou péjoratif. On lui préfère des mots comme **boy**, **girl** ou **young people** quand il n'y a pas de connotation négative. Gén masculin plutôt que féminin] jeune *an inexperienced youth* un jeune sans expérience *a gang of youths on motorcycles* une bande de jeunes à motos

## 139.4 Les adultes

**adult** *nd* adulte (utilisé comme *adj*) *in adult life* à l'âge adulte

**grown-up** *nd* [adulte du point de vue d'un enfant] grand *Grown-ups should set an example.* Les grands doivent montrer l'exemple.

**man** *nd, pl* **men** homme *men's clothing* vêtements pour hommes

**gentleman** *nd, pl* **gentlemen 1** [terme poli] monsieur *These gentlemen are from Canada.* Ces messieurs viennent du Canada. **2** [homme qui se conduit bien] gentleman *If he was a gentleman, he'd resign.* S'il était quelqu'un de bien, il démissionnerait.

**gentlemanly** *adj* [comme un monsieur poli] courtois, élégant *It was the gentlemanly thing to do.* C'était la chose élégante à faire.

**woman** *nd, pl* **women** femme *women's shoes* chaussures pour dames *women's issues* problèmes de femmes (utilisé comme *adj*) *a woman instructor* une monitrice

**lady** *nd* **1** [terme poli] dame *There's a lady waiting to see you.* Il y a une dame qui t'attend. (utilisé comme *adj*) *a lady doctor* une doctoresse **2** [femme de bonnes manières et de bonne conduite] dame, lady

### *u s a g e*

Certaines femmes n'aiment pas qu'on utilise le mot **lady** comme équivalent féminin de **man**, parce qu'elles le considèrent comme condescendant, et préfèrent utiliser le mot **woman**.

## 139.5 Termes informels servant à désigner les hommes

**chap** *nd* (*surtout Brit*) [informel] type *You mean the chap your sister married?* Tu veux dire le type que ta sœur a épousé?

**bloke** *nd* (*surtout Brit*) [informel. A parfois une connotation de classe ouvrière] gars, mec *The bloke at the garage can't fix it till next week.* Le gars du garage ne peut pas le réparer avant la semaine prochaine.

**fellow** *nd* type *The fellow from the bank called.* Le type de la banque a appelé.

**guy** *nd* [le plus informel de ces mots] mec, gars *this guy she's going out with* ce mec avec qui elle sort [le pluriel peut aussi s'appliquer à des femmes en américain] *What are you guys doing?* Qu'est-ce que vous fichez, les filles/les mecs/vous autres?

## 140 Male Masculin

**male** *adj* masculin, mâle, viril *male hormones* hormones mâles *male fashions* collections pour hommes

**male** *nd* [suggère l'homme en tant que membre du sexe masculin, plutôt que comme individu] homme, mâle *surrounded by four adoring males* entourée de quatre hommes en adoration (devant elle)

**masculine** *adj* [suggère les manières ou le style propres aux hommes. Gén dans des contextes positifs] masculin, viril *masculine charm* le charme masculin *The product needs a more masculine image.* Le produit a besoin d'une image plus virile. **masculinity** *ni* masculinité

**macho** *adj* [gén péjoratif. Suggère l'idée de la supériorité qu'un homme pourrait penser posséder en tant que mâle] macho, phallocrate *I think the motorbike is just there to make him feel macho.* Je crois que la moto n'est là que pour lui donner la sensation qu'il est macho.

**unisex** *adj* [pour les deux sexes ou évitant le sexisme] unisexe *unisex fashions* vêtements unisexes *unisex terms like "firefighter" instead of "fireman"* des mots qui ne sont ni masculins ni féminins comme "firefighter" au lieu de "fireman"

## 141 Female Féminin

**female** *adj* femelle, féminin *female hormones* hormones femelles *a typically female reaction* une réaction typiquement féminine *female staff* personnel féminin

**female** *nd* [suggère la femme en tant que membre du sexe féminin et pas comme individu] femme *a profession dominated by females* une profession dominée par les femmes

**feminine** *adj* [implique les manières ou le style propres aux femmes] féminin *feminine intuition* l'intuition féminine *the rather feminine decor* le décor plutôt féminin **femininity** *ni* féminité

**girlish** *adj* [peut être assez péjoratif, car il évoque la pétulance, l'immaturité, etc.] de (jeune/petite) fille *a girlish grin* un sourire de petite fille **girlishly** *adv* comme une (petite) fille **girlishness** *ni* air d'une (petite) fille

**ladylike** *adj* [plutôt humoristique maintenant. Evoque les manières raffinées des dames distinguées] bien élevé, distingué *far too ladylike to drink beer* beaucoup trop distinguée pour boire de la bière

## 142 Personality Personnalité

**personality** *ndi* [attitudes et comportement d'un point de vue psychologique. Peut être utilisé dans des contextes techniques] personnalité *an outgoing personality* une personnalité extravertie [personne réelle] *They're both dynamic personalities.* Ils ont tous les deux une personnalité dynamique. (utilisé comme *adj*) *a personality disorder* des troubles de la personnalité

**character** *n* 1 *nid* [attitudes et comportement d'un point de vue moral ou affectif] caractère *Coming to the rescue is entirely in character for her.* C'est tout à fait dans son caractère de venir en aide. *It would be entirely out of character if she gave up.* Ça ne lui ressemblerait pas du tout d'abandonner. [personne

réelle] *He used to be a very timid character.* Avant, c'était une personne très timide. (utilisé comme *adj*) *a character witness* un témoin de moralité 2 *ni* [implique l'intégrité, la bravoure, etc.] caractère *I think persevering like that takes character.* Je pense qu'il faut du caractère pour persévérer de la sorte.

**nature** *ndi* [façon naturelle de réagir face aux situations et aux gens] nature, naturel *She has an understanding nature.* Elle est compréhensive de nature. *It's **not in her nature** to give up easily.* Ce n'est pas dans sa nature d'abandonner facilement.

**-natured** (sert à former des *adj*) de nature, de naturel *a sweet-natured child* un enfant d'un naturel doux *ill-natured remarks* des remarques désobligeantes

**temperament** ndi [façon générale de réagir émotionnellement face aux situations et aux gens] tempérament *Some people can't take his fiery temperament.* Certaines personnes ne supportent pas son tempérament fougueux.

**temperamental** adj [implique des sautes d'humeur fréquentes et imprévisibles, de même que de fréquents accès de colère ou d'exaltation] d'humeur instable, fantasque

**temper** n 1 ndi [humeur irritée] colère *Watch out for her temper.* Fais attention qu'elle ne se mette en colère. *He's in a temper.* Il est en colère. *a show of temper* un accès de colère 2 nd [réactions habituelles] humeur *Don't let his quiet temper fool you.* Ne te laisse pas tromper par son calme. *She's got a violent temper.* Elle pique des colères violentes.

**-tempered** (sert à former des adj) d'humeur, de caractère *a bad-tempered man* un homme au mauvais caractère *an ill-tempered retort* une réplique grincheuse *a good-tempered smile* un sourire aimable

## 142.1 En toile de fond des sentiments

**mood** nd 1 [comment on se sent] humeur, ambiance *She was not in the mood to talk.* Elle n'était pas d'humeur à parler. *The defeat created a sombre mood at party headquarters.* La défaite a créé une ambiance maussade au quartier général du parti. *I'm in a good mood today.* Je suis de bonne humeur aujourd'hui. 2 [implique un comportement émotionnel désagréable] mauvaise humeur *He's in a mood again.* Il est encore de mauvais poil. *I can't stand his moods.* Je ne supporte pas ses sautes d'humeur.

**moody** adj 1 [d'humeur changeante] lunatique 2 [grincheux] de mauvaise humeur *You've been very moody lately.* Tu es d'humeur changeante ces derniers temps. **moodily** adv d'un ton maussade, d'un air morose

**manner** nd [comment on se conduit] manière *She refused in her usual brusque manner.* Elle refusa sèchement comme à son habitude. *the manner he has of ignoring you* la façon qu'il a de vous ignorer

**atmosphere** n 1 nd [implique une situation créant des sentiments particuliers] atmosphère, ambiance, climat *the right atmosphere for negotiations* un climat propice aux négociations *The decorations gave the streets a happy atmosphere.* Les décorations donnaient aux rues un air de fête. 2 ni [implique une ambiance positive] *a pizza place with no real atmosphere* une pizzeria sans âme

# 143 Polite Poli

**polite** adj [implique un comportement social adéquat] poli *Try to be a bit more polite to our customers.* Essaie d'être un peu plus poli envers les clients. *a polite smile* un sourire poli

**politely** adv poliment **politeness** ni politesse

**manners** n pl manières *Try to learn some manners.* Essaie d'apprendre les bonnes manières. *Her children have terrible manners.* Ses enfants ont de très mauvaises manières. *table manners* bonnes manières à table *Holding the door open for others is good manners.* Tenir la porte ouverte pour les autres est un signe de savoir-vivre.

## 143.1 Extrêmement poli

**courteous** adj [implique l'idée de politesse attentionnée, légèrement démodée] courtois *He is invariably courteous, even towards his opponents.* Il est toujours courtois, même envers ses adversaires. *a courteous bow* un salut courtois **courteously** adv de façon courtoise **courteousness** ni courtoisie

**chivalrous** adj [évoque le respect d'un code de l'honneur, surtout de la part des hommes à l'égard des femmes] chevaleresque, galant **chivalrously** adv de façon chevaleresque **chivalry** ni galanterie

**gracious** adj [plutôt littéraire. Met l'accent sur l'estime, surtout envers les subordonnés] gracieux *her gracious acceptance of our invitation* la bonté qu'elle a eue d'accepter notre invitation **graciously** adv avec (bonne) grâce

**obsequious** adj [péjoratif. Implique un désir excessif et gén hypocrite de plaire] obséquieux *obsequious flattery* flatteries obséquieuses **obsequiously** adv obséquieusement **obsequiousness** ni obséquiosité

## 143.2 Soucieux d'être poli

**civil** adj [utilisé seul, implique une politesse élémentaire] poli *I think I'm entitled to a civil reply.* Je pense être en droit d'attendre une réponse de politesse. *Her tone was barely civil.* Son ton était tout juste poli. **civilly** adv poliment **civility** ni civilité, politesse

**respectful** adj [qui témoigne du respect] respectueux *a respectful silence* un silence respectueux **respectfully** adv respectueusement

**diplomatic** adj [implique une présentation habile des choses, surtout dans le but d'obtenir un résultat particulier] diplomatique *We found a diplomatic way of turning the invitation down.* Nous avons trouvé le moyen de décliner l'invitation avec diplomatie. **diplomatically** adv avec diplomatie

**diplomacy** ni diplomatie *It took some diplomacy to get the whole family to agree.* Il a fallu user de diplomatie pour avoir l'accord de toute la famille.

**tact** ni tact, doigté *a situation which requires a lot of tact* une situation qui nécessite beaucoup de tact

**tactful** adj délicat, plein de tact *It wasn't exactly tactful to mention his ex-wife.* Ce n'était pas très délicat de mentionner son ex-femme. *a tactful explanation* une explication pleine de tact

**tactfully** adv avec tact *How can we refuse tactfully?* Comment pouvons-nous refuser avec tact?

### expression

**in good taste** [implique l'approbation sociale d'un comportement] de bon goût *It would have been in better taste to stay away from the funeral.* Il aurait été de meilleur goût de ne pas venir à l'enterrement.

## 144 **Rude** Grossier

voir aussi **145 Cheeky**

### 144.1 Foncièrement grossier

**rude** *adj* (parfois **+ to**) [peut impliquer une absence totale de politesse. Décrit: ex. gens, actes, déclarations] grossier *Don't be rude to your teacher.* Ne sois pas grossier avec ton professeur. *It's rude to point.* C'est grossier de montrer du doigt. *rude comments on the blackboard* des grossièretés au tableau **rudely** *adv* de façon grossière **rudeness** *ni* grossièreté

**impolite** *adj* [plus formel que **rude**] impoli *His behaviour was extremely impolite.* Sa conduite était extrêmement impolie. *an impolite letter* une lettre impolie **impolitely** *adv* impoliment **impoliteness** *ni* impolitesse

**vulgar** *adj* vulgaire *his vulgar and racist talk* ses propos vulgaires et racistes *the vulgar familiarity with which they treat you* la familiarité vulgaire avec laquelle ils vous traitent **vulgarity** *ni* vulgarité

**offensive** *adj* [qui offense ou choque] injurieux, choquant *offensive personal remarks* des remarques personnelles offensantes **offensively** *adv* de manière choquante/inconvenante **offensiveness** *ni* agressivité, attitude offensante

### 144.2 Traiter qn grossièrement

**insult** *vt* insulter, faire un affront à *insulting remarks* des remarques insultantes *He'll feel insulted if you offer him money.* Il se sentira insulté si tu lui proposes de l'argent.

**insult** *nd* insulte, injure, affront *If you refuse he'll take it as an insult.* Si tu refuses, il prendra cela comme un affront. *to hurl insults at sb* injurier qn

**offend** *vt* [peut ne pas être délibéré] blesser, choquer *The article deeply offended many women.* L'article a profondément choqué de nombreuses femmes. *I hope you won't be offended if we go now.* J'espère que vous ne vous froisserez pas si nous partons maintenant.

**offence** (*Brit*), **offense** (*US*) *ni* offense, insulte *No offence intended.* Je ne voulais pas vous vexer. *to take offence at sth* se vexer de, s'offusquer de qch

**rebuff** *vt* [implique une réaction désobligeante voire hostile à une requête, une proposition, etc.] repousser, rabrouer *I had hoped for a compromise, but I was firmly rebuffed.* J'avais espéré trouver un compromis, mais on m'a envoyé promener.

### 144.3 Qui manque de respect

**offhand** *adj* [qui n'accorde pas l'attention voulue à qn ou qch] désinvolte *She dismissed the problem in the most offhand way.* Elle a écarté la question de la façon la plus désinvolte qui soit. **offhandedly** *adv* avec désinvolture

**discourteous** *adj* [formel. Implique que l'on fait fi des règles de bienséance et des sentiments des autres] discourtois *It would be discourteous to keep them waiting.* Ce ne serait pas poli de les faire attendre. **discourteously** *adv* de manière discourtoise **discourtesy** *ni* impolitesse

**flippant** *adj* [implique que l'on n'est pas sérieux alors qu'on devrait l'être] désinvolte, irrévérencieux *I had expected an apology, not some flippant excuse.* Je m'étais attendu à de véritables excuses, pas à une explication désinvolte. **flippantly** *adv* avec désinvolture

**improper** *adj* [plutôt formel. Implique le non-respect des règles de conduite morale et sociale] déplacé, malséant, de mauvais goût *It would be quite improper to ask such a personal question.* Il serait tout à fait déplacé de lui poser une question aussi personnelle. **improperly** *adv* de manière inconvenante

**tactless** *adj* [qui ne tient pas compte que qch pourrait blesser qn] sans tact *I know it's tactless but I need to know her age.* Je sais que ça manque de tact, mais il faut que je connaisse son âge. **tactlessly** *adv* sans tact

### *e x p r e s s i o n s*

**a slap in the face** [qch destiné à blesser et offenser] un affront, une humiliation *After all we had done for her, her behaviour was a real slap in the face.* Après tout ce que nous avions fait pour elle, sa conduite était une gifle en pleine figure.

**put one's foot in it** [informel. Etre grossier sans s'en rendre compte] mettre les pieds dans le plat *As soon as I mentioned divorce, I realized I had put my foot in it.* J'avais à peine parlé de divorce que je réalisais que j'avais mis les pieds dans le plat.

**in bad/poor taste** [implique la désapprobation sociale d'une conduite] de mauvais goût *His remarks were in very poor taste.* Ses remarques étaient de très mauvais goût.

## 145 **Cheeky** Insolent

**cheeky** *adj* (surtout *Brit*) [plutôt informel. Irrespectueux mais pas offensant] effronté, culotté *Don't be cheeky to your mother.* Ne sois pas effronté avec ta mère. [implique souvent un recours à l'humour] *a cheeky allusion to the minister's private life* une allusion impertinente à la vie privée du ministre **cheekily** *adj* avec culot

**cheek** *ni* aplomb, toupet *Less of your cheek!* Un ton plus bas! *He had the cheek to borrow my lawnmower without asking.* Il a eu le toupet d'emprunter ma tondeuse sans me demander.

**insolent** *adj* [implique un manque de respect agressif] insolent *an insolent refusal to obey the rules* un refus insolent de respecter les règles *He made an insolent remark about my wife.* Il a fait une remarque déplacée à propos de ma femme. **insolently** *adv* avec insolence **insolence** *ni* insolence

**impudent** *adj* impudent *impudent questions about my sex life* des questions impudentes sur ma vie sexuelle **impudently** *adv* impudemment **impudence** *ni* impudence

**impertinent** *adj* [plutôt formel. Implique le non-respect de l'autorité] impertinent *She regarded any questioning of her decisions as impertinent.* Elle considérait toute remise en question de ses décisions comme impertinente. **impertinently** *adv* avec impertinence **impertinence** *ni* impertinence *embarrassed by the child's impertinence* embarrassé par l'impertinence de l'enfant

**nerve** *ni* [informel. Implique une audace frisant la grossièreté] culot *She had the sheer nerve to suggest I was too old for the job.* Elle a eu le toupet de laisser entendre que j'étais trop vieux pour l'emploi. *What a nerve!* Quel culot!

## 146 Formal Formel

**formal** *adj* **1** [qui respecte les règles sociales ou officielles] officiel, protocolaire *the formal announcement of her resignation* l'annonce officielle de sa démission **2** [très correct et poli, peut impliquer une certaine froideur] formel, dans les règles, en bonne et due forme *He sent me a very formal letter.* Il m'a envoyé une lettre très formelle. **3** [qui ne convient pas au langage courant. Décrit: des mots] formel **formally** *adv* officiellement, cérémonieusement

**formality** *n* **1** *ni* cérémonie, froideur *a moving occasion despite the formality* un événement émouvant en dépit de son caractère officiel **2** *nd* [procédure officielle] formalité *We can dispense with the formalities.* Dispensons-nous des formalités d'usage.

**ceremonial** *adj* [décrit: ex. événement, tenue] cérémoniel, de cérémonie *the ceremonial opening of the courts* l'ouverture solennelle des tribunaux *his ceremonial sword* son sabre de cérémonie

**ceremony** *n* **1** *nd* [acte officiel] cérémonie *a civil ceremony* une cérémonie civile **2** *ni* [façon d'agir dans les règles] cérémonie *They accompanied me with ceremony to the door.* Ils m'ont reconduit à la porte avec cérémonie.

**dignity** *ni* [implique que qn/qch est sérieux et honorable] dignité *their dignity in defeat* leur dignité dans la défaite

**dignified** *adj* digne *a dignified bow* un salut digne *his dignified admission of failure* sa façon d'accepter l'échec avec dignité

**stately** *adj* [officiel et impressionnant] majestueux, imposant *a stately procession* une procession majestueuse **stateliness** *ni* majesté

**pomp** *ni* [parfois péjoratif. Implique un cérémonial important] pompe, faste, apparat *all the pomp and colour of the medieval church* tout le faste et l'éclat de l'église médiévale

**posh** *adj* [souvent péjoratif. Implique le désir de mettre l'accent sur le statut social] chic, distingué, de riches *a posh wedding at the cathedral* un mariage en grande pompe à la cathédrale

## 147 Informal Informel

**informal** *adj* **1** [qui ne respecte pas les règles sociales ou officielles] informel, officieux, simple, sans façons *an informal approach to negotiations* une approche informelle des négociations *an informal arrangement* une entente officieuse **2** [qui ne convient pas au discours ou aux écrits formels. Décrit: des mots] informel

**informally** *adv* de façon informelle/non officielle *We have spoken informally about the problem.* Nous avons parlé du problème de façon informelle.

**informality** *ni* **1** [visite, personne] simplicité **2** [accord, réunion] caractère officieux

**casual** *adj* **1** [implique une conduite dégagée] sans but précis, au hasard *a casual chat about the children and so on* une conversation à bâtons rompus à propos des enfants etc. **2** [parfois péjoratif. Sans véritable réflexion] désinvolte *a casual attitude* une attitude désinvolte **casually** *adv* par hasard, avec désinvolture **casualness** *ni* désinvolture

**impromptu** *adj* [qui arrive soudainement, sans préparation. Décrit: ex. événement, action] impromptu, à l'improviste *an impromptu press conference* une conférence de presse au pied levé **impromptu** *adv* à l'improviste, au pied levé

### expression

**off the cuff** [informel. Implique gén que l'on parle, décide etc. soudainement et sans préparation] au pied levé (utilisé comme *adj*) *off-the-cuff remarks* des remarques improvisées

## 148 Proud Fier

ant **449 Shame**

### 148.1 Haute opinion de soi

**proud** adj **1** (souvent + **of**) [satisfait d'un résultat, etc.] fier *Your tributes make me feel very proud.* Les hommages que vous rendez me remplissent de fierté. *I'm proud of this garden.* Je suis fier de ce jardin. *I hope you're proud of yourself!* [dit sur un ton sarcastique quand qn a fait qch de mal] J'espère que tu es fier de toi! **2** [souvent péjoratif. Implique une opinion de soi déraisonnablement haute] fier, orgueilleux *too proud to ask for help* trop fier pour demander de l'aide **proudly** adv fièrement

**pride** ni **1** [ex. à propos d'un travail] fierté, amour-propre *a sense of pride in their victory* un sentiment de fierté dans la victoire *We take pride in our work here.* Nous mettons un point d'honneur à bien faire notre travail ici. *Why can't you take a little more pride in your appearance?* Pourquoi ne prends-tu pas un peu plus soin de ta personne? **2** [péjoratif] orgueil *He refused our help out of pride.* Il a refusé notre aide par orgueil.

**vain** adj [péjoratif. Implique une haute opinion de soi qui est sotte ou irréaliste] vaniteux *I may be vain, but I'd hate to be bald.* Je suis peut-être vaniteux, mais je détesterais être chauve. **vainly** adv vaniteusement **vanity** ni vanité

**conceited** adj [péjoratif. Haute opinion de soi et attitude déplaisante] suffisant, prétentieux *Promotion only made him more conceited.* Sa promotion n'a fait que le rendre encore plus suffisant.

**conceit** ni [légèrement formel] suffisance

### 148.2 Piètre opinion des autres

**contempt** ni [implique une piètre opinion doublée d'une aversion. Emphatique] mépris *their open contempt for people's feelings* leur mépris manifeste pour la sensibilité des gens *I will treat your remarks with the contempt they deserve.* Je vais traiter vos remarques avec le mépris qu'elles méritent.

**contemptuous** adj [souvent péjoratif] méprisant *a contemptuous smile* un sourire méprisant **contemptuously** adv avec mépris

**sneer** vi (gén + **at**) [péjoratif. Implique une attitude fière et hostile] ricaner, sourire d'un air méprisant *A cynic would sneer at his simple convictions.* Un cynique se moquerait de ses convictions simples.

**sneer** nd raillerie, ricanement *despite the sneers of our opponents* malgré les railleries de nos adversaires

**despise** vt [terme emphatique] mépriser *They despise society's values.* Ils méprisent les valeurs de la société.

**arrogant** adj [implique un orgueil et une confiance en soi excessifs] arrogant *an arrogant refusal to make changes* un refus arrogant de tout changement **arrogantly** adv avec arrogance **arrogance** ni arrogance *the arrogance that comes with power* l'arrogance qui accompagne le pouvoir

**pompous** adj [péjoratif. Implique que qn se croit important ou moralement supérieur] pompeux *pompous declarations of loyalty* de pompeuses déclarations de loyauté **pompously** adv pompeusement **pomposity** ni manières pompeuses, air/ton pompeux

**haughty** adj [péjoratif et plutôt formel. Implique que qn traite les autres comme s'ils étaient inférieurs] hautain *the haughty aristocratic types who expect instant obedience* les gens du genre aristocrate hautain qui s'attendent à ce qu'on leur obéisse sur le champ **haughtily** adv avec arrogance **haughtiness** ni arrogance, morgue

**snob** nd [implique un refus de respecter autrui, surtout les classes inférieures] snob *snobs who won't use public transport* les snobs qui ne veulent pas utiliser les transports en commun *a wine snob* un snob pour ce qui a trait au vin **snobbery** ni snobisme **snobbish** adj snob **snobbishly** adv de manière snob

**snooty** adj [informel et péjoratif. Implique que l'on croit en sa supériorité sociale ou culturelle] prétentieux, snob, hautain *A snooty waiter gave us a table next to the toilets.* Un garçon prétentieux nous a donné une table près des toilettes. **snoootily** adv en se donnant de grands airs **snootiness** ni air/ton hautain

**stuck up** adj [plus informel que **snooty**] qui s'y croit, qui se donne de grands airs

#### e x p r e s s i o n s

**think sb/sth (is) beneath one** [ne pas vouloir être associé à qch ou qn par snobisme] considérer qn/qch comme indigne de soi *I suppose you think it beneath you to type your own letters?* Je suppose que tu penses que ce n'est pas digne de toi de taper tes propres lettres à la machine?

**get above oneself** [se conduire comme si on était plus important qu'on ne l'est en réalité] avoir des idées de grandeur

**give oneself airs** [se croire important et s'attendre à ce que les gens soient impressionnés] se donner de grands airs

## 149 Boast Se vanter

**boast** vit (souvent + **about, of, that**) [implique des déclarations orgueilleuses ou exagérées] se vanter *She kept boasting about her big house.* Elle n'arrêtait pas de se vanter à propos de sa grande maison. *He sometimes boasts of friends in high places.* Il se vante parfois d'avoir des amis haut placés. **boastful** adj vantard, fanfaron **boastfully** adv avec forfanterie **boastfulness** ni vantardise

**cocky** adj [informel. Implique un excès de confiance en soi] trop sûr de soi, suffisant *a cocky young actor who thinks he's a star* un jeune acteur prétentieux qui se croit déjà star **cockily** adv avec suffisance **cockiness** ni air/ton supérieur, suffisance

**show off** prép vi [informel. Veut impressionner] poser, parader *She's always showing off in front of her* *friends.* Elle veut toujours faire l'intéressante devant ses amies. **show-off** *nd* [informel] m'as-tu-vu

**bigheaded** *adj* [informel et péjoratif. Trop sûr de ses compétences, opinions, etc.] crâneur **bighead** *nd* crâneur

### expressions

**(to be) too big for one's boots** [informel. Ennuyer les gens avec une conduite qui n'est pas appropriée à sa position réelle] avoir la grosse tête *He's getting far too big for his boots.* Il attrape la grosse tête.

**to think one is it** [très informel. Croire qu'on est remarquable, intelligent, etc.] s'y croire *They really think they're it with their fast cars.* Ils s'y croient vraiment avec leurs voitures rapides.

**(to be) full of oneself** [péjoratif. Obsédé par ses propres compétences, réalisations, etc.] (être) imbu de soi-même

**(to think one is) God's gift to sth** [humoristique. Se croire très important et essentiel à qch] (se prendre pour) le nombril/la coqueluche *He thinks he's God's gift to women.* Il croit que toutes les femmes sont folles de lui.

---

## 150 **Modest** Modeste

**modest** *adj* [pas vantard] modeste *It doesn't help to be too modest when applying for jobs.* Ça n'avance à rien d'être modeste quand on postule un emploi. **modestly** *adv* avec modestie **modesty** *ni* modestie

**humble** *adj* [qui a une piètre opinion de soi, ou respectueux et soumis] humble, modeste *He made a humble apology for being late.* Il a présenté ses plus plates excuses pour être arrivé en retard. **humbly** *adv* avec humilité **humility** *ni* humilité

**meek** *adj* [parfois péjoratif. Implique un manque d'assurance] humble *a meek soul who presented no threat to the system* une (pauvre) âme effacée qui ne présentait aucune menace pour le système **meekly** *adv* humblement **meekness** *ni* humilité

### expressions

**swallow one's pride** [accepter de faire qch d'humiliant] mettre son orgueil en poche *We had to swallow our pride and call the strike off.* Nous avons dû mettre notre orgueil en poche et annuler la grève.

**eat humble pie** [abandonner une attitude fière et faire des excuses] présenter ses plus plates excuses *I'm prepared to eat humble pie if I turn out to be wrong.* Je suis prêt à faire mes excuses les plus plates s'il s'avère que j'ai tort.

**take sb down a peg or two** [montrer à qn qu'il n'est pas aussi important qu'il croit] remettre qn à sa place, rabattre le caquet à qn *Losing that contract should take her down a peg or two.* La perte du contrat devrait lui rabattre un peu le caquet.

---

## 151 **Emotion** Emotion

### 151.1 Termes généraux

**emotion** *n* **1** *ni* émotion *I could hardly speak for emotion.* Je pouvais à peine parler tant j'étais ému. **2** *nd* [type particulier] sentiment *an appeal to the emotions of the public* un appel aux sentiments du public

**emotional** *adj* **1** [qui implique des émotions] émotionnel *our emotional attachment to our home countries* notre attachement sentimental à nos patries **2** [qui montre des émotions] émouvant *an emotional farewell* des adieux émouvants **emotionally** *adv* avec émotion

**emotive** *adj* (devant *n*) [qui entraîne une réaction émotionnelle plutôt que rationnelle] émotionnel *emotive subjects like child abuse* des sujets sensibles comme l'enfance maltraitée

**feel** *v* [ressentir une émotion] **1** *vt* sentir, éprouver *We all felt a sense of triumph.* Nous avons tous éprouvé un sentiment de triomphe. **2** *vi* (gén suivi d'un *adj* ou d'une subordonnée) se sentir *We all feel a bit disappointed.* Nous sommes tous un peu déçus. *I felt as though I'd been betrayed.* J'avais le sentiment d'avoir été trahi.

**feeling** *n* **1** *ni* émotion, sensibilité *She spoke with unusual feeling.* Elle a parlé avec une émotion peu coutumière. **2** *nd* sentiment, sensation *a feeling of elation* un sentiment d'allégresse

### 151.2 Sentiments subtils

**sensitive** *adj* (parfois + **to**) **1** [facilement bouleversé] sensible, impressionnable, émotif *She's rather too sensitive for politics.* Elle est un peu trop émotive pour faire de la politique. *very sensitive to criticism* très sensible aux critiques **2** [qui est capable de bouleverser les gens] délicat *a sensitive subject* un sujet délicat **3** [qui montre de la considération pour les autres] sensible *a sensitive response to public concern* une réponse attentive aux préoccupations générales **4** [qui apprécie l'art, la musique, etc.] sensible **sensitively** *adv* avec sensibilité **sensitivity** *ni* sensibilité

**insensitive** *adj* (parfois + **to**) [qui n'éprouve pas de sentiments] insensible *It would be insensitive to make her leave so soon.* Ce serait inhumain de la faire partir si tôt. **insensitively** *adv* insensiblement **insensitivity** *ni* insensibilité

**instinctive** *adj* [implique une réaction automatique]

instinctif *Her instinctive reaction was to offer to help.* Sa première réaction fut d'offrir son aide. **instinctively** *adv* instinctivement **instinctiveness** *ni* instinct **instinct** *ndi* instinct *My instinct had told me it was dangerous.* Mon instinct m'avait dit que c'était dangereux.

### 151.3 Qui montre ou cache ses émotions

**highly-strung** *adj* [implique des réactions émotionnelles très fortes. Décrit: gén une personne] nerveux, tendu *He's highly-strung and likely to cause a scene.* Il est tendu et susceptible de faire une scène.

**demonstrative** *adj* [qui montre ses émotions ouvertement, parfois de façon spectaculaire] démonstratif *I suppose they were glad to see me, but they weren't very demonstrative.* Je suppose qu'ils étaient contents de me voir, mais ils n'étaient pas très démonstratifs. **demonstratively** *adv* de façon démonstrative **demonstrativeness** *ni* expansivité

**undemonstrative** *adj* [qui ne montre aucune émotion] réservé, peu expansif *She thanked us all in her usual undemonstrative way.* Elle nous a tous remerciés discrètement comme à son habitude. **undemonstratively** *adv* de façon réservée **undemonstrativeness** *ni* réserve

**thick-skinned** *adj* [plutôt péjoratif. Insensible aux injures, aux supplications, etc.] dur, insensible, qui a la peau dure *The press can say what they like about me, I'm pretty thick-skinned.* La presse peut dire ce qu'elle veut de moi, rien ne me touche.

**self-control** *ni* [implique le contrôle de ses émotions] maîtrise de soi, sang-froid *With a little more self-control we could avoid these arguments.* Avec un peu plus de self-control, nous pourrions éviter ces disputes.

**self-controlled** *adj* maître de soi *a self-controlled performance in front of the cameras* une prestation de sang-froid devant les caméras

## 152 Fruit Fruits

### 152.1 Fruits courants

**apple** *nd* pomme *an eating apple* une pomme à couteau *cooking apples* pommes à cuire
**pear** *nd* poire
**banana** *nd* banane *a bunch of bananas* une main de bananes
**grape** *nd* (grain de) raisin *a bunch of grapes* une grappe de raisins

**peach** *nd* pêche
**nectarine** *nd* nectarine
**apricot** *nd* abricot
**plum** *nd* prune
**melon** *nd* melon
**watermelon** *nd* pastèque
**rhubarb** *ni* rhubarbe *a stick of rhubarb* une tige de rhubarbe

### 152.2 Citrus fruit Agrumes

**orange** *nd* orange
**lime** *nd* citron vert
**lemon** *nd* citron

**grapefruit** *nd* pamplemousse
**tangerine** *nd* mandarine
**satsuma** *nd* clémentine

### 152.3 Soft fruit Fruits rouges

**cherry** *nd* cerise
**strawberry** *nd* fraise
**raspberry** *nd* framboise
**blackberry** *nd* mûre
**blackcurrant** *nd* cassis

**redcurrant** *nd* groseille (rouge)
**gooseberry** *nd* groseille à maquereau
**blueberry** *nd* myrtille
**cranberry** *nd* airelle

### 152.4 Fruits exotiques

**pineapple** *nd* ananas

**mango** *nd, pl* **mangos** mangue

**avocado** *ndi, pl* **avocados** avocat
**kiwi fruit** *nd* kiwi

**passion fruit** *nd* fruit de la passion
**lychee** *nd* litchi
**fig** *nd* figue

### 152.5 Dried fruit Fruits secs

**raisin** *nd* [raisin sec, provenant d'un raisin noir à gros grains, plus gros que les raisins secs de Smyrne ou de Corinthe] raisin sec
**currant** *nd* [raisin sec, provenant d'un raisin

noir à très petits grains] raisin de Corinthe
**sultana** *nd* [raisin sec, provenant d'un raisin blanc à petits grains] raisin de Smyrne
**prune** *nd* pruneau
**date** *nd* datte

### 152.6 Parties d'un fruit

**skin** *nid* [terme général qui peut être utilisé pour tous les fruits] peau
**peel** *ni* [peau épaisse, ex. de bananes, d'oranges, mais pas de prunes, de poires, etc.] épluchure, écorce, peau
**rind** *ni* [peau d'agrumes ou de melon] pelure, écorce
**zest** *ni* [fine partie colorée de la peau des agrumes] zeste
**pith** *ni* [partie entre la

chair et le zeste des agrumes] peau blanche
**pip** *nd* (*Brit*) [petit, dans les pommes, les agrumes, le raisin, etc.] pépin
**seed** *nd* [très petit, ex. dans les groseilles etc.] pépin
**stone** (*surtout Brit*), **pit** (*US*) *nd* [gros, dans les pêches, les abricots, les dattes, etc.] noyau
**core** *nd* trognon, coeur
**stalk** *nd* queue

## 153 Ripeness  Maturité

**ripe** *adj* [décrit: ex. fruit, fromage] mûr, fait, à point **ripen** *vit* (faire) mûrir

**unripe** *adj* [décrit: ex. fruit] qui n'est pas mûr, vert

**rotten** *adj* [décrit: ex. fruit, oeuf] pourri *to go*

*rotten* pourrir
**stale** *adj* [par dessèchement. Décrit: ex. pain, fromage] desséché, rassis *to go*

*stale* se dessécher, rassir
**go off** *vi prép* [suj: ex. lait, poisson] s'avarier, tourner, rancir

## 154 Nuts  Fruits à coque

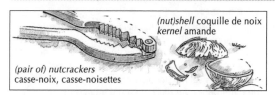

*(nut)shell* coquille de noix
*kernel* amande

*(pair of) nutcrackers* casse-noix, casse-noisettes

**almond** *nd* amande
**walnut** *nd* noix
**chestnut** *nd* châtaigne
*roasted chestnuts* marrons chauds
**hazelnut** *nd* noisette

**Brazil nut** *nd* noix du Brésil
**cashew** *nd* noix de cajou
**peanut** *nd* cacahuète
**coconut** *nd* noix de coco
**pistachio** *nd* pistache

## 155 Vegetables  Légumes

### 155.1 Green vegetables  Légumes verts

**cabbage** *ndi* chou
**pea** *nd* petit pois
**bean** *nd* haricot
**runner bean** (*Brit*), **string bean** (*US*) *nd* haricot à rames
**French bean** (*Brit*), **green bean** (*US*) *nd* haricot vert

**broad bean** *nd* fève
**Brussels sprout** *nd* chou de Bruxelles
**broccoli** *ni* brocoli
**spinach** *ni* épinard
**asparagus** *ni* asperge (utilisé comme *adj*) *asparagus spears* pointes d'asperges

### 155.2 Root vegetables  Racines comestibles

**potato** *nd, pl* **potatoes** pomme de terre
**carrot** *nd* carotte
**parsnip** *nd* panais

**turnip** *ndi* navet
**swede** (*surtout Brit*), **rutabaga** (*US*) *ndi* rutabaga

### 155.3 Autres légumes communs

**mushroom** *nd* champignon
**cauliflower** *ndi* chou-fleur (utilisé comme *adj*) *cauliflower florets* bouquets de chou-fleur

**pepper** *nd* poivron *red/green peppers* poivrons rouges/verts
**aubergine** (*surtout Brit*), **eggplant** (*US*) *ndi* aubergine

**onion** *nd* oignon
**leek** *nd* poireau
**garlic** *ni* ail *a clove/bulb of garlic* une gousse/tête d'ail
**chilli** *nd, pl* **chillies** piment (rouge)
**courgette** (*Brit*), **zucchini** (*US*) *nd* courgette

**marrow** *nd* courge
**sweetcorn** *ni* maïs
**corn on the cob** *ni* épi de maïs
**artichoke**, AUSSI **globe artichoke** *nd* artichaut
**pumpkin** *ndi* potiron

### 155.4 Légumes pour salades

**salad** *ndi* [en Grande-Bretagne, gén soit un plat froid de viande ou de poisson servi avec de la laitue, des tomates, des rondelles de concombre etc., soit un mélange d'ingrédients assaisonnés d'une vinaigrette ou d'une mayonnaise] salade *a ham salad* une assiette de jambon-crudités *rice salad* salade de riz
**lettuce** *ndi* laitue
**tomato** *nd, pl* **tomatoes** tomate

**radish** *nd* radis
**spring onion** (*Brit*), **scallion** (*US*) *nd* petit oignon blanc frais
**cucumber** *ndi* concombre
**celery** *ni* céleri
**beetroot** (*Brit*), **beet** (*US*) *ndi* betterave rouge
**cress** *ni* cresson *mustard and cress* moutarde blanche et cresson alénois
**watercress** *ni* cresson (de fontaine)
**beansprout** *nd* (gén *pl*) germe de soja

## 156 Baked and Dried foods
### Aliments cuits au four et Aliments secs

#### 156.1 Pain

**bread** *ni* pain *sliced bread* pain coupé *white bread* pain blanc *brown bread* pain bis *bread and butter* tartine beurrée

**loaf** *nd, pl* **loaves** [désigne un pain que l'on coupe d'habitude en tranches avant de manger] pain *a wholemeal loaf* un pain complet *a granary loaf* [avec grains concassés] un pain intégral

Le mot **bread** (du pain), qui sert à désigner l'aliment en général, est indénombrable, alors que le mot **loaf**, qui fait référence aux pains à la pièce, est dénombrable, ex. *Two loaves, please.* (Deux pains, s'il vous plaît.)

**roll** *nd* petit pain rond

**dough** *ni* pâte *to knead dough* pétrir la pâte

**crust** *ndi* [bord d'une tranche ou enveloppe extérieure d'un pain] croûte

**crumb** *nd* [petite parcelle de pain, de biscuit, etc.] miette

**toast** *ni* pain grillé *a piece of toast* une tranche de pain grillé/tartine grillée **toast** *vt* griller

### 156.2 Ingrédients de boulangerie

**yeast** *ni* levure

**flour** *ni* farine *plain flour* (*Brit*)/*all-purpose flour* (*US*) farine ordinaire (sans levure) *self-raising flour* (*Brit*) farine avec poudre levante incorporée

**baking powder** *ni* levure chimique

**sugar** *ni* sucre *granulated sugar* sucre semoule *caster sugar* (*Brit*) sucre en poudre *icing sugar* (*Brit*)/*powdered sugar* (*US*) sucre glace *cube sugar* sucre en morceaux *brown sugar* cassonade

### 156.3 Autres aliments cuits au four

**biscuit** *nd* 1 (*Brit*), **cookie** (*US*) [dur, souvent sucré] biscuit, petit gâteau sec 2 (*US*) [mou et sucré] petit gâteau

**cake** *ndi* [mou, de toutes tailles, simple ou compliqué] gâteau, pâtisserie *a sponge cake* génoise, gâteau de Savoie *fruit cake* (gâteau aux fruits secs) cake *a cream cake* un gâteau à la crème

**bun** (*surtout Brit*), **sweet roll** (*US*) *nd* [sucré, souvent avec des petits raisins secs ou un glaçage] petit pain au lait *a sticky bun* une (sorte de) brioche

**icing** (*surtout Brit*), **frosting** (*surtout US*) *ni* glaçage *royal icing* (glaçage à base de sucre glace) glaçage royal

**pastry** *n* 1 *ni* [pour les tartes] pâte *shortcrust pastry* pâte brisée *puff pastry* pâte feuilletée 2 *nd* [petit gâteau à base de pâte à tarte] pâtisserie *Danish pastries* viennoiseries

**pie** *ndi* [plat sucré ou salé. Pâtisserie plate, garnie, généralement couverte de pâte] tarte, tourte *an apple pie* une tarte aux pommes *pecan pie* tarte aux noix de pécan *a pork pie* une tourte à la viande de porc

**tart** *ndi* [gén sucré. Découvert ou couvert de croisillons de pâte] tarte *a jam tart* une tarte à la confiture

### 156.4 Féculents

**rice** *ni* riz *long-grain rice* riz à grains longs *pudding rice* riz à grains ronds

**pasta** *ni* pâtes *I'll cook some pasta.* Je vais faire des pâtes.

**spaghetti** *ni* spaghettis *a bowl of spaghetti* une assiette de spaghettis

### 156.5 Aliments du petit déjeuner

**cereal** *ndi* céréale

**porridge** *ni* bouillie de flocons d'avoine, porridge

**muesli** (*Brit*), **granola** (*US*) *ni* müesli

**bran** *ni* son

**cornflakes** *n pl* flocons de maïs, cornflakes

## 157 Flavours Saveurs

### 157.1 Termes généraux

**flavour** (*Brit*), **flavor** (*US*) *nid* goût, saveur, parfum *to give sth flavour* donner du goût à qch *a distinct lemony flavour* un net parfum de citron *six different flavours of ice cream* six parfums de glace différents

**flavour** (*Brit*), **flavor** (*US*) *vt* (souvent + **with**) parfumer *flavoured with herbs* aromatisé aux fines herbes

**flavouring** (*Brit*), **flavoring** (*US*) *ndi* [gén artificiel] parfum *vanilla flavouring* essence (artificielle) de vanille, parfum vanille

**season** *vt* [relever le goût, gén au moyen de sel, poivre ou herbes aromatiques] assaisonner, parfumer *subtly seasoned with saffron* subtilement relevé au safran *season to taste* assaisonner selon le goût **seasoning** *ndi* assaisonnement, condiment

**taste** *ndi* [met l'accent sur l'effet perçu par le mangeur] goût *a sharp taste* un goût piquant/acide

### 157.2 Fines herbes et condiments

**salt** *ni* sel *a pinch of salt* une pincée de sel

**salt** *vt* saler *lightly salted butter* beurre légèrement salé

**pepper** *ni* poivre *black pepper* poivre noir

**herb** *nd* herbe/plante aromatique

**parsley** *ni* persil *a sprig of parsley* un bouquet de persil

**chives** *n pl* ciboulette, civette

**mint** *ni* menthe

**thyme** *ni* thym

**spice** *ndi* épice

**mustard** *ni* moutarde

### 157.3 Saveurs fortes

**vanilla** *ni* vanille (utilisé comme *adj*) *a vanilla pod* une gousse de vanille

**peppermint** *ni* menthe poivrée

**aniseed** *ni* anis

**ginger** *ni* gingembre *root ginger* rhizome de gingembre

### 157.4 Saveurs sucrées

**sweet** *adj* sucré, doux **sweetness** *ni* goût sucré

**sweeten** *vt* sucrer *slightly sweetened grapefruit juice* jus de pamplemousse légèrement sucré **sweetener** *ndi* édulcorant

**sugary** adj [péjoratif. Trop sucré] très/excessivement sucré

### 157.5 Saveurs non sucrées

**savoury** (Brit), **savory** (US) adj salé a savoury filling une farce salée a savoury pancake une crêpe salée

**bitter** adj amer bitter black coffee du café noir amer **bitterness** ni amertume

**sour** adj [comme les fruits verts, souvent perçu comme désagréable. Décrit le goût: ex. pamplemousse] acide sour cream crème aigre **sourness** ni aigreur, acidité

**sharp** adj [implique un goût rude. Peut être perçu comme agréable] âpre, piquant A good eating apple should be slightly sharp. Une bonne pomme à croquer doit être légèrement acide. **sharpness** ni âpreté

**tart** adj [implique une aigreur généralement perçue comme agréable] acidulé, aigrelet deliciously tart blackberries des mûres délicieusement aigrelettes

**acid** adj [comme le vinaigre, gén perçu comme désagréable] aigre a rather acid white wine un vin blanc plutôt aigre **acidity** ni acidité

### 157.6 Qui a bon goût

**delicious** adj délicieux

**mouth-watering** adj [qui fait envie] alléchant, appétissant

**tasty** adj [non formel. Evoque la cuisine bourgeoise, surtout celle de chez soi] savoureux You can use the bone to make a tasty soup. Tu peux utiliser cet os pour faire une bonne soupe.

### 157.7 Qui manque de saveur

**tasteless** adj insipide, sans goût The pears were crisp but tasteless. Les poires étaient croquantes, mais fades.

**bland** adj [peu relevé et sans saveur] fade Add no salt to baby food, even if it seems bland to you. N'ajoutez pas de sel aux aliments pour bébés, même si vous les trouvez insipides.

## 158 Dairy products Produits laitiers

### 158.1 Produits d'origine animale

**milk** ni lait skimmed milk lait écrémé

**butter** ni beurre unsalted butter beurre non salé

**butter** vt [obj: ex. pain] beurrer

**buttery** adj beurré, au beurre lovely buttery potatoes délicieuses

pommes de terre au beurre

**cheese** nid fromage a blue cheese un (fromage) bleu soft cheeses fromages à pâte molle

**yoghurt** OU **yogurt** nid yaourt low-fat yoghurt yaourt maigre

**cream** ni crème single cream (Brit)/light cream (US) crème fraîche liquide whipping cream crème fraîche à fouetter

double cream (Brit)/heavy cream (US) crème double

**egg** nd oeuf

### 158.2 Graisses et huiles

voir aussi **159 Meat**

**margarine** nid margarine

**oil** nid huile cooking oil huile de cuisine olive oil huile d'olive

**suet** ni graisse de rognon (de bœuf)

## 159 Meat Viande

voir aussi **6 Farm animals; 10 Fish and Sea animals**

### 159.1 Viande rouge et viande blanche

**beef** ni boeuf roast beef rosbif (utilisé comme adj) beef stew ragoût de boeuf

**veal** ni veau

**lamb** ni agneau breast of lamb poitrine d'agneau

**pork** ni porc

**bacon** ni lard, bacon (utilisé comme adj) a

bacon sandwich un sandwich au bacon

**ham** ni jambon

**gammon** ni (Brit) [pointe de filet ou jambon de porc fumé ou salé] gammon (utilisé comme adj) a gammon steak [à griller] une tranche de gammon

### 159.2 Morceaux de viande

**joint** (Brit), **roast** (US) nd [gén à rôtir] rôti a shoulder joint un rôti d'épaule

**cut** nd [morceau de viande particulier, ex. morceau de

cuisse, de jarret ou de collier] morceau a prime cut of beef un beau morceau de boeuf

**rasher** nd tranche de bacon

**chop** nd [surtout de porc ou d'agneau] côte, côtelette a pork chop une côte de porc

**cutlet** nd [petite tranche, avec os] côtelette veal cutlets côtelettes de veau

**steak** nd bifteck a T-bone steak un contrefilet avec os a rare steak un bifteck bleu/saignant

**flesh** ni [pas cuit, moins courant que **meat**, utilisé par ex. quand on considère la qualité de la viande] chair The flesh should be pink and firm. La chair doit être ferme et rosée.

**fat** ni graisse trim the fat off the bacon enlever le gras du lard animal and vegetable fats graisses animales et végétales

**fatty** adj [péjoratif] gras fatty bacon lard gras

**lean** adj maigre lean chops côtelettes maigres

### 159.3 Volaille, gibier et poisson

**poultry** *ni* volaille (utilisé comme *adj*) *poultry farmers* éleveurs avicoles

**chicken** *nid* poulet *a free-range chicken* un poulet fermier *roast chicken* poulet rôti

**turkey** *nid* dinde

**game** *ni* [chassé] gibier (utilisé comme *adj*) *game birds* gibier à plumes

**venison** *ni* venaison *a haunch of venison* un cuissot de chevreuil

**fish** *nid* poisson

### 159.4 Abats et préparations à base de viande

**liver** *nid* foie *lamb's liver* foie d'agneau *chicken liver* foie de volaille

**kidney** *nid* rognon

**sausage** *nd* saucisse (utilisé comme *adj*)

*sausage meat* chair à saucisse

**mince** *nd* (*Brit*) hachis de viande, steak haché

**pâté** *nid* pâté *liver pâté* pâté de foie

## 160 Sweet foods Aliments sucrés

### 160.1 A tartiner

**honey** *ni* miel

**jam** (*Brit*), **jelly** (*US*) *ni* confiture *raspberry jam* confiture de framboises

**marmalade** *ni* [confiture au goût âpre, faite à base

d'agrumes et mangée au petit déjeuner] marmelade

**syrup** *ni* sirop

**treacle** (*Brit*), **molasses** (*US*) *ni* mélasse

### 160.2 Pour le dessert

**ice cream** *nid* crème glacée

**jelly** (*Brit*), **jello** (*US*) *ni* [entremets à base de gélatine] gelée

**custard** *ni* (*Brit*) crème anglaise (utilisé comme *adj*) *custard powder*

préparation pour crème anglaise instantanée

**trifle** *nid* (*surtout Brit*) [génoise recouverte de fruits ou de confiture, de gelée, de crème anglaise et de crème] diplomate

## 161 Snacks and Cooked Food En-cas et Plats cuisinés

### 161.1 Friandises

**sweet** *nd* (*Brit*) bonbon

**candy** *ndi* (*US*) [bonbons sucrés ou chocolats] bonbon(s) (comme *adj*) *a candy bar* un sucre d'orge

**chocolate** *ndi* chocolat *a bar of chocolate* une

tablette de chocolat

**toffee** *ndi* caramel (au beurre)

**popcorn** *ni* [sucré ou salé] pop-corn

**chewing gum** *ni* chewing-gum

### 161.2 En-cas salés

**crisp** (*Brit*), **chip** (*US*) *nd* chips *a bag of crisps* un paquet de chips

**usage**

En anglais britannique le mot **chip** veut dire frite, ex. *fish and chips* (poisson frit avec des frites).

### 161.3 Plats à emporter

**fast food** *ni* fast food, prêt-à-manger

**junk food** *ni* [mangé pour le plaisir plutôt que pour la valeur nutritionnelle] aliments malsains

**takeaway** (*Brit*), **takeout** (*US*) *nd* **1** plat à emporter *a Chinese takeaway* un plat chinois à emporter (utilisé comme *adj*) *takeaway pizza* (*Brit*) pizza à emporter **2** [endroit] restaurant qui fait de la petite restauration à emporter *the Indian takeaway on the corner* le

restaurant indien au coin de la rue qui vend des plats à emporter

**fish and chips** *n pl* [le poisson est enrobé de pâte à beignet] poisson frit avec des frites (utilisé comme *adj* sans 's')

**chip** (*Brit*), **french fry** (*US*) *nd* frite *cod and chips* cabillaud avec frites

**usage**

Le mot **takeaway** ne s'utilise pas comme adjectif en américain. Les Américains disent, par exemple, *pizza to go* (pizza à emporter) à la place.

**sandwich** *nd* sandwich *a cheese sandwich* un sandwich au fromage

**sausage roll** *nd* (*Brit*) [viande hachée enrobée de pâte feuilletée] friand

**pickles** *n pl* pickles

**gherkin** *nd* cornichon

**olive** *nd* olive

**pizza** *ndi* pizza

**curry** *nid* curry *vegetable curry* curry de légumes

**hot dog** *nd* hot-dog

**hamburger** *nd* hamburger

**beefburger** *nd* beefburger

**cheeseburger** *nd* cheeseburger

### 161.4 Plats simples

**soup** *nid* soupe *tomato soup* soupe de tomates

**omelette** *nd* omelette *a Spanish omelette* une omelette à l'espagnole

**pancake** *nd* (*Brit*) [pâte plus épaisse qu'en France, servie gén avec du sucre et du citron] crêpe

### 161.5 Sauces Sauces

**gravy** *ni* sauce au jus de viande

**tomato ketchup** (*Brit & US*), **ketchup**, AUSSI **tomato sauce** (*Brit*) *ni* sauce tomate

**vinegar** *ni* [servi, par exemple, avec les fish and chips] vinaigre

**mayonnaise** *ni* mayonnaise

## 162 Meals Repas

**breakfast** *ndi* petit déjeuner *an English breakfast* un petit déjeuner à l'anglaise *continental breakfast* petit déjeuner à la française

**lunch** *ndi* déjeuner *to have lunch* déjeuner

**dinner** *ndi* [gén le principal repas de la journée, pris à midi ou le soir] dîner *to have dinner* dîner (utilisé comme *adj) a dinner party* un dîner

**tea** *ndi* (*Brit*) goûter *afternoon tea* le goûter de l'après-midi [s'utilise parfois pour le repas du soir] *What's for tea?* Que mange-t-on ce soir?

**supper** *ndi* **1** [collation prise avant de se coucher] souper **2** [repas du soir] dîner *Come to supper.* Venez dîner ce soir.

### usage

**1** Quand on parle de ce qu'on a mangé lors d'un repas, on utilise la préposition **for**, ex. *We had eggs for breakfast.* (Nous avons mangé des oeufs au petit déjeuner.) *They served turkey for dinner.* (On nous a servi de la dinde au dîner.)

**2** Le mot **time** peut suivre tous ces mots pour indiquer un moment de la journée, ex. *lunch time* (le temps de midi), *tea time* (l'heure du thé). Ces mots s'écrivent parfois en un seul mot: *lunchtime, teatime.*

### 162.1 Nourriture

**food** *nid* nourriture *vegetarian food* nourriture végétarienne *dairy foods* produits laitiers

**grub** *ni* [informel et vieilli] bouffe *the sort of grub children love* le genre de boustifaille que les gosses adorent [humoristique] *pub grub* la bouffe qu'on sert dans les pubs

**snack** *nd* **1** casse-croûte, en-cas **2** amuse-gueule

**helping** *nd* [quantité servie] portion *Another helping of soup?* Encore un peu de potage?

**portion** *nd* [quantité déterminée de façon plus précise que **helping**] portion *a double portion of sweetcorn* une double portion de maïs

### 162.2 Plats

**hors d'oeuvre** *nd* (gén *pl*) [plutôt formel. Tout plat mangé en début de repas] hors-d'oeuvre

**starter** *nd* (*Brit*) [moins formel que **hors d'oeuvre**] hors-d'oeuvre, entrée

**first course** *nd* [peut être l'entrée ou le plat principal s'il n'y a pas d'entrée] premier plat

**main course** *nd* plat de résistance

**pudding** *ndi* **1** (*Brit*) [tout dessert] dessert *What's for pudding?* Qu'y a-t-il comme dessert? **2** (*Brit*) [sorte de gâteau de Savoie cuit à l'eau ou à la vapeur] pudding **3** (*US*) [dessert à base de crème anglaise] pudding

**dessert** *nd* dessert

**afters** *n pl* (*Brit*) [informel] dessert *What's for afters?* Qu'est-ce qu'il y a comme dessert?

### 162.3 Repas spéciaux

**feast** *nd* [implique la consommation de grandes quantités de nourriture pour célébrer une occasion] banquet, repas de fête *a Christmas feast* un réveillon de Noël

**refreshments** *n pl* [ex. sandwiches, biscuits, thé] rafraîchissements et petits en-cas *Light refreshments will be available in the interval.* Des rafraîchissements seront servis à l'entracte.

**buffet** *nd* buffet

**picnic** *nd* pique-nique *We went on a picnic.* Nous sommes allés pique-niquer. **picnic** *vi*, – **ck**- pique-niquer

**barbecue** *nd* barbecue **barbecue** *vt* griller sur un barbecue

## 163 Eating and drinking places
### Lieux où on peut boire et manger

**restaurant** *nd* restaurant

**cafe** OU **café** *nd* [on n'y vend gén pas d'alcool en Grande-Bretagne] café

**bar** *nd* [établissement, pièce dans un pub ou un hôtel, comptoir] bar

**pub** *nd* (*Brit*) pub

**wine bar** *nd* (*Brit*) [entre le pub et le restaurant] bar

**inn** *nd* [dans un contexte historique ou pour désigner un pub ou un hôtel ancien] auberge *a coaching inn* relais de poste

**canteen** *nd* cantine

**snack bar** *nd* [sert des repas légers mais gén pas d'alcool] snack bar

**menu** *nd* menu *What's on the menu?* Qu'y a-t-il au menu?

### 163.1 Personnel

**waiter** *nd* serveur *waiter!* garçon! *a wine waiter* un sommelier

**waitress** *nd* serveuse

**chef** *nd* [dans un restaurant] chef

**cook** *nd* [dans une cantine, etc.] cuisinier

**barman** *nd*, *pl* **barmen** (*Brit*) barman

**barmaid** *nd* (*Brit*) barmaid

**bartender** *nd* (*US*) [homme ou femme] barman, barmaid

### usage

On évitera de préférence les termes **barman** et surtout **barmaid** sans doute parce qu'ils traduisent une attitude condescendante. On dira plutôt *the man/woman (serving) behind the bar* (l'homme/la dame qui sert au bar), ou en parlant de ces personnes en général, simplement **bar staff** (personnel de comptoir).

## 164 Eat Manger

**eat** *vti, prét* **ate** *part passé* **eaten** (souvent + **up**, implique qu'on termine tout ce qu'il y a à manger) [terme général] manger *She doesn't eat meat.* Elle ne mange pas de viande. *The dog will eat up the rest.* Le chien finira les restes. *Have you eaten?* [dîné, etc.] Tu as mangé?

**feed** *v prét & part passé* **fed** (souvent + **on**) **1** *vt* [donner à manger] nourrir *Have you fed the cats?* As-tu nourri les chats? *I'm supposed to feed you all on £30 a week.* Je suis censé vous nourrir tous avec 30 livres par semaine. *the scraps we feed (to) the dog* les restes qu'on donne au chien **2** *vi* [manger] se nourrir *The baby's still feeding.* Le bébé tète encore.

**consume** *vt* [plus formel que **eat**. Utilisé par ex. dans les statistiques] consommer *The average Briton consumes 37 kilos of sugar a year.* Le britannique moyen consomme 37 kilos de sucre par an.

**consumption** *nd* consommation *a fall in meat consumption* une baisse dans la consommation de viande

**dine** *vi* (souvent + **on**) [formel. Implique des circonstances particulières. L'expression ordinaire correspondante est **eat** ou **have dinner**] dîner *We were invited to dine at the captain's table.* Nous avons été invités à dîner à la table du commandant.

**appetite** *ndi* appétit *a healthy appetite* un bon appétit

### 164.1 Bon à manger

**nourishing** *adj* [implique que qch est bon pour la santé] nutritif, nourrissant *Save the bone for a nourishing soup.* Gardez l'os pour faire une soupe nutritive.

**edible** *adj* [sain et bon à manger] comestible *edible decorations for the cake* des décorations pour le gâteau qui se mangent

### 164.2 Manger

**taste** *v* **1** *vt* [remarquer le goût] goûter *You can taste the basil.* On goûte bien le basilic. *Have you ever tasted raw fish?* As-tu déjà mangé du poisson cru? **2** *vi* (suivi d'un *adj*; + **of**) [suj: aliments] goûter *The milk tastes sour.* Le lait a un goût acide. *It tasted strongly of mint.* Ça avait un goût prononcé de menthe.

**swallow** *vt* avaler *He swallowed the tea in one gulp.* Il avala son thé d'une seule gorgée.

**bite** *vti, prét* **bit** *part passé* **bitten** (gén + *adv* ou *prép*) croquer *She bit the end off the carrot.* Elle croqua le bout de la carotte. *She bit into the carrot.* Elle croqua dans la carotte.

**bite** *nd* bouchée *Have a bite of my sandwich.* Prends une bouchée de ma tartine.

**chew** *v* **1** *vt* mâcher **2** *vi* (gén + **on**) mastiquer *He was chewing on the bone.* Il était en train de mastiquer l'os.

**gnaw** *v* [implique qu'on mord qch de dur par petites bouchées. Surtout en parlant d'un os] **1** *vt* ronger **2** *vi* (gén + **on**) ronger

**lick** *vt* lécher

**suck** *vti* (souvent + **at**) sucer, téter *She sucked the last drops out of the bottle.* Elle suça les dernières gouttes

au goulot de la bouteille. *She was sucking at a dummy.* Elle suçait sa tétine.

**digest** *vt* digérer

**choke** *vi* (souvent + **on**) s'étouffer *He nearly choked on a fish bone.* Il s'est presque étouffé avec une arête de poisson.

### 164.3 Manger vite ou en grandes quantités

**gobble** *vt* (souvent + **up**) [implique qu'on mâche et avale rapidement] engloutir *We watched the ducks gobble the bread.* Nous avons regardé les canards engloutir le pain.

**guzzle** *vt* [implique qu'on boit ou mange avidement, surtout des aliments liquides] se gaver *They were all in front of the television guzzling beer and crisps.* Ils étaient devant la télévision en train de se gaver de bière et de chips.

**munch** *vti* [met l'accent sur le plaisir de mastiquer les aliments] manger, mastiquer *He's always munching sweets or biscuits.* Il est toujours en train de manger un bonbon ou un biscuit. *She kept munching happily at her apple.* Elle continua à croquer tranquillement sa pomme.

**devour** *vt* [implique qu'on mange de bon appétit et qu'on ne laisse rien] dévorer *The children devoured everything in sight.* Les enfants dévorèrent tout ce qui était en vue.

**scoff** *vt* [informel. Implique qu'on mange avidement en ne laissant rien] bouffer *I bet you've scoffed all the chocolate.* Je parie que tu as bouffé tout le chocolat.

**bolt** *vt* (souvent + **down**) [implique qu'on avale sans mâcher et sans rien goûter] engloutir, se goinfrer *If you bolt your food down like that you're bound to get heartburn.* Si tu avales ta nourriture comme ça sans la mâcher, tu auras forcément des brûlures d'estomac.

**wolf** sth **down** ou **wolf down** sth *vt prép* [implique qu'on a très faim et qu'on mange rapidement] dévorer *She wolfed it down as if she hadn't eaten for weeks.* Elle l'engloutit comme si elle n'avait pas mangé depuis des semaines.

### *e x p r e s s i o n*

**stuff one's face** [argot. Manger avidement. Implique souvent de mauvaises manières] s'en mettre plein la gueule, s'empiffrer *They were stuffing their faces with ice cream.* Ils étaient en train de s'empiffrer de glace.

### 164.4 Gens qui mangent beaucoup

**glutton** *nd* [péjoratif, formel si ce mot est utilisé sans négation ou sans exagération] glouton **gluttonous** *adj* glouton **gluttony** *ni* gloutonnerie

**pig** *nd* [informel et péjoratif] goinfre *You pig! We've only just had lunch.* Goinfre! On vient juste de terminer de déjeuner. *I've made a pig of myself, there's not a chocolate left.* Je me suis goinfré, il ne reste pas un chocolat.

### 164.5 Manger de petites quantités

**peck at** sth vt prép [implique un manque d'appétit] grignoter *She only pecked at what was on her plate.* Elle a à peine touché à ce qu'il y avait dans son assiette.

**nibble** vti [implique qu'on mange par petites bouchées, comme les souris et les écureuils] grignoter *bowls of peanuts for people to nibble* des assiettes de cacahuètes à grignoter (+ **at**) *You've been nibbling at the icing, haven't you?* Tu as grignoté le glaçage, n'est-ce pas?

**mouthful** nd bouchée *That was lovely but I couldn't manage another mouthful.* C'était délicieux, mais je ne pourrais plus avaler une seule bouchée.

## 165 Hungry Affamé

**hungry** adj affamé *five hungry children* cinq enfants affamés *to be hungry* avoir faim *I bet you're hungry.* Je parie que tu as faim. **hungrily** adv avidement **hunger** ni faim

**starve** v 1 vi mourir de faim *If there is no rain, millions will starve.* S'il ne pleut pas, des millions de gens vont mourir de faim. *pictures of starving children* des images d'enfants mourant de faim 2 vt [priver de nourriture] affamer *They looked half-starved.* Ils avaient l'air à moitié affamés. **starvation** ni famine

**starving** (Brit & US), **starved** (US) adj [informel] mort de faim *I'm absolutely starving!* Je meurs de faim!

**famine** ndi [pénurie de nourriture] disette *last year's famine* la famine de l'année dernière

**peckish** adj (surtout Brit) [informel] *to feel peckish* avoir une petite faim *There are some biscuits if you're feeling peckish.* Il y a des biscuits si tu as une petite faim.

**famished** adj (gén après v) [informel. Qui a très faim, surtout après avoir beaucoup travaillé ou être resté longtemps sans manger] affamé *I missed breakfast and I'm famished!* Je n'ai pas pris de petit déjeuner et j'ai une faim de loup!

**ravenous** adj [implique une faim inassouvissable] affamé *I ate the sandwich but I was still ravenous.* J'ai mangé le sandwich mais je me sentais encore affamée.

### expression

**I could eat a horse.** [informel. Met l'accent sur un grand appétit] J'ai une faim de loup. (Littéralement: je pourrais manger un cheval).

## 166 Drinks Boissons

### 166.1 Pour décrire les boissons

**alcohol** ni alcool *under the influence of alcohol* sous l'influence de l'alcool

**alcoholic** adj alcoolisé *a highly alcoholic punch* un punch très alcoolisé

**booze** ni [informel. N'importe quel alcool, surtout s'il est bu en grandes quantités] boissons (alcoolisées), gnôle

**booze** vi [argot] picoler *to go out boozing* aller se pinter

**non-alcoholic** adj non alcoolisé

**low-alcohol** adj faiblement alcoolisé *low-alcohol lager* bière faiblement alcoolisée

**alcohol-free** adj sans alcool *an alcohol-free drink* une boisson non alcoolisée

**soft drink** ndi [sucré et sans alcool] boissons non alcoolisées

**still** adj [sans gaz] non gazeux *still mineral water* eau minérale plate

**flat** adj [qui ne pétille plus] sans bulles *the beer was flat* la bière était plate.

**fizzy** adj [artificiellement gazeux. Décrit: ex. limonade, eau minérale] gazeux, gazéifié

**sparkling** adj [gazeuse, parfois naturellement. Décrit: ex. vin, jus de fruit] gazeux

**aperitif** nd apéritif

**cocktail** nd cocktail

**liqueur** nid liqueur

### 166.2 Boissons non alcoolisées

**water** ni eau *mineral water* eau minérale

**juice** ni jus *fruit juice* jus de fruit *tomato juice* jus de tomate

**squash** ni (Brit) [sirop de fruit dilué avec de l'eau] sirop *orange squash* sirop à l'orange

**lemonade** nid limonade

### 166.3 Boissons chaudes

**tea** nid thé *a nice cup of tea* une bonne tasse de thé

**tea bag** nd sachet de thé

**coffee** nid café

**decaffeinated** coffee café décaféiné

**cocoa** nid cacao

**hot chocolate** nid chocolat chaud

### 166.4 Spirits Spiritueux

**brandy** nid cognac *Three brandies, please.* Trois cognacs, s'il vous plaît.

**whisky** nid, pl whiskies [distillé en Ecosse] whisky écossais

**whiskey** nid, pl whiskeys [distillé en Irlande ou aux USA] whisky

**gin** nid gin

**vodka** nid vodka

**rum** nid rhum

### 166.5 Bière

**beer** nid bière *draught beer* bière à la pression

**ale** nid [au sens strict bière sans houblon, mais peut aussi être utilisé humoristiquement pour désigner la bière en général] bière, ale *real ale* bière non pasteurisée

**bitter** *ni* (*Brit*) [fabriquée avec une grande quantité de houblon] bière anglaise brune *a pint of bitter* un demi de bitter

**lager** *nid* [bière légère de type européen] bière blonde

**shandy** *nid* (*surtout Brit*) [bière avec limonade] panaché

## 166.6 Autres boissons alcoolisées

**wine** *nid* vin (utilisé comme *adj*) *a wine cellar* une cave à vin

**claret** *nid* [du Bordelais] bordeaux

**cork** *nd* bouchon *to pull a cork* déboucher

**corkscrew** *nd* tire-bouchon

**sherry** *nid* xérès, sherry

**port** *nid* porto

**cider** *nid* cidre

## 166.7 Ivresse

**drunk** *adj* soûl [informel] *blind drunk* ivre mort

**drunkard** *nd* [plutôt vieilli] soûlard

**alcoholic** *nd* alcoolique **alcoholism** *ni* alcoolisme

**merry** *adj* (gén après *v*) [informel, parfois utilisé comme euphémisme. Légèrement ivre et d'humeur joyeuse] joyeux

**tipsy** *adj* [informel. Qui commence à se sentir ivre] éméché *It only took two sherries to get him tipsy.* Après deux xérès, il était déjà un peu pompette.

**pissed** *adj* [vulgaire et informel. Tout à fait ivre] bituré *The party was just another excuse to get pissed.* La réception était simplement une bonne occasion de se soûler la gueule.

**Dutch courage** (*Brit*) [courage ou confiance en soi procurés par la boisson] courage puisé dans la bouteille *I needed a little Dutch courage to tell her that I'd wrecked the car.* Pour lui avouer que j'avais démoli la voiture, il me fallait puiser un peu de courage dans la bouteille.

**hangover** *nd* gueule de bois *to have a hangover* avoir la gueule de bois

## 166.8 Sobriété

**sober** *adj* [pas ivre] sobre, qui n'est pas sous l'influence de la boisson *He'd never say a thing like that when he was sober.* Il ne dirait jamais une chose pareille quand il est sobre. **sobriety** *ni* sobriété **sober up** *vi prép* dessoûler

**teetotal** *adj* qui ne boit jamais d'alcool *All my family were teetotal.* Dans ma famille, personne ne buvait d'alcool. **teetotaller** (*Brit*), **teetotaler** (*US*) *nd* personne qui ne boit jamais d'alcool

### expression

**on the wagon** [informel] qui a arrêté de boire (temporairement ou définitivement) *He never stays on the wagon for long.* Il ne reste jamais sobre très longtemps.

# 167 Drink Boire

**drink** *v*, *prét* **drank** *part passé* **drunk** **1** *vt* (parfois + *prép*) boire *Drink up that tea.* Finis de boire ce thé. **2** *vi* [boire de l'alcool. Lorsqu'il est utilisé sans complément, ce verbe implique boire de l'alcool en excès] boire *He drinks, you know.* Il boit, tu sais.

**sip** *vti* [en petites quantités, au travers des lèvres presque fermées] siroter *I was quietly sipping my whisky.* J'étais tranquillement en train de siroter mon whisky. (+ **at**) *He was sipping at a cocktail.* Il sirotait un cocktail.

**sip** *nd* gorgée *Can I have a sip?* Je peux avoir une gorgée?

**lap** *vt* (parfois + **up**) [suj: gén un animal ex. un chat] laper

**gulp** sth **down** OU **gulp down** sth *vt prép* [implique qu'on boit vite et bruyamment] engloutir, boire d'un trait *I gulped down the medicine.* J'ai bu le médicament d'un trait. **gulp** *nd* gorgée, lampée

**swig** *vt*, -gg- (parfois + **down**) [informel. Implique qu'on boit vite et à grandes lampées, souvent inélégamment au goulot d'une bouteille] boire à grandes lampées *They hang about the city centre swigging lager from cans.* Ils traînent dans le centre de la ville à siffler des boîtes de bière.

**swig** *nd* lampée *She took a swig of cider.* Elle avala une lampée de cidre.

## 167.1 Vouloir boire

**thirst** *nid* soif *We're all dying of thirst.* Nous mourons tous de soif. *I had a terrible thirst.* J'avais une soif épouvantable.

**thirsty** *adj* assoiffé *to be thirsty* être assoiffé *It's thirsty work.* Ça donne soif.

**parched** *adj* (gén après *v*) [très assoiffé] mort de soif *Give me some water, I'm parched.* Donne-moi de l'eau, je suis mort de soif.

# 168 Cooking methods Méthodes de cuisson

**recipe** *nd* recette *to follow a recipe* suivre une recette

**cookery book** (*Brit*), AUSSI **cookbook** (*Brit & US*) *nd* livre de cuisine

## 168.1 Cuire

**boil** *v* [obj/suj: ex. eau, pommes de terre] **1** *vt* faire bouillir *boiled carrots* carottes bouillies **2** *vi* bouillir (utilisé comme *n*) *to bring sth to the boil* amener qch à ébullition

**simmer** v [juste avant l'ébullition] **1** vi mijoter Let the mixture simmer for five minutes. Laissez mijoter la préparation pendant cinq minutes. **2** vt cuire à feu doux, laisser mijoter Simmer the porridge, stirring all the time. Cuisez le porridge à feu doux, en remuant régulièrement.

**steam** vt [obj: ex. légumes, pudding] cuire à la vapeur

**fry** v **1** vt faire frire fried eggs oeufs sur le plat to deep-fry sth faire frire (dans un bain de friture) to stir-fry sth faire sauter qch **2** vi frire Can I smell something frying? Je sens quelque chose en train de frire, non?

**bake** v [au four. Obj/suj: gén du pain ou de la pâtisserie] **1** vt faire cuire au four a baked potato une pomme de terre cuite au four **2** vi cuire

**poach** vti [dans du liquide. Obj: ex. poisson, oeuf] pocher

**roast** v [au four, avec de la matière grasse. Obj/suj: ex. viande, pommes de terre] **1** vt faire rôtir, rissoler **2** vi rôtir **roast** nd rôti

**roast** adj rôti roast potatoes pommes de terre rôties

**grill** v **1** vt faire griller **2** vi griller

## 168.2 Découper les aliments

voir aussi **133.3 Cut**

**shred** vt, -dd- [découper en minces lanières. Obj: ex. laitue, chou ou autre légume à feuilles] couper en lamelles

**grate** vt [avec une râpe. Obj: ex. fromage, carotte] râper

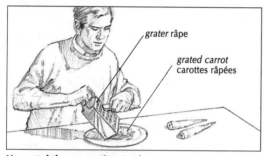

grater râpe

grated carrot carottes râpées

**He grated the carrot.** Il a râpé la carotte.

**chop** vt, -pp- [en petits morceaux, avec une lame bien aiguisée] hacher chopped parsley persil haché

**mash** vt [obj: surtout des pommes de terre] écraser en purée

**peel** vt [enlever la peau] peler, éplucher

mashed potato purée de pommes de terre

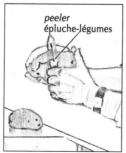

peeler épluche-légumes

**She mashed the potatoes.** Elle a écrasé les pommes de terre en purée.

**He peeled the potatoes.** Il a pelé les pommes de terre.

## 168.3 Mélanger les aliments

**stir** vt, -rr- remuer Keep stirring the porridge. Continuez à remuer le porridge. (+ **in**) Stir in the lemon juice. Ajoutez le jus de citron tout en remuant bien.

**mix** vt (parfois + **in**, **together**) mélanger Mix the dry ingredients thoroughly. Mélangez soigneusement les ingrédients solides. Mix in the milk a little at a time. Ajoutez le lait petit à petit en mélangeant bien.

**mixture** nd [semi-liquide, préparation pour la cuisine] préparation Remove the mixture from the heat when it begins to boil. Retirez du feu dès que la préparation commence à bouillir.

**beat** vt (parfois + **in**) [remuer vigoureusement, en introduisant de l'air] battre Beat in the eggs one at a time. Incorporez les œufs un à un en mélangeant bien.

**whisk** vt [introduire de l'air pour rendre plus solide ou plus écumeux. Obj: surtout crème, blanc d'oeuf] fouetter, battre

**fold in** sth OU **fold** sth **in** vt prép [incorporer avec précaution afin de ne pas perdre la texture aérée de la préparation. Obj: ex. farine, sucre] incorporer

rotary whisk batteur

whisk fouet

**Whisk the egg whites until frothy.** Battre les blancs d'oeufs jusqu'à ce qu'ils soient mousseux.

## 168.4 Séparer les aliments

**strain** vt [séparer des solides de leur liquide] égoutter Boil the vegetables and strain off the cooking liquid. Faites bouillir les légumes et égouttez-les.

**drain** vt (souvent + **off**) égoutter drain the pasta égouttez les pâtes Drain off the liquid. Laissez bien égoutter tout le liquide.

**sieve** vt [passer à travers un tamis pour enlever les morceaux non désirés ou pour obtenir une texture plus légère. Obj: aliments solides ou liquides] passer au tamis Sieve the raspberries to remove the seeds. Passez les framboises au tamis pour enlever les pépins.

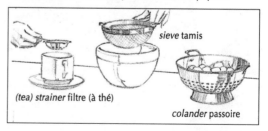

sieve tamis

(tea) strainer filtre (à thé)

colander passoire

**sift** vt [passer à travers un tamis pour obtenir une texture plus fine. Obj: aliments secs uniquement ex. farine, sucre] tamiser

## 169 **Kitchen** Cuisine

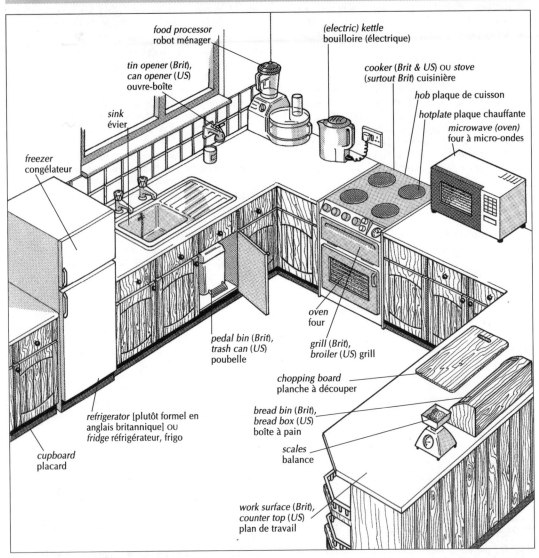

food processor
robot ménager

(electric) kettle
bouilloire (électrique)

tin opener (Brit),
can opener (US)
ouvre-boîte

cooker (Brit & US) OU stove
(surtout Brit) cuisinière

sink
évier

hob plaque de cuisson

hotplate plaque chauffante

microwave (oven)
four à micro-ondes

freezer
congélateur

pedal bin (Brit),
trash can (US)
poubelle

oven
four

grill (Brit),
broiler (US) grill

chopping board
planche à découper

refrigerator [plutôt formel en
anglais britannique] OU
fridge réfrigérateur, frigo

bread bin (Brit),
bread box (US)
boîte à pain

scales
balance

cupboard
placard

work surface (Brit),
counter top (US)
plan de travail

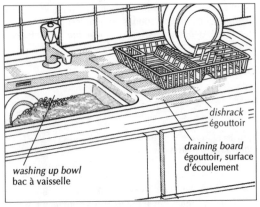

dishrack
égouttoir

draining board
égouttoir, surface
d'écoulement

washing up bowl
bac à vaisselle

pressure cooker cocotte-minute

saucepan casserole

frying pan
poêle

## 170 Dining room Salle à manger

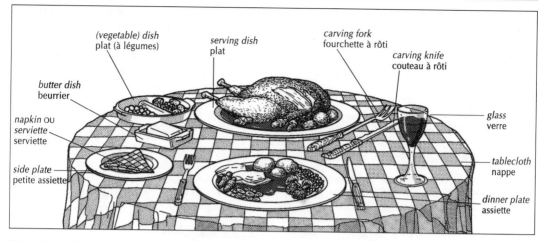

(vegetable) dish
plat (à légumes)

serving dish
plat

carving fork
fourchette à rôti

carving knife
couteau à rôti

butter dish
beurrier

napkin ou
serviette
serviette

glass
verre

side plate
petite assiette

tablecloth
nappe

dinner plate
assiette

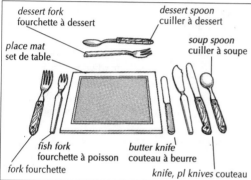

dessert fork
fourchette à dessert

dessert spoon
cuiller à dessert

soup spoon
cuiller à soupe

place mat
set de table

fish fork
fourchette à poisson

butter knife
couteau à beurre

fork fourchette

knife, pl knives couteau

**crockery** *ni* [assiettes, plats, etc.] vaisselle

**cutlery** (*surtout Brit*), **silverware** (*US*) *ni* [couteaux, fourchettes, etc.] couverts

saucer
soucoupe

cup tasse

mug tasse,
chope

teapot théière

teaspoon
cuiller à café

milkjug (Brit),
pitcher (US)
pot à lait

sugar bowl
sucrier

tray
plateau

plate assiette

### SPOONS CUILLERS

La plus grande cuiller est la **tablespoon** (cuiller de service) que l'on utilise parfois pour servir les légumes, elle est semblable à la cuiller à soupe française. Les **dessert spoons** (*surtout Brit*) (cuillers à dessert) sont plus petites et on les utilise pour manger les desserts, les céréales, etc. Les plus petites cuillers sont les **teaspoons** (cuillers à café) que l'on utilise principalement pour mélanger le sucre dans une tasse de thé. Ces cuillers sont également utilisées comme mesures en cuisine.

Dans les recettes, *a level tablespoon(ful)* (une cuillerée à soupe rase) correspond plus ou moins à 15 ml, *a dessert spoon(ful)* (une cuillerée à dessert) correspond à environ 10 ml et *a teaspoon(ful)* (une cuillerée à café) à environ 5 ml. Un autre type de dosage fréquemment utilisé dans les recettes est ce qu'on appelle *a heaped teaspoon/tablespoon, etc.* (une cuillerée à café/à soupe bombée) en anglais britannique et *a heaping teaspoon/tablespoon, etc.* en anglais américain.

## 171 Smoking Fumer

**cigarette** nd cigarette (utilisé comme adj) cigarette smoke fumée de cigarette a packet (Brit)/pack (US) of cigarettes un paquet de cigarettes

**fag** nd (Brit) [informel] clope

**cigar** nd cigare

**pipe** nd pipe

**tobacco** ni tabac

**ash** ni cendre

**ashtray** nd cendrier

**stub** (Brit), **butt** (surtout US) nd mégot

**lighter** nd briquet

**Have you got a light?** Vous avez du feu?

## 172 Drugs Drogues

### 172.1 Personnes affectées par la drogue

**addict** nd toxicomane
**addiction** ni toxicomanie
**addictive** adj qui entraîne une dépendance

**junkie** ou **junky** nd [informel. Désigne principalement les consommateurs d'héroïne] camé

**user** nd [informel] consommateur

**pusher** nd [vend la drogue aux toxicomanes] revendeur

**dealer** nd [vend la drogue aux revendeurs] dealer

**to be on drugs** se droguer

### 172.2 Types de drogues

**soft drug** nd drogue douce

**hard drug** nd drogue dure
**amphetamine** nd

amphétamine
**heroin** ni héroïne to do heroine [informel] se shooter à l'héroïne
**crack** ni crack

### 172.3 Cannabis

**cannabis** ni [terme générique utilisé dans un contexte légal ou journalistique] cannabis Customs officers have seized cannabis with a street value of half a million pounds. Les douaniers ont saisi du

**opium** ni opium
**LSD** ni LSD
**acid** ni [informel] LSD, acide to drop acid prendre du LSD

cannabis pour une valeur marchande estimée à un demi million de livres.
**hashish** ni haschisch
**marijuana** ni marijuana
**pot** ou **grass** ni [informel] herbe
**joint** nd [informel] joint

## 173 Farming Agriculture

voir aussi **6 Farm Animals**

**farm** nd ferme, exploitation agricole a poultry farm un élevage de volaille (utilisé comme adj) farm animals animaux de la ferme farm workers ouvriers agricoles
**farm** vt gérer une exploitation agricole They farm two hundred acres in Scotland. Ils ont une exploitation agricole de cent hectares en Ecosse. They now use the land for farming sheep. Maintenant, ils utilisent les terres pour l'élevage des moutons.
**farming** ni agriculture fish farming pisciculture
**farmer** nd agriculteur **farmhouse** nd ferme **farmyard** nd cour de ferme

**agriculture** ni agriculture
**agricultural** adj agricole agricultural workers ouvriers agricoles

### 173.1 Terres cultivées

**field** nd champ a potato field un champ de pommes de terre

**meadow** nd [avec de l'herbe, gén utilisé comme pâture] pré

**orchard** nd [avec des arbres fruitiers] verger

**vineyard** nd vignoble

**pasture** nid [pour faire paître] pâture The land was only fit for pasture. Les terres étaient tout juste bonnes à en faire des pâtures.

**hedge** nd haie

**ditch** nd fossé

### 173.2 Engins agricoles

**plough** (Brit), **plow** (US) vt labourer

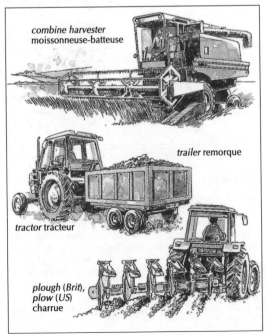

combine harvester moissonneuse-batteuse

trailer remorque

tractor tracteur

plough (Brit), plow (US) charrue

### 173.3 Bâtiments de la ferme

**barn** *nd* grange

**stable** *nd* [pour les chevaux] écurie

**cowshed** *nd* étable

**pigsty** *nd* porcherie

**dairy** *nd* laiterie

**silo** *nd, pl* **silos** silo

**outbuilding** *nd* dépendance

### 173.4 Cultures

**arable** *adj* arable

**grow** *vt, prét* **grew** *part passé* **grown** cultiver *organically grown vegetables* légumes cultivés biologiquement

**grower** *nd* [surtout de fruits ou de fleurs] producteur

**cultivate** *vt* [plutôt formel. Implique l'utilisation de techniques professionnelles. Obj: surtout terre, culture] cultiver *Land which had previously been cultivated was turned over to sheep farming.* Des terres qui avaient été précédemment cultivées ont été utilisées pour l'élevage des moutons. *Attempts to cultivate cotton had failed.* Des essais de culture de coton avaient échoué.

**cultivation** *ni* culture

**crop** *nd* **1** [ce qu'on cultive] culture *a difficult crop to grow in this climate* une culture difficile dans ce climat **2** [ce qu'on récolte] récolte *a heavy crop of tomatoes* une grosse récolte de tomates (utilisé comme *adj*) *The drought led to crop failure.* La sécheresse a réduit les récoltes à néant.

**harvest** *nd* **1** [cueillette] moisson, récolte *workers taken on for the harvest* main d'oeuvre embauchée pour les moissons **2** [produit des récoltes] *an average fruit harvest* une récolte de fruits moyenne

**harvest** *vt* [obj: ex. champ, récolte] moissonner

**yield** *vt* [suj: ex. arbre, ferme, vache] produire *The estate yields three tonnes of apples a year.* Le domaine rapporte trois tonnes de pommes par an.

**yield** *nd* production *increased milk yields* des productions laitières en augmentation

### 173.5 Cultures céréalières

**cereal** *nid* [grain ou plante qui produit du grain] céréale (utilisé comme *adj*) *cereal crops* récoltes céréalières

**grain** *nid* grain

**wheat** *ni* froment

**maize** (*Brit*), **corn** (*US*) *ni* maïs

**corn** *ni* **1** (*Brit*) [froment] blé **2** (*US*) maïs

**barley** *ni* orge

**oats** *n pl* avoine

**rye** *ni* seigle

**bale** *nd* ballot

**hay** *ni* foin

**haystack** *nd* meule de foin

**straw** *ni* paille

### 173.6 Productivité

**fertile** *adj* [pour décrire: ex. terre, vache] fertile
**fertility** *ni* fertilité

**infertile** *adj* stérile
**infertility** *ni* stérilité

**fertilizer** *nid* engrais *artificial fertilizers* engrais artificiels

**muck** *ni* [informel. Déjections d'animaux] fumier

**manure** *ni* [gén déjections d'animaux] fumier, purin
**manure** *vt* répandre du fumier

### 173.7 Elevage de moutons et de bétail

**shepherd** *nd* berger

**flock** *nd* [utilisé pour les oiseaux et les moutons] troupeau

**herd** *nd* [utilisé pour la plupart des animaux, excepté les moutons] troupeau

**cattle** *ni* bétail *dairy cattle* vaches laitières

**shear** *vt* tondre

**shearer** *nd* **1** [métier] tondeur **2** [machine] tondeuse

**milk** *vt* traire

## 174 Types of building Types de constructions

### 174.1 Habitations

*terraced houses* (*Brit*), *row houses* (*US*) maisons attenantes

*bungalow* bungalow

*semi-detached house* (*Brit*) maison jumelée

*detached house* (*Brit*) maison indépendante, pavillon

**house** nd [terme général] maison

**home** nd 1 [endroit où on vit, considéré comme le centre de la vie personnelle ou familiale souvent avec une connotation sentimentale] chez soi, foyer *Thousands have no job and no home.* Des milliers de gens n'ont ni travail ni foyer. *We're spending Christmas at home.* Nous passons Noël chez nous. (utilisé comme *adj*) *home improvements* aménagements dans la maison 2 [endroit où sont soignées les personnes âgées, handicapées, etc.] maison, foyer *an old people's home* un foyer pour personnes âgées

**cottage** nd [petite maison ancienne dans un village campagnard] maison de caractère, cottage *a thatched cottage* un cottage au toit de chaume

**villa** nd [maison gén à la côte ou dans une région touristique] villa *We're invited to his villa in the South of France.* Nous sommes invités dans sa villa dans le sud de la France.

**igloo** nd, pl **igloos** iglou

**slum** nd taudis, bidonville

### 174.2 Parties d'habitations

**flat** (*surtout Brit*), **apartment** (*surtout US*) nd appartement *a block of flats/an apartment building* un immeuble

**bedsit** OU **bedsitter** nd (*Brit*) [avec une pièce dans laquelle on vit et on dort, souvent à louer] studio

**studio** OU **studio flat** nd [la même chose qu'un **bedsit** mais plus haut de gamme] studio

**duplex** nd (*US*) 1 [appartement sur deux étages] duplex 2 [habitation avec deux appartements construits l'un au-dessus de l'autre] double appartement

### 174.3 Hauts édifices

**skyscraper** nd [gén bureaux] gratte-ciel

**tower block** nd (*Brit*) [gén habitations] immeuble-tour

**office block** nd immeuble de bureaux

**condominium** AUSSI [informel] **condo** (*surtout US*) nd 1 [grand immeuble ou groupe de maisons où chacun est propriétaire de son logement] immeuble en copropriété 2 appartement dans un immeuble en copropriété

### 174.4 Edifices imposants

**castle** nd château

**palace** nd palais

**mansion** nd [maison imposante, surtout à la campagne] manoir

**monument** nd [rarement habité, gén mémorial ou édifice d'intérêt historique] monument *the monument honouring him in Westminster Abbey* le monument construit à sa mémoire à l'abbaye de Westminster *The ruins are classed as an ancient monument.* Les ruines sont classées monument historique.

### 174.5 Edifices rudimentaires

**shed** nd [gén en bois, ex. pour ranger des outils] remise *a garden shed* une remise dans le jardin

**hut** nd [gén en bois] 1 [abri dans les montagnes] refuge, cabanon 2 [logement dans les pays pauvres] hutte

### 174.6 Gens qui travaillent dans la construction

**architect** nd architecte **architecture** ni architecture

**surveyor** nd expert-géomètre

**builder** nd [travailleurs manuels dans le bâtiment] ouvrier (du bâtiment) *We've got the builders in.* On a les ouvriers à la maison.

**bricklayer** nd maçon          **electrician** nd électricien

**carpenter** nd charpentier      **plumber** nd plombier

## 175 Live Habiter

**live** vi habiter (+ **in** avec les noms de villes, de rues, etc.) *I live in London.* J'habite à Londres. (+ **at** avec un numéro de maison) *I live at number 56 Hawthorne Rd.* J'habite au 56 Hawthorne Rd.

**reside** vi (souvent + **in** ou **at**) [formel, souvent dans un contexte officiel] résider *Do you reside in this country?* Résidez-vous dans ce pays?

**residence** n 1 nd [habitation, surtout si elle est imposante] résidence *the ambassador's residence* la résidence de l'ambassadeur 2 ni [le fait d'habiter à un endroit] résidence *You need three years residence for naturalization.* Vous devez être résident depuis trois ans pour pouvoir obtenir la naturalisation.

**resident** nd [personne qui vit dans un endroit spécifique ex. un pays, une rue, un immeuble] habitant, riverain *Other residents have been complaining about the noise.* D'autres riverains se sont plaints du bruit.

**resident** adj (avant n) 1 [qui vit et travaille au même endroit] à demeure *a resident caretaker* un gardien à demeure 2 (après v) [formel, souvent dans un contexte

officiel] résidant *foreigners resident in Britain* les étrangers résidant en Grande-Bretagne

**dwell** vi (souvent + **in**) prét & part passé **dwelled** OU **dwelt** [vieilli ou poétique] demeurer *Down by the river there dwelt an old man.* Près de la rivière demeurait un vieil homme.

**dwelling** nd [vieilli ou dans un contexte officiel] demeure *a woodcutter's dwelling* la demeure d'un bûcheron *The dwelling shall not be used for any business or trade.* L'habitation ne pourra pas être utilisée pour des activités commerciales.

**dweller** nd (surtout dans des mots composés) habitant *city-dwellers* citadins

**inhabit** vt (surtout au part passé) [vivre dans un endroit. Obj: ex. région géographique] habiter, occuper *the cossacks who inhabited the steppes* les cosaques qui occupaient les steppes *The island is no longer inhabited.* L'île n'est plus habitée.

**inhabitant** nd habitant *the village's oldest inhabitant* le plus vieil habitant du village **uninhabited** adj inhabité

**squat** *vi*, **-tt-** (*surtout Brit*) (gén + **in**) [sans permission ou sans payer de loyer] squatter *We were forced to squat in derelict buildings.* Nous avons été obligés de squatter dans des immeubles abandonnés.

**squat** *nd* squat *We shared a squat in South London.* Nous avons partagé le même squat dans le sud de Londres. **squatter** *nd* squatter

## 175.1 S'installer quelque part

**settle** *v* **1** *vi* (souvent + **in**) [implique le choix définitif d'une demeure] s'installer, se fixer *A lot of retired people settle here.* Beaucoup de retraités viennent s'installer ici. **2** *vt* [fonder une communauté] coloniser *The state was originally settled by Mormons.* A l'origine, l'état fut colonisé par les mormons. **3 settle in** *vi prép* [s'adapter à un nouvel endroit] s'installer *We're gradually settling into our new place.* Nous nous installons petit à petit dans notre nouvelle maison.

**settlement** *nd* colonie, établissement *Viking settlements on the east coast* des établissements vikings sur la côte est

**settler** *nd* colon *the ideals of the Puritan settlers* les idéaux des colons puritains

**move in** *vi prép* [commencer à vivre dans une nouvelle maison] emménager *We moved in on the 5th.* Nous avons emménagé le 5.

**move out** *vi prép* [cesser de vivre dans une maison] déménager *They asked her to move out.* Ils lui ont demandé de quitter les lieux.

## 175.2 Logement

**accommodation** *ni* [n'importe quel type de logement, souvent à court terme, pour des individus isolés ou pour les gens en général] hébergement *the town's hotel accommodation* l'hébergement hôtelier de la ville *We're staying in temporary accommodation till we buy a house.* Nous vivons dans un logement temporaire jusqu'à ce que nous achetions une maison.

**housing** *ni* [tous les types d'habitation, gén à long terme pour les gens en général] logement

**landlord** *nd* [homme] propriétaire

**landlady** *nd* [femme] propriétaire

**tenant** *nd* [gén dans une maison ou un appartement] locataire

**lodge** *vi* [plutôt vieilli] loger *It was usual for the apprentice to lodge with his master.* C'était la coutume que l'apprenti loge avec son maître.

**lodger** *nd* [paye pour le logement et parfois aussi le couvert dans la maison d'un particulier] pensionnaire *to take in lodgers* prendre des pensionnaires

**lodgings** *n pl* [chambre louée ex. par un étudiant] chambre (meublée) *to look for lodgings* chercher une chambre

**digs** *n pl* [informel. Chambre louée ex. par un étudiant] chambre (meublée), piaule *I'm in digs.* Je loue une chambre.

**lease** *nd* bail     **deposit** *nd* caution

# 176 **Parts of buildings** Parties d'édifices

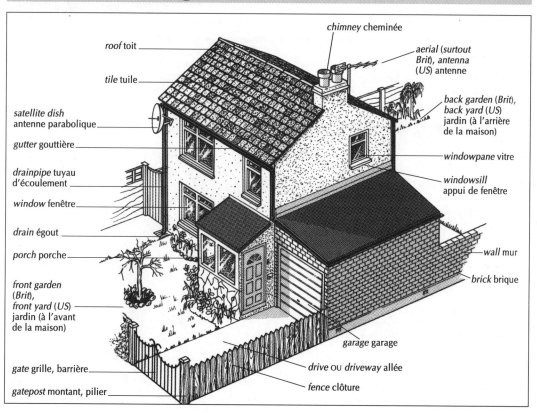

chimney cheminée

*roof* toit

aerial (*surtout Brit*), antenna (*US*) antenne

*tile* tuile

*satellite dish* antenne parabolique

back garden (*Brit*), back yard (*US*) jardin (à l'arrière de la maison)

*gutter* gouttière

*windowpane* vitre

*drainpipe* tuyau d'écoulement

*windowsill* appui de fenêtre

*window* fenêtre

*drain* égout

*porch* porche

*wall* mur

*brick* brique

*front garden* (*Brit*), *front yard* (*US*) jardin (à l'avant de la maison)

*garage* garage

*gate* grille, barrière

*drive* ou *driveway* allée

*gatepost* montant, pilier

*fence* clôture

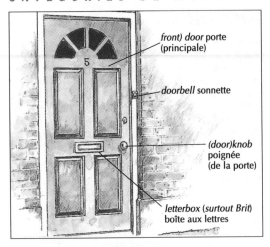

*front) door* porte
(principale)

*doorbell* sonnette

*(door)knob*
poignée
(de la porte)

*letterbox* (*surtout Brit*)
boîte aux lettres

## 176.1 Entrées et sorties

**entry** *nd* (*surtout US*) [peut être une porte, une grille, un passage, etc.] entrée *A police officer guarded the entry to the embassy.* Un policier montait la garde à l'entrée de l'ambassade.

**entrance** *nd* [porte d'entrée] entrée *I slipped out by the back entrance.* Je suis sortie discrètement par la porte de derrière. (utilisé comme *adj*) *the entrance hall* le hall d'entrée

**exit** *nd* [d'un immeuble ou d'une pièce] issue *emergency exit* issue de secours

**way out** *nd* [moins formel qu'**exit**] sortie

**gateway** *nd* [grandes grilles, ex. à l'entrée d'une allée] portail

**indoors** *adv* à l'intérieur *to go indoors* rentrer (à l'intérieur)

**indoor** *adj* intérieur *an indoor aerial* une antenne intérieure

**outdoors** *adv* à l'extérieur *to eat outdoors* manger à l'extérieur

**outdoor** *adj* extérieur *an outdoor swimming pool* une piscine en plein air

## 176.2 Niveaux

**floor** *nd* étage

**storey** (*Brit*), **story** (*US*) *nd* [niveau d'un immeuble surtout dans un contexte architectural] étage *There are plans to add an extra storey.* Il y a des plans pour l'ajout d'un étage supplémentaire. (utilisé comme *adj*) *a seventeen-storey office block* un immeuble de bureaux de dix-sept étages

*second floor* (*Brit*), *third floor* (*US*) deuxième étage

*first floor* (*Brit*), *second floor* (*US*) premier étage

*balcony* balcon

*ground floor* (*Brit*), *first floor* (*US*) rez-de-chaussée

**multistorey** (*Brit*), **multistory** (*US*) *adj* [élevé et avec beaucoup d'étages. Souvent utilisé en parlant de parkings, rarement en parlant d'immeubles résidentiels ou de bureaux] à étages *a multistorey car park* un parking à plusieurs étages

# 177 Inside buildings Intérieur d'immeuble

## 177.1 Entrées

**hall** *nd* [surtout dans une maison ou un appartement] entrée, vestibule

**lobby** *nd* [surtout dans un hôtel ou dans un édifice public] hall

**foyer** *nd* 1 [surtout dans un théâtre, un cinéma, etc.] entrée, foyer 2 (*US*) [hall d'entrée dans une maison ou un appartement] vestibule

## 177.2 Changer d'étage

**upstairs** *adv* [surtout dans une maison ou un immeuble] en haut, à l'étage *to go upstairs* monter (utilisé comme *adj*) *an upstairs room* une pièce à l'étage

**downstairs** *adv* [surtout dans une maison ou un immeuble] en bas *They live downstairs.* Ils habitent en bas. (utilisé comme *adj*) *the downstairs flat* l'appartement du dessous

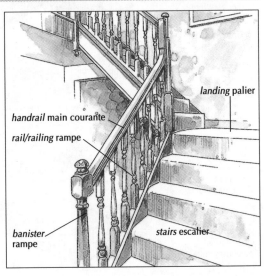

*landing* palier

*handrail* main courante

*rail/railing* rampe

*banister* rampe

*stairs* escalier

Le terme **staircase** désigne la structure dans son ensemble avec les marches, les barreaux, la rampe etc., tandis que le terme **stairs** désigne plutôt les marches elles-mêmes.

**escalator** *nd* escalator

**lift** (*Brit*), **elevator** (*US*) *nd* ascenseur *to take the lift* prendre l'ascenseur

### 177.3  Changer de pièce

**corridor** *nd* [avec des pièces de chaque côté] corridor

**passage** *nd* [avec ou sans pièces de chaque côté] couloir

**door** *nd* porte *to knock at the door* frapper à la porte

**(door)handle** *nd* poignée (de porte)

### 177.4  Pièces supplémentaires

**cloakroom** *nd* [pour manteaux, etc.] vestiaire

**coatpeg** *nd* patère

**study** *nd* bureau

**utility room** *nd* [pour la machine à laver, les outils, etc.] buanderie

**attic** *nd* [sous le toit dans une maison] grenier *We're converting the attic into a playroom.* Nous sommes en train de transformer le grenier en salle de jeux.

**loft** *nd* **1** grenier **2** (*US*) [dernier étage d'un immeuble, servant gén d'entrepôt] grenier **3** (*US*) [dernier étage transformé en appartement] loft

**cellar** *nd* [gén pour entreposer des choses] cave

**basement** *nd* [l'étage d'une maison ou d'un magasin qui est en sous-sol. On peut y vivre, y travailler, y faire du commerce, etc. Rarement un entrepôt] sous-sol (utilisé comme *adj*) *a basement flat* un appartement en sous-sol

### 177.5  A l'intérieur d'une pièce

**ceiling** *nd* plafond

**floor** *nd* sol (utilisé comme *adj*) *floor coverings* revêtement de sol

**furniture** *ni* ameublement *a piece of furniture* un meuble

**furnish** *vt* meubler *furnished accommodation* logement meublé

## 178  Close  Fermer

**close** *vti* [obj/suj: ex. porte, couvercle, boîte, armoire, *pas* pièce, voiture] fermer *The drawer won't close.* Le tiroir ne ferme pas. (+ *off*) *The area has been closed off by police.* Le quartier a été bouclé par la police.

**shut** *vti*, -tt- *prét & part passé* **shut** [légèrement plus informel que **close**] fermer *The boot won't shut.* Le coffre ne se referme pas. *Shut your mouth!* La ferme!

**shut** *adj* fermé *Keep your eyes tight shut.* Garde les yeux bien fermés.

**sealed off** [pour en interdire l'accès aux gens.

S'applique à: ex. rue, quartier, issue] bloquer *All exits from the building are now sealed off.* Toutes les issues de l'immeuble sont bloquées.

**lock** *vt* verrouiller *The door's not locked.* La porte n'est pas fermée à clé.

**lock** *nd* serrure *The key was in the lock.* La clé était dans la serrure.

**key** *nd* clé

**keyhole** *nd* trou de la serrure

## 179  Open  Ouvrir

**open** *vti* [obj/suj: ex. porte, boîte, armoire] ouvrir *We opened our presents.* Nous avons déballé nos cadeaux.

**undo** *vt*, *prét* **undid** *part passé* **undone** [obj: ex. paquet, emballage, noeud] défaire

**unlock** *vt* déverrouiller *You left the garage unlocked.* Tu as oublié de fermer le garage à clé.

**ajar** *adv* (après *v*) [légèrement ouvert. S'applique surtout

à: porte, fenêtre] entrouvert *I left the door ajar.* J'ai laissé la porte entrouverte.

**wide open** [s'applique à: ex. porte, frigo] grand ouvert *The fridge is wide open, you know.* Le frigo est grand ouvert, tu sais.

**gaping** *adj* (gén avant *n*) [implique que qch est plus ouvert que la normale. Souvent une exagération. S'applique surtout à: trou, blessure, bouche] béant

## 180  Living room  Salle de séjour

On appelle aussi cette pièce **sitting room** et parfois **lounge**. Ces deux termes sont maintenant légèrement démodés. La plupart des maisons modernes n'ont

qu'une pièce au rez-de-chaussée. Dans les maisons où il y a encore deux pièces, on utilisera les termes **front room** et **back room**.

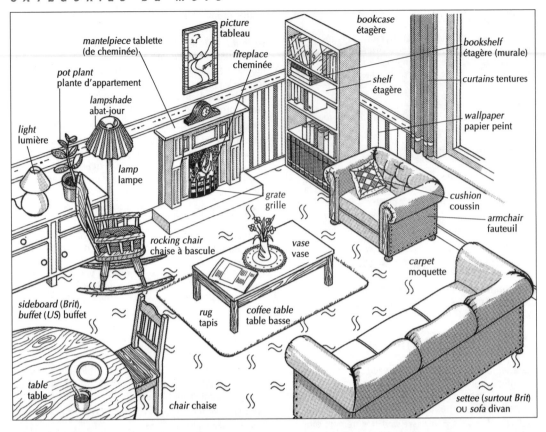

picture
tableau

mantelpiece tablette
(de cheminée)

fireplace
cheminée

bookcase
étagère

bookshelf
étagère (murale)

pot plant
plante d'appartement

shelf
étagère

curtains tentures

lampshade
abat-jour

wallpaper
papier peint

light
lumière

lamp
lampe

cushion
coussin

rocking chair
chaise à bascule

vase
vase

armchair
fauteuil

grate
grille

carpet
moquette

sideboard (Brit),
buffet (US) buffet

rug
tapis

coffee table
table basse

table
table

chair chaise

settee (surtout Brit)
OU sofa divan

## 181 Bedroom   Chambre à coucher

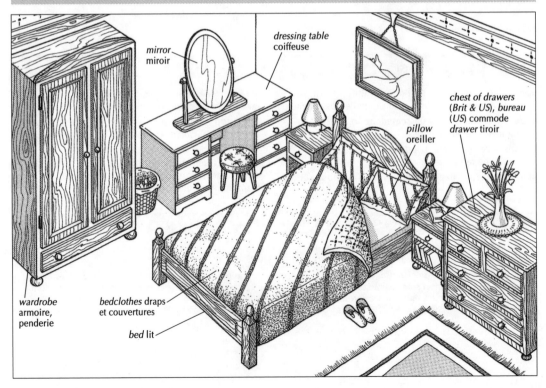

mirror
miroir

dressing table
coiffeuse

chest of drawers
(Brit & US), bureau
(US) commode
drawer tiroir

pillow
oreiller

wardrobe
armoire,
penderie

bedclothes draps
et couvertures

bed lit

## 181.1 Sur le lit

**bedclothes** *n pl* [terme générique pour draps, couvertures, etc.] draps, couvertures

**pillowcase** *nd* taie d'oreiller

**sheet** *nd* drap de lit

**blanket** *nd* couverture

**duvet** *nd* duvet (utilisé comme *adj*) *a duvet cover* édredon

**quilt** *nd* **1** [couverture rembourrée] couvre-lit *a patchwork quilt* un couvre-lit en patchwork **2** AUSSI **continental quilt** duvet

**bedspread** *nd* couvre-lit

**eiderdown** *nd* (*surtout Brit*) [plus léger qu'un **duvet**, placé en permanence au-dessus des couvertures] édredon

**electric blanket** *nd* couverture chauffante

**hot water bottle** *nd* bouillotte

# 182 Sleep Dormir

**sleep** *vi, prét & part passé* **slept** dormir *I slept soundly.* J'ai dormi à poings fermés.

**sleep** *n* **1** *ni* sommeil *I'm not getting enough sleep.* Je ne dors pas assez. *to go to sleep* s'endormir **2** *nd* (*pl* très rare) sieste, repos *You'll feel better after a little sleep.* Tu te sentiras mieux après avoir dormi un peu.

**asleep** *adj* (après *v*) endormi *She's fast asleep.* Elle dort à poings fermés. *to fall asleep* s'endormir

> *e x p r e s s i o n*
>
> **sleep like a log** dormir comme une souche (littéralement: dormir comme une bûche)

**snore** *vi* ronfler

**dream** *v, prét & part passé* **dreamed** OU (*surtout Brit*) **dreamt 1** *vt* rêver *I dreamt I was back at school.* Dans mon rêve, je me revoyais à l'école. **2** *vi* rêver *I dreamt about her last night.* J'ai rêvé d'elle la nuit passée.

**dream** *nd* rêve *to have a dream* faire un rêve

**oversleep** *vi, prét & part passé* **overslept** ne pas se réveiller à temps

**lie in** *vi prép* (*surtout Brit*) faire la grasse matinée *We always like to lie in on a Sunday.* Nous aimons faire la grasse matinée le dimanche.

**yawn** *vi* bâiller **yawn** *nd* bâillement

## 182.1 Fall asleep S'endormir

**nod off** *vi prép* [informel. S'endormir, gén un court instant] s'assoupir *I nodded off after lunch.* Je me suis assoupi après le déjeuner.

**drop off** *vi prép* [informel] s'endormir *It was well after midnight before I dropped off.* Il était minuit passé quand je me suis endormie.

**doze** *vi* [informel. Etre à moitié endormi] somnoler *I dozed through most of the lecture.* J'ai somnolé pendant la plus grande partie de l'exposé. **doze** *nd* (gén pas de *pl*) somme

**doze off** *vi prép* [s'endormir un court instant ou plus longtemps] s'assoupir *He was dozing off.* Il s'assoupissait. **dozy** *adj* somnolent

**drowsy** *adj* somnolent *These tablets make you drowsy.* Ces médicaments rendent somnolent.

## 182.2 Dormir de courts instants

**nap** *nd* [petite sieste pendant la journée] somme *to have a nap* faire un somme

**kip** *n* (*Brit*) (pas de *pl*) [informel] roupillon *to have a kip* piquer un roupillon *I didn't get enough kip last night.* Je n'ai pas assez roupillé la nuit passée.

**forty winks** (*Brit*) [informel. Petite sieste pendant la journée] somme, roupillon *You'll feel better after forty winks.* Tu te sentiras mieux après un petit roupillon.

## 182.3 Fatigue

**tired** *adj* fatigué *I'm getting tired.* Je commence à être fatigué. **tiredness** *ni* fatigue

**tire** *v* **1** *vt* (souvent + **out** pour insister) fatiguer *Don't tire your father, he's not well.* Ne fatiguez pas votre père, il n'est pas bien. *to tire sb out* fatiguer qn **2** *vi* [plutôt formel] se fatiguer *She's very weak and tires quickly.* Elle est très faible et se fatigue vite. **tiring** *adj* fatigant

**sleepy** *adj* somnolent, endormi *Don't force a sleepy child to eat.* Il ne faut pas obliger un enfant qui a sommeil à manger. **sleepily** *adv* d'un air/ton endormi

**fatigue** *ni* [formel] fatigue *I took glucose tablets to combat fatigue.* J'ai pris des comprimés de glucose pour combattre la fatigue. **fatigue** *vt* fatiguer

**exhausted** *adj* [très fatigué et affaibli. Souvent utilisé en exagérant] épuisé *I collapsed exhausted in front of the television.* Je me suis effondré, épuisé, devant la télévision.

**exhaust** *vt* épuiser *The climb had exhausted me.* L'escalade m'avait épuisée.

**exhaustion** *ni* épuisement *She fainted from thirst and exhaustion.* Elle s'est évanouie de soif et d'épuisement.

**dog-tired** *adj* [informel. Extrêmement fatigué] crevé

**worn out** *adj* [informel. Souvent pour insister sur la cause de la fatigue] claqué *You'd be worn out if you had to look after the kids all day.* Tu serais claqué si tu devais t'occuper des enfants toute la journée.

**wear** sb **out** OU **wear out** sb *vt prép* épuiser *They wore me out with their constant questions.* Ils m'ont épuisé avec leurs questions incessantes.

**shattered** *adj* [informel. Pour insister sur les conséquences d'une activité] exténué *I'm absolutely shattered after that run.* Je suis exténué après cette course.

## 182.4 Sommeil perturbé

**nightmare** *nd* cauchemar *to have nightmares* avoir des cauchemars

**sleepwalk** *vi* être somnambule **sleepwalker** *nd* somnambule

**insomnia** *ni* insomnie **insomniac** *nd* insomniaque

### 182.5 Après le sommeil

**wake up** v prép, prét **woke** part passé **woken** [terme utilisé fréquemment] **1** vi se réveiller I woke up early. Je me suis réveillé tôt. **2 wake up** sb OU **wake** sb **up** vt réveiller qn

**wake** v [plus formel que **wake up**] **1** vt réveiller The steward woke me with breakfast. Le steward m'a réveillé en m'apportant le petit déjeuner **2** vi veiller

**awake** v, prét **awoke** part passé **awoken** AUSSI **awaken**, **waken** [littéraire] **1** vi s'éveiller I awoke refreshed. Je me suis éveillé frais et dispos. **2** vt réveiller I was awoken by the storm. J'ai été réveillé par la tempête.

**awake** adj (après v) éveillé **wide awake** bien éveillé

## 183 Rest and Relaxation Repos et Relaxation

voir aussi **283 Lazy**; **284 Inaction**

**rest** vi prendre du repos

**rest** nd (pas de pl) repos to have a rest se reposer

**relax** vi se détendre We relaxed in front of the television. Nous nous sommes détendus devant la télévision.

**relaxing** adj relaxant a relaxing shower une douche relaxante

**relaxed** adj [décrit: ex. personne, atmosphère] relaxe a wonderful relaxed feeling un merveilleux sentiment de détente

**unwind** vi, prét & part passé **unwound** [met l'accent sur la libération du stress] se décompresser He says alcohol helps him unwind. Il dit que l'alcool l'aide à se décompresser.

**carefree** adj [implique le bonheur et l'absence de stress] relaxe a carefree weekend with no cooking to do un week-end relaxe sans avoir à cuisiner

### 183.1 Moments de repos

**pause** nd [s'arrêter un court instant] pause without any pause between classes sans interruption entre les heures de classe

**pause** vi faire une pause We paused to get our breath back. Nous nous sommes arrêtés pour reprendre haleine.

**break** nd [peut être court ou long] pause a break for coffee une pause-café to have/take a break faire une pause

**break** vi faire une pause Let's break for lunch. Faisons une pause pour le déjeuner.

**respite** nd (souvent + from) [plutôt formel. Indique un bref relâchement de la pression] répit We got no respite from customers calling in. Les nombreux clients qui sont venus ne nous ont laissé aucun répit.

**lull** nd [implique un bref ralentissement de l'activité] accalmie There's usually a lull mid-morning before the lunchtime shoppers. Généralement, il y a une accalmie au milieu de la matinée avant les clients de midi.

**leisure** ni [temps libre] loisir(s) Now I'm retired I don't know what to do with my leisure. Maintenant que je suis retraité, je ne sais que faire de mes loisirs. (utilisé comme adj) leisure time temps libre leisure activities loisirs

**leisurely** adj [agréablement lent] calme, tranquille a leisurely outdoor meal un repas tranquille en plein air

**recreation** n [implique qu'on fait qch d'agréable de son temps libre] **1** ni délassement The centre provides facilities for sports and recreation. Le centre est doté d'infrastructures pour les activités sportives et de détente. **2** nd loisirs more active recreations like skiing des loisirs plus actifs comme le ski

**recreational** adj récréatif recreational activities activités récréatives

### 183.2 Vacances

**holiday** nd (surtout Brit) vacances to go on holiday partir en vacances

**holiday** vi aller en vacances people holidaying abroad les gens qui vont en vacances à l'étranger

**holidaymaker** nd vacancier

**vacation** nd (surtout US) vacances to go on vacation partir en vacances

**vacation** vi passer ses vacances We're vacationing in Florida. Nous passons nos vacances en Floride.

**vacationer** nd vacancier

**leave** ni [ex. à l'armée ou dans la police] permission I've got ten days leave due. J'ai dix jours de permission à prendre. to go on leave être en permission

### expressions

**take it easy** [informel. Ne pas travailler et se détendre] se relaxer I'll do the meal, you take it easy. Je vais préparer le repas, toi, relaxe-toi.

**put one's feet up** [informel. S'asseoir et se relaxer, pas nécessairement en surélevant les jambes] se reposer (littéralement: surélever ses jambes)

## 184 Personal hygiene Hygiène personnelle

### 184.1 Soins du corps

**soap** ni savon a bar of soap un pain de savon

**bubble bath** ni bain moussant

**shower gel** ni gel pour la douche

**deodorant** ndi déodorant

**talc** OU **talcum powder** ni talc

**flannel** OU **facecloth** (Brit), **washcloth** (US) nd gant de toilette

**sponge** nd éponge

**towel** nd serviette

**have a bath/shower** (surtout Brit), **take a**

**bath/shower** (surtout US) prendre un bain/une douche

**bathe** vit [formel en anglais britannique, habituel en anglais américain] se baigner

## 184.2 Soins des cheveux

**tweezers** *n pl* OU **a pair of tweezers** une pince à épiler

**(hair)brush** *nd* brosse
**brush** *vt* brosser

**comb** *nd* peigne **comb** *vt* peigner *to comb one's hair* se peigner

**shampoo** *ndi, pl* **shampoos** shampooing **shampoo** *vt* (se) faire un shampooing

**conditioner** *ndi* après-shampooing

**hairspray** *ndi* laque

**hairdryer** OU **hairdrier** *nd* sèche-cheveux

**hairdresser** *nd* [pour hommes ou femmes] coiffeur *to go to the hairdresser's* aller chez le coiffeur

**barber** *nd* [pour hommes] barbier *I've been to the barber's.* J'ai été chez le barbier.

**haircut** *nd* coupe de cheveux *to get a haircut* se faire couper les cheveux

### expressions

**to have/get one's hair cut** se faire couper les cheveux *I must get my hair cut tomorrow.* Je dois aller me faire couper les cheveux demain. *Oh! you've had your hair cut – it looks nice.* Oh! tu t'es fait couper les cheveux – ça te va bien.

**to wash one's hair** se laver les cheveux *She washes her hair every day.* Elle se lave les cheveux tous les jours.

## 184.3 Hygiène dentaire

**toothbrush** *nd* brosse à dents

**toothpaste** *ni* dentifrice *a tube of toothpaste* un tube de dentifrice

**dental floss** *ni* fil dentaire

**mouthwash** *ni* eau bucco-dentaire

## 184.4 Rasage

**razor** *nd* rasoir

**razor blade** *nd* lame de rasoir

**shaver** AUSSI **electric shaver** *nd* rasoir électrique

**shaving cream** *ni* crème à raser

**shaving brush** *nd* blaireau

**aftershave** *ni* lotion après-rasage

## 184.5 Manucure

**nailbrush** *nd* brosse à ongles

**nailfile** *nd* lime à ongles

**nail clippers** *n pl* coupe-ongles

**nail varnish** *ni* vernis à ongles

## 184.6 Hygiène féminine

**tampon** *nd* tampon

**sanitary towel** (*Brit & US*), **sanitary napkin**

(*US*) *nd* serviette hygiénique

**panty liner** *nd* protège-slip

## 185 Bathroom La Salle de bain

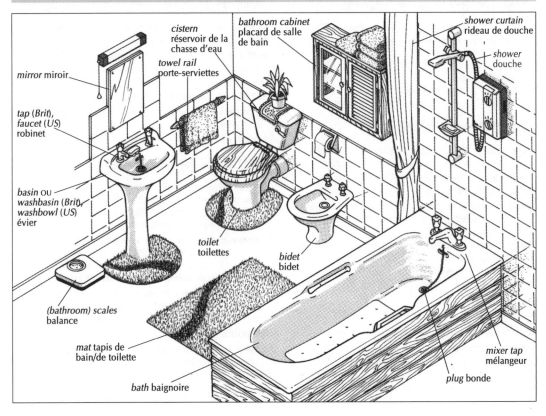

cistern
réservoir de la chasse d'eau

bathroom cabinet
placard de salle de bain

shower curtain
rideau de douche

towel rail
porte-serviettes

shower
douche

mirror miroir

tap (*Brit*),
faucet (*US*)
robinet

basin OU
washbasin (*Brit*),
washbowl (*US*)
évier

toilet
toilettes

bidet
bidet

(bathroom) scales
balance

mat tapis de
bain/de toilette

mixer tap
mélangeur

bath baignoire

plug bonde

## 185.1 Les toilettes

*u s a g e*

En anglais britannique, les termes qui désignent les toilettes peuvent désigner les toilettes elles-mêmes ou l'endroit où celles-ci se trouvent.

**lavatory** *nd* [plutôt vieilli en anglais britannique. Désigne les toilettes publiques en anglais américain] waters *an outside lavatory* un wc extérieur

**loo** *nd, pl* **loos** (*surtout Brit*) [informel, euphémisme le plus utilisé] toilettes *He's in the loo.* Il est aux toilettes. *to go to the loo* aller aux toilettes

**john** *nd* (*US*) [argot] chiottes

**ladies** *nd* [plutôt informel. Endroit dans un lieu public] toilettes (pour dames) *Where's the ladies?* Où sont les toilettes pour dames?

**ladies' room** *nd* (*US*) toilettes (pour dames)

**gents** *nd* [informel. Endroit dans un lieu public] toilettes (pour hommes)

**men's room** *nd* (*US*) toilettes (pour hommes)

**restroom** OU **washroom** (*US*) [euphémisme pour désigner les toilettes publiques] toilettes

**toilet roll** *nd* rouleau de papier hygiénique

**flush** *vt* tirer la chasse

**pull the chain** (*Brit*) [employé même lorsqu'il s'agit d'un système de poussoir] tirer la chasse

## 186 Laundry Lessive

**laundry** *n* **1** *ni* [vêtements à laver ou qui ont été lavés] lessive *to do the laundry* faire la lessive **2** *nd* [entreprise qui lave les vêtements] blanchisserie **3** *nd* [endroit où on lave les vêtements] buanderie

**launderette** (*Brit*), **laundromat** (*US*) *nd* laverie automatique

**launder** *vt* [plutôt formel. Peut impliquer l'intervention d'un blanchisseur professionnel] blanchir

**washing machine** *nd* machine à laver

**washing powder** *ni* lessive en poudre

**fabric conditioner** *ni* adoucissant

**starch** *ni* amidon

**washing line** (*Brit*), **clothes line** (*Brit & US*), **wash line** (*US*) *nd* corde à linge *to hang clothes out on the washing line* mettre des vêtements à sécher sur la corde à linge

**(clothes) peg** (*Brit*), **clothes pin** (*US*) *nd* pince à linge

**tumble drier** *nd* séchoir (à linge)

**iron** *nd* fer à repasser *steam iron* fer à vapeur

**iron** *vt* repasser *to do the ironing* faire le repassage

**ironing board** *nd* planche à repasser

## 187 Cleaning Nettoyage

**clean** *vti* nettoyer *The kitchen needs cleaning.* Il faudrait nettoyer la cuisine. (+ **off**) *This liquid cleans off grease.* Ce détachant enlève la graisse. (+ **up**) *Use a cloth to clean up the mess.* Prends un chiffon pour essuyer ces saletés.

**cleaner** *nd* **1** [personne] femme de ménage, ouvrier nettoyeur **2** [substance] détachant, détergent

### 187.1 Entretien de la maison

**housework** *ni* [la cuisine, le ménage, etc.] tâches ménagères *to do the housework* faire le ménage

**housewife** *ni* [femme mariée qui n'a pas d'emploi rémunéré] femme au foyer

**housekeeping** *ni* [organiser et parfois s'occuper des courses, du nettoyage, de la préparation des repas, etc.] intendance

**housekeeper** *nd* [personne rémunérée pour cette tâche] économe, intendant

**spring-clean** *vit* [grand nettoyage, pas nécessairement au printemps] faire le nettoyage de printemps

### 187.2 Laver

**wash** *vt* [obj: ex. carrelage, chaussettes] laver

**soak** *vt* faire tremper

**scrub** *vt*, -**bb**- [gén avec une brosse] récurer

**rinse** *vt* rincer (+ **out**) *Rinse the cloth out under the tap.* Rince le chiffon sous le robinet.

**bathe** *vt* [laver soigneusement avec de grandes quantités d'eau. Obj: ex. blessure, oeil] laver à grande eau

**sterilize,** AUSSI -**ise** (*Brit*) *vt* [obj: ex. biberon] stériliser

**detergent** *nid* [plus technique que **washing powder**] détergent

**bleach** *ni* eau de javel

### 187.3 Entretien des sols

**hoover** *nd* (marque britannique) [terme utilisé habituellement, quelle que soit la marque] aspirateur

**hoover** *vt* (*Brit*) [terme habituel] aspirer *to do the hoovering* passer l'aspirateur

**vacuum cleaner** *nd* [terme générique, légèrement plus formel que **hoover** en anglais britannique. Terme habituel en anglais américain] aspirateur

**vacuum** *vt* [moins fréquent que **hoover**] aspirer

**mop up** sth OU **mop** sth **up** *vt prép* [absorber un liquide qui a été renversé avec une éponge, une serpillière, etc.] éponger **mop** *nd* serpillière, balai-éponge

**floorcloth** *nd* serpillière

**sweep** *vt* (souvent + *adv*) balayer *to sweep the floor* balayer le plancher *to sweep up the mess* balayer les saletés

**broom** *nd* [avec un long manche] balai

**brush** *nd* **1** [avec un manche court ou sans manche] brosse, balayette **2** [avec un long manche] brosse, balai

**brush** *vt* (souvent + *adv*) brosser *I brushed the dust off.* J'ai enlevé les poussières à la brosse.

**dustpan** *nd* pelle à poussière

*broom*

*brush*

*brush, broom*

**dust** *vit* épousseter **duster** *nd* chiffon à poussière

**wipe** *vt* (souvent + *adv*) essuyer *to wipe up a spill* essuyer ce qu'on a renversé *to wipe down the working surfaces* essuyer les plans de travail

**polish** *vt* astiquer, faire briller

**187.5** Vaisselle

**wash up** (sth) ou **wash** (sth) **up** *vti prép* (*Brit*) laver la vaisselle

**washing-up** *ni* (*Brit*) (+ **the**) vaisselle *to do the washing-up* faire la vaisselle

**do the dishes** faire la vaisselle

**washing-up liquid** *ni* détergent

**dishcloth** *nd* lavette

**tea towel** *nd* torchon

**dishwasher** *nd* lave-vaisselle

# 188 Clean Propre

**clean** *adj* propre **cleanliness** *ni* propreté

**immaculate** *adj* [parfaitement propre et net] immaculé *The house was always immaculate.* La maison était toujours immaculée.

**immaculately** *adv* impeccablement *immaculately dressed* impeccablement habillée

**spotless** *adj* [sans la moindre tache] immaculé *The sheets were spotless.* Les draps étaient impeccables.

**spotlessly** *adv* impeccablement *spotlessly clean* impeccablement propre

**pure** *adj* [non contaminé] pur *the pure water of the lake* l'eau pure du lac

**purity** *ni* pureté

**hygienic** *adj* hygiénique **hygienically** *adv* hygiéniquement

*l o c u t i o n   c o m p a r a t i v e*

**as clean as a whistle** propre comme un sou neuf (littéralement: aussi propre qu'un sifflet)

# 189 Dirty Sale

**dirt** *ni* saleté *I can't get the dirt out.* Je n'arrive pas à faire partir la saleté. **dirtiness** *ni* saleté

**filthy** *adj* [terme emphatique qui traduit le dégoût] dégoûtant *Your ears are simply filthy.* Tes oreilles sont carrément crasseuses. **filthiness** *ni* saleté

**filth** *ni* crasse *surrounded by filth and disease* dans la crasse et la maladie

**muck** *ni* [informel] boue *We came back wet and covered in muck.* Nous sommes rentrés mouillés et couverts de boue.

**mucky** *adj* crotté *mucky trainers* des baskets crottés

**muddy** *adj* [décrit ex. sol, vêtement] boueux

**grubby** *adj* [pas très propre. Décrit ex. personne, vêtement, endroit] malpropre *grubby fingernails* des ongles pas très nets **grubbiness** *ni* manque de propreté

**grime** *ni* [saleté très difficile à enlever. Souvent dans un environnement industriel] crasse *hands covered in oil and grime* mains crasseuses et couvertes d'huile

**grimy** *adj* crasseux *a grimy old machine* une vieille machine crasseuse

**greasy** *adj* gras *greasy plates* des assiettes graisseuses

**dust** *ni* poussière

**dusty** *adj* [décrit ex. pièce, étagère] poussiéreux

**189.1** Salir

**pollute** *vt* [nuire à l'environnement. Obj: ex. atmosphère, rivière] polluer

**pollution** *ni* pollution *soil pollution* pollution du sol

**blacken** *vt* noircir

**stain** *vt* [implique un changement de couleur qui pénètre gén le tissu] tacher *stained with blackcurrant juice* taché avec du jus de cassis

**stain** *nd* tache *wine stains* taches de vin (utilisé comme *adj*) *stain removal* enlèvement des taches

**mark** *vt* [peut signifier que qch est sale ou qu'il est abîmé] laisser une trace *The vase has marked the sideboard.* Le vase a laissé une trace sur le buffet.

**mark** *nd* trace *greasy marks round the light switch* des traces grasses près de l'interrupteur

**smudge** *vt* [implique qu'on frotte une tache et qu'on l'étale] salir en étalant *You've smudged the ink!* Tu as étalé l'encre! **smudge** *nd* tache, bavure

**smear** *vt* (souvent + **with**) [implique qu'on étale qch de visqueux ou de graisseux] étaler *She's just smearing paint over the canvas.* Elle ne fait qu'enduire la toile de peinture. *Everywhere was smeared with blood.* Il y avait du sang partout.

**smear** *nd* trace *a smear of oil* une trace d'huile

**spot** *nd* [saleté ou tache de petite dimension] tache *an ink spot* une tache d'encre

**spot** *vt*, **-tt-** tacher *Her hair was spotted with paint.* Elle

avait des taches de peinture dans les cheveux.

**speck** *nd* **1** [minuscule tache ou saleté] souillure **2** [de poussière] grain *There wasn't a speck of dust anywhere.* Il n'y avait pas un grain de poussière.

## 190 Clothes Vêtements

**usage**

Le terme **clothes** n'a pas de singulier. Lorsqu'on parle d'une seule chemise, robe, etc., on peut utiliser le terme **garment** (vêtement), mais ce terme est assez formel et est plutôt utilisé par les gens qui fabriquent ou vendent des vêtements, par exemple. On peut aussi utiliser l'expression **item of clothing** (article vestimentaire), mais cette expression est elle aussi plutôt formelle: *Police found several items of clothing near the scene of the crime.* (La police a trouvé plusieurs vêtements près du lieu du crime.) Le terme **clothing** est aussi assez formel et désigne l'ensemble des vêtements que porte quelqu'un: *Remember to bring warm clothing.* (N'oublie pas d'apporter des vêtements chauds.)

### 190.1 Porter des vêtements

**wear**, *prét* **wore** *part passé* **worn** [obj: ex. manteau, chapeau, lunettes] porter *She never wears a skirt.* Elle ne porte jamais de jupe. *He wears glasses.* Il porte des lunettes.

**dress** *v* **1** *vti* [obj: ex. bébé, acteur] (s')habiller *I dressed him in shorts and a T-shirt.* Je lui ai mis un short et un T-shirt. *I dressed quickly.* Je me suis habillé rapidement. **2** *vi* [porter des vêtements d'une certaine façon] s'habiller *She dresses with taste.* Elle s'habille avec goût. *He was dressed in black.* Il était habillé en noir. *to be well/badly dressed* être bien/mal habillé

**usage**

Lorsque nous parlons de l'action qui consiste à mettre l'ensemble de nos vêtements, nous utilisons généralement l'expression **to get dressed** (s'habiller). C'est ce que l'on fait en se levant: ex. *He had a shower, got dressed and left for work.* (Il a pris une douche, s'est habillé et est parti travailler.) *It takes the children ages to get dressed.* (Les enfants mettent des heures à s'habiller.) Nous utilisons l'expression **put on** (mettre) pour décrire l'action qui consiste à enfiler des vêtements supplémentaires, ex. *Put your coat on if you're going outside.* (Mets ton manteau si tu sors.) *She put on a blue skirt.* (Elle enfila une jupe bleue.) *He put his sunglasses on.* (Il mit ses lunettes.) Nous n'utilisons pas le verbe **wear** (porter) pour décrire une action, mais plutôt pour décrire l'apparence ou les habitudes vestimentaires de quelqu'un, ex. *She was wearing a blue skirt/sunglasses.* (Elle portait une jupe bleue/des lunettes de soleil.) *He often wears a suit.* (Il porte souvent un costume.) Si on change l'ensemble de ses vêtements pour porter autre chose, on utilisera les verbes **change** ou **get changed** (se changer), ex. *I must change/get changed before we go out.* (Il faut que je me change avant de sortir.)

**put on** sth, **put** sth **on** *vt prép* [obj: ex. chemise, lunettes] mettre, enfiler *I put my dressing gown on.* J'ai mis ma robe de chambre.

**don** *vt*, **-nn-** [humoristique ou vieilli] revêtir *on the rare occasions I don a suit and tie* les rares fois où je revêts un costume et une cravate

**clothe** *vt* [assez formel. Fournir des vêtements] habiller *five children to feed and clothe* cinq enfants à nourrir et à habiller

**She is getting dressed.** Elle s'habille.
**She is putting on her blouse.** Elle enfile son chemisier.

**She is dressed in a nurse's uniform.** Elle porte un uniforme d'infirmière.

**He is wearing a hat.** Il porte un chapeau.
**He has a moustache.** Il a une moustache.

**He is carrying an umbrella.** Il porte un parapluie.

### 190.2 Sans vêtements

**undress** *vit* (se) déshabiller (surtout au *part passé*) *to get undressed* se déshabiller

**take off** sth OU **take** sth **off** *vt prép* [obj: ex. chemise, manteau] enlever *I took off my shoes.* J'ai enlevé mes chaussures.

**strip** *v*, **-pp- 1** *vi* (parfois + **off**) [implique qu'on se débarrasse de ses vêtements, souvent pour permettre aux autres de voir] se déshabiller *I want you to strip to* *the waist, please.* Veuillez vous dévêtir jusqu'à la taille. *I stripped off and dived in.* Je me suis déshabillé et j'ai plongé. **2** *vt* [souvent de manière agressive] déshabiller *The victim had been stripped and beaten.* La victime a été mise à nu et battue. *They were stripped and searched at customs.* Ils ont été déshabillés et fouillés à la douane.

**bare** *adj* [non couvert de vêtements. Obj: souvent une partie du corps] nu *Her arms were bare and sunburnt.* Ses bras étaient nus et brûlés par le soleil. *bare feet* pieds nus

**bare** *vt* dénuder *to bare one's chest* se mettre torse nu

**naked** *adj* [sans vêtements, complètement nu. Obj: souvent une personne] nu *They wander round the house naked.* Ils se promènent nus dans la maison. **nakedness** *ni* nudité

**nude** *adj* [souvent dans le but de montrer son corps. Fait référence au corps tout entier, jamais à une partie précise] nu *photographs of nude women* des photos de femmes nues **nudity** *ni* nudité **nude** *nd* nu

### 190.3  Vêtements pour la partie inférieure du corps

**trousers** *n pl* (*surtout Brit*) pantalon (utilisé comme *adj* sans 's') *in his trouser pocket* dans la poche de son pantalon

**pants** *n pl* (*surtout US*) [informel] pantalon

**shorts** *n pl* short

**culottes** *n pl* jupe-culotte

**slacks** *n pl* [pantalons décontractés] pantalon

**jeans** *n pl* jean(s)

**dungarees** *n pl* salopette

**overalls** *n pl* salopette, combinaison de travail

> **u s a g e**
>
> Les termes cités ci-dessus s'utilisent tous avec un verbe au pluriel. Si on souhaite parler d'un seul vêtement, on dira: *a pair of trousers/jeans/shorts, etc.*

### 190.4  Vêtements pour la partie supérieure du corps

**shirt** *nd* **1** [pour hommes] chemise **2** [pour femmes] chemisier

**blouse** *nd* [pour femmes. Gén plus décoratif que **shirt**] chemisier

*a V-necked sweater* un pull à encolure en V

*a crew-necked sweater* un pull ras du cou

*a polo-necked sweater* un pull à col roulé

**T-shirt** *nd* T-shirt

**sweatshirt** *nd* sweatshirt

**waistcoat** *nd* gilet

**jacket** *nd* veste

**dinner jacket** *nd* smoking

**cardigan** *nd* cardigan

**jumper** (*Brit*), **pullover** (*Brit*), **sweater** (*Brit & US*), **jersey** (*Brit*) *nd* pull-over

### 190.5  Vêtements féminins

**dress** *nd* robe *an evening dress* une robe du soir

**skirt** *nd* jupe

**jumpsuit** *nd* combinaison, survêtement

**sari** *nd* sari

**gown** *nd* [robe longue très habillée] robe longue *a ball gown* une robe de bal

### 190.6  Ensembles

**suit** *nd* **1** [pour hommes] costume *a pinstripe suit* un costume rayé **2** [pour femmes] tailleur

**costume** *n* **1** *nd* [ex. au théâtre] costume **2** *ni* [habit d'un style particulier, ex. typique d'un pays] habit, costume *peasant costume* un habit de paysan

**outfit** *nd* [ex. porté pour une occasion ou une tâche particulière] tenue *She's been coming to work in the same old outfit for years.* Ça fait des années qu'elle vient travailler dans la même vieille tenue. *A child wearing a cowboy outfit.* Un enfant qui porte une panoplie de cowboy.

**uniform** *ndi* uniforme *in uniform* en uniforme

### 190.7  Vêtements pour le sport et la détente

**tracksuit** *nd* survêtement, jogging

**leotard** *nd* [pour la gymnastique, l'aérobic, etc.] body

**swimming costume** *nd*

[pour hommes ou femmes] maillot de bain

**trunks** OU **swimming trunks** *n pl* [pour hommes] slip de bain

**bikini** *nd* bikini

### 190.8  Vêtements pour la nuit

**pyjamas** (*Brit*), **pajamas** (*US*) *n pl* pyjama *a pair of pyjamas* un pyjama (utilisé comme *adj* sans 's') *my pyjama trousers* mon pantalon de pyjama

**nightdress** *nd* chemise de nuit

**nightie** *nd* [plutôt informel] chemise de nuit

**dressing gown** *nd* peignoir

### 190.9  Sous-vêtements

**underwear** *ni* sous-vêtements, lingerie

**pants** (*Brit*), **panties** (*surtout US*) *n pl* slip *a pair of pants* un slip

**briefs** *n pl* [pour hommes ou femmes] slip *a pair of briefs* slip

**knickers** *n pl* (*Brit*) [plutôt informel. Pour

femmes] culotte *a pair of knickers* une culotte

**underpants** *n pl* [pour hommes] caleçon *a pair of underpants* un caleçon

**slip** *nd* jupon

**petticoat** *nd* [ce terme paraît souvent plus démodé que **slip**] jupon, combinaison

**bra** *nd* soutien-gorge

**vest** (*Brit*), **undershirt** (*US*) *nd* maillot de corps *a string vest* tricot de corps

**sock** *nd* chaussette *a pair of socks* une paire de chaussettes

**tights** (*surtout Brit*), **pantyhose** (*US*) *n pl* collants *a pair of tights* un collant

**stockings** *n pl* bas *a pair of stockings* une paire de bas

## 190.10 Vêtements pour l'extérieur

**coat** *nd* manteau

**overcoat** *nd* [gén pour hommes] pardessus

**mac** *nd* (*Brit*) [informel] imper

**raincoat** *nd* [terme générique. Plus formel que **mac**] imperméable

**anorak** *nd* (*surtout Brit*) anorak

**cloak** *nd* cape

## 190.11 Fermetures

**button** *nd* bouton *to do up one's buttons* fermer ses boutons

**button** *vt* (souvent + **up**) boutonner *She buttoned up her coat.* Elle boutonna son manteau.

**buttonhole** *nd* boutonnière

**zip** (*Brit*), **zipper** (*surtout US*) *nd* fermeture éclair

**zip** *vt*, -**pp**- (gén + **up**) fermer la fermeture éclair

*She zipped up her anorak.* Elle ferma la fermeture éclair de son anorak.

**fly** *nd* ou **flies** *n pl* [d'un pantalon] braguette *Your fly is/flies are open.* Ta braguette est ouverte.

**press stud** (*Brit*), **snap fastener** (*US*), **popper** (*Brit & US*) *nd* [informel] pression

**strap** *nd* lanière

## 190.12 Parties de vêtements

**fringe** *nd* frange

**hem** *nd* ourlet

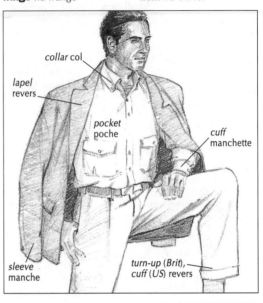

collar col

lapel revers

pocket poche

cuff manchette

sleeve manche

turn-up (*Brit*), cuff (*US*) revers

## 190.13 Personnes qui font les vêtements

**tailor** *nd* [surtout pour hommes] tailleur

**dressmaker** *nd* [surtout pour femmes] couturier

**designer** *nd* [indique qu'il s'agit de vêtements de haute couture] styliste, grand couturier (utilisé comme *adj*) *designer jeans* des jeans de marque

# 191 Shoes Chaussures

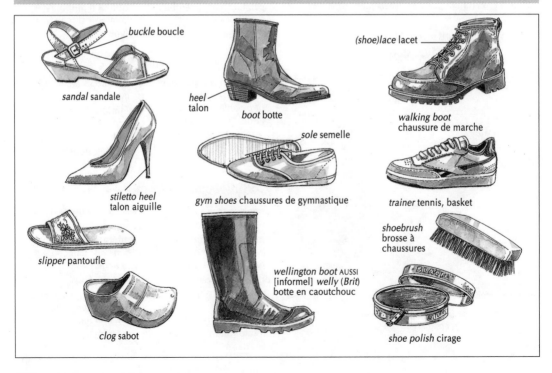

buckle boucle

sandal sandale

heel talon

boot botte

(shoe)lace lacet

walking boot chaussure de marche

stiletto heel talon aiguille

sole semelle

gym shoes chaussures de gymnastique

trainer tennis, basket

slipper pantoufle

shoebrush brosse à chaussures

wellington boot AUSSI [informel] welly (*Brit*) botte en caoutchouc

clog sabot

shoe polish cirage

## 192 **Accessories** Accessoires

### 192.1 Pour la tête

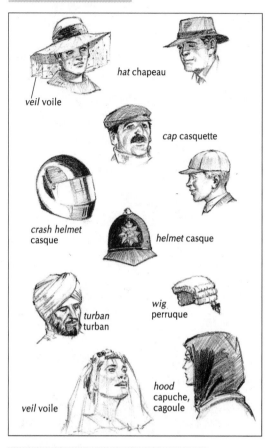

hat chapeau

veil voile

cap casquette

crash helmet casque

helmet casque

turban turban

wig perruque

hood capuche, cagoule

veil voile

### 192.2 Pour se protéger du froid

**scarf** nd, pl **scarves** écharpe

**headscarf** nd, pl **headscarves** [carré] foulard

**glove** nd gant a pair of gloves une paire de gants

**shawl** nd châle

**umbrella** nd parapluie

### 192.3 Pour emporter des choses avec soi

**handbag** (Brit), **purse** (US) nd sac à main

**purse** (Brit), **wallet** (US) nd porte-monnaie

**wallet** (Brit), **billfold** (US) nd portefeuille

**briefcase** nd serviette

### 192.4 Accessoires

**tie** (Brit), **necktie** (US) nd cravate

**ribbon** nd ruban

**bow** nd noeud papillon

**belt** nd ceinture

**cufflink** nd bouton de manchette a pair of cufflinks des boutons de manchette

**fan** nd éventail

**badge** nd badge

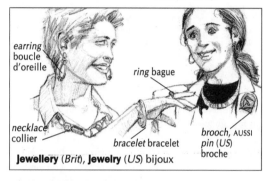

earring boucle d'oreille

ring bague

necklace collier

bracelet bracelet

brooch, AUSSI pin (US) broche

**jewellery** (Brit), **jewelry** (US) bijoux

### 192.5 Cosmétiques

**make-up** ni maquillage

**cosmetics** n pl [plus formel que **make-up**] cosmétiques

**lipstick** nid rouge à lèvres

**mascara** nid mascara

**eyeshadow** nid ombre à paupières

**perfume** nid parfum

### 192.6 Mouchoirs

**handkerchief** nd, pl **handkerchieves** mouchoir

**hankie** nd [informel] mouchoir

**tissue** nd mouchoir en papier

## 193 **Textiles** Textiles

voir aussi **381.6 Arts and Crafts**

**material** nid [terme général] tissu You'll need three metres of material. Il vous faudra trois mètres de tissu.

**fabric** nid [plus technique que **material**] tissu synthetic fabrics matières synthétiques

**cloth** ni [tissé, ne peut désigner des matières synthétiques] étoffe, tissu You can tell the quality from the feel of the cloth. On peut se rendre compte de la qualité du tissu rien qu'au toucher.

**thread** nid [à coudre] fil

**yarn** ni [à tricoter] fil

**rag** ndi [n'importe quelle étoffe déchirée] bout de tissu

**weave** vt, prét **wove** part passé **woven** tisser

**weaver** nd tisserand

### 193.1 Quelques matières utilisées fréquemment

**cotton** ni 1 [tissu] coton 2 (Brit) fil a needle and cotton une aiguille et un fil

**wool** ni 1 [tissu] laine 2 [fil à tricoter] a ball of wool une pelote de laine

**woollen** adj en laine a woollen jumper un pull en laine

**felt** ni feutre

**nylon** ni nylon

**polyester** ni polyester

**corduroy** *ni* velours côtelé

**tweed** *ni* tweed

**leather** *ni* cuir

**suede** *ni* daim

**linen** *ni* lin

**canvas** *ni* toile

**velvet** *ni* velours

**silk** *ni* soie

**satin** *ni* satin

**lace** *ni* dentelle

> **usage**
>
> Les termes qui désignent une matière peuvent être utilisés comme adjectifs: ex. *a velvet dress* (une robe en velours) *a canvas bag* (un sac de toile).

## 194 Colours Couleurs

voir aussi **15 Jewels; 16 Metals**

> **usage**
>
> Lorsqu'on utilise un adjectif de couleur avec d'autres adjectifs, on place gén l'adjectif de couleur juste avant le nom: *a heavy black bookcase* (une lourde étagère noire). Il y a exception à cette règle lorsqu'on a un autre adjectif décrivant la nature intrinsèque d'une personne ou d'une chose, comme par exemple son origine ou la matière dans laquelle elle est fabriquée. On dira donc: *a big heavy black oak bookcase* (une massive étagère noire en chêne) ou *a small white Italian car* (une petite voiture italienne blanche).

### 194.1 Pour décrire les couleurs

**bright** *adj* [décrit une couleur intense qui réfléchit la lumière] vif, lumineux *a bright yellow* un jaune vif

**gaudy** *adj* [gén péjoratif. Trop vif pour être de bon goût] criard *a gaudy pink dress* une robe rose criarde

**pale** *adj* pâle *a pale blue shirt* une chemise bleu pâle

**light** *adj* clair *light brown hair* des cheveux châtain clair *light blue* bleu clair

> **usage**
>
> L'adjectif **pale** met l'accent sur le manque d'intensité d'une couleur, tandis que l'adjectif **light** met l'accent sur la nuance spécifique d'une couleur. Il est donc possible de décrire une couleur comme **light** et **bright** à la fois. Le contraire de **light** est **dark**, et le contraire de **pale** est **deep**.

**deep** *adj* vif, intense *a deep red cherry* un rouge cerise intense

**dark** *adj* foncé *a dark blue suit* un costume bleu foncé

**pastel** *adj* [décrit des tons pâles et doux] pastel *pastel shades* des tons pastels

**transparent** *adj* transparent

**clear** *adj* [transparent et gén sans couleur] transparent *clear glass* verre transparent

### 194.2 Couleurs primaires

**red** *ni* rouge *cherry red* rouge cerise **red** *adj,* -dd- rouge

**yellow** *ni* jaune *mustard yellow* jaune moutarde **yellow** *adj* jaune

**blue** *ni* bleu *sky blue* bleu ciel *royal blue* bleu roi *navy blue* bleu marine **blue** *adj* bleu

### 194.3 Autres couleurs

**green** *ni* vert *bottle green* vert bouteille *olive green* vert olive **green** *adj* vert

**pink** *ni, adj* rose

**orange** *ni, adj* orange

**purple** *ni, adj* violet, pourpre

**tan** *ni, adj* brun roux

**mauve** *ni, adj* mauve

**brown** *ni, adj* brun

**beige** *ni, adj* beige

**ginger** *ni, adj* [décrit surtout les cheveux] roux

**black** *ni, adj* noir

**white** *ni, adj* blanc

**grey** (*Brit*), **gray** (*surtout US*) *ni, adj* gris

> **locutions comparatives**
>
> **as black as ink/coal** d'un noir d'encre/noir comme du charbon
>
> **as white as snow** blanc comme neige
>
> **as white as a sheet** [implique qu'on a subi un choc] blanc/pâle comme un linge

---

**MODIFIER ET COMBINER LES COULEURS**

Les suffixes *-y* et *-ish* peuvent être ajoutés à la plupart des adjectifs de couleur. L'utilisation d'adjectifs comme *greeny* ou *reddish* implique que l'on donne seulement une vague idée de la couleur: *She's got brownish hair.* (Elle a des cheveux qui tirent sur le brun). On peut aussi combiner ces mots avec les adjectifs de couleur habituels pour décrire une nuance particulière: *greeny-brown eyes* (des yeux brun vert) *reddish-pink lipstick* (un rouge à lèvres rouge rosé).

---

## 195 Social customs Coutumes sociales

**custom** *ndi* coutume *It's the/a custom in our country to give presents on Christmas Eve.* C'est la coutume dans notre pays d'offrir des cadeaux la veille de Noël.
**customary** *adj* habituel, de coutume

**tradition** *ndi* tradition *by tradition* par tradition *to break with tradition* rompre avec la tradition

**traditional** *adj* [décrit: ex. habit, nourriture, chanson]

traditionnel, de tradition **traditionally** *adv* traditionnellement

**culture** *n* **1** *ndi* [façon de vivre] culture (utilisé comme *adj*) *culture shock* choc culturel **2** *ni* [activité artistique et intellectuelle] culture *They went to Paris for a bit of culture.* Ils sont allés à Paris pour un peu s'imprégner de culture. **cultural** *adj* culturel

## 195.1 Fêtes

**celebrate** *v* **1** *vt* [obj: ex. événement, succès, anniversaire] fêter, célébrer *We're having a party to celebrate Maria's homecoming.* On organise une soirée pour fêter le retour de Maria. **2** *vi* faire la fête *Let's celebrate by going out to dinner tonight.* Allons dîner dehors ce soir pour fêter ça.

**celebration** *ndi* (souvent utilisé au *pl*) fête(s), festivité(s) *Independence Day celebrations* festivités pour l'anniversaire de l'indépendance des Etats-Unis

**party** *nd* fête, soirée, réception *birthday party* fête d'anniversaire *dinner party* dîner *to give/throw a party for sb* organiser une soirée en l'honneur de qn (used as *adj*) *party dress* tenue de soirée

**anniversary** *nd* [utilisé lorsqu'il s'agit d'un événement] anniversaire *the fiftieth anniversary of the school's foundation* le cinquantième anniversaire de la fondation de l'école *wedding anniversary* anniversaire de mariage

**birthday** *nd* [utilisé seulement lorsqu'il s'agit de la date de naissance d'une personne] anniversaire *My birthday is (on) August 16th.* Mon anniversaire est le 16 août. *What do you want for your birthday?* Qu'est-ce qui te ferait plaisir pour ton anniversaire? *her eighteenth birthday* son dix-huitième anniversaire (utilisé comme *adj*) *birthday card* carte d'anniversaire *birthday present* cadeau d'anniversaire

## 195.2 Cérémonies religieuses

voir aussi **232 Religion**

**christening** *nd* [terme très souvent employé par la plupart des gens] baptême (utilisé comme *adj*) *christening robe* robe de baptême **christen** *vt* baptiser

**baptism** *nd* [terme très souvent employé dans des contextes religieux] baptême **baptize** *vt* baptiser

**godmother** *nd* marraine

**godfather** *nd* parrain

**godchild** *nd, pl* **godchildren** filleul

**bar mitzvah** *nd* bar mitzvah

## 195.3 Mariage

**bachelor** *nd* célibataire, vieux garçon *a confirmed bachelor* un célibataire endurci (utilisé comme *adj*) *bachelor flat* garçonnière *a bachelor girl* une célibataire

**spinster** *nd* [ne peut désigner qu'une femme] célibataire, vieille fille

**engagement** *nd* (souvent + **to**) fiançailles (utilisé comme *adj*) *engagement ring* bague de fiançailles

**be/get engaged** (souvent + **to**) être fiancé/se fiancer

**marriage** *nid* [peut désigner la situation de deux personnes mariées ainsi que l'événement ou la cérémonie] mariage *a happy marriage* un mariage heureux

**marry** *v* **1** *vt* épouser *Will you marry me?* Veux-tu m'épouser? *We have been married for twenty years.* Nous sommes mariés depuis 20 ans. **2** *vi* se marier *They can't marry until his divorce is final.* Ils ne peuvent pas se marier tant que son divorce n'est pas prononcé.

**get married** (souvent + **to**) [plus informel que **marry**] se marier *She wants to get married in church.* Elle veux se marier à l'église.

**wedding reception** *nd* réception de mariage

**honeymoon** *nd* lune de miel *to go on honeymoon* partir en voyage de noces **honeymoon** *vi* passer sa lune de miel

**separate** *vi* se séparer *She and her husband have/are separated.* Son mari et elle se sont/sont séparés. **separation** *ndi* séparation

**divorce** *vit* divorcer *to get divorced* divorcer

**divorce** *nid* divorce *grounds for divorce* motifs de divorce [utilisé comme *adj*] *divorce court* tribunal de grande instance *divorce proceedings* procédure de divorce

bridesmaid demoiselle d'honneur

bride jeune/future mariée

(bride)groom marié

best man témoin

wedding ring alliance

wedding dress robe de mariée

**wedding** mariage

## 195.4 Funérailles

**funeral** *nd* funérailles, obsèques *a funeral procession* cortège funèbre

**cemetery** OU **graveyard** *nd* cimetière

**grave** *nd* tombe

**gravestone** OU **headstone** *nd* pierre tombale

**coffin** *nd* cercueil

**wreath** *nd* couronne (mortuaire)

**undertaker** *nd* croque-mort

**hearse** *nd* corbillard

**bury** *vt* enterrer, inhumer *He was buried at sea.* Son corps fut immergé (en haute mer).

**burial** *nid* enterrement, inhumation (utilisé comme *adj*) *burial service* service funèbre

**cremate** *vt* incinérer **cremation** *nid* incinération **crematorium** *n, pl* **crematoria** crematorium

**mourn** *vti* [obj: ex. personne, mort de qn, perte] pleurer **mourner** *nd* parent ou ami endeuillé

**mourning** *ni* deuil *to be **in mourning** (for sb)* porter le deuil (de qn)

**wake** *nd* veillée mortuaire

## 196 Greet Saluer

voir aussi **365 Gesture**; *L1 Introductions*; *L3 Greetings*

**greet** *vt* [obj: personne] saluer, accueillir (+ **with**) *He greeted me with a friendly wave.* Il me salua d'un geste amical de la main.

**greeting** *ndi* salut, accueil *a warm/friendly greeting* un accueil chaleureux/cordial [souvent utilisé au *pl*] *to send Christmas/birthday greetings to sb* envoyer ses voeux de Noël/d'anniversaire à qn [utilisé comme *adj*, seulement au *pl*] *greetings card* carte de voeux

**welcome** *vt* **1** (souvent + **to**) accueillir, souhaiter la bienvenue *He welcomed us to Spain.* Ils nous a souhaité la bienvenue en Espagne. *to **welcome** sb **with open arms*** accueillir qn à bras ouverts **2** [être content de. Obj: ex. décision, nouvelle] se réjouir de *The staff welcomed the new pay scales.* Le personnel a accueilli favorablement l'introduction des nouveaux barèmes.

**welcome** *interj* (souvent + **to**) bienvenue!

**welcome** *adj* **1** [décrit: ex. invité] bienvenu *I know when I'm not welcome.* Je sais quand je suis de trop. *to **make** sb **welcome*** faire bon accueil à qn **2** [accueilli favorablement] bienvenu, qui fait plaisir *a welcome change from work* un dérivatif au travail qui tombe à point

**welcome** *nd* accueil *to **give** sb **a warm welcome*** faire un accueil chaleureux à qn

**shake hands** [en signe d'accord ou pour saluer etc.] se serrer la main *They shook hands on the deal.* Ils ont scellé leur accord d'une poignée de main.

**handshake** *nd* poignée de main

**wave** *vit* (souvent + **to**) faire un signe de la main *He waved to us from the balcony.* Il nous a fait signe du balcon. *to **wave** sb **goodbye*** faire au revoir de la main

**wave** *nd* signe de la main

**kiss** *vti* s'embrasser, (se) faire la bise *He kissed her on both cheeks.* Il l'a embrassée sur les deux joues. *to kiss sb goodbye/goodnight* dire au revoir/souhaiter bonne nuit à qn en l'embrassant

**kiss** *nd* baiser, bise *to **give** sb **a kiss*** donner un baiser à qn

**introduce** *vt* (souvent + **to**) présenter *We haven't been introduced yet.* On ne nous a pas encore présentés.

**introduction** *ndi* présentation *I'll leave Bob to make the introductions.* Je vais laisser à Bob le soin de faire les présentations.

## 197 Die Mourir

**die** *vi* [terme général] mourir *dying words/wish* dernières paroles/dernière volonté (+ **of**) *He died of a heart attack.* Il est mort d'une crise cardiaque. *I'll remember that **till my dying day**.* Je m'en souviendrai jusqu'à mon dernier jour. *I nearly died when they told me.* [utilisé de façon informelle pour montrer que l'on est bouleversé ou très embarrassé] J'ai cru mourir quand ils m'en ont parlé.

**pass away/on** *vi prép* [euphémisme. Plutôt vieilli] s'éteindre, décéder *She passed away/on last week.* Elle s'est éteinte la semaine passée.

**perish** *vi* [souvent utilisé par les journalistes pour souligner le caractère dramatique de la mort] périr *Hundreds perished when the ship went down.* Des centaines de personnes ont péri dans le naufrage.

**expire** *vi* [très formel ou littéraire lorsqu'il est utilisé pour une personne] rendre l'âme

### usage

L'emploi de certaines expressions informelles ou humoristiques relatives à la mort dans des contextes sérieux peut sembler cruel, voire choquant.

## 197.1 Décédé

**dead** *adj* **1** [décrit: ex. corps, fleur, animal] mort *a dead body* un corps, un cadavre *to shoot sb dead* abattre qn *I wouldn't be seen dead in that hat.* [humoristique] Jamais de la vie je ne porterais un chapeau comme celui-là! (utilisé comme *n pl*) *the living and the dead* les morts et les vivants **2** [décrit: ex. machine, batterie]

### expressions

**drop dead** [mourir subitement] tomber mort *He dropped dead in the street.* Il est tombé mort dans la rue.

**kick the bucket** [informel, humoristique] casser sa pipe

**snuff it** [argot, souvent humoristique] casser sa pipe

en panne, à plat *The line **went dead*** . On n'entendait plus rien sur la ligne.

**deceased** *adj* [formel, utilisé essentiellement dans des documents juridiques ou officiels] décédé, défunt *John Henry Morton, deceased* feu John Henry Morton

[utilisé comme *n*] *the deceased's personal effects* les effets personnels du défunt

**late** *adj* (avant *n*) [façon respectueuse de signaler que qn vient de décéder. Utilisé dans des documents officiels mais moins formel que **deceased**] défunt, regretté *my late uncle* mon oncle regretté

**extinct** *adj* [décrit: ex. animal, espèce, volcan] éteint, disparu **extinction** *ni* disparition

**death** *nid* mort *a natural death* une mort naturelle *to be worried/frightened **to death*** [informel] être fou d'inquiétude/mort de peur

## 198 Kill Tuer

**kill** *vti* [terme général. Peut être délibéré ou accidentel. Obj: personne, animal, plante] tuer *His parents were killed in a plane crash.* Ses parents ont été tués dans un accident d'avion. **killer** *nd* assassin, tueur

**slay** *vt, prét* **slew**, *part passé* **slain** [vieilli ou littéraire. Obj: ex. ennemi, chevalier] tuer

**massacre** *vt* [suppose un grand nombre de victimes et des meurtres violents] massacrer **massacre** *nd* massacre

**exterminate** *vt* [implique la destruction totale d'un groupe particulier d'animaux ou de personnes] exterminer **extermination** *ni* extermination

**suicide** *nid* suicide *to commit suicide* se suicider

**euthanasia** *ni* euthanasie

### 198.1 Meurtre

**murder** *vt* assassiner *He murdered his victims with an axe.* Il massacrait ses victimes à coups de hache. *I could murder him for forgetting to tell you.* [utilisé de façon informelle ou humoristique] Je l'étranglerais bien pour avoir oublié de t'en parler. **murderer** *nd* meurtrier

**murder** *nid* meurtre, assassinat *to **get away with murder*** [humoristique] pouvoir faire n'importe quoi impunément

**manslaughter** *ni* homicide (par imprudence) *The driver of the car was found guilty of manslaughter.* Le conducteur de la voiture a été reconnu coupable d'homicide involontaire.

**assassinate** *vt* [obj: une personne importante] assassiner *an attempt to assassinate the President* une tentative d'assassinat sur le Président **assassin** *nd* assassin **assassination** *nid* assassinat

**bump** sb **off** OU **bump off** sb *vt prép* [informel, plutôt humoristique] liquider, descendre

**do** sb **in** OU **do in** sb *vt prép* [informel] supprimer, liquider *She tried to do her old man in.* Elle a essayé de liquider son vieux.

**poison** *vt* (souvent + **with**) empoisonner

**poison** *ndi* poison *rat poison* mort-aux-rats (utilisé comme *adj*) *poison gas* gaz toxique

**poisonous** *adj* [décrit: ex. serpent, produit chimique, plante] venimeux, toxique, vénéneux

**shoot** *vt, prét & part passé* **shot** abattre, tuer d'une balle

**strangle** *vt* étrangler

**drown** *v* 1 *vt* noyer 2 *vi* se noyer, être noyé

**suffocate** *v* 1 *vt* étouffer 2 *vi* étouffer

### 198.2 Peine capitale

**capital punishment** *ni* peine de mort

**execute** *vt* [infliger la peine capitale. Souvent utilisé dans des contextes militaires] exécuter *He was executed by firing squad.* Il a été fusillé par un peloton d'exécution.

**execution** *nid* exécution **executioner** *nd* bourreau

**put** sb **to death** [moins froid et impartial que **execute**. Souvent utilisé lorsque l'on relate des événements historiques] mettre à mort

**hang** *vt, prét & part passé* **hanged** pendre *He was sentenced to be hanged.* Il a été condamné à la pendaison.

**hanging** *nid* pendaison *Some people want to bring back hanging.* Il y a des gens qui veulent rétablir la pendaison.

**electric chair** *nd* (toujours + **the**) chaise électrique

**gas chamber** *nd* chambre à gaz

**firing squad** *nd* (+ *v sing* ou *pl*) peloton d'exécution *to face a firing squad* passer devant un peloton d'exécution

### 198.3 Tuer les animaux

**put** sth **down, put down** sth *vt prép* [gén par un vétérinaire. Obj: animal vieux, malade ou indésirable] (faire) piquer

**put to sleep** [euphémisme de **put down**] faire piquer

**slaughter** *vt* [obj: animal utilisé pour sa viande] abattre **slaughter** *ni* abattage

**butcher** *vt* [obj: animal utilisé pour sa viande] tuer, abattre **butchery** *ni* abattage

### 198.4 Mortel

**lethal** *adj* [décrit: ex. dose, arme] mortel, fatal, meurtrier *Those sharp spikes could be lethal.* Ces pointes acérées pourraient être meurtrières.

**deadly** *adj* **1** [décrit: ex. poison] mortel **2** [décrit: ex. exactitude, objectif] qui ne rate jamais *in deadly earnest* très sérieusement

**fatal** *adj* **1** [qui entraîne la mort. Décrit: ex. accident, blessure] fatal **2** (souvent + **to**) [qui entraîne l'échec. Décrit: ex. erreur, hésitation] fatal, désastreux *Further delays could be fatal to the project.* Un retard supplémentaire pourrait être fatal pour le projet. **fatally** *adv* mortellement **fatality** *nd* mort

**mortal** *adj* **1** [formel. Décrit: ex. coup, blessure] mortel *mortal sin* [dans la religion catholique] péché mortel **2** [décrit: ex. terreur, peur] mortel *a mortal danger* un danger de mort

**mortally** *adv* mortellement *mortally wounded* blessé mortellement

*usage*

On utilise les adjectifs **lethal** et **deadly** pour décrire des choses qui sont potentiellement mortelles. On utilise l'adjectif **fatal** essentiellement pour des choses qui ont réellement entraîné la mort de quelqu'un. On pourrait dire par exemple: *The glass contained a lethal/deadly dose of arsenic.* (Il y avait dans le verre une dose mortelle d'arsenic.) que quelqu'un ait réellement bu le contenu du verre ou pas. Mais d'autre part, un détective enquêtant sur un crime pourrait se demander: *Who administered the fatal dose?* (Qui a administré la dose fatale?).

## 199 Sex Sexe

**sex** *n* **1** *ni* [rapports sexuels ou activité sexuelle en général] sexe *There's too much sex on television.* Il y a trop de sexe à la télévision. *premarital/extramarital sex* relations sexuelles avant le mariage/en dehors du mariage (utilisé comme *adj*) *sex appeal* sex appeal *sex life* vie sexuelle **2** *ndi* sexe *the male/female sex* le sexe masculin/féminin *the opposite sex* le sexe opposé

**sexuality** *ni* [nature sexuelle] sexualité *male/female sexuality* sexualité masculine/féminine

**sexual** *adj* **1** [qui concerne les actes sexuels] sexuel *sexual satisfaction* satisfaction sexuelle **2** [qui concerne le genre] sexuel *sexual stereotyping* les stéréotypes sexuels **sexually** *adv* sexuellement

**gender** *ni* **1** [plus technique que **sex**] genre, sexe **2** [en grammaire] genre

### 199.1 Sexy

voir aussi **432 Attract**

**sexy** *adj* [assez informel. Moins sérieux que **erotic**. Décrit: ex. personne, sous-vêtements] sexy *You look so sexy in that dress.* Tu es tellement sexy dans cette robe.

**erotic** *adj* [plus sérieux que **sexy**. Décrit: ex. photo, pose, poème, gén *pas* des personnes] érotique

**pornographic** *adj* [péjoratif, implique qch de mauvais goût. Décrit: ex. livre, magazine, photo] pornographique **pornography** *ni* pornographie **pornographer** *nd* pornographe

### 199.2 Rapports sexuels

**sexual intercourse** *ni* [assez formel. Utilisé par ex. lorsqu'on parle à un médecin] rapport sexuel *to have sexual intercourse with sb* avoir des rapports sexuels avec qn

**have sex** (souvent + **with**) [expression assez informelle, mais également assez neutre et froide] avoir des rapports (sexuels)

**make love** (souvent + **to**) [plutôt euphémique, mais plus sentimental que **have sex**] faire l'amour

**sleep with** sb OU **go to bed with** sb [euphémismes courants] coucher avec qn

**consummate** *vt* [utilisé essentiellement dans un contexte technique ou juridique. Obj: mariage] consommer **consummation** *ni* consommation

**copulate** *vi* [souvent utilisé pour des animaux. Péjoratif lorsqu'il est utilisé pour des personnes] copuler **copulation** *ni* copulation

**fornicate** *vi* [formel et péjoratif. Utilisé dans la Bible] forniquer **fornication** *ni* fornication

**mate** *vi* (souvent + **with**) [utilisé seulement pour des animaux] s'accoupler *the mating season* la saison des amours

**mate** *nd* [utilisé essentiellement pour des animaux mais aussi pour des personnes] époux, épouse

**breed** *v, prét & part passé* **bred 1** *vi* [suj: animaux] se reproduire [s'utilise aussi avec mépris pour des personnes] *They breed like rabbits.* Ils se reproduisent comme des lapins. **2** *vt* [obj: animaux, plantes] engendrer, générer *bred in captivity* né en captivité **breeder** *nd* éleveur

**masturbate** *vit* (se) masturber **masturbation** *ni* masturbation

*usage*

Il existe un très grand nombre de termes argotiques et vulgaires pour désigner l'acte sexuel. Parmi les plus courants, les termes ci-dessous doivent être utilisés avec prudence dans la mesure où ils peuvent choquer la personne à qui l'on s'adresse. Dans le doute, il vaut mieux les éviter.

**fuck** *vit* [terme très radical et d'une certaine intensité, qu'il vaut probablement mieux éviter car il est susceptible de choquer et/ou d'offenser bon nombre de gens] baiser

**fuck!** *interj* [utilisé comme juron très fort et vulgaire] putain!

**fuck** *nd* [l'acte] baise

**screw** *vti* [moins fort et moins choquant que **fuck**, mais tout de même considéré comme de l'argot vulgaire et susceptible de choquer de nombreuses personnes] baiser **screw** *nd* baise

**lay** *vt* (*surtout US*) [moins fort et moins direct que **fuck** ou **screw** et légèrement moins choquant mais tout de même susceptible d'offenser certaines personnes] baiser *to get laid* se faire baiser

**lay** *nd* [même remarque que pour le verbe] coup *a good lay* un bon coup

**bonk** *vit* [argot humoristique, pas particulièrement choquant mais à utiliser avec des personnes que l'on connait bien] tirer un coup

**bonk** *nd* [argot humoristique] baise

**to have it off (with sb)** [argot, pas particulièrement choquant mais à utiliser seulement avec des personnes que l'on connaît bien] s'envoyer/se taper qn *They had it off in the back of the car.* Ils se sont envoyés en l'air sur la banquette arrière de la voiture.

### 199.3 Au cours des rapports sexuels

**foreplay** *ni* préliminaires

**ejaculate** *vi* éjaculer **ejaculation** *nid* éjaculation

**orgasm** *ndi* orgasme *to have an orgasm* avoir un orgasme, jouir

**come** *vi*, *prét* **came**, *part passé* **come** [informel] jouir

### 199.4 Crimes sexuels

**incest** *ni* inceste *to commit incest* commettre un inceste **incestuous** *adj* incestueux

**rape** *nid* viol (utilisé comme *adj*) *rape victim* victime d'un viol **rape** *vt* violer **rapist** *nd* violeur

**sexual abuse** *ni* abus sexuel *a victim of sexual abuse* la victime d'un abus sexuel

**prostitute** *nd* [une femme à moins que l'on ne spécifie qu'il s'agit d'un homme] prostituée **prostitution** *ni* prostitution

**brothel** *nd* maison de tolérance, bordel

**red light area** OU **district** *nd* quartier chaud

### 199.5 Contraception

**contraception** *ni* [terme neutre et assez technique] contraception

**contraceptive** *nd* moyen contraceptif *oral contraceptive* contraceptif oral **contraceptive** *adj* contraceptif

**birth control** *ni* [inclut d'autres méthodes que la contraception] régulation des naissances

**family planning** *ni* [pas technique et légèrement euphémique] contrôle des naissances *the family planning clinic* centre de planning familial

**pill** *n* (toujours + **the**) pilule *to be on the pill* prendre la pilule

**condom** (*Brit & US*), **rubber** (*US*) *nd* préservatif

### 199.6 Tendances sexuelles

**heterosexual** *adj* hétérosexuel **heterosexual** *nd* hétérosexuel **heterosexuality** *ni* hétérosexualité

**homosexual** *adj* [terme neutre. Décrit: ex. une personne, relation] homosexuel **homosexual** *nd* homosexuel **homosexuality** *ni* homosexualité

**lesbian** *adj* [terme neutre. Décrit: ex. femme, relation] lesbien **lesbian** *nd* lesbienne

**gay** *adj* [utilisé pour des personnes des deux sexes. Terme plus sympathique que **homosexual** ou **lesbian**] homo, homosexuel(le) *gay rights* droits des homosexuels *the gay community* la communauté homosexuelle *gay bars* bars pour homosexuels **gay** *nd* homosexuel(le)

**bisexual** *adj* bisexuel **bisexual** *nd* bisexuel **bisexuality** *ni* bisexualité

**celibate** *adj* célibataire **celibacy** *ni* célibat, chasteté

**virgin** *nd* vierge

**virginity** *ni* virginité *to lose one's virginity* perdre sa virginité

## 200 Old Vieux

voir aussi **203 Old-fashioned**

**old** *adj* **1** [terme général, utilisé pour décrire des objets et des personnes] vieux *to get/grow old* vieillir *She's old enough to vote.* Elle est en âge de voter. *Surely you're not going to wear that old thing.* Tu ne vas tout de même pas porter ce vieux truc. **2** [utilisé pour décrire l'âge] *ten years old* âgé de 10 ans *a ten-year-old (child)* un enfant de 10 ans **3** [précédent] ancien *He's his old self again.* Il est redevenu lui-même. *My old car ran better than this one.* Mon ancienne voiture roulait mieux que celle-ci.

**age** *n* **1** *nd* âge *children of all ages* des enfants de tous les âges *He's starting to look his age.* Il commence à faire son âge. *when I was your age* quand j'avais ton âge **2** *ni* âge *old/middle age* vieillesse/cinquantaine.
*voir aussi **26.2 Time**

**age** *vit* [prendre de l'âge ou paraître plus vieux] vieillir *He has aged a lot in the past year.* Il a pris un coup de vieux l'an dernier.

### 200.1 Pour décrire les personnes

**elder** *adj* (*compar* de **old**; *gén avant n*) aîné *my elder brother* mon frère aîné

**elder** *nd* aîné *the elder of her two sons* l'aîné de ses deux fils *You must show respect to your elders.* Vous devez faire preuve de respect envers vos aînés.

**elderly** *adj* **1** [pour des personnes. Terme plus poli que **old**] âgé (utilisé comme *n pl*) *the elderly* les personnes âgées **2** [souvent avec un peu humoristique s'il est utilisé pour des objets] démodé, vieillot

**senior** *adj* (souvent + **to**) [décrit: ex. classe, élève] plus âgé *senior citizen* personne âgée

**senior** *nd* (toujours + *adj possessif*) [formel] aîné *She is two years my senior/my senior by two years.* Elle a deux ans de plus que moi.

**veteran** *adj* [décrit: ex. militant, politicien] chevronné, expérimenté *veteran car* (*Brit*) une voiture d'époque (d'avant 1919)

**veteran** *nd* vétéran *a Second World War veteran* un ancien combattant de la deuxième guerre mondiale

**mature** *adj* **1** [décrit: une personne] mûr *mature student* (*Brit*) étudiant plus âgé que la moyenne **2** [utilisé comme un euphémisme pour éviter **middle-aged**] d'âge mûr *styles for the mature woman* des modèles (de vêtements) pour les femmes d'âge mûr **3** [décrit: surtout du fromage, du vin] fait, qui est arrivé à maturité **maturity** *ni* maturité. *voir aussi **238 Sensible**

**mature** *vit* **1** [suj: une personne] mûrir **2** [suj: surtout du fromage, vin] se faire, arriver à maturité

**middle-aged** *adj* [utilisé seulement pour des personnes] d'un certain âge, entre deux âges [souvent utilisé de façon peu flatteuse] *middle-aged spread* embonpoint de la cinquantaine *His attitudes are so middle-aged.* Il a des manières tellement vieux-jeu.

**aged** *adj* [plutôt formel] âgé [légèrement moins formel lorsqu'il est utilisé comme *n pl*] *a home for the aged* un asile pour personnes âgées

### 200.2 Pour décrire des objets

**second-hand** *adj* [décrit: ex. voiture, vêtement] d'occasion, de seconde main *a second-hand shop* une boutique d'occasion **second-hand** *adv* d'occasion

**vintage** *adj* [élogieux. Décrit: surtout du vin] vieux *vintage car* (*Brit*) une voiture d'époque (entre 1919 et 1930) *vintage wine* vin millésimé

**vintage** *nd* [pour du vin] année, millésime *What vintage is this wine?* Quel est le millésime de ce vin?

**ancient** *adj* **1** [extrêmement vieux. Décrit: ex. monument, cathédrale, coutume] ancien *the ancient Greeks* les anciens Grecs *That's **ancient history**.* C'est de l'histoire ancienne. **2** [humoristique, utilisé pour insister] *I'm getting terribly ancient.* Je commence à me faire drôlement vieux/Je commence à prendre de la bouteille. *this ancient raincoat* cet imperméable qui date de Mathusalem

**antique** *adj* [ancien et précieux. Décrit: ex. mobilier, vase] ancien, d'époque

**antique** *nd* objet d'art ou meuble d'époque (utilisé comme *adj*) *an antique shop* un magasin d'antiquités

*e x p r e s s i o n s*

**as old as the hills** [utilisé pour des personnes et pour des choses] vieux comme le monde, qui remonte au déluge

**long in the tooth** (*surtout Brit*) [légèrement péjoratif. Utilisé seulement pour des personnes] qui n'est plus de première jeunesse *She's getting a bit long in the tooth.* Elle n'est plus toute jeune.

**(with) one foot in the grave** [expression assez dure] avoir un pied dans la tombe

**to be getting on** [informel, peut sembler légèrement condescendant] se faire vieux *He's getting on a bit now.* Il commence à se faire vieux maintenant.

## 201 New Nouveau

voir aussi **32 Begin**; **202 Modern**

**new** *adj* **1** nouveau, neuf *I threw the old vacuum cleaner away and bought a new one.* J'ai jeté le vieil aspirateur et j'en ai acheté un nouveau. *as good as new* comme neuf **2** [différent. Décrit: ex. métier, vie] autre, nouveau *He has a new girlfriend every week.* Il change de petite amie chaque semaine. *There seem to be lots of new faces in the office.* J'ai l'impression qu'il y a plein de nouvelles têtes au bureau. **3** (souvent + **to**) [décrit: ex. membre, qn qui vient d'arriver] nouveau *a new boy/girl* un nouveau/une nouvelle *She's still very new to the job.* Elle débute dans le métier.

**brand-new** *adj* [souligne le fait que l'objet n'a encore jamais été utilisé] tout neuf

**fresh** *adj* **1** [en bon état. Pas rassis ou avarié] frais *the smell of fresh bread* l'odeur du pain frais *I'm just going out for a breath of fresh air.* Je sors simplement prendre un peu l'air. **2** [qui n'est pas congelé ou en boîte. Décrit: ex. fruit, viande] frais **3** [nouveau. Décrit: ex. preuve, nouvelle] nouveau, frais *a fresh start* un nouveau départ *Start a fresh sheet of paper for each question.* Prenez une nouvelle feuille pour chaque question.

**freshly** *adv* fraîchement, récemment *freshly-ground coffee* café fraîchement moulu

### 201.1 Qui fait preuve d'imagination et d'inventivité

**original** *adj* [élogieux. Décrit: ex. idée, conception, penseur] original, novateur **originality** *ni* originalité

**novel** *adj* [peut impliquer que qch est nouveau mais aussi inhabituel ou plutôt étrange] nouveau, original *a novel idea for saving electricity* une idée originale pour économiser l'électricité

**novelty** *nid* nouveauté, innovation *The novelty is beginning to wear off.* L'attrait de la nouveauté commence à passer. (utilisé comme *adj*) *novelty value* valeur/attrait de nouveauté

**innovative** *adj* [élogieux. Décrit: ex. personne, idée, produit] innovateur **innovation** *ndi* innovation **innovator** *nd* (in)novateur

**pioneering** *adj* [élogieux. Décrit: ex. travail, firme] complètement nouveau ou original *her pioneering work with deaf children* son travail de pionnier avec les enfants sourds

**pioneer** *nd* **1** pionnier, novateur, précurseur *a pioneer in the field of laser technology* un pionnier dans le domaine de la technologie du laser **2** [premiers colons] pionnier **pioneer** *vt* être l'un des premiers à étudier, être précurseur en matière de

### 201.2 Jeune

**young** *adj* jeune *younger sister* sœur cadette *He's too young to travel alone.* Il est trop jeune pour voyager seul.

**youthful** *adj* [élogieux. Désigne ce qui est caractéristique des jeunes mais peut aussi se rapporter à des personnes âgées. Décrit: ex. visage, silhouette, enthousiasme] jeune, juvénile

**immature** *adj* [décrit: être vivant] jeune *an immature bird* un oiseau pas encore adulte. *voir aussi **241.4 Foolish**

## 201.3 Inexpérimenté

**inexperienced** *adj* inexpérimenté, qui manque d'expérience *sexually/politically inexperienced* novice en matière de sexualité/de politique **inexperience** *ni* manque d'expérience

**naive** *adj* [péjoratif] naïf **naively** *adv* naïvement **naivety** *ni* naïveté

**green** *adj* [informel, péjoratif] naïf, ingénu, vert

---

*e x p r e s s i o n*

**(still) wet behind the ears** [informel, humoristique] encore bleu

---

# 202 **Modern** Moderne

**modern** *adj* récent, moderne *the most modern equipment* matériel ultra-moderne/de pointe *modern languages* langues vivantes *modern history/literature/art* [fait gén allusion au siècle passé] histoire/littérature/art (des temps) moderne(s)

**modernize**, AUSSI **-ise** (*Brit*) *vti* [obj: ex. méthode, matériel] (se) moderniser **modernization** *nid* modernisation

**up-to-date** *adj* **1** [moderne. Décrit: ex. matériel, méthode] très récent, moderne **2** (souvent + **with**) [qui connaît ou contient les dernières informations. Décrit: ex. liste, carte routière] (mis) à jour *to keep up-to-date with* the latest developments se tenir au courant des derniers événements *We must bring our records up-to-date.* Nous devons remettre nos dossiers à jour.

**update** *vt* **1** [obj: ex. dossier, information, modèle] mettre à jour, moderniser *We're updating all our office equipment.* Nous sommes en train de renouveler entièrement notre matériel de bureau. **2** (souvent + **on**) [révéler les dernières informations] tenir au courant *I'll just update you on the latest sales figures.* Je vais rapidement vous mettre au courant des derniers chiffres de ventes. **update** *nd* mise à jour

**newfangled** *adj* [assez informel et péjoratif] trop moderne *I can't cope with this newfangled machinery.* Je ne m'y retrouve pas avec ces machines ultra-modernes.

**contemporary** *adj* **1** [utilisé essentiellement dans une conversation ou un texte plus sérieux ou intellectuel. Décrit: ex. musique, conception, attitude] contemporain, moderne **2** (souvent + **with**) [qui vit au même moment] contemporain **contemporary** *nd* contemporain

**current** *adj* (généralement avant *n*) [qui se passe ou existe à ce moment] actuel, courant, en cours *current affairs* les affaires courantes *the current economic*

*climate* le climat économique actuel *the current issue of the magazine* le dernier numéro du magazine [plutôt formel lorsqu'on l'utilise après *v*] courant, communément admis ou accepté *These ideas are current in certain sections of the community.* Ces idées sont communément admises dans certaines couches de la communauté. **currently** *adv* actuellement, en ce moment

**topical** *adj* [qui a trait aux événements en cours. Décrit: ex. question, problème, allusion] d'actualité

## 202.1 Mode

**fashion** *ndi* **1** mode *to be in/out of fashion* être à la mode/démodé *Pointed shoes are coming back into fashion.* Les chaussures pointues reviennent à la mode. *Roller-skating is the latest fashion here.* La dernière mode ici, c'est le patin à roulettes. **2** [vêtements] mode, collection *men's/ladies' fashions* collections pour hommes/dames (utilisé comme *adj*) *fashion designer* styliste, couturier *fashion show* défilé de mode

**fashionable** *adj* [décrit: ex. vêtement, personne, opinion, restaurant] à la mode, chic, in *It's fashionable to live in a converted warehouse.* C'est à la mode de vivre dans un entrepôt aménagé. **fashionably** *adv* à la mode, élégamment

**trend** *nd* (souvent + **in**, **towards**) tendance, mode *The present trend is towards products which are environment-friendly.* La tendance actuelle va vers les produits qui ne nuisent pas à l'environnement. *to set a/the trend* lancer une mode

**trendy** *adj* [assez informel et souvent péjoratif] dernier cri, à la dernière mode *trendy left-wing ideas* des idées avant-gardistes de gauche

**with-it** *adj* [informel et plutôt vieilli] dans le vent *a with-it vicar* un curé à la page

---

# 203 **Old-fashioned** Démodé

voir aussi **200 Old**

**old-fashioned** *adj* [terme général, pas toujours péjoratif du fait qu'il suggère souvent l'attrait des choses qui ne sont pas modernes] ancien, d'autrefois *I love a good old-fashioned western.* J'aime bien les bons vieux westerns.

**quaint** *adj* [ancien mais qui présente de l'attrait pour des touristes par ex. Décrit: ex. petite maison, coutume] pittoresque, au charme vieillot/désuet

**dated** *adj* [utilisé pour des mots et des idées ainsi que pour des objets. Suppose que qch remonte très clairement à une époque récemment révolue] démodé *Those hair styles make the film look so dated!* Ces coiffures donnent au film un air tellement démodé!

**out-of-date** *adj* **1** [assez péjoratif] démodé **2** [décrit: ex. passeport, licence, liste] périmé

**outdated** adj [assez péjoratif. Remplacé par qch de mieux. Décrit: ex. matériel, idée] suranné, désuet

**antiquated** adj [plus fortement péjoratif que **outdated**] suranné, dépassé We can't produce good products with antiquated equipment. On ne peut pas fabriquer des produits valables avec un matériel vétuste.

**obsolete** adj [qui n'est plus utilisé] dépassé, obsolète

**archaic** adj [datant d'une époque tout à fait révolue, parfois péjoratif] archaïque

## 204 Society Société

voir aussi **139 People**

**society** n 1 nid société She's a menace to society. Elle représente une menace pour la société. a modern industrial society une société industrielle moderne 2 ni [personnes chic] haute société high society le beau monde, la Jet Set (utilisé comme adj) a society wedding un mariage mondain

**social** adj 1 [qui a trait à la société. Décrit: ex. problème, question, changement] social social work/worker assistance/assistant social(e) people of different social backgrounds des gens d'un milieu (social) différent 2 [qui a trait au temps passé avec des amis. Décrit: ex. occasion, contact] social, mondain They lead a very active **social life**. Leur vie est pleine d'activités sociales. He lacks any social graces. Il est dépourvu de tous les attraits qui plaisent en société.

**community** n 1 nd (pas de pl; toujours + **the**; + v sing ou pl ) [le public] communauté, public The members represent all sections of the community. Les membres représentent toutes les couches de la communauté. (utilisé comme adj) community policing maintien de l'ordre public 2 nd [un groupe qui partage des croyances, des coutumes, des origines, etc.] communauté the Muslim and Hindu communities in Great Britain les communautés musulmane et hindoue de Grande-Bretagne

**communal** adj 1 [que tout le monde partage. Décrit: ex. propriété, infrastructure] commun, public We all eat in the communal dining room. Nous mangeons tous dans la salle à manger commune. 2 [basé sur la race, la religion, etc. Décrit: ex. violence, émeute] collectif

**population** nd population China has the largest population of any country. La population de la Chine est la plus importante du monde. (utilisé comme adj) the population explosion l'explosion démographique

**civilization**, AUSSI **-isation** (Brit) 1 nid [société d'une époque ou d'un endroit particuliers] civilisation the history of western civilization l'histoire de la civilisation occidentale ancient civilizations in the Middle East les anciennes civilisations du Moyen-Orient 2 ni [évolution avancée] civilisation 3 ni [endroit civilisé] civilisation

**civilized**, AUSSI **-ised** (Brit) adj 1 [décrit: ex. nation, société] civilisé 2 [agréable, cultivé et bien élevé] raffiné a civilized evening at the opera une soirée raffinée à l'opéra **civilize**, AUSSI **-ise** (Brit) vt civiliser

**citizen** nd citoyen an Irish citizen un citoyen irlandais **citizenship** ni citoyenneté

### 204.1 Classes sociales

**working class** n (toujours + **the**) classe ouvrière, prolétariat **working-class** adj ouvrier, prolétaire

**middle class** n (toujours + **the**) bourgeoisie lower middle class petite bourgeoisie upper middle class haute bourgeoisie **middle-class** adj bourgeois

**upper class** n (toujours + **the**) aristocratie **upper-class** adj aristocratique

## 205 Royalty Royauté

**royalty** ni (+ v sing ou pl) royauté, membres de la famille royale

**royal** adj [décrit: ex. famille, yacht, mariage] royal [souvent utilisé dans des titres en Grande-Bretagne] the Royal Navy la marine nationale **royally** adv royalement

**monarch** nd [terme plus formel et plus technique que **king** ou **queen**] monarque a reigning monarch un monarque régnant **monarchy** ndi monarchie

**majesty** n [avec une majuscule, utilisé comme titre royal] majesté Her Majesty Queen Elizabeth II Sa Majesté la Reine Elizabeth II

**Highness** n [utilisé comme titre royal] altesse His Royal Highness the Prince of Wales Son Altesse Royale le Prince de Galles

**reign** nd règne during the reign of Queen Victoria pendant le règne de la Reine Victoria

**reign** vi régner Charles II reigned from 1660 to 1683. Charles II régna de 1660 à 1683.

crown
couronne

throne
trône

**coronation** couronnement

**TITRES DE NOBLESSE**

| Masculin | Féminin |
|---|---|
| **king** roi | **queen** reine |
| **prince** prince | **princess** princesse |
| **emperor** empereur | **empress** impératrice |
| **duke** duc | **duchess** duchesse |
| **earl** comte | |
| **count** comte | **countess** comtesse |
| **viscount** vicomte | **viscountess** vicomtesse |
| **baron** baron | **baroness** baronne |

## 205.1 Noblesse

**nobility** n (+ v sing ou pl; toujours + **the**) noblesse
**noble** adj noble of noble birth de naissance noble
**nobleman** nd noble **noblewoman** nd une noble

**aristocracy** n (+ v sing ou pl; toujours + **the**)
aristocratie **aristocrat** nd aristocrate **aristocratic** adj
aristocratique

**peer** nd pair (du royaume) life peer pair à vie
**peerage** n **1** (toujours + **the**) pairs **2** nd pairie to be
given a peerage être anobli

**lord** nd **1** [un homme de rang noble, surtout en Grande-
Bretagne, habilité à siéger à la Chambre des Lords]
lord the lord of the manor le châtelain [utilisé comme
un titre] Lord Olivier Lord Olivier **2** [personne d'un
certain rang] lord the Lord Mayor of London le Maire
de Londres

**lady** nd **1** [une femme qui appartient à la noblesse,
surtout en Grande-Bretagne, habilitée à siéger à la
Chambre des Lords] lady **2** [épouse d'un chevalier]
dame, lady

**knight** nd **1** [un homme de rang noble dans l'ancien
temps] chevalier a knight on a white charger un
chevalier sur un blanc destrier **2** [un homme honoré du
titre **Sir**] chevalier

# 206 Organization Organisation

voir aussi **207 Group**; **228 Control**

**organization**, AUSSI **-isation** (Brit) nd [terme général. Les
membres peuvent être des personnes ou des groupes
plus importants, des états etc.] organisation student
organizations associations d'étudiants North Atlantic
Treaty Organization Organisation du Traité de
l'Atlantique-Nord

**association** nd [les membres peuvent être des
personnes ou des groupes plus importants, des états,
etc.] association. *voir aussi **434.2 Friendship**

**society** nd [les membres sont généralement des
individus. Gén une organisation assez formelle]
société, association a national horticultural society
société nationale d'horticulture

**club** nd [les membres sont généralement des individus.
Suppose un type d'organisation moins formel que
**society**, souvent formée pour des activités de loisirs]
club tennis club club de tennis (utilisé comme adj)
club house club house

**institute** nd [une organisation mise sur pied pour
réaliser des travaux spécifiques et sérieux. Utilisé
essentiellement dans des titres] institut

**institution** nd **1** [une organisation importante, surtout si
elle est établie depuis longtemps] organisme,
institution educational/research institutions
établissements scolaires/centres de recherche **2** [un
endroit où les gens vivent et reçoivent des soins]
établissement, hôpital a mental institution un hôpital
psychiatrique **institutional** adj institutionnel

## 206.1 Diriger une organisation

**headquarters** n (+ v sing ou pl) [l'endroit et/ou les

personnes qui donnent des ordres de cet endroit]
bureau central, siège social The organization has its
headquarters in Geneva. Le siège social de
l'organisation est à Genève. (souvent utilisé sans **a** ou
**the**) a message from headquarters un message du siège
social

**chairperson** OU **chair**, masc **chairman**, fém
**chairwoman** nd [responsable d'une assemblée, d'une
commission, d'un club etc.] président to address the
chair s'adresser au président chairperson of the finance
committee président du comité de gestion

**chair** vt [obj: ex. assemblée, commission] présider

**committee** nd [constitué de personnes, souvent élus au
sein d'une organisation plus importante] comité,
commission the club committee le comité du club to
be on the committee faire partie du comité/de la
commission (utilisé comme adj) committee
member/meeting membre d'un comité/réunion du
comité

**sub-committee** nd sous-comité, sous-commission

**treasurer** nd trésorier

**secretary** nd secrétaire

**member** nd (souvent + **of**) membre, adhérent (open to)
members only réservé aux adhérents club/committee
member membre d'un club/d'un comité

**membership** n **1** ni (souvent + **of**) adhésion to apply for
membership faire une demande d'adhésion **2** n (+ v
sing ou pl) [tous les membres] l'ensemble des
adhérents Most of the membership voted against the
proposal. La plupart des membres ont voté contre la
proposition.

## 207 Group Groupe

voir aussi **139 People; 204 Society; 332 Full**

**group** nd **1** [terme général utilisé pour des personnes et des objets] groupe *They were standing together in a group.* Ils se tenaient tous en groupe. *a group of trees* un massif d'arbres (utilisé comme *adj*) *group photograph* photographie de groupe *group therapy* (psycho)thérapie de groupe **2** [de musiciens] groupe *pop group* groupe pop

**group** vti (se) grouper *They grouped (themselves) around the flagpole.* Ils se sont groupés autour du mât. *Make sure all the exhibits from overseas are grouped together.* Assurez-vous que tous les objets d'art qui viennent de l'étranger soient exposés ensemble.

**bunch** nd [un groupe d'objets gén petits, souvent attachés ensemble par un bout] bouquet, botte

**bunch** vit (souvent + **up**, **together**) (se) serrer, (se) grouper

**cluster** nd [petit groupe d'objets ou de personnes placés les uns contre les autres] groupe, grappe, bouquet

**cluster** vit (souvent + **around**, **together**) (se) rassembler, (se) grouper *People clustered around the radio set waiting for news.* Les gens se rassemblaient autour de la radio pour attendre les informations.

**bundle** nd **1** [des objets attachés ensemble] paquet **2** [des objets dans un sac] ballot, balluchon

**a bunch of keys** un trousseau de clés

**a bunch of grapes** une grappe de raisins

**clusters of daffodils** des bouquets de jonquilles

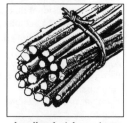

**a bundle of sticks** un fagot de bois

**a bunch of flowers** un bouquet de fleurs

**a cluster of stars** un amas d'étoiles

**collection** nd **1** collection *art/stamp collection* collection de tableaux/de timbres *a collection of short poems* un recueil de courts poèmes **2** [légèrement péjoratif] un grand nombre *There was the usual collection of fans and photographers waiting at the door.* La clique habituelle de fans et de photographes attendaient dehors.

**collector** nd collectionneur *collector's item* pièce de collection

**network** nd réseau *the country's rail/road network* le réseau ferroviaire/routier du pays *a network of friends* un réseau d'amis (utilisé comme *adj*) *network television* télévision par câble

### 207.1 Personnes en groupes

**band** nd **1** [légèrement vieilli. Utilisé surtout pour des criminels] bande *a band of thieves* une bande de voleurs

**gang** nd **1** [qui travaillent ensemble] équipe *chain gang* chaîne de forçats *construction gang* équipe (d'ouvriers) des travaux publics et bâtiments **2** [des criminels ou des groupes menaçants] bande, gang (utilisé comme *adj*) *gang warfare* guerre des gangs **3** [d'amis, de jeunes gens] bande, clique *All the old gang were there.* Toute la bande était là.

**crowd** nd **1** foule *I nearly got lost in the crowd.* J'ai failli me perdre dans la foule. *There were crowds of people in the shop.* Il y avait un monde fou dans le magasin. **2** [informel. Un groupe de personnes] bande *I don't like you going around with that crowd.* Je n'aime pas te voir traîner avec cette bande.

**crowd** vit (toujours + *adv* ou *prép*; gén + **around**, **into**) (s')entasser *We all crowded into the narrow passage.* Nous nous sommes tous engouffrés dans le passage étroit.

**crowded** adj [décrit: ex. rue, bus, magasin] bondé, plein (de monde)

**throng** nd [plus littéraire que **crowd**. Suppose gén une masse de personnes de bonne humeur] foule, cohue *the happy throng singing in the street* la foule joyeuse qui chante dans la rue

**throng** vti [obj: endroit] (se) presser, affluer *People thronged the courtyard.* Les gens affluaient dans la cour. *The streets were thronged with shoppers.* Les rues grouillaient de gens faisant leurs achats.

**mob** nd [péjoratif. Une foule importante et indisciplinée ou violente] foule, cohue *Shops were looted by the mob.* Les magasins ont été mis à sac par la foule/les émeutiers. (utilisé comme *adj*) *mob rule* la loi de la rue *mob violence* violence de foule

**mob** vt, **-bb-** [obj: une personne très admirée ou détestée] assaillir

**assembly** n **1** ndi [utilisé pour des personnes. Gén plutôt formel] assemblée, réunion *the right of assembly* le droit de réunion *school assembly* réunion de tous les élèves **2** ni [le fait de mettre des choses ensemble] assemblage, montage (utilisé comme *adj*) *assembly line* chaîne de montage *self-assembly furniture* meubles à monter soi-même

**herd** *nd* [utilisé pour des animaux ou, avec mépris, pour des personnes] troupeau

**herd** *vti* (gén + *adv* ou *prép*) (se) rassembler en troupeau *The tourists were herded back to the bus.* Le troupeau de touristes fut ramené au bus.

## 207.2 Assembler

**assemble** *v* **1** *vit* [suj: ex. foule, groupe] (se) rassembler, (se) réunir *the assembled company* l'assemblée **2** *vt* [obj: un objet constitué de pièces séparées] assembler

**gather** *v* **1** *vi* (souvent + **around**, **together**) [suppose que l'on se rassemble de façon moins formelle et organisée que **assemble**] se réunir *A small crowd had gathered outside the gate of the palace.* Un attroupement s'était formé aux grilles du palais. **2** *vt* (souvent + **up**) [obj: des objets dispersés d'une façon ou d'une autre] rassembler, ramasser *She gathered (up) her papers and put them into her briefcase.* Elle rassembla ses documents et les enfouit dans sa mallette. *to gather fruit/nuts* ramasser des fruits/des noix

**congregate** *vi* [plus formel que **gather**] se rassembler, s'assembler

**collect** *v* **1** *vt* [obj: ex. timbres, pièces de monnaie, objets d'art] collectionner **2** *vti* [obj: ex. poussière, saleté, feuilles] (s')amasser, (s')accumuler *A crowd collected at the scene.* Une foule s'est pressée sur les lieux.

**meet** *v* **1** *vti* [selon un arrangement] retrouver, rejoindre *I'm meeting her off the train.* Je dois la retrouver à l'arrivée du train. *Shall we meet (up) for lunch one day next week?* Est-ce qu'on déjeune ensemble un jour de la semaine prochaine? **2** *vti* [par hasard] rencontrer, tomber sur *I'm sure we've met before.* Je suis sûr que nous nous sommes déjà rencontrés. **3** *vi* [suj: ex. lignes] se rencontrer, se croiser *Their eyes met.* Leurs regards se croisèrent.

**unite** *vti* [obj/suj: particuliers, organisations séparées, objets] (s')unir *United we stand, divided we fall!* L'union fait la force!

**unity** *ni* (souvent + **with**) unité *Christian unity* l'unité chrétienne

**union** *nid* (souvent + **with**) union

# 208 Laws and Rules Lois et Règlements

**law** *n* **1** *nd* (souvent + **against**) [établi seulement par des gouvernements] loi *There ought to be a law against it!* Il devrait y avoir une loi qui l'interdit! **2** *ni* (souvent + **the**) loi *It's against the law to drive an unroadworthy vehicle.* C'est illégal de conduire un véhicule qui n'est pas en état de circuler sur la voie publique. *criminal/civil law* le droit pénal/civil *law and order* ordre public *to break the law* enfreindre la loi **3** *nd* (souvent + **of**) loi *a law of nature* une loi de la nature *Newton's third law* la troisième loi de Newton

**lawful** *adj* [formel] légal, légitime *lawful wedded wife/husband* épouse/époux légitime **lawfully** *adv* légalement

**unlawful** *adj* [formel] illégal **unlawfully** *adv* illégalement

**legal** *adj* **1** [autorisé par la loi. Décrit: ex. acte, contrat] légal *above/below the legal age for marriage* qui a/qui n'a pas atteint l'âge de nubilité **2** (avant *n*) [qui a trait à la loi. Décrit: ex. système, conseil, procédure] légal, juridique, judiciaire *to take legal action* intenter un procès *to take legal advice* consulter un juriste **legally** *adv* légalement **legality** *ni* légalité

**illegal** *adj* illégal **illegally** *adv* illégalement

**legislate** *vi* (souvent + **for**, **against**) légiférer **legislator** *nd* législateur

**legislation** *ni* législation *to bring in/introduce legislation* faire des lois

**legislative** *adj* (avant *n*) [décrit: surtout une assemblée, corps] législatif

**regulation** *nd* [établi par une autorité publique ou officielle ou par des sociétés etc.] règlement *fire/safety regulations* consignes en cas d'incendie/règles de sécurité (utilisé comme *adj*) *wearing regulation blue overalls* portant la combinaison bleue réglementaire

**rule** *nd* **1** [établi par une autorité officielle ou non, ou par des personnes] règle, règlement *rules and regulations* statuts *against the rules* contraire au règlement *to bend the rules* contourner le règlement *to break the rules* enfreindre le règlement *They don't play according to the rules.* Ils ne respectent pas les règles du jeu. **2** [la façon habituelle dont les choses se passent] coutume, habitude *The rules of physics.* Les lois de la physique. *I'm home by six o'clock as a rule.* En principe/En règle générale, je suis à la maison à 6 heures.

# 209 Legal system Système juridique

## 209.1 Les Crimes

voir aussi **214 Dishonest; 219 Wicked; 220 Steal**

**crime** *ndi* [gén un méfait assez grave] crime *to commit a crime* commettre un crime *at the scene of the crime* sur les lieux du crime *organized crime* le grand banditisme *petty crime* petit méfait

**offence** (*Brit*), **offense** (*US*) *nd* [semble moins grave que crime] délit, infraction *That's a traffic offence.* C'est une infraction au code de la route. *It's her second offence.* C'est une récidive de sa part.

**offender** *nd* délinquant *first offender* délinquant primaire **offend** *vi* commettre une infraction

**misdemeanour** (*Brit*), **misdemeanor** (*US*) *nd* [délit mineur, ex. parking non-autorisé] infraction mineure

**infringement** *ndi* [méfait mineur] infraction *an infringement of the rules* une transgression du règlement

## 209.2 La Police

**police** *n pl* **1** (toujours + **the**) police *to call the police* appeler la police *the secret police* la police secrète (utilisé comme *adj*) *police constable* agent de police, gendarme *police force* les forces de l'ordre *police station* commissariat (de police), gendarmerie **2** policier *Five police were injured in the attack.* Cinq policiers ont été blessés lors de l'attaque.

**policeman** (*masc*), **policewoman** (*fém*) *nd* agent de police, femme policier

**police officer** *nd* [terme officiel, s'utilise indifféremment pour les hommes et les femmes] agent de police

**detective** *nd* policier en civil *private detective* détective privé (utilisé comme *adj*) *detective story* roman policier, polar

**cop**, AUSSI **copper** *nd* [informel] flic, poulet

**suspect** *nd* suspect *I'm their chief suspect.* Je suis leur suspect numéro un.

**suspect** *vt* (souvent + **of**) soupçonner *The police suspect them of having carried out the bank raid.* La police les soupçonne d'être les auteurs du hold-up de la banque. *a suspected terrorist* personne suspectée d'être un(e) terroriste

**arrest** *vt* arrêter, appréhender *She was arrested for the murder of her husband.* On l'a arrêtée pour le meurtre de son mari.

**arrest** *ndi* arrestation *to make an arrest* procéder à une arrestation *to be **under arrest*** être en état d'arrestation

**custody** *ni* garde à vue, détention préventive *to be **in custody*** être en détention préventive *to be remanded in custody* être mis en détention préventive

**charge** *vt* (souvent + **with**) inculper *She was charged with fraud.* Elle a été inculpée de fraude.

**charge** *nd* (souvent + **of**) inculpation, accusation *He's awaiting trial on a charge of fraud.* Il attend d'être jugé pour fraude. *to bring a charge against sb* porter plainte contre qn *They won't press charges.* Ils n'engageront pas de poursuites.

## 209.3 Juristes

**lawyer** *nd* [terme général] homme de loi, juriste

**solicitor** *nd* (*Brit*) [qui opère dans les tribunaux inférieurs] avocat (conseil)

**barrister** [en Angleterre], **advocate** [en Ecosse] *nd* [qui opère dans les cours supérieures] avocat (plaidant)

**attorney** (*surtout US*) [combine les fonctions du 'solicitor' et du 'barrister' anglais] *nd* avocat

**counsel** *nd* (gén sans **a** ou **the**) [avocat qui représente qn] avocat *counsel for the defence* (avocat de) la défense

## 209.4 Au tribunal

**accuse** *vt* (souvent + **of**) accuser *He was accused of stealing the money.* On l'a accusé d'avoir volé l'argent.

**accusation** *ndi* accusation *to make an accusation against sb* porter une accusation contre qn

**bail** *ni* mise en liberté sous caution *to be out **on bail*** être (mis) en liberté provisoire sous caution *The judge granted bail of £5,000.* Le juge a accordé la liberté sous caution de 5. 000 livres.

**try** *vt* (souvent + **for**) juger *He was tried for the robbery.* Il a été jugé pour le vol.

**trial** *ndi* procès, jugement *murder trial* procès capital *to be **on trial** for assault* passer en jugement pour agression *to be sent for trial* être traduit en justice

**court** *ndi* tribunal, justice *to appear in court* comparaître en justice *to take sb to court* poursuivre qn en justice

**tribunal** *nd* [tribunal habilité à traiter des litiges d'un

**Trial** Procès

*judge* juge · *witness* témoin · *witness box* barre des témoins · *barrister* avocat · *jury* jury *jurors* jurés · *jury box* banc des jurés · *the defendant/the accused* l'accusé · *the dock* le banc des accusés

genre particulier] commission, conseil *an industrial relations tribunal* conseil de prud'hommes, tribunal du travail

**plead** *vti* plaider *to plead guilty/not guilty* plaider coupable/non coupable

**prosecute** *vti* engager des poursuites en justice *Shoplifters will be prosecuted.* Les voleurs (à l'étalage) feront l'objet de poursuites judiciaires. *prosecuting counsel* représentant du Ministère Public

**prosecution** *n* **1** (toujours + **the**) accusation *witness for the prosecution* témoin à charge (utilisé comme *adj*) *prosecution lawyers* l'accusation, le Ministère Public **2** *nid* poursuite judiciaire *several prosecutions for theft* plusieurs poursuites pour vol

**defence** (*Brit*), **defense** (*US*) *n* **1** (toujours + **the**) défense (utilisé comme *adj*) *defence case/witness* les arguments en faveur de la défense/témoin à décharge **2** *ndi* défense *She gave evidence in her own defence.* Elle a fourni des preuves pour sa propre défense. **defend** *vt* défendre **defendant** *nd* accusé

**plaintiff** *nd* [instigateur des affaires civiles] demandeur, plaignant

**evidence** *ni* **1** [au tribunal] témoignage, déposition *to give evidence* témoigner **2** (souvent + **of**, **for**, **that**) preuves *to collect/gather evidence* rassembler des preuves *There is no evidence that the lock has been tampered with.* Rien ne prouve que l'on ait essayé de crocheter la serrure.

**verdict** *nd* verdict *to return a verdict of guilty/not guilty* prononcer un verdict de culpabilité/de non culpabilité

**convict** *vti* (souvent + **of**) rendre un verdict de culpabilité *a convicted murderer* une personne reconnue coupable de meurtre **convict** *nd* prisonnier, détenu

**sentence** *nd* condamnation, peine *to receive a heavy/light sentence* être condamné à une lourde peine/une peine légère
**sentence** *vt* (souvent + **to**) condamner *to sentence sb to death* condamner qn à mort

**209.5** Les punitions
voir aussi **198 Kill**

**punishment** *nid* (souvent + **for**) punition, châtiment, peine *corporal punishment* châtiment corporel *to make the punishment fit the crime* adapter la peine au délit
**punish** *vt* (souvent + **for**) punir *They were punished for lying.* On les a punis pour avoir menti.

**probation** *ni* [terme juridique] mise à l'épreuve, liberté surveillée *to put sb* **on probation** mettre qn en liberté surveillée (utilisé comme *adj*) *probation officer* [responsable des personnes mises en liberté surveillée] contrôleur judiciaire

**fine** *nd* contravention *to pay a fine* payer une amende
**fine** *vt* dresser une contravention *She was fined £100.* Elle a eu une amende de 100 livres.

**expulsion** *ni* (souvent + **from**) expulsion
**expel** *vt* [gén d'une école ou d'un club] expulser, renvoyer

**exile** *ni* exil *to go into exile* s'exiler, s'expatrier *government in exile* gouvernement en exil
**exile** *vt* (souvent + **to**) exiler *He was exiled to Siberia.* On l'a envoyé en exil en Sibérie.

**torture** *nid* torture *instruments of torture* instruments de torture **torture** *vt* torturer

**209.6** La prison

**prison** *ndi* prison *to send sb to prison* envoyer qn en prison *to be in prison* être en prison (utilisé comme *adj*) *prison officer* gardien de prison

**prisoner** *nd* prisonnier *prisoner of war* prisonnier de guerre *to take sb prisoner* faire qn prisonnier

**imprison** *vt* [légèrement formel] emprisonner *He was imprisoned for failure to pay his debts.* Il a été envoyé en prison pour n'avoir pas payé ses dettes.

**jail** (*Brit & US*), AUSSI **gaol** (*Brit*) prison
**jailer** (*Brit & US*), AUSSI **gaoler** (*Brit*) geôlier

**parole** *ni* liberté conditionnelle *He's been released on parole.* On l'a mis en liberté conditionnelle. *the parole board* commission compétente pour accorder la libération conditionnelle et surveillée

**cell** *nd* cellule

**dungeon** *nd* [historique] donjon

**(prison) warder** (*Brit*), **prison warden** (*US*) *nd* gardien de prison

**cage** *nd* [surtout pour des animaux] cage
**cage** *vt* mettre en cage *caged birds* oiseaux en cage

*e x p r e s s i o n s*

**(to be) behind bars** (être) sous les verrous *He spent six months behind bars.* Il a passé six mois sous les verrous.
**do time** [argot] faire de la taule

# 210 Free Libre

**free** *adj* **1** [qui n'est pas en prison] libre, en liberté *to set sb free* libérer qn *You are free to go.* Vous pouvez partir. **2** [qui n'est pas limité] libre *free speech* liberté de parole *Feel free to ask if you need anything.* N'hésitez pas à demander si vous désirez quelque chose. **3** [qui n'est pas occupé. Décrit: ex. espace, place, temps] libre *I'm not free to see you until four o'clock.* Je ne peux pas me libérer pour vous voir avant 4 heures. **free** *vt* libérer
**freedom** *nid* (souvent + **of**, **from**) liberté *freedom of thought* liberté de pensée *freedom from fear* absence de toute crainte

**release** *vt* **1** (souvent + **from**) [obj: ex. prisonnier, personne ou animal attachés, otage] relâcher, libérer *He was released from jail yesterday.* Il a été libéré de prison hier. **2** [rendre accessible. Obj: ex. information] faire paraître, autoriser la publication *The text of the speech has been released to the press.* Le texte du discours a été communiqué à la presse. *They released their new album last month.* Leur nouvel album est paru le mois dernier. **3** [obj: ex. levier, manette, frein à main] desserrer

**release 1** *nid* (souvent + **from**) libération **2** *nd* (dernière) parution *press release* communiqué de presse

**liberate** *vt* [légèrement plus formel que **release** ou **free**, et souligne davantage la contrainte précédente] libérer *to liberate a country from enemy forces* libérer un pays des forces ennemies **liberation** *ni* libération

**liberated** *adj* [dont la pensée et le comportement sont libres. Décrit: ex. femme, style de vie] libéré

**liberty** *n* **1** *ni* [plus formel que **freedom**] liberté *to set sb at liberty* mettre qn en liberté **2** *ndi* [permission] liberté *You're at liberty to refuse.* Vous êtes libre de refuser.

**escape** *v* **1** *vi* (souvent + **from**) [suj: ex. prisonnier,

animal] s'évader, s'échapper **2** *vt* [éviter. Obj: ex. mort, blessure] échapper à *She narrowly escaped being recaptured.* Il s'en est fallu de peu qu'on ne le rattrape. *It escaped my notice.* Ça m'a échappé.

**escape** *nid* (souvent + **from**) fuite, évasion *to have a narrow escape* l'échapper belle, s'en tirer de justesse *to make one's escape* s'évader (utilisé comme *adj*) *escape route* chemin d'évasion

### *expression*

**give sb the slip** [légèrement informel] fausser compagnie à qn *She gave the police the slip by climbing out of the window.* Elle a faussé compagnie aux policiers en passant par la fenêtre.

## 211 Fair Juste

**fair** *adj* (souvent + **to**) [décrit: ex. part, marché, tactique] juste, équitable, loyal *It's not fair to blame me.* Ce n'est pas juste de me tenir responsable. *My boss is tough but fair.* Mon patron est dur mais juste. *To be fair, she did ask me first.* Rendons lui cette justice, elle me l'avait demandé d'abord. **fairly** *adv* équitablement

**fairness** *ni* justice, équité *In fairness to you, I must say you did try hard.* Pour être juste envers vous, je dois dire que vous avez vraiment essayé.

**right** *adj* (souvent + **to** + INFINITIF; gén après *v*) juste, bien *It's only right to tell him.* Il n'est que juste qu'on lui en parle. (utilisé comme *adv*) *It serves you right.* C'est bien fait pour toi.

**right** *ni* bien *a sense of right and wrong* une notion du bien et du mal

**just** *adj* [plutôt formel] juste, équitable *They got their just rewards.* Ils ont eu leur juste récompense. **justly** *adv* avec raison, tout à fait justement

**justice** *ni* justice *to bring sb to justice* traduire qn en justice *Justice has been seen to be done.* On a veillé à ce que justice soit faite.

**impartial** *adj* [décrit: ex. arbitre, observateur, opinion] impartial **impartially** *adv* de façon impartiale

**disinterested** *adj* désintéressé, impartial

### *usage*

La signification reprise ci-dessus de **disinterested** est considérée par beaucoup d'anglophones comme la seule correcte. Cependant le terme est souvent utilisé dans le même sens que **uninterested** (indifférent).

### *expressions*

**fair and square** [selon les règles] correct, régulier *to beat sb fair and square* l'emporter dans un combat régulier

**fair enough** [se dit lorsque l'on admet, du moins en partie, que ce que quelqu'un vient de dire est raisonnable] d'accord

**fair's fair** [se dit pour attirer l'attention de quelqu'un sur ce qui est raisonnable ou juste] soyons juste *Look, fair's fair, he was here first.* Ecoute, soyons justes, il était là le premier.

**fair play** fair play *one's sense of fair play* le sens du fair play de qn *to see fair play* veiller au respect des règles (du jeu)

## 212 Unfair Injuste

**unfair** *adj* (souvent + **to**, **on**) injuste, déloyal *Aren't you being a bit unfair to Michael?* Est-ce que tu n'es pas un peu injuste avec Michael? *to take unfair advantage of sth* tirer injustement profit de qch **unfairly** *adv* injustement **unfairness** *ni* injustice, déloyauté

**unjust** *adj* (souvent + **to**) [plus formel que **unfair**. Décrit: ex. verdict, décision, personne] injuste **unjustly** *adv* injustement

**prejudice** *nid* (souvent + **against**, **in favour of**) [se dit très souvent de sentiments injustement négatifs envers qch] préjugé *racial prejudice* préjugés raciaux

**prejudice** *vt* (souvent + **against**, **in favour of**) [obj: ex. personne, juge, jury] prévenir

**prejudiced** *adj* [personne] plein de préjugés [idée, opinion] préconçu

**bias** *ndi* (souvent + **towards**, **in favour of**, **against**)

tendance, parti-pris, préjugé *She shows a distinct bias towards people from her own area.* Elle montre un penchant marqué pour les gens de sa région. **bias** *vt* influencer, prévenir

**biased** *adj* [personne] qui n'est pas impartial [rapport] tendancieux

**discrimination** *ni* (souvent + **against**, **in favour of**) [gén le fait de traiter qn négativement de façon injuste] discrimination *discrimination on grounds of race or colour* discrimination basée sur la race ou la couleur de la peau

**discriminate** *vi* (souvent + **against**, **in favour of**) établir une discrimination

**racism** *ni* racisme **racist** *adj* raciste **racist** *nd* raciste

**sexism** *ni* sexisme **sexist** *adj* sexiste **sexist** *nd* sexiste

**male chauvinist (pig)** *nd* phallocrate

## 213 **Honest** Honnête

voir aussi **215 True; 217 Good; 218 Reliable**

**honest** adj 1 [décrit: ex. personne, visage] honnête, loyal, franc to make an honest living gagner sa vie honnêtement 2 (souvent + **about**) [décrit: ex. réponse, explication] franc, sincère Give me your honest opinion. Donne-moi ton avis très franchement. **To be honest**, I don't really like it. A dire vrai, je n'aime pas vraiment ça.

**honestly** adv 1 [décrit: ex. obtenir, faire du commerce] honnêtement, de façon intègre 2 franchement I don't honestly know what their plans are. Franchement, je ne sais pas quels sont leurs projets. *Quite honestly*, neither candidate is really suitable. A dire vrai, aucun des deux candidats ne convient vraiment.

**honesty** ni honnêteté, loyauté

**above-board** adj (après v) régulier, correct It's all **open and above-board**. Tout est clair et régulier.

**trustworthy** adj [décrit ex. personne, rapport] digne de confiance, fidèle, exact

**trust** ni (souvent + **in**) confiance to **put one's trust in** sth/sb faire confiance à qch/qn to take sth **on trust** accepter qch de confiance

**trust** vt [obj: ex. personne, jugement, conseil] avoir confiance en, se fier à You can't trust what the politicians tell you. On ne peut pas se fier à ce que racontent les politiciens. Can she be trusted to keep the plans a secret? Peut-on lui faire confiance pour garder le secret à propos des projets?

**integrity** ni intégrité a man of integrity un homme intègre

### e x p r e s s i o n

**the straight and narrow** [une vie honnête, surtout après un passé criminel] le droit chemin to keep on/to the straight and narrow rester dans le droit chemin

### 213.1 Sincère

**sincere** adj (souvent + **about**) [décrit: ex. personne, voeux de bonheur, préoccupation] sincère, réel **sincerity** ni sincérité, bonne foi

**sincerely** adv sincèrement I sincerely hope they succeed. J'espère sincèrement qu'ils vont réussir.

**genuine** adj [décrit: sentiment, réaction] franc, vrai, sincère Their surprise was perfectly genuine. Leur surprise était tout à fait sincère. **genuinely** adv sincèrement, vraiment. *voir aussi **35 Real**

### e x p r e s s i o n

**from the bottom of one's heart** du fond du coeur I'd like to thank you all from the bottom of my heart. Je voudrais vous remercier tous du fond du coeur.

### 213.2 Franc

**frank** adj (souvent + **about**) [décrit: ex. déclaration, aveu, discussion] franc, direct **To be frank,** they bore me to tears. Pour être franc, ils me font presque pleurer d'ennui. **frankness** ni franchise

**frankly** adv 1 [s'emploi avec: ex. dire, raconter] franchement, ouvertement 2 [utilisé pour marquer l'intensité et souvent pour indiquer l'ennui] franchement The price they are asking is frankly ridiculous. Le prix qu'ils demandent est franchement ridicule. Frankly, I don't care who wins. Franchement, ça m'est égal qui gagne.

**candid** adj franc, sincère **candidly** adv sincèrement **candour** (Brit) **candor** (US) ni franchise, sincérité

**open** adj (souvent + **about**) [qui ne cache rien] franc, ouvert He's completely open about his homosexuality. Il ne cache pas du tout son homosexualité. It's an open secret. C'est un secret de polichinelle. [utilisé comme n] to bring sth out **into the open** divulguer qch **openly** adv ouvertement

**direct** adj [qui n'est pas euphémique ou diplomate. Décrit: ex. question, défi, réponse] franc, direct She's very direct when interviewing people. Elle est très directe quand elle interroge les gens. **directly** adv sans détour, franchement **directness** ni franchise, franc-parler

**blunt** adj (souvent + **about**) [qui ne prend pas la peine d'épargner la sensibilité des autres. Parfois péjoratif] brusque He was very blunt. Il n'a pas mâché ses mots. **To be blunt,** it's been a total disaster. Franchement, c'est un désastre sur toute la ligne. He issued a blunt refusal. Il a refusé tout net. **bluntness** ni brusquerie, franc-parler

**bluntly** adv carrément, sans ménagements **To put it bluntly**, you're in a hopeless muddle. On peut carrément dire que tu es dans un pétrin inextricable.

### e x p r e s s i o n s

**(to give) a straight answer** (donner) une réponse franche I want a straight answer to a straight question. Je veux une réponse franche à une question directe.

**to tell sb a few home truths** (Brit) [dire à qn des choses désagréables sur elle ou lui-même] dire à qn ses quatre vérités

### 213.3 Loyal

**loyal** adj (souvent + **to**) [décrit: ex. adepte, sujet] loyal, fidèle troops loyal to the government troupes fidèles au gouvernement to remain loyal to sth rester fidèle à qch **loyally** adv loyalement, fidèlement

**loyalty** n 1 ni (souvent + **to**) loyauté, dévouement 2 nd (gén au pl) allégeance, dévouement divided loyalties dévouement partagé

**faithful** adj (souvent + **to**) 1 [qui témoigne de la loyauté] fidèle a faithful friend un ami fidèle 2 [qui n'a pas d'autre partenaire sexuel] fidèle Are you faithful to your husband? Es-tu fidèle à ton mari? **faithfulness** ni fidélité **faithfully** adv fidèlement

**fidelity** ni (souvent + **to**) 1 [loyauté] fidélité 2 [à son partenaire sexuel] fidélité

**true** adj (souvent + **to**) [légèrement plus littéraire que **loyal** ou **faithful**] fidèle, loyal to be true to one's word/promise tenir parole/sa promesse

## 214 Dishonest Malhonnête

voir aussi **216 Untrue**

**dishonest** adj [terme général, pas très fort] malhonnête, déloyal, de mauvaise foi **dishonestly** adv malhonnêtement, en mentant **dishonesty** ni malhonnêteté, mauvaise foi

**corrupt** adj 1 [qui agit de façon malhonnête. Décrit: ex. fonctionnaire, politicien] corrompu, vénal 2 [décrit: ex. texte écrit] altéré, de source douteuse

**corrupt** vti 1 [obj: surtout une personne qui exerce le pouvoir et qui a des responsabilités] corrompre, soudoyer 2 [obj: une personne jeune ou vulnérable] pervertir, dépraver

**corruption** ni 1 corruption *The department is riddled with corruption.* La corruption règne au sein du service. 2 dépravation *moral corruption* corruption des moeurs

**crooked** adj [informel] malhonnête *crooked business deals* des tractations commerciales douteuses

**shady** adj [informel. Probablement malhonnête. Décrit: ex. marché, homme d'affaires] louche

**unscrupulous** adj sans scrupules, malhonnête

**insincere** adj hypocrite, de mauvaise foi **insincerity** ni hypocrisie, fausseté

**sly** adj 1 [intelligemment trompeur. Décrit: ex. astuce] rusé, dissimulé *You sly old devil!* Espèce de vieux filou! (utilisé comme n) **on the sly** en douce, en cachette 2 [secret. Décrit: ex. sourire, remarque] dissimulé, sournois

### expression

**not to trust sb an inch** OU **not to trust sb as far as you can throw him/her** [assez informel] n'avoir absolument aucune confiance en qn *They say they'll pay up, but I wouldn't trust them as far as I can throw them.* Ils disent qu'ils vont régler leur(s) dette(s) mais je n'ai absolument aucune confiance en eux.

### 214.1 Frauder

**cheat** v 1 vi tricher, frauder *She cheated in the exam.* Elle a triché à l'examen. (+ **at**) *to cheat at cards* tricher aux cartes 2 vt (souvent + **of**, **out of**) [prendre de façon malhonnête] escroquer *She was cheated out of her rightful inheritance.* On lui a escroqué l'héritage qui lui revenait de droit. 3 vi (+ **on**) [informel. Etre infidèle sexuellement] tromper *She thinks John's cheating on her.* Elle pense que John la trompe.

**cheat** nd 1 [personne] tricheur 2 [chose] leurre, supercherie, duperie *That special offer is a cheat.* Cette offre spéciale est un attrape-nigaud.

**swindle** vt (souvent + **out of**) escroquer, rouler **swindler** nd escroc

**swindle** nd escroquerie *It's a swindle!* C'est du vol!

**fiddle** nd (*Brit*) [informel] truc, combine *It's a real fiddle – they make you pay extra for food.* C'est vraiment de l'arnaque, on doit encore payer un supplément pour la nourriture. *She's on the fiddle.* Elle traficote.

**fiddle** vt (*Brit*) [informel] truquer *He's been fiddling the books.* Il a trafiqué les (livres de) comptes.

**defraud** vt (souvent + **of**) [plus formel que **cheat**, **swindle** ou **fiddle**] frauder, escroquer

**fraud** n 1 nid escroquerie, fraude, imposture *to commit fraud* frauder 2 nd [personne] imposteur, fraudeur *The man was a complete fraud. He had no qualifications whatsoever.* Cet homme était un imposteur sur toute la ligne. Il n'avait pas la moindre qualification.

**fraudulent** adj [assez formel] frauduleux

### expression

**cook the books** [informel] trafiquer les comptes

### 214.2 Tromper

**deceive** vt tromper, abuser, duper *You're deceiving yourself if you think it will be an easy task.* Tu te fais des illusions si tu crois que ce sera facile. *They were deceived into thinking that the main attack would be in the south.* On leur a (faussement) fait croire que l'attaque principale viendrait du sud.

**deceit** ni [qui est malhonnête] duperie, tromperie *She won them over by lies and deceit.* Elle les a gagnés à sa cause à force de mensonges et de bluff. **deceitful** adj trompeur

**deception** nid [gén une action] tromperie, duperie

**deceptive** adj [ne s'utilise pas pour des personnes] trompeur, illusoire *Appearances may be deceptive.* Les apparences sont parfois trompeuses.

**deceptively** adv en apparence *a deceptively large house* une maison qui donne une fausse impression de grandeur

**trick** vt [peut être amusant ou cruel] attraper, rouler *He tricked them by pretending to be a rich foreigner.* Ils les a eus en se faisant passer pour un riche étranger. (+ **into**) *She was tricked into signing the contract.* Ils ont manoeuvré pour lui faire signer le contrat. **trickery** ni ruse, supercherie

**trick** nd 1 [peut être amusant ou cruel] ruse, astuce *a dirty trick* un sale tour *to play a trick on* sb faire une farce à qn (utilisé comme adj) *a trick question* une question-piège 2 tour *a magic/conjuring trick* un tour de magie *card tricks* tours de cartes

**fool** vt avoir, berner *He certainly had me fooled.* Il m'a eu, ça c'est sûr. (+ **into**) *We were fooled into paying more than we should have done.* On s'est fait avoir, on a payé beaucoup plus qu'on n'aurait dû.

**mislead** vt, prét & part passé **misled** [pas nécessairement délibérément] induire en erreur *We were misled by their apparent willingness to co-operate.* Leur apparent désir de coopération nous a induits en erreur.

**misleading** adj [décrit: ex. enseigne, formulation] trompeur *The directions you gave us were very misleading.* Les indications que tu nous a données prêtaient à confusion.

**take** sb **in** OU **take in** sb vt prép avoir, rouler qn *Don't be taken in by his fine talk.* Ne te laisse pas prendre à son baratin.

**con** vt, -nn- (souvent + **into**, **out of**) [informel] escroquer, duper *She conned me out of most of my savings.* Elle m'a escroqué la plupart de mes économies. *I got conned into paying for their drinks.* Je me suis fait avoir, j'ai payé leurs verres. **con** nd escroquerie

**con-man** nd, pl **con-men** [informel] escroc

## 214.3 Trahir

**betray** vt 1 [être déloyal ou infidèle] trahir, tromper *He betrayed his own brother to the enemy.* Il a livré son propre frère à l'ennemi. *You've betrayed my trust.* Tu as trahi ma confiance. 2 [faire connaître] trahir, révéler *I trust you not to betray our secret.* Je compte sur toi pour ne pas trahir notre secret.

**betrayal** ndi trahison *It's a betrayal of everything I believe in.* C'est une trahison de tout ce en quoi je crois.

**double-cross** vt [informel. Tricher et tromper] trahir, doubler *They trusted Jack with the money, but he double-crossed them.* Ils faisaient confiance à Jack pour l'argent, mais il les a doublés.

**traitor** nd [une personne déloyale, surtout à l'égard de son pays] traître *The traitors were shot.* Les traîtres ont été fusillés. *You traitor – I saw you talking to the competition!* Espèce de traître, je t'ai vu parler aux concurrents!

**treason** ni trahison *They were accused of treason.* Ils ont été accusés de trahison.

**treacherous** adj traître, déloyal

**treachery** ndi traîtrise, déloyauté

**disloyal** adj (gén + **to**) [utilisé pour qn qui ne soutient pas les personnes qu'il est supposé soutenir et qui peut même aller jusqu'à soutenir les adversaires de ces personnes] déloyal, infidèle *I think your criticisms of the boss are extremely disloyal.* Je pense que tes critiques du patron sont tout à fait déloyales.

**disloyalty** ndi (gén + **to**) déloyauté, infidélité

**unfaithful** adj (gén + **to**) [à un partenaire sexuel] infidèle *She accused him of being unfaithful to her.* Elle l'accusa de lui être infidèle.

**infidelity** ndi [à un partenaire sexuel] infidélité

**two-time** vt [informel. Qui s'applique à un partenaire sexuel] tromper *She's been two-timing him.* Elle le trompe.

## 215 True Vrai

voir aussi **35 Real**; **213 Honest**; **299 Correct**

**true** adj 1 [décrit: ex. déclaration, histoire] vrai *Is it true that you're getting married?* C'est vrai que tu te maries? *The pay sounds too good to be true.* Le salaire est élevé mais ça a l'air trop beau pour être vrai. 2 [réel. Décrit: ex. caractère de qch, intention] réel, véritable *They've only just realised the true gravity of the situation.* Ils viennent seulement de réaliser la vraie gravité de la situation. *I hope your wish comes true.* J'espère que ton voeu se réalisera. **truly** adv réellement, vraiment

**truth** n 1 (toujours + **the**) [des faits exacts] vérité *to tell the truth* dire la vérité *To tell (you) the truth, I'm getting bored with this job.* A vrai dire, j'en ai marre de ce boulot. *When she learned the truth about his activities, she was horrified.* Quand elle apprit la vérité sur ses occupations, elle fut horrifiée. 2 ni [ce qui est vrai] vérité *There's no truth in the rumour.* Il n'y a pas un mot de vrai dans cette rumeur.

**truthful** adj [décrit: surtout une personne, compte rendu] qui dit la vérité, véridique **truthfully** adv sans mentir

**fact** ndi fait(s), réalité *a conclusion drawn from the facts of the case* une conclusion tirée des faits de l'affaire *a novel based on fact* un roman basé sur la réalité *As a matter of fact, she already knows.* En réalité, elle est déjà au courant. *I've just finished in fact.* En fait, je viens de terminer. *The fact (of the matter) is, we're in big trouble.* Le fait est que nous avons de gros ennuis.

**factual** adj [ne s'utilise pas pour des personnes. Décrit: ex. récit, compte rendu, renseignement] basé sur les faits, factuel

## 216 Untrue Faux

voir aussi **36 Unreal**; **56 Copy**; **214 Dishonest**

**untrue** adj (gén après v) faux *The story she told us was completely untrue.* L'histoire qu'elle nous a racontée était complètement fausse.

**untruth** nd [formel] mensonge *to tell sb an untruth* mentir à qn **untruthful** adj [personne] menteur [déclaration] mensonger, faux **untruthfully** adv en mentant, de façon mensongère

**false** adj 1 [décrit: ex. annonce, déclaration] faux *The capital of Germany is Bonn, true or false?* Bonn est la capitale de l'Allemagne, vrai ou faux? *It was a false alarm.* C'était une fausse alerte. *One false move and you're dead.* Un faux pas et tu es mort. *They were lulled into a false sense of security.* Ils se sont endormis dans une fausse impression de sécurité.

**2** [qui n'est pas réel] faux *He was wearing a false beard.* Il portait une fausse barbe. *false teeth* fausses dents, dentier *The suitcase had a false bottom.* La valise avait un double fond. **falsely** *adv* faussement

**falsify** *vt* [plutôt formel. Obj: ex. rapports, comptes] falsifier, truquer **falsification** *ni* falsification

**lie** *nd* mensonge *to tell lies* mentir

**lie** *vi* (souvent + **about**, **to**) mentir *He lied to the police about where he'd been that night.* Il a menti à la police à propos de l'endroit où il était cette nuit-là.

### usage

Dans la conversation, surtout s'il s'exprime avec emphase, un anglophone dira plus vraisemblablement que qch était **not true** ou (plus fort) **a lie**, plutôt que **untrue** ou **false**.

**liar** *nd* menteur *Are you calling me a liar?* Tu me traites de menteur?

**fictitious** *adj* [assez formel] fictif, imaginaire *Her account of her upbringing was completely fictitious.* Le récit qu'elle fit de son enfance était de la pure fiction.

**fiction** *ndi* [assez formel] fiction

**superstitious** *adj* [décrit: ex. personne, croyance] superstitieux **superstition** *nid* superstition

### expressions

**a pack of lies** [très emphatique] un tissu de mensonges *The whole story was a pack of lies.* Toute l'histoire n'était qu'un tissu de mensonges.

**an old wives' tale** [qch qui fait l'objet d'une croyance ancienne mais qui n'est pas vrai] des histoires de bonne femme

## 217 Good (morally) Bon (moralement)

voir aussi **213 Honest**; **218 Reliable**; **417 Good**

**good** *adj*, *comp* **better** *superl* **best** **1** [décrit: ex. personne, action] bon, bien *to do sb* **a good deed** faire une bonne action pour qn **2** [décrit: ex. enfant, comportement] sage, gentil *Be good while I'm out.* Sois sage pendant mon absence. *to* **be on one's best behaviour** se montrer d'une sagesse exemplaire **3** (gén après *v*; souvent + **about**, **to**) gentil, bon *She was very good to me when I was ill.* Elle a été très gentille avec moi quand j'ai été malade.

**good** *ni* bien *good and evil* le bien et le mal *to do good* faire du bien *to be* **up to no good** préparer un mauvais coup

**goodness** *ni* [être bon] bonté

### locution comparative

**as good as gold** [utilisé essentiellement pour des enfants] sage comme une image

**innocent** *adj* **1** (souvent + **of**) [décrit: ex. personne, victime] innocent *He was innocent of any crime.* Il n'était coupable d'aucun crime. *The bomb went off, injuring many innocent people.* La bombe a explosé, blessant de nombreux innocents. **2** [qui n'est pas méchant ou qui manque d'expérience sexuelle. Décrit: ex. plaisir, amusement, question] innocent, pur, sans malice *It was a perfectly innocent remark.* C'était une remarque tout à fait innocente. **innocently** *adv* innocemment

**innocence** *ni* **1** innocence *to protest one's innocence* clamer son innocence **2** innocence, naïveté, candeur *to lose one's innocence* perdre son innocence *I merely said* **in all innocence** *that I thought the decision was correct.* J'ai seulement dit, en toute innocence, que je pensais que la décision était bonne.

**pure** *adj* [décrit: ex. motif, pensée] pur, noble **purity** *ni* pureté

**noble** *adj* [décrit: ex. sentiment, acte] noble [souvent utilisé de façon un peu humoristique] *It's very noble of you to take on all this extra work.* C'est très noble de ta part de te charger de ce travail supplémentaire. **nobly** *adv* généreusement

**moral** *adj* **1** [décrit: ex. question, jugement, principe] moral *declining moral standards* moralité décadente *They're claiming it as a* **moral victory**. Ils revendiquent cela comme une victoire morale. **2** [d'une certaine honorabilité, surtout en ce qui concerne le sexe. Décrit: ex. personne, vie] moral *the moral majority* la majorité bien-pensante **morally** *adv* moralement

**moral** *nd* morale *What is the moral of this story?* Quelle est la morale de cette histoire?

### usage

Lorsque l'on parle du comportement moral, des attitudes morales etc. d'une personne, le terme le plus fréquemment employé est **morals** *n pl* (moralité): ex. *They've got no morals.* (Ils n'ont aucune moralité.) *His morals are no concern of mine.* (Sa moralité ne me regarde pas.)

**Morality** *ni* (sens moral) peut être utilisé pour qualifier la notion personnelle du bien et du mal mais est généralement utilisé dans des contextes plus larges et plus abstraits: ex. *sexual morality in modern society* (la moralité sexuelle dans la société moderne) *We discussed the morality of using force to settle a dispute.* (Nous avons discuté de la moralité d'avoir recours à la force pour régler un conflit.)

**conscience** *ndi* conscience *They can say what they like,* **my conscience is clear.** Ils peuvent dire ce qu'ils veulent, j'ai la conscience tranquille. *to have a guilty conscience* avoir mauvaise conscience

### 217.1 Sage

**well-behaved** *adj*, *comp* **better-behaved** *superl* **best-behaved** qui se conduit bien, sage, bien élevé

**obedient** *adj* [qui fait ce qu'on lui demande] obéissant **obediently** *adv* docilement

**obedience** *ni* obéissance *They expect unquestioning obedience from their servants.* Ils exigent de leurs domestiques une obéissance totale. (utilisé comme *adj*) *obedience training for dogs* dressage de chiens

**obey** vti [obj: ex. ordre, loi, officier] obéir

**dutiful** adj [formel et plutôt vieilli. Décrit: surtout un fils, fille] obéissant, respectueux **dutifully** adv respectueusement, avec soumission

### 217.2 Expressions informelles ou humoristiques pour décrire ceux qui sont gentils

**saint** nd [utilisé surtout pour qn qui est prêt à supporter beaucoup d'ennuis ou de choses désagréables de la part des autres] saint He's got the patience of a saint. Il a une patience d'ange.

**angel** nd [utilisé surtout pour un enfant d'un naturel très doux et obéissant ou pour un adulte bon, gentil et serviable] ange, amour They went to bed like little angels. Ils sont allés au lit comme des petits anges. I'm no angel. Je ne suis pas un ange. **angelic** adj angélique

**treasure** nd [utilisé surtout pour une personne très serviable sur qui on peut compter] trésor, personne adorable Our cleaning lady is an absolute treasure. Notre femme de ménage est une vraie perle.

**pillar** nd (toujours + **of**) [utilisé pour une personne qui est un membre actif et important de qch] pilier, soutien a pillar of society/the community un pilier de la société/de la communauté

## 218 Reliable Fiable

voir aussi **213 Honest**

**reliable** adj [décrit: ex. personne, renseignement, machine] fiable, digne de confiance I can't give her the job unless I'm sure she's one hundred per cent reliable. Je ne peux pas lui confier ce travail à moins d'être sûr de pouvoir compter sur elle à cent pour cent. information from a reliable source des renseignements de source sûre

**reliably** adv sérieusement to be reliably informed that... savoir de source sûre que... **reliability** ni fiabilité

**reliance** ni (souvent + **on**) confiance, dépendance our reliance on computers to process information notre dépendance des ordinateurs pour le traitement de l'information **reliant** adj dépendant

**dependable** adj [décrit: des personnes et des machines, pas des renseignements] sérieux, fiable, solide

**dependence** ni (souvent + **on**) [légèrement plus fort que **reliance**] dépendance drug dependence toxicomanie

**dependent** adj (souvent + **on**) 1 [décrit: personne] dépendant I'm totally dependent on the train service to get me to work. Je dépends totalement des trains pour aller au travail. I'm dependent on them for information. Je dépends d'eux pour obtenir des informations. 2 (après v) [décrit: événement, action, etc.] tributaire The trip's dependent on the weather. Nous sommes tributaires du temps pour le voyage.

**dependant**, AUSSI **dependent** nd personne à charge Do you have any dependents? Avez-vous charge de famille?

### 218.1 Compter sur

**rely on/upon** sb/sth vt prép, prét & part passé **relied** (souvent + **to** + INFINITIF; + **for**) 1 [avoir confiance en] compter sur, se fier à He's someone you can rely on. C'est quelqu'un sur qui on peut compter. We're relying on you for help. Nous comptons sur toi pour nous aider. 2 [être dépendant de. Obj: personne, organisation etc. qui fournit qch dont on a besoin] dépendre de, tabler sur We oughtn't to rely on one supplier for all our raw materials. Nous ne devrions pas miser sur un seul fournisseur pour toutes nos matières premières.

**depend on/upon** sb/sth vt prép 1 (souvent + **to** + INFINITIF) [obj: ex. personne, allié] compter sur You can depend on me to be there. Tu peux compter sur moi, j'y serai. 2 (souvent + **for**) [avoir besoin] dépendre de We depend heavily on financial support from local businesses. Le soutien financier des entreprises locales nous est indispensable.

**depend** vit (souvent + **on**, **upon**) [qui varie selon. Le sujet n'est jamais une personne] dépendre We may have to have the party indoors, it (all) depends on the weather. Nous devrons peut-être faire la soirée à l'intérieur, tout dépendra du temps. 'Can I buy one?' - 'That depends/It all depends.' 'Est-ce que je peux en acheter une?' – 'Ça dépend.' It depends how much you are prepared to pay. Ça dépend de la somme que tu es prêt à payer.

**count on/upon** sb/sth vt prép (souvent + **to** + INFINITIF; + **for**) compter sur You may get help from them, but don't count on it. Ils vous aideront peut-être mais n'y comptez pas trop. I'm counting on your support. Je compte sur votre soutien.

**bank on** sb/sth (souvent + -ing; + **to** + INFINITIF) compter sur, miser sur I was banking on (getting) your support. Je misais sur votre appui.

**fall back on** sth vt prép [compter sur lorsque quelque chose d'autre fait défaut] avoir recours à If my business is slow to get started I've got some savings to fall back on. Si mon affaire est lente à démarrer, j'ai quelques économies en réserve.

## 219 Wicked Méchant

voir aussi **209 Legal system; 214 Dishonest; 225 Cruel; 438 Bad**

**wicked** *adj* **1** [très fort et plutôt vieilli lorsqu'il est utilisé franchement pour des personnes ou des actions] mauvais, méchant, malfaisant *She's a wicked woman.* C'est une méchante femme. *It's a wicked waste of money.* C'est un gaspillage d'argent scandaleux. **2** [malicieux. Décrit: ex. sourire, sens de l'humour] malicieux, espiègle *He did a wicked take-off of the boss.* Il a fait une imitation malicieuse du patron. **wickedly** *adv* méchamment **wickedness** *ni* méchanceté

**evil** *adj* **1** [très fort. Lorsqu'il est utilisé pour des personnes, il s'applique plus au caractère en général qu'à des actions particulières] mauvais, malveillant *an evil spirit* un esprit malfaisant *That man is absolutely evil.* Cet homme est foncièrement mauvais. **2** [décrit: ex. caractère, odeur] mauvais *evil-smelling* malodorant *to have an evil tongue* être mauvaise langue

**evil** *n* **1** *ni* mal *the forces of evil* les forces du mal **2** *nd* [une situation ou une chose négative] mal *a **necessary evil*** un mal nécessaire *It's **the lesser of two evils.*** C'est le moindre mal.

**sin** *ndi* [surtout dans des contextes religieux] péché *to commit a sin* commettre un péché *the sin of pride* le péché d'orgueil **sinful** *adj* coupable, honteux

**sin** *vi*, **-nn-** (souvent **+ against**) [plutôt formel, dans la Bible] pécher **sinner** *nd* pécheur

**vice** *ndi* [se dit d'un comportement mauvais et dont on tire du plaisir] vice [aussi utilisé de façon humoristique] *I do smoke, it's my one vice.* Je fume, c'est mon seul vice. (utilisé comme *adj*) *vice ring* pègre, milieu *vice squad* brigade mondaine

**immoral** *adj* immoral **immorality** *ni* immoralité

### 219.1 Culpabilité

voir aussi **291 Cause**

**guilt** *ni* **1** [qch de mal] culpabilité *He admitted his guilt.* Il a reconnu sa faute. **2** (sentiment de) culpabilité (utilisé comme *adj*) *guilt complex* complexe de culpabilité

**guilty** *adj* **1** (souvent **+ of**) [qui a fait qch de mal] coupable *to be found guilty of a crime* être déclaré coupable d'un crime *the **guilty party*** le/la coupable **2** (souvent **+ about**) [qui se sent mal à l'aise] coupable *I feel very guilty about not writing to him.* Je me sens très coupable de ne pas lui écrire. *to **have a guilty conscience*** avoir mauvaise conscience **guiltily** *adv* de façon coupable

**blame** *ni* (souvent **+ for**) faute, responsabilité *to **lay/put the blame on** sb* rejeter la responsabilité sur qn *I always **take the blame** for her mistakes.* J'assume toujours la responsabilité de ses erreurs.

**blame** *vt* (souvent **+ for, on**) rejeter la responsabilité sur *They blame me for the delay.* Ils me tiennent responsable du retard. *They blamed her death on drugs.* Ils ont mis sa mort sur le compte de la drogue. *Don't blame me if you miss the plane!* Ne t'en prends pas à moi si tu rates l'avion! *to blame sb for doing sth* reprocher à qn de faire qch *to be **to blame*** être responsable *I'm not to blame.* Ce n'est pas ma faute. *Who was to blame for the mix-up?* Qui était responsable de l'erreur?

*e x p r e s s i o n s*

**to catch sb red-handed** [surprendre quelqu'un en train de commettre un crime] prendre qn sur le fait/en flagrant délit/la main dans le sac *He was caught red-handed trying to hide the money.* On l'a pris la main dans le sac, en train d'essayer de cacher l'argent.

**on your head be it** [vous devez assumer la responsabilité de vos décisions si les choses tournent mal] à vos risques et périls *On your head be it if the boss finds out.* Ce sera à tes risques et périls si le patron s'en rend compte.

**(to be) six of one and half a dozen of the other** [se dit pour parler de deux personnes/deux groupes de personnes qui sont aussi coupables les uns que les autres] ne pas valoir mieux que l'autre/les autres *She says he's being unreasonable, but I think it's six of one and half a dozen of the other.* Elle dit que c'est lui qui n'est pas raisonnable mais je crois qu'ils ne valent pas mieux l'un que l'autre.

### 219.2 Indocile

**badly behaved** *adj*, *compar* **worse-behaved** *superl* **worst-behaved** qui se tient/se comporte mal, indocile, désobéissant, mal élevé

**naughty** *adj* **1** [décrit: surtout un enfant] méchant, vilain *He's been a naughty boy.* Il n'a pas été sage. **2** (*surtout Brit*) [plutôt euphémique et humoristique. Sexuellement indécent. Décrit: ex. mot, plaisanterie] grivois *The film's a bit naughty.* Le film est un peu osé. **naughtiness** *ni* mauvaise conduite

**mischievous** *adj* **1** [vilain de façon taquine. Décrit: ex. enfant, farce, sourire] espiègle, malicieux **2** [plutôt formel. Qui entraîne des frictions délibérément. Décrit: ex. remarque, intention] méchant, malveillant

**mischief** *ni* malice, espièglerie *I bought the children some paints to **keep them out of mischief**.* J'ai acheté des couleurs aux enfants pour les empêcher de faire des bêtises.

**disobedient** *adj* désobéissant **disobediently** *adv* de façon désobéissante **disobedience** *ni* désobéissance **disobey** *vt* [obj: ex. ordre, officier] désobéir

**to be in trouble** avoir des ennuis *He's in trouble with the police.* Il a des ennuis avec la police. *If I'm late for dinner I'll be in trouble.* Si je suis en retard pour le dîner, ça va être ma fête.

### 219.3 Les 'méchants'

**criminal** *nd* criminel *a hardened criminal* un criminel endurci

**criminal** *adj* [décrit: ex. délit, dommages, négligence] criminel [aussi utilisé de façon informelle] *It's a criminal waste of money.* C'est un gaspillage d'argent criminel. **criminally** *adv* criminellement

**villain** *nd* [vieilli ou humoristique, ou dans un livre, etc.] scélérat **villainous** *adj* ignoble, infâme **villainy** *ni* infamie, bassesse

**devil** *nd* **1** [extrêmement fort s'il désigne une personne] diable, démon [parfois utilisé comme une insulte assez modérée] *Give it back, you rotten devil!* Rends-le moi, espèce de salaud! **2** [informel. Une personne espiègle] diable *The little devils have trampled all over my flower bed.* Les petits monstres ont piétiné tout mon parterre de fleurs. *Go on, **be a devil!*** Allez, laisse-toi tenter!

**thug** *nd* [une personne violente] voyou, brute *He was beaten up by a gang of thugs.* Il s'est fait tabasser par une bande de voyous.

**bully** *nd* tyran, petite brute *Leave her alone, you big bully!* Laisse-la tranquille, grosse brute!

**bully** *vt* tyranniser, brutaliser, persécuter (+ **into**) *She*

*will bully you into giving up your office for her.* Elle va te tyranniser jusqu'à ce que tu lui cèdes ton bureau.

---

### *expressions*

**rotten apple** [une personne néfaste qui peut entraîner les autres à le devenir aussi] fruit véreux *Most students are polite and hardworking but there are a few rotten apples.* La plupart des étudiants sont polis et travailleurs mais il y a quelques fruits véreux.

**snake in the grass** [ami déloyal] ami perfide, traître

**wolf in sheep's clothing** [une personne qui a l'air inoffensif mais ne l'est pas] un loup déguisé en brebis

---

## 220 Steal Voler

**steal** *vt, prét* **stole** *part passé* **stolen** voler, dérober *Someone's stolen my watch.* On m'a volé ma montre. *They had their credit cards stolen.* On leur a volé leurs cartes de crédit.

**rob** *vt,* -**bb**- (souvent + **of**) [obj: personne, banque] dévaliser *I've been robbed!* J'ai été volé! [utilisé au sens figuré] priver *A knee injury robbed him of Olympic success.* Une blessure au genou l'a privé d'une médaille aux Jeux Olympiques.

**burgle** (*surtout Brit*), **burglarize** (*US*) *vt* [obj: maison, magasin] cambrioler *We were burgled last night.* Nous avons été cambriolés la nuit passée.

---

### *usage*

Il faut remarquer que l'objet du verbe **steal** est toujours la chose volée, alors que l'objet du verbe **rob** est toujours la victime du vol (une personne ou un endroit). L'objet du verbe **burgle** est généralement l'endroit cambriolé. S'il s'agit de la personne cambriolée, le verbe est presque toujours utilisé au passif.

---

**loot** *vti* **1** [obj: magasin, bâtiment, quartier] piller, mettre à sac **2** [obj: la chose volée] piller **looter** *nd* pillard

**embezzle** *vt* (souvent + **from**) [obj: argent] détourner, escroquer **embezzlement** *ni* détournement de fonds **embezzler** *nd* escroc

**mug** *vt,* -**gg**- [informel. Obj: personne] agresser *He was mugged right outside the hotel.* Il s'est fait agresser devant l'hôtel.

**pinch** *vt* (*surtout Brit*) [informel. Obj: chose] piquer, chiper *Don't let anyone pinch my seat.* Ne laisse personne me piquer ma place.

**nick** *vt* (*Brit*) [argot. Obj: chose] faucher, choper, chauffer *His car has been nicked.* On lui a fauché sa voiture.

### 220.1 Les personnes qui volent et leurs crimes

**thief** *nd, pl* **thieves** voleur *Stop thief!* Au voleur! *jewel thief* voleur de bijoux

**thieving** *adj* (de) voleur *Get your thieving hands out of my desk drawer!* Ote tes mains du tiroir de mon bureau, espèce de voleur! **theft** *nid* (souvent + **of**) vol

**robber** *nd* [pas souvent utilisé dans des contextes formels. Souvent utilisé par des enfants et, de ce fait, peut sembler plutôt enfantin] bandit, voleur *bank/train robber* pilleur de banque/de train

**robbery** *nid* vol *robbery with violence* vol avec coups et blessures *It's **daylight robbery**!* C'est de l'arnaque!

**burglar** *nd* cambrioleur *They've had burglars next door.* Les voisins ont été cambriolés. *burglar alarm* (sonnerie d')alarme **burglary** *nid* cambriolage

**shoplifter** *nd* voleur à l'étalage **shoplifting** *ni* vol à l'étalage

**mugger** *nd* agresseur **mugging** *nid* agression

**pickpocket** *nd* pickpocket

**to pick sb's pocket** faire les poches à qn

### 220.2 Autres formes de criminalité

**kidnap** *vt,* -**pp**- [obj: personne] enlever, kidnapper *Terrorists kidnapped a well-known businessman.* Des terroristes ont enlevé un homme d'affaires bien connu. **kidnapper** *nd* ravisseur **kidnapping** *nid* enlèvement, rapt

**ransom** *ndi* rançon *to demand a ransom for sb* exiger une rançon pour qn *to **hold** sb **to ransom** mettre qn à rançon (utilisé comme *adj*) *a ransom note* demande de rançon

**hijack** *vt* [obj: ex. avion, bus] détourner **hijacker** *nd* pirate de l'air, terroriste **hijacking** *nid* détournement

**hostage** *nd* otage *to **take** sb **hostage** prendre qn en otage *negotiations to obtain the release of children **held hostage** by terrorists* des négociations pour obtenir la libération des enfants détenus en otage par les terroristes

**blackmail** *vt* faire chanter *He was being blackmailed by his former lover.* Son ancienne maîtresse le faisait chanter. **blackmailer** *nd* maître-chanteur

**blackmail** *ni* chantage *emotional blackmail* chantage émotionnel

**smuggle** *vt* **1** [obj: ex. drogue] passer en fraude, faire la contrebande de **2** (toujours + *adv* ou *prép*) [prendre en secret] faire entrer/sortir clandestinement *I managed to smuggle the magazine into/out of the classroom.* J'ai réussi à faire entrer/sortir le magazine en douce dans/de la classe.

**smuggler** *nd* contrebandier **smuggling** *ni* contrebande

## 221 Mercy Pitié

**mercy** *n* **1** *ni* pitié, indulgence *to* **have mercy on** *sb* avoir pitié de qn *to* **show mercy** *(to sb)* faire preuve d'indulgence envers qn **2** *nd* chance *It's a mercy nobody was killed!* C'est une chance que personne n'ait été tué. *to* **be thankful for small mercies** être reconnaissant du peu qui s'offre

**merciful** *adj* (souvent + **to**) clément, magnanime

**mercifully** *adv* avec indulgence [comme commentaire du locuteur] *Mercifully they didn't ask me to sing.* Dieu merci, ils ne m'ont pas demandé de chanter.

**compassion** *ni* (souvent + **for**) [souligne plus l'élément de solidarité que **mercy**] compassion

**compassionate** *adj* compatissant *compassionate leave* OU *leave on compassionate grounds (Brit)* congé pour convenance personnelle

**lenient** *adj* [plutôt formel. Décrit: ex. juge, punition] clément, indulgent **leniently** *adv* avec indulgence **leniency** *ni* indulgence, clémence

**soft** *adj* (souvent + **on**, **with**) [parfois péjoratif] souple, indulgent *to* **have a soft heart/be soft-hearted** avoir le coeur tendre *Her parents are too soft on her.* Ses parents sont trop indulgents avec elle.

**spare** *vt* **1** [ne pas faire de mal ou punir] épargner *to spare sb's life* laisser à qn la vie sauve **2** [ne pas forcer à faire l'expérience de quelque chose] éviter, épargner *I was hoping to spare you a long wait.* J'espérais t'éviter une longue attente. *Spare me the details!* Epargne-moi les détails!

### 221.1 Pardonner

**forgive** *vti*, prét **forgave** part passé **forgiven** (souvent + **for**) [obj: ex. personne, péché, insulte] pardonner *She can't forgive herself for not being there.* Elle ne se pardonne pas de ne pas avoir été là. *She forgave them their unkindness to her.* [légèrement plus formel lorsqu'il est suivi de deux objets] Elle leur pardonna leur manque de gentillesse à son égard. *Forgive me, I didn't catch your name.* [dans une formule polie] Excusez-moi, je n'ai pas bien compris votre nom.

**forgiveness** *ni* pardon, indulgence

**pardon** *vt* **1** (souvent + **for**) [souvent utilisé à l'impératif. Légèrement plus formel que **forgive** lorsqu'il est utilisé à d'autres modes. Obj: ex. personne, insolence, curiosité] pardonner *You must pardon him, he's a bit*

*overwrought.* Il faut l'excuser, il en a un peu marre. *That's utter rubbish, if you'll pardon the expression* . Pardonnez-moi l'expression, mais c'est vraiment de la merde. **2** [pardonner officiellement. Obj: criminel condamné] amnistier, gracier

**pardon** *n* **1** *ni* [formel] pardon *I beg your pardon?* Vous dites? **2** *nd* [pour un criminel etc.] amnistie, grâce

**pardon** *interj* pardon, excusez-moi

**excuse** *vt* **1** [pardonner, surtout un délit mineur. Obj: ex. personne, interruption, retard] excuser *Please excuse the mess.* Excusez le désordre. **2** [être la justification de. Obj: ex. travail mal fait, incompétence] excuser, justifier *Nothing can excuse sloppy workmanship.* Rien ne peut justifier un travail bâclé. **3** (souvent + **from**) [libérer d'une obligation. Obj: ex. obligation, jour de classe] excuser, dispenser *You're excused from washing up today.* Tu es dispensé de la vaisselle aujourd'hui. *voir aussi **291 Cause**

**let** *sb* **off** OU **let off** *sb* *vt prép* [pardonner, surtout un délit mineur, ou épargner à qn une punition ou une obligation] fermer les yeux, ne pas punir *'Sorry I'm late!' – 'That's OK, I'll let you off.'* 'Désolé d'être en retard!' – 'Ça va, je vais fermer les yeux.' *He's been let off doing the washing up.* On lui a fait grâce de la vaisselle.

**relent** *vi* [faire preuve de pitié, surtout après un certain temps] s'adoucir, fléchir *Eventually she relented and allowed me to rejoin the group.* Finalement elle a cédé et m'a permis de rejoindre le groupe.

### expressions

**give sb a second/another chance** laisser une seconde chance à qn *If you mess it up this time, you won't get a second chance.* Si tu gâches tout cette fois, tu n'auras pas de seconde chance.

**give sb the benefit of the doubt** laisser à qn le bénéfice du doute

**make allowances (for sb/sth)** se montrer indulgent envers qn, prendre qch en considération *She's not been very well, so you must make allowances.* Elle n'est pas très en forme ces derniers temps, alors il faut être indulgent. *Even making allowances for the difficult conditions, they were very slow in getting here.* Même en tenant compte des conditions pénibles, ils ont mis très longtemps à arriver ici.

## 222 Sympathy Compassion

voir aussi *L11 Expressing sympathy*

**sympathy** *n* **1** *ni* (souvent + **for**) compassion, solidarité, sympathie *I don't have much sympathy for her.* Je n'éprouve pas beaucoup de compassion pour elle. **2** *nid* (souvent + **with**) [accord ou soutien] solidarité *My sympathies are entirely with the rebels.* Je suis entièrement du côté des rebelles. *to* **be in sympathy with** *sb's aims* approuver les objectifs que qn s'est fixé

**sympathetic** *adj* (souvent + **to**, **towards**) **1** [décrit: ex. sentiment, sourire] de sympathie, compatissant *They were very sympathetic when my mother died.* Ils m'ont

manifesté beaucoup de sympathie quand ma mère est décédée. **2** [d'un grand soutien. Décrit: ex. rapport, opinion, audition] approbateur *The press seems quite sympathetic to our policies.* La presse semble vraiment approuver notre politique. **sympathetically** *adv* avec compassion

**sympathize** *vi*, AUSSI **-ise** *(Brit)* (souvent + **with**) **1** [avec une personne, un sentiment etc.] compatir **2** [avec un point de vue, un objectif etc.] comprendre, prendre parti pour **sympathizer** *nd* personne qui compatit

Les mots **sympathy** et **sympathetic** sont utilisés surtout lorsqu'il s'agit de la compassion que démontre une personne envers les problèmes ou les souffrances d'un autre. Ils ne correspondent pas tout à fait aux mots français "sympathie" et "sympathique", ex. Elle est très sympathique. (*She's very nice.*)

**pity** n 1 *ni* pitié, compassion *to take/have pity on* sb/sth avoir pitié de qn/qch 2 *nd* (pas de *pl*) dommage *What a pity!* Quel dommage! *It's a pity you didn't arrive sooner.* C'est dommage que tu ne sois pas arrivé plus tôt. *It would have been a pity to miss the show.* Ç'aurait été dommage de rater le spectacle.

**pity** vt plaindre, avoir pitié de *I pity anyone who has to put up with her all day.* Je plains la personne qui doit la supporter toute la journée.

**feel sorry for** sb plaindre *He's feeling very sorry for himself.* Il s'apitoie sur son propre sort.

**commiserate** vi (souvent + *with*) témoigner de la sympathie *I came over to commiserate with you on not getting the job.* Je suis venu te dire combien je partage ta déception de ne pas avoir obtenu ce poste.

**commiseration** *ni* (souvent + *on*) commisération *Congratulations to the winner, commiserations to the losers.* Félicitations aux vainqueurs, honneur aux vaincus.

**condolence** *nid* [plus formel et plus grave que **commiserations**. Utilisé principalement lorsque qn est en deuil] condoléances *a letter of condolence* lettre de condoléance (souvent utilisé au *pl*) *I sent my condolences.* J'ai envoyé mes condoléances.

**I wouldn't want to be in sb's shoes** Je ne voudrais pas être à la place/dans la peau de qn (littéralement: je ne voudrais pas être dans ses chaussures) *I wouldn't want to be in her shoes when her boss finds out.* Je ne voudrais pas être à sa place quand son patron l'apprendra.

**not envy sb (sth)** ne pas envier (qch à) qn *I don't envy you having three small children to look after.* Je ne t'envie pas d'avoir à t'occuper de trois enfants en bas âge. *I don't envy him the task of breaking the sad news.* Je ne l'envie pas de devoir annoncer la triste nouvelle.

## 223 Unmerciful Impitoyable

voir aussi **225 Cruel**

**heartless** adj [terme utilisé généralement. Décrit: ex. personne, attitude, décision] sans coeur, insensible *How can you be so heartless as to refuse?* Comment peux-tu avoir la cruauté de refuser? **heartlessly** adv sans pitié

**hard-hearted** adj [décrit: personne] insensible, au coeur dur

**callous** adj [décrit: ex. personne, mépris, manque d'égards] dur, sans coeur **callously** adv sans pitié, durement, cyniquement **callousness** ni dureté, insensibilité

**pitiless** adj [se trouve généralement dans des contextes plus littéraires] sans pitié, impitoyable **pitilessly** adv impitoyablement, sans pitié

**merciless** adj 1 [littéraire. Décrit: ex. tueur, tyran] impitoyable, sans pitié 2 [pas nécessairement péjoratif. Décrit: ex. critique, attaque] impitoyable *She is a merciless taskmaster.* C'est une surveillante impitoyable/C'est un véritable tyran.

**mercilessly**, AUSSI **unmercifully** adv impitoyablement, implacablement *to beat/criticize sb mercilessly*

battre/critiquer qn sans pitié *His colleagues teased him unmercifully.* Ses collègues le tourmentaient implacablement.

**ruthless** adj 1 [décrit: ex. destruction, dictateur] cruel, impitoyable, sans pitié 2 [pas nécessairement péjoratif. Décrit: ex. détermination, efficacité] implacable **ruthlessly** adv sans merci, impitoyablement **ruthlessness** ni nature impitoyable

**relentless** adj [qui ne s'arrête ou ne faiblit jamais. Décrit: ex. énergie, poursuite, interrogatoire] implacable, impitoyable *They kept up relentless pressure on their opponents' goal.* Ils ont maintenu une pression implacable sur le but de leurs adversaires. **relentlessly** adv implacablement **relentlessness** ni caractère implacable

**turn a deaf ear to** faire la sourde oreille à *She turned a deaf ear to all my complaints.* Elle a complètement ignoré mes doléances.

## 224 Kind Gentil

**kind** adj (souvent + *to*) gentil, bon, aimable *It was so kind of you to help.* C'était si gentil de ta part d'apporter ton aide. *They were very kind to me when I was in trouble.* Ils ont été très gentils avec moi quand j'avais des problèmes. *She always has a kind word for everyone.* Elle a toujours un mot gentil pour tout le monde.

**kindly** adv gentiment *to smile kindly* sourire avec

gentillesse *They very kindly helped us.* Très gentiment, ils nous ont aidés.

**kindness** nid (souvent + *to*) gentillesse, bonté *to do sb a kindness* rendre service à qn *to show kindness to sb* faire preuve de gentillesse envers qn

**considerate** adj (souvent + *to*, *towards*) [qui est soucieux de penser aux autres] prévenant, plein d'égards

**consideration** *ni* considération, estime, égard *to show sb consideration* faire preuve de considération envers qn, avoir des égards pour qn

**thoughtful** *adj* prévenant, intentionné *How thoughtful of you to remember to send flowers.* Comme c'est délicat de votre part d'avoir pensé à envoyer des fleurs. **thoughtfully** *adv* avec prévenance

**understanding** *adj* (souvent + **about**) [qui compatit et ne fait pas de reproches] compréhensif, compatissant *I took a lot of days off sick, but my boss is very understanding.* J'ai pris beaucoup de congés de maladie mais mon patron est très compréhensif.

**humane** *adj* [plus souvent utilisé pour décrire des attitudes ou des activités sociales que des actions individuelles] humain *humane treatment of prisoners* traitement humain des prisonniers **humanely** *adv* avec humanité, humainement

### 224.1 Générosité

voir aussi **372.1 Give**

**generous** *adj* **1** (souvent + **to**, **with**) [décrit: ex.

personne, nature] généreux *I'm feeling generous, I'll pay for the drinks.* Je me sens d'humeur généreuse, je vais payer la tournée. **2** [qui est étonnamment grand ou gentil. Décrit: ex. cadeau, don, provision] généreux, abondant *a generous helping of mashed potatoes* une généreuse portion de purée **generously** *adv* généreusement **generosity** *ni* générosité

**charity** *n* **1** *ni* [de l'argent, etc. donné par gentillesse] charité *I won't accept charity.* Je n'accepterai pas de la charité. *She gave us the clothes out of charity.* Elle nous a donné les vêtements par charité. **2** *nd* [organisation] oeuvre de bienfaisance

**charitable** *adj* **1** [gentil. Décrit: ex. attitude, remarque, jugement] charitable *The most charitable thing one can say about it is that he meant well.* La chose la plus charitable qu'on puisse en dire c'est qu'il voulait bien faire. **2** [décrit: organisation, don] de charité, de bienfaisance **charitably** *adv* charitablement

**unselfish** *adj* généreux, désintéressé **unselfishly** *adv* sans penser à soi, généreusement

## 225 Cruel Cruel

voir aussi **2 Fierce; 223 Unmerciful**

**cruel** *adj*, -ll- **1** (souvent + **to**) [décrit: ex. personne, punition, remarque] cruel **2** [décrit: ex. déception, coup] cruel *That was really cruel luck.* C'était vraiment pas de chance. **cruelly** *adv* cruellement **cruelty** *nid* cruauté

**unkind** *adj* (souvent + **to**) [moins fort que **cruel**] méchant **unkindly** *adv* méchamment **unkindness** *ni* méchanceté

**vicious** *adj* [mot très fort. Peut décrir une cruauté physique ou mentale. Décrit: ex. attaque, voyou] haineux, brutal, violent **viciously** *adv* avec malveillance, violemment **viciousness** *ni* méchanceté, violence

**brutal** *adj* [similaire à **vicious**] brutal, cruel *a victim of a brutal assault* la victime d'une agression sauvage **brutally** *adv* brutalement, sauvagement **brutality** *nid* brutalité, sauvagerie

**bloodthirsty** *adj* **1** [décrit: ex. tueur, tyran] cruel, sanguinaire **2** [décrit: surtout un film, livre] sanglant

**sadistic** *adj* [qui aime infliger la douleur. Décrit: ex. plaisir, raclée, cruauté] sadique **sadism** *ni* sadisme **sadist** *nd* sadique

**barbaric** ou **barbarous** *adj* barbare **barbarian** *nd* barbare

### 225.1 Malveillance

**malice** *ni* malice, méchanceté, malveillance *to bear sb no malice* ne vouloir aucun mal à qn

**malicious** *adj* [décrit: ex. personne, dégâts, attaque] malveillant, méchant **maliciously** *adv* avec malveillance

**spite** *ni* rancune, dépit, malveillance *He did it out of pure spite.* Il a fait cela par pure malveillance.

**spite** *vt* vexer, contrarier *They cancelled their order just to spite us.* Ils ont annulé leur commande rien que pour nous contrarier.

**spiteful** *adj* [décrit: ex. personne, remarque] malveillant, rancunier, méchant **spitefully** *adv* par méchanceté/rancune

**bitchy** *adj* [plutôt informel. Décrit: ex. femme, remarque] vache *to be bitchy to sb* être vache avec qn

**bitch** *nd* [très péjoratif. Gén utilisé pour des femmes] garce

## 226 Selfish Egoïste

**selfish** *adj* [décrit: ex. personne, motif, attitude] égoïste, intéressé **selfishly** *adv* égoïstement **selfishness** *ni* égoïsme

**mean** *adj* **1** (*surtout Brit*) [avec l'argent etc. Décrit: personne] avare, mesquin *He's too mean to make a donation.* Il est (bien) trop avare pour faire un don à une oeuvre. **2** (souvent + **to**) [méchant] mesquin, méchant *She's got a mean streak in her.* Elle a tendance à être mesquine. *Don't be so mean to your sister.* Ne sois pas méchant avec ta soeur. **meanness** *ni* avarice, méchanceté

**tightfisted** *adj* [informel. Avec l'argent] avare, radin *He's too tightfisted to buy anyone a drink.* Il est trop radin pour offrir un verre.

**stingy** *adj* (souvent + **with**) [informel. Surtout avec l'argent] avare, pingre

**ungenerous** *adj* (souvent + **to**) [avec l'argent etc.] regardant, peu généreux

*expressions*

**to feather one's own nest** faire sa pelote, mettre de l'argent dans sa poche *He used his position simply to feather his own nest.* Il s'est servi de sa position pour mettre de l'argent dans sa poche.

**I'm all right Jack!** (*Brit*) [informel. Se dit souvent de façon sarcastique pour reprocher à qn son attitude je-m'en-foutiste par rapport aux personnes moins chanceuses] moi, ça va! (et tant pis pour vous), moi, je

suis peinard! *an I'm-all-right-Jack attitude* une attitude égoïste, un je-m'en-foutisme à l'égard des autres

**to look after number one** penser avant tout à son propre intérêt [se dit souvent comme conseil] *Don't worry about us – you just look after number one.* Ne t'inquiète pas pour nous – prends seulement soin de toi. *He only thinks about number one.* Il ne pense qu'à sa pomme.

# 227 **Politics and Government** Politique et Gouvernement

**politics** *n* 1 *ni* (gén + *v sing*, parfois + *v pl*) politique *She went into politics after leaving university.* Elle s'est lancée dans la politique après être sortie de l'université. *local/student politics* politique locale/estudiantine 2 *n pl* politique *Her politics are very right-wing.* Elle a une politique très à droite.

**politician** *nd* politicien

**political** *adj* [décrit: ex. système, parti, opinion] politique *We still hope to find a political solution to the conflict.* Nous espérons encore trouver une

solution politique au conflit. *to ask for **political asylum*** demander l'asile politique ***political prisoner*** prisonnier politique **politically** *adv* politiquement

**government** *ndi* (souvent + **the**; + *v sing* ou *pl*) gouvernement *They accused the government of ignoring the homeless.* Ils ont accusé le gouvernement de ne tenir aucun compte des sans-logis. (utilisé comme *adj*) *government **officials*** des représentants du Gouvernement

---

### SYSTÈME POLITIQUE DU ROYAUME-UNI

La Reine est le chef d'état de la Grande-Bretagne et le leader symbolique de la nation, mais elle n'a que peu ou pas de pouvoir politique. Le pouvoir politique est détenu par le gouvernement, dirigé par le Premier Ministre. Le gouvernement britannique est en général composé de membres du parti politique qui détient la majorité à la Chambre des Communes, la Chambre basse du Parlement qui est élue. C'est le Parlement qui fait les lois qui gouvernent le pays. Tout Acte du Parlement, nom donné aux nouvelles lois ou réglementations adoptées par le Parlement, est en général voté par les deux Chambres du Parlement et doit recevoir l'accord formel de la Reine avant de devenir loi. La Chambre des Communes se compose d'environ 650 députés élus généralement appelés MPs; elle est à l'origine de la plupart des projets de lois et ses décisions peuvent être ajournées, mais pas infirmées, par la Chambre haute, la Chambre des Lords. La Chambre des Lords se compose de membres héréditaires de l'aristocratie, des plus hauts dignitaires de l'Eglise anglicane et d'un certain nombre de pairs à vie, des personnes remarquables de nombreuses professions qui se sont vues accorder un titre de noblesse pour le restant de leur vie. La Chambre des Lords est à l'origine de projets de lois qui doivent être votés par la Chambre des Communes avant de devenir lois; elle peut aussi discuter et suggérer des amendements aux projets de lois qui lui sont soumis par la Chambre des Communes, mais un projet de loi voté trois fois par la Chambre des Communes devient loi avec ou sans l'approbation de la Chambre des Lords.

Contrairement à la plupart des états modernes, la Grande-Bretagne n'a pas de constitution écrite. Les pouvoirs de la Reine, par exemple, sont en partie définis par les Actes du Parlement, dont beaucoup sont très anciens, et en partie par les traditions qui se sont

développées au fil des ans. Le rôle et les pouvoirs du Premier Ministre sont entièrement définis par l'usage et ne sont inscrits nulle part dans la loi.

Comparé aux Etats-Unis par exemple, le gouvernement local en Grande-Bretagne a assez peu de pouvoir. Il existe des Conseils élus au niveau des comtés, qui sont des divisions territoriales et administratives de taille moyenne généralement dotées d'une identité historique, de même que pour les grandes villes, les "boroughs" (circonscriptions électorales urbaines) et "districts". Leur tâche principale n'est toutefois pas de faire des lois, mais d'assurer les services à la communauté.

Les personnalités et institutions politiques importantes en Grande-Bretagne sont:

**prime minister** *nd* premier ministre

**foreign secretary** *nd* ministre des Affaires Etrangères

**chancellor (of the exchequer)** *nd* [ministre des finances britannique] Chancelier de l'Echiquier

**minister** *nd* [personne à la tête d'un département ministériel, mais qui n'appartient pas nécessairement au **Cabinet**] ministre *minister of education/education minister* ministre de l'education *government ministers* ministres du gouvernement

**MP** *nd* député *the MP for Bristol South* le député de Bristol Sud

**parliament** *nd* parlement

**Cabinet** (gén + **the**) (+ *v sing* ou *pl*) [conseil des ministres les plus importants, responsables de la politique du gouvernement et chargés de conseiller le Premier Ministre] Cabinet

**House of Commons** (gén + **the**) Chambre des Communes

**House of Lords** (gén + **the**) Chambre des Lords

---

## SYSTÈME POLITIQUE DES ÉTATS-UNIS D'AMÉRIQUE

Le Président est le chef de l'état aux USA; il est aussi le chef du gouvernement fédéral et le commandant en chef des forces armées. Les membres de son gouvernement cependant ne sont pas, et ne peuvent pas être, membres du Congrès, qui est le corps législatif suprême des Etats-Unis. Contrairement à la Grande-Bretagne, les Etats-Unis ont une constitution écrite dont un des grands principes est la "séparation des pouvoirs" entre le pouvoir exécutif (le Président et son gouvernement), le pouvoir législatif (le Congrès) et le pouvoir judiciaire (surtout la Cour Suprême dont une des fonctions est d'interpréter la constitution). Il arrive assez souvent que le Président appartienne à un parti politique, et qu'un autre parti détienne la majorité dans les deux chambres du Congrès, la Chambre des Députés et le Sénat.

Les différents états qui forment les USA ont tous un gouvernement propre, dirigé par un gouverneur, et leurs propres assemblées législatives. Il y a souvent de grandes différences entre les lois des différents états.

Un autre aspect de la vie politique américaine est que les personnes sont élues individuellement à presque tous les postes importants des gouvernements locaux, comme celui de shérif.

Les personnalités et institutions importantes de la politique et du gouvernement américains sont:

**president** nd président

**vice president** nd vice-président

**secretary of state** nd secrétaire d'Etat

**governor** nd gouverneur

**senator** nd sénateur

**congressman** (masc), **congresswoman** (fém) nd membre du Congrès, député

**presidency** nid présidence

**congress** (+ v sing ou pl) congrès

**senate** (+ v sing ou pl) sénat

**House of Representatives** nd (gén + **the**) Chambre des Députés

---

### 227.1 Gouvernement local

**mayor** nd [homme ou femme] maire

**mayoress 1** nd (Brit & US) [épouse du maire] mairesse **2** nd (Brit) [amie d'une femme exerçant les fonctions de maire] amie de Madame le maire **3** nd (US) [femme exerçant les fonctions de maire] mairesse

**council** nd (+ v sing ou pl) **1** (surtout Brit) conseil town/district council conseil municipal/régional (utilisé comme adj) council house logement social (donné en location par la municipalité) council meeting réunion du Conseil **2** [organe élu ou constitué] conseil the United Nations Security Council le Conseil de Sécurité des Nations Unies a council of war un conseil de guerre

**councillor** nd (surtout Brit) conseiller (municipal) **councilman** nd (US) conseiller (municipal) **councilwoman** nd (US) conseillère (municipale)

**town hall** nd mairie, hôtel de ville You have to go down to the town hall to register. Il faut aller vous inscrire à la mairie.

**city hall** nd (surtout US) mairie, hôtel de ville (souvent utilisé sans **a** ou **the**) I'm going to complain to city hall. Je vais me plaindre à l'hôtel de ville.

### 227.2 Personnes qui travaillent pour le gouvernement

**civil service** n (toujours + **the**) fonction publique, administration **civil servant** nd fonctionnaire

**official** nd fonctionnaire, officiel a government official un fonctionnaire (de l'Administration)

**official** adj **1** [décrit: ex. poste, lettre, autorisation] officiel an official visit by the Queen une visite officielle de la Reine The letter was written on official notepaper. La lettre était écrite sur du papier à lettres officiel. **2** [donné pour vrai] officiel That was the official reason, I don't know whether it was the true one. C'était la raison officielle, je ne sais pas si c'était la véritable raison. **officially** adv officiellement

**officer** nd fonctionnaire local government officer fonctionnaire du gouvernement local

---

### 227.3 Elections

**nominate** vt (souvent + **for**, **as**) nommer, désigner You've been nominated (as a candidate) for the post of treasurer. On vous a désigné comme candidat au poste de trésorier. **nomination** ndi nomination **nominee** nd candidat (désigné ou nommé)

**candidate** nd (souvent + **for**) candidat the Labour Party candidate in the general election le candidat du Parti Travailliste aux élections législatives candidates for the post of club secretary candidats au poste de secrétaire du club **candidacy** ndi candidature

**stand** (surtout Brit), **run** (surtout US) vi (souvent + **as**, **for**) se présenter She stood as Conservative Party candidate for Brighton. Elle s'est présentée comme candidate du Parti Conservateur à Brighton.

**election** n **1** ndi élection a general election des élections législatives to hold an election procéder à une élection (utilisé comme adj) election campaign campagne électorale election results résultats du scrutin **2** ni (souvent + **as**, **to**) élection after his election to Parliament après son élection au parlement

**by-election** OU **bye-election** nd (Brit) [quand un député ou un membre du gouvernement local décède ou démissionne] élection partielle

**ballot** ndi vote, scrutin a secret/postal ballot un vote secret/par correspondance ballot-rigging (utilisé comme adj) vote truqué ballot box urne électorale ballot paper bulletin de vote

**ballot** v **1** vt [demander l'opinion. Obj: surtout des membres] faire voter We balloted our members on the proposed changes to the rules. Nous avons fait voter nos membres sur les propositions de modifications du règlement. **2** vi (souvent + **for**) voter

**poll** ni OU **polls** n pl vote, suffrages The poll is expected to go in favour of the Democrats. On s'attend à ce que le vote soit en faveur des Démocrates. The country will be **going to the polls** in July. Le pays se rendra aux urnes en juillet.

**polling station** nd (surtout Brit) bureau de vote

**polling booth** nd (surtout Brit) isoloir

**referendum** nd (souvent + **on**) référendum to hold a referendum procéder à un référendum

**vote** n **1** nd (souvent + **for**, **against**) vote, voix There were 340 votes for the motion and only 56 against it. Il y avait 340 voix pour la motion et seulement 56 contre. to **cast one's vote** voter to **get the vote** obtenir le droit de vote **2** nd vote Let's **take/have a vote on** it. Mettons-le aux voix. to **put sth to the vote** mettre qch aux voix **3** (toujours + **the**) [voix données] voix, suffrages He got 56% of the vote. Il a obtenu 56% des voix. the opposition vote les voix de l'opposition **voter** nd électeur

**vote** v **1** vit (souvent + **for**, **against**, **on**) voter Can we vote on that question? Peut-on mettre la question aux voix? You're too young to vote. Tu es trop jeune pour voter. I voted Conservative at the last election. J'ai voté Conservateur aux dernières élections. **2** vt [avoir pour avis] proclamer Everyone voted it a success. De l'avis général c'était une réussite. **3** vt (toujours + **that**) [informel] proposer I vote (that) we all go together. Je propose qu'on y aille tous ensemble.

**constituent** nd électeur (de la circonscription d'un député) **constituency** nd circonscription électorale

## 227.4 Partis et idéologies politiques

**party** nd parti a member of the Labour Party un membre du Parti Travailliste (utilisé comme adj) party leader chef de parti party politics politique de parti/partisane

**communism** ni communisme **communist** nd communiste **communist** adj communiste

**socialism** ni socialisme **socialist** nd socialiste **socialist** adj socialiste

**red** adj [souvent péjoratif] rouge Red China la Chine communiste **red** nd rouge

**left wing** n (gén + **the**) gauche the left wing of the party la gauche du parti
**left-wing** adj de gauche, gauchiste

**centre** (Brit), **center** (US) nd (toujours + **the**) centre (utilisé comme adj) centre party parti du centre

**liberal** adj [large d'esprit et tolérant. Décrit: ex. régime, état d'esprit] libéral
**liberal** nd libéral **liberalism** ni libéralisme

---

**PRINCIPAUX PARTIS POLITIQUES EN GRANDE-BRETAGNE ET AUX USA:**

Les principaux partis politiques de Grande-Bretagne sont le **Conservative Party** (Parti Conservateur, de droite), dont les membres sont appelés **Conservatives** ou, plus familièrement, **Tories**, le **Labour Party** (Parti Travailliste, de gauche) – il n'y a pas de terme particulier pour désigner les membres du Parti Travailliste – et le plus petit **Liberal Democratic Party** (Parti Démocrate Libéral), qui est un parti du centre et dont les membres portent le nom de **Liberal Democrats**.

Il n'y a que deux grands partis politiques aux Etats-Unis. Le **Republican Party** (Parti Républicain), dont les partisans sont appelés les **Republicans**, est plus conservateur que le **Democratic Party** (Parti Démocrate), dont les partisans sont appelés **Democrats**.

---

**right wing** n (gén + **the**) droite **right-wing** adj de droite

**conservative** adj [décrit: ex. personne, état d'esprit] conservateur **conservative** nd conservateur **conservatism** ni conservatisme

**fascism** ni fascisme **fascist** nd fasciste **fascist** adj fasciste

## 227.5 Systèmes de gouvernement

**democracy** nid démocratie parliamentary democracy démocratie parlementaire **democrat** nd démocrate **democratic** adj [décrit: ex. gouvernement, droit, société] démocratique It would be more democratic if we took a vote. Il serait plus démocratique de procéder à un vote. **democratically** adv démocratiquement

**dictatorship** nid dictature **dictator** nd dictateur **dictatorial** adj dictatorial

**anarchism** ni anarchisme **anarchist** nd anarchiste **anarchy** ni anarchie There was total anarchy following the overthrow of the president. C'était l'anarchie complète après le renversement du président.

## 227.6 Révolution

**revolution** n **1** ndi révolution the French Revolution la Révolution française The government was overthrown in a revolution. Le gouvernement a été renversé par une révolution. **2** nd (souvent + **in**) [changement complet] révolution a revolution in scientific thought une révolution dans la pensée scientifique the Industrial Revolution la révolution industrielle

**revolutionary** adj **1** [décrit: ex. gouvernement, actions, chef] révolutionnaire **2** [décrit: ex. changement, découverte] révolutionnaire **revolutionary** nd révolutionnaire

**revolt** nid [à une plus petite échelle qu'une **revolution**] (souvent + **against**) révolte to rise in revolt against sb/sth se révolter contre qn/qch **revolt** vi (souvent + **against**) se révolter

### usage

Il faut employer les temps continus du verbe **to revolt** avec précaution afin d'éviter toute ambiguïté avec l'adjectif très courant **revolting** (révoltant).

**uprising** nd soulèvement, insurrection an armed uprising un soulèvement armé

**rebellion** ndi rébellion armed rebellion rébellion armée The rebellion was crushed by the military. La rébellion a été anéantie par les militaires.

**coup** nd **1** AUSSI **coup d'état** [prise de pouvoir par un petit groupe non-élu] coup d'état He seized power in a coup. Il s'est emparé du pouvoir par un coup d'état. **2** [réussite astucieuse] beau coup It was quite a coup to get the contract to build the new bridge. C'était un coup de maître d'obtenir le contrat de construction du nouveau pont.

**demonstration** nd, abrév [informel] **demo** (souvent + **against**, **in favour of**) manifestation, manif a student demonstration in support of the sacked teacher une manif d'étudiants pour soutenir le professeur licencié **demonstrate** vi manifester **demonstrator** nd manifestant

## 228 Control Diriger

voir aussi **401 Strength**

**control** vt, -ll- **1** [régler ou exercer une contrainte sur. Obj: ex. machine, véhicule, classe] contrôler, maîtriser *She simply can't control those children.* Elle n'a tout simplement aucune autorité sur ces enfants. *Please try to control yourself.* Je vous en prie, essayez de vous contrôler. *a computer-controlled process* un traitement informatisé **2** [exercer un pouvoir sur. Obj: ex. pays, organisme] contrôler, diriger *Our forces now control all access roads to the city.* Nos troupes contrôlent maintenant toutes les routes d'accès à la ville.

**control** n **1** ni (souvent + **of**) contrôle *to be in control (of sth)* être maître (de qch) *The vehicle went out of control.* Il a perdu le contrôle du véhicule. *She lost control of her temper.* Elle a perdu tout contrôle d'elle-même. *The army has taken control of the country.* Le pays est tombé sous le contrôle de l'armée. *Everything is under control.* Tout est en ordre. *circumstances outside/beyond our control* des circonstances indépendantes de notre volonté **2** ndi (souvent + **on**) [limite] contrôle *traffic control* contrôle de la circulation *controls on imports* contrôles des importations **3** nd (souvent pl) [d'une machine, d'un véhicule, d'un poste de radio, etc.] commandes, bouton de commande **controller** nd contrôleur, vérificateur, appareil de contrôle

### usage

Attention de ne pas confondre le verbe **control** (contrôler) avec le verbe **check** (vérifier) (voir **301 Careful**). Dans une phrase comme *The immigration officers checked my passport* (Les fonctionnaires du service de l'immigration ont contrôlé mon passeport), on ne peut pas utiliser **control** à la place de **check**. Par contre, le substantif **control** s'emploie parfois dans ce type de contexte, ex. *I went through Passport Control before collecting my luggage.* (J'ai passé le contrôle des passeports avant d'aller récupérer mes bagages.) (voir le second sens du nom **control** ci-dessus)

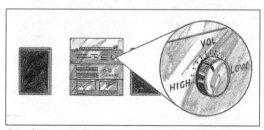

**the volume control on a stereo** le bouton de réglage du son sur une chaîne stéréo

**The pilot is at the controls.** Le pilote est aux commandes.

**be in charge (of sth/sb)** être responsable (de qch/qn) *Who's in charge while the boss is away?* Qui est le responsable en l'absence du patron? *I left Mary in charge of the office.* J'ai laissé le bureau sous la responsabilité de Mary.

### 228.1 Surveiller

**supervise** vti [obj: ex. ouvriers, travail, processus] diriger, surveiller

**supervision** ni surveillance, contrôle, direction *to work under supervision* travailler sous surveillance **supervisor** nd superviseur, surveillant (à un examen)

**oversee** vt, prét **oversaw** part passé **overseen** [exercer un contrôle général ou global sur qch] contrôler, superviser *They brought in an expert to oversee the running of the project.* Ils ont fait venir un expert pour superviser le déroulement du projet.

**overseer** nd [dans une usine etc.] contremaître

**monitor** vt [implique une mesure. Obj: ex. pulsations cardiaques, progrès] contrôler *The doctors are continuously monitoring the patient's respiration.* Les docteurs maintiennent la respiration du patient sous monitoring constant.

**monitor** nd **1** [pour mesurer par exemple le rythme cardiaque] moniteur, monitor **2** [pour les caméras de télévision] moniteur, écran de contrôle

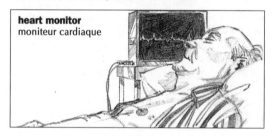

**heart monitor**
moniteur cardiaque

**watchdog** nd chien de garde, gardien *The committee acts as a watchdog to ensure that standards are maintained.* Le comité veille en chien de garde au respect des normes.

**keep an eye on sb/sth** [informel] avoir qn/qch à l'oeil, surveiller *I asked my neighbour to keep an eye on the children while I was out.* J'ai demandé à la voisine de jeter un oeil sur les enfants pendant mon absence. *The police are keeping an eye on the warehouse because they think it contains stolen goods.* La police tient l'entrepôt à l'oeil parce qu'elle croit qu'il contient des marchandises volées.

### 228.2 Organiser

**organize** vti, AUSSI **-ise** (Brit) **1** [mettre sur pied. Obj: ex. réunion, conférence, voyage] organiser *I'm organizing a party for Julia's birthday.* J'organise une soirée pour l'anniversaire de Julia. *Can you organize lifts for the people who haven't got cars?* Pouvez-vous organiser des navettes pour les personnes qui n'ont pas de voiture? **2** [doter d'une structure, d'un mode de fonctionnement. Obj: ex. objets, personnes, faits] organiser *We must get (ourselves) organized.* Nous devons nous organiser. *organized crime* le crime organisé *The books are organized by subject.* Les livres sont classés par sujet.

**arrange** *v* **1** *vti* (souvent + **to** + INFINITIF, + **for**) [obj: ex. entrevue, détails] arranger *an arranged marriage* un mariage arrangé *We'll meet on Friday then, as arranged.* Nous nous verrons vendredi donc, comme convenu. *Can you arrange for me to be met at the airport?* Peux-tu faire en sorte qu'on vienne me chercher à l'aéroport? **2** *vt* [mettre en ordre. Obj: ex. fleurs, livres, papiers] ranger, mettre de l'ordre dans *Arrange these words in the correct order.* Remettez ces mots dans l'ordre.

**arrangement** *n* **1** *nd* (gén au *pl*) arrangement, disposition *to **make arrangements (for** sth)* s'arranger (pour faire qch) *travel arrangements* préparatifs de voyage **2** *nid* (souvent + **with**) [accord] arrangement, règlement **by arrangement** (with sb) avec l'autorisation (de qn) *to **come to an arrangement** (with sb)* s'entendre/faire un compromis (avec qn) **3** *nid* arrangement (a) *flower arrangement* une composition florale

**plan** *vti*, **-nn-** projeter, avoir l'intention de *We're planning a surprise party.* Nous pensons organiser une surprise party.

**planning** *ni* planification *This kind of project needs careful planning.* Un projet de ce type doit être soigneusement mis au point. * voir aussi **107 Intend**

**coordinate** *vt* [faire travailler les différentes parties de qch ensemble de façon efficace. Obj: ex. efforts, opérations, mouvements] coordonner *a well-coordinated campaign* une campagne bien organisée

**coordination** *ni* **1** coordination *coordination of the efforts of the various groups* coordination des efforts des différents groupes **2** [du corps] coordination *lack of muscular coordination* manque de coordination musculaire

**run** *v*, **-nn-** *prét* **ran** *part passé* **run** *vt* [obj: ex. entreprise, hôtel, organisation] gérer, diriger *a well-run/badly-run company* une compagnie bien/mal gérée *She's actually running the whole show.* En fait, c'est elle le chef.

**administer** *vt* **1** [obj: ex. département, district, finances] gérer, administrer **2** [formel. Donner. Obj: ex. médicament, coup] administrer

**administration** *n* **1** *ni* administration *I spend more time on administration than on actual design work.* Je passe plus de temps en paperasserie qu'au travail de création à proprement parler. **2** *nd* (surtout US) gouvernement *the Reagan administration* l'Administration Reagan **administrative** *adj* administratif **administrator** *nd* administrateur

**handle** *vt* [traiter de. Obj: ex. personne, affaire, plainte] s'occuper de, se charger de *My accountant handles any tax problems I may have.* Mon comptable s'occupe de tous les problèmes de fiscalité que je peux avoir. *Don't worry, I can handle it!* [supporter émotionnellement ou physiquement] Ne vous en faites pas, j'y arriverai!

## 228.3 Commander

voir aussi **208 Laws and Rules**

**command** *v* **1** *vti* [être responsable de. Obj: ex. navire, avion, groupe de soldats] commander, avoir le commandement de **2** *vti* (souvent + **to** + INFINITIF, + **that**) [plus formel et impliquant plus d'autorité que **order**] commander, ordonner *She commanded us to stand still.* Elle nous a ordonné de nous tenir tranquilles. **3** *vt* [obtenir d'autres. Obj: ex. respect, attention] imposer, exiger *His paintings still command high prices.* Ses tableaux se vendent encore très cher. **commander** *nd* commandant

**command** *n* **1** *ni* commandement *to be **in command of** sth* avoir qch sous son commandement, être à la tête de *to **take command** (of sth)* prendre le commandement (de qch) *She's in full command of the situation.* Elle maîtrise parfaitement la situation. **2** *nd* ordre *to give the command to do sth* donner l'ordre de faire qch

**order** *vt* (souvent + **to** + INFINITIF) ordonner *I order you to stop immediately.* Je vous somme de cesser immédiatement. *She loves **ordering** people **about**.* Elle adore donner des ordres.

**order** *nd* ordre *He gave the order to shoot.* Il a donné l'ordre de tirer. *Go home, that's an order!* Rentre à la maison, c'est un ordre!

**instruct** *vt* (souvent + **to** + INFINITIF) [plus formel que **order**, généralement pas utilisé par les militaires] ordonner de, donner l'ordre de *I've been instructed to hand you this letter.* J'ai reçu l'ordre de vous remettre cette lettre.

**instruction** *nd* [généralement utilisé au *pl*] instruction *to give instructions (that)* donner des instructions pour que *Follow the instructions on the packet.* Suivez le mode d'emploi indiqué sur le paquet.

**boss** *vt* (souvent + **about**, **around**) [informel] régenter, mener à la baguette *Don't let her boss you (around).* Ne la laisse pas te mener à la baguette.

**bossy** *adj* [informel] autoritaire *She's very bossy.* C'est un vrai gendarme.

## 228.4 Direction

**leader** *nd* chef, leader *The country needs a strong leader.* Le pays a besoin d'un leader fort. *group/team leader* chef de groupe/d'équipe

**leadership** *ni* **1** (souvent + **of**) tête, direction *She took over the leadership of the party.* Elle a pris la direction du parti. **2** qualités de chef *The course is designed to develop qualities of leadership and responsibility in young people.* Le cours a pour objet de développer les qualités de chef et le sens des responsabilités chez les jeunes. **3** (toujours + **the**; + *v sing* ou *pl*) dirigeants *The party leadership is/are out of touch with what ordinary members think.* Les dirigeants du parti ignorent complètement ce que les membres ordinaires pensent.

**lead** *vti*, *prét & part passé* **led** mener, conduire *She led her party to victory.* Elle a conduit son parti à la victoire.

**head** *nd* (souvent + **of**) chef *departmental heads* chefs de service *the head of the organization* le chef de l'organisation **head of state** chef d'état (utilisé comme *adj*) *head waiter* maître d'hôtel *head office* siège central

**head** *vt* [obj: ex. organisme, service, rébellion] être à la tête de

**master** *nd* (souvent + **of**) maître *The dog recognised its master's voice.* Le chien reconnaissait la voix de son maître. *to be master of the situation* être maître de la situation *to be one's own master* être son propre maître, être indépendant

**mistress** *nd* (souvent + **of**) maîtresse *to be one's own mistress* être (très) indépendante *The servant reported the matter to his mistress.* Le serviteur a raconté l'histoire à sa maîtresse.

**rule** *vit* (souvent + **over**) gouverner, régner, diriger *Louis XIV ruled (France) from 1643 to 1715.* Louis XIV régna sur la France de 1643 à 1715. *Don't let your heart rule your head.* Ne laisse pas tes sentiments l'emporter sur ta raison. **rule** *nd* règle, règlement **ruler** *nd* souverain, dirigeant, chef (d'état)

**govern** *v* **1** *vti* [obj: surtout un pays] gouverner **2** *vt* [réglementer. Obj: ex. actes, comportement] régir *rules governing the conduct of meetings* les règles qui régissent le déroulement des réunions

**dominate** *vti* dominer *He'll dominate you, if you let him.* Il va être dominateur, si tu le laisses faire. *a building dominating the skyline* un bâtiment qui domine le faîte des toits **domination** *ni* domination

## 228.5 Limiter

**limit** *vt* (souvent + **to**) limiter *We had to limit ourselves to five minutes each.* Nous avons dû nous limiter à cinq minutes chacun. *We're limited by financial considerations.* Nous sommes limités par des considérations d'ordre financier. *The problem isn't limited to students/the inner cities.* Le problème ne se limite pas aux étudiants/aux centres urbains.

**limit** *nd* limite, limitation *speed/time limit* limitation de vitesse/limite de temps *to impose limits on sth/sb* imposer des limites à qch/qn

**limitation** *nd* [souvent utilisé au *pl*] limite *to have limitations* avoir des limites *to know one's own limitations* connaître ses limites

**limited** *adj* [décrit: ex. nombre, quantité, choix] limité *They have a limited selection of goods on offer.* Ils ont un choix limité de marchandises. *a student of very limited ability* un étudiant aux aptitudes très limitées

**restrict** *vt* (souvent + **to**) [suggère un contrôle négatif plus ferme que **limit**] restreindre *laws restricting the number of hours young people are allowed to work* lois limitant le nombre d'heures de travail que les jeunes sont autorisés à fournir *Membership is restricted to women.* Seules les femmes peuvent devenir membres du club.

**restricted** *adj* [décrit: ex. point de vue, place, hauteur de plafond] restreint, limité, étroit *The invention's commercial potential is restricted.* Le potentiel commercial de l'invention est limité.

**restriction** *nd* (souvent + **on**) limitation *Speed restrictions are in force on the motorway.* Les autoroutes sont soumises à des limitations de vitesse. *to place/impose restrictions on* apporter/imposer des restrictions à

**curb** *vt* [suggère un contrôle plus énergique que **limit** ou **restrict**. Obj: qch considéré comme indésirable] contenir, réduire, réfréner *measures to curb outbreaks of violence* des mesures destinées à contenir les débordements de violence

**curb** *nd* (souvent + **on**) frein *curbs on public spending* réductions des dépenses publiques

**curtail** *vt* [plutôt formel] restreindre, rogner *an attempt to curtail expenditure* une tentative de réduction des dépenses

**restrain** *vt* [suggère un contrôle plus souple. Souvent utilisé pour décrire les efforts de qn pour rester maître de soi] retenir, contenir *I couldn't restrain myself any longer; I had to speak out.* Je ne pouvais pas me retenir plus longtemps; il fallait que je dise ce que je pensais. *Police restrained the man and led him out of the hall.* La police a maîtrisé l'homme et l'a emmené hors de la salle.

**restrained** *adj* [décrit: ex. réaction, émotion] contenu, mesuré, sobre

**restraint** *n* **1** *ni* retenue *to show/exercise restraint* faire preuve de retenue **2** *ndi* (souvent + **on**) [plutôt formel] contrainte, entrave *restraints on one's freedom of action* entraves à la liberté d'action de qn

**regulate** *vt* [suggère à la fois l'organisation et le contrôle. Généralement pas utilisé à propos de personnes. Obj: ex. usage, vente, flux] réglementer *Laws to regulate the import of livestock.* Les lois qui réglementent les importations de bétail.

## 228.6 Influencer

**influence** *n* **1** *nid* (pas de *pl*; souvent + **on**) influence *to have an influence on sb/sth* avoir de l'influence sur qn/qch *She's still under her sister's influence.* Elle est encore sous l'influence de sa soeur. **2** *nd* (souvent + **on**) influence *to be a good/bad influence on sb* avoir une bonne/mauvaise influence sur qn *an influence for good* influence favorable *under the influence of drink/drugs/anger* sous l'empire de la boisson/drogue/colère

**influential** *adj* [décrit: ex. personne, journal, position] influent *He was influential in bringing about a settlement.* Il a joué un rôle important dans l'aboutissement à un accord.

**power** *n* **1** *ni* pouvoir, autorité *to be in power* être au pouvoir *to come to power* accéder au pouvoir *to have power over sb/sth* avoir autorité sur qn/qch (utilisé comme *adj*) *power politics* politique du pouvoir *power struggle* lutte pour le pouvoir **2** *nid* [droit] pouvoir *Only the President has the power to authorize such a move.* Seul le Président a le pouvoir d'autoriser une telle mesure. *The police were given special powers during the emergency.* La police s'est vue accorder des pouvoirs spéciaux pendant la crise. **3** *nd* [pays ou personne] puissance *a naval/military power* une puissance navale/militaire

**powerful** *adj* [décrit: ex. personne, nation, organisation] puissant

**pull strings** [informel. Exercer une influence] tirer les ficelles *I could pull a few strings at headquarters to help get the plan accepted.* Je pourrais jouer de mon influence auprès de la direction pour faire accepter le projet.

**authority** *n* **1** *ni* [souvent + **over**] autorité *people in authority* les gens qui nous gouvernent *I don't have the authority to order her to stay.* Je ne suis pas habilité à lui donner l'ordre de rester. **2** *nd* [souvent utilisé au *pl*; gén + **the**] les autorités *You'll have to get permission from the proper authorities.* Vous devrez obtenir l'autorisation des autorités compétentes.

## 229 Strict Strict

**strict** *adj* **1** (souvent + **about, with**) [décrit: ex. professeur, règlement] strict, sévère *My parents are very strict about homework.* Mes parents sont très stricts au sujet des devoirs (scolaires). *I was given strict instructions not to be late.* J'ai reçu l'ordre formel de ne pas être en retard. **2** [tout à fait précis. Décrit: ex. interprétation, vérité] strict, absolu, rigoureux *not in the strict sense of the word* pas au sens strict du terme

**strictly** *adv* **1** [utilisé pour insister] strictement *strictly forbidden* formellement interdit *strictly confidential* strictement confidentiel **2** strictement, proprement *Strictly speaking, it's our turn next.* En principe, c'est notre tour après. *Are these figures strictly accurate?* Ces chiffres sont-ils strictement exacts?

**firm** *adj* ferme *Be firm with her.* Sois ferme avec elle. *That boy needs a firm hand.* Il faut être ferme avec ce garçon. **firmly** *adv* fermement **firmness** *ni* fermeté

**stern** *adj* **1** [décrit: ex. avertissement, rappel, mesure] sévère, dur **2** [décrit: ex. expression, air] sévère, sombre **sternly** *adv* sévèrement, durement

**severe** *adj* **1** [décrit: ex. personne, punition, critique] sévère *I thought the judge was too severe on him.* J'ai pensé que le juge était trop sévère avec lui. **2** [très grave. Décrit: ex. dégâts, blessure, coup] sévère, grave *severe weather* temps rigoureux *They are suffering severe hardship.* Ils connaissent de dures épreuves. **severely** *adv* sévèrement, gravement **severity** *ni* sévérité

**harsh** *adj* **1** [souvent péjoratif] dur *She certainly didn't deserve such harsh treatment.* Elle ne méritait certainement pas d'être traitée aussi durement. **2** [fort et déplaisant. Décrit: ex. son, voix, lumière] dur, criard, discordant **harshly** *adv* rudement, durement

**discipline** *vt* **1** [contraindre à la discipline] discipliner **2** [plutôt formel] punir **disciplinary** *adj* disciplinaire

**discipline** *ni* discipline *Those children badly need discipline.* Ces enfants ont vraiment besoin de discipline. **self-discipline** autodiscipline **disciplined** *adj* discipliné

## 230 Allow Autoriser

voir aussi **L14 Permission**

**allow** *vt* **1** (souvent + **to** + INFINITIF) permettre, autoriser *I'm not allowed to tell you his name.* Je ne suis pas autorisé à vous donner son nom. *They're only allowed out on Sundays.* Ils ne peuvent sortir que le dimanche. *No dogs allowed.* Interdit aux chiens. **2** (souvent + **to** + INFINITIF) [permettre de faire ou d'avoir] accorder, allouer *The new arrangements allow me more free time.* Les nouvelles dispositions m'accordent plus de temps libre. **allowable** *adj* permis, admissible, légitime

### usage

Il est incorrect de dire 'Is it allowed to smoke/eat in here?' etc. A la place, il faut dire *Is smoking/eating allowed in here?* (Est-il permis de fumer/manger ici?) ou *Are we allowed to smoke in here?* (Sommes-nous autorisés à fumer ici?)/*Am I allowed to eat in here?* (Ai-je le droit de manger ici?)

**let** *vt*, *prét & part passé* **let** (souvent + INFINITIF sans **to**) [ne s'utilise pas à la voix passive. Moins formel que **allow**] laisser *I won't let them hurt you.* Je ne les laisserai pas te faire de mal. *You mean you just let him take the money!* Tu veux dire que tu l'as tout simplement laissé prendre l'argent!

**permit** *vt*, **-tt-** (souvent + **to** + INFINITIF) [plus formel que **allow**] permettre *Smoking is not permitted in this area.* Il n'est pas permis de fumer dans cette zone. *if time permits* si nous avons le temps

**permit** *n* [document officiel] permis *a work permit* un permis de travail

**permission** *ni* (souvent + **to** + INFINITIF) permission *I didn't give you permission to leave.* Je ne t'ai pas donné la permission de partir. *She took the book without my permission.* Elle a pris le livre sans ma permission.

**permissible** *adj* [plutôt formel. Décrit: ex. niveau, limite] permis, acceptable

**grant** *vt* **1** [accepter. Obj: ex. souhait, requête] accorder, accéder à **2** [donner. Utilisé dans des contextes assez formels] octroyer *They were granted a small monthly payment.* Ils se sont vu octroyer une petite mensualité.

**entitle** *vt* (souvent + **to**; + **to** + INFINITIF) donner droit à, habiliter *This voucher entitles you to two free cinema tickets.* Ce bon vous donne droit à deux entrées de cinéma gratuites. *I'm entitled to know why my application was refused.* J'ai le droit de savoir pourquoi ma candidature a été rejetée. **entitlement** *nid* droit, ce qui revient de droit

**authorize**, AUSSI **-ise** (*Brit*) *vt* (souvent + **to** + INFINITIF) [donner une autorisation officielle] autoriser *Who authorized you to sign on the company's behalf?* Qui vous a autorisé à signer au nom de la compagnie? *authorized biography* biographie officielle **authorization**, AUSSI **-isation** (*Brit*) *ni* autorisation

**licence** (surtout *Brit*), **license** (*US*) *n* **1** *nd* (souvent + **to** + INFINITIF) autorisation, permis *driving licence* (*Brit*)/*driver's license* (*US*) permis de conduire *manufactured under licence* fabriqué sous licence (utilisé comme *adj*) *licence fee* prix de la redevance/vignette **2** *ni* [liberté] licence, liberté *She*

### expressions

**to give/get the go-ahead** (souvent + **to** + INFINITIF) donner/avoir le feu vert *We can start as soon as we get the go-ahead from you.* Nous pouvons commencer dès que vous nous donnerez le feu vert.

**to give the green light to sth** donner le feu vert à qch

**to give the thumbs up to sth** donner le feu vert à qch

allowed herself a certain amount of licence in interpreting her instructions. Elle s'est permis d'interpréter les instructions qu'elle avait reçues assez librement. *poetic licence* licence poétique

**license** (*Brit & US*), **licence** (*US*) *vt* (souvent + **to** + INFINITIF) autoriser, permettre

**sanction** *vt* [formel] sanctionner, approuver *The*

committee refused to sanction any further expenditure on the project. Le comité a refusé de sanctionner toute dépense supplémentaire pour le projet.

**sanction** *n* **1** *nd* [comme punition] sanction *to impose economic sanctions on a country* imposer des sanctions économiques à un pays **2** *ni* [permission. Formel] sanction, approbation

## 231 Forbid Interdire

**forbid** *vt*, -dd- *prét* **forbade** *part passé* **forbidden** (souvent + **to** + INFINITIF) interdire *I forbid you to go near that place again.* Je t'interdis de retourner à cet endroit. *forbidden by law* interdit par la loi

### usage

Des verbes de cette section, seul **forbid** peut s'utiliser dans la conversation par une personne pour empêcher une autre de faire quelque chose de particulier à un moment précis: *I forbid you to do that.* (Je t'interdis de faire ça.) Mais **forbid** est un terme très emphatique et plutôt formel. Il y a plusieurs autres façons moins formelles d'exprimer l'interdiction en anglais, comme par exemple l'emploi de l'impératif négatif: *Don't do that!* (Ne fais pas ça!) ou de **must** à la forme négative: *You mustn't do that.* (Tu ne peux pas faire ça.) De même, bien qu'un jeune puisse dire: '*My parents have forbidden me to go.*' (Mes parents m'ont interdit d'y aller.), il dira plus souvent: '*My parents won't let me go.*' (Mes parents ne veulent pas m'y laisser aller.)

**ban** *vt*, -nn- (souvent + **from**) interdire *The government has banned the sale of the drug.* Le gouvernement a interdit la vente du médicament. [aussi souvent utilisé dans la langue de tous les jours] *My dad's banned me from driving his car.* Mon père m'a interdit de conduire sa voiture.

**ban** *nd* (souvent + **on**) proscription, interdiction *a ban on overtime* une interdiction de faire des heures supplémentaires *a smoking ban* une interdiction de fumer

**prohibit** *vt* [formel] (souvent + **from**) interdire, défendre **prohibition** *ndi* défense, prohibition

**bar** *vt*, -rr- (souvent + **from**) défendre, exclure *The committee barred her from the club.* Le comité l'a exclue du club. *Company employees are barred from taking part in the competition.* Il est défendu au

personnel de la compagnie de participer au concours.

**bar** *nd* (souvent + **on, to**) obstacle *a bar on sales of alcohol* interdiction de vendre de l'alcool *This issue is a major bar to world peace.* Ce problème est un obstacle majeur à la paix mondiale.

**outlaw** *vt* [surtout utilisé par les journalistes. Suj: surtout le gouvernement] mettre hors la loi, proscrire **outlaw** *nd* hors-la-loi

### expression

**to give the thumbs down to sth** faire signe de ne pas faire qch

### 231.1 Types particuliers d'interdiction

**veto** *nd*, *pl* **vetoes** veto *The USA used its veto in the Security Council.* Les Etats-Unis ont utilisé leur droit de veto au Conseil de Sécurité.
**veto** *vt* [obj: ex. proposition, suggestion, projet] mettre/opposer son veto

**embargo** *nd*, *pl* **embargoes** (souvent + **on**) embargo *trade embargo* embargo commercial *to put/lay an embargo on* mettre l'embargo sur, interdire *to lift/raise an embargo on sth* lever l'embargo sur qch *to place goods under an embargo* mettre l'embargo sur des marchandises **embargo** *vt* mettre l'embargo sur, confisquer

**censorship** *ni* censure *press censorship* censure de la presse
**censor** *vt* [obj: ex. livre, nouvelle, information] censurer *The explicit sex scenes have been censored.* Les scènes de sexe explicites ont été censurées. **censor** *nd* censeur

**taboo** *nd*, *pl* **taboos** tabou
**taboo** *adj* tabou *That subject is taboo in this household.* Ce sujet est tabou dans cette famille.

## 232 Religion Religion

voir aussi **195.2 Social customs**

**religion** *nid* religion *What's your religion?* De quelle religion êtes-vous?
**religious** *adj* [décrit: ex. foi, service, musique] religieux *He's very religious.* Il est très religieux.

**faith** *n* **1** *ni* foi *Her faith kept her going through this crisis.* Sa foi lui a permis de traverser cette crise. *to lose one's faith* perdre la foi **2** *nd* foi *She was brought up in the Catholic faith.* Elle a été élevée dans la foi catholique. **3** *ni* foi, confiance *to have faith in sb/sth* avoir confiance en qn/qch

### 232.1 Les religions du monde

**Christianity** *ni* christianisme **Christian** *nd* chrétien **Christian** *adj* chrétien

**Buddhism** *ni* bouddhisme **Buddhist** *nd* bouddhiste **Buddhist** *adj* bouddhiste

**Hinduism** *ni* hindouisme **Hindu** *nd* hindou **Hindu** *adj* hindou

**Judaism** *ni* judaïsme **Jew** *nd* juif **Jewish** *adj* juif

**Islam** *ni* islam **Moslem** OU **Muslim** *nd* musulman
**Moslem** OU **Muslim** *adj* musulman

## 232.2 Dénominations chrétiennes

**Anglicanism** *ni* anglicanisme **Anglican** *nd* anglican
**Anglican** *adj* anglican

**Baptist** *nd* baptiste **Baptist** *adj* baptiste

**(Roman) Catholicism** *ni* catholicisme **(Roman)
Catholic** *nd* catholique **(Roman) Catholic** *adj*
catholique

**Lutheranism** *ni* luthéranisme **Lutheran** *nd* luthérien
**Lutheran** *adj* luthérien

**Methodism** *ni* méthodisme **Methodist** *nd* méthodiste
**Methodist** *adj* méthodiste

**Mormonism** *ni* mormonisme **Mormon** *nd* mormon
**Mormon** *adj* mormon

**(Greek/Russian) Orthodox** *adj* orthodoxe

**Protestantism** *ni* protestantisme **Protestant** *nd*
protestant **Protestant** *adj* protestant

**Quakerism** *ni* quakerisme **Quaker** *nd* quaker **Quaker**
*adj* quaker

## 232.3 Créatures divines ou sacrées

**God** *n* (généralement sans **a** ou **the**) [le seul Dieu des
chrétiens, des juifs ou des musulmans] Dieu

**god** *nd, fém* **goddess** dieu, déesse *the god of war* le
dieu de la guerre *the goddess Diana* la déesse Diane

**Allah** [nom du Dieu de l'islam] Allah

**Buddha** Bouddha

**Mohammed** Mahomet

**Jehovah** [un des noms de Dieu dans le christianisme et
le judaïsme] Jéhovah

**Lord** *n* (sans article ou + **the**) Seigneur *Lord, hear our
prayer.* Seigneur, entends notre prière.

**Jesus** Jésus

**Christ** le Christ

**Holy Spirit** AUSSI **Holy Ghost** le Saint-Esprit

**Virgin Mary** (toujours + **the**) la Vierge Marie *the Blessed
Virgin Mary* la Sainte Vierge

**Satan** Satan

**angel** *nd* ange *guardian angel* ange gardien

**devil** *nd* diable *the Devil* le Diable

**saint** *nd* saint *Saint Agnes* sainte Agnès *Saint John's
(church)* (l'église) Saint-Jean **saintly** *adj* de saint, plein
de bonté

**prophet** *nd* prophète *the prophet Isaiah* le prophète
Isaïe *a prophet of doom* un prophète de malheur
**prophetic** *adj* prophétique **prophecy** *nid* prophétie
**prophesy** *vti* prophétiser, prédire

## 232. 4 Le clergé

**clergy** *n* (toujours + **the**) clergé *members of the clergy*
membres du clergé

**clergyman** *nd, pl* **clergymen** ecclésiastique

**priest** *nd* prêtre

**priesthood** *n* (toujours + **the**) prêtrise

**vicar** *nd* [dans l'Eglise anglicane] pasteur *the vicar of St
Mary's* le pasteur de Sainte-Marie **vicarage** *nd*
presbytère (de l'Eglise anglicane)

**minister** *nd* [surtout dans les Eglises protestante et non-
conformiste] pasteur *a minister of the Gospel* un
ministre du culte

**rabbi** *nd* rabbin

**bishop** *nd* évêque

**archbishop** *nd* archevêque

**pope** *nd* pape *Pope John Paul II* le Pape Jean-Paul II

**monk** *nd* moine

**nun** *nd* nonne

## 232.5 Edifices religieux

**abbey** *nd* abbaye *Westminster Abbey* l'Abbaye de
Westminster

**cathedral** *nd* cathédrale *Winchester Cathedral* la
Cathédrale de Winchester

*spire* flèche
*steeple* clocher
*tower* tour
*aisle* nef
latérale,
bas-côté
*pulpit* chaire
*altar* autel
*pew* banc
*font* fonts
baptismaux
*porch* portail
**church** église
*churchyard* cimetière
(autour d'une église)
*nave* nef centrale

**monastery** nd monastère

**convent** nd couvent (utilisé comme *adj*) *convent school* école de soeurs *convent girl* jeune fille élevée chez les soeurs

**church** ndi 1 église *to go to church* aller à l'office (utilisé comme *adj*) *church door* portail d'église *church service* service religieux 2 [souvent avec une majuscule] Eglise *the Church of England* l'Eglise anglicane *the teachings of the Church* les enseignements de l'Eglise

**temple** nd temple

**synagogue** nd synagogue

**mosque** nd mosquée

### 232.6 Le culte

**worship** ni adoration, vénération, culte *They bowed their heads in worship.* Ils baissèrent la tête en signe d'adoration.

**worship** vti, -pp- (*Brit*) -p- (*US*) adorer

**service** nd service, messe *the marriage service* la messe de mariage *a memorial service* une messe commémorative

**pray** vit (souvent + **for, to, that**) prier *Let us pray.* Prions. *We're all praying for your recovery.* Nous prions tous pour ton rétablissement.

**prayer** ndi prière *the Lord's prayer* le Notre-Père *to say a prayer/one's prayers* faire une prière/ses prières *to kneel in prayer* prier à genoux (utilisé comme *adj*) *prayer book* livre de prières

**hymn** nd hymne, cantique *We shall now sing hymn (number) 55.* Maintenant nous allons chanter le cantique 55. (utilisé comme *adj*) *hymn book* livre de cantiques

**psalm** nd psaume

**preach** vti [obj: surtout un sermon] prêcher *to preach the Gospel* prêcher l'Evangile **preacher** nd prédicateur

**sermon** nd (souvent + **on**) sermon

**confession** ni confession *to go to confession* aller se confesser **confessional** nd confessionnal

**creed** nd 1 (généralement + **the**) [déclaration de foi] Credo 2 [principes fondamentaux] credo *people of every colour and creed* gens de toutes races et croyances

**sacrifice** nid 1 (souvent + **to**) sacrifice *human sacrifice* sacrifice humain *a lamb offered as a sacrifice* un agneau offert en sacrifice 2 sacrifice *to make sacrifices for sb/sth* faire des sacrifices pour qn/qch *self-sacrifice* sacrifice de soi **sacrificial** *adj* sacrificiel

**sacrifice** vt 1 [obj: surtout un animal] sacrifier 2 [obj: ex. temps, carrière] sacrifier

**bless** vt, prét & part passé **blessed** OU **blest** [suj: prêtre, pape. Obj: ex. personne, congrégation, pain] bénir *to be blessed with* good health avoir la chance d'être en bonne santé

**blessing** n 1 (toujours + **the**) [pendant l'office] bénédiction 2 ni bénédiction *to ask for God's blessing* demander la bénédiction de Dieu *They did it without my blessing.* Ils l'ont fait sans ma bénédiction. 3 nd bénédiction, chance *It's a blessing nobody was hurt.* C'est une chance que personne n'ait été blessé. *It's a mixed blessing.* Ça n'a pas que des avantages. **a**

*blessing in disguise* un bien en dépit des apparences *to count one's blessings* s'estimer heureux

**congregation** nd (+ *v sing* ou *pl*) congrégation

### 232.7 Livres saints

**bible** n 1 (avec une majuscule. Toujours + **the**) Bible 2 nd [exemplaire de la Bible] bible **biblical** *adj* biblique

**Old Testament** (+ **the**) Ancien Testament

**New Testament** (+ **the**) Nouveau Testament

**Gospel** (+ **the**) Evangile *the gospel according to St-Mark* l'Evangile selon St-Marc

**Koran** OU **Quran** (toujours + **the**) Coran

**scripture** nid 1 (souvent avec une majuscule. Si *pl*, toujours + **the**) [la Bible] Ecriture Sainte *according to the scriptures* selon les Saintes Ecritures (utilisé comme *adj*) *scripture lesson* cours de religion 2 [livres saints de n'importe quelle religion] les Ecritures *Buddhist scriptures* les Ecritures bouddhistes

### 232.8 Saint

**holy** *adj* [souvent majuscule. Décrit: ex. lieu, homme] saint *Holy Communion* la Sainte Communion *the Holy Land* la Terre Sainte *holy water* eau bénite **holiness** ni sainteté

**sacred** *adj* (souvent + **to**) [décrit: ex. lieu, serment, devoir] sacré *to hold sth sacred* considérer qch comme sacré *Is nothing sacred?* Vous ne respectez donc rien?

**divine** *adj* [qui appartient à une divinité ou vient d'une divinité. Décrit: ex. révélation, providence] divin **divinely** *adv* divinement

**pious** *adj* 1 [décrit: une personne] pieux 2 [péjoratif. Hypocrite et moralisateur. Décrit: ex. regrets, sentiments] pieux *a pious hope* un voeu pieux **piety** ni piété

**devout** *adj* 1 [décrit: ex. catholique, croyant] dévot, fervent 2 [décrit: ex. souhait, espoir] pieux **devoutly** *adv* avec dévotion

### 232.9 Vie après la mort

**soul** n 1 nd âme *the immortality of the soul* l'immortalité de l'âme 2 nid [siège émotionnel de l'individu] âme, coeur *She's got no soul.* Elle n'a pas de coeur. *the life and soul of the party* l'âme de la fête *He's the soul of discretion.* C'est la discrétion même. 3 nd [personne] âme *Don't mention it to a soul.* N'en parle pas à âme qui vive. *Poor soul, he has had bad luck.* Le pauvre, il n'a pas eu de chance.

**spirit** n 1 ndi [concept légèrement plus concret que **soul**] esprit, âme, revenant *the spirits of their ancestors* les esprits de leurs ancêtres *an evil spirit* un esprit du mal *to be with sb in spirit* être avec qn en pensée 2 nid (pas de *pl*) [atmosphère ou qualité générale de qch] esprit *team spirit* esprit d'équipe *She didn't show much of the Christmas spirit.* Elle n'a pas vraiment agi dans l'esprit de Noël. *in a spirit of co-operation* dans un esprit de coopération *to enter into the spirit of* sth participer à qch de tout coeur 3 ni [vivacité et détermination] esprit

**spiritual** *adj* spirituel *concerned for their spiritual wellbeing* soucieux de leur bien-être spirituel

**spirited** adj fougueux, plein de verve *He put up a spirited defence of his views.* Il a défendu ses opinions avec verve.

**heaven** n 1 (sans **a** ou **the**) ciel *to go to heaven* monter au ciel [utilisé à la place de **God**] *Heaven help you, if you make the same mistake again!* Gare à toi, si tu refais la même erreur! *Heaven forbid!* Dieu nous en préserve! 2 nid [plutôt informel. Situation extrêmement agréable] paradis *(a) heaven on earth* le paradis sur terre

**heavenly** adj 1 céleste, du ciel *heavenly angels* anges célestes 2 [très bien. Terme plutôt maniéré] divin *That cake is absolutely heavenly!* Ce gâteau est absolument divin!

**paradise** n 1 (souvent avec une majuscule et sans **a** ou **the**) paradis 2 [situation ou endroit merveilleux] paradis *This is paradise compared to where we used to live.* C'est le paradis comparé à l'endroit où nous

vivions. *a bargain-hunter's paradise* le paradis pour qui est en quête de bonnes affaires

**purgatory** n (dans son sens religieux souvent utilisé avec une majuscule et sans **a** ni **the**) purgatoire *It's sheer purgatory to have to listen to her.* C'est un vrai supplice de devoir l'écouter.

**hell** n 1 (souvent avec une majuscule. Sans **a** ou **the**) enfer *to go to hell* aller au diable 2 nid [situation ou endroit atroce] enfer *(a) hell on earth* l'enfer sur terre *to go through hell* vivre un enfer *to make sb's life hell* rendre la vie infernale à qn **hellish** adj infernal

### 232.10 Athéisme

**atheist** nd athée **atheism** ni athéisme **atheistic** adj athée

**unbeliever** nd incroyant

**agnostic** nd agnostique **agnosticism** ni agnosticisme **agnostic** adj agnostique

---

## 233 Education  Enseignement

**education** n 1 ni éducation, enseignement (utilisé comme adj) *education experts* spécialistes de l'enseignement 2 ndi (pas de pl) instruction, éducation *We want our children to have a good education.* Nous voulons que nos enfants aient une bonne éducation.

**educational** adj [décrit: ex. expérience, jouet, livre] éducatif

**academic** adj 1 [relatif à l'éducation. Décrit: ex. personnel, cours, formation] universitaire, scolaire 2 [où l'intelligence a une part prédominante] intellectuel, théorique

**academic** nd 1 professeur d'université 2 [personne intellectuelle] universitaire **academically** adv académiquement

---

### ENSEIGNEMENT EN GRANDE-BRETAGNE ET AUX USA

En Grande-Bretagne tout comme aux USA, les structures d'enseignement varient selon les régions. Voici le système habituel, mais il existe des variantes.

Education préscolaire

Les enfants en dessous de l'âge légal de scolarité obligatoire commencent souvent leur éducation dans une **nursery school** (école maternelle) ou un **kindergarten** (jardin d'enfants). En Grande-Bretagne les très jeunes enfants peuvent aussi aller dans ce qui s'appelle une **play school** (garderie).

Enseignement primaire

A l'âge de 5 ans, les enfants de Grande-Bretagne doivent entrer à la **primary school** (école primaire), qui est parfois divisée en deux sections: une **infant school** (classes préparatoires) pour les enfants âgés de 5 à 7 ans, et une **junior school** (classes moyennes et grandes classes de l'école primaire) pour les enfants de 7 à 11 ans. Aux USA les enfants vont dans une **elementary school** (école primaire), que l'on appelle aussi **grade school**, pendant leurs 6 à 8 premières années d'école. Les sixième, septième et huitième années d'école sont souvent appelées **middle school**.

Enseignement secondaire

A l'âge de 14 ans la plupart des Américains entrent dans une **high school** (établissement d'enseignement secondaire) et après avoir terminé les classes supérieures, ils sortent du secondaire avec un **diploma**. Le verbe utilisé pour dire ceci est **to graduate** (obtenir son baccalauréat). Leurs homologues britanniques entrent en général dans une **secondary school** (établissement d'enseignement secondaire) à l'âge de 11 ans. Certains élèves britanniques vont cependant

dans des **middle schools** (établissements secondaires de premier cycle) de 9 à 13 ans. Maintenant, la grande majorité des enfants britanniques vont dans des **comprehensive schools** (établissements d'enseignement général), généralement appelées **comprehensives**. Ce sont des écoles d'état gratuites aux larges effectifs, fort semblables aux "high schools" américaines. Elles s'appellent "comprehensives" parce qu'elles acceptent tous les enfants quelles que soient leurs aptitudes. Jusqu'aux années 60 et début 70, les enfants britanniques passaient un examen à 11 ans pour déterminer s'ils allaient poursuivre leur éducation dans une des **grammar schools** (lycées), qui étaient réservées aux plus doués pour les études, ou **secondary modern schools** (écoles techniques) à vocation plus technique et professionnelle.

Enseignement Privé

Aux Etats-Unis tout comme en Grande-Bretagne, les parents sont libres de décider d'offrir à leurs enfants une éducation payante. Le terme **private school** (école privée) désigne en Grande-Bretagne et aux USA une école où l'enseignement est payant. Ces écoles sont souvent des **boarding schools** (internats), mais peuvent aussi être **day schools** (externats). Le terme **public school** s'emploie aussi dans les deux pays, mais alors qu'aux USA une "public school" est une école gérée par l'Etat où l'enseignement est gratuit (école publique), en Grande-Bretagne et surtout en Angleterre, une "public school" est un internat privé, ancien, et très prestigieux où les frais de scolarité sont généralement très élevés. Une école gratuite gérée par les autorités locales est appelée en Grande-Bretagne une **state school** (école d'Etat). Un terme souvent utilisé au Royaume-Uni pour désigner toutes les écoles payantes, qu'elles soient anciennes ou nouvelles, qu'il s'agisse d'internats ou d'externats est le terme **independent schools** (écoles privées).

Enseignement supérieur

Il existe aux USA tout comme en Grande-Bretagne des établissements de **higher education** (enseignement supérieur) connus sous les noms de **universities** (universités) et **colleges** (établissement d'enseignement supérieur). En Grande-Bretagne, les écoles supérieures (**colleges**) dispensent en général un enseignement moins théorique, souvent des cours qui ne débouchent pas sur un diplôme universitaire tandis qu'aux USA, les "colleges" confèrent des licences (**Bachelor's degrees**). Un **college** peut aussi faire partie d'une université; c'est le cas, par exemple, du Trinity College, à Cambridge. Un étudiant américain emploiera généralement le terme **college**, que l'institution soit officiellement appelée **university** ou **college**. En Grande-Bretagne, les **polytechnics** (écoles polytechniques) sont des **colleges** spécialisés dans des matières scientifiques ou techniques, elles sont souvent plus familièrement appelées '**polys**'. Récemment, un grand nombre de 'polytechnics' ont changé de statut et ont été rebaptisées

universités. Les termes **Further education** (*Brit*), ou **Adult Education** (*US*) (éducation permanente) désignent toute formation continue suivie après avoir quitté l'école.

Catégories d'âge

A mesure que les enfants progressent dans leur scolarité aux USA, ils passent de **grade** en **grade** (de classe en classe), en commençant par la première jusqu'à la 12ème. Au Royaume-Uni les différentes années d'école s'appellent **forms** ou **years.** Dans les écoles secondaires britanniques, on appelle généralement les deux dernières années la **sixth form** (classes de première et de terminale), avec la première (**lower sixth**) et la terminale (**upper sixth**). On utilise aussi le terme **form** pour décrire les différentes classes d'une même année, de sorte qu'on peut dire d'un élève qu'il est **in the third form** (en troisième année) et **in form 3A** (en classe de troisième A).

Année scolaire

L'année scolaire ou académique (**academic year**) dans les écoles et universités britanniques commence en septembre ou octobre et est généralement divisée en trois **terms** (trimestres), tandis qu'aux USA l'année comporte deux **semesters** (semestres).

**233.1** La salle de classe

*board* tableau
*playground* cour de récréation
*chalk* craie
*desk* pupitre
*exercise book* cahier d'exercices
*textbook* manuel
**classroom** (salle de) classe

**233.2** Matières littéraires

**arts** *n pl* [matières littéraires] lettres *bachelor of arts* licencié ès lettres (utilisé comme *adj*) *arts courses* cours littéraires *an arts degree* une licence de lettres

> *usage*
>
> Ne confondez pas ce sens du mot **arts** avec **The Arts** [théâtre, cinéma, opéra etc.] les Arts ou **art** [peinture, sculpture, etc.] l'art

**humanities** *n pl* (gén + **the**) [désigne sensiblement la même chose que **arts**, bien que **humanities** est plus

susceptible d'être utilisé pour désigner des matières comme l'histoire ou la géographie] sciences humaines

**archaeology** OU **archeology** *ni* archéologie
**archaeological** OU **archeological** *adj* archéologique
**archaeologist** OU **archeologist** *nd* archéologue

**classics** *ni* lettres classiques

**English** *ni* anglais *English language* la langue anglaise
*English literature* la littérature anglaise

**geography** *ni* géographie *voir aussi **13 Geography and Geology**

**history** *ni* histoire **historical** *adj* historique **historian** *nd* historien

**languages** *n pl* langues *modern languages* langues

modernes **linguistic** *adj* linguistique **linguist** *nd* linguiste

**language laboratory** *nd* laboratoire de langues

**linguistics** *ni* linguistique

**music** *ni* musique *voir aussi **379 Music**

**P.E.**, AUSSI **physical education** *ni* éducation physique

**R.I.**, AUSSI **religious instruction** (*Brit*) *ni* instruction religieuse

**sociology** *ni* sociologie **sociological** *adj* sociologique **sociologist** *nd* sociologue

## 233.3 Matières scientifiques

*usage*

En anglais, beaucoup de noms de matières peuvent sembler être des pluriels alors qu'en fait ce sont des indénombrables, ex. **maths**, **physics**, **economics**, **classics**, **linguistics**, etc. Faites attention de bien les utiliser comme tels dans les phrases, ex. *Physics is my best subject.* (La physique est la matière où je suis le meilleur.)

**science** *nid* science *natural sciences* sciences naturelles *bachelor of science* licencié ès sciences (utilisé comme *adj*) *science teacher* professeur de sciences (naturelles) **scientific** *adj* scientifique **scientist** *nd* scientifique

**biology** *ni* biologie **biological** *adj* biologique **biologist** *nd* biologiste

**botany** *ni* botanique **botanical** *adj* botanique **botanist** *nd* botaniste

**chemistry** *ni* chimie **chemical** *adj* chimique **chemist** *nd* chimiste

**economics** *ni* sciences économiques **economist** *nd* économiste *voir aussi **264 Finance**

**mathematics**, AUSSI **maths** (*Brit*) **math** (*US*) *ni* mathématique *voir aussi **297 Maths**

**physics** *ni* physique **physicist** *nd* physicien

**zoology** *ni* zoologie **zoological** *adj* zoologique **zoologist** *nd* zoologiste

## 233.4 Le laboratoire de sciences

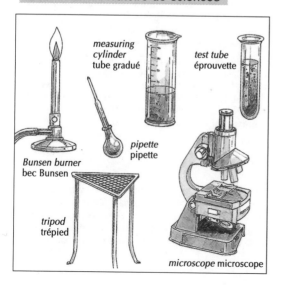

measuring cylinder tube gradué

test tube éprouvette

pipette pipette

Bunsen burner bec Bunsen

tripod trépied

*microscope* microscope

**laboratory**, *abrév* [plus informel] **lab** *nd* laboratoire, labo *research laboratories* laboratoires de recherche *physics/chemistry laboratory* laboratoire de physique/chimie (utilisé comme *adj*) *laboratory animal* animal de laboratoire *laboratory-tested* testé en laboratoire

**element** *nd* élément *chemical element* élément chimique

**compound** *nd* composé *a compound of chlorine and oxygen* un composé de chlore et d'oxygène **compound** *adj* composé

## 233.5 Examens et diplômes

**exam** *nd* [le terme habituel, surtout dans la langue parlée] examen *history/music exam* examen d'histoire/de musique *to take an exam* passer un examen *to pass/fail an exam* réussir/rater un examen (utilisé comme *adj*) *exam paper* copie d'examen

**examination** *ndi* [utilisé surtout en contexte officiel] examen

**examine** *vt* (souvent + **on**) [obj: ex. candidat, étudiant] interroger **examiner** *nd* examinateur

*usage*

Notez bien que *to pass an exam* doit être traduit par 'réussir un examen' et *non* par 'passer un examen', qui est *to take an exam* en anglais.

**test** *nd* **1** [examen court] interrogation, test *geography test* interro de géo *driving test* épreuve du permis de conduire *a test of your skill/knowledge/character* un test d'aptitude/de connaissances/de personnalité **2** [d'une machine par exemple] test [fait par le docteur] *blood/eye test* une analyse de sang/un examen de la vue *to put sb/sth to the test* mettre qn/qch à l'épreuve

**test** *v* **1** *vt* (souvent + **on**) [obj: ex. personne, connaissances, force] mesurer, tester, examiner *We're being tested on our French verbs tomorrow.* On a une interro sur les verbes français demain. **2** *vti* (souvent + **for**, **on**) tester, expérimenter *This product has not been tested on animals.* Ce produit n'a pas été testé sur des animaux. *They're testing for radioactivity.* Ils font des tests pour mesurer la radioactivité.

**graduate** *vi* **1** [recevoir un diplôme] obtenir sa licence/un diplôme (supérieur) **2** (*US*) obtenir un certificat d'enseignement secondaire *to graduate from high school* avoir son baccalauréat **graduation** *ni* remise des diplômes

**qualify** *v* **1** *vit* (souvent + **as**) obtenir son diplôme (de) *She's recently qualified as a dentist.* Elle vient d'obtenir son diplôme de dentiste. **2** *vit* (souvent + **for**) se qualifier pour *The team qualified for the second round of the tournament.* L'équipe s'est qualifiée pour le second tour du tournoi. **3** *vit* (often + **for**) [être admissible, convenir pour] remplir les conditions requises pour *Do I qualify for a tax rebate?* Ai-je droit à une réduction d'impôts? **qualified** *adj* qualifié, compétent

**qualification** *nd* (souvent + **for**) qualification, titre *We still haven't found anyone with the right qualifications for the job.* Nous n'avons encore trouvé personne qui a les qualifications requises pour l'emploi.

**award** vt [obj: ex. diplôme, certificat] attribuer, décerner, conférer *voir aussi **398 Reward**

**degree** nd diplôme *law degree/degree in law* licence de droit *first degree* licence *higher degree* diplôme supérieur *master's degree* maîtrise *Ph.D./doctorate* doctorat

**diploma** nd [gén d'aptitude professionnelle] diplôme

**scholarship** n 1 nd bourse d'étude (accordée en fonction du mérite de l'étudiant) *She won a scholarship to Cambridge.* Elle a obtenu une bourse pour Cambridge. 2 ni [savoir] érudition

---

## 234 Teach Enseigner

**teach** v, prét & part passé **taught** (souvent + **to** + INFINITIF) 1 vti [à l'école, à l'université, etc.] enseigner *He teaches at the village school.* Il enseigne à l'école du village. *I teach French.* J'enseigne le français. 2 vt [montrer ou expliquer comment] apprendre *My parents taught me to read.* Mes parents m'ont appris à lire. 3 vt [rendre conscient des conséquences] apprendre *That'll teach you not to play with matches!* Ça t'apprendra à jouer avec des allumettes! *I hope that's **taught** you a lesson!* J'espère que tu as appris la leçon!

**teaching** n 1 ni enseignement *a career in teaching* une carrière dans l'enseignement 2 nd enseignement *the teachings of Christ* les enseignements du Christ

**educate** vt [obj: une personne, *pas* une matière] 1 (gén passif) [donner une éducation générale] éduquer *She was educated in Italy.* Elle a fait ses études en Italie. 2 [rendre conscient de] éduquer, former *We're trying to educate the public about healthy eating.* Nous essayons d'éduquer le public en matière d'alimentation saine.

**educated** adj instruit, cultivé *an educated guess* un avis éclairé

**train** vt (souvent + **to** + INFINITIF) [se rapporte généralement à un savoir-faire pratique. Obj: ex. personne, animal, pas matière] former *a fully trained engineer* un ingénieur tout à fait compétent **training** ni formation

**instruct** vt (souvent + **in**) [plus formel que **teach** ou **train**. Se rapporte souvent à un savoir-faire pratique. Obj: personne, groupe, pas matière] instruire *We were instructed in the use of the fire-fighting equipment.* On nous a appris comment utiliser le matériel de lutte contre les incendies.

**instruction** ni instruction, formation *to receive instruction in sth* recevoir une formation en qch

**lecture** v 1 vit (souvent + **on**, **in**) faire un cours *She lectures on archaeology at London University.* Elle enseigne l'archéologie à l'université de Londres. 2 vt (souvent + **about**, **on**) [péjoratif] sermonner *My parents lectured me on respect for my elders.* Mes parents m'ont sermonné sur le respect des aînés.

**lecture** nd 1 (souvent + **on**) cours, conférence *a course of lectures on German history* une série de conférences

sur l'histoire de l'Allemagne 2 (souvent + **about**, **on**) sermon, réprimande

### 234.1 Personnes qui enseignent

**teacher** nd enseignant, professeur *French teacher* professeur de français *primary school teacher* instituteur

**master** (masc), **mistress** (fém) nd [plutôt désuet, mais toujours utilisé dans certaines écoles britanniques traditionnelles ou par les personnes âgées] maître, maîtresse *science mistress* maîtresse de sciences

**headteacher** (Brit), **headmaster** (Brit) (masc), **headmistress** (Brit) (fém) nd directeur, directrice

**head** (Brit) nd [plus informel que **headteacher** etc.] directeur, dirlo *The head wants to see you in his study now.* Le dirlo veut te voir tout de suite dans son bureau. **headship** nd (Brit) direction, poste de directeur

**principal** nd [directeur d'école, de collège, d'université] principal, recteur

**tutor** nd 1 [qui donne des cours particuliers] professeur particulier 2 dans les universités britanniques, personne essentiellement chargée d'un enseignement individuel **tutor** vti donner des cours particuliers **tuition** (Brit) ni cours particulier

**coach** nd 1 [sport] entraîneur *football coach* entraîneur de football 2 professeur particulier **coach** vti entraîner, préparer à un examen

**trainer** nd [généralement en sport ou pour les animaux] entraîneur, dresseur

**instructor** nd [généralement pour un savoir-faire pratique] instructeur, moniteur, professeur *flying/driving instructor* instructeur de vol/d'auto-école *ski instructor* moniteur de ski

**lecturer** nd [à l'université] chargé de cours *history lecturer/lecturer in history* professeur d'histoire

**professor** nd 1 (Brit) [chargé de cours de haut rang universitaire qui occupe une chaire] professeur *chemistry professor/professor of chemistry* professeur de chimie 2 (US) [chargé de cours universitaire] professeur *associate professor* professeur associé **professorship** nd chaire

---

## 235 Learn Apprendre

**learn** vti, prét & part passé **learned** OU **learnt** (Brit) 1 (souvent + **to** + INFINITIF) [obj: matière, fait, savoir-faire] apprendre *I want to learn (how) to drive.* Je veux apprendre à conduire. *He **learnt** the poem **by heart** (Brit & US)/off by heart. (Brit)* Il a appris le poème par

cœur. 2 [par expérience] apprendre *When will they ever learn!* Apprendront-ils jamais! *I think she's **learned her lesson**.* Je crois qu'elle a retenu la leçon. 3 (souvent + **about**, **of**, **that**) [découvrir. Obj: ex. nature, identité] apprendre *We only learnt of the change of* *plan last Friday.* Nous avons seulement appris le changement de programme vendredi dernier.

**study** *v* **1** *vti* [obj: ex. sujet, auteur, époque] étudier *He's studying to be a lawyer.* Il fait des études pour être juriste. *I'm studying French at university.* J'étudie le français à l'université. **2** *vt* [examiner de près. Obj: ex. document, carte] étudier

**study** *nid* étude *time set aside for private study* le temps consacré à l'étude personnelle *She'll be continuing her studies at an American university.* Elle va poursuivre ses études dans une université américaine. *to make a study of sth* faire une étude de qch

**revise** *vit* (*Brit*) réviser *He's revising for a physics exam.* Il révise pour un examen de physique. **revision** *ni* révision

**review** *vit* (*US*) réviser *He's reviewing for a physics exam.* Il révise pour un examen de physique.

**course** *nd* (souvent + **in**) [ensemble de leçons] cours *to do a course in business studies* faire des études commerciales *a language course* un cours de langue

**class** *nd* **1** cours, leçon *geography class* cours de géographie *to go to evening classes* aller à des cours du soir **2** [ensemble d'étudiants] classe *I gave the whole class a detention.* J'ai collé une retenue à toute la classe.

**lesson** *nd* **1** leçon *a biology lesson* une leçon de biologie *to give lessons* donner des leçons *She gave us all a lesson in good manners.* Elle nous a donné à tous une leçon de savoir-vivre. **2** [expérience ou exemple qui sert de mise en garde] leçon *Let that be a lesson to you!* Que cela te serve de leçon!

**subject** *nd* sujet, matière *French is my worst subject.* C'est en français que je suis le plus faible.

**homework** *ni* devoirs (à domicile) *to do one's homework* faire ses devoirs [utilisé aussi de façon imagée] *Their legal advisers obviously hadn't done their homework.* Leurs conseillers juridiques n'avaient visiblement pas fait leur travail.

## 235.1 Personnes qui apprennent

*usage*

Aux USA, on a tendance à désigner tous les écoliers sous le nom de **students** (étudiants). En Grande-Bretagne, par contre, le terme **student** est réservé aux étudiants universitaires et les enfants des écoles sont en général appelés **pupils** (élèves).

**schoolboy** (*masc*), **schoolgirl** (*fém*) *nd* écolier (utilisé comme *adj*) *schoolboy jokes* blagues d'écoliers

**schoolchild** *nd*, *pl* **schoolchildren** (plus souvent utilisé au *pl*) écolier, lycéen, collégien

**pupil** *nd* **1** (*surtout Brit*) [écolier] élève **2** élève *Beethoven was a pupil of Haydn.* Beethoven était un élève de Haydn.

**student** *nd* **1** [dans l'enseignement supérieur] étudiant *a chemistry student* un étudiant en chimie (utilisé comme *adj*) *student days* années d'école *student teacher* professeur/instituteur stagiaire **2** (*surtout US*) [à l'école] élève

**undergraduate** *nd* étudiant (de licence) (utilisé comme *adj*) *undergraduate course* cours de licence

**graduate** *nd* **1** [possédant un diplôme supérieur] licencié, diplômé *Industry is trying to attract more graduates.* L'industrie essaye d'attirer plus de diplômés (universitaires). *a graduate of Cambridge University* un diplômé de l'Université de Cambridge **2** (*US*) [de l'enseignement secondaire] qui a son baccalauréat

**postgraduate** *nd* (*surtout Brit*) étudiant de troisième cycle (utilisé comme *adj*) *postgraduate seminar* séminaire de troisième cycle

**scholar** *nd* érudit, lettré *Scholars cannot agree on the date of the manuscript.* Les savants ne sont pas d'accord sur la date du manuscrit. [utilisé aussi de façon plus informelle] *I'm no scholar.* Je ne suis pas savant. **scholarly** *adj* érudit, savant

## 236 Clever Intelligent

voir aussi **110 Know**; **238 Sensible**; **239 Skilful**; ant **240 Stupid**

**clever** *adj* [terme général] **1** [décrit: ex. personne, projet, remarque] intelligent, astucieux *You're very clever to have worked that out.* C'est très intelligent de ta part d'avoir trouvé ça. *That was clever of you.* C'était astucieux de ta part. *That's a clever little gadget/machine.* Quel petit gadget ingénieux/quelle petite machine ingénieuse. **2** (généralement après *v*) [de façon pratique] adroit, habile *She's very clever with her hands.* Elle est très adroite de ses mains. **cleverly** *adv* intelligemment, astucieusement **cleverness** *ni* intelligence

**intelligent** *adj* [légèrement plus formel que **clever**. Toujours élogieux. Décrit: ex. personne, question, remarque] intelligent **intelligently** *adv* intelligemment

**intelligence** *ni* intelligence *a person of average intelligence* une personne d'intelligence moyenne (utilisé comme *adj*) *intelligence test* test d'intelligence

**perceptive** *adj* [plutôt formel. Décrit: ex. personne, remarque, critique] perspicace

**intellectual** *adj* [décrit: ex. conversation, intérêt, personne] intellectuel. **intellectual** *nd* intellectuel **intellect** *ndi* intelligence, esprit

**learned** *adj* [qui a beaucoup étudié] lettré, érudit **learning** *ni* apprentissage

**wise** *adj* [au jugement sûr, souvent par expérience. Décrit: ex. personne, décision, choix] sage *You were wise not to say anything.* Tu as été bien avisé de ne rien dire. *Her explanation left me **none the wiser**.* Son explication ne m'a pas beaucoup avancé. **wisely** *adv* sagement, judicieusement **wisdom** *ni* sagesse, prudence

**quick-witted** *adj* à l'esprit vif

**shrewd** *adj* [expérimenté et donc pas facilement trompé] astucieux, habile *a shrewd businessman* un homme d'affaires habile *I've a shrewd idea who might have sent the letter.* J'ai ma petite idée à propos de qui aurait pu envoyer la lettre. **shrewdly** *adv* habilement, astucieusement **shrewdness** *ni* habileté

**cunning** adj [parfois péjoratif, exprime l'idée de tromperie, malhonnêteté. Décrit: ex. personne, déguisement, intrigue] rusé, fourbe *He used a cunning trick to lure the enemy into his trap.* Il a usé de ruse pour attirer l'ennemi dans son piège. **cunningly** adv avec fourberie, astucieusement

**cunning** ni [parfois péjoratif] astuce, ruse, fourberie *She used cunning to outwit her rivals.* Elle a eu recours à la ruse pour semer ses rivaux. * voir aussi **214 Dishonest**

### expressions

**use your loaf** (*Brit*)/**head!** (*Brit & US*) [informel. Dit sur un ton exaspéré] fais marcher tes méninges

**I wasn't born yesterday!** [dit quand quelqu'un a recours à un truc trop évident ou une excuse trop connue pour vous tromper] Je ne suis pas né de la dernière pluie! *Don't tell me they're just good friends – I wasn't born yesterday!* Ne me dis pas qu'ils sont simplement bons amis – je ne suis pas né de la dernière pluie!

## 236.1 Extrêmement intelligent

**brilliant** adj [décrit: ex. scientifique, prestation, solution] brillant *She was a brilliant student.* C'était une étudiante brillante. *What a brilliant idea!* Quelle idée géniale! **brilliantly** adv brillamment **brilliance** ni intelligence supérieure

**ingenious** adj [qui fait preuve d'originalité, d'esprit d'invention. Décrit: ex. personne, invention, idée] ingénieux **ingeniously** adv avec ingéniosité **ingenuity** ni ingéniosité

**genius** n 1 nd [personne] génie *a mathematical genius* un génie en mathématique 2 nid (pas de pl) [plutôt

formel] génie *an idea of genius* une idée de génie *He has a genius for getting himself into trouble.* Il a le don de s'attirer des ennuis.

## 236.2 Termes assez informels signifiant intelligent

**bright** adj brillant, intelligent *She's a very bright child.* C'est une enfant très douée. [souvent utilisé de façon sarcastique] *Whose bright idea was it to let the kids play with the computer?* Qui a eu l'idée lumineuse de laisser les enfants jouer avec l'ordinateur?

**smart** adj (*surtout US*) malin *If you're so smart, you answer the question.* Si tu es si malin, tu n'as qu'à répondre à la question.

**quick** adj (gén après v) [souvent utilisé pour décrire des personnes à l'esprit vif] vif *quick on the uptake* qui a la répartie facile

**brains** n pl 1 [plutôt informel] cerveau, tête *She's got brains, that girl.* Elle est intelligente cette fille. 2 (toujours + **the**) [personne] cerveau *the brains behind the operation* le cerveau de l'opération **brainy** adj intelligent

### expressions

Expressions péjoratives pour décrire les personnes qui essayent de paraître intelligentes ou sont intelligentes de façon ennuyeuse ou risible.

**clever dick** (*surtout Brit*) petit/gros malin
**know-all** (*Brit*), **know-it-all** (*surtout US*) monsieur je-sais-tout
**smart alec** monsieur je-sais-tout
**wise guy** (*surtout US*) gros malin *Don't be a wise guy.* Ne joue pas au plus malin.

## 237 Able Capable

voir aussi **78 Possible**; **239 Skilful**

**able** adj 1 (après v; souvent + **to** + INFINITIF) [utilisé comme auxiliaire de mode] *to be able to* pouvoir *I'm sorry I wasn't able to come last night.* Je suis désolé de ne pas avoir pu venir hier soir. *I'll certainly help if I'm able (to).* J'aiderai sûrement si je peux. 2 [qualifié et compétent] capable *He's definitely the ablest of my three assistants.* C'est de loin le plus compétent de mes trois assistants. **ably** adv de façon très compétente, habilement

**ability** n 1 ni (souvent + **to** + INFINITIF) aptitude, capacité *the machine's ability to process complex data* la capacité de la machine à traiter des données complexes *to the best of my ability* de mon mieux 2 nid [savoir-faire] compétence, talent *a woman of considerable ability* une femme excessivement compétente *a task more suited to his abilities* un travail mieux adapté à ses compétences

**capable** adj 1 (après v; souvent + **of**) capable *a car capable of speeds over 200 kph* une voiture capable d'atteindre des vitesses supérieures à 200 km/h [parfois utilisé avec un sens péjoratif] *He's quite capable of leaving us to clear up all on our own.* Il est bien capable de nous laisser tout ranger tout seuls. 2

compétent *I'll leave the job in your capable hands.* Je vais confier ce travail à tes mains expertes. **capably** adv habilement, avec compétence

**capability** nid (souvent pl) aptitude, capacité *No one doubts her capability/capabilities.* Nul ne doute de ses compétences. *nuclear capability* capacité nucléaire

**competent** adj 1 compétent *My secretary's extremely competent at her job.* Ma secrétaire est très compétente dans son travail. 2 (souvent + **to** + INFINITIF) [qui possède l'expérience ou les qualifications nécessaires] compétent *I'm afraid I'm not competent to judge.* J'ai peur de ne pas être compétent pour juger. **competently** adv avec compétence **competence** ni compétence

**proficient** adj (souvent + **at**, **in**) [plutôt formel. Qui est très compétent] excellent, très compétent *a proficient mechanic* un excellent mécanicien *She's proficient in English.* Elle est excellente en anglais. **proficiently** adv avec (grande) compétence **proficiency** ni (grande) compétence

**adept** adj (+ **at**, **in**, + **-ing**) expert, versé *She's very adept at dealing with awkward customers.* Elle est experte dans l'art de traiter avec les clients difficiles.

## 238 Sensible  Sensé

voir aussi **130 Sane; 236 Clever;** ant **241 Foolish**

**sensible** *adj* (souvent + **about**) sensé, raisonnable *Be sensible, you can't possibly afford it.* Sois raisonnable, tu ne peux pas te le permettre. *That's the first sensible suggestion anyone's made all day.* C'est la première suggestion sensée de la journée. *sensible shoes* chaussures pratiques **sensibly** *adv* sagement, judicieusement

### usage

Attention de ne pas confondre **sensible** sensé et **sensitive** sensible (voir **151 Emotion**).

**sense** *ni* bon sens *I wish you'd had the sense to ask me first.* Je regrette que tu n'aies pas eu le bon sens de me le demander d'abord. *There's no sense in wasting a good opportunity.* C'est idiot de laisser passer une bonne occasion. *It **makes sense to** keep on good terms with her.* C'est plus malin de rester en bons termes avec elle. *Talk sense!* Ne dis pas n'importe quoi!

**common sense** *ni* sens commun, bon sens *Use your common sense!* Fais appel à ton bon sens! *It's only common sense to ask her advice.* C'est du simple bon sens de lui demander conseil.

**prudent** *adj* [plus formel que **sensible**. Implique souvent que l'on agit avec circonspection] prudent *It would be prudent to inform them of your decision.* Il serait prudent de les informer de votre décision. **prudently** *adv* prudemment **prudence** *ni* prudence

**mature** *adj* [décrit: ex. attitude, réaction] mûr *He's being very mature about the whole thing.* Il prend toute la chose avec beaucoup de maturité. **maturity** *ni* maturité

**moderate** *adj* [souvent utilisé en politique. Décrit: ex. opinion, politique] modéré **moderate** *nd* modéré

**logical** *adj* 1 [décrit: ex. argument, preuve, analyse] logique 2 [qui fait preuve de bon sens. Décrit: ex. explication, résultat] logique *It's the logical next step.* C'est l'étape qui suit logiquement. *It's not logical to expect them to help us out.* Ce n'est pas logique de notre part de s'attendre à ce qu'ils nous tirent d'embarras. **logically** *adv* logiquement

**logic** *ni* 1 [raisonnement formel] logique *to work sth out by logic* résoudre qch par la logique 2 [bon sens] logique *There's no logic in what she says.* Ce qu'elle dit n'est pas logique.

### expressions

**to have one's head screwed on (the right way)** [informel] avoir la tête sur les épaules

**to have one's feet on the ground** [informel. Etre sensé et réaliste] avoir les pieds sur terre

### 238.1  Sérieux

voir aussi **74 Important; 447 Sad**

**serious** *adj* 1 (souvent + **about**) [pas pour rire. Décrit: ex. attention, suggestion] sérieux *Is she serious about resigning?* Pense-t-elle sérieusement à démissionner? *Be serious for a moment.* Sois sérieux un instant. 2 (devant *n*) [qui n'a pas pour but de distraire. Décrit: ex. article, journal, musique] sérieux **seriousness** *ni* sérieux

**seriously** *adv* sérieusement *to **take** sth/sb **seriously*** prendre qch/qn au sérieux *I must think seriously about the proposal.* Je dois penser sérieusement à la proposition. [utilisé en début de phrase] *Seriously, is that what you really think?* Sérieusement, c'est vraiment ce que tu penses?

**earnest** *adj* 1 [généralement plutôt humoristique ou péjoratif quand il se rapporte à des personnes] sérieux *He's so earnest about everything.* Il est tellement sérieux à propos de tout. 2 [plus fort que **serious** et plutôt plus formel. Décrit: ex. tentative, souhait] sincère [utilisé comme *n*] *to be **in earnest** about sth* être tout à fait sérieux à propos de qch *I thought she was joking, but she was in deadly earnest.* Je croyais qu'elle plaisantait, mais elle était tout à fait sérieuse. **earnestly** *adv* sérieusement

**sober** *adj* 1 [rationnel et dépourvu d'émotion. Décrit: ex. jugement, analyse] sérieux, posé, mesuré 2 [pas brillant ou criard. Décrit: ex. couleur, costume] sobre **soberly** *adv* avec modération, calme

**solemn** *adj* [avec l'intention ferme de le faire. Décrit: ex. serment, promesse, accord] solennel **solemnly** *adv* solennellement

### expression

**to keep a straight face** [ne pas rire alors qu'on en a envie] garder son sérieux *I could hardly keep a straight face when he dropped his notes.* J'ai eu du mal à garder mon sérieux quand il a laissé tomber ses notes.

## 239 Skilful  Adroit

voir aussi **236 Clever;** ant **242 Unskilled**

**skilful** (*surtout Brit*), **skillful** (*US*) *adj* (souvent + **at, in**) adroit, habile *He's a skilful painter.* C'est un bon peintre. **skilfully** *adv* habilement

**skilled** *adj* (souvent + **at, in**) [utilisé surtout dans les domaines de l'industrie ou du commerce. Décrit: ex. travailleur, négociateur, travail] qualifié *skilled in the art of wood engraving* maître dans l'art de la gravure sur bois

**accomplished** *adj* [se rapporte généralement à des aptitudes artistiques. Décrit: ex. acteur, prestation] accompli *He is an accomplished poet.* C'est un poète accompli.

**professional** *adj* 1 [élogieux. Décrit: ex. norme, approche] professionnel *You've made a really professional job of installing the shower.* Tu as fait un vrai travail de professionnel quand tu as installé la douche. **2** [qui en fait profession ou de profession. Décrit: ex. joueur, sport] professionnel *to turn professional* passer professionnel **professionally** *adv* de profession **professionalism** *ni* professionnalisme

**professional** *nd* **1** [élogieux] professionnel *Being a true professional, she took all the problems in her stride.* En vraie professionnelle, elle a fait face à tous les problèmes sans sourciller. **2** [en sport] professionnel *golf/tennis professional* joueur de golf/tennis professionnel

**expert** *adj* (souvent + **at**, **in**) [décrit: ex. connaissance, savoir-faire, conseil] expert *She's expert at handling difficult situations.* Elle est experte dans l'art de traiter les situations difficiles. *We'd better ask for an expert opinion.* Nous ferions mieux de demander conseil à un spécialiste.

**expert** *nd* (souvent + **on**) expert *Experts date the painting to the 11th century.* Les experts font remonter le tableau au 11ème siècle. **expertly** *adv* de façon experte

**specialist** *nd* (souvent + **in**) spécialiste [souvent utilisé à propos de médecins qui se spécialisent dans un domaine particulier de la médecine] *My doctor sent me to see a specialist.* Mon docteur m'a envoyé consulter un spécialiste. *eye specialist* oculiste

**specialist** *adj* spécialisé *a specialist book shop* une librairie spécialisée

**specialize**, AUSSI **-ise** (*Brit*) (souvent + **in**) (se) spécialiser

**virtuoso** *adj* [surtout en musique. Décrit: ex. interprète, prestation] de virtuose **virtuosity** *ni* virtuosité

**virtuoso** *nd* virtuose *trumpet virtuoso* virtuose de la trompette

---

*expression*

**be a dab hand at** (*Brit*) [informel, souvent utilisé dans des contextes légèrement humoristiques] être doué pour *He's a dab hand at changing nappies.* Il est doué pour changer les couches-culottes.

---

**239.1** Savoir-Faire

**skill** *n* **1** *ni* (souvent + **at**, **in**) savoir-faire *It takes great skill to produce an absolutely even surface.* Il faut une bonne technique pour obtenir une surface complètement lisse. **2** *nd* compétence *to learn/acquire new skills* apprendre/acquérir de nouvelles compétences

**knack** *nd* (pas de *pl*) [informel] tour, truc *It's easy once you have the knack.* C'est facile une fois qu'on a

trouvé le truc. *There's a knack to getting the lids off these pots.* Il y a un truc pour enlever les couvercles de ces pots.

**dexterity** *ni* [plutôt formel] dextérité *manual dexterity* habileté manuelle **dexterous** *adj* [formel] adroit

**prowess** *ni* [plutôt formel. Souvent utilisé pour décrire la force ou l'aptitude physique plutôt que le talent intellectuel ou artistique] prouesse *He tends to boast about his prowess as a huntsman.* Il a tendance à se vanter de ses prouesses à la chasse.

---

**239.2** Aptitude naturelle

**talent** *n* **1** *nid* (souvent + **for**) talent *He has a talent for spotting a good deal.* Il a le don de dénicher les bonnes affaires. (utilisé comme *adj*) *talent contest* concours de jeunes talents *talent scout* dénicheur de talents (vedettes) **2** *ni* [gens de talent] personne de talent *We don't appreciate the talent there is here in our own company.* Nous n'apprécions pas les personnes de talent qui sont dans notre propre compagnie. **talented** *adj* talentueux

**gift** *nd* (souvent + **for**) don *You've a real gift for designing things.* Tu es vraiment doué pour la création. **gifted** *adj* doué *gifted children* enfants doués

**flair** *ndi* (pas de *pl*; souvent + **for**) [exprime l'idée d'imagination et d'originalité] flair *a journalist with a flair for finding a good story* un journaliste qui a le flair pour dénicher les bons sujets *He always dresses with flair.* Il s'habille toujours avec goût et imagination.

**aptitude** *nid* (souvent + **for**) dispositions *They show little natural aptitude for the work.* Ils montrent peu de dispositions naturelles pour le travail.

---

*expressions*

**to be cut out for sth** (plutôt informel) [fait référence au caractère et à la personnalité plutôt qu'aux compétences et aptitudes] être fait pour qch *He isn't really cut out to be a teacher.* Il n'est pas vraiment fait pour être prof.

**to have what it takes** (*Brit & US*) **to have got what it takes** (*Brit*) (souvent négatif) [plutôt informel. Fait référence aux qualités personnelles, aux compétences, aptitudes, dispositions pour le sport etc.] avoir tout ce qu'il faut (pour) *She hasn't really got what it takes to be the boss.* Elle n'a pas vraiment la carrure d'un chef. *He's got what it takes to be a professional footballer.* Il a toutes les qualités pour être footballeur professionnel.

---

## 240 **Stupid** Stupide

voir aussi **241 Foolish**; ant **236 Clever**

**stupid** *adj* [terme général, souvent utilisé dans les insultes. Décrit: personne, projet, idée] stupide *You stupid idiot!* Espèce d'idiot! *How could you be so stupid as to forget?* Comment as-tu pu être assez stupide pour oublier? [utilisé aussi pour exprimer son irritation devant quelque chose] *This stupid door won't shut.* Cette stupide porte ne ferme pas. **stupidly** *adv* stupidement **stupidity** *ni* stupidité

**thick** *adj* [informel. Souvent utilisé comme insulte] bête, con *You're just too thick to understand what's going on.* Tu es vraiment trop bête pour comprendre ce qui se passe.

**dim-witted** *adj* [légèrement moins fort et moins méchant que **stupid** ou **thick**] gourde, bêta *He's a bit dim-witted, but he tries his best.* Il n'est pas très malin mais il fait de son mieux. **dimwit** *nd* andouille, corniaud

**as thick as two (short) planks** (*Brit*) bête comme ses pieds

**slow** adj [léger euphémisme] lent *the slower ones in the class* les plus lents de la classe

**dull** adj [légèrement formel] obtus **dullness** ni lourdeur d'esprit *voir aussi **119 Boring**

**backward** adj [décrit: ex. enfant] arriéré, attardé

**dumb** adj [informel] nigaud, crétin *That was a really dumb thing to do.* C'était vraiment l'idiotie à ne pas faire.

**ignorant** adj ignorant *You don't know what it means because you're too ignorant!* Tu ne sais pas ce que ça

signifie parce que tu es trop ignorant! *voir aussi **112.1 Unknown**

## 240.1 Personnes stupides

**imbecile** nd [principalement utilisé comme forte insulte] imbécile *You imbecile, you nearly ran me over!* Espèce d'imbécile, tu as failli m'écraser!

**moron** nd [utilisé comme terme descriptif très insultant ou comme insulte] crétin *Only a complete moron could have got that wrong.* Seul un véritable crétin pouvait rater ça. **moronic** adj idiot, imbécile

**dummy** nd (surtout *US*) [informel. Insulte gentille] andouille, cornichon *You've broken it, you dummy!* Tu l'as cassé, patate.

## 241 Foolish Sot

voir aussi **129 Mad**; **240 Stupid**; ant **238 Sensible**

**foolish** adj [terme général utilisé pour décrire les gens et leurs actions, remarques etc., mais un peu trop formel pour être utilisé dans les insultes] sot, idiot *It would be foolish to take the risk.* Ce serait idiot de courir le risque. *I felt very foolish when they found out.* Je me suis senti tout bête quand ils l'ont découvert. **foolishly** adv bêtement, sottement **foolishness** ni sottise, bêtise

**silly** adj **1** [plus formel que **foolish**. Principalement utilisé dans les critiques ou insultes gentilles, et souvent en parlant aux enfants] sot *You've been a very silly little boy.* Tu as vraiment fait le petit sot. *You can wipe that silly grin off your face.* Tu peux enlever ce sourire idiot de ton visage. **2** (après v) comme un sot *to laugh/drink oneself silly* rire/boire comme un sot **silliness** ni sottise

**daft** adj (surtout *Brit*) [informel] idiot, dingue *Don't be daft, you know you can't afford it.* Ne sois pas stupide, tu sais que tu n'en as pas les moyens. *She's completely daft about that horse.* Elle est complètement dingue de ce cheval.

**idiotic** adj [plus fort que **foolish**] idiot, stupide *That's the most idiotic suggestion I've ever heard.* C'est la suggestion la plus idiote que j'ai jamais entendue. **idiotically** adv idiotement

## 241.1 Personnes idiotes

**fool** nd sot, idiot *You were a fool not to take the offer.* Tu as été sot de ne pas accepter l'offre. *He doesn't suffer fools gladly.* Il ne supporte pas volontiers les imbéciles.

**idiot** nd [plus informel que **fool**, souvent utilisé dans les insultes] idiot, imbécile *She made me feel a complete idiot.* Elle m'a donné l'impression que j'étais un parfait idiot. *Some idiot put a lighted cigarette in the waste paper basket.* Un imbécile a jeté une cigarette allumée dans la corbeille à papiers.

**idiocy** ni [utilisé en général dans des contextes plus formels que **idiot**] idiotie

**jerk** nd (surtout *US*) [informel, plus gentil que **fool** ou **idiot**] sot *Don't be a jerk, apologise to her.* Ne fais pas le sot, excuse-toi auprès d'elle.

**twit** nd (*Brit*) [informel, plus gentil que **fool** ou **idiot**] sot, cruche, baluche *I felt a bit of a twit hopping around on one leg.* Je me sentais un peu cruche à sautiller sur une jambe.

**wally** nd (*Brit*) [informel, très gentil et parfois même affectueux, généralement utilisé à propos d'hommes] sot, ballot *Her husband's OK but a bit of a wally.* Son mari est bien mais un peu ballot.

**need one's head examined** [informel] se faire soigner *You paid how much? You must need your head examined.* Combien tu as payé? Ça ne va pas la tête?

**figure of fun** (*Brit*) guignol *They treat their French teacher as a figure of fun.* Ils traitent leur prof de français comme un guignol.

## 241.2 Ridicule

**ridiculous** adj ridicule *You look utterly ridiculous in that hat.* Tu as l'air complètement ridicule avec ce chapeau. (sert souvent à exprimer la colère ou l'indignation) *It's ridiculous that we should have to pay twice.* C'est ridicule d'avoir à payer deux fois. **ridiculously** adv ridiculement

**absurd** adj absurde *Don't be absurd, you'll never manage it all on your own.* Ne sois pas ridicule, tu n'y arriveras jamais tout seul. **absurdly** adv absurdement **absurdity** nid absurdité

**ludicrous** adj ridicule, risible *It's ludicrous to insist that everyone must wear a top hat.* C'est ridicule d'insister pour que tout le monde porte un haut-de-forme. **ludicrously** adv ridiculement

**laughable** adj risible *The whole plan's so impractical that it's laughable really.* Tout le projet est tellement impossible à réaliser que ça en devient vraiment risible. **laughably** adv de façon risible

**preposterous** adj [suggère un certain énervement devant l'absurdité de quelque chose] grotesque *The price they're charging is preposterous.* Le prix qu'ils demandent est grotesque. **preposterously** adv de façon grotesque

### 241.3 Inepties

**nonsense** *ni* **1** absurdités, inepties *You're talking nonsense.* Tu dis n'importe quoi. (utilisé comme *interj*) *Nonsense! I feel perfectly well.* C'est ridicule, je me sens tout à fait bien. (utilisé comme *adj*) *nonsense poem* poème amphigourique **2** [comportement stupide] sottises *Stop this nonsense at once!* Arrête ces sottises immédiatement! *He won't stand any nonsense.* Il ne plaisante pas.

**rubbish** (*Brit*), **garbage** (*US*) *ni* conneries *I've seen the film. It's (a load of) rubbish!* J'ai vu le film. C'est nul! (utilisé comme *interj*) *You're too old for the job. – Rubbish!* Vous êtes trop âgé pour la place. – C'est absurde! *voir aussi **71 Rubbish***

**senseless** *adj* [décrit: ex. remarque, gaspillage] insensé *I utterly condemn this senseless violence/slaughter.* Je condamne formellement cette violence/ce carnage absurde. **senselessly** *adv* de façon insensée

**illogical** *adj* **1** [décrit: ex. attitude, excuse] illogique *I know it's illogical but I still think I'm responsible.* Je sais que ce n'est pas logique, mais je me tiens pour responsable. **2** [décrit: ex. argument, conclusion] pas logique

### 241.4 Immature

**immature** *adj* immature *He's too immature to appreciate her good qualities.* Il n'est pas assez mûr pour apprécier ses qualités. **immaturity** *ni* immaturité

**childish** *adj* [péjoratif. Décrit: ex. comportement, attitude] puéril *It's so childish of her not to let us join in.* C'est tellement puéril de sa part de ne pas nous laisser participer. **childishly** *adv* de façon puérile

**infantile** *adj* [péjoratif et plutôt formel] infantile

#### *e x p r e s s i o n s*

**fool/mess around** *vi prép* perdre son temps à faire l'imbécile *Stop fooling around and get down to some serious work.* Cesse de faire le pitre et mets-toi à travailler sérieusement.

**play the fool** faire le pitre, l'imbécile

**make a fool/twit, etc. of (sb)** ridiculiser qn, se payer la tête de qn *He made a fool of her in front of all her friends.* Il l'a ridiculisée devant tous ses amis. *I got drunk and made a complete fool of myself.* Je me suis soûlé et je me suis rendu complètement ridicule.

## 242 Unskilled Inexpert

voir aussi **239 Skilful**; ant **237 Able**

**unskilled** *adj* [utilisé essentiellement dans l'industrie et le commerce. Décrit: travailleur, travail] non qualifié, non spécialisé

**incompetent** *adj* [péjoratif, se dit de personnes qui devraient avoir certaines compétences. Décrit: ex. travailleur, directeur, tentative] incompétent, incapable, maladroit **incompetently** *adv* de façon inhabile

**incompetence** *ni* incompétence *We lost that order through your incompetence.* Votre incompétence nous a fait perdre cette commande.

**inept** *adj* (souvent + **at**) [péjoratif. Plutôt formel, s'utilise plus pour la façon de mener une affaire que pour une description particulière] inapproprié *His attempts to calm the crisis were totally inept.* Ses efforts pour calmer la crise étaient tout à fait ineptes. **ineptly** *adv* stupidement **ineptitude** *ni* manque d'à-propos, stupidité

**amateur** *adj* **1** (pas de *compar* ou *superl*) [décrit: ex. boxeur, acteur, groupe] amateur *amateur dramatics* théâtre amateur **2** (gén après *v*) [péjoratif] d'amateur *Their first attempts at home decorating looked very amateur.* Leurs premiers essais en décoration d'intérieur ressemblaient vraiment à du travail d'amateur. **amateur** *nd* amateur

**amateurish** *adj* [péjoratif. Décrit: ex. tentative, travail] d'amateur

### 242.1 Bâcler

**bungle** *vti* gâcher, bâcler, bousiller *I explained what you had to do so carefully and you still managed to bungle it.* Je me suis donné tant de mal à t'expliquer ce que tu devais faire et tu as quand même réussi à tout faire de travers. **bungler** *nd* maladroit

**botch** ou **bodge** *vt* [informel, se dit surtout lorsqu'on tente de réparer des choses] rafistoler *a botched job* un travail bâclé/fait en dépit du bon sens **botch** ou **bodge** *nd* travail mal fait

**fumble** *v* **1** *vt* [obj: ex. prise, balle] manier gauchement **2** *vi* [suj: une personne] tâtonner *I was fumbling around in the dark trying to find the light switch.* Je tâtonnais dans le noir à la recherche de l'interrupteur. *his fumbling attempts to find the right words to say* ses tentatives maladroites pour trouver les mots qu'il fallait dire **fumble** *nd* maniement maladroit

**cock** sth **up** ou **cock up** sth *vt prép* (*Brit*) [argot] bousiller, saloper *Can't you even give someone a message without cocking it up?* Tu n'es même pas capable de transmettre un message à quelqu'un sans le faire de travers?

**cock-up** *nd* (*Brit*) [argot] bousillage *I'm afraid there's been a bit of a cock-up with the travel arrangements.* J'ai bien peur que l'organisation du voyage ait été plutôt foireuse.

## 243 Difficult Difficile

voir aussi **244 Problem**; ant **247 Easy**

**difficult** *adj* **1** (souvent + **to** + INFINITIF) [décrit: ex. tâche, problème] difficile *It's a very difficult language* *to learn.* C'est une langue très difficile à apprendre. *We've been going through a difficult time.* Nous venons de passer un moment difficile. *Please don't make life difficult for me.* Ne me complique pas la vie, veux-tu? **2** [décrit: personne] difficile, peu commode

**hard** *adj* **1** (souvent + **to** + INFINITIF) [légèrement moins formel que **difficult**] dur, difficile *It's hard to see why the plan failed.* Il est difficile de comprendre pourquoi le projet a échoué. *to do sth **the hard way*** faire qch à la dure **2** [qui nécessite un gros effort. Décrit: ex. travail, effort, réflexion] difficile, laborieux *to take a long hard look at sth* faire l'examen minutieux et rigoureux de qch *I've had a very hard day.* J'ai eu une journée très éprouvante. **3** [désagréable et pénible] dur *to give sb a hard time* mener la vie dure à qn *It's a hard life.* La vie est dure. ***Hard luck!*** Pas de veine! **hardness** *ni* difficulté

**hard** *adv* dur, fort *They worked very hard.* Ils ont travaillé très dur. *I've been **hard at work** all day.* J'ai travaillé d'arrache-pied toute la journée.

**tricky** *adj* [assez informel. Décrit: ex. situation] délicat, difficile *I'm in a tricky position.* Je suis dans une position délicate. *It's a tricky business parking the car in such a small space.* Ce n'est pas une mince affaire de garer la voiture dans une si petite place.

**tough** *adj* **1** [assez informel. Décrit: ex. décision, tâche] dur, pénible *The exam was very tough.* L'examen était très dur. **2** (souvent + **on**) [informel. Malchanceux] moche *It's rather tough on them that they should have to pay for the damage.* C'est plutôt moche pour eux d'avoir à payer les dégâts. *I didn't get the job. – Oh, **tough luck!*** Je n'ai pas obtenu le poste. – Oh, pas de veine!

### 243.1 Qui demande un effort

**demanding** *adj* [décrit: ex. travail, programme, personne] exigeant, astreignant *Hamlet is a very demanding role.* Hamlet est un rôle très exigeant. *Children are so demanding at that age.* Les enfants sont tellement astreignants à cet âge.

**strenuous** *adj* [décrit: ex. exercice, effort] ardu, fatigant **strenuously** *adv* énergiquement

**arduous** *adj* [plutôt formel. Décrit: ex. escalade, tâche] ardu, laborieux

### 243.2 Compliqué

**complicated** *adj* [décrit: ex. problème, instructions, machine] compliqué, complexe *The situation's too* complicated for me to explain it over the phone. La situation est trop compliquée pour que je puisse l'expliquer au téléphone.

**complicate** *vt* compliquer *Just to complicate matters, he's not arriving till the 16th.* Et pour encore compliquer les choses, il n'arrivera pas avant le 16.

**complication** *nd* **1** complication **2** [médical] complication

**complex** *adj* [décrit: ex. réseau, structure, question] complexe **complexity** *nid* complexité

### usage

Les termes **complicated** et **complex** sont similaires et peuvent souvent être utilisés indifféremment. Cependant le mot **complex** insiste sur le fait qu'une bonne connaissance est nécessaire pour comprendre la chose décrite alors que le mot **complicated** fait référence au nombre de parties constituant la chose décrite.

**intricate** *adj* [souvent élogieux, souligne le talent qu'implique la réalisation de la chose décrite. Décrit: ex. sculpture, conception, détails] complexe **intricacy** *nid* complexité

### expressions

**be a job/have a job** avoir du mal à faire qch *It'll be a job to replace such a good employee.* Ça ne va pas être facile de remplacer un aussi bon employé. *You'll have a job finishing that by tomorrow.* Tu vas avoir du mal à terminer ça pour demain.

**take some doing** ne pas être facile *'I'm going to reorganise the whole office.' 'That'll take some doing!'* 'Je vais réorganiser tout le bureau.' 'Ça ne va pas être une mince affaire!'

**be an uphill struggle** être difficile, ardu *The business is doing well now, but it was an uphill struggle at first.* L'affaire marche bien maintenant mais ça a été très dur au départ.

**have one's work cut out** avoir du fil à retordre *You'll have your work cut out getting the job finished in time.* Vous aurez du fil à retordre pour terminer le travail à temps.

**easier said than done** plus facile à dire qu'à faire *'Just slide the pieces together.' 'That's easier said than done.'* 'Fais simplement glisser les morceaux l'un dans l'autre.' 'C'est plus facile à dire qu'à faire.'

## 244 Problem Problème

**problem** *nd* (souvent + **of**, **with**) problème *There's the problem of what to wear.* Il y a le problème de savoir quoi porter. *I may have a problem getting to the party on time.* J'aurai peut-être un problème pour arriver à la soirée à l'heure. *That loose connection could cause problems later.* Le jeu qu'il y a dans la prise pourrait poser des problèmes plus tard. (utilisé comme *adj*) *problem child* un enfant difficile/caractériel

**problematic** AUSSI **problematical** *adj* problématique *the problematical nature of the relationship* le caractère problématique de la relation

**difficulty** *nid* (souvent + **of**, **with**) difficulté *I'm having difficulty/difficulties with my homework.* J'éprouve des difficultés à faire mes devoirs. *I had great difficulty convincing him.* J'ai eu beaucoup de mal à le convaincre. *to be in financial **difficulty/difficulties*** avoir des ennuis d'argent

**snag** *nd* [gén moins grave que **problem** ou **difficulty**] écueil, inconvénient, obstacle *We've hit one or two snags.* On a eu quelques petits ennuis. *The snag is we don't know who has the key.* L'ennui c'est qu'on ne sait pas qui a la clé.

**headache** *nd* [informel] problème *My biggest headache is deciding who to leave out.* C'est un vrai casse-tête pour moi de décider qui ne pas prendre.

**dilemma** *nd* dilemme *My dilemma is whether or not to go.* Mon dilemme, c'est de savoir s'il faut y aller ou pas.

### usage

Le terme **dilemma** désigne à proprement parler un choix difficile entre deux options. On l'utilise souvent de façon plus libre dans le même sens que les termes **problem** ou **quandary**, bien que cet usage ne plaise pas à tout le monde.

**quandary** *nd* embarras, dilemme *I'm in a quandary over who to choose.* Je suis bien embarrassé, je ne sais pas qui choisir.

### 244.1 Ennuis

**trouble** *n* 1 *nid* (souvent + **with**) [problème ou inquiétude] ennui, souci *money trouble/troubles* des ennuis d'argent *He started telling me all his troubles.* Il commença à me raconter tous ses problèmes. *stomach trouble* des ennuis d'estomac *to have trouble doing sth* avoir du mal à faire qch *I'm having trouble getting the car started.* J'ai du mal à faire démarrer la voiture. *The trouble with you is you're lazy.* Le problème avec toi, c'est que tu es paresseux. 2 *ni* [situation de danger ou de responsabilité] ennui *She's in trouble with the police again.* Elle a à nouveau des ennuis avec la police. *They got into terrible trouble over the broken vase.* Ils ont eu de gros ennuis à cause du vase cassé. *That's just asking for trouble.* C'est vraiment se chercher des ennuis. 3 *ni* [dérangement] mal, peine *I hope I'm not causing you too much trouble.* J'espère que je ne vous cause pas trop de souci. *It's no trouble at all.* Ça ne me dérange pas du tout.

**trouble** *v* [plutôt formel] 1 *vt* inquiéter, troubler *Something seems to be troubling him.* On dirait que quelque chose l'inquiète. *My back's troubling me again.* Mon dos me fait à nouveau souffrir. 2 *vt* déranger *I didn't want to trouble you about such a minor problem.* Je ne voulais pas vous déranger pour si peu. [souvent utilisé dans des demandes polies] *Sorry to trouble you, (but) could you pass me my hat?* Désolé de vous déranger, mais pourriez-vous me passer mon chapeau?

**troublesome** *adj* [décrit: ex. personne, problème, toux] gênant, ennuyeux

**bother** *nid* (*surtout Brit*) (pas de *pl*) [plutôt informel] ennui, embêtement *I'm having a spot of bother with my computer.* J'ai quelques ennuis avec mon ordinateur. *Sorry to be a bother, but could you help me?* Désolé de t'embêter mais pourrais-tu m'aider?

**bother** *v* 1 *vt* [causer du désagrément ou de l'inquiétude] ennuyer, embêter, inquiéter *I wish she'd stop bothering me about her pension.* Je voudrais qu'elle me fiche la paix avec sa pension. *Something's bothering you, what is it?* Il y a quelque chose qui te tracasse, qu'est-ce que c'est? *Will it bother you if I use the vacuum cleaner in here?* Ça te dérange si je passe l'aspirateur ici? 2 *vi* (souvent + **to** + INFINITIF) [se donner du mal pour faire] se donner la peine de *He didn't even bother to say hello.* Il ne s'est même pas

donné la peine de dire bonjour. *I can't be bothered to wash it.* Je ne vais pas m'embêter à le laver.

**inconvenience** *n* [moins important que **problem**] 1 *ni* désagrément, dérangement *I don't want to put you to any inconvenience.* Je ne veux surtout pas te déranger. 2 *nd* inconvénient *It's not really a major problem, just an inconvenience.* Ce n'est pas vraiment un problème majeur, seulement un inconvénient. **inconvenience** *vt* déranger, gêner

**nuisance** *nd* ennui, embêtement *If he's being a nuisance, send him home.* S'il vous embête, renvoyez-le à la maison. *It's a nuisance having to wait for her.* C'est embêtant de devoir l'attendre.

**pain** *nd* [informel] emmerdement *Having to wait for the bus every day is a bit of a pain.* C'est plutôt emmerdant de devoir attendre le bus tous les jours.

**burden** *nd* (souvent + **to**, **on**) fardeau, charge *the burden of responsibility* le poids des responsabilités *I don't want to be a burden to you when I'm old.* Je ne veux pas être une charge pour toi quand je serai vieux.

**burden** *vt* (souvent + **with**) charger, accabler *I don't want to burden you with a lot of extra work.* Je ne veux pas te surcharger de travail supplémentaire.

### expression

**be in hot water** [informel] être dans de beaux draps *He got into very hot water over those books that went missing.* Il s'est vraiment mis dans de beaux draps avec ces livres qui ont disparu.

### 244.2 Inconvénient

**disadvantage** *nd* inconvénient, désavantage *The plan has one big disadvantage.* Le projet a un gros inconvénient. *You'll be at a disadvantage if you haven't got the right equipment.* Tu vas être désavantagé si tu n'as pas le matériel adéquat. **disadvantageous** *adj* désavantageux, défavorable

**disadvantaged** *adj* [utilisé pour décrire la position sociale ou financière des gens] défavorisé

**drawback** *nd* inconvénient *The main drawback of the plan is lack of cash.* Le principal inconvénient du projet est le manque de liquidités.

**handicap** *nd* handicap *physical handicap* handicap physique *Not knowing the language is a considerable handicap.* Le fait de ne pas connaître la langue est un handicap considérable.

**handicap** *vt*, -pp- handicaper

**handicapped** *adj* handicapé *physically/mentally handicapped* handicapé physiquement/mentalement

**catch** *nd* attrape, entourloupette *There's always a catch with this kind of special offer.* Il y a toujours une entourloupette derrière ce genre d'offres spéciales. *What's the catch?* Qu'est-ce qui se cache là-dessous?

### expressions

**there is a fly in the ointment** [informel] Il y a un os.

**to throw a spanner** (*Brit*)/**monkey wrench** (*US*) **in the works** [informel] mettre des bâtons dans les roues *She threw a spanner in the works by refusing to co-operate.* Elle nous a mis des bâtons dans les roues en refusant de coopérer.

## 245 Hinder Entraver

voir aussi **34 End; 330 Delay**

**hinder** vt [se rapporte généralement à des contrariétés peu importantes. Assez formel] faire obstacle, gêner, empêcher *His broken leg hindered his escape.* Sa jambe cassée l'a gêné dans sa fuite.

**hindrance** nd gêne, obstacle, entrave *She's more of a hindrance than a help.* Elle gêne plus qu'elle n'aide.

**hamper** vt [se rapporte souvent à des difficultés plus importantes] gêner, entraver *The rescuers were hampered by bad weather.* Les sauveteurs ont été gênés par le mauvais temps.

**impede** vt [plutôt formel] gêner, entraver *My progress was impeded by the enormous pack I was carrying.* J'avançais plus difficilement à cause de l'énorme paquet que je portais.

**inhibit** vt **1** [formel ou technique. Obj: ex. croissance, développement] freiner, entraver **2** (souvent + **from**) empêcher *Having the boss present does tend to inhibit people from speaking out.* La présence du patron a tendance à empêcher les gens de s'exprimer librement. **inhibited** adj refoulé, inhibé

**inhibition** nd (souvent pl) inhibition(s) *to lose one's inhibitions* se débarrasser de ses inhibitions *I've no inhibitions about taking my clothes off in public.* Je ne suis absolument pas gêné de me déshabiller en public.

**hold up** sth OU **hold** sth **up** vt prép [plutôt informel] retarder *Sorry, I got held up on the way here.* Désolé, j'ai été retardé en chemin. *Strikes have held up production.* Les grèves ont retardé la production. **hold-up** nd retard, embouteillage

### 245.1 Bloquer

**obstruct** vt **1** [bloquer. Obj: ex. passage, tuyau, vue] obstruer, bloquer, cacher **2** [faire des difficultés. Obj: ex. projet, justice] faire obstacle, faire de l'obstruction *The goalkeeper claimed he had been obstructed.* Le gardien de but a prétendu qu'on lui avait fait de l'obstruction. **obstruction** nid obstruction

**block** vt **1** (souvent + **off**, **out**, **up**) boucher, bloquer *a blocked(-up) nose* un nez bouché *Move on, you're blocking the corridor.* Avance, tu bloques le passage du couloir. *That tree blocks out the light from the lounge.* Cet arbre empêche la lumière d'éclairer le salon. **2** [empêcher. Obj: ex. rendez-vous, marché, loi] empêcher, faire de l'obstruction

**blockage** nd obstruction, bouchon *There seems to be a blockage in the pipe.* On dirait que le tuyau est bouché.

**dam** vt, -mm- [obj: rivière, fleuve] endiguer **dam** nd barrage

**prevent** vt (souvent + **from**) [obj: ex. accident, maladie] empêcher, prévenir *The security man tried to prevent us from leaving.* Le garde chargé de la sécurité a essayé de nous empêcher de partir. *I'm trying to prevent a disaster.* J'essaie d'éviter une catastrophe. **preventable** adj évitable

**prevention** ni prévention *crime prevention* prévention du crime *Prevention is better than cure.* Mieux vaut prévenir que guérir.

**preventive** adj préventif *preventive medicine* médecine préventive

**thwart** vt [souvent par des moyens astucieux. Obj: ex. plan, intrigue] contrecarrer, contrarier

**obstacle** nd (souvent + **to**) obstacle, empêchement *The last obstacle to a settlement has now been removed.* Le dernier obstacle à un accord vient d'être écarté. (utilisé comme adj) *obstacle race* course d'obstacles

**hurdle** nd obstacle, barrière *The next hurdle will be finding someone to give us the money.* La prochaine difficulté sera de trouver quelqu'un pour nous donner l'argent.

### expressions

**be/get in the way** (**of**) gêner, empêcher le passage de *I'm trying to take a photograph, but people keep getting in the way.* J'essaie de prendre une photo mais il y a sans cesse des gens qui se mettent dans le champ. *We mustn't allow arguments to get in the way of progress.* Nous ne devons pas laisser des discussions nous ralentir dans nos progrès.

**stand in the way** (**of**) être sur le chemin de, être un obstacle à *If you want to try for a better job, I won't stand in your way.* Si tu veux essayer de trouver une meilleure place, je ne me mettrai pas sur ton chemin.

**nip** (**sth**) **in the bud** tuer dans l'oeuf, faire avorter *Police arrested the ringleaders to try and nip the rebellion in the bud.* La police a arrêté les meneurs pour essayer d'étouffer la révolte dans l'oeuf.

**stumbling block** nd pierre d'achoppement

## 246 Interfere S'immiscer

**interfere** vi [péjoratif] **1** (souvent + **in**) se mêler des affaires des autres *I told you not to interfere in matters that don't concern you.* Je t'ai dit de ne pas te mêler de ce qui ne te regarde pas. **2** (gén + **with**) [avoir des conséquences négatives. Suj: ex. bruit, problèmes] interférer, s'interposer, entraver *You mustn't let personal problems interfere with your work.* Tu ne dois pas laisser tes problèmes personnels empiéter sur ton travail.

**interference** ni **1** (souvent + **in**, **with**) intrusion, ingérence *We just want to get on with our lives without interference.* Nous voulons simplement vivre notre vie sans qu'on s'en mêle. **2** [à la radio, à la télévision] interférences

**meddle** vi (souvent + **in**, **with**) [plus péjoratif que **interfere**] se mêler de, s'occuper de *Don't meddle with other people's lives.* Ne t'occupe pas de la vie des autres. **meddler** nd mêle-tout

**disturb** vt **1** [obj: ex. calme, sommeil, personne] troubler, déranger *Am I disturbing you?* Je vous dérange? **2** [avoir des conséquences négatives. Obj: ex. arrangement, structure, papiers] déranger, chambarder **3** [bouleverser. Obj: personne] troubler, inquiéter *I was profoundly disturbed by what I saw.* J'ai été profondément bouleversé par ce que j'ai vu. **disturbing** *adj* inquiétant, gênant

**disturbance** *n* **1** *nid* dérangement, trouble *emotional disturbance* trouble émotionnel *He disliked any disturbance of his routine.* Il détestait être dérangé dans sa routine. *You're causing a disturbance.* Vous gênez! **2** *nd* troubles *violent disturbances in the capital* des troubles violents dans la capitale

**busybody** *nd* [péjoratif. Personne qui se mêle de ce qui ne la regarde pas] *He's an interfering busybody.* Il a toujours son nez dans les affaires des autres.

## 246.1 S'interposer pour apporter de l'aide

**intervene** *vi* (souvent + *in*) [suj: personne, organisation, etc.] intervenir, s'interposer *The government should intervene to solve the problem of pollution.* Le gouvernement devrait intervenir pour résoudre le problème de la pollution. *The union was asked to intervene in the dispute.* On a demandé au syndicat d'intervenir dans le conflit.

**intermediary** *nd* intermédiaire

**mind one's own business** s'occuper de ses propres affaires *Mind your own business!* Mêle-toi de ce qui te regarde! *I was just walking along, minding my own business, when ...* Je marchais tout simplement sans m'occuper de rien lorsque ...

**too many cooks spoil the broth** [proverbe] trop de cuisiniers gâtent la sauce

**to poke/stick one's nose into sth** [informel et péjoratif. Obj: affaires, vie privée. Généralement utilisé par qn qui conseille à qn d'autre de ne pas s'interposer] mettre ou fourrer son nez dans qch *Don't go sticking your nose into other people's business!* Arrête de fourrer ton nez dans les affaires des autres! *Serves you right for poking your nose into things that don't concern you.* C'est bien fait pour toi, tu n'avais pas besoin de fourrer ton nez dans des histoires qui ne te regardent pas.

**to keep one's nose out of sth** [informel. Obj: affaires. Généralement utilisé par qn qui conseille à qn d'autre de ne pas s'interposer] rester en dehors de qch *Just keep your nose out of my personal life!* Ne t'avise pas de mettre ton nez dans ma vie privée! *You'd better keep your nose out of her affairs.* Tu ferais mieux de ne pas fourrer ton nez dans ses affaires.

# 247 Easy Facile

**ant 243 Difficult**

**easy** *adj* (souvent + **to** + INFINITIF) [décrit: ex. tâche, question, victoire] facile *It's so easy to make mistakes.* C'est si facile de faire des erreurs. *an easy victim* une victime toute trouvée *an easy winner* personne qui l'emporte haut la main

**easily** *adv* **1** facilement, aisément *I can easily carry that.* Je peux facilement porter ça. *They won easily.* Ils ont gagné sans difficultés. **2** (utilisé avec un *superl*) sans aucun doute, de loin *easily the best/biggest* de loin le meilleur/le plus grand **3** bien *They might easily change their minds again.* Ils pourraient bien à nouveau changer d'avis.

**ease** *ni* aisance, facilité *He completed the test with ease.* Il a terminé le test facilement.

**as easy as pie/ABC/falling off a log** simple comme bonjour

**simple** *adj* **1** simple, facile *Follow these simple instructions for perfect results every time.* Suivez ces instructions simples pour obtenir un résultat parfait à chaque fois. *There's probably a very simple explanation.* Il y a probablement une explication très simple. **2** [qui n'est pas complexe. Décrit: ex. toilette, style, conception] simple, sans recherche *the simple life* la vie simple *I'm just a simple soldier.* Je ne suis qu'un simple soldat. **simplicity** *ni* simplicité

**simply** *adv* **1** (après *v*) simplement *Try to explain it simply.* Essaie d'expliquer simplement. **2** (après *v*) avec simplicité, sans façons *We live/dress very simply.* Nous vivons/nous habillons très simplement. **3** (avant *v* ou

*adj*) [utilisé comme adverbe intensificateur] tout simplement *The food was simply awful.* La nourriture était tout simplement infecte. *You can't simply forget about the facts.* Tu ne peux pas tout simplement ne pas tenir compte des faits. *I simply won't do it.* Je refuse absolument de le faire. **4** (généralement avant une proposition ou une locution) [pour cette raison] seulement *I bought this car simply because it was cheap.* Je n'ai acheté cette voiture que parce qu'elle était bon marché. *She's doing it simply to impress the judges.* Elle fait ça uniquement pour impressionner les juges.

**child's play** un jeu d'enfant, enfantin *The oral test is child's play compared to the written exam.* L'épreuve orale est un jeu d'enfant comparé à l'examen écrit.

**a doddle** (*Brit*) [informel] simple comme bonjour *Don't get worried about the interview, it'll be a doddle.* Ne te tracasse pas pour l'entretien, ce sera du gâteau.

**a piece of cake** [informel] de la tarte, du gâteau *Did you have any trouble getting permission? – No, it was a piece of cake.* Tu as eu des problèmes pour obtenir l'autorisation? Non, c'était du gâteau.

**there's nothing to it** [informel] c'est facile comme tout

**do sth standing on one's head** faire qch les doigts dans le nez *I could answer that question standing on my head!* Je pourrais répondre à cette question les doigts dans le nez!

**straightforward** *adj* **1** [qui n'est pas compliqué. Décrit: ex. méthode, itinéraire] simple, direct *That all seems quite straightforward.* Tout cela semble assez simple. **2** [honnête et direct. Décrit: ex. personne, réponse] franc, direct **straightforwardly** *adv* sans détour

**elementary** *adj* **1** [facile à comprendre ou à résoudre. Formel] élémentaire *The questions were so elementary, it was almost an insult to my intelligence.* Les questions étaient tellement élémentaires que c'en était presque une insulte à mon intelligence. **2** [plutôt formel. Décrit: ex. niveau, stade, principes] élémentaire *an elementary mistake* une faute élémentaire

**effortless** *adj* [élogieux. Décrit: ex. aisance, grâce] sans effort, naturel **effortlessly** *adv* sans peine, aisément

### 247.1 Faciliter les choses

**simplify** *vt* [obj: ex. processus] simplifier *It would simplify matters if you told them yourself.* Cela simplifierait les choses si tu le leur disais toi-même. **simplification** *nid* simplification

**ease** *v* **1** *vt* [légèrement formel] faciliter *economic aid to ease the changeover to a market economy* une aide économique pour faciliter le passage à une économie de marché **2** *vti* [améliorer. Obj/suj: ex. douleur, tension] s'atténuer

**convenience** *ni* commodité, confort *designed for the convenience of the user* conçu pour le confort de l'utilisateur (utilisé comme *adj*) *convenience food* nourriture toute préparée

**convenient** *adj* [décrit: ex. date, endroit] commode, qui convient *Would it be more convenient if I came back later?* Est-ce que cela vous arrangerait mieux si je revenais plus tard? *a convenient excuse* excuse facile

**conveniently** *adv* d'une manière commode *conveniently situated for the shops* bien situé pour les magasins

**facilitate** *vt* [formel] faciliter

> **usage**
>
> Le terme **facilitate** est formel. Dans le langage courant, parlé ou écrit, on utilise généralement l'expression **make easier**.

# 248 War Guerre

**war** *nid* guerre *to be **at war** with sb* être en guerre contre/avec qn *to **declare war on** sb* déclarer la guerre à qn *The Second World War* La Seconde Guerre Mondiale *civil war* guerre civile (utilisé comme *adj*) *war hero* héros de guerre *war memorial* monument aux morts

**warfare** *ni* guerre, lutte *chemical/nuclear warfare* guerre chimique/nucléaire

**battle** *n* **1** *ndi* bataille *the Battle of Hastings* la bataille de Hastings *to go into battle* livrer bataille **2** *nd* [non militaire] bataille *to have a battle of wits* jouer au plus fin *a constant battle for survival* une lutte perpétuelle pour survivre

**battle** *vi* (souvent + **with**, **against**) **1** [non militaire] lutter *We're still battling with the problem of lack of space.* Nous nous débattons toujours avec ce problème de manque d'espace. **2** [livrer une bataille armée. Très littéraire] lutter *to battle against the foe* lutter contre l'ennemi

**combat** *nid* combat *This was his first experience of actual combat.* C'était sa première expérience d'un vrai combat. *unarmed combat* combat sans armes

**conflict** *nid* (souvent + **between**, **with**) **1** conflit *armed conflict* conflit armé **2** conflit *a conflict of interests* un conflit d'intérêts *to be **in conflict with** sth* être en contradiction/en conflit avec qch

**conflict** *vi* (souvent + **with**) être en conflit, s'opposer *conflicting reports* rapports contradictoires *Your statement conflicts with what the other witness told us.* Votre déclaration contredit ce que l'autre témoin nous a dit.

### 248.1 Actions militaires

**attack** *v* **1** *vti* [obj: ex. ennemi, pays] attaquer **2** *vt* [obj: personne] attaquer, agresser *She was attacked and robbed.* On l'a agressée et dévalisée. **3** *vt* [critiquer.

Obj: ex. gouvernement, plan, politique] attaquer **attacker** *nd* attaquant, agresseur

**attack** *n* (souvent + **on**) **1** *ndi* attaque *to **be/come under attack** être attaqué *to **mount an attack on** sb/sth* monter une attaque contre qn/qch **2** *nd* agression *the victim of a savage attack* la victime d'une agression sauvage **3** *nd* [critique] attaque

**invade** *vti* [peut impliquer plus de préparation et de contrôle que **attack**. Obj: surtout un pays] envahir *invading forces* les forces d'invasion **invader** *nd* envahisseur **invasion** *ndi* invasion

**defend** *v* (souvent + **against**, **from**) **1** *vti* [obj: ex. territoire, position] défendre **2** *vt* [obj: ex. personne, conduite, méthode] défendre, justifier *He tried to defend himself against their criticism.* Il a essayé de se défendre contre leurs critiques. *I'm not trying to defend what she said.* Je n'essaie pas de justifier ce qu'elle a dit. **defender** *nd* défenseur

**defence** (*Brit*), **defense** (*US*) *n* **1** *ni* défense *self-defence* auto-défense *civil defence* défense civile *He wrote an article in defence of his views.* Il a écrit un article pour défendre ses opinions. (utilisé comme *adj*) *defence force* la force défensive, la défense **2** *ndi* (souvent + **against**) [l'objet ou la chose qui défend] défense *The attackers soon overran our defences.* Les attaquants se sont vite rendus maîtres de nos défenses. *The animal gives off a strong smell as a defence against predators.* L'animal dégage une odeur forte comme moyen de défense contre les prédateurs.

**defensive** *adj* [décrit: ex. position, arme] défensif (utilisé comme *n*) *to be **on the defensive*** être sur la défensive

**victory** *ndi* victoire *to lead one's country/team to victory* mener son pays/équipe à la victoire *to win a victory* remporter une victoire **victor** *nd* vainqueur **victorious** *adj* victorieux

**defeat** *vt* **1** [obj: ex. ennemi, adversaire] vaincre, battre *The government was defeated in the election.* Le gouvernement a été mis en minorité aux élections. **2** [être trop difficile pour] dérouter *I'm not going to let a simple problem like this defeat me.* Je ne vais pas me laisser abattre par un petit problème comme celui-ci.

**defeat** *ndi* défaite, échec *to suffer a severe/crushing defeat* essuyer une défaite cuisante *They gave up in defeat.* Ils ont abandonné, battus.

**conquer** *vt* [paraît plus triomphant que **defeat**. N'est généralement pas utilisé pour des batailles actuelles] [obj: personne, ennemi] vaincre, battre [obj: pays] conquérir **conqueror** *nd* conquérant, vainqueur **conquest** *nid* conquête

**surrender** *v* (souvent + **to**) **1** *vit* [suj: ex. armée, soldat, pays] se rendre, capituler **2** *vt* [formel. Donner à qn. Obj: ex. document, passeport, arme] remettre, livrer **3** *vit* [céder] se livrer, s'abandonner *He resolved not to surrender to the temptation.* Il prit la résolution de ne pas succomber à la tentation.

**surrender** *nid* reddition, capitulation *unconditional surrender* reddition sans condition

**retreat** *vi* [suj: ex. armée, soldat] battre en retraite, se retirer *Napoleon's army was forced to retreat.* L'armée de Napoléon fut obligée de battre en retraite. **retreat** *ndi* retraite, repli

## 248.2 Les forces armées

**army** *nd* (+ *v sing* ou *pl*) armée *to join the army* s'engager (à l'armée) *an army of workmen* une armée d'ouvriers (utilisé comme *adj*) *army camp* campement militaire *army life* vie militaire

**navy** *nd* (+ *v sing* ou *pl*) marine *the Royal Navy* la marine nationale (britannique)

**naval** *adj* [décrit: ex. bataille, officier, uniforme] naval, de la marine

**air force** *nd* (+ *v sing* ou *pl*) armée de l'air

**militia** *nd* (+ *v sing* ou *pl*) milice(s)

**regiment** *nd* régiment *an infantry regiment* un régiment d'infanterie **regimental** *adj* régimentaire, du régiment

**fleet** *nd* (+ *v sing* ou *pl*) flotte *the naval fleet* la flotte navale *a fishing fleet* flottille de pêche *a fleet of vehicles* un parc automobile

**troop** *nd* (gén *pl*) **1** troupe *British troops formed part of the invading force.* Les troupes britanniques constituaient une partie de la force d'invasion. **2** [un groupe de gens ou d'animaux] bande, troupe *Troops of schoolchildren were being shown around the museum.* On faisait visiter le musée à des groupes d'écoliers.

**troop** *vi* (toujours + *adv* ou *prép*) aller en groupe *Tourists trooped through the house.* Des groupes de touristes visitaient la maison.

**officer** *nd* officier *officers and men* officiers et soldats *non-commissioned officer* sous-officier

**soldier** soldat      **warrior** guerrier

## 248.3 Les grades militaires

**rank** *nd* grade, rang *the rank of captain* le grade de capitaine

**ranks** *n pl* (toujours + **the**) [les soldats en dessous du grade de sergent] sous-officiers et hommes de troupe *to be reduced to the ranks* être dégradé \*voir aussi **74.2 Important**

| *QUELQUES-UNS DES PRINCIPAUX GRADES DANS:* | |
|---|---|
| <u>the army</u> l'armée de terre | **commodore** contre-amiral |
| **private** (simple) soldat | **admiral** amiral |
| **corporal** caporal | <u>the Royal Air Force</u> |
| **lieutenant** lieutenant | l'aviation militaire |
| **captain** capitaine | nationale |
| **major** major | **aircraftman** soldat (de |
| **colonel** colonel | l'armée de l'air) |
| **general** général | **sergeant** sergent |
| <u>the navy</u> la marine | **flight lieutenant** |
| **(ordinary) seaman** | capitaine (d'aviation) |
| matelot | **squadron leader** |
| **petty officer** maître | commandant |
| **lieutenant** lieutenant (de | **wing commander** |
| vaisseau) | lieutenant-colonel |
| **commander** | **group captain** capitaine |
| commandant | **air marshal** général de |
| **captain** capitaine | corps aérien |

## 248.4 Les armes

**weapon** *nd* arme *nuclear/chemical weapons* armes nucléaires/chimiques

**arms** *n pl* [plutôt littéraire sauf lorsqu'il est utilisé comme *adj*] armes, armoiries *They **laid down their arms** and surrendered.* Ils déposèrent les armes et se rendirent. (utilisé comme *adj*) *arms dealer* trafiquant d'armes, marchand d'armes *arms embargo* embargo sur les armes *the arms race* la course aux armements

**arm** *vt* (souvent + **with**) armer

**armed** *adj* armé *the armed forces* les forces armées *armed robbery* vol à main armée *She's armed to the teeth.* Elle est armée jusqu'aux dents.

**unarmed** *adj* non armé *unarmed combat* combat non-armé

**ammunition** *ni* munitions *to run out of ammunition* tomber à court de munitions

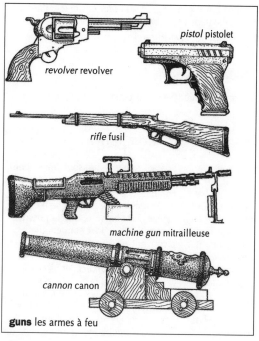

*pistol* pistolet

*revolver* revolver

*rifle* fusil

*machine gun* mitrailleuse

*cannon* canon

**guns** les armes à feu

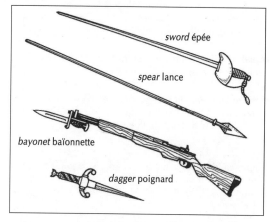

*sword* épée

*spear* lance

*bayonet* baïonnette

*dagger* poignard

**armour** *ni* armure *a suit of armour* une armure complète

**armoured** *adj* blindé *armoured personnel carrier* véhicule blindé de transport de troupes *an armoured brigade* une brigade blindée

**tank** *nd* char d'assaut, tank

**bomb** *vt* [obj: ex. cible, ville, installation] bombarder

**tear gas** *ni* gaz lacrymogène

**bullet** *nd* balle

**plastic bullet** *nd* balle de plastique

**shell** *nd* obus

**firearm** *nd* [gén dans des contextes techniques ou légaux] arme à feu *Regulations governing the use of firearms.* Règlement relatif à l'utilisation des armes à feu.

**artillery** *n* **1** *ni* artillerie (utilisé comme *adj*) *artillery bombardment* tir d'artillerie **2** (toujours + **the**) [section de l'armée] artillerie

**shoot** *v, prét & part passé* **shot 1** *vit* (souvent + **at**) tirer *to shoot to kill* tirer pour abattre *to shoot an arrow* tirer une flèche **2** *vt* [implique gén mais pas nécessairement qu'une personne ou un animal est tué. Obj: personne, animal] tirer *They shot him (down) in cold blood.* Ils l'ont abattu froidement. *He was shot as a spy.* Il a été

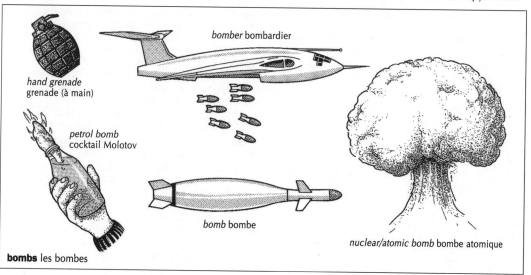

*bomber* bombardier

*hand grenade* grenade (à main)

*petrol bomb* cocktail Molotov

*bomb* bombe

*nuclear/atomic bomb* bombe atomique

**bombs** les bombes

fusillé pour espionnage. *I was shot in the leg.* J'ai reçu une balle dans la jambe.

**fire** *vti* [obj: revolver] tirer *They fired into the crowd.* Ils ont tiré dans la foule.

---

### 248.5 Militaire

**military** *adj* [décrit: ex. instruction, discipline, équipement] militaire *to do (one's) military service* faire son service militaire *military band* musique militaire (utilisé comme *n*) *the military* les militaires, l'armée

**martial** *adj* [terme gén assez littéraire] martial [pas littéraire dans les composés suivants] *martial arts* arts martiaux *martial law* loi martiale

**warlike** *adj* guerrier, belliqueux

---

## 249 Fight Combattre

**fight** *v*, prét & part passé **fought 1** *vit* (souvent + **about**, **against**, **for**, **over**, **with**) [suj/obj: personne, pays, armée] se battre, combattre *What are those two boys fighting about?* Pourquoi ces deux garçons se battent-ils? *to fight a battle/war* livrer bataille/faire la guerre *Iraq was fighting (against) Iran.* L'Irak était en guerre contre l'Iran. **2** *vti* (souvent + **against**, **for**) [obj: ex. oppression, injustice, crime] combattre, lutter contre *We must fight for our rights as workers.* Nous devons nous battre pour défendre nos droits de travailleurs. *to fight a fire* lutter contre le feu **3** *vi* (souvent + **about**, **over**) se disputer *We always fight about small things like who should wash up.* Nous nous disputons toujours pour des choses insignifiantes comme celle de savoir qui devrait faire la vaisselle.

**fight** *nd* (souvent + **against**, **for**, **with**) bagarre, combat, dispute *to have a fight with sb* se battre avec qn *to pick a fight with sb* chercher à se bagarrer avec qn

**fighter** *nd* [gén un sportif] boxeur

**fighting** *ni* combat, bagarre(s) *The town was the scene of heavy fighting between government forces and the rebels.* La ville a été le théâtre de violents combats entre les forces gouvernementales et les rebelles.

**struggle** *vi* (souvent + **to** + INFINITIF, **with**) **1** [physiquement] lutter, se battre, se débattre *He managed to struggle free.* Il a réussi à se libérer en se débattant. **2** [fournir un gros effort] se démener, s'efforcer *I'm still struggling to understand what he wrote.* Je suis encore en train d'essayer de comprendre ce qu'il a écrit. *Jenny's struggling with the new machine.* Jenny est aux prises avec la nouvelle machine.

**struggle** *nd* (souvent + **to** + INFINITIF, **with**) **1** lutte, bagarre *His glasses were broken in the struggle.* Il a cassé ses lunettes pendant la bagarre. **2** lutte *a struggle for independence/recognition* une lutte pour l'indépendance/être reconnu *power struggle* lutte pour le pouvoir *Don't give up the struggle.* N'abandonne pas la lutte.

**wrestle** *v* **1** *vit* lutter *He wrestled me to the ground.* Dans la lutte, il m'a jeté par terre. **2** *vi* (souvent + **with**) se débattre avec *I'm still wrestling with the problem.* Je me débats toujours avec ce problème. *voir aussi **388** **Sport**

**clash** *vi* (souvent + **with**) **1** [suj: ex. concurrents, rivaux] être en désaccord, se heurter, être incompatible *Police clashed with demonstrators.* La police s'est heurtée aux manifestants. *clashing colours* des couleurs discordantes *They clashed over disciplining the children.* Ils se sont disputés à propos de la discipline à imposer aux enfants. **2** [être en même temps] tomber au même moment *The meeting clashes with my doctor's appointment.* La réunion tombe en même temps que mon rendez-vous chez le médecin.

**clash** *nd* (souvent + **between**, **with**) **1** choc, heurt, affrontement *border clashes between units from both armies* des affrontements à la frontière entre des unités des deux armées *a clash of interests/personalities* un conflit d'intérêts/de personnalités **2** (souvent + **between**, **with**) coïncidence, simultanéité *There's a clash with another meeting.* Cela tombe en même temps qu'une autre réunion.

**brawl** *nd* [dispute bruyante et fruste entre groupes ou entre personnes] bagarre *a drunken brawl* une querelle d'ivrognes **brawl** *vi* se bagarrer, se quereller

**duel** *nd* duel *to fight a duel* se battre en duel *to challenge sb to a duel* provoquer qn en duel **duel** *vi* se battre en duel **duellist** *nd* duelliste

### expressions

**come to blows** en venir aux mains *The arguments got so heated that the chairman and secretary nearly came to blows.* La discussion s'est tellement enflammée que le président et le secrétaire en sont presque venus aux mains.

**fight tooth and nail** se battre bec et ongles

---

### 249.1 S'opposer

**oppose** *vt* [obj: ex. plan, personne] faire opposition, s'opposer *Nobody dares oppose him/his wishes.* Personne n'ose le contrarier/s'opposer à ses désirs. *the opposing side* le côté opposé

**opposition** *n* **1** *ni* opposition *Opposition to the scheme is mounting.* L'opposition au projet s'intensifie. *We met with almost no opposition during our advance.* Nous n'avons rencontré pratiquement aucune résistance lors de notre progression. **2** *nd* (généralement + **the**) l'opposition *Don't underestimate the opposition.* Ne sous-estime pas l'opposition.

**opponent** *nd* **1** [dans une compétition] adversaire **2** [une personne qui est contre qch] opposant *opponents of the tax* les personnes opposées à la taxe

**resist** *vti* **1** [obj: ex. attaque, demande, changement] résister à, repousser, s'opposer à *They tried to resist the robbers.* Ils ont essayé de s'opposer aux voleurs. **2** [obj: ex. tentation, offre, charme] résister à, refuser *I couldn't resist taking a peep.* Je n'ai pas pu m'empêcher de jeter un coup d'oeil. **3** [obj: ex. rouille, taches, humidité] résister à

**resistance** *n* **1** *nid* (pas de *pl*; souvent + **to**) résistance *The defenders put up (a) stiff resistance.* Les partisans ont opposé une résistance farouche. *the body's* *resistance to infection* la résistance du corps à l'infection **2** (toujours + **the**; souvent avec une majuscule) [pendant la guerre] Résistance *the French Resistance* la Résistance française (utilisé comme *adj*) *resistance fighter* résistant

**compete** *vi* (souvent + **for**, **with**) [suj: ex. équipe, joueur, compagnie, produit] rivaliser, concurrencer *The children compete for her attention.* Les enfants se disputent son attention. *She competed in the Olympics.* Elle a participé aux jeux olympiques. *We simply can't compete with their prices.* Nous ne pouvons tout simplement pas concurrencer leurs prix.

**competition** *n* **1** *ni* compétition, concurrence *cut-throat competition* concurrence acharnée *They won the contract despite fierce competition.* Ils ont décroché le

contrat en dépit d'une concurrence acharnée. *We'll be in competition with three other firms.* Nous serons en concurrence avec trois autres firmes. **2** (toujours + **the**; + *v sing* ou *pl*) (la) concurrence *The competition is/are developing a very similar product.* La concurrence est en train de mettre au point un produit très similaire.

**competitive** *adj* **1** [décrit: ex. personne, esprit] (qui a l'esprit) de concurrence **2** [difficile à battre. Décrit: ex. produit, prix] compétitif, concurrentiel *We must increase productivity in order to remain competitive.* Nous devons augmenter la productivité pour rester compétitifs.

**competitor** *nd* concurrent *If our competitors reduce their prices, we must do the same.* Si nos concurrents diminuent leurs prix, nous devons faire la même chose.
*voir aussi **388 Sport**

## 250 **Enmity** Hostilité

ant **434 Friendship**

**enemy** *nd* **1** ennemi, adversaire *As far as I know, she didn't have any enemies.* Pour autant que je sache, elle n'avait pas d'ennemi. *He's **his own worst enemy**.* Il n'a de pire ennemi que lui-même. **2** (toujours + **the**) (l')ennemi *Our gallant soldiers are advancing against the enemy.* Nos valeureux soldats progressent contre l'ennemi. (utilisé comme *adj*) *enemy aircraft* avion ennemi *enemy forces* forces ennemies

**hostile** *adj* **1** (souvent + **to**, **towards**) hostile *They seem very hostile to the idea.* Ils semblent très hostiles à cette idée. *Why are you being so hostile?* Pourquoi êtes-vous si hostile? **2** [dans des contextes militaires. Décrit: ex. forces, navires] ennemi **hostility** *ni* hostilité

**unfriendly** *adj* (souvent + **to**, **towards**) froid, inamical **unfriendliness** *ni* froideur

**cold** *adj* [souligne l'absence volontaire d'émotion] froid, indifférent, distant *He gave me a cold stare.* Il m'a jeté un regard glacial. **coldly** *adv* froidement **coldness** *ni* froideur

**cool** *adj* froid *Relations are distinctly cool at the moment.* Les relations sont franchement froides en ce moment. **coolness** *ni* froideur

**revenge** *ni* vengeance *to **take revenge** on sb* se venger de qn *in revenge (for)* par vengeance (pour)

### *expressions*

**bad blood** *ni* (souvent + **between**) haine *I don't want to cause bad blood between them.* Je ne veux pas provoquer de haine entre eux.

**ill feeling** *ni* ressentiment, rancune *The decision was the cause of much ill feeling among the residents.* La décision a provoqué beaucoup de ressentiment parmi les habitants. *No ill feeling!* Sans rancune!

**ill will** *ni* [plutôt formel] malveillance, rancune *I bear her no ill will.* Je ne lui en veux pas.

**not be on speaking terms with** ne plus adresser la parole à *They weren't on speaking terms last time I visited them.* La dernière fois que je leur ai rendu visite, ils ne se parlaient plus.

**give sb the cold shoulder** [être volontairement inamical, surtout à la fin d'une amitié ancienne] battre froid à qn

**be at daggers drawn (with)** être à couteaux tirés

## 251 **Resentment** Ressentiment

**resentment** *ni* (souvent + **against**, **towards**) ressentiment, rancoeur, amertume

**resent** *vt* [obj: ex. façon de traiter, attitude] être contrarié par *I really resent having to go to that meeting.* Ça m'ennuie vraiment de devoir aller à cette réunion. **resentful** *adj* amer **resentfully** *adv* avec rancune

**grudge** *nd* rancune *to **bear sb a grudge*** en vouloir à qn, garder rancune à qn *He's got a grudge against me.* Il a une dent contre moi.

**grudge** ou **begrudge** *vt* donner à contrecoeur, reprocher *He grudges every penny he has to spend on food.* Il rechigne à dépenser le moindre sou pour la nourriture. *I don't begrudge them their success.* Je ne leur reproche pas leur succès. *She begrudges paying £10 a ticket.* Ça lui fait mal au coeur de payer 10 livres pour un billet.

**grudging** *adj* [décrit: ex. aveu, approbation] réticent, accordé à contrecoeur **grudgingly** *adv* à contrecoeur

**jealous** *adj* (souvent + **of**) [implique un sentiment plus fort et plus amer que **envious**] jaloux *Don't take any notice of her, she's just jealous.* Ne fais pas attention à elle, elle est tout simplement jalouse. *She gets jealous if I simply look at another girl.* Il suffit que je regarde une autre fille pour qu'elle soit jalouse. **jealousy** *ni* jalousie

**jealously** *adv* jalousement *a jealously guarded secret* un secret jalousement gardé

**envy** *ni* envie *Her new car is the envy of the whole office.* Sa nouvelle voiture fait l'envie de tout le monde au bureau. *green with envy* vert de jalousie

**envy** *vt* envier (souvent + 2 objs) *I envy her her good looks.* Je lui envie sa beauté. *That's one job I don't envy you.* C'est un boulot que je ne t'envie pas.

**envious** adj (souvent + of) envieux **enviously** adv avec envie

**covet** ni [formel. Obj: qch qui appartient à qn d'autre] convoiter **covetous** adj avide **covetousness** ni convoitise

## 252 Danger Danger

**danger** n **1** ni [terme général] danger, risque *Danger! – High power cables.* Attention danger! Haute tension. *You're in terrible danger.* Tu cours un très grand danger. *She's in danger of losing her job.* Elle risque de perdre son emploi. *The patient is now out of danger.* Le patient est à présent hors de danger. (utilisé comme adj) *danger signal* signal de danger *danger money* prime de risque **2** nd (souvent + **to**) danger, risque *a danger to health* dangereux pour la santé *They faced many difficulties and dangers on the voyage.* Ils ont rencontré beaucoup de difficultés et de périls pendant la traversée.

**dangerous** adj [décrit: ex. drogue, maladie, arme] dangereux *It's dangerous to drive so fast.* C'est dangereux de conduire si vite.

**dangerously** adv dangereusement *dangerously ill* gravement malade *He came dangerously close to ruining the whole project.* Il s'en est fallu de peu qu'il fasse échouer tout le projet.

**endanger** vt [obj: ex. vie, santé] mettre en danger, exposer *endangered species* espèce menacée

**jeopardy** ni [plus formel que **danger**] danger, péril *in jeopardy* en danger

**jeopardize** vt, AUSSI **-ise** (Brit) [ne fait gén pas allusion à des dangers physiques] mettre en danger, compromettre *I don't wish to jeopardize the success of this venture.* Je ne veux pas compromettre le succès de cette entreprise.

**peril** nid [terme plus littéraire que **danger**] péril *Our lives were in mortal peril.* Nous étions en danger de mort. *You ignore this warning at your peril.* Vous ne tenez pas compte de cet avertissement mais c'est à vos risques et périls. **perilous** adj dangereux

**perilously** adv périlleusement, dangereusement *They were driving perilously close to the cliff edge.* Ils conduisaient dangereusement près du bord de la falaise.

**hazard** nd (souvent + **to**) risque, danger *a fire/health hazard* un risque d'incendie/pour la santé *Boredom is an occupational hazard in this job.* Le risque du métier dans ce boulot, c'est l'ennui. (utilisé comme adj) *hazard warning (lights)* feux de détresse **hazardous** adj risqué

**pitfall** nd [chose ou situation susceptible de causer des problèmes] piège, embûche *This is one of the pitfalls for a person learning English.* C'est l'un des écueils que rencontre celui qui apprend l'anglais.

**risk** ndi risque *a security risk* personne qui constitue un danger pour la sécurité *I'm willing to take the risk.* Je suis disposé à prendre le risque. *You run the risk of losing their support.* Vous risquez de perdre leur soutien. *The future of this company is at risk.* L'avenir de la compagnie est en jeu. (utilisé comme adj) *a*

*high-risk investment* un investissement à haut risque

**risk** vt **1** [obj: ex. santé, argent, réputation] risquer *She risked her life to save me.* Elle a risqué sa vie pour me sauver. **2** [obj: ex. mort, défaite, ruine] s'exposer au risque de *We risk getting put in prison if we're found out.* On risque la prison si on nous démasque. **3** [obj: action qui peut avoir des conséquences dangereuses ou désagréables] risquer, courir le risque de *They won't risk an election while the opinion polls are so unfavourable.* Ils ne se risqueront pas à une élection quand les sondages sont si défavorables.

**risky** adj risqué, hasardeux *It's a risky business lending people money.* C'est toujours risqué de prêter de l'argent aux gens.

**chancy** adj risqué, hasardeux

**unsafe** adj dangereux, peu sûr *That platform looks extremely unsafe.* Cette plate-forme a l'air très instable.

### 252.1 Urgence

**emergency** nd urgence *In an emergency we may have to evacuate the building.* En cas d'urgence, nous devrons peut-être évacuer le bâtiment. *I keep a first-aid kit in that cupboard for emergencies.* J'ai toujours une trousse de secours dans cette armoire pour les urgences. (utilisé comme *adj) emergency (telephone) number* numéro d'appel d'urgence *the **emergency services*** les services d'urgence *emergency exit* sortie de secours *emergency landing* atterrissage forcé

**crisis** *nd, pl* **crises** [gén moins soudain que **emergency**] crise, point critique *a political/economic crisis* une crise politique/économique *a crisis of confidence* une crise de confiance (utilisé comme *adj) at crisis point* au moment critique

**critical** *adj* [décrit: ex. moment, stade, décision] critique, décisif *The next few days could be critical for the company.* Les prochains jours pourraient bien être décisifs pour la compagnie. *of critical importance* d'importance capitale

### 252.2 Mettre en garde

**warn** *vt* (souvent + **about**, **against**, **of**) prévenir, avertir *You can't say I didn't warn you.* Tu ne pourras pas dire que je ne t'ai pas prévenu. *The children were warned about the dangers.* Les enfants étaient avertis du danger. (souvent + **to** + INFINITIF, + **that**) *The police were warned to be on the look-out for the escaped man.* On a prévenu la police d'être vigilante pour retrouver le fugitif. *You might have warned me she was coming.* Tu aurais pu me prévenir qu'elle venait.

**warning** *ndi* avertissement *to shout a warning* crier pour prévenir de qch *They arrived **without** any **warning**.* Ils sont arrivés sans crier gare. (utilisé comme *adj) warning light* avertisseur lumineux *warning shot* coup de feu tiré en guise d'avertissement

**alert** *vt* (souvent + **to**) [faire prendre conscience de] alerter, éveiller l'attention de *We were alerted to the dangers.* On nous avertit des dangers. *A neighbour alerted the police.* Un voisin a alerté la police.

**alert** *nid* alerte *The army was placed **on full alert**.* L'armée a été mise en état d'alerte. *Be **on the alert for** suspicious-looking packages.* Soyez vigilants et tâchez de repérer tout bagage suspect. *a nuclear alert* une alerte nucléaire

**alert** *adj* (souvent + **to**) [décrit: ex. personne, esprit] vigilant *An alert customs officer spotted the wanted man.* Un douanier vigilant a repéré l'homme recherché.

## 253 **Safety** Sécurité

voir aussi **252 Danger**

**safe** *adj* **1** (généralement après *v*, souvent + **from**) [hors de danger] en sécurité *I couldn't rest until I knew you were safe.* Je n'étais pas tranquille tant que je ne te savais pas hors de danger. *The travellers got home **safe and sound**.* Les voyageurs sont arrivés à la maison sains et saufs. *Will my suitcase be safe here?* Est-ce que ma valise sera en sécurité ici? **2** [décrit: ex. endroit, voiture, investissement, autre facteur externe.

**safety net** filet

**safety belt** ceinture de sécurité

Comparer avec **secure**] sûr, sans risque *It's not safe to go out alone.* C'est dangereux de sortir seul. *The roof isn't safe to walk on.* Le toit n'est pas assez solide pour que l'on puisse marcher dessus. **3** (avant *n*) [décrit: surtout un conducteur] prudent, sûr *to be **in safe hands*** être entre de bonnes mains

**safety** *ni* sécurité *Put this helmet on, it's for your own safety.* Mettez ce casque, c'est pour votre propre sécurité. ***safety first*** la sécurité d'abord *After 10 days walking on the mountain, he reached safety at last.* Après avoir marché 10 jours dans la montagne, il arriva enfin en lieu sûr. *in a place of safety* en lieu sûr *for safety's sake* par mesure de sécurité (utilisé comme *adj) safety glass* vitrage de sécurité *safety catch* cran de sécurité

**unharmed** *adj* (généralement après *v*) indemne, sain et sauf

**secure** *adj* **1** (souvent + **about**) [s'utilise principalement pour décrire le sentiment de qn plutôt que des facteurs externes – comparer à **safe**. Décrit un sentiment de confiance et l'absence d'inquiétude] tranquille, confiant *I feel secure because I trust you.* Je me sens en sécurité parce que j'ai confiance en toi. *to be secure in the knowledge that* avoir la certitude que **2** [sûr et stable. Décrit: ex. foyer, contexte familial, emploi] assuré, stable **3** (généralement après *v*) qui tient bien *to make the doors and windows secure* bien fermer les portes et les fenêtres

*usage*

Le contraire du premier sens du terme **secure** (tranquille, confiant) est **insecure** (anxieux, inquiet, insécurisé) *voir aussi **255 Fear.** Ce terme n'est normalement pas utilisé pour les autres sens où l'on dira plutôt que quelque chose est **not secure**, ex. *That lock isn't very secure.* Cette serrure n'est pas très sûre.

**secure** *vt* **1** [fixer solidement. Obj: ex. porte, fenêtre, corde] attacher, fermer **2** (souvent + **against**, **from**) [assurer. Obj: ex. position, investissement, avenir] préserver, garantir, protéger

**security** *n* **1** *ni* [sentiment] sécurité *a feeling of security* une impression de sécurité *They need the security of a stable relationship.* Ils ont besoin de la sécurité d'une relation stable. **2** *ni* [dispositions] sécurité *on grounds of national security* pour raisons de sécurité nationale *Security was very tight during the Pope's visit.* Les mesures de sécurité étaient très sévères lors de la visite du Pape. (utilisé comme *adj*) *security risk* personne qui constitue un danger pour la sécurité *security guard* garde chargé de la sécurité

### 253.1 Précaution

**precaution** *nd* (souvent + **against**) précaution *We removed everything breakable from the room as a precaution.* Par précaution, on a enlevé de la pièce tout ce qui se casse. *to* **take precautions** prendre des précautions **precautionary** *adj* de précaution, préventif

**insure** *vti* (souvent + **against**) [obj: ex. maison, voiture, bijoux] assurer *Are we insured against theft?* Est-ce que nous sommes assurés contre le vol? *The camera is insured for £200.* L'appareil-photo est assuré pour un montant de 200 livres. **insurer** *nd* assureur

**insurance 1** *ni* assurance *The contents of the house are covered by insurance.* Le contenu de la maison est assuré. *to* take out insurance on sth contracter une assurance pour qch (utilisé comme *adj*) *insurance company* compagnie d'assurances *insurance policy* police d'assurance **2** *nd* (souvent + **against**) sécurité,

assurance *I carry spare parts in my car as an insurance against breaking down a long way from a garage.* J'ai toujours des pièces de rechange dans ma voiture pour le cas où je tomberais en panne loin d'un garage.

*usage*

On utilise le terme **life insurance** (assurance-vie) aux Etats-Unis comme en Grande-Bretagne, mais en Grande-Bretagne, on utilise également le terme **life assurance** généralement considéré comme plus correct.

### 253.2 Sauver

**save** *vt* (souvent + **from**) sauver, protéger *She saved the boy from drowning.* Elle a sauvé le petit garçon de la noyade. *to save sb's life* sauver la vie à qn *a campaign to save a threatened building/nature reserve* une campagne pour sauver un bâtiment menacé/une réserve naturelle menacée

**rescue** *vt* (souvent + **from**) sauver, secourir *He rescued a woman from a burning building.* Il a sauvé une femme d'un immeuble en flammes. *I managed to rescue this book before it was thrown away.* J'ai réussi à sauver ce livre avant qu'on ne le jette. **rescuer** *nd* sauveteur

**rescue** *ndi* sauvetage *a daring rescue carried out by helicopter* un sauvetage audacieux par hélicoptère *to* **come/go to the rescue of** *sb/sth* venir en aide/aller au secours de qn/qch (utilisé comme *adj*) *rescue attempt* tentative de sauvetage *rescue vessel* bateau de sauvetage

**survive** *vit* survivre, subsister *She was badly injured but survived.* Elle a été grièvement blessée mais a survécu. *She's my only surviving relative.* Elle est la seule famille qui me reste. *a tradition which has survived since the Middle Ages* une tradition qui subsiste depuis le Moyen Age *He survived the crash.* Il a survécu à l'accident.

**survival** *ni* survie *a fight for survival* une lutte pour survivre *the survival of the fittest* la survie du mieux adapté (utilisé comme *adj*) *survival kit* nécessaire de survie

**survivor** *nd* survivant *There were no survivors from the crash.* L'accident n'a laissé aucun survivant.

## 254 Look after S'occuper de

**look after** *sb/sth vt prép* **1** [obj: surtout une personne, objet de valeur ou objet qui nécessite de l'attention] surveiller, prendre soin de *Will you look after our cat for us while we're on holiday?* Vous pourrez vous occuper de notre chat quand nous serons en vacances? *I can look after myself.* Je peux me débrouiller tout seul. *This car has been well looked after.* Cette voiture a été bien entretenue. **2** [obj: ex. arrangements, intérêts] s'occuper de, avoir l'oeil sur

**take care of** *vt prép* **1** faire attention à, prendre soin de *Who's going to take care of you when you're old?* Qui va prendre soin de toi quand tu seras vieux? **2** se charger de *Don't worry about the financial side, that's all been taken care of.* Ne t'inquiète pas pour l'aspect financier, on s'en est occupé.

*expression*

**to keep an eye on sb** [informel. Surveiller et s'assurer qu'ils ne soient pas exposés à des problèmes ou des dangers] surveiller, ne pas perdre de vue *Keep an eye on your little sister while I go to the shops.* Garde l'oeil sur ta petite soeur pendant que je vais faire des courses.

**care for** *sb/sth vt prép* **1** [obj: surtout une personne malade ou âgée] soigner, s'occuper de **2** [aimer] être attaché à, se soucier de *I know how deeply he cares for you.* Je sais combien il t'aime.

**keep** *vt, prét & part passé* **kept 1** [obj: une personne, soi-même] entretenir, subvenir aux besoins de *You*

## 255 Fear Peur

ant 258 Courage

**fear** n 1 ni [terme général] (souvent + **of**) crainte, peur *I daren't move for fear of being spotted.* Je n'ose pas bouger de peur d'être repéré. *to be/live in fear of sth* vivre dans la crainte de qch 2 nd crainte *Their fears proved groundless.* Leurs craintes se sont avérées sans fondement.

**fear** v [plutôt formel] 1 vt [obj: ex. mort, blessure, ruine] craindre *You've got nothing to fear from me.* Tu n'as rien à craindre de moi. 2 vi (souvent + **for**) craindre *The doctors feared for her sanity.* Les médecins craignaient qu'elle ne perde la raison.

**fright** nid peur, effroi *to give sb a fright* faire peur à qn *to take fright* prendre peur *I nearly died of fright.* J'ai failli mourir de peur.

**alarm** n 1 ni [moins fort que **fear**] inquiétude *There is no cause for alarm.* Il n'y a pas lieu de s'alarmer. *He cried out in alarm.* Il a poussé un cri d'alarme. 2 ni alarme *The alarm was sounded.* On a sonné l'alarme. *to raise the alarm* donner l'alarme (utilisé comme adj) *alarm signal* signal d'alarme 3 nd alarme *burglar alarm* alarme anti-vol **alarm** vt alarmer, faire peur à

**alarming** adj [décrit: ex. augmentation, rapport, nombre] alarmant **alarmingly** adv d'une manière alarmante

**panic** ndi [peur soudaine et violente] panique, terreur, affolement *I was in a panic because I thought I'd missed the plane.* J'étais affolée parce que je croyais avoir raté l'avion. *The news caused panic among investors.* La nouvelle a semé la panique chez les investisseurs.

**panic** vit, **-ck-** s'affoler, paniquer *Don't panic!* Pas d'affolement! *She panicked and tried to burn the letter.* Elle s'affola et essaya de brûler la lettre.

**terror** nid [terme plus fort que **fear**] terreur, épouvante *They ran away in terror.* Ils se sont enfuis épouvantés. *terror-stricken* épouvanté

**terrorist** nd terroriste *Terrorists hijacked the airliner.* Des terroristes ont détourné l'avion. (utilisé comme adj) *terrorist attack* attentat terroriste **terrorism** ni terrorisme

**dread** nid [peur profonde de quelque chose qui va ou pourrait arriver dans le futur] peur, phobie *I have a dread of old age.* Je redoute la vieillesse.

**dread** vt redouter *I used to dread those visits to the dentist.* Avant, je redoutais ces visites chez le dentiste. *I dread to think what might have happened.* Je tremble à l'idée de ce qui aurait pu arriver.

### 255.1 Effrayé

**afraid** adj (après v) 1 (souvent + **of**, + **to** + INFINITIF) [terme gén, pas très fort] qui a peur *He's afraid of the dark.* Il a peur du noir. *Don't be afraid to ask questions.* N'ayez pas peur de poser des questions. 2 [utilisé pour exprimer poliment le regret] (toujours + **that**) désolé *I'm afraid she's not in.* Je suis désolé mais elle n'est pas là. *Tickets are sold out, I'm afraid.* Je regrette mais tous les tickets sont vendus.

**frightened** adj (souvent + **of**, + **to** + INFINITIF) [plus fort que **afraid**] effrayé *Hold my hand if you feel frightened.* Tiens-moi la main si tu as peur.

**scared** adj (souvent + **of**, + **to** + INFINITIF) [légèrement moins formel que **frightened**] effrayé, affolé *I was scared stiff.* J'avais une peur bleue.

**fearful** adj (après v, souvent + **of**) [plus formel que **afraid**] peureux, craintif *She was so fearful of offending them, she hardly opened her mouth.* Elle craignait tellement de les vexer qu'elle parlait à peine. **fearfully** adv craintivement

**terrified** adj (souvent + **of**, + **to** + INFINITIF) [extrêmement effrayé] terrifié

**petrified** adj (souvent + **of**, + **to** + INFINITIF) [terme très fort mais souvent utilisé de façon exagérée] pétrifié de peur *I was petrified in case she fell off.* J'étais pétrifié à l'idée qu'elle tombe.

**coward** nd poltron, lâche *I'm a terrible coward about speaking in public.* Je suis un vrai poltron quand il s'agit de parler en public. **cowardice** ni lâcheté **cowardly** adj lâche

### expressions

**as white as a sheet** [utilisé seulement pour décrire la pâleur provoquée par la peur, pas d'autres genres de pâleur] pâle comme un linge

**get cold feet** [informel. Utilisé moins fréquemment pour la crainte d'un danger physique] avoir la frousse, avoir la trouille *He got cold feet the night before the wedding.* La veille de son mariage il a eu la trouille.

**lose one's nerve** perdre son sang-froid, se dégonfler *She suddenly lost her nerve and refused to get on the plane.* Elle s'est soudain dégonflée et a refusé de monter dans l'avion.

### 255.2 Effrayer

**frighten** vt faire peur, effrayer *They frighten the life out of me, those big lorries.* Ils me rendent fou de terreur, ces gros camions. *He shouted to frighten the birds away.* Il cria pour faire peur aux oiseaux. **frightening** adj effrayant

**scare** vt [légèrement moins formel que **frighten**] faire peur à *He doesn't scare me with his threats.* Ses menaces ne me font pas peur. *to scare sb away/off* faire fuir qn en l'effrayant

**scary** adj [informel] angoissant, qui donne des frissons

**scare** nd 1 peur, frousse *to give sb a scare* donner la frousse à/effrayer qn 2 [incident] alarme *bomb scare* alerte à la bombe *rabies scare* alerte aux cas de rage

**terrify** vt [très emphatique] terrifier **terrifying** adj terrifiant

**petrify** vt [très emphatique, souvent utilisé de façon exagérée] paralyser de peur

**threaten** v 1 vt (souvent + **with**) menacer *His boss threatened him with the sack.* Son patron l'a menacé de le renvoyer. 2 vt (souvent + **to** + INFINITIF) menacer de *They're threatening to blow up the building.* Ils menacent de faire sauter le bâtiment. *clouds threatening rain* nuages menaçants 3 vti (souvent + **with**) [être ou mettre en danger] menacer *a species threatened with extinction* une espèce menacée d'extinction *Price increases are threatening our* standard of living. Les augmentations de prix sont une menace pour notre niveau de vie.

**threat** n 1 *ndi* menace *an empty threat* une menace en l'air *The local theatre is under (the) threat of demolition.* Le théâtre de la ville est menacé de démolition. **2** (souvent + **to**) menace *Their territorial ambitions pose a grave threat to the peace of the region.* Leurs ambitions territoriales constituent une sérieuse menace pour la paix de la région.

**bully** vt tyranniser, brutaliser *He tried to bully me into giving him my ticket.* Il a essayé de me faire peur pour me forcer à lui donner mon ticket. **bully** nd brute

### expressions

**make someone's hair stand on end** faire dresser les cheveux sur la tête à qn *Some of the stories they tell, they make your hair stand on end.* Certaines histoires qu'ils racontent sont à vous faire dresser les cheveux sur la tête.

**give someone the creeps** [informel. Souvent une crainte mêlée de dégoût ou d'horreur] donner la chair de poule, faire froid dans le dos *That house really gives me the creeps.* Cette maison me fait froid dans le dos. *He gives me the creeps.* Il me donne la chair de poule.

**make someone's blood run cold** [plutôt littéraire] glacer le sang *The sight that met my eyes made my blood run cold.* Le spectacle qui s'offrit à mes yeux me glaça le sang.

## 255.3 Manifester des signes de peur

**shake** vi, *prét* **shook** *part passé* **shaken** trembler *He was shaking like a leaf.* Il tremblait comme une feuille. *Her hand shook as she went to pick up the telephone.* Sa main tremblait comme elle allait décrocher le téléphone. **2** vt affecter, secouer, ébranler *The news really shook me.* La nouvelle m'a bouleversé. *She was badly shaken (up) by the accident.* Elle a été très secouée par l'accident.

**tremble** vi [mouvement légèrement moins visible ou violent que **shake**, terme souvent utilisé pour d'autres émotions que la peur] frémir, frissonner *I was trembling all over.* Je tremblais de la tête aux pieds. *to tremble with rage/excitement* frémir de rage/d'excitation **tremble** nd tremblement, frisson

**quiver** vi [petit mouvement] frissonner *in a voice quivering with emotion* d'une voix tremblante d'émotion **quiver** nd frémissement

**quake** vi [très forte réaction. Souvent utilisé de façon légèrement humoristique] trembler, frémir *The boys heard her voice and quaked with terror.* Au son de sa voix, les gamins se mirent à trembler de peur.

**cower** vi se tapir, se recroqueviller *She cowered away from the blow.* Elle se recroquevilla pour éviter le coup. *They were cowering in a corner.* Ils se blottissaient dans un coin.

**freeze** vit [être incapable de remuer ou parler à cause de la peur] être figé par la peur *They froze in horror when they heard the door open.* Ils ont été pétrifiés d'horreur quand ils ont entendu la porte s'ouvrir.

## 255.4 S'inquiéter

**worry** n 1 *ni* souci, inquiétude **2** *nd* souci *financial worries* ennuis d'argent *That's the least of my worries.* C'est le cadet de mes soucis.

**worry** v 1 *vi* (souvent + **about**) se faire du souci, s'inquiéter, s'en faire *I lie awake at night worrying.* Je passe des nuits blanches à me faire du souci. *Don't worry, you won't be left behind.* Ne t'en fais pas, on ne va pas te laisser. **2** vt inquiéter, tracasser *Don't let it worry you.* Ne te tracasse pas pour ça. *It's beginning to worry me that she hasn't learned to read yet.* Ça commence à m'inquiéter qu'elle n'ait pas encore appris à lire. **worrier** nd anxieux, inquiet

**worried** adj (souvent + **about**) [décrit: ex. personne, froncement de sourcils, regard] inquiet *We've been **worried sick** about you.* Nous étions malades d'inquiétude à ton sujet.

**anxiety** n 1 *nid* (souvent + **about**, **over**) [légèrement plus formel que **worry**] appréhension, grande inquiétude *The news has caused considerable anxiety.* La nouvelle a suscité une vive inquiétude. **2** *ni* (souvent + **to** + INFINITIF) grand désir *In her anxiety to appear grown-up, she had put on too much make-up.* A vouloir à tout prix paraître adulte, elle s'était mis trop de maquillage.

**anxious** adj 1 (souvent + **about**) anxieux, angoissé, très inquiet *an anxious wait* une attente angoissée *You're making me very anxious.* Tu me rends très inquiet. **2** (souvent + **to** + INFINITIF, + **that**) impatient, très désireux *I'm anxious to learn all I can.* Je suis impatient d'apprendre tout ce que je peux apprendre. **anxiously** adv avec inquiétude, avec impatience

**concern** ni [assez formel] inquiétude, anxiété, préoccupation *His condition is causing grave concern.* Son état est très préoccupant. *There's no cause for concern.* Il n'y a pas lieu de s'inquiéter.

**concern** vt inquiéter *It concerns me that we have made so little progress.* Ça m'inquiète que nous ayons fait si peu de progrès. *I'm concerned about her health.* Je me fais du souci pour sa santé.

**apprehensive** adj (souvent + **about**) [plus formel que **worried**. Concerne quelque chose qui va ou pourrait arriver dans le futur] inquiet **apprehensively** adv avec appréhension

**insecure** adj [inquiet et qui manque de confiance, décrit gén une caractéristique plutôt qu'une humeur passagère] anxieux, insécurisé *She's a very insecure person.* C'est une anxieuse. **insecurity** ni insécurité

**nerves** n pl nerfs, nervosité *an attack of nerves* une crise de nerfs *first-night nerves* le trac de la première *He's **a bag/bundle of nerves**.* C'est un paquet de nerfs.

**nervous** adj (souvent + **about**) nerveux, tendu *Are you nervous about the interview?* Est-ce que cette entrevue te fait peur? *He's a **nervous wreck**.* Il est à bout de nerfs.

## 255.5 Timide

**timid** adj timide, craintif *Deer are very timid creatures.* Les cerfs sont des créatures très craintives. **timidity** ni timidité, caractère craintif **timidly** adv timidement, craintivement

**shy** *adj* timide, réservé, gauche *She's too shy to speak to anyone.* Elle est trop timide pour parler à qui que ce soit. *a shy smile* un sourire timide **shyly** *adv* timidement **shyness** *ni* timidité, réserve

## 256 Tension Tension

**tension** *n* 1 *ni* [inquiétude nerveuse] tension *nervous tension* tension nerveuse *Tension is mounting as the time for the announcement draws near.* La tension monte au fur et à mesure qu'on se rapproche de la date de l'annonce. 2 *nid* [atmosphère désagréable] tension *international tension* tension internationale *racial tensions in inner-city areas* tensions raciales dans les centres urbains 3 *ni* [rigidité] tension *a cable under tension* un câble sous tension

**tense** *adj* 1 [décrit: ex. personne, moment, atmosphère] tendu 2 [décrit: surtout un muscle] tendu *His whole body was tense with anxiety.* Tout son corps était crispé d'anxiété. **tense** *vti* (se) tendre

**stress** *nid* 1 stress, tension *Stress can cause heart disease.* Le stress peut provoquer des maladies cardiaques. *She has been under a lot of stress lately.* Elle est considérablement stressée ces derniers temps. 2 [en ingénierie] effort, travail, charge **stressful** *adj* stressant, difficile

### 256.1 Agité

**uneasy** *adj* 1 (souvent + **about**) troublé, inquiet, mal à l'aise *I had an uneasy feeling that something was wrong.* J'avais le sentiment confus que quelque chose n'allait pas. 2 [incertain et qui provoque de l'inquiétude. Décrit: ex. paix, alliance, silence] troublé, gêné **unease** *ni* malaise, inquiétude

**agitated** *adj* (souvent + **about**) inquiet *She got very agitated when I suggested that we should call the police.* Elle s'est mise dans tous ses états quand j'ai suggéré d'appeler la police. **agitation** *ni* émotion, trouble, agitation

**het up** *adj* (souvent + **about**) [informel] agité, excité *He got very het up about the plans for a new shopping centre.* Il s'est mis dans tous ses états à propos de ces projets pour le nouveau centre commercial.

**on edge** *adj* (toujours après *v*) énervé, à cran *She's been so on edge lately.* Elle est tellement irascible ces derniers temps.

**edgy** *adj* [informel] à cran

### 256.2 Tendu

voir aussi **100 Hard**

**taut** *adj* 1 tendu 2 [se dit d'une personne ou d'une situation] tendu *He wore a taut smile.* Il avait un sourire crispé. (utilisé comme *adv*) *Pull the rope taut.* Tends bien la corde.

**tight** *adj* raide, tendu *Is the rope tight enough?* Est-ce que la corde est assez tendue? **tight** *adv* (après *v*) bien, très fort, serré **tightly** *adv* solidement, fort, bien **tightness** *ni* étroitesse, dureté **tighten** *vti* tendre, resserrer

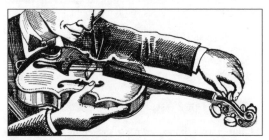

**You turn the knob to increase tension on the string.** Vous tournez la cheville pour mieux tendre la corde.

**She was laced up tightly.** Son corsage était très serré.

**The leather is stretched taut across the top of the drum.** Le cuir sur le tambour est tendu au maximum.

## 257 Excitement Excitation

**excitement** *nid* excitation, agitation *The children were wild with excitement.* Les enfants étaient surexcités. *That's enough excitement for one day.* Assez d'émotions pour aujourd'hui.

**exhilaration** *ni* [provoqué par quelque chose (souvent plutôt effrayant) qui se passe vraiment, pas quelque chose que l'on anticipe] allégresse, ivresse **exhilarate** *vt* stimuler

**thrill** *nd* frisson, sensation *a thrill of pleasure* un frisson de plaisir *It was such a thrill actually being there.* C'était vraiment électrisant d'être là. **thrill** *vt* électriser, enivrer, transporter

**kick** *nd* [informel. Souvent utilisé de façon plutôt péjorative] frisson, excitation *to get a kick out of sth* prendre plaisir à qch *So that's how you get your kicks, is it?* Alors, c'est comme ça que tu prends ton pied?

**adventure** *ndi* aventure *She told us all about her adventures in Africa.* Elle nous a raconté toutes ses péripéties en Afrique. *Where's your sense of adventure?* Où est passé ton goût de l'aventure? (utilisé comme *adj*) *adventure story* roman d'aventures *adventure playground* aire de jeux

**suspense** *ni* suspense, attente, incertitude *Don't keep us all in suspense.* Ne nous faites pas languir. *I can't bear the suspense.* Je ne supporte pas ce suspense.

**hysteria** *ni* hystérie *mass hysteria* hystérie collective

### 257.1 Excité

**excited** *adj* (souvent + **about**) excité, agité, en émoi *I'm so excited about this holiday!* Je suis tellement excité en pensant à ces vacances. *The children always get excited when their uncle comes.* Les enfants sont toujours excités quand leur oncle vient à la maison.

**thrilled** *adj* [emphatique] ravi, aux anges *We were thrilled to bits* (*Brit*) *bits/pieces* (*US*) *when she told us.* Nous étions aux anges quand elle nous en a parlé.

**worked up** *adj* (après *v*) [informel. Excité et inquiet ou fâché] dans tous ses états *You've got yourself all worked up over nothing.* Tu t'es mis dans tous tes états pour rien.

### 257.2 Excitant

**exciting** *adj* excitant, passionnant *Your job sounds very exciting.* Ton boulot a l'air passionnant. **excitingly** *adv* d'une manière sensationnelle

**thrilling** *adj* [décrit: ex. dénouement, point culminant] palpitant, excitant

**dramatic** *adj* [décrit: ex. changement, évasion] spectaculaire **dramatically** *adv* de façon spectaculaire

**gripping** *adj* palpitant, passionnant

**nail-biting** *adj* [informel] passionnant

**sensational** *adj* 1 [décrit: ex. découverte, résultat]

sensationnel, qui fait sensation 2 [péjoratif. Décrit: surtout article dans le journal, compte rendu] à sensation **sensationalism** *ni* recherche ou exploitation du sensationnel

### 257.3 Exciter

**excite** *vt* 1 [obj: surtout une personne] exciter, enthousiasmer *The idea really excites me.* Cette idée m'enthousiasme vraiment. 2 [formel. Obj: ex. intérêt, admiration, envie] susciter, aviver *Their activities have excited suspicion.* Leurs activités ont suscité des soupçons.

**arouse** *vt* [obj: ex. attention, méfiance, opposition] éveiller, susciter *sexually aroused* excité sexuellement **arousal** *ni* excitation (sexuelle)

**stimulate** *vt* 1 [susciter l'intérêt ou stimuler l'utilisation du cerveau] stimuler, aiguiser *a stimulating discussion* une discussion stimulante *We try to stimulate the children with books and toys.* Nous essayons de stimuler les enfants avec des livres et des jouets. 2 [rendre plus actif. Obj: ex. croissance, demande] stimuler, activer *The government lowered interest rates in order to stimulate the economy.* Le gouvernement a diminué les taux d'intérêt pour stimuler l'économie. **stimulation** *ni* stimulant, stimulation

**stimulus** *nd, pl* **stimuli** [essentiellement technique] stimulus **stimulant** *nd* stimulant

**turn** sb **on** *vt prép* [informel. Exciter et attirer, gén sexuellement] exciter, émoustiller *He really turns me on.* Il m'excite vraiment. *The idea of spending all day in a meeting doesn't really turn me on.* L'idée de passer toute la journée à une réunion ne me branche pas vraiment.

**turn-on** *nd* [informel. Quelque chose qui est excitant, gén sexuellement] excitant *That outfit is a bit of a turn-on.* Cette tenue est plutôt sexy. *I'm afraid I don't find computers much of a turn-on.* Je regrette mais je ne trouve pas les ordinateurs particulièrement excitants.

## 258 Courage Courage

ant 255 Fear

**courage** *ni* courage *It took weeks before he could pluck up (the) courage to propose.* Il lui a fallu des semaines pour trouver le courage de faire sa demande en mariage. **courageous** *adj* [plutôt formel] courageux **courageously** *adv* courageusement

**brave** *adj* courageux, brave *Be brave, we'll soon have that splinter out.* Courage, on va bientôt arriver à retirer cette écharde. *a brave attempt* une tentative courageuse **bravely** *adv* courageusement

**bravery** *ni* courage, bravoure *The policeman was awarded a medal for bravery.* Le policier a reçu une médaille pour son courage.

**bravado** *ni* [souvent péjoratif. Implique qu'on cherche à se rendre intéressant, souvent par des actions dangereuses] bravade *He did it out of sheer bravado.* Il l'a fait uniquement par bravade.

**heroic** *adj* [décrit: ex. tentative de sauvetage, résistance] héroïque *Under the circumstances her self-restraint was quite heroic.* Dans ces circonstances, sa maîtrise de soi était tout à fait héroïque.

**hero** (*masc*) *nd, pl* **heroes,** (*fém*) **heroine** 1 héros *He came back to a hero's welcome.* A son retour, il fut accueilli en héros. *He's my hero.* C'est mon héros. 2 [d'un livre, d'une pièce etc.] héros **heroism** *ni* héroïsme

**fearless** *adj* intrépide, sans peur *Children of that age are completely fearless.* A cet âge, les enfants n'ont vraiment peur de rien.

**fearlessly** *adv* sans peur, intrépidement

**valiant** *adj* [littéraire lorsqu'il est utilisé pour des gens. Décrit: surtout tentative, effort] courageux, vaillant *our valiant soldiers* nos valeureux soldats **valiantly** *adv* vaillamment **valour** (*Brit*), **valor** (*US*) *ni* bravoure, courage

**guts** *n pl* [informel] cran *You have to admit it, she's got guts.* Tu dois reconnaître qu'elle a du cran. *He didn't even have the guts to tell me himself.* Il n'a même pas eu le courage de me le dire lui-même.

**face up to** sth/sb *vt prép* [obj: ex. fait, responsabilités] affronter, faire face à

## 258.1 Faire preuve de courage et d'initiative

**dare** v 1 (vti) (souvent + INFINITIF) oser *How dare you come in here without permission?* Comment oses-tu venir ici sans permission? *None of us dared (to) question her decision.* Aucun de nous n'osa remettre en question sa décision. 2 vt mettre au défi *I dare you to jump in with all your clothes on.* Je te défie d'y sauter tout habillé.

**dare** nd défi *She did it for a dare.* Elle l'a fait par défi.

**daring** adj [décrit: ex. sauvetage, évasion, hold-up] audacieux, hardi **daring** ni audace, hardiesse **daringly** adv audacieusement

**audacious** adj 1 [plus formel que **daring**. Implique souvent un certain culot] audacieux, hardi 2 [insolent] effronté, impudent **audaciously** adv audacieusement

**audacity** ni 1 [plutôt formel] audace, hardiesse 2 [péjoratif] effronterie, insolence *He had the audacity to call me a liar.* Il a eu l'insolence de me traiter de menteur.

**adventurous** adj audacieux *She's not very adventurous in her choice of colours.* Elle ne prend pas beaucoup de risques dans son choix de couleurs.

**intrepid** adj [vieilli ou littéraire, mais parfois utilisé de façon humoristique. Elogieux, implique détermination et résistance] intrépide *an intrepid explorer* un explorateur intrépide

**bold** adj 1 [décrit: ex. guerrier, plan, démarche] hardi, intrépide, osé 2 [souvent péjoratif] hardi, effronté *He comes in here as bold as brass and demands to see the chairman.* Il entre ici avec un culot incroyable et exige de voir le président. 3 [décrit: ex. couleur, ligne] osé **boldly** adv avec audace, effrontément **boldness** ni hardiesse, impudence, effronterie

**confident** adj (souvent + **about, of, that**) [décrit: ex. personne, manière, affirmation] sûr, assuré, confiant *I'm confident that the play will be a success.* Je suis persuadé que la pièce sera un succès. *We're quietly confident about the outcome.* Nous n'avons aucune inquiétude quant au résultat. **confidently** adv avec confiance, avec assurance

**confidence** ni 1 confiance, assurance *I can say with complete confidence that the work will be finished on time.* Je peux dire en toute certitude que le travail sera terminé à temps. *self-confidence* confiance en soi, assurance 2 (souvent + **in**) confiance *I have every confidence in the ability of my staff.* J'ai toute confiance dans les capacités de mon personnel.

# 259 Calmness Calme

**calm** adj 1 [décrit: ex. personne, voix] calme, tranquille *Keep calm!* Du calme!, Calmez-vous! *The situation is calm again after yesterday's disturbances.* Le calme est revenu après les troubles d'hier. 2 [décrit: ex. mer, journée, temps] calme **calmly** adv calmement

**calm** nid calme *the calm of a summer's evening* le calme d'une soirée d'été *the calm before the storm* le calme avant la tempête

**tranquil** [décrit: ex. décor, paysage, pas des gens] tranquille

**tranquillity** (*Brit*), **tranquility** (*US*) ni tranquillité, calme

**peaceful** adj 1 paisible, tranquille *It's so peaceful here by the river.* C'est tellement paisible ici près de la rivière. 2 [sans violence. Décrit: ex. manifestation, protestation] non-violent, pacifique *efforts to find a peaceful solution to the crisis* des efforts pour trouver une solution pacifique à la crise *peaceful co-existence* coexistence pacifique

**peace** n 1 ni [absence d'inquiétude] tranquillité *peace of mind* tranquillité d'esprit 2 ni [calme] calme, paix *I just want some peace and quiet.* Tout ce que je veux, c'est avoir la paix. 3 nid paix *The two nations wish to live together in peace.* Les deux nations souhaitent coexister en paix. (utilisé comme adj) *peace movement* mouvement pour la paix *peace talks* pourparlers pour la paix *peace treaty* traité de paix

**cool** adj [décrit: personne, comportement] calme, cool, relax *cool, calm and collected* relax, calme, l'esprit clair *Keep cool, don't let them get you angry.* Reste calme, ne les laisse pas te mettre en colère. **coolly** adv calmement **coolness** ni sang-froid, calme

**laid-back** adj (souvent + **about**) [informel. Décrit: personne, comportement] relax, décontracté *He has a very laid-back approach to discipline.* Il a une conception plutôt décontractée de la discipline.

**easy-going** adj [décrit une personne] facile à vivre, accommodant

### expression

**without turning a hair** sans sourciller *Without turning a hair, he picked up the snake and took it out into the garden.* Il a ramassé le serpent et l'a transporté dans le jardin sans sourciller.

## 259.1 Calmer une personne

**calm** vt calmer, apaiser *I took a deep breath to calm my nerves.* J'ai respiré à fond pour me calmer.

**calm** (sb/sth) **down** vti prép (se) calmer *Calm down, you're getting hysterical.* Du calme, tu deviens hystérique.

**comfort** vt [obj: personne triste ou malade] consoler, réconforter *The child cried and cried and would not be comforted.* L'enfant pleurait encore et encore et il n'y avait pas moyen de le consoler.

**comfort** nid (pas de pl) consolation, réconfort, soulagement *We can take some comfort from the fact that he did not suffer long.* On peut trouver du réconfort à l'idée qu'il n'a pas souffert longtemps. *You've been a great comfort to me.* Tu m'as été d'un grand réconfort.

**soothe** vt 1 [obj: personne en colère ou affligée] calmer, apaiser, rassurer 2 [obj: plaie ou partie du corps blessée] soulager

**soothing** adj 1 [décrit: ex. voix, paroles] réconfortant, rassurant 2 [décrit: ex. pommade, médicament] lénitif

## 260 Bank Banque

voir aussi **265 Money**

**bank** *nd* banque *to put/have money in the bank* mettre/avoir de l'argent à la banque

**bank** *v* **1** *vt* [obj: chèque, argent] mettre/déposer en banque **2** *vi* (souvent + **with**) avoir un compte à la banque *She banks with Lloyds.* Elle a un compte à la Lloyds. **banking** *ni* opérations bancaires

**banker** *nd* [propriétaire ou directeur d'une banque] banquier

**building society** (*Brit*), **savings and loan association** (*US*) *nd* [organisme semblable à une banque mais spécialisé dans les prêts à des gens qui achètent des maisons] société de crédit immobilier

### 260.1 Utiliser un compte en banque

**account** *nd* (souvent + **with**) compte *I have an account with Lloyds/at this branch.* J'ai un compte à la Lloyds/dans cette agence.

**deposit** *vti* (souvent + **in**) [obj: (somme d') argent] déposer *I deposited £100 (in my account).* J'ai versé 100 livres (sur mon compte). **deposit** *nd* versement

**withdraw** *vt, prét* **withdrew** *part passé* **withdrawn** (souvent + **from**) [obj: (somme d')argent, cash] retirer *I withdrew £100 from my account.* J'ai retiré 100 livres de mon compte. **withdrawal** *nd* retrait

**credit** *ndi* [somme versée sur un compte, surtout telle qu'elle apparaît sur un relevé de compte] crédit *Your account is **in credit**.* Votre compte est créditeur.

**credit** *vt* [obj: somme d'argent, compte] créditer *We have credited £50 to your account.* Nous avons versé 50 livres sur votre compte. *We have credited your account with the sum of £50.* Nous avons crédité votre compte de la somme de 50 livres.

**debit** *nd* [somme retirée d'un compte, surtout telle qu'elle apparaît sur un relevé de compte] débit *on the debit side of your account* au débit de votre compte

**debit** *vt* [obj: somme d'argent, compte] débiter *We have debited £50 from/against your account.* Nous avons débité votre compte de 50 livres.

**save** *vti* **1** (souvent + **up**) épargner *I've saved (up) £1000.* J'ai épargné 1000 livres. *an account that helps you to save* un compte qui vous aide à épargner (souvent + **for**) *I'm saving (up) for a new stereo.* J'économise pour acheter une nouvelle chaîne stéréo.

**2** [ne pas avoir à dépenser] économiser *I saved £10 by buying two pairs of jeans at once.* J'ai économisé 10 livres en achetant deux jeans à la fois. **savings** *n pl* l'épargne

**interest** *ni* (souvent + **on**) intérêt *to earn interest on one's savings* toucher des intérêts de ses économies *to pay interest on a debt* payer les intérêts d'une dette (employé comme *adj*) *an interest rate of 10%* un taux d'intérêt de 10%

**cash** *vt* [obj: chèque. Suj: banque, caissier, client] encaisser, toucher, payer *Can you cash cheques at a post office?* Peut-on encaisser des chèques à la poste? *Does the post office cash cheques?* Peut-on encaisser un chèque à la poste? *voir aussi **265 Money**

**cashier** (*Brit*), **teller** (*surtout US*) *nd* [la personne qui sert les clients à la banque] caissier

**cashpoint** *nd* guichet automatique

### 260.2 Cartes et documents

**cheque** (*Brit*), **check** (*US*) *nd* chèque *to write (out)/make out a cheque* faire un chèque *to pay by cheque* payer par chèque (souvent + **for**) *a cheque for £100* un chèque de 100 livres *Make out a check for $400 to Acme Industries.* Faites un chèque de 400 dollars aux Industries Acme.

**chequebook** (*Brit*), **checkbook** (*US*) *nd* carnet de chèques, chéquier

**cheque card** *nd* (*Brit*) [pour garantir un chèque] carte de banque

**credit card** *nd* carte de crédit *to pay by credit card* payer par carte de crédit

**bank statement** *nd* [détaillant toutes les transactions effectuées pendant une période] relevé de compte

## 261 Borrowing and Lending Emprunter et Prêter

**borrow** *vti* (souvent + **from**) [obj: argent, stylo, voiture] emprunter *Can I borrow your umbrella?* Puis-je emprunter votre parapluie? *to borrow (money) from a*

*bank* emprunter (de l'argent) à une banque

**borrowing** *ni* [surtout d'une banque] emprunt

**borrower** *nd* [surtout d'une banque] emprunteur

**lend,** *vti, prét & part passé* **lent** AUSSI **loan** (*surtout US*) [obj: argent, stylo, voiture] prêter *She lent him her umbrella.* Elle lui a prêté son parapluie. (souvent + **to**) *Who did she lend her umbrella to?* A qui a-t-elle prêté son parapluie? *The banks are unwilling to lend (money).* Les banques sont peu enclines à prêter de l'argent.

**lending** *ni* [surtout par une banque] prêt

**lender** *nd* [surtout une banque] prêteur

*usage*

Rappelons que le verbe **lend** a pour sujet la personne qui donne alors que le verbe **borrow** fait référence à la personne qui reçoit.

**loan** *vt* (souvent + **to**) [dans des contextes formels] prêter *The equipment has been loaned to us.* L'équipement nous a été prêté.

**loan** *ni* (souvent + **of**) prêt *We thanked them for the loan of the equipment.* Nous les avons remerciés pour le prêt de l'équipement. *The library book you want is already on loan.* Le livre que vous désirez est déjà sorti de la bibliothèque. *paintings on loan from/to another gallery* des peintures prêtées par/à une autre galerie

## 261.1 Dette

**debt** *ndi* dette *to pay one's debts* payer ses dettes *a total debt of £2000* une dette totale de 2000 livres *to be in debt* avoir des dettes *to get into/out of debt* s'endetter/s'acquitter de ses dettes **debtor** *nd* débiteur

**creditor** *nd* créancier

**owe** *vt* (souvent + **for**) [obj: somme d'argent] devoir [obj: à une personne] devoir à *How much do I owe you for the groceries?* Combien vous dois-je pour les provisions? (+ **to**) *She owes £2000 to her brother.* Elle doit 2000 livres à son frère.

**owing** *adj* (après *n*; souvent + **to**) [décrit: somme d'argent] dû *There is still £20 owing (to me).* On me doit encore 20 livres.

**IOU** *nd* [document stipulant combien on doit à qn. Ce papier peut, dans certains cas, être accepté comme paiement provisoire. Abrév de **I owe you**] reconnaissance de dette

**due** *adj* (gén après *v*) **1** [payable pour une certaine date. Décrit: facture, paiement] dû *The next payment is due on May 5th.* Le prochain paiement est prévu pour le 5 mai. *The bill falls due on May 5th.* La facture est payable le 5 mai. **2** [dû à qn. Décrit: somme d'argent, quantité] dû (souvent + **to**) *You will receive all the money that is due to you.* Vous recevrez tout l'argent qui vous est dû.

## 261.2 Emprunter à une banque ou à une société de crédit immobilier

**loan** *nd* [somme d'argent fixe, à rembourser à la banque par traites échelonnées] prêt

**mortgage** *nd* [prêt pour acheter une maison] emprunt-logement, hypothèque *a £40,000 mortgage* un emprunt-logement de 40.000 livres (utilisé comme *adj*) *mortgage (re)payments* remboursement d'un emprunt-logement

**mortgage** *vt* [utiliser qch comme garantie pour un prêt. Obj: surtout une maison] hypothéquer *They mortgaged their home to pay for their children's education.* Ils ont hypothéqué leur maison pour payer les études de leurs enfants.

**overdraft** *nd* [état d'un compte en négatif. Peut faire l'objet d'un accord avec la banque] découvert *She has a £200 overdraft.* Elle a un découvert de 200 livres. (utilisé comme *adj*) *overdraft limit* limite du découvert

**overdrawn** *adj* [décrit: un compte, un client] à découvert *You are/Your account is overdrawn.* Vous avez un découvert. (souvent + **by**) *overdrawn by £200* un découvert de 200 livres

**repay** *vt, prét & part passé* **repaid** [obj: dette, somme d'argent, personne] rembourser *I'm repaying the debt in monthly instalments.* Je rembourse la dette par mensualités. *I repaid him the £20 I borrowed.* Je lui ai remboursé les 20 livres que je lui avais empruntées.

**repayment** *n* **1** *nd* remboursement *24 monthly repayments of £20* remboursement en 24 mensualités de 20 livres *I couldn't meet the repayments.* Je n'ai pas pu payer mes traites. **2** *ni* remboursement *She demanded the immediate repayment of the debt.* Elle exigea le remboursement immédiat de la dette.

**pay off** sth OU **pay** sth **off** *vt prép* [terminer le remboursement] s'acquitter de *I've paid off my overdraft.* J'ai fini de rembourser mon découvert.

**take out** sth *vt prép* [obj: surtout prêt, hypothèque, assurance] prendre, souscrire à *I took out a bank loan to buy a new car.* J'ai fait un emprunt pour acheter une nouvelle voiture.

## 261.3 Acheter à crédit

**credit** *ni* **1** [la possibilité pour un client de retarder le paiement d'une marchandise] crédit *interest-free credit* crédit sans intérêt *This shop does not give credit.* Ce magasin ne fait pas crédit. *I bought this furniture on credit.* J'ai acheté ces meubles à crédit. **2** [réputation de solvabilité de qn] solvabilité *His credit is good.* Il est solvable.

**hire purchase,** *abrév* **HP** (*Brit*), **installment plan** (*US*) *ni* [forme de crédit plutôt démodée. Les marchandises n'appartiennent à l'acheteur que quand il a fini de les payer] achat/vente à tempérament *I'm buying this furniture on hire purchase.* J'achète ces meubles à tempérament.

**instalment** (*Brit*), **installment** (*US*) *nd* tranche, versement *to pay in/by monthly instalments* payer par mensualités

**deposit** *nd* [versement initial qui cautionne des marchandises] acompte (souvent + **on**) *We've put down a deposit on a new fridge.* Nous avons versé un acompte pour un nouveau frigo.

*expression*

**to buy sth on the never-never** (*Brit*) [humoristique et informel] acheter à tempérament

# 262 Doing business Faire des affaires

voir aussi **271 Employment; 273 Shops; 274 Work; 293 Make**

**business** n 1 ni [terme général] affaires *They were discussing business.* Ils parlaient affaires. *I had some business in Cambridge.* J'avais des affaires à traiter à Cambridge. *She's gone to Cambridge* **on business**. Elle est allée à Cambridge pour affaires. *to do business with sb* faire des affaires avec qn (utilisé comme *adj*) *business deal* transaction 2 ni [monde de la finance, du commerce] affaires *a career in business* une carrière dans les affaires *a government dominated by* **big business** un gouvernement dominé par les grandes entreprises (utilisé comme *adj*) *the business pages of the newspaper* les pages économiques du journal 3 ni [direction d'une entreprise] *She's* **gone into business** *as a hairdresser.* Elle s'est lancée dans le commerce en ouvrant un salon de coiffure. *These rent increases could put many shops* **out of business**. Ces augmentations de loyer pourraient entraîner la fermeture de nombreux magasins. 4 nd [entreprise] commerce *small businesses* petits commerces *He's started his own business.* Il a ouvert son propre commerce. 5 ndi [type d'activité commerciale] affaires *What (line of) business are you in?* Que faites-vous dans la vie? *the grocery/publishing/property business* l'alimentation/l'édition/l'immobilier

**businessman** (*masc*), **businesswoman** (*fém*) nd homme/femme d'affaires **businesspeople** n pl hommes d'affaires *a hotel used by businesspeople* un hôtel fréquenté par les hommes d'affaires

## 262.1 Types généraux d'activités commerciales

**industry** n [fabrication de marchandises] 1 ni industrie *These policies will help industry.* Cette politique aidera l'industrie. *heavy/manufacturing industry* industrie lourde/manufacturière 2 nd industrie *What are Japan's main industries?* Quelles sont les industries principales au Japon? *the coal/car/tourist industry* l'industrie houillère/automobile/du tourisme

**industrial** adj industriel *the government's industrial policy* la politique industrielle du gouvernement *an industrial region of the country* une région industrielle du pays

**commerce** ni [vente de biens et de services] commerce
**commercial** adj commercial *The two countries do not have commercial relations.* Les deux pays n'entretiennent pas de relations commerciales. *commercial premises/vehicle* locaux commerciaux/véhicule utilitaire

**enterprise** n 1 ni [création et développement de nouvelles entreprises] entreprise *a new spirit of enterprise* un nouvel esprit d'entreprise **private enterprise** entreprise privée 2 nd [firme commerciale ou industrielle, surtout pour une firme récente ou de petite taille] entreprise **entrepreneur** nd entrepreneur

## 262.2 Diriger des affaires

voir aussi **287 Do**

**deal** nd [terme général pour tout accord ou arrangement] marché *a new pay deal* un nouvel accord

salarial *to make/do a deal with sb* conclure un marché avec qn

**deal with** sb/sth vt prép [obj: firme, client] traiter avec *Our company deals with many overseas customers.* Notre compagnie a de nombreux clients à l'étranger.

**deal in** sth vt prép [acheter et vendre] être dans le commerce de *We deal in antique furniture.* Nous sommes dans le commerce des meubles anciens.

**dealer** nd marchand *a used-car/software dealer* un marchand de voitures d'occasion/de logiciels

**contract** nd contrat *to enter into/sign/break a contract* conclure/signer/rompre un contrat *The company is* **under contract to** the government. La firme a un contrat avec le gouvernement. (souvent + **to** + INFINITIF, + **for**) *Our company has won the contract to build the Channel Tunnel.* Notre firme a remporté le contrat pour la construction du tunnel sous la Manche.

**contract** vi (+ **to** + INFINITIF) s'engager par contrat *The company has contracted to deliver the goods by May 5th.* La firme s'est engagée à livrer les marchandises pour le 5 mai.

### expression

**to drive a hard bargain** [insister pour obtenir des conditions très avantageuses dans un contrat, au détriment des autres parties] soutirer le maximum

## 262.3 Commerce

**trade** n 1 ni [achat et vente, surtout entre des pays] commerce (souvent + **with**) *Britain's trade with the rest of the world* le commerce de la Grande-Bretagne avec le reste du monde (utilisé comme *adj*) *trade agreements* accords commerciaux 2 nd [branche de l'industrie] (toujours + **the**) *the fur/arms trade* le commerce de la fourrure/des armes (souvent + **in**) *the trade in live animals* le commerce d'animaux vivants *the building/tourist trade* la construction/le tourisme *She knows more about plumbing than some people* **in the trade**. Elle s'y connaît mieux en plomberie que certaines personnes qui sont du métier.

**trade** v 1 vit (souvent + **with**) [suj: pays] faire du commerce, entretenir des relations commerciales *India does not trade with South Africa.* L'Inde n'entretient pas de relations commerciales avec l'Afrique du Sud. 2 (souvent + **for**) échanger *Third-world countries trade raw materials for manufactured goods.* Les pays du Tiers-Monde échangent des matières premières contre des produits manufacturés. 3 vi (toujours + **in**) faire le commerce de *They trade in live animals.* Ils font le commerce d'animaux vivants.

**trading** adj (avant n) de commerce *The UK is a major trading nation.* Le Royaume-Uni est une nation commerçante très importante. *Britain's trading partners* les partenaires commerciaux de la Grande-Bretagne

**trader** nd 1 [entre les pays] négociant *fur/arms trader* négociant en fourrure/en armements 2 [commerçant] vendeur *market traders* maraîchers

**tradesman** nd [formel. Personne dont le métier est de fournir des services en effectuant des travaux pratiques ou manuels] commerçant *tradesmen's entrance* entrée de service/des fournisseurs

**export** *vti* (souvent + **to**) exporter *Britain exports (oil) to many different countries.* La Grande-Bretagne exporte (du pétrole) vers de nombreux pays. **exporter** *nd* exportateur

**export** *n* **1** *nd* exportation *Britain's main exports* les principales exportations britanniques **2** *ni* exportation *the export of manufactured goods* l'exportation de produits manufacturés

**import** *vti* (souvent + **from**) importer *Britain imports coal from Poland.* La Grande-Bretagne importe du charbon de Pologne. *imported cars* voitures importées **importer** *nd* importateur

**import** *n* **1** *nd* importation *cheap imports from the Far East* des importations bon marché d'Extrême-Orient **2** *ni* importation

**merchant** *nd* **1** [anciennement] marchand **2** [désigne certains types de fournisseurs] négociant *wine merchant* négociant en vin *coal merchant* marchand de charbon *builder's merchant* fournisseur de matériaux de construction

## 262.4 Louer

**usage**

Dans tous les contextes décrits ci-dessous, **rent** est plus courant en anglais américain que **hire** ou **let**.

**hire** *vt* (*surtout Brit*) [payer pour pouvoir utiliser qch, surtout pour une courte période. Obj: ex. voiture, outils] louer *I hired a car from a firm in town.* J'ai loué une voiture dans une société de location en ville. *a hired suit* un costume de location

**hire** *ni* (*surtout Brit*) location *I owe them £20 for the hire of the boat.* Je leur dois 20 livres pour la location du bateau. *a car/tool hire firm* une société de location de voitures/d'outils *for hire* à louer

**hire out** sth ou **hire** sth **out** *vt prép* (*surtout Brit*) louer, donner en location *He hires out boats at £5 an hour.* Il loue des bateaux au tarif de 5 livres l'heure. (souvent + **to**) *The bicycles are hired out to tourists.* Les vélos sont loués à des touristes.

**rent** *vti* (souvent + **from**) **1** [obj: chambre, appartement, maison] louer *rented accommodation* appartements en location **2** [pour plus longtemps que **hire**. Obj: ex. télévision, voiture] louer

**rent** *n* **1** *nid* [somme payée] location (souvent + **for**, **on**) *How much rent do you pay on your flat?* Combien donnez-vous pour la location de votre appartement? **2** *ni* [fait de louer] location *houses for rent* maisons à louer

**rent out** sth ou **rent** sth **out** *vt prép* [obj: gén logement] louer, donner en location (souvent + **to**) *She rents out rooms to students.* Elle loue des chambres à des étudiants.

**rental** *n* **1** *nid* [location, surtout pour une longue période] location **2** *nd* [somme payée] location *Have you paid the TV rental?* As-tu payé la location de la télévision?

**let** *vt*, **-tt-** *prét & part passé* **let** (*surtout Brit*) (souvent + **out**) [gén utilisé dans des contextes plus formels que **rent out**] louer *The flat has already been let.*

L'appartement a déjà été loué. (souvent + **to**) *She lets (out) rooms to students.* Elle loue des chambres à des étudiants. *a house to let* une maison à louer

**lease** *nd* [contrat de location, surtout à long terme] bail *They will have to leave the house when the lease expires.* Ils devront quitter la maison à l'expiration du bail. (souvent + **on**) *The farmer has a 99-year lease on the land.* Le fermier a un bail de 99 ans pour le terrain.

**lease** *vt* [dans un contexte légal ou commercial. Obj: ex. terrain, bâtiment, matériel coûteux] **1** (souvent + **to**) [suj: propriétaire] louer à bail *The company has leased five helicopters to the army.* La firme a loué à bail cinq hélicoptères à l'armée. **2** (souvent + **from**) [suj: locataire, client] louer à bail *The company leases the land from the local authority.* La firme loue le terrain à bail aux autorités locales.

## 262.5 Marchandises

**goods** *n pl* **1** [terme général désignant les choses produites ou vendues] marchandises, articles *consumer goods* biens de consommation **2** (*Brit*) [les mêmes articles lorsqu'ils sont transportés, surtout par chemin de fer] marchandises *a goods train* un train de marchandises

**product** *nd* [article vendu ou produit] produit *The company is advertising a new product.* La firme fait de la publicité pour un nouveau produit. *plastic products* produits en plastique

**output** *ni* [quantité produite] production *The factory has increased its output.* L'usine a augmenté sa production.

**resources** *n pl* [articles, substances utiles et à la disposition de l'industrie] ressources *The country has few natural resources.* Le pays possède peu de ressources naturelles.

## 262.6 Stockage et transport de marchandises

**stock** *ndi* [marchandises prêtes à l'usage ou à la vente] stock, réserve *Stocks of fuel are low at the moment.* Les réserves de carburants sont peu importantes pour le moment. *The shop is selling off old stock.* Le magasin solde ses vieux stocks. *We don't have that book in stock at the moment.* Nous n'avons pas ce livre en magasin pour l'instant.

**stock** *vt* **1** [avoir en magasin] avoir, vendre *We don't stock pet food.* Nous n'avons pas de nourriture pour animaux. **2** (souvent + **with**) approvisionner *a well-stocked bookshop* une librairie bien approvisionnée

**stock up** *vi prép* (souvent + **with**, **on**) [faire des provisions de] s'approvisionner *We need to stock up on food for Christmas.* Nous devons faire nos provisions de nourriture pour Noël.

**store** *vt* emmagasiner *The grain is stored in large warehouses.* Le grain est emmagasiné dans de grands entrepôts.

**store** *nd* **1** [quantité] réserve, provision *A large store of food is kept at the warehouse.* L'entrepôt abrite une grosse réserve de nourriture. **2** [endroit] réserve *The hangars are being used as temporary fuel stores.* Les hangars sont utilisés comme réserve de carburant temporaire. *voir aussi **273 Shops**

**storage** *ni* stockage *laws governing the storage of dangerous chemicals* les lois réglementant le stockage de produits chimiques dangereux *meat in **cold storage*** de la viande en chambre froide *a kitchen with a lot of **storage space*** une cuisine avec beaucoup d'espace de rangement

**warehouse** *nd* entrepôt

**cargo** *nd*, *pl* **cargos** OU **cargoes** [marchandises transportées par bateau ou en avion] cargaison *a cargo of iron ore* une cargaison de minerai de fer

### usage

Le terme **cargo** ne fait jamais référence à un bateau. On utilisera le terme **cargo steamer** ou **cargo boat**.

## 262.7 Noms des produits d'une firme particulière

**brand** *nd* (souvent + **of**) [surtout pour de la nourriture ou de petits biens de consommation] marque *What brand of cigarettes do you smoke?* Quelle marque de cigarettes fumez-vous? **brand name** *nd* marque

**make** *nd* (souvent + **of**) [surtout pour de gros articles de valeur que l'on conserve longtemps, par ex. des voitures] marque *What make of washing machine do you have?* Quelle est la marque de votre machine à laver?

**trademark** *nd* [mot, expression] marque [inscription sur un produit] marque de fabrique *The word 'Hoover' is a registered trademark.* Le terme 'Hoover' est une marque déposée.

## 262.8 Publicité

**advertise** *vti* [obj: produit, emploi] faire de la publicité (pour) *This car has been advertised on TV.* On a fait de la publicité pour cette voiture à la télévision. (souvent + **for**) *The company is advertising for a new secretary.* La société fait paraître des annonces pour recruter une nouvelle secrétaire.

**advertising** *ni* **1** [annonces] publicité *There's too much advertising on TV.* Il y a trop de publicité à la télévision. **2** [profession] publicité *a career in advertising* une carrière dans la publicité

**advertisement**, *abrév* **advert** (*Brit*), **ad** (*Brit & US*) *nd* [une réclame prise isolément] publicité (souvent + **for**) *an advertisement for washing powder* une publicité pour une lessive *a job advert* une offre d'emploi

### usage

Dans la langue de tous les jours, le mot **advertisement** désigne surtout les grands panneaux sur les bâtiments ou les bords des routes. Ce terme est plutôt formel s'il fait référence aux publicités dans les journaux et les magazines. Il sera même très formel si on l'utilise pour désigner les spots publicitaires à la télévision. Le mot courant dans ces contextes sera **advert** ou, plus familièrement, **ad**.

**commercial** *nd* [à la télévision ou à la radio. Terme plutôt vieilli, beaucoup moins courant que **advert** ou **ad**] réclame, publicité

**publicity** *ni* [intentionnelle ou pas] publicité (souvent + **for**) *These leaflets were the only publicity for the meeting.* Ces dépliants furent la seule publicité faite pour la réunion. [peut être défavorable] *The affair was bad publicity for the company.* Toute cette affaire a été une mauvaise publicité pour la société.

**market** *vt* [mettre en vente de façon organisée, en faisant de la publicité, etc.] mettre sur le marché *These drinks have been marketed so as to appeal to young people.* La campagne de publicité pour ces boissons vise un public de jeunes.

**marketing** *ni* **1** [d'un produit] commercialisation, marketing *Thanks to clever marketing, sales of frozen food are increasing.* Les ventes de produits alimentaires surgelés augmentent grâce à une adroite politique de marketing. **2** [département, profession] marketing *a career in marketing* une carrière dans le marketing.

## 262.9 Gestion financière

**profit** *ndi* (souvent *pl*) bénéfices *Does the firm make a profit?* La firme fait-elle des bénéfices? *All the management are interested in is profit(s).* Seuls les bénéfices intéressent la direction. (+ **of**) *a profit of £5 million* un bénéfice de 5 millions de livres *I sold my house **at a profit**.* J'ai fait du bénéfice en vendant ma maison. **profitable** *adj* rentable **unprofitable** *adj* peu rentable

**loss** *nd* perte *The firm made huge losses/a huge loss last year.* La firme a enregistré de lourdes pertes l'année dernière. *I sold my house **at a loss**.* J'ai vendu ma maison à perte.

**turnover** *nd* [somme totale gagnée par une société avant la prise en compte des dépenses et autres déductions] chiffre d'affaires *The company has an annual turnover of £20 million.* Le chiffre d'affaires annuel de la société s'élève à 20 millions de livres.

**takings** *n pl* [somme d'argent encaissée par un magasin, un théâtre, un cinéma] recette *Takings always go up before Christmas.* La recette augmente toujours avant Noël.

**gross** *adj* (avant *n*) [avant l'impôt et les autres déductions. Décrit: surtout bénéfice, revenu] brut *a gross salary of £15,000 a year* un salaire annuel brut de 15.000 livres *She earns £15,000 a year gross.* Elle gagne 15.000 livres brut par an.

**gross** *vt* [suj: surtout personne, firme, film] faire une recette brute de *The film grossed more than £12 million.* Le film fit une recette brute de plus de 12 millions de livres.

**net** *adj* (avant *n*) [après l'impôt et les autres déductions. Décrit: surtout bénéfice, perte, revenu] net

**budget** *nd* [argent que l'on peut dépenser] budget *an annual budget of £2 million* un budget annuel de 2 millions de livres *I'm **on a tight budget** at the moment.* Mon budget est très serré en ce moment. *voir aussi **264 Finance***

**budget** *vti* (souvent + **for**) [déterminer la somme d'argent à dépenser] dresser un budget *The company has budgeted £2 million for repairs.* La firme a inscrit 2 millions de livres à son budget pour les réparations. *We've budgeted for an inflation rate of 6%.* Notre budget tient compte d'une inflation de 6%.

**discount** *nd* [réduction de prix accordée dans certaines circonstances] remise (souvent + **on**) *The firm offers a 5% discount on bulk purchases.* La firme offre une réduction de 5% sur les achats en grosses quantités. *to sell sth **at a discount*** vendre qch au rabais

### 262.10 Réunions

voir aussi **206 Organization**

**meeting** *nd* **1** [d'un club, d'un comité, etc.] réunion *There were 20 people at the meeting.* Vingt personnes assistaient à la réunion. *council/board meeting* réunion du conseil d'administration **2** (souvent + **with**, **between**) [entre certaines personnes] entrevue *I've had a meeting with the manager.* J'ai eu une entrevue avec le directeur.

**conference** *nd* **1** [réunion rassemblant un grand nombre de participants invités] congrès, assemblée *academic/trade-union conference* congrès universitaire/assemblée syndicale (utilisé comme *adj*) *conference hall/centre* palais des congrès/centre de congrès **2** [surtout dans des contextes formels. Réunion d'affaires] assemblée *conference room* salle de conférences

**chairperson** OU **chair** *nd* président *The chairperson declared the meeting open.* Le président déclara la séance ouverte.
**chair** *vti* présider *The meeting was chaired by Mr Roberts.* La réunion était présidée par Mr Roberts. *Who's going to chair?* Qui va présider?
**agenda** *nd* [liste des problèmes à traiter] ordre du jour *the first item on the agenda* le premier point à l'ordre du jour

## 263 Buying and Selling Acheter et Vendre

voir aussi **L12 Shopping**

**buy** *vti, prét & part passé* **bought** acheter *He bought her a present.* Il lui a acheté un cadeau. (+ **for** + personne) *I've bought some flowers for my wife.* J'ai acheté un bouquet de fleurs pour ma femme. (+ **for** + prix) *I bought the painting for £5,000.* J'ai acheté la peinture pour 5.000 livres. (souvent + **from**) *I bought this lawnmower from a neighbour.* J'ai acheté cette tondeuse à un voisin.
**buy** *nd* [plutôt informel. Qch que l'on a acheté] achat *These shoes were a really good buy!* Ces souliers étaient vraiment une bonne affaire.
**buyer** *nd* acheteur *We've found a buyer for our house.* Nous avons trouvé un acheteur pour notre maison.
**purchase** *vti* [plus formel que **buy**] acheter *Please state where the goods were purchased.* Veuillez indiquer où les marchandises ont été achetées. **purchaser** *nd* acheteur
**purchase** *n* **1** *ni* achat *a grant for the purchase of essential equipment* une subvention pour l'achat du matériel de première nécessité **2** *nd* achat *A receipt must be produced for all purchases.* Un reçu doit accompagner chaque achat. *to make a purchase* faire un achat
**sell** *vti, prét & part passé* **sold** **1** [suj: personne, magasin, firme] vendre *This shop sells fishing equipment.* Ce magasin vend du matériel de pêche. (souvent + **to**) *I've sold my lawnmower to a neighbour.* J'ai vendu ma tondeuse à un voisin. (souvent + **for**) *The painting was sold for £5,000.* La peinture fut vendue pour la somme de 5.000 livres. **2** [suj: produit] se vendre *This book has sold over a million copies.* Ce livre s'est vendu à plus d'un million d'exemplaires. (souvent + **at**, **for**) *This wine sells at/for £5 a bottle.* Ce vin se vend à 5 livres la bouteille.
**seller** *nd* vendeur *newspaper/ice-cream seller* vendeur de journaux/glaces

**sale** *n* **1** *ni* (toujours + **of**) [terme général pour la vente d'articles] vente *the sale of cigarettes* la vente de cigarettes *The tickets are now on sale.* Les tickets sont à présent en vente. **2** *nid* [désigne une vente bien précise] (souvent + **of**) *She made a lot of money from the sale of the land.* La vente du terrain lui a rapporté beaucoup d'argent. *This painting is not **for sale**.* Cette peinture n'est pas à vendre. *to put a house **up for sale*** mettre une maison en vente **3** *nd* [période durant laquelle un magasin vend à prix réduits] soldes *I bought this dress in a sale.* J'ai acheté cette robe en solde. *the January sales* les soldes de janvier **4** *nd* [occasion de vendre au public, souvent en dehors du circuit commercial normal] vente *record/used-car sale* vente de disques/de voitures d'occasion
**sales** *n pl* **1** [volume des marchandises vendues] ventes *The company is experiencing a drop in sales.* La firme enregistre une baisse des ventes. (souvent + **of**) *Sales of ice cream increase during the summer.* Les ventes de crèmes glacées augmentent en été. (utilisé comme *adj*) *sales figures* chiffres de vente **2** [département, profession] vente *She works in sales.* Elle travaille dans la vente.
**salesperson** OU **salesman** (*masc*), **saleswoman** (*fém*) *nd* **1** [personne qui voyage] représentant de commerce *insurance saleswoman* courtière en assurances *door-to-door salesman* démarcheur **2** [vendeur spécialisé qui vend surtout des articles importants ou de valeur] vendeur *a car salesman* un vendeur de voitures
**sales force** *nd* ensemble des représentants de commerce *The company has a sales force of 5,000.* La firme compte 5.000 représentants de commerce.
**customer** *nd* client *I was the only customer in the shop.* J'étais le seul client dans le magasin. *That company is one of our main customers.* Cette firme est un de nos principaux clients.

**auction** *nd* vente aux enchères *She's **put** her paintings **up** for auction*. Elle a mis ses peintures aux enchères. *The furniture was sold **at** auction*. Les meubles furent vendus aux enchères.

**auction** *vt* [obj: ex. antiquités, bétail, maison] vendre aux enchères **auctioneer** *nd* commissaire-priseur

## 263.1 Payer

voir aussi **265 Money**

**pay** *vti, prét & part passé* **paid** (souvent + **for**) [obj: somme d'argent, facture, prix] payer *I paid £100 for this dress*. J'ai payé 100 livres pour cette robe. *These bills still haven't been paid*. Ces factures n'ont pas encore été payées. *He paid me (£20) to look after his children*. Il m'a payé (20 livres) pour surveiller ses enfants. *to pay cash* payer cash *to pay by cheque* payer par chèque

**payment** *n* **1** *ni* paiement *I will accept payment in cash*. J'accepte le cash. *money set aside for the payment of household bills* de l'argent mis de côté pour payer les factures du ménage **2** *nd* versement *ten weekly payments (of £15)* dix versements hebdomadaires (de 15 livres)

**unpaid** *adj* [décrit: ex. facture, taxe] impayé

**pay up** *vi prép* [plutôt informel. Suggère le peu d'empressement à payer] payer *Come on, pay up!* Allons! Payez!

**cough up** (sth) *vit prép* [informel. Synonyme de **pay up**] payer, cracher (souvent + **for**) *I had to cough up (£20) for her train fare*. J'ai dû me fendre de 20 livres pour son billet de train.

**cash on delivery,** *abrév* **COD** [terme commercial] paiement à la livraison *to pay for goods cash on delivery* payer les marchandises à la livraison

**spend** *vt, prét & part passé* **spent** (souvent + **on**) dépenser *We usually spend about £30 a week on food*. Nous dépensons habituellement 30 livres par semaine pour la nourriture.

**spending** *ni* dépenses *We're going to have to reduce our spending*. Nous allons devoir réduire nos dépenses.

**outlay** *nd* [argent dépensé dans un but précis, par ex. pour un investissement] mise de fonds *There is a considerable amount of outlay involved in setting up your own business*. La mise de fonds est considérable quand on veut monter sa propre entreprise.

**expenditure** *ni* [utilisé dans un contexte formel et commercial] dépenses *Expenditure should not exceed income*. Les dépenses ne devraient pas excéder les recettes. *public expenditure* dépenses publiques

**splash out** (sth) *vit prép* (surtout *Brit*) [informel. Dépenser beaucoup d'argent pour des choses chères, pour son propre plaisir ou celui des autres] claquer, dépenser (souvent + **on**) *I've splashed out (£100) on a new dress*. J'ai claqué 100 livres pour une nouvelle robe.

### *expression*

**grease sb's palm** [informel] graisser la patte à qn *The head waiter will find you a table if you grease his palm*. Le maître d'hôtel vous trouvera une table si vous lui graissez la patte.

**bribe** *nd* pot-de-vin *a politician accused of taking bribes* un politicien accusé d'avoir accepté des pots-de-vin **bribery** *ni* corruption

**bribe** *vt* (souvent + **to** + INFINITIF) corrompre, soudoyer *The policeman had been bribed to keep silent*. On avait acheté le silence du policier.

## 263.2 Somme due

voir aussi **266 Cheap; 267 Expensive**

**price** *nd* prix *Petrol prices are going up again*. Le prix de l'essence augmente encore. *Petrol is **going up/coming down** in price*. Le prix de l'essence augmente/diminue. *price reductions* réductions de prix *The shop is offering **two** shirts **for the price of one***. Le magasin offre deux chemises pour le prix d'une.

**price** *vt* fixer le prix de *The company prices its cars very competitively*. La firme propose des prix très concurrentiels pour ses voitures. *highly-priced wines* des vins très onéreux

**price tag** *nd* étiquette, prix

**cost** *vt* **1** *prét & part passé* **cost** coûter *How much did your holiday cost you?* Combien tes vacances t'ont-elles coûté? *This cheese costs £5.50 a kilo*. Ce fromage coûte 5,5 livres le kilo. **2** *prét & part passé* **costed** [terme commercial. Déterminer le coût total de qch. Obj: ex. projet, entreprise] évaluer le coût de

**cost** *n* **1** *nd* [somme à débourser] coût *What was the total cost of your holiday?* Quel a été le coût total de tes vacances? *the cost of living* le coût de la vie **2** *nd* (toujours *pl*) [terme commercial] frais *Industry is taking steps to reduce its costs*. L'industrie prend des mesures pour réduire ses frais.

**charge** *nd* (souvent + **for**) [argent payable pour un service] prix *bank/telephone charges* frais bancaires/de téléphone *prescription charges* (*Brit*) somme fixe que le patient doit payer lors de l'exécution de l'ordonnance *Health care is provided **free of charge***. Les soins de santé sont gratuits.

**charge** *vti* (souvent + **for**) [obj: client, utilisateur, prix] faire payer *They charged me 20 pence for the glass of water*. Ils m'ont fait payer 20 pence pour le verre d'eau. *The hotel charges £60 a night*. L'hôtel demande 60 livres par nuit.

**fee** *nd* (souvent + **for**) [prix à payer pour des services professionnels] honoraires *lawyer's fees* honoraires d'avocat *school fees* frais de scolarité

**afford** *vt* (souvent + **to** + INFINITIF) [surtout à la forme négative, avec **can't**] se permettre *We can't afford (to buy) a new car*. Nous ne pouvons pas nous permettre (d'acheter) une nouvelle voiture. *I'd like to go on holiday, but I can't afford it*. J'aimerais partir en vacances, mais je ne peux pas me le permettre. *Can you afford the rent?* Avez-vous les moyens de payer le loyer?

### *expression*

**make ends meet** [surtout à la forme négative. Posséder ou gagner assez d'argent pour satisfaire les obligations financières et les besoins élémentaires] joindre les deux bouts *Since I lost my job I've found it difficult to make ends meet*. Depuis que j'ai perdu mon emploi, j'ai du mal à joindre les deux bouts.

## 263.3 Documents commerciaux

**bill** nd [document obligeant le consommateur à payer pour des biens et des services] facture, addition *Have you paid the electricity bill?* Avez-vous payé la facture d'électricité? *Waiter, can I have the bill, please?* Garçon, puis-je avoir l'addition, s'il vous plaît? (souvent + **for**) *a bill for £89* une facture de 89 livres

**invoice** nd [terme plus technique que **bill**. S'utilise souvent entre entreprises] facture (souvent + **for**) *an invoice for the goods we ordered/for £700* une facture pour les marchandises que nous avons commandées/une facture de 700 livres

**invoice** vt (souvent + **for**) [obj: client] facturer *Our suppliers have invoiced us for the cement.* Nos fournisseurs nous ont facturé le ciment.

**receipt** nd reçu (souvent + **for**) *Do you have a receipt for those items?* Avez-vous un reçu pour ces articles?

# 264 Finance Finance

**finance** n **1** ni [argent] finances (souvent + **for**) *The government will provide the finance for the Channel Tunnel.* Le gouvernement financera le tunnel sous la Manche. **2** ni [gestion de l'argent, souvent sur une grande échelle] finance *The Ministry of Finance* le ministère des Finances *personal finance* finances personnelles **3** nd (toujours pl) [état des ressources financières d'une firme ou d'une personne] finances *The company is taking steps to improve its finances.* La firme prend des mesures pour améliorer sa situation financière.

**finance** vt [obj: ex. projet, organisation] financer *a road-building programme financed by the government* un programme de construction de routes financé par le gouvernement

**financial** adj financier **1** [concernant l'argent] financier *the company's financial position* la situation financière de la firme *I need some financial advice.* J'ai besoin d'un conseil financier. *The film was not a financial success.* Le film n'a pas été une réussite sur le plan financier. **2** (avant n) [concernant la banque, la Bourse, etc.] financier *the financial pages of the newspaper* les pages financières du journal **financially** adv financièrement

## 264.1 Politique économique nationale

**economy** nd (souvent + **the**) [activités industrielles, commerciales et financières d'une nation, etc.] économie *the British/world economy* l'économie britannique/mondiale *The main election issue will be the economy.* L'économie sera le cheval de bataille principal des élections.

**economic** adj **1** [lié à l'économie. Décrit: ex. politique, situation, crise] économique **2** rentable *It is no longer economic to keep this factory open.* Il n'est plus rentable de garder cette usine en activité.

**economics** ni [domaine du savoir, discipline] économie *voir aussi USAGE à **233 Education**

> ### usage
> On ne confondra pas **economic** et **economical**. Ce dernier terme n'a rien à voir avec l'économie d'un pays ou la science économique. Voir **266 Cheap**

**budget** nd (souvent + **the**) **1** [plan, gén annuel, prévoyant les recettes et les dépenses d'un gouvernement] budget *Taxes may be raised in the Budget.* Le budget pourrait prévoir que les impôts soient augmentés. *budget deficit/surplus* déficit/excédent budgétaire **2** [argent que l'on peut dépenser] budget *the defence/education budget* le budget de la défense/de l'éducation *I get a travel budget.* Je dispose d'un budget pour mes voyages. *voir aussi **262 Doing business**

**inflation** ni inflation *Inflation is running at 8%.* L'inflation est à 8%.

**inflationary** adj [décrit: ex. revendication salariale, augmentation de prix] inflationniste

## 264.2 Impôts et assurances

**tax** n **1** nid (souvent pl) [somme] taxe, impôt *I don't have to pay any tax on my savings.* Je ne dois pas payer d'impôt sur mon épargne. *The government collects £20 billion a year in tax(es).* Le gouvernement récolte 20 milliards de livres par an en impôts. (utilisé comme adj) *tax increases/cuts* augmentations/ réductions d'impôts **2** nd taxe *The government is introducing a new tax.* Le gouvernement introduit une nouvelle taxe. *a tax on car ownership* une taxe sur la détention de voitures

**tax** vt taxer *Wines and spirits are heavily taxed.* Les vins et les spiritueux sont lourdement taxés.

**taxation** ni taxation *a high level of taxation* un niveau élevé d'imposition

**taxpayer** nd contribuable *Should taxpayers' money be spent on the arts?* L'argent du contribuable devrait-il être investi dans l'art?

**income tax** ni impôt sur le revenu

**value-added tax** ni, abrév **VAT** (Brit) taxe sur la valeur ajoutée, TVA

**sales tax** ni (US) taxe à l'achat

**insurance** ni (souvent + **on**) assurance *to take out insurance* contracter une assurance *fire/accident/car insurance* assurance-incendie/-accident/-auto *The gallery can't afford to pay the insurance on the paintings.* La galerie ne peut pas se permettre de payer l'assurance pour les peintures. (utilisé comme adj) *insurance policy/premiums* police/primes d'assurance *insurance company* compagnie d'assurances

**insure** vt (souvent + **against**) [obj: personne, effets] assurer *The car is insured against damage and theft.* La voiture est assurée contre le vol et les dégâts matériels. (+ **for**) *The necklace is insured for £5,000.* Le collier est assuré pour 5.000 livres. *The hall isn't insured for public performances.* La salle n'est pas assurée pour les représentations en public. (+ **to** + INFINITIF) *Are you insured to drive this car?* Etes-vous assuré pour conduire cette voiture?

## 264.3 Investissement

**invest** *vti* (souvent + **in**) investir *She invested £5,000 in that company.* Elle a investi 5.000 livres dans cette société. **investor** *nd* investisseur

**investment** *n* 1 *ni* (souvent + **in**) investissement *government measures to encourage investment (in new industry)* des mesures gouvernementales pour encourager les investissements (dans les nouvelles industries) **2** *nd* (souvent *pl*) investissement *I bought this painting as an investment.* J'ai acheté cette peinture pour faire un investissement.

**stock** *ndi* (souvent *pl*) [argent prêté à un gouvernement ou à une société et pour lequel un intérêt est payé] valeur, action (souvent + **in**) *She's bought stock(s) in a textiles company.* Elle a acheté des actions dans une société de textiles.

**stock market** *nd* (souvent + **the**) Bourse *She made a fortune on the stock market.* Elle a fait fortune à la Bourse.

**stock exchange** *nd* (souvent + **the**) [endroit] Bourse

*He works at/on the stock exchange.* Il travaille à la Bourse.

**share** *nd* (souvent *pl*) action (souvent + **in**) *He owns shares in an oil company.* Il possède des actions dans une compagnie pétrolière. *All he ever talks about is* **stocks and shares**. Il ne parle que de valeurs et d'actions. **shareholder** *nd* actionnaire

## 264.4 Comptabilité

**accountant** *nd* [possédant des qualifications professionnelles] comptable

**accounts** *n pl* (souvent + **the**) comptes *to do the accounts* faire les comptes *The tax inspector asked to see the firm's accounts.* Le contrôleur fiscal demanda à voir la comptabilité de la société. **accountancy** *ni* comptabilité

**bookkeeper** *nd* [employé de bureau ne possédant pas nécessairement de formation spécialisée] comptable **bookkeeping** *ni* comptabilité

**auditor** *nd* expert-comptable

# 265 Money Argent

**money** *ni* argent *I've got some money in my pocket/the bank.* J'ai un peu d'argent en poche/à la banque. *She earns a lot of money.* Elle gagne beaucoup d'argent. *If you don't like our product, we'll give you your money back.* Si vous n'aimez pas notre produit, nous vous rembourserons. *The shop doesn't make money any more.* Le magasin ne fait plus rentrer d'argent.

**cash** *ni* **1** [billets et pièces de monnaie, par opposition aux chèques, etc.] cash, liquide *He asked to be paid in cash.* Il demanda à être payé en liquide. *petty cash* petite caisse **2** [informel. Argent en général] argent *I'm a bit short of cash at the moment.* Je n'ai pas beaucoup de sous en ce moment. *voir aussi **260 Bank**

**change** *ni* **1** [argent rendu après un paiement] monnaie *I got 34p change.* On m'a rendu 34 pence de monnaie. *Keep the change.* Gardez la monnaie. **2** [pièces de monnaie] monnaie (souvent + **for**) *Have you got change for a ten-pound note?* Pouvez-vous me faire la monnaie d'un billet de 10 livres? *loose/small change* petite monnaie

**change** *vt* **1** [en petite monnaie, en petites coupures] changer *Can you change a ten-pound note for me?* Pouvez-vous me changer un billet de 10 livres? **2** (souvent + **for**, **into**) [dans une autre devise] changer *I wanted to change £50 into Swiss francs.* Je voulais changer 50 livres en francs suisses.

**funds** *n pl* **1** [argent destiné à des activités précises et possédé par une organisation] fonds *The campaign will be paid for out of Party funds.* Les fonds du Parti serviront à payer la campagne. (souvent + **for**) *The local authority provides the funds for the community centre.* Les autorités locales fournissent les fonds du foyer municipal. **2** [terme plutôt informel désignant l'argent] sous, fonds *I'm a bit short of funds at the moment.* Je suis un peu à court d'argent pour l'instant.

**fund** *vt* [obj: ex. organisation, projet] financer *The community centre is funded by the local authority.* Le foyer municipal est financé par les autorités locales. **funding** *ni* financement

**kitty** *nd* [caisse alimentée par plusieurs personnes et utilisée pour des buts communs] cagnotte *to put some money in the kitty* mettre un peu d'argent dans la cagnotte *We pay for groceries out of the kitty.* Nous payons les provisions avec l'argent de la cagnotte.

**dosh** *ni* (*Brit*) [argot] fric

**dough** *ni* [argot plutôt vieilli] fric, pognon

## 265.1 Devise

**currency** *ndi* devise *£5,000 in Swiss currency* 5.000 livres en argent suisse *to exchange roubles for **hard currency*** échanger des roubles contre des devises fortes *currency unit/unit of currency* devise *foreign currency* monnaie étrangère

**sterling** *ni* [terme général désignant la devise du Royaume-Uni] livre sterling *to pay for sth in sterling* payer qch en livres sterling *£200 pounds sterling* 200 livres sterling (utilisé comme *adj*) *sterling travellers cheques* des chèques de voyage en livres sterling

Devises nationales

| | | |
|---|---|---|
| Royaume-Uni | **pound** (**sterling**) | (= 100 **pence**) |
| République d'Irlande | **pound** OU **punt** | (= 100 **pence**) |
| Etats-Unis Canada Australie Nouvelle Zélande | **dollar** | (= 100 **cents**) |
| France Belgique Suisse Luxembourg | **franc** | (= 100 **centimes**) |
| Allemagne | (**Deutsch**)**mark** | (= 100 **pfennigs**) |
| Autriche | **schilling** | (= 100 **groschen**) |
| Pays-Bas | **guilder** | (= 100 **cents**) |
| Italie | **lira**, *pl* **lire** | |
| Espagne | **peseta** | |
| Portugal | **escudo**, *pl* **escudos** | |

| Grèce | drachma | |
| Danemark | krone, | (= 100 ore) |
| Norvège | pl kroner | |
| Suède | krona, | (= 100 ore) |
| | pl kronor | |
| Finlande | markka | (= 100 pennia) |
| Russie | rouble | (= 100 kope(c)ks) |
| Pologne | zloty, pl zlotys | |
| Israël | shekel | |
| Egypte | pound | (= 100 piastres (Brit), piasters (US))(= 1000 milliemes) |
| Japon | yen, pl yen | |
| Inde | rupee | |
| Afrique du Sud | rand | (= 100 cents) |
| Argentine | peso, pl pesos | |
| Mexique | | |
| Brésil | cruzado | |

La Communauté Européenne (**the European Community**) possède sa propre devise indépendamment des devises des Etats membres. Cette devise est connue sous le nom de **European Currency Unit** (en abrégé **ECU**). A l'heure actuelle, l'écu est principalement utilisé pour des transactions commerciales entre pays.

**coin** nd pièce (de monnaie) *He collects rare coins.* Il collectionne les pièces de monnaie rares. *Put a coin in the slot.* Introduisez une pièce dans la fente.

**piece** nd pièce *a five-pence piece* une pièce de cinq pence'

**bank note** nd billet (de banque) *a suitcase full of bank notes* une valise pleine de billets de banque

**note** (*Brit*), **bill** (*US*) nd billet *a five-pound note* un billet de cinq livres *a dollar bill* un billet d'un dollar

## 265.2 Différentes formes d'argent

### PIÈCES ET BILLETS BRITANNIQUES ET AMÉRICAINS

**Britannique**

Pièces

**penny** (1p) (pl **pennies, pence**)

**two pence** (2p)

**five pence** (5p)

**ten pence** (10p)

**twenty pence** (20p)

**fifty pence** (50p)

**pound** (£1) *livre* (informel **quid**, pl **quid** *livre*)

Billets

**five pounds** (£5) (informel **fiver** *billet de 5 livres*)

**ten pounds** (£10) (informel **tenner** *billet de 10 livres*)

**twenty pounds** (£20)

**fifty pounds** (£50)

**Américain**

Pièces

**cent** (1¢) **penny** (1¢) (pl **pennies**)

**five cents** (5¢) (**nickel** *pièce de 5 cents*)

**ten cents** (10¢) (**dime** *pièce de 10 cents*)

**twenty-five cents** (25¢) (**quarter** *pièce de 25 cents*)

**fifty cents** (50¢) (**half-dollar** *demi-dollar*)

Billets

**dollar** ($1) (informel **buck** *dollar*)

**five dollars** ($5)

**ten dollars** ($10)

**twenty dollars** ($20)

**fifty dollars** ($50)

**hundred dollars** ($100)

## 265.3 Argent que l'on reçoit

**earnings** n pl [argent reçu pour un travail effectué] revenus *He has increased his earnings by taking an evening job.* Il a augmenté ses revenus en travaillant le soir.

**earn** vt gagner *She earns £200 a week.* Elle gagne 200 livres par semaine. *He earns a/his living as a photographer.* Il gagne sa vie comme photographe.

**income** nid [argent reçu de diverses sources] revenu *You must declare all your income to the tax authorities.* Vous devez déclarer vos revenus au fisc. *private/unearned income* rentes *people on low incomes* les bas revenus

**pay** ni [reçu d'un employeur] salaire *The workers are on strike for higher pay.* Les ouvriers font grève pour obtenir une augmentation salariale. *holiday/sick pay* salaire dû pendant les vacances/indemnité de maladie (utilisé comme adj) *pay increase* augmentation de salaire *pay packet* paie

**pay** vti, prét & part passé **paid** [obj: employé, salaire, somme] payer *I get paid on the last day of the month.* Je suis payé le dernier jour du mois. (souvent + **to** + INFINITIF) *The farmer pays us £40 a day to pick fruit.* Le fermier nous paie 40 livres par jour pour cueillir les fruits. *a well-/badly-paid job* un emploi bien/mal payé

**wage** nd (souvent pl) [pour un travailleur manuel. Souvent hebdomadaire] salaire *She earns good wages/a good wage.* Elle est bien payée. (utilisé comme adj) *wage increase* augmentation de salaire *wage packet* paie

**salary** ndi [pour un employé. Gén mensuel] traitement, salaire

**salaried** adj salarié *salaried staff* les employés salariés

**pension** ndi pension *She goes to collect/draw her pension at the post office.* Elle touche sa pension au bureau de poste. *state/private pension* pension de l'état/du secteur privé (utilisé comme adj) *company*

*pension scheme* pension supplémentaire versée par la firme **pensioner** nd (surtout Brit) retraité

**grant** ndi [pour un étudiant. Somme allouée par le gouvernement central ou local] bourse, subvention

**pocket money** ni [donné par les parents à l'enfant] argent de poche

**allowance** nd **1** [gén dans des contextes formels ou commerciaux. Cette somme est payée pour couvrir les frais de séjour et les autres dépenses] allocation, indemnité *When I was at university my parents paid me a monthly allowance.* Quand j'étais à l'université, mes parents me versaient chaque mois une allocation. *The company gives its employees a clothing/travelling allowance.* La firme accorde à ses employés une indemnité vestimentaire/de déplacement. **2** (US) argent de poche

**expenses** n pl [payés à l'employé pour couvrir ses dépenses lors d'un voyage d'affaires] frais *travel(ling)/hotel expenses* frais de déplacement/d'hôtel *I'll pay for the meal, I'm on expenses.* Je paierai le repas; on me rembourse mes frais. *voir aussi 267 Expensive

**on** prép [ce que l'on a pour revenu] avec *It's difficult to survive on a student grant/an old-age pension.* Il est difficile de survivre avec une bourse d'étudiant/une pension de retraité. *I'm on £20,000 a year.* Je gagne 20.000 livres par an.

### expressions

**money for jam/for old rope** (surtout Brit) [informel] de l'argent vite gagné *I got a job as a film extra. It was money for jam.* J'ai décroché un boulot comme figurant dans un film. C'était de l'argent vite gagné.

**easy money** [argent gagné sans beaucoup d'effort] de l'argent facilement gagné *She tried to make some easy money on the stock exchange.* Elle a essayé de gagner facilement de l'argent en jouant à la Bourse.

## 266 Cheap Bon marché

**cheap** adj [peut être péjoratif et impliquer une qualité inférieure] bon marché *Tomatoes are cheaper in summer.* Les tomates sont moins chères en été. *the smell of cheap perfume* l'odeur d'un parfum bon marché

**cheaply** adv pour pas cher *You can travel around India quite cheaply.* Vous pouvez voyager dans toute l'Inde pour pas cher.

**dirt cheap** adj [informel. A un prix très bas] pour une bouchée de pain *I got this car dirt cheap.* J'ai eu cette voiture pour une bouchée de pain.

**inexpensive** adj [plus formel et plus admiratif que cheap] peu onéreux *These wines are surprisingly inexpensive.* Ces vins sont étonnamment bon marché.

**affordable** adj [à un prix que l'on peut payer facilement] accessible, qu'on peut se permettre *There is a need for affordable housing in central London.* Il y a un manque de logements à des prix accessibles dans le centre de Londres.

**economical** adj [qui permet de gagner de l'argent] économique *It is more economical to buy in bulk.* C'est plus économique d'acheter en gros. *These cars are very economical to run.* Ces voitures sont très économiques.

**free** adj gratuit *You pay for the food, the drinks are free.* Vous payez la nourriture, les boissons sont gratuites. *Buy two T-shirts and get one free.* Trois T-shirts pour le prix de deux!

**free** adv gratuitement *Old-age pensioners can travel free on the buses.* Les retraités peuvent voyager gratuitement en bus.

**complimentary** adj gratuit, à titre gracieux

**bargain** nd [article dont le prix est inférieur à la norme] occasion, affaire *These shoes were a bargain.* Ces chaussures étaient une véritable occasion. *Bargains galore in our big winter sale!* Occasions à gogo dans notre grande vente hivernale! *Quality goods at bargain prices!* Des marchandises de qualité à des prix imbattables!

*expressions*

**do sth on the cheap** [informel, souvent plutôt péjoratif. Faire qch en investissant aussi peu d'argent que possible, souvent aux dépens de la qualité] faire qch au rabais *They tried to redecorate their house on the cheap.* Ils ont essayé de redécorer leur maison au rabais.

**do sth on a shoestring** [informel. Faire qch avec un budget limité. Sans nuance péjorative] faire qch à peu de frais

*They travelled around Europe on a shoestring.* Ils ont voyagé en Europe à peu de frais.

**on the house** [informel. Fourni gratuitement par le propriétaire d'un établissement. Se dit surtout des boissons dans un café] sur le compte du patron *Have this one on the house.* C'est la tournée du patron.

## 267 **Expensive** Cher

voir aussi **269 Rich**

*usage*

Parmi tous les mots de cette catégorie, **expensive** est le seul qui puisse être utilisé de façon admirative en impliquant une qualité supérieure (ce terme peut cependant aussi être utilisé de façon péjorative). Tous les autres mots signifient que le prix est supérieur à ce que l'on est disposé à payer.

**expensive** *adj* cher *She only buys expensive wines.* Elle n'achète que des vins chers. *Going to court can be very expensive.* Aller en justice peut revenir très cher. **expensively** *adv* à grands frais

**expense** *nid* dépense, frais *We want to avoid the expense of a court case.* Nous voulons éviter les frais d'un procès. *Her parents **went to a lot of expense/spared no expense** to give her a good education.* Ses parents n'ont pas reculé devant la dépense pour lui offrir de bonnes études. *voir aussi **265 Money***

**dear** *adj* (*surtout Brit*) [plus informel que **expensive**] cher *The dearer washing powders sometimes offer better value.* Les lessives plus chères offrent parfois une meilleure qualité.

**costly** *adj* [plus formel que **expensive**. Décrit: ex. matériel, réparations, logement] coûteux *Going to court can be a costly business.* Aller en justice peut se révéler très coûteux.

**pricey** OU **pricy** *adj* [informel] cher, chérot *These shoes are a bit pricy.* Ces chaussures sont un peu chères. *a pricy restaurant* un restaurant chérot

### 267.1 Exagérément cher

**steep** *adj* (après *v*) [plutôt informel] excessif *Two pounds for a coffee! That's a bit steep!* Deux livres pour un café! C'est un peu exagéré!

**exorbitant** *adj* [plutôt formel et très énergique] exorbitant *Customers are charged exorbitant prices for drinks.* Les clients doivent payer des prix exorbitants

pour les boissons. **exorbitantly** *adv* démesurément

**overcharge** *vti* [forcer le client à payer plus que ce qui est requis] faire payer un prix excessif *I'd been deliberately overcharged.* On m'avait délibérément fait payer un prix excessif. (+ **by**) *They overcharged me by 50p.* Ils m'ont fait payer 50 pence de trop.

**rip-off** *nd* [informel. Prix démesurément élevé ou escroquerie délibérée] escroquerie *Two quid for a coffee – what a rip-off!* Deux livres pour un café! C'est de l'arnaque!

**rip off** *sb* OU **rip** *sb* **off** *vt prép* [informel. Faire payer un prix excessif] escroquer *The waiters make a fortune ripping off tourists.* Les garçons se font une petite fortune en escroquant les touristes.

*expressions*

**cost the earth** [informel] coûter les yeux de la tête *Don't take him to court – it'll cost you the earth.* Ne le traînez pas en justice – ça vous coûtera les yeux de la tête. *a reliable car that won't cost you the earth* une voiture fiable qui ne vous coûtera pas les yeux de la tête

**cost a fortune** [plutôt informel] coûter une fortune *That dress must have cost a fortune.* Cette robe a dû coûter une fortune.

**cost an arm and a leg** [informel. Etre si cher qu'on ne peut se le permettre] coûter les yeux de la tête *The holiday cost (me) an arm and a leg, but it was worth it.* Les vacances m'ont coûté les yeux de la tête, mais elles en valaient la peine.

**break the bank** (souvent dans des phrases négatives) [plutôt informel. Etre si cher que cela ne laisse plus d'argent à l'acheteur] faire sauter la banque *Come on, let's eat out tonight, it won't break the bank.* Viens, allons manger au restaurant ce soir, c'est pas ça qui va nous ruiner.

**daylight robbery** [informel et péjoratif. Employé quand on doit payer un prix exorbitant] du vol *Two pounds for a coffee! It's daylight robbery!* Deux livres pour un café! C'est du vol pur et simple!

## 268 **Value** Valeur

voir aussi **417.5 Good**

**value** *n* **1** *nid* [en termes monétaires] valeur *an increase in the value of the pound* une appréciation de la livre sterling *objects of great/little value* des objets de

grande/petite valeur **2** *ni* [fait d'être économique] valeur *All shoppers want **value for money**.* Tous les clients en veulent pour leur argent. **3** *nid* (pas de *pl*) [importance, utilité] valeur *Never underestimate the value of a good education.* Ne sous-estimez jamais la valeur d'une bonne éducation. (+ **to**) *information of great value to an enemy* des informations très précieuses pour un ennemi

**value** *vt* **1** [estimer la valeur de. Obj: ex. peinture, antiquité, maison] évaluer, estimer *I'm going to have this painting valued.* Je vais faire estimer cette peinture. (+ **at**) *The house has been valued at £70,000.* La maison a été estimée à 70.000 livres. **2** [considérer comme très important ou utile] apprécier *I value your opinions highly.* J'apprécie grandement votre opinion.

**worth** *adj* **1** [en termes monétaires] qui a une valeur *How much is your car worth?* Combien votre voiture vaut-elle? *a painting worth £500* une peinture valant 500 livres **2** (souvent + -ing) [en termes d'importance, d'utilité, de qualité, etc.] qui vaut *A letter is worth a dozen phone calls.* Une lettre vaut une dizaine de coups de fil. *It's/He's not worth worrying about.* Ça/Il ne vaut pas la peine qu'on s'en préoccupe. *I'm not going to the meeting; **it's not worth it** .* Je ne vais pas à la réunion; ça n'en vaut pas la peine.

**worth** *ni* **1** [quantité valant une certaine somme] valeur *I bought ten pounds' worth of petrol.* J'ai acheté pour dix livres d'essence. **2** [pas dans un contexte financier] valeur *She sold the painting for less than its true worth.* Elle a vendu la peinture en dessous de sa valeur. (+ **to**) *He has proved his worth to the team.* Il a prouvé à l'équipe qu'il en valait la peine.

### 268.1 Grande valeur

**valuable** *adj* **1** [en termes monétaires] de valeur *valuable paintings* des peintures de valeur **2** [décrit: ex. conseil, amitié] précieux (+ **to**) *Your skills are valuable to the company.* Vos compétences sont très précieuses pour la firme. *a waste of my valuable time* du gaspillage de mon temps précieux

**valuables** *n pl* [effets personnels] objets de valeur *Hotel guests may deposit their valuables in the safe.* Les clients de l'hôtel peuvent déposer leurs objets de valeur dans le coffre.

**invaluable** *adj* [plutôt formel. Très utile. Décrit: ex. outil, conseil, aide] précieux, inestimable *Thank you for your invaluable assistance.* Merci pour votre aide précieuse. (+ **to**) *This information proved invaluable to the police.* Ces informations s'avérèrent des plus précieuses pour la police.

**priceless** *adj* [si précieux qu'on ne peut en donner le prix] inestimable *This diamond is priceless.* Ce diamant est inestimable.

**precious** *adj* [si précieux que l'on doit en prendre soin, pour des raisons financières ou sentimentales] précieux *The statue is so precious that it is rarely shown to visitors.* La statue est si précieuse qu'on la montre rarement aux visiteurs. ***precious stones/metals*** pierres

précieuses/métaux précieux (+ **to**) *These medals/memories are precious to me.* Ces médailles/souvenirs me sont chères/chers.

**treasure** *n* **1** *ni* [réserve souvent cachée de bijoux, d'argent, etc.] trésor *buried treasure* trésor enfoui *treasure chest* coffre à trésor **2** *nd* (souvent *pl*) [objet très beau ou très précieux] trésor

**treasure** *vt* [considérer comme très précieux. Obj: cadeau, souvenirs, amitié] garder précieusement, chérir *Thank you very much for the beautiful vase; I'll treasure it.* Merci beaucoup pour le beau vase: j'en prendrai grand soin. *His guitar is his most treasured possession.* Sa guitare est l'objet auquel il attache le plus de valeur.

### 268.2 Peu ou pas de valeur

**valueless** *adj* sans valeur *The old coins will be valueless once the new ones come into circulation.* Les vieilles pièces perdront toute valeur dès que les nouvelles entreront en circulation.

**worthless** *adj* [plus péjoratif que **valueless**] **1** [décrit: ex. peinture, voiture, pièce] sans valeur *a market stall selling worthless junk* une échoppe qui vend des objets de pacotille **2** [décrit: ex. personne, contribution, information] sans valeur *His advice is absolutely worthless.* Ses conseils n'ont absolument aucune valeur.

### 268.3 Avec des qualités précieuses ou utiles

**deserve** *vt* [obj: ex. récompense, emploi, punition] mériter *You don't deserve any Christmas presents.* Tu ne mérites pas de cadeaux de Noël. *The film deserved a bigger audience.* Le film méritait un plus grand succès de foule. (souvent + **to** + INFINITIF) *He deserves to succeed.* Il mérite de réussir.

**deserving** *adj* méritant, louable *a deserving winner* un gagnant méritant *to give one's money to a deserving cause* donner son argent pour une cause louable **deservedly** *adv* à juste titre

**worthy** *adj* (souvent après *v* + **of**) [plutôt formel] digne *He wanted to prove himself worthy of their trust.* Il voulait se montrer digne de leur confiance. *a worthy winner/successor* un gagnant méritant/un digne successeur *to give one's money to a worthy cause* donner son argent pour une noble cause

**worthwhile** *adj* (souvent + -ing, + **to** + INFINITIF) [qui a un but ou un résultat utile ou précieux] qui en vaut la peine *Try to read Shakespeare. You'll find the effort worthwhile.* Essaie de lire Shakespeare. Tu verras que l'effort en vaut la peine. *It's worthwhile spending some time in the library.* Ça vaut la peine de passer un peu de temps à la bibliothèque.

## 269 Rich Riche

voir aussi **267 Expensive**

**rich** *adj* [décrit: ex. personne, pays] riche *Her invention made her rich.* Son invention l'a rendue riche. [argot et péjoratif] ***filthy/stinking rich*** bourré de fric/qui pue le fric

**rich** *n pl* (toujours + **the**) [personnes] les riches *The rich should pay more tax.* Les riches devraient payer plus d'impôts.

**riches** *n pl* [argent, biens] richesses *They envied his riches.* Ils enviaient ses richesses.

**wealth** *ni* richesse, fortune *How did she acquire her vast wealth?* Comment a-t-elle acquis sa fortune? **wealthy** *adj* [plus formel que **rich**] riche, fortuné

**fortune** *nd* **1** [grosse somme d'argent acquise par le travail, le jeu, un héritage, etc.] fortune *He inherited his uncle's fortune.* Il a hérité de la fortune de son oncle. *She made her fortune on the stock market.* Elle a fait fortune en jouant à la Bourse. **2** [informel. Toute somme d'argent importante] fortune *He spent a fortune on clothes.* Il a dépensé une fortune en vêtements. *This house is worth a fortune.* Cette maison vaut une fortune.

**affluent** *adj* [plutôt formel. Qui possède ou dépense beaucoup d'argent. Décrit: ex. personne, style de vie] riche *an affluent, middle-class family* une riche famille bourgeoise *an affluent society* une société d'abondance **affluence** *ni* richesse

**prosperous** *adj* [qui gagne beaucoup d'argent. Décrit: ex. personne, firme, nation] prospère *Our policies will make the country more prosperous.* Notre politique rendra le pays plus prospère. **prosperously** *adv* de manière prospère

**prosperity** *ni* prospérité *We can look forward to many years of prosperity.* Nous pouvons nous attendre à plusieurs années de prospérité.

**prosper** *vi* [plutôt formel] prospérer *The country has prospered under this government.* Le pays a prospéré sous ce gouvernement.

**millionaire** (*masc*), **millionairess** (*fém*) *nd* [personne qui possède plus d'un million de livres ou de dollars] milliardaire
**millionaire** *adj* (avant *n*) milliardaire *a millionaire businessman/businesswoman* un homme/une femme d'affaires milliardaire

**well-off** *adj, compar* **better-off** OU **more well-off** *superl* **most well-off** [assez riche] aisé *Most company directors are fairly well-off.* La plupart des directeurs de société vivent dans l'aisance. *I'll be better-off when the tax system changes.* Je serai financièrement plus à l'aise quand le système fiscal changera.

**well-off** *n pl* (toujours + **the**) les nantis *tax cuts that benefit the well-off* des réductions d'impôts qui profitent aux nantis *the better-off in our society* les personnes aisées de notre société

**well-to-do** *adj* [informel. Qui possède assez d'argent pour vivre confortablement] aisé, riche *a well-to-do businessman* un homme d'affaires aisé

**loaded** *adj* [argot. Très riche] plein aux as *He's loaded.* Il est plein aux as.

**moneybags** *nd* [informel, souvent humoristique] (personne) pleine aux as *Come on, moneybags, buy us all a drink!* Allez, toi qui es plein aux as, paie-nous un verre!

*expressions*

**bags of money** [informel] plein de fric *He can afford to lend me £100; he's got bags of money.* Il peut se permettre de me prêter 100 livres; il a plein de fric.

**be rolling in money/in it** [informel. Très riche] rouler sur l'or

**have more money than sense** [avoir beaucoup d'argent mais le dépenser de façon déraisonnable ou frivole] jeter l'argent par les fenêtres [littéralement: avoir plus d'argent que de bon sens] *musical Christmas trees for people with more money than sense* des arbres de Noël musicaux pour les gens qui jettent l'argent par les fenêtres

## 270 Poor Pauvre

**poor** *adj* [décrit: ex. personne, pays] pauvre *a poor area of the city* un quartier pauvre de la ville
**poor** *n pl* (toujours + **the**) les pauvres *charities which help the poor* des oeuvres de bienfaisance qui aident les pauvres

**poverty** *ni* pauvreté *to live in poverty* vivre dans la pauvreté *a poverty-stricken region* une région touchée par la pauvreté

**needy** *adj* [plus formel que **poor**. Qui ne possède pas le nécessaire. Décrit: ex. personne, famille] nécessiteux
**needy** *n pl* (toujours + **the**) les nécessiteux

**penniless** *adj* [qui n'a pas d'argent] sans le sou *The failure of his business left him penniless.* L'échec de son entreprise l'a laissé sans le sou.

**destitute** *adj* [formel. Qui ne possède ni argent, ni biens, ni maison, etc.] sans ressources *The war left many families destitute.* La guerre a laissé beaucoup de familles sans ressources. **destitution** *ni* misère

**bankrupt** *adj* [décrit: surtout firme, homme d'affaires] en faillite *to go bankrupt* faire faillite **bankruptcy** *nid* faillite
**bankrupt** *vt* mettre en faillite *High interest rates have*

*bankrupted many small firms.* Les taux d'intérêt élevés ont ruiné bon nombre de petites entreprises.

**beggar** *nd* mendiant *The streets are full of beggars.* Les rues sont pleines de mendiants. **beg** *vi*, **-gg-** mendier
*voir aussi* **351 Ask**

**panhandler** *nd* (*US*) mendiant

**badly-off** *adj, compar* **worse-off** *superl* **worst-off** [assez pauvre] pauvre *A lot of old people are quite badly-off.* Beaucoup de personnes âgées sont assez pauvres. *I'll be worse-off after the tax system changes.* Je serai financièrement moins à l'aise quand le système fiscal changera.

**hard up** *adj* [informel. Qui possède très peu d'argent. Situation souvent temporaire] fauché *I was always hard up when I was a student.* J'étais toujours fauché quand j'étais étudiant.

**broke** *adj* (après *v*) [informel. Qui n'a pas d'argent] fauché *flat/stony* (*Brit*)/*stone* (*US*) *broke* complètement fauché, fauché comme les blés

*expressions*

**on/near the breadline** [qui a des revenus à peine suffisamment importants pour acheter le nécessaire] être sans le sou *families living on the breadline* des familles sans le sou

**feel the pinch** [éprouver des difficultés financières ou devoir dépenser son argent en étant prudent] être à court d'argent *The strikers' families are beginning to feel the pinch.* Les familles des grévistes commencent à être

à court d'argent.

**Money doesn't grow on trees.** [se dit aux enfants qui demandent des choses très chères] l'argent ne tombe pas du ciel [littéralement: l'argent ne pousse pas sur les arbres]

**Do you think I'm made of money?** [informel] Tu me prends pour Crésus?

## 271 Employment Emploi

voir aussi **262 Doing Business; 274 Work**

**employment** *ni* [plus formel que **work** ou **job**] emploi, travail *What is the nature of your employment?* Quelle est la nature de votre travail? *Are you in (regular) employment?* Avez-vous un emploi (fixe)?

**employ** *vt* employer *We will need to employ some extra staff.* Nous devrons employer du personnel supplémentaire. *Thousands of people are employed in the fishing industry.* Des milliers de personnes travaillent dans le secteur de la pêche. *(+ as) She's employed as a nanny.* Elle travaille comme garde d'enfant.

**unemployment** *ni* chômage *Unemployment reached two million last month.* Le nombre de chômeurs a atteint les deux millions le mois dernier. (employé comme *adj) unemployment statistics* les statistiques du chômage *unemployment benefit* allocation de chômage

**unemployed** *adj* chômeur *an unemployed taxi driver* un chauffeur de taxi sans emploi

**unemployed** *n pl* chômeurs *the long-term unemployed* les chômeurs de longue durée

### 271.1 Termes généraux désignant l'emploi

**job** *nd* emploi, travail *(+ as) He's got a job as a bus driver.* Il travaille comme conducteur de bus. *I've just lost my job.* Je viens de perdre mon emploi.

**work** *ni* **1** [emploi rémunéré. Terme général] travail *She's looking for work.* Elle cherche du travail. *Who looks after the children while you're at work?* Qui garde les enfants pendant que vous travaillez? *I get home from work at six o'clock.* Je rentre du travail à six heures. *I've been out of work for six months.* Je ne travaille plus depuis six mois. **2** [la tâche pour laquelle on est payé] travail *My work is quite varied.* Mon travail est assez varié.

**work** *vi* travailler *He works in London/as a bus driver.* Il travaille à Londres/comme conducteur de bus. *(+ for) I work for a publishing company.* Je travaille pour une maison d'édition.

**occupation** *nd* [employé surtout dans un contexte formel. Fait référence au type de travail et au nom donné à la personne qui travaille] métier, profession *She stated her occupation as translator.* Elle déclara qu'elle était traductrice de profession.

**career** *nd* [emploi à long terme pour lequel on a reçu une formation et où l'on peut progresser régulièrement]

carrière *She had a distinguished career in the civil service.* Elle a eu une brillante carrière de fonctionnaire. *a political/military/nursing career* une carrière politique/militaire/d'infirmière (employé comme *adj) careers advice* orientation professionnelle

*usage*

Ne pas confondre le terme **career** avec le terme **subject** (la branche choisie à l'université). *voir aussi* **233 Education**.

**profession** *nd* [emploi respecté, non commercial, exigeant un haut degré de qualification] profession *the legal/medical/teaching profession* la profession légale/de médecin/d'enseignant *She's an architect by profession*. Elle est architecte de profession.

**professional** *adj* [décrit: ex. emploi, personne, classes sociales] professionnel, libéral

**trade** *nd* [emploi qualifié, surtout de nature pratique ou manuelle] métier *You ought to learn a trade.* Tu devrais apprendre un métier. *a bricklayer by trade* un maçon de métier

### 271.2 Les entreprises et leur structure

**company** *nd* société, firme, compagnie *a manufacturing company* une manufacture *an insurance company* une compagnie d'assurances (employé comme *adj) a company director* un directeur de société *a company car* une voiture de société

**firm** *nd* [souvent utilisé pour des sociétés plus petites] firme *a plastics/car-hire firm* une firme spécialisée dans le plastique/la location de voitures *a firm of builders/lawyers* une société d'entrepreneurs/un cabinet d'avocats

**branch** *nd* [locaux d'une banque, d'une organisation à un endroit déterminé] succursale, agence *The bank has over 5,000 branches.* La banque a plus de 5.000 agences.

**department** *nd* **1** [division d'une société responsable de certains aspects de son travail] département *the advertising/personnel department* le département de la publicité/du personnel **2** [partie d'un grand magasin vendant des marchandises bien déterminées] rayon *the menswear/electrical department* le rayon hommes/électricité **departmental** *adj* d'un département, d'un rayon

### LIEUX DE TRAVAIL

**factory** *nd* usine *a bicycle/biscuit factory* une usine de vélos/une biscuiterie (employé comme *adj*) *a factory worker* un ouvrier d'usine

**works** *nd, pl* **works** (souvent employé dans des mots composés) [fait référence au lieu où une activité industrielle est exercée] usine *a cement works* une cimenterie *the steelworks* l'aciérie

**workshop** *nd* [endroit où les réparations et les travaux spécialisés sont effectués. Gén plus petit qu'une usine] atelier

**warehouse** *nd* [endroit où l'on stocke les marchandises] entrepôt *a tobacco warehouse* un entrepôt de tabac

**depot** *nd* [endroit où l'on conserve les marchandises avant leur transport] dépôt *Coal is transported to the depot by rail.* Le charbon est acheminé au dépôt par voie ferrée.

**mill** *nd* **1** [endroit où l'on fabrique la farine] moulin **2** [endroit où l'on fabrique des textiles, du papier, etc.] usine

**mine** *nd* mine *a coal/tin mine* une mine de charbon/d'étain *He spent 20 years down the mine(s).* Il a travaillé vingt ans dans la mine.

**mine** *vti* [obj: charbon, minéraux, métaux] extraire [obj: région, vallée] exploiter *Coal is no longer mined in this valley.* On n'extrait plus de charbon dans cette vallée. (souvent + *for*) *They're mining for iron ore.* Ils extraient du minerai de fer. **miner** *nd* mineur **mining** *ni* exploitation minière

## 271.3 Employés

**employee** *nd* [terme général] employé *The company has 5,000 employees.* La société emploie 5.000 personnes. *a government/bank employee* un fonctionnaire/un employé de banque

**worker** *nd* [surtout pour un travail manuel] ouvrier *a factory/manual/car worker* un ouvrier d'usine/un travailleur manuel/un ouvrier de l'industrie automobile

**labour** (*Brit*), **labor** (*US*) *ni* **1** [les travailleurs manuels employés par qn] main d'oeuvre *The company is taking on extra labour.* La firme engage de la main d'oeuvre supplémentaire. **2** [travail effectué, faisant partie des frais] main d'oeuvre *The plumber charged us £20 for the new pipe plus £10 for labour.* Le plombier nous a demandé 20 livres pour le nouveau tuyau plus 10 livres pour la main d'oeuvre.

**labourer** (*Brit*), **laborer** (*US*) *nd* [ouvrier non qualifié, travaillant souvent à l'extérieur] manoeuvre *a building labourer* un ouvrier du bâtiment

**workforce** *ndi* (+ *v sing* ou *pl*) [nombre total de travailleurs employés par une firme] personnel *Most of the workforce is/are on strike.* La plupart des membres du personnel sont en grève.

**staff** *n* **1** *nd* [surtout les employés de bureau ou les professions libérales] personnel *We have an accountant on our staff.* Nous avons un comptable au sein de notre personnel. *Pupils should show respect to members of staff.* Les élèves devraient faire preuve de respect vis-à-vis des membres du personnel. (employé comme *adj*) *staff meeting* [à l'école] conseil des professeurs [dans d'autres contextes] réunion du personnel **2** *n pl* les membres du personnel *The staff*

*are all on strike.* Les membres du personnel sont tous en grève.

**staff** *vt* [plutôt formel] pourvoir en personnel (+ **with**) *We will staff the new showroom with experienced salespeople.* Nous mettrons des vendeurs expérimentés dans notre nouvelle salle d'exposition.

**personnel** *ni* [dans des contextes formels] personnel *The company keeps full records on all its personnel.* La société garde un dossier complet sur chaque membre du personnel. (employé comme *adj*) *personnel manager/department* chef/service du personnel

**colleague** *nd* collègue *He gets on well with his colleagues.* Il s'entend bien avec ses collègues.

## 271.4 Cadres supérieurs

**supervisor** *nd* chef

**foreman** *nd, pl* **foremen** contremaître, chef d'équipe

**forewoman** *nd, pl* **forewomen** *fém* chef d'équipe

**boss** *nd* [plutôt informel] patron *My boss let me go home early.* Mon patron m'a laissé rentrer plus tôt chez moi.

**manager** *nd* directeur *financial/personnel manager* directeur financier/du personnel *bank/hotel manager* directeur d'agence bancaire/d'hôtel *the manager of a record store/football team* le directeur d'un magasin de disques/d'une équipe de football

**manage** *vti* [obj: ex. société, département] gérer *The company has been badly managed for years.* La firme est mal gérée depuis des années.

**management** *n* **1** *ni* [activités, ressources] gestion *The company is successful as a result of good management.* La firme prospère grâce à une bonne gestion. **2** *n* (+ *v sing* ou *pl*) [les administrateurs d'une firme, etc.] direction *(The) management has/have rejected the workers' demands.* La direction a rejeté les exigences des ouvriers. *a change of management* un changement de direction

**director** *nd* **1** [la personne qui, parmi les administrateurs, détermine la politique de la société] directeur *financial director* directeur financier *the directors of a football club* les administrateurs d'un club de football *managing director* directeur général *board of directors* conseil d'administration **2** [chef d'une organisation, d'un projet, etc.] directeur *the director of the research institute/programme* le directeur de l'institut/du programme de recherches

**executive** *nd* [gros homme d'affaires] cadre *company executive* cadre supérieur

**employer** *nd* [personne ou société] employeur *Obtain this form from your employer.* Demandez ce formulaire à votre employeur. *The factory is a major employer in this area.* L'usine est un des principaux pourvoyeurs d'emplois de la région.

## 271.5 Périodes pendant lesquelles les gens sont employés

**part-time** *adj* [décrit: ex. emploi] à temps partiel **part-time** *adv* à temps partiel

**full-time** *adj* [décrit: ex. emploi, étudiant] à temps plein **full-time** *adv* à temps plein

**temporary** *adj* temporaire *voir aussi **29 Be**

**permanent** *adj* permanent, définitif \*voir aussi **29 Be**

**overtime** *ni* **1** heures supplémentaires *to work overtime* faire des heures supplémentaires *I did five hours' overtime last week.* J'ai presté cinq heures supplémentaires la semaine dernière. (utilisé comme *adj*) *overtime payments/rates* rémunérations/tarifs pour les heures supplémentaires **2** [argent reçu] heures supplémentaires *I get paid overtime for working on Saturdays.* On me paie des heures supplémentaires pour mes prestations le samedi.

### 271.6 Relations industrielles

**union** OU **trade union** (*Brit*), **labor union** (*US*) *nd* (+ *v sing* ou *pl*) syndicat *Do you belong to a union?* Es-tu syndiqué? *the National Union of Teachers* le Syndicat National des Enseignants (utilisé comme *adj*) *union members* les syndiqués **trade unionist** *nd* syndicaliste

**strike** *nd* grève *to be/go on strike* être/se mettre en grève (+ **for**) *The miners are on strike for higher pay.* Les mineurs font grève pour obtenir des salaires plus élevés.

**strike** *vi, prét & part passé* **struck** (souvent + **for**) faire grève *The miners may strike for higher pay.* Les mineurs pourraient se mettre en grève pour obtenir des salaires plus élevés. **striker** *nd* gréviste

**picket** *vti* organiser un piquet *They picketed the factory.* Ils ont mis un piquet de grève aux portes de l'usine.

**picket** *nd* **1** [une seule personne] gréviste de faction **2** [groupe de personnes] piquet de grève *flying picket* piquet de grève volant

**picket line** *nd* piquet de grève *on the picket line* dans le piquet de grève *to cross the picket line* passer au travers d'un piquet de grève

### 271.7 Obtenir un emploi

**apply** *vi* (souvent + **for**) poser sa candidature à *She's applied for the post of assistant manager.* Elle a posé sa candidature pour le poste de sous-directeur.

**application** *nd* candidature *There have been hundreds of applications for this job.* Il y a eu des centaines de candidatures pour cet emploi. (utilisé comme *adj*) *application form* formulaire de candidature **applicant** *nd* candidat

**interview** *nd* entrevue (souvent + **for**) *They're holding interviews for the post of assistant manager.* Ils organisent des entrevues pour le poste de sous-directeur. \*voir aussi **351 Ask**

**interview** *vti* (faire) passer une entrevue *She's been interviewed for the post of assistant manager.* Elle a passé une entrevue pour le poste de sous-directeur. **interviewer** *nd* personne qui fait passer l'entrevue **interviewee** *nd* personne qui passe l'entrevue

**appoint** *vt* (souvent + **to**) [donner à qn un poste, souvent de cadre supérieur] nommer *They're going to appoint a new assistant manager.* Ils vont nommer un nouveau sous-directeur. *She's been appointed to the post of assistant manager.* Elle a été nommée au poste de sous-directeur.

**appointment** *n* **1** *ni* nomination, désignation *The report recommends the appointment of a safety officer.* Le rapport recommande la désignation d'un responsable de la sécurité. **2** *nd* affectation *The company newsletter gives details of new appointments.* Le bulletin de la société détaille les nouvelles affectations.

**engage** *vt* [plutôt formel. Obj: nouvel employé] engager *The hotel has engaged a new receptionist.* L'hôtel a engagé un nouveau réceptionniste. (souvent + **as**) *I've engaged him as my personal assistant.* Je l'ai engagé pour qu'il soit mon assistant personnel.

**take on** sb OU **take** sb **on** *vt prép* [moins formel que **engage**] recruter *The company isn't taking on any new staff at the moment.* La société ne recrute pas pour l'instant.

**hire** *vt* [en anglais britannique, ce terme fait référence à un engagement temporaire ou occasionnel] embaucher, engager (souvent + **to** + INFINITIF) *He hired a private detective to follow his wife.* Il a engagé les services d'un détective privé pour suivre sa femme. \*voir aussi **262 Doing business**

**promote** *vt* (souvent + **to**) promouvoir *He was promoted to (the rank of) colonel.* Il fut promu (au rang de) colonel.

**promotion** *nid* promotion *She's hoping for promotion.* Elle espère une promotion. *a job with good promotion prospects* un emploi avec de bonnes perspectives d'avancement

### 271.8 Quitter son emploi

**resign** *vit* (souvent + **from**) démissionner *She resigned from the company because of disagreements with her colleagues.* Elle a démissionné de la société à la suite de désaccords avec ses collègues. *He's resigned his post.* Il a démissionné de son travail.

**resignation** *ndi* démission *She's handed in her resignation.* Elle a donné sa démission.

**retire** *vi* [arrêter de travailler parce qu'on a atteint la limite d'âge] prendre sa retraite (+ **from**) *He's retired from the school where he taught for forty years.* Il a pris sa retraite et a quitté l'école où il a enseigné pendant quarante ans. *a retired civil servant* un fonctionnaire retraité

**retirement** *nid* retraite *to take early retirement* prendre sa retraite anticipée (utilisé comme *adj*) *What's the retirement age in your country?* Quel est l'âge de la retraite dans votre pays? *a retirement present* un cadeau pour le départ en retraite

**notice** *ni* **1** [donnée par un employé à un employeur] démission *I've handed in my notice.* J'ai donné ma démission. **2** [donné par un employeur à un employé] congé *The company has given her a month's notice.* La société lui a donné un préavis d'un mois.

**redundant** *adj* (*Brit*) [qui a perdu son emploi parce que le personnel est excédentaire] au chômage *redundant steelworkers* des sidérurgistes au chômage *to make sb redundant* licencier qn

**redundancy** *n* **1** *ni* licenciement *voluntary redundancy* mise au chômage volontaire (utilisé comme *adj*) *redundancy pay* indemnité de licenciement **2** *nd* licenciement *The company has announced 200 redundancies.* La société a annoncé 200 licenciements.

**dismiss** *vt* (souvent + **for**, **from**) [plutôt formel] renvoyer *The company dismissed her for unpunctuality.* La société l'a renvoyée pour son manque de ponctualité. *He was dismissed from the* *company.* Il a été renvoyé de la société.

**dismissal** *nid* licenciement, renvoi *unfair dismissal* licenciement abusif

**sack** (*surtout Brit*), **fire** (*surtout US*) *vt* (souvent + **for, from**) [informel] virer, mettre à la porte *They sacked him for continually being late.* Ils l'ont mis à la porte à cause de ses arrivées tardives. *You're fired!* Vous êtes viré! **sacking** *nid* renvoi

**sack** *ni* (*Brit*) (toujours + **the**) renvoi *She was threatened with the sack.* On l'a menacée de licenciement. *to give sb/to get the sack* renvoyer qn/être renvoyé

**lay** sb **off** OU **lay off** sb *vt prép* [arrêter d'employer qn définitivement ou temporairement faute de travail] licencier *We've had to lay off 50 people.* Nous avons dû licencier 50 personnes. *I was laid off for three weeks.* On m'a débauché pendant trois semaines.

## 272 Office Bureau

voir aussi **296 Computers**

**office** *nd* 1 [endroit où l'on travaille] bureau *I've had a hard day at the office.* J'ai eu une dure journée au bureau. (utilisé comme *adj*) *office equipment/workers* matériel/employés de bureau *an office block* un immeuble de bureaux 2 [d'une société, d'une organisation] bureau *the local tax office* le service local des contributions *the company's **head office*** le siège central de la société 3 [d'un directeur, etc] bureau *Come into my office.* Venez dans mon bureau.

### 272.1 Matériel de bureau

**file** *nd* dossier (+ **on**) *The social services department has a file on him.* Le service social a un dossier sur lui. *We will keep your details **on file**.* Nous conserverons vos informations dans un dossier.

**file** *vti* [obj: documents] classer *The personnel records are filed alphabetically.* Les dossiers du personnel sont classés par ordre alphabétique. (souvent + **under**) *File this letter under `Enquiries'.* Classez cette lettre sous la rubrique "Renseignements". **filing** *ni* classement

**filing cabinet** *nd* classeur

**photocopier** OU **photocopy(ing) machine** *nd* photocopieuse

**photocopy** *nd* (souvent + **of**) photocopie *a photocopy of your birth certificate* une photocopie de votre extrait de naissance *to take a photocopy of sth* faire une photocopie de qch **photocopy** *vt* photocopier

**fax** *nd* 1 AUSSI **fax machine** télécopieur, fax *a message sent by fax* un message envoyé par télécopieur (utilisé comme *adj*) *fax number* numéro de télécopieur 2 [message, lettre, etc.] télécopie *to send a fax to sb*

envoyer une télécopie à qn

**fax** *vt* 1 [obj: à une personne, à une société] envoyer une télécopie à *You can fax me at the following number.* Vous pouvez me contacter par télécopieur au numéro suivant. 2 (souvent + **to**) [obj: message, document, photo] envoyer par télécopieur *I've faxed the invoice (through) to New York.* J'ai envoyé la facture à New York par télécopieur.

**in-tray** *nd* corbeille du courrier du jour

**out-tray** *nd* corbeille du courrier à expédier

### 272.2 Personnel de bureau

**secretary** *nd* secrétaire

**secretarial** *adj* de secrétariat *secretarial work* travail de secrétariat *a secretarial college* une école de secrétariat

**clerk** *nd* [employé de bureau, surtout subalterne] employé *accounts/bank/filing clerk* employé à la comptabilité/employé de banque/documentaliste

**clerical** *adj* [plutôt formel. Décrit: ex. emploi, travail] de bureau

**typist** *nd* dactylo *a shorthand typist* une sténodactylo

**receptionist** *nd* [personne qui s'occupe des clients à leur arrivée dans un hôtel, un bureau, etc.] réceptionniste *a hotel/doctor's receptionist* réceptionniste d'un hôtel/d'un cabinet de médecin

**temp** *nd* [secrétaire, dactylo temporaire] intérimaire *The secretary's ill; we'll have to get a temp in.* La secrétaire est malade; nous allons devoir embaucher une intérimaire.

## 273 Shops Magasins

voir aussi *L12 Shopping*

**shop** (*surtout Brit*), **store** (*surtout US*) *nd* magasin *antique/sports/cake shop* magasin d'antiquités/de sport/pâtisserie *I've been to the shops.* Je suis allé faire des courses. (utilisé comme *adj*) *shop window* vitrine

**shop** *vi*, **-pp-** (souvent + **for**) [acheter ce dont on a besoin: de la nourriture, des produits ménagers, etc.] faire ses courses *I usually shop on Saturdays/at the supermarket.* Je fais généralement mes courses le samedi/au supermarché. *to go shopping* faire les courses *I went shopping for clothes.* Je suis allé acheter des vêtements. **shopper** *nd* client

**shopping** *ni* 1 [activité] (les) courses *We usually do our shopping on Saturday.* Nous faisons habituellement nos courses le samedi. *Christmas shopping* achats de Noël

2 [articles achetés] achats *She put her shopping down on the table.* Elle déposa ses achats sur la table. (utilisé comme *adj*) *shopping bag/basket/list* sac à provisions/panier à provisions/liste des provisions

> ### usage
> Notons que le terme **shopping** ne désigne pas un lieu. On ne le confondra donc pas avec **shop** (magasin) ou **shopping centre** (centre commercial).

**store** *nd* 1 (*Brit*) grand magasin *the big stores in town* les grands magasins de la ville *furniture/electrical store* magasin de meubles/d'électricité 2 (*US*) [n'importe quel type de magasin] commerce

**department store** *nd* [où l'on vend plusieurs types de marchandises différentes, souvent sur plusieurs étages] grand magasin

**shopping centre** (*Brit*), **shopping mall** (*US*) *nd* centre commercial

**supermarket** *nd* supermarché

**market** *nd* marché *vegetable market* marché aux légumes (utilisé comme *adj*) *market day* jour de marché

**stall** *nd* [souvent provisoire et en plein air] étal, éventaire *He has a stall at the market.* Il a un étal sur le marché. *flower/souvenir stall* étal de fleurs/de souvenirs

**stallholder** *nd* marchand (en plein air)

**kiosk** (*surtout Brit*) *nd* [petit abri fermé où l'on vend des tickets, etc.] kiosque

(*shop*) **assistant** (*Brit*), (*sales*) **clerk** (*US*) vendeur, employé

**counter** comptoir

**cash register** caisse (enregistreuse)

**shopkeeper** (*Brit*) **storekeeper** (*US*) commerçant

(*shopping*) **trolley** (*Brit*), **shopping cart** (*US*) caddie

**till** caisse (enregistreuse)

**carrier bag** (*Brit*), **grocery bag** (*US*) sac (en plastique)

**checkout** caisse

## LE PETIT COMMERCE

Lorsque le même mot peut être employé à la fois pour désigner le magasin et le commerçant, il est courant d'ajouter le possessif **'s** pour désigner le magasin. Ce **'s** est pratiquement obligatoire après la préposition **at**:

*Is there a butcher('s) near here?* Y a-t-il un boucher près d'ici?

*I bought some toothpaste at the chemist's.* J'ai acheté du dentifrice à la pharmacie.

**baker** *nd* **1** [magasin] boulangerie **2** [commerçant] boulanger

**bookshop** (*surtout Brit*), **bookstore** (*surtout US*) *nd* librairie

**stationer** *nd* papeterie

**butcher** *nd* **1** [magasin] boucherie **2** [commerçant] boucher

**chemist** *nd* (*Brit*) **1** AUSSI **pharmacy** (*US*) [magasin] pharmacie, droguerie **2** AUSSI **druggist** (*US*) [commerçant] pharmacien, droguiste *voir aussi* **126 Cures**

**drugstore** *nd* (*US*) [vend des médicaments, mais aussi d'autres produits comme du papier, des produits de nettoyage, des jouets, etc.] drugstore

**dairy** *nd* **1** [magasin vendant du lait, du beurre, du fromage, etc.] crémerie **2** (souvent *pl*) [entreprise qui apporte le lait chez les particuliers] laiterie

**milkman** *nd* (*surtout Brit*) [qn qui apporte le lait chez les particuliers] laitier

**delicatessen** *nd, abrév* **deli** (*surtout US*) [magasin ou rayon dans un supermarché où l'on vend des viandes froides, du fromage, des salades de qualité supérieure] épicerie fine, traiteur

**fishmonger** *nd* (*surtout Brit*) **1** [magasin] poissonnerie **2** [commerçant] poissonnier

**florist** *nd* **1** [magasin] magasin de fleurs **2** [commerçant] fleuriste

**garden centre** (*Brit*), **garden center** (*US*) *nd* pépinière

**greengrocer** *nd* (*surtout Brit*) **1** marchand de fruits et légumes **2** [commerçant] marchand de fruits et légumes

**grocer** *nd* **1** [magasin vendant des denrées alimentaires] épicerie **2** [commerçant] épicier

**grocery** *n* **1** *nd* (toujours *pl*) [denrées alimentaires que l'on achète] épicerie, provisions *We need to buy some groceries.* Nous devons acheter quelques provisions. **2** *nd* [magasin] épicerie **3** *ni* [métier de l'épicier] épicerie *the grocery trade* l'épicerie

**hardware store** *nd* [magasin vendant des outils, des ustensiles de cuisine, etc.] quincaillerie

**ironmonger** *nd* (*surtout Brit*) **1** [terme un peu plus vieilli que **hardware store**] quincaillerie **2** [commerçant] quincaillier

**newsagent** *nd* (*Brit*) **1** [magasin vendant des journaux, etc., ainsi que, très souvent, des cigarettes et des bonbons] marchand de journaux **2** AUSSI **newsstand** kiosque à journaux

**off-licence** (*Brit*), **liquor store** (*US*) *nd* [magasin où l'on vend des boissons alcoolisées à emporter] magasin de vins et spiritueux

**post office** *nd* **1** [département particulier] bureau de poste *I bought some stamps at the post office.* J'ai acheté des timbres au bureau de poste. **2** (toujours + *the*) [organisme en général] l'administration des postes *He works for the Post Office.* Il travaille à la Poste.

## 274 Work Travailler

voir aussi **262 Doing business**; **271 Employment**; **276 Try**

**work** *ni* **1** [activité physique ou mentale] travail *It must have been **hard work**, moving all that furniture.* Ça a dû être un fameux travail de déplacer tous ces meubles. *The students were **hard at work** in the library.* Les étudiants étaient au travail dans la bibliothèque. **2** [le produit de cette activité] travail, travaux *The teacher looked at the children's work.* Le professeur regarda les travaux des élèves.
**work** *vi* travailler *Don't disturb me while I'm working.* Ne me dérangez pas quand je travaille. *He usually works in the garden at weekends.* Il jardine souvent le week-end. (+ **on**) *I'm working on a new novel.* Je travaille à un nouveau roman.
**worker** *nd* travailleur *He's a good/hard worker.* C'est un bon travailleur/un travailleur courageux.

### 274.1 Travailler dur

**labour** (*Brit*), **labor** (*US*) *nid* (souvent *pl*) [plus formel que **work**. Désigne gén un travail effectué pour des tiers] travail *This job doesn't involve any manual labour.* Cet emploi n'implique aucun travail manuel. *Thanks to our labours, the project was a success.* Grâce à notre travail acharné, le projet fut une réussite.
**labour** (*Brit*), **labor** (*US*) *vi* travailler dur, peiner *He's still labouring away in the same old job.* Il peine toujours dans le même emploi. *We laboured hard to make the project a success.* Nous avons travaillé dur pour que le projet aboutisse.
**slave** *vi* (souvent + **away**, **at**) [plutôt informel. Travailler très dur, souvent au service d'autres personnes] trimer *His wife was slaving (away) in the kitchen.* Sa femme trimait dans la cuisine. *I've been slaving away at this report for hours.* Ça fait des heures que je m'escrime à écrire ce rapport.
**toil** *vi* (souvent + **away**) [plus formel ou littéraire que **labour**. Travailler très dur à qch qu'on n'aime pas faire] peiner *We could see peasants toiling (away) in the fields.* On pouvait voir des paysans peiner dans les champs.
**toil** *nid* (souvent *pl*) labeur *a life of constant toil* une vie de dur labeur
**drudge** *nd* [personne qui effectue un travail ennuyeux et servile] bonne à tout faire, valet *I'm not going to be your drudge!* Je ne serai pas ta bonne à tout faire!
**drudge** *vi* trimer
**drudgery** *ni* corvée *Many women live a life of drudgery.* Beaucoup de femmes passent leur vie à faire les corvées.
**strain** *nid* [effets désagréables causés par un effort ou un travail pénible. Fait gén référence à l'état mental] pression, stress *I left that job because I couldn't stand the strain.* J'ai quitté cet emploi parce que je n'arrivais pas à supporter le stress. *I've been **under** a great deal of **strain** recently.* J'ai été très stressé ces derniers temps.
**strain** *vit* **1** [utiliser un maximum] fatiguer, forcer (+ INFINITIF) *They were straining (their eyes) to see.* Ils s'abîmaient les yeux à essayer de voir. *The weightlifter was straining every muscle.* L'haltérophile tendait tous ses muscles. **2** [endommager à la suite d'un effort

excessif. Obj: ex. yeux, muscles] abîmer, user *Her silly behaviour has been straining our patience.* Son comportement stupide a eu raison de notre patience.
*voir aussi **256 Tension**

**exert oneself** *vi* [faire un effort important ou excessif] se fatiguer *The doctor warned me not to exert myself.* Le docteur m'a recommandé de ne pas me fatiguer.
**exertion** *nid* effort *the effects of physical exertion* les effets de l'effort physique *In spite of our exertions, the work was not completed on time.* Malgré nos efforts, le travail ne fut pas terminé à temps.

*expressions*

**elbow grease** *ni* [informel, plutôt humoristique. Effort physique, par ex. pour nettoyer qch] huile de coude *Put a bit of elbow grease into it!* Mets-y un petit peu d'huile de coude!
**work one's fingers to the bone** [plutôt informel. Travailler très dur pour une piètre récompense. Souvent utilisé pour se plaindre] se tuer à la tâche *I've worked my fingers to the bone for you, and all for nothing!* Je me suis tué à la tâche pour toi, tout ça pour rien!

### 274.2 Travailler efficacement

**efficient** *adj* [qui fait bon usage de ses ressources, de son temps, etc. Décrit par ex. ouvrier, méthode, entreprise] efficace *Modern, more efficient machinery would produce the goods more cheaply.* Des machines modernes et plus efficaces permettraient de produire les marchandises à meilleur compte. **efficiently** *adv* efficacement **efficiency** *ni* efficacité
**effective** *adj* [décrit par ex. méthode, traitement] efficace *Which washing powder did you find most effective?* Quelle lessive as-tu trouvé la plus efficace? **effectively** *adv* efficacement **effectiveness** *ni* efficacité

*usage*

Comparez les termes **effective** et **efficient**. Lorsqu'on emploie l'adjectif **effective**, on met l'accent sur le résultat obtenu. Par ex. *The new drug was found to be effective in the treatment of diabetes.* (Le nouveau médicament s'est avéré efficace dans le traitement du diabète.) Tandis que lorsqu'on emploie l'adjectif **efficient**, on met l'accent sur le procédé qui permet d'obtenir de bons résultats. Par ex. *More efficient working methods have ensured a rise in productivity.* (Des méthodes de travail plus efficaces ont permis d'accroître le taux de production.)

**cooperate** *vi* (souvent + **with**) collaborer *The arrested man was willing to cooperate with the police.* L'homme qu'on a arrêté était prêt à collaborer avec la police. (+ **to** + INFINITIF) *Countries should cooperate to solve environmental problems.* Les nations devraient collaborer pour résoudre les problèmes écologiques.
**cooperation** *ni* collaboration *Thank you for your cooperation.* Merci de votre collaboration. (+ **between**) *There has been a great deal of cooperation between the police and the public.* Il y a eu une collaboration

étroite entre la police et le public. *These problems can be solved by industry in cooperation with the government.* Ces problèmes peuvent être résolus par les industries en collaboration avec le gouvernement.

---

### expression

**pull one's weight** faire sa part du travail *She complained that some of her colleagues weren't pulling their weight.* Elle s'est plainte de ce que certains de ses collègues ne faisaient pas leur part du travail.

---

### 274.3 Types de travaux

**job** *nd* travail *Painting the ceiling will be a difficult job.* Peindre le plafond, ce sera un travail difficile. *voir aussi **271 Employment**

**task** *nd* [plus formel que **job**] tâche *The government's main task will be to reduce unemployment.* La tâche principale du gouvernement sera de réduire le taux de chômage.

**chore** *nd* 1 [corvée ménagère comme par ex. faire la vaisselle, épousseter] tâche, corvée ménagère *Cleaning the bathroom is my least favourite chore.* Laver la salle de bain, c'est la tâche ménagère que j'aime le moins. 2 (pas de *pl*) [plutôt informel. Activité désagréable ou ennuyeuse mais nécessaire] corvée *Writing Christmas cards is such a chore.* C'est une vraie corvée d'écrire les cartes de Noël.

**errand** *nd* [implique un petit trajet, par ex. pour acheter qch] course, commission *Will you **run an errand** for me?* Tu veux bien faire une course pour moi?

**assignment** *nd* 1 [confié à qn comme un devoir. Souvent d'un caractère particulier et stimulant] mission *Infiltrating the gang was the most dangerous assignment I've ever had.* M'infiltrer dans le gang fut la mission la plus dangereuse qui m'ait jamais été confiée. 2 (*surtout US*) [travail scolaire] devoir *The teacher hasn't given us an assignment this week.* Le professeur ne nous a pas donné de devoir à faire cette semaine.

**mission** *nd* [surtout en parlant de soldats, d'espions, etc. ou d'un engin spatial] mission *Your mission is to capture the enemy commander.* Votre mission est de capturer le commandant des troupes ennemies. *the Apollo missions* les missions Apollo

---

### 274.4 Devoir et obligation

**duty** *ndi* devoir *to do one's duty* faire son devoir *Your duties include answering the telephone.* Une de vos obligations sera de répondre au téléphone. *It is my duty to inform you of your rights.* J'ai le devoir de vous informer de vos droits. *to be **on/off duty** être/ne pas être de service

**obliged** (*surtout Brit*), **obligated** (*US*) *adj* (gén + **to** + INFINITIF) [obligé de faire qch à cause des circonstances, de son devoir, de sa conscience, etc.] obligé *I'm obliged to arrest you.* Je suis obligé de vous arrêter. *I felt obliged to give him his money back.* Je me suis senti obligé de lui rendre son argent.

**obligation** *ndi* devoir, obligation *We have a moral obligation to help the poor.* Nous avons le devoir moral d'aider les pauvres. *I'm **under an obligation** not to reveal that information.* Je suis tenu de ne pas révéler ces informations.

**responsible** *adj* 1 (après *v*; gén + **for**) [avoir la charge de] responsable *The same manager is responsible for two different departments.* Le même directeur a la responsabilité de deux départements. 2 (après *v*; souvent + **for**, **to**) [porter la responsabilité] *The team leader is responsible for the climbers' safety.* Celui qui est à la tête de l'équipe est responsable de la sécurité des grimpeurs. *The government is responsible to Parliament.* Le gouvernement est responsable de ses actes devant le parlement. *If there's an accident, I'll **hold you** personally **responsible**.* S'il y a un accident, je t'en tiendrai personnellement responsable. 3 [raisonnable, à qui on peut faire confiance] digne de confiance, responsable *The children should be looked after by a responsible person.* Les enfants devraient être surveillés par une personne digne de confiance.

**responsibility** *n* 1 *ndi* [tâche, obligation] responsabilité *It's a big responsibility, looking after 30 children.* S'occuper de 30 enfants, c'est une grosse responsabilité. *The management **takes** no **responsibility for** valuables left in the rooms.* La direction décline toute responsabilité en ce qui concerne les objets de valeur laissés dans les chambres. 2 *ni* le fait d'être raisonnable et digne de confiance *voir aussi **291 Cause**

**role** *nd* (souvent + **in**) [fonction ou signification particulière] rôle *Your role will be to supervise the operation.* Ton rôle sera de superviser l'opération. (+ **as**) *The magazine is not fulfilling its role as a forum for new ideas.* Le magazine ne remplit pas son rôle de forum pour les idées nouvelles.

---

### 274.5 Personnes qui servent les autres

**servant** *nd* domestique *The Duke has a lot of servants.* Le duc a beaucoup de domestiques. *the servants' quarters* les quartiers des domestiques

**maid** *nd* bonne

**slave** *nd* esclave (utilisé comme *adj*) *the slave trade* le commerce des esclaves

**slavery** *ni* esclavage *the abolition of slavery* l'abolition de l'esclavage

---

## 275 Busy Occupé

**busy** *adj* 1 [qui a beaucoup à faire] occupé, affairé *a busy housewife* une ménagère affairée *The new boss certainly keeps us busy!* Le nouveau patron nous donne de quoi faire! *I've had a busy day.* J'ai eu une rude journée. 2 (gén après *v*) [être en train d'accomplir une tâche particulière] être occupé *I can't see you now, I'm busy.* Je ne peux pas vous voir pour l'instant, je suis occupé. (+ **with**) *He was busy with a client.* Il était occupé avec un client. (+ -ing) *She was busy cleaning the car.* Elle était occupée à laver la voiture. **3** [décrit: ex. endroit, magasin, rue] animé, fréquenté *a busy station* une gare très fréquentée **busily** *adv* activement, d'un air affairé

**occupied** *adj* (gén après *v*) **1** [qui se consacre à une activité] occupé *All the staff are fully occupied.* Tous les membres du personnel sont occupés. *It's difficult to keep the children occupied for such a long period.* C'est difficile d'occuper les enfants pendant si longtemps. **2** [décrit: ex. maison, chambre d'hôtel] occupé *All the seats were occupied.* Tous les sièges étaient occupés.

**occupy** *vt* **1** (s')occuper *How are you going to occupy yourself/your mind/your time now you've retired?* Comment allez-vous vous occuper/vous occuper l'esprit/occuper votre temps libre maintenant que vous êtes retraité? **2** occuper *The houses are occupied by immigrant families.* Les maisons sont occupées par des familles d'immigrés. *The performers' friends occupied the first two rows of seats.* Les amis des artistes occupaient les deux premiers rangs.

**overworked** *adj* surmené

**overwork** *ni* surmenage *illness caused by overwork* maladie causée par le surmenage **overwork** *vi* être surmené

**workaholic** *nd* [qn qui travaille trop et qui, parce qu'il est obsédé par son travail, passe à côté d'un tas d'autres choses comme les relations et les occupations de la vie sociale] accro du travail

## 276 Try Essayer

**try** *v* **1** *vi* (souvent + **to** + INFINITIF) essayer *I tried to lift the suitcase/to persuade her.* J'ai essayé de soulever la valise/de la persuader. *You should try harder.* Tu devrais faire un plus gros effort. *Try and get here on time.* Essaie d'arriver à l'heure. **2** [obj: nouvelle méthode, nouveau produit, etc.] essayer, tester *Have you tried this new washing powder?* Tu as essayé cette nouvelle lessive? (+ **-ing**) *Try turning the key the other way.* Essaie de tourner la clé dans l'autre sens.

**try** *nd* essai *'I can't open this jar.' 'Let me have a try.'* 'Je n'arrive pas à ouvrir ce bocal'. 'Laisse-moi essayer.' *The car probably won't start, but it's worth a try.* Il y a peu de chances que la voiture démarre, mais ça vaut quand même la peine d'essayer.

**attempt** *vt* (souvent + **to** + INFINITIF) [plus formel que **try**] tenter *The prisoner attempted to escape.* Le prisonnier a tenté de s'échapper. *She is attempting a solo crossing of the Atlantic.* Elle tente une traversée de l'Atlantique en solitaire. *an attempted assassination* une tentative d'assassinat

**attempt** *nd* essai, tentative *He passed his driving test at the first attempt.* Il a obtenu son permis de conduire du premier coup. *The guard made no attempt to arrest us.* Le garde n'a pas essayé de nous arrêter. *The President has offered peace talks in an attempt to end the war.* Le Président a proposé des pourparlers de paix pour tenter de mettre fin aux hostilités.

**bother** *vit* (souvent + **to** + INFINITIF, + **-ing**) [prendre la peine de faire qch, faire un effort. Gén à la forme négative] se donner la peine de/prendre la peine de *We don't usually bother to lock/locking the door.* Nous nous donnons rarement la peine de fermer la porte à clé. (souvent + **about**, **with**) *Fill this form in, but don't bother about/with the others.* Remplissez ce formulaire-ci, mais ne vous tracassez pas pour les autres. *I couldn't be bothered writing a letter.* Je n'avais pas le courage d'écrire une lettre.

**bother** *ni* ennui, embêtement *I never write letters; it's too much bother.* Je n'écris jamais de lettres, c'est trop embêtant. *voir aussi **244 Problem**

**practise** (*Brit*), **practice** (*US*) *vti* [pour améliorer une technique, etc.] (s')exercer, pratiquer *an opportunity to practise my French* une occasion de pratiquer mon français (+ **-ing**) *You need to practise reversing around corners.* Tu devrais t'exercer à prendre des tournants en marche arrière.

**practice** *ni* répétition, exercice *She goes to choir practice after school.* Elle va aux répétitions de la chorale après l'école. *I used to play tennis, but I'm out of practice.* Je jouais au tennis dans le temps mais je me rouille.

**effort** n 1 ndi [physique ou mental] effort In spite of all our efforts, the project was a failure. Malgré tous nos efforts, le projet a échoué. (+ **to** + INFINITIF) It took/was quite an effort to lift that suitcase. Il a fallu un sacré effort pour soulever cette valise. (+ **to** + INFINITIF) We made a huge effort to persuade her to stay. Nous avons fait tous les efforts possibles pour la convaincre de rester. 2 nd [résultat d'une tentative] effort This essay is a really good effort. Tu as fait un bel effort pour cette dissertation.

**endeavour** (Brit), **endeavor** (US) vi (gén + **to** + INFINITIF) [formel] s'efforcer We endeavour to give our customers the best possible service. Nous nous efforçons de fournir le meilleur service à notre clientèle.

**endeavour** (Brit), **endeavor** (US) nid tentative, effort The project failed in spite of our best endeavours. Le projet a échoué en dépit de tous nos efforts.

**struggle** vi (souvent + **to** + INFINITIF) 1 [implique de la persévérance face aux difficultés] lutter He was struggling to put up the sail. Il luttait pour hisser la voile. (+ **against**) We were struggling against a powerful enemy. Nous luttions contre un ennemi puissant. (+ **for**) workers who are struggling for their rights les travailleurs qui luttent pour leurs droits. I struggled up the hill with my heavy suitcase. J'ai traîné péniblement ma lourde valise jusqu'au sommet de la colline. 2 [implique un échec probable] lutter The famine victims are struggling to survive. Les victimes de la faim luttent pour survivre. a struggling football team une équipe de football qui peine

**struggle** ndi lutte It was a struggle to survive. C'était une lutte pour la survie. the workers' struggle against capitalism la lutte des ouvriers contre le capitalisme a life of struggle une vie faite de luttes incessantes There is a **power struggle** within the Party. Il y a une lutte pour le pouvoir au sein du Parti. *voir aussi **243 Difficult; 249 Fight**

**campaign** nd [suite organisée d'actions en politique, en affaires, etc.] campagne an election/advertising campaign une campagne électorale/publicitaire (+ **against**, + **to** + INFINITIF) They launched a campaign against smoking. On a lancé une campagne anti-tabac. (+ **for**) the campaign for prisoners' rights la campagne pour la défense des droits des prisonniers

**campaign** vi être en campagne, mener une campagne, militer They are campaigning for peace. Ils mènent une campagne en faveur de la paix. **campaigner** nd militant

### 276.1 Essayer qch de neuf

**try out** sth ou **try** sth **out** vt prép essayer, tester Would you like to try out the camera before you buy it? Voulez-vous essayer l'appareil-photo avant de l'acheter? The children learn by trying out different methods. Les enfants apprennent en expérimentant différentes méthodes.

**try** sth **on** ou **try on** sth vt prép [obj: vêtements, chaussures] essayer I never buy shoes without trying them on first. Je n'achète jamais de chaussures sans d'abord les essayer.

**trial** nd [processus qui consiste à tester un nouveau produit, etc.] test Drugs have to undergo trials before they can be sold. Les médicaments doivent être testés avant de pouvoir être vendus. We offer customers a free ten-day trial of our new computer. Nous offrons à nos clients une période d'essai gratuite de dix jours pour tester notre nouvel ordinateur. (utilisé comme adj) Cars are being banned from the city centre for a trial period. Les voitures sont interdites au centre de la ville pendant une période d'essai.

**trial run** nd [tests pratiqués pour vérifier le bon fonctionnement d'une machine, etc. avant de l'utiliser réellement, de la lancer sur le marché, etc.] période d'essai I gave our new burglar alarm a trial run. J'ai testé notre nouveau système d'alarme anti-vol.

**test** vt (souvent + **out**) [pour vérifier l'état, la qualité, etc. de qch] tester They tested the weapons in the desert. Les armes ont été testées dans le désert. I'm going to test out her recipe for cheesecake. Je vais essayer sa nouvelle recette de gâteau au fromage.

**test** nd test nuclear weapons tests essais d'armes nucléaires (utilisé comme adj) a test drive un essai de route

**experiment** nd expérience to do/carry out/perform an experiment faire une expérience (+ **on**) She thinks that experiments on live animals should be banned. Elle pense que les expériences sur les animaux vivants devraient être interdites.

**experiment** vi faire des expériences (+ **on**) Should scientists be allowed to experiment on rabbits? Les scientifiques devraient-ils être autorisés à faire des expériences sur des lapins? (+ **with**) Many young people experiment with drugs. Beaucoup de jeunes gens essaient la drogue.

**experimental** adj expérimental, à l'essai an experimental new drug un nouveau médicament encore à l'essai

### u s a g e

Ne pas confondre **experiment** (expérience, expérimentation) avec **experience** (expérience, connaissances) *voir aussi **110 Know**

### e x p r e s s i o n s

**have a bash** (Brit)/**stab/go at sth** [informel. Essayer qch, même sans être sûr de le réussir ou de bien le faire] essayer, tenter le coup The exam was far too difficult for me, but I had a stab at the first question. L'examen était beaucoup trop difficile pour moi, mais j'ai quand même essayé de répondre à la première question.

**bend over backwards** [se donner beaucoup de mal et même se déranger pour aider qn d'autre] se couper en quatre I've bent over backwards to help you. Je me suis coupé en quatre pour t'aider.

**move heaven and earth** (surtout Brit) [utiliser tout son pouvoir et son influence, par ex. pour aider qn, pour empêcher qch] remuer ciel et terre She moved heaven and earth to get me out of prison. Elle a remué ciel et terre pour me faire sortir de prison.

## 277 Help Aider

**help** *vti* (souvent (+ **to**) + INFINITIF) aider *I helped him (to) unpack.* Je l'ai aidé à défaire ses bagages. (+ **with**) *Will you help me with my homework?* Tu m'aideras à faire mes devoirs? *Can I help you?* Puis-je vous aider? *charities which help the poor* les oeuvres charitables qui viennent en aide aux pauvres *Kicking the door won't help.* Ça ne sert à rien de donner des coups de pied dans la porte.

**help** *nid* (pas de *pl*) aide *Let me know if you need any help.* Faites-moi savoir si vous avez besoin d'aide. *I added up the figures with the help of a calculator.* J'ai effectué les additions à l'aide d'une calculette. *Is this map (of) any help?* Est-ce que cette carte vous aide? **help!** *interj* à l'aide!, au secours!

**helper** *nd* aide *The children were willing helpers.* Les enfants ont aidé avec plein de bonne volonté.

**helpful** *adj* **1** [décrit: ex. une personne] serviable *It was very helpful of you to do the shopping for me.* C'était très serviable de votre part de bien vouloir faire mes courses. **2** [suggestion, information] utile **helpfully** *adv* obligeamment

**help** (sb) **out** OU **help out** (sb) *vti prép* [aider qn qui se trouve en difficulté] tirer d'embarras, donner un coup de main *My friends helped (me) out when I was short of money.* Mes amis m'ont tiré d'embarras quand je n'arrivais plus à nouer les deux bouts. *She sometimes helps out in the shop.* Elle donne parfois un coup de main dans la boutique.

**assist** *vt* [plus formel que **help**] assister, aider *The mechanic has an apprentice to assist him.* Le mécanicien a un apprenti pour l'assister. (+ **in**) *We were assisted in the search by a team of volunteers.* Une équipe de bénévoles nous a aidés dans nos recherches. (+ **with**) *He is assisting the police with their enquiries.* Il prête son assistance à la police dans le cadre de ses enquêtes.

**assistance** *ni* aide, secours *Are you in need of assistance?* Avez-vous besoin d'aide? *She was being mugged, but nobody came to her assistance.* Elle était en train de se faire agresser mais personne ne venait à son secours. *financial assistance* aide financière

**assistant** *nd* [pas formel] assistant, adjoint *the manager's personal assistant* l'adjoint personnel du directeur *the conjuror's assistant* l'assistant du prestidigitateur (utilisé comme *adj*) *assistant manager/editor* directeur/rédacteur en chef adjoint *voir aussi **273 Shops**

**aid** *n* **1** *ni* [formel. Assistance, surtout portée à qn qui est en danger] aide, secours *The lifeboat brings aid to ships in distress.* La chaloupe de sauvetage se porte au secours des navires en détresse. *He ran to her aid.* Il se précipita à son secours. *She reads with the aid of a magnifying glass.* Elle lit à l'aide d'une loupe. *a collection in aid of the local hospital* une collecte organisée au bénéfice de l'hôpital du quartier **2** *ni* [don d'argent, de vivres, etc. à des pays étrangers] aide *Britain sends millions of pounds' worth of aid to the Third World.* La Grande-Bretagne envoie une aide de plusieurs millions de livres aux pays du tiers monde. *food aid* aide alimentaire **3** *nd* [objet qui aide qn à faire qch] support, outil *teaching aid* matériel pédagogique *hearing aid* appareil auditif

**aid** *vt* [plutôt formel] **1** [obj: personne, surtout qn en difficulté] assister *The police, aided by a private detective, managed to solve the crime.* La police, avec l'aide d'un détective privé, a réussi à élucider le meurtre. **2** [obj: processus] favoriser, contribuer à *a drug that aids digestion* un médicament qui facilite la digestion

**oblige** *vti* [formel. Utilisé pour demander poliment à qn d'aider ou de collaborer] obliger, rendre service *I need 50 cardboard boxes by tomorrow. Can you oblige?* J'ai besoin de 50 cartons pour demain, pourriez-vous me les procurer? *to be obliged to sb* être reconnaissant à qn *I'd be obliged if you wouldn't smoke.* [peut sembler un peu arrogant] Je vous serais reconnaissant de ne pas fumer. *(I'm) much obliged (to you).* Je vous suis très reconnaissant.

**obliging** *adj* serviable, obligeant *She's a very obliging person.* C'est une personne très serviable. **obligingly** *adv* obligeamment

**hand** *nd* (pas de *pl*) [informel. Action d'aider] coup de main (+ **with**) *Do you want/need a hand with the washing-up?* Veux-tu un coup de main pour la vaisselle? *to give/lend sb a hand* donner un coup de main à qn

### 277.1 Avantager

**benefit** *ndi* bienfait, profit *the benefits of a healthy diet* les bienfaits d'une alimentation saine *This discovery was of great benefit to mankind.* Cette découverte fut un grand bienfait pour l'humanité. *He explained the problem in simple terms for the benefit of his audience.* Il exposa le problème en termes simples à l'intention du public.

**benefit** *v* **1** *vt* [légèrement formel] avantager *The new shopping centre will benefit the whole community.* Le nouveau centre commercial profitera à l'ensemble de la communauté. **2** *vi* (souvent + **from**) profiter (de) *Criminals should not be allowed to benefit from their crimes.* On ne devrait pas autoriser les criminels à profiter de leurs crimes.

**beneficial** *adj* (souvent + **to**) [plutôt formel. Décrit: ex. substance, effet] bénéfique *Vitamins are beneficial to our health.* Les vitamines sont bénéfiques pour la santé.

**advantage** *ndi* [qui met dans une meilleure position par rapport à d'autres] avantage *A university education gives one certain advantages in life.* Des études universitaires vous donnent certains avantages dans la vie. (+ **over**) *She has an important advantage over her rivals, namely her experience.* Elle possède un avantage important sur ses adversaires: son expérience. (+ **of**) *The advantage of this machine is that it's easy to operate.* L'avantage de cet appareil, c'est qu'il est facile à utiliser. *You have the advantage of speaking the language.* Vous avez l'avantage de parler la langue. *This car has the advantage of being easy to park.* Cette voiture a l'avantage de pouvoir se garer facilement. *It would be to your advantage to get there early.* Ce serait à ton avantage d'arriver tôt. *The use of drugs puts certain runners at an unfair advantage.*

L'utilisation de substances dopantes favorise injustement certains coureurs.

**advantageous** *adj* [formel] avantageux *Her experience puts her in an advantageous position over her rivals.* Son expérience la met dans une position avantageuse par rapport à ses rivaux. (+ **to**) *These tax changes will be advantageous to larger companies.* Ces modifications fiscales vont avantager les grandes entreprises.

## 278 Eager Impatient

voir aussi **72 Want; 328 Ready;** ant **285 Unwilling**

**eager** *adj* (souvent + **to** + INFINITIF) [implique un certain degré d'excitation et d'impatience à propos de qch qu'on a envie de faire] impatient, enthousiaste, désireux de *I'm eager to meet her.* Je suis impatient de la rencontrer. (+ **for**) *He was eager for his share of the money.* Il désirait ardemment sa part du capital. *the eager expression on the child's face* les signes d'impatience sur le visage de l'enfant **eagerly** *adv* ardemment, impatiemment **eagerness** *ni* désir ardent, impatience

**keen** *adj* (souvent + **to** + INFINITIF, + **on**) [qui a un penchant marqué pour qch] passionné, enthousiaste *I'm keen to get this job finished today.* J'ai envie d'avoir terminé ce travail aujourd'hui. *He's very keen on science fiction.* Il est passionné de science-fiction. *I'm not keen on chicken.* Je ne suis pas amateur de poulet. *He's a keen fisherman.* C'est un passionné de pêche. **keenly** *adv* avec enthousiasme **keenness** *ni* intérêt, enthousiasme

**enthusiasm** *nid* [état d'excitation à propos de qch qu'on fait ou qu'on a envie de faire] enthousiasme *Her ideas filled me with enthusiasm.* Ses idées suscitèrent mon enthousiasme. (+ **for**) *Her enthusiasm for the job makes her an excellent employee.* L'enthousiasme dont elle fait preuve dans son travail en fait une excellente employée.

**enthusiast** *nd* passionné *aeroplane/tennis enthusiasts* les passionnés d'aviation/de tennis

**enthusiastic** *adj* enthousiaste (+ **about**) *He's very enthusiastic about his new job.* Son nouvel emploi le remplit d'enthousiasme. **enthusiastically** *adv* avec enthousiasme

**avid** *adj* [décrit: ex. lecteur, collectionneur, cinéphile. Cet adjectif n'a aucune connotation péjorative] passionné, enthousiaste **avidly** *adv* passionnément, avidement

**impatient** *adj* [implique un certain degré d'énervement] impatient *Don't be so impatient!* Ne sois pas si impatient! (+ **to** + INFINITIF) *I was impatient to get the meeting over with.* J'avais hâte d'en finir avec la réunion. (+ **with**) *That teacher's very impatient with the children.* Ce professeur n'a aucune patience avec les enfants. *an impatient reply* une réponse dans laquelle on perçoit l'irritation **impatiently** *adv* impatiemment **impatience** *ni* impatience

**positive** *adj* [raisonnant avec assurance et optimisme. Décrit: ex. attitude] positif, constructif *Why don't you make some positive suggestions instead of just criticizing everybody?* Pourquoi ne fais-tu pas de remarques constructives au lieu de critiquer tout le monde? (+ **about**) *She's very positive about the future.* Elle envisage l'avenir de façon très positive. **positively** *adv* positivement

**jump at** sth *vt prép* [plutôt informel. Accepter avec enthousiasme. Obj: surtout une occasion] se précipiter sur *Most people would jump at the chance of taking part in the Olympics.* La plupart des gens se précipiteraient sur l'occasion de participer aux Jeux Olympiques.

### *e x p r e s s i o n s*

**be dying to do sth/for sth** [informel. Désirer ardemment (faire) qch] mourir d'envie (de) *She's dying to meet you.* Elle meurt d'envie de te rencontrer. *I was dying for a drink.* Je n'en pouvais plus tellement j'avais soif.

**be raring to go** [informel. Attendre le commencement de qch avec impatience] être impatient de commencer/de démarrer *The runners were ready and raring to go.* Les coureurs étaient prêts et impatients de partir.

### 278.1 Faire qch sans y être obligé

**willing** *adj* (souvent + **to** + INFINITIF) disposé à *I'm willing to forgive you.* Je suis disposé à vous pardonner. *She wasn't willing to lend us her car.* Elle n'était pas disposée à nous prêter sa voiture. *The children are willing helpers around the house.* Les enfants sont des aides pleins de bonne volonté pour les tâches ménagères. **willingly** *adv* volontiers

**willingness** *nid* (pas de *pl*) bonne volonté *He showed little willingness to cooperate.* Il s'est montré réticent à collaborer.

**volunteer** *nd* bénévole, volontaire *I need a volunteer to help me move this piano.* J'ai besoin d'un volontaire pour m'aider à déplacer ce piano.

**volunteer** *v* **1** *vi* (souvent + **to** + INFINITIF, + **for**) se porter volontaire *She volunteered to peel the potatoes.* Elle s'est portée volontaire pour éplucher les pommes de terre. **2** *vt* [obj: ex. information, opinion, remarque] offrir/faire de son plein gré *She volunteered several suggestions.* Elle fit plusieurs suggestions de son plein gré.

**voluntary** *adj* **1** facultatif *After-school activities are purely voluntary.* Les activités parascolaires sont entièrement facultatives. **2** (avant *n*) [fait référence à une oeuvre de bienfaisance ou à un travail non rémunéré. Décrit: ex. service, travailleur, organisation] bénévole *She does voluntary work in her spare time.* Elle travaille bénévolement pendant son temps libre. **voluntarily** *adv* bénévolement

**initiative** *n* **1** *ni* [qualité d'une personne] initiative *He solved the problem by using his initiative.* Il a résolu le problème grâce à son initiative personnelle. **2** *nd* (souvent + **to** + INFINITIF) [action spécifique] initiative *a* *government initiative to reduce unemployment* une initiative du gouvernement pour réduire le chômage. *The secretary reorganized the filing system on her own initiative.* La secrétaire a réorganisé le système de classement de sa propre initiative. *Men are often expected to take the initiative in romance.* On s'attend souvent à ce que les hommes fassent le premier pas dans une histoire d'amour.

<table>
<tr><td>

*e x p r e s s i o n*

**do sth off one's own bat** (*Brit*) [informel. Faire qch de sa propre initiative] faire qch de son propre chef *Did you write that letter off your own bat?* Tu as écrit cette lettre de ton propre chef?

</td></tr>
</table>

## 279 Encourage Encourager

**encourage** *vt* (souvent + **to** + INFINITIF) encourager, favoriser *I encouraged him to continue his studies.* Je l'ai encouragé à continuer ses études. *These tax cuts will encourage enterprise.* Ces allégements fiscaux favoriseront l'esprit d'entreprise. *We don't want to encourage laziness.* Nous ne souhaitons pas encourager la paresse.

**encouragement** *nid* encouragement, incitation *The weaker students need a lot of encouragement.* Les étudiants moins doués ont besoin de beaucoup d'encouragements. (+ **to**) *Her example will act as an encouragement to others.* Son exemple stimulera les autres.

**encouraging** *adj* [décrit: ex. signe, résultat, progrès] encourageant **encouragingly** *adv* de façon encourageante

**urge** *vt* (gén + **to** + INFINITIF) [plutôt formel. Exprimer une demande pressante] prier, exhorter *She urged me to leave before it was too late.* Elle me pria de partir avant qu'il ne soit trop tard. *The speaker urged an immediate change of policy.* L'orateur a recommandé vivement un changement de stratégie immédiat.

**induce** *vt* (gén + **to** + INFINITIF) [plutôt formel. Persuader qn de faire qch qu'il n'aurait pas fait de lui-même] inciter *Competition induces firms to improve their products.* La concurrence incite les entreprises à améliorer leurs produits. (+ **in**) *We're trying to induce a sense of responsibility in young people.* Nous essayons de susciter le sens des responsabilités chez les jeunes.

**inducement** *nid* stimulation *The children need no inducement to learn.* Il n'y a pas besoin de stimuler les enfants pour qu'ils apprennent. *He was offered financial inducements to resign.* On lui a proposé des avantages financiers pour qu'il donne sa démission.

**motivate** *vt* [créer chez qn l'envie d'agir, de travailler, de réussir, etc.] motiver (+ **to** + INFINITIF) *The teachers find it difficult to motivate the children (to learn).* Les professeurs ont du mal à motiver les enfants (à apprendre). *This crime was motivated by greed.* Le mobile de ce crime, c'était l'appât du gain.

**motivation** *ni* motivation *The children lack motivation.* Les enfants ne sont pas assez motivés.

**spur** *vt*, **-rr-** (souvent + **to** + INFINITIF, **on**) [créer chez qn une envie profonde d'agir] inciter *His anger spurred him to write to the newspaper.* Sa colère l'incita à écrire au journal. *The captain was spurring his team on (to victory).* Le capitaine exhortait son équipe à la victoire.

**inspire** *vt* [susciter des sentiments nobles, artistiques, etc.] inspirer, insuffler (+ **with**) *The King inspired his troops with patriotic feelings.* Le roi insuffla un sentiment patriotique à ses troupes. (+ **to**) *The captain inspired the team to victory.* Inspirée par le capitaine, l'équipe parvint à la victoire. *I'm not feeling very inspired today.* Je ne me sens pas très inspiré aujourd'hui. **inspiring** *adj* suscitant l'inspiration

**inspiration** *nid* (pas de *pl*) inspiration *The poet sits around waiting for inspiration.* Le poète reste assis en attendant l'inspiration. (+ **to**) *a teacher who was an inspiration to her students* un professeur qui fut une source d'inspiration pour ses élèves

**incentive** *nd* (souvent + **to** + INFINITIF) [but ou récompense considérés comme un encouragement] motivation, stimulation *Since they're not taking exams, they don't have any incentive to study.* Comme elles ne passent pas les examens, elles n'ont pas de motivation pour étudier.

**impetus** *nid* (pas de *pl*) [force qui permet à qch d'avancer] impulsion, élan *These successes have given new impetus to the campaign.* Ces succès ont donné un nouvel élan à la campagne.

### 279.1 Formes peu désirables d'encouragement

**incite** *vt* (souvent + **to** + INFINITIF) [inciter qn à commettre un crime, une mauvaise action, etc.] inciter, entraîner (+ **to**) *They incite younger children to acts of vandalism.* Ils incitent les plus jeunes enfants à commettre des actes de vandalisme.

**incitement** *nid* incitation *His speech amounts to (an) incitement to murder.* Son discours se résume à une incitation au meurtre.

**provoke** *vt* [faire réagir qn agressivement, violemment, etc.] provoquer [obj: ex. émeute, réponse agressive, réaction violente] provoquer *She was trying to provoke me.* Elle essayait de me provoquer. (+ **into**) *Her comment provoked him into (making) an angry reply.* Son commentaire suscita chez lui une réponse courroucée. *There is no evidence to suggest that the riot was deliberately provoked.* Rien ne permet d'affirmer que l'émeute a été provoquée délibérément.

**provocation** *ni* provocation *She attacked him without provocation.* Elle s'en est prise à lui sans provocation.

**provocative** *adj* [décrit: ex. action, remarque] provocant, provocateur

**goad** *vt* (souvent + **into**) [provoquer qn en l'insultant, en le mettant au défi] harceler, aiguillonner *She goaded him into hitting her.* Elle le harcela jusqu'à ce qu'il la frappe. (+ **on**) *They were goading him on as he committed the crime.* Ils l'encourageaient pendant qu'il commettait son crime.

**egg** sb **on** ou **egg on** sb *vt prép* [plutôt informel. Implique des encouragements soutenus, souvent à propos de qch de violent ou de désagréable] pousser, encourager *Two boys were fighting and the others were egging them on.* Deux garçons se battaient et les autres les encourageaient.

**nag** *vit*, **-gg-** [plutôt informel, péjoratif] harceler, faire des remarques *Stop nagging and make my dinner!* Arrête de geindre et prépare mon dîner! (+ **to** + INFINITIF) *He's always nagging me to get my hair cut.* Il n'arrête pas de me harceler pour que je me fasse couper les cheveux.

**pressurize** (*Brit*), **pressure** (*US*) *vt* (souvent + **into**) [utiliser des moyens de persuasion puissants, faire pression sur les sentiments, etc.] faire pression (+ **into**) *I don't want to be pressurized into making the wrong decision.* Je ne veux pas subir de pression qui m'entraînerait à faire le mauvais choix.

## 279.2 Soutenir

**support** *vt* **1** [obj: ex. personne, politique, projet] soutenir, apporter son soutien *The public supported the government's decision to go to war.* Le public a soutenu le gouvernement dans sa décision d'entrer en guerre. **2** [obj: équipe] être supporter *She supports Manchester United.* Elle est supporter de Manchester United. *voir aussi* **337 Carry**

**support** *ni* soutien *She didn't get much support from her colleagues.* Elle n'a pas reçu beaucoup de soutien de la part de ses collègues. *a speech **in support of** the government* un discours de soutien au gouvernement

**supporter** *nd* **1** partisan *Labour Party supporters* les partisans du Parti Travailliste **2** supporter *football/England supporters* les supporters de football/de l'Angleterre

**back** *vt* **1** [apporter son soutien à une personne, une politique, etc. plutôt qu'à une autre] soutenir *Which candidate will you be backing in the election?* Quel candidat soutiendras-tu lors des élections? **2** financer, apporter son soutien financier à *They're hoping the banks will back their proposals.* Ils espèrent que les

banques apporteront leur soutien à leurs propositions.
**backing** *ni* soutien **backer** *nd* avaliseur, commandataire

**back** sb **up** ou **back up** sb *vt prép* [apporter un soutien, une confirmation] appuyer, renforcer *If you ask for a pay rise, I'll back you up.* Tu auras mon soutien si tu demandes une augmentation. *You need more information to back up your argument/to back you up.* Il te faut plus de renseignements pour étayer ton argument/pour renforcer ta position.

**endorse** *vt* [utilisé gén dans un contexte formel. Exprimer son soutien à. Obj: ex. déclaration, politique, candidat] adhérer à, approuver, sanctionner *I fully endorse what you have said.* J'adhère entièrement à ce que vous avez dit. **endorsement** *nid* approbation, appui

**favour** (*Brit*), **favor** (*US*) *vt* [fait référence à une opinion plutôt qu'à un soutien actif] être en faveur de *She favours the reintroduction of the death penalty.* Elle est en faveur de la restauration de la peine de mort. *the most favoured option among the possible wedding dates* la date la plus probable parmi toutes les dates possibles pour le mariage

**favour** (*Brit*), **favor** (*US*) *ni* faveur *His political ideas are gaining/losing favour with the public.* Ses idées politiques ont gagné/perdu la faveur du public. *She's **in favour of** the death penalty.* Elle est en faveur de la peine de mort. *to say sth in sb's favour* dire qch en faveur de qn *voir aussi* **426 Like**

**stand up for** sb/sth *vt prép* [implique une attitude de défi pour défendre qch] (se) défendre *You should stand up for yourself, instead of letting him insult you.* Tu devrais te défendre au lieu de le laisser t'insulter. *Women, stand up for your rights!* Femmes, défendez vos droits!

*e x p r e s s i o n*

**to be right behind sb** [apporter son soutien à qn parce qu'on est du même avis que lui, surtout dans le cadre d'une confrontation] être avec qn *Don't worry, we're right behind you.* Ne te tracasse pas, nous sommes avec toi.

## 280 Use Utiliser

**use** *vt* **1** utiliser *This suitcase has never been used.* Cette valise n'a jamais été utilisée. *Do you know how to use a Geiger counter?* Sais-tu comment on utilise un compteur Geiger? *What teaching methods do you use?* Quelles méthodes pédagogiques utilisez-vous? *Use your eyes/common sense!* Sers-toi de tes yeux/de ton bon sens! *The washing machine uses a lot of electricity.* La machine à laver consomme beaucoup d'électricité. (+ **as**) *I use this room as a study.* Je me sers de cette pièce comme bureau. (+ **for**, + **to** + INFINITIF) *This tool is used for measuring/to measure very small distances.* Cet appareil sert à mesurer de très petits intervalles. **2** [péjoratif. Exploiter, manipuler. Obj: une personne] se servir de *She felt that she was being used by unscrupulous politicians.* Elle sentait que des hommes politiques sans scrupules se servaient d'elle. **user** *nd* utilisateur

**use** *n* **1** *ndi* usage, utilisation *This tool has a lot of different uses.* Cet appareil peut servir à des tas de choses. *She offered me the use of her car.* Elle m'a proposé d'utiliser sa voiture. *to make use of sth* faire usage de qch *The map was of no use/of great use to me.* La carte ne m'a été d'aucune utilité/m'a été d'une grande utilité. *a job in which she can **put** her abilities **to good use*** un emploi dans lequel elle peut faire bon usage de ses capacités **2** *ni* utilité *What's the use of worrying?* A quoi ça sert de se tracasser? *It's no use; I can't open the door.* Il n'y a rien à faire; je n'arrive pas à ouvrir la porte. *It's no use crying, that won't bring her back.* Ça ne sert à rien de pleurer, ça ne la fera pas revenir.

**used** *adj* (gén avant *n*) de seconde main, usagé *a used car* une voiture d'occasion *a litter bin for used tickets* une poubelle pour les tickets usagés

CATÉGORIES DE MOTS

**utilize,** AUSSI **-ise** (*Brit*) *vt* [plus formel que **use**] utiliser *Not all the teaching resources are being fully utilized.* Les ressources pédagogiques ne sont pas toutes pleinement utilisées. **utilization** *ni* utilisation

**utility** *n* **1** *ni* [formel] utilité *I have doubts as to the utility of such methods.* J'ai des doutes quant à l'utilité de telles méthodes. **2** *nd* [technique. Avantage pratique] fonction utilitaire *The computer program contains several important utilities.* Le programme contient plusieurs utilitaires importants.

**purpose** *nd* [utilisation qu'on souhaite faire ou résultat] but, fonction *What is the purpose of this invention?* A quoi sert cette invention? *It doesn't matter if it isn't a perfect copy, as long as it serves the purpose.* Ce n'est pas grave si la copie n'est pas parfaite tant qu'elle remplit sa fonction. *voir aussi **107 Intend**

**exploit** *vt* **1** [tirer avantage de, parfois égoïstement ou injustement] exploiter *We must exploit all the possibilities opened up by new technology.* Nous devons exploiter toutes les possibilités que nous offrent les nouvelles technologies. *She exploits her workforce.* Elle exploite son personnel. **2** [plutôt formel. Obj: ex. mine, ressources naturelles] exploiter *Most of the country's coal deposits have not yet been exploited.* La plupart des gisements de charbon du pays n'ont pas encore été exploités. **exploitation** *ni* exploitation

**treat** *vt* **1** (toujours + *adv*) [agir d'une certaine façon envers qch/qn] traiter *She's been badly treated by her*

employer. Son employeur ne l'a pas bien traitée. *Computer disks should last forever if you treat them properly.* Les disques d'ordinateur sont fait pour durer éternellement si on les traite correctement. **2** (gén + **as**, **like**) [considérer qch d'une certaine façon] traiter *The police are treating his death as murder.* La police traite sa mort comme un meurtre. *She treats this house like a hotel!* Elle prend cette maison pour un hôtel! **3** [soumettre à un traitement chimique ou industriel] traiter *The metal has been specially treated to resist corrosion.* Le métal a été traité spécialement pour résister à la corrosion. *voir aussi **126 Cures**

**treatment** *ni* **1** traitement *Some employees complained of unfair treatment.* Certains employés se sont plaints de ne pas avoir été traités équitablement. **2** façon dont qch est traité *They were discussing the media's treatment of environmental issues.* Ils discutaient de la façon dont les medias traitent les problèmes écologiques.

**mistreat** *vt* [surtout physiquement] maltraiter *The animals had been starved and mistreated.* Les animaux avaient été affamés et maltraités. **mistreatment** *ni* mauvais traitement

**recycle** *vt* [obj: ex. papier, verre] recycler *We recycle most of our household rubbish.* Nous recyclons la plupart de nos ordures ménagères. *recycled paper* papier recyclé **recycling** *ni* recyclage

## 281 Useful Utile

**useful** *adj* utile *Sleeping pills can be quite useful on a long flight.* Des somnifères peuvent s'avérer utiles lors d'un vol de longue durée. *Her intervention served no useful purpose.* Son intervention n'a servi à rien. **usefully** *adv* utilement, profitablement **usefulness** *ni* utilité

**handy** *adj* **1** [plus informel que **useful**] pratique *a handy little penknife* un petit canif très pratique *handy hints for travellers* des conseils pratiques pour les voyageurs *I'll keep this box; it might* **come in handy** *one day.* Je vais garder cette boîte: je pourrais en avoir besoin un jour. **2** (souvent + **for**) [informel. Proche, d'accès aisé] bien situé, sous la main *The hotel is quite handy for the beach.* L'hôtel est bien situé par rapport à la plage. *Keep the hammer handy in case we need it again.* Garde le marteau sous la main au cas où nous en aurions encore besoin.

**convenient** *adj* **1** (souvent + **for**) [adapté aux besoins de qn, à une situation. Décrit: ex. moment, endroit, situation] pratique *Disposable nappies are much more convenient.* Les couches jetables sont bien plus pratiques. *I can't see you today; would tomorrow morning be convenient?* Je ne peux pas te voir aujourd'hui; est-ce que demain matin te conviendrait? *The toilets aren't very convenient for disabled people.* Les toilettes ne sont pas très pratiques pour les handicapés. **2** (souvent + **for**) [proche, d'accès aisé] bien situé *The hotel is very convenient for the beach.* L'hôtel est très bien situé par rapport à la plage.

usage

Ne pas confondre **convenient** et **suitable** [qui convient à une situation ou à une occasion particulière] ex. *This dress isn't really suitable for a funeral.* (Cette robe n'est pas vraiment indiquée pour un enterrement.) *voir aussi **420 Suitable**

**conveniently** *adv* commodément *The hotel is conveniently situated near the city centre.* L'hôtel est commodément situé près du centre de la ville.

**convenience** *n* **1** *ni* commodité *The lawyer checked with both parties as to the convenience of this arrangement.* L'avocat consulta les deux parties pour vérifier la commodité de cet arrangement. *Please telephone us at your (earliest) convenience.* [formel] S'il vous plaît, téléphonez-nous dans les meilleurs délais. (utilisé comme *adj*) ***convenience food*** aliments tout préparés **2** *nd* commodité, confort *a house with all modern conveniences* une maison avec tout le confort moderne *It's a great convenience living so near the shops.* C'est très pratique d'habiter aussi près des magasins.

**valid** *adj* **1** [décrit: ex. ticket, passeport, contrat] valide, valable *The half-price tickets are valid only after 9:30.* Les tickets à moitié prix ne sont valables qu'après 9h30. **2** [décrit: ex. raisonnement, argument, objection] valable *He didn't have a valid excuse for being absent.* Il n'avait pas d'excuse valable pour justifier son absence. **validity** *ni* validité

226

**practical** *adj* [bien adapté à un usage réel dans des conditions de vie réelles. Décrit: ex. appareil, vêtements, conception] pratique *High-heeled shoes aren't very practical.* Les souliers à hauts talons ne sont pas très pratiques. *voir aussi **78 Possible**

## 282 Useless Inutile

**useless** *adj* **1** inutile, inutilisable *The torch is useless without a battery.* La torche électrique est inutilisable sans pile. *It's useless trying to persuade them.* Ça ne sert à rien d'essayer de les convaincre. *useless information* des informations inutiles **2** (souvent + **at**) [informel. Pas très doué pour qch] mauvais, nul *I'm useless at swimming.* Je suis nul en natation. *I'm a useless swimmer.* Je suis une piètre nageuse.

**inconvenient** *adj* **1** inopportun, malaisé, peu pratique *You've phoned me at an inconvenient moment.* Tu m'as téléphoné à un mauvais moment. (+ **for**) *The toilets are inconvenient for disabled people.* Les toilettes ne sont pas très pratiques pour les handicapés. **2** [difficile d'accès] mal situé *The hotel is inconvenient for the city centre.* L'hôtel est mal situé par rapport au centre de la ville. **inconveniently** *adv* inopportunément, de façon peu pratique

**inconvenience** *nid* désagrément *The road works are causing a great deal of inconvenience to motorists.* Les travaux de réfection de la chaussée causent beaucoup de désagréments aux automobilistes. **inconvenience** *vt* [formel] déranger, incommoder

**invalid** *adj* **1** [décrit: ex. ticket, passeport, contrat] non valable, non valide, périmé **2** [décrit: ex. argument, raison] non valable

**impractical** *adj* peu pratique **impracticality** *ni* manque d'esprit pratique *voir aussi **79 Impossible**

**pointless** *adj* [qui ne sert à rien. Décrit: ex. remarque, travail, trajet] inutile *It would be pointless to punish him.* Ça ne servirait à rien de le punir. *This questionnaire is a pointless exercise.* Ce questionnaire est un exercice inutile. **pointlessly** *adv* inutilement **pointlessness** *ni* inutilité

**futile** *adj* [implique plus de mépris que **pointless**. Qui ne sert à rien ou qui a peu de chance de servir à qch. Décrit: ex. tentative, effort] vain, futile *It's futile trying to teach these children anything.* Il est vain d'essayer d'apprendre quoi que ce soit à ces enfants. **futility** *ni* futilité

### expressions

**in vain** en vain *I tried in vain to persuade them.* J'ai essayé en vain de les convaincre.

**a fat lot of good it did me** [informel. Tout à fait inutile] me voilà bien avancé *I complained to the police, and a fat lot of good it did me!* J'ai porté plainte auprès de la police et me voilà bien avancé!

## 283 Lazy Paresseux

voir aussi **182 Sleep; 183 Rest and Relaxation**

**lazy** *adj* **1** paresseux *She's the laziest child in the class.* C'est l'enfant la plus paresseuse de la classe. **2** [décrit: week-end, vacances, etc.] relaxe *We spent a lazy weekend at home.* Nous avons passé un week-end relaxe à la maison. **lazily** *adv* paresseusement **laziness** *ni* paresse

**laze** *vi* (souvent + **around**, **about**) paresser *I enjoy lazing in the sunshine.* J'aime paresser au soleil.

**idle** *adj* **1** [moins fréquent, mais souvent plus péjoratif que **lazy**] oisif, inactif, fainéant *Go out and look for a job, you idle good-for-nothing!* Va te chercher un travail, espèce de fainéant bon à rien! *the idle rich* les riches oisifs **2** (avant *n*) [sans gravité ou réelle intention. Décrit: ex. remarque, menace, curiosité] gratuit, futile *There's no truth in what they're saying, it's just idle gossip.* Il n'y a rien de vrai dans ce qu'ils disent, ce ne sont que des racontars. **idleness** *ni* oisiveté, futilité

**idle** *vi* fainéanter *Stop idling and get on with your work.* Arrête de fainéanter et mets-toi au travail. **idler** *nd* fainéant

**idle away** sth *vt prép* [obj: moment] perdre son temps, traîner à ne rien faire *He idled away the final hours before her arrival.* Il a traîné à ne rien faire les quelques heures qui ont précédé son arrivée.

**idly** *adv* paresseusement, négligemment *She was idly leafing through a magazine.* Elle feuilletait négligemment un magazine.

**apathetic** *adj* [péjoratif. Qui ne montre aucun signe d'intérêt] apathique *I tried to get the students to put on a play, but they're so apathetic!* J'ai essayé de faire monter une pièce par les étudiants mais ils sont tellement apathiques! (+ **about**) *Most people are fairly apathetic about politics.* La plupart des gens se moquent pas mal de la politique. **apathetically** *adv* avec indifférence **apathy** *ni* apathie, indifférence

**lethargic** *adj* [ex. après une maladie] léthargique *The drug makes me feel lethargic.* Le médicament me rend léthargique. *his lethargic movements* ses mouvements léthargiques **lethargically** *adv* avec léthargie **lethargy** *ni* léthargie

### 283.1 Personne fainéante

**lazybones** *nd*, *pl* **lazybones** [informel, souvent humoristique] fainéant *My son's a real lazybones.* Mon fils est un vrai fainéant. *Come on, lazybones, time to get up!* Debout les fainéants, il est l'heure!

**layabout** *nd* (*Brit*) [informel et péjoratif. Peut impliquer qu'il s'agit de petits malfaiteurs] fainéant, bon à rien *those layabouts who hang around on street corners* ces bons à rien qui traînent dans les rues

**good-for-nothing** *nd* [informel et péjoratif. Surtout utilisé par des personnes âgées] bon à rien *Her husband is a drunkard and a good-for-nothing.* Son mari est un ivrogne et un bon à rien.

**good-for-nothing** *adj* (avant *n*) bon à rien *that good-for-nothing son of mine* mon bon à rien de fils

**not lift a finger** [souvent péjoratif. Ne rien faire pour aider] ne pas lever le petit doigt *She never lifts a finger around the house.* Elle ne lève jamais le petit doigt à la maison. *They didn't lift a finger to help her.* Ils n'ont pas levé le petit doigt pour l'aider.

## 284 Inaction Inaction

voir aussi **183 Rest and Relaxation**; **404 Slow**

**inactive** *adj* oisif, inactif *I don't intend to be inactive after I retire.* Je n'ai pas l'intention de rester oisif quand je prendrai ma retraite.

**inactivity** *ni* [période de calme général] inactivité *long periods of inactivity* de longues périodes d'inactivité

**inaction** *ni* [manque d'initiative dans une situation donnée] inaction, non-intervention *The President's inaction over this issue has been much criticized.* On a beaucoup critiqué la politique de non-intervention du Président dans cette affaire.

**idle** *adj* [empêché de travailler par les circonstances] en chômage, au repos forcé *Ships are lying idle in the harbour.* Les bateaux chôment dans le port.

**passive** *adj* [laissant les choses se passer et les acceptant] passif *his passive acceptance of human suffering* son acceptation passive de la souffrance humaine **passively** *adv* passivement **passivity** *ni* passivité

**passive smoking** tabagisme passif

**refrain** *vi* (toujours + **from**) [plutôt formel. Ne pas faire qch qu'on aurait pu faire] se retenir *She was obviously upset, so I refrained from any further criticism.* Elle était visiblement bouleversée, alors je me suis retenu d'émettre des critiques supplémentaires.

**abstain** *vi* **1** (toujours + **from**) [plutôt formel. Choisir de ne pas faire qch] s'abstenir *I abstained from making any comment.* Je me suis abstenu de tout commentaire. **2** (gén + **from**) [ne pas se livrer à des activités telles que les relations sexuelles, l'absorption de boissons alcoolisées] s'abstenir, faire abstinence *I abstained from alcohol during Lent.* Je me suis abstenu de boire de l'alcool pendant le carême. **3** [ne voter ni pour ni contre qch] s'abstenir *The Liberals are expected to abstain in the vote on the government's proposals.* On s'attend à ce que les libéraux s'abstiennent lors du vote sur les propositions gouvernementales. **abstinence** *ni* abstinence

**abstention** *nd* [lors d'un vote] abstention

### 284.1 Ne pas faire de progrès

**stagnate** *vi* [suggère un lent déclin, le besoin d'être stimulé. Suj: personne, économie] stagner, croupir *I feel as if I'm stagnating in this job.* J'ai l'impression de piétiner dans ce boulot. **stagnation** *ni* stagnation

**stagnant** *adj* [décrit: surtout une économie] stagnant

**stalemate** *nid* [aucune des parties n'ayant réussi à prendre l'avantage sur l'autre] point mort, impasse *The conflict has reached (a) stalemate.* Le conflit est au point mort.

**deadlock** *nid* [suite à un conflit sans issue possible] impasse, point mort *The negotiations have reached (a) deadlock.* Les négociations sont dans l'impasse.

### 284.2 Ne pas bouger

**still** *adj* (pas de *compar*) **1** immobile, tranquille *to stand still* rester immobile *to sit/lie still* être assis/couché sans bouger *Hold the camera absolutely still.* Maintiens l'appareil-photo de façon à ce qu'il ne bouge pas du tout. *Keep still!* Reste tranquille! **2** [sans vent] calme *a warm, still evening* une calme et chaude soirée

**steady** *adj* [maintenu en équilibre] stable, fixe, ferme *You don't look very steady on that ladder.* Tu n'as pas l'air très en équilibre sur cette échelle. *Hold the nail steady while I knock it in.* Maintiens le clou pendant que je l'enfonce.

**steady** *vt* stabiliser, calmer *She tried to steady her trembling hand.* Elle essaya de calmer sa main tremblante.

**motionless** *adj* [plutôt formel. Qui ne fait aucun mouvement] immobile **motionlessly** *adv* sans aucun mouvement

**immobile** *adj* [suggère souvent une impossibilité de bouger] immobilisé *He had injured his leg and was temporarily immobile.* Il s'était blessé à la jambe et était temporairement immobilisé.

**immobility** *ni* immobilisme, manque de mobilité *The drawback of these weapons is their immobility.* Le désavantage de ces armes, c'est leur manque de mobilité.

**stationary** *adj* [décrit: surtout un véhicule] en stationnement *My car was stationary at the time of the accident.* Ma voiture était en stationnement au moment de l'accident.

**paralyse** (*Brit*), **paralyze** (*surtout US*) *vt* **1**

[physiquement] paralyser *Since his accident he's been paralysed from the waist down.* Depuis son accident, il est paralysé des membres inférieurs. *She was paralysed by fear.* Elle était paralysée par la peur. **2** [entraver le bon fonctionnement de qch, le rendre inefficace. Obj:

ex. gouvernement, économie, chemin de fer] paralyser *The country has been paralysed by a wave of strikes.* Le pays a été paralysé par une vague de grèves.

**paralysis** *ni* paralysie *The government is gripped by paralysis.* Le gouvernement est en proie à la paralysie.

### expressions

**twiddle one's thumbs** [plutôt informel. Ne rien faire, par ex. en attendant qch/qn] se tourner les pouces *I sat twiddling my thumbs, waiting for them to arrive.* Je me suis tourné les pouces en attendant qu'ils arrivent.

**to have time on one's hands** [avoir beaucoup de temps libre et ne pas nécessairement savoir qu'en faire] avoir du temps libre/des loisirs *I'd only just retired, and*

*wasn't used to having so much time on my hands.* Je venais seulement de prendre ma retraite, et je n'étais pas encore habitué à avoir tant de loisirs.

**to be at a loose end** [ne rien avoir de particulier à faire] avoir du temps à perdre, ne pas savoir quoi faire *The meeting's been cancelled, so I'm at a loose end.* La réunion a été annulée, alors j'ai du temps à perdre.

## 285 Unwilling Peu disposé

voir aussi **347 Refuse**; ant **278 Eager**

**unwilling** *adj* (gén + **to** + INFINITIF) (être) peu disposé à, ne pas vouloir *She was unwilling to lend me her car.* Elle ne voulait pas me prêter sa voiture. **unwillingly** *adv* à contrecoeur **unwillingness** *ni* refus, mauvaise volonté

**reluctant** *adj* (souvent + **to**) [implique moins de mauvaise volonté que **unwilling**] peu disposé, peu enthousiaste *I was reluctant to sign the contract, but I did so anyway.* Je n'avais pas très envie de signer le contrat, mais je l'ai fait quand même. *my reluctant companion* mon compagnon malgré lui **reluctantly** *adv* à contrecoeur, à regret

**reluctance** *ni* regret *It is with great reluctance that I have decided to resign.* C'est à grand regret que j'ai décidé de donner ma démission.

**loath** AUSSI **loth** *adj* (après *v*; toujours + **to** + INFINITIF) [plutôt formel. Suggère un sentiment de regret] répugner à *I was loath to part with my old car.* Je répugnais à me séparer de ma vieille voiture.

**averse** *adj* (après *v*; toujours + **to**) [souvent plutôt humoristique. Surtout utilisé dans sa forme négative pour exprimer un penchant marqué pour qch] opposé *I'm not averse to the odd glass of wine.* Je ne suis pas contre un petit verre de vin occasionnel. *He's not averse to criticizing other people.* Ça ne lui déplaît pas de critiquer les autres.

**aversion** *nd* (souvent + **to**) [ne pas aimer du tout] aversion *He has an unnatural aversion to children.* Il éprouve une aversion anormale envers les enfants.

**half-hearted** *adj* [qui manque d'enthousiasme. Décrit: ex. attitude, soutien, tentative] dénué de conviction, dénué d'enthousiasme **half-heartedly** *adv* sans conviction **half-heartedness** *ni* manque de conviction, tiédeur

**negative** *adj* [qui ne mène à aucune initiative efficace ou à aucun résultat positif. Décrit: ex. attitude, critique] négatif, peu constructif *He kept making negative comments instead of practical suggestions.* Il n'arrêtait pas de faire des commentaires négatifs au

lieu de faire des suggestions utiles. (+ **about**) *She's very negative about her career prospects.* Elle a une attitude très négative en ce qui concerne son avenir professionnel.

**object** *v* **1** *vit* (souvent + **to**) s'opposer, élever une objection *She objected to the new proposal.* Elle s'est opposée à la nouvelle proposition. *I'm willing to chair the meeting, if nobody objects.* Je suis d'accord pour présider la réunion si personne n'y voit d'objection. (+ **that**) *He objected that it wasn't my turn.* Il a protesté en disant que ce n'était pas mon tour. (+ **to** + **-ing**) *Do you object to catching a later train?* Cela ne vous dérange pas de prendre un train plus tard dans la journée? *I really object to having to pay extra for the car park.* Ça me dérange vraiment de devoir payer un supplément pour le parking. **2** *vi* [terme juridique] récuser *I object!* Objection!

**objection** *nd* **1** objection *I have no objection to you remaining here.* Je ne vois aucune objection à ce que vous restiez ici. *to raise an objection* élever une objection **2** [juridique] objection *Objection, your honour!* Objection, votre Honneur!

**mind** *vit* (souvent + **-ing**) [gén à la forme négative ou interrogative. Utilisé dans certaines expressions en faisant référence à qch qu'on n'aime pas ou pour exprimer une objection] déranger *'Would you mind waiting a moment?' 'No, I don't mind.'* 'Cela ne vous dérange pas d'attendre un instant?' 'Non, ça ne me dérange pas.' *I don't mind the noise.* Le bruit ne me dérange pas. *I wouldn't mind a piece of cake.* Je prendrai bien un peu de gâteau. *Do your parents mind you staying out late?* Tes parents sont d'accord que tu rentres tard? *voir aussi **74 Important**

### expression

**not be prepared to do sth** [exprime un refus définitif] refuser de faire qch *I'm not prepared to tolerate such behaviour!* Je ne tolérerai pas une telle conduite.

## 286 Wait Attendre

**wait** *vi* (souvent + **for**, **until**) attendre *There were several customers waiting.* Il y avait plusieurs clients qui attendaient. *He waited until after dinner before making his announcement.* Il a attendu la fin du dîner pour nous faire part de ce qu'il avait à dire. *Wait a minute, I'm not ready yet.* Attends une minute, je ne suis pas encore prête. (+ **to** + INFINITIF) *I was waiting to see the doctor.* J'attendais de voir le médecin. (+ **about**, **around**) *I'm fed up with waiting around; I'm going home.* J'en ai marre d'attendre; je rentre à la maison. `What have you bought me for Christmas?' `*Wait and see.*' 'Qu'est-ce que tu m'as acheté pour Noël?' 'Attends, tu verras.' (utilisé comme *vt*) *to wait one's turn* attendre son tour

**wait** *nd* attente *You'll have a long wait; the next bus isn't till six o'clock.* Tu vas devoir attendre longtemps; le prochain bus n'est qu'à six heures. *The mugger was lying in wait for his victim.* L'agresseur guettait sa victime.

**await** *vt* [plus formel que **wait for**] attendre, être dans l'attente de qch *The defendant awaited the jury's verdict.* Le prévenu attendait le verdict prononcé par le jury. *her eagerly awaited new record* son dernier disque tant attendu

**queue** (*Brit*), **line** (*US*) *nd* file, queue *There were about 20 people in the queue.* Il y avait une file d'environ 20 personnes. *to jump the queue* passer avant son tour, ne pas faire la queue

**queue** *vi* (*Brit*) (souvent + **for**, + **to** + INFINITIF, **up**) faire la queue *I had to queue for hours to get these tickets.* J'ai dû faire la queue pendant des heures pour obtenir ces tickets. *People were queuing up outside the shop.* Les gens faisaient la queue devant le magasin.

**line up** *vi prép* (*Brit & US*) faire la queue *We had to line up outside the cinema.* Nous avons dû faire la queue devant le cinéma.

**stay** *vi* (gén + *adv*) **1** [ne pas quitter un endroit donné] rester *Stay here until I get back.* Reste ici jusqu'à ce

que je revienne. *The guide warned us to stay on the path.* Le guide nous a dit de ne pas quitter le sentier. *Will you stay for/to dinner?* Vous restez pour dîner? (+ **in**) *I stayed in last night and watched TV.* Hier soir, je suis resté à la maison à regarder la télévision. (+ **out**) *I don't allow my children to stay out late.* Je n'autorise pas mes enfants à rentrer tard. **2** [suj: invité, touriste] loger, passer la nuit *I'm looking for a place to stay the night.* Je cherche un endroit où passer la nuit. *We stayed at a cheap hotel.* Nous avons logé dans un hôtel bon marché. (+ **with**) *I usually stay with my brother when I'm in London.* D'habitude, je loge chez mon frère quand je suis à Londres.

**stay** *nd* séjour *We hope to make your stay in London a pleasant one.* Nous espérons rendre agréable votre séjour à Londres. *a long stay in hospital* un long séjour à l'hôpital

**remain** *vi* [plus formel que **stay**] rester *All staff are requested to remain in the building.* Le personnel est prié de rester à l'intérieur de l'immeuble. *voir aussi **31 Happen**

**linger** *vi* [passer plus de temps que nécessaire, surtout à faire qch d'agréable] prendre son temps, traîner *We lingered over a cup of coffee.* Nous avons pris notre temps pour boire notre tasse de café.

**loiter** *vi* [plutôt péjoratif] **1** [marcher distraitement, en s'arrêtant à plusieurs reprises] flâner *Come straight home; don't loiter on the way.* Rentre directement à la maison; ne traîne pas en route. **2** [attendre, traîner dans un endroit donné sans raison apparente] rôder *A man was seen loitering near the playground.* On a vu rôder un homme près de la plaine de jeux. **loiterer** *nd* rôdeur

**hesitate** *vi* (souvent + **to** + INFINITIF) [ex. par indécision] hésiter *He hesitated before replying.* Il hésita avant de répondre. (+ **over**) *She hesitated too long over the decision.* Elle a hésité trop longtemps avant de prendre sa décision. *If you have any queries, don't hesitate to ask.* Si vous avez des questions, n'hésitez pas à nous les poser. *If attacked, we will not hesitate to retaliate.* Si on nous attaque, nous n'hésiterons pas à riposter.

**hesitation** *ni* hésitation *I accepted without hesitation.* J'ai accepté sans hésitation. *I have no hesitation in recommending her to you.* Je n'hésite pas à vous la recommander.

**pause** *vi* (souvent + **for**, + **to** + INFINITIF) [s'arrêter un instant] faire une pause *The speaker paused for breath/to look at his notes.* L'orateur s'arrêta un instant pour reprendre son souffle/pour jeter un coup d'oeil sur ses notes. *Let's pause for coffee.* Faisons une pause-café.

**pause** *nd* pause (+ **in**) *There was an embarrassing pause in the conversation.* Il y eut un silence embarrassant dans la conversation.

**break** *vi* (souvent + **for**, + **to** + INFINITIF) [s'arrêter un instant] faire une pause *Let's break for lunch.* Faisons une pause pour le déjeuner.

**hang on** *vi prép* [informel. Utilisé gén à la forme impérative, pour demander à qn de patienter] attendez (un instant) *Hang on, I'll be with you in a minute.*

Attends, je suis à toi tout de suite. *Her line's engaged; would you like to hang on?* Sa ligne est occupée, voulez-vous patienter un instant?

**hang about** (somewhere) (*surtout Brit*) ou **hang around** (somewhere) (*Brit & US*) *vit prép* [informel. Attendre, rester quelque part sans rien faire] traîner, poireauter *There were some lads hanging around in the street.* Il y avait des jeunes garçons qui traînaient dans la rue. *He*

*kept me hanging about for ages before he saw me.* Il m'a fait poireauter pendant des heures avant de me recevoir.

**hang back** *vi prép* [hésiter, se retenir, par ex. par prudence] se retenir (+ **from**) *I hung back from telling her exactly what I thought.* Je me suis retenue de lui dire ce que je pensais vraiment.

## 287 Do  Faire

voir aussi **293 Make**

**do** *v, prét* **did** *part passé* **done 1** *vt* [obj: une action non définie] faire *What are you doing?* Qu'est-ce que tu fais? *I'd never do anything to hurt her.* Je ne ferais jamais rien qui puisse la blesser. *All he ever does is complain.* Il ne fait jamais que se plaindre. *Are you doing anything this evening?* Tu fais quelque chose ce soir? *What do you do for a living?* Quel métier faites-vous? (+ **with**) *Now what have I done with those scissors?* Qu'est-ce que j'ai fait des ciseaux? *What are you doing with my briefcase?* Qu'est-ce que tu fais avec ma serviette? (+ **to**) *What have you done to him/to your arm?* Qu'est-ce que tu lui as fait?/Qu'as-tu fait à ton bras? (+ **about**) *What shall we do about food for the party?* Qu'est-ce qu'on servira à manger à la réception? **2** *vt* [obj: action spécifique, activité] faire *She's doing a crossword.* Elle fait des mots croisés. *She's doing the cleaning.* Elle est en train de nettoyer. *I haven't done much work today.* Je n'ai pas fait grand-chose aujourd'hui. *What subjects do you do at school?* Quelles matières étudies-tu à l'école? **3** *vi* (toujours + *adv*) [réussir] s'en sortir *He did well/badly in the exam.* Il a bien/mal fait son examen. *How are you doing in your new job?* Comment t'en sors-tu dans ton nouvel emploi? *voir aussi USAGE sous **293 Make***

**deed** *nd* [plutôt formel ou vieilli] acte, action *a good deed* une bonne action *Who could have committed such an evil deed?* Qui aurait pu commettre un acte aussi infâme?

**act** *vi* **1** [adopter une attitude] se comporter *He's been acting rather strangely recently.* Son comportement est bizarre ces derniers temps. **2** [prendre des mesures] agir *The government has decided to act.* Le gouvernement a décidé de prendre des mesures. (+ **on**) *I acted on her advice.* J'ai agi sur son conseil. **3** (gén + **as**) [assumer un rôle ou une fonction spécifique] servir, faire office de *I agreed to act as her lawyer.* J'ai accepté de lui servir d'avocat. *The death penalty is supposed to act as a deterrent.* La peine de mort est censée avoir un rôle dissuasif. (+ **for**) *a lawyer acting for Mrs Smith* un avocat agissant au nom de Mme Smith

**act** *nd* acte, action *Her first act as President was to free all political prisoners.* Sa première action en tant que président fut de libérer tous les prisonniers politiques. *Our conscious acts may have unconscious motives.* Nos actes conscients peuvent avoir des motivations inconscientes. (+ **of**) *an act of treachery/bravery* un acte de traîtrise/de bravoure *The thief was **caught in the act**.* Le voleur a été pris en flagrant délit. *voir aussi **376 Entertainment***

**action** *n* **1** *nd* acte, action *The child observes the actions of its mother.* L'enfant suit avec attention les

mouvements de sa mère. *to catch and throw the ball in a single action* attraper et relancer la balle d'un seul coup **2** *ni* [s'activer plutôt que se borner à penser ou à discuter] prendre des mesures *We must **take action** to solve this problem.* Nous devons prendre des mesures pour résoudre ce problème. *a film with lots of action* un film d'action *You should see this weapon **in action**.* Tu devrais voir cette arme en action. **3** *ni* [fonctionnement, effet] *a model demonstrating the action of the lungs* un mannequin faisant une démonstration du fonctionnement des poumons *the action of sulphuric acid on metal* l'action de l'acide sulphurique sur le métal *The traffic lights are **out of action**.* Les signaux lumineux sont en panne.

### usage

Lorsqu'ils sont dénombrables, **act** et **action** sont le plus souvent interchangeables et ont presque toujours la même signification. Ex. *a brave act/action* (un acte courageux) *One must accept the consequences of one's acts/actions.* (Il faut assumer les conséquences de ses actes.) Lorsqu'on souhaite faire une distinction de sens entre ces deux termes, on emploie **act** pour décrire l'action du point de vue de la personne qui agit, tandis qu'**action** décrit les faits du point de vue des spectateurs, faisant référence à un contexte plus large ou aux conséquences de cette action. Seul le terme **act** peut être suivi de **of**: ex. *an act of defiance* (un acte de défi.)

**active** *adj* actif *These animals are most active at night.* Ces animaux sont surtout actifs la nuit. *He's active in local politics.* Il joue un rôle politique actif dans sa région. *a soldier **on active service*** un soldat en campagne **actively** *adv* activement

**activity** *n* **1** *nd* activités, actes *after-school/leisure activities* activités parascolaires/de loisir *criminal activities* actes criminels **2** *ni* activité *periods of strenuous activity* des périodes d'activité intense

### 287.1  Se comporter

**behave** *vi* **1** [agir d'une certaine manière] se comporter *grown men behaving like schoolboys* des hommes se comportant comme des petits garçons *Scientists are studying the way these particles behave at high temperatures.* Les chercheurs étudient la façon dont ces particules se comportent à hautes températures. **2** [suj: surtout un enfant] (bien) se conduire *Make sure you behave (yourself) while I'm gone!* Tâche d'être sage pendant mon absence! *She's very well-/badly-behaved.* Elle est bien/mal élevée.

**behaviour** (*Brit*), **behavior** (*US*) *ni* **1** comportement *She studies animal behaviour.* Elle étudie le comportement animal. **2** conduite *That child's behaviour is disgraceful!* La conduite de cet enfant est honteuse! *to be on one's best behaviour* se conduire de son mieux

**conduct** *ni* [plus formel que **behaviour**] conduite *Your son's conduct has been excellent this term.* La conduite de votre fils a été parfaite ce trimestre. *The doctor was accused of unprofessional conduct.* Le médecin fut accusé de manquement aux devoirs de la profession.

**conduct** *vt* **1** [plutôt formel. Obj: ex. enquête, flirt] mener *The meeting was properly/badly conducted.* La réunion a été bien/mal menée. **2 conduct oneself** [plus formel que **behave**] se conduire *That is not how a young lady should conduct herself in public!* Ce n'est pas comme ça qu'une jeune fille doit se conduire en public!

**react** *vi* (souvent + **to**) réagir *He reacts violently when provoked.* Il réagit violemment lorsqu'on l'attaque. *The patient is reacting well to the drug.* Le patient réagit bien au médicament. (+ **against**) *These artists are reacting against dominant cultural traditions.* Ces artistes sont en réaction contre les traditions culturelles qui nous dominent.

**reaction** *nd* réaction *Thanks to her quick reactions, an accident was avoided.* Grâce à sa réaction rapide, l'accident a pu être évité. *There was a positive reaction to my suggestion.* Ma suggestion a suscité des réactions positives.

## 287.2 Accomplir une tâche

**perform** *v* **1** *vti* [plus formel que **carry out**. Obj: ex. action, devoir] effectuer, accomplir *the surgeon who performed the operation* le chirurgien qui a pratiqué l'opération *She didn't perform as well as expected in the exam.* Elle n'a pas fait son examen aussi bien qu'on espérait. **2** *vi* [suj: machine, voiture] avoir de bonnes performances *The car performs well on wet roads.* Les performances de cette voiture sont excellentes sur route mouillée.

**performance** **1** *nid* accomplissement *expenses incurred in the performance of one's duties* les frais encourus dans l'exercice de ses fonctions **2** *ni* performance *a high-performance car* une voiture très performante

**carry out** sth OU **carry** sth **out** *vt prép* [obj: ex. tâche, devoir, ordre] effectuer *The police have carried out a thorough investigation.* Les policiers ont mené une enquête approfondie. *My instructions are to be carried out to the letter.* Mes ordres doivent être exécutés à la lettre.

**undertake** *vt, prét* **undertook** *part passé* **undertaken** (souvent + **to** + INFINITIF) **1** [plutôt formel. S'engager à accomplir une tâche spécifique] s'engager à *We undertake to deliver the goods by May 15th.* Nous nous engageons à livrer la marchandise avant le 15 mai. **2** (+ **to** + INFINITIF) [plutôt formel] entreprendre *She undertook to wash the curtains.* Elle a entrepris de laver les tentures.

**undertaking** *nd* [plutôt formel] **1** [tâche] entreprise *This project has been a costly undertaking.* Le projet s'est révélé être une entreprise coûteuse. **2** [promesse] engagement *He gave a solemn undertaking not to reveal the information.* Il a pris l'engagement solennel de ne jamais dévoiler ces informations.

**deal with** sth/sb *vt prép* [obj: ex. affaire, problème, client] s'occuper de *the clerk who is dealing with your application* l'employé qui s'occupe de votre demande *Young offenders are dealt with by juvenile courts.* Ce sont des tribunaux pour enfants qui s'occupent des jeunes délinquants.

**solve** *vt* [obj: ex. problème, énigme] résoudre *another case brilliantly solved by Sherlock Holmes* encore une affaire brillamment résolue par Sherlock Holmes *You won't solve anything by resigning.* Ta démission ne résoudra rien.

*expressions*

**take measures** OU **steps** (+ **to** + INFINITIF) prendre des mesures *The government has taken measures/steps to improve security at airports.* Le gouvernement a pris des mesures pour améliorer la sécurité dans les aéroports.

**take turns** (*Brit & US*), **take it in turns** (*Brit*) (souvent + **to** + INFINITIF) (faire qch) à tour de rôle *We take (it in) turns to do the washing-up.* Nous lavons la vaisselle à tour de rôle.

**take the plunge** [après avoir hésité, avoir eu peur, etc.] se jeter à l'eau *I finally decided to take the plunge and start my own business.* J'ai finalement décidé de me jeter à l'eau et de fonder ma propre entreprise.

**grasp the nettle** (*Brit*) [plutôt formel. Reconnaître la difficulté d'un problème et commencer à le résoudre] prendre le taureau par les cornes *It's about time the government grasped the nettle of unemployment.* Il est temps que le gouvernement prenne le taureau par les cornes et s'attaque au problème du chômage.

**take the bull by the horns** [commencer à s'occuper d'un problème sans détours et avec détermination] prendre le taureau par les cornes

**bite the bullet** [endurer courageusement qch de désagréable] serrer les poings *We have to bite the bullet and accept that the project has failed.* Nous devons serrer les poings et accepter l'échec de notre projet.

**grit one's teeth** [garder sa détermination dans une situation difficile] serrer les dents *You may be exhausted, but you just have to grit your teeth and carry on.* Tu es peut-être épuisée mais il faut serrer les dents et continuer.

**get off one's backside** [informel. Arrêter d'être paresseux et se mettre à travailler, etc.] se remuer les fesses *It's about time you got off your backside and found yourself a job!* Il est temps que tu te remues les fesses et que tu te trouves un boulot!

## 288 Habitual  Habituel

voir aussi **442 Normal**

**habit** *ndi* [délibérée ou inconsciente] habitude *a bad habit* une mauvaise habitude *her peculiar eating habits* ses habitudes alimentaires un peu spéciales *I'm not in the habit of lending money to strangers.* Je n'ai pas l'habitude de prêter de l'argent aux inconnus. *I've got into/out of the habit of getting up early.* J'ai pris/perdu l'habitude de me lever tôt. *smokers who are trying to break/kick the habit* les fumeurs qui essaient d'arrêter

**habitual** *adj* [décrit gén qch de négatif ou qu'on désapprouve] habituel *habitual lies* les mensonges habituels **habitually** *adv* habituellement

**custom** *nd* 1 [d'un pays, d'une société, etc.] tradition *How did the custom of shaking hands originate?* D'où vient la tradition de se serrer la main? 2 [plus formel que **habit** et utilisé uniquement en parlant d'actes conscients ou délibérés] habitude *It was her custom to take a walk before dinner.* Elle avait l'habitude de faire une promenade avant le dîner.

**customary** *adj* [plus formel que **usual**] coutumier, habituel *He sat in his customary place.* Il était assis à sa place habituelle. *It is customary to give one's host a small present.* Il est coutumier d'offrir un petit cadeau à son hôte.

**used to** 1 (+ INFINITIF) avoir l'habitude de *I used to swim every day.* J'avais l'habitude de nager tous les jours. *He didn't use to like fish.* Il n'aimait pas le poisson autrefois. *Didn't she use to live in London?* Est-ce qu'elle n'habitait pas à Londres? *voir USAGE 2 (après v)* **to be used to sth/to be used to doing sth** être habitué à faire qch *Are you used to your new car yet?* Est-ce que tu es déjà habitué à ta nouvelle voiture? *I'm not used to living on my own.* Je n'ai pas l'habitude de vivre seule. **to get used to sth/to get used to doing sth** s'habituer à qch/s'habituer à faire qch *I can't get used to this new haircut.* Je n'arrive pas à m'habituer à cette nouvelle coupe. *You'll soon get used to working from home.* Tu t'habitueras vite à travailler à la maison.

**accustomed** *adj* [plutôt formel] 1 (après *v*; toujours + **to**) habitué **to be/become accustomed to sth** avoir/prendre l'habitude de *I'm not accustomed to being called by my first name.* Je n'ai pas l'habitude qu'on m'appelle par mon prénom. *My eyes gradually*

usage

**1** La forme négative de *I used to* est *I didn't use/used to* ou *I used not to* suivi de la forme infinitive ex. *I didn't use to go to parties.* (Je n'allais généralement pas aux réceptions.) *He used not to like classical music.* (Il n'aimait pas la musique classique.) La forme interrogative la plus fréquente est *Did/didn't you use/used to....?* suivi de la forme infinitive ex. *Didn't they use to be friends?* (Est-ce qu'ils n'étaient pas amis?) **2** Il ne faut pas confondre **used to** et **usually** (habituellement). Comparez: *I used to go skiing every year but I can't afford it now.* (Avant j'allais skier chaque année mais je n'en ai plus les moyens maintenant.) *I usually go skiing in March.* (Habituellement, je pars skier au mois de mars.) **3** Remarquez que si l'auxiliaire de mode **used to** est suivi de l'infinitif, la construction adjectivale **used to** est, elle, suivie de la forme en -ing (ou d'un simple substantif). Comparez: *I used to work in London.* (Je travaillais à Londres.) *I'm used to working in London.* (J'ai l'habitude de travailler à Londres.)

*became accustomed to the gloom.* Mes yeux s'habituèrent peu à peu à l'obscurité. **2** [coutumier] habituel *She sat in her accustomed place.* Elle s'assit à sa place habituelle.

**tend** *vi* (toujours + **to** + INFINITIF) [indique une habitude répétée ou caractéristique] avoir tendance *I tend to work better in the mornings.* En général, je travaille mieux le matin. *She tends to exaggerate.* Elle a tendance à exagérer.

**tendency** *nd* tendance *She has a tendency to overlook the important issues.* Elle a tendance à passer à côté de l'essentiel.

**prone** *adj* (après *v*; gén + **to**, + **to** + INFINITIF) [à une maladie, un défaut, etc.] sujet à, enclin à *She's extremely prone to headaches.* Elle est très sujette aux maux de tête. *The car is prone to break(ing) down on long journeys.* La voiture a tendance à tomber en panne lors des longs trajets. *He's accident-prone.* Il est sujet aux accidents.

## 289 Put  Mettre

voir aussi **66 Position**

**put** *vt, prét & part passé* **put** (toujours + *adv* ou *prép*) mettre *Put the vase on the table.* Mets le vase sur la table. *I'm going to put a mirror on this wall.* Je vais mettre un miroir sur ce mur. *You've put too much sugar in my coffee.* Tu as mis trop de sucre dans mon café. *Where have I put my keys?* Où ai-je mis mes clés? *Your decision puts me in a difficult position.* Votre décision me met dans une position difficile.

**put** sth **away** OU **put away** sth *vt prép* [à l'endroit où il se trouve habituellement] ranger qch *Put your toys away when you've finished playing with them.* Range tes jouets lorsque tu auras fini de jouer.

**put** sth **back** OU **put back** sth *vt prép* remettre, ranger

qch *She put the plates back in the cupboard.* Elle a remis les assiettes dans l'armoire.

**put** sth **down** OU **put down** sth *vt prép* déposer *Put that gun down!* Lâchez ce revolver! *I put my briefcase down on the chair.* J'ai déposé ma serviette sur la chaise.

**place** *vt* (toujours + *adv* ou *prép*) [plus formel que **put**] placer *He placed the ball on the penalty spot.* Il plaça le ballon sur le point de réparation. *Place a cross next to the candidate's name.* Mettez une croix à côté du nom du candidat. *voir aussi **14 Areas**

**replace** *vt* [plus formel que **put back**] remettre en place *Please replace the receiver after making your call.* S'il vous plaît, raccrochez le récepteur à la fin de votre appel. *voir aussi **57 Substitute**

**position** vt [placer qch délibérément et avec précision] positionner *The magnets have to be carefully positioned.* Les aimants doivent être positionnés avec soin. *This map shows where the enemy troops are positioned.* Cette carte montre le positionnement des troupes ennemies.

**set** vt, prét & part passé **set 1** (toujours + adv ou prép) [placer délibérément. Plus formel que **put**] poser, placer *He was waiting for his meal to be set in front of him.* Il attendait qu'on lui dépose son assiette sous le nez. (+ **down**) *She set the injured cat down carefully on the table.* Elle posa délicatement le chat blessé sur la table. **2** (souvent + **for**) [obj: ex. appareil-photo, mécanisme] régler *Set the alarm clock for 6:30.* Règle le réveil sur 6h30. *The bomb has been set to go off at 3:30.* La bombe était réglée pour exploser à 3h30. **3** [obj: ex. prix, limite] fixer *Let's set a date for the party.* Fixons une date pour la réception. **4** [obj: record] établir *She's set a new world record.* Elle a établi un nouveau record du monde. **5** (surtout Brit) [obj: ex. exercice, examen] donner *The teacher didn't set us any homework this week.* Le professeur ne nous a pas donné de devoir cette semaine.

**set** sb **down** OU **set down** sb vt prép [obj: passager] déposer *The taxi (driver) set us down in the city centre.* Le chauffeur de taxi nous a déposés au centre de la ville.

**set** adj [décrit: ex. prix, temps, quantité] fixe *I have to work a set number of hours each week.* Je dois travailler un nombre d'heures fixe chaque semaine.

**setting** nd [d'une machine, d'un appareil-photo, etc.] réglage

**lay** vt, prét & part passé **laid 1** (toujours + adv ou prép) [déposer sur une surface plane] déposer, mettre *He laid the baby on the bed.* Il déposa le bébé sur le lit. *Lay some newspapers on the floor before you start painting.* Mets des journaux par terre avant de commencer à peindre. **2** [obj: table] mettre *The maid has laid the table for dinner.* La bonne a mis la table pour le dîner.

**spread** vti, prét & part passé **spread** (souvent + **on**) [obj/suj: ex. beurre, confiture, nappe, carte] (s') étaler *She spread a thick layer of butter on her bread.* Elle étala une épaisse couche de beurre sur son pain. (+ **out**) *He spread the map (out) on the table.* Il étala la carte sur la table.

**deposit** vt [plutôt formel. Suggère souvent qu'on se débarrasse de qch] déposer *The rubbish is deposited at the local dump.* Les ordures sont déposées à la décharge du quartier. *She deposited the contents of her bag on the table.* Elle déposa le contenu de son sac sur la table.

**plonk** vt (souvent + **down**) [informel. Déposer qch rapidement et sans délicatesse] poser bruyamment, laisser tomber *He plonked the bag/himself (down) on the bench next to me.* Il laissa tomber le sac/ Il s'affala sur le banc à côté de moi.

**slam** vti, **-mm-** [heurter qch violemment et rapidement contre qch d'autre] claquer *He slammed the book down angrily on the table.* Furieux, il jeta le livre sur la table. *The driver slammed on the brakes.* Le conducteur serra violemment les freins. *The door slammed shut.* La porte se ferma en claquant.

## 289.1 Poser des objets volumineux ou fixes

**install** vt [obj: ex. appareil] installer *We've just had a new gas cooker installed.* On vient tout juste de nous installer une nouvelle cuisinière à gaz. **installation** ni installation

**erect** vt [plus formel que **put up**. Obj: structure élevée, ex. immeuble] ériger *The townspeople erected a statue in his honour.* Les habitants de la ville érigèrent une statue en son honneur. **erection** ni érection

**locate** v **1** vt [gén au passif. Indique une situation géographique] situer *The hotel is located in the city centre.* L'hôtel est situé au centre de la ville. **2** vti [obj: ex. usine, quartiers généraux] (s')implanter, (s')installer *The company intends to locate in this area.* La firme a l'intention de s'implanter dans cette région.

**situate** vt [gén au passif. Fait référence à un environnement géographique] situer *a village situated in the mountains* un village situé dans les montagnes

**situation** nd situation *The house enjoys an ideal situation overlooking the valley.* La situation de la maison surplombant la vallée est idéale.

**site** nd [terrain utilisé dans un but spécifique] site *the site of a famous battle* le site d'une bataille célèbre *industrial/archaeological site* site industriel/ archéologique *building site* chantier *caravan site* terrain de camping

**site** vt [gén dans un contexte formel ou technique] installer *The company intends to site a factory in this area.* La firme a l'intention d'installer une usine dans cette région.

# 290 System Système

voir aussi **107.1 Intend**

**system** nd **1** [qch qui se compose de plusieurs parties fonctionnant ensemble] système *Britain's legal system* le système judiciaire britannique *Belgium's motorway system* le réseau autoroutier de la Belgique *the nervous/digestive system* le système nerveux/digestif *A new computer system is to be installed.* Un nouveau système informatique doit être installé prochainement. **2** [organisation de travail, etc.] système *accounting/ filing/queueing system* système comptable/de classement/de file (+ **for**) truc *I have a system for remembering people's telephone numbers.* J'ai un truc pour mémoriser les numéros de téléphone des gens.

**systematic** adj [décrit: ex. méthode, recherche] systématique **systematically** adv systématiquement

**way** nd [terme très général] (souvent + **of**, + **to** + INFINITIF) manière, façon *Hold the racket this way.* Tiens la raquette comme ceci. *Eggs can be cooked in several* *different ways.* Il y a plusieurs manières de cuire les oeufs. *He spoke to us in a friendly way.* Il nous a parlé très gentiment. *I don't like her way of doing things.* Je n'aime pas sa façon de faire les choses. *That's not the way to plant potatoes.* Ce n'est pas comme ça qu'on plante des pommes de terre. *I don't like the way he dresses.* Je n'aime pas la façon dont il s'habille.

**method** *n* **1** *nd* (souvent + **of**) [façon d'effectuer un travail, etc.] méthode *the method used to carry out the experiment* la méthode utilisée pour réaliser cette expérience *different methods of payment* plusieurs modes de paiement *new teaching methods* de nouvelles méthodes didactiques **2** *ni* [approche méthodique] méthode *There doesn't seem to be much method in the way he works.* Il ne semble pas travailler avec beaucoup de méthode.

**methodical** *adj* [décrit: ex. travailleur, approche, enquête] méthodique **methodically** *adv* méthodiquement

**technique** *nd* (souvent + **of**, **for**) [implique un savoir-faire spécifique] technique *a tennis player with an unusual technique* un joueur de tennis avec une technique inhabituelle *modern surgical techniques* les techniques chirurgicales modernes

**procedure** *ndi* [actions à suivre] procédure *The policemen who had arrested him had not followed the correct procedure.* Les policiers qui l'avaient arrêté n'avaient pas suivi la procédure légale. *Applying for a passport is quite a simple procedure.* La demande d'un passeport est une procédure assez simple. **procedural** *adj* procédural

**process** *nd* [suite d'actions ou d'événements liés entre eux] processus *the ageing/learning process* le processus du vieillissement/de l'apprentissage *modern industrial*

*processes* les procédés industriels modernes *We are **in the process of** installing a new computer system.* Nous sommes en train d'installer un nouveau système informatique. *These measures will improve efficiency, and, **in the process**, reduce costs.* Ces mesures vont augmenter l'efficacité et, par la même occasion, réduire les frais.

**process** *vt* **1** [industriellement, chimiquement, etc. Obj: ex. matières premières, aliments, film photographique] traiter **2** [administrativement. Obj: ex. demande, déclaration d'assurance] traiter

**formula** *nd, pl* **formulas** OU **formulae** (souvent + **for**) **1** [méthode réutilisable et pouvant être automatisée] formule *the formula for calculating overtime payments* la formule qui permet de calculer les paiements des heures supplémentaires *There's no magic formula for success.* Il n'y a pas de formule magique pour réussir. **2** [idée, déclaration émise dans un but spécifique] formule *They've come up with a formula for settling the dispute.* Ils ont mis au point une formule pour résoudre le conflit.

**routine** *ndi* [suite d'actions habituelles et régulières] routine *The inspectors go through a routine to make sure all the equipment is working properly.* Les inspecteurs vérifient selon une routine établie si l'équipement est en bon état de fonctionnement. *He was fed up with the same old daily routine.* Il en avait ras-le-bol du train-train quotidien.

**routine** *adj* [décrit: ex. mission, inspection] d'usage, de routine, routinier *The police assured me that their enquiries were purely routine.* La police m'a assuré qu'il s'agissait purement d'enquêtes de routine. *They lead a dull, routine sort of life.* Ils mènent une existence morne et routinière.

## 291 Cause Cause

voir aussi **219.1 Wicked**

**cause** *vt* causer *What caused the explosion?* Qu'est-ce qui a provoqué l'explosion? *Headaches can be caused by overwork or poor lighting.* Les maux de tête peuvent être dus à un surmenage ou à un mauvais éclairage. *You've caused your parents a lot of anxiety.* Tu as causé beaucoup de tracas à tes parents. *The delay caused me to miss my train.* Le retard m'a fait rater mon train.

**bring about** sth OU **bring** sth **about** *vt prép* [faire que qch arrive] provoquer, être à l'origine de *It was ordinary people who brought about the changes in Eastern Europe.* Ce sont des gens comme vous et moi qui ont été à l'origine des bouleversements en Europe de l'Est. *improvements in productivity brought about by new working practices* des accroissements de la productivité dus à de nouvelles méthodes de travail

**responsible** *adj* (après *v*; gén + **for**) [décrit: personne] responsable *the statesman who was responsible for the abolition of slavery* l'homme d'état à qui nous devons l'abolition de l'esclavage *Who's responsible for this mess?* Qui est responsable de ce désordre?

**instrumental** *adj* (gén + **in**) [plutôt formel] qui joue un rôle essentiel *She was instrumental in bringing about these changes.* Elle a joué un rôle essentiel dans l'introduction de ces changements.

**owing to** *prép* [plutôt formel en anglais américain] pour cause de *She was absent owing to illness.* Elle était absente pour cause de maladie. *Owing to your negligence, a man was killed.* Un homme a été tué à cause de votre négligence.

**due to** *prép* causé par *Her absence was due to illness.* Elle était absente pour cause de maladie. *deaths due to lung cancer* les décès causés par le cancer du poumon

### usage

A proprement parler, dans l'expression **due to**, le terme **due** est un adjectif et il doit donc être accompagné du substantif qu'il détermine. Ex. *The delay was **due** to bad weather.* (Le retard était dû au mauvais temps.) **Due to** doit pouvoir être remplacé par l'expression **caused by**. Dans les autres cas, il faut utiliser **owing to**. Cependant, dans le langage parlé, **due to** est souvent utilisé dans les deux cas. Ex. *The train was delayed owing/due to bad weather.* (Le train a été retardé à cause du mauvais temps.)

**be sb's fault** être de la faute de qn *The accident was the lorry driver's fault.* L'accident était de la faute du conducteur du camion. (+ **that**) *'It wasn't my fault that the project failed.' 'Whose fault was it, then?'* 'Ce n'est pas ma faute si le projet a échoué.' 'A qui la faute, alors?'

## 291.1 Raison

**reason** n (souvent + **for**) raison *State the reason for your visit.* Donnez la raison de votre visite. *She just left, for no apparent reason.* Elle est partie sans aucune raison apparente. *All baggage is thoroughly examined, for reasons of security.* Tous les bagages sont soigneusement contrôlés pour des raisons de sécurité. *I can't think of any reason for changing our plans.* Je ne vois pas pour quelle raison nous devrions changer nos projets. (+ **to** + INFINITIF) *You have **every reason** to be angry.* Tu as toutes les raisons de te fâcher. *The reason for the smell was a rotting cabbage.* La cause de la puanteur était un chou en décomposition. *voir aussi **104 Think; 130 Sane**

**cause** n **1** nd (souvent + **of**) cause *The police are trying to find out the cause of the explosion.* La police essaie de déterminer la cause de l'explosion. *the underlying causes of the French Revolution* les causes profondes de la Révolution française **2** ni (souvent + **for**) [raison, justification] raison *There's no cause for alarm/complaint.* Il n'y a aucune raison de s'inquiéter/de se

plaindre. (+ **to** + INFINITIF) *There's no cause to complain.* Il n'y a pas de raison de se plaindre.

**motive** nd (souvent + **for**) [raison pour laquelle on veut faire qch] motivation *She was acting out of selfish motives.* Elle agissait par égoïsme.

**grounds** n pl (souvent + **for**) [raison légitime ou officielle] raison, motif *We have good grounds for believing that she was murdered.* Nous avons de bonnes raisons de croire qu'elle a été assassinée. (+ **that**) *She refused to pay, **on the grounds that** she had not received the goods.* Elle a refusé de payer arguant du fait qu'elle n'avait pas reçu la marchandise.

**excuse** nd (+ **for**) [raison pour laquelle qch n'est pas fait ou est mal fait] excuse *There can be no excuse for this sort of behaviour.* Rien ne peut excuser ce type de conduite.

**for the sake of sb/sth** pour l'amour de, pour le bien de *Come back home, for your mother's sake.* Reviens à la maison, fais-le pour ta mère. *I'm telling you this for your own sake.* Je te dis ça pour ton bien. *He sacrificed himself for the sake of his country/principles.* Il s'est sacrifié pour le bien de son pays/pour ses principes.

## 292 Result Résultat

**result** nd **1** [d'une situation, d'une action] résultat *This social unrest is a/the result of high unemployment.* Ces troubles sociaux sont le résultat du taux élevé de chômage. *Our profits have increased **as a result of** good management.* L'accroissement de nos profits est le résultat d'une bonne gestion. *The train was delayed, and, **as a result**, I was late for the meeting.* Le train avait du retard et, par conséquent, je suis arrivée en retard à la réunion. **2** [situation finale, conclusion] résultat *They did not publish the results of their research.* Ils n'ont pas publié les résultats de leurs recherches. *the football results* les résultats des matchs de football *exam results* les résultats des examens *The **end result** was a victory for the local team.* Le résultat final fut la victoire de l'équipe locale.

**result** vi **1** (toujours + **in**) se terminer par, aboutir à *The war resulted in a victory for the Allies.* La guerre s'est terminée par la victoire des Alliés. **2** (souvent + **from**) résulter *If this dispute is not resolved, then a war could result.* Si on n'arrive pas à régler ce conflit, une guerre risque d'éclater. *a series of mistakes resulting from inexperience* une suite d'erreurs résultant d'un manque d'expérience

**effect** nd (souvent + **on**) [produit de qch agissant sur qch d'autre] effet *the effect(s) of radioactivity on the human body* les effets de la radioactivité sur le corps humain *The drug is beginning to **take effect**.* Le

médicament commence à faire effet. *Our warnings have had no effect (on him/on his behaviour).* Nos mises en garde n'ont eu aucun effet sur lui/sur son comportement. *The artist learns how to produce/create certain effects.* L'artiste apprend comment produire/créer certains effets.

**consequence** ndi [plus formel que **result**] conséquence *The accident was a direct consequence of the driver's negligence.* L'accident est une conséquence directe de la négligence du conducteur. *You broke the law, and now you must **take/face the consequences**.* Tu as violé la loi et maintenant tu dois en assumer les conséquences.

**repercussion** nd (gén pl) [conséquences graves] répercussion *If the boss finds out, there are bound to be repercussions.* Si le patron en entend parler, il y aura sûrement des répercussions. (+ **for**) *This disaster could have serious repercussions for the whole world.* Cette catastrophe pourrait avoir des répercussions dans le monde entier.

**outcome** nd [résultat final] issue, résultat *The outcome of the negotiations is still in doubt.* L'issue des négociations est encore incertaine.

**upshot** ni (souvent + **of**) [résultat final] aboutissement, résultat *What was the upshot of your discussion?* A quoi a abouti votre discussion?

## 293 Make Fabriquer

voir aussi **287 Do; 289 Put; 304 Materials**

**make** *vt, prét & part passé* **made 1** fabriquer, faire *He makes jewellery for a living.* Il gagne sa vie en fabriquant des bijoux. *I'll make you a cup of tea.* Je vais te faire une tasse de thé. (+ **from, out of**) *I made these shorts from/out of an old pair of jeans.* J'ai fait ce short à partir d'un vieux jean. (+ **of**) *a ring made of silver* un anneau en argent **2** [obj: ex. mouvement, essai, changement, erreur, découverte] faire [obj: son] faire [obj: ex. décision] prendre [obj: ex. demande] introduire [obj: ex. offre] faire **3** [obj: argent, perte] gagner, faire *make a living* gagner sa vie *I make about £20, 000 a year from my business.* Je gagne environ 20 000 livres par an avec mon entreprise. **4** [obj: ami, ennemi] faire *Our children have made friends with the little boy next door.* Nos enfants sont devenus amis avec le petit garçon des voisins. **5** [dans une addition] faire *Five and four make(s) nine.* Cinq et quatre font neuf.

**maker** *nd* [surtout en parlant de produits manufacturés] fabricant *The camera didn't work properly so I sent it back to the makers.* L'appareil-photo ne fonctionnait pas bien, alors je l'ai renvoyé au fabricant.

---

*usage*

**1** En règle générale, **do** s'utilise lorsqu'on effectue une action et il met l'accent sur le verbe, tandis que **make** s'utilise lorsqu'on crée quelque chose de nouveau en mettant l'accent sur l'objet ou le résultat produit, ex. *He's doing the washing-up.* (Il fait la vaisselle.) *She's doing her homework.* (Elle fait ses devoirs.) *He's making a paper aeroplane.* (Il fabrique un avion en papier.) *She's making a cake.* (Elle fait un gâteau.) Cependant, il y a beaucoup d'exceptions à cette règle, surtout dans le cas de **make**. Ex. *Don't make any sudden movements.* (Ne faites aucun mouvement brusque.) **2** Attention à ne pas confondre les expressions **made from** et **made of**. L'expression **made of** s'utilise pour décrire les matériaux avec lesquels quelque chose a été fabriqué, ex. *a dress made of silk and lace* (une robe en soie et en dentelle), tandis que l'expression **made from** s'utilise lorsque quelque chose a été fabriqué en transformant quelque chose d'autre, ex. *a dress made from an old curtain* (une robe faite à partir d'un vieux rideau).

---

**create** *vt* [obj: qch d'entièrement neuf] créer [obj: ex. intérêt, confusion, problème] créer, susciter *God created the world in six days.* Dieu a créé le monde en six jours. *A lot of new jobs have been created in the last few years.* De nombreux emplois ont été créés ces dernières années. *I can create a lot of trouble for you if you don't cooperate.* Je peux vous créer beaucoup d'ennuis si vous refusez de collaborer.

**creation** *n* **1** *ni* [fait de créer] création *The government is encouraging the creation of new jobs.* Le gouvernement encourage la création de nouveaux emplois. **2** *nd* [souvent humoristique et plutôt péjoratif. Qch qui a été créé] création *The famous fashion designer is showing off his latest creations.* Le célèbre couturier fait admirer ses dernières créations.

**form** *v* **1** *vti* [créer qch, se créer] (se) former *The volunteers formed a human chain.* Les volontaires ont formé une chaîne humaine. *The club was formed in 1857.* Le club a été constitué en 1857. *Rust forms/is formed when iron comes into contact with water.* La rouille se forme lorsque le fer entre en contact avec de l'eau. **2** [agir en tant que, être l'équivalent de qch] former, constituer *The mountains form a natural border between the two countries.* Les montagnes forment une frontière naturelle entre les deux pays. *Rice forms the basis of their diet.* Le riz constitue la base de leur alimentation. *voir aussi **39 Shape**

**formation** *n* **1** *ni* formation *He recommended the formation of a new committee.* Il a recommandé la mise sur pied d'un nouveau comité. *the formation of crystals* la formation des cristaux **2** *ndi* [façon dont qch est formé, disposition] formation *an interesting cloud formation* une formation de nuages intéressante *The planes were flying **in formation**.* Les avions volaient en formation.

**concoct** *vt* [humoristique ou péjoratif. Implique l'originalité ou le manque de finesse. Obj: ex. boisson, excuse] concocter (+ **from**) *a sort of soup concocted from parsnips and mangoes* une sorte de potage concocté à partir de navets et de mangues *He concocted some story about being a millionaire.* Il a concocté une histoire selon laquelle il serait milliardaire.

**concoction** *nd* [gén une boisson] concoction *She asked me to sample one of her concoctions.* Elle m'a demandé de goûter une de ses concoctions.

### 293.1 Activités pratiques et industrielles

**produce** *vt* produire *The country exports most of the goods it produces.* Le pays exporte la plupart des marchandises qu'il produit. (+ **from**) *The power station produces energy from household waste.* La centrale produit de l'énergie à partir de déchets ménagers. *the oil-producing countries* les pays producteurs de pétrole *He produces a novel every two years.* Il écrit un roman tous les deux ans. *Our discussions did not produce a solution to the problem.* Nos discussions n'ont pas fourni de solution au problème.

**producer** *nd* producteur *Saudi Arabia is a major producer of oil/oil producer.* L'Arabie Saoudite est un grand producteur de pétrole.

**production** *ni* production *The factory has been able to increase (its) production.* L'usine a pu accroître sa production. *The company will begin production of the new car next year.* L'entreprise se lancera dans la production de la nouvelle voiture l'année prochaine. (utilisé comme *adj*) *production manager* directeur de la production *work on the production line* travail à la chaîne

**manufacture** *vt* [produire industriellement] fabriquer *The company manufactures light bulbs.* L'entreprise fabrique des ampoules. *manufactured goods* produits manufacturés **manufacturer** *nd* fabricant

**manufacture** *ni* fabrication *The company specializes in the manufacture of light bulbs.* L'entreprise est spécialisée dans la fabrication d'ampoules.

**manufacturing** *ni* fabrication, manufacture *Manufacturing forms the basis of the country's economy.* L'économie du pays repose sur la manufacture.

**build** *v, prét & part passé* **built 1** *vti* [obj: ex. mur, maison, pont] construire *The cathedral was built in the 14th century.* La cathédrale fut édifiée au 14ème siècle. *The company wants to build on this land.* L'entreprise souhaite construire sur ce terrain. (+ **of**) *houses built of stone* des maisons en pierre **2** *vt* (souvent + **up**) [obj: ex. affaire, relation, confiance] édifier, bâtir (+ **on**) *The Roman Empire was built on slave labour.* L'empire romain fut bâti sur le travail des esclaves. *This information will help us build (up) an overall picture of the situation.* Ces informations nous aideront à brosser un tableau général de la situation.

**build on** sth *vt prép* [utiliser comme base pour progresser ultérieurement] prendre comme tremplin, s'appuyer sur *We're hoping to build on our success.* Nous espérons nous appuyer sur notre succès pour progresser.

**building** *ni* construction *to finance the building of a new factory* financer la construction d'une nouvelle usine (utilisé comme *adj*) *the building industry* l'industrie du bâtiment

**construct** *vt* [plus formel que **build**] ériger, construire *They're going to construct a new factory on this site.* On va ériger une nouvelle usine à cet endroit. *a carefully constructed argument* une argumentation soigneusement élaborée

**construction** *n* **1** *ni* construction *A new hospital is under construction.* Un nouvel hôpital est en cours de construction. (utilisé comme *adj*) *the construction industry* l'industrie du bâtiment **2** *nd* [terme plus général que **building**] édifice *a construction made entirely of glass* un édifice entièrement fait de verre

**assemble** *vt* [obj: qch qui comporte plusieurs parties, ex. une étagère] assembler *The equipment is easy to assemble.* L'appareil est facile à monter. *voir aussi **207 Group**

**design** *vt* [obj: ex. machine, immeuble, vêtements] concevoir, créer *The bridge was designed by an American engineer.* Le pont a été conçu par un ingénieur américain. (+ **to** + INFINITIF, + **for**) *These tools were designed for use by left-handed people.* Ces outils ont été conçus pour être utilisés par des gauchers.

**design** *n* **1** *ndi* plan, conception (+ **for**) *her design for a new type of parking meter* ses plans pour un nouveau modèle de parcmètre *a building of (an) unusual design* un immeuble de conception originale **2** *ni* [discipline, branche de savoir] stylisme, création, design *a course in art and design* un cours d'art et de stylisme *The French lead the world in dress design.* Les Français sont les leaders mondiaux dans la mode.

**designer** *nd* styliste, créateur *He's a designer of children's clothes.* Il crée des vêtements pour enfants. *a famous dress designer* un grand couturier, un styliste *an aircraft designer* un concepteur d'avions

## 293.2 Lancer des idées et construire des institutions

**found** *vt* [obj: ex. ville, école, entreprise] fonder *The college was founded in 1536/by St Augustine.* Le collège a été fondé en 1536/par saint Augustin.

**foundation** *n* **1** *ni* fondation *The school is celebrating the 500th anniversary of its foundation.* L'école célèbre le 500ème anniversaire de sa fondation. **2** *nd* [idée, situation, etc. sur laquelle qch est basé] base, fondations *His argument is built on strong foundations.* Son argumentation repose sur des bases solides. *Her studies will provide a good foundation for a career in industry.* Ses études lui fourniront une bonne base pour une carrière dans le monde industriel.

**establish** *vt* **1** [obj: organisation] constituer [obj: ex. règlement, relation] établir *The United Nations was established after the Second World War.* L'Organisation des Nations Unies s'est constituée après la deuxième guerre mondiale. *We have established a framework for negotiations.* Nous avons défini un cadre pour les négociations. **2** [s'installer, être reconnu, avoir du succès] s'établir (+ **as**) *She has established herself as his likely successor.* Elle s'est posée comme son successeur probable. *This novel has established his reputation as Britain's leading writer.* Ce roman l'a consacré comme un des meilleurs écrivains britanniques.

**establishment** *ni* constitution, fondation *The company has grown rapidly since its establishment in 1960.* La firme s'est agrandie rapidement depuis sa fondation en 1960. *voir aussi **206 Organization**

**set up** sth OU **set** sth **up** *vt prép* **1** [obj: ex. comité, fondation] constituer *This organization was set up to deal with complaints against the police.* Cette organisation a été constituée pour répondre aux plaintes contre la police. *The Foreign Office set up an inquiry.* Le Ministère des Affaires Etrangères a ouvert une enquête. **2** [préparer, ériger] installer *It'll take us a while to set up the equipment before we start filming.* Il nous faudra un bon moment pour installer le matériel avant de pouvoir commencer à filmer. *The police have set up roadblocks on all roads out of the city.* La police a installé des barrages sur toutes les voies de sortie de la ville.

**framework** *nd* **1** [structure générale, limites] cadre *We have established a framework for negotiations.* Nous avons défini un cadre pour les négociations. *We're trying to express our opinions within the framework of the law.* Nous essayons d'exprimer nos opinions dans le cadre de la loi. **2** [autour duquel on construit un immeuble, un véhicule, etc.] ossature, carcasse, charpente *The framework of the building is still intact.* La charpente de l'immeuble est toujours intacte.

**structure** *n* **1** *nid* [façon dont qch est construit] structure, organisation *The two crystals look similar, but they have different structures.* Les deux cristaux paraissent identiques mais leur structure est différente. *the structure of our society* l'organisation de notre société *the company's pay/administrative structure* l'organisation salariale/administrative de la firme **2** *nd* [terme général désignant qch qui a été construit] édifice *the tallest man-made structure in the world* le plus haut édifice au monde construit par l'homme

**structure** *vt* structurer *You need to learn how to structure your essays.* Tu dois apprendre à structurer tes rédactions. *the way our society is structured* la façon dont est structurée notre société

**structural** *adj* structurel, de structure *The house is in* *need of major structural repairs.* La maison a besoin de travaux importants au niveau de sa structure.

**structurally** *adv* structurellement, au niveau de la structure *The building is structurally sound.* En ce qui concerne sa structure, le bâtiment est en bon état.

**basis** *nd, pl* **bases** [fait, supposition, etc. qui sert de point de départ pour qch] base *Your allegations have no basis (in fact).* Tes allégations ne se basent sur rien.

(+ **for**) *There is no (factual) basis for these allegations.* Ces allégations ne reposent sur rien de concret. *She was appointed to the job **on the basis of** her previous experience.* Elle a été nommée à ce poste sur base de son expérience antérieure. *I agreed to take part **on the basis that** I would be paid.* J'ai donné mon accord pour participer à condition d'être payé.

## 294 Join *Unir*

**join** *v* **1** *vt* (souvent + **together**) joindre, unir *We need to join these two ropes together somehow.* Nous devons relier ces deux cordes d'une façon ou d'une autre. (+ **up**) *She doesn't join her letters (up) properly when she writes.* Elle ne lie pas bien ses lettres quand elle écrit. *We all joined hands.* Nous nous sommes tous donné la main. *the passageway that joins the two buildings* le passage qui relie les deux bâtiments **2** *vti* [se rassembler avec qn/qch] rejoindre [suj: personne] se joindre à *The path joins the main road just up ahead.* Le sentier rejoint la route principale un peu plus haut. *We joined the march halfway through.* Nous avons rejoint le défilé à mi-chemin. *Would you like to join us for lunch?* Voulez-vous vous joindre à nous pour déjeuner? *In case you've just joined us, here are the main points of the news.* Au cas où vous viendriez de nous rejoindre, voici les principales informations.

**join** *nd* [endroit où deux choses se rejoignent] raccord *He wears a wig, but you can't see the join.* Il porte une perruque, mais on ne voit pas le raccord.

**combine** *vti* (souvent + **with**) [former un seul objet, une seule idée ou action à partir de deux ou plusieurs éléments différents] (se) combiner *I managed to combine this business trip with a holiday.* J'ai réussi à combiner ce voyage d'affaires avec des vacances. *It's a radio and television combined.* C'est une radio et une télévision combinées. *Hydrogen combines with oxygen to form water.* L'hydrogène se combine avec l'oxygène pour former de l'eau.

**combination** *ndi* combinaison *Hydrogen and oxygen are an explosive combination.* L'hydrogène et l'oxygène forment une combinaison détonante. *Students choose different combinations of subjects.* Les étudiants choisissent différentes combinaisons de matières.

**attach** *vt* (souvent + **to**) **1** [fixer qch à qch d'autre, gén sans effort] attacher, joindre *to attach a flash to a camera* fixer un flash à un appareil-photo *There was a cheque attached to the letter.* Un chèque était joint à la lettre. **2** [plutôt formel. Obj: ex. importance] attacher *I attach a great deal of importance to honesty.* J'attache beaucoup d'importance à l'honnêteté.

**attached** *adj* (après *v*) [sentimentalement] attaché *She's very attached to her dog.* Elle est très attachée à son chien.

**attachment** *nd* **1** accessoire *a power drill with various attachments* une foreuse électrique avec divers accessoires **2** [sentimental] affection *The child forms a strong attachment to its mother.* L'enfant a un attachement très fort pour sa mère.

**hook** *nd* crochet *I hung my coat on the hook.* J'ai pendu mon manteau au porte-manteau. *a fishing hook* un hameçon

**hook** *vt* (toujours + *adv* ou *prép*) accrocher *The dog's lead was hooked over the railings.* La laisse du chien était accrochée à la grille. *I accidentally hooked my coat on the barbed wire.* J'ai accroché accidentellement mon manteau au fil barbelé. (+ **up**, **to**) *I hooked the trailer (up) to the back of the truck.* J'ai attaché la remorque à l'arrière du camion.

**connect** *vt* (souvent + **to**, **with**) **1** [obj: ex. fils, appareils] brancher, relier *The M4 motorway connects London with/to the southwest.* L'autoroute M4 relie Londres avec le sud-ouest. (+ **up**) *to connect a hosepipe (up) to a tap* brancher un tuyau d'arrosage à un robinet *The telephone hasn't been connected yet.* Le téléphone n'a pas encore été raccordé. **2** [établir une relation, une association, etc.] associer *The police have found nothing to connect her with/to the crime.* La police n'a trouvé aucun élément permettant de l'associer au crime. *The two firms have similar names, but they're not connected.* Les deux firmes portent des noms semblables mais elles ne sont pas liées.

**connection** *nd* **1** liaison *The switch wasn't working because of a loose/faulty connection.* L'interrupteur ne fonctionnait pas à la suite d'une connexion défectueuse. **2** rapport, lien *He has connections with the City.* Il a des relations à la City. (+ **between**) *There is no connection between the two companies.* Il n'y a pas de lien entre les deux sociétés. *The police would like to speak to her **in connection with** a number of robberies in the area.* La police aimerait l'interroger à propos de certains vols dans la région. **3** [dans le contexte des transports ou des communications] correspondance (+ **between**) *There are good road and rail connections between London and Scotland.* Il y a de bonnes liaisons routières et ferroviaires entre Londres et l'Ecosse. *The train was delayed, and I missed my connection.* Le train avait du retard et j'ai manqué ma correspondance. *It was a bad connection, so I had to shout down the phone.* La ligne était mauvaise et j'ai dû hurler au téléphone.

**link** *nd* **1** (souvent + **with**) [très semblable à **connection**, mais peut suggérer une liaison consciente avec qch] lien *The university has (built) strong links with local industry.* L'université a noué des liens très étroits avec l'industrie locale. *The airport is the country's only link with the outside world.* L'aéroport est le seul lien que possède le pays avec le monde extérieur. (+ **between**) *This clue provided an important link between the two crimes.* Cet indice a permis d'établir un lien important entre les deux crimes. **2** [d'une chaîne] maillon, chaînon

**link** *vt* (souvent + **with**, **to**) lier, relier *The Channel Tunnel links Britain with/to/and the Continent.* Le tunnel sous la Manche relie la Grande-Bretagne au continent. *an organization linked with/to the Red Cross* un organisme lié à la Croix Rouge

**link up** (sth) ou **link** (sth) **up** *vit prép* (souvent + **with**) se rejoindre *The American and Russian spacecraft are about to link up.* Les vaisseaux spatiaux russe et américain sont sur le point de s'arrimer.

### 294.1 Unir des objets fermement

**bind** *v, prét & part passé* **bound 1** [plus formel que **tie (up)**. Attacher convenablement en serrant fort] attacher, lier *Bind the wound in order to stop the bleeding.* Bandez la blessure pour arrêter l'hémorragie. *The hostages were bound and gagged.* Les otages étaient ligotés et bâillonnés. **2** (gén + **together**) [plutôt formel. Suj: ex. force, émotions] lier *the energy which binds atoms together* l'énergie qui lie les atomes les uns aux autres *We felt bound together in our grief.* Nous nous sentions unis dans notre chagrin. **3** [obj: livre] relier *books bound in leather* des livres reliés en cuir

**binding** *nd* reliure *a book with a leather binding* un livre avec une reliure en cuir

**bond** *nd* **1** [affectif] lien *the bonds of friendship* les liens de l'amitié (+ **between**) *A special bond often develops between twins.* Un lien tout particulier se développe souvent entre les jumeaux. **2** (gén *pl*) [formel, vieilli. Chaînes, cordes, etc.] liens *The prisoner had broken free from his bonds.* Le prisonnier s'était libéré de ses liens.

**stick** *vti, prét & part passé* **stuck** [avec de la colle, du ruban adhésif ou tout autre matériau semblable] coller *Don't forget to stick a stamp on the envelope.* N'oublie pas de coller un timbre sur l'enveloppe. (+ **to**) *There was some chewing gum stuck to the wall.* Du chewing-gum était collé au mur.

**stuck** *adj* (après *v*) [incapable de bouger] bloqué, coincé *I got stuck trying to climb through the hole in the wall.* Je suis resté coincé en essayant de passer à travers le trou dans le mur. *The door's stuck.* La porte est coincée.

**sticky** *adj* gluant *a sticky substance* une substance gluante *sticky labels* des étiquettes adhésives *My hands are all sticky.* Mes mains sont toutes poisseuses.

**weld** *vti* [obj: morceaux de métal] souder *to weld two sheets of metal together* souder deux feuilles de métal **welding** *ni* soudage **welder** *nd* soudeur

**fasten** *v* **1** *vti* [obj: ex. manteau, boutons] fermer *Make sure your seat belt is securely fastened.* Assurez-vous que votre ceinture de sécurité est bien attachée. *a skirt that fastens at the side* une jupe qui se ferme sur le côté **2** *vt* (souvent + **to**) [usage plus général] attacher *The load is securely fastened to the truck.* La cargaison est bien fixée au camion. (+ **together**) *She fastened the documents together with a paperclip.* Elle attacha les documents à l'aide d'un trombone.

**fastener** *nd* [fermeture éclair, fermoir, etc.] attache, fermeture

### 294.2 Utiliser de la corde ou de la ficelle

**tie** *vt* (souvent + **to**) **1** (souvent + **up**) [obj: ex. cordes, noeud] nouer *He was tying decorations on/to the Christmas tree.* Il attachait des décorations au sapin de Noël. *She tied the parcel up with string.* Elle attacha le colis avec de la ficelle. *The hostage was tied to the bed.* L'otage était attaché au lit. *He tied a knot in his handkerchief.* Il fit un noeud dans son mouchoir. **2** [forcer à rester à un certain endroit] retenir, lier *There's nothing tying me to this town.* Rien ne me retient dans cette ville. *Now that I've got a baby, I'm tied to the home all day.* Maintenant que j'ai un bébé, je suis clouée à la maison toute la journée.

**tie** *nd* **1** [pour fermer un sac de détritus, etc.] lien, attache **2** (gén *pl*) lien *family ties* liens de parenté *a young, single woman with no ties* une jeune femme célibataire sans attaches *voir aussi* **192 Accessories**

**knot** *nd* noeud *to tie a knot in a piece of string* faire un noeud dans un bout de ficelle

**knot** *vt,* -**tt**- nouer *I knotted the two ends of the rope together.* J'ai noué les deux bouts de la corde.

**tangle** *vti* (souvent + **up**) [embrouiller, gén accidentellement] emmêler, enchevêtrer *Be careful not to tangle (up) the wires.* Prenez bien garde de ne pas emmêler les fils. *The oars had got tangled in/with the fishing net.* Les rames s'étaient empêtrées dans le filet de pêche.

**tangle** *nd* enchevêtrement *The wires were in a terrible tangle.* Les fils étaient tout emmêlés.

### 294.3 Objets servant à coller, attacher et unir

**glue** *nid* colle *a tube of glue* un tube de colle

**glue** *vt, part présent* **gluing** ou **glueing** coller *I glued the handle back on the cup.* J'ai recollé l'anse de la tasse. (+ **together**) *Glue the two ends together.* Collez les deux bouts.

**paste** *ni* [utilisé pour du papier et du carton. Pas assez fort pour du bois ou de la porcelaine] colle *wallpaper paste* colle pour papiers peints

**paste** *vt* coller (+ **to**, **on**) *There were a few posters pasted on/to the wall.* Quelques affiches étaient collées au mur.

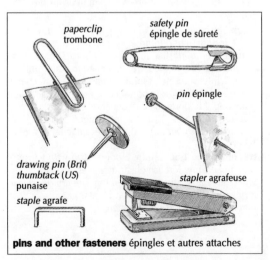

paperclip trombone

safety pin épingle de sûreté

pin épingle

drawing pin (Brit) thumbtack (US) punaise

staple agrafe

stapler agrafeuse

**pins and other fasteners** épingles et autres attaches

**tape** *ni* [matériau collant, en longues bandes ou en rouleaux] papier collant *a roll of sticky tape* un rouleau de papier collant *insulating/masking tape* ruban isolant/papier-cache adhésif

**sellotape** (*Brit*), **scotch tape** (*US*) *ni* (marque déposée; souvent avec une majuscule) ruban adhésif, scotch

**rope** *nid* corde *a length of rope* un morceau de corde *She escaped by climbing down a rope.* Elle s'est échappée en descendant le long d'une corde.

**string** *ni* ficelle *a ball of string* une pelote de ficelle

**twine** *ni* [ficelle très solide, utilisée par ex. dans le jardinage] ficelle

**pin** *vt*, **-nn-** (souvent + **to**, **on**) attacher (avec une épingle ou une punaise) *I'll pin a copy of the letter to/on the notice board.* Je vais accrocher une copie de la lettre au panneau d'affichage. (+ **together**) *He pinned the two pieces of material together.* Il épingla les deux morceaux de tissu.

## 295 Separate Séparer

**separate** *v* (souvent + **from**, **into**) **1** *vti* [action] (se) séparer *The child didn't want to be separated from its parents.* L'enfant ne voulait pas être séparé de ses parents. *Let's separate for a while and meet up again later.* Séparons-nous un moment et retrouvons-nous plus tard. *I find it difficult to separate these two ideas in my mind.* Il m'est difficile de garder ces deux idées distinctes dans mon esprit. **2** *vt* [état] séparer *A stone wall separates our land from theirs.* Un mur de pierre sépare notre terrain du leur.

**separate** *adj* (souvent + **from**) **1** [pas ensemble] séparé *The piranhas are in a separate tank from the other fish.* Les piranhas sont dans un aquarium distinct de celui des autres poissons. *Keep your cheque book and cheque card separate.* Séparez bien votre chéquier et votre carte de garantie. **2** [pas identique] différent *My three appointments are on separate days.* J'ai trois rendez-vous à des dates différentes. **separately** *adv* séparément **separation** *nid* séparation

**divide** *v* **1** *vti* (souvent + **into**, **up**) [séparer en plusieurs parties] (se) diviser *to divide a cake in half/into three* couper un gâteau en deux/trois *The teacher divided the children (up) into groups.* Le professeur a réparti les enfants en groupes différents. (+ **between**) *The winners will have to divide the prize money (up) between them.* Les gagnants devront se partager le montant du prix. *The cells divide every 20 seconds.* Les cellules se divisent toutes les vingt secondes. **2** *vt* [suite à un désaccord. Moins fort que **split**] diviser *This issue has divided the Party.* Ce problème a divisé le Parti. *Opinions are divided over this issue.* Les opinions sur ce problème sont partagées.

### usage

Notez l'utilisation de la préposition **into** dans des phrases telles que *We divided into three groups.* (Nous nous sommes séparés en trois groupes.) *I divided the cake into eight portions.* (J'ai coupé le gâteau en huit morceaux.)

**division** *n* **1** *ni* division *She complained about the unfair division of the prize money.* Elle s'est plainte du partage inéquitable du montant du prix. *a biologist studying cell division* un biologiste qui étudie la division cellulaire **2** *ndi* division *This issue has caused deep divisions within the Party.* Ce problème a provoqué des dissensions importantes au sein du Parti. *voir aussi **297 Maths**

**split** *v*, **-tt-**, *prét & part passé* **split 1** *vti* (souvent + **into**) [casser ou déchirer par la force. Obj: ex. bois, pierre,

vêtements] (se) fendre, (se) déchirer *He split the log into three pieces.* Il fendit la bûche en trois. *His trousers split as he sat down.* Son pantalon a craqué quand il s'est assis. **2** *vti* (souvent + **into**, **up**) [moins formel que **divide**] (se) répartir *The teacher split the children (up) into two groups.* Le professeur a réparti les enfants en deux groupes. *This issue could split the Party.* Ce problème pourrait diviser le Parti. (+ **between**) *The winners will have to split the prize money (up) between them.* Les gagnants devront se partager le montant du prix. **3** *vi* (gén + **up**) [suj: surtout un couple] se séparer *Tracey and Kevin have split (up).* Tracey et Kevin se sont séparés. (+ **with**) *Tracey has split (up) with her boyfriend.* Tracey a rompu avec son ami.

**split** *nd* **1** (+ **in**) fente *There was a large split in the wooden door.* Il y avait une grande fente dans la porte en bois. **2** division, scission *to avoid a damaging split within the Party* pour éviter une scission préjudiciable au sein du Parti

**detach** *vt* (souvent + **from**) [gén délibérément, prudemment et sans grand effort. Obj: surtout une pièce amovible] détacher *to detach the flash from a camera* détacher le flash de l'appareil-photo *She detached herself from his embrace.* Elle se dégagea de son étreinte.

**detached** *adj* [non impliqué sur le plan affectif] détaché *It's difficult for doctors to remain emotionally detached from their work.* Les médecins éprouvent des difficultés à rester détachés face à leur travail. **detachment** *ni* détachement *voir aussi **174 Types of building**

**disconnect** *vt* [obj: surtout appareil, tuyau, alimentation en gaz/électricité] débrancher, couper *Their telephone has been disconnected because they didn't pay the bill.* Leur téléphone a été coupé parce qu'ils n'ont pas payé la facture. **disconnection** *nid* coupure

**disconnected** *adj* [incohérent ou sans suite logique. Décrit: ex. pensées, remarques] décousu

**apart** *adv* **1** [pas ensemble] séparément *They're married, but they live apart.* Ils sont mariés, mais ils ne vivent pas ensemble. *He stood with his legs apart.* Il était debout, les jambes écartées. (+ **from**) *I stood apart from the rest of the crowd.* Je me suis tenu à l'écart du reste de la foule. **2** [en morceaux] en pièces *The house was blown apart by the explosion.* La maison fut soufflée par l'explosion. *badly made toys that* ***come/fall apart*** *in your hands* des jouets de mauvaise qualité qui vous partent en morceaux entre les mains.

She **took** the radio **apart** to see how it worked. Elle démonta la radio pour en examiner le fonctionnement. *voir aussi **437 Exclude***

### 295.1 Commencer à enlever qch qui est attaché ou lié

**undo** vt, prét **undid** part passé **undone** [terme très général] défaire *She undid her coat/the buttons/the knot.* Elle défit son manteau/les boutons/le noeud. *Your shoelace is undone/has come undone.* Ton lacet est/s'est défait.

**unfasten** vt [obj: ex. manteau, ceinture, boutons] défaire

**untie** vt (souvent + **from**) détacher [obj: surtout lacets, corde, ficelle, noeud] défaire *They untied the prisoner's hands.* Ils délièrent les mains du prisonnier. *The hostage was relieved to be untied from the chair.*

L'otage fut soulagé quand on le détacha de la chaise.

**unbutton** vt déboutonner

**loose** adj **1** [décrit: vêtements, bouton, vis] lâche, desserré *These trousers are very loose around the waist.* Ce pantalon est très large à la taille. *One of my teeth is coming loose.* Une de mes dents commence à bouger. *The switch wasn't working because of a loose connection.* L'interrupteur ne marchait pas à cause d'un mauvais contact. **2** (après v) [pas maintenu par un ruban ou une barrette. Décrit: surtout des cheveux] libre *She usually wears her hair loose.* Elle a généralement les cheveux lâchés.

**loosen** vti [obj/suj: ex. noeud, étreinte] (se) desserrer *The nurse loosened the patient's clothing so that he could breathe more easily.* L'infirmière desserra les vêtements du patient afin qu'il puisse respirer plus facilement.

## 296 **Computers** Ordinateurs

**computer** nd ordinateur *a personal/home computer* un ordinateur personnel/domestique *We can do these calculations on the computer.* Nous pouvons effectuer ces calculs par ordinateur. (employé comme adj) *computer games* jeux électroniques *computer programs* programmes informatiques *computer equipment* équipement informatique

**computerize**, AUSSI **-ise** (Brit) vt [obj: ex. firme, système de comptabilité] informatiser *a computerized booking system for airline tickets* un système de réservation de billets d'avion informatisé **computerization** ni informatisation

**system** nd [ensemble d'éléments informatiques

fonctionnant ensemble] système *a (computer) system designed for use in libraries* un système (informatique) destiné à être utilisé dans les bibliothèques

**terminal** nd terminal

**word processor** nd **1** [type d'ordinateur] machine de traitement de texte **2** [programme] traitement de texte **word processing** ni traitement de texte

**keyboard** nd clavier

**keyboard** vt [obj: données, texte] faire la saisie de *It will take a long time to keyboard all these sets of figures.* La saisie de tous ces chiffres prendra beaucoup de temps.

**key** sth **in** OU **key in** sth vt prép faire la saisie de

**hardware** ni [l'équipement en tant que tel] hardware, matériel

**software** ni [programmes, etc.] logiciels

**hard disk** nd disque dur

monitor AUSSI visual display unit, abrév VDU moniteur
disk drive lecteur de disquettes
screen écran
floppy disk disquette
keyboard clavier
mouse, pl mice souris
printer imprimante

### usage
Le terme **floppy disk** (littéralement "disque souple") désigne principalement les grandes disquettes de 5 ¼ pouces de diamètre, mais peut également désigner les disquettes plus petites (de 3½ pouces), même si ces dernières ne sont pas souples. Le terme courant pour désigner un de ces petits disques est **diskette**. Le mot **disk**, s'il n'est pas modifié, est un terme général qui peut désigner toutes les tailles de disques. Le **hard disk** (disque dur) est fixé en permanence à l'intérieur de la machine et l'utilisateur ne peut généralement pas le voir.

**program** nd programme *She has written a program to convert Fahrenheit to Celsius.* Elle a écrit un programme pour convertir les degrés Fahrenheit en degrés Celsius.

**program** vti, **-mm-** [obj: ex. ordinateur, robot, vidéo] programmer (+ **to** + INFINITIF, + **for**) *The computer is not programmed to carry out these tasks.* L'ordinateur n'est pas programmé pour effectuer ces tâches. **(computer) programmer** nd programmeur

**data** *ni* données *once all the data has been keyboarded* quand toutes les données auront été saisies (employé comme *adj*) *data files/storage/processing* fichiers/stockage/traitement de données

**menu** *nd* menu

**printout** *ndi* (souvent + **of**) listing *a printout of all the members' names and addresses* un listing des noms et adresses de tous les membres

**down** *adj* (après *v*) [qui ne fonctionne pas] en panne *The system is down.* Le système est en panne.

**up** *adj* (après *v*) [qui fonctionne à nouveau, après une panne, etc.] réparé *The system will soon be (back) up again.* Le système sera bientôt réparé.

**bug** *nd* [un problème dans le matériel ou dans le logiciel] bogue, défaut, erreur

**virus** *nd* virus

## 297 **Maths** Maths

voir aussi **38 Shapes; 307 Weights and Measures**

**mathematics** *ni, abrév* **maths** (*Brit*), **math** (*US*) mathématiques *He studied maths at university.* Il a étudié les maths à l'université. **mathematical** *adj* mathématique **mathematician** *nd* mathématicien

**arithmetic** *ni* arithmétique *mental arithmetic* calcul mental **arithmetic(al)** *adj* arithmétique

*usage*

Notons que, contrairement à la plupart des noms de sciences (mathematics, linguistics), le mot **arithmetic** ne prend pas de *s* final.

**algebra** *ni* algèbre **algebraic** *adj* algébrique

**geometry** *ni* géométrie

**geometric(al)** *adj* **1** [relatif à la géométrie] géométrique **2** [aux formes ou aux angles réguliers] géométrique *the geometric(al) designs of modern architecture* les formes géométriques de l'architecture contemporaine

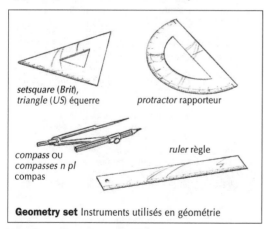

setsquare (Brit), triangle (US) équerre

protractor rapporteur

compass ou compasses n pl compas

ruler règle

**Geometry set** Instruments utilisés en géométrie

**diagram** *nd* (souvent + **of**) diagramme *to draw a diagram* dessiner un diagramme

**graph** *nd* graphique, graphe

**formula** *nd, pl* **formulae** formule (+ **for**) *What is the formula for solving quadratic equations?* Quelle est la formule qui permet de résoudre les équations du second degré?

### 297.1 Opérations mathématiques

$+$ (*plus* ou *and* plus)
$-$ (*minus* moins)
$\times$ (*times* ou *multiplied by* ou *by* fois)
$\div$ (*divided by* divisé par)
$=$ (*equals* égale)

*Twelve plus three equals/is fifteen.* ($12 + 3 = 15$)
Douze plus trois égalent quinze.

*Twelve minus three equals/is nine.* ($12 - 3 = 9$)
Douze moins trois égalent neuf.

*Twelve times three equals/is thirty-six.* ($12 \times 3 = 36$)
Douze fois trois égalent trente-six.

*Twelve divided by three equals/is four.* ($12 \div 3 = 4$)
Douze divisé par trois égalent quatre.

*The repairs cost £50, plus VAT.* Les réparations coûtent 50 livres, plus la TVA.

*a temperature of minus ten degrees Celsius* ($-10°C$) une température de moins dix degrés Celsius
*a plus/minus/equals sign* un signe plus/moins/égale

**add** *vti* (souvent + **to, up**) ajouter, additionner *If you add 11 to/and 89 you get 100.* Si vous additionnez 11 et 89, vous obtenez 100. *Don't forget to add VAT (to the price).* N'oubliez pas d'ajouter la TVA (au total). (+ **together**) *Add the two numbers together.* Additionnez les deux nombres. *Add up each column of figures.* Additionnez chaque colonne de chiffres. *Your total order adds up to £117.* Votre commande s'élève en tout à 117 livres. **addition** *ni* addition \*voir aussi **46 Increase**

**subtract** *vti* (souvent + **from**) soustraire *Add the first two numbers together then subtract the third.* Additionnez les deux premiers nombres puis soustrayez le troisième. *If you subtract 11 from 89 you get 78.* Si vous retranchez 11 de 89, vous obtenez 78. **subtraction** *ni* soustraction

**multiply** *vt* (souvent + **by**) multiplier *27 multiplied by 89 equals 2403.* 27 fois 89 égalent 2403. (+ **together**) *Multiply these two numbers together.* Multipliez ces deux nombres. **multiplication** *ni* multiplication

**divide** *vti* (souvent + **by, into**) diviser *If you divide 2403* by 89 you get 27. Si vous divisez 2403 par 89, vous obtenez 27. *11 doesn't divide into 100 exactly.* 100 divisé par 11 ne tombe pas juste. **division** *ni* division

*voir aussi **295 Separate***

## 297.2 Calculer

**calculate** *vt* calculer *How do you calculate the area of a circle?* Comment calcule-t-on la surface d'un cercle? (+ **that**) *Scientists have calculated that the two planets will collide in about 500 years' time.* Les savants ont calculé que les deux planètes entreront en collision dans environ 500 ans.

**calculation** *ndi* calcul *If my calculations are correct, we have about £200 left to spend.* Si mes calculs sont exacts, il nous reste environ 200 livres à dépenser.

**calculator** *nd* calculatrice *a pocket/desk calculator* une machine à calculer de poche/de bureau

**work out** sth OU **work** sth **out** *vt prép* [moins formel que **calculate**, et souvent utilisé pour des calculs plus simples] calculer (+ **that**) *I worked out that we had*

*spent about £200.* J'ai calculé que nous avions dépensé environ 200 livres.

**sum** *nd* **1** [calcul arithmétique simple] calcul *I did a quick sum in my head.* J'ai fait un rapide calcul dans ma tête. *a multiplication/division sum* une multiplication/division **2** [total d'une addition] somme *What is the sum of 43, 81 and 72?* Quelle est la somme de 43, 81 et 72? **3** somme *The government spends huge sums on defence.* Le gouvernement dépense des sommes énormes pour la défense.

**total** *nd* total *Add up all the figures and write the total at the bottom.* Additionnez tous les nombres et écrivez le total en bas.

**total** *vt*, **-ll-** (*Brit*), gén **-l-** (*US*) totaliser *Government spending totalled £500 billion last year.* Les dépenses gouvernementales se sont élevées à 500 milliards de livres l'année dernière.

**answer** *nd* [moins formel que **result**] réponse *The correct answer is 813.* La réponse correcte est 813.

*voir aussi **352 Answer***

# 298 Numbers Nombres

**number** *nd* **1** nombre *Multiply the first number by the second.* Multipliez le premier chiffre par le deuxième. *The page numbers are at the bottom.* Les numéros de pages sont inscrits en bas. *This record is number two in the charts.* Ce disque est numéro deux au hit-parade. **2** (souvent + **of**) [quantité de choses, de gens, etc.] nombre *Count the number of chairs in the room.* Comptez le nombre de chaises dans la pièce. *I have a*

*number of things to discuss with you.* Je dois vous parler d'un certain nombre de choses. *People were arriving in large numbers.* Les gens arrivaient en grand nombre.

**number** *vt* numéroter *Don't forget to number the pages.* N'oubliez pas de numéroter les pages. *The hotel rooms are numbered (from) 1 to 400.* Les chambres de l'hôtel sont numérotées de 1 à 400.

### NOMBRES

| | Cardinal | Ordinal | Adverbe | | Cardinal | Ordinal |
|---|---|---|---|---|---|---|
| 1 | one | first | once | 60 | sixty | sixtieth |
| 2 | two | second | twice | 70 | seventy | seventieth |
| 3 | three | third | three times, | 80 | eighty | eightieth |
| 4 | four | fourth | four times | 90 | ninety | ninetieth |
| 5 | five | fifth | five times | 100 | a/one hundred | hundredth |
| 6 | six | sixth | etc. | 101 | a/one hundred and one | hundred-and-first |
| 7 | seven | seventh | | | | |
| 8 | eight | eighth | | 149 | a/one hundred and forty-nine | hundred and forty-ninth |
| 9 | nine | ninth | | | | |
| 10 | ten | tenth | | 200 | two hundred | two hundredth |
| 11 | eleven | eleventh | | 796 | seven hundred and ninety-six | seven hundred and ninety-sixth |
| 12 | twelve | twelfth | | | | |
| 13 | thirteen | thirteenth | | 1,000 | a/one thousand | |
| 14 | fourteen | fourteenth | | 1,001 | a/one thousand and one | |
| 15 | fifteen | fifteenth | | 1,100 | one thousand one hundred | |
| 16 | sixteen | sixteenth | | 2,000 | two thousand | |
| 17 | seventeen | seventeenth | | 6,914 | six thousand nine hundred and fourteen | |
| 18 | eighteen | eighteenth | | | | |
| 19 | nineteen | nineteenth | | 10,000 | ten thousand | |
| 20 | twenty | twentieth | | 100,000 | a/one hundred thousand | |
| 21 | twenty-one | twenty-first | | 1,000,000 | a/one million | |
| 22 | twenty-two | twenty-second | | 4,132,860 | four million, one hundred and thirty-two thousand, eight hundred and sixty | |
| 23 | twenty-three | twenty-third | | | | |
| 24 | twenty-four | twenty-fourth | | | | |
| 30 | thirty | thirtieth | | | | |
| 31 | thirty-one | thirty-first | | | | |
| 40 | forty | fortieth | | | | |
| 50 | fifty | fiftieth | | | | |

*1, 3, 5 and 7 are **odd numbers.*** 1, 3, 5 et 7 sont des nombres impairs.

*2, 4, 6, and 8 are **even numbers.*** 2, 4, 6 et 8 sont des nombres pairs.

Le chiffre **0** est généralement désigné par le terme **nought**. **Zero** est aussi très courant dans des contextes scientifiques ou mathématiques. **Nil** s'utilise pour les résultats d'un match de football et **love** est employé en tennis. Pour les numéros de téléphone et les décimales, le chiffre **0** se prononce comme la lettre **o**. Exemple: *To multiply by 100, just add two noughts.* (Pour multiplier par 100, ajoutez simplement deux zéros.)

**figure** *nd* **1** [chiffre écrit] chiffre *All I do in my job is add up rows of figures all day.* Mon travail consiste en tout et pour tout à additionner des rangées de chiffres toute la journée. *He earns a six-figure salary.* Il a un salaire annuel à six chiffres. **2** [quantité représentée par un nombre] chiffre *Can you give me an approximate figure for the number of guests you expect?* Pouvez-vous me donner approximativement le nombre d'invités que vous attendez? *They sold their house for a huge figure.* Ils ont vendu leur maison pour une somme énorme.

**count** *vti* compter *I counted the (number of) chairs; there were 36.* Je comptai les chaises (le nombre de chaises): il y en avait 36. *The miser was counting his money.* L'avare comptait son argent. *The votes have not yet been counted.* On n'a pas encore compté les votes. *The child is learning to count.* L'enfant apprend à compter. *to count from one to ten/to count up to ten* compter de un à dix/jusqu'à dix

## 298.1 Noms désignant des nombres particuliers

**pair** *nd* (souvent + **of**) **1** [deux choses semblables qui vont ensemble] paire *a pair of shoes* une paire de chaussures *There's a pair of robins nesting in our garden.* Il y a un couple de rouges-gorges qui niche dans notre jardin. *to walk in pairs* se promener deux par deux **2** [employé pour certains objets composés de deux parties semblables] paire *a pair of trousers/scissors/binoculars* un pantalon/une paire de ciseaux/de jumelles

**couple** *nd* **1** [plutôt informel. Deux, ou parfois un peu plus que deux] deux ou trois *There are a couple of cans of beer in the fridge.* Il y a deux ou trois boîtes de bière dans le frigo. *Can you wait a couple of minutes?* Vous pouvez attendre deux ou trois minutes? **2** [un homme et une femme, etc.] couple *a married couple* un couple marié

**few** *adj* **1 a few** [quantité positive. Plus de deux, mais pas beaucoup] quelques *I invited a few friends over for dinner.* J'ai invité quelques amis à dîner. *I waited for a few minutes, then went home.* J'ai attendu quelques minutes puis je suis rentré chez moi. **2 few** [quantité

On entend couramment **less** au lieu de **fewer**, par ex. *There are less people here than I expected.* (Il y a moins de gens que je ne l'escomptais.) Cet usage est cependant toujours considéré comme incorrect par bon nombre de personnes.

négative. Plutôt formel. Pas beaucoup, presque pas] peu *He has few friends.* Il a peu d'amis. *Few churches can boast such fine architecture.* Peu d'églises peuvent se glorifier d'avoir une telle architecture. *There are fewer buses in the evenings.* Il y a moins de bus le soir.

**few** *pron* **1 a few** quelques-uns *'Did you take any photos?' 'A few.'* 'Avez-vous pris des photos?' 'Quelques-unes.' *I invited a few of my friends over for dinner.* J'ai invité quelques-uns de mes amis à dîner. **2 few** peu *The Greeks built many fine temples, but few have survived.* Les Grecs ont construit beaucoup de beaux temples mais peu ont survécu.

Les mots **dozen**, **hundred**, **million** et **billion** peuvent s'employer au pluriel pour désigner, dans un contexte adéquat, un grand nombre de choses, de personnes, etc. Cela implique souvent une certaine exagération, auquel cas cet emploi sera considéré comme informel. Voir les exemples ci-dessous.

**dozen** *nd* [douze] douzaine *I ordered a dozen boxes of pencils.* J'ai commandé une douzaine de boîtes de crayons. *half a dozen/a half-dozen eggs* une demi-douzaine d'oeufs (+ **of**) *He's had dozens of different jobs.* Il a eu des dizaines de boulots différents.

**hundred** *nd* cent *There were exactly a/one/two hundred people in the hall.* Il y avait exactement cent/deux cents personnes dans la salle. (+ **of**) *We had hundreds of applications for this job.* Nous avons reçu des centaines de candidatures pour cet emploi.

**thousand** *nd* mille *He earns a thousand pounds a month.* Il gagne mille livres par mois. (+ **of**) *Thousands of people visit the museum every day.* Des milliers de personnes visitent le musée chaque jour.

**million** *nd* million *Over 8 million people live in London.* Plus de huit millions de personnes habitent à Londres. (+ **of**) *I've got a million things/millions of things to do before we go on holiday.* J'ai des milliers de choses à faire avant que nous ne partions en vacances.

**billion** *nd* **1** [1 suivi de neuf zéros] milliard *Government spending totalled £40 billion last year.* Les dépenses publiques se sont élevées à 40 milliards de livres l'an passé. *There are billions of stars in the galaxy.* Il y a des milliards d'étoiles dans la galaxie. **2** (*Brit*) [vieilli. 1 suivi de douze zéros] billion

| FRACTIONS (FRACTIONS) | |
|---|---|
| $1/2$ | **a half** |
| $1/3$ | **a/one third** |
| $2/3$ | **two thirds** |
| $1/4$ | **a/one quarter** (*Brit & US*), **a/one fourth** (*US*) |
| $3/4$ | **three quarters** (*Brit & US*), **three fourths** (*US*) |
| $1/5$ | **a/one fifth** |
| $2/5$ | **two fifths** |
| $1/6$ | **a/one sixth**       etc. |

**fraction** *nd* fraction *Can the value of pi be expressed as a fraction?* La valeur de pi peut-elle être exprimée par une fraction? *voir aussi **45 Small quantity**

---

**NOTATION DÉCIMALE**

21.503 **twenty one point five oh three** OU **twenty one point five zero three**

Notons que le **decimal point** (qui correspond à la virgule des pays francophones) se prononce comme **point** et est symbolisé par un point (.). Une virgule correspond au point des pays francophones et sépare les milliers lorsqu'on écrit de grands nombres; ex. *The distance from the earth to the moon is about 381,000 kilometres.* La distance de la terre à la lune est d'environ 381.000 kilomètres.

---

## 299 **Correct** Correct

voir aussi **215 True**

**correct** *adj* [décrit: ex. réponse, méthode, prononciation] correct *Make sure you use the correct quantity of flour.* Assurez-vous que vous utilisez la bonne quantité de farine. **correctness** *ni* exactitude **correctly** *adv* correctement

**correct** *vt* corriger *I'd like to correct my previous statement.* Je voudrais corriger ma déclaration précédente. *The teacher corrects the children's work.* Le professeur corrige les travaux des enfants.

**correction** *ndi* correction *The teacher makes corrections on the students' work.* Le professeur fait des corrections sur le travail des étudiants.

**right** *adj* [moins formel que **correct**] exact *to get a sum right* tomber juste dans ses calculs *I don't think we're on the right road.* Je ne crois pas que nous soyons sur le bon chemin. *You said the bank would be closed and you were right.* Tu disais que la banque serait fermée et tu avais raison. (+ **to** + INFINITIF) *She was right to call the police.* Elle a eu raison d'appeler la police. *Is that clock right?* Cette horloge est-elle à l'heure?

**right** *adv* [de la bonne façon] bien, correctement *It's important to do this job right.* C'est important de faire ce travail correctement. *I hope everything **goes right** for you at the job interview.* J'espère que tout ira bien pour toi à l'entretien pour le travail. *voir aussi **211 Fair**; **420 Suitable**

**rightly** *adv* avec justesse *As you rightly point out, this project will be very costly.* Comme vous le faites remarquer avec raison, ce projet sera très coûteux.

**exact** *adj* [correct jusque dans les moindres détails] exact *The exact time is 7:06 and 33 seconds.* Il est très exactement 7 heures 6 minutes et 33 secondes. *What were his exact words?* Quelles furent exactement ses paroles? **exactness** *ni* exactitude

**exactly** *adv* **1** exactement *It is exactly 11 o'clock.* Il est exactement 11 heures. **2** [employé comme réplique dans une discussion] exactement *'So the murderer must have been known to the victim?' 'Exactly.'* 'Donc l'assassin devait être connu de la victime?' 'Exactement.'

**precise** *adj* **1** [suggère un degré de précision plus élevé que **exact**. Décrit: ex. détails, calculs] précis *What were his precise words?* Quelles furent précisément ses paroles? [implique souvent un haut degré de compétence] *a police operation that required very precise timing* une opération de police qui a demandé un minutage très précis **2** (avant *n*) [désignant une heure ou un endroit spécifique et pas un(e) autre] précis *This is the precise spot where he was killed.* C'est exactement l'endroit où il a été tué. *I'm not doing anything at this precise moment.* En ce moment précis, je ne fais rien.

**precisely** *adv* **1** précisément *It is precisely 11 o'clock.* Il est exactement 11 heures. **2** [employé comme réplique dans une discussion] précisément *'So the murderer must have been known to the victim?' 'Precisely.'* 'Donc l'assassin devait être connu de la victime?' 'Précisément.'

**precision** *ni* précision *The holes have to be drilled with great precision.* Les trous doivent être percés avec une grande précision.

**accurate** *adj* [décrit: ex. horloge, mesure, prédiction] exact *His shot wasn't very accurate.* Son coup n'était pas très précis. **accurately** *adv* avec précision

**accuracy** *ni* exactitude *The police doubted the accuracy of his statement.* La police doutait de l'exactitude de sa déclaration.

**literally** *adv* **1** [prenant les mots au sens propre] littéralement *I live literally just around the corner.* J'habite littéralement au coin de la rue. *Hippopotamus means literally 'river horse'.* Hippopotame signifie littéralement 'cheval de fleuve'. **2** [pour souligner une expression métaphorique] littéralement *We'll literally be there in no time.* Nous y serons littéralement en un rien de temps.

**literal** *adj* [décrit: ex. surtout sens, traduction] littéral

---

## 300 **Incorrect** Incorrect

**incorrect** *adj* [plutôt formel] incorrect *She gave an incorrect answer.* Elle donna une réponse incorrecte. **incorrectly** *adv* incorrectement

**wrong** *adj* faux *to get a sum wrong* faire une erreur de calcul *You're waiting at the wrong bus stop.* Vous attendez au mauvais arrêt de bus. *You said the bank would be open, but you were wrong.* Vous disiez que la banque serait ouverte, mais vous faisiez erreur. (+ **to** + INFINITIF) *I was wrong to trust her.* J'ai eu tort de lui faire confiance.

**wrong** *adv* mal *You've sewn this dress together all wrong.* Vous avez cousu cette robe complètement de travers. *Everything has been arranged; what could possibly **go wrong**?* Tout a été arrangé; qu'est-ce qui pourrait ne pas marcher? *The maths teacher showed me where I'd **gone wrong**.* Le professeur de maths m'a montré où je m'étais trompé.

**wrongly** adv à tort *The witness had wrongly identified an innocent man.* Le témoin avait identifié à tort un innocent.

**inexact** adj [peut suggérer un élément de mensonge] inexact *He gave an inexact account of what had happened.* Il a donné un compte rendu inexact de ce qui s'était passé.

**imprecise** adj [plutôt vague] imprécis *He was imprecise about where he had been at the time of the murder.* Il était très vague quant à l'endroit où il se trouvait au moment du meurtre.

**inaccurate** adj imprécis *an inaccurate thermometer* un thermomètre imprécis *He gave an inaccurate account of what had happened.* Il a donné un compte rendu imprécis de ce qui s'était passé.

### expression

**If you think that, you've got another think coming!** [plutôt informel. Les choses ne vont pas se passer comme on s'y attend ou comme on l'espère] Si tu crois ça, tu te fais des illusions! *If you think I'm going to lend you my car, you've got another think coming!* Si tu crois que je vais te prêter ma voiture, tu te fais des illusions!

## 300.1 Erreur

**mistake** nd [qch qui a été mal fait soit par accident, soit par ignorance, etc.] faute, erreur *a spelling mistake* une faute d'orthographe **to make a mistake** faire une faute *It was a mistake to come out without an umbrella.* C'était une erreur de sortir sans parapluie. *I walked into the wrong hotel room by mistake.* Je me suis trompé de chambre à l'hôtel.

**mistake** vt, prét **mistook** part passé **mistaken** (souvent + **for**) [plutôt formel] se tromper de, se méprendre *I mistook her briefcase for mine.* J'ai confondu sa serviette avec la mienne. *I mistook her intentions.* Je me suis mépris sur ses intentions.

**mistaken** adj erroné *If you think I'm going to lend you any money, then you're very much mistaken!* Si vous croyez que je vais vous prêter de l'argent, alors vous vous trompez lourdement! *a case of mistaken identity* une erreur d'identité **mistakenly** adv par erreur

**error** ndi [plus formel que **mistake**] erreur *Her translation contained a number of errors.* Sa traduction contenait un certain nombre d'erreurs. *a typing error* une faute de frappe

**slip** nd [erreur sans gravité résultant d'une trop grande précipitation] faute, faux pas *She recited the entire poem without a slip.* Elle récita le poème sans la moindre erreur. *a slip of the tongue/pen* lapsus en parlant/écrivant

**slip up** vi prép [plutôt informel] faire une bêtise *The police slipped up and allowed the thief to escape.* La police a fait une bêtise et a laissé le voleur s'enfuir.

**blunder** nd [faute grave résultant souvent d'une négligence ou d'un manque d'attention] bévue, grosse bêtise *I've made a terrible blunder; I've sent the documents to the wrong address.* J'ai fait une bêtise terrible: j'ai envoyé les documents à la mauvaise adresse.

**blunder** vi faire une grosse bêtise *The government has blundered badly over this issue.* Le gouvernement a fait une grosse bêtise sur cette question. (+ **into**) *She blundered into a decision.* Elle a gaffé en prenant cette décision.

**fault** nd **1** [anomalie par rapport à certaines règles ou procédures] défaut, erreur *There were a number of faults in the way the police conducted the interview.* La façon dont la police a mené l'entrevue présentait un certain nombre d'irrégularités. **2** [dans le caractère de qn] défaut *Her main fault is her tendency to exaggerate.* Son défaut principal est sa tendance à exagérer. **3** [dans une machine] défectuosité *There's a fault in the car's engine.* Il y a un défaut dans le moteur de la voiture. *an electrical fault* un problème dans le circuit électrique

**fault** vt [trouver une erreur dans qch] prendre en défaut *You can't fault his work.* On ne trouve aucune faille dans son travail.

**faulty** adj [décrit: ex. machine, raisonnement] défectueux

**fallacy** nd **1** [idée fausse] erreur, illusion *It's a fallacy that the camera can never lie.* C'est une illusion de croire que la caméra ne ment jamais. **2** [raisonnement défectueux] sophisme *Her argument is based on a fallacy.* Son argument est basé sur un sophisme. *a mathematical fallacy* un faux raisonnement mathématique

### expression

**to get hold of the wrong end of the stick** (*Brit*) [quand on croit avoir compris qch mais que ce n'est pas le cas] mal comprendre *I thought she was his girlfriend, I must have got hold of the wrong end of the stick.* Je croyais qu'elle était sa petite amie, mais je dois avoir compris de travers.

## 300.2 Approximatif

**approximate** adj approximatif *The approximate value of pi is 22/7.* La valeur approximative de pi est 22/7.

**approximately** adv approximativement *It's approximately 11:15.* Il est approximativement 11h 15.

**approximate** vi (souvent + **to**) être proche de *The value of pi approximates to 22/7.* La valeur de pi est proche de 22/7. **approximation** nd approximation

**rough** adj [moins formel que **approximate**. Décrit: ex. estimation, projet, ébauche] approximatif

**roughly** adv approximativement *Can you tell me roughly what time you'll arrive?* Pouvez-vous me dire à quelle heure environ vous arriverez?

**general** adj [pas détaillé] général *Can you give me a general idea of what you plan to do?* Pouvez-vous me donner une idée générale de ce que vous comptez faire? *His recommendations were too general to be of much use.* Ses recommandations étaient trop générales pour être réellement utiles.

### expression

**in the region of** [pour faire référence à un nombre ou à une quantité] aux alentours de *It'll cost something in the region of £100.* Cela coûtera dans les 100 livres.

## 301 Careful  Prudent

**careful** *adj* prudent *a careful driver/worker* un conducteur/ouvrier prudent *Be careful when you cross the road.* Sois prudent en traversant la route. (+ **with**) *Be careful with that vase; it's very valuable.* Fais attention à ce vase: il a beaucoup de valeur. (+ **to** + INFINITIF) *I was careful not to mention her ex-husband.* J'ai eu la prudence de ne pas mentionner son ex-mari. **carefully** *adv* prudemment

**care** *ni* soin *These dangerous chemicals should be handled with care.* Ces produits chimiques dangereux doivent être manipulés avec précaution. *She **takes** a lot of **care over** her work.* Elle fait très attention à son travail. ***Take care** not to wake the baby.* Fais attention de ne pas réveiller le bébé. *voir aussi **254 Look After**

**cautious** *adj* [avant d'agir, par ex. pour éviter le danger] prudent *a cautious driver/investor* un conducteur/investisseur prudent *You're too cautious; you need to act boldly if you want to succeed.* Vous êtes trop prudent: vous devez foncer si vous voulez réussir. *cautious optimism* optimisme prudent **cautiously** *adv* prudemment

**caution** *ni* prudence *Police officers should show/exercise caution when approaching armed criminals.* Les policiers devraient agir avec prudence quand ils s'approchent de criminels armés.

**caution** *vt* (souvent + **against**) [plus formel que **warn**] mettre en garde *I cautioned her against over-optimism/being over-optimistic.* Je l'ai mise en garde contre un excès d'optimisme.

**guarded** *adj* [suggère un doute léger, une crainte. Décrit: ex. optimisme, bienvenue] prudent **guardedly** *adv* prudemment

**beware** *vi* (souvent + **of**) faire attention *You'd better beware; there are thieves about.* Vous devriez faire attention: il y a des voleurs dans le coin. *Beware of the dog.* Attention au chien.

**thoughtful** *adj* [qui réfléchit calmement et raisonnablement] réfléchi *I admire his thoughtful approach to problem-solving.* J'admire son approche réfléchie quand il doit résoudre un problème. *voir aussi **104 Think; 224 Kind**

**patient** *adj* [disposé à attendre calmement qch] patient *Be patient! The bus will be along in a minute.* Sois patient! Le bus arrive dans une minute. (+ **with**) *The teacher is very patient with the children.* Le professeur est très patient avec les enfants. **patiently** *adv* patiemment **patience** *ni* patience

**attention** *ni* (souvent + **to**) [focalisation de l'esprit sur une tâche particulière, un événement, etc.] attention *The children weren't **paying attention** (to the teacher).* Les enfants ne faisaient pas attention (au professeur). *I will give the matter my full attention.* J'accorderai toute mon attention à ce problème. *I admired the artist's attention to detail.* J'ai admiré l'attention que l'artiste avait apportée aux détails. **attentive** *adj* attentif **attentively** *adv* attentivement

### 301.1 Faire attention aux détails

**detail** *ndi* détail *Can you give me further details of your proposals?* Pouvez-vous me détailler vos propositions? *She explained **in detail** what had happened.* Elle expliqua en détail ce qui s'était passé. *It was a perfect copy in every detail.* C'était une copie parfaite, jusque dans le moindre détail.

**detailed** *adj* [décrit: ex. description, analyse] détaillé

**check** *vti* (souvent + **for**) contrôler *Always check your tyres before starting a long journey.* Contrôlez toujours vos pneus avant un long voyage. *The teacher checks the children's work (for mistakes).* Le professeur vérifie le travail des élèves. (+ **that**) *Check that you haven't forgotten anything.* Vérifiez que vous n'avez rien oublié.

**check** *nd* contrôle *I'll give the tyres a quick check.* Je vais vérifier les pneus rapidement.

**thorough** *adj* [qui n'omet aucun détail ou aspect d'un travail] complet, minutieux *The investigation was very thorough.* L'enquête fut très minutieuse. **thoroughness** *ni* minutie

**thoroughly** *adv* minutieusement *The kitchen had been thoroughly cleaned.* La cuisine avait été nettoyée à fond.

**meticulous** *adj* [préoccupé par le moindre détail. Décrit: ex. travailleur, travail] méticuleux **meticulously** *adv* méticuleusement

**painstaking** *adj* soigné, soigneux *I admired the archaeologists' painstaking reconstruction of a medieval village.* J'admirai le soin que les archéologues avaient apporté à la reconstruction d'un village médiéval. **painstakingly** *adv* avec soin

**particular** *adj* (souvent + **about**) [qui sait exactement ce qu'il veut et ce qu'il ne veut pas] méticuleux, minutieux *He's very particular about cleanliness.* Il est très méticuleux quand il s'agit de propreté. *voir aussi **84 Particular**

**fussy** *adj* (souvent + **about**) [plus péjoratif que **particular**] difficile *The children are very fussy about their food.* Les enfants sont très difficiles pour la nourriture. **fussiness** *ni* côté chichiteux

## 302 Careless Négligent

voir aussi **252 Danger**

**careless** adj négligent, peu soigné a careless, untidy piece of work un travail peu soigné, sale It was careless of you to leave the door unlocked. C'était négligent de ta part de ne pas avoir fermé la porte à clé. (+ **with**) He's very careless with his belongings. Il ne fait pas attention à ses affaires. **carelessness** ni négligence

**carelessly** adv avec négligence He had carelessly left a cigarette burning in the ashtray. Il avait laissé une cigarette allumée dans le cendrier par négligence.

**neglect** vt [obj: ex. enfant, son devoir] négliger The house had been badly neglected. La maison avait été totalement négligée. His wife feels neglected. Sa femme se sent négligée.

**neglect** ni manque d'attention The house was suffering from neglect. La maison était à l'abandon. The soldier was charged with serious neglect of duty. Le soldat a été accusé de manquement à son devoir.

**negligent** adj (souvent + **in**) [surtout dans des contextes formels. Dans son devoir ou ses responsabilités] négligent The social workers were negligent in not making proper enquiries. Les assistants sociaux ont fait preuve de négligence en ne menant pas bien leur enquête.

**negligence** ni négligence The accident was caused by the driver's negligence. La négligence du conducteur est à l'origine de l'accident.

**slapdash** adj [péjoratif. Suggère que qch a été fait trop rapidement. Décrit: surtout un travail] bâclé

**superficial** adj superficiel The report was too superficial to be of much use. Le rapport était trop superficiel pour être d'une grande utilité. Many people have quite a superficial view of politics. Beaucoup de gens n'ont qu'une idée superficielle de la politique. **superficially** adv superficiellement **superficiality** ni caractère superficiel *voir aussi **37 Seem**

**thoughtless** adj [fait sans penser aux conséquences, aux sentiments des autres personnes, etc. Décrit: ex. action, remarque] irréfléchi, inconsidéré It was thoughtless of you to ask her about her ex-husband. C'était inconsidéré de ta part de lui demander des nouvelles de son ex-mari. **thoughtlessly** adv négligemment **thoughtlessness** ni étourderie

**rash** adj [fait rapidement, sans réflexion préalable. Décrit: ex. promesse, décision] irréfléchi It was rash of you to accept such a difficult assignment. Tu t'es montré très imprudent en acceptant cette tâche difficile. **rashly** adv imprudemment

**reckless** adj [qui court un risque sérieux de se blesser, etc.] imprudent She was charged with reckless driving. Elle a été accusée de conduite dangereuse. **recklessly** adv imprudemment

**foolhardy** adj [encore plus énergique que **reckless**] téméraire It was utterly foolhardy of you to dive off the top of that cliff. C'était complètement fou de ta part de plonger de cette falaise.

## 303 Machinery Machines

voir aussi **236 Computers; 382 Tools**

**machine** nd machine a sewing machine une machine à coudre a coffee machine un percolateur (+ **for**) a machine for punching holes in metal plates une machine pour faire des trous dans des plaques de métal

**machinery** ni **1** machines the outdated machinery in this factory les machines dépassées dans cette usine **2** [les pièces d'une machine] mécanisme He got his sleeve caught in the machinery. Sa manche s'est prise dans le mécanisme.

**mechanism** ni [ensemble des pièces mobiles qui fonctionnent ensemble] mécanisme A watch is an intricate mechanism. Une montre est un mécanisme complexe. the firing mechanism of a gun le mécanisme de mise à feu d'un fusil

**mechanical** adj **1** [souvent opposé à **electric**] mécanique a mechanical lawnmower une tondeuse à gazon mécanique **2** [relatif aux machines] mécanique The apprentices are taught mechanical skills. On apprend la mécanique aux apprentis. **mechanically** adv mécaniquement

**mechanic** nd mécanicien a car mechanic un mécanicien garagiste

**operate 1** vt [obj: machine] faire fonctionner The apprentice is learning to operate the lathe. L'apprenti apprend à faire fonctionner le tour. a battery-operated hairdryer un sèche-cheveux à piles **2** vi [suj: machine] fonctionner, marcher She explained how a printing press operates. Elle expliqua comment fonctionne une presse typographique. **operator** nd opérateur

**operation** ni fonctionnement Visors must be worn when the machine is **in operation**. Il faut porter une visière quand la machine fonctionne.

**operational** adj opérationnel The new computer is fully operational. Le nouvel ordinateur est entièrement opérationnel.

**engineer** nd **1** [professionnel] ingénieur civil/electrical engineer ingénieur civil/électricien **2** [ouvrier] réparateur, technicien The engineer came to repair the photocopier. Le technicien est venu réparer la photocopieuse.

**engineering** ni **1** ingénierie civil/electrical engineering génie civil/électrique **2** mécanique heavy/light engineering mécanique lourde/petite mécanique (employé comme adj) engineering workers ouvriers de construction mécanique

**technical** adj [relatif aux connaissances spécialisées] technique The car manual was too technical for me to understand. Le manuel de la voiture était trop technique pour que je puisse le comprendre. a technical term in chemistry un terme technique de chimie

**technician** nd [personne qui fait un travail technique mais sans être un professionnel] technicien a lab technician un technicien de laboratoire a dental technician un prothésiste (dentaire)

bicycle pump
pompe à bicyclette

petrol pump (Brit), gas pump (US)
pompe à essence

foot pump
pompe à pied

**technology** *ni* technologie *Technology is advancing at a rapid rate*. La technologie progresse rapidement. *The company has invested heavily in new technology*. La firme a investi énormément dans les nouvelles technologies. *computer technology* technologie informatique **technological** *adj* technologique

**technologically** *adv* technologiquement *a technologically advanced society* une société technologiquement très avancée

**automatic** *adj* automatique *an automatic drinks dispenser* un distributeur automatique de boissons *All the doors on the train are automatic*. Toutes les portes du train sont automatiques.

**automatically** *adv* automatiquement *The doors open automatically*. Les portes s'ouvrent automatiquement.

## 303.1 Types de machines et pièces

**motor** *nd* [utilisé pour faire marcher une machine ou un appareil] moteur *an electric motor* un moteur électrique *The washing machine needs a new motor*. La machine à laver a besoin d'un nouveau moteur.

**engine** *nd* [dans une voiture, etc.] moteur *a car engine* un moteur de voiture *to switch on the engine* mettre le moteur en marche (employé comme *adj*) *The car's been having engine trouble*. La voiture a eu des ennuis de moteur.

**switch** *nd* interrupteur *Where's the light switch?* Où est l'interrupteur? *a bewildering array of switches and dials* un ensemble ahurissant d'interrupteurs et de cadrans

**switch** (sth) **on** OU **switch on** (sth) *vti prép* [obj: lumière, appareil] allumer, mettre en marche *Just plug the machine in and switch (it) on*. Branchez simplement la machine et mettez(-la) en marche.

**switch** (sth) **off** OU **switch off** (sth) *vti prép* éteindre *Don't forget to switch off the computer when you've finished using it*. N'oublie pas d'éteindre l'ordinateur quand tu auras fini de t'en servir.

**lever** *nd* levier *Just push/pull this lever to start the machine*. Poussez/Tirez simplement sur ce levier pour mettre la machine en marche. *I used this knife as a lever to open the door*. Je me suis servi de ce couteau comme levier pour ouvrir la porte.

**lever** *vt* (gén + *adv* ou *prép*) soulever à l'aide d'un levier *I levered open/off/up the lid using a crowbar*. J'ai soulevé le couvercle à l'aide d'un levier. *The concrete slab was levered into position*. La dalle de béton fut mise en place à l'aide d'un levier. **leverage** *ni* force de levier

**cog** OU **cogwheel** *nd* roue dentée

**piston** *nd* piston

**pump** *nd* pompe *the pump in the central heating system* la pompe dans le système de chauffage central

**pump** *vti* pomper *The oil has to be pumped to the surface*. Le pétrole doit être pompé vers la surface. (+ **up**) *You need to pump up your bicycle tyres*. Tu dois gonfler les pneus de ton vélo. *Just keep pumping until the water comes out*. Continue de pomper jusqu'à ce que l'eau jaillisse.

**filter** *nd* **1** [pour éliminer les impuretés] filtre *oil filter* filtre à huile **2** [sur un appareil-photo, etc.] filtre

**filter** *vt* filtrer *The water is filtered in order to remove impurities*. L'eau est filtrée pour en éliminer les impuretés. (+ **out**) *The impurities are filtered out*. Les impuretés sont filtrées.

**funnel** *nd* entonnoir *I poured the oil through the funnel*. J'ai versé l'huile par l'entonnoir.

**funnel** *vt*, **-ll-** (*Brit*), gén **-l-** (*US*) canaliser *The water is funnelled into/through this hole*. L'eau est canalisée dans/par ce trou.

**valve** *nd* **1** [dans un tuyau, etc.] soupape, valve **2** [dans une vieille radio, etc.] lampe

**fuse** *nd* fusible *a 13-amp fuse* un fusible de 13 ampères *to blow a fuse* faire sauter un plomb *The fuse for the upstairs lights has blown*. Le plomb des lampes de l'étage a sauté. (employé comme *adj*) *fuse wire* fusible

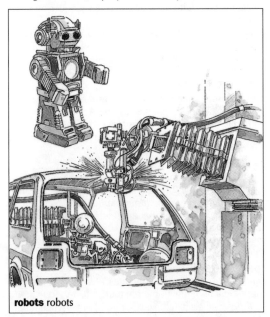

**robots** robots

**fuse** *vti* (*Brit*) [arrêter/empêcher de fonctionner parce que le plomb a sauté. Obj: appareil, interrupteur] (faire) sauter *If the bulb is too powerful you'll fuse the lamp.* Si l'ampoule est trop puissante, vous ferez sauter les plombs. *The lamp has fused.* Les plombs ont sauté.
**fuse-box** *nd* boîte à fusibles

## 303.2 Sources et types d'énergie

**power** *ni* énergie *nuclear/solar/hydroelectric power* énergie nucléaire/solaire/hydroélectrique *I plugged in the machine and switched on the power.* J'ai branché la machine et j'ai allumé. (employé comme *adj*) *power cuts* coupures de courant

**nuclear** *adj* nucléaire *a nuclear power station* une centrale nucléaire

**atomic** *adj* [dans ces contextes, un peu plus vieilli que **nuclear**] atomique *the peaceful use of atomic energy* l'utilisation pacifique de l'énergie atomique

**solar** *adj* solaire *solar panels* panneaux solaires

**steam** *ni* vapeur *The earliest cars used to run on steam.* Les premières voitures fonctionnaient à la vapeur. (employé comme *adj*) *a steam engine* un moteur à vapeur

**clockwork** *ni* (*surtout Brit*) mouvement d'horlogerie *The music box is worked by clockwork.* La boîte à musique fonctionne grâce à un mouvement d'horlogerie. (employé comme *adj*) *a clockwork train set* [jouet] un train mécanique

**battery** *nd* pile, batterie *The battery's run out.* La pile est à plat. *to recharge a battery* recharger une batterie *a battery-operated radio* une radio à piles

**radiation** *ni* radiation, rayonnement *solar radiation* rayonnement solaire *He had been exposed to dangerous radiation.* Il avait été exposé à des radiations dangereuses.

**radioactivity** *ni* radioactivité **radioactive** *adj* radioactif

## 303.3 Combustibles

**fuel** *nid* combustible, carburant *The car has run out of fuel.* La voiture est tombée en panne de carburant. *Coal is one of the cheapest fuels available.* Le charbon est un des combustibles les moins chers à notre disposition. *solid fuel* combustible solide

**gas** *ni* **1** gaz *There was a smell of gas in the room.* Une odeur de gaz flottait dans la pièce. (employé comme *adj*) *a gas cooker/fire* une cuisinière/un appareil de chauffage à gaz **2** (*US*) [abréviation informelle de **gasoline**] essence

**coal** *n* **1** *ni* charbon *Put some more coal on the fire.* Remettez un peu de charbon sur le feu. **2** *nd* morceau de charbon *A burning coal had fallen onto the carpet.* Un morceau de charbon incandescent était tombé sur le tapis.

**oil** *ni* **1** [matière première] pétrole *crude oil* pétrole brut *Saudi Arabia is a major producer of oil.* L'Arabie Saoudite est un important producteur de pétrole. **2** [pour lubrifier les moteurs de voitures, etc.] huile

**petrol** (*Brit*), **gasoline** (*US*) *ni* [surtout utilisé comme carburant pour les voitures, etc.] essence *The car runs on unleaded petrol.* La voiture marche à l'essence sans plomb. (employé comme *adj*) *petrol tank/pump/station* réservoir d'essence/pompe à essence/station-service

**diesel** *ni* diesel *Most lorries run on diesel.* La plupart des camions marchent au diesel. (employé comme *adj*) *a diesel engine* un moteur diesel

## 303.4 Electricité

**electric** *adj* électrique *an electric fire/toothbrush/guitar* un radiateur/une brosse à dents/une guitare électrique *an electric current/charge* un courant/une charge électrique

**electrical** *adj* [décrit: ex. appareil, circuit, énergie] électrique *I'm hopeless with anything electrical.* Je suis lamentable pour tout ce qui est électrique.

**electronic** *adj* [qui fonctionne à l'aide de transistors ou de composants similaires] électronique *an electronic listening device* un appareil d'écoute électronique *electronic components* composants électroniques **electronically** *adv* électroniquement

**current** *nid* courant *The ammeter shows how much current is flowing.* L'ampèremètre montre l'intensité du courant. *an electric current* un courant électrique

**voltage** *ndi* voltage, tension *What is the voltage of your electric razor?* Quel est le voltage de votre rasoir électrique?

> *usage*
>
> La tension se mesure en **volts** (volts), l'intensité d'un courant électrique en **amps** (ampères) et la puissance d'un appareil électrique en **watts** (watts), par ex. *a 9-volt battery* une pile de 9 volts *a 13-amp fuse* un fusible de 13 ampères *a 100-watt light bulb* une ampoule de 100 watts

# 304 Materials Matériaux

voir aussi **16 Metals; 193 Textiles; 293 Make; 382 Tools**

> *usage*
>
> Quand on veut mentionner le matériau qui forme la base de qch, on utilise la formule **made of**, par ex. *This chair is made of wood/plastic.* (Cette chaise est en bois/plastique.) *What (kind of rock) are stalagmites made of?* (De quel type de roche les stalagmites sont-elles faites?) Les expressions **made out of** et **made from** insistent plus sur le processus de fabrication et suggèrent souvent qu'un objet ou un matériau a été converti en un autre; par ex. *a model of the Eiffel Tower made out of matchsticks* (un modèle réduit de la Tour Eiffel fabriqué tout en allumettes) *Paper is made from wood.* (Le papier est fabriqué à partir du bois.)

**plastic** *nid* plastique *toy soldiers made of plastic* des petits soldats en plastique *a firm that makes plastics* une usine qui fabrique des matières plastiques (employé comme *adj*) *plastic knives and forks* des couteaux et des fourchettes en plastique *a plastic bag* un sac en plastique

**glass** *ni* verre *a piece of broken glass* un morceau de verre cassé *a pane of glass* une vitre (employé comme *adj*) *a glass jug* une cruche en verre

**fibreglass** *ni* fibre de verre (employé comme *adj*) *a boat with a fibreglass hull* un bateau avec une coque en fibre de verre

**clay** *ni* argile *Bricks are made of baked clay.* Les briques sont fabriquées à partir d'argile cuite.

**earthenware** *ni* [terre cuite] poterie (employé comme *adj*) *earthenware pottery* poterie en faïence

**asbestos** *ni* amiante

**polystyrene** *ni* polystyrène (employé comme *adj*) *polystyrene tiles* tuiles en polystyrène

## 304.1 Matériaux de construction

**brick** *ndi* brique *a pile of bricks* une pile de briques *houses made of red brick* des maisons en briques rouges (employé comme *adj*) *a brick building/wall* un bâtiment/mur de brique

**stone** *ni* pierre *a statue made of stone* une statue de pierre (employé comme *adj*) *stone houses/walls* maisons/murs de pierre *voir aussi **13 Geography and Geology**

**concrete** *ni* béton *skyscrapers made of concrete and glass* des gratte-ciel en béton et en verre (employé comme *adj*) *a concrete block/floor/shelter* un bloc de béton/un sol/abri en béton

**concrete** *vt* (gén + **over**) bétonner *They've had their lawn concreted over.* Ils ont recouvert leur pelouse d'une couche de béton.

**cement** *ni* ciment

**cement** *vt* [coller] cimenter *The builders are cementing the window frames in place.* Les maçons sont en train de cimenter les châssis de fenêtre.

**cement mixer** *nd* bétonnière

**slate** *nid* ardoise *Slate is mined in this quarry.* On extrait de l'ardoise dans cette carrière. *A slate has fallen off the roof.* Une ardoise est tombée du toit. (employé comme *adj*) *a slate roof* un toit d'ardoises

**plaster** *ni* plâtre *The plaster was peeling off the walls.* Le plâtre s'écaillait sur les murs.

**plaster** *vti* [obj: mur] plâtrer, mettre du plâtre (sur) *I've spent all morning plastering.* J'ai passé toute ma

matinée à mettre du plâtre. **plastering** *ni* plâtrage

## 304.2 Bois

**wood** *ni* bois *a piece/plank of wood* un morceau/une planche de bois *What kind of wood is this furniture made of?* En quel bois ces meubles sont-ils fabriqués? **wooden** *adj* de bois

**timber** (*Brit*), **lumber** (*US*) *ni* [bois utilisé dans la construction et à des fins industrielles] bois de construction

**log** *nd* [section d'un tronc d'arbre non traitée ou grosse branche] rondin, bûche *Put another log on the fire.* Mets une autre bûche dans le feu.

**board** *n* 1 *nd* [morceau de bois rectangulaire] planche *a bread board* une planche à pain *She pinned the map to a large board.* Elle accrocha la carte sur une grande planche. 2 *ni* [matériau ressemblant à du bois fin ou à du carton épais] carton *The two voting booths are divided by a piece of board.* Les deux isoloirs sont séparés par un morceau de carton.

**plank** *nd* planche *a platform built out of wooden planks* une estrade faite de planches en bois

**cork** *n* 1 *ni* liège (employé comme *adj*) *cork table mats* des dessous-de-plat en liège 2 *nd* [dans une bouteille de vin, etc.] bouchon

## 304.3 Matériaux souples

**paper** *ni* papier *a sheet/piece of paper* une feuille/un morceau de papier *writing paper* papier à lettres *parcels wrapped in brown paper* des colis entourés de papier d'emballage (employé comme *adj*) *a paper cup/handkerchief/aeroplane* une tasse/un mouchoir/un avion en papier

**cardboard** *ni* carton (employé comme *adj*) *a cardboard box* une boîte en carton

**card** *ni* (*surtout Brit*) [très fin] carton *The shirt has a piece of stiff card inside the collar.* Il y a un morceau de carton rigide à l'intérieur du col de la chemise.

**rubber** *ni* caoutchouc *a smell of burning rubber* une odeur de caoutchouc brûlé (employé comme *adj*) *a rubber ball/ring/spider* un ballon/un anneau/une araignée en caoutchouc

**wax** *ni* cire *The wax from the candle had dripped onto the carpet.* La cire de la bougie avait coulé sur le tapis.

**polythene** *ni* polyéthylène *sandwiches wrapped in polythene* des sandwiches emballés dans du polyéthylène (employé comme *adj*) *a polythene bag* un sac en polyéthylène

# 305 Thing Chose

**thing** *nd* 1 chose *What's that thing on the floor?* Qu'est-ce que c'est que cet objet sur le sol? *living things* êtres vivants *He keeps his gardening things in this shed.* Il garde ses trucs pour jardiner dans cette cabane. *Look at that dog; the poor thing is lost.* Regarde ce chien: la pauvre bête est perdue. *There's **no such thing as**

ghosts.* Les fantômes, ça n'existe pas. 2 [idée, action, événement, etc.] chose *A strange thing happened to me the other day.* Une chose étrange m'est arrivée l'autre jour. *The first thing I did when I arrived was telephone my mother.* La première chose que je fis en arrivant fut de téléphoner à ma mère. *She told me all *the things she disliked about him.* Elle m'a dit tout ce qu'elle n'aimait pas chez lui. *I didn't hear/feel a thing.* Je n'ai rien entendu/senti.

**object** *nd* [plus formel que **thing**. Souvent non identifié] objet *What's that strange object on the table?* Qu'est-ce que c'est que cet objet sur la table?

**item** *nd* [un élément parmi d'autres, sur une liste] article *He'd left the shop without paying for some of the items in his basket.* Il avait quitté le magasin sans payer certains articles qui se trouvaient dans son panier. *an item of clothing* un vêtement *the next item on the agenda* le point suivant à l'ordre du jour

**article** *nd* [surtout qch qui est utile ou qui a de la valeur] article *an article of clothing* un vêtement *Several valuable articles were stolen.* Plusieurs articles de valeur furent volés.

**device** *nd* [outil ou machine] appareil *This dictaphone is a handy little device.* Ce dictaphone est un petit appareil très pratique. (*+ for*) *a device for removing stones from horses' hooves* un appareil pour enlever les pierres des fers à cheval *explosive/listening device* un engin explosif/un appareil d'écoute

## 305.1 Choses à l'état de matière

**substance** *nd* [toute sorte de matière] substance *Chemists handle some very dangerous substances.* Les chimistes manipulent certaines substances très dangereuses.

**material** *nd* [à partir duquel on fabrique qch] matériau *Plastic is an extremely cheap material.* Le plastique est un matériau très bon marché. *building/writing materials* matériaux de construction/matériel pour écrire *voir aussi **193 Textiles**

**stuff** *ni* **1** [plutôt informel, terme général désignant toute substance] truc *I can't get this stuff off my hands.* Je ne parviens pas à enlever ce truc de mes mains. *What's that red stuff in that bottle?* Qu'est-ce que ce truc rouge dans cette bouteille? **2** [informel. Un certain nombre de choses] affaires *You can leave your stuff in my office.* Vous pouvez laisser vos affaires dans mon bureau. *I've got a lot of stuff to do today.* J'ai des tas de choses à faire aujourd'hui.

# 306 **Sort** Sorte

**kind** *nd* (souvent + **of**) [terme très vague et général] sorte *What kind of weather can we expect in Australia?* A quel type de temps pouvons-nous nous attendre en Australie? *We saw many different kinds of animal(s).* Nous avons vu beaucoup d'espèces d'animaux différentes. *A marquee is a kind of tent.* Un chapiteau est une sorte de tente. *She's not the kind of person to bear a grudge.* Elle n'est pas du genre à être rancunière.

**sort** *nd* (souvent + **of**) [très semblable à **kind**, mais dénote une catégorie bien précise] sorte, genre *What sort(s) of food do you like best?* Quel genre de nourriture préférez-vous? *I never read that sort of novel/novels of that sort.* Je ne lis jamais ce genre de roman. *I'll make some sort of sauce to go with the fish.* Je ferai une sorte de sauce pour accompagner le poisson. *She's **a sort of** private detective.* C'est une sorte de détective privé. *He's caused us **all sorts of** problems.* Il nous a posé toutes sortes de problèmes. *voir aussi **65 Order**

**type** *nd* [suggère souvent une catégorie assez précise et définie] type *What type of car have you got?* Quel modèle de voiture possédez-vous? *He's a different type of person from me.* Il est différent de moi. *I like all types of music.* J'aime tous les types de musique.

**breed** *nd* **1** [d'une espèce animale, par ex. des chiens, du bétail] race, espèce **2** espèce, sorte *a new breed of businessman* une nouvelle sorte d'homme d'affaires

**species** *nd, pl* **species** [terme technique utilisé pour parler des plantes et des animaux] espèce *That butterfly is an **endangered species**.* Ce papillon est une espèce en voie d'extinction.

**category** *nd* [surtout dans des contextes formels] catégorie *Verbs fall into two main categories, transitive and intransitive.* Les verbes se classent en deux catégories principales, les transitifs et les intransitifs.

**categorize**, AUSSI **-ise** (*Brit*) *vt* classer (par catégories) *Some of these books are difficult to categorize.* Certains de ces livres sont difficiles à classer par catégories. (*+ as*) *I don't wish to be categorized as disabled.* Je ne veux pas être considéré comme un handicapé.

**categorization**, AUSSI **-isation** (*Brit*) *nid* catégorisation

**variety** *nd* [insiste sur les différences entre les objets] variété *There are many different varieties of breakfast cereal.* Il y a de nombreuses variétés de céréales pour le petit déjeuner.

**version** *nd* (souvent + **of**) [d'un texte, d'une chanson, etc.] version *On the B-side there is an instrumental version of the same song.* La face B contient une version instrumentale de la même chanson. *different versions of the Bible* des versions différentes de la Bible *Each witness gave a different version of what happened.* Chaque témoin donna une version différente de ce qui s'était passé.

**manner** *nd* [façon dont on fait qch] manière *They criticized the manner in which the police carried out the arrests.* Ils ont critiqué la manière dont la police a procédé aux arrestations. *Shaking hands is a traditional manner of greeting somebody.* Donner une poignée de mains est une manière traditionnelle de saluer quelqu'un. *voir aussi **142 Personality**

**style** *nd* [façon dont qch est conçu ou présenté, indépendamment du contenu] style [des vêtements] modèle [des cheveux] coiffure [d'un écrivain, d'un artiste] style *I don't like that style of building/architecture.* Je n'aime pas ce type d'édifice/ce style d'architecture. *These photos show the changing styles of women's clothes.* Ces photos illustrent les changements dans la mode féminine.

## 307 **Weights and Measures** Poids et Mesures

**measure** v **1** vti [action] mesurer *I measured the length/width of the desk.* J'ai mesuré la longueur/largeur du bureau. *Electric current is measured in amps.* Le courant électrique se mesure en ampères. *A thermometer measures temperatures.* Un thermomètre mesure les températures. **2** [avoir certaines dimensions] mesurer *The room measures 5 metres by 4 metres.* La pièce mesure 5 mètres sur 4.

**measure** n **1** ndi mesure, unité *The metre is a measure of length.* Le mètre est une mesure de longueur. *a unit of measure* une unité de mesure **2** nd [quantité mesurée] mesure *The barman gave me a double measure of whisky.* Le barman me servit un double whisky. **3** nd [surtout dans la terminologie technique. Instrument utilisé pour mesurer] mesure *a two-metre/two-litre measure* un double mètre/une mesure de deux litres

**measurement 1** nd mesure *The tailor wrote down my measurements.* Le tailleur nota mes mesures. **2** ni mesure *an instrument used for the measurement of very small distances* un instrument utilisé pour mesurer les très petites distances

**ruler** nd règle

**tape measure** nd mètre à ruban

**metric** adj métrique *the metric system* le système métrique *The metre is the approximate metric equivalent of the yard.* Le mètre est l'équivalent approximatif du yard dans le système métrique.

---

**u s a g e**

Bien que le système métrique soit considéré comme la norme dans la terminologie scientifique et technique du monde entier, la Grande-Bretagne ne l'adopte que peu à peu pour l'utilisation quotidienne. Le système métrique n'est pratiquement pas utilisé aux Etats-Unis. La plupart des Britanniques préfèrent encore utiliser le système impérial (**the Imperial system**) qui, à l'opposé du système métrique, ne suit pas la structure régulière basée sur le nombre 10. Le système américain est le plus souvent semblable au britannique mais on notera quelques légères différences pour les équivalents du système métrique.

---

### 307.1 Longueur

Système impérial:
**inch** (pouce), *abrév*: **in.**, **"**
**foot** , *pl* **feet** (pied), *abrév*: **ft.**, **'** = 12 **inches**
**yard** (yard), *abrév*: **yd.** = 3 **feet**
**mile** (mile), *abrév*: **m.** = 1,760 **yards**

Equivalents dans le système métrique:
**millimetre** (*Brit*), **millimeter** (*US*), *abrév*: **mm** millimètre
**centimetre** (*Brit*), **centimeter** (*US*), *abrév*: **cm** centimètre
**metre** (*Brit*), **meter** (*US*), *abrév*: **m** mètre
**kilometre** (*Brit*), **kilometer** (*US*), *abrév*: **k** kilomètre

| | |
|---|---|
| 1 **inch** | = 2.54 **cm** |
| 1 **yard** | = .9144 **m** |
| 1 **mile** | = 1.609 **k** |

*The worm was three inches long.* Le ver faisait dix centimètres de long. *She is five foot/feet six inches tall.* (5' 6") Elle mesure 1 mètre 65.
*He can run 100 yards in less than 10 seconds.* Il court le 100 mètres en moins de 10 secondes.
*The church is about 200 yards from the post office.* L'église se trouve à environ deux cents mètres de la poste.
*Their house is about a quarter of a mile away from here.* Leur maison se situe à environ 400 mètres d'ici.

---

### 307.2 Surface

**square** adj carré *one square foot* un pied carré

| | |
|---|---|
| 1 **square foot** | = 144 **square inches** |
| 1 **square yard** | = 9 **square feet** |
| 1 **acre** (acre) | = 4840 **square yards** |
| 1 **square mile** | = 640 **acres** |

Equivalents dans le système métrique:

| | |
|---|---|
| 1 **square inch** | = 645.16 **mm²** |
| 1 **square yard** | = .8361 **m²** |
| 1 **acre** | = 4047 **m²** |
| 1 **square mile** | = 259 **hectares** |

*They own a 50-acre farm.* Ils possèdent une ferme de 20 hectares.

*The forest covers an area of 70 square miles.* La forêt a une superficie d'environ 18.000 hectares.

---

### 307.3 Mesures de capacité pour liquides

| | | |
|---|---|---|
| 1 **gill** (quart de pinte) | = | 5 **fluid ounces (fl. oz.)** (once) |
| 1 **pint** (pinte) | = | 4 **gills** |
| 1 **quart** (=litre) | = | 2 **pints** |
| 1 **gallon** (gallon) | = | 4 **quarts** |

Equivalents dans le système métrique:
**millilitre** (*Brit*), **milliliter** (*US*), *abrév*: **ml** millilitre
**litre** (*Brit*), **liter** (*US*), *abrév*: **l** litre

| | |
|---|---|
| 1 **(UK) fluid ounce** | = 28.4 **ml** |
| 1 **US fluid ounce** | = 29.6 **ml** |
| 1 **(UK) pint** | = 568 **ml** |
| 1 **US pint** | = 550.6 **ml** |
| 1 **(UK) gallon** | = 4.546 **l** |
| 1 **US gallon** | = 3.7853 **l** |

*Add six fluid ounces of water to the flour.* Incorporez 18 centilitres d'eau à la farine.
*a glass of whisky containing one sixth of a gill* un verre de whisky contenant environ 20 centilitres
*a pint of beer* un demi-litre de bière
*a gallon of petrol* un gallon d'essence

---

### 307.4 Poids

**weigh** vt **1** [avoir un certain poids] peser *The parcel weighs two kilograms.* Le colis pèse deux kilos. *How much do you weigh?* Combien pesez-vous? **2** [action] peser *The post-office clerk weighed the parcel.* Le postier pesa le colis.

**1** Le pluriel de **stone** est **stones** ou **stone**. Si l'on donne un poids comportant un certain nombre de stones et un certain nombre de livres, on utilisera le pluriel invariable **stone**, par ex. *She weighs ten stone eleven (pounds)*. (Elle pèse environ 70 kilos.) **2** Quand les Britanniques parlent de leur poids, ils le donnent en **stones** et en **pounds**, par ex. *He weighs twelve stone three*. (Il pèse environ 77 kilos.) Lorsque les Américains parlent de leur poids, ils n'utilisent que les **pounds**, par ex. *He weighs a hundred and seventy-one pounds*. (Il pèse environ 77 kilos.)

**weigh** sb **down** OU **weigh down** sb *vt prép* peser de tout son poids sur *The postman was weighed down by the heavy sack*. Le facteur pliait sous le lourd poids du sac.

**weight** *n* **1** *ndi* poids *two parcels of different weights* deux colis de poids différents *The ship is 2,000 tonnes in weight*. Le bateau a un poids de 2.000 tonnes. *I'm trying to lose weight*. J'essaie de perdre du poids. **2** *nd* [objet utilisé pour ajouter du poids à qch] poids [pour une balance] poids *We can use these stones as weights to stop the map blowing away*. Nous pouvons utiliser ces pierres comme poids pour empêcher la carte de s'envoler. *a 250-gram lead weight* un poids en plomb de 250 grammes

**ounce** (once), *abrév*: **oz.**
**pound** (livre), *abrév*: **lb**                  = 16 **ounces**
**stone** (*Brit*), *pl* **stones** OU **stone**
(poids de quatorze livres)                  = 14 **pounds**
**US hundredweight**
(poids de cent livres)                  = 100 **pounds**
**(UK) hundredweight**, *abrév*: **cwt** = 112 **pounds**
**US ton** (tonne)                  = 2,000 **pounds**
**(UK) ton**                  = 20
                  **hundredweight(s)**

Equivalents dans le système métrique:
**gram** , *abrév*: **g** OU **gm** gramme
**kilogram**, *abrév*: **kilo** OU **kg** kilogramme, kilo
**tonne** OU **metric ton** tonne
1 **ounce**  = 28.35 g
1 **pound**  = 453.6 g
1 **US ton**  = 907.2 kg
1 **(UK) ton**  = 1,016 kg,
                  = 1.016 **tonnes** ou **metric tons**
*six ounces of flour* 180 grammes de farine
*The baby weighed seven pound(s) four ounces. (7 lb 4 oz.)* Le bébé pesait 3 kilos 300.
*She weighs nine stone six (pounds) (Brit)/a hundred and thirty-two pounds (US)*. Elle pèse 60 kilos.
*two hundredweight of coal* 100 kilos de charbon
*The ship weighs 2,000 tons*. Le bateau pèse 2.000 tonnes.

**heavy** *adj* lourd *The suitcase was too heavy for me to lift*. La valise était trop lourde pour moi. *I'm used to carrying heavy weights*. J'ai l'habitude de porter de lourdes charges. *a heavy overcoat* un manteau épais

**light** *adj* léger *The suitcase is fairly light*. La valise est assez légère. *Most people wear light clothes in summer*. La plupart des gens portent des vêtements légers en été. *How do you make your cakes so light?* Comment faites-vous pour obtenir des gâteaux si légers?

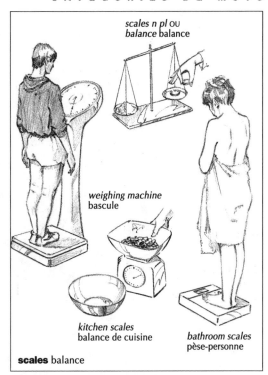

*scales n pl* OU *balance* balance

*weighing machine* bascule

*kitchen scales* balance de cuisine

*bathroom scales* pèse-personne

**scales** balance

## 307.5 Température

voir aussi **19 Cold; 20 Hot**

Pour les prévisions météorologiques, le Royaume-Uni a désormais officiellement adopté l'échelle Celsius (**the Celsius scale**) afin de s'aligner sur les autres pays européens. Sur cette échelle, l'eau gèle à 0 degré et bout à 100 degrés. Jusqu'il y a quelques années, cette échelle s'appelait officiellement échelle centigrade (**the Centigrade scale**). Ce terme est probablement même plus fréquent dans l'usage quotidien. L'échelle Fahrenheit (**the Fahrenheit scale**) est cependant encore largement répandue, surtout chez les personnes âgées. Sur cette échelle, l'eau gèle à 32 degrés et bout à 212 degrés. On l'utilise toujours comme norme aux Etats-Unis.

Exemples:
*a temperature of 40 degrees Celsius/Fahrenheit* (40°C/F) une température de 40 degrés Celsius/Fahrenheit
*To convert Celsius/Centigrade to Fahrenheit, multiply by 9/5 and add 32*. Pour convertir les degrés Celsius en degrés Fahrenheit, multipliez par 9/5 et ajoutez 32.
Equivalents:     0°C = 32°F      30°C = 86°F
                 10°C = 50°F      100°C = 212°F
                 20°C = 68°F

**thermometer** *nd* thermomètre

## 308 Car Voiture

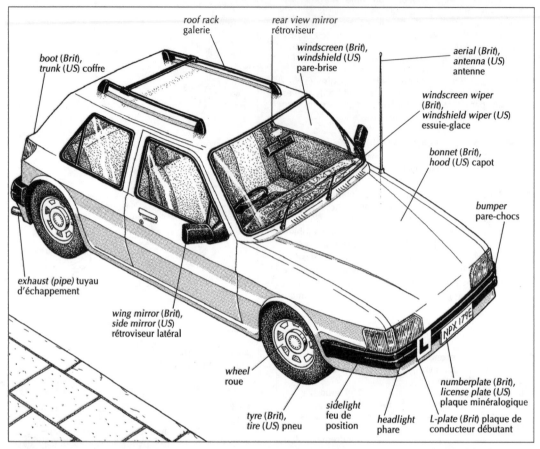

roof rack galerie

rear view mirror rétroviseur

boot (*Brit*), trunk (*US*) coffre

windscreen (*Brit*), windshield (*US*) pare-brise

aerial (*Brit*), antenna (*US*) antenne

windscreen wiper (*Brit*), windshield wiper (*US*) essuie-glace

bonnet (*Brit*), hood (*US*) capot

bumper pare-chocs

exhaust (pipe) tuyau d'échappement

wing mirror (*Brit*), side mirror (*US*) rétroviseur latéral

wheel roue

tyre (*Brit*), tire (*US*) pneu

sidelight feu de position

headlight phare

L-plate (*Brit*) plaque de conducteur débutant

numberplate (*Brit*), license plate (*US*) plaque minéralogique

### 308.1 Dans la voiture

**seat** *nd* siège

**seat belt** *nd* ceinture de sécurité

**ignition** *nd* contact *to turn on the ignition* mettre le contact

**choke** *nd* starter

**steering wheel** *nd* volant

**clutch** *nd* pédale d'embrayage

**brake** *nd* frein

**handbrake** *nd* frein à main

**accelerator** (*Brit & US*), **gas pedal** (*US*) *nd* accélérateur

**gear lever** (*Brit*), **gear shift** (*US*) *nd* levier de changement de vitesse

**speedometer** *nd* compteur de vitesse

**mileometer** (*Brit*), **odometer** (*US*) *nd* compteur kilométrique

**petrol gauge** (*Brit*), **gas gauge** (*US*) *nd* jauge du carburant

## 309 Driving Conduire

**drive** *vit*, prét **drove** *part passé* **driven** conduire, se rendre en voiture *Let me drive you home.* Laisse-moi te reconduire chez toi. *We drove to London.* Nous nous sommes rendus à Londres en voiture. *He drives a bus.* Il conduit un autobus.

**steer** *vit* conduire, tenir le volant *She steered carefully around the corner.* Elle manœuvra prudemment dans le tournant.

**reverse** *vit* faire marche arrière *Reverse into the drive.* Entre dans l'allée en marche arrière.

**give way (to sb/sth)** (*Brit*), **yield** (*US*) céder la priorité (à qn/qch) *Give way to the right at roundabouts.* Cédez la priorité à droite aux ronds-points.

**overtake** *vit* dépasser, doubler

**pull in** *vi prép* s'arrêter *Pull in at the next service station.* Arrête-toi à la prochaine station-service.

**park** *vit* (se) garer *There's nowhere to park.* Il n'y a pas de place pour se garer.

**car park** (*Brit*), **parking lot** (*US*) *nd* parking

### 309.1 Conduire plus vite ou plus lentement

**accelerate** *vi* accélérer *He accelerated past the lorry.* Il accéléra en dépassant le camion.

**put one's foot down** [informel] appuyer sur le champignon *You must have put your foot down to get here so quickly!* Tu as dû appuyer sur le champignon pour arriver si vite!

**change gear** (*Brit*), **shift gears** (*US*) changer de vitesse

> *usage*
>
> Lorsqu'on parle de changement de vitesse, on utilise souvent la préposition **into**: ex. *to change into third (gear)* (passer en troisième). Lorsqu'on ne précise pas le numéro de la vitesse, on peut utiliser les verbes **change up** (*Brit*), **shift up** (*US*) (enclencher la vitesse supérieure) ou **change down** (*Brit*), **shift down** (*US*) (rétrograder): ex. *I changed down as we approached the junction.* (J'ai rétrogradé en arrivant au carrefour.) *He changed up a gear.* (Il enclencha la vitesse supérieure.)

**brake** *vi* freiner *to brake sharply* freiner brusquement
**apply the brakes** freiner
**decelerate** *vi* ralentir

> *usage*
>
> Le verbe **decelerate** est plus formel et est employé moins fréquemment que le verbe **accelerate**. On emploiera plus souvent le verbe **slow down** (ralentir). De même, on peut utiliser le verbe **speed up** (accélérer) au lieu du verbe **accelerate**.

### 309.2 Utiliser les feux

**indicate** *vi* mettre son clignotant *You forgot to indicate before you turned right.* Tu as oublié de mettre ton clignotant avant de tourner à droite.
**dip the headlights** se mettre en code
**on full beam** avec les feux de route allumés

### 309.3 Problèmes rencontrés en conduisant

**break down** *vi prép* tomber en panne *The car broke down miles from home.* La voiture est tombée en panne à des kilomètres de chez nous.
**breakdown** *nd* panne *We had a breakdown.* Nous sommes tombés en panne.
**stall** *vit* caler *I stalled (the car) at the traffic lights.* J'ai calé (la voiture) aux feux lumineux.
**(to have a) flat tyre** (avoir un) pneu crevé
**puncture** *nd* crevaison
**to run out of petrol** tomber en panne d'essence
**traffic jam** *nd* embouteillage

**roadworks** *n pl* (*Brit*) travaux sur la chaussée

### 309.4 Accidents de la route

**accident** *nd* accident *He was killed in a road/car accident.* Il a été tué dans un accident de la route/de voiture.
**crash** *nd* accident *a car crash* un accident de voiture *He had a crash when trying to overtake another car.* Il a eu un accident en essayant de doubler une autre voiture.
**crash** *vit* avoir un accident, emboutir *Paul crashed his new car.* Paul a eu un accident avec sa nouvelle voiture. *She crashed while driving at 70 miles an hour.* Elle roulait à 110 km/heure quand elle a eu son accident.
**pile-up** *nd* [accident de circulation impliquant plusieurs véhicules] collision en chaîne *Reports are coming in of a pile-up on the M4.* On signale une collision en chaîne sur la M4.
**write** sth **off** OU **write off** sth *vt prép* (*surtout Brit*) [endommager une voiture lors d'un accident à un point tel qu'on ne pourra pas la réparer] démolir entièrement *That's the third car he's written off in two years.* C'est la troisième voiture qu'il démolit en deux ans.
**write-off** *nd* (*surtout Brit*) [une voiture endommagée lors d'un accident à un point tel qu'on ne pourra pas la réparer] véhicule bon pour la casse *She was OK but the car was an absolute write-off.* Elle s'en est sortie sans une égratignure, mais la voiture était bonne pour la casse.
**hit-and-run driver** *nd* [un conducteur qui ne s'arrête pas après avoir heurté un piéton ou un véhicule] conducteur coupable de délit de fuite
**run** sb **over** OU **run over** sb *vt prép* [faire tomber et blesser, sans nécessairement rouler par-dessus] renverser *She was run over by a bus.* Elle a été renversée par un autobus.
**knock** sb **down/over** OU **knock down/over** sb *vt prép* [faire tomber et blesser] renverser *The old lady was knocked over as she tried to cross the road.* La vieille dame s'est fait renverser en essayant de traverser la rue.

### 309.5 Personnes qui conduisent

**driver** *nd* [terme général et profession] conducteur (souvent utilisé dans des mots composés) *a bus driver* un conducteur d'autobus *a lorry driver* un conducteur de poids lourd *a taxi driver* un chauffeur de taxi
**motorist** *nd* [assez formel, utilisé par ex. dans des statistiques] automobiliste
**chauffeur** *nd* chauffeur

## 310 Petrol station   Station-service

**petrol station** OU **filling station** (*Brit*), **gas station** (*US*) *nd* station-service
**garage** *nd* [peut faire des réparations et vendre de l'essence] garage, station-service
**petrol pump** (*Brit*), **gas pump** (*US*) *nd* pompe à essence
**nozzle** *nd* pistolet

**fill up** (sth) OU **fill** (sth) **up** *vti prép* faire le plein *I filled up with petrol this morning.* J'ai fait le plein d'essence ce matin.
**self-service** *adj* self-service *a self-service petrol station* une station self-service
**lead-free** OU **unleaded** *adj* sans plomb

## 311 Roads Routes

**road** nd [terme générique décrivant n'importe quel type de route] route *all major roads North* toutes les routes principales qui vont vers le nord *I walked down the road to the shop.* Je suis allé jusqu'au magasin.

**motorway** (*Brit*), **expressway**, **thruway** OU **freeway** (*US*) nd autoroute *driving on the motorway* la conduite sur autoroute (utilisé comme *adj*) *motorway traffic* circulation autoroutière

**highway** nd (*surtout US*) [route principale assez large] grand-route

**main road** nd [route principale très fréquentée, mais pas nécessairement large] route à grande circulation

**street** nd [gén bordée d'immeubles] rue *She lives in the same street as me.* Elle habite dans la même rue que moi.

**avenue** nd [rue large et souvent bordée d'arbres] avenue

**lane** nd [route étroite et souvent sinueuse] chemin, petite route *country lanes* chemins de campagne

**track** nd [sans revêtement. Peut être étroite et destinée aux piétons ou plus large et destinée aux véhicules] sentier, piste

**bypass** nd [route qui contourne un endroit fréquenté afin d'y alléger la circulation] bretelle de contournement

**bypass** vt [contourner, mais pas nécessairement en empruntant une bretelle de contournement] contourner

**ringroad** (*Brit*), **beltway** (*US*) nd [route qui contourne une ville] périphérique

**square** nd place, square

*lamppost* réverbère

*roadsign* OU *signpost* poteau indicateur

*crossroads* carrefour

*traffic light* feu lumineux

*speed limit* limite de vitesse

*zebra crossing* (*Brit*) passage pour piétons

**street** rue

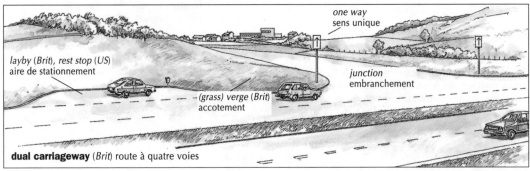

*one way* sens unique

*layby* (*Brit*), *rest stop* (*US*) aire de stationnement

*junction* embranchement

*(grass) verge* (*Brit*) accotement

**dual carriageway** (*Brit*) route à quatre voies

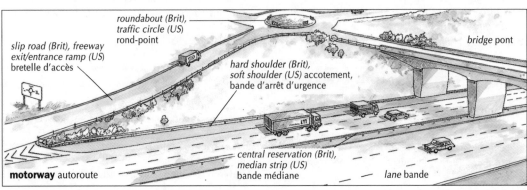

*roundabout* (*Brit*), *traffic circle* (*US*) rond-point

*bridge* pont

*slip road* (*Brit*), *freeway exit/entrance ramp* (*US*) bretelle d'accès

*hard shoulder* (*Brit*), *soft shoulder* (*US*) accotement, bande d'arrêt d'urgence

*central reservation* (*Brit*), *median strip* (*US*) bande médiane

*lane* bande

**motorway** autoroute

**level crossing** *nd* passage à niveau

**path** *nd* [avec ou sans revêtement] chemin, sentier *a path through the forest* un sentier à travers la forêt

**pavement** (*Brit*), **sidewalk** (*US*) *nd* [avec revêtement, le long d'une rue] trottoir

**kerb** (*Brit*), **curb** (*US*) *nd* bordure (du trottoir)

**footpath** *nd* [étroit et souvent sans revêtement] sentier *a public footpath* un sentier public

**alley** *nd* [rue étroite ou sentier bordé d'immeubles] ruelle

**gangway** *nd* **1** [sur un bateau] passerelle **2** (*Brit*) [entre des rangées de sièges, par ex. au cinéma ou dans un autobus] passage, allée

**subway** *nd* passage souterrain

## 312 Ships and Boats Navires et Bateaux

**ship** *nd* [vaisseau de grande dimension, gén pour aller en mer] navire

**boat** *nd* [plus petit que **ship**. Avec ou sans toit] bateau

**vessel** *nd* [plutôt formel. Navire ou bateau] vaisseau

**craft** *nd, pl* **craft** [n'importe quel type de bateau ou navire, mais surtout utilisé pour désigner de petits bateaux] embarcation

**aboard** *adv* à bord *All aboard!* Tout le monde à bord!

**on board** *adv* à bord *three weeks on board the 'Queen Elizabeth'* trois semaines à bord du "Queen Elizabeth"

**rowing boat** (*Brit*), **rowboat** (*US*) *nd* canot

**canoe** *nd* canoë, pirogue **canoeist** *nd* canoéiste

**yacht** *nd* yacht, navire de plaisance **yachtsman** *nd* plaisancier **yachtswoman** *nd* plaisancière

**raft** *nd* radeau

**ferry** *nd* [transporte des passagers, des véhicules et des marchandises sur de courtes distances. Grand ou petit] ferry, bac

**hovercraft** *nd* aéroglisseur

**liner** *nd* [plus chic que le terme **ferry**. Gros navire qui couvre de grandes distances] paquebot

**steamboat** ou **steamer** *nd* [surtout utilisé pour la navigation fluviale ou le cabotage] bateau à vapeur

**barge** *nd* chaland, péniche

**dinghy** *nd* canot

**sail** *nd* voile

**mast** *nd* mât

**deck** *nd* pont

**cabin** *nd* cabine

**bridge** *nd* passerelle

**wheel** *nd* roue de gouvernail

**rudder** *nd* gouvernail

**oar** *nd* rame, aviron

**sail** *vit* **1** [larguer les amarres] prendre la mer *We sail at three.* Nous prenons la mer à trois heures. **2** [voyager] faire du bateau, voyager en bateau *She sailed her yacht around the world.* Elle a fait le tour du monde en bateau de plaisance.

**row** *vit* ramer *We rowed across the lake.* Nous avons traversé le lac à la rame.

**voyage** *nd* [gén en parlant de voyages d'aventures] voyage

**cruise** *nd* [voyage paisible et agréable] croisière

**embark** *vi* embarquer *We embarked at Liverpool.* Nous avons embarqué à Liverpool.

**disembark** *vi* (souvent + **from**) débarquer

**anchor** *nd* ancre *to drop anchor* jeter l'ancre

**anchor** *vit* mouiller *We anchored in calm waters.* Nous avons mouillé dans des eaux paisibles.

**moor** *vit* (souvent + **to**) [attacher avec un filin] amarrer

**moorings** *n pl* **1** AUSSI **mooring** [endroit où est amarré le bateau] mouillage **2** [filins] amarres

**port** *nd* port

**dock** *nd* [endroit où on charge et décharge les bateaux] dock, bassin **dock** *vit* (se) mettre à quai

**jetty** *nd* embarcadère, débarcadère

**harbour** (*Brit*), **harbor** (*US*) *nd* port

**pier** *nd* **1** [endroit où les bateaux accostent] débarcadère **2** [promenade pour les touristes dans une station côtière] jetée

**docker** *nd* docker

**shipbuilder** *nd* constructeur naval

**shipbuilding** *ni* construction navale (utilisé comme *adj*) *the shipbuilding industry* (l'industrie de) la construction navale

**shipyard** ou **dockyard** *nd* chantier naval

**sailor** *nd* [désigne les gens qui naviguent professionnellement et ceux qui naviguent pour le plaisir. Peut aussi désigner les gens qui sont occasionnellement passagers d'un bateau ou d'un navire] marin *Are you a good sailor?* Est-ce que tu as le pied marin?

**seaman** *nd, pl* **seamen** [désigne uniquement des hommes, gén des hommes très expérimentés ou dont c'est le métier] marin

**crew** *nd* (+ *v sing* ou *v pl*) équipage

**captain** *nd* commandant, capitaine (de vaisseau)

**overboard** *adv* par-dessus bord *Man overboard!* Un homme à la mer! *to fall overboard* tomber par-dessus bord

**shipwreck** *nd* naufrage **shipwreck** *vt* (gén au passif) faire naufrage *They were shipwrecked off the Devon coast.* Ils ont fait naufrage le long des côtes du Devon.

**lighthouse** *nd* phare

**buoy** *nd* bouée

**lifeboat** *nd* canot de sauvetage

**lifejacket** *nd* gilet de sauvetage

## 313 Aircraft Avions

**aircraft** *nd, pl* **aircraft** avion *a light aircraft* avion de tourisme

**aeroplane** (*Brit*), **airplane** (*US*), [plus informel]

**plane** (*Brit & US*) *nd* avion *to fly a plane* piloter un avion

**airline** *nd* compagnie aérienne

**airliner** *nd* [plutôt vieilli. Gros avion destiné au transport des passagers] avion de ligne

**jet** *nd* avion à réaction

**jumbo (jet)** *nd* jumbo-jet

**glider** *nd* planeur

**helicopter** *nd* hélicoptère

**spacecraft** *nd, pl* **spacecraft** vaisseau spatial

**rocket** *nd* fusée

**(hot air) balloon** *nd* montgolfière, ballon

**cockpit** *nd* cockpit, poste de pilotage

**cabin** *nd* cabine

**wing** *nd* aile

*I flew to Moscow with British Airways.* Je suis allé à Moscou en avion avec la British Airways. *We flew into a storm.* Notre avion est entré dans une zone de tempête. **2** *vt* piloter *They fly the jets low.* On fait voler les jets à basse altitude.

**flight** *nd* vol *I booked a flight to Rome.* J'ai réservé une place dans l'avion de Rome. *We had a smooth flight.* Il n'y a pas eu de turbulences pendant le vol.

**take off** *vi prép* décoller *We took off from London an hour ago.* Nous avons décollé de Londres il y a une heure.

**take-off** *nd* décollage *Fasten your seat belts for take-off.* Attachez vos ceintures pour le décollage.

**land** *vit* atterrir, (se) poser *The plane landed in a field.* L'avion a atterri dans un champ. *She managed to land the plane safely.* Elle a réussi à poser l'avion sans dommages. **landing** *nd* atterrissage

### 313.1 L'aéroport

**hangar** *nd* hangar

**runway** *nd* piste

**radar** *nd* radar

**control tower** *nd* tour de contrôle

**check-in desk** *nd* enregistrement

**departure lounge** *nd* salle d'embarquement

### 313.2 Voler

**fly** *v, prét* **flew** *part passé* **flown** **1** *vi* se rendre en avion

### 313.3 Personnes qui travaillent dans le monde de l'aviation

**crew** *nd* équipage, personnel navigant

**pilot** *nd* pilote

**(air) steward** *nd* steward

**(air) stewardess** *nd* hôtesse de l'air

**air hostess** *nd* hôtesse de l'air

**air traffic controller** *nd* contrôleur aérien **air traffic control** *n* (+ *v sing* ou *pl*) contrôle de la navigation aérienne

## 314 Trains Trains

**train** *nd* train *We travelled by train.* Nous avons fait le voyage en train. *to catch a train* prendre un train *passenger/goods train* train de voyageurs/de marchandises

**carriage** (*Brit*), **car** (*US*) *nd* wagon

**compartment** *nd* [wagon ou partie d'un wagon] compartiment *a no smoking compartment* un compartiment non-fumeurs

**railway** (*Brit*), **railroad** (*US*) **1** [rails] voie ferrée *Don't play on the track.* Ne jouez pas sur la voie ferrée. **2** AUSSI **railways** [réseau de voies ferrées] chemin(s) de fer *the national railway* les chemins de fer nationaux

**rail** *n* **1** *ni* chemin de fer *to travel by rail* voyager par chemin de fer (utilisé comme *adj*) *rail travel* voyage par chemin de fer **2** *nd* [partie de voie ferrée] rail *Do not cross the rails.* Ne traversez pas la voie ferrée.

### 314.1 La gare

**(railway) station** *nd* gare (de chemin de fer)

**terminal** *nd* terminus

**terminate** *nd* ne pas aller plus loin *This train terminates at Manchester.* Ce train ne va pas plus loin que Manchester.

**waiting room** *nd* salle d'attente

**platform** *nd* quai, voie *the train departing from platform 7* le train au départ du quai numéro 7

**(railway) line** ou **track** *nd* ligne de chemin de fer, voie ferrée

**signal** *nd* signal

### 314.2 Personnes qui travaillent dans les gares et dans le chemin de fer

**porter** *nd* porteur

**guard** *nd* chef de train

**ticket collector** *nd* contrôleur

**(train) driver** *nd* conducteur (de train)

**signalman** *nd* aiguilleur

# 315 Other Transport Autres moyens de transport

**vehicle** *nd* [plutôt formel ou technique] véhicule *heavy vehicles* poids lourds

**traffic** *ni* circulation *Heavy traffic blocked the roads.* Les routes étaient bloquées par une circulation dense.

## 315.1 Véhicules destinés au transport des marchandises

**lorry** (*Brit*), **truck** (*Brit & US*) *nd* camion, poids lourd

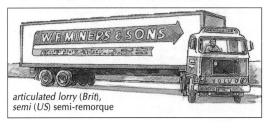

articulated lorry (*Brit*),
*semi* (*US*) semi-remorque

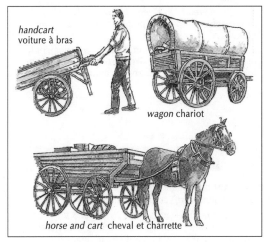

handcart
voiture à bras

*wagon* chariot

*horse and cart* cheval et charrette

**van** *nd* fourgonnette

**cart** *nd* [à 2 ou 4 roues. Véhicule tiré par un animal ou poussé à bras] charrette

**wagon** (*Brit & US*), **waggon** (*Brit*) *nd* **1** [surtout tiré par des chevaux] chariot **2** (*Brit*) [pour le transport des marchandises par chemin de fer] wagon de marchandises

## 315.2 Véhicules destinés au transport des voyageurs

**taxi** ou **cab** *nd* taxi *to call a cab* appeler un taxi

*bus* autobus
*bus stop*
arrêt d'autobus

*bus conductor* receveur, contrôleur

*coach* (*Brit*), *touring bus* (*US*) car

*minibus* minibus

*tram* tram

**caravan** (*Brit*), **camper** (*US*) *nd* caravane

## 315.3 Véhicules à deux roues

**bicycle** ou [informel] **bike** *nd* bicyclette, vélo

**bicycle** ou **cycle** ou [informel] **bike** *vi* (souvent + **to**) faire de la bicyclette/du vélo, se rendre en bicyclette/à vélo

**motorbike** *nd* moto

**motorcycle** *nd* [plutôt vieilli] motocyclette

**moped** *nd* vélomoteur, mobylette

**scooter** *nd* **1** ou **motor scooter** [plutôt vieilli, avec de petites roues] scooter **2** [jouet d'enfant] trottinette

# 316 Travel documents and Procedures
## Documents de voyage et Formalités

**ticket office** *nd* guichet

**ticket** *nd* billet, ticket

**fare** *nd* tarif, prix du billet *Children travel half fare.* Les enfants voyagent à demi-tarif.

**reserve** *vt* [obj: siège, place] réserver *I'd like to reserve a seat on the 12.40 train.* J'aimerais réserver une place dans le train de 12h40.

**reservation** *nd* réservation *to make a reservation* faire une réservation

**book** *vit* réserver *I'd like to book a first class ticket to Seattle please.* J'aimerais réserver un billet de première classe pour Seattle, s'il vous plaît. *Will I be able to get a ticket on the day or do you have to book in advance?* Est-ce que je pourrai avoir un billet le jour même ou est-ce qu'il faut réserver à l'avance? *Book me on the 12.30 flight.* Réservez-moi une place sur le vol de 12h30.

**booking** *ndi* réservation *Do you have a booking available for that flight?* Est-ce que vous avez encore une place libre sur ce vol?

**customs officer** *nd* douanier

**customs** *n pl* **1** [endroit] douane *to go through customs* passer la douane **2** [taxe] droit de douane *to pay customs (duty) on sth* payer des droits de douane pour qch

**declare** *vt* déclarer *goods to declare* marchandises à déclarer *nothing to declare* rien à déclarer

**duty-free** *n* **1** *nd* ou **duty free shop** (souvent + **the**) boutique hors-taxe *Have you been in the duty-free?* As-tu été à la boutique hors-taxe? **2** *ni* [marchandises] produits hors-taxe *Did you buy any duty-free?* As-tu acheté des produits hors-taxe?

**duty-free** *adj* hors-taxe *duty-free cigarettes* cigarettes hors-taxe

**visa** *nd* visa

**boarding pass** *nd* carte d'embarquement

**passport** *nd* passeport

**identity card** ou **ID card** *nd* **1** [passeport] carte d'identité **2** [laissez-passer donnant accès à une bibliothèque, un bâtiment ordinairement fermé au public, etc.] carte d'identification

---

### ACHETER DES BILLETS

Les termes **single** (*Brit*) et **return** (*Brit*) s'utilisent souvent comme substantifs: *A single to Cambridge, please.* (Un aller simple pour Cambridge, s'il vous plaît.) *Two returns to Manchester.* (Deux allers et retours pour Manchester.)

**Return** s'utilise parfois comme adjectif: *A return ticket to London.* (Un billet aller et retour pour Londres.)

**Single** ne s'emploie généralement pas comme adjectif à cause de la confusion possible due au fait que *a single ticket* peut signifier un billet pour un seul trajet ou un seul billet.

En anglais américain, on utilise le terme **one-way ticket** plutôt que **single ticket**, et le terme **round-trip ticket** plutôt que **return ticket**.

Habituellement, on ne précise pas **second class** (deuxième classe) pour les billets de train. Si vous souhaitez voyager en première classe, il faut demander:

*A first-class return to Liverpool, please.* (Un aller et retour pour Liverpool en première classe, s'il vous plaît.)

Lorsqu'on prend l'avion, on précise généralement la classe souhaitée, par ex. **first class** (première classe), **business class** (classe affaires), **economy class** (classe touriste).

---

## 317 Travel Voyager

**travel** *vit,* -**ll**- (*Brit*), -**l**- (*US*) voyager *I travelled to London by train.* Je me suis rendu à Londres en train. *Have you travelled much?* Avez-vous beaucoup voyagé? *We travelled over 300 miles a day.* Nous avons fait plus de 300 miles par jour.

**travel** *ni* voyage *My job involves a lot of travel.* Mon travail m'oblige à beaucoup voyager. *air travel* voyage par avion (utilisé comme *adj*) *travel writer* écrivain spécialisé dans les récits de voyage

---

> **u s a g e**
>
> Attention à ne pas confondre le terme **travel** (voyage), qui est indénombrable avec les termes **trip** (voyage, excursion) et **journey** (voyage, trajet) qui sont tous les deux dénombrables. On peut dire *I've made many interesting trips/journeys.* (J'ai fait beaucoup de voyages intéressants.) Mais on ne peut pas dire *many interesting travels.*

---

**traveller** (*Brit*), **traveler** (*US*) *nd* voyageur

**travel agent** *nd* **1** [personne] agent de voyage **2** [boutique] agence de voyage **travel agency** *nd* agence de voyage

**hitch-hike** *vi* faire de l'auto-stop **hitch-hiker** *nd* auto-stoppeur

**commute** *vi* (souvent + **to**) [régulièrement, surtout pour aller travailler] faire la navette *I commute to the office from Berkshire.* Je fais la navette depuis le Berkshire pour aller au bureau.

**commuter** *nd* personne qui fait la navette, banlieusard (utilisé comme *adj*) *commuter train* train de banlieue

**passenger** *nd* passager *air/rail passengers* les voyageurs qui empruntent l'avion/le train (utilisé comme *adj*) *passenger seat* place à côté du conducteur

**tourism** *ni* tourisme **tourist** *nd* touriste (utilisé comme *adj*) *the tourist trade* le tourisme *a popular tourist resort* une station touristique très fréquentée

---

> **u s a g e**
>
> En anglais, il n'y a pas d'adjectif correspondant au substantif **tourist**. Le substantif est lui-même souvent utilisé comme adjectif comme on a pu le voir dans les exemples ci-dessus.

---

### 317.1 Voyages

**journey** *nd* [terme générique, plus ou moins long] voyage, trajet *I always wear a seat belt, even on short journeys.* J'attache toujours ma ceinture de sécurité, même pour de courts trajets. *a journey across Africa* un voyage à travers l'Afrique

**journey** *vi* [plutôt littéraire] voyager *We journeyed through Asia.* Nous avons voyagé à travers l'Asie.

**expedition** *nd* [gén riche en aventures, exigeant une préparation] expédition *an expedition to the North Pole* une expédition au Pôle nord *a mountaineering expedition* une expédition en montagne [souvent utilisé de façon humoristique] *We've had an expedition to the shops.* Nous avons fait une expédition dans les magasins.

**explore** *vti* explorer *We explored the area on foot.* Nous avons exploré la région à pied. **explorer** *nd* explorateur **exploration** *nd* exploration *space exploration* exploration de l'espace

**excursion** *nd* [voyage de courte durée, gén pour le plaisir] excursion *They arrange excursions to a local gold mine.* Ils organisent des excursions dans une mine d'or des environs.

**trip** *nd* [gén voyage de courte durée, pour le plaisir ou pour des raisons professionnelles. En anglais britannique, le locuteur donne l'impression qu'il est blasé s'il utilise ce terme en parlant de voyages plus longs] voyage *a shopping trip* une expédition dans les magasins *business trips* voyages d'affaires

**tour** *nd* [voyage pendant lequel on visite plusieurs endroits] périple **tour** *vti* faire un périple

**package tour** OU **package holiday** *nd* [vacances à un prix forfaitaire incluant le prix du trajet, du logement et souvent des repas] voyage organisé

Itinéraires et destinations

**route** *nd* [suggère plus de rigidité et de préméditation que **way**] itinéraire *bus routes* lignes d'autobus *Which route did you go?* Quel itinéraire avez-vous suivi?

**way** *nd* **1** (souvent + **the**) [itinéraire] chemin *Can you tell me the way to the station?* Pouvez-vous m'indiquer le chemin de la gare? **2** direction *Which way is the Eiffel tower from here?* Dans quelle direction se trouve la tour Eiffel?

**direct** *vt* [un rien formel] indiquer le chemin *Can you direct me to the nearest Post Office?* Pouvez-vous m'indiquer le chemin du bureau de poste le plus proche?

**destination** *nd* destination

**mileage** *ni* distance en miles, kilométrage

**map** *nd* carte

**foreign** *adj* étranger *foreign holidays* vacances à l'étranger *foreign currency* devise étrangère *foreign policy* politique étrangère **foreigner** *nd* étranger

**abroad** *adv* à l'étranger *Did you go abroad for your holiday?* As-tu passé tes vacances à l'étranger? *I lived abroad for several years.* J'ai vécu plusieurs années à l'étranger.

Remarquez qu'on n'utilise pas de préposition devant **abroad**.

**overseas** *adj* d'outre-mer, étranger *overseas customers* clients étrangers **overseas** *adv* outre-mer, à l'étranger *troops based overseas* les troupes en poste à l'étranger

**317.3** Endroits où l'on séjourne

**hotel** *nd* hôtel

**motel** (*Brit & US*), **motor lodge** (*US*) *nd* [pour les automobilistes de passage, gén pour y passer une nuit] motel

**guest house** *nd* (*surtout Brit*) [une maison privée gérée comme un petit hôtel où les hôtes paient leur nourriture et leur logement] pension de famille

**bed and breakfast**, abrév: **B&B** *ndi* (*Brit*) [pension de famille, hôtel ou maison privée où les hôtes paient leur chambre pour une nuit ainsi que le petit déjeuner du lendemain] bed and breakfast, chambre avec petit déjeuner

**resort** *nd* lieu de séjour *a holiday resort* une villégiature *a skiing resort* une station de sports d'hiver

**317.4** Bagages

voir aussi **331 Containers**

**luggage** (*surtout Brit*), **baggage** (*surtout US*) *ni* bagages *Have you got much luggage?* Avez-vous beaucoup de bagages? *hand luggage* bagages à main (utilisé comme *adj*) *luggage rack* porte-bagages *luggage label* étiquette à apposer sur les bagages

**suitcase** *nd* valise

**rucksack** (*Brit & US*), **backpack** (*surtout US*) *nd* sac à dos

**holdall** *nd* [gros sac ou petite valise] fourre-tout

**pack** *nd* [n'importe quels bagages portés sur le dos] sac, sac à dos

**pack** *vit* faire ses bagages, emporter dans ses bagages *Have you packed a warm jumper?* As-tu emporté un pull-over chaud dans tes bagages? *She's still packing.* Elle est encore en train de faire ses bagages. *He packed his bags and left.* Il a fait ses bagages et il est parti.

# 318 **Directions** Directions

voir aussi **L20 Directions**

Directions indiquées par la boussole

**northern** *adj* du nord, septentrional

**southern** *adj* du sud, méridional

**eastern** *adj* de l'est, oriental

**western** *adj* de l'ouest, occidental

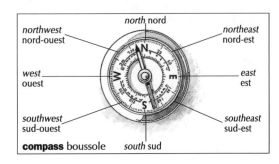

*northwest* nord-ouest · *north* nord · *northeast* nord-est · *west* ouest · *east* est · *southwest* sud-ouest · *south* sud · *southeast* sud-est · **compass** boussole

Les adjectifs ci-dessus signifient "de ou appartenant à une partie du pays ou du monde donnée", ex.: *The eastern region experienced heavy rain.* (Les régions situées à l'est ont subi de fortes pluies.) *northern cities* (les villes du nord) *the southern climate* (le climat méridional)

**northerly** adj du nord, au nord
**southerly** adj du sud, au sud

**easterly** adj d'est, à l'est
**westerly** adj d'ouest, à l'ouest

usage

Les adjectifs ci-dessus signifient "qui proviennent d'une direction donnée ou qui vont dans une direction donnée", ex.: *westerly winds* (des vents d'ouest) *travelling in a northerly direction* (voyageant vers le nord)

**northward** adj au nord
**northward** OU
**northwards** adv vers le nord
**southward** adj au sud
**southward** OU
**southwards** adv vers le sud

**eastward** adj à l'est
**eastward** OU **eastwards** adv vers l'est
**westward** adj à l'ouest
**westward** OU **westwards** adv vers l'ouest

usage

Les adjectifs ci-dessus décrivent une direction, *pas* un vent.

## 318.2 Autres directions

**left** adj & adv (à) gauche *turn left* tourne à gauche *my left hand* ma main gauche
**left** ni gauche *on the left of the street* sur le côté gauche de la rue
**right** adj & adv (à) droite
**right** ni droite *the shop on the right* le magasin sur la droite *to the right of the church* à droite de l'église
**inward** adj 1 [en parlant de l'esprit ou de l'état d'âme] intérieur *inward peace* paix intérieure 2 vers l'intérieur *an inward curve* un virage vers l'intérieur
**inward** OU **inwards** adv vers l'intérieur **inwardly** adv à l'intérieur, intérieurement
**outward** adj 1 [en parlant du corps] extérieur *Her outward expression remained calm.* Extérieurement, son visage restait calme. 2 vers l'extérieur
**outward** OU **outwards** adv vers l'extérieur **outwardly** adv à l'extérieur, extérieurement
**clockwise** adj, adv dans le sens des aiguilles d'une montre
**anticlockwise** (*Brit*), **counterclockwise** (*US*), dans le sens inverse des aiguilles d'une montre
**sideways** adj & adv de côté *We shuffled sideways.* Nous nous poussâmes sur le côté. *She gave me a sideways glance.* Elle me jeta un regard en coin.
**reverse** vti [surtout en parlant de véhicules] faire marche arrière *I reversed the car into the drive.* J'ai entré la voiture dans l'allée en marche arrière.
**reverse** adj inverse *in reverse order* en ordre inverse

expression

**as the crow flies** [par le chemin le plus direct] à vol d'oiseau *It's ten miles by car, but only six as the crow flies.* C'est à quinze kilomètres d'ici en voiture, mais seulement neuf à vol d'oiseau.

# 319 Visit Visiter

voir aussi **286 Wait; 434 Friendship**

**visit** v 1 vt [obj: personne] rendre visite *I visited* (*Brit & US*)/*visited with* (*US*) *my parents last weekend.* Je suis allé voir mes parents le week-end dernier. *Are you going to visit him in hospital?/prison?* Vas-tu lui rendre visite à l'hôpital?/en prison? *visiting hours* heures de visite 2 vt [obj: pays, ville, région, etc.] visiter *They visited Italy last year.* Ils ont visité l'Italie l'année passée. 3 vt [obj: ex. musée, institution, dans un but éducatif ou pour le plaisir] visiter 4 vti [donner ou prendre l'avis d'un professionnel. Obj: ex. docteur, dentiste, avocat etc.] consulter *If symptoms persist visit your doctor.* Si les symptômes persistent, consultez votre médecin.

usage

Les locuteurs natifs de l'anglais utilisent souvent **go to** à la place de **visit**, surtout dans un contexte informel, ex. *Did you go to Florence when you were in Italy?* (As-tu été à Florence quand tu étais en Italie?) *We went to St Paul's Cathedral.* (Nous sommes allés à la Cathédrale Saint-Paul.)

**visit** nd (+ **to, from**) visite *I might pay a visit to the British Museum.* J'irai peut-être faire un tour au British Museum. *They had a visit from their son.* Leur fils est venu en visite. *This isn't a social visit.* Il ne s'agit pas d'une visite de courtoisie.
**visitor** nd visiteur *She doesn't get many visitors.* Elle ne reçoit pas beaucoup de visites. *Visitors are asked not to take photographs.* Les visiteurs sont priés de ne pas prendre de photos.
**stay** vi (+ **with, at**) [suggère que l'on passe la nuit chez les personnes à qui l'on rend visite] séjourner, loger *She's staying with friends.* Elle loge chez des amis. *I stayed at a lovely hotel.* Je suis descendu dans un hôtel charmant. *to stay the night* passer la nuit, loger
**drop in** vi prép (souvent + **on**) [informel, suggère une visite de courte durée et sans façons] passer voir qn *I dropped in on her after work.* Je suis passé la voir en revenant du travail.
**guest** nd 1 [personne invitée chez qn pour y loger ou pour une visite de plus courte durée] hôte, invité *We've got guests coming for dinner.* Nous avons des

invités pour le dîner. **2** [personne invitée pour une sortie tous frais payés] invité *We were taken for a meal as guests of the company.* On nous a offert un repas en tant qu'invités de la firme. **3** [dans un hôtel] clientèle,

client *Guests are reminded that breakfast is at 8.* Nous rappelons à notre clientèle que le petit déjeuner est servi à 8 heures.

**host** (*masc*), **hostess** (*fém*) *nd* hôte, hôtesse

## 320 Distance  Distance

voir aussi **435 Loneliness**

### 320.1  Près

**near** *adv & prép* près *I live near the church.* J'habite près de l'église. *Do you live near (here)?* Tu habites dans les environs? *She stood near me.* Elle se tenait près de moi.

**near** *adj* [en distance, temps, degré, etc.] proche *I got into the nearest car.* Je suis entré dans la voiture la plus proche. *in the near future* dans un proche avenir *Where is the nearest bank from here?* Où se trouve la banque la plus proche?

**close** *adj* **1** (souvent + **to**) [en distance, temps, degré, etc.] proche *Is your house close to an airport?* Y a-t-il un aéroport à proximité de votre maison? *It's close to my bedtime.* Il est presque l'heure à laquelle je me couche. **2** [décrit: ex. ami, collègue] proche, intime *We were very close.* Nous étions très proches.

**close** *adv* (souvent + **to**) près *The lion was coming closer.* Le lion s'approchait. *We stood close to the edge of the cliff.* Nous étions tout près du bord de la falaise. *Don't go too close to that dog.* Ne t'approche pas trop de ce chien.

**closely** *adv* de près *We studied the report closely.* Nous avons étudié le rapport de près. *The sheep were packed closely into pens.* Les moutons étaient entassés dans des enclos.

---

**usage**

**Near** et **close** ont plus ou moins la même signification. Cependant, **close** n'est jamais utilisé seul lorsqu'il est employé comme préposition, il est toujours suivi de **to**: ex.
*I stood near the tree.*
*I stood close to the tree.*

---

**next** *adv* à côté *My house is next to the station.* Ma maison est à côté de la gare. *I sat next to her.* Je me suis assise à côté d'elle.

**next** *adj* prochain, suivant *I turned down the next street.* Je me suis engagé dans la rue suivante.

**nearby** *adj* proche, avoisinant *a nearby village* un village avoisinant

**nearby** *adv* (tout) près *I hid nearby and watched them.* Je me suis caché tout près et je les ai observés.

---

**usage**

N'utilisez pas **nearby** comme préposition, la préposition est **near**.

---

**local** *adj* local, des environs *local shops* les magasins des environs *local government* les pouvoirs locaux

**locally** *adv* dans les environs *Do you live locally?* Vous habitez dans le coin? **local** *nd* habitant de la région

**neighbouring** (*Brit*), **neighboring** (*US*) *adj* voisin, avoisinant *The airport is opposed by residents of neighbouring villages.* Les habitants des villages voisins sont contre l'aéroport.

**neighbour** (*Brit*), **neighbor** (*US*) *nd* voisin *my next-door neighbour* mon voisin immédiat *What will the neighbours think?* Qu'est-ce que les voisins vont penser?

---

**expressions**

**in the vicinity (of)** [formel] aux alentours (de) *There are roadworks in the vicinity of Junction 13.* Il y a des travaux sur la chaussée à proximité de l'embranchement numéro 13. *The castle gets in the vicinity of 10,000 visitors a year.* Le château reçoit aux alentours de 10.000 visiteurs par an.

**within reach (of)** à proximité, d'accès aisé *London is within easy reach by train.* Londres est facilement accessible en train. *When I'm on duty, I have to stay within reach of a phone.* Quand je suis de garde, je dois rester à proximité d'un téléphone.

---

### 320.2  Loin

**far** *adv, comp* **farther** OU **further**, *superl* **farthest** OU **furthest** loin *Have you travelled far?* Avez-vous voyagé loin? *Edinburgh isn't far away.* Edimbourg n'est pas loin. *Do you live far from the office?* Tu habites loin de ton bureau? *I was far from satisfied.* J'étais loin d'être satisfait.

**far** *adj, comp* **farther** OU **further**, *superl* **farthest** OU **furthest** loin, éloigné *Is the station far?* La gare est-elle loin? *Is it far to Paris?* C'est loin, Paris? *in the far distance* dans le lointain

---

**usage**

**Far** est gén employé dans des phrases interrogatives ou négatives. Dans des affirmations, on emploie l'expression **a long way**, ex. '*Is it far to Edinburgh?*' '*Yes, it's a long way*'/'*No, it's not far.*' 'C'est loin, Edimbourg?' 'Oui, c'est loin/Non, ce n'est pas loin.'

---

**distant** *adj* lointain *distant lands* pays lointains *a distant memory* un lointain souvenir *the distant sound of voices* le son des voix dans le lointain *in the not-too-distant future* dans un avenir pas trop éloigné

**distance** *ndi* distance *I have to drive long distances to work.* Je dois faire de longs trajets en voiture pour aller travailler. *What's the distance between here and Manchester?* Quelle est la distance qui nous sépare de Manchester? *I could see someone in the distance.* J'apercevais quelqu'un dans le lointain. *I keep my distance when she's in that mood!* Je garde mes distances quand elle est de cette humeur!

**distance oneself** *v* (gén + **from**) [montrer qu'on n'est pas impliqué] se distancier *I tried to distance myself from their criticism of his work.* J'ai essayé de me distancier des critiques émises à l'égard de son travail.

**remote** nd [très éloigné et isolé] lointain *a remote island* une île lointaine *An agreement seems as remote as ever.* Nous sommes plus éloignés que jamais d'un accord. *They don't have the remotest chance of success.* Ils n'ont pas la moindre chance de réussir.

**remotely** adv [gén dans une phrase négative] de loin, faiblement *I'm not remotely interested.* Je ne suis pas le moins du monde intéressé.

**out-of-the-way** adj peu fréquenté *We visited all the little out-of-the-way places.* Nous avons visité tous les petits endroits perdus.

**long way** loin *It's a long way to Athens.* Athènes, c'est loin. *I live a long way away.* J'habite loin d'ici. *We walked a long way.* Nous avons marché longtemps. *It's a long way from being finished.* C'est loin d'être terminé.

## 321 Come Venir

voir aussi **373 Get**

**come** vi, prét **came** part passé **come** venir *I've come to see Dr Smith.* Je suis venu voir le Dr Smith. *They came to tea.* Ils sont venus prendre le thé. *Are you coming with us?* Est-ce que tu viens avec nous?

**arrive** vi (souvent + **at**, **in**) arriver *We arrived at his house by car.* Nous sommes arrivés chez lui en voiture. *when summer arrives* lorsqu'arrive l'été

**arrival** nid arrivée *On arrival, we were given a glass of sherry.* On nous donna un verre de sherry à notre arrivée. *new arrivals to the firm* les nouveaux venus au sein de la firme *Fog delayed all arrivals at Heathrow.* Le brouillard a retardé tous les vols arrivant à Heathrow.

### usage

Les prépositions à utiliser avec le verbe **arrive** sont **at** et **in**. On utilise **arrive at** surtout en parlant d'un immeuble ou d'un endroit précis mais on l'utilise rarement en parlant d'une ville. On utilise **arrive in** surtout en parlant d'une grande ville, mais on peut aussi l'utiliser en parlant d'une petite localité ou d'un village. On n'utilise jamais **arrive in** en parlant d'un immeuble. Ex. *We arrived at school at 9.30.* (Nous sommes arrivés à l'école à 9h30.) *We arrived in London yesterday.* (Nous sommes arrivés à Londres hier.) *She arrives in Spain next week.* (Elle arrivera en Espagne la semaine prochaine.)

**reach** vt 1 [obj: endroit] arriver à *We should reach Kansas before dawn.* Nous devrions arriver dans le Kansas avant l'aube. 2 [parvenir à] atteindre *when you reach my age* lorsque tu auras mon âge *to reach a target* atteindre une cible

**attend** vti [gén employé dans un contexte assez formel. Obj: ex. réunion, tribunal] assister à *I've been invited to attend the ceremony.* J'ai été invitée à assister à la cérémonie.

**attendance** nid présence *Your attendance at the hearing is required.* Votre présence est requise pendant l'audience.

**show up** vi prép [informel] s'amener *Nigel showed up half an hour late.* Nigel s'est amené une demi-heure en retard. *She wouldn't dare show up after what you said to her.* Elle n'oserait pas se montrer après ce que tu lui as dit.

### 321.1 Approcher

**approach** vti (s')approcher *We approached the dogs carefully.* Nous nous approchâmes prudemment des chiens. *The evenings are dark now winter is approaching.* Les soirées sont sombres maintenant que l'hiver approche.

**approach** n (pas de pl) approche *the approach of death* l'approche de la mort

**advance** vi (souvent + **on**, **towards**) [suggère la détermination] (s') avancer *Troops advanced on the city.* Les troupes marchèrent sur la ville. *He advanced towards me, holding a knife.* Il s'avança vers moi, un couteau à la main.

**advance** nd (souvent + **on**) [surtout dans un contexte militaire] progression

### 321.2 Apparaître

**appear** vi apparaître *A light appeared in the distance.* Une lueur apparut au loin. *The plumber didn't appear until 11 o'clock.* Le plombier n'a fait son apparition qu'à 11 heures.

**appearance** nd apparition *We were startled by the appearance of a policeman.* Nous avons été surpris par l'apparition d'un policier.

**turn up** vi [informel. Souvent en parlant d'apparitions inattendues] arriver, se pointer *He always turns up late.* Il arrive toujours en retard. (+ **to**) *Guess who turned up to the party?* Devine qui s'est pointé à la fête?

**emerge** vi émerger, surgir *He emerged from under the bedclothes.* Il émergea des couvertures. *A stream emerged from underground.* Un ruisseau surgissait du sol.

## 322 Go Aller

voir aussi **L4 Leave-taking**

**go** vi, prét **went** part passé **gone** 1 (souvent + **away**) [quitter un endroit] partir *Don't go yet.* Ne partez pas encore. *Where has she gone?* Où est-elle allée? *The last bus went an hour ago.* Le dernier bus est parti il y a une heure. *Go away!* Allez-vous en! 2 [voyager] aller *a train going to London* un train qui va à Londres

Comparez les exemples suivants: *Mike's gone to Spain.* (Mike est parti en Espagne.) [cela signifie que Mike est toujours en Espagne] *Mike's been to Spain.* (Mike a été en Espagne.) [cela signifie que Mike est allé en Espagne à un moment indéterminé mais qu'il ne s'y trouve plus].

**leave** *vit, prét & part passé* **left** quitter, partir *We left at 6.* Nous sommes partis à 6 heures. *I left my job in June.* J'ai quitté mon emploi au mois de juin. *What time did you leave the party?* A quelle heure avez-vous quitté la réception? *I left the office early.* J'ai quitté le bureau plus tôt que d'habitude.

**depart** *vi* [plus formel que **leave** et **go**. Surtout utilisé en parlant des transports publics] partir *The train departs at four.* Le train part à 4 heures. *when the last guests had departed* quand les derniers invités furent partis

**departure** *nd* départ *His colleagues were puzzled by his sudden departure.* Ses collègues furent surpris par son départ soudain. (utilisé comme *adj*, surtout dans le domaine des transports aériens) *departure lounge* salle d'embarquement

**withdraw** *v, prét* **withdrew** *part passé* **withdrawn** (souvent + **from**) **1** *vit* [faire marche arrière, surtout après une défaite. Suj/obj: surtout armée] (se) retirer *voir aussi **248 War** **2** *vi* [formel. S'éloigner ou s'en aller] se retirer, s'éloigner *They withdrew from the scene in horror.* Ils s'éloignèrent de la scène, horrifiés. **3** *vt* [enlever. Obj: ex. licence, soutien, remarque] retirer *When he apologized, I withdrew my complaint.* Lorsqu'il a présenté ses excuses, j'ai retiré ma plainte.

**withdrawal** *nd* retrait *the army's withdrawal from the occupied territory* le retrait des forces armées du territoire occupé

**return** *v* **1** *vi* (souvent + **from, to**) retourner, revenir *I will never return to my country.* Je ne retournerai jamais dans mon pays. *I returned home to find the house on fire.* J'ai trouvé la maison en feu quand je suis rentré. *He returned to work after a long illness.* Il est retourné au travail après une longue maladie. **2** *vt* (souvent + **to**) [restituer] rendre, rapporter *I have to return my library books today.* Je dois rapporter mes livres à la bibliothèque aujourd'hui. *I'm just returning your call.* Je réponds simplement à votre appel. *She borrowed my shampoo and didn't return it.* Elle a emprunté mon shampoing et ne me l'a pas rendu.

**return** *n* **1** *ndi* retour *On my return, I was greeted by a crowd of wellwishers.* A mon retour, je fus accueillie par une foule de sympathisants. (utilisé comme *adj*) *the return voyage* le voyage de retour **2** restitution *The government demanded the immediate return of all hostages.* Le gouvernement exigea la restitution immédiate de tous les otages.

## 322.1 Fuir

**run away** *vi prép* (souvent + **from**) se sauver, fuir *We ran away when we heard his voice.* Nous nous sommes sauvés quand nous avons entendu sa voix. *to run away from home* faire une fugue *It's no good running away from your problems.* Ça ne sert à rien de fuir tes problèmes.

**flee** *vit, prét & part passé* **fled** (souvent + **from**) [littéraire] fuir *They were forced to flee from the advancing army.* Ils furent obligés de fuir devant les troupes en marche. *to flee the country* fuir le pays

**flight** *ndi* fuite *to put sb to flight* mettre qn en fuite *The intruders **took flight** when the alarm sounded.* Les intrus prirent la fuite quand l'alarme se déclencha.

**retreat** *vi* (souvent + **from**) [suj: surtout armée] battre en retraite *A series of explosions caused the crowd to retreat in confusion.* Une série d'explosions sema la confusion et fit battre la foule en retraite.

**retreat** *ndi* (souvent + **from, to**) retraite, repli *When he drew a knife I **beat a hasty retreat**.* Quand il a sorti un couteau, je suis parti en vitesse. *We would not fire on an army **in retreat**.* Nous ne tirerions pas sur une armée qui bat en retraite.

**desert** *vi* **1** [laisser] abandonner *His friends deserted him.* Ses amis l'ont abandonné. **2** (souvent + **from**) [fuir l'armée] déserter **desertion** *nd* désertion *voir aussi **248 War**

**abandon** *vt* **1** [suggère une part d'irresponsabilité et de cruauté] abandonner *I couldn't just abandon the children.* Je serais incapable d'abandonner les enfants. *They abandoned us to our fate.* Ils nous abandonnèrent à notre sort. **2** [renoncer] abandonner *We had to abandon our plans for a big wedding.* Nous avons dû abandonner notre projet d'un mariage en grande pompe. *We have not abandoned hope that he is alive.* Nous n'avons pas abandonné tout espoir de le retrouver vivant.

**turn tail** [plutôt informel. Suggère la panique ou la couardise] prendre ses jambes à son cou *When the intruders saw us they turned tail and fled.* Quand les intrus nous ont aperçus, ils ont pris leurs jambes à leur cou et se sont enfuis.

### 322.2 Disparaître

**disappear** *vi* disparaître *She disappeared behind a screen.* Elle disparut derrière un paravent. *Some beautiful countryside is disappearing.* Des paysages merveilleux sont en train de disparaître. *All that food disappeared in minutes.* Toute cette nourriture a disparu en quelques minutes. *My diary has disappeared from my drawer.* Mon journal intime a disparu de mon tiroir. **disappearance** *ndi* disparition

**vanish** *vi* [plus complètement et de façon plus permanente que **disappear**] disparaître *The image vanished from the screen.* L'image disparut de l'écran. *He simply **vanished into thin air**.* Il s'est tout simplement volatilisé.

---

***EXPRESSIONS FAMILIÈRES POUR DIRE AUX GENS DE S'EN ALLER.***

**Clear off/out!** [en s'adressant par ex. à des intrus] fichez le camp!

**Get out (of here)!** [suggère souvent la colère et le mépris] sortez (d'ici!)

**Piss off!** (*Brit*) [assez fort et agressif] foutez le camp!

**On yer bike!** (*surtout Brit*) [pas très agressif, parfois légèrement humoristique] en route!

**Get lost!** [exprime la colère] fous-moi le camp!

## 323 **Bring** Apporter

voir aussi **336 Hold**; **337 Carry**; **375 Take**

**bring** *vt, prét & part passé* **brought 1** apporter, amener *I've brought you some flowers.* Je t'ai apporté quelques fleurs. *Will you be bringing a friend to the party?* Est-ce que tu comptes amener un ami à la réception? *Will you bring me back a present?* Tu me rapporteras un cadeau? **2** [causer] susciter *The announcement brought loud applause from the audience.* L'annonce de la nouvelle suscita les applaudissements nourris du public.

### u s a g e

Comparez **bring** (apporter) et **take** (emmener). La différence entre ces deux termes est semblable à la différence existant entre les termes **come** (venir) et **go** (aller). Lorsqu'on apporte (**bring**) quelque chose, on vient avec cette chose. Lorsqu'on emmène (**take**) quelque chose, on se rend dans un endroit déterminé avec cette chose.

**deliver** *vti* [gén dans un contexte commercial] livrer *Our new bed was delivered last week.* On nous a livré notre nouveau lit la semaine dernière.
**delivery** *ndi* livraison *We **took delivery of** a large*

*parcel.* Nous avons pris livraison d'un paquet volumineux.

**transport** *vt* [gén dans un contexte commercial. Implique de gros chargements et de longues distances] transporter *The aircraft was adapted to transport racehorses.* L'avion a été spécialement adapté au transport des chevaux de course.
**transportation** *ni* transport

**fetch** *vt* aller chercher *Would you fetch my shoes from the bedroom?* Est-ce que tu veux bien aller chercher mes chaussures dans la chambre? *I fetched him his meal.* Je suis allé lui chercher son repas. *Go and fetch her mother.* Va chercher sa mère.

### u s a g e

Si vous allez chercher (**fetch**) quelque chose ou quelqu'un, vous vous rendez dans un endroit différent et vous revenez de cet endroit avec ce quelque chose ou ce quelqu'un. *voir aussi la note d'usage sous **bring**

**drop off** sth/sb ou **drop** sth/sb **off** *vt prép* (souvent + **at**) déposer *I dropped him off outside the station.* Je l'ai déposé devant la gare.

## 324 **Avoid** Eviter

voir aussi **445 Hate and Dislike**

**avoid** *vt* **1** [rester loin de] fuir *I think he's avoiding me.* Je crois qu'il me fuit. *They're dangerous people – I avoid them **like the plague**.* Ce sont des gens dangereux – je les fuis comme la peste. **2** [empêcher qn ou soi-même de faire qch] éviter *I avoid physical exercise when possible.* J'évite l'exercice physique chaque fois que c'est possible. *Don't get into conversation with him if you can avoid it.* Ne commence pas à parler avec lui si tu peux l'éviter. *You can't avoid noticing it.* Tu ne peux pas ne pas le remarquer.
**avoidance** *ni* le fait d'éviter

**evade** *vt* **1** [surtout par des moyens malhonnêtes. Obj: ex. devoir] échapper à, se dérober *He evaded conscription by feigning illness.* Il a échappé au service militaire en faisant semblant d'être malade. **2** [fuir. Obj: ex. attaquant, poursuivant] échapper à
**evasion** *ni* [par des moyens malhonnêtes] dérobade, fraude *tax evasion* fraude fiscale
**evasive** *adj* **1** [péjoratif] évasif *evasive answers* réponses évasives **2** [pour échapper à un danger, etc.] dilatoire *to take evasive action* prendre la tangente

**dodge** *v* **1** *vti* [faire un mouvement brusque] (s')esquiver *She dodged behind the screen when she saw them approach.* Elle plongea derrière le paravent quand elle les vit s'approcher. *We ran, dodging falling rocks.* Nous courions, en esquivant les pierres qui tombaient. **2** *vt* [souvent péjoratif. Eviter, surtout par une astuce] échapper à, se dérober à, éluder *She's always trying to dodge cleaning duty.* Elle essaie toujours d'échapper

aux travaux de nettoyage. *I managed to dodge the question.* J'ai réussi à éluder la question.
**duck** *vit* [incliner la tête ou le corps] se baisser *He ducked (his head) as he saw the stone flying towards him.* Il baissa la tête quand il vit s'approcher la pierre. *Duck!* Baisse-toi!
**duck out of** (sth) *vt prép* [informel. Implique qu'on essaie d'échapper à ses responsabilités] se dérober *You said you'd take me swimming – don't try to duck out of it now.* Tu avais dit que tu m'emmènerais nager – n'essaie pas de te dérober maintenant.

### e x p r e s s i o n s

**give sb/sth a wide berth** [ne pas s'approcher] éviter, se tenir à une distance respectueuse *I'd give that area a wide berth in the tourist season.* A votre place, j'éviterais cet endroit pendant la saison touristique.

**steer clear of sb/sth** [ne pas s'approcher, ne pas se mêler à] éviter, garder ses distances *I'd steer clear of the town centre, the traffic's awful.* A votre place, j'éviterais le centre de la ville, la circulation y est terrible.

**have nothing to do with sb/sth** ne rien avoir à faire/à voir avec qn/qch *Since she came out of prison, he refuses to have anything to do with her.* Depuis qu'elle est sortie de prison, il ne veut plus rien avoir à faire avec elle. *She claims she has nothing to do with her son's business affairs.* Elle prétend qu'elle n'a rien à voir dans les affaires de son fils.

**shirk** *vit* [péjoratif. Suggère la paresse] se dérober (à) *People won't respect you if you shirk your responsibilities.* Les gens ne te respecteront pas si tu te dérobes à tes responsabilités.

**get out of** sth *vt prép* (souvent + -ing) [éviter de faire qch qu'on est obligé de faire] échapper à *I managed to get out of going to the meeting.* J'ai réussi à échapper à la réunion.

## 325 Early Tôt

**early** *adj* **1** [avant le moment opportun ou habituel] trop tôt, en avance *My bus was early today.* Mon bus avait de l'avance ce matin. (+ **for**) *I was 10 minutes early for the meeting.* Je suis arrivé à la réunion 10 minutes trop tôt. **2** [au début de la journée ou d'une période donnée] tôt *I usually get up early.* Je me lève habituellement tôt. *an early-morning meeting* une réunion matinale *the early 1920's* le début des années 20

**early** *adv* **1** [avant le moment opportun ou habituel] tôt, en avance *She arrived earlier than the others.* Elle est arrivée plus tôt que les autres. *We left early to avoid the traffic.* Nous sommes partis plus tôt pour éviter la circulation. **2** [au début de la journée ou d'une période donnée] tôt, au début *We went to Rome earlier in the year.* Nous sommes allés à Rome au début de l'année. *early in the morning* tôt le matin

**premature** *adj* **1** [avant le moment opportun ou habituel] prématuré *The baby was 2 months premature.* Le bébé était prématuré de 2 mois. *her premature death* sa mort prématurée **2** [péjoratif. Plus tôt qu'il n'est raisonnable ou convenable] prématuré *The celebrations turned out to be premature.* Les réjouissances se sont avérées prématurées.

**too soon** trop tôt *Friday is too soon – I won't be ready by then.* Vendredi, c'est trop tôt – Je ne serai pas prêt.

## 326 Late Tard

voir aussi **330 Delay**

**late** *adj* **1** [après le moment opportun ou habituel] en retard, trop tard (+ **for**) *She was late for work.* Elle est arrivée en retard à son travail. *You're too late – all the tickets have been sold.* Vous arrivez trop tard – tous les billets ont été vendus. *We were too late to save him.* Nous sommes arrivés trop tard pour le sauver. *We'll have a late lunch.* Nous déjeunerons tard. **2** [à la fin de la journée ou d'une période donnée] à la fin *late afternoon* en fin d'après-midi *the late 1980's* la fin des années 80 *the late-night movie* le dernier film de la soirée

**late** *adv* **1** [après le moment opportun ou habituel] tard, en retard *They arrived late for the concert.* Ils sont arrivés en retard au concert. **2** [à la fin de la journée ou d'une période donnée] tard *It happened late at night.* Ça s'est passé tard dans la soirée.

**eventually** *adv* finalement *We eventually saved enough to buy a car.* Finalement, nous avions épargné suffisamment pour acheter une voiture. *Eventually I hope to run my own business.* J'espère finir un jour par gérer ma propre entreprise. *We got there eventually.* Nous avons fini par y arriver.

**eventual** *adj* final *The eventual outcome of the project was successful.* L'issue finale du projet fut heureuse.

### usage

Veillez à ne pas confondre **eventually** (finalement) avec **finally** (en dernier lieu), ex. *And finally, I would like to say thank you.* (Et pour terminer, j'aimerais vous remercier.)

**overdue** *adj* **1** en retard *The baby is a week overdue.* Le bébé est en retard d'une semaine. **2** [qui aurait dû être fait, payé, rendu, etc.] en souffrance, en retard *This letter is long overdue.* Cette lettre est en souffrance depuis longtemps. *overdue library books* des livres empruntés à la bibliothèque qui auraient dû être rendus

### expressions

**last minute** de dernière minute *a few last-minute adjustments* quelques changements de dernière minute *He always leaves it until the very last minute to do his work.* Il attend toujours la dernière minute pour faire son travail.

**eleventh hour** [plus fort que **last minute**. Employé en parlant d'efforts destinés à changer ou améliorer une situation] de dernière minute *an eleventh-hour bid to save the company* une offre de dernière minute permettant de sauver l'entreprise *The government stepped in at the eleventh hour with a substantial grant.* Il était moins cinq quand le gouvernement a proposé une aide substantielle.

**late in the day** [souvent pour marquer la désapprobation. Suggère qu'il est trop tard pour changer quoi que ce soit] un peu tard *It's a bit late in the day to say you're sorry now.* C'est un peu tard pour t'excuser.

**not before time/about time too** [souvent dit avec colère. Suggère que l'action, l'événement aurait dû se passer plus tôt] ce n'est pas trop tôt *They're getting married, and not before time.* Ils se marient, il était temps! *He's been promoted – about time too!* Il a été promu – ce n'est pas trop tôt!

## 327 On Time À l'heure

**on time** à l'heure *She always gets to work on time.* Elle arrive toujours à l'heure à son travail. *Are the trains running on time?* Les trains sont-ils à l'heure? (+ **for**) *We were on time for the meeting.* Nous étions à l'heure pour la réunion.

**in time** à temps (+ **to** + INFINITIF) *We didn't get there in time to help them.* Nous ne sommes pas arrivés à temps pour les aider. (+ **for**) *They arrived in time for the party.* Ils sont arrivés à temps pour assister à la réception. *We'll never get this finished in time.* Nous n'aurons jamais terminé à temps.

**punctual** *adj* [qui arrive à l'heure convenue] ponctuel *I always try to be punctual.* J'essaie toujours d'être ponctuel.

**punctually** *adv* ponctuellement, à l'heure *Make sure you get there punctually.* Tâchez d'arriver à l'heure.

**punctuality** *ni* ponctualité

**prompt** *adj* **1** [qui agit rapidement ou immédiatement] prompt *her prompt acceptance of our offer* son acceptation immédiate de notre offre **2** [à l'heure] exact *six o'clock prompt* six heures sonnantes

**promptly** *adv* rapidement, promptement *He acted promptly to avert disaster.* Il a agi rapidement pour éviter la catastrophe. *He promptly withdrew his offer.* Il retira promptement son offre.

**sharp** OU **on the dot** pile *He arrived at three o'clock sharp/on the dot.* Il est arrivé à trois heures pile.

## 328 Ready Prêt

voir aussi **278 Eager**

**ready** *adj* (souvent + **to** + INFINITIF) **1** (souvent + **for**) [préparé] prêt *Is dinner ready?* Le dîner est-il prêt? *Are you ready to go?* Es-tu prêt à partir? *I'll get the spare room ready for her.* Je vais lui préparer la chambre d'amis. *I feel ready for anything.* Je me sens prêt à tout. **2** [enclin] prêt *He's always ready to help others.* Il est toujours prêt à aider les autres. *You're too ready to mock.* Tu es toujours prête à te moquer.

**readiness** *ni* **1** le fait d'être prêt *The bags were packed in readiness for the journey.* Les sacs étaient préparés en prévision du voyage. **2** [le fait d'être enclin à qch] empressement

**readily** *adv* volontiers, aisément *They agreed readily to the plan.* Ils approuvèrent tout de suite notre plan. *readily available* facilement disponible

**prepare** *vti* **1** [mettre dans l'état approprié] préparer *Before painting, I prepared the walls by filling the cracks.* Avant de peindre, j'ai préparé les murs en colmatant les fissures. *Prepare yourself for a shock.* Préparez-vous à recevoir un choc. *Prepare for take-off.* Préparez-vous à décoller. **2** [confectionner. Obj: ex. repas, discours] préparer *The children prepared a concert for their parents.* Les enfants ont préparé un concert pour leurs parents. **3** [faire des projets et prendre des arrangements] se préparer *We're preparing for visitors.* Nous nous préparons à recevoir des visiteurs.

**preparation** *n* (souvent + **for**) **1** *ni* préparatifs *No amount of preparation could have averted this disaster.* Aucun préparatif n'aurait permis d'éviter cette catastrophe. *Did you do much preparation for the interview?* T'es-tu beaucoup préparé pour cet entretien? **2** *nd* (gén *pl*) préparatifs *Preparations for the wedding are in hand.* Les préparatifs pour le mariage sont en bonne voie.

**set** *adj* (souvent + **to** + INFINITIF; souvent précédé de **all**) fin prêt *I was (all) set to go when James phoned.* J'étais fin prête à partir quand James a téléphoné.

## 329 Soon Bientôt

**soon** *adv* **1** [dans peu de temps] bientôt *I'll be thirty soon.* J'aurai bientôt trente ans. *You'll soon improve.* Tu vas vite t'améliorer. *I soon realized my mistake.* J'ai eu tôt fait de réaliser mon erreur. *We left soon after lunch.* Nous sommes partis assez vite après le déjeuner. *Don't worry, you'll find it **sooner or later**.* Ne te tracasse pas, tu finiras par le retrouver. ***No sooner** had I finished one drink **than** another appeared.*

A peine avais-je vidé mon verre qu'on m'en apportait un autre. **2** [vite] rapidement *Please return this form as soon as possible.* Veuillez renvoyer ce formulaire dans les plus brefs délais. *Could you type this letter for me? **The sooner the better**.* Est-ce que tu pourrais me taper cette lettre? Le plus tôt serait le mieux.

**shortly** *adv* [plus formel que **soon**] sous peu, dans un instant *The mayor will be arriving shortly.* Le maire ne va pas tarder à arriver. *We will shortly be entering the high-security area.* Nous allons bientôt entrer dans le périmètre de haute sécurité. *Dr Green will be with you shortly.* Le docteur Green va vous voir dans un instant.

**presently** *adv* **1** (*Brit*) dans un instant *I'll be back presently.* Je reviens tout de suite. **2** (*surtout US*) [en ce moment] actuellement *The President is presently visiting Argentina.* Le Président visite actuellement l'Argentine.

**next** *adj* prochain *I won't ask her next time.* La prochaine fois, je ne l'inviterai plus. *When's our next meeting?* Quand aura lieu notre prochaine réunion?

**next** *adv* prochainement, après *What comes next?* Qu'est-ce qui suit?

### e x p r e s s i o n s

**in a minute/moment/second** [un rien informel] dans une minute/un moment/une seconde *I'll do it in a moment.* Je vais le faire dans une minute.

**any minute/moment/second/time now** d'une minute/d'un moment/d'une seconde/d'un instant à l'autre *We're expecting an announcement any minute now.* Nous attendons un communiqué d'une minute à l'autre.

## 330 Delay Retarder

voir aussi **245 Hinder; 326 Late**

**delay** *v* **1** *vt* [mettre en retard] retarder *We were delayed at customs.* Nous avons été retardés à la douane. *Production was delayed by strikes.* La production a été retardée par les grèves. *The plane was delayed by an hour.* L'avion avait une heure de retard. **2** *vt* [remettre à plus tard] postposer *We've delayed the wedding until my mother is out of hospital.* Nous avons reporté le mariage jusqu'à ce que ma mère sorte de l'hôpital. **3** *vi* [agir lentement] traîner *If you delay, you'll miss the offer.* Si vous traînez, vous ne pourrez pas profiter de l'offre.

**delay** *ndi* retard *Fog caused delays on the roads.* Le brouillard a ralenti la circulation automobile. *What's the delay?* A combien s'élève le retard? *A month's delay in production could bankrupt us.* Un retard d'un mois dans la production pourrait nous mettre en faillite. *There will be a delay of two hours on all flights out of Heathrow.* Tous les vols au départ de Heathrow auront deux heures de retard.

**postpone** *vt* (souvent + **to**, **until**) [obj: ex. rencontre sportive, visite] postposer, reporter *We've postponed the trip until after the New Year.* Nous avons reporté le voyage jusqu'à l'année prochaine. **postponement** *nid* report, ajournement

**put** sth **off** OU **put off** sth *vt prép* (souvent + **until**) ajourner, reporter *I've put off the meeting until we have all the figures.* J'ai ajourné la réunion jusqu'à ce que nous connaissions tous les chiffres.

### e x p r e s s i o n s

**on ice/on the back burner/on hold** [pas rejeté mais mis de côté pour l'instant] au frigo, en attente *The project is on ice at the moment.* (Le projet a été mis au frigo pour l'instant.) *We've had to put our plans for the extension on the back burner until we've saved more money.* (Nous avons dû mettre nos projets d'agrandissement de la maison en attente jusqu'à ce que nous ayons épargné assez d'argent.)

## 331 Containers Récipients

voir aussi **192.3 Accessories; 317.4 Travel**

**container** *nd* [terme général qui peut désigner tous les ustensiles de cette section] récipient *We need to find a suitable container for your coin collection.* Il nous faut trouver un récipient approprié pour ta collection de pièces de monnaie.

**receptacle** *nd* [plus formel que **container**] récipient, réceptacle

### 331.1 Conditionnement

**box** *nd* boîte, caisse *a box of matches* une boîte d'allumettes **box** *vt* mettre en boîte/en caisse

**packet** *nd* [peut être un sac, un simple papier d'emballage ou un carton] paquet

**pack** (*Brit & US*), **packet** (*surtout US*) *nd* paquet

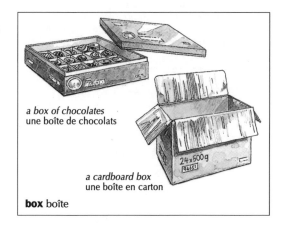

*a box of chocolates*
une boîte de chocolats

*a cardboard box*
une boîte en carton

24×500g

**box** boîte

a bag/packet of crisps (*Brit*),
a bag of potato chips (*US*)
un sachet de chips

a packet of cigarettes (*Brit*),
pack of cigarettes (*US*)
un paquet de cigarettes

a packet of biscuits (*Brit*),
package of cookies (*US*)
un paquet de biscuits

**packet** paquet

**carton** *nd* **1** [destiné à contenir des liquides ou des substances coulantes] pot/boîte en carton **2** [grande caisse en carton souvent utilisée pour l'emballage et le transport de marchandises] caisse, carton

a carton of milk
une brique de lait

a carton of yogurt (*Brit & US*),
a pot of yogurt (*Brit*)
un pot de yaourt

**carton** carton

**tube** *nd* [emballage cylindrique souple à petit goulot fileté pour recevoir un bouchon à vis, destiné à contenir une matière pâteuse] tube *a tube of toothpaste* un tube de dentifrice *a tube of ointment* un tube de pommade

**can** *nd* **1** [récipient fermé hermétiquement destiné à contenir de la nourriture ou une boisson] boîte (de conserve) **2** [récipient conçu pour le transport de liquides, généralement en métal et fermé avec un bouchon ou un couvercle] bidon *an oil can* un bidon d'huile

a can/tin of peas
une boîte de petits pois en conserve

a can of beer
une boîte de bière

**can** boîte de conserve

a watering can
un arrosoir

**tin** (*Brit*), **can** (*surtout US*) *nd* **1** [récipient fermé hermétiquement destiné à contenir de la nourriture] boîte de conserve *a tin of tomatoes* une boîte de tomates en conserve **2** [récipient métallique avec couvercle] bidon

**tin can** *nd* [le récipient vide] une boîte de conserve vide

**331.2** Récipients cylindriques (généralement destinés à contenir des matières liquides ou pâteuses)

**jar** *nd* [récipient cylindrique à goulot large et fermé avec un couvercle] bocal, pot

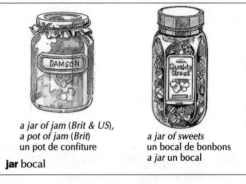

a jar of jam (*Brit & US*),
a pot of jam (*Brit*)
un pot de confiture

a jar of sweets
un bocal de bonbons
a jar un bocal

**jar** bocal

**pot** *nd* **1** [petit récipient semblable à un bocal ou un pot en carton] pot *a pot of jam* un pot de confiture *a pot of yogurt* un pot de yaourt **2** [utilisé en cuisine] marmite, casserole *pots and pans* batterie de cuisine **3** OU **flowerpot** pot de fleurs

a pot of paint
un pot de peinture

a pot of face cream
un pot de crème pour le visage

a flowerpot
un pot de fleurs

**pot** pot

**tub** *nd* [récipient cylindrique, généralement avec couvercle, plus grand qu'un **pot** mais plus large que profond] pot, ravier, bac *a tub of ice cream* un bac de crème glacée *a tub of margarine* un ravier de margarine

**bottle** *nd* bouteille *a bottle of wine* une bouteille de vin *a bottle of perfume* un flacon de parfum *a hot water bottle* [en caoutchouc] une bouillotte *a feeding bottle* un biberon

**bottle** *vt* **1** mettre en bouteille(s) **2** (*Brit*), **can** (*US*) [conserver des fruits en bocal] mettre en conserve/bocal

wine bottle
bouteille de vin

baby's bottle
biberon

perfume bottle
flacon de parfum

milk bottle
bouteille de lait

**bottle** bouteille

*hot water bottle* bouillotte

**flask** *nd* **1** OU **thermos flask** thermos **2** OU **hip flask** [petite bouteille plate destinée à transporter de l'alcool sur soi] flasque, flacon

## 331.3 Pour le stockage et le transport

**crate** *nd* [caisse rigide, généralement en bois, utilisée pour le transport de marchandises et parfois d'animaux] caisse *Crates of medical supplies were sent.* On a envoyé des caisses de matériel médical.

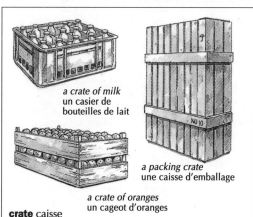

*a crate of milk*
un casier de
bouteilles de lait

*a packing crate*
une caisse d'emballage

*a crate of oranges*
un cageot d'oranges

**crate** caisse

**chest** *nd* [grande boîte solide, généralement en bois, souvent utilisée pour ranger ou transporter des objets] coffre, caisse

**trunk** *nd* [grande caisse rigide utilisée pour ranger ou transporter des vêtements ou d'autres objets personnels] malle, coffre

**case** *nd* **1** [grande caisse servant à stocker ou transporter des marchandises] caisse **2** [récipient destiné à ranger et protéger des objets fragiles ou précieux] coffret, écrin *a glasses case* un étui à lunettes *a jewellery case* un coffret à bijoux

## 331.4 Grands récipients pour stocker et transporter des liquides

**barrel** *nd* [récipient cylindrique, généralement en bois] tonneau, fût, baril *a barrel of beer* un tonneau de bière *wine matured in oak barrels* vin vieilli en fût de chêne

**drum** *nd* [récipient cylindrique en métal destiné à contenir un liquide, surtout de l'huile] tonnelet, bidon *an oil drum* un bidon d'huile

**tank** *nd* [récipient, généralement en métal ou en verre, destiné à contenir un liquide ou un gaz] réservoir, cuve, citerne *a petrol tank* un réservoir à essence *a hot water tank* un réservoir d'eau chaude

**bin** *nd* **1** [grand récipient cylindrique, généralement avec couvercle, servant à contenir des marchandises comme de la farine, des céréales, etc.] boîte **2** (*Brit*) [récipient cylindrique avec couvercle destiné aux ordures ménagères] poubelle *a wastepaper bin* une corbeille à papiers *I might as well throw it in the bin.* Je pourrais tout aussi bien le jeter à la poubelle.

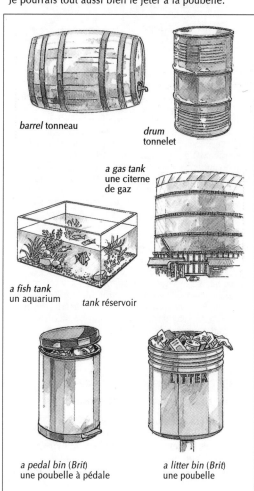

*barrel* tonneau

*drum*
tonnelet

*a gas tank*
une citerne
de gaz

*a fish tank*
un aquarium

*tank* réservoir

*a pedal bin* (*Brit*)
une poubelle à pédale

*a litter bin* (*Brit*)
une poubelle

## 331.5 Pour le transport d'objets

**bag** nd [contenant carré ou rectangulaire, formé d'une matière souple (plastique, papier ou tissu) et souvent muni d'anses] sac *a carrier bag* (*Brit*) un sac à provisions *a bag of crisps* un sachet de chips **bag** vt [mettre en sac] ensacher

**basket** nd [récipient, généralement muni d'anses, fait en vannerie ou matériau apparenté] panier *a shopping basket* un panier à provisions *a sewing basket* une boîte à ouvrage

**bucket** nd [récipient cylindrique et rigide, ouvert au sommet et muni d'une anse. Destiné au transport de liquides] seau *a bucket of water* un seau d'eau

**sack** nd [grand sac en matière grossière comme de la toile de jute destiné à transporter des marchandises en vrac comme de la farine] sac

*bucket* seau
*sack* sac
*basket* panier

### usage

On peut utiliser tous les mots donnés jusqu'à présent, à l'exception de **receptacle**, pour désigner le contenu des récipients ou les récipients en tant que tels. (Autrement dit, on peut les employer pour répondre à une question commençant par "How much...?". ) Par exemple, *We drank a bottle of wine.* (Nous avons bu une bouteille de vin.) signifie que nous avons bu tout le vin que la bouteille contenait. On peut dire de la même façon *We ate half a packet of biscuits.* (Nous avons mangé un demi paquet de biscuits.) *I've used a whole tank of petrol.* (J'ai utilisé tout un réservoir d'essence.) et *She smokes a packet of cigarettes a day.* (Elle fume un paquet de cigarettes par jour.) On ajoute parfois le suffixe **-ful** à ces mots quand ils servent à désigner le contenu dans son intégralité, ex. **boxful**, **bottleful**, **jarful**, **sackful** etc. On peut les utiliser de la même façon dans des phrases comme par exemple *I've used a whole tankful of petrol.* (J'ai utilisé tout un réservoir d'essence.) Mais on ne peut pas utiliser **-ful** pour désigner une partie d'un tout (il est incorrect de dire 'half a packetful of biscuits').

## 331.6 Eléments destinés à contenir ou supporter des objets

voir aussi **337 Carry**

**rack** nd [structure souvent composée de barreaux ou treillis où on dépose des objets] étagère, rayon *Put your case on the luggage rack.* Mets ta valise sur le porte-bagages.

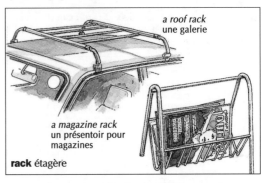

*a roof rack* une galerie

*a magazine rack* un présentoir pour magazines

**rack** étagère

**stand** nd [structure verticale destinée à recevoir ou soutenir des objets] support, pied, porte-(qch)

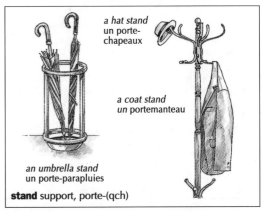

*a hat stand* un porte-chapeaux

*a coat stand* un portemanteau

*an umbrella stand* un porte-parapluies

**stand** support, porte-(qch)

**holder** nd [ustensile destiné à recevoir ou contenir un objet particulier] support *a plant pot holder* un cache-pot *a cigarette holder* un fume-cigarette *a pen holder* un porte-plume

## 331.7 Termes servant à décrire les récipients

**airtight** adj hermétique *an airtight box* une boîte hermétique

**watertight** adj étanche

**sealed** adj fermé hermétiquement *a sealed container* un récipient fermé hermétiquement

# 332 Full Plein

voir aussi **43 Large Quantity; 207 Group**

**fill** vti (souvent + **with**) remplir *Please fill your glasses.* Je vous en prie, remplissez vos verres. *Books filled the shelves.* Les étagères étaient remplies de livres. *Her eyes filled with tears.* Ses yeux se sont remplis de larmes. *They were filled with hope.* Ils étaient remplis d'espoir. *Tourists filled the streets.* Les rues grouillaient de touristes. *You've filled my cup too full.* Vous avez trop rempli ma tasse.

**fill up** (sth) ou **fill** (sth) **up** vit prép (souvent + **with**) remplir *The party began to fill up with people.* Les gens commençaient à arriver à la soirée. *She managed to fill up the time reading magazines.* Elle est parvenue à tuer le temps en lisant des magazines. *Don't forget to fill up with petrol.* N'oublie pas de faire le plein d'essence.

**full up** (*Brit*) *adj* (après *n*) complet *The hotel's full up till Friday.* L'hôtel est complet jusqu'à vendredi.

**full** *adj* **1** (souvent + **of**, + **with**) [contenant le plus possible] plein *The room was full of people.* La pièce était noire de monde. *He was carrying a box full of toys.* Il transportait une caisse pleine de jouets. *The car park's full.* Le parking est complet. *The bottle was only half full.* La bouteille n'était qu'à moitié pleine. *We'll have a full house with the children home.* La maison va être bien pleine quand les enfants seront là. *My diary's full for next week.* Mon emploi du temps est très chargé pour la semaine prochaine. *Don't talk with your mouth full!* Ne parle pas la bouche pleine! **2** (généralement + **of**; devant *n*) [qui contient beaucoup de quelque chose] rempli, plein *The garden was full of flowers.* Le jardin était rempli de fleurs. *You're full of energy today!* Tu débordes d'énergie aujourd'hui! **3** [de nourriture] plein *I'm full.* Je vais éclater. *Don't swim on a full stomach.* Ne vas pas nager après avoir mangé.

**refill** *vt* [se rapporte généralement à qch de liquide] remplir *Can I refill your glass?* Puis-je remplir votre verre?

**refill** *nd* **1** [généralement un verre] *Would you like a refill?* Encore un verre? **2** [remplacement de qch de vide] recharge *a refill for a lighter/ballpoint pen* une recharge pour briquet/cartouche de stylo à bille

**load** *nd* **1** [qch que l'on transporte, surtout qch de lourd transporté par véhicule] chargement, charge, fardeau *a lorry carrying a load of bricks* un camion transportant un chargement de briques *She was struggling under the weight of a load of books.* Elle peinait sous le poids d'un tas de livres. **2** [quantité transportée par une personne, un véhicule etc. Surtout utilisé dans des noms composés] *a bus-load of schoolchildren* un bus plein d'écoliers *a lorry-load of medical supplies* un camion plein de matériel médical **3** [poids que qch peut transporter ou supporter] charge *maximum load 4 people* charge maximale de 4 personnes **4** [quantité de travail qu'une personne ou une machine peut faire] (quantité de) travail *It was hard work but we* ***spread the load*** *between the 3 of us.* C'était un travail difficile, mais nous nous le sommes partagé à trois. *I've got a heavy* ***work load*** *at the moment.* J'ai beaucoup de travail en ce moment.

**load** *vit* (souvent + **up**, + **with**) charger *We'd better load up the car.* Nous devrions charger la voiture. *They loaded their suitcases into the car.* Ils ont chargé leurs valises dans la voiture. *She loaded the van with her belongings.* Elle a chargé ses affaires personnelles dans la camionnette.

**load** *sb/sth* **down** ou **load down** *sb/sth vt prép* (+ **with**) charger, accabler *Mark was loaded down with bags of shopping.* Marc croulait sous les sacs à provisions.
\*voir aussi **337 Carry**

**pack** *v* **1** *vit* [obj: surtout une valise] empaqueter, mettre dans une valise *Pack your bags and go!* Fais tes valises et déguerpis! *I haven't got time to pack.* Je n'ai pas le temps de faire mes valises. *Don't forget to pack your swimming costume.* N'oublie pas d'emporter ton maillot de bain. *He packed his books into boxes.* Il a

mis ses livres dans des caisses. **2** *vit* (souvent + **into**) [réunir trop de monde dans un espace trop étroit] entasser *We all packed into the back of the car.* Nous nous sommes tous entassés à l'arrière de la voiture. *More than ten thousand fans packed the stadium.* Le stade regorgeait de plus de dix mille supporters. **3** *vt* [pour protéger un objet fragile] emballer *Pack the glasses in tissue paper.* Emballe les verres dans du papier de soie.

**packed** *adj* bondé, comble *The cinema was packed last night.* Le cinéma était bondé hier soir. *a book packed full of new ideas* un livre qui regorge d'idées nouvelles

**jam-packed** *adj* ( + **with**) [assez informel et emphatique] bourré *The shops were jam-packed the week before Christmas.* Les magasins étaient noirs de monde la semaine avant Noël. *Our September issue is jam-packed with exciting features.* Notre numéro de septembre est bourré d'articles passionnants.

**chock-a-block** (*Brit*) *adj & adv* (norm. après *n*; souvent + **with**) [informel] plein à craquer *The streets were absolutely chock-a-block with cars.* Les rues grouillaient de voitures.

---

*e x p r e s s i o n*

**like sardines** comme des sardines *There were no seats left on the train, we were packed in like sardines.* Il n'y avait plus une seule place libre dans le train, nous étions serrés comme des sardines.

---

**stuff** *v* **1** *vt* (+ **with**, + **into**) [remplir complètement de façon rapide et désordonnée ou en tassant] bourrer, fourrer *She stuffed the money into her purse.* Elle a fourré l'argent dans son portefeuille. *a suitcase stuffed full of clothes* une valise bourrée de vêtements *She stuffed the cushions with foam.* Elle a rembourré les coussins de mousse. *stuffed toys* jouets en peluche **2** *vt* [obj: un animal mort] empailler *a stuffed tiger* un tigre empaillé **3** *vt* (souvent + **with**) [obj: nourriture] farcir *to stuff a chicken* farcir un poulet *tomatoes stuffed with beef* tomates farcies à la viande de boeuf **4** *vit* [informel] [manger beaucoup de qch ou manger jusqu'à ne plus pouvoir] (se) bourrer, (se) gaver *I've been stuffing myself with chocolate all afternoon.* Je me suis empiffrée de chocolat tout l'après-midi. *I'm absolutely stuffed!* Je vais éclater!

**cram** *vt* , -**mm**- **1** (+ **into**) [faire place à qn ou qch dans un espace étroit, un petit moment libre etc.] fourrer, caser *You can't possibly cram all that work into just three days.* Tu n'arriveras pas à faire ce travail sur seulement trois jours. *He crammed an enormous piece of cake into his mouth.* Il a englouti un énorme morceau de gâteau. **2** (souvent + **with**) [remplir qch très fort ou trop] bourrer *The fridge was crammed with food.* Le réfrigérateur débordait de nourriture. *Shoppers crammed the buses.* Les bus étaient bourrés de gens qui faisaient leurs courses.

**overflow** *vit* [un cours d'eau, un bain etc. mais normalement pas qch de petite taille comme un verre d'eau] déborder *The river overflowed its banks.* Le fleuve est sorti de son lit. *Her eyes overflowed with tears.* Ses yeux étaient inondés de larmes. ( + **into**) déborder *The party overflowed into the adjoining room.* La fête a débordé dans la pièce contiguë. \*voir aussi **132 Damage**

## 333 Empty Vide

voir aussi **134 Hole**

**empty** adj vide My glass is empty. Mon verre est vide. There were no empty seats in the theatre. Il n'y avait plus de place libre dans le théâtre.

**empty** vti (souvent + **out**) vider She emptied the bottle in a few gulps. Elle a vidé la bouteille en quelques gorgées. I emptied out the contents of the bag. J'ai vidé le sac de son contenu. **emptiness** ni vide

**hollow** adj creux a hollow chocolate egg un oeuf en chocolat creux

**hollow** nd creux, cavité, dénivellation a hollow in the ground une dénivellation dans le sol

**hollow** sth **out** OU **hollow out** sth vt prép creuser, évider We hollowed out a shelter in the rock. Nous avons creusé un abri dans la roche.

**blank** adj 1 [décrit: ex. page, espace, tableau] blanc, vierge 2 [décrit: ex. expression] vide, sans expression He gave me a blank look. Il m'a regardé sans comprendre. **blank** nd blanc, vide

**bare** adj [décrit: ex. pièce, mur] nu, dénudé, à nu *voir aussi **190 Clothes**

**deserted** adj désert a deserted island une île déserte The streets were deserted. Les rues étaient désertes.

**vacant** adj 1 [décrit une place destinée à être remplie] vacant, libre Is this seat vacant? Ce siège est-il libre? Do you have any vacant rooms? Avez-vous des chambres libres? The job's vacant now. Le poste est vacant maintenant. 2 [qui manque de concentration] vague, distrait a vacant stare un regard absent/vide **vacantly** adv d'un air absent **vacancy** ndi poste vacant, chambre à louer

**vacuum** nd vide

**drain** vti (souvent + **away**, **off**, **out**) égoutter, s'écouler I've drained the pasta. J'ai égoutté les pâtes. Leave the dishes to drain. Laisse égoutter les plats. The blood drained from her face. Le sang coulait de son visage.

**unload** vti décharger They unload their trucks outside the warehouse. Ils déchargent leurs camions devant l'entrepôt.

## 334 Cover Couvrir

voir aussi **339 Hide**

**cover** vt 1 [placer qch sur] couvrir, recouvrir He covered my legs with a blanket. Il a recouvert mes jambes d'une couverture. I covered my face with my hands. Je me suis caché le visage avec les mains. 2 [s'étendre sur toute une surface. Souvent utilisé pour insister sur la quantité] recouvrir, couvrir Her body was covered with bruises. Son corps était couvert de bleus. Snow covered the mountains. La neige recouvrait les montagnes. The park covers a large area. Le parc couvre un vaste territoire.

**coat** vt couvrir, enduire, enrober The fish was coated in batter and fried. Le poisson était enrobé de pâte à beignet puis frit.

**coat** nd [de peinture, vernis, etc.] couche a coat of paint une couche de peinture

**coating** nd [peut être plus épais que **coat**, et s'utilise à propos de nombreuses matières] couche biscuits with a chocolate coating biscuits enrobés de chocolat

**wrap** vt, -pp- 1 (souvent + **up** quand l'obj. est un paquet) envelopper, emballer Have you wrapped (up) his present? As-tu emballé son cadeau? The tomatoes are wrapped in plastic. Les tomates sont sous emballage plastique. 2 [rouler autour] enrouler I wrapped a bandage round the wound. J'ai mis un bandage autour de la blessure.

**wrapper** nd [généralement un petit morceau de papier ou de plastique] (papier/toile d')emballage sweet wrappers papiers de bonbons

**wrapping** ni emballage

**overlap** vti, -pp- (souvent + **with**) 1 chevaucher (sur) overlapping panels panneaux qui se chevauchent 2 déborder sur/recouper My research overlaps with work she is doing. Mes recherches recoupent les travaux qu'elle fait en ce moment.

**overlap** nid (souvent + **between**) chevauchement, recoupement

**smother** vt 1 (souvent + **in**, **with**) [recouvrir d'une couche épaisse] (re)couvrir The chips were smothered with ketchup. Les frites étaient recouvertes d'une épaisse couche de ketchup. 2 [empêcher le développement. Obj: ex. progrès, opposition] étouffer, contenir, réprimer 3 [suffoquer] étouffer

### 334.1 Couvertures

**cover** nd [surtout pour protéger. Peut être rigide ou souple] couvercle, housse The tennis court has covers which are pulled over when it rains. Le court de tennis est équipé de bâches qu'on tire quand il pleut. cushion covers housses de coussins

**lid** nd [rigide. Couvercle de récipient] couvercle a saucepan lid un couvercle de casserole I can't get the lid off the jam. Je ne parviens pas à enlever le couvercle du pot de confiture.

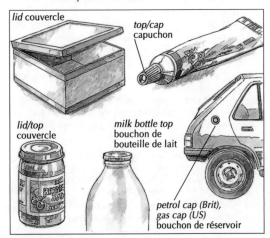

lid couvercle

top/cap capuchon

lid/top couvercle

milk bottle top bouchon de bouteille de lait

petrol cap (Brit), gas cap (US) bouchon de réservoir

**top** *nd* [rond, généralement vissé ou capsulé. Pour récipient à goulot étroit ou large] bouchon, couvercle *Who left the top off the toothpaste?* Qui a laissé le dentifrice ouvert?

**cap** *nd* [petit et rond, pour récipients à goulot étroit] capuchon, capsule

**layer** *nd* couche *a dessert made from layers of cream and fruit* un dessert fait de couches de crème et de fruits *several layers of clothing* plusieurs épaisseurs de vêtements **layer** *vt* étaler en couche, disposer en couches superposées

## 335 Uncover Découvrir

**uncover** *vt* **1** [enlever la couverture] découvrir *We uncover the seedlings when the sun comes out.* Nous découvrons les jeunes plants quand le soleil apparaît. **2** [trouver] découvrir *Police have uncovered an international drugs ring.* La police a découvert un réseau international de trafiquants de drogue.

**reveal** *vt* **1** [montrer] découvrir *The mist rose to reveal stunning mountain scenery.* La brume se dissipa pour laisser apparaître un paysage de montagne éblouissant. **2** [faire connaître] révéler *The press revealed the identity of her mystery companion.* La presse a révélé l'identité de son mystérieux compagnon. *The investigation revealed corruption at the highest levels.* L'enquête a révélé l'existence de corruption aux plus hauts niveaux. **revealing** *adj* révélateur

**expose** *vt* **1** (souvent + **to**) découvrir, exposer, dénuder

*They received burns on any exposed skin.* Ils ont été brûlés sur toutes les parties exposées de leur peau. *We have been exposed to extremes of temperature.* Nous avons été exposés à de fortes variations de température. **2** [faire connaître] exposer au grand jour, dévoiler *Her illegal dealings were exposed by journalists.* Ses transactions illégales ont été dévoilées par les journalistes.

**exposed** *adj* [pas protégé] exposé *an exposed piece of land* un terrain exposé

**strip** *v*, -pp- **1** *vt* [enlever une couche] enlever, dégarnir *We stripped the wallpaper off.* Nous avons arraché le papier peint. *Insects stripped the trees of leaves.* Les insectes ont dépouillé les arbres de leurs feuilles. **2** *vit* [dévêtir] déshabiller *Strip to the waist, please.* Veuillez vous déshabiller jusqu'à la ceinture.

## 336 Hold Tenir

voir aussi **323 Bring**; **373 Get**; **375.1 Take**

**hold** *vt*, *prét & part passé* **held 1** [avec les mains ou les bras] tenir *He holds his racket in his left hand.* Il tient sa raquette de la main gauche. *to hold hands with someone* donner/serrer la main à qn *Hold on tight to the rail.* Tiens-toi bien à la rampe. **2** (souvent + *adv* ou *prép*) [maintenir en place] maintenir, tenir *My hat was held on by a piece of elastic.* Mon chapeau tenait avec un élastique. *I held the door open for them.* Je leur ai tenu la porte.

**reach** *vti* **1** [être capable de toucher] atteindre *The rope did not reach to the ground.* La corde n'arrivait pas jusqu'au sol. **2** [tendre la main] tendre le bras *I reached for the phone.* J'ai tendu le bras pour décrocher le téléphone.

**reach** *ni* atteinte, portée *Medicines should be kept **out of reach** of children.* Il faut mettre les médicaments hors de portée des enfants.

**grip** *vti*, -pp- **1** [tenir très fort] empoigner, serrer *I gripped the steering wheel.* Je me suis agrippée au volant. *Those shoes grip the ground.* Ces souliers adhèrent bien au sol. **2** (gén passif) saisir *gripped by terror* saisi de terreur

**grip** *nd* **1** poigne, prise *the vice-like grip of his fingers* la poigne d'acier de ses doigts **2** [contrôle] prise *She keeps a firm grip on the company's finances.* Elle contrôle de près les finances de la compagnie.

**grasp** *vt* [s'emparer de. Met plus l'accent sur l'action que **grip**] saisir, empoigner *I grasped the rope with both hands.* J'ai empoigné la corde à deux mains.

**grasp at** sth *vt prép* essayer d'attraper *He grasped at branches as he fell.* Il essaya de se raccrocher aux branches dans sa chute.

**clutch** *vt* [tenir fort, souvent de manière inélégante ou désespérée] agripper, empoigner

**clutch at** sth *vt prép* [essayer d'attraper ou de tenir, souvent de façon assez désespérée] s'agripper, se raccrocher *He clutched wildly at the rope.* Il s'agrippa de toutes ses forces à la corde.

**He stood on a chair to reach the top shelf.** Il monta sur une chaise pour atteindre l'étagère du haut.

**She came in clutching armfuls of books.** Elle est entrée les bras chargés de livres.

**cling** *vi*, *prét & part passé* **clung** (gén + **to**) **1** [des bras ou des mains. Implique souvent une idée de désespoir] se cramponner, s'accrocher à *They clung to one another, sobbing.* Ils se tenaient enlacés en sanglotant. **2** [coller] adhérer, coller *The oil clung to the feathers of the birds.* Le pétrole collait aux plumes des oiseaux.

**We managed to cling to the side of the boat.** Nous sommes parvenus à nous agripper au côté du bateau.

**clasp** *vt* [s'emparer de qch et le tenir fermement. Décrit souvent un mouvement des bras et des mains ensemble] étreindre, serrer *He clasped my hand warmly.* Il m'a serré la main chaleureusement.

**He squeezed some toothpaste onto the brush.** Il a mis un peu de dentifrice sur la brosse.

**She squeezed water out of the sponge.** Elle a fait sortir de l'eau de l'éponge.

**The three children squeezed into one bed.** Les trois enfants se sont serrés dans un seul lit.

**hang on** *vi prép* (souvent + **to**) s'accrocher, se cramponner à *I caught hold of his coat and hung on tight.* J'ai saisi son manteau et m'y suis cramponné.

**squeeze** *v* **1** *vt* presser **2** *vt* [faire sortir en pressant] exprimer, soutirer **3** *vit* [faire place] (se) glisser

## 336.1 Etreindre

**embrace** *vti* [légèrement formel] étreindre **embrace** *nd* étreinte *They hugged each other in a warm embrace.* Ils se sont étreints chaleureusement.

**hug** *vti,* -**gg**- serrer dans ses bras *They hugged each other in delight.* Ils se sont embrassés de bonheur.
**hug** *nd* étreinte *I gave him a big hug.* Je l'ai serré très fort dans mes bras.

**cuddle** *vti* [dure plus longtemps que **hug**] caresser, câliner, se blottir l'un contre l'autre
**cuddle** *nd* (surtout *Brit*) caresse, câlin *She went to her mother for a cuddle.* Elle est allée se faire câliner près de sa mère.

## 337 Carry Porter

voir aussi **331 Containers; 413 Rise**

**carry** *vt* **1** [dans les bras ou sur le corps] porter *I carried the baby upstairs.* J'ai porté le bébé à l'étage. *I don't carry much cash with me.* Je ne prends pas beaucoup d'argent liquide sur moi. **2** [déplacer] transporter *Which airline carries most passengers?* Quelle compagnie aérienne transporte le plus de passagers? *The wood was carried along by the current.* Le bois était charrié par le courant. *I ran as fast as my legs would carry me.* J'ai couru à toutes jambes. **3** [répandre] transporter *Germs are carried in people's clothing.* Les vêtements véhiculent les microbes. **4** [soutenir] supporter, soutenir *These shelves won't carry much weight.* Ces étagères ne sont pas faites pour supporter des choses très lourdes.

### usage

Il ne faut pas confondre le verbe **carry** (porter) et le verbe **wear** (porter). Notez l'exemple suivant: *She was wearing a blue suit and carrying a briefcase.* (Elle portait un tailleur bleu et avait une mallette à la main.)
*voir aussi **190 Clothes**

**contain** *vt* contenir *a bag containing a few personal belongings* un sac contenant quelques objets personnels *This book contains the results of years of research.* Ce livre contient le résultat d'années de recherche.

**bear** *vt,* prét **bore** part passé **borne 1** [formel ou littéraire] porter, apporter *Roast swans were borne in on silver platters.* On apporta des cygnes rôtis sur des plateaux d'argent. *They arrived bearing gifts and messages.* Ils arrivèrent en apportant des cadeaux et des messages. **2** [supporter] porter *a load-bearing wall* un mur porteur

**hold** *vt,* prét & part passé **held 1** [comprendre] contenir *This jug holds 1 pint.* Cette cruche peut contenir un demi-litre. *The table was too small to hold all the books.* La table était trop petite pour qu'on puisse y mettre tous les livres. **2** [résister à] supporter *Will this*

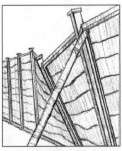

**The fence was propped up by a pole.** La clôture était soutenue par un piquet.

*pillar* colonne, pilier

*base* base, pied, socle

**Marble pillars supported the porch.** Le porche reposait sur des colonnes de marbre.

*rope hold me?* Cette corde va-t-elle pouvoir me porter?
*voir aussi **336 Hold**

**hold** sth **up** ou **hold up** sth *vt prép* soutenir *The roof was held up by a pole in each corner.* Le toit était soutenu par un pilier dans chaque coin.

**support** *vt* soutenir *a supporting wall* un mur porteur *A wider base supports more weight.* Une base plus large supporte plus de poids.

**prop** *vt*, -pp- **1** (gén + *adv* ou *prép*) [soutenir, généralement en position inclinée] étayer, soutenir *We propped the door open.* Nous avons bloqué la porte en position ouverte. **2** [placer contre qch] appuyer, adosser *I propped the chair against the wall.* J'ai appuyé la chaise contre le mur. **prop** *nd* support, tuteur, appui, réconfort

**prop up** sth ou **prop** sth **up** *vt prép* (souvent + *with*) [gén à titre temporaire pour empêcher qch de tomber] soutenir

## 338 Pull and Push Tirer et Pousser

voir aussi **98 Touch**; **411 Movement**

**pull** *vti* **1** [déplacer] tirer *I pulled the trolley.* J'ai tiré le chariot. **2** [avec les mains] tirer *Pull the rope.* Tire la corde. **3** (+ *adv* ou *prép*) [enlever] tirer, enlever *Pull the plaster off quickly.* Enlève le pansement adhésif rapidement. *The dentist pulled my painful tooth out.* Le dentiste m'a arraché la dent qui me faisait mal.

**pull** *nd* traction *I felt a pull of the rope.* J'ai senti qu'on tirait sur la corde.

**She pulled the door shut.** Elle a tiré la porte derrière elle.

**He pulled her hair.** Il lui a tiré les cheveux.

**I pulled the trigger.** J'ai appuyé sur la gâchette.

**Rescuers pulled her from the sea.** Les sauveteurs l'ont repêchée (de la mer).

**push** *vti* pousser *I pushed my chair under the table.* J'ai poussé ma chaise sous la table. *Just push this button.* Il vous suffit d'enfoncer ce bouton. *I can't push the pram over these stones.* Je n'arrive pas à pousser le landau sur ces pierres. *We had to push the car.* Nous avons dû pousser la voiture.

**push** *nd* poussée *He gave me a push.* Il m'a poussé.

**drag** *v*, -gg- [toujours sur le sol ou une surface. Implique une idée d'effort] **1** *vt* traîner *He dragged the body down the steps.* Il a traîné le corps jusqu'en bas des marches. **2** *vi* traîner *Your hem is dragging on the ground.* Ta chemise traîne par terre.

**She pushed him into the pond.** Elle l'a poussé dans l'étang.

**He pushed the door open.** Il a poussé la porte devant lui.

**haul** *vti* (souvent + **at**, **on**) [implique un gros effort] traîner *They hauled in the net.* Ils ont remonté le filet. *I hauled her off to the doctor's.* [humoristique] Je l'ai traînée chez le docteur.

**heave** *vti* [peut signifier soulever, tirer ou pousser avec peine. Implique souvent une action plus brève, plus concentrée que **haul**] soulever, tirer, traîner *We managed to heave the pillar upright.* Nous sommes parvenus à dresser la colonne. **heave** *nd* houle, soulèvement

**shove** *vti* **1** [pousser brutalement] pousser, bousculer *They just shoved us aside.* Ils nous ont tout simplement bousculés (sur le côté). *She shoved her finger in my eye.* Elle m'a mis le doigt dans l'oeil. **2** [informel. Mettre sans soin] fourrer, flanquer *Just shove all those papers on the table.* Tape tous ces papiers sur la table.

**tug** *vt*, -gg- (souvent + **at**) tirer *He tugged anxiously at my sleeve.* Il me tirait impatiemment par la manche. *We tugged (at) the handle, but the door was jammed.* Nous avons tiré sur la poignée, mais la porte était coincée. **tug** *nd* remorqueur

**tow** *vt* [obj: surtout un véhicule] remorquer, tirer, tracter *The tractor towed our car out of the mud.* Le tracteur a sorti notre voiture de la boue.

**tow** *ndi* (câble de) remorque *on tow* (véhicule) en remorque

**wrench** *vt* **1** [tirer violemment, souvent avec un mouvement de torsion] tirer violemment sur *She wrenched the handle down.* Elle a forcé sur la poignée pour l'abaisser. *I wrenched the pole out of his hands.* Je lui ai arraché le piquet des mains. **2** [tordre et blesser. Obj: ex. genou, coude] se tordre

**wrench** *nd* **1** mouvement de torsion violent **2** [blessure] entorse

## 339 Hide Cacher

voir aussi **334 Cover**

**hide** v, *prét* **hid** *part passé* **hidden 1** *vt* cacher *I hid the letter in a drawer.* J'ai caché la lettre dans le tiroir. *filmed with a hidden camera* filmé par une caméra cachée *I couldn't hide my disappointment.* Je n'ai pas pu cacher ma déception. **2** *vi* se cacher *He's hiding from the police.* Il se cache de la police. *We'll hide behind the fence.* Nous nous cacherons derrière la barrière. **in hiding** [pour une longue période de temps] caché *to go into hiding* se cacher

**conceal** *vt* (souvent **+ from**) [plutôt formel] cacher, dissimuler, tenir secret *We entered through a concealed doorway.* Nous sommes entrés par un passage secret. *You deliberately concealed the facts.* Vous avez délibérément dissimulé les faits.

**disguise** *vt* (souvent **+ as**) déguiser, masquer, camoufler *He escaped, disguised as a nun.* Il s'est enfui déguisé en nonne. *a thinly-disguised threat* une menace à peine déguisée

**disguise** *ndi* déguisement *She was wearing a clever disguise.* Elle s'était déguisée de façon intelligente. *three men* **in disguise** trois hommes déguisés

**camouflage** *vt* [faire en sorte de se fondre dans le paysage] camoufler *We camouflaged our tent with branches.* Nous avons camouflé notre tente sous des branchages.

**camouflage** *nid* camouflage *We used orange sheets as camouflage in the desert.* Nous nous sommes servis de toiles orangées comme camouflage dans le désert.

**screen** *vt* faire écran, masquer, cacher *He planted trees to screen the house from view.* Il a planté des arbres pour mettre la maison à l'abri des regards. (**+ off**) *They screened off the scene of the accident.* Ils ont dissimulé le lieu de l'accident. **screen** *nd* écran

### 339.1 Secret

**secret** *nd* **1** secret *to keep sth secret* tenir qch secret *to tell sb a secret* dire un secret à qn **2** [façon d'arriver à faire qch] secret *the secret of a beautiful complexion* le secret d'un joli teint

**secret** *adj* secret *a secret trap door* une trappe secrète *my secret diary* mon journal secret *I'm afraid that information's* **top secret.** Je regrette mais ces informations sont ultra-secrètes. *You've got a secret admirer.* Tu as un admirateur secret. *He kept his illness secret for months.* Il a tenu sa maladie secrète pendant des mois. **secretly** *adv* secrètement **secrecy** *ni* secret

**confidential** *adj* [utilisé dans des contextes plus formels que **secret**. Décrit des circonstances dans lesquelles il faut garder des informations secrètes] confidentiel *confidential documents* documents confidentiels *I attended a confidential government meeting.* J'ai assisté à une réunion gouvernementale confidentielle. *This information is strictly confidential.* Ces informations sont strictement confidentielles. **confidentially** *adv* en confidence

**confidence** *ni* confidence *I'm telling you this in the strictest confidence.* Je te raconte cela tout à fait confidentiellement.

**hush-hush** *adj* (toujours après *v*)[informel, souvent humoristique] ultra-secret *He does something in the foreign office – all very hush-hush.* Il travaille aux affaires étrangères – c'est absolument top secret.

**private** *adj* **1** [personnel et secret] privé *I keep my home life private.* Je garde ma vie de famille privée. *They wrote lies about my private life.* On a écrit des mensonges sur ma vie privée. *I'm not telling you how much I earn – it's private.* Je ne te dirai pas combien je gagne – c'est personnel. *He's a very private person.* C'est quelqu'un de très secret. **2** [pas en rapport avec le travail] privé *I never make private phone calls from work.* Je ne donne jamais de coups de téléphone privés de mon lieu de travail. **3** [pas destiné à tout le monde] privé *This is a private party.* C'est une soirée privée. *I have a private chauffeur.* J'ai un chauffeur particulier. *private yachts* yachts privés **4** [retiré] tranquille, retiré *Can we go somewhere private?* Pouvons-nous aller dans un endroit tranquille?

**privately** *adv* **1** dans son for intérieur *Privately, I agree with you.* Dans mon for intérieur, je suis de ton avis. **2** en privé *Can we talk privately?* Puis-je vous parler en privé? **privacy** *ni* intimité, vie privée

**in private** en privé *We met in private.* Nous nous sommes rencontrés en privé.

**personal** *adj* **1** [ayant trait à la vie privée] personnel, indiscret *Stop asking personal questions.* Cesse de poser des questions indiscrètes. *My boss forbids personal phone calls.* Mon patron interdit les communications téléphoniques privées. **2** [qui appartient ou est utile à une personne particulière] personnel, particulier *a personal secretary* un(e) secrétaire particulier(e) *My personal opinion is that he's mad.* Personnellement, je pense qu'il est fou. **3** [fait par une personne particulière] personnel, en personne *He made a personal appeal for the release of his son.* Il a fait personnellement appel pour qu'on relâche son fils. **4** [qui critique le caractère ou l'apparence de qch] désobligeant *personal remarks* remarques désobligeantes **5** [corporel] intime *personal cleanliness* hygiène corporelle

**personally** *adv* **1** personnellement *I sent the letter personally.* J'ai envoyé la lettre personnellement. **2** [qui décrit sa propre opinion] personnellement *Personally, I quite like loud music.* Personnellement, j'aime assez la musique forte. **3** [perçu comme une critique de sa propre personne] visé en personne *He took the criticism very personally.* Il s'est senti personnellement visé par la critique.

### expressions

**behind sb's back** derrière le dos de qn *He went behind my back and told our boss.* Il est allé le dire au patron derrière mon dos. *She took the decision behind my back.* Elle a pris la décision derrière mon dos.

**under cover of** à l'abri de, à couvert *The army advanced under cover of darkness.* L'armée a progressé à la faveur de la nuit.

## 340 **Communications** Communications

voir aussi **L43 Problems of communication; L44 Written communications**

**communicate** v 1 vi (souvent + **with**) communiquer *You will need an ability to communicate.* Il faut que vous ayez le don de la communication. *to communicate by telex* communiquer par télex *The computer can communicate with one in head office.* L'ordinateur est en liaison avec un autre ordinateur au siège central. **2** vt (souvent + **to**) [faire comprendre] communiquer *They communicated their fear to the children.* Ils ont communiqué leur peur aux enfants.

**contact** vt contacter *You can contact me on this number.* Vous pouvez me contacter à ce numéro. (utilisé comme adj) *a contact address* une adresse de liaison

**contact** n 1 ni [rapport] contact *We need better contact with our branches.* Nous devons être plus en contact avec nos succursales. *I've **made contact with** her.* Je me suis mis en rapport avec elle. *Stay **in contact**.* Restez en contact. **2** nd [personne] relation *She has good contacts in the media.* Elle connaît beaucoup de monde dans les médias.

**touch** ni contact **get in touch with sb** entrer en contact avec qn **keep in touch with sb** rester en contact avec qn **lose touch with sb** perdre le contact avec qn *I'll be in touch!* Je t'écrirai!/Je te téléphonerai!

### 340.1 Ce qu'on envoie

**letter** nd [comprend parfois l'enveloppe] lettre *I wrote her an angry letter.* Je lui ai écrit une lettre dure.

**package** nd [comprend souvent plusieurs objets attachés ensemble] paquet, colis *There's a package to sign for.* Il y a un paquet pour lequel il faut signer.

**parcel** (surtout Brit), **package** (surtout US) nd [gén enveloppé de papier] colis

**postcard** nd carte postale *a picture postcard* une carte-vue

**card** nd carte *a birthday card* une carte d'anniversaire *a Christmas card* une carte de Noël

**telegram** ou **cable** (Brit & US), **wire** (US) nd [n'est plus envoyé à l'intérieur de la Grande-Bretagne] télégramme *to send sb a telegram* envoyer un télégramme à qn

**cable** (Brit & US), **wire** (US) vt envoyer un télégramme *to cable sb* envoyer un télégramme à qn

**telex** nid [système et message] télex **telex** vt télexer

**fax** nid [système et message] télécopie, fax **fax** vt télécopier, faxer

**fax machine** nd télécopieur, fax

### 340.2 Utilisation de la poste

voir aussi **L46 Using the postal service**

**address** nd adresse *my home address* mon adresse privée

**address** vt [obj: ex. enveloppe] adresser *a letter addressed to my wife* une lettre adressée à ma femme *incorrectly addressed* adresse incorrecte

**send** vt, prét & part passé **sent** envoyer *to send sb a letter* envoyer une lettre à qn *The bills are sent out on the first.* On envoie les factures le premier (du mois).

*envelope* enveloppe
*postmark* cachet de la poste
*address* adresse
*stamp* timbre
*postcode (Brit), zip code (US)* code postal

**post** n (surtout Brit) **1** ni (souvent + **the**) [système de distribution] poste *The post is perfectly reliable.* La poste est tout à fait fiable. *Your cheque is **in the post**.* Votre chèque vient d'être posté. *We send a receipt **by return of post**.* Nous envoyons un accusé de réception par retour du courrier. (utilisé comme adj) *a post van* une camionnette de la poste **2** ni [choses envoyées par la poste] courrier *The post is delivered by a woman on a motorbike.* Le courrier est distribué par une femme à moto. **3** nd (pas de pl) [collecte des lettres etc.] levée *I just caught the last post.* Je suis arrivé juste à temps pour la dernière levée. [distribution] tournée *It might come in the second post.* Ça viendra peut-être avec la deuxième tournée.

**post** vt (surtout Brit) poster *to post a letter* poster une lettre

**postal** adj (devant n) postal, des postes *postal workers* employés des postes

**postage** ni [tarif] tarifs postaux, affranchissement *Add £2.95 for postage and packing.* Ajoutez £2,95 pour les frais de port et d'emballage. (utilisé comme adj) *postage rates* tarifs postaux

**mail** ni **1** (souvent + **the**) [système de distribution] poste *Half goes by mail and half by courier.* On envoie la moitié par la poste et l'autre moitié par coursier. (surtout US) *She blamed the delay on the mail.* Elle rendu la poste responsable du retard. (utilisé comme adj) *mail deliveries* distributions du courrier **2** [ensemble des choses envoyées et reçues] courrier *Have you opened your mail yet?* As-tu déjà ouvert ton courrier? (utilisé comme adj) *mail sorting* tri postal **3** [distribution individuelle] courrier *It came in the morning mail.* C'est arrivé dans le courrier du matin.

**mail** vt (surtout US) expédier/envoyer par la poste *The report will be mailed to you immediately.* On vous envoie le rapport tout de suite.

**airmail** ni [service] courrier aérien *by airmail* par avion (utilisé comme adj) *airmail letters* lettres envoyées par avion

**first class** adj tarif normal *a first class stamp* timbre au tarif normal (utilisé comme adv) *to send a letter first class* envoyer une lettre au tarif normal

**second class** adj tarif réduit *second class post* courrier à tarif réduit (utilisé comme adv) *The parcel went second class.* On a envoyé le colis à tarif réduit.

**postman** (masc) **postwoman** (fém) (Brit), **mailman** (masc) **mailwoman** (fém) (US) nd facteur, préposé des postes

mailbox
boîte aux
lettres

letter box
boîte aux
lettres

mailbox
boîte aux
lettres

pillar box OU
letter box OU
postbox
boîte aux lettres

### 340.3 Utilisation du téléphone

voir aussi **L47 Telephoning**

**telephone** nd, abrév **phone** téléphone He's **on the phone** at the moment. Il est au téléphone en ce moment.

**telephone** [légèrement formel] OU **phone** vti (phone est parfois suivi de **up**, pas **telephone**] téléphoner I phoned her to invite her to the party. Je lui ai téléphoné pour l'inviter à la soirée. I'll phone back later. Je rappellerai plus tard.

**(telephone/phone) number** nd numéro de téléphone What's your phone number? Quel est votre numéro de téléphone?

**wrong number** nd mauvais numéro to dial the wrong number faire un mauvais numéro

**call** vt appeler Call me on my private line. Appelle-moi sur ma ligne privée.

**(telephone/phone) call** nd appel/communication téléphonique Who took the call? Qui a pris la communication?

**ring** vt, prét **rang** part passé **rung** (parfois + **up**) (surtout Brit) téléphoner I rang you this morning. Je vous ai téléphoné ce matin. Ring her up and ask. Téléphone-lui et demande-lui. Ring for a doctor. Appelle un docteur. (utilisé comme n, plutôt informellement) to give someone a ring donner un coup de fil à qn

**dial** nd [sur les anciens téléphones] cadran

**dial** vti, **-ll-** [avec ou sans cadran] composer to dial a number composer un numéro You can dial direct. Vous pouvez appeler par l'automatique.

**receiver** (Brit & US) OU **handset** (Brit) nd combiné

**telephone/phone box** (Brit), **phone booth** (US) nd cabine téléphonique

**telephone/phone directory** nd annuaire des Téléphones

**telegraph pole** nd poteau télégraphique

**(telephone) exchange** nd central téléphonique

**operator** nd [au central] opérateur [au standard] standardiste

**switchboard** nd standard

**area code** n préfixe régional

**The Yellow Pages** (marque déposée) [livre qui contient la liste des numéros de téléphone des entreprises d'une région] Les Pages Jaunes

## 341 Speak Parler

voir aussi **359 Talkative; L5 Opening a conversation**

**speak** v, prét **spoke** part passé **spoken** 1 vi (souvent + adv ou prép) parler Can you speak a bit louder, please? Pouvez-vous parler un peu plus fort, s'il vous plaît? Did you speak to anybody? As-tu parlé à quelqu'un? They wouldn't let me speak. Ils ne m'ont pas laissé parler. I want to speak to you (Brit & US)/with you (surtout US) about your results. J'aimerais te parler de tes résultats. I tried speaking to him in Spanish. J'ai essayé de lui parler espagnol. 2 vt [obj: langue] parler He speaks fluent Greek. Il parle grec couramment. 3 vt [formel] dire, prononcer He spoke a few words of encouragement to us. Il a prononcé quelques paroles d'encouragement à notre adresse. I try to speak the truth. Je m'efforce de dire la vérité. 4 vi [en public] faire un discours, prendre la parole I'm speaking at the wine-tasting society tonight. Je fais un discours à la société oenologique ce soir.

**talk** v 1 vi (souvent + adv ou prép) [emporte l'idée de conversation entre deux ou plusieurs personnes] parler, bavarder We talked on the phone. On a bavardé au téléphone. I wish they didn't talk so quickly. Si seulement ils ne parlaient pas si vite. The leaders talked about the situation. Les dirigeants ont parlé/débattu de la situation. 2 vt [dans quelques expressions] She's talking nonsense. Elle dit n'importe quoi.

**talk** n 1 nd [discussion] conversation, discussion, entretien I must have a talk with him. Il faut que je lui parle. 2 ni [rumeur] bavardages, racontars silly talk about mass resignations des bruits stupides à propos d'une vague de démissions 2 nd [devant un public] exposé a talk on the British cinema un exposé sur le cinéma britannique

### usage

Il est souvent possible d'utiliser les deux verbes **speak** et **talk** indifféremment, mais il peut y avoir une différence de sens. Par exemple We couldn't speak. (Nous étions incapables de parler.) peut comporter l'idée de danger ou même de difficulté à prononcer des sons, tandis que We couldn't talk. (Il nous était impossible de parler.) comporte plutôt l'idée de manque de temps ou d'intimité pour tenir une conversation normale. **Speak** implique souvent une conversation plus sérieuse que **talk**. We spoke about the wedding. (Nous avons discuté du mariage.) peut sous-entendre qu'on a discuté sérieusement des préparatifs; We talked about the wedding. (On a parlé du mariage.) suggère une approche plus superficielle. **Speak** peut faire référence à un discours officiel: She is speaking on censorship. (Elle fait un exposé sur la censure.)

**say** vt, prét & part passé **said** (souvent + **that**) [sert généralement à rapporter les paroles de quelqu'un directement ou indirectement] dire *Say thank you.* Dis merci. *It's getting late, she said.* Il se fait tard, dit-elle. *She said she'd come back tomorrow.* Elle a dit qu'elle reviendrait demain. *Did she say who she was?* A-t-elle donné son nom? *I hope I didn't say anything silly.* J'espère n'avoir rien dit de stupide. *I said a few words to them.* Je leur ai dit quelques mots. *voir aussi USAGE à **342 Tell**

**utter** vt [met l'accent sur l'action d'exprimer des mots] prononcer, proférer *He wanted to tell her he loved her, but couldn't utter the words.* Il voulait lui dire qu'il l'aimait, mais les mots ne voulaient pas sortir de sa bouche.

## 341.1 Conversations

**speech** n **1** ni [aptitude à parler] parole *to lose one's powers of speech* perdre l'usage de la parole **2** nd [ex. par un politicien] discours *her speech to the party conference* son discours au congrès du parti

**dialogue** (*Brit*), **dialog** (*US*) ndi [implique un échange de vues] dialogue *a frank dialogue between the two leaders* un dialogue franc entre les deux dirigeants [ex. dans une pièce de théâtre ou un roman] *some humorous dialogue* des dialogues pleins d'humour

**interrupt** vt interrompre *Don't interrupt your father.* N'interromps pas ton père. **interruption** ndi interruption

## 341.2 Donner son avis

**state** vt [implique le fait de donner des informations de façon nette] déclarer, affirmer *Just state the facts.* Enoncez simplement les faits. *At the risk of **stating the obvious**, it's raining.* Au risque de dire une évidence, il pleut.

**statement** nd affirmation *a plain statement of fact* une simple déclaration de fait *a statement to the press* une déclaration à la presse

**speak out** vi prép (souvent + **against**) parler franchement *Nobody dared speak out against the proposal.* Personne n'a osé s'élever contre la proposition. *The chairman spoke out in favour of the plan.* Le président s'est prononcé en faveur du projet.

**express** vt [faire connaître par le langage] exprimer *to express an opinion on sth* exprimer un avis à propos de qch *a tone that expressed his anger* un ton qui exprimait sa colère *He expressed himself very clearly.* Il s'est exprimé de façon très claire.

**expression** n **1** ndi expression *an expression of regret* une expression de regret **2** nd [mot ou ensemble de mots] expression *a vivid northern expression* une expression colorée du nord *Her exact expression was "Why bother?".* Ses paroles exactes étaient "Pourquoi se tracasser?". **3** nd [ex. dans la voix ou sur le visage] expression *a dazed expression* un air sidéré

**exclaim** vt [ex. de surprise] s'exclamer, s'écrier *'They're here!', she exclaimed.* 'Ils sont ici!', s'écria-t-elle. *They all exclaimed how clever I was.* Ils se sont tous exclamés devant mon intelligence.

**exclamation** nd exclamation *exclamations of delight* exclamations de joie

## 341.3 Parler brièvement

**comment** ndi (souvent + **on**) [expression d'opinion] commentaire *Could I have your comments on the idea?* Pourrais-je avoir ton avis sur l'idée? *Did he make any comments on the building?* A-t-il fait des commentaires sur le bâtiment? *The move is sure to arouse comment.* La décision va sans aucun doute susciter des commentaires.

**comment** vi (souvent + **that**, **on**, **about**) commenter, (faire) remarquer *I commented that they seemed tired.* J'ai fait remarquer qu'ils avaient l'air fatigué. *Nobody commented on the changes.* Personne n'a fait de commentaires sur les modifications.

**remark** nd [peut être sérieux mais pas le point principal] remarque, réflexion *I'd like to make a few remarks about presentation.* J'aimerais faire quelques remarques sur la présentation. *a casual remark about the weather* une réflexion en passant sur le temps qu'il fait

**remark** v **1** vt (souvent + **that**, **on**) (faire) remarquer *She remarked in passing that she'd been there herself.* Elle a fait remarquer en passant qu'elle y avait été elle-même. *She remarked on how clean everything was.* Elle a fait observer à quel point tout était propre.

### usage

**Remark** est différent du français 'remarquer', il s'emploie pour ce qui est rapporté et non pour ce qui est observé. *voir aussi **91.4 Notice**

**observe** vt (souvent + **that**) [emporte l'idée de perspicacité] faire remarquer *He observed that everybody was in too much of a hurry.* Il a fait remarquer que tout le monde était beaucoup trop pressé.

**observation** nd observation, remarque *It was just a casual observation, I've never really thought about it.* C'était une simple remarque, je n'y ai jamais vraiment réfléchi.

**mention** vt (souvent + **that**) mentionner, faire mention de, signaler *What was that book you mentioned?* Quel était ce livre dont tu as parlé? *Did I mention she was getting married?* Ai-je dit qu'elle allait se marier? *Don't even mention that name to her.* Ne prononcez pas ce nom devant elle.

**mention** ndi (souvent + **of**) mention *the first mention of the instrument* la première référence de l'instrument *The report **made no mention of** the role of the police.* Le rapport ne faisait pas mention du rôle de la police.

**refer to** sth vt prép, **-rr-** [parler de qch de façon spécifique] faire mention de, faire allusion à *She never referred to her husband.* Elle n'a jamais fait mention de son mari. *the problems referred to in your report* les problèmes auxquels il est fait allusion dans votre rapport

**reference** nd (souvent + **to**) mention, allusion, renvoi, référence *the references to my own book* les allusions à mon livre

## 341.4 Parler en public

**commentator** nd [surtout en sport ou en politique, ex. dans les médias] commentateur *a football*

**commentator** un commentateur de football *Informed commentators are predicting a June election.* Les commentateurs informés prévoient des élections en juin.

**commentary** *nd* [ex. des événements sportifs ou dans les documentaires] commentaire, reportage *a running commentary* un commentaire suivi

**spokesperson**, *masc* **spokesman**, *fém* **spokeswoman** [ex. du gouvernement, des compagnies] porte-parole *a White House spokeswoman* un porte-parole de la Maison Blanche

**announce** *vt* **1** annoncer *The major banks have announced a cut in interest rates.* Les grandes banques ont annoncé une réduction des taux d'intérêt. *Both families are pleased to announce the engagement of Mark and Angela.* Les deux familles sont heureuses d'annoncer les fiançailles de Mark et Angela. **2** [énoncer à voix haute] annoncer *Silence please while I announce the results.* Silence s'il vous plaît pendant que j'annonce les résultats. **3** [à la radio, télévision etc.] présenter

**announcement** *ndi* annonce, avis *a wedding announcement* un faire-part de mariage *The announcement of the election date was welcomed by all parties.* L'annonce de la date des élections a été bien accueillie par tous les partis.

**announcer** *nd* présentateur, speaker/speakerine

**address** *vt* [parler officiellement à de nombreuses personnes] s'adresser à *He addressed the crowd from the balcony.* Il s'est adressé à la foule du balcon.

**address** *nd* [discours officiel à un grand nombre de personnes] allocution, discours *the President's address to the nation* le discours du Président à la nation

## 341.5 Parler d'un texte qui existe

**narrate** *vt* [raconter. Obj: ex. histoire, aventures] narrer **narration** *ndi* narration **narrator** *nd* narrateur

**recite** *vt* [obj: qch appris par coeur, ex. un poème] réciter *the prayers she recited each night* les prières qu'elle récitait chaque soir **recitation** *ndi* récitation

**read** *vt, prét & part passé* **read** (souvent + **out**) lire *The priest read the gospel.* Le prêtre a donné lecture de l'Évangile. *I read the letter out (loud).* J'ai lu la lettre à voix haute.

**quote** *vt* (souvent + **from**) citer *to quote Shakespeare* citer Shakespeare *He quoted those lines from the fourth act.* Il a cité ces vers du quatrième acte. *The statistics you quoted me are wrong.* Les statistiques que tu m'as citées sont fausses.

**quotation** *ndi* citation *learned quotations* citations savantes

**reel off** sth, **reel** sth **off** *vt prép* [vite et sans hésiter] débiter, réciter *He can reel off the names of the whole team.* Il peut débiter les noms de toute l'équipe.

**dictate** *vt* dicter *She dictated a full confession to the sergeant.* Elle a fait des aveux complets à l'inspecteur.

**dictation** *ni* dictée *to take dictation* prendre en dictée

## 341.6 Façons de parler personnelles

**voice** *nd* voix *I thought I heard Dad's voice.* J'ai cru entendre la voix de papa. *She has a nice speaking voice.* Elle a un joli timbre de voix. *in a loud voice* à

voix haute *Don't speak to me in that **tone of voice**.* Ne me parle pas sur ce ton. **at the top of one's voice** à tue-tête

**oral** *adj* oral

**dialect** *ndi* dialecte *northern dialects* dialectes du nord *written in dialect* écrit en dialecte (utilisé comme *adj*) *dialect words* termes dialectaux

**accent** *nd* accent *He speaks with a Scots accent.* Il a un accent écossais.

**pronounce** *vt* prononcer *How do you pronounce your name?* Comment prononcez-vous votre nom? *The final b in lamb isn't pronounced.* Le b final de lamb ne se prononce pas.

**pronunciation** *nid* prononciation *the American pronunciation of the word* la prononciation américaine du mot *upper-class pronunciation* prononciation distinguée

**intonation** *nid* intonation *A different intonation can entirely change the sense of the lines.* Une intonation différente peut changer complètement la signification de ces lignes.

## 341.7 Parler indistinctement

**whisper** *vit* murmurer *We had to whisper to each other.* Nous devions nous parler à voix basse. *I heard somebody whisper the answer.* J'ai entendu quelqu'un souffler la réponse.

**whisper** *nd* murmure *He lowered his voice to a whisper.* Il baissa la voix.

**mutter** *vit* [toujours à voix basse, de façon confuse ou avec hostilité] marmonner, grommeler *I heard her muttering about incompetent translators.* Je l'ai entendue marmonner quelque chose à propos de traducteurs incompétents. *I muttered an apology and left.* J'ai marmonné des excuses et suis parti.

**mumble** *vit* [implique que c'est à voix basse, souvent par manque de confiance] marmonner, marmotter, parler entre ses dents *Don't mumble your words.* Ne mange pas tes mots.

**stutter** *vit* [répéter certaines syllabes] bégayer *She went red and started stuttering.* Elle a rougi et s'est mise à bégayer.

**stutter** *nd* bégaiement *a slight stutter* un léger bégaiement

**stammer** *vit* [implique une difficulté à prononcer les sons] bégayer, balbutier *Halfway through the story he began to stammer.* Au milieu de l'histoire, il s'est mis à bégayer.

**stammer** *nd* bégaiement *to overcome a stammer* vaincre son bégaiement

### expressions

**it's like talking to a brick wall** [pas de réaction, inflexible par manque de sensibilité] c'est comme parler à un mur *He won't change his mind, it's like talking to a brick wall.* Il ne changera pas d'avis, autant parler à un mur.

**you can talk till you are blue in the face** [dit quand il est inutile de discuter] tu peux toujours parler *You can talk till you're blue in the face, I'm not letting you go.* Tu peux faire tout ce que tu veux, je ne te laisserai pas y aller.

**lisp** *nd* (pas de *pl*) zézaiement, zozotement *to speak with a lisp* avoir un cheveu sur la langue **lisp** *vit* zézayer, zozoter

**inarticulate** *adj* [incapable de s'exprimer correctement, ex. parce qu'on est sous le coup d'un choc] incapable

de s'exprimer, indistinct *a rather inarticulate attempt at a speech* une tentative assez gauche de parler en public *Embarrassment made her uncharacteristically inarticulate.* L'embarras l'a rendue inhabituellement peu éloquente.

## 342 Tell Dire

**tell** *vt, prét & part passé* **told 1** [donner des informations] dire, raconter *to tell sb sth* dire qch à qn *I told her my name.* Je lui ai dit mon nom. *Tell me about your day.* Raconte-moi ta journée. *I'm told you're leaving us.* J'apprends que vous allez nous quitter. *They've been told what to do.* On leur a dit ce qu'il fallait faire. **2** [dire. Obj: ex. histoire, blague, mensonge] raconter, dire **3** [ordonner] dire *I told you not to touch it.* Je t'ai dit de ne pas y toucher.

### usage

Comparez *tell* et *say*. **Tell** peut avoir une personne comme complément d'objet. On peut utiliser les constructions suivantes, *tell sb, tell sth,* ou *tell sb sth,* ex. *Don't be shy – you can tell me.* (Ne sois pas timide – tu peux me le dire.) *She tells wonderful stories.* (Elle raconte de merveilleuses histoires.) *Could you tell me your name please?* (Pouvez-vous me donner votre nom, s'il vous plaît?) **Say** ne peut pas être suivi d'un complément d'objet direct animé; on ne peut l'utiliser qu'avec la construction *say sth,* ex. *She said her name was Mary.* (Elle a dit qu'elle s'appelait Mary.) *He said 'Wait for me!'* (Il a dit 'attends-moi!'.)

**inform** *vt* (souvent + *of*) [implique une communication assez formelle. Obj: surtout personne] informer, avertir *He hasn't informed me of his intentions.* Il ne m'a pas informé de ses intentions. *Her parents have been informed.* On a prévenu ses parents. *our duty to inform the public* notre devoir d'informer le public *I'm reliably informed there'll be an election.* Je tiens de source sûre qu'il va y avoir des élections.

**information** *ni* informations, renseignements *We need more information about the product.* Nous avons besoin de plus de renseignements sur le produit. *a useful piece of information* un renseignement utile

**message** *nd* message *I got your message.* J'ai reçu ton message. *a clear message to the public* un message clair au public

**messenger** *nd* messager, coursier, garçon de course *a motor cycle messenger* un coursier à moto

**announce** *vt* **1** [rendre public. Obj: ex. décision, date] annoncer, faire part de *Her appointment was announced this morning.* On a annoncé sa nomination ce matin. **2** [affirmer en confiance ou de manière agressive] annoncer *He suddenly announced that he was bored.* Il a soudain déclaré qu'il s'ennuyait.

**announcer** *nd* [ex. à la télévision] présentateur

**announcement** *ndi* annonce, faire-part *the surprise announcement of his retirement* l'annonce surprise de son départ à la retraite

### 342.1 Parler d'événements ou d'une situation

**report** *v* **1** *vt* (souvent + *that*, -ing) rapporter, signaler *The hospital has reported no change in her condition.* L'hôpital n'a pas signalé de changement dans son état. *A number of minor incidents have been reported.* On a signalé un certain nombre d'incidents mineurs. *They reported that many refugees were dying.* Ils ont rapporté que de nombreux réfugiés étaient en train de mourir. *Members of the public have reported seeing the vehicle travelling towards London.* Des membres du public ont rapporté avoir vu le véhicule aller dans la direction de Londres. **2** *vi* (gén + *on*) [implique un compte rendu officiel d'une situation] rendre compte *The committee is due to report next month.* Le comité doit présenter ses conclusions le mois prochain. *Our job is to report on recent developments in the country.* Notre travail consiste à rendre compte des derniers événements dans le pays.

**report** *nd* [ex. de spectateurs] rumeur [ex. d'un comité] rapport, compte rendu [de journaliste] reportage *There are reports of unrest in the cities.* On signale des troubles dans les villes. *The report criticized police methods.* Le rapport a critiqué les méthodes de la police. *recent press reports* récents rapports de presse

**reporter** *nd* [gén. journaliste] reporter

**relate** *vt* [plutôt formel. Obj: gén histoire ou récit semblable] raconter, relater *The chapter relates how he had come to lose his job.* Le chapitre raconte comment il avait fini par perdre son emploi.

**recount** *vt* [plutôt formel. Obj: gén qch qui est arrivé personnellement au narrateur] raconter, narrer *She began to recount her misadventures.* Elle se mit à raconter ses mésaventures.

### 342.2 Dire qch à qn avec force

**declare** *vt* (souvent + *that*) déclarer *She declared that she would never eat meat again.* Elle a déclaré qu'elle ne mangerait plus jamais de viande. *The government has declared its opposition to the proposals.* Le gouvernement a déclaré qu'il était opposé aux propositions.

**declaration** *nd* déclaration *a declaration that nobody believed* une déclaration que personne n'a crue *a declaration of intent* une déclaration d'intention

**pronounce** *v* **1** *vit* [assez formel. Implique un avis personnel marqué] déclarer *He pronounced that the tap needed replacing.* Il a déclaré qu'il fallait remplacer le robinet. *'It's the wrong colour', she pronounced.* 'Ce n'est pas la bonne couleur', a-t-elle déclaré. **2** *vt* [affirmer officiellement] déclarer *The compromise was pronounced acceptable.* On a déclaré le compromis acceptable.

**pronouncement** *nd* déclaration *a pronouncement no one dared challenge* une déclaration que personne n'osa contester

**preach 1** *vit* [à l'église] faire un sermon *He preached on the Epistle to the Romans.* Il a fait un sermon sur l'Epître aux Romains. **2** *vi* [péjoratif. Donner une leçon de morale] sermonner *Don't preach to me about fairness.* Ne me fais pas un sermon sur l'honnêteté.

**lecture** *v* (souvent + **on**) **1** *vi* [ex. à l'université] enseigner, faire un cours *She lectures on medieval philosophy.* Elle enseigne la philosophie médiévale. **2** *vt* [souvent péjoratif. Implique une critique de qn] réprimander, sermonner *I had to lecture him on punctuality.* J'ai dû lui faire un sermon sur la ponctualité.

**lecture** *nd* [universitaire] cours (magistral) [moral] réprimande, sermon *a lecture on the value of hard work* un sermon sur la valeur du travail sérieux

**account** *nd* [implique une version personnelle d'un événement réel] compte rendu, exposé, récit *the police account of events* le compte rendu des événements par la police *I want a full account of the incident.* Je veux un compte rendu complet de l'incident.

**story** *nd* [vrai ou inventé] histoire *That's the story of my life.* Ça m'arrive tout le temps. *some story about the car breaking down* une histoire à propos d'une panne de la voiture

**tale** *nd* **1** [gén imaginaire et classique] conte, histoire, légende *the tale of the three bears* le conte des trois ours *tales of ghosts and goblins* des histoires de fantômes et de lutins **2** [péjoratif. Mensonge] histoire

**anecdote** *nd* [court, gén authentique et amusant] anecdote *He's got lots of anecdotes about political figures.* Il connaît beaucoup d'anecdotes sur les hommes politiques.

# 343 Explain Expliquer

**explain** *vti* (souvent + **to**) expliquer *to explain sth to sb* expliquer qch à qn *I explained the system to her.* Je lui ai expliqué le système. *That explains the misunderstanding.* Cela explique le malentendu. *Explain why you're so late.* Explique pourquoi tu es tellement en retard.

**explanation** *nd* explication *I'm sure there's a simple explanation.* Je suis sûr qu'il y a une explication simple.

**clarify** *vt* [plutôt formel. Rendre plus clair] clarifier *I'd just like to clarify my position.* Je voudrais simplement mettre les choses au clair en ce qui me concerne.

**get** sth **across** ou **get across** sth *vt prép* [s'assurer qu'on a compris] faire comprendre *He has difficulty getting his ideas across.* Il n'arrive pas à faire comprendre ses idées. *We use videos to get our message across to the public.* Nous nous servons de films vidéos pour faire passer notre message dans le public.

**describe** [montrer comment qch est] décrire *The book describes life in nineteenth-century Australia.* Le livre décrit la vie en Australie au XIXème siècle. *She described the bird in detail.* Elle a donné une description détaillée de l'oiseau. *I just can't describe my feelings.* Je n'arrive pas à décrire ce que je ressens.

**description** *ndi* (souvent + **of**) description *a description of the thief* une description du voleur *a vivid description of the atmosphere on board* une description vivante de la vie à bord

**define** *vt* [déterminer de façon précise ce que qch est] définir *How do you define blackmail?* Quelle est votre définition du chantage? *A fruit is defined as the part bearing the seed.* On définit le fruit comme la partie qui contient la graine.

**definition** *ndi* définition *the definition of a word* la définition d'un mot *my definition of a friend* ma définition de l'ami

**instructions** *n pl* [pour faire qch] instructions *I followed your instructions, but the machine won't go.* J'ai suivi tes instructions, mais la machine ne marche pas. *I left strict instructions not to be disturbed.* J'ai laissé des instructions précises pour qu'on ne me dérange pas.

**translate** *vt* (souvent + **into**) [obj: gén un texte écrit] traduire *the problems of translating Shakespeare* les problèmes que pose la traduction de Shakespeare *The book has been translated into several languages.* Le livre a été traduit en plusieurs langues.

**translator** *nd* traducteur

**translation** *ndi* traduction *a new translation of the Bible* une nouvelle traduction de la Bible *The poem loses something in translation.* Le poème perd à la traduction.

**interpret** *v* **1** *vti* [obj: gén langue parlée] traduire, faire l'interprète *I waited for her to interpret the President's answer.* J'ai attendu qu'elle traduise la réponse du Président. *Can you interpret for us?* Peux-tu nous servir d'interprète? **2** *vt* [expliquer la signification de qch de complexe] interpréter *The article interprets all these statistics.* L'article explique/analyse toutes ces statistiques.

**interpreter** *nd* interprète *a conference interpreter* un interprète de conférence

**interpretation** *ndi* **1** [entre plusieurs langues] interprétation, traduction *We need a simultaneous interpretation.* Nous avons besoin d'une interprétation simultanée. **2** [ex. de preuves] interprétation *careful analysis and interpretation of the results* une analyse et une interprétation scrupuleuses des résultats

# 344 Shout Crier

**shout** *vit* crier, pousser des cris *I shouted for help.* J'ai appelé au secours. *They shouted insults.* Ils ont proféré des insultes. *I shouted at the children.* J'ai crié après les enfants.
**shout** *nd* cri *There were shouts of applause/protest.* Des acclamations/protestations ont retenti.

**yell** *vit* [son plus chargé d'émotion que **shout**] crier, hurler *I had to yell to make myself heard.* J'ai dû hurler pour me faire entendre. *He was yelling at the children.* Il hurlait contre les enfants. **yell** *nd* hurlement, cri

**scream** *vit* [très aigu. Ex. de douleur, de colère] crier, hurler *If you don't stop, I'll scream.* Si tu n'arrêtes pas, je hurle. *They screamed in terror.* Ils ont hurlé d'effroi. **scream** *nd* cri (perçant), hurlement

**screech** *vit* [très aigu et désagréable. Ex. de peur ou en riant] crier *There's something at the window, she screeched.* Il y a quelque chose à la fenêtre, cria-t-elle de sa voix perçante. *They screeched with laughter.* Ils sont partis d'un rire perçant. **screech** *nd* cri strident, crissement, grincement

**call** *vit* [pas toujours très fort. Pour attirer l'attention] appeler *Is that your father calling?* Est-ce ton père qui appelle? *'Come down', we called.* Nous avons crié 'Descends'. **call** *nd* appel

**cry** *vit* (parfois + **out**) [plutôt littéraire. Ex. d'excitation ou en cas d'urgence] crier *'Watch out,' she cried.* 'Attention', cria-t-elle. *They cried out in delight.* Ils ont poussé des cris de joie. **cry** *nd* cri

**cheer** *v* [implique des réjouissances ou des encouragements] **1** *vi* acclamer *They clapped and cheered like mad.* Ils ont applaudi et poussé des hourras comme des fous. **2** *vt* (souvent + **on**) encourager (par des cris et des applaudissements) *Everybody was cheering us.* Tout le monde nous encourageait. *We were cheering our horse on.* Nous encouragions notre cheval.
**cheer** *nd* acclamation, hourra *Three cheers for Simon!* Pour Simon, hip, hip, hip, hourra!

## 344.1 Pousser des cris avec force

**roar** *vit* [évoque la colère ou l'approbation] hurler, vociférer, pousser des grands cris *She roared insults down the phone.* Elle a vociféré des insultes au téléphone. *Go away, he roared.* Va-t-en, hurla-t-il. *to roar with laughter* rire à gorge déployée *The crowd was roaring with excitement.* La foule hurlait d'excitation. **roar** *nd* hurlement

**rant** *vi* (souvent + **on**) [péjoratif. Evoque la colère excessive, déraisonnable et incohérente] tempêter, fulminer *She's still ranting on about her husband.* Elle est encore à tempêter après son mari.

**bellow** *vit* [implique qu'on crie le plus fort possible et gén de colère] gueuler, brailler *Don't bellow at me.* Ne me crie pas dessus. *He was bellowing orders at the players.* Il braillait ses ordres aux joueurs.

# 345 Complain Se plaindre

voir aussi **L37 Complaints**

**complain** *vi* se plaindre *They complained about the noise.* Ils se sont plaints du bruit. *I complained to the manager.* Je me suis plaint au directeur.
**complaint** *ndi* plainte *I wish to make a complaint.* Je voudrais faire une réclamation. *voices raised in complaint* des voix se sont élevées pour réclamer

**grumble** *vi* [implique une réaction de mauvaise humeur] grommeler, ronchonner *He's always grumbling about the weather.* Il n'arrête pas de râler sur le temps. **grumble** *nd* ronchonnement

**criticize** *vt* critiquer *Police methods were strongly criticized.* On a fortement critiqué les méthodes de la police.
**criticism** *nid* critique *press criticism of the policy* la critique que la presse fait de la politique *I have a few minor criticisms of the plan.* J'ai quelques petites critiques à formuler au sujet du projet.
**critical** *adj* (souvent + **of**) critique *a highly critical report* un rapport très critique *They're extremely critical of the government's record.* Ils trouvent énormément à redire au travail du gouvernement.

**moan** *vi* [plutôt informel, souvent péjoratif. Implique une voix plaintive] gémir *Stop moaning, other people have problems too.* Cesse de gémir, les autres ont leurs problèmes aussi. *Don't go moaning on about the traffic.* Arrête de geindre sur la circulation. *Injured people lay moaning on the ground.* [pas péjoratif quand il sert à décrire les bruits faits quand on souffre] Les blessés gémissaient étendus à même le sol.
**moan** *nd* gémissement, plainte *We had a good moan about the boss.* On a tous râlé sur le patron.

**groan** *vi* [évoque le découragement. Gén des sons, pas des paroles] gémir, grogner *I groaned at the thought of a 16-hour flight.* J'ai poussé des soupirs à l'idée des 16 heures de vol. **groan** *nd* grognement

**whine** *vi* [péjoratif. Se lamenter à tout propos, sans raison valable, sans inspirer de compassion] gémir, se lamenter, pleurer *She's always whining about how poor she is.* Elle est toujours en train de pleurer sur sa pauvreté.

**wail** *vi* [d'une voix forte et plaintive] gémir, pleurnicher

'She splashed me,' he wailed. 'Elle m'a éclaboussé,' dit-il en pleurnichant.

**wail** nd gémissement, pleurnichement *the wails of six disappointed children* les pleurnichements de six enfants déçus

**whimper** vi [à voix basse, comme quelqu'un qui a peur et qui pleure] pleurnicher, gémir faiblement

**whimper** nd gémissement *I don't want to hear another whimper out of you.* Je ne veux plus t'entendre pleurnicher.

## 346 Disagree Etre en désaccord

voir aussi **L29 Disagreeing**; ant **348 Agree**

**disagree** vi (souvent + **with**, **about**, **over**) être en désaccord *I'm afraid I have to disagree with you about the colour.* J'ai bien peur de ne pas être de ton avis au sujet de la couleur. *They disagreed over artistic matters.* Ils n'avaient pas les mêmes idées en matière d'art.

### usage

La tournure **I disagree** sert à exprimer un désaccord important et peut être perçue comme grossière. Beaucoup d'anglophones préféreront éviter une tournure aussi catégorique, et dire plutôt *I'm afraid I have to disagree with you (about...)* ou *I'm not sure I agree with you... .*

**disagreement** ndi désaccord, différend *I had a disagreement with the landlord.* J'ai eu un différend avec le propriétaire. *There's some disagreement over what time this took place.* Les avis divergent en ce qui concerne l'heure à laquelle c'est arrivé.

**argue** vi (souvent + **over**, **about**, **with**) [implique souvent la colère] se disputer *He was sent off for arguing with the referee.* Il s'est fait exclure pour s'être disputé avec l'arbitre. *All couples argue.* Tous les couples se disputent. *Let's not argue about money.* Ne nous disputons pas pour de l'argent.

**argument** ndi discussion, dispute *a heated argument* une discussion enflammée *to have an argument* se disputer

**difference of opinion** [souvent euphémique] différence/divergence d'opinions *There's a small difference of opinion over who should pay.* Il y a une légère divergence d'opinions à propos de qui doit payer.

### 346.1 Considérer que qn a tort

**contradict** vt [obj: ex. personne, affirmation] contredire *He flatly contradicted everything she said.* Il contredisait de façon catégorique tout ce qu'elle disait. *The evidence contradicts this claim.* Les faits contredisent cette affirmation.

**contradiction** ndi contradiction *That is **a contradiction in terms**.* C'est une contradiction (dans les termes).

**deny** vt nier *Do you deny these charges?* Niez-vous ces accusations? *I deny ever having been there.* Je nie y être jamais allé.

**denial** ndi démenti, dénégation, reniement *a strong denial of the accusation* un démenti catégorique de l'accusation

**dispute** ndi [implique une forte opposition de vues] dispute, conflit *to settle a dispute* régler un conflit *marital disputes* disputes conjugales *a border dispute* un conflit frontalier *The facts are not **in dispute**.* On ne conteste pas les faits.

**dispute** vt **1** [obj: ex. revendication] contester, attaquer *We strongly dispute this allegation.* Nous contestons formellement cette affirmation. **2** [obj: ex. territoire] disputer *the disputed area* la zone en conflit

**dissent** vi (souvent + **from**) [plutôt formel. Implique un désaccord avec la majorité] différer, être en dissidence *I have to dissent from my colleagues' opinion.* Je dois me distancier de l'avis de mes collègues. *the only dissenting voice* la seule voix dissidente/contre

**dissent** ni dissentiment, avis contraire, dissidence *to register dissent* marquer son désaccord/contester *political dissent* dissidence politique

### 346.2 Protester

**protest** vi (souvent + **against**, **about**) [implique une plainte énergique, souvent à une autorité] protester *They're protesting against the planned motorway.* Ils protestent contre le projet d'autoroute. *I will protest to the minister about this.* Je vais protester à ce sujet auprès du ministre.

**protest** nd protestation *My protests were useless.* Mes protestations furent inutiles. *a mass protest outside the parliament* une protestation de foule devant le parlement (utilisé comme adj) *a protest march* une manifestation

**object** vi (souvent + **to**) [implique une tentative d'empêcher qch] élever une objection *I'll go now if nobody objects.* Je pars maintenant si personne n'y voit d'inconvénient. *I object most strongly to that question.* Je m'insurge contre cette question. *They object to my staying out at night.* Ils ne tolèrent pas que je passe la nuit dehors.

### usage

Remarquez la construction **object to** + -ing, ex. *I don't object to looking after the children for you.* (Ça ne me dérange pas de garder les enfants à ta place.)

**objection** nd objection *objections from local residents* des objections de la part des riverains *They raised a number of objections to the plan.* Ils ont formulé un certain nombre d'objections contre le projet. *I'll phone from here, if you've no objection.* Je vais téléphoner d'ici, si vous n'y voyez pas d'objection.

**challenge** vt [implique la remise en question de qch] contester *I would challenge that remark.* Je conteste cette remarque. *We shall challenge the decision in the Court of Appeal.* Nous allons attaquer cette décision devant la Cour d'Appel. *They challenged the document's validity.* Ils ont contesté la validité du document.

**challenge** nd défi, *a challenge to the government's authority* un défi à l'autorité du gouvernement

**be against** [assez neutre] être contre *The government is against any change in the law on guns.* Le gouvernement est opposé à toute modification de la loi sur les armes à feu.

**be dead against** [plutôt informel. S'opposer fortement] être absolument opposé à I'*m dead against any further cutbacks.* Je suis tout à fait opposé à toute réduction supplémentaire.

### 346.3 Désaccords personnels

**quarrel** *nd* [suggère l'idée de colère ou de perte d'amitié] querelle, brouille, dispute *a silly quarrel over who should be in goal* une dispute idiote à propos de qui doit être gardien de but *a quarrel between neighbours* une querelle entre voisins

**quarrel** *vi* -**ll**- (*Brit*), gén -**l**- (*US*) se quereller, se chamailler *Stop quarrelling and get in the car.* Cessez de vous chamailler et montez dans la voiture. *I don't want to quarrel with you.* Je ne veux pas me disputer avec toi. [avoir une objection] *I can't quarrel with her decision.* Je n'ai rien à redire à sa décision.

**row** *nd* (surtout *Brit*) [informel] querelle, dispute *He got drunk and started a row.* Il s'est soûlé et a provoqué une bagarre. *We had a blazing row.* On s'est engueulés. **row** *vi* se disputer, s'engueuler

**squabble** *vi* [implique une attitude peu digne et mesquine] se chamailler *They're always squabbling over whose turn it is to wash up.* Ils sont toujours en train de se chamailler pour savoir à qui c'est de faire la vaisselle. **squabble** *nd* chamaillerie, prise de bec

**tiff** *nd* [querelle sans importance, généralement entre amis, amants etc.] prise de bec *They've had a bit of a tiff.* Ils ont eu une prise de bec. *a lovers' tiff* une querelle d'amoureux

**bicker** *vi* [implique une raison futile] se chamailler *We always end up bickering about where to go on holiday.* On finit toujours par se chamailler à propos de notre destination de vacances.

**fall out** *vi prép* (souvent + **with**) [cesser d'être amis] se brouiller, se fâcher *We fell out when I refused to lend him some money.* On s'est brouillés quand j'ai refusé de lui prêter de l'argent.

**friction** *ni* [sentiment inamical] friction *There's bound to be friction if it's not clear who's in charge.* Il y aura nécessairement des frictions si on ne dit pas clairement qui est responsable.

### 346.4 Enclin à être en désaccord

**quibble** *vi* [se disputer sur des questions de détail] pinailler, chercher la petite bête *You probably think I'm quibbling, but we did say eight fifteen.* Vous pensez probablement que je cherche la petite bête, mais nous avions dit huit heures et quart.

**split hairs** [faire des distinctions trop subtiles] couper les cheveux en quatre

**argumentative** *adj* [implique une tendance à trouver à redire] raisonneur, ergoteur *She gets very argumentative if you dare to criticize her.* Elle devient très querelleuse quand on ose la critiquer.

**controversial** *adj* [qui provoque ou fait l'objet de disputes] discutable, sujet à controverse, controversé *the President's controversial comments at the summit* les commentaires controversés du Président au sommet

**controversy** *nid* controverse *The new law has caused a lot of controversy.* La nouvelle loi a provoqué une vive controverse.

## 347 Refuse Refuser

voir aussi **285 Unwilling**

**refuse** *vti* (souvent + **to** + INFINITIF) refuser *We offered our help but she refused it.* Nous lui avons offert notre aide, mais elle a refusé. *I refuse to listen to this nonsense.* Je refuse d'écouter ces inepties. *We suggested Tuesday, but she refused.* Nous avons proposé mardi, mais elle a refusé.

**refusal** *nd* refus *a refusal to cooperate* un refus de coopérer

**shake one's head** [en signe de refus] hocher de la tête

en signe de refus *I mentioned a lift, but he shook his head and said he'd walk.* Je lui ai proposé de le conduire en voiture, mais il a fait non de la tête et a dit qu'il allait marcher.

**over my dead body** [dit pour exprimer une forte opposition] il faudra me passer sur le corps *You'll sell this house over my dead body.* Pour vendre cette maison, il te faudra d'abord me passer sur le corps.

## 348 Agree Accepter

voir aussi **L28 Agreeing**; ant **346 Disagree**

**agree** *vi* (souvent + **with, to, about, over,** + **to** + INFINITIF) accepter, reconnaître, être d'accord *I agree with you that some changes are necessary.* Je suis de votre avis que des changements sont nécessaires. *I would never agree to such a plan.* Je n'accepterais jamais un tel projet.

**agreement** *n* **1** *ni* accord *to reach agreement* parvenir à un accord *Is everybody in agreement with that?* Tout le monde est-il d'accord avec cela? **2** *nd* [arrangement]

accord, convention, contrat *our agreement to buy the shares* notre accord pour l'achat des actions *That's not in the agreement.* Ce n'est pas dans le contrat.

**consent** *vti* (gén + **to** + INFINITIF, **to**) [plutôt formel. Implique l'idée de permission] consentir *She has consented to visit the city.* Elle a consenti à visiter la ville.

**consent** *ni* consentement, assentiment *I needed my wife's consent.* Il me fallait l'accord de ma femme.

**assent** *vi* (souvent + **to**) [formel. Quand on suggère qch] consentir, acquiescer *This seemed to solve the problem and everyone assented.* Ceci semblait être la solution au problème et tout le monde acquiesça. *They assented to the proposal.* Ils ont approuvé la proposition.

**assent** *ni* consentement, acquiescement *It would require the formal assent of Parliament.* Il faudrait avoir l'accord formel du Parlement.

**concur** *vi*, **-rr-** (souvent + **with**) [formel. Implique une concordance d'opinions] être d'accord, s'entendre *She said more research was needed and we all concurred.* Elle a dit qu'il fallait faire des recherches supplémentaires et nous étions tous de son avis. *sentiments with which we would all concur* des sentiments que nous partagions tous

**go along with** sth *vt prép* [informel. Implique que l'on accepte les idées ou projets d'autrui] soutenir *I go along with what James said.* Je suis d'accord avec ce que James a dit. *Are you prepared to go along with these arrangements?* Es-tu prêt à respecter ces dispositions?

**confirm** *vt* (souvent + **that**) [implique que l'on réitère son accord] confirmer *I want to confirm our arrangements.* Je voudrais confirmer les dispositions que nous avons prises. *That date has not yet been*

confirmed. *Cette date n'a pas encore été confirmée.*

**confirmation** *ni* confirmation, ratification *The reports are surprising and we are waiting for confirmation.* Les rapports sont surprenants et nous attendons confirmation. *confirmation of these terms* confirmation de ces modalités

**uphold** *vt* [implique une résistance face à l'opposition] donner son soutien, maintenir, confirmer *The Court of Appeal upheld the verdict.* La Cour d'Appel a confirmé le verdict. *I firmly uphold the view of my colleague.* Je soutiens fermement le point de vue de mon collègue.

### 348.1 Etre d'accord

**in accord** [plutôt formel. Qui a la même attitude] d'accord *The leaders are in complete accord.* Les dirigeants sont complètement d'accord.

**in unison** [plutôt formel. Implique l'utilisation des mêmes termes] à l'unisson, en chœur *The council members spoke in unison when condemning the plans.* Les membres du conseil ont condamné les projets d'une seule voix.

**harmony** *ni* [points de vue, buts communs] harmonie *Nothing disturbed the new harmony within the party.* Rien n'est venu troubler la nouvelle harmonie qui régnait au sein du parti.

## 349 Persuade  Persuader

voir aussi *L26 Persuading*

**persuade** *vt* (souvent + **that**, + **to** + INFINITIF) [par le raisonnement ou par les sentiments] persuader, convaincre *Nobody could persuade her.* Personne n'arrivait à la persuader. *I've persuaded him that I can do the job.* Je l'ai convaincu que je suis capable de faire le travail. *We can't persuade him to sell the house.* Nous ne pouvons pas le persuader de vendre la maison.

**persuasion** *ni* persuasion *gentle persuasion* persuasion en douceur *We have to use persuasion rather than force.* Il nous faut agir par la persuasion plutôt que par la force.

> **usage**
>
> Quand on **persuade** quelqu'un, on lui fait généralement *faire* quelque chose. Quand on **convince** quelqu'un, on lui fait généralement *penser/croire* quelque chose.

**convince** *vt* (souvent + **that**, **of**, + **to** + INFINITIF) [par le raisonnement] convaincre *You've convinced me.* Vous m'avez convaincu. *We shall convince him of your innocence.* Nous allons le convaincre de ton innocence. *I can't convince her to speak to you.* Je n'arrive pas à la convaincre de te parler.

**influence** *vt* [implique une pression psychologique] influencer *I don't want to influence your decision.* Je ne veux pas influencer votre décision. *I've been influenced by seeing the conditions they are living in.* Le fait de voir dans quelles conditions ils vivent m'a influencé.

**influence** *ni* influence *to exert influence over* avoir de l'influence sur

**convert** *vt* (parfois + **to**) [implique un changement d'opinion complet, souvent en matière de religion] convertir *He's always been against alternative medicine, but I've managed to convert him.* Il a toujours été contre les médecines alternatives, mais je suis parvenu à l'y convertir. *She's been converted to buddhism.* Elle s'est convertie au bouddhisme.

**talk** sb **round** *vt prép* [implique que l'on surmonte progressivement une opposition] amener qn à changer d'avis, convaincre *Mum doesn't like the idea, do you think you can talk her round?* Maman est contre l'idée, penses-tu pouvoir la faire changer d'avis?

**talk** sb **into/out of** sth *vt prép* (souvent + **-ing**) [implique l'idée de persévérance ou d'obstination, parfois face à un meilleur avis] amener qn à faire/ne pas faire qch, persuader/dissuader (à force de paroles) *How did I let you talk me into a canal holiday?* Comment ai-je pu te laisser me convaincre de passer mes vacances sur une péniche? *I can talk her into coming.* J'arriverai à la persuader de venir (en lui parlant).

**get** sb **to do** sth *vt prép* faire faire qch à qn, obtenir que qn fasse qch *I can get him to walk the dog.* Je lui ferai promener le chien. *He always tries to get somebody else to do his dirty work.* Il essaie toujours de faire faire le sale travail aux autres.

# 350 Admit Admettre

**admit** *vti*, **-tt-** (souvent **+ that**, **to**, **-ing**) [implique que l'on accepte quelque chose de vrai, souvent quelque chose qui nous déplaît] admettre, reconnaître *He has admitted responsibility for the incident.* Il a reconnu qu'il était responsable de l'incident. *I admit I was speeding.* Je reconnais que je roulais trop vite. *She admitted taking drugs.* Elle a admis qu'elle se droguait. *It is rather unlikely, I must admit.* C'est peu probable, je dois le reconnaître.

**admission** *ni* [ex. de culpabilité] acceptation, admission *a clear admission of her involvement in the plot* c'est un aveu d'implication dans le complot.

**reveal** *vt* (souvent **+ that**) [implique que l'on permet à qn de connaître qch, souvent un secret] révéler *I wasn't going to reveal my age.* Je ne voulais pas révéler mon âge. *Journalists have revealed that her phone had been tapped.* Les journalistes ont révélé qu'on avait mis son téléphone sur écoute.

**revelation** *ndi* [implique gén un fait surprenant] révélation *astonishing revelations about political corruption* d'étonnantes révélations à propos de corruption politique

**confess** *vti* (souvent **+ that**, **to** -ing) [contient l'idée de culpabilité ou de regret] avouer, confesser, reconnaître *He has confessed his own part in the crime.* Il a avoué le rôle qu'il a joué dans le crime. *I confessed that I had forgotten his name.* J'ai avoué avoir oublié son nom. *She confessed to taking the necklace.* Elle a reconnu s'être emparée du collier.

**confession** *ndi* confession *She dictated a full confession to the sergeant.* Elle a fait une confession complète à l'inspecteur de police.

**own up** *vi prép* (souvent **+ to**) avouer, confesser, admettre *Tom finally owned up to breaking the window.* Tom a fini par avouer que c'était lui qui avait cassé la fenêtre.

**concede** *vt* (souvent **+ that**) [implique que l'on accepte les arguments de qn d'autre] concéder, admettre *I concede that point.* Je vous concède ce point. *I concede that I was wrong to say that.* Je reconnais que j'ai eu tort de dire cela.

## 350.1 Cesser de cacher qch

**blurt** sth **out** OU **blurt out** sth *vt prép* [dire spontanément qch que l'on n'était pas censé dire] laisser échapper, lâcher *I wanted to surprise you, but the children blurted the news straight out.* Je voulais te faire la surprise, mais les enfants ont tout de suite annoncé la nouvelle. [peut impliquer une émotion intense] *She suddenly blurted out that she was pregnant.* Elle a soudain lancé qu'elle était enceinte.

**let on** *vi prép* (gén **+ about**, **that**) [au lieu de garder le secret] raconter, révéler *I knew who he was but I didn't let on.* Je savais qui il était, mais je l'ai gardé pour moi. *Don't let on to her about the baby.* Ne lui dis pas pour le bébé.

**give** sth **away** OU **give away** sth *vt prép* [révéler ce qui aurait dû rester secret] révéler, trahir, vendre la mèche *You've gone and given everything away, haven't you?* Tu es allé tout raconter, n'est-ce pas?

### e x p r e s s i o n

**let the cat out of the bag** [informel. Dévoiler un secret, des informations, gén par accident] vendre la mèche *She showed me some photos with the two of them together and that let the cat out of the bag.* Elle m'a montré des photos où ils étaient ensemble tous les deux et ça m'a mis la puce à l'oreille.

# 351 Ask Demander

voir aussi *L18 Information*

**ask** *v* **1** *vt* [renseignements] demander *If you have any problems, ask me.* Si tu as le moindre problème, demande-moi. *I'd like to ask a question.* Je voudrais poser une question. *I asked him the time.* Je lui ai demandé l'heure. *She asked me how old I was.* Elle m'a demandé mon âge. **2** *vti* (gén **+ to +** INFINITIF, **for**) [objet ou service] demander *If you need advice, ask your doctor.* Si tu as besoin de conseils, demande à ton médecin. *She asked me to sit down.* Elle m'a demandé de m'asseoir. *She asked me for a loan.* Elle m'a demandé de lui prêter de l'argent. *I asked for some water.* J'ai demandé de l'eau.

**question** *nd* question *to ask sb a question* poser une question à qn *to put a question to sb* poser une question à qn

**question** *vt* [implique que l'on pose plusieurs questions souvent dans des contextes officiels] poser des questions, interroger *A man is being questioned by the police.* La police est en train d'interroger un homme. *The survey questioned a sample of 1,200 voters.*

L'enquête couvrait un échantillonnage de 1.200 électeurs.

**query** *nd* [gén pour s'assurer d'un point précis] question *Most of the calls are timetable queries.* La plupart des appels concernent des demandes de renseignements sur les horaires. *I have a query about the cost.* J'ai une question à poser à propos du coût.

**query** *vt* **1** [implique que la personne pense que qch est incorrect] mettre en doute/en question *He queried the repair bill.* Il a mis en question l'exactitude de la facture de réparation. *I'd query the need for a second car.* Je me permets de douter de l'utilité d'une seconde voiture. **2** (*US*) [demander] chercher à savoir *'Is it ready?', I queried.* 'Est-ce que c'est prêt?' demandai-je.

**enquire** AUSSI **inquire** *v* [plus formel que **ask**. Implique que l'on se renseigne pour découvrir qch] **1** *vt* s'informer de, demander, s'enquérir de *Are you a member? she enquired.* 'Etes-vous membre?' demanda-t-elle. *I'll enquire if there's a hotel near here.* Je vais demander s'il y a un hôtel tout près d'ici. **2** *vi* (gén **+**

about) se renseigner, s'informer *She was enquiring about our language courses.* Elle se renseignait sur nos cours de langues. **3** *vi* (toujours + **into**) [implique une enquête de police ou qch de similaire] faire des recherches ou des investigations sur *They're enquiring into the cause of the accident.* Ils enquêtent sur la cause de l'accident. **4** *vi* (toujours + **after**) [surtout pour savoir comment qn va ou ce qu'il fait] demander des nouvelles de *She was enquiring after the boy in the crash.* Elle demandait des nouvelles du petit garçon de l'accident.

**enquiry** AUSSI **inquiry** (*surtout US*) *n* **1** *nd* [ex. date, qch à vendre] demande de renseignements *We haven't had a single enquiry about the house.* Nous n'avons pas eu une seule demande de renseignements pour la maison. *My secretary can handle most of these enquiries.* Ma secrétaire peut répondre à la plupart de ces demandes de renseignements. **2** *nd* [investigation] enquête *a police enquiry* une enquête de police *an official inquiry into the causes of the riots* une enquête officielle sur les causes des émeutes **3** *ni* [poser des questions] demande de renseignements *By careful enquiry I established her movements on that day.* Ma petite enquête minutieuse m'a permis d'établir ses allées et venues ce jour-là.

**interview** *vt* [ex. pour un magazine ou un emploi] avoir un entretien avec, interviewer *the journalist who interviewed her* le journaliste qui l'a interviewée *They took references but didn't interview me.* Ils ont pris mes coordonnées mais ne m'ont pas fait passer d'entretien.

**interview** *nd* entrevue, interview *the first interview he's given since he became president* la première interview qu'il donne depuis qu'il est devenu président *a job interview* une entrevue pour un emploi

**consult** *vt* (souvent + **on**, **over**) [chercher à avoir des renseignements auprès d'un spécialiste, dans un livre etc.] consulter *to consult an expert* consulter un spécialiste *Can I consult you on a gardening problem?* Puis-je vous demander conseil pour un problème de jardinage?

## 351.1 Interroger sérieusement

**cross-examine** *vt* **1** [au tribunal] faire subir un contre-interrogatoire *to cross-examine a witness* faire subir un contre-interrogatoire à un témoin **2** [poser des questions précises] interroger de façon serrée *I refuse to be cross-examined about my motives.* Je refuse de me soumettre à un interrogatoire serré sur mes intentions.

**cross-examination** *ndi* contre-interrogatoire *under cross-examination* qui subit un contre-interrogatoire/un interrogatoire serré

**interrogate** *vt* [obj: ex. espion, suspect] interroger *They were tortured and interrogated by the secret police.* Ils ont été torturés et soumis à un interrogatoire par la police secrète. **interrogation** *ndi* interrogatoire, interrogation

**grill** *vt* [informel. Interroger ou poser des questions insistantes] cuisiner *The detective grilled me about the money.* L'inspecteur de la police judiciaire m'a cuisiné à propos de l'argent. *I was grilled on irregular verbs.* On m'a cuisiné sur les verbes irréguliers.

**grilling** *nd* interrogatoire serré *to give sb a grilling* mettre qn sur la sellette

**pry** *vi* (souvent + **into**) [péjoratif. Evoque la notion d'ingérence] fourrer son nez dans les affaires des autres *I don't want to pry, but are you pregnant?* Je ne veux pas être indiscret mais est-ce que tu es enceinte? *Do you have to pry into my affairs?* Faut-il vraiment que tu mettes ton nez dans mes affaires?

## 351.2 Demander qch

**request** *vt* [plus formel que **ask for**. Evoque la notion de politesse] **1** [obj: chose] demander *I requested a room with a view.* J'ai demandé une chambre avec vue. **2** (toujours + **to** + INFINITIF) [obj: personne] demander de, prier de *I requested them to leave.* Je les ai priés de partir. *We were requested to wait.* On nous a demandé d'attendre.

**request** *n* **1** *nd* demande, requête *my requests to speak to the manager* les requêtes que j'ai introduites pour parler au directeur **2** *ni* (seulement dans des expressions) *He came at my request.* Il est venu à ma demande. *The forms are available on request.* Les formulaires sont disponibles sur demande.

**beg** *vti*, **-gg-** (souvent + **for**) **1** (souvent + **to** + INFINITIF) [demander de façon humble et désespérée] supplier, solliciter *Leave me alone, he begged.* Laissez-moi tranquille, supplia-t-il. *I begged her to reconsider.* Je l'ai priée de reconsidérer la question. *I beg you, don't do this.* Je t'en supplie, ne fais pas ça. **2** [demander sans fierté] supplier *Do I have to beg?* Faut-il que je me mette à genoux? *They were begging for food.* Ils mendiaient de la nourriture.

**plead** *vit* (souvent + **with**, **for**) [implique que l'on demande de façon insistante et désespérée] supplier, implorer *I pleaded with her for more time.* Je l'ai suppliée de me laisser plus de temps. *She pleaded with me to stay.* Elle m'a supplié de rester.

**plea** *nd* appel, supplication *a plea for mercy* un appel à la clémence *All my pleas were ignored.* Toutes mes supplications sont restées sans réponse.

**appeal** *vit* (souvent + **to**, **for**) [implique que l'on demande une réaction responsable] lancer un appel *He appealed for calm.* Il lança un appel au calme. *She appealed to us for more information.* Elle a fait appel à nous pour obtenir de plus amples renseignements. *I appealed to him to show a little patience.* Je lui ai demandé de faire preuve d'un peu de patience.

**appeal** *nd* appel *an appeal for witnesses* un appel à témoins *an appeal to his better nature* un appel à ses bons sentiments

**beseech** *vt* (gén + **to** + INFINITIF) [plutôt formel. Suppose un besoin intense] demander instamment, implorer *I beseeched her not to marry him.* Je l'ai suppliée de ne pas l'épouser. *'You must believe me,' he beseeched her.* "Tu dois me croire," implora-t-il.

**invite** *vt* (souvent + **to**, + **to** + INFINITIF) inviter *We've been invited to dinner.* On nous a invités à dîner. *I invited him to sit down.* Je l'ai invité à s'asseoir.

**invitation** *n* **1** *ndi* [offre] invitation *an invitation to speak to the society* une invitation à prendre la parole devant l'assemblée **2** *nd* [carte] invitation *I tore up the invitation.* J'ai déchiré l'invitation.

## 352 Answer Répondre

**answer** *vti* **1** (souvent + **that**) [obj: ex. personne, question, lettre] répondre à *Does that answer your question?* Ceci répond-il à votre question? *She spends a lot of time answering complaints.* Elle passe beaucoup de temps à répondre aux réclamations. *She refused to answer.* Elle a refusé de répondre. *She answered that her husband was out.* Elle a répondu que son mari était sorti. **2** *vt* [obj: ex. sonnerie, annonce] répondre à *Will you answer the phone?* Veux-tu bien répondre au téléphone? *I knocked loudly but no one answered.* J'ai frappé fort mais personne n'a répondu.

**answer** *n* **1** *nd* réponse *We're still waiting for their answer.* Nous attendons toujours leur réponse. *I kept ringing but there was no answer.* J'ai sonné sans arrêt mais personne n'a répondu. **2** *ni* réponse *I wrote back in answer that ...* J'ai répliqué par écrit que ... *in answer to your question* en réponse à votre question

**reply** *vit* (gén + **to**, **that**) [légèrement plus formel que answer] répondre, répliquer *Did they ever reply to that letter?* Ont-ils jamais répondu à cette lettre? *She replied that she was too afraid.* Elle a répondu qu'elle avait trop peur.

**reply** *n* **1** *nd* réponse, réplique *an evasive reply* une réponse évasive *your reply to our advertisement* votre réponse à notre annonce **2** *ni* (toujours dans une expression) *'Mmm', he said in reply.* 'Mmm' dit-il en guise de réponse. *in reply to your question* en réponse à votre question

**respond** *vit* (gén + **to**, **that**) [formel. Implique une réaction] répondre *I waited for her to respond to the question.* J'attendais qu'elle réponde à la question. *He responded to their threats by buying a gun.* Il a répondu à leurs menaces en achetant un fusil.

**response** *n* **1** *nd* réponse, réplique *a considered response* une réplique bien pesée **2** *ni* (toujours dans une expression) *what he said in response* la réponse qu'il fit *in response to their appeal* suite à leur appel

## 353 Suggest Proposer

voir aussi *L17 Advice*; *L27 Suggesting*

**suggest** *vt* (souvent + **that**) suggérer, proposer *to suggest an idea to sb* suggérer une idée à qn *Can you suggest an alternative?* As-tu une alternative à proposer? *I suggested to her that we kept the letter.* Je lui ai suggéré que l'on garde la lettre. *'I could borrow your bike,' she suggested.* 'Je pourrais emprunter ton vélo' suggéra-t-elle.

**suggestion** *ndi* suggestion, proposition *Have you any better suggestions?* Avez-vous quelque chose de mieux à suggérer? *It was just a suggestion.* Ce n'était qu'une simple suggestion.

**propose** *vt* **1** (souvent + **that**) [implique l'idée d'une suggestion bien réfléchie et la profonde conviction que ce que l'on propose est raisonnable] proposer, présenter, soumettre *He is proposing radical reforms.* Il propose des réformes radicales. *I shall propose the scheme to them.* Je vais leur soumettre le projet. *Are you proposing that we cancel the contract?* Etes-vous en train de suggérer d'annuler le contrat? **2** (+ **to** + INFINITIF) [indique une ferme intention] compter faire *We propose to build an extension.* Nous avons l'intention de construire une annexe.

**proposal** *nd* **1** [suggestion] proposition, offre *The proposals will be discussed at the next meeting.* On examinera les propositions lors de la prochaine réunion. **2** [de mariage] demande en mariage

### expression

**put it to somebody (that)** suggérer de, laisser entendre que *He put it to me that I should resign.* Il m'a suggéré de démissionner.

### 353.1 Donner des conseils

**advise** *vt* (souvent + **to** + INFINITIF, **that**) conseiller, recommander *We must advise caution.* Nous devons recommander la prudence. *I advised her to see you first.* Je lui ai conseillé de te voir d'abord. *'Call an ambulance,' she advised.* 'Appelez une ambulance' conseilla-t-elle.

**advice** *ni* conseils *to seek expert advice* demander conseil à un spécialiste *a good **piece of advice*** un bon conseil *My advice would be to go to the police.* Personnellement, je vous conseillerais d'avertir la police.

**recommend** *vt* (souvent + **that**) [implique que l'on suggère ce qu'il y a de mieux parmi une série d'options] recommander, conseiller *Can you recommend a good plumber?* Peux-tu me recommander un bon plombier? *I'd recommend (that) you see an eye specialist.* Je te conseillerais de consulter un oculiste.

**recommendation** *ndi* recommandation *The government has accepted the enquiry's recommendations.* Le gouvernement a accepté les recommandations de la commission d'enquête. *I bought the car **on** your **recommendation**.* J'ai acheté cette voiture sur tes recommandations.

**guidance** *ni* [implique une connaissance ou une expérience supérieure] direction, conseils *a parent's help and guidance* l'aide et les conseils d'un parent *under the guidance of your instructor* sous la direction de ton professeur

**tip** *nd* [ex. sur la façon de faire qch plus facilement] tuyau, truc, conseil *useful gardening tips* trucs de jardinage utiles

## 354 Discuss Discuter

**discuss** vt [suggère une conversation sérieuse mais pas un débat ou une dispute] discuter de, débattre de *Did you discuss the wedding?* Avez-vous discuté du mariage? *They discussed who might replace her.* Ils ont discuté de la question de son remplacement.

**discussion** ndi discussion, débat *our preliminary discussions* nos discussions préliminaires *This needs further discussion.* Ceci mérite que l'on en discute plus en profondeur. *The idea is **under discussion**.* L'idée est en discussion.

**debate** vt [implique que l'on discute d'idées opposées] discuter, débattre *to debate a motion* discuter au sujet d'une proposition *The proposals have not been properly debated.* On n'a pas encore vraiment débattu des propositions. (+ -ing) *We debated extending the deadline.* Nous avons discuté de la possibilité de prolonger le délai.

**debate** n 1 nd discussion, débat *a debate in Congress* un débat au Congrès *heated debates about who should pay* des débats enflammés pour déterminer qui doit payer 2 ni discussion *The tax has been the subject of much debate.* La taxe a alimenté de nombreuses discussions. *Her views are **open to debate**.* Ses opinions sont discutables.

**converse** vi (souvent + with) [formel. Parler de façon ordinaire] converser, s'entretenir *I saw them conversing idly by the photocopier.* Je les ai vus bavarder sans rien faire près de la photocopieuse.

**conversation** ndi conversation *We had a long conversation about her family.* Nous avons eu une longue conversation à propos de sa famille. *I found him deep in conversation with my father.* Je l'ai trouvé en grande conversation avec mon père.

**talk** sth **over** OU **talk over** sth vt prép [discuter de qch, souvent pour résoudre un problème] discuter (de) *Come into my office and we'll talk things over.* Viens dans mon bureau, on discutera de tout cela.

**have a word with sb** [plutôt informel. Implique l'idée d'une conversation brève et fortuite] parler à qn *Can I have a word with you about this bill?* Est-ce que je peux vous toucher un mot à propos de cette facture?

## 355 Emphasize Mettre en évidence

**emphasize** AUSSI **-ise** (*Brit*) vt (souvent + that) mettre en valeur, insister sur, souligner *I want to emphasize the need for economy.* Je veux insister sur la nécessité d'être économe. *I cannot emphasize too much that there will be no second chance.* Je ne saurais trop insister sur le fait qu'il n'y aura pas de seconde chance.

**emphasis** nid (souvent + on) insistance, accent *The emphasis is on speed.* On accorde une importance particulière à la vitesse. *We should **put/lay/place** more **emphasis** on grammar.* Nous devrions davantage mettre l'accent sur la grammaire.

**stress** vt (souvent + that) [souvent pour que la compréhension soit meilleure] faire ressortir, attirer l'attention sur *I stressed our willingness to compromise.* J'ai insisté sur le fait que nous étions prêts à transiger. *She stressed that there could be a long wait.* Elle insista sur le fait que l'attente pourrait être longue. *I want to stress how little time we have left.* Je veux attirer votre attention sur le peu de temps qu'il nous reste.

**stress** ni (souvent + on) insistance, accent *a justifiable stress on security* une insistance légitime sur la sécurité *She lays great stress on punctuality.* Elle accorde beaucoup d'importance à la ponctualité.

**underline** vt [rendre très clair] souligner *The accident underlines the need for higher safety standards.* L'accident souligne la nécessité de normes de sécurité plus strictes. *I want to underline my opposition to these measures.* Je tiens à souligner que je suis opposé à ces mesures.

**insist** vit (souvent + on + -ing, + that) [implique que l'on déclare ou exige qch fermement] tenir à, insister *I insist, they must be stopped.* Il faut les arrêter, j'y tiens absolument. *Insist on seeing the ambassador.* Insiste pour voir l'ambassadeur. *She insisted (that) she was nowhere near there that night.* Elle a souligné qu'elle n'était absolument pas dans les parages cette nuit-là.

**insistence** ni insistance *She stuck to this story with great insistence.* Elle a maintenu cette version avec beaucoup d'insistance.

**insistent** adj insistant, pressant *an insistent tone* une voix pressante *Her pleas became more insistent.* Ses appels se faisaient plus insistants.

**exaggerate** vt [obj: ex. réclamation, problème] exagérer *We mustn't exaggerate the danger.* Il ne faut pas exagérer le danger. *He tends to exaggerate his achievements.* Il a tendance à gonfler ses exploits. *She's exaggerating when she says there were eighty people there.* Elle exagère quand elle dit qu'il y avait quatre-vingt personnes.

**exaggeration** nid exagération *Salesmen can be rather prone to exaggeration.* Les vendeurs ont parfois tendance à exagérer. *It's a bit of an exaggeration to say she saved my life.* C'est un peu exagéré de dire qu'elle m'a sauvé la vie.

**rub** sth **in** OU **rub in** sth vt prép [informel. Faire remarquer qch de déplaisant avec plus d'insistance qu'il n'est nécessaire dans le but de mettre qn encore plus mal à l'aise] tourner le couteau dans la plaie, rappeler *I know I should have got there earlier, there's no need to rub it in.* Je sais que j'aurais dû y arriver plus tôt, ce n'est pas la peine de me le rappeler.

### expression

**to get/blow sth out of proportion** [exagérer l'importance ou la gravité de qch, surtout qch de préoccupant] faire un plat de qch, faire une tempête dans un verre d'eau *It was only a small disagreement, you're blowing it (up) out of proportion.* Ce n'était qu'un petit désaccord, tu en fais tout un plat.

## 356 Repeat Répéter

**repeat** *vt* (souvent + **to**) répéter *Can you repeat that?* Peux-tu répéter? *Don't repeat this to anybody.* Ne répète ceci à personne. *The team are hoping to repeat last Saturday's performance.* L'équipe espère réitérer sa performance de samedi dernier.

**repeat** *nd* **1** répétition *Make sure you've got your passport – we don't want a repeat of what happened last time!* Assure-toi que tu as ton passeport, on ne veux pas que ça se passe comme la dernière fois. *I played the piece with all the repeats.* J'ai joué le morceau avec toutes les reprises. **2** [programme] reprise

**repetition** *nid* répétition, redite *to learn sth by repetition* apprendre qch à force de le répéter *a repetition of earlier mistakes* une répétition des erreurs précédentes

**encore** *nd* [morceau musical joué en plus à la demande du public] (morceau en) bis, rappel *They gave us three encores.* Ils ont fait trois rappels. *She sang a Schubert song as an encore.* Pour le rappel, elle a chanté un morceau de Schubert.

**encore** *vt* [obj: musicien] bisser [obj: musique] bisser *The aria was encored.* L'aria a été bissée.

**echo** *nd, pl* **echoes 1** [ex. dans une grotte] écho *a ghostly echo* un écho spectral **2** [ex. d'un événement] rappel *The protests are an echo of the mass demonstrations of 1968.* Les protestations rappellent les grandes manifestations de 1968.

**echo** *v* **1** *vi* (parfois + **with**) [suj: ex. grotte] résonner *The room echoed with laughter.* La pièce retentissait de rires. **2** *vi* [suj: ex. bruit] se répercuter, faire écho *Her voice echoed round the church.* Sa voix faisait écho dans l'église. **3** *vt* [obj: ex. opinion] se faire l'écho de *In saying this I am only echoing the president's own statement.* En disant cela, je ne fais que répéter la déclaration faite par le président. **4** *vt* [obj: ex. événement] répéter *Her career strangely echoed her mother's experience.* Sa carrière rappelait étrangement l'expérience de sa mère.

## 357 Swear Jurer

**swear** *vi, prét* **swore** *part passé* **sworn** (souvent + **at**) [utiliser un langage lamentable] jurer, être grossier *Don't swear in front of the children.* Ne dis pas de gros mots devant les enfants. *He swore loudly at the referee.* Il a hurlé un tas d'injures à la figure de l'arbitre. (utilisé comme *adj*) *a swear word* un juron, un gros mot

**curse** *vti* [surtout pour exprimer la colère contre qn/qch] maudire, jurer *I found her cursing into the engine.* Je l'ai trouvée le nez dans le moteur en train de jurer. *I could hear him cursing computers and whoever invented them.* Je l'entendais maudire les ordinateurs et celui qui les avait inventés. **curse** *nd* juron, imprécation

**oath** *nd* [plutôt littéraire] juron *a strange oath he'd heard his father use* un étrange juron qu'il avait entendu dans la bouche de son père

**blaspheme** *vi* (parfois + **against**) blasphémer *to blaspheme against God* blasphémer contre Dieu **blasphemy** *ni* blasphème

## 358 Promise Promettre

voir aussi **82.1 Certain**

**promise** *vt* (souvent + **to** + INFINITIF, + **that**) promettre *I can promise nothing.* Je ne peux rien promettre. *But you promised me a pony!* Mais tu m'as promis un poney! *I promised my daughter I'd pick her up.* J'ai promis à ma fille d'aller la chercher.

**promise** *nd* promesse *empty promises* des promesses en l'air *the promise of a job* une promesse d'emploi *to keep/break a promise* tenir/rompre une promesse

### expression

**to give sb one's word** [plus emphatique que promettre] donner sa parole à qn *I give you my word that I'll have the money for you by Friday.* Je te donne ma parole que j'aurai ton argent d'ici vendredi.

**guarantee** *ndi* [gén formellement ou légalement] garantie *a guarantee that no trees would be cut down* la garantie qu'aucun arbre ne serait abattu *The oven is still **under guarantee**.* Le four est toujours sous garantie.

**guarantee** *vt* (souvent + **to** + INFINITIF, + **that**) garantir *We cannot guarantee your safety.* Nous ne pouvons pas garantir votre sécurité. *They have guaranteed to provide a replacement.* Ils nous ont garanti qu'ils fourniraient un remplaçant. *Can you guarantee that the car will be ready?* Pouvez-vous garantir que la voiture sera prête? *a guaranteed seat* un siège réservé

**assure** *vt* (souvent + **that**) [quand qch n'est pas certain. Gén pour rassurer qn] assurer, affirmer, certifier *Let me assure you that there will be no problems.* Laissez-moi vous certifier qu'il n'y aura aucun problème. *We were assured that we would not miss our connection.* On nous a assuré que nous ne manquerions pas notre correspondance.

**assurance** *nd* assurance, garantie, promesse formelle *an assurance that her complaint would be examined* la promesse que sa plainte serait prise en compte *government assurances that there was no health risk* des garanties données par le gouvernement qu'il n'y avait aucun risque pour la santé

**claim** vt (gén + **to** + INFINITIF, + **that**) [implique une déclaration faite sans preuves] prétendre, déclarer *He claimed to be able to cure my asthma.* Il prétendait pouvoir me guérir de mon asthme. *She claims that inflation is coming down.* Elle prétend que l'inflation est en train de baisser.

**claim** nd affirmation, réclamation *a fully justified claim* une réclamation pleinement justifiée *exaggerated claims of success* prétentions exagérées de succès

**swear** v, prét **swore**, part passé **sworn** 1 vt (gén + **that**) [implique que l'on déclare qch de façon solennelle et emphatique] jurer *She swore she'd never seen me.* Elle a juré qu'elle ne m'avait jamais vu. [informel] *He swore blind he'd locked the door.* Il jura dur comme fer qu'il avait fermé la porte à clé. [qui exprime la certitude] *I could have sworn I had another pen.* J'aurais juré que j'avais un autre stylo. 2 vi (toujours +

**to**) jurer *I think he's from Lincoln, but I couldn't swear to it.* Je crois qu'il vient de Lincoln mais je ne le jurerais pas.

**oath** nd [promesse solennelle de faire qch ou que qch est vrai] serment *I took an oath not to tell anyone.* J'ai fait le serment de n'en parler à personne. *Will you say that on oath?* [au tribunal] Acceptez-vous de dire cela sous serment?

**pledge** nd [promesse solennelle de faire qch] promesse, engagement *our pledge to reduce unemployment* l'engagement que nous avons pris de réduire le chômage

**pledge** vt (souvent + **to** + INFINITIF) promettre, s'engager à *to pledge one's support for a cause* s'engager à soutenir une cause *I'll pledge another ten pounds.* J'engage encore dix livres.

## 359 Talkative  Loquace

voir aussi **341 Speak**

**chatty** adj [heureux de parler] bavard *The boss was in one of his chatty moods.* Le patron était d'humeur bavarde. *a chatty letter* une lettre pleine de bavardages

**chatterbox** nd [informel, description assez humoristique et tolérante] moulin à paroles *He can only say a few words, but you can tell he's going to be a real little chatterbox.* Il ne sait dire que quelques mots mais on peut déjà dire qu'il aura la langue bien pendue.

**windbag** nd [péjoratif. Qui parle trop ou de manière pompeuse] palabreur *How did all these windbags get elected?* Comment a-t-on pu élire tous ces beaux parleurs?

### 359.1  Parler facilement

**fluent** adj [implique que l'on s'exprime bien, souvent dans une autre langue] qui parle facilement ou couramment *a fluent style which makes the subject interesting* un style aisé qui rend le sujet intéressant *I speak German, but I'm not fluent in it.* Je parle allemand mais pas couramment. *She speaks fluent Arabic.* Elle parle arabe couramment. **fluently** adv couramment, avec facilité **fluency** ni facilité d'élocution

**articulate** adj [implique une facilité d'expression et des idées claires] clair, qui s'exprime bien *an articulate article* un article bien rédigé *She gets her way because she's so articulate.* Elle arrive toujours à ce qu'elle veut parce qu'elle s'exprime tellement bien. **articulately** adv avec aisance, avec facilité

**eloquent** adj [implique que l'on s'exprime bien et de façon persuasive] éloquent *The wine made me more*

*eloquent.* Le vin m'a délié la langue. *an eloquent defence of their policies* une défense éloquente de leur politique **eloquence** ni éloquence

*e x p r e s s i o n s*

**a way with words** [implique style et persuasion] qui a la parole facile *You could listen to him for hours, he has such a way with words.* On pourrait l'écouter pendant des heures, il s'exprime tellement bien.

**the gift of the gab** [informel. Capacité de parler facilement, souvent dans des situations délicates. Implique parfois un talent de persuasion presque malhonnête] du bagou *She has the gift of the gab, so don't let her talk you into anything.* Elle a du bagou, ne te laisse pas embobiner.

**you can't get a word in edgeways** [informel. Variations possibles. Se dit lorsque qn n'arrête pas de parler] ne pas pouvoir placer un mot *She's got it all wrong, but she won't let you get a word in edgeways.* Elle a tort sur toute la ligne mais elle ne te laissera pas placer un mot.

**talk nineteen to the dozen** (*Brit*) [informel. Parler vite et sans s'arrêter] être un moulin à paroles, une vraie pie *Everybody was talking nineteen to the dozen and the meeting was getting nowhere.* Tout le monde jacassait à qui mieux mieux et la réunion ne menait à rien.

**he/she can talk the hind legs off a donkey** [informel. Se dit de qn qui parle sans arrêt, gén à propos de choses que l'interlocuteur ne trouve pas très importantes ou intéressantes] c'est un vrai moulin à paroles

## 360 Gossip  Bavardages

**gossip** vt [souvent péjoratif. Implique que l'on parle de la vie privée des gens] potiner, faire des commérages *I shouldn't gossip, but I think she's left him.* Je ne devrais pas cancaner mais je crois qu'elle l'a quitté.

*Have you been gossiping again?* Tu étais encore en train de faire la commère?

**gossip** n 1 ni commérage, cancan, potin *office gossip* potins de bureau 2 nd [péjoratif. Personne] bavard, commère *He's a terrible gossip.* C'est une vraie commère.

**gossipy** *adj* cancanier, de commère *a gossipy letter* une lettre pleine de potins

**chat** *vt*, -tt- [implique que l'on parle de choses et d'autres de façon amicale] bavarder, causer *We were chatting about the match.* On parlait du match.

**chat** *n* 1 *nd* causette, brin de conversation *We were having a chat about my operation.* On parlait de mon opération. 2 *ni* [choses dont on discute] bavardages *There's a lot of chat about TV.* On parle beaucoup de la télévision.

**chitchat** *ni* [conversation légère à propos de choses triviales, que l'on tient en société] bavardage, parlote

**chatter** *vi* [implique que l'on parle beaucoup de choses insignifiantes] bavarder, papoter *We were chattering together on the phone.* On papotait au téléphone. *I could hear them chattering away.* Je les entendais bavarder sans arrêt.

**chatter** *ni* bavardage, babillage *Could we have less chatter and more work please?* Pourrait-on bavarder un

peu moins et travailler un peu plus s'il vous plaît?

**natter** *vi* (*Brit*) (souvent + *adv*) [implique une longue conversation sur des choses ordinaires] causer, bavarder *Well, we can't go on nattering all night.* Bon, on ne peut pas passer la nuit à bavarder.

**natter** *nd* (*Brit*) causerie, causette *I called you up to have a good natter.* Je t'ai téléphoné pour tailler une bavette.

**rabbit** *vt*, -tt- ou -t- (*Brit*) (souvent + **on**) [péjoratif. Implique que l'on parle trop] ne pas cesser de parler *She was rabbiting on about her arthritis.* Elle s'étendait à n'en plus finir sur son arthrite.

**small talk** *ni* [conversation banale, ex. lors d'une petite fête] papotage, menus propos *I'm not much good at small talk.* Je ne suis pas très doué pour faire la conversation.

**rumour** (*Brit*), **rumor** (*US*) *ndi* rumeur, bruit qui court *There's a rumour going round that you're leaving.* Le bruit court que tu vas partir. *Don't listen to rumour.* N'écoute pas les rumeurs.

## 361 Language Langue

**language** *n* 1 *nd* langue *a foreign language* une langue étrangère *I'm doing languages.* J'étudie les langues. 2 *ni* langage *literary language* langue littéraire (utilisé comme *adj*) *language courses* cours de langues

**speaker** *nd* personne qui parle, locuteur *English speakers* personnes qui parlent anglais *a native speaker of English* un anglophone

**bilingual** *adj* bilingue *She's bilingual in French and German.* Elle est bilingue français/allemand.

**multilingual** *adj* multilingue *a multilingual class* une classe multilingue

### 361.1 Langues européennes

| | |
|---|---|
| **Bulgarian** bulgare | **French** français |
| **Czech** tchèque | **German** allemand |
| **Danish** danois | **Greek** grec |
| **Dutch** néerlandais | **Hungarian** hongrois |
| **English** anglais | **Italian** italien |
| **Finnish** finlandais | **Norwegian** norvégien |

| | |
|---|---|
| **Polish** polonais | **Serbo-Croat** ou **Serbo-Croatian** serbo-croate |
| **Portuguese** portugais | **Spanish** espagnol |
| **Romanian** roumain | **Swedish** suédois |
| **Russian** russe | **Turkish** turc |

### 361.2 Autres langues répandues

| | |
|---|---|
| **Arabic** arabe | **Korean** coréen |
| **Bengali** bengali | **Persian** perse |
| **Chinese** chinois | **Punjabi** pendjabi |
| **Hindi** hindi | **Urdu** ourdou |
| **Japanese** japonais | |

### u s a g e

Comparez les exemples suivants; *I like Spanish.* [fait référence à la langue] J'aime bien l'espagnol. et *I like the Spanish* [fait référence au peuple d'Espagne] J'aime bien les Espagnols.

## 362 Words Mots

### 362.1 Mots utilisés à des fins particulières

**vocabulary** *nid* [implique un nombre total de mots] vocabulaire *to have a large vocabulary* avoir un vocabulaire étendu *French vocabulary* vocabulaire français

**term** *nd* [mot ou groupe de mots, gén utilisé(s) dans un domaine particulier] terme *a technical term* un terme technique

**terminology** *nid* [implique des mots appartenant à un

domaine particulier] terminologie *scientific terminology* terminologie scientifique

**jargon** *nid* [souvent péjoratif. Implique que les mots sont utilisés par un groupe particulier et sont incompréhensibles pour les autres] jargon *sales jargon* jargon commercial *Do you have to use this legal jargon?* Faut-il vraiment que tu emploies ce jargon juridique?

**slang** *ni* [mots très informels, surtout utilisés par un groupe particulier] argot *teenage slang* l'argot des adolescents (utilisé comme *adj*) *slang expressions* argotismes

## 362.2 Groupes de mots

**phrase** *nd* 1 [quelques mots] locution 2 [expression figée] expression

**sentence** *nd* phrase

**clause** *nd* [mot technique utilisé en grammaire] proposition

**paragraph** *nd* paragraphe *the paragraph dealing with burns* le paragraphe qui traite des brûlures

**slogan** *nd* slogan *a catchy slogan like 'development without destruction'* un slogan facile à retenir comme "aménager sans détruire"

**idiom** *nd* [expression assez figée dont le sens est différent de celui des mots qui la composent, comme les "expressions" dans ce livre] expression idiomatique

**proverb** *nd* [qui exprime des conseils conventionnels] proverbe

**cliche** AUSSI **cliché** *nd* [implique que l'expression fait l'objet d'un emploi excessif] cliché, expression toute faite *It's a bit of a cliche to call the situation a tragedy, but that's what it is.* C'est un peu un cliché de dire que la situation est tragique mais c'est le cas.

## 362.3 Le son des mots

**vowel** *nd* voyelle (utilisé comme *adj*) *vowel sounds* sons vocaliques

**consonant** *nd* consonne

**syllable** *nd* syllabe

## 362.4 Termes grammaticaux

**grammar** *n* 1 *ni* grammaire *English grammar* grammaire anglaise (utilisé comme *adj*) *grammar problems* problèmes grammaticaux 2 *nd* [livre] (livre de) grammaire

**grammatical** *adj* 1 [relatif à la grammaire] grammatical *grammatical inflections* flexions grammaticales 2 [qui utilise une grammaire correcte] grammatical *a grammatical sentence* une phrase grammaticale

**noun** *nd* nom

**verb** *nd* verbe *a transitive verb* un verbe transitif (utilisé comme *adj*) *verb endings* désinences verbales

**tense** *ndi* temps *the past/present/future tense* le passé/présent/futur

**adjective** *nd* adjectif

**adverb** *nd* adverbe

**pronoun** *nd* pronom *a personal pronoun* un pronom personnel

**preposition** *nd* préposition

**conjunction** *nd* conjonction

## 362.5 Mots relatifs à l'orthographe

**alphabet** *nd* alphabet *the Greek alphabet* l'alphabet grec

**alphabetical** *adj* alphabétique *in alphabetical order* par ordre alphabétique

**letter** *nd* lettre *the letter 'a'* la lettre "a"

**capital** AUSSI **capital letter** *nd* majuscule *block capitals* (caractères) majuscules d'imprimerie

**upper case** *adj* [surtout en termes d'impression] haut de casse *an upper case Y* un Y majuscule

**lower case** *adj* [surtout en termes d'impression] bas de casse *a lower case p* un p minuscule

**small** *adj* [terme non technique utilisé fréquemment] petit, minuscule *Do I write that with a small 'a' or a capital 'a'?* Est-ce que je l'écris avec un petit 'a' ou un 'a' majuscule?

**abbreviation** *ndi* abréviation

# 363 Punctuation Ponctuation

**punctuate** *vt* ponctuer *incorrectly punctuated* mal ponctué

**punctuation mark** *nd* signe de ponctuation

**full stop** (*Brit*), **period** (*US*) *nd* [.] point [utilisé à la fin d'une phrase ou dans les abréviations, comme dans *He's in New York.*]

**comma** *nd* [,] virgule

**semicolon** *nd* [;] point-virgule

**colon** *nd* [:] deux-points

**exclamation mark** (*Brit*), **exclamation point** (*US*) *nd* [!] point d'exclamation

**question mark** *nd* [?] point d'interrogation

**dash** *nd* tiret

**hyphen** *nd* trait d'union **hyphenate** *vt* mettre un trait d'union à *a hyphenated name* un nom à trait d'union

**inverted commas** (*Brit*) AUSSI **quotation marks** (*Brit & US*) *n pl* [""ou''] guillemets

**brackets** (*Brit*), **parentheses** (*US*) *n pl* [ ( ) ] parenthèses

**apostrophe** *nd* ['] apostrophe

**asterisk** *nd* [*] astérisque

*usage*

Lorsque l'on écrit ou dactylographie un texte anglais, on ne laisse pas d'espace entre les mots et les signes de ponctuation, à l'exception du tiret qui accepte un espace avant et après.

# 364 Meaning Signification

**mean** *vt* 1 [suj: personne] vouloir dire, entendre *I didn't mean that he was lazy.* Je n'ai pas voulu dire qu'il était paresseux. *Say what you mean.* Dis ce que tu penses. *What do you mean by 'inconvenient'?* Qu'entendez-vous par "inopportun"? 2 [représenter] signifier, vouloir dire *The orange light means we need more petrol.* Le voyant orange indique qu'il faut reprendre de l'essence. *What does 'inconvenient' mean?* Que signifie "inopportun"?

**sense** *n* 1 *ni* [signification générale] sens *the general* *sense of the document* le sens global du document *Does this letter **make sense** to you?* Trouves-tu que cette lettre a un sens? **2** *nd* [signification particulière d'un mot] sens, signification *I'm using the word in its scientific sense.* J'utilise le mot dans son acception scientifique.

**gist** *nd* (pas de *pl*; + **the**) [implique la signification globale sans les détails] fond, essentiel, point principal *I haven't got time to read the report so just give me the gist of it.* Je n'ai pas le temps de lire le rapport, explique-moi en deux mots ce que ça dit.

**essence** *nd* (pas de *pl*) [implique le sens réel ou très important] essence, fond, essentiel *Here we come to the essence of the debate.* Nous en venons maintenant au point essentiel de la discussion.

## 364.1 Signes et symboles

**sign** *nd* **1** signe, symbole *an equals sign* un signe égal *a dollar sign* un signe dollar **2** [geste] signe *She started making signs to get us to quieten down.* Elle a commencé à nous faire des signes pour qu'on se calme. **3** [ex. sur les routes] panneau *a stop sign* un (signal de) stop *There was a sign giving the opening hours.* Il y avait un panneau indiquant les heures d'ouverture. **4** [indice] signe, trace, marque *There were signs of a break-in.* Il y avait des traces d'effraction. *He gave no sign that he was angry.* Il n'a rien laissé paraître de sa colère.

**signal** *nd* **1** [signe convenu indiquant de faire qch ou que qch pourrait arriver] signal *He gave the signal to fire.* Il donna le signal d'ouvrir le feu. *a railway signal* une signalisation des chemins de fer *A long look at her watch was the signal for us to leave.* Le long regard qu'elle jeta sur sa montre fut pour nous le signal du départ. **2** [ex. onde radio] signal *Astronomers are picking up very faint signals from the star.* Les astronomes captent de très faibles signaux émis par l'étoile.

**signal** *vt* **-ll-** (*Brit*), gén **-l-** (*US*) (souvent + **to** + INFINITIF) **1** [ex. de faire qch] faire des signaux, donner un signal *He signalled me to come over.* Il m'a fait signe d'approcher. **2** [communiquer une idée] indiquer, signaler *The measures signalled a change of policy by the government.* Les mesures indiquèrent un changement de politique de la part du gouvernement.

**symbol** *nd* **1** [signe conventionnel] symbole *mathematical symbols* symboles mathématiques *The open book became the symbol of the movement.* Le livre ouvert est devenu le symbole du mouvement. **2** *nd* [qch qui exprime une idée par association] symbole *drivers who regard the car as the symbol of their virility* les conducteurs qui considèrent la voiture comme le symbole de leur virilité

**symbolic** *adj* symbolique *a symbolic representation of sth* une représentation symbolique de qch **symbolically** *adv* de façon symbolique

**symbolize,** AUSSI **-ise** (*Brit*) *vt* symboliser

**code** *ndi* code *an easy code to break* un code facile à décrypter *It's written in code.* C'est écrit en code.

**code** *vt* coder *coded warnings to the president* des avertissements codés au président

## 364.2 Pour exprimer et déduire le sens

**signify** *vt* [plutôt formel] **1** signifier *What did this sudden departure signify?* Que signifiait ce départ soudain? *A further reduction in interest rates could signify an early election.* Une nouvelle diminution des taux d'intérêts pourrait signifier des élections anticipées. **2** (parfois + **that**) [annoncer] signifier, faire comprendre *She has signified her intention to leave.* Elle a fait savoir qu'elle avait l'intention de partir./Elle a signifié son intention de partir.

**represent** *vt* représenter *This chart represents average rainfall.* Ce graphique représente la moyenne des précipitations. **representation** *nid* représentation

**indicate** *vt* **1** [montrer du doigt ou désigner d'un geste] indiquer, montrer *She indicated a parked car and told me to get in it.* Elle a montré du doigt une voiture garée et m'a dit de monter dedans. **2** [montrer par un signe] signaler, manifester *A red light indicates that the room is occupied.* La lumière rouge indique que la pièce est occupée. *He indicated that he would stand for the post if invited.* Il a signalé qu'il serait candidat si on le lui demandait.

**indication** *ndi* indice, signe, indication *These flattened crops are an indication of the storm's severity.* Ces cultures écrasées donnent une idée de la violence de la tempête.

**imply** *vt* (souvent + **that**) **1** [faire comprendre indirectement ce que l'on veut dire] suggérer, laisser entendre, insinuer *Are you implying I'm drunk?* Veux-tu insinuer que je suis ivre? *No criticism was implied.* Il n'y avait aucune critique implicite. **2** [avoir pour conséquence logique] impliquer, supposer *More responsibility should imply higher wages.* Une responsabilité accrue devrait impliquer un salaire plus élevé.

**implication** *ndi* [conséquence] répercussion, portée *the implications of the proposed law* les implications de la loi proposée

**infer** *vt* **-rr-** (souvent + **from**, + **that**) [déduire] déduire, conclure *What do you infer from these facts?* Que déduisez-vous de ces faits? *I inferred from this that she was unlikely to change her mind.* J'en ai conclu qu'il était peu probable qu'elle change d'avis. **inference** *ni* déduction, conclusion

### usage

On utilise fréquemment **infer** pour exprimer la même chose que le sens 1 de **imply**, mais certaines personnes désapprouvent cet usage.

**hint** *nd* **1** [conseils subtils] allusion, insinuation *a hint that there would be changes* une allusion à des changements à venir *Did he **get the hint**?* Est-ce qu'il a compris l'allusion? *Why don't you **take the hint** and invite her?* Pourquoi ne pas saisir la perche qu'elle te tend et l'inviter? *He's been **dropping hints** about what he'd like for Christmas.* Il a fait plusieurs fois allusion à ce qu'il aimerait recevoir pour Noël.

**hint** *vt* (souvent + **that**) suggérer, insinuer *She hinted that we should go.* Elle laissa entendre qu'il était temps que nous partions.

## 365 Gesture Geste

voir aussi **196 Greet**

**gesture** nd geste a gesture of refusal un geste de refus
**gesture** vit faire des gestes She gestured towards the window. Elle désigna la fenêtre d'un geste. He gestured them to be quiet. Il leur fit signe de se calmer.

**shrug** vit hausser les épaules **shrug** nd haussement d'épaules

**nod** vit, -dd- hocher la tête They nodded in agreement. Ils hochèrent la tête pour signifier leur accord. **nod** nd signe de tête affirmatif

**shake one's head** hocher la tête, faire non de la tête She shook her head thoughtfully. Elle a hoché la tête d'un air pensif.

**point** vi (souvent + **at**, **to**) montrer du doigt If he is in this room, please point to him. S'il est dans la pièce, montrez-le moi, s'il vous plaît.

**wave** vi (souvent + **to**, **at**) faire signe de la main We waved goodbye. Nous avons agité la main en signe d'adieu./Nous avons fait au revoir de la main. **wave** nd signe de la main

**beckon** vti (souvent + **to**) faire signe The waiter beckoned me over. La garçon m'a fait signe d'approcher.

## 366 Document Document

**text** n 1 ndi [série de mots écrits] texte a text in ancient Greek un texte en grec ancien 2 nd (pas de pl; gén + **the**) [partie principale écrite d'un document, surtout un livre, plutôt que les illustrations, l'index, etc.] texte She made cuts in the original text. Elle a abrégé le texte original.

**textual** adj textuel textual changes modifications du texte

**margin** nd [des deux côtés du texte] marge the left-hand margin la marge de gauche a note in the margin une remarque dans la marge

**heading** nd [ex. d'un chapitre ou paragraphe] titre It comes under the heading 'Accidents and emergencies'. C'est dans la rubrique 'Accidents et urgences'.

**list** nd [ex. de noms, numéros de téléphone] liste a mailing list liste de noms et d'adresses

**list** vt faire ou dresser la liste de A number of recommendations were listed. On énuméra une série de recommandations.

**register** nd [ex. de membres, d'invités] registre I signed the hotel register. J'ai signé le registre de l'hôtel.

**chart** nd [ex. qui donne des statistiques] graphique, tableau a pie chart un graphique circulaire

### 366.1 Documents brefs imprimés

**certificate** nd [ex. de mariage, d'aptitude] certificat, attestation, acte They give you a certificate for completing the course. Ils vous donnent un certificat quand vous avez suivi le cours.

**form** nd [ex. pour postuler un emploi, pour un passeport] formulaire to fill in a form remplir un formulaire tax form feuille d'impôts

**leaflet** nd [peut consister en une seule ou plusieurs pages, surtout avec de la publicité ou des renseignements] prospectus, brochure, dépliant a recipe leaflet un dépliant avec des recettes

**booklet** nd [gén pour des renseignements] petit livre, brochure an instruction booklet une notice explicative, un mode d'emploi

**pamphlet** nd [gén assez court mais plus d'une page, souvent sur des sujets religieux ou politiques] opuscule, pamphlet

**brochure** nd [gén illustré, peut être assez long, surtout pour la publicité] brochure, prospectus holiday brochures des prospectus de vacances

**catalogue** nd [ex. de marchandises à vendre] catalogue a mail order catalogue un catalogue de vente par correspondance

**programme** nd [ex. brochure donnant des détails sur une pièce, un concert etc. ou des renseignements sur une série d'événements organisés] programme Programmes for the film festival are available from the box office. Les programmes du festival du cinéma sont disponibles au bureau de location.

### 366.2 Documents relatifs à l'université ou la recherche

**essay** nd [relativement court, ex. par un étudiant d'université ou de l'enseignement secondaire] dissertation, composition my history essay ma composition d'histoire

**dissertation** nd [assez long, surtout par un étudiant de troisième cycle] mémoire, thèse my M.A. dissertation ma thèse de maîtrise

**thesis** nd, pl **theses** [long, surtout pour un doctorat, suppose des recherches originales] thèse a thesis on molecular theory une thèse sur la théorie moléculaire

**report** nd [ex. d'une commission ou d'un agent de police] rapport a sales report un rapport des ventes

**survey** nd [étudier une situation à partir d'un grand nombre de cas] enquête, étude a yearly survey of population trends une étude annuelle des tendances de la population

# 367 Book Livre

## 367.1 Romans

**novel** *nd* roman *a spy novel* un roman d'espionnage

**fiction** *ni* fiction **fictional** *adj* fictif *fictional characters* des personnages imaginaires/fictifs

**science-fiction** *ni* science-fiction

**plot** *ndi* intrigue, action *a summary of the plot* un résumé de l'intrigue

**character** *ndi* personnage *the principal characters* les personnages principaux

## 367.2 Livres sur la vie des gens

**biography** *ndi* biographie *an authorized biography* une biographie officielle **biographical** *adj* biographique **biographer** *nd* biographe

**autobiography** *ndi* autobiographie **autobiographical** *adj* autobiographique

**diary** *nd* journal

## 367.3 Livres de référence et autres

**dictionary** *nd* dictionnaire *a bilingual dictionary* un dictionnaire bilingue

**encyclopedia** *nd* encyclopédie

**non-fiction** *ni* littérature non romanesque (utilisé comme *adj*) *non-fiction books* ouvrages généraux *He only reads non-fiction books.* Il ne lit jamais de romans.

**album** *nd* **1** [pour les photos] album *the family album* l'album de famille **2** [publié] album *an album of the Royal Family* l'album de la famille Royale

**annual** *nd* [publié une fois par an, surtout basé sur des magazines pour enfants] publication annuelle, album

## 367.4 Ouvrages littéraires

**literature** *ni* littérature

**literary** *adj* littéraire *literary criticism* critique littéraire *literary language* langue littéraire

**prose** *ni* prose (utilisé comme *adj*) *her prose style* sa prose

**poetry** *ni* poésie (utilisé comme *adj*) *a poetry reading* une lecture de poèmes **poet** *nd* poète

**poem** *ni* poème

**poetic** OU **poetical** *adj* poétique *a poetic description* une description poétique

**verse** *n* **1** *ni* [poésie] poésie, vers *blank verse* vers non rimés **2** *nd* [d'un poème, d'une chanson, etc.] strophe, couplet

**rhyme** *nid* rime

## 367.5 Parties d'un livre

**volume** *nd* volume, tome *the second volume of her autobiography* le second volume de son autobiographie (utilisé comme *adj*) *a two-volume*

*history of art* un ouvrage sur l'histoire de l'art en deux volumes

**contents** *n pl* [gén au début des livres en anglais] table des matières (utilisé comme *adj*) *the contents page* la page de la table des matières

**introduction** *nd* [terme général] introduction

**preface** *nd* [plus formel que **introduction**. Une pièce aura plus souvent une préface qu'une introduction] préface

**chapter** *nd* chapitre

**index** *nd, pl* gén **indexes** index, répertoire *I looked her name up in the index.* J'ai cherché son nom dans le répertoire.

**appendix** *nd, pl* **appendices** OU **appendixes** appendice, annexe

**footnote** *nd* note en bas de page

## 367.6 Présentation d'un livre

**page** *nd* page *the title page* la page de titre *see the note on page 23* voyez le commentaire en page 23 *The index is on page 200.* L'index se trouve page 200.

**leaf** *nd, pl* **leaves** [plus littéraire ou technique que **page**] page, feuillet

**spine** *nd* dos

**jacket** AUSSI **dust jacket** *nd* jaquette

**cover** *nd* couverture

**hardback** *nd* livre relié/cartonné *published in hardback* publié en édition reliée/en format cartonné (utilisé comme *adj*) *hardback prices* prix de l'édition reliée

**paperback** *nd* livre broché *available in paperback* disponible en livre de poche (utilisé comme *adj*) *a paperback novel* un roman dans une édition de poche

## 367.7 Production d'un livre

**author** *nd* auteur *a best-selling author* un auteur à succès

**publish** *vt* éditer, faire paraître *My novel's been published.* Mon roman est paru. *They publish mainly illustrated books.* Ils publient essentiellement des livres illustrés.

**publisher** *nd* [personne ou firme] éditeur, maison d'édition *I'm having lunch with my publisher.* Je déjeune avec mon éditeur.

**publication** *n* **1** *ni* [processus ou événement] publication *We're getting the book ready for publication.* Nous préparons le livre pour le publier. **2** *nd* [ex. magazine] publication *one of our more serious publications* une de nos publications sérieuses

**print** *vt* imprimer, publier *How many copies were printed?* Combien d'exemplaires a-t-on imprimés? **print** *ni* texte imprimé, caractères

**printer** *nd* imprimeur *The book's at the printer's.* Le livre est chez l'imprimeur.

**edition** *nd* édition *a revised edition* édition revue et corrigée [livre] *a first edition* une édition originale

**367.8** Utiliser les livres

**read** *vt, prét & part passé* **read** lire *I've read all your books.* J'ai lu tous vos livres.

**reader** *nd* lecteur *books for younger readers* des livres pour jeunes lecteurs

**readership** *nd* nombre de lecteurs *She has a wide readership.* Elle est lue par un large public.

**literate** *adj* qui sait lire et écrire, instruit, cultivé

**illiterate** *adj* illettré, analphabète

**library** *nd* bibliothèque *a lending library* bibliothèque de prêt

**librarian** *nd* bibliothécaire

**bookseller** *nd* libraire *your local bookseller's* votre libraire

# 368 **Journalism** Journalisme

**press** *nd* (pas de *pl*; gén + *the*; + *v sing* ou *pl* ) presse *the daily press* la presse quotidienne *allegations in the press* allégations dans la presse *the quality press* les journaux sérieux *the tabloid press* la presse populaire

**newspaper** AUSSI **paper** *nd* journal *a quality newspaper* un journal sérieux *a Sunday paper* un journal du dimanche *She had her picture in the paper.* Sa photo était dans le journal.

**news** *ni* nouvelles, informations, actualité *What's in the news?* Quoi de neuf aux actualités? *He's headline news.* Il fait la une (de l'actualité).

**magazine** *nd* magazine, revue, périodique *a computer magazine* une revue d'informatique *our house magazine* notre journal d'entreprise

**tabloid** *n* (souvent utilisé comme *adj*) tabloïd(e), quotidien populaire *There were photos in all the tabloids.* Il y avait des photos dans tous les journaux à sensation. *tabloid journalism* journalisme populaire

> ### usage
>
> Le mot **tabloid** était à l'origine un terme technique pour désigner les journaux de demi-format, qui faisait plus référence à leur dimension qu'à leur contenu. Cependant, on l'utilise à présent pour décrire un style de journalisme qui se base plus sur les photos et les histoires à sensation que sur un traitement sérieux de l'actualité, parce que ce genre de journaux utilise généralement ce format.

**journal** *nd* [gén pour la profession ou un sujet intellectuel] revue *a trade journal* une revue professionnelle

**issue** *nd* numéro *in this month's issue* dans le numéro de ce mois-ci

**368.1** Personnes travaillant dans le journalisme

**journalist** *nd* [qui écrit pour la presse] journaliste *a freelance journalist* un journaliste indépendant

**reporter** *nd* [qui envoie les nouvelles de l'étranger] journaliste, reporter *She refused to speak to reporters.* Elle a refusé de parler aux reporters.

**correspondent** *nd* [spécialisé] correspondant *a sports correspondent* un correspondant sportif *a foreign correspondent* un correspondant à l'étranger

**columnist** *nd* [gén qui exprime des opinions] chroniqueur *a political columnist* un chroniqueur politique

**editor** *nd* [responsable d'un journal ou service] rédacteur en chef, directeur *letters to the editor* courrier des lecteurs *our home affairs editor* notre rédacteur chargé de la politique intérieure

**critic** *nd* critique

**368.2** Termes relatifs au journalisme

**headline** *nd* manchette, titre *a banner headline* un gros titre *We don't want this to **hit the headlines**.* Nous ne voulons pas que cela fasse la une des journaux.

**article** *nd* article *the leading article* l'éditorial

**page** *nd* page *the front page* la première page *the sports pages* les pages sportives (utilisé comme *adj*) *a back page article* un article sur la dernière page

**feature** *nd* [ex. à propos des actualités] chronique *feature article* article de fond *We're running a feature on Third World debt.* Nous publions des articles sur la dette du Tiers Monde.

**column** *nd* **1** [unité de texte] colonne **2** [par un chroniqueur] rubrique, chronique *the gossip column* la rubrique des potins

**editorial** *nd* [qui donne un aperçu de l'orientation générale du journal] éditorial, article de tête

**review** *nd* critique, compte rendu *a rave review of the film* une critique élogieuse du film

**obituary** *nd* rubrique nécrologique (utilisé comme *adj*) *an obituary notice* avis nécrologique

# 369 **Write** Ecrire

**write** *vti, prét* **wrote** *part passé* **written** **1** écrire *I wrote her a note.* Je lui ai écrit un mot. *I'm not very good at writing letters.* Je ne suis pas très doué pour écrire des lettres. *Don't forget to write.* N'oublie pas d'écrire.

*Write your name on the box.* Ecrivez votre nom sur la boîte. **2** écrire, être écrivain *I want to write.* Je veux être écrivain.

**writer** *nd* [ex. d'un livre, d'une lettre] auteur

**writing** *ni* écriture, écrit *I can't read her writing.* Je n'arrive pas à déchiffrer son écriture. *creative writing* création littéraire

**handwriting** *ni* écriture *a sample of her handwriting* un échantillon de son écriture (utilisé comme *adj*) *handwriting analysis* étude graphologique

**legible** *adj* lisible *Try to make the notice more legible.* Essayez de rendre l'avis plus lisible. **legibly** *adv* lisiblement

**illegible** *adj* illisible *The next word is illegible.* Le mot qui suit est illisible. **illegibly** *adv* illisiblement

**spell** *vti, prét & part passé* **spelled** OU (*Brit*) **spelt** écrire, orthographier *He can't spell.* Il n'a pas d'orthographe. *How do you spell your name?* Comment épelez-vous votre nom?

**spelling** *n* 1 *ni* [façon d'orthographier] orthographe *I'm hopeless at spelling.* Je suis nul en orthographe. (utilisé comme *adj*) *a spelling checker* un correcteur orthographique 2 [d'un mot] orthographe *He uses American spellings.* Il emploie l'orthographe américaine.

**left-handed** *adj* gaucher *left-handed scissors* ciseaux pour gaucher

**right-handed** *adj* droitier

## 369.1 Façons d'écrire

**scrawl** *vti* [suggère une écriture difficile à lire et souvent grande] gribouiller, griffonner *Vandals had scrawled graffiti all over the wall.* Des voyous avaient griffonné des graffiti sur tout le mur.

**scrawl** *ni* gribouillage, griffonnage *a five-year old's scrawl* le gribouillage d'un enfant de cinq ans

**scribble** *vti* 1 [suggère une écriture difficile à lire et gén rapide] griffonner *I scribbled her number on an old envelope.* J'ai griffonné son numéro sur une vieille enveloppe. 2 [dessiner des formes sans signification de façon incontrôlée] gribouiller *My little girl has scribbled all over this library book.* Ma petite fille a gribouillé partout sur ce livre emprunté à la bibliothèque.

**note** *vt* (souvent + **down**) noter, inscrire *I've got the name of the book noted here.* J'ai le titre du livre inscrit ici. *I've noted all the names down.* J'ai pris note de tous les noms.

**note** *nd* 1 [message] mot *I got your note.* J'ai reçu ton message. 2 [qui donne des renseignements] note *I've lost my notes.* J'ai perdu mes notes. *Somebody should take notes.* Quelqu'un devrait prendre des notes. *I made a note of the date.* J'ai pris note de la date.

**jot down** sth OU **jot** sth **down** *vt prép,* -tt- [évoque l'idée de note rapide] noter, prendre note de *I'll jot down your phone number.* Je vais noter ton numéro de téléphone en vitesse.

**enter** *vt* [ex. sur un formulaire ou un ordinateur] inscrire, introduire *Enter your name on the top line.* Inscrivez votre nom en haut. *The amount was wrongly entered.* Le montant a été incorrectement inscrit.

**record** *vt* [pour référence utile à l'avenir. Obj: ex. naissance, opinion] enregistrer, noter *The incident is recorded in Evelyn's diary.* L'incident est noté dans le journal d'Evelyn. *Her objections were recorded in the minutes.* Ses objections ont été notées dans le procès-verbal.

**record** *nd* (souvent + **of**) rapport, récit *a careful record of events* un récit détaillé des événements *There's no record of who was present.* Il n'est mentionné nulle part qui était présent.

**copy** *vt* (souvent + **out, down**) [quand qch a déjà été écrit ou dit] copier *a phrase he'd copied from a book* une expression qu'il avait recopiée d'un livre *I've copied out the list of members for you.* Je t'ai copié la liste des membres. *I copied down the number in the advertisement.* J'ai noté le numéro mentionné dans l'annonce.

**copy** *nd* (souvent + **of**) copie, photocopie *a copy of your birth certificate* une copie de votre acte de naissance *I made a copy of the recipe.* J'ai recopié/photocopié la recette.

## 369.2 Ecrire son nom

**sign** *vt* [obj: ex. chèque, lettre] signer *The petition was signed by all the members.* Tous les membres ont signé la pétition. **signature** *nd* signature

**autograph** *nd* [gén d'une personne célèbre] autographe *to collect autographs* collectionner les autographes **autograph** *vt* signer, dédicacer

## 369.3 Textes écrits

**script** *n* 1 *nd* [ex. d'une pièce] script, scénario 2 *ndi* [façon d'écrire] écriture *a neat clerical script* une écriture soignée d'employé *written in Gothic script* écrit en gothique

**manuscript** *nd* [écrit, dactylographié, etc., plutôt qu'imprimé] manuscrit *The publishers have accepted the manuscript.* Les éditeurs ont accepté le manuscrit. *The book's still in manuscript.* Le livre est toujours à l'état de manuscrit.

**typescript** *nd* [version dactylographiée] texte dactylographié

**braille** *ni* [pour les aveugles] braille *to read braille* lire le braille (utilisé comme *n*) *a braille typewriter* une machine à écrire en braille

### *expressions*

**put pen to paper** [écrire, surtout une lettre] prendre la plume *He only ever puts pen to paper to ask for money.* Il ne prend jamais la plume que pour demander de l'argent.

**in black and white** [sous forme écrite ou imprimée] noir sur blanc *I won't believe it till I see it in black and white.* Je ne le croirai pas tant que je ne le verrai pas écrit noir sur blanc. *I'd like to get the proposal in black and white before I agree to anything.* Je voudrais que l'offre soit écrite noir sur blanc avant de donner mon accord pour quoi que ce soit.

## 370 Writing Materials   Matériel nécessaire pour écrire

**pad** AUSSI **notepad** *nd* bloc-notes

**notepaper** *ni* papier à lettres *a sheet of headed notepaper* une feuille de papier à lettres à en-tête

**notebook** *nd* carnet, calepin *I've got the address in my notebook.* J'ai l'adresse dans mon calepin.

Stylos

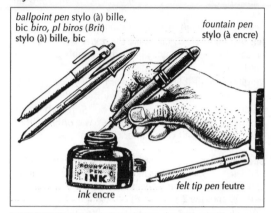

*ballpoint pen* stylo (à) bille, bic *biro*, pl *biros* (Brit) stylo (à) bille, bic

*fountain pen* stylo (à encre)

*ink* encre

*felt tip pen* feutre

*typist* dactylo

*typewriter* machine à écrire

*keys* touches

**He typed a letter.** Il a tapé une lettre à la machine.

*pencil* crayon

*crayon* crayon, pastel

## 371 Erase   Effacer

**erase** *vt* [formel en anglais britannique] effacer *His name was erased from the list.* On a effacé son nom de la liste.

**eraser** *nd* [assez formel en Grande-Bretagne, terme normal aux USA] gomme

**rubber** *nd* (*surtout Brit*) gomme

**cross** sth **out** OU **cross out** sth *vt prép* [tracer une ligne en travers] rayer, biffer, barrer *She crossed out*

*'annoyed' and put 'furious'.* Elle a barré "ennuyée" et elle a mis "furieuse".

**delete** *vt* [plus formel ou technique que **cross out**. Aussi dans des contextes d'imprimerie ou d'informatique] effacer, supprimer *The reference to children was deleted in the final version.* La référence aux enfants a été supprimée dans la version définitive. **deletion** *ndi* suppression, rature

## 372 Give   Donner

**give** *vt*, *prét* **gave** *part passé* **given** (notez la possibilité d'avoir deux objets) [terme général] donner *I gave her a clean towel.* Je lui ai donné une serviette propre. *I gave the money to my wife.* J'ai donné l'argent à ma femme. *We were given a form to fill in.* On nous a donné un formulaire à remplir. *The house was given to us by my parents.* Nous avons reçu la maison de mes parents. *Please give as much as you can.* Donnez autant que vous pouvez, s'il vous plaît.

**hand** *vt* [utiliser la main pour donner] donner, passer, tendre *Hand me that screwdriver.* Passe-moi ce tournevis. *I was handed a letter.* On m'a remis une lettre.

**hand over** sth OU **hand** sth **over** *vt prép* [implique un changement de propriétaire] remettre *They handed over the keys and we moved in.* Ils nous ont remis les clés et nous avons emménagé. *See a lawyer before you hand over any money.* Consultez un avocat avant de donner le moindre franc.

**pass** *vt* (souvent + *adv*) [donner qch à qn qui se trouve tout près] passer *Could you pass me the butter?* Peux-tu me passer le beurre? *A message has been passed across to me.* On m'a transmis un message.

**yield** *vt* (parfois + **up**) [plutôt formel] donner *Their search yielded several clues.* Leurs recherches ont fait apparaître plusieurs indices. **yield** *nd* rendement, rapport

### 372.1 Donner généreusement

voir aussi **224.1 Kind**

**give away** sth OU **give** sth **away** *vt prép* [implique que l'on ne veut rien en retour] donner, faire cadeau de *I've given some of your old clothes away.* J'ai donné certains de tes vieux vêtements. *They're giving away free watches with their petrol.* Ils offrent des montres quand on achète de l'essence.

**present** *nd* [terme habituel] cadeau *a birthday present* un cadeau d'anniversaire *She brought presents for all the children.* Elle a apporté des cadeaux pour tous les enfants.

**present** *vt* (souvent + **with**) [implique une cérémonie. Obj: surtout un prix, une distinction] offrir, remettre *She was presented with a silver bowl.* On lui a remis une coupe d'argent.

**gift** *nd* [plus formel que **present**] cadeau, présent *You* *get a free gift if you take out an insurance policy.* Vous recevez un cadeau en souscrivant à une police d'assurance. *The painting was a gift to the principal on her retirement.* Le tableau a été offert à la directrice lorsqu'elle a pris sa retraite.

**tip** *nd* [ex. à un serveur] pourboire

**tip** *vti*, **-pp-** donner un pourboire *She tipped me five dollars.* Elle m'a donné cinq dollars de pourboire.

**offer** *vt* **1** [suggère que l'on donne] offrir, proposer *She offered me a cup of coffee.* Elle m'a offert une tasse de café. *I offered her my ticket, but she said no.* Je lui ai proposé mon ticket mais elle a refusé. *It's kind of you to offer, but I can manage.* C'est gentil à vous de vous proposer mais je peux me débrouiller. **2** [commercialement] offrir *They're offering three films for the price of two.* Ils proposent trois pellicules pour le prix de deux.

**offer** *nd* offre, proposition **1** [ex. d'argent] *a generous offer* une offre généreuse *to take up an offer* accepter une offre *an offer of help* une proposition d'aide **2** [ex. au magasin] offre *a limited offer* une offre limitée *a special offer* une offre spéciale

**offering** *nd* [gén dans des contextes religieux] offrande, don *They took the offerings up to the altar.* Ils ont porté les offrandes à l'autel.

**charity** *n* **1** *ndi* [organisme qui aide les gens] oeuvre de bienfaisance *a Third World charity* une oeuvre au profit du Tiers Monde *All profits go to charity.* Tous les bénéfices vont à des oeuvres. (utilisé comme *adj*) *a charity performance* représentation de bienfaisance **2** *ni* [générosité] charité *an appeal to your charity* un appel à votre générosité

**charitable** *adj* **1** [qui implique une oeuvre de bienfaisance] charitable, de bienfaisance *charitable giving* dons de bienfaisance **2** [qui fait preuve de charité et de compassion] charitable, généreux *a charitable soul* une âme charitable

**donate** *vt* [ex. à une oeuvre ou un musée] faire don de *Britain has donated five million pounds towards the relief operation.* La Grande-Bretagne a fait don de cinq millions de livres pour l'opération de secours. *The statue was donated by a private collector.* La statue a été offerte par un collectionneur privé.

**donation** *nd* don *Donations have reached the three million mark.* Les dons ont atteint les trois millions.

**donor** *nd* donneur *a blood donor* un donneur de sang *charitable donors* des donneurs généreux

## 372.2 S'assurer que les choses sont données

**provide** *vt* (souvent + **for**, **with**) [implique que l'on pourvoit à un besoin] fournir, munir, procurer *The army is providing tents and blankets for the refugees.* L'armée est en train de fournir des tentes et des couvertures aux réfugiés. *Somebody provided me with pen and paper.* Quelqu'un m'a donné un stylo et du papier. *We were provided with maps.* On nous a procuré des cartes.

**provision** *ni* (souvent + **of**) [plutôt formel] provision, fourniture *The rules allow for the provision of loans to suitable candidates.* Le règlement prévoit la possibilité d'accorder des prêts aux candidats qui remplissent les conditions d'obtention.

**supply** *vt* (souvent + **with**) [implique que l'on pourvoit à un besoin ou une exigence commerciale] fournir, approvisionner, procurer *Full instructions are supplied.* On fournit des instructions complètes. *the firm that supplies our components* la firme qui fournit nos pièces détachées

**supply** *n* **1** *ni* [fourniture] approvisionnement *Who is responsible for the supply of ammunition?* Qui est responsable du ravitaillement en munitions? *Money is in short supply.* On manque d'argent. **2** (souvent *pl*) [chose fournie ou disponible] provision, réserve, stock *relief supplies* réserves de secours *a small supply of paper* une petite réserve de papier

**issue** *vt* (souvent + **with**) [évoque un don effectué dans un contexte administratif. Obj: ex. document, matériel] délivrer, émettre, distribuer *A main post office can issue you with a visitor's passport.* Un bureau de poste central peut vous délivrer un passeport touristique.

## 372.3 Donner à plusieurs personnes, échanger

**share** *vti* [implique que l'on donne une partie d'un tout à plusieurs personnes] partager, répartir *Relief workers attempted to share the blankets among the refugees.* Les secouristes essayaient de partager les couvertures entre les réfugiés. (+ **out**) (*Brit*) *She shared out paintboxes and brushes and set them to work.* Elle leur distribua des boîtes de couleurs et des pinceaux et les mit au travail. *Children must learn to share.* [implique la générosité] Les enfants doivent apprendre à partager.

**distribute** *vt* (souvent + **among**) [implique que l'on donne qch à un certain nombre de personnes de façon équitable] distribuer *We're distributing collection boxes among our volunteers.* Nous distribuons des boîtes pour la collecte à nos volontaires. *Census forms have been distributed to every household.* On a distribué des formulaires de recensement à tous les ménages.

**distributor** *nd* [commercial] concessionnaire, distributeur *a wholesale stationery distributor* un grossiste en papeterie et articles de bureau

**distribution** *ni* distribution, répartition *the efficient distribution of food and clothing* la répartition efficace de nourriture et de vêtements

**exchange** *vt* (souvent + **for**) échanger *They exchanged shirts at the end of the game.* Ils ont échangé leurs maillots à la fin de la partie. *Will you exchange this if my wife doesn't like it?* Acceptez-vous de l'échanger s'il ne plaît pas à ma femme?

**exchange** *ndi* échange *the usual exchange of pens after the treaty was signed* l'échange habituel des stylos après la signature du traité *We encourage the exchange of ideas.* Nous encourageons les échanges de vues. *I was given a new tape **in exchange for** the old one.* On m'a donné une nouvelle bande en échange de l'ancienne.

**swap** AUSSI **swop** (*Brit*) *vt*, **-pp-** (souvent + **for**) [plutôt informel] échanger, troquer *We swapped watches.* Nous avons échangé nos montres. *I'll swap you my coffee maker for your toaster.* Je te donne mon percolateur contre ton grille-pain.

**swap** *nd* troc, échange *We did a straight swap.* On a fait un échange équitable.

## 372.4 Laisser en héritage

**bequeath** vt (gén + **to**) [plutôt formel. Donner par testament] léguer, transmettre *She bequeathed her library to the college.* Elle a légué sa bibliothèque au collège.

**leave** (gén + **to**) [terme habituel] léguer, laisser *She's left everything to her son.* Elle a tout légué à son fils. *He left us the house in his will.* Il nous a laissé la maison dans son testament.

# 373 Get Obtenir

voir aussi **220 Steal; 375 Take**

**get** vt -tt-, prét **got** part passé (*Brit*) **got**, (*US*) **gotten** [gén pas dans des contextes formels. Peut impliquer ou non un effort] obtenir, recevoir, acquérir *I got a letter from the bank.* J'ai reçu une lettre de la banque. *Did you get my message?* As-tu reçu mon message? *I'll get you some tea.* Je vais te chercher du thé. *I'm trying to get hold of one of her old recordings.* J'essaie de mettre la main sur un de ses vieux enregistrements.

**receive** vt [plus formel que **get**. N'implique pas un effort] recevoir *I only received the parcel yesterday.* J'ai seulement reçu le colis hier. *She couldn't be there to receive the award.* Elle n'a pas pu être présente pour recevoir le prix.

**obtain** vt [plutôt formel. Implique un effort] obtenir *How did you obtain this information?* Comment as-tu obtenu ces renseignements? *The pills can only be obtained from a chemist.* Ces pilules ne sont disponibles qu'en pharmacie.

**acquire** vt [plutôt formel. Peut être légèrement euphémique, pour éviter de révéler comment on a obtenu qch] acquérir, faire l'acquisition *He acquired the painting at auction.* Il a acquis cette peinture lors d'une vente aux enchères. *all these books I've acquired over the years* tous ces livres dont j'ai fait l'acquisition au fil des ans

**acquisition** ndi acquisition *The computer is her latest acquisition.* Cet ordinateur est sa dernière acquisition. *the legal acquisition of the documents* l'acquisition légale des documents

**come by** sth vt prép [arriver à obtenir] se procurer, dénicher *I sometimes wonder how these people come by their fortunes.* Je me demande parfois comment ces gens arrivent à bâtir leur fortune. *Good translators are hard to come by.* C'est difficile de dénicher un bon traducteur.

**lay one's hands on** sb/sth [informel] mettre la main sur qn/qch *Where can I lay my hands on a German dictionary?* Où puis-je mettre la main sur un dictionnaire allemand?

**get hold of** sth [informel. Suggère parfois que qch est difficile à obtenir] se procurer, trouver, dénicher *Can you get hold of a copy of that report?* Peux-tu te procurer une copie de ce rapport?

**source** nd (souvent + **of**) source *He has no other source of income.* Il n'a pas d'autre source de revenus. *a constant source of pleasure* une source perpétuelle de plaisir

**available** adj disponible *the best model available* le meilleur modèle disponible *the only available copy* le seul exemplaire disponible *Tickets are still available.* On peut encore se procurer des billets.

**availability** ni disponibilité *the limited availability of seats* le nombre limité des places disponibles

## 373.1 Recevoir qch

**gain** vti [implique que l'on reçoit qch de bien] gagner, acquérir *Nobody gains by cheating.* Personne ne gagne à tricher. *The theatre gains extra income and the sponsor gains publicity.* Le théâtre y gagne en rentrées supplémentaires et le promoteur en publicité.

**gain** nd gain, profit, avantage *There was a net gain on the deal.* Le marché a rapporté un bénéfice net. *the tax on capital gains* l'impôt sur les plus-values

**inherit** vt (souvent + **from**) hériter *We stand to inherit the house.* Normalement, nous hériterons de la maison. *She inherited her brains from her mother.* Elle tient son intelligence de sa mère.

**inheritance** ndi héritage *There's not much left of his inheritance.* Il ne reste plus grand chose de son héritage. *the roles played by inheritance and conditioning* les rôles que jouent l'hérédité et le milieu

**windfall** nd [qch que l'on obtient de façon soudaine et inattendue] aubaine *The tax rebate came as a nice little windfall.* Le remboursement d'impôts a été une véritable manne.

**heir** nd héritier *his son and only heir* son fils et unique héritier

**hereditary** adj [décrit: ex. titre, caractéristique, maladie] héréditaire

# 374 Have Avoir

**have** vt 3ème pers sing **has** prét & part passé **had** [terme général] avoir, posséder *We have a house in the country.* Nous avons une maison à la campagne. *Do you have any hobbies?* As-tu des hobbys? *I've got a ruler if you need one.* J'ai une règle s'il t'en faut une. *He has three daughters.* Il a trois filles.

**own** vt [surtout parce que l'on a payé] posséder *He owns a racehorse.* Il possède un cheval de course. *Do you own a car?* Possèdes-tu une voiture?

**owner** nd propriétaire *We asked the owner's permission to camp on the land.* Nous avons demandé au propriétaire la permission de camper sur son terrain. *loans to home owners* des prêts aux propriétaires d'une maison

## HAVE

### have et les abréviations

La forme *have* est souvent abrégée en *'ve*, comme dans *they've*; on peut abréger *has* en *'s* comme dans *she's*; on peut abréger *had* en *'d*, comme dans *I'd*. Cependant, si l'on veut insister sur le verbe dans la phrase, il est préférable d'utiliser les formes complètes. Ainsi, la forme abrégée est possible dans *I've a better idea.* (J'ai une meilleure idée.) parce que c'est *better* qui est accentué, mais on dira normalement *I think you have my pen.* (Je crois que tu as mon stylo.) parce que c'est *have* qui est accentué.

### have et les questions

Si l'on veut demander si quelqu'un a un stylo, on peut formuler la question de trois manières différentes:

*Have you a pen?* (possible mais plutôt formel en anglais britannique, pas utilisé en anglais américain)

*Have you got a pen?* (fréquent en anglais parlé, britannique ou américain)

*Do you have a pen?* (forme habituelle en anglais américain et possible en anglais britannique). En anglais américain, la réponse serait *Yes, I do./No, I don't.*

En anglais britannique, la réponse serait *Yes, I have./No, I haven't.*

### have et les formes négatives

Si l'on veut dire qu'on n'a pas de stylo, on peut formuler la phrase de trois manières. *Not* est généralement abrégé en *n't* dans la conversation.

*I haven't a pen.* (pas utilisé en anglais américain et plutôt formel en anglais britannique)

*I haven't got a pen.* (fréquent en anglais parlé, britannique ou américain)

*I don't have a pen.* (forme habituelle en anglais américain et possible en anglais britannique)

### have dans les expressions

Outre les utilisations habituelles décrites ci-dessus, on utilise *have* dans de nombreuses expressions où sa fonction est plus de placer le nom dans une structure que d'apporter une signification définie. Parmi les exemples que l'on peut trouver dans d'autres parties de ce livre, citons *to have a party*, *to have a word with sb*, *to have an accident*.

---

**ownership** *ni* possession, propriété *The business is now in private ownership.* L'affaire est maintenant en propriété privée.

**proprietor** *nd* [ex. d'un restaurant, hôtel] propriétaire

**possess** *vt* [plus formel que **own**. Insiste sur la possession ou l'utilisation de fait plutôt que sur un droit légal] posséder, avoir *All she possessed was in that tiny room.* Tout ce qu'elle possédait se trouvait dans cette petite pièce. *She possesses a keen sense of humour.* Elle a un sens de l'humour très pointu.

**possession** *n* 1 *nd* [chose que l'on possède] possession, bien *to insure one's possessions* assurer ses biens 2 *ni* possession, détention *The law forbids possession of the drug.* La loi interdit la détention de drogue. *She was found to be **in possession of** a gun.* On l'a trouvée en possession d'une arme.

### 374.1 Choses que l'on a

**property** *n* 1 *ni* [qch que l'on possède, surtout de la terre] propriété *This building is private property.* Ce bâtiment est une propriété privée. *The computer is my own property.* L'ordinateur est mon bien personnel. **2** *nd* [bâtiment, gén maison] propriété *We bought a run-down property in France.* Nous avons acheté une propriété à aménager en France.

**belongings** *n pl* [renvoie à de petites choses, ex. vêtements, livres, plutôt que bâtiments, terrain, etc.] affaires, objets ou effets personnels *I cleared a few belongings out of my drawers and never went back to the office again.* J'ai repris quelques affaires personnelles qui étaient dans mes tiroirs et je ne suis plus jamais retourné au bureau.

**belong** *vi* (gén + **to**) [être la propriété de] appartenir *The clock belonged to my father.* L'horloge appartenait à mon père.

### 374.2 Garder pour plus tard

**keep** *vt*, *prét & part passé* **kept** [ex. plutôt que donner, rendre ou détruire, etc.] garder, conserver *Keep the receipt.* Garde le reçu. *She's kept that book I lent her.* Elle a gardé ce livre que je lui avais prêté. *She's kept all her old school reports.* Elle a conservé tous ses vieux carnets scolaires.

**hang on to** sth ou **hang onto** sth *vt prép* [plutôt informel] ne pas lâcher qch, garder *I'd hang onto that dress, it might come back into fashion.* Je garderais cette robe, elle pourrait revenir à la mode.

**save** *vt* [pour pouvoir l'utiliser plus tard] mettre de côté, garder *I've saved an article for you to read.* J'ai mis de côté un article pour que tu le lises. *I'm saving some of the chicken for tomorrow's lunch.* Je vais mettre un morceau de poulet de côté pour le déjeuner de demain.

**reserve** *vt* [garder pour un usage particulier] réserver, mettre de côté *the wine I reserve for special occasions* le vin que je garde pour les grandes occasions *I've reserved seats on the train.* J'ai réservé des places dans le train.

---

## 375 Take Prendre

voir aussi **220 Steal**; **323 Bring**; **337 Carry**; **373 Get**

**take** *vt*, *prét* **took** *part passé* **taken** (souvent + *adv* ou *prép*) **1** [pour le tenir soi-même] prendre, saisir *Take that knife off him.* Prenez-lui ce couteau. **2** [à un endroit différent] rapporter *I took the plates back to the* kitchen. J'ai rapporté les assiettes à la cuisine. *Take her to the hospital.* Emmenez-la à l'hôpital. *He took his coat off.* Il a enlevé son manteau. *She took the plates away.* Elle a emporté les assiettes. **3** [pour avoir qch] prendre *I took the money and gave her a receipt.* J'ai pris l'argent et je lui ai donné un reçu. *voir aussi USAGE à **323 Bring**

*voir aussi USAGE à **323 Bring***

### usage

Outre les utilisations habituelles décrites ci-dessus, **take** est également utilisé dans de nombreuses expressions où sa fonction est plus d'agir en verbe support du nom que d'apporter une signification définie, ex. *to take place* (voir **31 Happen**).

### 375.1 Saisir qch

voir aussi **336 Hold**

**catch** *vt, prét & part passé* **caught** [lorsque qn/qch tombe ou qu'on le jette] attraper *I just caught her before her head hit the floor.* Je l'ai attrapée juste au moment où sa tête allait heurter le sol. *Try catching the ball with one hand.* Essaie d'attraper la balle d'une main.

**seize** *vt* **1** [fermement et souvent brutalement] saisir, s'emparer de *I seized the letter and tore it open.* Je me suis emparé de la lettre et l'ai déchirée pour l'ouvrir. **2** [ex. lors d'une arrestation ou d'une attaque] s'emparer de, empoigner *Loyalist forces have seized the airport.* Les forces loyalistes se sont emparées de l'aéroport. *Officials have seized her passport.* Des fonctionnaires lui ont confisqué son passeport.

**grab** *vt, -bb-* (souvent + *adv* ou *prép*) [fermement, vite et souvent grossièrement] saisir, agripper, arracher *She keeps grabbing my toys!* Elle n'arrête pas de me chiper mes jouets! *I grabbed the photos back and put them away.* J'ai vite repris les photos et les ai rangées.

**grab at** sth *vt prép* faire un geste vif pour saisir *Toddlers grab at everything.* Les tout petits essaient de tout attraper. **grab** *nd* geste vif pour saisir

**grasp** *vt* saisir, empoigner *She grasped hold of my hand.* Elle m'a pris brusquement la main.

**snatch** *vt* (souvent + *adv* ou *prép*) [soudainement, vite et souvent grossièrement] s'emparer (brusquement) de *She snatched the paper back off me.* Elle m'a arraché le journal des mains.

### 375.2 Prendre qch que l'on veut

**accept** *vt* [quand qch est offert] accepter *He wouldn't accept any money.* Il n'a pas voulu accepter le moindre franc. *Please accept my thanks.* Je vous prie d'accepter mes remerciements. *This compromise was accepted.* Ce compromis a été approuvé.

**acceptable** *adj* [décrit: ex. disposition] acceptable, qui convient *a time and place acceptable to all parties* un moment et un endroit qui conviennent à toutes les parties **acceptably** *adv* de façon acceptable

**acceptance** *nid* consentement, approbation [gén de dispositions] approbation *the widespread acceptance of the plan* l'approbation générale du projet

**scrounge** *vt* (souvent + **from**, **off**) [informel et souvent péjoratif. Implique que l'on persuade qn de donner qch que l'on ne mérite pas] se faire payer *I scrounged the money off my father.* J'ai tapé mon père pour avoir du fric. **scrounger** *nd* parasite, profiteur, pique-assiette

**intake** *nd* (pas de *pl*) [ex. de nourriture dans le corps] prise, consommation *to reduce one's fat and sugar intake* réduire sa consommation de graisse et de sucre **2** [de gens] admission *a higher intake of black students* un plus grand nombre d'inscriptions d'étudiants noirs

### 375.3 Enlever qch

**remove** *vt* [de sorte que qch/qn ne soit plus là] enlever, ôter, retirer *He removed his glasses.* Il a enlevé ses lunettes. *the cost of removing graffiti* ce que cela coûte de faire partir les graffiti *The troublesome minister was quickly removed.* Le ministre gênant a été vite destitué.

**removal** *ni* (gén + **of**) enlèvement, suppression *They ordered the removal of the statue.* Ils ont donné l'ordre d'enlever la statue. *the director's removal and replacement* la destitution/le licenciement et le remplacement du directeur

**collect** *vt* [quand qch est prêt ou que qn attend] passer prendre *to collect the children after school* aller chercher les enfants à la sortie de l'école *I'm collecting the car on Friday.* Je vais reprendre la voiture vendredi. **2** [rassembler] recueillir, rassembler *We're collecting money for the refugees.* Nous faisons la collecte pour les réfugiés. *Collect the leaves together.* Mets les feuilles en tas.

**collection** *n* **1** *ni* [ex. de marchandises ou de passagers] rassemblement, ramassage *The shoes are ready for collection.* On peut passer prendre les chaussures. **2** *ndi* ramassage, collecte *to organize the collection of blankets* organiser le ramassage de couvertures *They're having a collection for her leaving present.* Ils font une collecte pour lui offrir un cadeau de départ.

### 375.4 Emmener qn quelque part

**lead** *vt, prét & part passé* **led** (souvent + *adv* ou *prép*) [implique que l'on guide qn, parfois en le tenant] conduire, mener *She led me into her office.* Elle m'a fait entrer dans son bureau. *The police led them away.* La police les a emmenés. *the little boy who leads the team out on to the field* le petit garçon qui précède l'équipe sur le terrain *the path leading to the house* le chemin qui mène à la maison

## 376 Entertainment Divertissement

**entertain** *v* **1** *vt* (souvent + **with**) [amuser qn, par ex. en chantant ou en racontant des histoires drôles] divertir *We were entertained with folksongs.* Il y avait des chants folkloriques pour nous divertir. **2** *vit* [avoir des invités] recevoir *We do a lot of entertaining.* Nous recevons beaucoup.

**entertainer** *nd* artiste de music-hall, fantaisiste *They had a party with a children's entertainer.* Ils ont organisé une fête avec un fantaisiste pour enfants.

**perform** *vti* [obj: ex. ballet, pièce de théâtre] monter, jouer *the first time the work has been performed in this* *country* la première fois que l'oeuvre a été jouée dans ce pays *We had to perform without scenery or props.* Nous avons dû jouer sans décor ni accessoires.

**performance** *nd* **1** [ex. pièce de théâtre] représentation *a matinee performance* un spectacle en matinée **2** [en parlant d'acteurs] interprétation *one of the best performances she's ever given* une de ses meilleures interprétations

**performer** *nd* [tout artiste apparaissant en public] interprète *the director and performers* le metteur en scène et les interprètes

## 376.1 Genres de spectacles

**show** *nd* [gén pas une pièce classique, souvent agrémenté de chants et de danses] spectacle *a meal after the show* un repas après le spectacle

**cabaret** *ndi* cabaret

**play** *nd* pièce (de théâtre) *to put on a play* monter une pièce

**playwright** *nd* auteur dramatique

**drama** *n* **1** *ni* [genre] tragédie *television drama* téléfilm **2** *nd* [implique un travail sérieux] tragédie *a drama of intrigue and suspicion* une tragédie où se mêlent les intrigues et les soupçons

**dramatic** *adj* **1** (avant *n*) [décrit: ex. auteur, oeuvre] dramatique **2** [palpitant] dramatique *a dramatic whisper* un chuchotement dramatique

**dramatist** *nd* [fait référence à un auteur d'oeuvres sérieuses] dramaturge *the Elizabethan dramatists* les dramaturges élizabéthains

**comedy** *n* **1** *nd* [pièce, etc.] comédie **2** *ni* [genre] comédie

**comedian** *nd* comédien, artiste comique *music hall comedians* artistes de music hall

**comic** *nd* [fait gén référence à un humour peu sophistiqué] comique *a stand-up comic* un comique de cabaret

**tragedy** *n* **1** *nd* [pièce, etc.] tragédie **2** *ni* [genre] tragédie

## 376.2 Aller au théâtre

*u s a g e*

Les termes suivants peuvent aussi s'employer en parlant d'autres formes de spectacles comme le cinéma, l'opéra, le ballet, etc.

**box office** [pour acheter des billets] guichet de location (utilisé comme *adj*) *a box-office success* un spectacle à succès

**book** *vt* réserver *I want to book two seats in the circle.* Je veux réserver deux places au balcon.

**programme** (*Brit*), **program** (*US*) *nd* programme

**interval** *nd* entracte

**audience** *nd* public *Audiences love her.* Le public l'adore.

**clap** *vi*, **-pp-** applaudir *People clapped politely.* Le public applaudit poliment. *The clapping died down.* Les applaudissements diminuèrent.

**applaud** *vit* [plus formel que **clap**, gén utilisé en parlant d'un groupe de personnes] applaudir *Everybody applauded.* Tout le monde applaudit.

**applause** *ni* applaudissements *spontaneous applause* des applaudissements spontanés

### 376.3 Jouer

**act** *vit* jouer *He can't act.* C'est un mauvais acteur. *She's acting in Romeo and Juliet.* Elle joue dans Roméo et Juliette. *I was acting the part of Ophelia.* Je jouais le rôle d'Ophélie.

**actor** (*masc ou fém*), **actress** (*fém*) *nd* acteur, actrice *a character actor* un acteur spécialisé dans les rôles de composition

**role** *nd* rôle *the leading role* le rôle principal

**part** *nd* [moins grandiose que **role**] rôle

**cast** *nd* (+ *v sing* ou *pl*) distribution *The members of the cast are in rehearsal.* La troupe est en train de répéter.

**rehearse** *vit* répéter *They rehearse in an old warehouse.* Ils répètent dans un vieil entrepôt. *to rehearse a play* répéter une pièce

**rehearsal** *n* **1** *nd* répétition **2** *ni* préparation *They hadn't had enough rehearsal.* Ils n'avaient pas suffisamment répété.

**dress rehearsal** répétition en costumes, répétition générale

**mime** *vit* mimer

**mime** *n* **1** *ni* [art] mime **2** *nd* [spectacle] spectacle de mime **3** *nd* [personne] mime

### 376.4 Cinéma

**cinema** *n* **1** *nd* (*surtout Brit*), **movie theater** (*US*) cinéma *to go to the cinema* aller au cinéma **2** *ni* cinéma *British cinema* le cinéma britannique (utilisé comme *adj*) *cinema artists* les artistes de cinéma

**pictures** (*Brit*), **movies** (*US*) *n pl* (toujours + **the**) [plutôt vieilli] cinéma

**screen** *nd* écran

**film** *n* **1** *nd* (*surtout Brit*) film (utilisé comme *adj*) *film star* vedette de cinéma **2** *ni* cinéma *the art of film* l'art cinématographique

**movie** *nd* (*surtout US*) cinéma *She works in the movies.* Elle travaille dans la cinéma. (utilisé comme *adj*) *movie star* vedette de cinéma

### 376.5 Genres de films

**horror film** *nd* film d'horreur

**thriller** *nd* film à suspense

**western** *nd* western

**comedy** *nd* comédie

### 376.6 Danser

**dance** *vit* danser *Will you dance with me?* Voulez-vous danser avec moi? *They danced a waltz.* Ils dansèrent une valse. **dancer** *nd* danseur **dance** *ndi* danse

**disco** *nd, pl* **discos** discothèque

**ballet** *nid* ballet *to go to the ballet* aller voir un ballet

**ballet dancer** *nd* [homme ou femme] danseur, danseuse de ballet **ballerina** *nd* ballerine

**ballroom dancing** *ni* danse de salon

**ball** *nd* bal

**tap (dancing)** *ni* claquettes

## 377 Circus Cirque

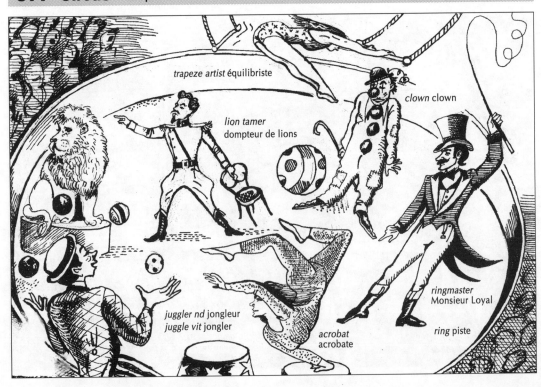

trapeze artist équilibriste

clown clown

lion tamer dompteur de lions

juggler nd jongleur
juggle vit jongler

acrobat acrobate

ringmaster Monsieur Loyal

ring piste

## 378 Broadcasts Emissions

**television** n 1 nd [récepteur] télévision to watch (the) television regarder la télévision 2 ni [média] télévision Is there anything good on television? Y a-t-il quelque chose de bien à la télévision? cable and satellite television télévision par câble et par satellite

**TV** [moins formel que **television**] 1 nd [récepteur] télé 2 ni [média] télé What's on TV? Qu'est-ce qu'il y a à la télé? (utilisé comme adj) TV stars les stars de la télé

**telly** (Brit) n [informel] 1 nd [récepteur] télé a colour telly une télé couleur 2 ni [média] télé (utilisé comme adj) a telly addict un mordu du petit écran What's on telly? Qu'est-ce qu'il y a à la télé?

**radio** n 1 nd [récepteur] radio 2 ni [média] radio (utilisé comme adj) radio coverage of the events la façon dont la radio a couvert les événements

**video** nd, pl **videos** 1 [enregistrement] cassette vidéo We hired a video. Nous avons loué une cassette vidéo. 2 AUSSI **video recorder** magnétoscope 3 ni [média] vidéo now available on video disponible dès maintenant en cassette vidéo

> **usage**
>
> Le terme **media** est gén considéré comme un substantif singulier et est suivi d'un verbe au singulier: ex. The media is interested in the story. (Les médias sont intéressés par cette histoire.) Cependant, certaines personnes s'opposent à cet usage étant donné que **media** est une forme plurielle en latin. Elles préconisent donc de mettre le verbe au pluriel: ex. The media are sensationalizing the affair. (Les médias en font une affaire à sensation.)

**media** n (gén + the) [inclut la presse] médias

### 378.1 Genres d'émissions

**programme** (Brit), **program** (US) nd programme

**series** nd, pl **series** feuilleton a new six-part series un nouveau feuilleton en six épisodes

**serial** nd série a long-running television serial une série télévisée qui dure depuis longtemps

**episode** nd épisode I missed the first episode. J'ai raté le premier épisode.

**broadcast** nd [gén d'un événement, d'un discours, etc., plutôt que d'un programme réalisé expressément pour être diffusé] (re)diffusion the live broadcast of the concert la rediffusion en direct du concert Millions listened to Churchill's war broadcasts. Pendant la guerre, des millions de personnes ont écouté les messages de Churchill à la radio.

**broadcaster** nd [suggère qu'on est spécialisé dans les faits et les opinions plutôt que dans le divertissement] journaliste de la télévision/de la radio

**chat show** (Brit), **talk show** (US) nd causerie, débat télévisé(e)

**documentary** nd documentaire a wildlife documentary un documentaire sur la nature

**soap** AUSSI **soap opera** nd feuilleton (à l'eau de rose) forced to miss an episode of her favourite soap obligée de rater un épisode de son feuilleton favori

**quiz show** (Brit) AUSSI **game show** (surtout US) nd jeu télévisé

## 379 Music Musique

**musical** adj 1 [décrit: ex. éducation, son] musical 2 [doué pour la musique] musicien a musical family une famille musicienne **musician** nd musicien

### 379.1 Genres de musiques

**pop** AUSSI **pop music** ni musique pop (utilisé comme adj) pop star star de la musique pop

**folk music** AUSSI **folk** ni musique folk

**folk song** nd 1 [genre musical] chanson folk 2 [air traditionnel] chanson folklorique

**rock** ni rock

**classical** adj classique the classical repertoire le répertoire classique

**jazz** ni jazz (utilisé comme adj) jazz player artiste de jazz

**reggae** ni reggae

**country and western** ni musique country

**chamber music** ni musique de chambre

### 379.2 Pour faire de la musique

**tune** nd [en parlant de musique populaire] air **tuneful** adj mélodieux

**melody** ndi [plus formel

que **tune**. Souvent en parlant de musique classique] mélodie **melodic** adj mélodieux

**air** nd [littéraire ou en parlant de musique classique] air

**rhythm** ndi rythme, cadence **rhythmic** adj rythmique

> **usage**
>
> En parlant d'une chanson, on peut employer les termes **lyrics** ou **words**, mais jamais **text**.

**beat** nd temps to mark the beat battre la mesure four beats to a bar mesure à quatre temps

**harmony** nid harmonie

**lyrics** n pl paroles

### 379.3 Ensembles musicaux

**orchestra** nd orchestre

**conductor** nd chef d'orchestre **conduct** vt diriger

**baton** nd baguette

**leader** nd premier violon

**group** nd [gén pop] groupe

**band** nd 1 [pop ou jazz]

groupe 2 OU **brass band** fanfare

**accompany** vt accompagner

**accompaniment** nd accompagnement the harpsichord accompaniment l'accompagnement au clavecin **accompanist** nd accompagnateur

**solo** *nd, pl* **solos** solo *a violin solo* un solo de violon (utilisé comme *adj*) *the solo piano* le piano en solo

**soloist** *nd* soliste *the piano soloist* le pianiste soliste

**duet** *nd* [pour deux voix ou deux instruments] duo

**duo** *nd, pl* **duos** [deux musiciens] duo *a piano duo* un duo de piano

**trio** *nd, pl* **trios** [oeuvre ou musiciens] trio

**quartet** *nd* [oeuvre ou musiciens] quatuor *a string quartet* un quatuor à cordes

---

### 379.4 Instruments de musique

**play** *vti* [obj: instrument de musique] jouer *I play the piano.* Je joue du piano. *He played Brahms.* Il a joué du Brahms.

**player** *nd* musicien *orchestral players* musiciens d'orchestre

**instrument** AUSSI **musical instrument** *nd* instrument de musique

**instrumental** *adj* instrumental

#### Stringed instruments Instruments à cordes

**violin** *nd* violon **violinist** *nd* violoniste

**viola** *nd* alto **viola player** *nd* altiste

**cello** *nd* violoncelle **cellist** *nd* violoncelliste

**double bass** *nd* contrebasse **double**

**bassist** *nd* contrebassiste

**guitar** *nd* guitare **guitarist** *nd* guitariste

**harp** *nd* harpe **harpist** *nd* harpiste

**bow** *nd* archet

**string** *nd* corde

#### Woodwind instruments Instruments à vent (bois)

**oboe** *nd* hautbois **oboist** *nd* hautboïste

**clarinet** *nd* clarinette **clarinettist** *nd* clarinettiste

**flute** *nd* flûte traversière **flautist** (*Brit*), **flutist** (*US*) *nd* flûtiste

**bassoon** *nd* basson **bassoonist** *nd* bassoniste

**recorder** *nd* flûte à bec **recorder player** *nd* flûtiste à bec

**saxophone** *nd* saxophone **saxophonist** *nd* saxophoniste

#### Brass instruments Cuivres

**trumpet** *nd* trompette **trumpeter** *nd* trompettiste

**trombone** *nd* trombone **trombone player** *nd* tromboniste

**French horn** *nd* cor **French horn player** *nd* corniste

**tuba** *nd* tuba **tuba player** *nd* joueur de tuba

#### Percussion instruments Percussions

**percussionist** *nd* percussionniste

**timpani** *n pl, abrév* **timps** timbales **timpanist** *nd* timbalier

**drum** *nd* batterie, tambour

**drummer** *nd* batteur, joueur de tambour

**cymbals** *n pl* cymbales **cymbalist** *nd* cymbalier

**xylophone** *nd* xylophone **xylophone player** *nd* joueur de xylophone

#### Keyboard instruments Instruments à clavier

**piano** *nd* piano *a grand piano* un piano à queue **pianist** *nd* pianiste

**organ** *nd* orgue, **organist** *nd* organiste

**key** *nd* touche **keyboard** *nd* clavier **pedal** *nd* pédale

---

### 379.5 Art vocal

**sing** *vit, prét* **sang** *part passé* **sung** chanter *We sang the Messiah.* Nous avons chanté le Messie. *to sing unaccompanied* chanter a cappella **singer** *nd* chanteur

**whistle** *vit* siffler

**hum** *vit* fredonner

**choir** *nd* choeur, chorale **choral** *adj* choral **chorister** *nd* choriste

**soprano** *nd, pl* **sopranos**

soprano (utilisé comme *adj*) *the soprano part* la voix soprano

**tenor** *nd* ténor (utilisé comme *adj*) *a tenor role* un rôle de ténor

**baritone** *nd* baryton (utilisé comme *adj*) *the baritone soloist* le baryton solo

**bass** *nd* basse (utilisé comme *adj*) *a bass voice* une voix de basse

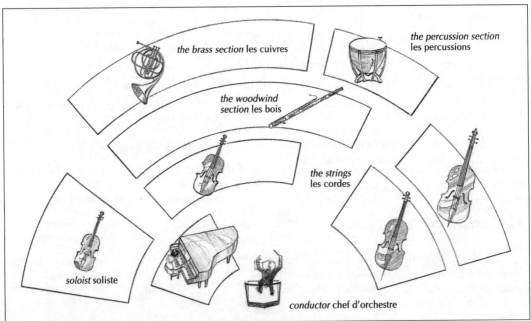

the brass section les cuivres

the percussion section les percussions

the woodwind section les bois

the strings les cordes

soloist soliste

conductor chef d'orchestre

**alto** *nd, pl* **altos** alto

**countertenor** *nd* haute-contre

**opera** *ndi* opéra (utilisé comme *adj*) an opera

*singer* un chanteur d'opéra

**operatic** *adj* (gén avant *n*) d'opéra an *operatic career* une carrière à l'opéra

## 379.6 Spectacles musicaux

**concert** *nd* concert

**musical** *nd* comédie musicale

**gig** *nd* [informel. En

parlant de musique pop] concert

**recital** *nd* [de musique classique, gén donné par un soliste] récital

## 379.7 Oeuvres musicales

**compose** *vt* composer

**composer** *nd* compositeur an *opera composer* un compositeur d'opéras

**composition** *nd* composition *one of his late compositions* une de ses compositions tardives

**symphony** *nd* symphonie

**concerto** *nd, pl*

**concertos** OU **concerti** concerto *a violin concerto* un concerto pour violon

**overture** *nd* ouverture

**song** *nd* air

**piece** *nd* [terme général désignant n'importe quel type de composition] oeuvre

## 379.8 Transcrire de la musique

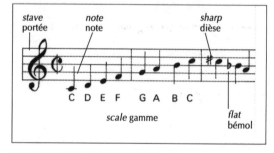

*stave* portée
*note* note
*sharp* dièse

C D E F G A B C

*scale* gamme
*flat* bémol

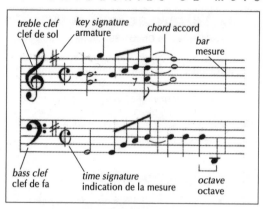

*treble clef* clef de sol
*key signature* armature
*chord* accord
*bar* mesure

*bass clef* clef de fa
*time signature* indication de la mesure
*octave* octave

*u s a g e*

En anglais, les notes de musique ne se transcrivent pas do, ré, mi, fa, sol, la, si, do, mais sont désignées par les lettres de l'alphabet de A à G. Do se transcrit C, etc.

## 379.9 Enregistrer de la musique

**recording** *nd* [version enregistrée] enregistrement *the 1985 recording of the opera* l'enregistrement de 1985 de l'opéra

**record** *nd* disque

**LP** *nd* 33 tours

**single** *nd* 45 tours

**CD** AUSSI **compact disc** *nd* disque compact

**album** *nd* [gén en parlant de musique populaire. Un disque ou une cassette] album

**boxed set** *nd* coffret

**cassette** *nd* cassette

**tape** *ndi* cassette, bande magnétique

**stereo** *n* 1 *nd* AUSSI **stereo system** stéréo 2 *ni* stéréophonie *recorded in stereo* enregistré en stéréophonie (utilisé comme *adj*) *stereo sound* son stéréophonique

**hifi** (surtout *Brit*) *n* 1 *ni* [reproduction de grande qualité] haute fidélité, hi-fi *hifi equipment* matériel hi-fi 2 *nd* chaîne hi-fi

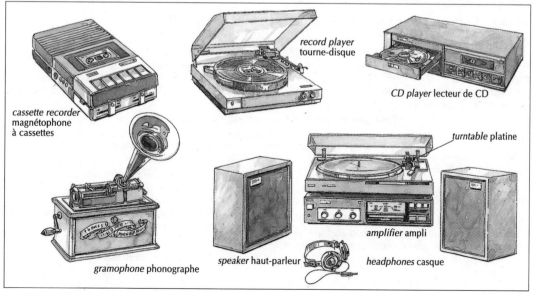

*cassette recorder* magnétophone à cassettes

*record player* tourne-disque

*CD player* lecteur de CD

*turntable* platine

*amplifier* ampli

*gramophone* phonographe

*speaker* haut-parleur

*headphones* casque

## 380 Leisure activities Activités de loisirs

voir aussi **381 Arts and Crafts**; **386 Games**; **388 Sport**

**hobby** nd [terme très général qui couvre toutes sortes d'activités allant de passe-temps intellectuels ou artistiques à des activités sportives] hobby

**pastime** nd [plus formel que **hobby**. Suggère gén une activité plutôt calme] passe-temps an artistic pastime like pottery un passe-temps artistique comme la poterie

**stamp collecting** ni philatélie

**album** nd album

### 380.1 Activités d'extérieur

**camping** ni camping (utilisé comme adj) camping equipment matériel de camping

**camp** vi faire du camping

**tent** nd tente

**sleeping bag** nd sac de couchage

**fishing** ni pêche

**angling** ni [plus formel ou plus technique] pêche à la ligne

**(fishing) rod** nd canne (à pêche)

**(fishing) line** nd ligne (de pêche)

**hook** nd hameçon

**bait** ni appât

**catch** vt, prét & part passé **caught** prendre
**catch** nd prise

**net** nd filet

## 381 Arts and Crafts Arts et Activités manuelles

voir aussi **382 Tools**

### 381.1 Peinture et dessin

**artist** nd artiste **artistic** adj artistique **artistically** adv artistiquement

**painter** nd peintre **paint** vti peindre

**illustrator** nd [de livres, etc.] illustrateur **illustrate** vt illustrer

**draw** vt, prét **drew** part passé **drawn** dessiner

### 381.2 Matériel utilisé par les artistes

voir aussi **370 Writing materials**

**paint** nid peinture
**paintbrush** nd pinceau

**watercolours** (Brit), **watercolors** (US) n pl aquarelle

**oils** ou **oil paints** n pl peinture à l'huile to paint a portrait in oils peindre

un portrait à la peinture à l'huile

**palette** nd palette

**canvas** n 1 ni [matériau] toile 2 nd [oeuvre] toile

**easel** nd chevalet

**pencil** nd crayon

### 381.3 L'oeuvre d'un artiste

**painting** n 1 nd [ex. portrait] peinture 2 ni [art] peinture

**picture** nd tableau

**drawing** n 1 nd [ex. portrait] dessin a line drawing dessin au trait 2 ni [art] dessin

**cartoon** nd 1 [ex. croquis] dessin 2 [histoire racontée en dessins] bande dessinée

**sketch** nd esquisse, croquis

**illustration** n 1 nd [ex. schéma] figure 2 ni [art] illustration

**foreground** nd premier plan

**background** nd arrière-plan

**masterpiece** nd chef-d'oeuvre

### 381.4 Photographie

**photography** ni photographie **photographic** adj photographique **photographer** nd photographe

**photograph** nd, abrév **photo** photo to take a photo of sb prendre qn en photo

**slide** nd diapositive

**camera** nd appareil-photo

**lens** nd objectif

**flash** ndi flash

**film** ndi film a roll of film un film

**develop** vt [obj: film, photo] développer

**negative** nd négatif

**darkroom** nd chambre noire

### 381.5 Modelage

**sculpture** n 1 ni [art] sculpture 2 nd [oeuvre] sculpture **sculptor** nd sculpteur

**statue** nd statue

**model** nd [d'un bateau par ex.] modèle réduit **model** vt, -ll- (Brit), -l- (US) faire des modèles réduits

**pottery** ni poterie to do pottery faire de la poterie

**potter** nd potier

**wheel** nd tour

**clay** ni argile, terre glaise (utilisé comme adj) a clay bowl un bol en terre glaise

### 381.6 Travaux d'aiguille

voir aussi **193 Textiles**

**sew** vti, prét **sewed** part passé **sewn** ou **sewed** (surtout US) (souvent + **up**) coudre, recoudre I sewed up the hole in my trousers. J'ai recousu le trou de mon pantalon. to sew on a button coudre un bouton **sewing** ni couture

**cotton** (Brit), **thread** (US) ni fil

**thread** ni [en anglais britannique, ce terme peut sembler plus technique que **cotton**] fil

**thread** vt enfiler to thread a needle enfiler une aiguille

**stitch** nd 1 point I sewed the hem with small stitches. J'ai cousu l'ourlet à petits points. 2 [façon de se servir de l'aiguille en couture ou en tricot] point

**stitch** vt (souvent + **up**) coudre, recoudre to stitch up a tear recoudre un accroc

**crochet** ni crochet **crochet** vt crocheter

**dressmaking** ni couture **dressmaker** nd couturière

**pattern** *nd* patron, modèle

**knit** *vt*, -tt- tricoter

**knitting** *ni* 1 [activité]

tricot 2 [qch qui a été tricoté] tricot

**wool** (*Brit*), **yarn** (*US*) *ni* laine

**yarn** *ni* 1 (*Brit*) [peut sembler plus technique que **wool**] fil à tricoter

2 OU **wool** (*US*) fil à tricoter

**seam** *nd* couture

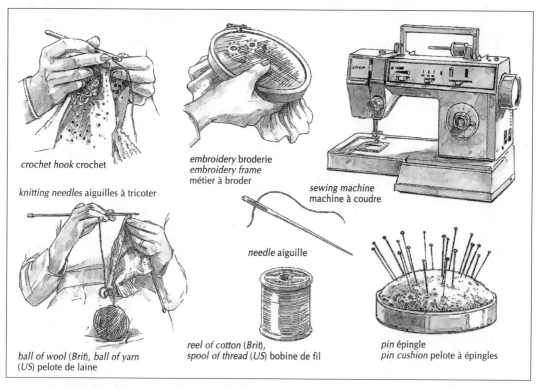

*crochet hook* crochet

*knitting needles* aiguilles à tricoter

*embroidery* broderie
*embroidery frame* métier à broder

*sewing machine* machine à coudre

*needle* aiguille

*ball of wool* (*Brit*), *ball of yarn* (*US*) pelote de laine

*reel of cotton* (*Brit*), *spool of thread* (*US*) bobine de fil

*pin* épingle
*pin cushion* pelote à épingles

## 382 **Tools** Outils

voir aussi **304 Materials**

### 382.1 Outillage

**tool** *nd* outil *a bag of tools* une trousse à outils

**equipment** *ni* équipement, outillage

**apparatus** *ndi* [plutôt formel. Implique un

équipement complexe] outillage *all the apparatus needed for unblocking the drain* tout l'outillage nécessaire pour déboucher la canalisation

**gear** *ni* [informel] matériel *I'll need my soldering gear.* J'aurai besoin de mon matériel de soudure.

**utensil** *nd* [plutôt formel. Implique un outil assez petit avec une utilisation bien spécifique] ustensile, outil *a handy utensil for stripping wire*

un ustensile très pratique pour dénuder les fils

**kit** *nd* [série complète d'outils] panoplie *a tool kit* une trousse à outils *a screwdriver kit* une panoplie de tournevis

**gadget** *nd* gadget

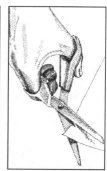

*electric drill* perceuse électrique

*hand drill* perceuse mécanique

*saw* scie

*chisel* burin, repoussoir

*scissors* ciseaux

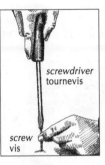

*hammer* marteau

*nail* clou

*screwdriver* tournevis

*screw* vis

*nut* écrou

*bolt* boulon

*pliers* tenailles

*spanner* (*Brit*), *wrench* (*US*) clé

*wrench* (*Brit*) clé à molette

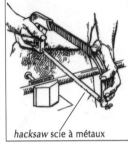

*blade* lame

*handle* manche

*hacksaw* scie à métaux

*axe* (*Brit*), *ax* (*US*) hache

**wallpaper paste** *ni* colle à papier peint

**ladder** *nd* échelle

### 382.3 Eau et électricité

**plumbing** *ni* **1** [métier] plomberie **2** [ensemble des conduites] tuyauterie
**plumber** *nd* plombier

**pipe** *ndi* conduite *a length of copper pipe* un morceau de tuyau en cuivre

**plug** *nd* fiche, prise *to wire a plug* raccorder une prise

**socket** *nd* prise de courant

**flex** (*Brit*), **cord** (*US*) *nid* fil, cordon

**lead** (*Brit*), **cord** (*US*) *nd* fil, cordon

**cable** *ndi* [fil électrique résistant] câble *an extension cable* un prolongateur

**adaptor** *nd* prise multiple, adaptateur

### 382.2 Décoration

**DIY** AUSSI **do-it-yourself** *ni* (*surtout Brit*) [recouvre toutes les activités de réparation ou de décoration d'une maison qui sont faites par qn qui n'est pas du métier] bricolage

**paint** *vt* peindre
**paint** *ni* peinture *to give sth a coat of paint* mettre une couche de peinture

sur qch **painter** *nd* peintre
**paintbrush** *nd* pinceau
**whitewash** *ni* blanc de chaux **whitewash** *vt* chauler

**creosote** *ni* créosote
**creosote** *vt* créosoter

**wallpaper** *ni* papier peint *a roll of wallpaper* un rouleau de papier peint
**wallpaper** OU **paper** *vt* tapisser

### 382.4 Matériaux pour lier et attacher

voir aussi **294 Join**

**rope** *ndi* corde, cordage *a length of rope* un morceau de corde

**wire** *nid* **1** [métallique] fil de fer **2** [électrique] fil électrique

**string** *ni* ficelle *a piece of string* un bout de ficelle
**thread** *nid* fil
**chain** *ndi* chaîne

## 383 Repairs Réparations

**repair** *vt* [terme générique] réparer *They're still repairing the roof.* Ils n'ont pas encore fini de réparer le toit. **repairer** *nd* réparateur

**repair** *ndi* réparation *It needs minor repairs.* Il faudrait quelques petites réparations. *a simple repair job* une simple réparation *The car's in for repair.* La voiture est au garage pour des réparations.

**mend** *vt* (*surtout Brit*) [fait gén référence à des réparations mineures] réparer *Can you mend a fuse?* Est-ce que tu sais réparer un fusible?

**fix** *vt* [rétablir le fonctionnement de qch] réparer *I've fixed that tap.* J'ai réparé ce robinet.

**restore** *vt* [remettre en état. Obj: ex. maison, meuble, horloge] restaurer **restoration** *nid* restauration, remise en état

**renovate** *vt* [remettre en état ou améliorer l'état d'origine. Obj: surtout édifices] rénover *The interior has been completely renovated.* L'intérieur a été entièrement rénové. **renovation** *ni* rénovation

**do** sth **up** OU **do up** sth *vt prép* [améliorer l'état. Obj: surtout des maisons] remettre en état

**patch** *vt* (souvent + **up**) [plutôt informel. Désigne gén une réparation temporaire plutôt qu'un travail fait à fond] rafistoler *I've patched it up but you really need a new machine.* Je l'ai rafistolé, mais tu devrais vraiment acheter une nouvelle machine.

**maintain** *vt* entretenir *a poorly maintained house* une maison mal entretenue

**maintenance** *ni* entretien *Central heating needs regular maintenance.* Le chauffage central doit faire l'objet d'entretiens réguliers.

## 384 Gardening Jardinage

voir aussi **11 Plants**

*greenhouse* serre

*flowerbed* parterre

*compost heap* tas de compost

*lawnmower* tondeuse à gazon

*lawn* pelouse
*grass* herbe

*cane* tuteur

**garden** (*Brit*), **yard** (*US*) jardin

### 384.1 Outils de jardinage

**spade** *nd* bêche
**fork** *nd* fourche
**trowel** *nd* déplantoir
**pick** *nd* pioche
**shears** *n pl* cisailles

**secateurs** *n pl* sécateur
**hoe** *nd* binette
**rake** *nd* râteau
**roller** *nd* rouleau

### 384.2 Activités de jardinage

**garden** *vi* [plutôt formel] jardiner

**gardener** *nd* jardinier *I'm not much of a gardener.* Je ne suis pas très doué pour le jardinage.

**dig** *v, prét & part passé* **dug** *vti* [obj: ex. jardin, trou] creuser, bêcher

**mow** *vt, prét* **mowed** *part passé* **mowed** OU **mown** tondre

**weed** *vt* enlever les mauvaises herbes, désherber **weed** *nd* mauvaise herbe

**sow** *vt, prét* **sowed** *part passé* **sowed** OU **sown** semer

**plant** *vt* planter

**prune** *vt* (souvent + **back**, **away**) [pour améliorer la croissance. Obj: ex. roses, arbres] émonder, élaguer

**trim** *vt, -mm-* [pour donner un aspect plus soigné. Obj: ex. haie] tailler

**thin** *vt, -nn-* (souvent + **out**) éclaircir *The seedlings can be thinned out in March.* On peut éclaircir les plants au mois de mars.

### 384.3 Le sol

**soil** (*Brit*) AUSSI **dirt** (*US*) *ni* [terme employé le plus fréquemment, surtout en parlant de sa qualité] sol *clay soil* sol argileux *The compost enriches the soil.* Le compost enrichit le sol. (utilisé comme *adj*) *soil erosion* l'érosion du sol

**earth** *ni* [plus formel que **soil**] terre *a handful of earth* une poignée de terre *This equipment can move three tonnes of earth a day.* Cet appareil permet de déblayer trois tonnes de terre par jour.

**mud** *ni* boue

**ground** *ni* [met l'accent sur la surface du sol] terrain, sol *frozen ground* sol gelé

**land** *ni* [désigne une surface de terre ou la qualité de cette terre] terres *a house with ten acres of land* une maison avec cinq hectares de terres

**plot** *nd* [gén un terrain de dimension réduite et plus particulièrement un terrain à bâtir] lotissement *a building plot* un terrain à bâtir *She has a small plot for growing vegetables.* Elle possède un petit lopin de terre où elle fait pousser des légumes.

#### *expression*

**have green fingers** (*Brit*) **have a green thumb** (*US*) [être un bon jardinier] avoir la main verte

## 385 Park and Funfair Parcs et Fêtes foraines

**roundabout** (*Brit*) OU **merry-go-round** (*Brit & US*) OU **carousel** (*US*) *nd* [dans une fête foraine] manège *to go on a roundabout* faire un tour de manège

**big wheel** (*Brit*), **ferris wheel** (*US*) *nd* grande roue

**roller coaster** *nd* montagnes russes

**ice cream van** *nd* voiture du vendeur de glaces

**candy floss** (*Brit*), **cotton candy** (*US*) *ni* barbe à papa

**fortune teller** *nd* diseuse de bonne aventure

*(park) bench* banc

*swing* balançoire

*sandpit* (*Brit*), *sandbox* (*US*) tas de sable

*see-saw* (*Brit & US*), *teeter-totter* (*US*) bascule

*roundabout* (*Brit*), *merry-go-round* (*Brit & US*) tourniquet

*slide* toboggan

*climbing frame* (Brit), *monkey bars* (*US*) cage à poules

## 386 Games Jeux

**play** *vit* jouer *The children were playing outside.* Les enfants jouaient dehors. *Shall we play chess?* Si on jouait aux échecs?

### 386.1 Jeux d'enfants

**toy** *nd* jouet (utilisé comme *adj*) *a toy kitchen* une cuisine miniature

**doll** *nd* poupée

**doll's house** *nd* maison de poupée

**marbles** *n pl* billes *to play marbles* jouer aux billes

### 386.2 Jeux de réflexion

**jigsaw (puzzle)** *nd* puzzle

**crossword** AUSSI **crossword puzzle** *nd*

*mots croisés to do the crossword* faire les mots croisés

**quiz** *nd* jeu de questions

### 386.3 Jeux de cartes

**card** AUSSI **playing card** *nd* carte

**cards** *ni* OU *n pl* cartes *to*

*play cards* jouer aux cartes *a game of cards* une partie de cartes

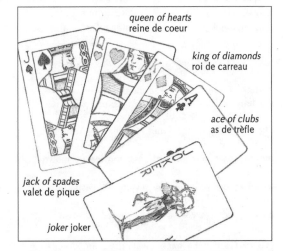

*queen of hearts* reine de coeur

*king of diamonds* roi de carreau

*ace of clubs* as de trèfle

*jack of spades* valet de pique

*joker* joker

**pack** (*Brit*), **deck** (*US*) *nd* jeu de cartes

**suit** *nd* couleur *to follow suit* fournir

**shuffle** *vti* mélanger

**deal** *vt* donner **dealer** *nd* donneur

**hand** *nd* main, jeu

### 386.4 Jeux de société

**die** *n* **1** *nd pl* **dice** [cube] dé *to roll the dice* lancer le dé **2** *ni* OU *n pl* [jeu] jeu de dés

**Scrabble** *ni* [marque déposée] scrabble

**draughts** (*Brit*), **checkers** (*US*) *ni* dames

**draughtboard** (*Brit*), **checkerboard** *nd* damier

**chess** *ni* échecs (utilisé comme *adj*) *chess pieces* pièces du jeu d'échecs

**chessboard** *nd* échiquier

**check** *ni* échec *to put sb **in check*** mettre qn en échec *'Check!'* 'Echec!' **check** *vt* faire échec

**check mate** *ni* échec et mat **checkmate** *vt* faire échec et mat

**move** *nd* tour *It's your move.* C'est à ton tour.

### 386.5 Jeux de hasard

**gamble** *vi* (parfois + **on**) jouer (à des jeux de hasard) **gambler** *nd* joueur

**bet** *vti*, -tt- *prét & part passé* **bet** (souvent + **on**) *vt* parier *to bet money on a horse* miser sur un cheval *I bet you a fiver he'll win.* Je te parie cinq livres qu'il va gagner. *to bet on a race* parier dans une course

**betting** *ni* pari(s), cote (utilisé comme *adj*) *a betting shop* un bureau pour les paris

**casino** *nd, pl* **casinos** casino

**lottery** *nd* loterie

**bingo** *ni* loto (collectif)

*pawn* pion · *king* roi · *bishop* fou · *castle* OU *rook* tour · *knight* OU [informel] *horse* cavalier · *queen* reine

## 387 Luck Chance

**expressions**

On utilise ces expressions pour s'attirer la chance.

**touch wood** [gén lorsqu'on craint que la réalité ne contredise ce qu'on vient de dire] touchons du bois *I don't think it will rain, touch wood.* Je ne crois pas qu'il va pleuvoir, touchons du bois.

**keep your fingers crossed** (souvent + **for**) croisons les doigts *I'm keeping my fingers crossed that she'll get here.* Je croise les doigts pour qu'elle arrive. *The operation's tomorrow, so keep your fingers crossed!* L'opération aura lieu demain, croisons les doigts!

**break a leg!** [utilisé au théâtre pour souhaiter bonne chance à un acteur qui va entrer en scène] merde!

**luck** *ni* **1** [favorable] chance *Have you had any luck?* Est-ce que vous êtes arrivés à quelque chose? **2** [manque de chance] malchance *That's **just my luck!*** C'est bien ma chance! *Better luck next time!* Ça marchera mieux la prochaine fois! *What terrible luck!* Quel manque de bol! **3** [succès ou qch de positif] chance *I had **a stroke/piece/bit of luck**.* J'ai eu de la chance.

**pot luck** *ni* [on peut avoir de la chance ou ne pas en avoir] (à la) fortune du pot *I don't know what we're having for dinner – you'll have to take pot luck.* Je ne sais pas ce qu'il y aura pour dîner – ce sera à la fortune du pot.

**fortune** *n* [plus formel que **luck**] **1** *ni* [chance ou malchance] fortune, hasard *We all shared in his good fortune.* Nous avons tous profité de sa chance. **2** *ni* OU

**fortunes** *n pl* [ce qui arrive à qn] fortune, chance *Our fortunes began to improve.* La chance nous devenait plus favorable. **3** [plutôt littéraire] chance *Fortune was against us from the start.* La chance était contre nous depuis le début. ***Fortune smiled** on us.* La chance nous sourit.

**chance** *ni* [désigne une suite arbitraire d'événements] hasard *It was simply chance that I was passing.* Je passais par hasard. *I saw her quite **by chance**.* Je l'ai vue tout à fait par hasard. (utilisé comme *adj*) *a chance meeting* une rencontre due au hasard *voir aussi **78 Possible**

**chance** *vt* risquer *I'll chance going round.* Je vais risquer d'y aller. *I wouldn't chance it myself.* Moi, je ne prendrais pas le risque.

### 387.1 Chance

**lucky** *adj* **1** [décrit: ex. personne] qui a de la chance *You lucky thing!* Veinard! *I was lucky to find her in.* J'ai eu de la chance de la trouver chez elle. *I wasn't lucky enough to meet her.* Je n'ai pas eu la chance de la rencontrer. **2** [décrit: ex. coïncidence, moment, réaction] heureux *You had a lucky escape!* Tu l'as échappé belle! **3** [qui porte chance] porte-bonheur *a lucky horseshoe* un fer à cheval porte-bonheur

**fortunate** *adj* [plus formel que **lucky**] heureux, qui a de la chance *You were fortunate to meet them.* Vous avez eu le bonheur de les rencontrer. *a fortunate occurrence* un événement propice *those less fortunate than ourselves* ceux qui sont moins privilégiés que nous *I was fortunate in my choice.* J'ai fait un choix heureux.

*e x p r e s s i o n*

**have all the luck** [avoir beaucoup de chance. Souvent dit avec envie] *Some people have all the luck.* Ce sont toujours les mêmes qui ont de la chance.

## 387.2 Malchance

**bad/terrible, etc. luck** malchance *We've been having terrible luck lately.* Nous avons eu beaucoup de malchance ces derniers temps. *Of all the rotten luck!* Décidément, c'est pas de chance!

**hard luck** [peut suggérer que le manque de chance est mérité] pas de chance *If you miss your train that's your hard luck.* Si tu rates ton train, c'est de ta faute.

**unlucky** *adj* malchanceux *She was terribly unlucky not to get that job.* Elle n'a vraiment pas eu de chance de ne pas obtenir cet emploi. *an unlucky fall* une chute malencontreuse

**unfortunate** *adj* [implique le regret] fâcheux,

regrettable *It is most unfortunate they were hurt.* C'est regrettable qu'ils aient été blessés. *an unfortunate accident* un accident regrettable

**misfortune** *ndi* [plutôt formel] malheur, infortune *They are bearing up under misfortune.* Ils supportent courageusement leur infortune.

**accident** *nd* **1** [imprévu] incident, hasard *They must have been delayed by some accident.* Ils ont dû être retardés par un imprévu. *I found out about the book by accident.* J'ai découvert la vérité à propos du livre par hasard. **2** [catastrophe] accident *a road accident* un accident de la route

**accidental** *adj* accidentel *an accidental oversight* un oubli accidentel

*e x p r e s s i o n*

**be down on one's luck** traverser une mauvaise passe *I could always count on you when I was down on my luck.* J'ai toujours pu compter sur toi quand je traversais une mauvaise passe.

# 388 Sport Sport

## 388.1 Faire du sport

**play** *vt* jouer à *I play football.* Je joue au football. *Do you play squash?* Jouez-vous au squash?

**exercise** *vit* faire de l'exercice *I exercise by cycling to work.* Je fais un peu d'exercice en me rendant à mon travail à vélo.

**exercise** *ni* exercice *I don't get much exercise.* Je ne fais pas beaucoup d'exercice.

**exercises** *n pl* exercices *to do one's exercises*

faire ses exercices

**score** *vti* marquer *He scored the winning goal.* Il a marqué le but de la victoire. **score** *nd* score *What's the score?* Où en est la partie?

**foul** *nd* faute (employé comme *adj*) *a foul shot* un coup interdit **foul** *vt* commettre une faute (contre)

**tackle** *vt* tackler **tackle** *nd* tackle

**goal** *nd* but *to score a goal* marquer un but

## 388.2 Sportifs

**sportsman** (*masc*), **sportswoman** (*fém*) *nd* [terme générique] sportif, sportive

**competitor** *nd* [surtout en athlétisme] concurrent *overseas competitors* concurrents étrangers

**contestant** *nd* [moins fréquent que **competitor**. S'emploie souvent pour

des jeux-concours] concurrent

**team** *nd* équipe (employé comme *adj*) *team games* jeux d'équipe

**referee** *nd* [ex. au football et au rugby] arbitre

**umpire** *nd* [ex. au cricket et au tennis] arbitre

## 388.3 Compétitions

**competition** *ndi* [terme général s'appliquant à n'importe quel sport ou jeu] compétition *voir aussi **249 Fight**

**contest** *nd* [s'utilise surtout lorsque le gagnant est désigné par des juges] concours *a beauty contest* (*Brit*) un concours de beauté *a talent contest* un concours de jeunes talents

**tournament** *nd* [paraît plus technique que **competition**. S'utilise surtout quand il y a plusieurs matches] tournoi *the Wimbledon tournament* le tournoi de Wimbledon

**match** *nd* [paraît un peu plus sérieux que **game**] match *a football match* un match de football

**game** *nd* jeu, match *a game of tennis* une partie de tennis

## 388.4 Endroits où se pratique le sport

**stadium** *nd, pl* **stadiums** OU **stadia** stade

**track** *nd* piste (employé comme *adj*) *track events* épreuves sur piste

**racetrack** *nd* [pour les courses de chevaux ou les courses automobiles] piste

**lane** *nd* [sur une piste ou dans une piscine] couloir

**pitch** (*Brit*), **field** (*US*) *nd* [grande surface, par ex. pour le football ou le cricket] terrain *a cricket pitch* un terrain de cricket

**field** *nd* [moins technique que **pitch**] terrain *There are thirteen players on the field.* Il y a treize joueurs sur le terrain.

**ground** *nd* (gén dans des mots composés) [désigne à la fois la surface de jeu et l'endroit où se trouvent les spectateurs. S'utilise pour les sports pratiqués sur un terrain] terrain *a football/cricket/baseball ground* un terrain de football/cricket/base-ball

**court** *nd* [plus petit que **pitch**. S'emploie pour les sports utilisant une raquette tels que le netball, le volley-ball, etc.] court

**golf course** *nd* terrain de golf

# 389 Ball sports Jeux de balle

## 389.1 Football et rugby

**football** *n* **1** *ni* (*Brit*) AUSSI (*Brit & US*) [plus informel] **soccer** football (employé comme *adj*) *a football match* un match de football **2** *ni* (*US*) OU **American football** football américain (employé comme *adj*) *a football game* un match de football **3** *nd* ballon **footballer** (*Brit*), **football player** (*US*) *nd* footballeur

**rugby** *ni* rugby *rugby union* rugby à quinze *rugby league* rugby à treize

**goal** *nd* **1** [endroit] but **2** [marqué par un joueur] but *to score a goal* marquer un but

**penalty** *nd* penalty

**foul** *nd* faute

**offside** *adj* [décrit: joueur] hors-jeu

**referee** *nd* arbitre

goalposts montants

He scored a try. Il a marqué un essai.

ball ballon, balle

goal but

goalkeeper OU [informel] goalie gardien de but

The goalkeeper makes a save. Le gardien de but arrête le ballon.

scrum mêlée

## 389.2 Baseball Base-ball

**pitcher** *nd* lanceur

**bat** *nd* batte *to be up at bat* être à la batte **batter** *nd* batteur

**catcher** *nd* receveur

**diamond** *nd* (gén + **the**) terrain, losange

**base** *nd* base *to reach first base* atteindre la première base

**home run** *nd* coup de circuit

**strike** *nd* strike

**inning** *nd* tour de batte *the first inning* le premier tour de batte

## 389.3 Cricket

**cricket** *ni* cricket (employé comme *adj*) *cricket statistics* le classement général au cricket **cricketer** *nd* joueur de cricket

**bat** *vi*, **-tt-** manier la batte *to go in to bat* aller à la batte

**bowl** *v* **1** *vi* servir *some tough bowling from the Australians* un service

terrible des Australiens **2** *vt* [obj: surtout balle, série] lancer

**run** *nd* point

**over** *nd* [de six ou huit balles] série

**innings** *nd*, *pl* **innings** tour de batte

**fielder** *nd* joueur **field** *vi* attraper

bat batte

bowler lanceur

wicket keeper gardien de guichet

batsman batteur

bails bâtonnets

wicket guichet

stumps piquets

321

## 389.4 Hockey

**hockey** (*Brit*), **field hockey** (*US*) *ni* hockey sur gazon
**hockey stick** *nd* crosse

**hockey** (*US*), **ice hockey** (*Brit*) *ni* hockey sur glace
**puck** *nd* palet

## 389.5 Sports pratiqués avec une raquette

**tennis** *ni* tennis
**set** *nd* set
**game** *nd* partie
**serve** *vi* servir
**service** *ni* service
**volley** *nd* volée
**love** *ni* zéro, rien *thirty love* trente zéro
**deuce** *ni* égalité
**table tennis** *ni* tennis de table

**ping-pong** *ni* [plutôt informel; ne s'emploie pas pour le tennis de table de compétition traditionnel] ping-pong
**bat** (*Brit*), **paddle** (*US*) *nd* [ne s'utilise que pour le tennis de table et pas pour le tennis, le badminton, etc.] raquette
**badminton** *ni* badminton

**shuttlecock** (*Brit*) *nd* volant

**squash** *ni* squash (employé comme *adj*) a *squash court* un court de squash

## 389.6 Golf

**golf** *ni* golf (employé comme *adj*) a *golf championship* un championnat de golf
**golfer** *nd* golfeur
**(golf) club** *nd* **1** (instrument) club/canne de golf **2** (association) club de golf

**tee** *nd* tee
**hole** *nd* trou *a hole in one* un trou en un
**bunker** *nd* bunker
**fairway** *nd* fairway
**green** *nd* green
**rough** *nd* rough
**caddy** *nd* caddie

## 389.7 Autres jeux de balle

**netball** *ni* netball
**basketball** *ni* basket-ball
**volleyball** *ni* volley-ball
**softball** *ni* [jeu américain] sorte de base-ball

**rounders** *ni* [jeu britannique] sorte de base-ball

umpire arbitre

net filet

ball balle

ball girl ramasseuse de balles

service line ligne de service

racket OU racquet raquette

ball boy ramasseur de balles

(tennis) court court (de tennis)

# 390 Athletics Athlétisme

**athletics** *ni* athlétisme (employé comme *adj*) *an athletics meeting* une rencontre d'athlétisme **athlete** *nd* athlète

## 390.1 Epreuves sur piste

**run** *v*, **-nn-** prét **ran** part passé **run 1** *vi* courir *She's running in the New York marathon*. Elle participe au marathon de New York. **2** *vt* courir *She ran a great 200 metres*. Elle a couru le 200 mètres brillamment.
**runner** *nd* coureur *a cross-country runner* un coureur de cross-country

**sprint** *vi* sprinter **sprinter** *nd* sprinter
**hurdle** *nd* haie [course] *the 100 metres hurdles* le cent mètres haies **hurdler** *nd* coureur qui fait des courses de haies
**race** *nd* course
**lap** *nd* tour de piste
**marathon** *nd* marathon
**jog** *vi*, **-gg-** faire du jogging *to go jogging* aller faire du jogging (employé comme *n*) *a jog round the park* une petite course autour du parc **jogging** *ni* jogging **jogger** *nd* jogger

### 390.2 Epreuves sur le stade

**high jump** *ni* saut en hauteur **high jumper** *nd* sauteur en hauteur

**long jump** *ni* saut en longueùr **long jumper** *nd* sauteur en longueur

**pole vault** *ni* saut à la perche **pole vaulter** *nd* perchiste

**javelin** *nd* javelot *to throw the javelin* lancer le javelot

[épreuve] *She lost points on the javelin.* Elle a perdu des points au lancement du javelot.

**shot** (*Brit*), **shot put** (*US*) *nd* (pas de *pl*; toujours + **the**) lancement du poids *putting the shot* lancement du poids

**hammer** (*Brit*), **hammer throw** (*US*) *nd* (pas de *pl*; toujours + **the**) marteau *throwing the hammer* lancement du marteau

## 391 Water sports Sports nautiques

**water polo** *ni* water-polo

**surfing** AUSSI
  **surfboarding** *ni* surf

**surfer** OU **surfboarder** *nd* surfer

**windsurfing** AUSSI

*wetsuit* combinaison de plongée

**scuba diver** plongeur

**sailboarding** *ni* planche à voile **windsurfer** *nd* véliplanchiste

**waterskiing** *ni* ski nautique **waterskier** *nd* skieur nautique

**scuba diving** *ni* plongée sous-marine

### 391.1 Natation

**swimming** *ni* natation

**swim** *vit*, -mm- *prét*
  **swam** *part passé* **swum**
  nager *I swam 50 lengths.*
  J'ai nagé 50 longueurs.
  **swimmer** *nd* nageur

**swimming pool** *nd* piscine

**length** *nd* longueur

**breaststroke** *ni* brasse *to do/swim (the) breaststroke* nager la brasse

**snorkeling** *ni* plongée avec un tuba **snorkel** *nd* tuba **snorkeler** *nd* plongeur

**canoeing** *ni* canoë, kayak **canoeist** *nd* canoéiste

**rowing** *ni* aviron

**crawl** *ni* crawl

**butterfly** *ni* brasse papillon

**backstroke** *ni* dos crawlé

**dive** *vi*, *prét* **dived** *part passé* **dived** OU (*US*) **dove** plonger **diver** *nd* plongeur **diving** *ni* plongeon

**diving board** *nd* plongeoir

**float** *vi* flotter

## 392 Gymnasium sports Gymnastique

**gym** [terme courant] OU
  **gymnasium** [formel] *nd* gymnase

**gymnastics** *ni* gymnastique **gymnast** *nd* gymnaste

**weightlifting** *ni* haltérophilie **weightlifter** *nd* haltérophile

**weight training** *ni* poids et haltères

### 392.1 Sports de combat

**hit** *vt*, -tt- *prét & part passé* **hit** toucher *to hit sb on the jaw* toucher qn à la mâchoire

**wrestling** *ni* catch *all-in wrestling* lutte libre
**wrestler** *nd* catcheur

**aerobics** *ni* aérobic

**keep-fit** (*Brit*) *ni* culture physique (employé comme *adj*) *keep-fit classes* des cours de gymnastique

**yoga** *ni* yoga

**exercise** *nid* exercice

**sumo** AUSSI **sumo wrestling** *ni* sumo **sumo wrestler** *nd* lutteur de sumo

**martial arts** *n pl* arts martiaux

**judo** *ni* judo *a black belt at judo* une ceinture noire au judo

**karate** *ni* karaté

**fencing** *ni* escrime

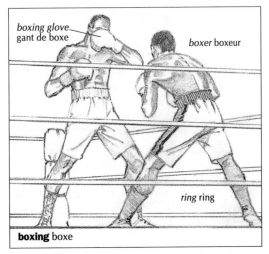

*boxing glove* gant de boxe

*boxer* boxeur

*ring* ring

**boxing** boxe

## 393 Outdoor sports Sports de plein air

**cycling** *ni* cyclisme **cyclist** *nd* cycliste

skateboard
skateboard

*rollerskate* patin
à roulettes

### 393.1 Marche et alpinisme

**climbing** *ni* alpinisme *rock climbing* escalade **climb** *vi* escalader, grimper **climber** *nd* alpiniste, grimpeur

**mountaineering** *ni* alpinisme **mountaineer** *nd* alpiniste

**walking** *ni* marche **walking boots** *n pl* chaussures de marche

**hiking** *ni* marche à pied **hiker** *nd* marcheur

### 393.2 Sports d'hiver

**skiing** *ni* ski
**ski** *vi* skier **skier** *nd* skieur
**ski** *nd* ski (employé comme *adj*) *ski resort* station de sports d'hiver
**pole** *nd* bâton
**downhill** AUSSI **downhill skiing** *ni* ski de descente
**cross-country skiing** *ni* ski de fond
**skating** *ni* patinage *figure skating* patinage artistique **skate** *vi* patiner **skater** *nd* patineur

**rink** AUSSI **ice rink** *nd* patinoire
**sledge** (*Brit*), **sled** (*US*) *nd* traîneau **sledge** (*Brit*), **go sledding** (*US*) *vi* faire de la luge
**toboggan** *nd* luge **tobogganing** *ni* luge
**bobsleigh** (*Brit*), **bobsled** (*US*) *nd* bobsleigh **bobsleighing** (*Brit*), **bobsledding** (*US*) *ni* bobsleigh

### 393.3 Sports aériens

**parachuting** *ni* parachutisme
**parachute** *nd* parachute *The parachute opened safely.* Le parachute s'est ouvert sans problème. (employé comme *adj*) *a parachute jump* un saut en parachute
**parachute** *vi* (souvent + *adv* ou *prép*) sauter en parachute *We parachuted down into a clearing.* Nous avons sauté en parachute et atterri dans une clairière.
**parachutist** *nd* parachutiste
**hanggliding** *ni* deltaplane **hang glider** *nd* deltaplane
**microlight** *nd* U.L.M.

## 394 Target sports Sports avec cible

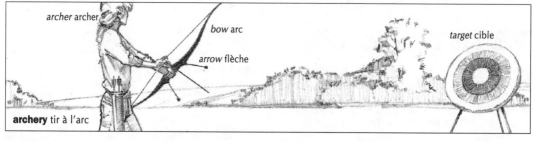

*archer* archer
*bow* arc
*arrow* flèche
*target* cible
**archery** tir à l'arc

**shooting** *ni* tir
**target** *nd* cible
**darts** *ni* fléchettes **dart** *nd* fléchette

**dartboard** *nd* cible
**bowls** *ni* (*surtout Brit*) boules **bowl** *nd* boule
**bowl** *vt* faire rouler

**bowling green** *nd* terrain de boules
**snooker** *ni* snooker
**billiards** *ni* billard

**pool** *ni* [jeu américain] billard américain
**cue** *nd* queue

## 395 Equestrian sports Sports équestres

**ride** *v*, *prét* **rode** *part passé* **ridden** *vit* (souvent + *adv* ou *prép*) monter à cheval *She rode off on her pony.* Elle partit sur son poney. *I rode my father's horse.* Je montais le cheval de mon père. **rider** *nd* cavalier **riding** OU (*surtout US*) **horseback riding** *ni* équitation
**mount** *vt* monter **mount** *nd* [plutôt formel] monture

**on horseback** à cheval *an expedition on horseback* une expédition à cheval
**walk** *v* **1** *vi* aller au pas **2** *vt* [obj: gén un chien ou un cheval] promener, conduire
**trot** *vi* trotter (employé comme *n*) *at a trot* au trot

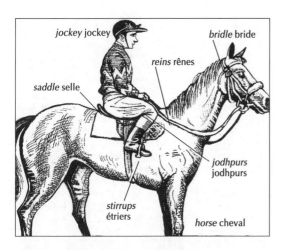

jockey jockey
bridle bride
reins rênes
saddle selle
jodhpurs jodhpurs
stirrups étriers
horse cheval

**canter** *vi* aller au petit galop (employé comme *n*) *at a canter* au petit galop

**gallop** *vi* galoper (employé comme *n*) *at a gallop* au galop

## 395.1 Epreuves équestres

**showjumping** *ni* saut d'obstacles **showjumper** *nd* [personne] cavalier [cheval] sauteur

**jump** *nd* obstacle *to clear a jump* franchir un obstacle

**dressage** *ni* dressage

**gymkhana** *nd* gymkhana

**(fox) hunting** *ni* chasse (au renard)

**hound** *nd* chien de meute

**polo** *ni* polo

**(horse)racing** *ni* courses (de chevaux)

**races** *n pl* (toujours + **the**) courses *a day at the races* une journée aux courses

# 396 Success Succès

voir aussi **107.2 Intend**

**success** *n* 1 *ni* succès 2 *nd* succès *The idea was a brilliant success.* L'idée fut couronnée de succès. (employé comme *adj*) *a success story* une réussite

**successful** *adj* [décrit: ex. personne, entreprise, tentative] prospère, qui a réussi *the secret of successful cooking* le secret de la réussite en cuisine

**successfully** *adv* avec succès *The picture has now been successfully restored.* La restauration du tableau est une réussite.

**victory** *ndi* [après un combat] victoire *The decision was a victory for the ecologists.* La décision prise était une victoire pour les écologistes.

**victorious** *adj* victorieux *a struggle from which the right wing emerged victorious* un combat duquel l'aile droite sortit victorieuse **victoriously** *adv* victorieusement

**triumph** *ndi* triomphe *a triumph for common sense* le triomphe du bon sens *The film was a triumph.* Le film fut un triomphe. *He held the cup aloft in triumph.* Il brandissait la coupe en signe de triomphe.

**triumphant** *adj* triomphant *the triumphant smile on her face* le sourire triomphant sur son visage **triumphantly** *adv* triomphalement

**fruitful** *adj* [implique de bons résultats] fructueux *fruitful discussions* des discussions fructueuses

## 396.1 Gagner un concours

**win** *vti*, -nn- *prét & part passé* **won** [obj: ex. concours, prix] gagner *the first American to win the title* le premier Américain à décrocher le titre *Who won?* Qui a gagné?

**win** *nd* [surtout en sport ou au jeu] victoire *an away win* une victoire à l'extérieur

**winner** *nd* [surtout dans des concours] gagnant

**beat** *vt, prét* **beat** *part passé* **beaten** (parfois + **at**) [ex. dans un jeu ou une élection] battre *to beat sb at chess* battre qn aux échecs *She was beaten into second place.* Elle fut reléguée à la seconde place.

**champion** *nd* [gén en sport] champion *the world heavyweight champion* le champion du monde des poids lourds (employé comme *adj*) *last year's champion jockey* le jockey qui a décroché le titre l'année dernière

**victor** *nd* [plutôt formel. Gén dans une bataille ou un sport] vainqueur

**outdo** *vt, prét* **outdid** *part passé* **outdone** [implique une performance supérieure] surpasser *attempts by Glasgow and Edinburgh to outdo each other in cultural matters* les tentatives de Glasgow et d'Edimbourg pour prendre la première place en matière de culture

**overcome** *vt, prét* **overcame** *part passé* **overcome** [obj: ex. difficulté, opposant] vaincre *advertising aimed at overcoming consumer resistance* publicité destinée à vaincre la résistance du consommateur

## 396.2 Gagner un concours

**succeed** *vi* (souvent + **in**, **at**) réussir *We've succeeded in contacting her.* Nous avons réussi à la contacter. *the few that succeed in politics* les rares personnes qui parviennent à faire une carrière dans la politique

**accomplish** *vt* [insiste sur le fait qu'une tâche a été accomplie] accomplir *We have accomplished what we set out to do.* Nous avons accompli ce que nous nous étions fixé comme but. **accomplishment** *ndi* accomplissement

**achieve** *vt* [insiste sur le résultat du travail] atteindre, réaliser *They have achieved a high degree of precision.* Ils ont atteint un degré élevé de précision. *We have achieved our main objectives.* Nous avons atteint nos objectifs principaux.

**achievement** *ndi* réussite *The agreement was a remarkable diplomatic achievement.* L'accord représentait une réussite remarquable sur le plan diplomatique. *an award for outstanding achievement in the arts* un prix récompensant une réussite remarquable dans le domaine des Beaux-Arts

**attain** *vt* [plutôt formel. Implique persévérance et effort] atteindre *Nothing can prevent us from attaining our goal.* Rien ne pourra nous empêcher d'atteindre notre but. **attainment** *ndi* réalisation

**manage** *vti* (souvent + **to** + INFINITIF) [implique un effort pour résoudre des problèmes] réussir *I managed the first part fairly easily.* Je m'en suis assez bien tiré pour la première partie. *She managed to rescue the painting.* Elle a réussi à sauver le tableau.

**pass** *vti* [obj: surtout examen, test] réussir *She managed to pass her driving test at the third attempt.* Elle a réussi son examen de conduite à la troisième tentative. **pass** *nd* réussite

### usage

On réussit (**pass**) ou on rate (**fail**) un examen ou un test, mais on obtient (**get**) un diplôme ou un certificat. Ex. *Did you pass your French test?* (As-tu réussi ton test de français?) *Did you get your French GCSE?* (As-tu obtenu ton bac en français?) *I passed my driving test three years ago.* (J'ai réussi mon examen du permis de conduire il y a trois ans.) *I got my driving licence three years ago.* (J'ai obtenu mon permis de conduire il y a trois ans.)

**come top** (*Brit*), **be top** (*US*) [à un examen] être premier

### expressions

**to get the better of sb/sth** [ex. après une résistance, une dispute, un problème] triompher de qn/qch, avoir le dessus *As usual, the bureaucrats have got the better of us.* Comme d'habitude, les bureaucrates ont encore eu le dessus.

**bring/pull sth off** [implique un exploit accompli avec talent] réussir, mener à bien *It was an impossible deadline but they brought it off.* C'était un délai impossible, mais ils y sont arrivés.

**do the trick** [être juste ce qu'il faut] faire l'affaire *A letter from our lawyers usually does the trick.* Une lettre de nos avocats fait généralement l'affaire.

**bear fruit** [plutôt littéraire. Produire de bons résultats] être fructueux *We all hope the Geneva talks will bear fruit.* Nous espérons tous que les négociations de Genève seront fructueuses.

**play one's cards right** [informel. Implique une stratégie habile] bien jouer son jeu *If we play our cards right we'll get both contracts.* Si nous jouons bien notre jeu, nous obtiendrons les deux contrats.

## 397 Failure Echec

**fail** *v* **1** *vi* (souvent + **to** + INFINITIF) [terme général] échouer *The plan failed miserably.* Le projet a échoué lamentablement. *He failed in the attempt.* Il a échoué dans sa tentative. *He failed to get enough votes.* Il n'a pas réussi à obtenir assez de voix. **2** *vt* [obj: surtout examen, test] ne pas réussir

**failure** *n* **1** *ni* échec *The plan was doomed to failure.* Le plan était voué à l'échec. *We were facing failure.* Nous risquions l'échec. **2** *nd* [tentative] échec [personne] raté *Despite previous failures, I still believe in the idea.* Malgré les échecs précédents, je crois toujours à l'idée.

**unsuccessful** *adj* [décrit: ex. tentative, entreprise] infructueux [personne] malheureux *an unsuccessful novelist* un romancier sans succès *We were unsuccessful in finding her.* Nous n'avons pas réussi à la trouver.

**lose** *v, prét & part passé* **lost 1** *vi* [dans un concours] perdre *They lost again to Liverpool.* Ils ont encore perdu contre Liverpool. **2** *vt* [obj: ex. match, bataille, dispute] perdre *If I lose the case I'm ruined.* Si je perds le procès, je suis ruiné.

**lose out** *vi prép* (souvent + **on**) [implique qu'on n'obtient pas les avantages qu'on devrait avoir] être perdant *Middle children lose out in many families.* Les enfants du milieu sont perdants dans beaucoup de familles. *Make a claim soon or we'll lose out on tax advantages.* Fais vite une note de frais ou nous perdrons le bénéfice des avantages fiscaux.

### expressions

**fall flat** [implique la déception. Suj: ex. tentative, blague] rater, tomber à plat *My suggestion fell distinctly flat.* Ma proposition n'a eu aucun succès.

**fall through** [suj: ex. arrangement, projet] tomber à l'eau *We were buying their house but it all fell through.* Nous allions acheter leur maison, mais c'est tombé à l'eau.

**come unstuck** (*Brit*) [informel. Rencontrer des difficultés qui provoquent un échec] se planter *She ignored the bank's advice and not surprisingly she came unstuck.* Elle n'a pas voulu écouter les conseils de la banque et bien évidemment elle s'est plantée.

**come to grief** [implique un échec malheureux. Suj: ex. personne, projet] échouer, mal tourner *I came to grief when interest rates rose.* Je me suis retrouvé dans le pétrin quand les taux d'intérêt ont augmenté.

**come bottom** (*Brit*) [gén lors d'un examen] être dernier

**bite off more than one can chew** [informel. Essayer de faire plus que ce dont on est capable] avoir les yeux plus grands que le ventre *Get some estimates before you bite off more than you can chew.* Obtiens d'abord un budget et ne vise pas trop haut.

**fight a losing battle** [se battre en vain] se battre en pure perte *They're fighting a losing battle against closure.* Ils se battent en pure perte contre la fermeture.

**wild-goose chase** [des efforts inutiles; surtout pour une recherche] qch qui n'aboutit à rien *a line of enquiry that turned out to be a wild-goose chase* une enquête qui n'a abouti à rien

**not have a leg to stand on** [informel. Totalement incapable de se défendre ou de défendre ses arguments] ne pouvoir s'appuyer sur rien *The facts leave you without a leg to stand on.* Les faits vous laissent sans argument valable.

**miss** vt [obj: ex. cible, limite] rater *That penalty means they'll miss a place in the final.* Ce penalty signifie qu'ils n'iront pas en finale.

**give up** vi prép [plutôt informel] abandonner *They got discouraged and gave up.* Ils se sont découragés et ont abandonné.

**flop** nd [informel. Ex. film, idée] fiasco, bide *The outing turned out to be a total flop.* L'excursion a été un bide total.

**flop** vi, -pp- échouer lamentablement *The membership drive flopped.* La campagne pour recruter de nouveaux membres a lamentablement échoué.

## 398 Reward Récompense

**reward** nd récompense *They're offering a reward for information.* Ils offrent une récompense pour tout renseignement utile.

**reward** vt récompenser *We were rewarded with a delicious meal.* Nous avons eu un délicieux repas en récompense.

**award** nd [implique une reconnaissance officielle] prix *an award for outstanding achievement in the arts* un prix récompensant une réussite remarquable dans le domaine des Beaux-Arts [peut être en espèces] *a government award to study in America* une bourse du gouvernement pour aller étudier en Amérique *award-winning scientists* des savants couronnés par un prix

**award** vt accorder *to award a grant to sb* accorder une bourse à qn *She was awarded an Oscar for her performance.* On lui a décerné un Oscar pour son interprétation.

**prize** nd prix *a cash prize* un prix en espèces *prize-winners* lauréats

**medal** nd médaille *the bronze medal* la médaille de bronze

**trophy** nd trophée

## 399 Agile Agile

**agility** ni agilité

**grace** ni [implique la beauté du mouvement plus que sa rapidité] grâce *She held out her hand with simple grace.* Elle tendit la main d'un geste gracieux.

**graceful** adj gracieux *a graceful bow* une courbette gracieuse **gracefully** adv gracieusement

**lithe** adj [implique santé et souplesse] souple, agile *lithe young swimmers* des nageurs souples et jeunes **lithely** adv avec agilité

**supple** adj [implique le bon état des muscles] souple *supple limbs* des membres souples **suppleness** ni souplesse

**nimble** adj [implique légèreté et rapidité] agile *nimble fingers* des doigts agiles **nimbleness** ni agilité **nimbly** adv agilement

## 400 Clumsy Maladroit

**clumsy** adj [dans ses mouvements ou en manipulant des objets. Décrit: ex. personne, mouvement] maladroit *a clumsy fall* une chute maladroite *a clumsy excuse* une excuse maladroite

**clumsily** adv maladroitement *a clumsily wrapped parcel* un colis emballé avec maladresse **clumsiness** ni maladresse

**awkward** adj [décrit: ex. mouvement, position] gauche *She held the pen in an awkward way.* Elle tenait le stylo gauchement.

**awkwardly** adv gauchement *She fell awkwardly and broke her ankle.* Elle tomba maladroitement et se cassa la cheville. **awkwardness** ni maladresse

**gauche** adj [implique le manque de maturité et d'aisance avec les gens] maladroit *a gauche attempt at conversation* une tentative maladroite d'engager la conversation

**butterfingers** nd [informel. Personne qui laisse tout tomber. S'utilise souvent comme exclamation quand quelqu'un a laissé tomber quelque chose] maladroit *I'm a real butterfingers.* Je suis vraiment maladroit.

### expressions

**like a bull in a china shop** [implique maladresse et impatience] comme un éléphant dans un magasin de porcelaine *She's like a bull in a china shop when she decides to clean the flat.* C'est un vrai éléphant dans un magasin de porcelaine quand elle décide de nettoyer l'appartement.

**all fingers and thumbs** (*Brit*), **all thumbs** (*US*) [pas habile de ses mains] gauche *I was all fingers and thumbs when I first tried changing nappies.* J'étais vraiment gauche quand j'ai essayé pour la première fois de changer une couche.

**have two left feet** [être gauche en dansant] danser comme un pied

# 401 Strength Force

voir aussi **100 Hard; 228 Control**

**strength** ni force *She uses weights to build up her strength.* Elle fait des exercices avec des poids pour augmenter sa force. *A holiday will help you regain your strength.* Des vacances t'aideront à te refaire une santé. *I was surprised by the strength of her anger.* Je fus surpris par l'intensité de sa colère. *I haven't got the strength of will to give up smoking.* Je n'ai pas suffisamment de volonté pour arrêter de fumer.

**force** ni [peut impliquer une certaine violence] force *We held him down by brute force.* Nous l'avons maintenu par terre de force. *the sheer force of the impact* la violence de l'impact

**power** ni [insiste sur les effets de qch de fort] puissance *electricity produced by the power of the waves* l'électricité produite par l'énergie marémotrice *the power a dancer needs to lift his partner* la puissance dont a besoin un danseur pour soulever sa partenaire

**energy** ni énergie *Have you got the energy left to mow the lawn?* Te reste-t-il suffisamment d'énergie pour tondre la pelouse?

**muscle** ni [plutôt informel. Insiste sur la force physique] muscle, force *You've got the speed but you lack the muscle.* Tu as la rapidité mais il te manque la force.

**might** ni [littéraire sauf dans l'expression suivante. Implique de la force physique] puissance *I pulled **with all** my **might**.* J'ai tiré de toutes mes forces.

## 401.1 Puissant

**strong** adj fort *strong arms* des bras forts *a strong current* un courant fort

**strongly** adv fortement *I am strongly opposed to the scheme.* Je suis fortement opposé au projet.

**muscular** adj musclé *a muscular physique* une constitution musclée

**sturdy** adj [bien bâti] robuste *Look at those sturdy little legs!* Regarde ces petites jambes robustes! *good sturdy timber* du bon bois bien solide **sturdily** adv vigoureusement

**robust** adj [implique force et bonne santé] robuste *She's always been a fairly robust child.* Elle a toujours été une enfant assez robuste. *robust shelving* des étagères solides

**tough** adj 1 solide *The sacks need to be made of a tough fabric.* Les sacs doivent être fabriqués dans un matériau solide. *tough shoes for walking* des chaussures solides pour la marche 2 [péjoratif. Décrit: ex. viande] coriace 3 [forte personnalité] tenace *Having to struggle against adversity made her tough.* L'adversité à laquelle elle a dû faire face l'a endurcie.

**athletic** adj athlétique *My sister's the athletic one, always skiing or horse-riding.* Ma soeur est la plus athlétique, toujours en train de skier ou de faire du cheval.

**hardy** adj [implique la résistance] intrépide, hardi *I don't think I'm hardy enough to face camping in October.* Je ne pense pas être assez intrépide pour camper en octobre. **hardily** adv hardiment **hardiness** ni

force

**powerful** adj puissant *a powerful blow* un coup puissant *a powerful build* une carrure puissante **powerfully** adv avec force

**mighty** adj [plutôt littéraire] puissant *a mighty tug* une forte secousse *a mighty crash* une grosse collision

**intense** adj 1 [extrême] intense *the intense cold* le froid intense *intense loudness* un bruit infernal 2 [très sérieux et dont les opinions sont très tranchées. Souvent assez péjoratif] exalté *He's very intense.* Il est très exalté.

**intensely** adv intensément *an intensely enthusiastic supporter* un supporter extrêmement enthousiaste

**intensity** ni intensité *Despite the intensity of the campaign, little was achieved.* Malgré l'intensité de la campagne, peu de choses ont été réalisées.

## 401.2 Utiliser sa force

**energetic** adj énergique *If you're feeling energetic we could go swimming.* Si tu te sens d'attaque, on pourrait aller nager. **energetically** adv énergiquement

**dynamic** adj [implique la réussite] dynamique *their dynamic leader* leur chef dynamique

**forceful** adj [désigne gén la force de caractère et l'autorité plutôt que la force physique] vigoureux *a forceful attack on socialism* une attaque vigoureuse contre le socialisme

**forcefully** adv avec vigueur *He insisted forcefully on talking to me.* Il insista vigoureusement pour me parler.

**lively** adj [insiste sur le mouvement et l'énergie] vif *a lively dance* une danse endiablée

**full of beans** [informel. Implique énergie et activité] plein d'énergie *It's his bedtime but he's still full of beans.* Il est l'heure d'aller dormir mais il est toujours plein d'énergie.

## 401.3 Renforcer

**strengthen** vt [gén sur le plan physique mais peut aussi être psychologique] renforcer *That joint needs strengthening.* Cette jointure doit être renforcée. *This will only strengthen me in my determination.* Cela ne fera que renforcer ma détermination.

**reinforce** vt renforcer *a reinforced door* une porte renforcée *reports that reinforced our suspicions* des rapports qui ont renforcé nos soupçons

**fortify** vt [plutôt formel] 1 [contre une attaque] fortifier *a fortified city* une ville fortifiée 2 [surtout avec de la nourriture ou des encouragements] réconforter *We fortified ourselves against the cold with a stiff whisky.* Nous avons pris un whisky bien tassé pour mieux supporter le froid.

### locution comparative

**as strong as a horse/an ox** fort comme un cheval/un boeuf

## 402 Weak Faible

**weakness** n 1 ni faiblesse *You took advantage of my weakness.* Tu as profité de ma faiblesse. 2 nd faiblesse *The survey revealed weaknesses in the foundations.* L'enquête a révélé des points faibles dans les fondations. *another weakness in your argument* un autre point faible dans ton argumentation

**weaken** vti [obj/suj: ex. personne, bâtiment, autorité] (s')affaiblir *This weakens our negotiating position.* Cela affaiblit notre position dans les négociations. *The foundations were weakened by erosion.* Les fondations avaient perdu de leur solidité avec l'érosion.

**feeble** adj [implique souvent vieillesse ou maladie] faible *her feeble old hands* ses vieilles mains sans force *a feeble cough* une faible toux [péjoratif] *their feeble response to our appeal* leur réponse insuffisante à notre appel

**puny** adj [péjoratif. Petit et faible] chétif *He was too puny for the big boys to play with.* Il était trop chétif pour que les grands garçons jouent avec lui.

**frail** adj [implique gén la vieillesse] frêle *Mother was getting frail.* Maman devenait frêle.

**vulnerable** adj (souvent + **to**) vulnérable *We were vulnerable to attack.* Nous étions vulnérables en cas d'attaque. *emotionally vulnerable* vulnérable sur le plan affectif

**powerless** adj (gén après v; souvent + **to** + INFINITIF) impuissant *The police are powerless to arrest them.* La police ne parvient pas à les arrêter.

**helpless** adj [incapable de se défendre] sans défense *a helpless baby* un bébé sans défense

### 402.1 Faible par sa structure

**delicate** adj 1 [implique une beauté qui pourrait être détruite] délicat *delicate fabrics* des matériaux délicats 2 [implique une mauvaise santé] fragile *She was a delicate child.* C'était une enfant fragile.

**fragile** adj [qui se casse ou se blesse facilement] fragile *fragile china* de la porcelaine fragile *She's eighty and rather fragile.* Elle a quatre-vingts ans et elle est assez frêle. **fragility** ni fragilité

**flimsy** adj [péjoratif. Implique un manque de solidité] peu solide *flimsy walls* des murs peu solides

### 402.2 Personnes faibles

**wimp** nd [informel et péjoratif. Personne sans résistance physique ou morale] mauviette *You're a wimp if you don't try.* Tu es une mauviette si tu n'essaies pas.

**weakling** nd [péjoratif] mauviette *ashamed to be seen with a weakling like me* honteux d'être vu avec une mauviette comme moi

**baby** nd [personne sans courage] poltron *I'm such a baby when it comes to injections.* Je suis un véritable poltron quand on doit me faire des piqûres.

## 403 Quick Rapide

voir aussi **408 Run**

**quick** adj [implique rapidité et gain de temps] rapide *a quick wash* une toilette rapide (employé comme adv) *Come quick!* Viens vite!

**quickly** adv rapidement *I quickly ironed a shirt.* J'ai vite repassé une chemise. **quickness** ni rapidité

**fast** adj [implique une vitesse très élevée] rapide *The journey's much faster now.* Le voyage est beaucoup plus rapide maintenant.

**fast** adv vite *I can't run as fast as you can.* Je ne suis pas capable de courir aussi vite que toi.

*usage*

**Quick** et **fast** sont très semblables mais ne sont pas toujours interchangeables. **Quick** sera généralement utilisé pour des actions faites rapidement: ex. *a quick look round* (un rapide coup d'oeil), *a quick meal* (un repas rapide). Si l'on parle de choses qui peuvent se déplacer à grande vitesse, on utilisera généralement **fast**: ex. *fast cars* (des voitures rapides) *a fast runner* (un coureur rapide).

**speedy** adj [implique que l'on fait qch aussi vite que possible] prompt *With best wishes for your speedy recovery.* Avec tous mes voeux de prompt rétablissement. *speedy action to end the strike* une action rapide pour mettre fin à la grève **speedily** adv vite

**swift** adj [plutôt formel. Implique vitesse, aisance et souvent un ton catégorique. Décrit: ex. développement, réaction, mouvement] rapide *a swift return to normality* un rapide retour à la normale *a swift advance by the infantry* une avancée rapide de l'infanterie **swiftly** adv vite **swiftness** ni rapidité

**rapid** adj [implique vitesse et brusquerie] rapide *a rapid response to the proposals* une réponse rapide aux propositions *a rapid withdrawal from the border area* un rapide retrait de la zone frontière **rapidly** adv rapidement **rapidity** ni rapidité

**brisk** adj [implique vitesse et efficacité] vigoureux *a brisk walk* une petite promenade au pas vif *a brisk refusal to compromise* un refus net de trouver un compromis **briskly** adv vivement **briskness** ni vivacité

**high-speed** adj [implique une grande vitesse acquise grâce à la technologie] ultra-rapide *a high-speed dubbing process* un procédé de doublage ultra-rapide

### 403.1 Essayer d'être rapide

**hurry** v (souvent + **up**) 1 vi se dépêcher *I hurried back to the house.* Je me suis dépêché de rentrer à la maison. *Hurry up!* Dépêche-toi! *Don't hurry over your choice.* Ne te précipite pas pour faire ton choix. 2 vt [obj: ex. personne, action] pousser, activer *I'll try to hurry him along a bit.* J'essaierai de le pousser un peu. *It's not a* *process you can hurry.* Ce n'est pas un processus qu'on peut accélérer.

**hurry** *n* **1** *nd* (pas de *pl*) hâte *I'm in a hurry.* Je suis pressé. *What's the hurry?* Qu'est-ce qui presse? *They're in no hurry to move in.* Ils ne sont pas pressés d'emménager. **2** *ni* empressement

**hurried** *adj* [souvent péjoratif. Décrit: ex. action, décision] précipité *a hurried lunch* un déjeuner rapide *hurried preparations for the talks* des négociations préparées à la hâte

**hurriedly** *adv* précipitamment *a hurriedly arranged press conference* une conférence de presse arrangée à la hâte

**rush** *v* (souvent + *adv*) [implique une activité ou une vitesse plus rapide encore que **hurry**] **1** *vi* se précipiter *I rushed round to the doctor's.* Je me suis précipité chez le médecin. *We rushed to get the house ready.* Nous nous sommes dépêchés pour préparer la maison. **2** *vt* [obj: ex. personne, travail] pousser, activer *Don't rush me!* Ne me pressez pas! *I don't want this report rushed.* Je ne veux pas que ce rapport soit fait à la va-vite. *I'll rush the papers over to you.* Je vous ferai parvenir les papiers en urgence.

**rush** *nd* (pas de *pl*) précipitation *It was all done in a terrible rush.* Tout fut fait dans une grande précipitation. *I forgot something in the rush.* Dans ma précipitation, j'ai oublié quelque chose.

**haste** *ni* [implique souvent une trop grande précipitation] hâte *She agreed with almost indecent haste.* Elle accepta avec une hâte presque indécente. *They fled in haste.* Ils s'enfuirent en toute hâte. *In my haste to get here I took the wrong train.* Dans ma hâte d'arriver là-bas, je me suis trompé de train.

**hasty** *adj* [gén péjoratif, impliquant un manque de réflexion ou une négligence] hâtif *a rather hasty conclusion* une conclusion plutôt hâtive **hastily** *adv* hâtivement

**flat out** (gén après des verbes comme **run**, **work**) [informel] au maximum *We went flat out to finish the job.* On a travaillé d'arrache-pied pour terminer le travail.

**accelerate** *v* **1** *vi* accélérer *to accelerate round a bend* accélérer dans un virage **2** *vt* [plutôt formel] accélérer *growth accelerated by artificial sunshine* une croissance accélérée par la lumière artificielle **acceleration** *ni* accélération

### expressions

**put one's best foot forward** [plutôt démodé. Implique la détermination à ne pas perdre de temps] se dépêcher

**get a move on** [informel] se grouiller *Get a move on in there, you lot!* Allons, grouillez-vous, les gars!

**have no time to lose** ne pas avoir de temps à perdre

**I/we haven't got all day** [informel. Se dit souvent sur un ton impatient ou irrité quand quelqu'un vous retarde] Je n'ai pas/Nous n'avons pas toute la journée devant moi/nous *Hurry up and drink your tea – we haven't got all day!* Dépêchez-vous de boire votre thé; nous n'avons pas toute la journée devant nous!

## 403.2 Prompt à réagir ou à se produire

**sudden** *adj* [inattendu] soudain *a sudden improvement* une amélioration soudaine *His death was sudden and painless.* Sa mort a été soudaine et il n'a pas souffert. **suddenness** *ni* caractère imprévu

**suddenly** *adv* soudain *Suddenly I realized what had happened.* Je réalisai soudain ce qui s'était passé.

**instant** *adj* (gén devant *n*) [ne laissant pas le temps de faire autre chose] instantané *an instant decision* une décision instantanée *instant relief* une aide immédiate **instantly** *adv* immédiatement

**immediate** *adj* immédiat *my immediate reaction* ma première réaction *We felt an immediate liking for each other.* Nous avons immédiatement éprouvé de la sympathie l'un pour l'autre.

**immediately** *adv* immédiatement *I rang you immediately.* Je t'ai tout de suite téléphoné.

**immediately** *conj* (*Brit*) dès que *I came immmediately you called.* Je suis venu dès que tu as appelé.

**directly** *adv* [plutôt formel] directement *I shall write to him directly.* Je lui écrirai directement.

**directly** *conj* (*Brit*) dès que *Directly he realized his mistake, he apologized.* Il s'excusa dès qu'il se rendit compte de son erreur.

### expressions

**straight away** [rapidement] tout de suite *We sent off for the brochure straight away.* Nous avons tout de suite demandé qu'on nous envoie la brochure.

**in no time** [plutôt informel. Très vite] en un rien de temps *It was all over in no time.* Ce fut fini en un rien de temps.

**on the spot** [plutôt informel. A ce moment-là] tout de suite *They offered me the job on the spot.* Ils m'ont tout de suite offert le poste.

**there and then** [plutôt informel. A ce moment-là] séance tenante *They wanted me to give an answer there and then.* Ils voulaient que je leur donne une réponse séance tenante.

**as quick as a flash** [informel. Quand qn réagit très rapidement] rapide comme l'éclair *She gave the answer as quick as a flash.* Elle a été rapide comme l'éclair pour donner sa réponse.

**on the spur of the moment** [plutôt informel. Implique une action soudaine et spontanée] sur un coup de tête *People often buy them on the spur of the moment.* Les gens les achètent souvent sur un coup de tête.

**like a shot** [informel] comme une flèche *She was off like a shot.* Elle est partie comme une flèche.

**like greased lightning** [informel] en quatrième vitesse *She was in and out of the house like greased lightning.* Elle est entrée et ressortie de la maison en quatrième vitesse.

**like wildfire** [informel] comme une traînée de poudre *The rumour spread through the school like wildfire.* La rumeur s'est répandue dans l'école comme une traînée de poudre.

## 403.3 Rapidité relative

**speed** nid vitesse *at high speed* à grande vitesse *wind speeds of up to 100 kilometres an hour* des vitesses de vent pouvant atteindre 100 kilomètres à l'heure

**rate** nd [gén employé pour la vitesse à laquelle se produit qch plutôt que pour la vitesse à laquelle qch se déplace] taux *the rate of production* le taux de production

**pace** nd (gén pas de *pl*) allure *They set off at a brisk pace.* Ils partirent à vive allure. *The pace of change was too slow for her.* Le changement se faisait trop lentement pour elle.

## 404 Slow Lent

voir aussi **284 Inaction; 407 Walk**

**slow** adj lent *slow traffic* circulation ralentie *We're making slow progress.* Nous progressons lentement. **slowness** ni lenteur

**slowly** adv lentement *Things here change very slowly.* Les choses changent lentement ici. *He slowly backed away.* Il recula lentement.

**slow** (sth) **down** ou **slow down** (sth) v prép [mouvement ou activité] **1** vi ralentir *I slowed down to see what was going on.* J'ai ralenti pour voir ce qui se passait. *Slow down and think carefully.* Prends ton temps et réfléchis bien. **2** vt ralentir *The snow slowed us down.* La neige nous a ralentis.

**slow** v [plus formel que **slow down**] **1** vi ralentir *The train slowed but did not stop.* Le train ralentit mais ne s'arrêta pas. **2** vt ralentir *Just slow the engine slightly.* Ralentis légèrement le moteur.

**gradual** adj graduel *a gradual improvement in sales* une amélioration graduelle des ventes

**gradually** adv graduellement *The anaesthetic gradually wore off.* Les effets de l'anesthésie se dissipèrent lentement.

**sluggish** adj [plutôt péjoratif. Implique des réactions lentes] mou, lent *The pills make me terribly sluggish.* Les pilules me rendent terriblement mou. *The engine's rather sluggish.* Le moteur n'est pas très nerveux. **sluggishly** adv lentement

**decelerate** vi [technique] décélérer **deceleration** ni décélération

### e x p r e s s i o n s

**at a snail's pace** [plutôt informel et péjoratif] (lentement) comme un escargot *He read the article at a snail's pace.* Il a lu l'article aussi lentement qu'un escargot.

**drag one's feet** [péjoratif. Implique le refus de coopérer] traîner les pieds *The government has promised legislation but is dragging its feet.* Le gouvernement a promis une législation mais il traîne.

## 405 Throw Lancer

voir aussi **70 Throw away**

**throw** vt, prét **threw** part passé **thrown 1** (souvent + adv ou prép) [terme général] jeter, lancer *She threw a snowball at me.* Elle m'a jeté une boule de neige. *I threw him a pencil.* Je lui ai lancé un crayon. *She threw the newspaper down angrily.* Elle a jeté le journal par terre avec colère. *Throw that pen over, will you?* Lance-moi ce stylo, tu veux?

**throw** nd jet *That was a good throw.* C'était bien lancé.

**chuck** vt (surtout Brit) (souvent + adv ou prép) [informel. Implique un mouvement désinvolte] lancer, jeter, envoyer *Just chuck your coat on the bed.* Jette simplement ton manteau sur le lit. *Chuck me a tea towel down please.* Jette-moi un torchon à vaisselle s'il te plaît.

**hurl** vt [implique effort et distance, et souvent agressivité] jeter, lancer *Stones were hurled at the police.* Ils ont jeté des pierres sur les policiers.

**toss** vt [implique peu d'effort ou d'attention pour viser] lancer, jeter *She just tossed some clothes into a case and walked out.* Elle a simplement jeté quelques vêtements dans une valise et est partie. *I tossed him the key.* Je lui ai lancé la clé. *to toss a coin* décider (qch) à pile ou face

**fling** vt, prét & part passé **flung** [implique un effort mais peu d'attention pour viser] jeter, lancer *She flung the child to safety.* Elle a mis l'enfant hors de danger.

**aim** vti (souvent + **at**) viser *I aimed the gun above his head.* J'ai pointé l'arme au-dessus de sa tête. *I was aiming at his head.* Je visais sa tête.

**scatter** vt éparpiller, répandre *I had scattered some sawdust on the floor.* J'avais répandu de la sciure sur le sol.

## 406 Catch Attraper

**catch** vt, prét & part passé **caught 1** [obj: ex. balle] attraper, saisir, prendre *I caught the plate before it hit the ground.* J'ai rattrapé l'assiette avant qu'elle ne tombe par terre. (utilisé comme n) *He missed an easy catch.* Il a raté une balle facile (à attraper). **2** [obj: ex. souris, criminel] attraper *a good place to catch trout* un bon endroit pour pêcher la truite

**trap** vt, -pp- **1** [ex. à la chasse ou pour un travail de détective] prendre au piège *a humane way of trapping rabbits* une façon plus humaine d'attraper les lapins **2**

(gén au passif) [dans un espace fermé] bloquer, coincer *I was trapped in the bathroom for over an hour.* Je suis resté coincé dans la salle de bain pendant plus d'une heure. **trap** nd piège *to set a trap* tendre un piège

**capture** vt [implique la force. Obj: ex. soldat] capturer, prendre *The monkeys were captured in the forest.* Les singes ont été capturés dans la forêt.

## 407 Walk Marcher

**walk** v **1** vi marcher, aller à pied, se promener *I walked to the shops.* Je suis allée faire mes courses à pied. *We walked six miles.* Nous avons fait dix kilomètres à pied. **2** vt faire à pied, parcourir *They walked the streets all night.* Ils se sont promenés dans les rues toute la nuit. **3** vt [emmener en promenade] faire marcher, promener *to walk the dog* promener le chien
**walk** nd **1** promenade *Shall we go for a walk?* Veux-tu qu'on aille se promener? *forest walks* promenades en forêt **2** [façon de marcher] démarche *He has a funny walk.* Il a une démarche comique.
**walker** nd [gén utilisé pour des gens qui parcourent de longues distances pour le plaisir] marcheur
**pedestrian** nd piéton (utilisé comme adj) *pedestrian crossing* passage pour piétons

### 407.1 Mouvements de la marche

**step** nd **1** pas *a baby's first steps* les premiers pas d'un bébé **2** [rythme de marche personnel] pas, allure, démarche *her usual jaunty step* sa démarche alerte habituelle
**step** vi, -pp- (souvent avec adv ou prép) aller, marcher *I stepped over the puddle.* J'ai enjambé la flaque. [plutôt formel] *Step this way please.* (Venez) par ici, s'il vous plaît.
**pace** nd [un seul pas] pas *Take two paces forward.* Faites deux pas en avant.
**pace** vit [marcher lentement d'un pas régulier, gén d'un bout à l'autre d'un endroit. Implique souvent l'ennui ou l'anxiété] faire les cent pas, arpenter *I paced up and down outside while the judges made their decision.* Je faisais les cent pas dehors pendant que les juges prenaient leur décision.
**stride** nd **1** [un seul mouvement, gén assez long et vigoureux] enjambée *In a few strides he had caught up with me.* Il m'avait rattrapée en quelques enjambées. **2** (pas de pl) [rythme personnel rapide et régulier] rythme, cadence *She headed down the corridor with a confident stride.* Elle descendait le couloir d'un pas assuré. *voir aussi **407.3**
**gait** nd (pas de pl) [plutôt formel. Mouvements du corps quand qn marche] démarche *her duck-like gait* sa démarche de canard
**footstep** nd [son provoqué ou trace laissée par qn qui marche] pas *their heavy footsteps on the stairs* leurs pas lourds dans l'escalier
**tread** nd (pas de pl) [son et pression de la démarche de qn] pas, bruit de pas *Even the nurse's gentle tread would wake me.* Même le pas léger de l'infirmière me réveillait.
**tread** vi, prét **trod** part passé **trodden** (+ adv ou prép) marcher *He trod on my toe.* Il m'a marché sur le pied.

### 407.2 Marcher sans se presser

**wander** vi (gén + adv ou prép) [n'implique pas de destination définie] errer, flâner, déambuler *I've been wandering around these corridors for hours.* Cela fait des heures que je déambule dans ces couloirs. *You can't just wander in here, you know.* Tu ne peux pas entrer ici comme ça, tu sais.
**roam** vit (gén avec adv ou prép) [plutôt littéraire. Implique de longues distances mais pas de destination définie] errer, vagabonder *We roamed around the old city without a guidebook.* Nous avons erré à travers la vieille ville sans guide touristique. *I've been roaming the country, looking for a job.* J'ai parcouru tout le pays à la recherche d'un emploi.
**stroll** vi (gén + adv ou prép) [implique une courte promenade lente et agréable] se promener, flâner *We strolled down to the post office.* Nous avons fait une balade jusqu'à la poste.
**stroll** nd petite promenade *to go for a stroll* aller faire un tour
**saunter** vi (gén + adv ou prép) [implique une démarche lente, insouciante et souvent arrogante] flâner, se balader *He said hello as he sauntered past.* Il a dit bonjour en passant d'un air nonchalant.
**ramble** vi [implique une longue promenade dans la campagne] faire une randonnée *to go rambling* partir faire une randonnée
**ramble** nd randonnée, excursion, balade *to go for a ramble* faire une balade **rambler** nd randonneur
**amble** vi [implique que l'on marche lentement et calmement] aller d'un pas tranquille *At twelve he ambles across to the pub for lunch.* A midi il traverse la rue tranquillement pour aller déjeuner à la brasserie.
**dawdle** vi [implique que l'on perd du temps] flâner, traîner, lambiner *They tend to dawdle in front of shop windows.* Elles ont tendance à traîner devant les vitrines.

### 407.3 Marcher de façon énergique

**march** vi (souvent + adv ou prép) [implique un pas régulier, de ou comme un soldat] marcher *We marched back to camp.* Nous sommes rentrés au campement d'un pas cadencé. *The protesters marched on Downing Street.* Les manifestants ont défilé sur Downing Street. [implique souvent la colère] *She marched in and demanded to see the manager.* Elle est entrée d'un air décidé et a exigé de voir le directeur.
**march** nd marche *a protest march* une manifestation
**stride** vti, prét **strode** part passé [rare] **stridden** (souvent avec adv ou prép) arpenter, marcher à grands pas *He strode off after her.* Il est parti à toutes jambes pour la rattraper. *voir aussi **407.1**

**process** vi [formel. Suj: ex. clergé, choeur] défiler, aller en procession *We processed solemnly round the cloister.* Nous avons défilé solennellement dans le cloître.

**procession** nd cortège, défilé, procession *to walk **in** procession* défiler, marcher en cortège/procession

**hike** vi (souvent + *adv* ou *prép*) [implique une longue promenade à la campagne] faire une excursion, aller à pied *to go hiking* partir faire une excursion à pied *We spent a week hiking through Yorkshire.* Nous avons passé une semaine à faire de la marche dans le Yorkshire.

**swagger** vi (souvent + *adv* ou *prép*) [implique une façon de marcher hautaine] plastronner, parader *He swaggered up to the bar and ordered a bottle of champagne.* Il est allé au bar d'un air hautain et a commandé une bouteille de champagne.

**swagger** nd air fanfaron *to walk with a swagger* marcher en bombant le torse

**stamp** v (gén + *adv* ou *prép*) **1** vi [implique une façon de marcher lourde, parfois agressive] taper du pied *She swore at me and stamped out.* Elle m'a insulté et est sortie en tapant du pied. *He flung the papers to the floor and stamped on them.* Il jeta les journaux par terre et les piétina. **2** vt [obj: pied] taper du pied *I stamped my foot in rage.* Je trépignais de rage.

**tramp** vi (gén + *adv* ou *prép*) [implique que l'on ne marche pas facilement] marcher d'un pas lourd *We had to tramp over there through the mud and rain.* Nous avons dû marcher jusque là-bas dans la boue et la pluie.

### 407.4 Marcher sans se faire remarquer

**creep** vi, *prét & part passé* **crept** (gén + *adv* ou *prép*) [très doucement] marcher à pas de loup *I crept upstairs and went to bed.* Je suis monté sans faire de bruit et me suis mis au lit.

**crawl** vi (gén + *adv* ou *prép*) [implique que l'on se baisse] ramper, se traîner, se glisser *I crawled under the bed.* Je me suis glissé sous le lit.

**prowl** vi (gén + *adv* ou *prép*) [implique que l'on attend qch, comme un criminel ou un animal qui chasse] rôder *What's the idea of prowling round outside the house?* En voilà une idée de rôder autour de la maison!

**tiptoe** vi [gén pour ne pas déranger qn, surtout qn qui dort] marcher sur la pointe des pieds *She tiptoed out of the room.* Elle est sortie de la chambre sur la pointe des pieds.

**on tiptoe** sur la pointe des pieds *We were walking around on tiptoe so as not to wake the children.* Nous marchions sur la pointe des pieds pour ne pas réveiller les enfants.

### 407.5 Marcher en montant

**climb** v [ex. montagne ou escaliers] **1** vi (gén + *adv* ou *prép*) grimper, monter *I had to climb up the ladder.* J'ai dû grimper en haut de l'échelle. *We could climb in through the window.* Nous pourrions entrer en passant par la fenêtre. **2** vt grimper/monter sur, escalader *She climbed the ladder very slowly.* Elle a grimpé sur l'échelle très lentement.

**clamber** vi (gén + *adv* ou *prép*) [implique la difficulté et l'usage des mains] grimper, se hisser *He clambered into the top bunk.* Il s'est hissé sur la couchette du dessus.

**scramble** vi (gén + *adv* ou *prép*) [implique une surface difficile ou la rapidité] grimper tant bien que mal, grimper à toute vitesse *Everybody scrambled back on to the coach.* Tout le monde s'est bousculé pour remonter dans le car.

### 407.6 Marcher péniblement

**stagger** vi (gén + *adv* ou *prép*) [comme si on allait tomber] chanceler, tituber *I staggered out of bed to open the door.* Je suis sorti de mon lit en titubant pour aller ouvrir la porte.

**limp** vi boiter **limp** nd boiterie *to walk with a limp* boiter, clopiner

**hobble** vi (gén + *adv* ou *prép*) [ex. parce que l'on est âgé ou blessé] clopiner, boitiller *She was hobbling along on crutches.* Elle avançait en clopinant sur ses béquilles.

**waddle** vi (gén + *adv* ou *prép*) [le corps bouge d'un côté et de l'autre, souvent en raison de l'embonpoint. Souvent utilisé pour des canards] se dandiner

**shuffle** vi (gén + *adv* ou *prép*) [implique que l'on ne lève pas les pieds] traîner les pieds *The queue shuffled forward slowly.* La file avançait lentement en se traînant.

### 407.7 Marcher dans l'eau

**paddle** vi [là où l'eau n'est pas profonde, surtout au bord de la mer] barboter, faire trempette *to go paddling* aller faire trempette *I'll just paddle at the water's edge.* Je vais seulement faire trempette au bord de l'eau. (utilisé comme *n*) *to go for a paddle* aller faire trempette

**wade** vi (gén + *adv* ou *prép*) [implique que l'eau est assez profonde] marcher dans l'eau *We waded in up to our waists.* Nous avons avancé dans l'eau jusqu'à la taille.

## 408 Run Courir

voir aussi **388 Sport; 395 Equestrian sports; 403 Quick**

**run** v *prét* **ran** *part passé* **run** **1** vi (gén + *adv* ou *prép*) courir, se précipiter *She ran to the gate.* Elle s'est précipitée vers la barrière. *I ran down the stairs.* J'ai dévalé les escaliers/descendu les escaliers quatre à quatre. *He ran into some plate glass.* Il a couru droit dans une grande vitre. (utilisé comme *n*) *to go for a run* faire un peu de course **2** vt [obj: surtout une course] courir

**trot** vi, **-tt-** (gén + *adv* ou *prép*) [comme un cheval qui va lentement] trotter, courir *She got out of the car and* *trotted along the path.* Elle est sortie de la voiture et a pris le chemin d'un petit pas pressé.

**trot** *nd* trot *to break into a trot* prendre le trot

**gallop** *vi* (gén + *adv* ou *prép*) [comme un cheval qui va rapidement] galoper, aller à toute allure

**gallop** *nd* galop *to set off at a gallop* partir au galop

**race** *vi* (gén + *adv* ou *prép*) [implique un manque de temps] courir, faire la course *Everybody raced for the doors.* Tout le monde s'est précipité vers les portes.

**dash** *vi* (gén + *adv* ou *prép*) [implique que l'on est très pressé] se précipiter *I dashed over to the phone.* J'ai couru vers le téléphone.

**dash** *nd* mouvement brusque, ruée *There was mad dash for bargains.* Tout le monde s'est rué sur les bonnes affaires.

**bolt** *vi* [signifie gén s'enfuir] filer, se sauver *He bolted for the door.* Il a filé vers la porte.

**sprint** *vi* (gén + *adv* ou *prép*) [comme un athlète sur une courte distance] foncer, sprinter *She sprinted across the road.* Elle a traversé la rue à toutes jambes. **sprint** *nd* sprint

**scamper** *vi* (gén + *adv* ou *prép*) [implique l'espièglerie] galoper, gambader *The twins were scampering round the garden.* Les jumeaux gambadaient dans le jardin.

## 409 Follow Suivre

### 409.1 Suivre pour attraper

**chase** *vt* [implique la vitesse. Peut impliquer que l'on attrape ou que l'on force à partir] poursuivre *Stop chasing that poor cat.* Arrête de courir derrière ce pauvre chat. *The police chased him on to the roof.* Les policiers l'ont poursuivi jusque sur le toit. *He was chasing a dog out of the garden.* Il était en train de chasser un chien hors du jardin. *I chased after him to give him his paper back.* J'ai couru derrière lui pour lui rendre son journal.

**pursue** *vt* [plutôt formel] poursuivre *The aggressors will be pursued and punished.* Les agresseurs seront poursuivis et punis.

**pursuer** *nd* poursuivant *They fled in fear from their pursuers.* Terrorisés, ils ont fui leurs poursuivants.

**pursuit** *nd* (pas de *pl*) poursuite *We set off **in pursuit of** the thieves.* Nous nous sommes lancés à la poursuite des voleurs.

**hunt** *vt* [obj: ex. renard, criminel] chasser, traquer *a hunted animal* bête traquée (+ **down**) *We will hunt down the murderer.* Nous allons traquer le meurtrier.

### 409.2 Suivre sans être vu

**trail** *vt* **1** [implique le secret] suivre la piste de *We trailed him back to the hotel.* Nous avons suivi sa piste jusqu'à l'hôtel. **2** [ne pas suivre] être dépassé par *He trailed the leaders till the last 100 metres.* Il a traîné derrière les coureurs de tête jusqu'aux derniers cent mètres.

**shadow** *vt* [suivre de près et secrètement] filer *Foreign journalists are shadowed by members of the secret police.* Des membres de la police secrète prennent en filature les journalistes étrangers.

#### u s a g e

Le terme **follower** ne désigne généralement pas une personne qui marche derrière une autre mais une personne qui croit en ou soutient quelqu'un ou quelque chose: ex. *the followers of Freud* (les disciples de Freud). En anglais il existe plusieurs manières de désigner des personnes qui suivent: ex. *the people following us on foot* (les gens qui nous suivaient à pied) *The cars behind me kept hooting.* (Les voitures derrière moi klaxonnaient sans arrêt.) *the woman after me in the queue* (la femme derrière moi dans la file)

## 410 Jump Sauter

**jump** *vit* (souvent + *adv* ou *prép*) sauter, bondir *See how high you can jump.* Voyons quelle hauteur tu peux sauter. *I jumped over the log.* J'ai sauté par dessus le rondin. *He jumped up and ran out of the room.* Il s'est levé d'un bond et s'est précipité hors de la pièce. **jump** *nd* saut, bond

**spring** *vi*, *prét* **sprang** *part passé* **sprung** (gén + *adv* ou *prép*) [implique soudaineté et énergie] bondir, sauter *I sprang out of bed and ran downstairs.* J'ai sauté hors de mon lit et ai dévalé les escaliers. **spring** *nd* bond, saut

**leap** *vi*, *prét & part passé* **leapt** ou **leaped** (gén + *adv* ou *prép*) [implique énergie et distance, ou parfois soudaineté] bondir, sauter *People were leaping out of the windows of the blazing building.* Les gens sautaient par les fenêtres du bâtiment en flammes. *She leaped out from behind a tree.* D'un bond elle réapparut de derrière un arbre.

**leap** *nd* bond *She took a flying leap at the burglar.* Elle prit son élan et bondit sur le cambrioleur.

**hop** *vi*, -pp- [petits bonds, gén sur un pied] sauter à cloche-pied, sautiller *She came hopping in with a sprained ankle.* Elle est entrée à cloche-pied à cause d'une entorse à la cheville. [implique la facilité] *Hop in a taxi and come over.* Saute dans un taxi et viens. **hop** *nd* saut, bond

**skip** *vi*, -pp- **1** [courir en sautillant] sautiller, gambader *They skipped off happily along the path.* Ils sautillaient joyeusement le long du sentier. **2** [avec une corde] sauter à la corde

**bounce** *vit* rebondir, sauter *Stop bouncing on my bed!* Arrête de sauter sur mon lit! *The ball bounced several times.* Le ballon a rebondi plusieurs fois. **bounce** *nd* bond, rebond

# 411 Movement Mouvement

voir aussi **338 Pull and Push**

**move** *vit* **1** [faire un mouvement] bouger, remuer, (se) déplacer *I thought I saw him move.* Il m'a semblé le voir bouger. *Don't move!* Ne bouge pas! *I've moved the medicines out of reach.* J'ai mis les médicaments hors de portée. *They moved their warehouse to Leicester.* Ils ont transféré leur entrepôt à Leicester. **2** [dans une autre maison] déménager *We're moving house tomorrow.* Nous déménageons demain. *I moved here two years ago.* J'ai emménagé ici il y a deux ans.

**movement** *n* **1** *ni* mouvement *The overalls are designed for ease of movement.* Les salopettes sont conçues pour faciliter les mouvements. **2** *nd* geste *Watch out for any sudden movements.* Surveillez tout geste brusque.

**motion** *n* [plus formel ou technique que **movement**] **1** *ni* [continu] mouvement, marche *motion caused by magnetic attraction* le mouvement dû à l'attraction magnétique *to* **set** *wheels* **in motion** mettre la machine en route **2** *nd* [surtout comme signal] mouvement, geste *She beckoned me with a quick motion of her hand.* Elle m'a fait signe d'avancer d'un geste rapide de la main.

**mobile** *adj* [souligne la capacité de bouger] mobile *a mobile workforce* une main d'oeuvre mobile *a mobile library* un bibliobus **mobility** *ni* mobilité

## 411.1 Petits mouvements du corps

**shift** *v* **1** *vi* [changer de position] changer de place, bouger, se déplacer *She shifted forward in her seat.* Elle avança sur son siège. **2** *vt* [légèrement informel] déplacer, changer de place *I want to shift this fridge.* Je veux déplacer ce frigo.

**stir** *vi*, **-rr-** [plutôt littéraire. Ex. après un somme ou une immobilisation] remuer, bouger *A hedgehog stirred in the grass.* Un hérisson remua dans l'herbe.

**stir** *nd* agitation *There was a stir amongst the audience.* Il y a eu de l'agitation parmi le public.

**wriggle** *vi* [ex. avec impatience ou pour résister à qn. Implique gén tout le corps] remuer, gigoter, se tortiller *He wriggles so much it takes two of us to change his nappy.* Il gigote tellement qu'il faut être deux pour changer ses couches.

**fidget** *vi* [gén par impatience ou ennui] remuer, gigoter *Those hard benches would make anybody fidget.* Ces bancs durs donneraient envie de gigoter à n'importe qui.

**jerk** *vti* [avec une brusque secousse] bouger brusquement *She jerked her hand away.* Elle a brusquement retiré sa main.

**jerk** *nd* secousse, saccade *a sudden jerk of the head* un mouvement brusque de la tête

**twitch** *vit* [gén pas qch que l'on fait consciemment ou de façon contrôlée] avoir un mouvement convulsif/un tic *Her lips twitched as she tried not to smile.* Ses lèvres se contractaient à force d'essayer de ne pas sourire.

**twitch** *nd* tic *He's got a nervous twitch.* Il a un tic nerveux.

## 411.2 Mouvements de glissement

**slide** *v*, *prét & part passé* **slid** (gén + *adv* ou *prép*) [sur une surface lisse] **1** *vi* (se) glisser *to slide down the bannister* descendre en glissant sur la rampe [souligne l'aisance (de mouvement)] *We slid on the ice.* Nous avons fait des glissades sur la glace. **2** *vt* glisser *I slid the letter into my pocket.* J'ai glissé la lettre dans ma poche.

**glide** *vi* (gén + *adv* ou *prép*) [implique un mouvement calme et régulier] aller sans bruit/en douceur *The baby's cot glides on castors.* Le lit du bébé bouge sur des roulettes.

**slip** *vi*, **-pp-** **1** [perdre l'équilibre] glisser, déraper *I slipped on the wet floor.* J'ai glissé sur le sol mouillé. **2** (gén + *adv* ou *prép*) [bouger vite] se glisser, filer *I'd just slipped round the corner.* Je venais de tourner le coin de la rue. *He slipped out for a minute.* Il est sorti un moment.

**slippery** *adj* glissant *slippery mountain tracks* des sentiers de montagne glissants

**skid** *vi*, **-dd-** [implique que l'on perd l'adhérence sur une surface. Suj: surtout un véhicule] déraper *The van skidded on some black ice.* La camionnette a dérapé sur une plaque de verglas.

**slither** *vi* **1** (surtout *Brit*) [implique que l'on glisse de façon répétée sur une surface mouillée ou cirée] glisser, déraper *My feet kept slithering on the muddy rocks.* Mes pieds ne cessaient de glisser sur les rochers recouverts de boue. **2** (*Brit & US*) [utilisé pour les serpents] onduler

**drift** *vi* (gén + *adv* ou *prép*) [implique un mouvement incontrôlé sur l'eau ou comme si l'on flottait] dériver, être emporté (par le vent, le courant, etc.) *The smoke drifted upwards.* La fumée montait. *Our boat drifted towards land.* Notre bateau dérivait vers la terre ferme.

## 411.3 Mouvements en avant ou en arrière ou d'un côté et de l'autre

**roll** *v* (gén + *adv* ou *prép*) **1** *vi* [suj/obj: ex. pierre, tonneau] rouler *A coin rolled under the counter.* Une pièce de monnaie a roulé sous le comptoir. **2** *vt* (gén + **up**) rouler, enrouler *She rolled up the map.* Elle a enroulé la carte.

**flow** *vi* (gén + *adv* ou *prép*) [comme un ruisseau] couler *the blood that flows through your veins* le sang qui coule dans tes veines

**flow** *nd* flux, circulation *They cut off the oil flow.* Ils ont stoppé le flux de pétrole.

**rock** *vit* [en avant et en arrière au même endroit] (se) balancer *The wind was rocking the branches.* Le vent agitait les branches.

**swing** *v*, *prét & part passé* **swung** [mouvement en arc] **1** *vi* se balancer, pivoter *His fist swung up at me.* Il m'a décoché un coup de poing. *The window swung shut.* La fenêtre s'est refermée. **2** *vt* balancer, brandir *They were swinging chains around their heads.* Ils faisaient tourner des chaînes autour de leurs têtes.

**wag** v, -gg- [suj/obj: surtout doigt, queue] **1** vt agiter, remuer *She kept wagging the paper under my nose.* Elle n'arrêtait pas d'agiter le journal sous mon nez. **2** vi remuer, frétiller *Her tail was wagging happily from side to side.* Elle remuait la queue joyeusement.

**hurtle** vi (gén + adv ou prép) [implique une très grande vitesse incontrôlée comme après avoir été lancé] aller en trombe/à toute allure *Rockets hurtled overhead.* Des fusées fendaient l'air au-dessus de nos têtes. *She came hurtling towards us on her bike.* Elle fonça sur nous à vélo.

## 412 Fall Tomber

voir aussi **47 Decrease**

### 412.1 Tomber accidentellement

**fall** vi, prét **fell** part passé **fallen** (gén + adv ou prép, surtout **down**) tomber *She stumbled and fell.* Elle a trébuché et elle est tombée. *You could fall down and hurt yourself.* Tu pourrais tomber et te faire mal. *A tile has fallen off the roof.* Une tuile est tombée du toit.
**fall** nd chute *She had a bad fall.* Elle a fait une mauvaise chute.

**trip** vi, -pp- (souvent + **up** ou **over**) [implique que l'on prend son pied dans qch] trébucher, buter sur *I've just tripped over one of your toys again.* Je viens encore de trébucher sur un de tes jouets.

**stumble** vi **1** (souvent + **on** ou **over**) [implique que l'on trébuche sur qch] trébucher, faire un faux pas *I stumbled on a shoe that someone had left lying around.* J'ai trébuché sur une chaussure que quelqu'un avait laissé traîner. **2** [marcher de façon gauche ou irrégulière] marcher en trébuchant *She stumbled about in the dark trying to find the light switch.* Elle trébuchait dans l'obscurité à la recherche de l'interrupteur.

**tumble** vi (gén + adv ou prép) [implique que l'on se retourne] tomber, culbuter, dégringoler *The car tumbled over the cliff.* La voiture est tombée de la falaise.

**collapse** vi **1** [à cause d'un défaut de structure] s'écrouler, s'effondrer *The roof collapsed, killing five people.* Le toit s'est affaissé, tuant cinq personnes. **2** [suj: personne. Ex. quand on s'évanouit] s'effondrer, s'écrouler *She collapsed in a heap.* Elle s'est écroulée. *She collapsed in tears.* Elle a fondu en larmes. **3** [échouer] s'écrouler *The business collapsed.* L'entreprise a fait faillite.
**collapse** nid écroulement, effondrement *the collapse of communism* la chute du communisme

**spill** vti, prét & part passé **spilled** ou (surtout Brit) **spilt** [obj/suj: ex. vin, farine] (se) renverser, (se) répandre *Don't spill tea all over me!* Ne renverse pas de thé sur moi! *My drink spilt all over the floor.* J'ai renversé mon verre par terre. **spill** nd fait de renverser

**tip** v, -pp- (gén + adv ou prép) [implique une perte d'équilibre due à une pression] **1** vt [gén délibérément] faire basculer, renverser *We tipped the rubbish in the bin.* Nous avons vidé les ordures dans la poubelle. *I tipped the contents out on to the table.* J'ai vidé le contenu sur la table. **2** (gén + **over**) [gén

accidentellement] renverser *The jolt made the bottle tip over.* La secousse a fait basculer la bouteille.

### 412.2 Tomber directement par terre

**plummet** vi [implique une longue chute très rapide] plonger, tomber à pic *A shot rang out and the bird plummeted to the ground.* Un coup de feu a retenti et l'oiseau est tombé en piqué sur le sol.

**drop** v, -pp- (gén + adv ou prép) [accidentellement ou non] **1** vt laisser tomber, lâcher *You've dropped a glove.* Tu as laissé tomber un gant. *Just drop your cases anywhere.* Dépose tes valises n'importe où. *They're dropping leaflets over enemy lines.* Ils lâchent des tracts sur les lignes ennemies. **2** vi tomber *The letter dropped from her hand.* La lettre lui a échappé des mains. *The handle's dropped off.* La poignée s'est détachée. *I dropped to my knees.* Je suis tombé à genoux.

**sink** v, prét **sank** part passé **sunk 1** vi [ex. en mer] couler, sombrer *the year the Cambridge boat sank* l'année où le bateau de Cambridge a coulé **2** vt [ex. en mer] (faire) couler **3** vi [ex. de fatigue] s'écrouler, s'affaisser *to sink into an armchair* s'écrouler dans un fauteuil *She sank to the ground from exhaustion.* Elle s'est effondrée à terre, épuisée. *I sank to my knees.* Je suis tombé à genoux.

### 412.3 Descendre de façon contrôlée

**swoop** vi (souvent + **down**) [d'un mouvement rapide et gracieux, comme un oiseau de proie] fondre, piquer *A helicopter swooped down to photograph the crowd.* Un hélicoptère est descendu en piqué pour photographier la foule.

**dive** vi, prét **dived** ou (US) **dove** part passé **dived** (gén + adv ou prép) plonger *The whale suddenly dived.* La baleine a soudain plongé.
**dive** nd plongeon *an athletic dive* un plongeon athlétique

**descend** vit [plutôt formel. Implique que l'on bouge avec précaution] descendre, faire une descente *We descended through the clouds.* Nous avons effectué notre descente à travers les nuages. *They descended the cliff face.* Ils ont descendu la paroi de la falaise.
**descent** nd descente *our descent into Heathrow* notre descente sur Heathrow

## 413 Rise Monter

voir aussi **46 Increase**; **337 Carry**

**rise** *vi*, *prét* **rose** *part passé* **risen** (souvent + **up**) [implique que l'on ne fait apparemment pas d'effort] monter, s'élever *The balloon began to rise up into the sky.* Le ballon commença à s'élever dans le ciel.

**raise** *vt* [délibérément] lever, soulever *He raised the cup above his head.* Il souleva la coupe au-dessus de sa tête.

**lift** *vt* [implique l'idée d'effort plutôt que de hauteur] soulever *I could hardly lift the box.* J'arrivais à peine à soulever la caisse. *I lifted her onto my shoulders.* Je l'ai mise sur mes épaules.

**ascend** *vit* [plutôt formel. Implique que l'on monte avec grâce ou précaution] monter, (s')élever *the view as we ascended* la vue qui s'offrait à nous en montant *She ascended the steps to the main door.* Elle gravit les marches jusqu'à l'entrée principale.

**ascent** *nd* montée, ascension *a balloon ascent* une ascension en ballon

**climb** *vi* monter, grimper *The plane climbed steadily as it left the runway.* L'avion prit progressivement de l'altitude après avoir quitté la piste d'envol.

## 414 Turn Tourner

**turn** *v* [implique un mouvement en cercle complet ou partiel] **1** *vi* (gén + *adv* ou *prép*) tourner, pivoter *The gate turned slowly on its hinges.* La barrière pivota lentement sur ses gonds. *He turned round and stared at me.* Il s'est retourné et m'a regardé fixement. *Turn left here.* Tourne à gauche ici. **2** *vt* tourner *Turn the valve clockwise.* Tourne la valve dans le sens des aiguilles d'une montre. *I turned the car round.* J'ai fait faire demi-tour à la voiture.

**turn** *nd* tour *Give the wheel a quarter turn.* Tourne le volant d'un quart de tour. *twists and turns in the road* des virages sur la route

### 414.1 Tourner en cercle

**spin** *v*, -nn- *prét & part passé* **spun** (souvent + **round** OU **around**) [implique gén vitesse et mouvement continu] **1** *vi* tourner, tournoyer *I watched the clothes spinning round in the machine.* Je regardais les vêtements tourner dans la machine. **2** *vt* faire tourner *The croupier spun the wheel.* Le croupier fit tourner la roulette.

**revolve** *vi* (souvent + **round** OU **around**) [plus technique que **spin**. Implique gén un mouvement continu par rapport à un axe] tourner *Each planet revolves slowly around the sun.* Chaque planète tourne lentement autour du soleil. **revolution** *nid* révolution, tour

**rotate** *v* [plutôt technique. Implique que qch est fixé à un axe] **1** *vi* tourner, pivoter *The chamber rotates each*

*time a bullet is fired.* Le barillet pivote chaque fois qu'on tire une balle. **2** *vt* faire tourner, pivoter *Each cog rotates the next.* Chaque dent d'engrenage fait tourner la suivante. **rotation** *nid* rotation

### 414.2 Changer de direction

**twist** *v* (souvent + *adv* ou *prép*) [implique qu'une partie va dans une direction différente d'une autre] **1** *vi* s'enrouler, se tortiller *a stretch where the river twists and turns* un tronçon où la rivière fait des méandres *The cap twists off.* Le bouchon se dévisse. *He twisted round to check.* Il s'est retourné pour vérifier. **2** *vt* enrouler, entortiller *I twisted the cord round my wrist.* J'ai enroulé le cordon autour de mon poignet. *I twisted the handle round.* J'ai tourné la poignée.

**twist** *nd* torsion *with a twist of her wrist* d'un tour de poignet

**swerve** *vi* [implique un mouvement soudain, souvent violent, gén pour éviter qch] faire un écart, dévier *I swerved and hit a tree.* J'ai donné un coup de volant et j'ai heurté un arbre.

**veer** *vi* [implique un changement de direction marqué, parfois causé par une perte de contrôle] tourner, changer de direction *The road veers off to the left.* La route tourne brusquement à gauche. *You keep veering towards the kerb.* Tu te rapproches tout le temps du bord du trottoir.

## 415 Wave Flotter au vent

**wave** *v* [implique un mouvement assez large] **1** *vti* [en salutation, signe. Obj: bras, drapeau] faire signe, agiter *He waved an umbrella at the taxi.* Il a fait signe au taxi avec son parapluie. *He waved cheerfully at me.* Il m'a joyeusement fait signe de la main. **2** *vi* [suj: ex. drapeau] flotter, onduler *The barley waved in the sun.* L'orge ondulait au soleil.

**flutter** *vi* [implique des petits mouvements répétés] flotter, voleter *He couldn't stop the pages fluttering in*

*the wind.* Il ne pouvait pas empêcher les pages de s'envoler.

**flap** *v*, -pp- [implique des mouvements énergiques et bruyants] **1** *vi* battre, claquer *The washing flapped on the line.* Le linge sur la corde claquait au vent. **2** *vt* battre, claquer *She was flapping her programme like a fan.* Elle agitait son programme comme un éventail. *The bird flapped its wings.* L'oiseau battait des ailes.

## 416 Magic Magie

**magic** *ni* magie *black magic* magie noire *to make sth disappear by magic* faire disparaître qch par magie/par enchantement

**magic** *adj* [terme plus général que **magical**] magique, de magie *magic tricks* tours de magie *a magic mirror* un miroir magique

**magical** *adj* [souligne l'enchantement et le mystère] magique *a magical kingdom* un royaume magique

**magician** *nd* [fantaisiste ou dans un conte de fée] magicien

**wand** *nd* baguette *a magic wand* une baguette magique

**spell** *nd* charme, sortilège *to cast a spell (on sb)* jeter un sort à qn/ensorceller qn

**trick** *nd* tour, truc, illusion *to do a disappearing trick* s'éclipser

### 416.1 Etres magiques

**fairy** *nd* fée (utilisé comme *adj*) *a fairy godmother* une bonne fée

**gnome** *nd* gnome

**elf** *nd, pl* **elves** lutin

**wizard** *nd* magicien, enchanteur

**witch** *nd* sorcière

### 416.2 Le surnaturel

**ghost** *nd* [mot le plus général et utilisé le plus souvent] fantôme, revenant *Do you believe in ghosts?* Croyez-vous aux fantômes?

**phantom** *nd* [plutôt littéraire] fantôme, spectre

**haunt** *vt* [obj: ex. château] hanter

**occult** *adj* [décrit: ex. des pouvoirs] occulte (utilisé comme *n*) *the occult* le surnaturel

## 417 Good Bon

voir aussi **59 Beautiful**; ant **438 Bad**

**good** *adj, compar* **better** *superl* **best** bon *a very good idea* une très bonne idée *a good book* un bon livre *a good tennis player* un bon joueur de tennis *Let's hope the weather is better tomorrow.* Espérons qu'il fera meilleur demain.

**well** *adv, compar* **better** *superl* **best** [l'adverbe de **good**] bien *They played very well.* Ils ont très bien joué. (dans des composés) *well-dressed* bien habillé *better-educated* plus instruit.

**usage**

Quand **good** sert à décrire une personne, il exprime à quel point cette personne est bonne dans l'exercice d'une activité ex. *a good pilot* (un bon pilote) ou la décrit d'un point de vue moral. **Goodness** ne s'utilise que dans le sens moral. Voir **217 Good (morally)**

### 417.1 Bon mais sans inspirer beaucoup d'enthousiasme

**usage**

On peut rendre tous les termes ci-dessous plus forts et plus élogieux avec **very** ou **extremely**, mais normalement pas avec **absolutely**.

**okay** ou **OK** *adj* [plutôt informel. Signifie en général satisfaisant mais il peut signifier bon ou assez bon selon l'intonation de la voix] OK *The food wasn't great but it was OK.* La nourriture n'était pas extraordinaire, mais ça allait.

**decent** *adj* **1** [emporte l'idée de satisfaction] décent, convenable *We can at last afford a decent car.* Nous pouvons enfin nous payer une voiture convenable. *a decent meal* un repas convenable **2** [décrit: personne, comportement] bien, honnête, brave **decently** *adv* décemment, convenablement

**nice** *adj* [surtout utilisé en parlant] sympathique, agréable, joli, bon *They're a nice couple.* C'est un couple sympathique. *What a nice little house!* Quelle charmante petite maison! *a nice cup of tea* une bonne tasse de thé *Have a nice day!* Passez une bonne journée!

**nicely** *adv* [implique plus d'enthousiasme que **nice**] joliment, bien *You sang that song very nicely.* Vous avez très bien chanté cette chanson.

**pleasant** *adj* [qui fait plaisir] agréable, charmant, plaisant *It's a pleasant place, I suppose, but I wouldn't want to live there.* C'est sans doute un endroit agréable, mais je ne voudrais pas y vivre. *Thank you for a very pleasant evening.* Merci pour la charmante soirée. *All the neighbours seem very pleasant.* Tous les voisins semblent être très sympathiques.

**favourable** *adj* [implique l'approbation. Décrit: ex. opinion, jugement] favorable *The reviews were favourable.* Les critiques étaient favorables. *I'm hoping for a favourable decision.* J'espère que la décision sera favorable.

### 417.2 Bon et qui inspire l'admiration

voir aussi **77 Great**

**usage**

Le sens de tous ces adjectifs, à l'exception de **fine** dans son sens **1**, peut être renforcé par **absolutely**: ex. *It was absolutely lovely!* (C'était tout à fait charmant!) On ne les utilise pour ainsi dire jamais avec **very**.

**lovely** *adj* (surtout *Brit*) [évoque la notion d'admiration ou d'amusement] ravissant, charmant, agréable *What lovely hair!* Quels beaux cheveux! *I hope you have a lovely time.* J'espère que tu t'amuses bien. *Thank you for that lovely meal.* Merci pour ce délicieux repas! (devant un autre *adj*) *lovely fluffy towels* des serviettes éponges délicieusement moelleuses

**fine** adj **1** (gén devant *n*) [plutôt formel. Met l'accent sur le savoir-faire et la qualité] fin, délicat, beau, excellent *some fine medieval carvings* d'admirables sculptures médiévales *a fine essay on humour* un excellent essai sur l'humour *fine wines* vins fins **2** (gén après *v*) [exprime un état de choses satisfaisant mais sans plus] (très) bien *The eggs were just fine, darling.* Les oeufs étaient très bien, chérie. *If you move the chair a little to the right, that'll be fine.* Si tu déplaces la chaise un peu vers la droite, ça ira. (souvent utilisé pour rassurer) *You're doing fine.* Ce que tu fais est très bien. **3** [décrit: temps météorologique] beau *a fine day* une belle journée **4** (après *v*) [en bonne santé] bien *I'm fine now.* Je vais bien maintenant.

**splendid** adj **1** [légèrement démodé. Implique l'idée de plaisir] superbe, magnifique *That'll be a splendid present for an eight-year-old.* Ce sera un cadeau magnifique pour un enfant de huit ans. [pour exprimer des remerciements ou sa satisfaction] parfait, formidable *Eight o'clock will be splendid.* Huit heures, ce sera parfait! **2** [emporte l'idée de splendeur] spendide, magnifique *a splendid oriental carpet* un superbe tapis d'orient

**splendidly** adv formidablement *The plan worked splendidly.* Le plan a formidablement bien marché.

**superb** adj [de qualité impressionnante] superbe, magnifique *a superb banquet* un banquet magnifique

**superbly** adv superbement, magnifiquement *She arranged everything superbly.* Elle a tout organisé à merveille.

**magnificent** adj [implique un effet impressionnant] magnifique, somptueux, grandiose *What a magnificent rainbow!* Quel arc-en-ciel magnifique! *The acoustics are magnificent.* L'acoustique était grandiose.

**magnificence** ni magnificence, splendeur, somptuosité *the magnificence of the setting* la somptuosité du décor

**magnificently** adv magnifiquement *a magnificently tiled hallway* un vestibule au carrelage splendide

**masterpiece** nd chef-d'oeuvre *a Venetian masterpiece* un chef-d'oeuvre vénitien

## 417.3 Extrêmement bon et qui inspire beaucoup d'enthousiasme

### usage

Tous les mots ci-dessous s'utilisent pour exprimer la haute opinion que l'on a de quelqu'un ou de quelque chose. Il y a peu de différence de sens entre eux, et leur emploi dépend essentiellement des personnes qui parlent. On peut toujours en accentuer le sens avec **absolutely**, mais on les utilise rarement avec **very**. En anglais, on peut aussi utiliser certains mots signifiant "surprising" de la même façon, par exemple **amazing**, **stunning** ou **incredible**: ex. *She has this amazing camera.* (Elle a un appareil-photo sensationnel.) *voir aussi **118 Surprise**

**excellent** adj [parmi les meilleurs] excellent *an excellent recording* un excellent enregistrement *an excellent violinist* un excellent violoniste *The wine was excellent.* Le vin était excellent. *The method gives excellent results.* La méthode donne d'excellents résultats. **excellently** adj admirablement, excellemment

**excellence** ni excellence, qualité *the excellence of her*

advice la qualité de ses conseils

**outstanding** adj [extraordinairement excellent] exceptionnel *an outstanding interpreter of Chopin* un interprète remarquable de Chopin

**marvellous** (*Brit*), **marvelous** (*US*) adj merveilleux, extraordinaire *She has a marvellous memory.* Elle a une mémoire extraordinaire.

**marvellously** (*Brit*), **marvelously** (*US*) adv merveilleusement *It's so marvellously simple.* C'est si extraordinairement simple.

**wonderful** adj formidable, sensationnel *It's a wonderful place to live.* C'est un endroit formidable pour y vivre.

**wonderfully** adv merveilleusement *a wonderfully relaxing holiday* des vacances merveilleusement relaxantes

**tremendous** adj [plutôt informel] formidable, sensationnel *She makes tremendous pasta.* Elle fait des pâtes sensass.

**tremendously** adv [utilisé comme intensificateur] terriblement, extrêmement *They're tremendously helpful people.* Ce sont des gens extrêmement serviables.

**super** adj [informel] super, sensass *We had super weather.* On a eu un temps super.

**terrific** adj [informel] terrible, sensass *I think your sister's terrific.* Je trouve ta soeur géniale.

**fantastic** adj [informel] fantastique, génial, chouette *Their latest album's absolutely fantastic.* Leur dernier album est absolument génial.

**fabulous** adj [informel] chouette, sensass *Their house is really fabulous.* Leur maison est vraiment chouette.

**brilliant** adj (*Brit*) [informel] sensass, génial *The disco was just brilliant.* La soirée à la discothèque était tout simplement géniale.

**great** adj [informel] magnifique, sensationnel *We had a great time.* On s'est bien amusé.

### expressions

**out of this world** [informel. Implique beaucoup d'enthousiasme pour qch] extraordinaire *The costumes were out of this world.* Les costumes étaient extraordinaires.

**be worth one's/its weight in gold** valoir son pesant d'or *My dishwasher is worth its weight in gold.* Mon lave-vaisselle vaut son pesant d'or.

## 417.4 Parfait

**perfect** adj parfait *the perfect opportunity* l'occasion ou jamais **perfectly** adv parfaitement **perfection** ni perfection

**faultless** adj [sans défaut] impeccable, irréprochable *a faultless performance* une prestation irréprochable **faultlessly** adv de façon irréprochable

**impeccable** adj impeccable *She has impeccable manners.* Elle a des manières impeccables. **impeccably** adv impeccablement

**ideal** adj [le mieux que l'on puisse imaginer] idéal *the ideal car* la voiture idéale *The weather is ideal for walking.* C'est le temps idéal pour la promenade.

**ideally** idéalement *He is ideally suited for the job.* C'est l'homme idéal pour l'emploi.

**first-rate** adj [légèrement informel. Implique une échelle de qualité] de premier ordre a *first-rate return on your investment* une excellente rentabilité de vos investissements

expressions

**be just the job** (*Brit*), **do just the job** (*US*) [informel. Convient aux circonstances particulières] être juste ce qu'il faut, faire l'affaire *Thanks, a cup of coffee would be just the job.* Merci, une tasse de café serait la bienvenue.

**be second to none** [implique des normes élevées] n'avoir rien à envier à personne *Our medical staff are second to none.* Notre personnel soignant est parmi les meilleurs.

**last word in sth** [légèrement informel. Ce qu'il y a de mieux] le dernier cri en matière de *We bring you the last word in stereo sound.* Nous vous offrons ce qu'on fait de mieux en matière de son stéréo.

### 417.5 Pour évaluer à quel point qch est bon

voir aussi **268 Value**

**quality** ni [gén bon, sauf indication contraire] qualité *You'll be amazed by the quality of the work.* La qualité du travail va vous surprendre. (utilisé comme *adj*) *quality materials* étoffes de qualité *a high-quality finish* une finition de qualité

**merit** n 1 ni [plutôt formel. Qui mérite l'estime] valeur, mérite *The proposals have considerable merit.* Ces propositions sont tout à fait valables. 2 nd [avantage] mérite *What are the merits of this approach?* Quels sont les mérites de cette approche? *We judge each case on its merits.* Nous jugeons chaque cas en toute objectivité.

**virtue** n 1 ndi [évoque la notion de moralité] vertu *Punctuality is a rather underrated virtue.* La ponctualité est une vertu plutôt mésestimée. 2 nd [avantage] mérite *the virtues of the present system* les mérites du système actuel

## 418 Improve Améliorer

**improve** v 1 vt améliorer *I've improved my time in the 800 metres this year.* J'ai amélioré mon temps au 800 mètres cette année. *A little more salt would improve this sauce.* Un peu plus de sel améliorerait cette sauce. *improved working conditions* de meilleures conditions de travail 2 vi s'améliorer *The weather seems to be improving.* Le temps semble s'améliorer. *My cooking isn't improving.* Ma cuisine ne s'améliore pas.

**improve on/upon** vt [faire mieux que] améliorer, apporter des améliorations *I'm trying to improve on my previous record.* J'essaye d'améliorer mon (ancien) record.

**improvement** ndi (souvent + **on**, **in**) amélioration *There has been a marked improvement in his work.* Son travail s'est nettement amélioré. *The champagne was an improvement on the warm beer they served last time.* Le champagne était un progrès par rapport à la bière chaude qu'ils ont servie la dernière fois. *Your work isn't bad, but there's room for improvement.* Ton travail n'est pas mauvais, mais tu pourrais mieux faire.

**refine** OU **refine on/upon** vt [améliorer en modifiant certains détails] affiner, peaufiner, fignoler *We have refined our drilling techniques.* Nous avons perfectionné nos techniques de forage. *They need to refine their working methods.* Il leur faut améliorer leurs méthodes de travail.

**refinement** n 1 ni finition, mise au point 2 nd [petit détail ajouté] amélioration, perfectionnement *The anti-jamming device is an added refinement on the new machines.* Le système anti-brouillage est un perfectionnement supplémentaire des nouvelles machines.

**polish** OU **polish up** vt [améliorer, surtout par la pratique] polir, parfaire, perfectionner *I need an hour to polish tomorrow's speech.* J'ai besoin d'une heure pour fignoler le discours de demain. *A week in Paris will polish up my French.* Une semaine à Paris perfectionnera mon français.

**better** vt [formel] 1 [améliorer] améliorer *measures to better the economy* des mesures pour relancer l'économie 2 [faire mieux que] améliorer *She bettered her previous record by 3 seconds.* Elle a amélioré son ancien record de 3 secondes.

**progress** ni progrès *We've made some progress with the plans.* Nous avons progressé sur les projets. *I'm not making much progress with my studies.* Je ne progresse pas beaucoup dans mes études.

**progress** vi avancer, progresser *We've been negotiating all day, but we don't seem to be progressing.* Nous avons négocié toute la journée, mais il ne semble pas que nous progressions beaucoup. *The patient is progressing well.* Le patient se rétablit bien.

**advance** nd progrès *This is a major new advance in space research.* C'est un progrès considérable dans la recherche aérospatiale. *Technical advances have rendered this equipment obsolete.* Les progrès de la technique ont rendu ce matériel dépassé.

**advance** vit avancer, faire progresser *Our understanding of the disease has advanced considerably.* Nous avons beaucoup progressé dans notre compréhension de la maladie. *Research has advanced treatment of the disease.* La recherche a fait avancer le traitement de la maladie.

expressions

**make (great) strides** avancer à grands pas *We've made great strides in the treatment of disaster victims.* Nous avons fait des progrès considérables dans le traitement à apporter aux victimes de catastrophes.

**get better** aller mieux *Your driving is getting better.* Ta façon de conduire s'améliore. *Leo was quite ill, but now he's getting better.* Leo était très malade, mais il va mieux maintenant.

**brush up (on)** revoir, réviser *I'll have to brush up on my maths.* Je vais devoir réviser mes maths.

## 419 Superior Supérieur

ant **439 Inferior**

**superior** *adj* **1** (souvent + **to**) [en qualité, dans la hiérarchie, etc.] supérieur *my superior officer* mon supérieur (à l'armée) *It definitely gives superior sound quality.* Il a sans aucun doute une qualité de son supérieure. *The new bike is much superior to the one I had before.* Le nouveau vélo est nettement supérieur à celui que j'avais avant. **2** [plutôt formel. Très bon] de qualité supérieure *superior brandies* des cognacs de qualité supérieure **3** [péjoratif] supérieur, suffisant *in a superior tone* sur un ton supérieur **superiority** *ni* supériorité

**advanced** *adj* [évoque l'idée de progrès] supérieur, de pointe *advanced space technology* technologie aérospatiale de pointe *The engine is the most advanced of its kind.* Ce moteur est le plus perfectionné de son type. *an advanced language course* un cours de perfectionnement en langue

**senior** *adj* [implique une notion d'âge ou de hiérarchie] de grade supérieur, plus âgé *our senior accountant* notre chef comptable *senior executive* cadre supérieur *He is senior to me in the firm.* Il a un poste plus élevé que le mien dans l'entreprise. **seniority** *ni* supériorité, ancienneté

*e x p r e s s i o n s*

**have** (OU **give sb**) **the edge on/over** [implique un avantage léger mais important] l'emporter de justesse sur *A better delivery service would give you the edge over your competitors.* Un meilleur service de livraison vous donnerait un avantage décisif sur vos concurrents.

**to be head and shoulders above** [nettement meilleur] être une tête au-dessus *She's head and shoulders above all the other students.* Elle est nettement meilleure que les autres étudiants.

**have the upper hand** [implique plus de pouvoir que quiconque d'autre] avoir le dessus/l'avantage *We had the upper hand throughout the game.* Nous avons nettement dominé toute la partie.

**(to be) one step ahead** [évoque l'idée d'avantage dû à l'effort, l'initiative, la ruse, etc.] avoir une longueur d'avance *Our research department keeps us one step ahead of other manufacturers.* Grâce à notre département de recherche, nous maintenons notre avance sur les autres fabricants.

## 420 Suitable Adéquat

**suitable** *adj* (souvent + **for**) adéquat, propice, approprié *the most suitable candidate* le candidat qui convient le mieux *The film is not suitable for children.* Ce n'est pas un film pour les enfants. *a suitable place to eat* un endroit approprié pour manger **suitably** *adv* de manière adéquate **suitability** *ni* le fait de convenir

**suit** *vt* **1** [être approprié pour] convenir *The music didn't suit the occasion.* La musique ne convenait pas à l'événement. **2** [être approprié. Suj: ex. disposition] convenir *Would Friday suit you?* Vendredi vous conviendrait-il? **3** [bien aller] aller à *Red suits you.* Le rouge te va bien.

### 420.1 Adapté à une situation particulière

**right** *adj* [qui convient tout à fait] juste, bien, équitable *It was just the right thing to say.* C'était exactement ce qu'il fallait dire. *The time seems right.* Il semble que ce soit le bon moment. *It's only right that he should pay for his mistake.* Ce n'est que juste qu'il payie pour son erreur.

**appropriate** *adj* **1** opportun, juste *I need an appropriate quotation.* Il me faut une citation bien choisie. *It seemed appropriate to invite them.* Il semblait indiqué de les inviter. *How appropriate that it should happen at Christmas.* Comme cela tombe bien que cela se passe à Noël. **2** (pas de *compar* ni de *superl*; toujours + **the**) [celui qu'il faut, qu'on a choisi, etc.] juste, propre *I found the appropriate document.* J'ai trouvé le document qu'il fallait. *At the appropriate moment, he called for silence.* Au moment voulu, il demanda le silence.

**appropriately** *adv* avec à-propos, à juste titre

*appropriately sombre music* de la musique triste adaptée aux circonstances

**apt** *adj* [décrit: ex. expression, citation] approprié, pertinent *The proverb seemed very apt in the situation.* Le proverbe semblait être tout à fait adapté aux circonstances. **aptly** *adv* pertinemment

**fitting** *adj* [plutôt formel. Surtout d'un point de vue moral ou esthétique] approprié, juste *a fitting conclusion to a distinguished career* une fin digne d'une carrière hors du commun *It seems fitting to let a younger person have the job.* Il convient de laisser la place à quelqu'un de plus jeune. **fittingly** *adv* de façon indiquée

**proper** *adj* [plutôt formel et pompeux. Implique des normes sociales traditionnelles] convenable, bienséant *Is it proper for students of different sexes to be sharing a house?* Est-il convenable que des étudiants de sexes différents partagent la même maison?

**seemly** *adj* [plutôt littéraire. Implique des normes morales et sociales] correct, bienséant, décent *It would have been more seemly to wait longer before remarrying.* Il aurait été plus correct d'attendre plus longtemps avant de se remarier.

### 420.2 Approprié

**relevant** *adj* **1** (souvent + **to**) approprié, pertinent, applicable *The advice is more relevant to disabled people.* Ces conseils s'appliquent surtout aux handicapés. *Her remarks strike me as extremely relevant.* Je suis frappé par la pertinence de ses remarques. **2** (pas de *compar* ni de *superl*; toujours + **the**) [celui qu'il faut, etc.] utile *I think we now have all* the relevant details. Je crois que nous connaissons maintenant tous les détails utiles. **relevance** *ni* pertinence, à-propos

**apply** *vi* (gén + **to**) être d'application, s'appliquer à *This only applies if you earn over £25,000.* Ceci n'est valable que si vous gagnez plus de 25.000 livres. *People say the Welsh are good singers, but that certainly doesn't apply to Paul!* On dit que les Gallois sont de bons chanteurs, mais cela ne s'applique certainement pas à Paul!

**applicable** *adj* (après *v*; souvent + **to**) applicable *an exception where the usual procedure is not applicable* une exception où la procédure d'usage ne s'applique pas

## 421 Comfortable Confortable

ant **440 Uncomfortable**

**comfortable** *adj* confortable *a comfortable chair* un siège confortable *Are you comfortable sitting there?* Etes-vous bien assis là? **comfortably** *adv* confortablement

**comfort** *n* 1 *ni* [sensation de bien-être ou environnement confortable] confort *in the comfort of your own home* dans le confort de votre domicile privé 2 *nd* [chose dont on peut jouir] commodité *little comforts like wine and good music* des petits plaisirs comme le vin et la bonne musique 3 *ni* [personne, chose, ou événement qui aide dans un moment difficile, de peine, etc.] réconfort, soulagement, consolation *It's some comfort that he didn't suffer.* C'est un réconfort qu'il n'ait pas souffert.

**cosy** (*Brit*), **cozy** (*US*) *adj* [évoque l'idée de chaleur ou de satisfaction] douillet, confortable *a cosy scene of hot chocolate in front of the fire* un moment douillet de chocolat chaud pris au coin du feu **cosily** *adv* confortablement

**snug** *adj* [légèrement informel. Evoque l'idée de chaleur et de milieu protégé] douillet, confortable *I was snug in bed until you rang.* J'étais bien au chaud dans mon lit avant que tu ne téléphones. **snugly** *adv* chaudement, confortablement

**luxury** *n* 1 *ni* [sensation ou environnement] luxe *to live in luxury* vivre dans le luxe *This is the lap of luxury.* C'est le plus grand luxe. 2 *nd* [chose chère et qui fait plaisir] luxe *A dishwasher isn't a luxury, you know.* Un lave-vaisselle, ce n'est pas un luxe, tu sais.

**luxurious** *adj* [décrit: ex. hôtel, cuisine] luxueux, somptueux *I had a long, luxurious shower.* J'ai pris une douche délicieusement longue.

**luxuriously** *adv* luxueusement *luxuriously upholstered* recouvert de tissu d'ameublement luxueux

## 422 Happy Heureux

ant **447 Sad**

**happy** *adj* 1 heureux, tranquille *I feel happy.* Je me sens heureux. *I'm happy to let you try.* Je veux bien te laisser essayer. 2 [satisfait] content, heureux *I'm not happy with her work.* Je ne suis pas content de son travail.

**happily** *adv* joyeusement, tranquillement *They were playing happily together.* Ils jouaient tranquillement ensemble. *a happily married man* un homme heureux en ménage

**happiness** *ni* bonheur *Money doesn't guarantee happiness.* L'argent ne fait pas le bonheur.

**joy** *n* 1 *ni* [plus intense que **happiness**] joie *Children give you a lot of joy.* Les enfants apportent beaucoup de joie. 2 *nd* joie *the joys of family life* les joies de la vie de famille

**joyful** *adj* [plus littéraire que **happy** quand il sert à décrire des personnes] joyeux *joyful cries* des cris joyeux *A joyful crowd was celebrating New Year.* Une foule joyeuse célébrait le Nouvel An. **joyfully** *adv* joyeusement

**pleasure** *n* 1 *ni* plaisir *the pleasure you get from your garden* les plaisirs qu'on tire de son jardin 2 *nd* plaisir *little pleasures like staying in bed late* des petits plaisirs comme la grasse matinée

**pleasurable** *adj* [légèrement formel. Qui procure du plaisir] agréable *I found meeting her a very pleasurable experience.* Ça a été une expérience très agréable pour moi de la rencontrer.

**pleasing** *adj* [légèrement formel. Attrayant ou satisfaisant] plaisant *a pleasing golden colour* une agréable couleur dorée **pleasingly** *adv* agréablement

### 422.1 Heureux avec raison

**pleased** *adj* (souvent + **about**, **at**, **with**) [satisfait et assez heureux] content, heureux *The result made us feel rather pleased.* Nous étions assez contents du résultat. *I'm so pleased for you!* Je suis tellement content pour toi! *I'm pleased with the general effect.* Je suis satisfait de l'effet d'ensemble.

**glad** *adj* (souvent + **about**, **at**) [satisfait mais pas vraiment enthousiaste] content *I'm glad to hear you're going to have a baby.* Je suis content d'apprendre que tu vas avoir un bébé. *He'll be glad to see you again.* Il sera content de te revoir. [qui exprime la volonté] *I'd be glad to come.* Je viendrais bien volontiers. [qui exprime le soulagement] *I'll be glad when it's over.* Je serai content quand ce sera fini.

**gladness** *ni* [légèrement formel] contentement *You could sense the gladness and relief in his voice.* On pouvait entendre la satisfaction et le soulagement dans sa voix.

**gladden** *vt* [légèrement formel ou littéraire] rendre heureux, réjouir *a victory that gladdened the hearts of the party managers* une victoire qui a réjoui les coeurs des chefs du parti

**grateful** *adj* (souvent + **to**, **for**, **that**) reconnaissant *I can't tell you how grateful I am.* Je ne sais comment vous exprimer ma gratitude. *We're very grateful to you for coming today.* Nous vous sommes très reconnaissants d'être venu aujourd'hui. *I'm just grateful I still have a job.* Je suis tout simplement content d'avoir encore un travail. **gratefully** *adv* avec reconnaissance

**thankful** *adj* (gén + **for, that**) [ex. parce qu'on a évité un problème, un accident, etc.] heureux, soulagé *Let's be thankful there weren't more casualties.* Estimons-nous heureux qu'il n'y ait pas eu plus de victimes. **thankfully** *adv* avec gratitude

**relief** *n* 1 *ni* (souvent + **at**) [au fait d'éviter qch d'indésirable] soulagement *a sigh of relief* un soupir de soulagement *our relief at the decision* notre soulagement d'entendre la décision 2 *nd* (pas de *pl*) [ex. une bonne nouvelle] soulagement *That's a relief, I thought you weren't coming.* Je respire, je croyais que tu ne viendrais pas. *It's such a relief to be home.* Quel soulagement d'être à la maison.

**relieved** *adj* (gén au *part passé*) soulagé *We're all very relieved she's safe.* Nous sommes tous soulagés d'apprendre qu'elle est hors de danger.

## 422.2 Extrêmement heureux

**delighted** *adj* (gén après *v*) ravi, enchanté *I'm delighted to see you all here.* Je suis ravi de vous voir tous ici. *They're delighted with the new house.* Ils sont enchantés de leur nouvelle maison.

**overjoyed** *adj* (après *v*; souvent + **about**, **at**, + **to** + INFINITIF) [très heureux et enthousiaste] ravi, transporté de joie *Everybody's overjoyed about the award.* Le prix comble tout le monde de joie.

**elated** *adj* [après *v*; souvent + **about**, **at**] [extrêmement heureux et exultant de bonheur] rempli d'allégresse *You're supposed to feel elated on your wedding day.* On est sensé être au comble du bonheur le jour de son mariage. **elation** *ni* allégresse, exultation

**ecstatic** *adj* [tellement heureux qu'on en oublie le reste] extasié, en extase *She was ecstatic when I told her she had won.* Elle était aux anges quand je lui ai dit qu'elle avait gagné. **ecstatically** *adv* avec extase **ecstasy** *nid* extase

**rapture** *n* [implique une sensation irrésistible de plaisir] 1 *ni* ravissement, enchantement, extase *The music was sheer rapture.* La musique était un véritable enchantement. 2 *nd* (toujours *pl*) **be sent/swept into raptures** s'extasier *The scenery* **sent** *him* **into raptures**. Il s'est extasié devant le paysage.

**rapturous** *adj* frénétique, d'extase *rapturous enthusiasm* enthousiasme frénétique **rapturously** *adv* avec ravissement/frénésie

**rejoice** *vi* (souvent + **over**, **in**) [plutôt formel. Implique que l'on montre son bonheur] se réjouir, être ravi/enchanté *There was much rejoicing over the news of a ceasefire.* Nombreuses furent les démonstrations de joie à la nouvelle d'un cessez-le-feu.

## 422.3 Naturellement heureux

**merry** *adj* [heureux de manière pétulante, souvent enjouée] gai, joyeux *We all had a merry time at the annual dinner.* Nous avons tous passé un très bon moment au dîner annuel. **merrily** *adv* joyeusement, gaiement **merriness** *ni* gaieté, joie

**cheerful** *adj* [qui montre sa nature gaie] enjoué, gai, joyeux *She's ill, but managing to keep cheerful.* Elle est malade, mais parvient à rester gaie.

**cheerfully** *adv* gaiement, avec entrain *They cheerfully agreed to help us.* Ils ont tous accepté de bon coeur de nous aider. **cheerfulness** *ni* bonne humeur, gaieté

**jolly** *adj* [heureux de façon extravertie] enjoué, jovial

**optimistic** *adj* optimiste *I'm quite optimistic about my prospects.* Je suis assez optimiste à propos de mes perspectives d'avenir. **optimistically** *adv* avec optimisme **optimism** *ni* optimisme **optimist** *nd* optimiste

### *expressions*

**in high spirits** [évoque le bonheur et l'enthousiasme à propos de la vie] plein d'entrain, tout joyeux *It was the last day of term and everybody was in high spirits.* C'était le dernier jour du trimestre, et tout le monde était tout joyeux.

**full of the joys of spring** [souvent ironique. Beaucoup plus heureux que d'habitude] débordant de joie *My book had just been published and I was full of the joys of spring.* Mon livre venait d'être publié, et je débordais de joie.

**over the moon** [informel. Très heureux et enthousiaste à propos de qch] aux anges *If she wins the championship we'll all be over the moon.* Si elle gagne le championnat, nous serons tous aux anges. *He was over the moon about his success.* Il était fou de joie à propos de son succès.

**in seventh heaven** [plutôt désuet et informel] au septième ciel *Your father would be in seventh heaven if he had a garden like that.* Ton père serait au septième ciel s'il avait un jardin comme celui-là.

**on cloud nine** [informel. Tout à fait heureux et coupé du monde extérieur] aux anges *He's been on cloud nine since his granddaughter was born.* Il est aux anges depuis la naissance de sa petite-fille.

## 423 Laugh Rire

**laughter** *ni* rire *the sound of children's laughter* le bruit des rires d'enfants *I could hear gales of laughter coming from the bedroom.* J'entendais de grands éclats de rire qui venaient de la chambre à coucher. *a series of one-liners that made us howl with laughter* une série de plaisanteries qui nous ont fait hurler de rire

**laugh** *nd* 1 (éclat) de rire *a quiet laugh* un rire discret 2

[plutôt informel] rire, rigolade *It was a real laugh.* On a bien rigolé. *We threw him in the swimming pool for a laugh.* On l'a jeté dans la piscine pour rire.

**chuckle** *vi* [avec bonheur mais discrètement] rire, glousser *I chuckled at the thought of the surprise they'd get.* J'ai ri en pensant à la surprise qu'ils allaient avoir. **chuckle** *nd* petit rire, gloussement

**split one's sides** [informel. Implique un rire incontrôlable] se tordre de rire *I really split my sides when the tent fell in on us.* Je me suis vraiment bidonnée quand la tente nous est tombée dessus.

**be in stitches** [informel] se tordre de rire *His impressions had us all in stitches.* Ses imitations nous ont tous fait marrer.

**have a fit of the giggles** avoir le fou rire *I had a fit of the giggles just as he was finishing his speech.* Je suis partie d'un fou rire juste au moment où il terminait son discours.

**die laughing** [informel] mourir de rire *You'd have died laughing if you'd seen him fall off the ladder.* Tu serais mort de rire si tu l'avais vu tomber de l'échelle.

**crack up (laughing)** [informel] éclater de rire *I just cracked up when she told me what had happened.* J'ai tout simplement éclaté de rire quand elle m'a dit ce qui s'était passé.

**laugh one's head off** [informel. Implique que l'on trouve qch comique, parfois par malice] rire comme une baleine, se fendre la poire

**giggle** *vi* [discrètement et nerveusement] rire nerveusement, glousser *She saw a rude word in the dictionary and started giggling.* Elle a vu un gros mot dans le dictionnaire et s'est mise à rire sottement.

**giggle** *nd* **1** petit rire sot, gloussement nerveux **2** [plutôt informel] rigolade *We only did it for a giggle.* On l'a seulement fait pour rigoler.

**guffaw** *vi* [fort et sottement] rire bruyamment, pouffer *He guffawed at his own joke and slapped me on the back.* Il s'est esclaffé à sa propre blague et m'a tapé dans le dos.

**guffaw** *nd* gros (éclat de) rire *I could hear his upper-class guffaw.* J'entendais son rire distingué.

**grin** *vi*, -nn- [avec un large sourire] sourire

**grin** *nd* sourire *Take that stupid grin off your face!* Cesse de sourire de façon aussi stupide!

## 423.1 Rire de façon désagréable

**snigger** (*Brit*) AUSSI (*US*) **snicker** *vi* (souvent + **at**) [péjoratif. Implique une attitude impolie] ricaner *They sniggered at her clothes.* Ils se sont moqués méchamment de ses vêtements. **snigger** *nd* rire moqueur

**smirk** *vi* [avec un sourire insolent d'autosatisfaction] sourire d'un air narquois *Stop smirking, anyone can make a mistake.* Cesse de sourire de ton air narquois, tout le monde peut faire une erreur.

**smirk** *nd* sourire suffisant *a self-satisfied smirk* un sourire plein de suffisance

# 424 Funny Comique

voir aussi **444 Unusual**

## 424.1 Traits comiques

**humour** (*Brit*), **humor** (*US*) *ni* humour *her dry humour* son humour pince-sans-rire *a keen sense of humour* un sens de l'humour aigu

**humorous** *adj* [comique de manière heureuse. Décrit: ex. personne, remarque, situation] humoristique *a humorous letter to the Times* une lettre humoristique au Times

**amusing** *adj* [implique souvent qch de légèrement comique] amusant *an amusing coincidence* une coïncidence amusante *He's a very amusing companion.* C'est un compagnon très amusant.

**amusement** *ni* amusement, divertissement, distraction *The mix-up caused a certain amount of amusement.* La confusion a provoqué un certain amusement. *He lost his glasses, **to the** great **amusement of** the children.* Il a perdu ses lunettes, au grand amusement des enfants.

**amuse** *vt* amuser *The pun failed to amuse her.* Le jeu de mots ne l'a pas fait rire.

**wit** *ni* [implique un humour fin] esprit *a ready wit* une personne très spirituelle

**witty** *adj* [décrit: ex. personne, remarque] spirituel *a witty retort* une réplique pleine d'esprit

## 424.2 Qui provoque le rire

**funny** *adj* comique *It's a very funny book.* C'est un livre très comique. *Give me my clothes back - it's not funny!* Rends-moi mes vêtements - ce n'est pas drôle! *It was so funny - she didn't know the mouse was on her hat!* C'était tellement comique - elle ne savait pas que la souris était sur son chapeau.

**comic** *adj* [ridicule ou délibérément comique. Décrit: ex. expression, costume] comique, amusant *her comic impressions of the teachers* ses imitations comiques des professeurs

**comical** *adj* [implique souvent la sottise] drôle, comique *The hat gave him a comical air.* Le chapeau lui donnait l'air comique. **comically** *adv* drôlement, comiquement *a comically exaggerated accent* un accent comiquement exagéré

**comedy** *ni* comédie, genre comique *slapstick comedy* grosse farce, farce bouffonne *the unintended comedy of the incident* l'effet comique involontaire de l'incident

**hilarious** *adj* [extrêmement comique, parfois de façon absurde] désopilant *I was furious but she found the idea hilarious.* J'étais furieuse, mais elle a trouvé l'idée désopilante.

**hilarity** *ni* [humeur hilare] hilarité *This rather dampened the hilarity of the occasion.* Ceci a plutôt gâché la joie de l'événement.

**droll** *adj* [assez désuet. Implique en général un humour discret] drôle [souvent dit de façon sarcastique à qn qui vient de faire une blague] *Oh, very droll!* C'est vraiment très drôle!

# 425 Tease Taquiner

**joke** nd **1** [ex. exagération ou tour] plaisanterie, blague *I pretended to be angry for a joke.* J'ai fait semblant d'être fâché, pour rire. *to play a joke on sb* faire une farce à qn **2** [histoire drôle] blague *to tell jokes* raconter des blagues

**joke** vi plaisanter, blaguer *I was only joking.* Ce n'était qu'une plaisanterie. *He joked that he would soon be too fat to see his feet.* Il a dit en plaisantant qu'il serait bientôt trop gros pour voir ses pieds.

**practical joke** nd farce

**kid** v, -dd- [affirmer des choses fausses pour s'amuser] **1** vi raconter des blagues *You're kidding!* Tu veux rire! **2** vt (*Brit*) (parfois + **on**) faire marcher *We kidded them on that it was a real fire.* On leur a fait croire pour rigoler que c'était un véritable incendie.

## expressions

**take the mickey** (*surtout Brit*) (souvent + **out of**) [informel. Implique un léger manque de respect, peut être blessant] se payer la tête de qn *They used to take the mickey because of my stammer.* Ils se payaient toujours ma tête parce que je bégayais.

**pull sb's leg** [informel. Ex. en faisant semblant d'être sérieux ou en prétendant que qch est vrai] faire marcher *You're pulling my leg, you've never been to Japan.* Tu me fais marcher, tu n'es jamais allé au Japon.

**have sb on** [informel. Gén en prétendant que qch est vrai] faire marcher *I think he's having me on, he's no architect.* Je crois qu'il me fait marcher, il n'est pas architecte.

### 425.1 Plaisanterie agressive

**mock** vt [délibérément méchant] ridiculiser, se moquer de *They openly mocked my beliefs.* Ils se moquaient ouvertement de mes croyances. *a mocking glance* un regard moqueur **mockery** ni moquerie, raillerie

**ridicule** vt [d'une façon blessante et supérieure] ridiculiser, tourner en dérision *My parents ridiculed my ambitions.* Mes parents tournaient mes ambitions en ridicule. **ridicule** ni ridicule

**deride** vt [plutôt formel] rire de *The president is sometimes derided as ineffectual.* Le président est parfois tourné en dérision et traité d'incapable. **derision** ni dérision

**torment** vt [souligne la souffrance de la personne tourmentée. Implique insistance] tourmenter *Will you stop tormenting your brother!* Cesse de persécuter ton frère, veux-tu!

**pester** vt [ex. par des questions ou des requêtes répétées] importuner, harceler *The kids have been pestering me since breakfast.* Les enfants m'embêtent depuis le petit-déjeuner.

**pick on** sb vt prép [plutôt informel. Taquiner ou critiquer de façon répétée] harceler *Stop picking on me!* Arrête de me chercher misère. *John is always picking on his younger brother.* John est toujours en train de chercher misère à son frère.

## expression

**make fun of sb** OU **poke fun at sb** rire, se moquer de qn *It's easy to poke fun at politicians, but somebody has to run the country.* C'est facile de se moquer des politiciens mais il faut bien que quelqu'un dirige le pays.

# 426 Like Bien aimer

voir aussi **427 Love; 428 Enjoy**

**like** vt **1** bien aimer *I like your new hairstyle.* J'aime bien ta nouvelle coiffure. *I don't like cheese.* Je n'aime pas le fromage. (+ -ing) *Do you like swimming?* Aimes-tu nager? *I don't like getting up early.* Je n'aime pas me lever tôt. **2** (après **would** ou, moins fréquemment, **should**; souvent + INFINITIF) souhaiter, vouloir *I'd like to go to Australia.* Je voudrais bien aller en Australie. *Would you like a drink?* Voulez-vous boire quelque chose?

## usage

On utilise la construction **like** + -ing pour exprimer l'idée que l'on apprécie une activité particulière, ex. *I like dancing.* (J'aime bien danser.) Si l'on fait référence à une préférence ou une habitude, on utilise souvent la construction **like** + INFINITIF ex. *I like to have a nap after lunch.* (J'aime faire une sieste après le déjeuner.)

**affection** ni [implique un sentiment de tendresse] affection *I feel great affection for her.* J'ai beaucoup d'affection pour elle.

**be fond of** sb/sth [implique que l'on aime qch ou que l'on a de la tendresse pour une personne] aimer beaucoup *I'm very fond of olives.* J'adore les olives. *She's especially fond of her youngest son.* Elle a une affection toute particulière pour son plus jeune fils.

**fondness** ni affection, penchant *a fondness for Mozart* une prédilection pour Mozart

**be partial to sth** [plus formel que **fond of**] avoir un penchant pour *She's always been partial to Chinese food.* Elle a toujours eu un faible pour la cuisine chinoise.

**partiality** ni prédilection, penchant *her partiality to sherry* son penchant pour le sherry

**fan** nd [ex. d'une équipe, d'un groupe] fan, admirateur, supporter *soccer fans* supporters de football

**fancy** (*Brit*) vt **1** [obj: ex. verre, vacances] avoir envie de, aimer *I fancy going to the theatre tonight.* J'ai envie d'aller au théâtre ce soir. **2** [informel. Ressentir une attirance sexuelle pour] être attiré par *Lots of kids fancy their teachers.* Beaucoup d'adolescents ont le béguin pour leurs professeurs.

**approve** *vti prép* (souvent + **of**) approuver *I don't approve of their business methods.* Je n'approuve pas leur façon de faire des affaires. *I will invite him to join us if you approve.* Je vais l'inviter à se joindre à nous si tu es d'accord.

**approval** *ni* approbation *I hope the wine **meets with** your **approval**.* J'espère que vous appréciez le vin.

### e x p r e s s i o n

**to take a fancy to sb** [informel. Signifie souvent mais pas nécessairement un intérêt amoureux] se prendre d'affection pour qn *I can see she's taken rather a fancy to you.* Comme je vois, elle s'est prise d'affection pour toi.

## 426.1 Etre aimé

**popular** *adj* (souvent + **with**) [aimé par beaucoup de monde] populaire, qu'on aime beaucoup *a very popular figure* une personne très populaire *The programme's particularly popular with older viewers.* Le programme est surtout apprécié par les téléspectateurs d'un certain âge.

**popularity** *ni* popularité *the government's popularity in the opinion polls* la popularité du gouvernement dans les sondages d'opinion

**favour** (*Brit*), **favor** (*US*) *ni* faveur, approbation *His ideas are gaining favour with the board.* Ses idées sont en train de gagner l'approbation du conseil d'administration. **favour** *vt* préférer, appuyer

**favourite** (*Brit*), **favorite** (*US*) *adj* préféré, favori *our favourite restaurant* notre restaurant préféré

**favourite** *nd* favori *You've always been Mum's favourite.* Tu as toujours été le chouchou de maman.

**catch on** *vi prép* (souvent + **with**) [suj: ex. style, produit] devenir populaire *The show never caught on in the States.* Le spectacle n'a jamais marché aux Etats-Unis. *The car soon caught on with motorists.* La voiture a vite été adoptée par les automobilistes.

### e x p r e s s i o n s

**to sb's liking** (après *v*) [comme on l'aime] au goût de qn *Is it cooked to your liking?* Est-ce à votre goût? *The climate here is very much to our liking.* Le climat ici nous plaît beaucoup.

**to be to sb's taste** plaire à qn, correspondre aux goûts de qn *I expect Mozart would be more to your taste.* Je suppose que Mozart correspond plus à vos goûts.

**a man/woman/girl, etc. after my own heart** [implique que qn aime qn qui lui ressemble. Très approbateur] un homme/une femme/une jeune fille, etc. comme je les aime *You're a man after my own heart, sir!* Vous êtes un homme comme je les aime, Monsieur!

# 427 Love   Aimer

**love** *ni* amour *to be in love with sb* être amoureux de qn *to fall in love with sb* tomber amoureux de qn *unrequited love* amour non partagé (utilisé comme *adj*) *a love affair* une liaison (amoureuse)

**love** *vt* aimer *to love sb to distraction* aimer qn à la folie (+ *-ing*) *I love singing.* J'adore chanter.

**loving** *adj* affectueux, tendre *a loving family environment* un climat familial plein d'amour **lovingly** *adv* affectueusement

## 427.1 Amour sexuel

**romance** *n* **1** *ni* [implique passion sentimentale] amour, passion *The romance had gone out of their relationship.* Leur relation était désormais sans passion. **2** *nd* [relation] idylle *a whirlwind romance* une idylle éclair

**romantic** *adj* romantique *a romantic dinner* un dîner romantique

**passion** *nid* [implique une émotion intense] passion, amour *his passion for an older woman* sa passion pour une femme plus âgée **2** *nd* [très grande appréciation] passion *She has a passion for cats.* Elle aime passionnément les chats.

**passionate** *adj* passionné *a passionate kiss* un baiser passionné **passionately** *adv* passionnément

**lust** *ni* [terme désapprobateur pour un désir sexuel très fort] désir sexuel, concupiscence

## 427.2 Amour profond, souvent non sexuel

**devotion** *ni* (souvent + **to**) [implique que l'on se soucie de qn] dévouement, attachement *maternal devotion* dévouement/amour maternel *the dog's devotion to its master* l'attachement du chien pour son maître

**devoted** *adj* dévoué *a devoted husband and father* un mari et un père dévoué **devotedly** *adv* avec dévouement

**adore** *vt* [implique des sentiments plus forts et moins de rationalité que **love**] adorer *She absolutely adores him.* Elle l'adore littéralement. *He adores those cats.* Il adore ces chats. [utilisé pour insister] *I adore Italian food.* J'adore la cuisine italienne.

**adoration** *ni* adoration *her blind adoration of her father* l'adoration sans borne qu'elle voue à son père

**adoring** *adj* plein d'adoration *an adoring gaze* un regard d'adoration **adoringly** *adv* avec adoration

**worship** *vt*, -pp- [très emphatique. Implique une attitude humble] adorer, idolâtrer *He worships that woman.* Il idolâtre cette femme.

## 427.3 Amour de jeunesse

**infatuation** *ndi* [implique un amour extrême et irrationnel] engouement, toquade

**infatuated** *adj* (souvent + **with**) entiché de *He's totally infatuated with her.* Il est complètement fou d'elle.

**crush** *adj* [implique un amour éphémère d'adolescent] béguin *to have a crush on a teacher* avoir le béguin pour un professeur

**puppy love** *ni* [surtout d'une jeune personne pour un adulte] amour d'adolescent, béguin

**cupboard love** *ni* (*Brit*) [démonstration d'affection hypocrite pour essayer d'obtenir qch] amour intéressé

**hero-worship** *ni* culte du héros

### 427.4 Les gens que l'on aime

**girlfriend** *nd* petite amie

**boyfriend** *nd* petit ami

> *usage*
>
> On utilise souvent les termes **girlfriend** et **boyfriend** pour désigner des adolescents ou de jeunes adultes. On peut les utiliser pour des adultes plus âgés mais on les évite souvent, surtout s'il s'agit d'une relation durable, parce qu'ils peuvent donner une impression d'insignifiance ou de manque de maturité. On utilise souvent un terme comme **partner** à la place.

**lover** *nd* amant *a live-in lover* un amant avec lequel on vit

**mistress** *nd* [terme plutôt vieilli, implique souvent la désapprobation de celui qui l'utilise] maîtresse

**the apple of sb's eye** [implique de la fierté et de l'amour] la prunelle des yeux de qn *His only grandchild is the apple of his eye.* Il tient à son unique petit enfant comme à la prunelle de ses yeux.

### 427.5 Termes d'affection

**love** *nd* amour, coeur *Come on love, we're late.* Allez mon chou, nous sommes en retard.

**darling** *nd* chéri, bien-aimé *You look lovely darling.* Tu es ravissante chérie. *Did you hurt yourself, darling?* Tu t'es fait mal chérie? [implique seulement l'affection quand il n'est pas utilisé pour s'adresser à qn] *My boss is a real darling.* Mon patron est un amour.

**dear** *nd* chéri *Come on dear, we're late.* Dépêche-toi chérie, nous sommes en retard.

**sweetheart** *nd* chéri, ange, coeur *Thank you sweetheart, I knew you'd remember.* Merci mon coeur, je savais que tu t'en souviendrais. *Daddy will be back soon, sweetheart.* Papa sera vite de retour mon petit ange.

**honey** *nd* (*US*) chéri, mon chou *What's wrong, honey?* Qu'est-ce qui ne va pas chérie?

> *usage*
>
> 1 Ces termes s'utilisent couramment entre des gens qui s'aiment de façon romantique, et aussi entre des amis intimes ou des membres d'une famille, surtout par des adultes qui s'adressent à des enfants. Dans certaines circonstances, on peut aussi les utiliser comme formule affectueuse avec des amis ou même des étrangers mais normalement ils ne sont pas employés par un homme qui s'adresse à un autre homme. Les termes **love** et **dear** sont très couramment utilisés dans ce sens, surtout par des femmes ou des hommes s'adressant à des femmes: ex. *Don't forget your change, dear.* (N'oubliez pas votre monnaie, ma chère.)
>
> 2 Ces termes sont toujours plus forts, et généralement utilisés dans des contextes romantiques, lorsqu'ils sont précédés de **my**: ex. *I love you, my darling.* (Je t'aime, ma chérie.)

## 428 Enjoy Apprécier

voir aussi **426 Like**

**enjoy** *vt* aimer, trouver agréable, prendre plaisir à (often + -ing) *Do you enjoy driving?* Est-ce que tu aimes bien conduire? *I've enjoyed this evening very much.* J'ai trouvé cette soirée très agréable. *I'd like to enjoy my retirement in comfort.* J'aimerais pouvoir profiter d'une retraite confortable. **to enjoy oneself** s'amuser *They're all out enjoying themselves at the pictures.* Ils sont tous allés s'amuser au cinéma.

**enjoyable** *adj* [décrit: ex. repas, soirée] agréable *a very enjoyable film* un très bon film

**appreciate** *vt* [reconnaître la qualité de] apprécier *She taught me to appreciate good wine.* Elle m'a appris à apprécier le bon vin.

**appreciation** *ni* appréciation *a deep appreciation of English poetry* un sens profond de la poésie anglaise

**relish** *vt* [légèrement formel. Mot emphatique qui implique la satisfaction. Obj: souvent qch de difficile, dangereux, ou qui provoque la douleur d'un autre] savourer, trouver du plaisir à *He relished the opportunity to criticize his superiors.* Il savourait l'occasion de critiquer ses supérieurs.

**relish** *ni* [implique un plaisir enthousiaste] goût, délectation *He described the incident with relish.* Il a décrit l'incident avec ravissement.

**savour** (*Brit*), **savor** (*US*) *vt* [légèrement formel. Implique que l'on prend le temps d'apprécier qch] savourer *She savoured each spoonful.* Elle savourait chaque cuillerée. *Savour the calm of the countryside.* Savoure la quiétude de la campagne.

**delight in** *vt prép* [implique que l'on tire du plaisir d'une activité habituelle] prendre plaisir *She delights in terrible puns.* Elle adore faire des jeux de mots abominables.

**indulge** *v* 1 *vi* (souvent + *in*) [suggère un plaisir légèrement coupable ou que l'on prend à regret] se faire plaisir, se laisser aller à *I decided to indulge in a taxi home.* J'ai décidé de me faire le plaisir de rentrer en taxi. 2 *vt* céder à, donner libre cours à *I indulged my craving for chocolate.* J'ai cédé à mes envies de chocolat. *Go on – indulge yourself!* Allez, fais-toi plaisir!

### 428.1 Les choses que l'on apprécie

**enjoyment** *ni* [sentiment] plaisir *I get a lot of enjoyment from the garden.* Le jardin me procure beaucoup de plaisir.

**fun** *ni* [implique l'excitation. Sentiment ou activité]

amusement *We had lots of fun putting up the tents.* On s'est bien amusé à monter les tentes. *Cooking can be fun.* Cela peut être amusant de cuisiner.

**treat** *nd* [souvent organisé par qn pour le plaisir d'une autre personne] plaisir, cadeau, gâterie *I thought I'd give you a treat for your birthday.* J'ai pensé que je te ferais une gâterie pour ton anniversaire. *A day off would be a real treat.* Ce serait vraiment un cadeau d'avoir un jour de congé.

**treat** *vt* (souvent + **to**) offrir *I'm going to treat myself to a new pair of shoes.* Je vais m'offrir une nouvelle paire de chaussures.

**indulgence** *nd* [cadeau luxueux] gâterie *Expensive shoes are my great indulgence.* Les chaussures de prix sont ma petite faiblesse.

**kick** *nd* [informel. Excitation à faire qch] plaisir, excitation *I get a real kick from winning a chess game.* Je prends vraiment plaisir à gagner une partie d'échecs. *We just started the group for kicks.* On a formé le groupe pour le plaisir.

### *e x p r e s s i o n s*

**have a good/nice time** [s'amuser. Pour renforcer cette expression, on peut utiliser d'autres adjectifs comme: **great**, **wonderful**, **fantastic** etc.] bien s'amuser *Is everybody having a good time?* Est-ce que tout le monde s'amuse?

**have a whale of a time** [informel, implique souvent tapage et turbulence] s'amuser beaucoup, se payer du bon temps *We had a whale of a time splashing in the pool.* On s'est drôlement bien amusé à sauter dans la piscine.

**let one's hair down** [en étant moins sérieux que d'habitude] se défouler *Once a year some of the teachers let their hair down and join in the school play.* Une fois par an quelques professeurs se décoincent et participent à la pièce de l'école.

**have a field day** [implique excitation et activité] s'en donner à coeur joie, s'éclater *The children had a field day trying on our old clothes.* Les enfants se sont éclatés à essayer nos vieux vêtements.

**be in one's element** [implique que l'on fait qch que l'on sait bien faire] être dans son élément *The men were in their element analysing the match.* Les hommes étaient dans leur élément à analyser le match.

**to one's heart's content** [autant que l'on veut] tout son saoul, à coeur joie *Go out in the garden and you can yell to your heart's content.* Va dans le jardin et tu pourras crier tout ton saoul.

## 429 Satisfy Satisfaire

**satisfy** *vt* satisfaire, contenter *Our shop can't satisfy the demand for organic vegetables.* Notre magasin ne peut pas couvrir la demande en légumes biologiques. *I was very satisfied with the standard of their work.* J'étais très satisfait du niveau de leur travail. [souvent utilisé avec irritation] *You've made him cry. I hope you're satisfied now!* Tu l'as fait pleurer, j'espère que tu es content maintenant!

**satisfaction** *ni* **1** [être satisfait] satisfaction *the quiet satisfaction you get from being proved right* la satisfaction discrète que nous avons quand les faits nous donnent raison **2** [formel] assouvissement *the satisfaction of young people's aspirations* l'assouvissement des ambitions des jeunes

**satisfactory** *adj* [qui plaît, assez bon] satisfaisant *a very satisfactory result* un résultat très satisfaisant *The present arrangements are perfectly satisfactory.* Les dispositions actuelles sont tout à fait satisfaisantes.

**satisfying** *adj* [plus élogieux que **satisfactory**. Décrit ce qui fait que les gens se sentent bien, physiquement ou mentalement] satisfaisant *a satisfying meal* un repas nourrissant *I find my job very satisfying.* Je trouve mon travail très satisfaisant.

**content** ou **contented** *adj* (souvent + **with**) content, satisfait *They would probably be content with minor concessions.* Ils se contenteraient probablement de concessions mineures.

**content** *vt* contenter, satisfaire *I was bursting with anger, but contented myself with a few sarcastic comments.* Je bouillais de colère mais me suis borné à faire quelques remarques sarcastiques. **contentment** *ni* contentement, satisfaction

**fulfil** (*Brit*), **-ll-**, **fulfill** (*US*) *vt* **1** [implique que cela correspond à des normes] répondre à, satisfaire *Only one system fulfils all these requirements.* Il n'y a qu'un système qui satisfasse toutes ces exigences. **2** [implique une évolution personnelle] répondre à, satisfaire *I want a job that will fulfil me.* Je veux un travail qui me permette de me réaliser.

**fulfilment** (*Brit*), **fulfillment** (*US*) *ni* [ex. d'une condition] exécution, accomplissement [d'une personne] satisfaction, réalisation

## 430 Praise Eloge

voir aussi *L38 Praising*

**praise** *vt* (souvent + **for**) [obj: ex. personne, travail] louer, faire l'éloge de *Her style has often been praised for its clarity.* Son style a été souvent loué pour sa clarté.

**praise** *ni* éloge, louange *fulsome praise* éloge exagéré

**congratulate** *vt* (souvent + **on**) [ex. pour un succès ou un événement agréable. Souvent dans des contextes publics] féliciter, congratuler *Let me congratulate the minister on her frankness.* Permettez-moi de féliciter Madame le ministre pour sa franchise.

**congratulations** *n pl* félicitations *Congratulations on your promotion!* Toutes mes félicitations pour ta promotion! *I want to be the first to offer my congratulations.* Je tiens à être le premier à vous féliciter.

**compliment** *vt* (souvent + **on**) [gén pour qch de bien fait. Souvent dans des contextes privés] complimenter, féliciter *I complimented her on her choice of wine.* Je l'ai félicitée sur le choix du vin. *We would like to compliment your team on the efficiency of their action.* Nous voudrions féliciter votre équipe pour l'efficacité de son action.

**compliment** *nd* compliment *to pay sb a compliment* faire/adresser un compliment à qn

**flatter** *vt* [implique exagération ou hypocrisie] flatter *It never hurts to flatter a customer.* Ça ne fait jamais de mal de flatter un client. *to flatter sb's self-esteem* flatter l'amour-propre de qn **flattery** *ni* flatterie

*expression*

**give sb a pat on the back** OU **pat sb on the back** [informel. Implique éloge et encouragement] complimenter, congratuler qn *a piece of initiative that deserves a pat on the back* une initiative qui mérite des félicitations

## 431 Admire Admirer

**admire** *vt* (souvent + **for**) admirer *I admire her for her honesty.* J'admire son honnêteté. **admiration** *ni* admiration

**respect** *vt* **1** respecter *The patients here are respected and cared for.* Ici, on respecte et on traite affectueusement les patients. **2** [ne pas causer du tort ou s'ingérer] respecter *We try to respect local traditions.* Nous essayons de respecter les traditions locales.

**respect** *ni* respect, estime *to treat sb with respect* traiter qn avec respect *his respect for authority* son respect de l'autorité

**self-respect** *ni* respect de soi, dignité *Poverty had destroyed their self-respect.* La pauvreté avait détruit leur dignité personnelle.

**esteem** *ni* [formel] estime, considération *I hold the prime minister in the highest esteem.* J'ai la plus grande estime pour le premier ministre.

**regard** *ni* [plutôt formel] considération *my considerable regard for the police* l'estime considérable que j'ai pour la police

### 431.1 Très grande admiration

**wonder** *ni* [implique l'étonnement] émerveillement *We looked on in wonder as she stroked the lion.* Nous la regardions émerveillés tandis qu'elle caressait le lion.

**awe** *ni* [implique l'étonnement et souvent la crainte] crainte mêlée d'admiration *Her skill left us in awe.* Son talent nous laissait admiratif. *I stood in awe of the examiners.* J'étais très intimidé par les examinateurs.

### 431.2 Qui force l'admiration

**glory** *ni* [grande renommée et honneur] célébrité, gloire

**honour** (*Brit*), **honor** (*US*) *n* **1** *ni* honneur *The honour of the party was at stake.* L'honneur du parti était en jeu. *Tonight we have the honour of welcoming two guests from India.* Ce soir, nous avons l'honneur d'accueillir deux invités qui nous viennent d'Inde. **2** *nd* honneur *It's an honour to work here.* C'est un honneur de travailler ici. **honourable** *adj* honorable **honourably** *adv* honorablement

**impress** *vt* impressionner, faire impression *I'm impressed.* Je suis impressionné.

**impressive** *adj* impressionnant, imposant *an impressive achievement* une performance impressionnante

*expressions*

**think well/highly of sb/sth** penser le plus grand bien de, avoir une haute opinion de *We all think highly of her as a teacher.* Nous avons tous une haute opinion d'elle en tant que professeur. *He's well-thought-of in the profession.* Il est très bien considéré dans la profession.

**look up to sb** [penser que qn est digne d'admiration] avoir du respect pour qn *Most children look up to their parents.* La plupart des enfants respectent leurs parents.

**take one's hat off to sb** tirer son chapeau à qn *I take my hat off to her – I couldn't do that at her age.* Je lui tire mon chapeau, je ne pouvais pas faire ça à son âge.

## 432 Attract Attirer

**attract** *vt* **1** (souvent + **to**) attirer *You're immediately attracted to this vibrant personality.* On est de suite séduit par cette personnalité vibrante. **2** [qui provoque la venue] attirer *The course attracts hundreds of students every year.* Le cours attire des centaines d'étudiants chaque année.

**attraction** *nid* attrait *the attraction of country life* le charme de la vie à la campagne *The higher interest rates are a considerable attraction for investors.* Les taux d'intérêt plus élevés exercent un attrait considérable sur les investisseurs. *tourist attractions* attractions touristiques

**attractive** *adj* attirant, intéressant, séduisant *attractive eyes* un regard séduisant *an attractive offer* une offre intéressante

**charm** *ni* charme *He convinced me by sheer charm.* Il m'a convaincue par son seul charme.

**charm** *vt* charmer *All the teachers were charmed by her.* Tous les professeurs étaient sous son charme. *She charmed me into buying the dress.* Elle a usé de son charme pour que j'achète la robe.

**charming** *adj* charmant *Their manners were charming.* Ils avaient des manières charmantes. *a charming village* un charmant village

**bewitch** *vt* [suggère un effet comme magique] enchanter, charmer *They were soon bewitched by the romance of India.* Ils furent très vite sous le charme de la poésie de l'Inde.

**bewitching** *adj* enchanteur, charmant *a bewitching charm* un charme enchanteur

**entice** *vt* (souvent + *adv* ou *prép*) [suggère la promesse d'une récompense] attirer, entraîner *She's been enticed away from teaching.* Elle a été détournée de l'enseignement.

**enticing** *adj* séduisant, attrayant *an enticing offer* une offre alléchante

**tempt** *vt* (souvent + *to* + INFINITIF) [implique persuasion ou désir, souvent pour qch de mal] tenter *He tempted me out for a drink.* Il m'a donné l'envie de sortir prendre un verre. *I was tempted to give up.* J'ai été tenté d'abandonner.

**tempting** *adj* [ne suggère pas qch de mal] tentant *a tempting menu* un menu alléchant

**temptation** *nid* tentation *to resist temptation* résister à la tentation

**seduce** *vt* **1** [persuader d'avoir des rapports sexuels] séduire *She was seduced in her first term at university.* Elle s'est fait séduire lors de son premier trimestre à l'université. **2** [persuader de faire qch de malavisé]

séduire *Don't be seduced by glamorous advertising.* Ne te laisse pas séduire par une publicité alléchante.

**seductive** *adj* séduisant, attrayant *seductive photos of holiday beaches* des photos attrayantes de plages de vacances

**lure** *vt* [suggère souvent la tromperie. Implique gén la tentation d'aller quelque part] attirer, persuader par la ruse *Teenagers with no prospects are being lured to the capital.* Les adolescents sans perspectives d'avenir se laissent abuser par l'attrait de la capitale. *Can you lure her out of her office?* Peux-tu trouver un prétexte pour lui faire quitter son bureau?

**lure** *ni* attrait, leurre *the lure of wealth* l'attrait de la fortune

**allure** *ni* [qualité attrayante] charme, attrait *Modelling still has a definite allure.* Le travail de mannequin a toujours un attrait certain.

**alluring** *adj* attrayant, séduisant *the car's alluring design* le design séduisant de la voiture

### 432.1 Choses qui attirent

**bait** *ni* **1** [ex. pour les poissons] appât **2** [utilisé pour tenter qn] appât, leurre *They're running another competition as bait for new readers.* Ils organisent un autre concours pour attirer de nouveaux lecteurs.

**magnet** *nd* **1** [pour le fer] aimant **2** [qui suscite l'intérêt] centre d'attraction *The coast was becoming a magnet for tourists.* La côte devenait un pôle d'attraction pour les touristes.

**magnetic** *adj* **1** [décrit: substance] magnétique **2** [décrit: ex. personnalité] fascinant

**magnetism** *ni* **1** [du fer] magnétisme **2** [ex. d'une personnalité] magnétisme

## 433 Endure Supporter

**endure** *vt* [plutôt formel. Implique souvent une certaine durée] supporter, endurer *They endured great hardship.* Ils ont enduré de dures épreuves. *He endured their teasing with good humour.* Il a supporté leurs taquineries avec bonne humeur. (+ -ing) *I can't endure seeing them together.* Je ne supporte pas de les voir ensemble.

**endurance** *ni* [implique la détermination] endurance, résistance *an ordeal that tested her physical endurance* un malheur qui a mis sa résistance physique à l'épreuve *The noise was beyond endurance.* Le bruit était intolérable. (utilisé comme *adj*) *endurance test* test d'endurance

**bear** *vt, prét* **bore** *part passé* **borne** (très fréquent dans des contextes négatifs) supporter, souffrir *after a long illness, bravely borne* après une longue maladie endurée courageusement *I can't bear his constant air of superiority.* Je ne supporte pas cet air supérieur qu'il a en permanence. (+ *to* + INFINITIF) *She can't bear to speak to him.* Elle ne supporte pas de lui parler.

**stand** *vt, prét & part passé* **stood** (très fréquent dans des contextes négatifs) [moins formel que **bear**] supporter *He stood the job for four years before leaving.* Il a supporté ce travail quatre ans avant de partir. *I can't*

*stand the pressure any more.* Je ne supporte plus cette pression. (+ -ing) *I can't stand doing the housework.* Je ne supporte pas de faire le ménage.

*usage*

Le verbe **bear** est souvent suivi de l'infinitif mais ce n'est pas le cas des verbes **endure** et **stand**.

**take** *vt* accepter *I resigned because I just couldn't take any more.* J'ai donné ma démission parce que je ne pouvais pas en supporter davantage. *I couldn't take his constant complaining.* Je ne pouvais pas tolérer ses jérémiades permanentes.

**put up with** sth/sb *vt prép* supporter, encaisser *Why should I put up with inefficiency from employees?* Pourquoi devrais-je tolérer l'incompétence des employés? *Parents of teenagers have a lot to put up with.* Les parents d'adolescents doivent supporter des tas de choses.

**tolerate** *vt* [plus formel que **put up with**. Implique l'idée de permettre bien qu'on désapprouve] tolérer *a regime that tolerates dissent* un régime qui tolère la dissidence *Lateness was just not tolerated.* On ne tolérait absolument pas qu'on arrive en retard.

**tolerant** *adj* [implique l'idée de compréhension] tolérant, compréhensif *My grandparents were older but more tolerant.* Mes grands-parents étaient plus âgés mais plus tolérants.

**tolerance** *ni* tolérance *British tolerance of eccentric behaviour* la tolérance des Britanniques pour l'eccentricité

**suffer** *v* **1** *vi* (souvent + **from**) [implique une douleur physique ou mentale] souffrir *Did he suffer?* A-t-il

souffert? *I hate to see children suffer.* J'ai horreur de voir des enfants souffrir. *She suffers terribly from migraine.* Elle souffre terriblement de migraine. **2** *vt* [obj: ex. douleur, insulte] endurer, supporter *the misery I've suffered in this job* le supplice que j'ai enduré dans ce travail

**victim** *nd* victime *victims of torture* victimes de la torture *stroke victims* victimes d'attaques (cérébrales)

---

## 434 Friendship Amitié

voir aussi **319 Visit**; ant **250 Enmity**

### 434.1 Amitiés personnelles

**friend** *nd* ami, copain *an old school friend* un vieux camarade de classe *The Mackays are friends of ours.* Les Mackay sont des amis à nous. *We're friends again.* [après une dispute] Nous avons fait la paix. *We soon made friends with* our new neighbours. Nous nous sommes vite liés d'amitié avec nos nouveaux voisins.

**pal** *nd* [informel. Utilisé surtout par et pour des hommes ou des garçons] copain *Are you bringing any of your little pals home tonight?* Est-ce que tu ramènes des petits copains à la maison ce soir? *Thanks Jim, you're a pal.* [pour remercier qn] Merci Jim, tu es un vrai pote.

**mate** *nd* (*Brit*) [informel. Utilisé plus souvent pour des êtres masculins que féminins] copain, camarade *I got it second-hand from a mate of mine.* Je l'ai eu d'occasion d'un copain à moi.

**buddy** *nd* (*US*) [informel. Utilisé plus souvent pour des êtres masculins que féminins] copain, pote

**relationship** *nd* [intime ou distant] rapports, relations *a loving relationship* des rapports affectueux *Our relationship is purely professional.* Nos relations sont strictement professionnelles.

### 434.2 Amitiés sociales

**companion** *nd* **1** [implique que l'on partage une expérience, surtout un voyage] compagnon *Scott and his companions* Scott et ses compagnons **2** [conjoint ou amant] compagnon *his lifelong companion* la compagne de sa vie

**partner** *nd* **1** [ex. pour un crime ou un jeu] partenaire, associé *She betrayed her former partners to the police.* Elle a dénoncé ses anciens complices à la police. *partners in government* partenaires au gouvernement *my tennis partner* mon partenaire au tennis **2** [qui vivent ensemble] compagnon, compagne *marriage partners* conjoints

**partnership** *ndi* association *We try to have an equal partnership at home.* Nous essayons de nous répartir les tâches équitablement à la maison.

**associate** *nd* [surtout en affaires] associé *Two of my former associates are setting up their own company.* Deux de mes anciens associés sont en train de monter leur propre société.

**association** *nd* (pas de *pl*) association *a long and happy association with her publishers* une longue et heureuse association avec ses éditeurs

**associate with** *vt prép* [parfois péjoratif. Implique des

réunions fréquentes] fréquenter, être en relation avec *You've been associating with some very dubious characters, haven't you?* Vous avez fréquenté des personnes très louches, on dirait?

**ally** *nd* [dans un conflit] allié *our NATO allies* nos alliés de l'OTAN

**crony** *nd* [souvent péjoratif, implique coteries et parfois abus de pouvoir] clique, copain *The head and his cronies stopped me getting the job.* Le chef et ses sbires m'ont empêché d'obtenir l'emploi.

**acquaintance** *ndi* [implique que l'on ne connaît qn que vaguement] relation, connaissance *business acquaintances* des relations d'affaires *I made her acquaintance on the train.* J'ai fait sa connaissance dans le train.

### 434.3 Attitude amicale

**friendly** *adj* amical, gentil, sympathique *a very friendly couple* un couple très sympathique *a friendly chat* une conversation amicale **friendliness** *ni* bienveillance, gentillesse

**befriend** *vt* [implique aussi gén que l'on prend soin de qn qui a besoin d'aide ou d'amitié] donner son amitié à, traiter en ami *She befriended me on my first day at work.* Elle m'a offert son amitié dès mon premier jour de travail.

**warm** *adj* [qui témoigne de la gentillesse] cordial, chaleureux *a warm greeting* un accueil chaleureux **warmly** *adv* cordialement, chaleureusement **warmth** *ni* cordialité

**hospitable** *adj* [envers les invités ou les étrangers] accueillant, hospitalier *It would be more hospitable to invite them in.* Ce serait plus accueillant de les inviter à entrer.

**hospitality** *ni* hospitalité *lavish Texan hospitality* l'hospitalité généreuse des Texans

**welcoming** *adj* [à l'arrivée de qn] accueillant *a welcoming smile* un sourire de bienvenue *The couriers were welcoming and efficient.* Les guides étaient accueillants et efficaces.

**company** *ni* compagnie *I was glad of her company.* J'étais content qu'elle soit là. *I kept her company while she was waiting.* Je lui ai tenu compagnie pendant qu'elle attendait. *The company was most agreeable.* Les invités étaient très agréables.

**accompany** *vt* [plus formel que **go with**] accompagner *I accompanied her home after the party.* Je l'ai raccompagnée chez elle après la soirée.

*expressions*

**get on** (*Brit*)/**along** (*US*) **well with sb** [implique une relation sans problèmes] bien s'entendre avec qn *A good doctor needs to get on well with people.* Un bon médecin doit bien s'entendre avec les gens.

**hit it off** (**with sb**) [bien s'entendre avec qn dès le premier jour] bien s'entendre *Lucy and Harry hit it off right away.* Lucy et Harry se sont de suite bien entendus. *We didn't really hit it off.* Ça n'a pas vraiment accroché entre nous.

**get on like a house on fire** [informel et emphatique] s'entendre à merveille, s'entendre comme larrons en foire *Everybody was getting on like a house on fire until we got on to politics.* Tout le monde s'entendait à merveille jusqu'à ce qu'on commence à parler de politique.

**break the ice** briser la glace *It was a terrible joke but it broke the ice.* C'était une plaisanterie atroce mais ça a brisé la glace.

**the more the merrier** plus on est de fous, plus on rit *Of course there's room in the car, the more the merrier.* Evidemment qu'il y a de la place dans la voiture, plus on est de fous, plus on rit.

## 435 Loneliness  Solitude

voir aussi **320.2 Distance**

**lonely** (*Brit & US*) AUSSI **lonesome** (*US*) *adj* [sentiment désagréable que les autres vous manquent] seul, solitaire *He feels so lonely now his wife's gone.* Il se sent tellement seul maintenant que sa femme est partie. *a lonely weekend* un week-end en solitaire

**alone** *adj* (après *v*) [peut être par choix, sans la présence des autres] seul *I'm all alone in the house tonight.* Je suis tout seul à la maison ce soir. *I need to be alone for a while.* J'ai besoin d'être un peu seul.

**on one's own** [peut être par choix, sans la présence des autres] seul *Don't sit there on your own, come and join us.* Ne reste pas là dans ton coin, viens te joindre à nous. *We're on our own now our daughter's married.* Nous nous retrouvons seuls maintenant que notre fille est mariée.

**solitary** *adj* (avant *n*) 1 [habituellement seul, peut être par choix] solitaire *a solitary existence* une existence solitaire 2 [unique. Mot emphatique] seul *I've had one solitary phone call all week.* Je n'ai reçu qu'un seul coup de téléphone de toute la semaine.

**isolated** *adj* [souligne le sentiment désagréable d'être séparé physiquement ou mentalement d'autres personnes ou choses] isolé *You feel so isolated not knowing the language.* On se sent tellement isolé quand on ne connaît pas la langue. *Aren't you rather isolated out in the suburbs?* Vous n'êtes pas un peu isolés là en banlieue?

### 435.1 Les personnes seules

**loner** *nd* [qui préfère vivre ou travailler seul ou qui ne se lie pas facilement avec les autres] solitaire

**recluse** *nd* [plutôt péjoratif. Qui évite les autres] reclus, solitaire *A widower doesn't need to be a recluse, you know.* Un veuf ne doit pas forcément vivre en reclus, tu sais. **reclusive** *adj* reclus

**hermit** *nd* ermite

### 435.2 Qui décrit une seule chose ou personne

**single** *adj* 1 (avant *n*) [implique que l'on peut s'attendre à plus] seul, unique *If I find one single mistake, there'll be trouble.* Si je trouve la moindre faute, ça va aller mal. *We haven't had a single customer all day.* On n'a pas eu un seul client de toute la journée. 2 [pas marié] célibataire *a single woman* une femme célibataire *when I was single* quand j'étais célibataire

**individual** *adj* (avant *n*) [unique et séparé] individuel, particulier, personnel *each child's individual needs* les besoins propres de chaque enfant *an individual portion* une portion individuelle *the individual care given to each patient* les soins personnalisés dispensés à chaque patient

**individual** *nd* individu *We treat you as an individual, not a number.* Nous vous traitons comme une personne, pas comme un numéro.

**independent** *adj* (souvent + **of**) [qui n'est pas associé avec ou ne dépend pas d'autres] indépendant, autonome *an independent investigation* une enquête indépendante *We are totally independent of the insurance companies.* Nous ne dépendons d'aucune compagnie d'assurances. *an independent wine merchant* [qui ne fait pas partie d'une chaîne] un négociant en vins indépendant **independence** *ni* indépendance

**singular** *adj* [en grammaire] singulier *a singular noun* un nom singulier *the first person singular* la première personne du singulier (utilisé comme *n*) *The noun is in the singular.* Le mot est au singulier.

**lone** *adj* (avant *n*) [implique l'absence inhabituelle d'autres personnes ou choses] solitaire, seul *a lone cyclist* un cycliste solitaire

## 436 Include  Inclure

**include** *vt* 1 [comprendre comme partie] inclure *These costs include fuel.* Ces prix s'entendent carburant compris. 2 [mettre dedans] inclure *I included a section on opera in the book.* J'ai inclus un chapitre sur l'opéra dans le livre.

**including** *prép* y compris *£22 a night including*

*breakfast* 22 livres la nuit, petit déjeuner compris *all of us including the dog* nous tous, y compris le chien

**inclusive** *adj* (*surtout Brit*) (souvent + **of**) inclus, compris *from the sixth to the tenth inclusive* du six au dix inclus *£46 a week inclusive of heating* 46 livres par semaine, chauffage compris

**involve** *vt* [implique que qn/qch devient nécessaire ou est impliqué] impliquer, mêler *They don't want to involve the police in this.* Ils ne veulent pas y mêler la police. *It would involve a long wait.* Cela entraînerait une longue attente *a process involving computers* un procédé qui nécessite l'emploi d'ordinateurs *I don't want to get involved with their arguments.* Je ne veux pas me trouver mêlé à leurs disputes.

**involvement** *nd* (pas de *pl*) rôle, participation *my involvement in the case* mon rôle dans cette affaire *We encourage the involvement of the local community.* Nous encourageons la participation de la communauté locale.

**count** sb/sth **in** *vt prép* [considérer comme inclus] compter, inclure *If the others are going, count me in too.* Si les autres y vont, je suis aussi de la partie.

**consist of** sth *vt prép* [implique que qch est formé à partir de divers matériaux, éléments ou gens mélangés]

consister en, être composé de *The alloy consists mainly of steel and copper.* L'alliage est principalement composé d'acier et de cuivre. *The meal consisted of soup, fish and cheese.* Le repas consistait en potage, poisson et fromage.

**comprise** *vt* **1** [être formé de. Plus formel que **consist of**] être composé de, comprendre *The book comprises ten chapters and an index.* Le livre comprend dix chapitres et un index. **2** [former] composer *The building is comprised of three adjoining rooms.* Le bâtiment se compose de trois pièces contiguës.

*usage*

Bien que le sens 2 de **comprise** soit fréquemment utilisé, il est considéré comme incorrect par certains locuteurs.

*expression*

**be made up of** sb/sth être constitué/formé/composé de *The class is made up of Cubans and Puerto Ricans.* La classe est composée de Cubains et de Porto Ricains. *The course is made up of three parts.* Le cours comprend trois parties.

## 437 Exclude Exclure

**exclude** *vt* (souvent + **from**) [gén délibérément] exclure, rejeter, écarter *I felt deliberately excluded from their group.* Je me sentais délibérément tenu à l'écart de leur groupe. *The programme excluded all mention of government interference.* Le programme ne comportait aucune mention d'ingérence du gouvernement.

**exclusion** *nid* exclusion *the exclusion of immigrants* l'exclusion des immigrés *the usual exclusions like war and acts of God* [dans les polices d'assurances] les clauses d'exclusions habituelles comme la guerre et les catastrophes naturelles

**excluding** *prép* [qui ne tient pas compte de] sans compter *£234, excluding VAT* 234 livres, hors TVA *Excluding Friday, we've had good weather so far.* A part vendredi, on a eu du beau temps jusqu'à présent.

**omit** *vt*, **-tt-** [accidentellement ou délibérément] oublier, omettre *The soloist omitted the repeats.* Le soliste a omis les reprises. *Unfortunately your name has been omitted.* Malheureusement on a oublié d'inscrire ton nom.

**omission** *nid* omission, oubli *We must apologize for the omission of certain facts.* Nous devons nous excuser d'avoir omis certains faits.

**leave** sth/sb **out** ou **leave out** sth/sb *vt prép* (souvent + **of, from**) [moins formel que **exclude** ou **omit**] omettre, exclure *You've left a word out.* Tu as oublié un mot. *She was left out of the team because of an injured ankle.* Elle n'a pas été sélectionnée dans l'équipe à cause de sa blessure à la cheville.

**shun** *vt*, **-nn-** [éviter, souvent grossièrement] éviter *The banks tend to shun my kind of company.* Les banques ont tendance à éviter les gens de mon espèce. *I used to shun any idea of working in an office.* Je rejetais toujours l'idée de travailler dans un bureau.

**ignore** *vt* ignorer, ne pas prêter attention à *She's been ignoring me all evening.* Elle m'a ignoré toute la soirée. *They tend to ignore inconvenient facts.* Ils ont tendance à ne pas tenir compte des faits gênants.

**except** *prép* excepté, sauf *everyone except my father* tout le monde sauf mon père

**except for** *prép* à part, à l'exception de *We were all over 18, except for Edward* Nous avions tous 18 ans accomplis, à part Edward.

**apart from** *prép* en dehors de, à part *Apart from Dora, nobody could speak French.* A part Dora, personne ne parlait français.

## 438 Bad Mauvais

voir aussi **60 Ugly; 219 Wicked; 446 Horror and Disgust**; ant **417 Good**

**bad** *adj, compar* **worse**, *superl* **worst** **1** [désagréable] mauvais *I had a bad dream.* J'ai fait un mauvais rêve. **2** [de mauvaise qualité] mauvais *My exam results were very bad.* Mes résultats d'examens étaient très mauvais. **3** (gén devant *n*) [malade] mauvais, malade *I've got a*

*bad knee.* J'ai mal à un genou. **4** (gén + **for**) [nuisible] mauvais *Too much sun is bad for your skin.* Trop de soleil, c'est mauvais pour la peau. **5** [sérieux] grave *a bad cold* un gros rhume

**badly** *adv* mal *She performed badly.* Elle a mal joué.

badly injured grièvement blessé badly-behaved mal élevé

**unpleasant** adj déplaisant, désagréable an unpleasant taste un goût désagréable The tone of the letter was extremely unpleasant. Le ton de la lettre était extrêmement déplaisant. **unpleasantly** adv désagréablement, de façon déplaisante

**unsatisfactory** adj [décrit: ex. travail, conditions] peu satisfaisant Their performance has been thoroughly unsatisfactory. Leur interprétation laisse vraiment à désirer. **unsatisfactorily** adv de façon peu satisfaisante

**horrible** adj [met l'accent sur la réaction de la personne qui utilise le mot] affreux, atroce a horrible piece of modern architecture un exemple affreux d'architecture moderne That was a horrible thing to say. C'est horrible d'avoir dit ça.

**nasty** [plutôt informel. Plus fort que **unpleasant.** Lorsqu'il sert à décrire des personnes ou des actes, il évoque une méchanceté délibérée] désagréable, mauvais, vilain a nasty smell une mauvaise odeur a nasty cold un méchant rhume a mean and nasty trick un sale tour

**shoddy** adj [implique une mauvaise qualité ou un comportement méprisable] de mauvaise qualité, mesquin shoddy goods des marchandises de mauvaise qualité The way they treated me was incredibly shoddy. La manière dont ils m'ont traité était incroyablement mesquine. **shoddily** adv de façon mesquine

**hopeless** adj [informel. Implique une attitude de rejet envers l'incompétence] désespérant, nul My spelling's hopeless. Mon orthographe est un cas désespéré. a hopeless team une équipe nulle

## 438.1 Très mauvais

**dreadful** adj épouvantable, atroce The acoustics are dreadful. L'acoustique est épouvantable. I had a dreadful journey. J'ai fait un voyage atroce. a dreadful mistake une faute horrible

**appalling** adj 1 épouvantable, effroyable Her taste is simply appalling. Elle a un goût absolument atroce. What appalling weather we've been having. Quel temps épouvantable on a eu. 2 [choquant] consternant, effroyable an appalling crime un crime abominable

**awful** adj [peut évoquer un choc] affreux, terrible, atroce This soup is awful! Cette soupe est infecte! that awful dog they have leur abominable chien [utilisé comme intensificateur] an awful mess une vraie pagaille

**terrible** adj [plutôt informel] abominable, terrible, atroce The weather's been terrible. On a eu un temps épouvantable. I'm a terrible singer. Je chante épouvantablement mal.

**ghastly** adj [implique l'horreur] horrible, effrayant a ghastly accident un terrible accident They have such ghastly taste. Ils ont un goût abominable.

**frightful** adj [plutôt formel. Sérieux et choquant] affreux, effroyable We saw some frightful injuries. On a vu des blessures atroces. [peut paraître affecté] a

frightful colour une couleur épouvantable

**foul** adj [extrêmement désagréable] infect, immonde, infâme a foul stench une puanteur nauséabonde The weather was absolutely foul. Le temps était complètement pourri.

**vile** adj 1 [informel] exécrable, abominable The food was positively vile. La nourriture était tout à fait dégueulasse. 2 [plutôt formel. Méprisable] vil, ignoble a vile threat une menace ignoble

**obnoxious** adj [implique des mauvaises manières ou la cruauté. Décrit: gens, comportement, etc. pas météo, parfum, etc.] odieux, insupportable a particularly obnoxious remark une remarque particulièrement odieuse The immigration officials were being deliberately obnoxious. Les employés du service de l'immigration étaient délibérément odieux.

**crap** ni [argot plutôt vulgaire. Implique une forte désapprobation] merde, couillonnades, conneries The whole idea is a load of crap. C'est vraiment de la merde cette idée. (utilisé comme adj) a crap firm to work for une firme merdique pour ceux qui y travaillent

**crappy** adj merdique They're crappy little cars. Ce sont des petites voitures merdiques.

**lousy** adj [informel. Implique souvent une attitude furieuse] moche, nul The food was lousy. La nourriture était dégueulasse. that lousy stereo I had la chaîne pourrie que j'avais

**grim** adj, **-mm-** [mauvais et difficile à supporter] sinistre, rébarbatif, lugubre the grim prospects for manufacturing industry les perspectives peu engageantes de l'industrie manufacturière The exam was pretty grim. L'examen s'est plutôt mal passé.

*e x p r e s s i o n*

**a dead loss** [informel. Implique la déception] qn/qch qui ne vaut rien The match was a dead loss. Le match a été un vrai fiasco. This knife is a dead loss. Ce couteau ne vaut rien.

## 438.2 Personnes désagréables

voir aussi **1 Wild Animals**

**bastard** nd [argot] 1 [homme détesté ou méprisé] salaud The bastards wouldn't listen. Les salauds ne voulaient rien entendre. 2 [chose désagréable ou difficile] calamité This winter's been a real bastard. Cet hiver a été vraiment infernal.

**pig** nd [argot. Implique un comportement déplaisant, ex. cruauté, avidité, etc. Pas particulièrement fort, et souvent lancé directement à la figure de qn, pas pour le décrire à d'autres] cochon, sale type Give it back, you pig! Rends-moi ça, sale type!

**worm** [exprime le mépris] minable Only a worm like you would print lies like that. Il n'y a qu'un minable comme vous pour imprimer de tels mensonges.

**bitch** nd [argot. Femme désagréable] garce That bitch swore at me. Cette garce m'a injurié.

## 439 **Inferior** Inférieur

ant **419 Superior**

**worse 1** adj (compar de **bad**) pire *His cough is worse than ever.* Il tousse plus que jamais. *Things are likely to get worse.* Il est probable que les choses empirent. **2** adv (compar de **badly**) plus mal *I'm sleeping even worse lately.* Je dors encore plus mal ces derniers temps.

**worst** adj (superl de **bad**) le pire, le plus mauvais *the worst book I've ever read* le plus mauvais livre que j'ai jamais lu. (utilisé comme n) *I've seen some bad cases but this is the worst.* J'ai connu des cas difficiles, mais celui-ci est pire que tout.

### 439.1 De rang inférieur

**subordinate** nd [implique une hiérarchie] subalterne *You need the respect of your subordinates.* Il faut vous faire respecter par vos subalternes.

**subordinate** adj (souvent + **to**) subalterne *a subordinate civil servant* un fonctionnaire subalterne

**junior** adj (souvent + **to**) [par rapport à un ou plusieurs autres] subalterne, subordonné *a junior executive* un jeune cadre *a junior clerk* un petit commis

**junior** nd subordonné *the office junior* le garçon de bureau

## 440 **Uncomfortable** Inconfortable

ant **421 Comfortable**

**uncomfortable** adj **1** inconfortable *an uncomfortable bed* un lit inconfortable *I feel uncomfortable wearing a tie.* Ça me gêne de porter une cravate. **2** [mal à l'aise] gêné *Churches make me uncomfortable.* Les églises me mettent mal à l'aise. **uncomfortably** adv inconfortablement

**discomfort** ni [plutôt formel] inconfort, gêne *The heat was causing me some discomfort.* La chaleur m'incommodait un peu.

**tight** adj [décrit: ex. vêtement] (trop) juste, étroit, étriqué *My belt's too tight.* Ma ceinture me serre trop.

**tighten** v **1** vt serrer *Don't tighten that chin strap too much.* Ne serre pas trop la sangle sous le menton. **2** vi serrer *The collar seemed to be tightening around my neck.* J'avais la sensation que le col me serrait de plus en plus le cou.

**pinch** vt [suj: ex. souliers] serrer *The boots pinch my toes.* J'ai les orteils à l'étroit dans ces bottes.

**cramped** adj [obj: surtout conditions de vie] inconfortable, à l'étroit *Many families live under very cramped conditions.* De nombreuses familles vivent les uns sur les autres. *a cramped bedsit* un studio exigu

*e x p r e s s i o n*

**like a fish out of water** [ex. dans un environnement qui n'est pas familier] être complètement perdu *I felt like a fish out of water amongst all those scientists.* Je ne me sentais pas du tout à ma place au milieu de tous ces scientifiques.

## 441 **Worsen** Empirer

voir aussi **132 Damage**

**deteriorate** vi [plutôt formel. Suj: ex. situation, santé] se détériorer *The standard of your work has considerably deteriorated.* La qualité de ton travail s'est considérablement détériorée.

**deterioration** ni détérioration *a marked deterioration in diplomatic relations between the two countries* une nette détérioration des relations diplomatiques entre les deux pays

**aggravate** vt [obj: ex. problème] aggraver *The humidity could aggravate your asthma.* L'humidité pourrait aggraver ton asthme. *tensions aggravated by foolish press comment* des tensions accrues par des commentaires de presse stupides **aggravation** ni aggravation

**exacerbate** vt [obj: ex. problème, situation. Rendre un mal plus aigu] exacerber *Any intervention by the West will only exacerbate the political situation.* Toute intervention de l'Ouest ne fera qu'exacerber la situation politique.

*e x p r e s s i o n s*

**go downhill** [informel. Empirer nettement] aller à la dérive, être sur le déclin *The team went downhill after you left.* L'équipe est allée à la dérive après ton départ.

**go to pot** [informel. Implique une perte complète de qualité] aller à vau-l'eau *those who feared that the hotel would go to pot* ceux qui craignaient que l'hôtel n'aille à vau-l'eau

**go to the dogs** [informel. Implique une perte honteuse de qualité] être sur une mauvaise pente *Ever since I was a boy people have been claiming the country was going to the dogs.* J'entends dire que le pays est sur la mauvaise pente depuis que je suis tout petit.

**go to seed** [informel. Implique que qn/qch était bon avant] se laisser aller *Your brain doesn't have to go to seed when you have a baby, you know.* Ce n'est pas parce qu'on a un bébé qu'il faut se laisser aller intellectuellement, tu sais.

## 442 **Normal** Normal

voir aussi **288 Habitual**; ant **444 Unusual**

**normal** adj normal, ordinaire It took us a long time to get back to normal after the fire. Il nous a fallu beaucoup de temps pour nous remettre de l'incendie. How long is your normal working day? Combien de temps dure une de tes journées de travail ordinaires? [peut impliquer un jugement assez tranchant de la part du locuteur sur la façon dont les choses devraient se dérouler] It's not normal to want to be alone all the time. Ce n'est pas normal de vouloir être seul tout le temps. Anger is a normal reaction to the death of a loved one. La colère est une réaction normale à la mort d'une personne chère.

**normally** adv normalement, en temps normal Try to act normally. Essaye de te conduire comme si de rien n'était. I don't drink this much normally. Je ne bois pas autant en temps normal. Normally we visit my family at Christmas. Normalement, nous rendons visite à ma famille à Noël.

**natural** adj [tel que la nature l'a fait. Pas artificiel] naturel, normal a natural reaction une réaction naturelle the natural accompaniment to cheese l'accompagnement naturel du fromage The acting is very natural. Le jeu des acteurs est très naturel.

**ordinary** adj [pas particulier] ordinaire, normal a perfectly ordinary day une journée tout à fait ordinaire [peut être assez péjoratif] Her husband's very ordinary. Son mari est très ordinaire.

**everyday** adj (devant n) [suggère l'idée de routine] de tous les jours, banal your everyday problems tes problèmes quotidiens simple everyday jobs de simples tâches journalières

**standard** adj [implique une approbation ou acceptation générale] normal, habituel It's standard procedure. C'est la procédure habituelle.

**conventional** adj [implique des normes sociales ou traditionnelles] conventionnel, classique a very conventional way of dressing une façon de s'habiller très classique Her family is terribly conventional. [plutôt péjoratif] Sa famille est terriblement conventionnelle.

**conventionally** adv de façon classique a conventionally designed engine un moteur de conception classique

**conform** vi (souvent + to) [implique l'approbation d'un comportement] se conformer, être en conformité avec the social pressures to conform les pressions sociales pour être conforme They're unlikely to conform to their parents' wishes. Il est peu probable qu'ils se conforment aux souhaits de leurs parents.

### 442.1 Qui arrive fréquemment

**usual** [terme général] habituel, courant He came at the usual time. Il est venu à l'heure habituelle. My usual doctor was away. Mon médecin traitant n'était pas là. It's more usual for the mother to come. C'est plus souvent la mère qui vient. She's busy as usual. Elle est occupée comme d'habitude. (utilisé comme n) Anything in the post? – Just the usual, bills and circulars. Il y a quelque chose au courrier? Juste comme d'habitude, des factures et des prospectus.

**usually** adv habituellement I usually wear a tie. D'habitude, je porte une cravate.

**typical** adj (souvent + **of**) **1** [représentatif] typique, caractéristique a typical London street une rue londonienne typique This is typical of the problems facing young families. C'est typique des problèmes que rencontrent les jeunes ménages. **2** [caractéristique. Gén utilisé péjorativement] tout à fait The remark was typical of her. Cette remarque, c'était tout à fait elle.

**typically** adv de façon typique/caractéristique a typically stupid suggestion une suggestion tout ce qu'il y a de plus stupide Candidates are typically female and unmarried. Les candidats sont en général des femmes et des célibataires.

### u s a g e

Il ne faut pas confondre **typical** (typique) et **traditional** (traditionnel) *voir aussi **195 Social customs**

**widespread** adj [dont on trouve de nombreux exemples] répandu, courant a widespread misunderstanding une méprise courante The practice is widespread in Scotland. C'est une pratique courante en Ecosse.

**widely** adv [souvent et en beaucoup d'endroits] largement The changes have been widely publicized. Les changements ont été largement rendus publics.

**commonplace** adj [qui arrive si souvent qu'il est considéré comme habituel. Souvent utilisé à propos de quelque chose qui était considéré comme rare ou inhabituel] commun, banal Satellite launches are now commonplace. La mise en orbite de satellites est maintenant pratique courante. Muggings are commonplace on the estate. Les agressions sont monnaie courante dans la cité.

### 442.2 Entre deux extrêmes

**average** adj [plus ou moins comme les autres] moyen average house prices les prix immobiliers moyens It's more versatile than the average computer. Il est beaucoup plus polyvalent qu'un ordinateur ordinaire.

**average** ndi moyenne Her performance was above average. Sa prestation était au-dessus de la moyenne.

**medium** adj moyen a house of medium size une maison de taille moyenne

**intermediate** adj **1** [qui se fait ou se passe entre deux choses] intermédiaire an intermediate solution une solution intermédiaire **2** [entre le débutant et l'étudiant de niveau avancé] (de niveau) moyen intermediate students étudiants de niveau moyen

### 442.3 Termes assez péjoratifs

**mediocre** adj [le plus péjoratif de la série] médiocre Your marks are pretty mediocre. Tes résultats sont assez médiocres. a mediocre hotel un hôtel miteux

**middling** adj [moins péjoratif que **mediocre**, mais en aucune façon exceptionnel] moyen, passable His health's been **fair to middling** lately. Son état de santé est plus ou moins satisfaisant en ce moment.

**run-of-the-mill** adj [plutôt péjoratif. Implique qch de commun sans qualités particulières] médiocre, banal, ordinaire *a run-of-the-mill TV comedy* une comédie télévisée tout à fait ordinaire *All the applicants have been pretty run-of-the-mill.* Tous les candidats étaient

plutôt médiocres.

**middle-of-the-road** adj [souvent péjoratif. Implique une attitude doucereuse ou un manque de conviction] modéré *My artistic tastes are fairly middle-of-the-road.* Mes goûts artistiques n'ont rien d'avant-gardiste.

## 443 Often Souvent

**often** adv souvent *How often do you go there?* Tous les combien y vas-tu? *It's often possible to buy tickets at the door.* On peut souvent acheter des billets à l'entrée.

**frequent** adj fréquent, habituel *He's a frequent guest of the president.* C'est un invité habituel du président. *frequent arguments* des disputes fréquentes

**frequently** adv [plus formel que **often**] fréquemment *She frequently travels abroad.* Elle voyage souvent à l'étranger. **frequency** ni fréquence

**common** adj courant, commun, ordinaire *Accidents are common on this road.* Il y a souvent des accidents sur cette route. *It's a common problem.* C'est un problème courant.

**regular** adj régulier, habituel *to take regular exercise* faire régulièrement de l'exercice (physique) *They have lunch together on a regular basis.* Ils déjeunent ensemble régulièrement. **regularity** ni régularité

**regularly** adv régulièrement *We meet regularly.* Nous nous voyons régulièrement.

## 444 Unusual Inhabituel

voir aussi **118 Surprise**; ant **442 Normal**

**unusual** adj inhabituel *Ethelred is an unusual name these days.* Ethelred est un prénom inhabituel de nos jours. *It's unusual for you to be so early.* Ce n'est pas dans tes habitudes d'être si tôt. **unusually** adv inhabituellement

### 444.1 Auquel on ne s'attend pas ou qu'on n'aime pas

**strange** adj [un peu inquiétant] étrange, bizarre *a strange coincidence* une étrange coïncidence *Her behaviour's been rather strange lately.* Elle a un comportement plutôt bizarre depuis quelque temps. *That's strange, I thought I'd packed another jumper.* C'est étrange, je croyais avoir emporté un autre chandail.

**strangely** adv étrangement, bizarrement *to behave strangely* se comporter bizarrement *It was strangely quiet.* Il faisait étrangement calme. *Strangely, we never met.* Chose curieuse, on ne s'est jamais rencontrés. **strangeness** ni étrangeté, bizarrerie

**odd** adj [légèrement plus emphatique que **strange**] bizarre, singulier, curieux *That's odd, the phone's not answering.* C'est bizarre, on ne répond pas au téléphone. *That sounds a rather odd arrangement.* Ça a l'air d'être un drôle d'arrangement.

**oddly** adv bizarrement, curieusement *He looked at me very oddly.* Il m'a regardée d'un air très bizarre. *Oddly enough she was here yesterday.* Chose curieuse, elle était ici hier.

**oddity** n 1 nd [personne ou chose curieuse] curiosité, excentricité *Why do people look on tricycles and their riders as oddities?* Pourquoi considère-t-on les tricycles et leurs conducteurs comme des curiosités? 2 ni [plutôt formel] bizarrerie

**peculiar** adj [légèrement plus péjoratif et critique que **strange** et **odd**] curieux, bizarroïde, singulier *The*

*house had a peculiar smell.* La maison avait une odeur bizarre. *My mother thinks I'm a bit peculiar, not eating meat.* Ma mère me trouve un peu bizarre de ne pas manger de viande.

**peculiarity** n 1 nd [habitude ou caractéristique particulière] particularité, trait distinctif *The bow tie is one of his little peculiarities.* Le noeud papillon est une de ses petites excentricités. 2 ni [plutôt formel] bizarrerie

**curious** adj [plutôt formel] curieux, saugrenu *He served up a curious mixture of meat and fruit.* Il a servi un curieux mélange de viande et de fruits. **curiously** adv curieusement

**funny** adj [plutôt informel] drôle, louche *I heard a funny noise.* J'ai entendu un drôle de bruit. *It seems funny not to invite his parents.* Ça fait drôle de ne pas inviter ses parents.

**weird** adj [très étrange] très bizarre *He's a weird guy.* C'est un drôle de type. *I've had such a weird day.* J'ai passé une journée tout à fait bizarre.

**bizarre** adj [très étrange et pas naturel] bizarre *His behaviour is absolutely bizarre.* Il a un comportement tout à fait bizarre.

**queer** adj [en train de vieillir, surtout à cause de son acception péjorative d'"homosexuel". Implique un sentiment d'inquiétude ou de gêne] bizarre *a queer feeling I'd been there before* l'étrange impression que j'y avais déjà été

**abnormal** adj [souvent dans des textes médicaux ou techniques, sinon assez critique] anormal *an abnormal heartbeat* un rythme cardiaque anormal *Her behaviour is completely abnormal.* Son comportement est tout à fait anormal **abnormality** ndi anomalie

**freak** adj [tout à fait inattendu] insolite, saugrenu, inattendu *freak weather conditions* des conditions météorologiques inattendues

## 444.2 Qui n'existe ou n'arrive pas souvent

**rare** adj [dont il en existe peu] rare *a rare example of international cooperation* un exemple rare de coopération internationale *rare birds* les oiseaux rares **rareness** ni rareté

**rarely** adv rarement *I'm rarely at home these days.* Je suis rarement chez moi ces jours-ci.

**scarce** adj [dont il n'y a pas assez] rare *Money was scarce.* L'argent manquait. *our scarce resources* le peu de ressources dont nous disposons

**scarcely** adv à peine *There's scarcely any tea left.* Il ne reste pour ainsi dire plus de thé.

**scarcity** nid manque, pénurie *this scarcity of raw materials* cette pénurie de matières premières

**occasional** adj [que l'on trouve parfois] occasionnel, intermittent *We get the occasional enquiry.* De temps en temps, on nous pose des questions. *occasional visits to the seaside* des visites occasionnelles au bord de la mer **occasionally** adv occasionnellement

**uncommon** adj [que l'on est surpris de trouver] rare, peu commun *an uncommon name* un nom rare

**exception** nd exception *I'm usually in bed by ten but yesterday was an exception.* D'habitude je suis couchée à 10 heures, mais j'ai fait une exception hier. *The regulations require students to be over eighteen, but we **made an exception** for her.* Le règlement exige que les étudiants aient 18 ans accomplis, mais nous avons fait une exception pour elle.

**seldom** adv [légèrement formel] rarement *I seldom if ever go abroad.* Je ne me rends pour ainsi dire jamais à l'étranger. *Seldom had we seen such poverty.* Nous avions rarement vu une telle pauvreté.

**hardly** adv à peine *I **hardly** ever eat meat.* Je ne mange quasiment jamais de viande.

**atypical** adj [formel] atypique *My own case is somewhat atypical.* Mon cas personnel est un peu exceptionnel.

### expressions

**few and far between** [rare, implique en général qu'on regrette qu'il n'y en ait pas plus] très épisodique *My uncle's visits were few and far between.* Les visites de mon oncle étaient très épisodiques.

**once in a blue moon** [très rarement] tous les 36 du mois *Once in a blue moon we go out to a restaurant.* Nous allons au restaurant tous les 36 du mois.

## 444.3 Inhabituel mais gén apprécié

**special** adj spécial *They needed special permission to get married.* Il leur fallait une permission spéciale pour se marier. *Mum's making a special cake for your birthday.* Maman fait un gâteau spécial pour ton anniversaire. *You're a very special person to me.* Tu m'es tout particulièrement cher.

**unique** adj [dont il n'existe pas d'autre] unique, exceptionnel *a unique privilege* un privilège unique

*The picture is quite unique.* Cette photographie est tout à fait exceptionnelle.

**extraordinary** adj [surprenant, surtout par sa qualité] extraordinaire *The result was extraordinary.* Le résultat était extraordinaire. *her extraordinary talents* ses talents extraordinaires

**extraordinarily** adv extraordinairement *an extraordinarily brilliant contralto* un contralto extraordinairement brillant

**remarkable** adj (souvent + **for**) [frappant, surtout parce que c'est bien] remarquable *a remarkable recovery* une guérison remarquable *The film was remarkable for its use of amateurs.* Le film était remarquable parce qu'il mettait en scène des amateurs.

**remarkably** adj remarquablement *The letter was remarkably short.* La lettre était remarquablement brève.

**exceptional** adj **1** [implique une qualité particulièrement élevée] exceptionnel *It has been an exceptional year for Burgundy.* C'est une année exceptionnelle pour le bourgogne. *Her technique is really exceptional.* Elle a une technique tout à fait exceptionnelle. **2** [qui fait exception] exceptionnel *It's quite exceptional for me to go to London these days.* Je ne vais plus à Londres qu'exceptionnellement maintenant.

**exceptionally** adv exceptionnellement *exceptionally gifted* exceptionnellement doué

## 444.4 Contre les conventions

**unconventional** adj peu conventionnel, original *their unconventional home life* leur vie familiale peu conventionnelle **unconventionally** adv de manière peu conventionnelle

**eccentric** adj [curieux et souvent considéré comme amusant] excentrique *an eccentric millionaire* un millionnaire excentrique *It was considered rather eccentric to walk in Los Angeles.* On trouvait assez original de se déplacer à pied à Los Angeles. **eccentric** nd excentrique, original

**eccentricity** nid excentricité *He was respected as a scientist despite his eccentricity.* Il était respecté en tant que scientifique en dépit de son excentricité.

**alien** adj [difficile à comprendre et accepter, surtout à cause de cultures différentes] étranger *Their enthusiasm for hunting was quite alien to us.* Leur enthousiasme pour la chasse nous échappait complètement.

## 444.5 Personnes peu communes

**eccentric** nd [pas nécessairement péjoratif, souvent perçu comme assez sympathique] excentrique, original *She's a bit of an eccentric.* C'est une originale.

**oddball** nd [informel. Plus péjoratif que **eccentric**] excentrique, numéro

**weirdo** nd, pl **weirdos** [informel. Très péjoratif] olibrius *He's a real weirdo.* C'est vraiment un drôle d'oiseau.

## 445 Hate and Dislike Haïr et Détester

voir aussi **324 Avoid**

**hate** vt **1** (souvent + -ing) haïr, détester *I hated sport at school.* Je détestais le sport à l'école. *I hate flying.* Je déteste l'avion. **2** [regretter] ( + **to** + INFINITIF) être ennuyé *We hate to stop you enjoying yourselves, but it's getting late.* Cela nous ennuie de mettre fin à vos réjouissances, mais il se fait tard.

**hate** ni haine *a look of pure hate* un regard franchement haineux

**hatred** ni haine *her hatred of hypocrisy* sa haine de l'hypocrisie

### usage

**Hate** et **hatred** ont des sens très proches, et sont souvent utilisés dans les mêmes contextes. Cependant, **hate** met l'accent sur l'émotion en tant que telle, tandis que **hatred** met l'accent sur l'objet qui suscite l'émotion.

**detest** vt (souvent + -ing) [plus intense que **hate**. Implique souvent l'irritation] détester, avoir en horreur *He detests Wagner.* Il a horreur de Wagner. *I simply detest ironing.* J'ai une sainte horreur du repassage.

**loathe** vt (souvent + -ing) [plus intense que **hate**. Evoque souvent le dégoût] avoir horreur de *I loathe hamburgers.* J'ai horreur des hamburgers. *I loathe driving on motorways.* J'ai horreur de conduire sur l'autoroute.

**loathing** ni dégoût, répugnance *She regarded her mother-in-law with deep loathing.* Elle éprouvait une grande répugnance pour sa belle-mère.

**loathsome** adj [plutôt formel] détestable, répugnant, écoeurant *that loathsome science teacher we had* le détestable prof de science que nous avions

**dislike** vt avoir de l'aversion pour *I dislike the taste of fish.* Je n'aime pas le goût du poisson.

**dislike** ni aversion, antipathie *my dislike of heights* ma phobie des sommets

### usage

Le verbe **dislike** est légèrement formel et plus fort que la forme négative de **like**. En anglais informel parlé, on aura plus tendance à utiliser **don't like** que **dislike.**

**disapprove** vi (souvent + **of**) désapprouver *They made it clear they disapproved of my promotion.* Ils ont indiqué clairement qu'ils étaient contre ma promotion. *They may disapprove but they can't stop us.* Ils ont beau être contre, ils ne peuvent pas nous en empêcher.

**disapproval** ni (parfois + **of**) désapprobation *widespread disapproval of the changes* la réprobation générale des changements

**scorn** vt [implique un rejet méprisant] mépriser, faire fi de, rejeter *They scorn our attempts to achieve peace.* Ils méprisent nos efforts pour parvenir à la paix/trouver un terrain d'entente.

**scorn** ni mépris *her open scorn for my beliefs* son franc mépris de mes croyances *Don't* **pour scorn on** *their ambitions.* N'affiche pas ton mépris pour leurs ambitions.

**scornful** adj méprisant *He rejected the compromise in a scornful letter.* Il a rejeté le compromis dans une lettre pleine de mépris. **scornfully** adv avec mépris

**despise** vt [sentiment très intense de haine et de mépris] mépriser *She despises people who support apartheid.* Elle méprise les gens qui défendent l'apartheid.

### expressions

**not to one's taste** [souvent utilisé comme euphémisme, souvent quand on a refusé qch] pas à son goût *So office work is not to your taste, young man.* Ainsi donc le travail de bureau ne vous plaît pas, jeune homme.

**not one's cup of tea** [implique que qch n'est pas attrayant] pas sa tasse de thé *Camping is not at all my cup of tea.* Le camping n'est pas du tout ma tasse de thé.

**I wouldn't be seen dead with/in** etc. [informel. Possible avec d'autres pronoms personnels. Suggère le dégoût et l'aversion] plutôt mourir que *I thought you wouldn't have been seen dead without a tie.* Je croyais que tu aurais préféré mourir plutôt que sortir sans cravate.

**I wouldn't touch sb/sth with a barge pole** (*Brit*)/**a ten-foot pole** (*US*) [informel. D'autres pronoms personnels sont possibles. Emporte l'idée de méfiance et de mépris] je m'en méfierais comme de la peste *Of course the business will fail, I wouldn't touch it with a barge pole.* Cette entreprise va mal tourner, je ne veux pas avoir quoi que ce soit à voir là dedans.

**can't stand/bear sb/sth** [informel. Exprime une forte répulsion] ne pas supporter *I can't stand his mother.* Je ne peux pas sentir sa mère. *She can't bear horror films.* Elle ne supporte pas les films d'horreur.

## 446 Horror and Disgust Horreur et Dégoût

voir aussi **60 Ugly; 118 Surprise; 438 Bad**

**horror** nid horreur *We stared in horror as the car exploded.* Nous avons regardé la voiture exploser avec horreur. *the horrors of war* les horreurs de la guerre

**disgust** ni dégoût *I walked out in disgust at his remarks.* Je suis sorti dégoûté par ses commentaires.

**distaste** ni [implique que l'on trouve qn/qch offensant] dégoût, répugnance, aversion *my natural distaste for sensational journalism* mon aversion naturelle pour la presse à sensation

### 446.1 Qui suscite le dégoût

**disgusting** *adj* dégoûtant, révoltant *Their manners are disgusting.* Leurs manières sont dégoûtantes. *a disgusting lack of concern* un manque de sollicitude révoltant

**horrifying** *adj* horrifiant, épouvantable *a horrifying experience* une expérience horrible

**appalling** *adj* [évoque un choc] consternant, épouvantable *Hygiene in the camp was appalling.* L'hygiène dans le camp était épouvantable.

**revolting** *adj* [surtout au goût ou aux sens] dégoûtant, dégueulasse *a revolting brown mess on the carpet* une crasse brunâtre dégueulasse sur le tapis

**repulsive** *adj* [légèrement plus fort que **revolting**] répugnant, repoussant *that repulsive wart on his nose* cette répugnante verrue sur son nez *I find him utterly repulsive.* Je le trouve absolument répugnant.

**off-putting** *adj* rébarbatif, décourageant, peu engageant *her off-putting habit of reading while you're talking to her* la fâcheuse habitude qu'elle a de lire quand on lui parle

**repugnant** *adj* (souvent + **to**) [formel. Surtout d'un point de vue moral] révoltant, dégoûtant *I found the amount of waste quite repugnant.* J'ai trouvé scandaleux de tant gaspiller.

**repellent** *adj* (souvent + **to**) [formel] repoussant, répugnant *The idea would be repellent to most of us.*

L'idée répugnerait la plupart d'entre nous. *a repellent sight* un spectacle repoussant

### 446.2 Provoquer le dégoût

**disgust** *vt* dégoûter, révolter *Your meanness disgusts me.* Ta mesquinerie me dégoûte.

**horrify** *vt* [évoque un choc] horrifier *The idea of leaving horrified me.* L'idée de partir me remplissait d'horreur. *I was horrified by her indifference.* J'étais scandalisé par son indifférence.

**appal** (*Brit*), **-ll-**, **appall** (*US*) *vt* [évoque un choc, souvent émotionnel] consterner, épouvanter *They were appalled by the cramped conditions.* Ils étaient consternés de voir à quel point ils vivaient à l'étroit.

**revolt** *vt* [évoque un dégoût instinctif] révolter, dégoûter, répugner *War revolted her.* La guerre la révoltait.

**repel** *vt*, **-ll-** [implique que l'on désire instinctivement éviter qch/qn] repousser, rebuter *I was repelled by their callousness.* Leur insensibilité me rebutait.

**put** sb **off, put off** sb *vt prép* [de sorte qu'on ne veut pas acheter, traiter avec, etc.] dissuader, dégoûter, déconcerter *It was the dirt that put me off.* C'était la saleté qui me retenait.

**make** sb **sick** [parfois physiquement, mais gén moralement] rendre qn malade *The way he sucks up to the boss makes me sick.* Sa façon de faire de la lèche au patron me rend malade.

## 447 Sad Triste

ant **422 Happy**

**sad** *adj* triste *I was very sad to see him go.* J'étais très triste de le voir partir. *It's sad that she never knew her father.* C'est triste qu'elle n'ait jamais connu son père. **sadly** *adv* tristement

**sadness** *ni* tristesse *You can hear his sadness in his music.* On perçoit sa tristesse dans sa musique.

**sadden** *vt* [plutôt formel] attrister *We were all saddened to hear of your recent loss.* Nous avons tous été attristés d'apprendre votre récent deuil.

**unhappy** *adj* [implique que qch va mal] mécontent, triste, malheureux *Their quarrels make them both very unhappy.* Leurs querelles les rendent tous les deux malheureux. *I was unhappy in the job.* Je n'étais pas heureuse dans ce travail. *I'm unhappy with the car's performance.* Je ne suis pas content (des performances) de la voiture.

**unhappily** *adv* d'un air/sur un ton malheureux, malheureusement *They were unhappily married for years.* Ils ont été malheureux en ménage pendant des années.

**unhappiness** *ni* tristesse, chagrin *Do you realize the unhappiness you're causing your family?* Réalises-tu le chagrin que tu causes à ta famille?

**sorrow** *ni* [plutôt formel ou littéraire] chagrin, peine, tristesse *We share in your sorrow.* Nous partageons votre peine.

**sorrowful** *adj* triste, affligé *the sorrowful expression on his face* l'expression triste de son visage **sorrowfully** *adv* d'un air/sur un ton triste/désolé

**distress** *ni* [évoque la tristesse et l'angoisse] détresse *The uncertainty is causing great distress.* L'incertitude leur cause beaucoup de peine.

**distress** *vt* affliger, peiner *The hostility of his family distressed her greatly.* L'hostilité de sa famille la peinait beaucoup.

**distressing** *adj* pénible, affligeant *a distressing lack of understanding* un manque de compréhension lamentable

**hopeless** *adj* [évoque le désespoir car on ne voit pas de solution possible] désespéré *I felt hopeless and friendless.* Je me sentais seul et désespéré.

**suffer** *vti* souffrir *It's the children who suffer in a divorce.* Ce sont les enfants qui souffrent dans un divorce.

**suffering** *ni* souffrance(s) *She's out of her suffering now.* Elle ne souffre plus maintenant.

**upset** *adj* [implique une émotion moins profonde et moins durable que **sad**. Emporte souvent l'idée de colère] bouleversé, vexé, attristé, fâché *Many people are very upset about the changes.* Beaucoup de gens sont fâchés des changements.

**upset** *vt*, **-tt-** *prét & part passé* **upset** déranger, contrarier, bouleverser *I hope I didn't upset you by mentioning the subject.* J'espère que je ne vous ai pas contrarié en soulevant la question.

**depressed** *adj* [décrit souvent un manque de moral, mais en médecine il sert à décrire un problème psychologique grave] déprimé *I'm a bit depressed* about not reaching the final. Je suis un peu déprimé de ne pas être arrivé en finale.

**depression** *ni* [terme essentiellement utilisé en médecine] dépression *He suffers from bouts of depression.* Il a des périodes de dépression.

**be fed up** (souvent + **with**) [évoque la frustration devant qch] en avoir marre *The weather is making us all rather fed up.* Nous en avons tous assez du temps. *voir aussi **119 Boring**

### 447.1 Tristesse extrême

**despair** *ni* désespoir *Their obstinacy filled me with despair.* Leur obstination me désespérait.

**despair** *vi* (parfois + **of**) désespérer *Without your help I might have despaired.* Sans ton aide, j'aurais pu perdre espoir. *He despaired of ever working again.* Il désespérait de jamais retrouver du travail.

**desperate** *adj* [évoque le désespoir et l'urgence] désespéré, capable de tout *a desperate mother* une mère désespérée *Don't do anything desperate.* Ne commets pas d'acte de désespoir. *The situation is desperate.* La situation est désespérée. **desperation** *ni* désespoir

**grief** *ni* [devant la mort ou la souffrance] chagrin, peine, affliction *She never got over her grief.* Elle n'a jamais surmonté sa douleur.

**grief-stricken** *adj* [très emphatique, implique une perte totale de contrôle] affligé, accablé de douleur

**grieve** *vi* (souvent + **for**) [gén à cause d'un deuil ou d'une autre perte] avoir de la peine, pleurer *I'm grieving for my lost youth.* Je pleure ma jeunesse perdue.

**heartbroken** *adj* [très fort, mais aussi utlisé dans des contextes moins graves que **grief-stricken**] au coeur brisé *The cat's lost and the children are heartbroken.* Le chat a disparu et les enfants ont bien du chagrin.

**misery** *n* **1** *ni* [gén une émotion relativement durable] tristesse, douleur **2** *nd* [cause de tristesse] misère, malheur *the miseries of old age* les misères du grand âge *Debt has **made my life a misery**.* Les dettes ont fait de ma vie un enfer. **3** *nd* [informel, péjoratif. Personne

généralement triste] pleurnicheur, grincheux, rabat-joie

**miserable** *adj* [implique que l'on s'apitoye sur son sort] malheureux, cafardeux *a miserable expression* un air malheureux *The children will be so miserable if they can't go to the disco.* Les enfants seront tellement malheureux s'ils ne peuvent pas sortir en boîte. **miserably** *adv* misérablement, pitoyablement

**wretched** *adj* misérable, déprimé, démoralisé, malade *Migraine makes you feel so wretched.* On est tellement mal dans sa peau quand on a la migraine. **wretchedly** *adv* misérablement, très mal

### 447.2 Pas drôle

**serious** *adj* [implique qu'on manque d'humour] sérieux *She was looking serious and slightly angry.* Elle avait l'air sérieux et légèrement en colère. **seriously** *adv* sérieusement

**solemn** *adj* [implique un sentiment d'importance] solennel *a solemn voice that meant bad news* une voix solennelle qui laissait présager de mauvaises nouvelles **solemnly** *adv* solennellement

**wet blanket** *nd* [informel et péjoratif. Personne qui gâche le plaisir des autres, gén parce qu'elle est triste de nature] bonnet de nuit, éteignoir

**killjoy** *nd* [péjoratif. Personne qui gâche le plaisir intentionnellement] rabat-joie

### 447.3 Pleurer

**cry** *vi* pleurer *I always cry at weddings.* Je pleure toujours aux mariages.

**sob** *vi*, -**bb**- [met l'accent sur le bruit des pleurs] sangloter *She was sobbing her heart out.* Elle pleurait à chaudes larmes. **sob** *nd* sanglot

**weep** *vit*, prét & part passé **wept** [plus littéraire que **cry**. Met l'accent sur les larmes qui coulent, et en général sur la quiétude de l'action] pleurer, verser des larmes *She wept from remorse.* Elle pleurait de remords.

**tear** *nd* larme *The tears streamed down his cheeks.* Les larmes coulaient le long de ses joues.

## 448 Disappointment Déception

**disappointed** *adj* (souvent + **that**) [quand qch ne s'est pas passé comme on le souhaitait] déçu *a disappointed look* un air déçu *I'm disappointed so few people came.* Je suis déçu qu'il y ait eu si peu de monde.

**disillusion** *vt* [en révélant la vérité] désillusionner, désenchanter, décevoir *I hate to disillusion you, but the Danube just isn't blue.* Ça m'ennuie de te décevoir, mais le Danube n'est tout simplement pas bleu. **disillusionment** AUSSI **disillusion** *ni* désillusion, déception

**sorry** *adj* (après *v*; souvent + **that**) [quand on aurait voulu que les choses soient différentes] désolé *I'm sorry we can't see Siena as well.* Je suis désolé qu'on ne puisse pas voir Sienne aussi.

**blow** *nd* [ex. mauvaise nouvelle] choc *That's a blow, I'd*

been counting on the royalties for my tax bill. C'est un choc, j'avais compté sur mes droits d'auteur pour payer mes impôts.

**let** sb **down** OU **let down** sb *vt prép* [ex. en ne tenant pas une promesse] faire faux bond, décevoir *I hope the post doesn't let us down, we need the photos tomorrow.* J'espère que la poste ne va pas nous faire faux bond, il nous faut les photos pour demain. *We felt badly let down by the organizers.* Nous avons été très déçus par les organisateurs.

### e x p r e s s i o n

**It's no use crying over spilt milk.** [proverbe. Les regrets sont inutiles] Ce qui est fait est fait.

# 449 Shame Honte

voir aussi **L23 Apologies**; ant **148 Proud**

**shame** *ni* honte *To my shame, I didn't help her.* A ma grande honte, je ne l'ai pas aidée.

**shameful** *adj* [qui provoque la honte] honteux, scandaleux *a shameful lie* un mensonge honteux *the government's refusal to act is deeply shameful.* Le refus d'agir du gouvernement est tout à fait scandaleux. **shamefully** *adv* honteusement

**disgrace** *ni* [évoque le déshonneur social] honte, déshonneur, disgrâce *the disgrace of losing one's job* le déshonneur de perdre son emploi *You have brought disgrace on the whole family.* Tu as déshonoré toute la famille.

**disgrace** *vt* faire honte à *Don't disgrace me in front of my friends.* Ne me fais pas honte devant mes amis.

## 449.1 Regret

**sorry** *adj* (après *v*; souvent + **for**, + (**that**)) désolé *I said I'm sorry.* J'ai dit que j'étais désolé. *Sorry, I didn't see you.* Excusez-moi, je ne vous avais pas vu. *I'm sorry for disturbing you.* Je suis désolé de vous avoir dérangé.

**apology** *ndi* excuse(s) *You deserve an apology.* Tu mérites des excuses. *My apologies for arriving late.* Toutes mes excuses pour mon retard. *a brief letter of apology* une brève lettre d'excuses

**apologize** *vi* s'excuser *Don't apologize, it's not serious.* Ne t'excuse pas, ce n'est pas grave.

**apologetic** *adj* [qui témoigne d'embarras ou de regrets] d'excuse *She was very apologetic.* Elle s'est confondue en excuses *an apologetic note* un mot d'excuse **apologetically** *adv* en s'excusant, pour s'excuser

**ashamed** *adj* (gén après *v*; souvent + **of**) [parce qu'on a mal agi] honteux, confus *too ashamed to come back* trop honteux pour revenir *I'm ashamed of what I did.* J'ai honte de ce que j'ai fait. *You should be ashamed of yourself!* Tu devrais avoir honte!

**repent** *vi* (souvent + **of**) [surtout dans des contextes religieux] se repentir *She confessed and repented.* Elle s'est confessée et s'est repentie. *to repent of one's sins* se repentir de ses péchés **repentance** *ni* repentir

**remorse** *ni* [évoque la culpabilité et la tristesse] remords *He gave himself up in a fit of remorse.* Il s'est rendu dans un moment de remords.

**remorseful** *adj* plein de remords *a remorseful letter* une lettre pleine de remords

**regret** *vt*, -tt- regretter *The holiday cost a lot, but I don't regret it.* Les vacances ont coûté cher, mais je ne les regrette pas. *I instantly regretted what I had said.* J'ai tout de suite regretté ce que j'avais dit.

**guilt** *ni* **1** [le fait d'avoir mal agi] culpabilité *to prove sb's guilt* prouver la culpabilité de qn **2** [sentiment] sentiment de culpabilité *I can't stand the guilt.* Je ne supporte pas ce sentiment de culpabilité.

**guilty** *adj* **1** [d'un crime] coupable *to be found guilty* être déclaré/reconnu coupable **2** [jugement personnel négatif] coupable *I feel so guilty about not being there.* Je me sens tellement coupable de ne pas être là. *to have a guilty conscience* avoir mauvaise conscience **guiltily** *adv* de façon coupable

## 449.2 Blessures d'amour-propre

**humiliate** *vt* [implique une atteinte à la dignité de qn] humilier *The idea is to improve children's behaviour, not to humiliate them.* L'idée est d'améliorer le comportement des enfants, pas de les humilier.

**humiliation** *nid* humiliation *We faced defeat and humiliation.* Nous avons affronté la défaite et l'humiliation. *She wanted revenge for past humiliations.* Elle voulait se venger des humiliations qu'elle avait subies dans le passé.

**humility** *ni* [élogieux. Grande modestie] humilité *I have enough humility to accept my limitations.* J'ai assez d'humilité pour accepter mes limites.

**embarrass** *vt* [implique un malaise social mais pas une culpabilité morale comme **shame**] embarrasser, gêner *It would embarrass me if they asked why I wasn't there.* Cela m'embarrasserait qu'ils me demandent pourquoi je n'étais pas là. *He's embarrassed about his acne.* Il est mal à l'aise à cause de son acné. *Don't ask such embarrassing questions.* Ne pose pas de questions aussi embarrassantes.

**embarrassment** *ni* [ce qu'on ressent quand on a fait qch de stupide, pas quand on a fait qch de mal] embarras, gêne *You can imagine my embarrassment when I realised my mistake.* Tu imagines mon embarras quand j'ai réalisé mon erreur.

**blush** *vi* [d'embarras ou de honte] rougir *She blushed when I mentioned the missing money.* Elle a rougi quand j'ai parlé de l'argent disparu. **blush** *nd* rouge

### expressions

**go red in the face** [ex. par timidité ou culpabilité] rougir

**wish the ground would open up and swallow one** [quand on est affreusement embarrassé] vouloir être à cent pieds sous terre *When I realized I'd been criticizing his own book I wished the ground could have opened up and swallowed me.* Quand j'ai compris que c'était son propre livre que je venais de critiquer, j'aurais voulu être à cent pieds sous terre.

**want to die** [être embarrassé ou honteux de façon insoutenable] vouloir mourir *I just wanted to die when she accused me of stealing.* J'aurais voulu mourir quand elle m'a accusé de vol.

**have one's tail between one's legs** [décrit qn qui se sent humilié] s'en aller la queue entre les jambes *He may think he can beat me but I'll send him away with his tail between his legs.* Il a beau croire qu'il peut me battre, je vais te le renvoyer la queue entre les jambes.

**a skeleton in the cupboard** (*Brit*)/**in the closet** (*US*) [secret honteux] un cadavre dans le placard

**hang one's head (in shame)** baisser le nez, baisser les yeux (de honte) *Those of us who have done nothing to prevent this tragedy can only hang our heads in shame.* Ceux d'entre nous qui n'ont rien fait pour éviter cette tragédie peuvent bien aller se cacher.

## 450 Angry Furieux

**angry** adj [émotion assez forte] furieux, en colère *I'm not angry with you.* Je ne suis pas en colère contre toi. *They exchanged angry letters.* Ils ont échangé une correspondance envenimée. **angrily** adv en colère

**anger** ni colère *hurtful words said in anger* des paroles blessantes prononcées sous le coup de la colère

**anger** vt [plus formel et moins courant que **make angry**] irriter, courroucer *He was careful to say nothing that would anger the local authorities.* Il évitait soigneusement de dire quoi que ce soit qui irriterait les autorités locales.

**annoy** vt [implique une réaction d'impatience; terme moins fort que **anger**] agacer, contrarier, ennuyer *What annoys me most is her complacency.* Ce qui m'agace par dessus tout, c'est sa complaisance.

**annoying** adj agaçant, énervant *an annoying cough* une toux énervante *Your stupid questions can be very annoying.* Tes questions stupides peuvent être très énervantes.

**annoyed** adj (gén après v) agacé, contrarié, mécontent *She was thoroughly annoyed about the delay.* Elle était très contrariée par le retard.

**annoyance** nid mécontentement, contrariété *She made no secret of her annoyance.* Elle ne cachait pas son mécontentement.

**cross** adj (surtout Brit) (gén après v) [implique qu'on est mécontent surtout d'un enfant. Emotion gén de courte durée et moins grave que **angry**] fâché *I was afraid Dad would be cross.* J'avais peur que papa soit fâché.

**aggravate** vt [implique une irritation durable] exaspérer, taper sur les nerfs *Just stop aggravating me, will you?* N'en remets pas, veux-tu?

### usage

**Aggravate** est utilisé couramment dans ce sens, mais encore perçu comme incorrect par certains locuteurs, qui trouvent qu'il ne devrait être utilisé que dans le sens d' "aggraver".

**irritate** vt [implique une réaction d'impatience et de frustration, souvent pour qch d'assez insignifiant] agacer, irriter *Her sniffing was beginning to irritate me.* Ses reniflements commençaient à m'agacer.

**irritating** adj agaçant *an irritating laugh* un rire agaçant

**irritated** adj (gén après v) agacé, horripilé *She seemed irritated by any request for leave.* Elle avait l'air horripilée par les demandes de congé (quelles qu'elles soient).

**irritation** nid irritation *My apologies did nothing to calm her irritation.* Mes excuses n'ont rien fait pour calmer son irritation. *Late payments are a major irritation.* Les paiements tardifs sont vraiment agaçants.

### 450.1 Colère intense

**fury** nid fureur *the fury aroused by these plans* la fureur suscitée par ces projets *He wrote back in a fury.* Il m'a répondu dans un accès de fureur.

**furious** adj furieux, furibard *We were furious about the lack of progress.* Nous étions furax parce que ça n'avançait pas. **furiously** adv furieusement

**infuriate** vt mettre en fureur, exaspérer *Pointing out the mistake would simply infuriate her.* Le simple fait de signaler la faute la rendrait folle de rage.

**infuriating** adj exaspérant, rageant *Her stubbornness is quite infuriating.* Son opiniâtreté est vraiment enquiquinante.

**infuriated** adj (gén après v) exaspéré *I was so infuriated I kicked him.* J'étais tellement hors de mes gonds que je lui ai donné un coup de pied.

**rage** nid [implique une colère incontrôlable] rage, fureur *If he can't get what he wants, he **flies into a rage**.* S'il n'obtient pas ce qu'il veut, il se met en rage.

**enrage** vt [plutôt formel] mettre en rage *I was enraged by his criticism.* Ses critiques me mettaient en rage.

**temper** nid [tendance à se fâcher] humeur, colère *She has a terrible temper.* Elle a des colères terribles. *a fit of temper* un accès de colère *Don't **lose your temper**.* Ne te mets pas en colère.

**mad** adj, -dd- (souvent + **at**) [informel] furieux *Are you still mad at me?* Es-tu toujours furieux contre moi? *He gets mad when anything goes wrong.* Il se met en colère dès que quelque chose ne tourne pas rond.

**irate** adj [met l'accent sur la mauvaise humeur] furieux *The irate customers had been queuing for hours.* Les clients furieux faisaient la queue depuis des heures.

**livid** adj [informel. Très emphatique] furax *I've lost the keys and Dad'll be livid.* J'ai perdu les clefs, papa va être furax.

**outrage** n 1 ni [évoque la colère et le choc] indignation *public outrage over tax increases* la réaction scandalisée du public après les augmentations d'impôts 2 nd [ce qui provoque la réaction outrée] scandale, comble *This bill is an outrage!* Cette facture, c'est un comble!

**outrage** vt outrager, faire outrage à *The cuts outraged the unions.* Les réductions ont scandalisé les syndicats.

**outraged** adj outré *We felt outraged and powerless to protest.* Nous étions outrés mais incapables de protester.

**outrageous** *adj* outrageant *an outrageous insult* une insulte qui dépasse les bornes **outrageously** *adv* outrageusement

**like a bear with a sore head** [implique une agressivité naturelle] pas à prendre avec des pincettes *If he can't get out to play golf he's like a bear with a sore head.* Quand il ne peut pas aller jouer au golf, il n'est pas à prendre avec des pincettes.

**make sb's blood boil** [évoque la colère et le dégoût] faire bouillir qn de rage *The way they treat these animals makes my blood boil.* La façon dont ils traitent ces animaux me fait bouillir de rage.

**get on sb's nerves** [informel. Implique une irritation durable] taper sur les nerfs de qn *If you're together all day you're bound to get on each other's nerves.* Si vous êtes toute la journée ensemble, vous allez inévitablement vous agacer l'un l'autre.

**drive sb up the wall/round the bend** [informel. Implique une irritation insoutenable] rendre dingue *Her snoring drives me up the wall.* Ses ronflements me rendent dingue.

**a pain in the neck** [informel. Source d'irritation et d'ennui] emmerdement, casse-pieds *I expect my in-laws find me a pain in the neck too.* J'imagine que ma belle-famille me trouve casse-pieds aussi. *These forms are a pain in the neck.* Ces formulaires sont vraiment casse-pieds.

**be in sb's bad books** (*Brit*) [pas aimé ou apprécié pour qch qu'on a fait] ne pas avoir à la bonne *I'll be in her bad books if I miss the deadline.* Elle ne m'aura pas à la bonne si je ne respecte pas l'échéance.

**see red** [informel. Implique un soudain accès de colère intense et souvent une perte de contrôle de soi] voir rouge

**get hot under the collar** [informel. Se fâcher et s'exciter, souvent stupidement] se mettre dans tous ses états *It's no good getting hot under the collar with officials, you just have to wait.* Ça ne sert à rien de se mettre dans tous ses états avec les fonctionnaires, il n'y a qu'à attendre.

## 450.2 Qui a un ton furieux

**snarl** *vi* (souvent + **at**) [de façon hostile] parler avec hargne/d'une voix rageuse, gronder *He snarled at me from behind his paper.* Il m'a parlé d'une voix rageuse de derrière son journal.

**snap** *vi*, **-pp-** (souvent + **at**) [implique une remarque brève et furieuse] rabrouer *She kept snapping at the assistant.* Elle rembarrait sans cesse l'assistant.

**fuss** *nid* [suggère l'agitation] histoires, bruit *All this fuss about a missing pen!* Tout ce tapage pour un stylo disparu! *Must you **make a fuss about** a simple accident?* Faut-il que tu fasses tout un plat d'un simple accident?

**scold** *vt* [plutôt formel] réprimander *Teenagers do not react well to being scolded.* Les adolescents réagissent mal quand on les gronde.

**tell off** sb ou **tell** sb **off** *vt prép* [plutôt informel] gronder, attraper *I got told off for not knowing my lines.* Je me suis fait attraper parce que je ne connaissais pas mon texte.

**rebuke** *vt* [plutôt formel] réprimander, faire des reproches *He rebuked us gently for our rudeness.* Il nous a gentiment reproché notre manque de politesse. **rebuke** *nd* reproche, réprimande

**bite sb's head off** [réprimander de façon agressive et exagérée] engueuler comme du poisson pourri *I was going to explain until you started biting my head off.* J'allais donner des explications quand tu as commencé à m'engueuler comme du poisson pourri.

**give sb a piece of one's mind** [implique une critique très directe] dire à qn sa façon de penser

**give sb a flea in their ear** (*Brit*) [informel. Réprimander vivement] remballer qn *Anyone who tried to stop him got a flea in their ear.* Tous ceux qui essayaient de l'en empêcher se sont fait remballer.

## 450.3 Qui a l'air fâché

**glare** *vi* (souvent + **at**) [implique un regard fâché] lancer un regard furieux *The policeman glared at me and asked for my licence.* Le policier m'a lancé un regard furieux et a demandé mon permis. **glare** *nd* regard furieux

**frown** *vi* (souvent + **at**) [exprime surtout la désapprobation] froncer les sourcils *She frowned and asked for an apology.* Elle a froncé les sourcils et a demandé des excuses. **frown** *nd* froncement (de sourcils)

**scowl** *vi* (souvent + **at**) [évoque la désapprobation et l'agressivité] faire la grimace, regarder d'un mauvais oeil *I found her scowling at a blank screen.* Je l'ai trouvée en train de faire la grimace devant un écran blanc. **scowl** *nd* regard mauvais

**give sb a black look** [implique une colère silencieuse] lancer un regard noir à qn *You get black looks from the waiters when you bring a child into some restaurants.* (Dans certains restaurants, les garçons vous lancent des regards noirs quand vous amenez un enfant.)

**if looks could kill** [dit quand qn réagit en vous regardant de façon hostile] fusiller du regard *She said nothing, but if looks could kill...* (Elle n'a pas répondu, mais elle m'a fusillé du regard.)

# Language for
# Communication

# Liste des rubriques

# L1 Introductions Présentations

## L1.1 Se présenter

voir aussi **196 Greet**

*Hello, my name is ...* Bonjour, je m'appelle ...

*Hello, I'm ...* Bonjour, je suis ...

*[informel] Hi, I'm ...* Salut, je suis ...

*[plutôt formel] How d'you do, I'm ...* Bonjour, je suis ...

*[plutôt formel, utilisé par ex. en s'adressant à une réceptionniste] Good morning/afternoon, I'm ...* Bonjour, je suis ...

## L1.2 Présenter d'autres personnes

*Do you two know each other?* Est-ce que vous vous connaissez tous les deux?

*Have you met before?* Est-ce que vous vous êtes déjà rencontrés?

*Mary, this is Tom, Tom, this is Mary.* Mary, voici Tom, Tom, voici Mary.

*Hello (Tom), nice to meet you.* Bonjour (Tom), ravie de faire votre connaissance.

*Hello (Mary), how are you?* Bonjour (Mary), comment allez-vous?

*Let me introduce you to Mary.* Laisse-moi te présenter à Mary.

*Come and meet Mary.* Viens faire la connaissance de Mary.

*[plutôt formel] Mary, may I introduce someone to you? This is Tom.* Mary, puis-je vous présenter quelqu'un?

Voici Tom.

*(Mary) How d'you do.* Enchantée.

*(Tom) How d'you do.* Enchanté.

### usage

Il est possible de rendre des présentations, des salutations, des adieux, etc., moins formels en ayant recours à l'ellipse (omission) du sujet et/ou du verbe. **Nice to meet you.** est plus informel que **It's nice to meet you.** et **Must rush!** est plus informel que **I must rush!**

---

#### SE SERRER LA MAIN

Lorsque deux personnes sont présentées l'une à l'autre, elles se serrent généralement la main. Qu'elles le fassent ou non dépend de plusieurs facteurs tels que le contexte, leur âge ou leur sexe. La plupart du temps, se serrer la main est considéré comme un geste légèrement foŕmel et ce geste se fera donc plus souvent dans le contexte de réunions d'affaires, etc., que dans le contexte d'une réception informelle. Les hommes ont plus tendance à se serrer la main que les femmes, et les jeunes gens se serrent rarement la main, sauf s'ils sont présentés à des personnes plus âgées dans des circonstances formelles. En résumé, dans une situation formelle, deux hommes qui sont présentés l'un à l'autre se serreront généralement la main, tandis qu'un homme et une femme ou deux femmes se contenteront de se saluer verbalement.

# L2 Forms of address Façons de s'adresser à qn

En Grande-Bretagne, les titres sont rarement obligatoires et sont peu utilisés pour s'adresser directement à quelqu'un. *Sir* et *Madam* sont plutôt formels et sont utilisés par la personne qui fait le service en s'adressant à la personne servie, par ex. dans un magasin ou un restaurant.

*Can I help you, Sir/Madam?* Puis-je vous aider, Monsieur/Madame?

*Would you like to order now, Madam/Sir?* Désirez-vous commander maintenant, Madame/Monsieur?

On peut utiliser le terme *Doctor* sans y ajouter de nom de famille lorsqu'on s'adresse à un médecin consultant, mais il faut toujours ajouter le nom de famille lorsqu'il s'agit du titre académique.

*[consultant] Excuse me Doctor, can I have a word with you?* Puis-je vous parler un instant, docteur?

*[titre académique] Doctor Smith, can I come and listen to your lecture?* Docteur Smith, puis-je venir écouter votre conférence?

D'autres titres comme *Professor, Captain* etc., s'utilisent généralement avec le nom de famille dans la conversation. *Mr, Ms, Mrs* et *Miss* s'utilisent presque toujours avec le nom de famille.

*Hello Mrs Brown, nice of you to come.* Bonjour, Madame Brown, comme c'est gentil à vous d'être venue.

Lorsqu'on s'adresse à un auditoire (par ex. lorsqu'on fait un discours), on commence généralement par *Ladies and Gentlemen* (Mesdames et Messieurs), mais dans des circonstances informelles, on peut aussi commencer par ce genre d'expression: *Good morning/afternoon everybody* (Bonjour tout le monde).

# L3 Greetings Salutations

voir aussi **196 Greet**

*Hello, how are you?* Bonjour, comment vas-tu?

*[informel] Hello, how are things?* Bonjour, comment ça va?

*[plus informel] Hi, how's it going?* Salut, ça va?

Réponses lorsque tout va bien ou que l'on souhaite tout simplement se montrer poli:

*Fine, thank you, and you?* Très bien, merci, et vous-même?

*[informel] Okay, thanks, and you?* Bien, merci, et toi?

*[plutôt informel] Great, thanks, and you?* Super, merci, et toi?

Quand les choses ne vont ni bien ni mal, dans un contexte informel:

*Not so bad, thanks.*  Pas trop mal, merci.
*Well, mustn't grumble.*  Je ne peux pas me plaindre.

Quand les choses vont mal:

*Not so good, really.*  Pas trop bien.
*Oh, up and down.*  Bah, il y a des hauts et des bas.

---

**S'EMBRASSER**

Il arrive que des amis intimes ou des membres d'une même famille s'embrassent sur la joue (mais pas sur les deux joues), pour se dire bonjour, surtout s'ils ne se sont plus vus depuis longtemps. Cependant, on embrasse rarement de simples connaissances. Il est aussi très rare que deux hommes s'embrassent même s'ils sont apparentés.

---

### L3.1  *Souhaiter la bienvenue*

*Welcome to Spain/France!* Bienvenue en Espagne/France!
*Welcome home/back!* Bienvenue à la maison!

Lorsqu'on reçoit qn chez soi, on n'utilise pas l'expression *welcome*. On dira plutôt *Come in and make yourself at home.* (Entrez et mettez-vous à l'aise) ou *Glad you could come.* (Je suis content que tu aies pu venir).

### L3.2  *Accueillir qn qui s'est absenté*

*(It's) nice to see you again.* Ça me fait plaisir de te revoir.
*(It's) good to see you again.* Ça fait du bien de te revoir.
*It's been a long time!* Ça faisait longtemps!
*[familier] Long time no see!* Ça faisait longtemps!

---

## L4  **Leave taking**  *Prendre congé*

voir aussi **322 Go**

*Well, I have to go now.* Bon, il faut que je parte.
*Anyway, (I) must rush, ...* Bon, (il) faut que je file, ...
*(It's) been nice talking to you.* Ça m'a fait plaisir de bavarder avec vous.
*[assez informel] I think I'd better be making a move.* Je crois qu'il serait temps que j'y aille.
*[plutôt formel] It's been a pleasure.* J'ai été heureux de vous voir.

*Goodbye* Au revoir
*[informel] Bye* Au revoir
*[gén utilisé par des enfants ou en s'adressant à des enfants, mais peut aussi être utilisé entre adultes] Bye-bye* Au revoir
*[lorsqu'on est sûr de revoir qn] (I'll) see you soon/tomorrow/next week.* A bientôt/demain/la semaine prochaine.
*[lorsqu'on est sûr de revoir qn, pas nécessairement le même jour] See you later.* A bientôt.

*[assez informel] See you.* A la prochaine.

---

Formules familières/informelles pour dire au revoir:

*So long! /See you! /Be seeing you!*
*Cheerio!* (*Brit*)
*Ta-ta!* [gén prononcé /tə'rɑː/] (*Brit*)

---

### L4.1  *Avant un voyage*

*Have a good trip!* Bon voyage!
*Safe journey!* Bon voyage!
*[plutôt informel, par ex. en s'adressant à un ami] Look after yourself!* Prends bien soin de toi!
*[plutôt informel, par ex. en s'adressant à un ami] Take care!* Prends soin de toi!
*[en s'adressant à qn qu'on vient de rencontrer pour la première fois] (I) hope to see you again!* J'espère avoir l'occasion de vous revoir.

---

## L5  **Opening a conversation**  *Engager la conversation*

### L5.1  *Attirer l'attention*

Dans la rue ou un lieu public:

*Excuse me!* Pardon, ...
*Hello!* Monsieur/Madame!
*Could you help me?* Pourriez-vous m'aider?
*[lorsqu'on est fâché ou qu'on aperçoit qn en train de commettre un acte répréhensible] Hey you!* Hé, vous, là-bas!

On utilise fréquemment l'expression *Excuse me* pour attirer l'attention d'un serveur, d'un barman, d'un vendeur, etc.

### L5.2  *Engager la conversation avec qn*

*Excuse me, ...* Excusez-moi, ...
*Could I have a word with you?* Est-ce que je pourrais vous dire quelques mots?

*Can I speak to you for a moment?* Est-ce que je peux vous parler un instant?
*There's something I wanted to talk to you about.* Il y a quelque chose dont j'aimerais vous entretenir.
*Do you have a minute?* Est-ce que tu as un moment (à me consacrer)?
*[gén en s'adressant à des étrangers] (I'm) sorry to bother you, but ...* Je suis désolé de vous déranger mais, ...

### L5.3  *Annoncer un sujet de conversation*

*It's about x, ...* C'est au sujet d'x, ...
*I was wondering about x, ...* Je me demandais à propos d'x, ...
*I wanted to talk to you/ask you about x, ...* J'aimerais vous parler d'x, ...
*[plutôt informel] About x, ...* A propos d'x, ...

## L6 During a conversation Au cours de la conversation

### L6.1 Développer/changer le sujet

**By the way, ...** A propos, ...
**Talking of x, ...** En parlant d'x, ...
**(While) we're on the subject of x, ...** Tant qu'on parle d'x, ...
**(I'm) sorry to change the subject, but ...** (Je suis) désolé de changer de sujet, mais...
**Just to change the subject for a moment, ...** Je change de sujet un instant, ...
**That reminds me, ...** Ça me rappelle, ...

### L6.2 Se référer à un point antérieur de la conversation

**As I was/you were saying, ...** Comme je le disais/vous le disiez, ...
**As I/you/sb said earlier, ...** Comme je le disais/vous le disiez/qn le disait tout à l'heure, ...
**As I mentioned before, ...** Comme je l'ai déjà dit, ...
**To come back to x, ...** Pour en revenir à x, ...
**Going back to what x was saying, ...** Pour en revenir à ce que disait x, ...
**Getting back to x, ...** Pour en revenir à x, ...
**[lorsqu'on exprime son accord ou que l'on souhaite souscrire à un avis déjà exprimé par un autre] As I/you say, ...** Comme je le dis/vous le dites, ...

### L6.3 Interrompre

On utilise les formules suivantes pour interrompre un groupe de personnes dont on ne fait pas partie et qui est en pleine conversation:

**Do you mind if I interrupt?** Pardonnez-moi de vous interrompre.
**Can I just interrupt for a minute?** Puis-je vous interrompre un instant?
**[plutôt informel] Sorry to butt in, ...** Désolé de venir mettre mon grain de sel, ...
**[plutôt formel] May I interrupt you for a moment?** Puis-je vous interrompre un instant?

Interrompre une conversation dans laquelle on est déjà inclus:

**Sorry, ...** Pardon, ...
**[lorsqu'on a l'impression de ne pas pouvoir placer un mot, lorsque qn monopolise la conversation ou lorsqu'on n'est pas d'accord] Hang on a minute!** Un instant!
**[lorsque deux personnes se mettent à parler en même temps] Sorry, after you.** Pardon, après vous.

### L6.4 Hésiter

**It was ... let me see ... 1985.** C'était ... Laissez-moi réfléchir ... en 1985.
**I think it was ... wait a moment ... last Tuesday.** Je crois que c'était ... attendez un peu ... mardi passé.
**[plutôt informel] His name was ... hang on a minute ... Andrew.** Il s'appelait ... laisse-moi voir ... Andrew.

## L7 Closing a conversation Mettre fin à une conversation

**So, ...** Bon, ...
**Well, anyway, ...** Bien, ...
**Well, that's it.** Eh bien, voilà.
**So, there we are.** Eh bien, voilà.
**[dans des circonstances plus formelles, comme lors d'une réunion, etc.] That was all I wanted to say.** Voilà tout ce que je voulais vous dire.
**[lorsqu'on a l'impression d'être arrivé à arranger qch] Well, that's that then.** Eh bien, voilà.
**[lorsqu'on pense qu'on peut abandonner le problème pour y revenir plus tard] Let's leave it at that, shall we?** Si on en restait là pour l'instant?

## L8 Asking to see sb Demander à voir qn

voir aussi **L47 Telephoning**

**Hello, is Mike at home, please?** Bonjour, est-ce que Mike est là, s'il vous plaît?
**Hello, is Mary there, please?** Bonjour, est-ce que Mary est là, s'il vous plaît?
**Hi, is Joe in, please?** Bonjour, est-ce que Joe est là, s'il vous plaît?
**Hi, is Sally around?** Bonjour, est-ce que Sally est là?
**Have you seen Adrian anywhere?** Tu n'as pas vu Adrian?

### L8.1 A la réception

**I wonder if I can speak to/see Mrs Smith?** Pourrais-je parler à/voir Mme Smith?

**Is Mr Jones/the Manager available?** Est-il possible de voir M. Jones/le directeur?
**I've come to see Mr Black.** Je viens voir M. Black.
**I've got an appointment with Mrs Reed.** J'ai rendez-vous avec Mme Reed.
**Mrs Carr is expecting me.** Mme Carr m'attend.

Dans les phrases suivantes, remarquez l'utilisation de l'article indéfini qui indique que vous ne connaissez pas les personnes que vous demandez à voir:

**Is there a Mr Brown here please?** Y a-t-il ici un certain M. Brown?
**Hello, I'm looking for a Miss Scott.** Bonjour, je cherche une certaine Mlle Scott.

## L9 Expressing good wishes Formuler des voeux

### L9.1 Pour l'avenir

**[formel, par ex. lorsqu'on fait un discours à l'occasion d'un mariage, d'un départ à la retraite, etc.] I/we'd like to offer you my/our best wishes for the future.** Tous mes/nos meilleurs voeux vous accompagnent.

**[informel] All the best for the future!** Tous mes voeux!

### L9.2 Avant un examen, une entrevue, etc.

**Good luck with your exam/driving test!** Bonne chance pour ton examen/examen de permis de conduire!

**I hope it goes well tomorrow/this afternoon.** J'espère que tout se passera bien demain/cet après-midi.

**Best of luck for next Tuesday!** Bonne chance (pour) mardi prochain!

**I'll keep my fingers crossed for you for your interview.** Je croise les doigts pour ton entrevue.

### L9.3 A qn qui doit faire face à une situation difficile (par ex. une hospitalisation)

**I hope everything turns out well for you.** J'espère que tout se passera bien pour vous.

**I hope it all goes smoothly for you.** J'espère que tout ira bien pour toi.

### L9.4 A qn qui est malade

**I hope you get well soon.** Je vous souhaite un prompt rétablissement.

**I hope you're feeling better soon.** J'espère que tu te rétabliras vite.

**[informel] Get well soon!** Dépêche-toi de guérir!

### L9.5 Avant de manger et de boire

En anglais, il n'existe pas d'équivalent à l'expression *"bon appétit"*. L'expression la plus proche est '*Enjoy your meal*', mais cette expression s'utilise rarement entre amis. Elle sera plutôt utilisée par un serveur s'adressant aux clients d'un restaurant. En anglais américain, le serveur dira simplement: '*Enjoy!*'.

**[avant de boire, surtout des boissons alcoolisées] Cheers!** Santé!

## L10 Seasonal greetings Voeux pour les fêtes

**Merry Christmas!** (Brit)/**Happy Christmas!** (Brit & US) Joyeux Noël!

**[juste avant Noël/Nouvel an] I hope you have a nice Christmas!** Je vous souhaite une heureuse fête de Noël.

**[légèrement informel] Have a good Christmas!** Joyeux Noël!

Lorsqu'on l'écrit, sur une carte, etc., le terme *Christmas* est souvent abrégé de façon informelle et s'écrit alors *Xmas*.

**[légèrement informel] All the best for the New Year!** Meilleurs voeux pour l'an nouveau!

**Happy New Year!** Bonne année!

On peut répondre aux voeux cités ci-dessus en disant **Thanks, you too!** OU **Thanks, the same to you!** Merci, à vous de même!

Il est possible de dire **Happy Easter** (Joyeuses Pâques) en anglais américain, mais cette expression est rarement utilisée en anglais britannique. Juste avant les vacances de Pâques, on peut dire: **Have a good Easter.** (De même, on peut dire: *Have a good summer/holiday/etc.* Passez un bon été/de bonnes vacances/etc.).

### L10.1 Anniversaires et jubilés

**Happy birthday.** Joyeux anniversaire.

**Many happy returns.** Meilleurs voeux.

**Happy (wedding) anniversary.** Heureux anniversaire (de mariage).

## L11 Expressing sympathy Exprimer sa sympathie

voir aussi **222 Sympathy**

Lorsque qn a essuyé un échec ou qu'il vient d'apprendre une mauvaise nouvelle:

**A: I didn't get that job, after all.** Finalement, je n'ai pas eu l'emploi.

**B: Oh, I'm sorry, I hope it wasn't too much of a disappointment for you.** Oh, je suis désolé, j'espère que tu n'es pas trop déçu.

**Sorry to hear about your driving test/exam result/etc.** Désolé d'apprendre que tu as raté ton permis de conduire/tes examens/etc.

**A: I didn't pass the exam.** J'ai raté l'examen.

**B: Oh, what a shame!** Oh, dommage!

En cas de décès ou lorsque qn a vécu un événement tragique:

**I was terribly sorry to hear about your father.** J'ai été vraiment navré d'apprendre ce qui est arrivé à votre père.

**I was so sorry to hear the sad news.** J'ai été profondément attristé en apprenant la mauvaise nouvelle.

**[plus informel] Sorry to hear about your grandfather.** Désolé, pour ton grand-père.

Lorsque qn ne se sent pas bien:

**A: I've got a terrible headache.** J'ai un mal de tête épouvantable.

**B: Oh, you poor thing!** Pauvre chou!

## L12 Shopping *Faire ses courses*

voir aussi **273 Shops**; **L37 Complaints**; **L46 Using the postal service**; **L47 Telephoning**

### L12.1 *Engager un dialogue*

Les réceptionnistes, vendeurs et autres personnes prestant des services engagent le dialogue en demandant **Can I help you?** (Puis-je vous aider?), et ils ajoutent parfois **Sir/Madam** pour paraître plus polis ou plus formels. Cependant, dans certains magasins en Grande-Bretagne, c'est le client qui doit engager le dialogue en demandant de l'aide.

**[client] Can you help me?** Pouvez-vous m'aider?
**[plus formel] I wonder if you could help me?** Auriez-vous l'obligeance de m'aider?

### L12.2 *Demander des marchandises/un service*

**Do you sell (film/carbon paper/etc.)?** Est-ce que vous vendez (des films/du papier carbone/etc.)?
**Do you have any (calendars/shoelaces/etc.)?** Est-ce que vous avez (des calendriers/lacets/etc.)?
**I'm looking for (a clothes brush/a map of Spain).** Je cherche (une brosse à habits/carte d'Espagne).
**Do you repair (cameras/shoes/etc.)?** Est-ce que vous réparez (les appareils-photos/chaussures/etc.)?
**Do you have one in blue/green?** Est-ce que vous l'avez aussi en bleu/vert?
**Do they come in a larger/smaller size?** Est-ce qu'ils existent aussi en plus grand/petit?
**Do you have anything cheaper?** Vous n'auriez pas quelque chose d'un peu moins cher?

### L12.3 *Refuser une offre de service*

**I'm just looking, thank you.** Merci, je jette juste un coup d'oeil.
**I'm being served, thanks.** On me sert, merci.
**No, I don't need any help, thank you.** Non merci, je n'ai pas besoin d'aide.

### L12.4 *Lorsqu'il est impossible d'obtenir des marchandises/des services*

**I'm sorry, we're out of (computer paper/vinegar) at the moment.** Je suis désolé, mais nous n'avons plus de papier pour ordinateur/de vinaigre pour l'instant.
**I'm sorry, we don't stock them.** Je suis navré, nous n'avons pas ce type de marchandise.
**Sorry, we don't have them; you could try (name of another shop).** Désolé, nous n'en avons pas; vous pourriez peut-être essayer chez (nom d'un autre magasin).

### L12.5 *Faire son choix*

**I'll take this one please.** Je vais prendre celui-ci.
**This is what I'm looking for.** Voilà ce que je cherche.
**I think I'll leave it, thanks.** Merci, mais je crois que je ne vais pas le prendre.

### L12.6 *Payer*

voir aussi **263 Buying and Selling**

**How much is this?** C'est combien?
**[pour des objets plus importants et dans des circonstances plus formelles - par ex. lors de l'achat d'une oeuvre d'art/antiquité] What's the price of this chair/print?** Combien vaut ce siège/cette gravure?
**[surtout pour des services] How much do I owe you?** Combien vous dois-je?
**How would you like to pay?** Quel mode de paiement choisissez-vous?
**Can I pay by cheque/credit card?** Puis-je payer par chèque/carte de crédit?
**Do you accept Visa/Mastercard?** Vous acceptez la carte Visa/Mastercard?
**I'll pay cash.** Je vais payer en liquide.
**Put it on my account/room account, please.** Mettez-le sur mon compte/ma note, s'il vous plaît.
**Can I arrange to have the tax refunded?** Est-il possible qu'on me rembourse la détaxe?
**Who do I make the cheque out to?** A quel nom fais-je le chèque?
**Can I leave a deposit?** Est-ce que je peux vous donner un acompte?
**Do you have anything smaller (than a £50 note)?** Vous n'avez rien de plus petit (qu'un billet de 50 livres)?
**Sorry, I've no change.** Désolé, je n'ai pas de monnaie.

### L12.7 *Aller chercher et transporter des marchandises*

**I've come to collect (my tape-recorder/dress/etc.).** Je viens chercher (mon magnétophone/ma robe/etc.).
**When will it be ready?** Quand est-ce que ce sera prêt?
**Will you wrap it for me please?** Vous pouvez me l'emballer, s'il vous plaît?
**Could you gift-wrap it please?** Vous pouvez me faire un emballage cadeau, s'il vous plaît? [la plupart des magasins en Grande-Bretagne ne font pas d'emballage cadeau]
**Do you deliver?** Est-ce que vous livrez à domicile?
**Can I pick it up later?** Est-ce que je peux venir le chercher tout à l'heure?
**Could you deliver it to this address?** Est-ce que vous pouvez le livrer à cette adresse?
**Do you have a mail-order service?** Est-ce que vous avez un service de vente par correspondance?

### L12.8 *Mettre fin au dialogue*

**Thanks for your help.** Merci de votre aide.
**[plus formel, ou lorsque qn s'est montré particulièrement serviable] Thank you, you've been most helpful.** Merci, vous m'avez été d'un grand secours.

## L13 **Thanking** *Remerciements*

On peut employer l'expression **Thank you** dans la plupart des situations. On utilisera **thanks** dans un contexte moins formel. Si l'on veut insister, on utilisera l'expression **Thank you very much.**

Autres variantes informelles:

**Thanks a lot.** Merci beaucoup.

**Thanks ever so much.** Vraiment merci.

**Thanks a million.** Mille fois merci.

**Ta!** (Brit) [très informel et pas très emphatique. S'utilise gén pour des actes de la vie quotidienne, comme passer le beurre ou ouvrir une porte] Merci!

Dans des circonstances plus formelles:

**I'd like to thank you for everything.** J'aimerais vous remercier pour tout.

**I'm very/extremely grateful to you for helping me.** Je vous suis extrêmement reconnaissant de m'avoir aidé.

**I can't thank you enough for everything you've done.** Je ne sais comment vous remercier pour tout ce que vous avez fait.

En anglais britannique, il n'est pas nécessaire de répondre à qn qui vous remercie, surtout s'il s'agit de petites choses comme ouvrir la porte pour qn et on peut se contenter d'un sourire ou d'un signe de tête. Dans des situations plus exceptionnelles, (lorsqu'on a aidé qn qui se trouvait en difficulté, par ex.), on peut répondre **That's okay,** ou, plus formellement, **Not at all,** ou encore (par exemple lorsque qn vous remercie de votre hospitalité) **It was a pleasure.** En anglais américain, on répond plus fréquemment à un remerciement, notamment en utilisant l'expression **You're welcome** qui s'utilise aussi en anglais britannique.

## L14 **Permission** *Permission*

voir aussi **230 Allow**

### L14.1 *Demander la permission*

En général, on demande une permission en disant **Can I/could I/may I ...?** (Puis-je/pourrais-je?) Ces expressions sont classées de la plus informelle à la plus formelle:

**Can I park here?** Est-ce que je peux me garer ici?

**Could I take a photograph of you?** Est-ce que je peux vous prendre en photo?

**May I use your office this afternoon?** Puis-je utiliser votre bureau cet après-midi?

Dans des lieux publics:

**Is smoking allowed here?** Peut-on fumer ici?

**Am I allowed to take two bags on to the plane?** Ai-je le droit de prendre deux sacs à bord de l'avion?

**[pour des requêtes plus délicates] Do you mind if (I smoke/bring a friend/etc.)?** Est-ce que cela vous dérange si (je fume/j'amène un ami/etc.)?

**[plus formel/hésitant; remarquez l'utilisation du passé] Would you mind if (I didn't come tomorrow/brought a friend next time/etc.)?** Cela vous dérangerait-il si (je ne venais pas demain/j'amenais un ami la prochaine fois/etc.)?

**[moins formel] Is it okay/all right if (I don't come tomorrow/leave early/etc.)?** Ça va si (je ne viens pas demain/je pars plus tôt/etc.)?

### L14.2 *Accorder une permission*

En réponse à **Do you mind?** (Est-ce que cela vous dérange?), on accorde une permission en répondant *No, ...*

**A: Do you mind if I sit here?** Cela vous dérange si je m'assieds ici?

**B: No, go ahead!** Non, allez-y!

**A: Is it okay if I use this?** Je peux utiliser ceci?

**B: Yes, by all means.** Oui, pas de problème.

**[assez informel] A: Is it all right if I leave early?** Ça ne gêne pas si je quitte plus tôt?

**B: Yes, no problem.** Non, pas de problème.

**[assez informel] A: Is it okay if Joe comes along?** Ça va si Joe vient aussi?

**B: Yes, that's fine by me.** Oui, pour moi ça va.

**[informel] A: Is it okay if I drink my coffee here?** Je peux boire mon café ici?

**B: Yes, fine! Feel free!** Oui, allez-y!

**[assez informel] A: Can I borrow your pen a minute?** Je peux emprunter ton stylo une seconde?

**B: Sure. Be my guest.** Fais comme chez toi.

### L14.3 *Refuser une permission*

voir aussi **231 Forbid**

**A: Can I park here?** Est-ce que je peux me garer ici?

**B: No, I'm afraid it's not allowed.** Non, je regrette, mais ce n'est pas permis.

**[poli] A: Do you mind if I smoke?** Ça vous dérange si je fume?

**B: I'd rather you didn't.** Je préférerais que vous vous absteniez.

**[direct et très ferme] A: Do you mind if I smoke?** Ça vous dérange si je fume?

**B: Yes, I do mind, actually.** Oui, ça me dérange.

## L15 **Offers** *Propositions*

### L15.1 *Proposer de faire qch*

**[proposition imprécise] Can I help out in any way?/Can I do anything to help?** Est-ce que je peux aider/faire qch pour aider?

**[plus formel] May I carry that bag for you?** Puis-je vous aider à porter ce sac?

**[moins formel] Let me do that for you.** Laisse-moi t'aider.

**If you like, I'll bring the coffee.** Si tu veux, je m'occupe d'apporter le café.

**You can leave it to me to lock up.** Tu peux me laisser fermer à clé.

**[dans des situations comme des réunions par ex. où les gens proposent leur aide pour différentes choses] I volunteer to take the tickets at the door.** Je me porte volontaire pour vérifier les billets à l'entrée.

### L15.2 Proposer de payer

**[plutôt formel] Please allow me to pay for the meal.** Permettez-moi de payer le repas.

**[moins formel] Let me pay for/get the coffee.** Laisse-moi offrir le café.

**This is on me.** C'est moi qui invite.

### L15.3 Accepter une proposition

**Thank you, it's good of you to offer.** Merci, c'est gentil de le proposer.

**[moins formel] Thanks, that's kind of you.** Merci, tu es gentil.

**[accepter poliment ou en hésitant] Oh, you really don't have to.** Oh, vous ne devez vraiment pas vous sentir obligé.

**[lorsque qn se dérange pour proposer de vous reconduire à la maison par ex.] Thanks, I hope it's not putting you out in any way.** Merci, j'espère que ça ne vous dérange pas trop.

**[lorsque qn a fait une proposition, mais que quelque temps s'est écoulé sans que cette proposition ait été acceptée] I wonder if I could take you up on your offer of a lift next Saturday.** Je me demandais si vous seriez toujours d'accord pour me conduire samedi?

### L15.4 Décliner une proposition

**Thanks for the offer, but it's okay.** Merci de votre proposition, mais ça ira.

**[en réponse à une proposition d'aide pour un travail quelconque] It's okay, I can manage, thanks.** Ça ira, merci, je me débrouillerai.

**[refuser la proposition de qn de vous reconduire à la maison, etc.] Thanks anyway, but someone is coming to pick me up/I have my bicycle/etc.** C'est bien gentil, mais quelqu'un vient me chercher/j'ai mon vélo/etc.

**[plutôt formel, lorsqu'on vous a fait une proposition très généreuse, comme par ex. le prêt d'une grosse somme d'argent] Thank you, but I couldn't possibly accept.** Je vous remercie, mais, vraiment, je ne peux pas accepter.

## L16 Invitations Invitations

### L16.1 Lancer une invitation

**Would you like to come to dinner/come round one evening?** Pourquoi ne viendriez-vous pas dîner/ne passeriez-vous pas à la maison un de ces soirs?

**[inviter qn à partager une activité déjà prévue] Would you like to join us for our end-of-term lunch?** Est-ce que cela vous plairait de vous joindre à nous pour notre repas de fin de trimestre?

**[formel] I/We'd like to invite you to join our committee/give a lecture.** J'aimerais vous inviter à faire partie de notre comité/à donner une conférence.

**[assez informel] Why don't you come round and have a drink some time?** Viens donc boire un verre à la maison un de ces jours.

### L16.2 Accepter une invitation

**Thank you, I'd love to.** Merci, très volontiers.

**[formel] Thank you, I'd be delighted to.** Merci, ça me ferait très plaisir.

**[moins formel] Thanks, that sounds nice.** Merci, pourquoi pas?

### L16.3 Décliner une invitation

**I'd love to, but I'm afraid I'm booked up that night/busy all day Thursday.** J'aimerais bien, mais j'ai déjà quelque chose de prévu ce soir-là/je suis occupé toute la journée de jeudi.

**[plus formel] Thank you for the invitation, but I'm afraid I have to say no.** Je vous remercie pour votre invitation, mais je suis malheureusement obligé de la refuser.

**[dans des situations où il est possible d'envisager une alternative] Sorry, I'm booked up on Monday. Some other time, perhaps?** Désolé, je suis pris lundi. Une autre fois peut-être?

## L17 Advice Conseils

voir aussi **353 Suggest**

### L17.1 Demander conseil

**I need some advice about renting a flat, can you help me?** J'aimerais avoir des conseils pour la location d'un appartement, est-ce que vous pourriez m'aider?

**Can you advise me as to what I should do about ...?** Pourriez-vous me conseiller pour ce que je devrais faire à propos de ...?

**I want to take a language course in France. Can you give me any advice?** Je voudrais suivre un cours de langue en France. Auriez-vous des conseils à me donner?

**[informel] Do you have any tips about car hire in Spain?** Tu n'as pas de tuyaux à me filer à propos des locations de voiture en Espagne?

### L17.2 Donner un conseil

**The best thing to do is to ring the police/book in advance.** Le mieux, c'est d'appeler la police/de réserver à l'avance.

*[moins formel] If I were you, I'd sell it.* Si j'étais toi, je le vendrais.

*[informel] If I was in your shoes, I'd resign right away.* Si j'étais à ta place, je donnerais ma démission sur le champ.

*[formel] My advice would be to accept the offer.* Je conseillerais d'accepter la proposition.

*You could try ...* (+ -ing) Tu pourrais essayer de ...

*It might be an idea to ...* (+ INFINITIF) Ce ne serait peut-être pas une mauvaise idée de ...

*Why not (sell it/move nearer town)?* Pourquoi ne (le vendriez-vous pas/vous rapprocheriez-vous pas de la ville)?

*[très ferme, peut paraître menaçant dans certaines situations] If you want my advice, you should stop seeing her.* Si tu veux mon avis, tu ne dois plus la voir.

## L17.3 Avertissements

*You'd better not park there, they use wheel clamps.* Tu ferais bien d'éviter de te garer ici, on pose des sabots.

*He's efficient, but be warned, he has a short temper.* Il est efficace, mais je te préviens, il se met vite en colère.

*I'm warning you, she's not going to like it.* Je te préviens, ça ne va pas lui plaire.

*[plus indirect] If I were you I wouldn't cause any trouble.* Si j'étais toi, je ne ferais pas d'histoires.

*[plus formel] I should warn you that there are pickpockets about.* Il faut que je vous prévienne qu'il y a des pickpockets par ici.

*[menaçant] I'm warning you - if you do that again there'll be trouble!* Je te préviens, si tu recommences, tu vas m'entendre!

*[gén dit sur un ton irrité et menaçant] If you've got any sense you'll stay away from that girl!* Si tu avais un grain de bon sens, tu ne fréquenterais pas cette fille!

*[assez formel] Take care when you leave the building: the steps are slippery.* Fais attention en sortant: les marches sont glissantes.

Avertissements à qn qui est en danger:

*Mind your head/the door/that car!* (*Brit*) Attention à ta tête/la porte/la voiture!

*Be careful!* Fais attention!

*Watch out!/Look out!* Attention!

# L18 Information *Renseignements*

## L18.1 Chercher à obtenir un renseignement

voir aussi **351 Ask**

*Can you help me?* Est-ce que vous pouvez m'aider?

*Where can I find (a phone/toilet/typewriter/etc.)?* Où puis-je trouver (un téléphone/des toilettes/une machine à écrire/etc.)?

*Where's the nearest (station/baker's/etc.)?* Où se trouve (la gare/boulangerie/etc.) la plus proche?

*What shall I do with (this key/these papers/etc.)?* Que dois-je faire de (cette clé/ces papiers/etc.)?

*What's the matter with (this machine/your friend/etc.)?* Qu'est-ce qui se passe avec (cette machine/ton ami/etc.)?

*What's the reason for (this extra charge/the delay/etc.)?* Pourquoi (ce supplément/ce retard/etc.)?

*Who is in charge of (refunds/room-bookings/etc.)?* Qui s'occupe des (remboursements/réservations de chambre/etc.)?

*Can you explain (this machine/this list/etc.) for me, please?* Pouvez-vous m'expliquer comment je dois m'y prendre avec (cette machine/cette liste/etc.)?

*How can I get to (the basement/the street/etc.)?* Pouvez-vous m'indiquer le chemin pour aller (dans la cave/rue/etc.)?

*How do I go about (changing my booking/getting my shoe repaired/etc.)?* Comment dois-je faire pour (changer ma réservation/faire réparer ma chaussure etc.)?

*Can you tell me where the bus goes from?* Pouvez-vous me dire où se trouve l'arrêt du bus?

*Can you give me some information about bus times/hotels?* Pouvez-vous me renseigner à propos des horaires de bus/hôtels?

*Do you have any information on language courses/Turkey?* Avez-vous des informations concernant les cours de langue/la Turquie?

*Where can I get information about travel insurance?* Où puis-je trouver des renseignements à propos des assurances-voyages?

## L18.2 Ne pas pouvoir fournir un renseignement

*I'm sorry, I can't help you.* Désolé, je n'ai aucune idée.

*I'm sorry, you've come to the wrong place. Ask at the ticket office.* Désolé, mais vous êtes adressé au mauvais endroit. Demandez au guichet.

*Sorry, we've nothing on Brazil at the moment.* Désolé, nous n'avons rien sur le Brésil en ce moment.

*[familier] Sorry, I haven't a clue/haven't the foggiest.* Désolé, je n'en ai pas la moindre idée!

### usage

Dans la plupart des cas, on remercie la personne qui fournit un renseignement en disant *Thanks for the information.* (Merci pour le renseignement.) ou *Thanks for your help.* (Merci de votre aide.). Dans des situations plus quotidiennes (comme par ex. lorsque qn vous indique les toilettes), on peut se contenter de dire *Thanks.*

## L19 Instructions *Indications*

### L19.1 *Demander des indications*

**Could you tell me/show me how this machine works?** Pourriez-vous m'expliquer/me montrer comment fonctionne cette machine?

**Are there any instructions for the photocopier?** Y a-t-il un mode d'emploi pour la photocopieuse?

**What do I do if I want to change the film?** Comment faut-il faire pour changer le film?

**How do I go about setting up this projector?** Comment dois-je m'y prendre pour installer ce projecteur?

**What do I do next?** Et après, qu'est-ce que je fais?

**How does it work?** Comment ça marche?

**How do you work this (machine/copier)?** Comment fait-on fonctionner cette (machine/photocopieuse)?

### L19.2 *Donner des indications*

**This is what you do, just press this button, and ...** Voilà ce qu'il faut faire, tu n'as qu'à pousser sur ce bouton, et ...

**All you have to do is ...** Tout ce que tu as à faire c'est ...

**You must always remember to close this flap first.** Veille à toujours commencer par fermer ce rabat.

**You just flick that switch and that's it.** Tu n'as qu'à appuyer sur ce bouton et ça y est.

**Would you please follow the instructions on the handout.** Conformez-vous aux instructions données sur la feuille qu'on a distribuée.

## L20 Directions *Chemins*

voir aussi **318 Directions**

### L20.1 *Demander le chemin*

**Could you tell me the way to ...?** Pourriez-vous m'indiquer le chemin pour aller à ...?

**Excuse me, I'm lost, I wonder if you could help me?** Excusez-moi, mais je me suis perdu; pourriez-vous me donner un renseignement?

**How do I get to the station from here?** Comment dois-je faire pour arriver à la gare?

**Excuse me, I'm looking for Mill Street.** Excusez-moi, je cherche Mill Street.

**[plus formel] Could you direct me to Boston Road?** Pourriez-vous m'indiquer le chemin de Boston Road?

### L20.2 *Indiquer le chemin*

**How are you travelling?** Vous êtes en voiture/à pied/etc.?

**Turn left, then right, then go straight on/straight ahead.** Tournez à gauche, puis à droite, et ensuite continuez tout droit.

**Take the first left and the second right.** Prenez la première à gauche et la deuxième à droite.

**You'll see it in front of you/on your left/etc.** Vous allez le trouver juste en face/sur votre gauche/etc.

**You can take a short-cut across the park.** Vous pouvez emprunter un raccourci qui traverse le parc.

**If you see a church, you've gone too far.** Si vous rencontrez une église, c'est que vous êtes allé trop loin.

**Look out for the sweet shop on your right.** Il y aura un marchand de bonbons sur votre droite.

**You can't miss it.** Vous ne pouvez pas le rater.

**When you come/get to the lights, branch off to the right.** Bifurquez à droite quand vous arriverez aux feux.

## L21 Making arrangements *Prendre des dispositions*

### L21.1 *Fixer une date*

**Could we arrange to meet sometime?** Pourrions-nous nous rencontrer un de ces jours?

**[une version plus informelle de l'exemple précédent] Can we get together sometime soon?** On peut se voir un de ces jours?

**Are you free on Thursday/Monday?** Tu es libre jeudi/lundi?

**What about Friday? Are you free then?** Et vendredi, ça te conviendrait?

**Could you make a meeting on the 25th?** Est-ce qu'une réunion le 25 vous conviendrait?

**Could we meet soon to discuss the future/the conference?** Pourrions-nous nous voir un de ces jours pour discuter de l'avenir/de la conférence?

**Are you available on the 15th?** Etes-vous libre le 15?

**Let's say 5pm on Tuesday, shall we?** Nous disons donc 5 heures mardi après-midi, d'accord?

**Monday suits me fine.** Lundi, ça me convient parfaitement.

**2 o'clock would be best for me.** C'est 2 heures qui me conviendrait le mieux.

**I'll pencil in the 23rd, and we can confirm it later.** Je prends toujours note du 23, nous confirmerons la date plus tard.

**Let's say the 18th, provisionally, and I'll come back to you.** Disons toujours le 18, et je vous recontacterai.

### L21.2 *Problèmes de dates*

**I'm afraid the 3rd is out for me.** Malheureusement, le 3 ne me convient pas.

**I'm afraid I'm busy tomorrow.** Malheureusement, je suis occupée demain.

**[familier] I'm afraid I'm chock-a-block this week.** (Brit) Malheureusement, je suis hyperoccupée cette semaine.

*Could we make it Thursday instead?* Est-ce qu'on pourrait plutôt se voir jeudi?

*I'm afraid I'm double-booked on Friday. Could we re-arrange things?* Je crains bien avoir fixé deux rendez-vous à la même heure pour vendredi. Est-ce qu'on pourrait changer nos arrangements?

*A: 5.30 is a bit of a problem.* 17h30, c'est un peu difficile.

*B: Would 6 o'clock be any better?* Est-ce que 18h te conviendrait mieux?

*Could we postpone Friday's meeting?* Pourrions-nous reporter la réunion de vendredi?

*Sorry, but we're going to have to cancel tomorrow's meeting.* Je suis désolé, mais nous allons devoir annuler la réunion de demain.

*Could we bring the meeting forward to 3.30 instead*

*of 4?* Pourrions-nous avancer la réunion de 16h à 15h30?

---

### FORMULER UNE DATE

En anglais britannique, il y a une différence entre la façon dont on écrit la date et la façon dont on la lit. Par exemple, on écrit *Monday 21st June* ou *Monday, June 21st*, mais on lit *"Monday the twenty-first of June"*. Voici quelques autres exemples: pour October 27th, on lit *"the twenty-seventh of October"* ou *"October the twenty-seventh"* et pour August 1st, on lit *"August the first"* ou *"the first of August"*. En anglais américain, le mois précède toujours le jour dans le langage parlé et le langage écrit. La date peut se lire de la façon dont elle est écrite, par exemple September 4th se lit *"September fourth"* et April 30th se lit *"April thirtieth"*.

---

## L22 Asking favours *Requêtes*

*I wonder if you could do me a favour.* Je me demandais si vous pourriez me rendre un service.

*[plutôt formel] I need to ask a favour of you.* Je dois vous demander un service.

*[moins formel] Could you do me a favour?* Pourriez-vous me rendre un service?

Parmi les réponses polies et amicales à une requête, on trouve *Yes, of course, what is it?* (Oui, bien sûr, de quoi s'agit-il?) et *Yes, no problem.* (Oui, pas de problème)

### L22.1 Petits services

*Have you got a light please?* Avez-vous du feu, s'il vous plaît?

*Could you keep an eye on my seat for me please?* Pourriez-vous me garder ma place, s'il vous plaît?

*Do you have a pen I could borrow for a moment?*

Auriez-vous un stylo à me prêter un moment?

*Could you change this £10 note by any chance?* Pourriez-vous par hasard changer ce billet de 10 livres?

*Do you have any small change for the parking meter/the phone?* Avez-vous de la monnaie pour le parcmètre/le téléphone?

*I wonder if you'd mind if I jumped the queue? I'm in a terrible hurry!* Cela vous dérangerait-il si je passais devant tout le monde? Je suis extrêmement pressé.

*Is this seat free/taken? Do you mind if I sit here?* Cette place est-elle libre/occupée? Cela ne vous dérange pas si je m'assieds ici?

*[dans un restaurant ou un café où la seule place libre est à une table déjà occupée] Do you mind if I join you?* Cela vous gêne-t-il que je me joigne à vous?

---

## L23 Apologies *Excuses*

voir aussi **221 Mercy; 449 Shame**

### L23.1 Présenter ses excuses

*I'm sorry I'm late.* Je suis désolé d'être en retard.

*[plus formel et énergique] I'm terribly sorry I've kept you waiting.* Je suis vraiment désolé de vous avoir fait attendre.

*[moins formel] Sorry I wasn't here when you arrived.* Désolé de n'avoir pas été là à votre arrivée.

*[plutôt formel, souvent employé dans la langue écrite] I apologize for not contacting you earlier.* Je regrette de ne pas vous avoir contacté plus tôt.

*[très formel, souvent employé dans la langue écrite] My sincere apologies for the inconvenience we*

*caused you.* Je vous présente mes excuses pour les ennuis que nous vous avons occasionnés.

*[plutôt formel, souvent employé dans la langue écrite] Please accept my/our apologies for not replying earlier.* Je vous prie de m'/nous excuser de ne pas avoir répondu plus tôt.

### L23.2 Accepter les excuses

L'expression la plus courante est *That's all right.* Les expressions *That's okay.* et *Forget it!* sont moins formelles. *That's quite all right.* est un petit peu plus formel. On peut aussi utiliser *It doesn't matter, Don't worry about it* ou *Never mind.*

---

## L24 Reminding *Rappeler*

*Don't forget to post that letter, will you?* N'oublie pas de poster cette lettre, s'il te plaît.

*[plus formel] Please remember to bring your passport.* N'oubliez pas d'apporter votre passeport.

*[expression pleine de tact mais pouvant comporter un léger reproche] You haven't forgotten it's Sally's birthday tomorrow, have you?* J'espère que tu n'as pas oublié que c'est l'anniversaire de Sally demain?

*[plutôt formel]* **May I remind you that there will not be a meeting next week?** Puis-je me permettre de vous rappeler qu'il n'y aura pas de réunion la semaine prochaine?

*[plutôt formel et délicat, quand on soupçonne qn d'avoir oublié qch]* **Can I jog your memory about the talk you promised to give us?** Puis-je vous rappeler que vous aviez promis de faire un petit discours? S'il est nécessaire de répondre, on peut dire **Thanks for reminding me.** Si on souhaite s'excuser d'avoir oublié qch, on pourra dire **I'm sorry, it just slipped my mind.**

## L25 Reassuring *Rassurer*

**Don't worry, we'll be there by six.** Ne vous inquiétez pas, nous y serons pour six heures.

**There's nothing to worry about.** Il n'y a pas lieu de s'inquiéter.

**You'll be alright.** Tout se passera bien pour vous.

**It'll be fine.** Tout ira bien.

*[plutôt formel]* **I assure you there'll be no problem with it.** Je vous assure qu'il n'y aura aucun problème.

*[plutôt formel, caractéristique de la langue écrite]* **I would like to reassure you that we will keep costs to the minimum.** Je voudrais vous tranquilliser en vous assurant que nous réduirons les frais au minimum.

## L26 Persuading *Persuader*

voir aussi **349 Persuade**

**Why don't you come with us next week?** Pourquoi ne viendriez-vous pas avec nous la semaine prochaine?

**Why not come hang-gliding with us? You'd love it, I'm sure.** Et si tu venais faire du deltaplane avec nous? Je suis sûr que tu adorerais.

**Do come and stay at Christmas, we'd love to have you.** Venez fêter Noël avec nous; nous serons heureux de vous recevoir chez nous.

**I really think you ought to take a few days off, you know.** Tu sais, je suis vraiment convaincu que tu devrais prendre quelques jours de vacances.

*[plus formel]* **Can I persuade you to join us tonight?** Puis-je vous convaincre de vous joindre à nous ce soir?

*[informel]* **Go on! Have a dessert; I'm having one.** Allons! Prends un dessert; j'en prends un aussi.

*[informel/familier]* **Can I twist your arm and ask you to sponsor me for a charity walk on Saturday?** Puis-je vous forcer la main et vous demander de me sponsoriser pour la marche de samedi en faveur d'une oeuvre de bienfaisance?

## L27 Suggesting *Suggérer*

voir aussi **353 Suggest**

### L27.1 *Faire une suggestion*

**Let's take a taxi, shall we?** Et si nous prenions un taxi?

**Why don't we leave it till next week?** Pourquoi ne laisserions-nous pas les choses comme elles sont jusqu'à la semaine prochaine?

**What about changing the date?** Et si on changeait la date?

**I have a suggestion: let's hold a public meeting.** Je suggère que l'on tienne une assemblée publique.

*[plus formel]* **Can/may I suggest we meet again tomorrow?** Puis-je proposer que l'on se revoie demain?

Notez la structure suivant **suggest**: l'infinitif n'est pas employé: ex. **I suggest (that) you cancel it.** Je suggère que vous l'annuliez.

### L27.2 *Susciter des propositions*

**We have to do something; what do you suggest?** Nous devons faire quelque chose; que proposez-vous?

**We must raise £3,000; are there any suggestions?** Nous devons trouver 3.000 livres; y a-t-il des suggestions?

**Can you think of a way of stopping this tap from leaking?** Avez-vous une idée pour empêcher ce robinet de fuir?

*[informel]* **Any suggestions as to how we can fix this door?** Des propositions pour réparer cette porte?

*[familier]* **We need £2,000 immediately; any bright ideas?** Nous avons besoin de 2.000 livres tout de suite; quelqu'un a des idées?

## L28 Agreeing *Etre d'accord*

voir aussi **348 Agree**

**A: This is crazy.** C'est fou.
**B: I agree.** Entièrement d'accord.

**I agree with everything you say.** Je suis d'accord avec tout ce que vous dites.

*[plus formel]* **I am in complete agreement with you.** Je suis entièrement d'accord avec vous.

*[informel]* **A: We'll have to do something about it soon.** Il faudra faire quelque chose bientôt.
**B: Right.** D'accord.

Façons énergiques de montrer son accord:

**I couldn't agree more!** Je suis tout à fait d'accord.

*[informel et énergique] You can say that again!* A qui le dites-vous!

Les interjections énergiques suivantes peuvent être utilisées pour exprimer son accord avec qn: *Absolutely!* Absolument! *Quite.* Tout à fait. *Right.* D'accord. et *Exactly!* Exactement!

*A: I think she'll be perfect for the job.* Je crois qu'elle fera très bien l'affaire pour le travail.
*B: Absolutely!* Tout à fait.

*A: If he was still in London at 6 o'clock then he can't have committed the murder.* S'il était encore à Londres à 6 heures, alors il n'a pas pu commettre le crime.
*B: Exactly!* Exactement!
*A: It seems like a ridiculous idea.* Cette idée me paraît ridicule.
*B: Quite.* Tout à fait.

## L29 Disagreeing *Ne pas être d'accord*

voir aussi **346 Disagree**

*I disagree* (Je ne suis pas d'accord) est une façon assez brutale d'exprimer son désaccord en anglais. Pour ne pas être trop brutal, on montre d'ailleurs plutôt son accord partiel avant de manifester son désaccord; par ex. *I see what you mean, but ...* (Je comprends ce que vous voulez dire, mais ...) ou *That's right, but ...* (C'est vrai, mais ...)

Le désaccord peut aussi être exprimé comme dans les phrases suivantes:

*I have to disagree with you about that.* Je ne suis pas du tout d'accord avec vous à ce propos.
*You say she's clever, but I don't see that at all.* Vous dites qu'elle est intelligente, mais je ne suis pas du tout de votre avis.
*[plus formel] I'm afraid I can't agree with you.* Je ne suis malheureusement pas d'accord avec vous.

## L30 Opinions *Opinions*

voir aussi **105 Believe; 106 Opinion**

### L30.1 *Demander l'avis de qn*

*How do you see the situation?* Que pensez-vous de la situation?
*What are your views on capital punishment?* Quelle est votre opinion sur la peine de mort?
*What do you think of x?* Que pensez-vous d'x?
*[plus formel] What's your view of x?* Quelle est votre avis sur x?
*[plus formel] What's your opinion of x?* Quelle est votre opinion concernant x?
*[familier] Do you reckon he'll come/she'll win/etc.?* Crois-tu qu'il viendra/qu'elle gagnera/etc.?

### L30.2 *Emettre une opinion*

*I think ...* Je crois ...
*[plus formel] My view is that this is wrong.* Je pense que ceci est faux.
*[plus formel] In my view/opinion, we've waited long enough.* A mon avis, nous avons attendu assez longtemps.

*[informel] To my mind, his taste in clothes is appalling.* A mon avis, ses goûts vestimentaires sont épouvantables.
*[familier] I reckon they'll be getting married soon.* (surtout Brit) Je crois qu'ils vont bientôt se marier.
*[très formel, dans des discussions, des débats, etc.] If I may express an opinion, I think that ...* Si vous me permettez de donner mon avis, je crois que ...

### usage

Notez que *point of view* (point de vue) est utilisé en anglais pour faire référence à la façon dont le locuteur est affecté par qch, plutôt que pour donner son avis. Si qn dit *From my point of view, these new farming regulations are a disaster* (De mon point de vue, les nouveaux règlements en matière d'agriculture sont un vrai désastre), cette personne est probablement impliquée dans l'agriculture d'une façon ou d'une autre ou est directement concernée par les règlements.

## L31 Preferences *Préférences*

voir aussi **73 Choose**

### L31.1 *S'enquérir des préférences de qn*

*Which would you prefer, a twin or double room?* Que préférez-vous, une chambre à lits jumeaux ou une chambre double?
*[plus informel] What would you rather have, tea or coffee?* Préférez-vous du thé ou du café?
*[plutôt formel] Do you have any preference with regard to which flight we take?* Avez-vous une préférence particulière quant au vol que nous allons prendre?

*[plutôt informel] We can go on Friday or Saturday, it's up to you.* Nous pouvons partir vendredi ou samedi, c'est comme vous voulez.
*[familier] You can have red, green or blue; take your pick.* Tu peux l'avoir en rouge, en vert ou en bleu; fais ton choix.

### L31.2 *Exprimer une préférence*

*I think I'd rather go on Monday, if you don't mind.* Si ça ne vous dérange pas, je crois que je préférerais y aller lundi.

**I'd prefer a window-seat, if possible.** Je préférerais une place côté fenêtre, si c'est possible.

*[très formel, surtout quand on n'a pas été interrogé au sujet de ses préférences]* **If I may express a preference, I would rather not have to meet on a**

**Friday.** Si je puis donner mon avis, je préférerais ne pas avoir de réunion un vendredi.

*[informel, surtout en référence à de la nourriture]* **I think I'll go for the chicken.** Je crois que je vais me laisser tenter par le poulet.

## L32 Degrees of certainty *Degrés de certitude*

voir aussi **82 Certain**; **83 Uncertain**

### L32.1 Certitude

**I'm sure we've met before.** Je suis sûr que nous nous sommes déjà rencontrés.

**He's definitely the tallest person I've ever met.** C'est vraiment la personne la plus grande que j'aie jamais rencontrée.

**She's without doubt/undoubtedly the best captain we've ever had.** Elle est indubitablement le meilleur capitaine que nous ayons jamais eu.

*[plutôt formel]* **There is no doubt that something must be done soon.** Il est incontestable qu'il faudra bientôt faire quelque chose.

*[exprimant un sentiment de certitude très prononcé]* **I'm absolutely certain I left it on the table.** Je suis absolument certain de l'avoir laissé sur la table.

### L32.2 Doute et incertitude

**I'm not sure I can do this for you.** Je ne suis pas sûr de pouvoir faire ceci pour vous.

**We're a bit uncertain about the future at the moment.** Nous avons actuellement quelques doutes quant à l'avenir.

**I doubt she'll come before Tuesday.** Je doute qu'elle vienne avant mardi.

**Everyone thinks George is wonderful, but I have my doubts.** Tout le monde trouve Georges formidable, mais moi, j'ai mes doutes.

**It's doubtful whether he will succeed.** On ne sait pas s'il réussira.

**I think he said his number was 205, but I can't be sure.** Je crois qu'il a dit que son numéro était le 205, mais je n'en suis pas sûr.

*[exprimant un sentiment d'incertitude plus prononcé que dans l'exemple précédent]* **I'm not at all sure that this is his number.** Je ne suis pas sûr du tout que c'est son numéro.

Notez que *no doubt* et [plus formel] *doubtless* sont utilisés quand on est raisonnablement sûr de qch mais qu'on attend la confirmation qu'on a raison:

**You've no doubt/doubtless all heard of William Shakespeare.** (Vous avez certainement/sans doute déjà entendu parler de William Shakespeare.)

### L32.3 Vague

**She's sort of average-looking.** Elle est plutôt ordinaire.

**They need boxes and things like that.** Ils ont besoin de boîtes et de choses comme ça.

**I don't understand videos and that sort of thing.** Je ne comprends rien à la vidéo et à tous ces trucs-la.

**He said he was going to Paris or something.** Il a dit qu'il allait à Paris ou quelque chose comme cela.

### usage

Si l'on ne souhaite pas définir précisément une couleur, on peut ajouter le suffixe **-y** en anglais britannique. Cette pratique n'est cependant pas courante en anglais américain et ne sera pas appliquée au blanc ou au noir: *It was a browny/yellowy/greeny sort of colour.* (C'était une couleur brunâtre/jaunâtre/verdâtre.)

Pour de nombreux adjectifs ainsi que pour les couleurs, les heures et les âges, le suffixe **-ish** peut être employé si on désire rester vague:

**She has reddish/blackish hair.** Elle a des cheveux tirant sur le roux/le noir.

**I'd say she's thirtyish.** Je dirais qu'elle a une trentaine d'années.

**Come about half-past sevenish.** Viens aux environs de sept heures trente.

**It was a dullish day.** C'était une journée plutôt maussade.

Notez que **-y** et **-ish** sont tous deux assez informels.

### L32.4 Deviner et spéculer

**I'd say she was about fifty.** Je dirais qu'elle a environ 50 ans.

*[informel]* **I would reckon there are about 3,000 words here.** (*Brit*) A mon avis, il y a ici environ 3.000 mots.

*[plutôt formel]* **I would speculate that we would need around £5,000.** J'estimerais que nous avons besoin d'environ 5.000 livres.

*[formel; utilisé quand on base la spéculation sur des calculs, l'expérience, etc.]* **We estimate that the project will take 3 years.** Nous estimons que le projet prendra trois ans.

*[plutôt informel]* **I don't know, but I would hazard a guess that there were about 10,000 people there.** Je ne sais pas, mais je me risquerais à dire qu'il y avait environ 10.000 personnes.

*[informel]* **Guess who I met today? I bet you can't!** Devine qui j'ai rencontré aujourd'hui! Je parie que tu ne devineras pas!

*[familier]* **I'll give you three guesses who I'm having dinner with tonight.** Devine un peu avec qui je vais manger ce soir.

*[informel]* **She'll be here again tomorrow, I'll bet.** Je parie qu'elle sera de retour demain.

## L33 Obligation *Obligation*

Une obligation externe, par ex. d'un gouvernement ou de toute autre autorité, peut être exprimée par **have to**: *I have to renew my passport next month.* Je dois renouveler mon passeport le mois prochain.

**Must** exprime une obligation sous la forme d'un ordre ou d'une instruction que l'on se donne à soi-même (parce que l'on croit être obligé de faire qch) ou qui est imposée par une force extérieure (par ex. loi, règlement): *I must wash my hair, it's filthy!* Je dois me laver les cheveux, ils sont dégoûtants! *All students must register between 9am and 11am on the first day of term.* Tous les étudiants doivent s'inscrire entre 9 et 11 heures le premier jour du trimestre. N'oubliez cependant pas que **must** n'a pas de forme passée et que l'on utilise **had to**: *The students had to register yesterday, so we were very busy.* Les étudiants devaient s'inscrire hier, si bien que nous avons eu beaucoup de travail.

**Should** est moins fort que **must**: *I should really get my hair cut this weekend.* Il faudrait vraiment que je me fasse couper les cheveux ce week-end. *You should post that soon, or it won't get there in time.* Tu devrais poster ça sans tarder, sinon ça n'arrivera pas à temps.

**Ought to** implique souvent une obligation morale exprimant ce qu'il convient de faire: *You really ought to say thanks to your aunt for that present she sent you.* Tu devrais vraiment remercier ta tante pour le cadeau qu'elle t'a envoyé.

**Obliged to** est très fort, plutôt formel et insiste sur le fait que le locuteur n'a pas le choix: *I am obliged to ask you if you have a criminal record.* Je suis dans l'obligation de vous demander si vous avez un casier judiciaire.

**Forced to** suggère de fortes influences externes: *In the face of so much evidence, I was forced to admit I had been wrong.* Face à de tels arguments, j'ai été forcé d'admettre que je m'étais trompé. *We were forced to leave the building at gunpoint.* Nous avons été forcés de quitter le bâtiment sous la menace des armes.

**Obligation** est très formel: *I have an obligation to warn you that you do this at your own risk.* Je suis dans l'obligation de vous avertir que vous faites ceci à vos propres risques. *I'm sorry, I'm not under any obligation to reveal that information to you.* Je suis désolé, mais je ne suis nullement tenu de vous révéler ces informations.

## L34 Expressing surprise *Exprimer la surprise*

voir aussi **118 Surprise**

*I'm surprised that you didn't recognise her.* Je suis surpris que vous ne l'ayez pas reconnue.

*[exprimant une surprise plus forte que dans l'exemple précédent] I'm amazed that you've got here so quickly.* Je suis stupéfait de voir la rapidité avec laquelle vous êtes arrivé ici.

*Well! What a surprise!* Ah, ça, alors! Quelle surprise!

*Well! This is a surprise!* Ah, ça, alors! Pour une surprise!

*Good heavens!* Seigneur!

*Good Lord!* Mon Dieu!

*Sally! I don't believe it! What are you doing here?* Sally! Je n'en crois pas mes yeux! Qu'est-ce que tu fais ici?

*[familier] Well I never! I didn't expect to meet you today!* Pas possible! Si je m'attendais à te rencontrer aujourd'hui!

*[familier] You could have knocked me down with a feather when I realised who it was!* Je suis resté baba quand j'ai réalisé qui c'était!

*[se dit à qn à qui on offre une surprise qu'on a préparée pour lui] Surprise, surprise!* Surprise!

## L35 Expressing pleasure *Exprimer le plaisir*

voir aussi **422 Happy**

*How nice to have this beach all to ourselves!* Comme c'est merveilleux d'avoir cette plage pour nous tout seuls!

*This is wonderful/marvellous/great!* C'est merveilleux/fantastique/formidable!

*What a pleasure to be home again!* Quel plaisir de se retrouver chez soi!

*What fun! I haven't rowed a boat for years!* Que c'est marrant! Je n'avais plus fait d'aviron depuis des années!

*I'm pleased to hear you solved your problem.* Je suis très heureux d'apprendre que vous avez résolu votre problème.

*I'm delighted to hear you're getting married at last.* J'apprends avec plaisir que vous allez enfin vous marier.

*I'm very happy that we've been able to meet again.* Je me réjouis qu'on ait pu se revoir.

*[plutôt formel; se dit par exemple à l'égard d'un hôte] It's a real pleasure to be here.* C'est un vrai plaisir d'être ici.

*[très formel, dans des discours, etc.] It gives me great pleasure to welcome you all tonight.* J'éprouve beaucoup de plaisir à vous accueillir tous ici ce soir.

## L36 Expressing displeasure Exprimer le mécontentement

voir aussi **450 Angry**

*How awful!* Comme c'est affreux!

*What a terrible/dreadful place/person!* Quel endroit/Quelle personne épouvantable/abominable!

*I'm not very happy with the way things have turned out.* Je ne suis pas très content de la façon dont les choses se sont passées.

*I'm unhappy with the situation at work these days.* Je n'aime pas trop la situation au travail ces jours-ci.

*I wasn't at all pleased to hear that the prices are going up.* Cela ne m'a pas fait du tout plaisir d'apprendre que les prix augmentent.

*[exprimant un profond dégoût ou mécontentement] I'm appalled at what has happened.* Je suis révolté par ce qui s'est passé.

*[familier; se dit d'une situation ou d'un événement fâcheux] What a pain!* C'est vraiment embêtant!

*[formel et plutôt sévère] I'm extremely displeased with your behaviour.* Je suis extrêmement mécontent de votre comportement.

## L37 Complaints Plaintes

voir aussi **345 Complain**

### L37.1 Se plaindre

*Can I see the manager/the person in charge, please?* Puis-je voir le directeur/le responsable, s'il vous plaît?

*Can you do something about this noise/the slow service, please?* Pouvez-vous faire cesser ce bruit, s'il vous plaît?/Pouvez-vous faire accélérer le service, s'il vous plaît?

*I'm sorry but these goods are unsatisfactory.* Je suis désolé, mais ces marchandises laissent à désirer.

*[plutôt formel] I'd like to make a complaint about my room/the delay/etc.* Je voudrais faire une réclamation concernant ma chambre/le retard/etc.

*[plutôt formel, caractéristique du style écrit] I wish to complain in the strongest possible terms about the poor service I received.* Je souhaiterais me plaindre vigoureusement du mauvais service dont j'ai bénéficié.

*[si la réclamation n'est pas prise en compte] It's just not good enough.* Ce n'est pas suffisant.

### L37.2 Enregistrer les plaintes

*I'm sorry, I'll see what I can do.* Je suis désolé, je vais voir ce que je peux faire.

*Leave it with me and I'll make sure something is done.* Laissez-moi m'en occuper, je veillerai à ce que l'on fasse quelque chose.

*I'll pass your complaint on to the manager/the person in charge.* Je transmettrai votre réclamation au directeur/au responsable.

## L38 Praising Louer

voir aussi **430 Praise**

*Well done!* Bravo!

*[une version plus formelle de l'exemple précédent] You've done extremely well.* Vous avez très bien réussi.

*I admire your skill/your patience.* J'admire votre talent/votre patience.

*[envers une personne d'un statut inférieur ou d'un statut équivalent, avec une connotation humoristique dans le dernier cas] I couldn't have done better myself!* Je n'aurais pas pu faire mieux!

*[légèrement informel] You deserve a pat on the back.* Tu mérites un compliment.

### L38.1 Compliments

*What a lovely house/dress/garden!* (*surtout Brit*) Quelle belle maison/robe/Quel beau jardin!

*You look very nice in that jacket.* Vous êtes très bien dans ce veston.

*I envy you your garden; it's wonderful.* Je vous envie votre jardin: il est merveilleux.

*I don't know how you manage to be so efficient.* Je ne sais pas comment vous parvenez à être si efficace.

*[plus formel] I must compliment you on your latest book.* Je dois vous féliciter pour votre dernier livre.

### L38.2 Félicitations

*A: I've just been promoted in my job.* Je viens de recevoir une promotion.

*B: Oh, congratulations!* Oh, félicitations!

*Congratulations on your new job!* Toutes mes félicitations pour votre nouvel emploi!

*[formel, par ex. quand on fait un discours] I/we'd like to congratulate you on 25 years of service to the company.* Je voudrais/Nous voudrions vous féliciter pour vos 25 ans de service au sein de la compagnie.

## L39 Announcements Annonces

Les expressions suivantes précèdent souvent des communications publiques:

*Can I have your attention please?* Puis-je obtenir votre attention, s'il vous plaît?

*I'd like to make an announcement.* Je souhaiterais annoncer quelque chose.

*I'd like to announce the winner of the first prize, ...* Je voudrais annoncer le gagnant du premier prix, ...

*Ladies and Gentlemen, ...* Mesdames, Messieurs, ...

*[légèrement plus formel] I have an announcement to make.* Je dois faire une annonce.

*[après avoir fait une annonce] Thank you for your attention.* Je vous remercie de votre attention.

## L40  Reacting to news  *Réagir aux nouvelles*

voir aussi **L34 Expressing surprise**

*How wonderful!* Comme c'est merveilleux!
*How awful!* Quelle chose affreuse!
*[informel] Great!* Formidable!
*[informel] Oh no!* Oh, non!
*[lorsque les nouvelles ne sont pas bonnes et qu'on aurait pu le prévoir] I might have guessed!* Je l'aurais parié!

*[quand les nouvelles sont surprenantes] Well, I never thought I would hear that!* Eh bien, je n'aurais jamais cru entendre ça un jour!
*[quand les informations fournies sont vraiment nouvelles] Well, that's news to me!* Eh bien, première nouvelle!
*[familier, exprimant la surprise] Well I never!* Pas possible!

## L41  Talking about the time  *Parler de l'heure*

voir aussi **26 Time**

*What time is it?* Quelle heure est-il?
*Have you got the time please?* Avez-vous l'heure, s'il vous plaît?
*[quand on n'est pas sûr d'avoir l'heure exacte] What time do you make it?* Quelle heure as-tu?
*It's five o'clock exactly.* Il est exactement 5 heures.
*It's dead on five o'clock.* (*Brit*) Il est juste 5 heures.

*It's just gone half past three.* (*Brit*) On vient juste de dépasser 3 heures et demie.
*It's coming up to six o'clock.* Il va être 6 heures.
*My watch must be slow/fast.* Ma montre doit retarder/avancer.
*[une version plus informelle de l'exemple précédent] I'm a bit slow/fast.* Je retarde/j'avance.
*My watch has stopped.* Ma montre est arrêtée.

## L42  Narrating and reporting  *Raconter et Rapporter*

### L42.1  *Rapporter des événements et des anecdotes*

*Have you heard about ...?* As-tu entendu parler de ...?
*Did I tell you about ...?* Est-ce que je t'ai parlé de ...?
*I must tell you about ...* Je dois te parler de ...
*[plus informel] You'll never guess what's happened!* Tu ne devineras jamais ce qui s'est passé!
*[très informel] Guess what? We're getting a new boss!* Devine un peu! On a un nouveau patron!
*[qch qui s'est passé il y a longtemps] I'll always remember the time ... /I'll never forget when ...* Je me souviendrai toujours du jour où ... /Je n'oublierai jamais quand ...

### L42.2  *Blagues*

*Have you heard the one about ...?* Tu connais l'histoire de ...?
*I heard a good joke the other day, ...* J'ai entendu une bonne blague l'autre jour, ...
*I heard a good one the other day, ...* J'en ai entendu une bien bonne l'autre jour, ...
*Do you want to hear a joke? It's quite clean/It's a bit rude.* Tu veux que je te raconte une blague? Elle est assez gentille/Elle est un peu grossière.
*[quand on ne comprend pas la blague] I'm sorry, I don't get it.* Je suis désolé, mais je ne saisis pas.

## L43  Problems of communication  *Problèmes de communications*

voir aussi **114 Understand**

### L43.1  *Malentendus*

*I'm sorry, I don't understand.* Je suis désolé, mais je ne comprends pas.
*I think I've misunderstood you.* Je crois que je vous ai mal compris.
*I think we're talking at cross-purposes.* (*surtout Brit*) Je crois que nous nous comprenons de travers.
*I don't think we're understanding each other properly.* Je ne crois pas que nous nous comprenons bien.
*I don't seem to be able to get through to him.* Je crois

que je ne parviens pas à me faire comprendre de lui.
*[plus formel ou impersonnel] I think there's been a misunderstanding.* Je crois qu'il y a eu un malentendu.
*[familier] I think I/you've got the wrong end of the stick.* Je crois que je comprends/vous comprenez mal.

### L43.2  *Problèmes de volume/vitesse*

*Could you speak more slowly please?* Pourriez-vous parler plus lentement, s'il vous plaît?
*Could you slow down a bit please? I find it difficult to follow you.* Pourriez-vous parler plus lentement, s'il

vous plaît? J'ai du mal à vous suivre.

***I didn't catch what you said. Could you repeat it please?*** Je n'ai pas bien saisi ce que vous disiez. Pourriez-vous répéter, s'il vous plaît?

### L43.3 Demander de l'aide

***Can you help me? I'm having trouble understanding this notice.*** Pouvez-vous m'aider? J'ai quelques problèmes pour comprendre cet avis.

***What does 'liable' mean?*** Que signifie "passible"?

***[quand on désire connaître exactement le sens d'un mot utilisé par qn] What do you mean by 'elderly'?*** Qu'entendez-vous par "âgé"?

***How do you spell 'yoghurt'?*** Comment épelez-vous "yaourt"?

***How do you pronounce this word here?*** Comment prononcez-vous ce mot-ci?

***How do you stress this word?*** Où accentuez-vous ce mot?

***Can you explain this phrase for me?*** Pouvez-vous m'expliquer cette expression?

***Is there another word for 'amiable'?*** Y a-t-il un autre mot pour dire "aimable"?

***Could you check my English in this letter please?*** Pourriez-vous vérifier mon anglais dans cette lettre, s'il

vous plaît?

***[informel] Oh dear, help me! It's on the tip of my tongue!*** Oh, bon sang, aide-moi! Je l'ai sur le bout de la langue.

### L43.4 Se corriger

***'Quickly' is an adjective ... sorry, I mean an adverb.*** "Quickly" est un adjectif ... pardon, je voulais dire un adverbe.

***Sorry, I meant to say 'tempting', not 'tentative'.*** Pardon, je voulais dire "tentant", pas "hésitant".

***Bill ... sorry, Jim rather, is the one you should talk to.*** Bill ... pardon, je veux dire Jim, est la personne à qui vous devriez vous adresser.

***[informel] Tuesday ... no, hang on a minute, I'm getting mixed up ... Wednesday is the day they collect them.*** Mardi ... non, attends une minute, je confonds ... mercredi c'est le jour où ils les ramassent.

***[informel] Oxbridge ... Camford ... sorry, I'll get it right in a minute ... Cambridge is well worth a visit.*** Oxbridge ... Camford ... pardon, je vais y arriver ... Cambridge vaut vraiment une visite.

***[pour corriger une faute dans un texte] Where it says '5 pm' it should say '5.30 pm'.*** Il faut lire "5h30" là où il est inscrit "5h".

***[plus formel, souvent dans le langage écrit] 'Southampton' should have read 'Southport' in the third paragraph.*** "Southampton" doit être remplacé par "Southport" dans le troisième paragraphe.

***[pour corriger un texte] Where it says 'cheque card', cross out 'cheque' and put 'credit'.*** A l'endroit où "cheque card" est écrit, le mot "cheque" doit être remplacé par "credit".

## L44 Written communications *Communications écrites*

voir aussi **340 Communications**

### L44.1 Lettres personnelles: début de lettre

***Dear Michael,*** Cher Michael,

***Thanks for your (last) letter.*** Je te remercie de ta (dernière) lettre.

***I'm sorry I've been slow in replying.*** Je suis vraiment désolé d'avoir tant tardé à répondre.

***[informel] Just a few lines to let you know that ...*** Deux ou trois lignes pour te faire savoir que ...

***[plus informel] Just a quick line to say hello.*** Un petit bonjour en vitesse.

### L44.2 Lettres personnelles: fin de lettre

***Give my regards to Mary.*** Transmets mes amitiés à Mary.

***I hope to hear from you soon.*** J'attends avec impatience une lettre de toi.

***[informel] Well, that's all for now.*** C'est tout ce que j'ai à écrire pour l'instant.

***[informel] Write soon.*** Ecris-moi vite.

***[d'un usage général; a l'air assez amical mais est néanmoins assez formel] Best wishes, June.*** Bien amicalement, June.

***[informel, à un ami] All the best, Nick.*** Amitiés, Nick.

***[à qn que l'on va bientôt voir] Look forward to seeing you soon, David.*** Je suis très content à l'idée de te voir bientôt, David.

***[souvent utilisé envers des personnes que l'on aime beaucoup, mais s'emploie également par amitié pour qn avec qui on est ami, par ex. sur une carte d'anniversaire pour un collègue] Love, Terry.*** Affectueusement, Terry.

***[à un époux ou une épouse, un amant, un(e) petit(e) ami(e)] All my love, Ron.*** Avec tout mon amour, Ron.

***p.s.*** p.s.

### L44.3 Lettres commerciales: début de lettre

***[en s'adressant à une firme ou une institution] Dear Sir/Madam,*** Monsieur/Madame,

***[en s'adressant à un journal ou au rédacteur d'un magazine] Dear Editor,*** Monsieur le Rédacteur en chef,

De nombreuses personnes estiment que ***Dear Sirs*** pour s'adresser à une firme et ***Sir*** pour le rédacteur en chef d'un journal sont des expressions sexistes à éviter. Elles sont néanmoins couramment utilisées.

**Dear Ms Bool/Mr Carter,** Madame/Monsieur,

**I am writing in connexion with ...** Je vous écris à propos de ...

**Thank you for your letter of (date).** Je vous remercie de votre lettre du (date).

**In reply to your recent letter, ...** Par suite à votre récente lettre, ...

**Following your letter of (date), I am now writing to ...** En réponse à votre lettre du (date), j'ai le plaisir de ...

**[dans une lettre où il est nécessaire de se présenter tout d'abord] First allow me to introduce myself. I am ...** Permettez-moi tout d'abord de me présenter. Je m'appelle ...

## L44.4 Lettres commerciales: fin de lettre

**I look forward to your reply.** Dans l'attente de votre réponse, ...

**Thank you for your attention to this matter.** Je vous remercie de l'intérêt que vous portez à cette question.

**I enclose a stamped, addressed envelope.** Je vous prie de trouver ci-joint une enveloppe timbrée à mes nom et adresse.

**I attach the receipt.** Je vous prie de trouver ci-joint le reçu.

**Yours sincerely, Anthony O'Donnell (Mr)** Veuillez agréer, Monsieur, l'expression de mes sentiments les meilleurs. Anthony O'Donnell

**[plus formel ou impersonnel] Yours faithfully, G. Sweeney (Dr)** Je vous prie de croire, Monsieur, à l'assurance de mes sentiments distingués. Dr G. Sweeney

### usage

*Yours sincerely* s'emploie quand on a mentionné le nom du destinataire en début de lettre alors que *Yours faithfully* s'emploie quand le nom du destinataire est inconnu et que la lettre commence par une formule telle que *Dear Sir/Madam.*

## L44.5 Candidatures

**In reply to your advertisement in (name of source), I should like to apply for ...** Me référant à votre annonce parue dans (nom de la source), je me permets de poser ma candidature à ...

**Please send me further details and application forms for ...** Je vous serais reconnaissant de bien vouloir m'envoyer des renseignements plus détaillés ainsi que des formulaires de candidature pour ...

**I hope you will give my application full consideration.** Dans l'espoir que vous voudrez bien considérer favorablement ma candidature, ...

**I enclose a curriculum vitae.** Je joins mon curriculum vitae.

**[formel] Please find enclosed our latest brochure.** Nous vous prions de bien vouloir trouver ci-joint notre dernière brochure.

## L44.6 Remplir des formulaires

Titres et expressions communément utilisés dans les formulaires:

**Please use block capitals.** Ecrivez en majuscules.

**Please use a ballpoint pen.** Utilisez un stylo à bille.

**Please attach a recent photograph.** Joignez une photographie récente.

**Please tick the appropriate box.** Cochez la case adéquate.

**Put a cross in the box.** Mettez une croix dans la case.

**n/a** Ne s'applique pas

**First name(s)/forename(s)/Christian name(s)** Prénom(s)

**Surname** (*surtout Brit*), **last name** (*surtout US*) Nom

**Maiden name** Nom de jeune fille

**Address** Adresse

**Tel. (daytime/evening) (home/work)** Téléphone (journée/soir) (privé/travail)

**Occupation/profession** Profession

**Nationality/Ethnicity** Nationalité/Groupe ethnique

**Age/Date of birth /D.O.B.** (*US*) Age/Date de naissance

**Place of birth/Birthplace** Lieu de naissance

**Marital status (single/married/divorced/widowed)** Situation de famille (célibataire/marié/divorcé/veuf)

**Educational background** Diplômes

**Qualifications and experience** Formations et expérience professionnelle

**Proposed duration/length of stay** Durée envisagée du séjour

**Arrival/departure date** Date d'arrivée/de départ

**Signature/date** Signature/date

## L44.7 Cartes postales

Les cartes postales sont généralement écrites dans un style abrégé. Les sujets des verbes, par exemple, sont souvent omis. Les exemples suivants illustrent quelques expressions typiques:

**Greetings from Edinburgh.** Un bonjour d'Edimbourg.

**Having a lovely time.** Séjour merveilleux.

**Weather excellent/lousy.** Temps magnifique/exécrable.

**This is where we're staying.** Nous logeons ici.

**Wish you were here.** Dommage que tu ne sois pas là!

**Regards to everybody.** Meilleurs souvenirs à tout le monde.

# L45 Signs and notices Panneaux et avis

Expressions communément employées sur les panneaux de signalisation et les avis:

**No parking.** Stationnement interdit.

**No entry except for access.** (*Brit*) Entrée interdite excepté circulation locale.

**Diversion** (*Brit*), **Detour** (*US*) Déviation.

**Max. headroom 16'3" (5m).** Hauteur max. 5m.

**No smoking.** Défense de fumer.

**Caution.** Attention.

**Danger.** Danger.

**Trespassers will be prosecuted.** Défense d'entrer sous peine de poursuites.

**The management does not accept liability for loss or damage.** La direction décline toute responsabilité en cas de pertes ou de dégâts matériels.

**Cars may be parked here at their owners' risk.** Les voitures peuvent être garées ici aux risques du propriétaire.

**Admission £2.50. OAP's/Senior Citizens £1.50.** Entrée 2 livres 50. Retraités 1 livre 50.

**Closing down sale.** Liquidation (avant fermeture).

**Please ring for attention.** Prière de sonner.

**Bed and Breakfast ou B & B** Chambres, Bed & Breakfast.

**Camping prohibited.** Camping interdit.

**[en Grande-Bretagne. Café n'appartenant pas à une brasserie] Free House** Pub en gérance libre

---

## L46 Using the Postal Service  *Pour utiliser les services postaux*

voir aussi **340.2 Communications**

### L46.1  *Poster une lettre*

**How much is a letter/postcard to Spain?** Combien est-ce pour envoyer une lettre/une carte postale en Espagne?

**Can this go airmail/express please?** Vous pouvez l'envoyer par avion/en express, s'il vous plaît?

**What's the cheapest way to send this parcel please?** Quelle est la façon la moins chère d'envoyer ce colis, s'il vous plaît?

**How soon will it get there?** Quand arrivera-t-il?

**Where's the nearest postbox/letter-box?** Où est la boîte aux lettres la plus proche?

**Do you have an airmail sticker?** Avez-vous une étiquette "par avion"?

En Grande-Bretagne, le courrier intérieur peut être envoyé au tarif normal ('first class') ou à un tarif réduit ('second class'). La deuxième catégorie est moins chère mais le courrier met un ou deux jours de plus pour arriver à destination.

### L46.2  *Sur les enveloppes*

**For the attention of ou F.A.O.** A l'attention de

**[employé quand le destinataire n'habite pas à l'adresse indiquée] c/o** c/o

**Urgent** Urgent

**Sender** Expéditeur

**Air mail** Par avion

**Surface mail** Courrier par voie de terre

**Printed matter** Imprimés

**Handle with care** Fragile

**Do not bend** Ne pas plier

**First/second class** Tarif normal/Tarif réduit

**[quand on n'est pas certain que le destinataire habite toujours à l'adresse indiquée sur l'enveloppe] Or please forward.** Prière de faire suivre.

**Not known at this address** Inconnu à l'adresse indiquée

**Return to sender** Retour à l'expéditeur

---

## L47 Telephoning  *Téléphoner*

voir aussi **340.3 Communications**

**Hello, can I speak to Claire?** Allô, puis-je parler à Claire?

**Is John there please?** Pourrais-je parler à John, s'il vous plaît?

**Hello, who's calling please?** Allô, qui est à l'appareil?

**Can you put me through to Mr Pemberton please?** Pouvez-vous me passer M. Pemberton, s'il vous plaît?

**A: Can I speak to Lindsay?** Puis-je parler à Lindsay?

**B: Speaking.** C'est moi.

**Hold the line please.** Ne quittez pas, s'il vous plaît.

**Could you speak up a little, the line's terrible.** Pourriez-vous parler un peu plus fort, la ligne est très mauvaise.

**We seem to have got a crossed line. Shall I ring you back?** Je crois qu'il y a qn d'autre sur la ligne. Je vous rappelle?

**She's not here at the moment. Can you ring back later?** Elle n'est pas ici pour l'instant. Pouvez-vous rappeler plus tard?

**Can I leave/take a message?** Puis-je laisser/prendre un message?

**My number is 263459, extension 2857, and the code is 0226.** Mon numéro est le 26 34 59, poste 2857 et l'indicatif est le 0226.

**Do you have a carphone or a mobile phone?** Avez-vous un téléphone à bord de votre voiture ou un mobilophone?

**Jill, there's a call for you!** Jill, un coup de téléphone pour toi!

**Martin, you're wanted on the telephone.** Martin, on te demande au téléphone.

**[informel] Norma! Phone!** Norma! Téléphone!

**[informel] Hang on a minute.** Ne quittez pas.

**[rétablir la communication après une interruption technique de l'appel] I'm sorry, we seem to have been cut off.** Je suis désolé, je crois que nous avons été coupés.

**Could you re-connect me please?** Pourriez-vous rétablir la communication, s'il vous plaît?

*can't expect me to keep you now you're grown-up.* Tu ne peux pas t'attendre à ce que je continue à t'entretenir maintenant que tu es adulte. **2** [obj: animaux] avoir, faire l'élevage de *They kept a pig and a few goats on their little farm.* Ils avaient un cochon et quelques chèvres dans leur petite ferme.

**keep** *ni* moyens d'existence *to **earn one's keep*** gagner de quoi vivre

**wait on** sb *vt prép* [obj: client dans un restaurant] servir [aussi utilisé de façon péjorative] *He expects to be waited on hand and foot.* Il exige que tout le monde soit aux petits soins pour lui.

**attentive** *adj* **1** (souvent + **to**) prévenant *The staff were very attentive to us during our stay.* Le personnel était très empressé à notre égard lors de notre séjour. **2** [décrit: ex. public, auditeur] attentif

### 254.1 Protéger

**protect** *vt* (souvent + **against**, **from**) protéger *She wore sunglasses to protect her eyes.* Elle portait des lunettes de soleil pour se protéger les yeux. *The seedlings must be protected against frost.* Les jeunes pousses doivent être protégées du gel.

**protection** *nid* (souvent + **against**, **from**) protection *The vaccine gives partial protection against the disease.* Le vaccin offre une protection partielle contre la maladie. *She is under police protection.* Elle est sous la protection de la police.

**protective** *adj* **1** de protection *protective clothing* vêtements de protection **2** (souvent + **to**, **towards**) [décrit: ex. personne, geste] protecteur *She felt very protective towards her younger sister.* Elle se sentait très protectrice envers sa petite soeur. **protectively** *adv* de façon protectrice

**protector** *nd* **1** [une personne] protecteur **2** [pour une partie du corps] vêtement de protection *chest protector* gilet protecteur

**guard** *vti* (souvent + **against**, **from**) [obj: ex. maison, prisonnier, personne importante] garder, surveiller *Soldiers were guarding all government buildings.* Des soldats montaient la garde devant tous les bâtiments du Gouvernement.

**guard** *n* **1** *nd* garde *security guard* garde chargé de la sécurité *He managed to slip past the guards at the gate.* Il a réussi à passer la barrière en se faufilant sans que les gardes le voient. **2** *nd* (pas de *pl*) [groupe de gens] gardes *He was taken to the airport **under** armed **guard**.* On l'a amené à l'aéroport sous escorte armée. **3** *ni* garde, surveillance *to be **on one's guard** (against sth)* se tenir sur ses gardes, se méfier *to **keep guard*** monter la garde *to **stand guard over** sth* surveiller, garder qch **4** *nd* dispositif de sûreté *fire guard* coupe-feu *shin guards* jambières

**safeguard** *vt* (souvent + **against**, **from**) sauvegarder, protéger *We want to safeguard our products against forgery.* Nous voulons protéger nos produits de la contrefaçon.

**safeguard** *nd* [généralement dans une constitution, une loi, un contrat etc.] sauvegarde, garantie

**shield** *vt* (souvent + **against**, **from**) protéger, couvrir *She's trying to shield him, though she knows he's committed a crime.* Elle essaie de le couvrir, bien qu'elle sache qu'il a commis un crime.

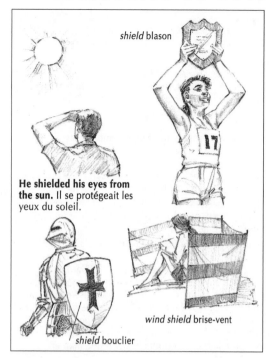

*shield* blason

**He shielded his eyes from the sun.** Il se protégeait les yeux du soleil.

*wind shield* brise-vent

*shield* bouclier

**shelter** *v* **1** *vt* (souvent + **from**) abriter, protéger *The trees shelter the house from the wind.* Les arbres protègent la maison du vent. **2** *vt* [obj: ex. personne recherchée, prisonnier, fugitif] recueillir, cacher, donner asile à **3** *vi* (souvent + **from**) s'abriter *We went into a shop doorway to shelter from the rain.* Nous nous sommes engouffrées dans l'entrée d'un magasin pour nous abriter de la pluie.

**shelter** *n* **1** *nd* abri, refuge *air raid shelter* abri antiaérien *bus shelter* abribus **2** *ni* abri, couvert *to **take shelter*** se mettre à l'abri *Everybody ran for shelter when the downpour started.* Tout le monde a couru s'abriter quand l'averse a commencé.

### 254.2 Préserver

**preserve** *vt* **1** [obj: ex. vieux bâtiment, coutume] préserver *The original furnishings had been lovingly preserved.* Le mobilier original avait été conservé avec amour. **2** [obj: ex. indépendance, dignité, critères] conserver

**preservation** *ni* **1** conservation *the instinct for self-preservation* l'instinct de conservation **2** conservation *The objects are in a good state of preservation.* Les objets sont en bon état de conservation.

**conserve** *vt* **1** [garder en sécurité. Obj: ex. faune] préserver **2** [ne pas gaspiller. Obj: ex. chauffage, énergie, force] économiser, ménager

**conservation** *ni* **1** préservation *nature conservation* protection de l'environnement (utilisé comme *adj*) *conservation area* zone protégée **2** économie *energy conservation* économie d'énergie **conservationist** *nd* défenseur de l'environnement

## L48 Other Communications *Autres communications*

**Can you fax me please? Our fax number is 2536475.**
Pourriez-vous m'envoyer une télécopie/un fax, s'il
vous plaît? Notre numéro de télécopieur/fax est le 25
36 475.

**Is there somewhere I can send a fax from?** Y a-t-il un
endroit d'où je pourrais envoyer une télécopie/un
fax?

**I'd like to send a telegram.** Je voudrais envoyer un
télégramme.

**I'll leave a note in your pigeon-hole.** Je laisserai un
message dans votre casier.

**Do you use electronic mail?** Vous servez-vous du
courrier électronique?

**[moins formel] Are you on E-mail? What's your
number?** Avez-vous un courrier électronique/un E-
mail? Quel est votre numéro?

# Index des mots anglais

Chaque mot de l'index est suivi du
numéro de la catégorie ou de la
sous-catégorie dans laquelle il apparaît.
☆ signale que le mot
se trouve dans une illustration,
□ qu'il apparaît dans un tableau.

loyalty /'lɔɪəl·ti/ **213.3**
LP /,el'piː/ **379.9**
L-plates /'el·pleɪts/ **308** ☆
LSD /,el·es'diː/ **172.2**
luck /lʌk/ **387**
lucky /'lʌk·i/ **387.1**
ludicrous /'luː·dɪ·krəs/ **241.2**
luggage /'lʌg·ɪdʒ/ **317.4**
lukewarm /,luːk'wɔːm/ **20**
lull /lʌl/ **183.1**
luminous /'luː·mɪ·nəs/ **24.2**
lump /lʌmp/ **38.5**
lumpy /'lʌm·pi/ **38.5**
lunatic /'luː·nə·tɪk/ **129.1**
lunch /lʌnʧ/ **162**
lung /lʌŋ/ **101.2** ☆
lure /lʊəʳ/ **432**
lust /lʌst/ **427.1**
Lutheranism /'luː·θʳr·ən·ɪ·zʳm/ **232.2**
luxurious /lʌg'ʒʊə·ri·əs/ **421**
luxury /'lʌk·ʃʳr·i/ **421**
lychee /'laɪ·tʃiː/ **152.4**
lyrics /'lɪr·ɪks/ **379.2**

mac /mæk/ **190.10**
machine /mə'ʃiːn/ **303**
machine gun /mə'ʃiːn ,gʌn/ **248.4** ☆
machinery /mə'ʃiː·nʳr·i/ **303**
macho /'mætʃ·əʊ/ **140**
mackerel /'mæk·rʳl/ **10.1** ☆
mad /mæd/
    mad **129.1**
    angry **450.1**
madman /'mæd·mən/ **129.1**
madness /'mæd·nəs/ **129.1**
madwoman /'mæd,wʊm·ən/ **129.1**
magazine /,mæg·ə'ziːn/ **368**
maggot /'mæg·ət/ **5** ☆
magic /'mædʒ·ɪk/ **416**
magical /'mædʒ·ɪ·kʳl/ **416**
magician /mə'dʒɪʃ·ən/ **416**
magnet /'mæg·nət/ **432.1**
magnetic /mæg'net·ɪk/ **432.1**
magnetism /'mæg·nə·tɪ·zʳm/ **432.1**
magnificence /mæg'nɪf·ɪ·sʳnts/ **417.2**
magnificent /mæg'nɪf·ɪ·sʳnt/
    great **77**
    good **417.2**
magnificently /mæg'nɪf·ɪ·sʳnt·li/ **417.2**
magnify /'mæg·nɪ·faɪ/ **46** ☆
magnifying glass /'mæg·nɪ·faɪ·ɪŋ ,glɑːs/ **46** ☆
maid /meɪd/ **274.5**
mail /meɪl/ **340.2**
mailbox /'meɪl·bɒks/ **340.2** ☆
main /meɪn/ **75**
mainland /'meɪn·lənd/ **13.5** ☆
mainly /'meɪn·li/ **75**
main road /meɪn 'rəʊd/ **311**
maintain /meɪn'teɪn/ **383**
maintenance /'meɪn·tʳn·ənts/ **383**
maize /meɪz/ **173.5**
majesty /'mædʒ·ə·sti/ **205**
major /'meɪ·dʒəʳ/
    main **75**
    war **248.3** □
majority /mə'dʒɒr·ə·ti/ **43**
make /meɪk/
    doing business **262.7**
    make **293**
make out **91.4**
maker /'meɪ·kəʳ/ **293**
make up **95.1**
make-up /'meɪk·ʌp/ **192.5**
male /meɪl/ **140**
male chauvinist pig /,meɪl ,ʃəʊ·vɪ·nɪst

'pɪg/ **212**
malice /'mæl·ɪs/ **225.1**
malicious /mə'lɪʃ·əs/ **225.1**
malignant /mə'lɪg·nənt/ **124.12**
mam /mæm/ **138.1**
mama /'mæ·mɑː/ **138.1**
mammal /'mæm·ʳl/ **1** □
man /mæn/ **139.1, 139.4**
manage /'mæn·ɪdʒ/
    employment **271.4**
    success **396.2**
management /'mæn·ɪdʒ·mənt/ **271.4**
manager /'mæn·ɪ·dʒəʳ/ **271.4**
mane /meɪn/ **1** ☆
mango /'mæŋ·gəʊ/ **152.4**
mania /'meɪ·ni·ə/ **129.2**
maniac /'meɪ·ni·æk/ **129.2**
manic /'mæn·ɪk/ **129.2**
mankind /mæn'kaɪnd/ **139.1**
manner /'mæn·əʳ/
    personality **142.1**
    sort **306**
manners /'mæn·əz/ **143**
mansion /'mæn·ʧʳn/ **174.4**
manslaughter /'mæn,slɔː·təʳ/ **198.1**
mantelpiece /'mæn·tʳl·piːs/ **180** ☆
manufacture /,mæn·jə'fæk·tʃəʳ/ **293.1**
manufacturing /,mæn·jə'fæk·tʃʳr·ɪŋ/ **293.1**
manure /mə'njʊəʳ/ **173.6**
manuscript /'mæn·jə·skrɪpt/ **369.3**
map /mæp/ **317.2**
maple /'meɪ·pʳl/ **12.1**
marathon /'mær·ə·θʳn/ **390.1**
marbles /'mɑː·blz/ **386.1**
March /mɑːtʃ/ **25.2**
march /mɑːtʃ/ **407.3**
margarine /,mɑː·dʒə'riːn/ **158.2**
margin /'mɑː·dʒɪn/ **366**
marijuana /,mær·ə'wɑː·nə/ **172.3**
mark /mɑːk/ **189.1**
market /'mɑː·kɪt/
    doing business **262.8**
    shops **273**
marketing /'mɑː·kɪ·tɪŋ/ **262.8**
markka /'mɑː·kə/ **265.1** □
marmalade /'mɑː·mʳl·eɪd/ **160.1**
marriage /'mær·ɪdʒ/ **195.3**
marrow /'mær·əʊ/ **155.3**
marry /'mær·i/ **195.3**
Mars /mɑːz/ **27** ☆
marsh /mɑːʃ/ **13.2**
martial /'mɑː·ʃʳl/ **248.5**
martial arts /,mɑː·ʃʳl 'ɑːts/ **392.1**
marvellous /'mɑː·vʳl·əs/ **417.3**
marvellously /'mɑː·vʳl·əs·li/ **417.3**
mascara /mæs'kɑː·rə/ **192.5**
masculine /'mæs·kjə·lɪn/ **140**
mash /mæʃ/ **168.2**
mass /mæs/ **43.2**
massacre /'mæs·ə·kəʳ/ **198**
masses /'mæs·ɪz/ **43.2**
massive /'mæs·ɪv/ **42.1**
mast /mɑːst/ **312.2**
master /'mɑː·stəʳ/
    control **228.4**
    teach **234.1**
masterpiece /'mɑː·stə·piːs/
    arts and crafts **381.3**
    good **417.2**
masturbate /'mæs·tə·beɪt/ **199.2**
mat /mæt/ **185** ☆
match /mæʧ/
    burn **135.1**
·   sport **388.3**
mate /meɪt/
    sex **199.2**

friendship **434.1**
material /mə'tɪə·ri·əl/
    textiles **193**
    materials **304**
    thing **305.1**
materialize /mə'tɪə·ri·ə·laɪz/ **31**
mathematics /mæθ·ə'mæt·ɪks/
    education **233.3**
    maths **297**
maths /mæθs/ **297**
matter /'mæt·əʳ/ **74.1**
mature /mə'tjʊəʳ/
    old **200.1**
    sensible **238**
mauve /məʊv/ **194.3**
maximum /'mæk·sɪ·məm/ **43**
May /meɪ/ **25.2**
May Day /'meɪ·deɪ/ **25.3**
mayonnaise /,meɪ·ə'neɪz/ **161.5**
mayor /meəʳ/ **227.1**
mayoress /,meə'res/ **227.1**
meadow /'med·əʊ/ **173.1**
meagre /'miː·gəʳ/ **45.1**
meal /miːl/ **162**
mean /miːn/
    intend **107**
    selfish **226**
    meaning **364**
means /miːnz/ **78.1**
measles /'miː·zlz/ **124.10**
measly /'miːz·li/ **45.1**
measure /'meʒ·əʳ/ **307**
measurement /'meʒ·ə·mənt/ **307**
measuring cylinder /'meʒ·ʳr·ɪŋ ,sɪl·ɪn·dəʳ/ **233.4** ☆
meat /miːt/ **159**
mechanic /mɪ'kæn·ɪk/ **303**
mechanical /mɪ'kæn·ɪ·kʳl/ **303**
mechanism /'mek·ə·nɪ·zʳm/ **303**
medal /'med·ʳl/ **398**
meddle /'med·ʳl/ **246**
media /'miː·di·ə/ **378**
medical /'med·ɪ·kʳl/ **126**
medication /,med·ɪ'keɪ·ʃʳn/ **126.5**
medicinal /mə'dɪs·ɪ·nʳl/ **126**
medicine /'med·sən/ **126.5**
mediocre /,miː·di'əʊ·kəʳ/ **442.3**
meditate /'med·ɪ·teɪt/ **104.2**
meditation /,med·ɪ'teɪ·ʃʳn/ **104.2**
medium /'miː·di·əm/ **442.2**
meek /miːk/ **150**
meet /miːt/ **207.2**
meeting /'miː·tɪŋ/ **262.9, 262.10**
melody /'mel·ə·di/ **379.2**
melon /'mel·ən/ **152.1**
melt /melt/ **18.4**
member /'mem·bəʳ/ **206.1**
membership /'mem·bə·ʃɪp/ **206.1**
memento /mə'men·təʊ/ **116.1**
memorable /'mem·ʳr·ə·bʳl/ **116**
memory /'mem·ʳr·i/ **116**
men's room /'menz ,rʊm/ **185.1**
mend /mend/ **383**
mental /'men·tʳl/ **101.4**
mention /'men·ʧʳn/ **341.3**
menu /'men·juː/
    eating and drinking places **163**
    computers **296**
merchant /'mɜː·tʃʳnt/ **262.3**
mercifully /'mɜː·sɪ·fʊl·i/ **221**
merciless /'mɜː·sɪ·ləs/ **223**
mercilessly /'mɜː·sɪ·lə·sli/ **223**
Mercury /'mɜː·kjə·ri/ **27** ☆
mercury /'mɜː·kjə·ri/ **16**
mercy /'mɜː·si/ **221**
mere /mɪəʳ/ **45.1**
merely /'mɪə·li/ **45.1**

porch /pɔːtʃ/
  parts of buildings **176** ☆
  religion **232.5** ☆
pore /pɔːr/ **86.2**
pork /pɔːk/ **159.1**
pornographic /ˌpɔː·nəˈgræf·ɪk/ **199.1**
porridge /ˈpɒr·ɪdʒ/ **156.5**
port /pɔːt/
  drinks **166.6**
  ships and boats **312.4**
porter /ˈpɔː·tər/ **314.2**
portion /ˈpɔː·ʃən/
  part **52**
  meals **162.1**
Portuguese /ˌpɔː·tʃʊˈgiːz/ **361.1**
posh /pɒʃ/ **146**
position /pəˈzɪʃ·ən/
  position **66**
  put **289**
positive /ˈpɒz·ə·tɪv/ **278**
possess /pəˈzes/ **374**
possession /pəˈzeʃ·ən/ **374**
possibility /ˌpɒs·əˈbɪl·ə·ti/ **78.1**
possible /ˈpɒs·ə·bl̩/ **78**
possibly /ˈpɒs·ə·bli/ **78**
post /pəʊst/ **340.2**
postage /ˈpəʊ·stɪdʒ/ **340.2**
postal /ˈpəʊ·stəl/ **340.2**
postcard /ˈpəʊst·kɑːd/ **340.1**
postcode /ˈpəʊst·kəʊd/ **340.2** ☆
postgraduate /ˌpəʊstˈgrædʒ·u·ət/ **235.1**
postman /ˈpəʊst·mən/ **340.2**
postmark /ˈpəʊst·mɑːk/ **340.2** ☆
post office /ˈpəʊst ˌɒf·ɪs/ **273** □
postpone /ˌpəʊstˈpəʊn/ **330**
pot /pɒt/
  drugs **172.3**
  containers **331.1** ☆, **331.2**
potato /pəˈteɪ·təʊ/ **155.2**
pot-bellied /ˌpɒtˈbel·id/ **48**
potential /pəʊˈten·tʃəl/ **78**
pot luck /ˌpɒt ˈlʌk/ **387**
pot plant /ˈpɒt ˌplɑːnt/ **180** ☆
potter /ˈpɒt·ər/ **381.5**
pottery /ˈpɒt·ər·i/ **381.5**
pouch /paʊtʃ/ **1** ☆
poultry /ˈpəʊl·tri/ **159.3**
pound /paʊnd/
  money **265.1** □, **265.2** □
  weights and measures **307.4**
pour /pɔːr/
  weather **18.2**
  wet **21**
poverty /ˈpɒv·ə·ti/ **270**
power /paʊər/
  control **228.6**
  machinery **303.2**
  strength **401**
powerful /ˈpaʊə·fəl/
  control **228.6**
  strength **401.1**
powerless /ˈpaʊə·ləs/ **402**
practical /ˈpræk·tɪ·kəl/
  possible **78**
  useful **281**
practice /ˈpræk·tɪs/ **276**
practise /ˈpræk·tɪs/ **276**
praise /preɪz/ **430**
pram /præm/ **136.4** ☆
prawn /prɔːn/ **10.2**
pray /preɪ/ **232.6**
prayer /preər/ **232.6**
preach /priːtʃ/
  religion **232.6**
  tell **342.2**
precaution /prɪˈkɔː·ʃən/ **253.1**
precious /ˈpreʃ·əs/ **268.1**

precise /prɪˈsaɪs/ **299**
precisely /prɪˈsaɪ·sli/ **299**
precision /prɪˈsɪʒ·ən/ **299**
predict /prɪˈdɪkt/ **109.1**
prediction /prɪˈdɪk·ʃən/ **109.1**
preface /ˈpref·ɪs/ **367.5**
prefer /prɪˈfɜːr/ **73.1**
preferable /ˈpref·ər·ə·bl̩/ **73.1**
preference /ˈpref·ər·ənts/ **73.1**
pregnancy /ˈpreg·nənt·si/ **136.1**
pregnant /ˈpreg·nənt/ **136.1**
prejudice /ˈpredʒ·ə·dɪs/ **212**
premature /ˈprem·ə·tʃər/ **325**
preparation /ˌprep·ərˈeɪ·ʃən/ **328**
prepare /prɪˈpeər/ **328**
preposition /ˌprep·əˈzɪʃ·ən/ **362.4**
preposterous /prɪˈpɒs·tər·əs/ **241.2**
prescription /prɪˈskrɪp·ʃən/ **126.4**
presence /ˈprez·ənts/ **30**
present n /ˈprez·ənt/
  time **26.2**
  give **372.1**
present adj /ˈprez·ənt/
  time **26.3**
  presence and absence **30**
present v /prɪˈzent/
  show **92**
  give **372.1**
presentation /ˌprez·ənˈteɪ·ʃən/ **92**
presently /ˈprez·ənt·li/ **329**
preservation /ˌprez·əˈveɪ·ʃən/ **254.2**
preserve /prɪˈzɜːv/ **254.2**
presidency /ˈprez·ɪ·dənt·si/ **227** □
president /ˈprez·ɪ·dənt/ **227** □
press /pres/
  touch **98.2**
  journalism **368**
press stud /ˈpres ˌstʌd/ **190.11**
pressure /ˈpreʃ·ər/ **98.2**
pressure cooker /ˈpreʃ·ə ˌkʊk·ər/ **169** ☆
pressurize /ˈpreʃ·ər·aɪz/ **279.1**
presumably /prɪˈzjuː·mə·bli/ **80**
presume /prɪˈzjuːm/
  probable **80**
  believe **105.2**
presumption /prɪˈzʌmp·ʃən/ **105.2**
pretence /prɪˈtents/ **36**
pretend /prɪˈtend/ **36**
pretty /ˈprɪt·i/ **59**
prevent /prɪˈvent/ **245.1**
prevention /prɪˈven·tʃən/ **245.1**
preventive /prɪˈven·tɪv/ **245.1**
previous /ˈpriː·vi·əs/ **26.3**
previously /ˈpriː·vi·ə·sli/ **26.3**
price /praɪs/ **263.2**
priceless /ˈpraɪ·sləs/ **268.1**
pricey /ˈpraɪ·si/ **267**
prick /prɪk/ **133**
prickly /ˈprɪk·li/ **133.5**
pride /praɪd/ **148.1**
priest /priːst/ **232.4**
priesthood /ˈpriːst·hʊd/ **232.4**
primary school /ˈpraɪ·mər·i ˌskuːl/ **233** □
prime minister /ˌpraɪm ˈmɪn·ɪs·tər/ **227** □
prince /prɪnts/ **205** □
princess /prɪnˈses/ **205** □
principal /ˈprɪnt·sə·pəl/
  main **75**
  teach **234.1**
principle /ˈprɪnt·sə·pl̩/ **106.1**
print /prɪnt/ **367.7**
printer /ˈprɪn·tər/
  computers **296** ☆
  book **367.7**
printout /ˈprɪnt·aʊt/ **296**

prison /ˈprɪz·ən/ **209.6**
prisoner /ˈprɪz·ən·ər/ **209.6**
private /ˈpraɪ·vət/
  war **248.3** □
  hide **339.1**
privately /ˈpraɪ·vət·li/ **339.1**
prize /praɪz/ **398**
probability /ˌprɒb·əˈbɪl·ə·ti/ **80**
probable /ˈprɒb·ə·bl̩/ **80**
probation /prəˈbeɪ·ʃən/ **209.5**
problem /ˈprɒb·ləm/ **244**
problematic /ˌprɒb·ləˈmæt·ɪk/ **244**
procedure /prəˈsiː·dʒər/ **290**
proceed /prəˈsiːd/ **33**
process n /ˈprəʊ·ses/
  system **290**
process v /prəˈses/
  walk **407.3**
procession /prəˈseʃ·ən/ **407.3**
produce /prəˈdjuːs/ **293.1**
producer /prəˈdjuː·sər/ **293.1**
product /ˈprɒd·ʌkt/ **262.5**
production /prəˈdʌk·ʃən/ **293.1**
profession /prəˈfeʃ·ən/ **271.1**
professional /prəˈfeʃ·ən·əl/
  skilful **239**
  employment **271.1**
professor /prəˈfes·ər/ **234.1**
proficient /prəˈfɪʃ·ənt/ **237**
profit /ˈprɒf·ɪt/ **262.9**
program /ˈprəʊ·græm/ **296**
programme /ˈprəʊ·græm/
  document **366.1**
  entertainment **376.2**
  broadcasts **378.1**
progress n /ˈprəʊ·gres/
  continue **33**
  improve **418**
progress v /prəʊˈgres/
  continue **33**
  improve **418**
prohibit /prəʊˈhɪb·ɪt/ **231**
project /ˈprɒdʒ·ekt/ **107.1**
promise /ˈprɒm·ɪs/ **358**
promote /prəˈməʊt/ **271.7**
promotion /prəˈməʊ·ʃən/ **271.7**
prompt /prɒmpt/ **327**
promptly /ˈprɒmpt·li/ **327**
prone /prəʊn/ **288**
pronoun /ˈprəʊ·naʊn/ **362.4**
pronounce /prəˈnaʊnts/
  speak **341.6**
  tell **342.2**
pronouncement /prəʊˈnaʊnt·smənt/ **342.2**
pronunciation /prəˌnʌnt·siˈeɪ·ʃən/ **341.6**
proof /pruːf/ **92**
prop /prɒp/ **337**
proper /ˈprɒp·ər/
  real **35**
  suitable **420.1**
property /ˈprɒp·ə·ti/ **374.1**
prophet /ˈprɒf·ɪt/ **232.3**
proportion /prəˈpɔː·ʃən/ **52**
proportions /prəˈpɔː·ʃənz/ **41**
proposal /prəˈpəʊ·zəl/ **353**
propose /prəˈpəʊz/ **353**
proprietor /prəˈpraɪə·tər/ **374**
prop up **337** ☆
prose /prəʊz/ **367.4**
prosecute /ˈprɒs·ɪ·kjuːt/ **209.4**
prosecution /ˌprɒs·ɪˈkjuː·ʃən/ **209.4**
prosper /ˈprɒs·pər/ **269**
prosperity /prɒsˈper·ə·ti/ **269**
prosperous /ˈprɒs·pər·əs/ **269**
prostitute /ˈprɒs·tɪ·tjuːt/ **199.4**
protect /prəˈtekt/ **254.1**

protection /prə'tek·ʃ°n/ 254
protective /prə'tek·tɪv/ 254
protector /prə'tek·tər/ 254
protest n /'prəʊ·test/ 346.2
protest v /prəʊ'test/ 346.2
Protestantism /'prɒt·ɪ·st°n·tɪ·z°m/ 232.2
protractor /prə'træk·tər/ 297 ☆
proud /praʊd/ 148.1
prove /pruːv/ 92
proverb /'prɒv·ɜːb/ 362.2
provide /prə'vaɪd/ 372.2
province /'prɒv·ɪns/ 14.1
provincial /prə'vɪn·tʃ°l/ 14.1
provision /prə'vɪʒ·°n/ 372.2
provocation /ˌprɒv·ə'keɪ·ʃ°n/ 279.1
provoke /prə'vəʊk/ 279.1
prowess /'praʊ·ɪs/ 239.1
prowl /praʊl/ 407.4
prudent /'pruː·d°nt/ 238
prune /pruːn/
  fruit 152.5
  gardening 384.2
pry /praɪ/
  search 94.1
  ask 351.1
psalm /sɑːm/ 232.6
pseudonym /'psjuː·d°n·ɪm/ 137.3
psychiatric /ˌsaɪ·ki'æt·rɪk/ 129.3
psychiatry /saɪ'kaɪə·tri/ 129.3
psychoanalysis /ˌpsaɪ·kəʊ·ə'næl·ə·sɪs/ 129.3
psychological /ˌpsaɪ·kɒl·ɒdʒ·ɪ·k°l/ 129.3
psychology /psaɪ'kɒl·ə·dʒi/ 129.3
psychotherapist /ˌpsaɪ·kəʊ'θer·ə·pɪst/ 129.3
pub /pʌb/ 163
pubic hair /ˌpjuː·bɪk 'heər/ 86
public /'pʌb·lɪk/ 139.1
publication /ˌpʌb·lɪ'keɪ·ʃ°n/ 367.7
publicity /pʌb'lɪs·ə·ti/ 262.8
public school /ˌpʌb·lɪk 'skuːl/ 233 □
publish /'pʌb·lɪʃ/ 367.7
publisher /'pʌb·lɪ·ʃər/ 367.7
puck /pʌk/ 389.4
pudding /'pʊd·ɪŋ/ 162.2
puddle /'pʌd·l̩/ 13.4
puff /pʌf/ 103.1
puffin /'pʌf·ɪn/ 9.2
pull /pʊl/ 338
pull in 309
pulpit /'pʊl·pɪt/ 232.5 ☆
pulse /pʌls/ 126.2
pump /pʌmp/ 303.1
pumpkin /'pʌmp·kɪn/ 155.3
punch /pʌntʃ/ 131.1
punctual /'pʌŋk·tʃu·əl/ 327
punctually /'pʌŋk·tʃu·əl·i/ 327
punctuate /'pʌŋk·tʃu·eɪt/ 363
punctuation /ˌpʌŋk·tʃu'eɪ·ʃ°n/ 363
puncture /'pʌŋk·tʃər/ 309.3
punish /'pʌn·ɪʃ/ 209.5
punishment /'pʌn·ɪʃ·mənt/ 209.5
Punjabi /pʌn'dʒɑː·biː/ 361.2
punt /pʌnt/ 265.1 □
puny /'pjuː·ni/ 402
pupa /'pjuː·pə/ 5 ☆
pupil /'pjuː·p°l/
  human body 86 ☆
  learn 325.1
puppy /'pʌp·i/ 7.1
puppy love /'pʌp·i ˌlʌv/ 427.3
purchase /'pɜː·tʃəs/ 263
pure /pjʊər/
  clean 188
  good 217
purgatory /'pɜː·gə·t°r·i/ 232.9

purple /'pɜː·pl̩/ 194.3
purpose /'pɜː·pəs/
  intend 107.2
  use 280
purr /pɜːr/ 8.1, 8.2 □
purse /pɜːs/ 192.3
pursue /pə'sjuː/ 409.1
pursuit /pə'sjuːt/ 409.1
push /pʊʃ/ 338
pushchair /'pʊʃ·tʃeər/ 136.4 ☆
pusher /'pʊʃ·ər/ 172.1
puss /pʊs/ 7.2
pussy /'pʊs·i/ 7.2
put /pʊt/ 289
put away 289
put back 289
put down
  kill 198.3
  put 289
put off
  delay 330
  horror and disgust 446.2
put on 190.1
put out 135.2
put up with 433
puzzle /'pʌz·l̩/ 115.1
pyjamas /pə'dʒɑː·məz/ 190.8
pyramid /'pɪr·ə·mɪd/ 38.2 ☆
pyramidal /pɪ'ræm·ɪ·d°l/ 38.2 ☆

quack /kwæk/ 9.4
quaint /kweɪnt/ 203
quake /kweɪk/ 255.3
Quakerism /'kweɪ·k°r·ɪ·z°m/ 232.2
qualification /ˌkwɒl·ɪ·fɪ'keɪ·ʃ°n/ 233.5
qualify /'kwɒl·ɪ·faɪ/ 233.5
quality /'kwɒl·ə·ti/ 417.5
qualms /kwɑːmz/ 83.1
quandary /'kwɒn·d°r·i/ 244
quantity /'kwɒn·tə·ti/ 41
quarrel /'kwɒr·°l/ 346.3
quart /kwɔːt/ 307.3
quarter /'kwɔː·tər/
  decrease 47
  money 265.2 □
quartet /ˌkwɔː'tet/ 379.3
queen /kwiːn/
  royalty 205 □
  games 386.3 ☆, 386.4 ☆
queer /kwɪər/ 444.1
query /'kwɪə·ri/ 351
question /'kwes·tʃ°n/ 351
questionable /'kwes·tʃ°n·ə·bl̩/ 83.2
question mark /'kwes·tʃ°n ˌmɑːk/ 363
queue /kjuː/ 286
quibble /'kwɪb·l̩/ 346.4
quick /kwɪk/
  clever 236.2
  quick 403
quickly /'kwɪk·li/ 403
quick-witted /ˌkwɪk'wɪt·ɪd/ 236
quiet /kwaɪət/ 89
quilt /kwɪlt/ 181.1
quit /kwɪt/ 34
quiver /'kwɪ·vər/ 255.3
quiz /kwɪz/ 386.2
quiz show /'kwɪz ˌʃəʊ/ 378.1
quotation /kwəʊ'teɪ·ʃ°n/ 341.5
quote /kwəʊt/ 341.5

rabbi /'ræb·aɪ/ 232.4
rabbit /'ræb·ɪt/
  small animals 4 □
  gossip 360
race /reɪs/

areas 14.1
athletics 390.1
run 408
races /'reɪ·sɪz/ 395.1
racetrack /'reɪs·træk/ 388.4
racing /'reɪ·sɪŋ/ 395.1
racism /'reɪ·sɪ·z°m/ 212
rack /ræk/ 331.6
racket /'ræk·ɪt/ 389.5 ☆
radar /'reɪ·dɑːr/ 313.1
radiation /ˌreɪ·di'eɪ·ʃ°n/ 303.2
radiator /'reɪ·di·eɪ·tər/ 20.1
radio /'reɪ·di·əʊ/ 378
radioactivity /ˌreɪ·di·əʊ·æk'tɪv·ə·ti/ 303.2
radish /'ræd·ɪʃ/ 155.4
radius /'reɪ·di·əs/ 38.1 ☆
raft /rɑːft/ 312.1
rag /ræg/ 193
rage /reɪdʒ/ 450.1
rail /reɪl/
  trains 314
  inside buildings 177.2 ☆
railing /'reɪ·lɪŋ/ 177.2 ☆
railway /'reɪl·weɪ/ 314
railway line /'reɪl·weɪ ˌlaɪn/ 314.1
railway station /'reɪl·weɪ ˌsteɪ·ʃ°n/ 314.1
rain /reɪn/ 18.2
rainbow /'reɪn·bəʊ/ 18.2
raincoat /'reɪn·kəʊt/ 190.10
rainfall /'reɪn·fɔːl/ 18.2
rainforest /'reɪn·fɒr·ɪst/ 13.2
rainy /'reɪ·ni/ 18.2
raise /reɪz/ 413
raisin /'reɪ·z°n/ 152.5
rake /reɪk/ 384.1
Ramadan /'ræm·ə·dæn/ 25.3
ramble /'ræm·bl̩/ 407.2
rand /rænd/ 265.1 □
random /'ræn·dəm/ 64
rank /ræŋk/
  important 74.2
  war 248.3
ransom /'rænt·s°m/ 220.2
rant /rænt/ 344.1
rape /reɪp/ 199.4
rapid /'ræp·ɪd/ 403
rapture /'ræp·tʃər/ 422.2
rapturous /'ræp·tʃ°r·əs/ 422.2
rare /reər/ 444.2
rarely /'reə·li/ 444.2
rash /ræʃ/
  illnesses 124.5
  careless 302
rasher /'ræʃ·ər/ 159.2
raspberry /'rɑːz·b°r·i/ 152.3
rat /ræt/
  wild animals 1.1 □
  small animals 4
rate /reɪt/ 403.4
rational /'ræʃ·°n·°l/ 130
rattle /'ræt·l̩/
  noisy 88.3
  babies 136.4
ravenous /'ræv·°n·əs/ 165
ray /reɪ/ 24
razor /'reɪ·zər/ 184.4
reach /riːtʃ/
  come 321
  hold 336
react /ri'ækt/ 287.1
reaction /ri'æk·ʃ°n/ 287.1
read /riːd/
  speak 341.5
  book 367.8
reader /'riː·dər/ 367.8

zip /zɪp/ **190.11**
zloty /ˈzlɒt·i/ **265.1** □
zodiac /ˈzəʊ·di·æk/ **28** □
zoology /zuˈɒl·ə·dʒi/ **233.3**

# Index des mots français